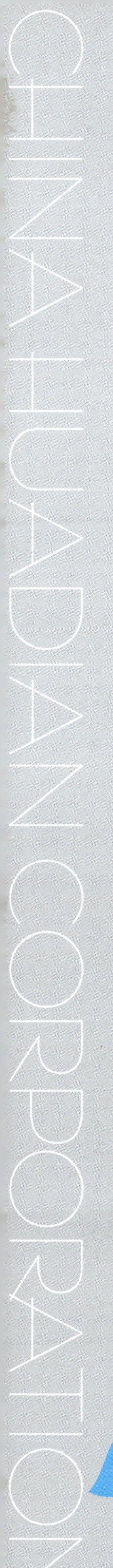

中国华电集团公司标志释义

中国华电集团公司标志是以集团公司英文名称的缩写“CHD”为基础演变而来的图形，并将“CHD”融入“H”字母中。

中国华电集团公司标志以极富美感的形式传递着丰富而深刻的内涵。

她象征拧结一体的绳索，丝丝缕缕，形成强大的合力，展现了大工业的气势和能量的聚合，是企业发展、员工团结的象征。

流畅的线条寓意动力的形成、能量的转换，传达并强化“中国华电”以电源建设与运营为核心业务的企业特征，充满现代企业蓬勃的朝气，彰显现代企业追求卓越的理念。

形似涌动的波涛，寓意企业面向社会、面向市场，锐意进取、海纳百川、开拓无限的经营思想。

标志的标准色为天蓝色和海蓝色，天蓝是晴空万里的颜色，寓意博大、宽广、高远；海蓝是大海的色彩，寓意睿智、理性、稳健。以蓝色为主体色彩，代表先进的科学技术和生产力，洋溢着可持续发展的活力，以及对生命的珍视，展示企业以人为本、造福人类的宏伟志向。

2006年5月2日，李鹏同志在江苏省委书记李源潮，集团公司党组书记、总经理贺恭等人的陪同下，到国电南京自动化股份有限公司调研。

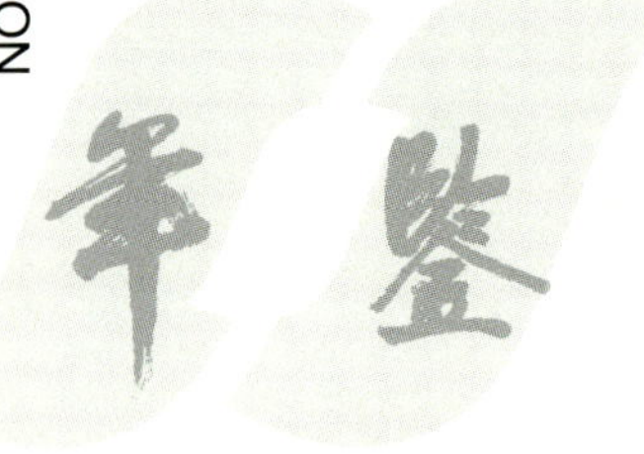

2006年4月29日，中共中央政治局委员、国务院副总理曾培炎到全国首个百万千瓦级燃机电厂——杭州华电半山发电有限公司调研。

2007年7月4日，中共中央政治局委员、新疆维吾尔自治区党委书记王乐泉视察新疆华电吐鲁番发电有限责任公司。

2007年7月4日，中共中央政治局委员、湖北省委书记俞正声到湖北华电黄石发电股份有限公司视察节能减排工作。

2006年8月26日，国家电力监管委员会党组书记、主席柴松岳到新疆华电红雁池发电有限责任公司调研。

2007年12月12日，国家电力监管委员会党组书记、主席尤权到集团总部调研。

2007年6月15日，国家发展和改革委员会常务副主任陈德铭率国家发展和改革委员会能源局、经济运行局有关负责同志到集团公司调研。

2007年5月29日，国务院国有资产监督管理委员会副主任王瑞祥到华电（北京）热电有限公司检查指导工作。

2007年11月7日，中国科协副主席、中国电机工程学会理事长陆延昌一行到华电国际电力股份有限公司邹县发电厂视察百万千瓦级机组生产现场。

2006年5月14日，国务院派驻中国华电集团公司监事会主席范有年到江苏华电戚墅堰发电有限公司检查指导工作。

2007年5月19日，国务院派驻中国华电集团公司监事会主席韩修国到贵州乌江水电开发有限责任公司调研。

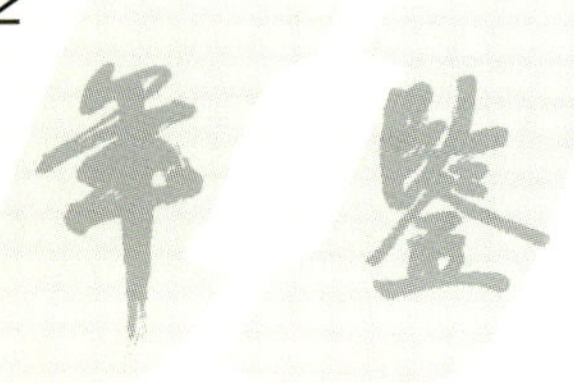

2007年8月14日，北京市市长王岐山视察华电（北京）热电有限公司郑常庄燃气热电工程现场。

2007年11月16日，贵州省委书记石宗源一行到索风营发电厂调研。

2006年7月29日，集团公司党组书记、总经理贺恭到金沙江上游进行水电资源考察。

2006年9月11日，集团公司党组书记、总经理贺恭到印度尼西亚北苏门答腊省参加阿萨汉一级水电站项目建设动员会，并率代表团视察阿萨汉一级水电站工程现场。

2006年9月25日，集团公司党组书记、总经理贺恭到包头东华热电有限公司调研。

2007年4月29日，集团公司党组书记、总经理曹培玺视察山西轩岗项目。

2007年8月10日，集团公司党组书记、总经理曹培玺视察贵州大方发电有限公司。

2007年8月23日，集团公司党组书记、总经理曹培玺视察泸定水电站工地。

2006年8月17日，集团公司党组成员、副总经理陈飞虎到华电新乡发电有限公司调研。

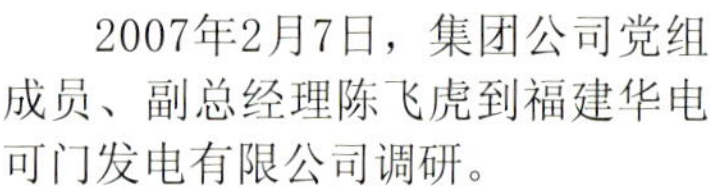

2007年2月7日，集团公司党组成员、副总经理陈飞虎到福建华电可门发电有限公司调研。

2006年5月25日，集团公司党组成员、副总经理程念高到乌江沙沱水电站建设工地调研。

2007年5月11日，集团公司党组成员、副总经理程念高到四川广安发电有限责任公司调研。

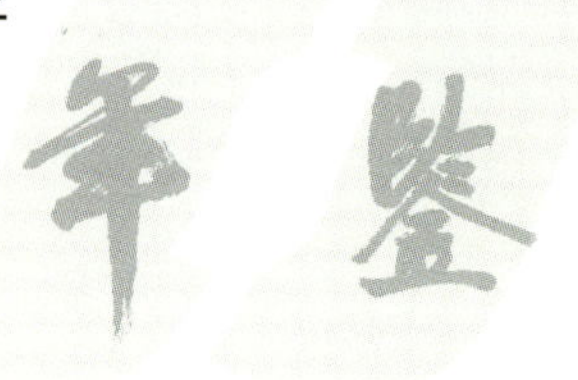

2006年6月20日，集团公司党组成员、副总经理任书辉到内蒙古华电卓资发电有限公司调研。

2007年3月19日，集团公司党组成员、副总经理任书辉实地踏勘句容项目厂址。

2006年9月14日，集团公司党组成员、纪检组组长迟文江到杭州华电半山发电有限公司调研。

2007年7月20日，集团公司党组成员、纪检组组长迟文江到贵州华电大龙发电有限公司调研。

2007年8月18日，集团公司党组成员、副总经理辛保安到华电宁夏灵武发电有限公司调研。

2007年4月25日，集团公司党组成员、副总经理辛保安到江苏华电戚墅堰发电有限公司调研。

2007年5月18日，集团公司党组成员、副总经理邓建玲到中国华电工程（集团）有限公司调研。

2007年8月23日，集团公司党组成员、副总经理邓建玲到新疆淖毛湖煤电基地调研。

2007年6月25日，集团公司党组成员、华电国际电力股份有限公司总经理陈建华视察华电潍坊发电有限公司。

2007年8月2日，集团公司党组成员、华电国际电力股份有限公司总经理陈建华到内蒙古华电包头发电有限公司调研。

2007年11月21日，集团公司总会计师王怀书到中国华电集团贵港发电有限公司调研。

2006年1月22～23日，集团公司在北京召开2006年工作会议。

2006年6月12日，集团公司在北京召开科技工作会议。

2006年7月19～20日，集团公司在哈尔滨召开2006年年中经济活动分析会。

2006年11月1日，集团公司在北京召开干部大会，宣布中共中央对公司主要领导的调整决定。

2006年11月16日，集团公司在北京召开党的先进性建设推进会议。

2007年1月29～30日，集团公司在北京召开2007年工作会议。

2007年1月31日，集团公司在北京召开2007年纪检监察工作会议。

2007年2月14日，集团公司在北京召开关停小火电机组暨“上大压小”工作会议。

2007年7月17～18日，集团公司在北京召开2007年年中工作会议。

2007年11月1日，集团公司在北京举办领导干部学习贯彻十七大精神研修班。

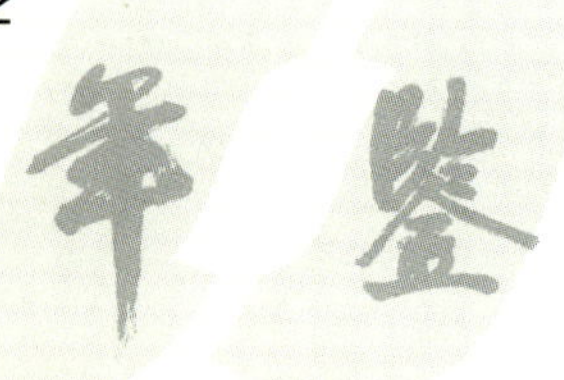

2006年2月8日，集团公司与相关合作方签署印度尼西亚2×9万kW阿萨汉水电项目债权收购协议。

2006年2月11日，青海华电大通发电有限公司2×30万kW工程项目1号机组顺利通过168h满负荷试运行，成为青藏高原首台30万kW火力发电机组。

2006年2月18日，中国华电集团公司安徽代表处、华电国际电力股份有限公司安徽分公司揭牌成立。

2006年3月3日，集团公司在华电能源哈尔滨第三发电厂举行教育培训基地揭牌仪式。集团公司确定的首批9家教育培训基地相继揭牌成立。

2006年3月8日，集团公司与辽宁省铁岭市人民政府签署合作开发亮中煤田协议。

2006年3月23日，华电石门二期工程4号机组顺利通过168h满负荷试运行，二期2×30万kW工程全部建成。该项目是集团公司在湖南投资建设的第一个电源项目。

2006年3月25日，华电（北京）热电有限公司燃气热电工程正式开工。该项目是2008年北京奥运会重点工程之一。

2006年4月3日，集团公司2006年第一期企业领导人员培训班在中国华电集团高级培训中心开班。

2006年4月22日，集团公司举办集团公司系统纪检监察业务，实现了4年内将全体纪检监察干部基本轮训一遍的目标。

2006年5月18日，集团公司与中国核工业集团公司合作投资的福建福清核电有限公司揭牌成立，标志着集团公司在核电建设领域迈出了实质性的步伐。

2006年5月27日，福建华电可门储运中心暨福州港罗源湾港区可门作业区10号和11号泊位工程开工奠基。

2006年5月29日，“十一五”燃煤电厂脱硫工程启动仪式在天津举行。集团公司党组书记、总经理贺恭与国家环境保护总局局长周生贤签订了“十一五”二氧化硫总量削减目标责任书，承诺到2010年底，集团公司二氧化硫排放总量在2005年的基础上削减44.9%。

2006年6月5日，乌江索风营水电站3号机组正式投入商业运行。至此，乌江干流中上游梯级电站机组全部投产，乌江干流梯级水电开发第一阶段目标提前实现，贵州首批西电东送"四水四火"项目建设画上圆满句号。

2006年6月19日，集团公司在北京举办集团公司系统工会主席培训班。

2006年6月28日，华电新疆发电有限公司暨华电新疆煤电一体化公司成立大会在乌鲁木齐召开。

2006年7月10日，华电国际电力股份有限公司在北京召开股权分置改革A股市场相关股东大会现场会议。会议审议并通过了《华电国际电力股份有限公司股权分置改革方案》。

2006年7月6日，中国华电香港有限公司在北京正式成立。

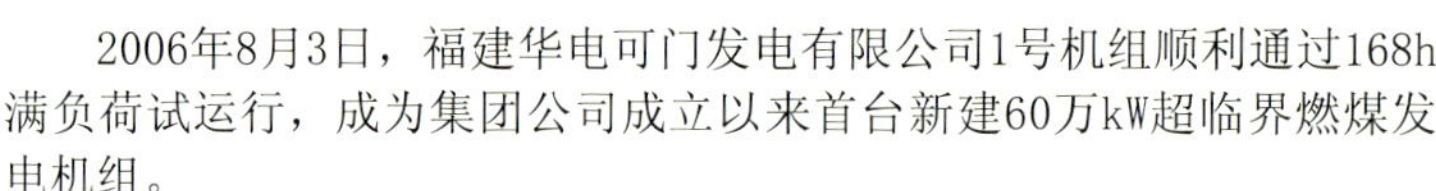
2006年8月3日，福建华电可门发电有限公司1号机组顺利通过168h满负荷试运行，成为集团公司成立以来首台新建60万kW超临界燃煤发电机组。

2006年8月12日，中国华电集团贵港发电有限公司一期工程项目开工。1号机组于2007年2月28日顺利通过168h满负荷试运行，成为广西壮族自治区第一台投产发电的60万kW燃煤发电机组。

2006年8月13日，集团公司在中国华电集团高级培训中心举行首届董事、监事培训班开班典礼。

2006年8月21日，集团公司在山东济南举行职工技能大赛。

2006年8月24日，集团公司与中国出口信用保险公司在北京签署战略合作协议。根据协议，中国出口信用保险公司将为集团公司开展海外投资、境外资源开发、对外工程承包及其他海外业务提供支持，协助集团公司加强跨境业务风险管理，保障海外投资及收汇安全。

2006年9月12日，集团公司在北京召开检修体制改革工作研讨会，研究推动集团公司检修体制改革工作。

2006年9月14～15日，集团公司在中国华电集团高级培训中心召开劳动用工和内部分配制度改革工作会议。

2006年10月28日，华电国际电力股份有限公司总部迁京挂牌仪式在北京举行。

2006年11月8日，规划装机容量100万kW的乌江思林水电站正式开工。

2006年11月10日，贵州华电电力检修有限公司揭牌成立。这是集团公司按照《公司法》规范运作成立的第一家股份制区域检修公司。

2006年11月20日，集团公司在福建福州召开水电厂防汛和大坝安全工作总结暨应急管理工作现场会。

2006年11月21日，集团公司与英国渣打银行签署战略合作协议暨海外资金管理协议。根据协议，渣打银行将为集团公司提供包括现金管理、环球市场、项目融资及财务咨询等在内的全方位的金融服务。

2006年11月23日，集团公司参加由国家电力监管委员会主办，中国电力企业联合会、中国电力报社承办的“和谐电力论坛”，与其他电力单位共同发起《共建和谐电力倡议书》。

2006年12月4日，国内首批、集团公司首台百万千瓦超超临界火电机组——华电国际电力股份有限公司邹县发电厂7号机组顺利完成168h满负荷试运行。

2006年12月26日，集团公司与山东省人民政府签订《关于加强能源领域节能环保合作的战略协议》。

2006年12月26日，集团公司在华电国际电力股份有限公司邹县发电厂举行发电装机容量突破5000万kW庆典大会。

2007年1月17日，集团公司与中国建设银行签署银企合作暨综合授信协议。双方将进一步加强传统项目融资、机构战略投资和金融产品创新等方面的合作。

2007年2月9日，新疆电力公司与华电新疆发电有限公司签署发电企业资产移交接收协议，华电新疆发电有限公司企业资产全部移交到位。

2007年3月12日，集团公司与云南省委、省政府签署《关于加快中国华电集团公司在滇电力开发带动地方经济社会发展的会谈纪要》、《中国华电集团公司支持云南省社会主义新农村建设十件惠民工程》等文件，就进一步加快集团公司在滇电力开发、参与社会主义新农村建设等方面工作加强合作。

2007年3月26～27日，集团公司在湖南长沙召开2007年基本建设工作会议。

2007年4月11日，中共中国华电集团公司党校揭牌成立。

2007年4月23日，集团公司与中海信托战略合作协议暨与交通银行、中海信托贷款协议签约仪式在北京举行。

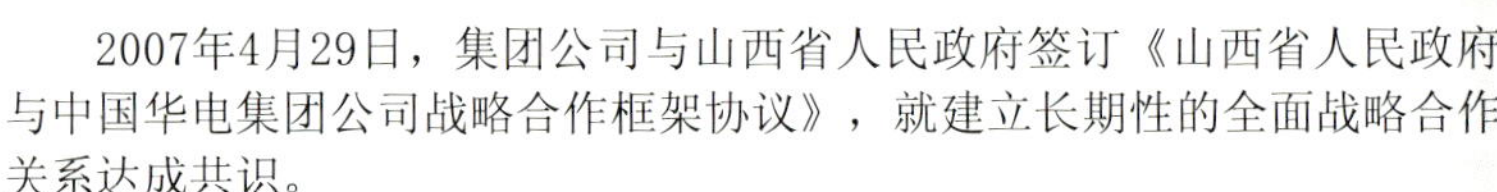
2007年4月29日，集团公司与山西省人民政府签订《山西省人民政府与中国华电集团公司战略合作框架协议》，就建立长期性的全面战略合作关系达成共识。

2007年5月14日，集团公司在北京召开煤炭工作座谈会。

2007年5月26日，集团公司举行“企业文化建设示范基地”命名表彰暨“感动华电”首场故事演讲会，树立企业文化建设的先进典型，着力提升集团公司企业文化建设的整体水平。

2007年6月16日，中国华电集团公司辽宁代表处揭牌成立。

2007年6月22日，中国华电集团公司上海代表处揭牌成立。

2007年6月28日，集团公司第一个完全利用生物秸秆发电的新型清洁能源项目——华电宿州生物质能发电有限公司一期工程奠基开工。

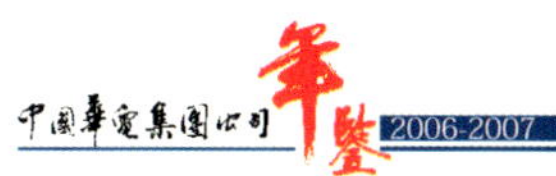

2007年6月29日，集团公司召开纪念建党86周年暨公司系统“两优一先”表彰视频会议。

2007年7月1～4日，集团公司在哈尔滨举行“迎奥运，展风采”乒乓球比赛。

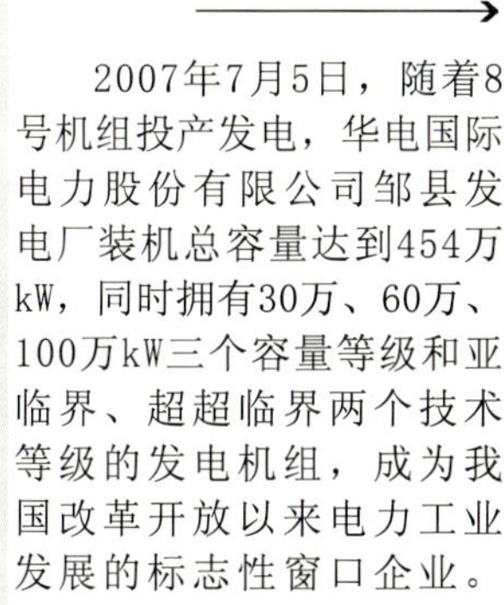

2007年7月5日，随着8号机组投产发电，华电国际电力股份有限公司邹县发电厂装机总容量达到454万kW，同时拥有30万、60万、100万kW三个容量等级和亚临界、超超临界两个技术等级的发电机组，成为我国改革开放以来电力工业发展的标志性窗口企业。

2007年7月17日，中国华电集团发电运营有限公司在北京揭牌成立。

2007年7月26日，华电国际电力股份有限公司邹县发电厂7号机组被国家发展和改革委员会确认为全国发电装机容量突破6亿kW标志性机组。

2007年8月8日，集团公司与陕西省安康市人民政府签订《陕西安康电厂项目投资框架协议》。

2007年8月14日，集团公司在山东济南举行燃煤采制化技能大赛。

2007年8月15日，贵州华电清镇发电有限公司两根120m高的小机组烟囱成功爆破拆除，标志着集团公司“上大压小、节能减排”工作迈出了新的步伐。

2007年8月21日，集团公司向对口支援的新疆维吾尔自治区喀什市无偿捐赠人民币300万元，并向当地贫困家庭赠送电视机1000台，认真履行国有企业的社会责任。

2007年8月31日，望亭发电厂“上大压小”改建工程1台60万kW级超超临界燃煤机组开工建设。

2007年9月12日，集团公司在北京召开新建单位人力资源优化配置研讨会。

2007年9月22日，集团公司与新疆维吾尔自治区政府在乌鲁木齐签订《投资建设新疆电力能源项目合作框架协议》。

2007年9月22日，华电宁夏灵武发电有限公司2号机组投产发电，实现“一年双投”，成为我国西北地区最大的空冷电厂。

2007年9月26日，中国华电集团新能源发展有限公司在北京揭牌成立。

2007年10月12日，集团公司在中国华电集团高级培训中心举办第五期中青年干部培训班。该培训班是集团公司党校成立后第一次举办的为期3个月的中青年干部培训班。

CHINA HUADIAN CORPORATION

中国电力报

权威 · 全面 · 诠释

创新让党建更具活力

——中国华电集团公司党建工作系列报道之一——

坚强动力支撑东北振兴

以优异成绩迎接十七大

2007年9～10月，《中国电力报》对集团公司党组坚持党建工作创新，不断加强和改进企业党的建设的成功经验与做法进行了集中报道，在电力行业乃至全国引起了热烈反响。

2007年10月和12月，湖南华电长沙发电有限公司一期2×60万kW工程两台机组相继建成投产，结束了湖南省省会长沙市没有支撑电源的历史。1号机组是国内首批、集团公司首台60万kW级的脱硝机组。

2007年11月16日，中国华电集团公司广东代表处揭牌成立。

2007年11月27日，华电国际电力股份有限公司召开“千万工程”胜利竣工暨装机容量突破2000万kW总结表彰大会。

2007年12月1日，集团公司在北京召开2008年电煤产运需衔接工作会。

2007年12月10日，集团公司收购上海奉贤燃机发电有限公司，实现了在沪电力装机容量零的突破。

2007年12月11日，集团公司与英国益可环境金融集团公司、德意志银行签订《CDM全面战略合作框架协议暨超超临界项目碳减排条款书》。这是我国电力行业二氧化碳减排第一笔超超临界购碳协议。

2007年12月12日，中国华电集团新能源发展有限公司与相关投资方签署协议，正式启动建设国内最大的分布式能源项目——设计装机容量为15.6万kW的广州大学城分布式能源站。

2007年12月23日，国家电力监管委员会在北京主持举行647万kW发电资产相关电厂安全生产责任及管理权转移协议签字仪式。湖北襄樊电厂一期和天津军粮城电厂正式移交集团公司管理。

2007年12月28日，集团公司在北京隆重举行成立五周年暨装机容量突破6000万kW庆祝会。

集团公司成立五周年庆祝晚会盛况。

中国华电集团公司

装机容量分布图

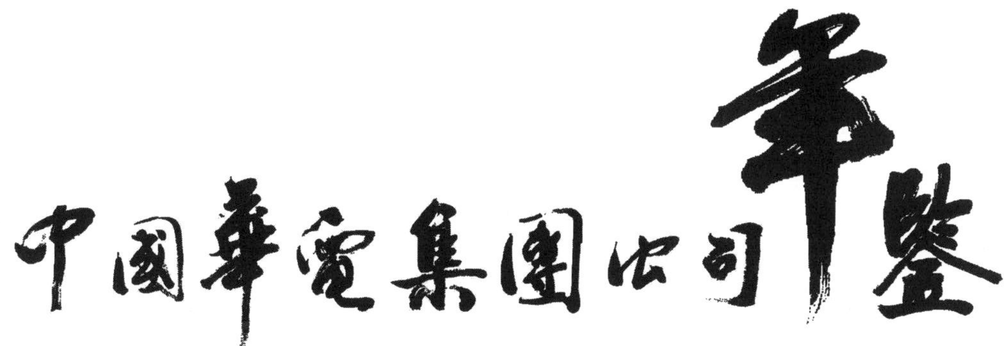

中国华电集团公司年鉴

2006～2007

《中国华电集团公司年鉴》编委会

中国电力出版社
www.cepp.com.cn

图书在版编目（CIP）数据

中国华电集团公司年鉴．2006～2007/《中国华电集团公司年鉴》编委会编．—北京：中国电力出版社，2009
ISBN 978－7－5083－8081－0

Ⅰ．中… Ⅱ．中… Ⅲ．电力工业－工业企业－中国－2006～2007－年鉴 Ⅳ．F426．61－54

中国版本图书馆 CIP 数据核字（2008）第 193222 号

中国电力出版社出版、发行
（北京三里河路 6 号 100044 http：//www．cepp．com．cn）
北京盛通印刷股份有限公司印刷
*
2009 年 5 月第一版 2009 年 5 月北京第一次印刷
787 毫米×1092 毫米 16 开本 41．25 印张 1268 千字 24 插页
印数 0001—2000 册 定价 **180．00** 元

《中国华电集团公司年鉴》编纂委员会

《中国华电集团公司年鉴》编辑部

主　　任：殷　岩

成　　员：王海军　郑成杰　李泉城　李建坤　郭春彦　严新荣
陈志轶　王晓实　牛拥军　邵　林　李红淑　殷红军
王刚军　于　壮　马良彦　王九红　王元福　王化栋
王立军　王志鹏　王良先　王　茹　王朕毅　王　健
王清海　王　琰　毛华斌　方　薏　邓冰山　艾泉金
卢荣奏　卢锦锐　叶新生　申旭东　史　军　史思祥
宁铁成　冯　均　冯　杰　冯德权　司元林　巩敦峰
吕　晶　吕锡江　朱述金　朱恒潮　朱德明　伍崇静
任　洋　刘汉平　刘　东　刘　达　刘进强　刘　晓
刘　强　江端阳　汤　滨　许　进　许海江　孙　刚
孙维正　苏　娟　李井泉　李　方　李伟平　李　冰
李守军　李来春　李奉波　李　欣　李　春　李党生
李福如　李慧武　杨子佳　杨为城　杨　帆　杨革新
杨桂俊　杨雪峰　杨　强　杨　琼　杨　瑾　杨　磊
肖克勤　肖　坤　肖秋发　吴　刚　吴　磊　邱忠生
汪　波　张一欣　张占海　张秀敏　张　钊　张幸福
张泽光　张俊霞　张　勇　张恒学　张　珂　张德宏
陆忠卫　陈月华　陈华清　陈言文　陈晓贤　陈　磊
武　云　林剑文　罗　芳　罗迟建　罗德琴　岳玉文
周艺军　周宁刚　周　鳌　郑　峰　房子君　孟立忠
孟　超　项洪高　赵双城　赵光银　赵　阳　赵海红
胡佐君　胡建英　柯文学　祝自敬　袁光胤　袁明江

贾建章　顾士贞　顾　涛　顾皓云　柴梅昌　徐礼赞
徐津梅　翁　杰　高　飞　高　鹏　郭绪山　唐新天
黄亿章　黄剑峰　黄辉娇　曹建勇　梁译之　梁金龙
梁俊韬　葛丽君　蒋　高　韩　明　栗　勇　鲁承宏
童　刚　童如青　谢　明　谢菊蓉　赖茂长　廖晓东
廖海东　谭铁坚　樊进禄　潘　涛　潘敏俭　黎锦祥

特约撰稿人： 丁小平　丁嘉树　于四宝　于永红　马子平　马天骄
马文波　马延海　马丽娟　孔祥鹏　尹淑芝　王　劲
王　亮　王　舒　王双建　王文远　王传波　王光萍
王志强　王海滨　王跃强　邓松梅　付令红　冯程辉
司元林　田雯雅　石中锋　任　文　任天波　刘　畅
刘　海　刘仁忠　刘丽新　刘启华　刘育新　刘爱平
刘随生　刘雪梅　向　异　孙红彬　朱志伟　朱德元
毕　克　许秀玲　邬文吉　严　浩　何　玲　何宏强
何春雨　余良权　吴　剑　吴长峰　张　良　张　凯
张　哲　张　涛　张文星　张廷兰　张坤瑶　张海燕
张淑芬　张维钻　张智勇　张豫江　李　芳　李　渊
李小刚　李文平　李永杰　李生坦　李志伟　李祥军
李聪慧　杨小玲　杨伟利　杨哲宇　杨晓红　沈　忠
沈智丽　肖　勇　肖　寒　邵　杰　邹学军　陆康辉
陈志光　陈朝辉　陈德贵　弥惠萍　林梅香　罗　娜
罗成昆　罗海梅　范　方　范红艳　范素华　郑莉莲
金奕平　金琳娜　姚海军　姚盛斌　姜　林　洪雅娟
胡　宏　胡立新　胡尚诚　胡昌惠　赵　勇　赵凤毅
赵国伟　赵隆宝　钮杰佳　唐忠春　唐新天　徐　雯
柴金成　秦　剑　秦玲琳　袁　伟　袁光胤　高　飞
高朝霞　寇　红　崔本明　曹　红　曹　春　曹　智

责任编辑：陈洪治　罗迟建　隋　虹

编辑说明

EDITEXPLALN

1.《中国华电集团公司年鉴》是由中国华电集团公司（简称集团公司）主编的企业年鉴，旨在全面、系统、翔实地记载集团公司各项事业的工作成就和向战略目标迈进的发展历程，发挥年鉴资政、知情、教化、存史、窗口作用，为集团公司经营发展服务。同时，它也是一部融史实性、指导性、全面性、实用性和可读性为一体，文、图、表并茂，对外公开出版的综合性大型资料工具书。

2. 编纂《中国华电集团公司年鉴》的指导思想是：以邓小平理论、“三个代表”重要思想和科学发展观为指导，坚持实事求是、与时俱进的方针，紧密围绕集团公司的发展战略，贯穿发展主题，把握工作重点，突出企业特色，全面反映各项工作的新特点、新成就和新经验，努力做到体系完整、时间连续、内容真实和行文规范。

3. 本年鉴为《中国华电集团公司年鉴》的第二卷，是集团公司成立后 2006～2007 年的两年合编本，编入资料的时间范围为 2006 年 1 月 1 日～2007 年 12 月 31 日，少数条目酌情收录了一些回溯性、展望性资料。文中涉及的领导班子组成、组织机构及有关事件，除特别注明外，均为 2007 年末的情况。

4. 本年鉴记载的主体是集团公司，并收录了公司系统有关成员单位。集团公司参股企业以及 2007 年 12 月 31 日之后成立的单位没有纳入本年鉴。

5. 本年鉴采用分类编辑法，按篇目、栏目、条目三层结构进行编写，共设 16 个篇目，即特载、集团公司概况、总部建设与管理、科学发展、安全生产与运行、经营管理、内部改革、科技与环保、信息化建设与管理、人力资源管理、党的建设和精神文明建设、交流与合作、成员单位、大事记、统计资料、人物和荣誉，共 52 个栏目、432 个条目，总字数约 120 万字。

6. 本年鉴采用文章和条目两种体裁，以条目体为主，并选配具有一定史料价值的图片共 115 幅，力求做到图文并茂。

7. 本年鉴中的单位名称、集团总部各部门名称首次出现均使用规范全称，重复出现一般使用简称。除特别注明外，文中“中国华电”、“华电集团”或“集团公司”均指“中国华电集团公司”。领导人员在文中首次出现时，在其姓名前加写主要职务，重复出现只写姓名，不再加写职务。

8. 本年鉴“成员单位”篇目中，【领导班子】条目系指广义的领导班子，包含公司制企业法人治理结构，亦包含非公司制企业和单位的党政班子。

9. 本年鉴“人物和荣誉”篇目中，主要收录受中央直属机构及特设机构表彰的荣誉；受省委、省政府表彰的荣誉；受省级以上国家机构、部分社会团体表彰的有关荣誉；受集团公司表彰的综合性荣誉和部分专项工作荣誉；酌情收录了受省级工会、团委表彰的荣誉。

10. 本年鉴的编纂工作在《中国华电集团公司年鉴》编纂委员会的领导下进行。稿件由集团总部各部门、各单位确定专人负责撰写，并经以上撰稿部门、单位领导审核，由年鉴编辑部汇总编辑。

《中国华电集团公司年鉴》编辑部

二〇〇八年十一月

篇目

CONTENTS

目录 CONTENTS

二、集团公司概况

三、总部建设与管理

四、科学发展

五、安全生产与运行

六、经营管理

七、内部改革

八、科技与环保

九、信息化建设与管理

十、人力资源管理

十一、党的建设和精神文明建设

十二、交流与合作

十三、成员单位

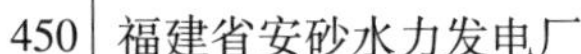

450 福建省安砂水力发电厂
451 福建省池潭水力发电厂
452 中国华电集团福建华安水力发电厂
453 中国华电集团福建南靖水力发电厂
454 华电厦门电厂
455 华电福建发电有限公司湄洲湾电厂运行分公司
456 湖北华电襄樊发电有限公司
457 湖北西塞山发电有限公司
458 湖北华电黄石发电股份有限公司
459 湖北华电武昌热电有限公司
460 湖北汉源电力开发有限公司
461 湖南华电长沙发电有限公司
463 湖南华电石门发电有限公司
464 湖南华电常德发电有限公司
464 华电新乡发电有限公司
466 华电国际漯河电厂筹建处
466 中国华电集团贵港发电有限公司
467 云南华电昆明发电有限公司（中国华电集团公司云南昆明发电厂）
468 云南华电巡检司发电有限公司
470 中国华电集团公司云南以礼河发电厂
470 中国华电集团公司云南绿水河发电厂
472 中国华电集团公司云南石龙坝发电厂
472 云南华电镇雄发电有限公司
473 乌江渡发电厂
474 贵州大方发电有限公司
475 东风发电厂
476 洪家渡发电厂
477 索风营发电厂
477 贵州华电大龙发电有限公司
478 贵州华电清镇发电有限公司
479 贵州华电遵义发电有限公司
480 贵州华电桐梓发电有限公司
481 构皮滩发电厂
482 思林发电厂
483 沙沱电站建设公司
483 贵州华电毕节热电有限公司
484 贵州华电电力检修有限公司
485 四川广安发电有限责任公司
487 中国华电集团公司四川宝珠寺水力发电厂、四川紫兰坝水电开发有限责任公司

十六、人物和荣誉

一

特　　载

重要批示

温家宝批示

得知华电百万千瓦超超临界燃煤机组投产，谨致祝贺。要积累经验，继续努力，确保机组安全、稳定运行。

——2006年12月4日，集团公司首台百万千瓦超超临界机组——华电国际电力股份有限公司邹县发电厂7号机组顺利通过168h满负荷试运行，各项技术指标优异。中共中央政治局常委、国务院总理温家宝专门作出批示。

黄菊批示

2005年华电集团采取多项措施，努力增加电力供应，全年完成发电量1630亿千瓦时，增长17%，销售收入、利润都有较大增长，企业综合实力进一步增强。2006年是“十一五”规划开局之年，希望华电集团公司结合召开年度工作会议，认真落实中央经济工作会议精神，加强企业基础管理工作，保持企业安全生产，采取措施降低成本，加快机制体制创新和技术创新，提高资源利用效率，进一步提高企业经营管理水平，不断发展壮大。

——中共中央政治局常委、国务院副总理黄菊对集团公司2006年工作会议作出批示。

曾培炎批示

贺恭同志：2005年，华电公司开拓进取、扎实工作，经营管理水平不断提高，经济效益、资产质量、安全生产迈上了一个新台阶。希望你们在新的一年里，坚持以科学发展观统领各项工作，更加注重资源节约和环境保护，更加注重深化改革和转换机制，更加注重自主创新和结构调整，努力实现企业更快更好地发展，为实现“十一五”规划的良好开局作出更大的贡献。

——中共中央政治局委员、国务院副总理曾培炎对集团公司2006年工作会议作出批示。

2006年以来，华电集团深化改革，加强管理，经营效益大幅提升，各项工作取得新成绩，实现了“十一五”的良好开局。新的一年，希望你们继续全面贯彻落实科学发展观，落实中央经济工作会议和中央企业负责人会议精神，进一步提高经营管理水平，增强企业素质和竞争力，切实加强节能环保和安全生产工作，推动集团做大做强。祝同志们在新的一年里工作顺利。

——中共中央政治局委员、国务院副总理曾培炎对集团公司2007年工作会议作出批示。

马凯批示

过去的一年，华电公司扎实开展保持共产党员先进性教育活动，干部队伍建设得到加强，也极大地促进了工作，精心组织生产，克服重重困难，为完成电力迎峰度夏作出了积极贡献。希望在新的一年里，再接再厉，为确保安全稳定供电，全面完成公司提出的各项任务，实现“十一五”开好局作出更大贡献。

——国家发展和改革委员会主任马凯对集团公司2006年工作会议作出批示。

过去的一年，华电公司认真贯彻中央的一系列决策和部署，企业发展进一步加快，结构进一步优化，管理水平进一步提高，各项工作都取得新的成绩。希望在新的一年里，继续认真贯彻落实科学发展观，狠抓安全生产，狠抓节能减排，推进体制改革，确保安全稳定供电，为国民经济和社会发展作出更大贡献。

——国家发展和改革委员会主任马凯对集团公司2007年工作会议作出批示。

李荣融批示

贺恭同志并中国华电集团公司：2005年，你们深化改革，扎实工作，全面实施公司发展战略，优化存量资产结构，强化内部管理，保持安全生产，取得了规模和效益快速增长的良好业绩，向你们表示祝贺。望在新的一年里，继续扎实推进各项改革，大力推动科技创新，优化资源配置，提升国际竞争能力，为国民经济平稳发展再作新贡献！

——国务院国有资产监督管理委员会主任李荣融对集团公司2006年工作会议作出批示。

2006年，华电集团认真落实科学发展观，实现了“十一五”良好开局，向你们表示祝贺和感谢！

同意你们2007年的工作思路，以创建国际一流企业为目标，夯实各项基础，提升管理水平，提高队伍素质，奋力开拓，扎实工作，再创新水平！

——国务院国有资产监督管理委员会主任李荣融对集团公司2007年工作会议作出批示。

柴松岳批示

贺恭同志并中国华电集团公司：过去的一年，华电集团公司克服了煤炭供应、运输紧张等困难，周密部署，真抓实干，确保稳定发电，确保迎峰度夏，保证安全生产，加强内部管理，优化电源结构，推进电力体制改革，各方面工作都取得了不俗的成绩，在此，向你们表示热烈的祝贺！

希望你们在新的一年里，认真贯彻党的十六大和十六届五中全会精神，坚持以科学发展观统领公司工作全局，坚定信心，扎实工作，努力实现公司更快更好地发展，为公司“358”战略计划第二阶段目标起好步，为我国电力工业可持续发展作出新的贡献！

值此新春佳节即将来临之际，谨向你及中国华电集团公司系统全体干部职工致以节日的问候！

——国家电力监管委员会主席柴松岳对集团公司2006年工作会议作出批示。

重要文献

关于曹培玺、贺恭同志职务任免的通知

中委［2006］262号

中共中国华电集团公司党组：

中央批准：曹培玺同志任中国华电集团公司党组书记，免去贺恭同志的中国华电集团公司党组书记职务。

中共中央（印）

二〇〇六年十月十九日

关于曹培玺、贺恭职务任免的通知

国人字［2006］89号

中国华电集团公司：

国务院2006年10月31日决定，任命曹培玺为中国华电集团公司总经理；免去贺恭的中国华电集团公司总经理职务。

中华人民共和国国务院（印）

二〇〇六年十月三十一日

关于邓建玲、陈建华同志任职的通知

国资党任［2007］22号

中国华电集团公司：

经研究，邓建玲、陈建华同志任中国华电集团公司党组成员。

国资委党委（印）

二〇〇七年四月十一日

关于邓建玲任职的通知

国资任字［2007］32号

中国华电集团公司：

经研究，任命邓建玲为中国华电集团公司副

总经理。

国务院国有资产监督管理委员会（印）
二〇〇七年四月十一日

关于王怀书任职的通知

国资任字［2007］93 号

中国华电集团公司：

国资委决定，聘任王怀书为中国华电集团公司总会计师，试用期一年（2007 年 9 月至 2008 年 9 月）。

国务院国有资产监督管理委员会（印）
二〇〇七年九月十四日

全面贯彻落实科学发展观 努力实现集团公司更快更好发展

集团公司 2006 年工作会议工作报告

集团公司党组书记、总经理　贺　恭
（2006 年 1 月 22 日）

这次工作会议的主要任务是：以“三个代表”重要思想和科学发展观为指导，认真贯彻落实十六届五中全会、中央经济工作会议、全国科学技术大会、中央企业负责人会议，以及中央、国家有关部门年底前后召开的一系列会议精神，全面总结公司 2005 年及集团成立三年来的工作，分析形势，交流经验，部署 2006 年工作，动员公司全体干部员工，在国家“十一五”开局之年，立足新起点，谋求新跨越，为实现公司“358”战略计划第二阶段更快更好发展而努力奋斗。

下面，我向会议作工作报告，讲三方面内容。

一、2005 年公司工作回顾

2005 年是实现公司“358”战略计划第一阶段目标的关键之年。一年来，公司系统坚持以“三个代表”重要思想和科学发展观为指导，坚决落实中央宏观调控政策和电力改革发展的各项部署，以开展保持共产党员先进性教育活动为动力，全面落实“一二三四五”的基本工作思路，以实施公司发展战略统筹推进生产、经营、改革、发展、稳定各项工作，全面超额完成了国务院国资委经营业绩考核指标和年度经营发展任务，圆满实现了“358”战略计划第一阶段目标。

（一）主要指标完成情况

——完成发电量 1629.28 亿kW·h，同比增长 17.7%，完成年度计划目标 1600 亿 kW·h 的 101.8%。其中，火电完成 1470.09 亿kW·h，同比增长 16%；水电完成 159.19 亿kW·h，同比增长 36.6%。

——完成综合供电煤耗 366.26g/(kW·h)，同比下降 4.61g/(kW·h)，比年度计划目标低 0.74g/(kW·h)；供电煤耗 363.06g/(kW·h)，同比下降 4.08g/(kW·h)，比年度计划目标低 0.54g/(kW·h)。

——实现销售收入 450 亿元，同比增长 26.94%，完成年度预算目标 430 亿元的 104.7%。

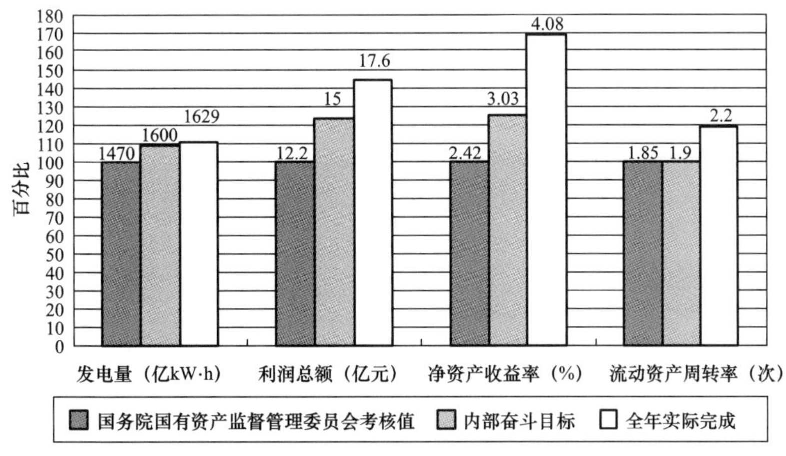

集团公司 2005 年主要指标完成情况

——按快报数字，实现利润总额 17.6 亿元，同比增长 46.4%，完成预算目标 15 亿元的 117.33%。净利润 3.18 亿元，同比增长 3.7 倍，完成预算目标 2.3 亿元的 138.3%。

——实现净资产收益率（含少数股东权益）4.08%，比 2004 年提高 1.18 个百分点，比年度预算目标高 1.05 个百分点。

——完成流动资产周转率 2.2 次，比 2004 年快 0.12 次，比年度预算目标 1.9 次快 0.3 次。

——投产发电容量 791.1 万 kW，比年度计划目标多 61.1 万 kW。

——实现员工总人数负增长，劳动生产率 30 万元/人，比年度计划目标提高 9 万元/人。

——公司系统没有发生重大安全生产事故、严重违法违纪案件和对公司形象、稳定造成重大不利影响的事件。

国务院国有资产监督管理委员会考核的发电量、利润总额、净资产收益率、流动资产周转率等 4 项指标，分别完成 111%、144%、169%、119%。

（二）全年主要工作情况

1. 认真落实科学发展观，全面实施公司发展战略

制定了《中国华电集团公司 2010 年发展战略规划》及 15 个专题规划，编制了 2003～2010 年电源建设计划和煤炭开发计划，启动了区域战略规划研究编制工作。公司系统以科学发展观为统领，以公司发展战略为主线，全面推进存量资产营运改善，增量资产科学发展及煤炭、金融两翼快速拓展，进一步完善体制机制，确保了“358”战略计划第一阶段目标顺利实现。

2. 建设长效机制，确保安全生产

公司系统面对电煤供应偏紧、煤质下降，台风、洪涝灾害频发，新建机组投产任务重等对安全生产带来的不利影响，超前部署应急预案，扎实开展各项安全检查工作，进一步加强安全生产长效机制建设，总体上保持了生产安全稳定的形势。全年机组非计划停运次数同比降低 24.46%。设备一类障碍同比降低 25.1%。等效可用系数达到 93.04%。38 家企业没有发生非计划停运，福建华安等 12 家企业安全生产超 3000 天。福建、安徽、四川、浙江等地区企业积极应对台风和洪涝灾害，取得救灾、保电双丰收。黑龙江地区企业在哈尔滨地区发生水污染停水 4 天的突发事件中，采取紧急措施保证市政和居民供热，受到当地政府和群众的赞扬。

3. 全面推进营运改善，扭亏增盈成效显著

全面实施存量资产营运改善工作，深入开展创建优秀发电企业活动，大力加强燃料、运行、检修管理，努力降低厂用电和供电煤耗，企业各项技术经济指标不同程度地向好的方向转变。在煤质下降的情况下，公司综合供电煤耗比 2004 年降低了 4.61g/(kW·h)。华电国际邹县发电厂大力推进精细化管理，在全国大机组竞赛中名列前茅。公司系统上下积极配合，有效控制流动资产占用水平，公司流动资产周转率明显提高。

推动营运改善向基本建设领域延伸。对集团投资项目开展财务评价、跟踪审计和预期效益分析测算，建立投资回报责任制。完善工程优化设计和管理标准，促进工程建设节约用地、用水、用材，火电工程造价降低 5%～8%。内蒙东华热电等 18 个项目通过优化设计，静态投资比限额指标下降近 40 亿元；通过科学编制并严格实施执行概算，江苏望亭燃机等 19 个项目如不发生重大设计变更，预计节约投资 28.8 亿元。

继续坚持“两条腿走路”的方针，着力向内挖潜，增收节支，降本增效，扭亏增盈取得新的成果。51 家单位完成经营业绩责任书确定的利润预算目标，42 家单位完成扭亏增盈责任书确定的扭亏增盈目标。17 家企业实现扭亏，尤其是宝珠寺、红雁池等亏损大户实现盈利，北京热电大幅减亏。公司系统比 2004 年减亏 7.76 亿元，减亏幅度达 65.2%，亏损面由 2004 年的 46.7% 下降到 23.5%。区域扭亏成效显著，福建、四川、云南、贵州、浙江、湖北地区如期扭亏，新疆地区由成立初的“一片红”到 2005 年实现整体提前扭亏，黑龙江地区实现了无亏损企业。

4. 大力加强市场营销，“三电”工作取得明显成效

公司系统千方百计争取和落实电量，合理安排发电设备检修、运行调度、燃料供应，实现了发电量增长率持续超全国平均水平。水电同比增长 36.6%，湖北、新疆、福建、北京、四川地区电量增长率均在 20% 以上，为公司电量和利润增长作出了突出贡献。

抓住国家实行煤电、煤热价格联动和疏导电

价的政策机遇，使内核电厂电价矛盾得到较大程度的缓解，新投机组电价全部落实，热价调整取得进展。公司系统售电平均单价累计完成316.78元/(MW·h)，同比提高21.69元/(MW·h)。平均热价完成25.28元/GJ，同比提高3.07元/GJ。四川宝珠寺、北京热电及福建、贵州地区电厂的电价提高幅度较大。电热费回收有所好转。

积极应对区域电力市场发展，确立了“统一协调、统一竞价、优势共享、责任共担”的工作管理模式。东北地区企业竞价上网工作探索积累了经验，整体上获得成功，五家竞价电厂获得发电量305亿kW·h，发电量同比增长11%。富拉尔基发电总厂积极开展电量、电价工作，实现利润超过1亿元，比2004年大幅增长。铁岭电厂努力应对竞价上网和煤炭、环保成本大幅上升的冲击，在上半年大幅亏损的情况下，全年取得较好的经营成果。四川地区企业争取到15.5亿kW·h的直供电量，直购电价比2004年提高40元/(MW·h)。

5. 优化调整电源结构，加快推进电源项目建设

公司成立前期工作催批小组，加大前期工作力度。在重点项目发展、项目储备、战略布局方面取得较快较大的进展。公司进入国家发展改革委2005~2007年三年火电项目核准计划的项目共28项2474万kW。通过国家发展改革委核准16项1568万kW，地方发展改革委核准水电项目4项47.8万kW、燃机项目2项75万kW。牵头组建了金沙江中游水电开发有限公司，正式启动金沙江中游水电开发。与西藏自治区人民政府签署了水电开发战略合作协议。参股浙江三门核电项目。开始建设内蒙华电辉腾锡勒10万kW风电项目。北京热电异地改扩建项目获北京市发展改革委核准并被列为2008奥运配套项目，使集团在首都北京的发展迈出重要步伐。与印度尼西亚投资方签订印度尼西亚南苏4×60万kW项目合作框架协议，“走出去”迈出扎实的步伐。华电国际已经开始从山东走向全国，资产分布扩大到五个省区。内蒙古、安徽、湖南地区大力开拓，已经显现出新的发展活力。

工程建设快速突破，超额完成全年基建投产目标。各区域公司和项目管理单位克服工期紧、设备供应滞后等各种困难，为集团壮大实力、做强做大作出了突出的贡献。其中，内蒙乌达、江苏扬州、安徽池州、内蒙古东华、四川攀枝花、宁夏中宁、福建周宁、贵州索风营等项目一年双投；浙江半山、江苏望亭和戚墅堰克服经验缺乏、燃气供应不足的困难，提前实现7台273万kW燃机全部投产；昆明、青岛、石门等电厂提前较多工期完成首台机组投产任务。各项目加强工程建设“质量、造价、工期”管理，安全质量和施工进度处于受控状态。周密安排、充分落实新建项目的生产准备，新投机组取得初步效益。内蒙乌达当年完成发电量13.1亿kW·h，实现利润近5000万元。同时，邹县两台百万千瓦超超临界机组，福建可门、内蒙古包头、山东潍坊、安徽宿州、广安三期、湖北襄樊、河南宝山、宁夏灵武、广西贵港等60万kW超临界机组及乌江构皮滩等在建大型重点工程建设进展顺利。

加强科技和环保工作。取得环保批复项目31个，总容量2616万kW，水保批复项目25个，总容量2214万kW。下达环保技改项目35项，完成投资3.94亿元。积极推进公司在两控区“十五”计划内重点脱硫项目，包括重点脱硫项目在内，共9项脱硫技改工程如期开工。排污费缴费得到较好控制。安排科技项目22项，资金总额5103万元。十里泉煤粉秸秆混燃机组投产，在可再生资源利用方面迈出可喜步伐。继续推进系统信息化建设，实现了系统无纸化办公，完善了视频会议系统，全面启动应用系统研发实施。

6. 煤炭、金融快速拓展，资本市场运作良好

重组成立华电煤业集团，先后与四川、内蒙古、黑龙江、山西、陕西、河南、山东等地方大型煤业集团签订战略合作协议，共同开发有关煤炭项目。投资建设山西、陕西、河北、新疆等地区煤电一体化项目，投资建设福建可门储运中心，参股建设石太铁路专线。已经投资煤炭项目5个，建设规模1125万t/年，占有煤炭资源15亿t。组织公司系统电煤供应8500万t。

进一步加强金融运作。在巩固与各金融机构战略合作的基础上，分别与交通银行和国家开发银行签订了《现金管理服务协议》。结算中心归集资金46.7亿元，归集率达到93%。财务公司向系统内发放贷款63亿元，实现利润7884万元。保险中介公司安排保险金额1170亿元，实现利润1169万元。金融运作“新三部曲”开始起步并获得突破性进展，参股的建信基金管理公司已经开业，参股华商基金公司及重组信托投资公司的前期工

作基本就绪，投资参股商业银行的工作取得突破。

努力推进资本市场的运作，发挥上市公司融资窗口作用。抓住有利时机，实现华电国际19.6亿元A股成功上市。成功发行20亿元“05华电债”，并与“04华电债”先后成功上市。积极稳妥推进四家上市公司股权分置改革工作，黔源电力股改方案已顺利实施，另外三家上市公司正在精心准备。

7. 企业改革继续深入，体制机制有所创新

对石家庄水电厂、清镇电厂、遵义电厂进行了公司化改制，公司内部核算电厂改制重组工作按计划全面完成。将云南地区华电企业重组为全资子公司。已经改制重组的企业和地区，显现出好的经营发展势头。在四川地区开展试点的基础上，研究制定并向国务院国资委上报了公司企业主辅分离、辅业改制总体方案。积极稳妥推进分离企业办社会职能工作。开始研究和编制集团股份制改造、引入战略投资者和整体上市方案。

进一步健全了经营业绩考核制度，全面建立资产经营责任制、扭亏增盈责任制、项目投资回报责任制，建立部门经营管理目标责任制，形成纵横结合的责任考核体系。全面实行“工效挂钩”的分配制度，推行了企业领导人员年薪制，实现了制度创新。

8. 优化人力资源配置，实施“人才强企”战略

广泛开展“四好”领导班子创建活动。对本部机构、干部进行了优化调整。加强了优秀年轻干部的培训锻炼。对系统近百家企业班子进行调整加强，调整充实干部220余人。启动实施“人才强企”战略和“22211”人才工程，构建了人力资源开发培训机制，建立了专业技术职称和技能鉴定工作体系。集团高培中心建成并开始运转。举办了三期本部和公司系统厂（处）级领导干部培训班。举办总会计师培训班及生产、财务、纪检、计算机等专业培训班共计61个班次，受训人员4240人次。制定实施企业劳动定员标准和新建项目人员配置办法。积极推行公开、竞争、择优的用人制度改革。实行企业经营管理领导人员聘用制，全员劳动合同制。系统内人力资源初步实现跨区域配置，湖北地区向外输送550人的配置方案落实较好。有效控制了用工规模，公司系统员工总数由成立初的86326人降到2005年底的81928人，平均用工人数由成立初的27人/万kW降到21人/万kW。劳动生产率由成立初的22万元/人提高到30万元/人。

9. 扎实开展先进性教育活动，企业党的建设、企业文化建设继续加强

公司系统先进性教育活动分两批开展，取得预期效果。第一批集团总部和在京直属单位群众满意率为100%，第二批群众满意率平均达99.32%，其中76个单位群众满意率达到100%。集团公司被国务院国资委党委列为先进性教育活动集中宣传的10家中央企业典型单位之一。乌江公司、扬州发电公司、漳平电厂等一批企业成为当地先进性教育活动的先进典型。地方党委或督导组共在公司10个单位召开现场会或经验交流会，20多个单位在地方党委召开的会议上作典型发言。按照“关键是要取得实效”和“建成群众满意工程”的要求，健全完善先进性建设十项长效机制，全力落实整改措施。

与先进性教育活动相结合，进一步加强了企业党的建设、思想政治工作、企业文化建设。成立了职工思想政治研究会，制订了《文明单位考评标准》，大力宣贯公司企业文化建设纲要和企业文化理念方案，全面实施企业文化建设“一二三四五”工程，初步构筑了“一主多元、各具特色”的华电特色企业文化体系。系统上下普遍重视公共关系工作，在各区域、社会各界努力树立华电良好形象。各单位认真落实稳定工作责任制，深入开展细致的思想工作，及时化解不稳定因素，总体上保证了职工队伍稳定。

10. 认真做好监督和控制风险工作，保证企业依法经营和健康发展

积极配合国务院派驻公司监事会的工作。以范有年同志为主席的监事会，本着“一监二帮”的方针，对华电集团三年来的经营进行了有效的监督，对公司各方面工作给予了很大的帮助。公司纪检监察、内部审计、财务稽查等项工作形成监督合力，为企业依法经营和健康发展提供了有力保障。集团公司制订了进一步严肃财经纪律，确保集团经济安全和进一步规范关联交易，促进综合产业持续健康发展两个政策性文件，组织对高风险业务和“四乱一小”进行清理，进一步加强财务风险控制和规范关联交易工作。深入开展廉洁自律教育，建立健全教育、制度、监督并重

的惩治和预防腐败体系，加强源头治理、关键环节监督、职务犯罪预防、案件查处和效能监察工作，有效地保证了干部廉洁和经济安全。“四五”普法工作圆满完成。

同志们，回顾2005年工作，系统广大干部职工团结拼搏，攻坚破难，成绩来之不易，精神更当嘉奖。这次会议上，将隆重表彰各方面的先进单位。我代表公司党组向大家表示诚挚的感谢，并通过你们向全体华电员工表示崇高的敬意和亲切的慰问。

二、公司“358”战略计划执行情况和“十一五”的形势任务

（一）“358”战略计划执行情况

随着2005年经营发展目标的全面完成，公司“358”战略计划“三年跨一步”的阶段性目标圆满实现，这是公司发展史上一个重要的里程碑。

经过3年的艰苦努力，集团公司装机容量由2554万kW增加到3881万kW，年均增长14.97%；发电量由1161亿kW·h增长到1629亿kW·h，年均增长11.94%；资产总额由835亿元增长到1492亿元，年均增长21.35%；实现利润总额由8.76亿元达到17.6亿元，年均增长26.18%；净资产收益率由2.45%提高到4.08%，年均增长29%；电源项目分布从14个省（区、市）扩大到21个省（区、市）。初步形成了高效火电、大中型水电和其他电源合理比例的发展格局；初步构建了战略区域、重点区域和其他区域互为支撑的区域格局；初步培育了以发电为主体，煤炭、金融为两翼的主业格局。总体上改变了公司成立初资产质量较差、经营水平不高、结构比较单一的状况，较好地实现了规模与效益同步增长，效益增长速度高于规模增长速度的科学发展。

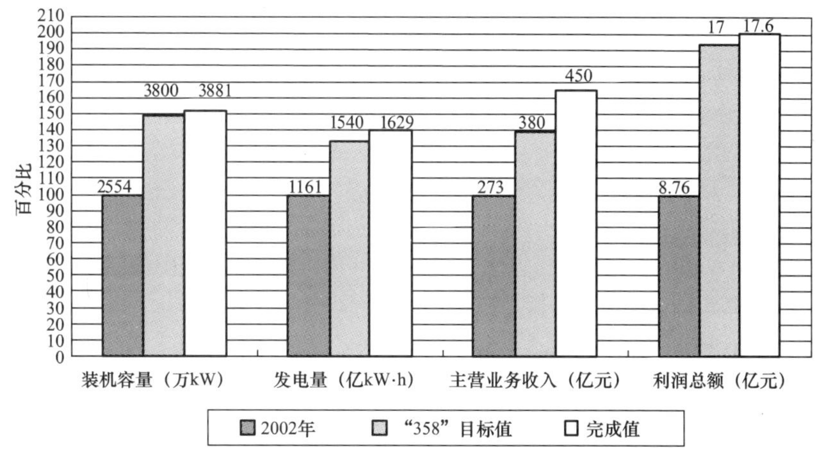

集团公司“358”战略计划第一阶段主要目标完成情况

集团公司成立以来主要生产经营发展指标表

指　　标	单位	2002年	2003年	2004年	2005年	年均增长
装机容量	万kW	2554.25	2864.2	3079.15	3881.41	14.97%
发电量	亿kW·h	1161.49	1248.22	1384.21	1629.28	11.94%
供电煤耗	g/(kW·h)	369.51	370.34	367.14	363.06	-2.15*
主营业务收入	亿元	273	300	354.5	450	18.13%
总资产	亿元	835	958	1180	1492	21.35%
利润总额	亿元	8.76	9.85	12.02	17.6	26.18%
净利润	亿元	-4.78	0.19	0.68	3.18	409%
净资产收益率	%		2.45	2.90	4.08	29%**
流动资产周转率	次		1.99	2.08	2.2	5.3%**

*　三年平均降低数。

**　近两年平均增长率。

三年的成效概括起来，主要有以下四方面：

（1）华电的发展战略已经确定并全面推进，得到了广大干部员工的积极呼应。公司发展战略和“358”战略计划，是科学发展观、现代管理理论和公司发展实践相结合的产物，凝聚了广大干部员工的心血，是集体智慧的结晶，是经过初步实践检验、能够引领公司可持续发展的纲领。

（2）华电的存量资产、增量资产均有长足的进步。做强做大主业取得初步成效，从总体上走出了资产质量较差、经营成果较差的局面，开始形成良性循环、科学发展的态势。

（3）华电的品牌、形象树了起来，“诚信、高效、合作、服务、环保”的理念、作风初步形成并得到广泛认可。

（4）华电大家庭的向心力、凝聚力不断增强。公司系统上下一条心，拧成一股绳，就像公司徽标所寓意的那样，生成推动事业发展的强大合力。

在推进公司科学发展、改善营运、优化结构、完善机制、提升管理、提高效益的实践中，也摸索总结出符合集团公司实际的经营管理经验。这些经验集中体现为“五个坚持”：

一是坚持以科学发展观为指导，全面贯彻落实中央的精神，树立强烈的办好国企、扭转华电落后状况的信心和决心。

二是坚持以发展战略引领各项工作，生产经营与资本运营并举，存量改善与增量发展互动，改革创新与强化管理结合，员工发展与企业发展协调，采取切实措施推动公司朝着做强做大的方向迈进。

三是坚持经营发展上“两条腿走路”的方针。在经营上，一方面着力向内挖潜，降本增效；一方面积极争取政策、改善环境。在发展上，一方面抢抓机遇，加快发展；一方面慎控风险，优化结构。

四是坚持“以人为本”，搞好人力资源的优化调整，妥善处理改革、发展、稳定三者之间的关系，力求使广大员工在集团公司提升素质、发展壮大的过程中，能够在物质和文化两方面获得合理的与时俱进的成果。

五是坚持发挥国企优势，把精神文明建设和物质文明建设结合起来，把思想政治工作同经营工作结合起来，把加强党的领导同现代企业制度推进结合起来，把企业自我约束与加大监督力度结合起来，确保企业的政治方向和经济安全。

对比公司成立之初起点上的相对劣势，公司三年来取得的成绩和经验为公司在“十一五”的发展奠定了较好的基础，进一步增强了我们更快更好发展的信心和力量。同时，也应清醒地认识到，公司仍存在一些比较突出的矛盾和问题：

第一，各区域、各企业经营和发展的状况和成果不平衡。虽经三年努力，但主要依赖少数地区和企业取得效益的状况没有根本改变；部分区域和企业的经营状况仍差，一些企业未能扭转亏损；尚有一些企业发展前景不明、体制不顺，使改革、发展和稳定呈现较复杂的情况。

第二，发展同资金不足的矛盾将较长期存在。公司目前整体盈利能力仍不强，新发展项目产生效益还有一个过程。企业流动资金紧张，项目发展资本金短缺，公司负债率偏高，财务费用不断增加，需十分认真地摆布。

第三，公司不少企业经济运行指标与国内外先进水平相比有较大差距，在技术创新、资源利用效率及调整结构、转变增长方式方面尚存在较大差距，安全生产和经营管理的基础仍较薄弱，需进一步努力。

第四，和谐企业建设、队伍稳定任务艰巨。三年来，我们坚持企业发展和员工发展相协调的战略理念，在人才强企、人力资源优化和分配制度改革方面做了大量工作，但员工的期望值同华电在发展、经营中存在的困难形成了矛盾，而电力系统收入分配不平衡的外部环境又加剧了这个矛盾，需要我们在建立和谐企业、处理各种利益关系和保持队伍稳定方面做进一步改善。

（二）公司“十一五”的形势任务

“十一五”是公司实施“358”战略计划第二、三两个阶段的五年。公司发展进入新阶段，面临着新形势、新任务和新要求。

——新阶段：“十一五”是公司继往开来，实现做强做大的关键阶段；是建设持续成长型企业，全面转入科学发展轨道的崭新阶段；是建设创新型企业，推进体制机制改革的攻坚阶段；是建设节约高效型企业，转变经济增长方式的突破阶段；是建设环境友好型企业，实现生产建设与环境生态协调的推进阶段；是建设和谐安全型企业，妥善处理改革、发展、稳定关系的重要阶段。

——新形势：从国际上看，和平、发展、合

作是时代的主流，我国可以争取较好较长的和平环境搞好国内建设。从国内看，国家将保持宏观经济政策的连续性和稳定性，继续实行“有保有压、区别对待”的宏观调控，大力建设创新型国家，构建和谐社会、节约型社会、环境友好型社会，经济增长仍将保持较快速度。与经济社会发展相适应，电力仍将持续稳定增长。据初步预测，到2010年，全社会用电量将达到3万亿kW·h，发电装机容量将达到7亿kW。同时，也应看到，“十一五”电力供需将由紧张走向缓解，甚至局部地区产生过剩，电力发展速度将有所回落。电力体制将进入深层次的改革，尚需加大深化改革的力度。煤电油运的矛盾可能有所缓和，但将继续存在。一次能源等资源提价，环保投入加大，水资源收费等，直接影响发电成本增加。电力市场向纵深发展，电力企业长期形成的传统经营机制和管理模式需要进一步转变。总体来看，公司“十一五”在经营和发展上，既面临着重要机遇，也面临着巨大挑战。

——新任务：公司“十一五”即“358”战略计划后两个阶段的目标是：到2007年，装机容量达到4700万kW，年发电量约2000亿kW·h，主营业务收入达到500亿元，利润总额达到25亿元，净利润8亿元，净资产收益率达到4%，实现“五年上台阶”；到2010年，装机容量达到6000万kW，年发电量约2600亿kW·h，利润总额达到40亿元，净利润15亿元，净资产收益率达到6%，年产2000万t煤炭生产能力，实现“八年翻一番”。

——新要求：在2005年年底召开的中央企业负责人会议上，黄菊副总理代表国务院提出，中央企业要在全面贯彻落实科学发展观中发挥表率作用，要做处理好改革发展稳定关系的表率，要做促进国有经济布局结构优化的表率，要做增强自主创新能力的表率，要做节约资源和保护环境的表率，要做积极实施“走出去”战略的表率，要做促进和谐社会建设的表率。贯彻这“六个表率”和中央关于“十一五”发展规划的精神，公司必须切实落实以下新要求：

一是要更加注重增长的质量和效益。中央要求，“十一五”的发展既要有较快的增长速度，更要着力提高增长的质量和效益，要转变发展观念，创新发展模式，提高发展质量。在推动公司更快更好地科学发展的过程中，必须更好地做到规模、速度与质量、效益的统一。在存量方面，继续深入推进营运改善，深化对标管理，全面提升资产经营业绩。在增量方面，既要保持合理的、较快的规模增长，发展一批，投产一批，巩固一批；又要更加重视项目投资的效益和风险控制，大力控制工程造价。坚持存量改善与增量发展互动，生产经营与资本经营并重，项目建设与并购共进，不断增强核心竞争力，推进公司走上持续成长、科学发展的轨道。

二是要更加注重体制机制创新。中央要求，“十一五”必须着力深化体制改革，使关系经济社会发展全局的重大体制改革取得突破性进展。与国家经济体制、电力体制改革相适应。我们要进一步加快公司内部改革步伐，坚定不移地按照市场化方向和建立现代企业制度的要求，推进集团公司股份制改造，不断完善法人治理结构，积极探索建立具有华电自身特点，符合现代企业管理的体制机制。要积极、有序地推进主辅分离、辅业改制工作，处理好改革、发展和稳定的关系。2006年6个区域电力市场都将启动。竞价上网将深刻改变企业的经营理念和方式，深层次影响企业的投资、管理和决策行为。我们必须积极适应竞价上网的新形势，大力推进公司企业体制机制和经营理念的转变，从而占据主动、占领市场。

三是要更加注重电源结构和集团资源的优化配置。中央要求，“十一五”要着力调整结构和转变增长方式。在电力发展方针上提出，以大型高效机组为重点优化发展煤电，鼓励煤电联营，在保护生态基础上有序开发水电，积极发展核电，加快发展风能、太阳能、生物质能等可再生能源。我们要紧紧抓住结构调整的主线，坚持有进有退、有所为有所不为。优化发展高效火电，原则上不再开工30万kW及以下火电机组；大力发展大中型水电，加快推进金沙江和怒江流域开发，积极推进水资源丰富地区的水电开发，努力形成公司在水电开发运营上的领先优势。积极发展核电、风电和其他新能源。不断推进电源、区域、产业、技术和组织结构的战略性调整和优化。

在推进结构调整优化的同时，要大力推动集团资源的优化配置。公司系统资金、物资、人才资源都十分丰富，优化配置好各种资源，发挥集团优势，实现规模经营，是公司更好发展的巨大潜力所在。要进一步加强燃料、资金的集团化管理。要在公司系统更大范围内推进人力资源优化配置及辅业整合。要以公司发展战略为统领，更好地统筹电源、煤炭、金融产业协调发展，统筹集团、区域、企业、员工协调发展。

四是要更加注重科技进步和资源节约。中央要求，“十一五”要着力加强自主创新。胡锦涛总书记在年初召开的全国科学技术大会上全面论述了建设创新型国家的意义、目标、任务和要求。我们要大力建设创新型企业，实施“科技兴企”战略，把增强自主创新能力作为公司科学发展的战略基点，作为调整结构、转变增长方式的中心环节，作为建设节约高效型、环境友好型企业的重中之重。一方面，广泛采用发电新技术、新设备、新工艺，不断提升电源建设的科技含量起点。另一方面，以集团为主导，企业为主体，市场为导向，形成多层次、多领域的科研力量，围绕生产运行、基本建设、设备管理及优势辅业进行自主创新，鼓励技术革新和管理革命，推进技术进步和精细管理，不断提升公司整体科技水平。

节约资源是基本国策，中央提出，“十一五”要实现资源利用效率显著提高，“单位国内生产总值能源消耗要比‘十五’期末降低20%左右”的新目标。电力企业要在实现节约资源、建设环境友好型的经济社会发展中起到主体作用。我们要进一步树立效益意识和节约意识，发展大容量、高参数大机组和新能源机组，建设“四口”电站，大力倡导合理低价中标原则，千方百计降低造价，提高经济效益；在存量经营、增量发展中，落实国家节能中长期专项规划的要求，加快转变粗放型的生产、建设方式；加强生产和建设过程中的节约用水、用材、用地和资源综合利用工作，积极发展循环经济；有计划地关停老小机组，着力提高资源利用效率、降低物质消耗，实现各项生产经营活动的低成本、高效益，实现各项投资项目的有效性、高回报，以节约发展、清洁发展、安全发展推动可持续发展。

五是要更加注重企业内部及企业与社会的和谐。国有电力企业是为经济社会发展提供电力保障和支持的特殊经济组织，既要承担国有资产保值增值的重任，也要积极承担社会责任，注重与社会的和谐相处，注重员工的全面发展。要切实加强电力生产建设中的环境生态保护，以及地方关系协调和移民安置等工作。建设本质安全型企业，确保电力生产安全。大力弘扬“创业创新，图强报国”的企业精神，形成员工热爱企业、企业关爱员工的团队精神，实现企业发展与员工发展相协调。坚持公司发展与经济社会发展相协调，牢固树立华电集团“诚信、高效、合作、服务、环保”的企业形象。努力把公司建设成为以“依法经营，科学发展；公平协调，团结有序；敬业爱企，创新创效；诚信合作，环境友好；安全稳定，服务社会”为基本特征的和谐电力企业。

公司系统各级领导干部和广大员工，要深刻认识公司“十一五”更快更好发展的战略意义和特殊重要性，把握新阶段，认清新形势，明确新任务，落实新要求。

三、2006年工作安排

2006年是国家实施“十一五”规划的开局之年，是中国华电集团公司实现“358”战略计划第二阶段目标的起步之年。公司工作的指导思想是：以党的十六届五中全会和中央经济工作会议精神为指针，以科学发展观统领公司工作全局，全面落实中央企业要做“六个表率”的要求，努力做到全面把握形势，持续协调发展；积极稳健经营，扩大经营成果；深化企业改革，转变增长方式；推动科技创新，提升管理素质，力求在实施公司发展战略和存量资产经营、增量资产发展及深化改革方面取得新的成果，全面完成国务院国资委对公司的年度经营考核指标的任期考核目标，确保国有资产的保值增值，实现公司更快更好发展！

全年工作思路可概括为“一二三四五”：

一条主线：全面落实科学发展观，实施华电发展战略是2006年及今后一个时期全部工作的主线。

两大任务：一是全面完成国务院国资委关于任期（2004～2006年）的考核指标，实现华电国有资产保值增值的基本任务，力求使经营成果在2005年的基础上得到巩固和提升。任期目标具体是：国有资产保值增值率达到101.7%，三年主营业务收入平均增长率大于8%，供电煤耗降至364g/(kW·h)，全员劳动生产率达到21.3万元/人。二是抓住机遇，深化改革，在改制重组、主辅分离和整体上市等重大改革任务方面有新的进展，力求用体制、机制方面的变革推动生产力的发展。

三个突破：一是继续抓好扭亏增盈和营运改善，在“对标管理”上要有新的突破。二是继续抓好科学发展，在结构调整方面要有新的突破。三是继续抓好人力资源的改革工作，在优化人力资源配置方面要有新的突破。

四项创新：一是管理创新，努力做到精细管理、有效管理、规范管理。二是机制创新，进一步完善以效益为中心的计划、预算、考核机制，强化以业绩为导向的用人制度和分配制度。三是技术创新，大力推进节能降耗、技术升级、循环经济发展。四是文化创新，进一步推进有华电特色的企业文化建设，全面提升华电形象。

五大措施：一是正确分析和应对电力经营、发展、改革的新形势、新问题，进一步更新观念、理顺体制、转变机制，充分做好迎接挑战的各方面准备。二是坚持行之有效的“两条腿走路”的经营方针，巩固和发展经营成果。把“两条腿走路”的经营方针贯穿到公司生产与经营，存量与增量，总量与结构，外拓环境与内强管理的全部工作之中。三是保质、保量、按时推进工程建设，大力控制工程造价，完成好基本建设达标投产和合理回报的双重任务。四是进一步强化经营责任，提升管理素质。五是完善党建长效机制，推动领导班子建设和企业文化建设，进一步凝聚队伍。

全年工作的主要目标是：

（1）发电量1830亿kW·h。

（2）利润总额20亿元，净利润5亿元。

（3）净资产收益率（不含少数股东权益）2.8%。

（4）流动资产周转率2.5次。

（5）综合供电煤耗363g/(kW·h)，同比下降3.26g/(kW·h)；供电煤耗360g/(kW·h)，同比下降3.06g/(kW·h)。

（6）投产800万kW；开工发电项目298万kW。

（7）关停小火电2.5万kW。

（8）参控股煤矿生产和在建规模达到1500万t，组织公司系统电煤供应达到9400万t。

（9）金融产业资产规模达到100亿元以上，实现利润总额1亿元，资金归集率达到95%。

（10）形成集团整体改制方案，主辅分离、辅业改制开展全面试点。

（11）员工总数负增长，全员劳动生产率达到33万元/人。

（12）不发生重大安全生产事故、严重违法违纪案件和对公司形象、稳定造成重大不利影响事件。

为落实好全年工作的指导思想和工作思路，完成好工作目标，全系统必须抓好以下主要工作：

1. 全面落实安全生产责任制，确保电力供应

进一步健全和完善安全生产的长效机制，落实安全生产领导责任制和工作责任制。要继续加强降低“非停”工作，全面提高生产运行的安全管理水平，确保不发生重大安全事故。要加强设备管理，优化检修、运行、燃料调度，充分发挥现役机组的生产能力，进一步加强新机生产准备工作。重点关注和解决华东地区的燃机供气问题，既要争取通过中央部门的宏观调控解决问题，又要发挥整体优势，优化调度，争取最大效益。

2. 积极适应电力市场，巩固提高经济效益

改善营销工作外部环境，大力争取和落实电量计划，努力保持发电量较快增长的势头。积极推动煤电价格联动政策，继续做好电价疏导和落实工作。进一步加强电热费回收工作。尤其是要落实好新机的电量计划和电价标准，确保新机投产即能产生效益。要从经营观念、体制机制及策略方法上，进一步做好竞价上网工作，力争取得好的成效。

继续实施2005～2007年扭亏增盈规划，落实扭亏增盈责任制和投资回报责任制。2006年集团公司亏损面要控制在15%以内，亏损额控制在3亿元以内。加强计划管理和预算管理，更加重视投资回报，更加重视企业对集团的贡献。建立投资收益收缴制度，将企业利润分配纳入预算控制和企业考核范围。营运改善与实现年度目标、创建优秀发电企业、企业管理创新相结合，建立对标管理、精细管理的长效机制。把节能与资产结构调整、技术进步、信息化建设、加强管理相结合，大力降低煤耗和厂用电，节油、节水、节电，提高资源使用效率，降低发电成本。加强电煤供应管理，要坚持“五统一”管理的原则，同时，因不同区域的具体情况，发挥各单位的优势和积极性，在保证供应的前提下，采取有效措施和灵活策略控制好煤价涨幅和煤质下降。

3. 推进电源优化发展，进一步搞好工程管理

综合运用自主投资发展与市场并购两种手段，

把资源的控制、结构的优化、总量的调整与各个区域的具体情况更好地结合起来。优化火电结构，加大推进60万kW及以上超超临界机组建设的力度，积极落实小火电机组关停计划。加快乌江流域滚动开发，做好金沙江中游公司前期工作，推进怒江和金沙江上游的前期工作，力促怒江流域六库项目开工建设。加大风电开发，增加战略资源储备。扩大核电成果，继续推进福建惠安核电、福清核电前期工作及其他省份核电资源争取工作。继续实施“走出去”战略。认真做好环评、水保报批工作，为项目核准创造条件。全力加快项目建设，切实执行基本建设对标体系，加强新建项目对标管理，降低工程造价。要突出重点，及时协调解决重点工程建设中的制约问题，保证工程安全、质量和进度，特别要做好60万kW机组投产工作，同时尽早做好生产准备和人力资源配置。

4. 继续拓展煤炭和金融运作，为发电主体做好服务

争取实现控股一个年产300万~1000万t的煤业集团，建成一个20万t级的码头、一个1000万t/年的储运中心；加快推进煤电一体化项目，加大华电煤业发展的力度。继续加强资金集中管理，以电煤集中结算为突破口，强化金融平台的结算功能。进一步挖掘金融资源，创新融资产品，扩大银团贷款规模，稳步推进票据结算，争取进行资产证券化和发行财务公司债券试点。抓紧发行公司2006年企业债券。完成集团金融运作“新三部曲”，扩大集团金融资源的规模，更好地为实施“358”战略计划服务。

5. 大力深化内部改革，努力完成改革任务

尽快推动解决厂网分开资产财务移交中的遗留问题，重点解决严重影响企业正常生产经营和队伍稳定的一厂多制和产权争议问题。研究解决有关区域的管理体制和企业改制重组工作。按照“点面结合、扩大试点、区域突破、政策配套”的工作思路，充分把握国家主辅分离辅业改制政策延长至2008年的有利时机，2006年内在公司系统全面推进主辅分离、辅业改制工作，上半年完成方案的制订与报批，下半年组织实施，每个区域都要选择1~2家单位进行试点。抓紧研究制订集团改制、引进战略投资者、整体上市方案。结合集团整体改制研究，积极稳妥实施上市公司的股权分置改革，调整、强化上市公司的战略功能，继续整合、规范辅业发展。

6. 牢固树立创新观念，推动企业科技进步

着重自主创新，推动科技进步，需要各企业和集团本部做大量的工作。要根据中央关于科技中长期规划纲要，进一步修订公司科技发展规划。首先编制“十一五”科技进步规划和计划。要努力推广公司系统在电力行业中先进的、占优的生产运行、设备管理、新能源的经验和技术。要加大设备整治的力度，增大科技含量。集团已确定从2006年起设立创新基金，并适当加大科技投入。要加强科技队伍、技术领军人才的培养和使用。力求使华电集团在“十一五”期间不仅规模、效益进一步提升，而且在提升中要不断提高科学技术的贡献度。

7. 加强思想政治工作，处理好改革、发展和稳定的关系

2006年和“十一五”期间，改革和发展任务很重。改革的深化将涉及利益的调整，有不少改革和职工的切身利益密切相关。一方面，要引导广大职工正确认识深化改革的必要性，积极推进改革；另一方面，要做好思想政治工作和改革方案的设计，在保持队伍稳定的前提下，稳妥推进改革。各级领导干部和从事管理、政治工作的干部要切实做好工作。要把思想政治工作和企业文化建设结合起来，丰富员工的精神生活，落实好2006年是企业文化建设“提高年”的要求，全力保持华电系统队伍的稳定、和谐。

8. 进一步加强党的建设和队伍建设，保证企业健康发展

着力抓好保持党员先进性教育十项长效机制的贯彻落实。进一步掀起学习贯彻科学发展观和学习、遵守、贯彻、维护党章等理论学习的新高潮，巩固先进性教育活动的成果。深入开展“四好”班子创建活动，完善集团公司人才培养、开发的制度体系，开发整合培训资源，加强后备干部队伍建设，进一步建设“五支队伍”。

以构建惩防体系为主线，全面落实集团公司贯彻中央颁布的《建立健全教育、制度、监督并重的惩治和预防腐败体系实施纲要》的实施细则，加强企业党风廉政建设。紧紧围绕企业生产经营建设的关键部位和环节，充分发挥纪检、监察、审计、财务稽查、法律事务的保证监督作用，完

善内部控制机制和自我约束机制。要整合集团监管资源，形成合力，加大监督检查的力度，特别对科学发展观的落实、国有资产流失、不规范关联交易及企业经营风险控制等要重点督查。进一步搞好依法经营、规范经营，保证企业健康发展。

同志们，公司各级领导干部是实施公司“358”战略计划，推动公司“十一五”更快更好发展的关键。在这里，我对各级领导干部提出“五个进一步”的要求：

一是要进一步振奋精神。增强发展意识、危机意识、责任意识，倍加珍惜十分难得的重要战略机遇期，倍加珍惜来之不易的良好发展势头，站在新的起点上，以新的决心和措施，坚决完成2006年的目标任务。

二是要进一步转变观念。牢固树立科学发展观，不断增强市场意识和效益意识，努力适应新形势，树立新观念，把握新规律。

三是要进一步改革创新。积极研究新情况，解决新问题，大胆开拓，知难而进，不断突破体制机制的桎梏，努力把中央精神和企业实际结合起来，把主观努力与客观环境结合起来，创造性地开展工作。

四是要进一步摆正位置。正确对待改革发展过程中的利益调整，正确处理集团、企业、职工的利益关系，强化集团意识，加强班子团结，密切干群关系，坚决贯彻落实好中央和集团的决策部署。

五是要进一步提升能力。加强理论学习，深入实践探索，善于总结经验，切实改进作风，不断提高各项能力，努力提高领导水平和工作水平。

广大员工是推动公司更快更好发展的主体力量。希望公司系统8万多名员工大力弘扬“创业创新，图强报国”的企业精神，继续发扬团结拼搏、爱企敬业的优良作风，积极投身公司改革发展稳定的各项工作，同心奋力推动公司实现做强做大、加速崛起。

同志们，经过三年来的艰苦奋斗，华电集团各项事业有了很大的进步。面对“十一五”的重大机遇，我们对创造公司美好未来更加充满信心！让我们全面贯彻落实科学发展观，努力实现集团公司更快更好发展，为全面完成2006年工作任务，确保实现“358”战略计划第二阶段目标起好步、开好局而努力奋斗！

团结奋斗　继往开来
为完成全年任务和“十一五”
规划目标而努力

在集团公司2006年年中经济
活动分析会上的讲话

集团公司党组书记、总经理　贺　恭

（2006年7月20日）

这次会议可以说是一次承上启下，继往开来的重要会议，是一次为更好地完成全年经营发展任务和“十一五”规划目标的再动员会议。会议围绕四项主要内容取得了很好的效果，既较为系统地总结了上半年的工作成绩和经验，又深入地分析了当前公司面临的形势及工作中的薄弱环节，更为重要的是通过分析新的形势，进一步理清了工作思路，明确了新的任务，同时对公司“十一五”发展规划和主辅分离改革这两个重大问题统一了思想认识和工作部署。这对于做好下半年的工作，更好地完成2006年的经营任务，对于公司“十一五”的科学发展，是一次有力的推动。

下面，我就这次会议的四项主要内容讲些意见。

一、关于公司上半年经济运行情况

2006年上半年，公司系统按照集团公司2006年工作会议确定的“一二三四五”的工作思路和“巩固提升”的总要求，上下共同努力，积极开拓，推动生产、经营、建设、发展、改革、稳定各项工作取得了可喜的成绩。

第一，指标完成情况较好，公司经营发展态势很好。

完成发电量908.14亿kW·h，同比增长20.62%，完成年度计划目标1900亿kW·h的47.8%。完成综合供电煤耗360.3g/(kW·h)，同比下降5.7g/(kW·h)，比年度计划目标363g/(kW·h)低2.7g/(kW·h)；供电煤耗357.17g/(kW·h)，同比下降5.36g/(kW·h)，比年度计划目标360g/(kW·h)低2.83g/(kW·h)。实现销售收入254.9亿元，同比增长20.18%。实现利润总额11.6亿元，同比增长205.61%，完成年度预算目标20亿元的58.03%。实现净利润2.66亿元，同比增长379.86%，完成年度预算目标5亿元的53.24%。实现净资产收益率1.63%，同比增长355.93%，完成年度预算目标2.8%的58.18%。完成流动资产周转率1.37次，同比增加0.25次，完成年度预算目标2.5次的54.8%。投产发电容量160.5万kW，同比多投产22.9万kW，完成年度计划目标843.8万kW的19%。

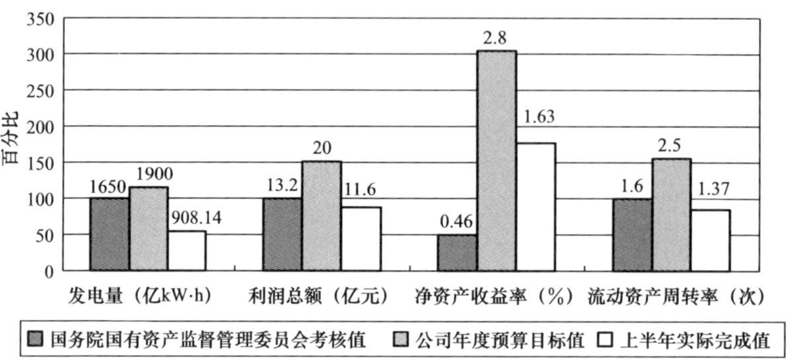

集团公司2006年上半年主要指标完成情况

发电量、利润总额、净资产收益率、流动资产周转率四项指标，分别完成国务院国有资产监督管理委员会年度考核值1650亿kW·h、13.2亿元、0.46%、1.6次的55.04%、87.88%、354.35%、85.63%。

通过上述指标完成情况，可以看到，上半年公司经济运行质量和效益比较好，经营发展势头进一步趋好：一是发电量继续较快增长，既高于2005年同期的水平，也高于全国平均水平；二是效益指标大幅提升，利润总额、净利润、净资产收益率、流动资产周转率四项指标，都较2005年同期有大幅度的提高；三是发电量增长高于装机容量增长，利润增长高于发电量增长，进一步呈现出良性发展的态势；四是消耗性指标继续降低，供电煤耗低于年度控制指标，比2005年同期有较大幅度降低。总体来看，除新机主要集中在下半年投产，有些项目在上半年没有达到时间进度要求外，反映生产经营成果的主要指标均较好地完成了时间进度要求并有较大幅度的提升，为全年目标任务的完成奠定了良好基础。我和公司党组的同志都为之振奋，在此，向公司系统干部员工为取得这些优异成绩所付出的辛勤工作，表示衷心的感谢！

第二，营运改善、科学发展、内部改革等各项工作取得新的进展和成效。

——电量、电价取得较大突破。安全生产保持总体平稳态势。发电量增长速度达20.62%，居五大发电集团第一位。发电设备利用小时与其他发电集团的差距有所缩小。上半年单日发电量在6月30日达到5.81亿kW·h。继7月5日单日发电量首次突破6亿kW·h大关，7月以来单日发电量迭创新高，7月13日创下64141万kW·h的高纪录。2005年以来新投机组发挥作用，拉动电量增长21.51个百分点。水电增长13.01%，拉动电量增长1.05个百分点。

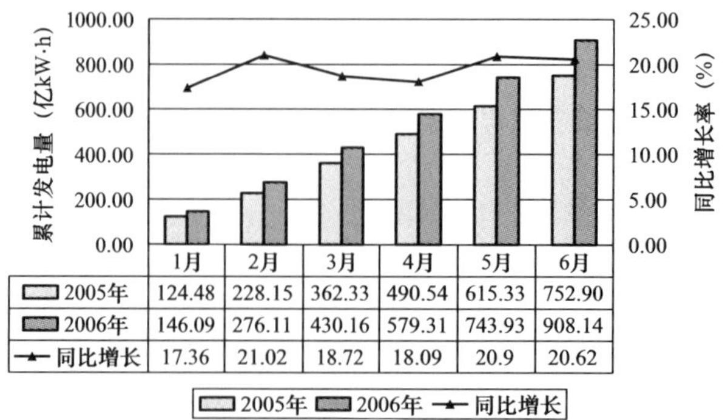

	1月	2月	3月	4月	5月	6月
2005年	124.48	228.15	362.33	490.54	615.33	752.90
2006年	146.09	276.11	430.16	579.31	743.93	908.14
同比增长	17.36	21.02	18.72	18.09	20.9	20.62

集团公司2006年上半年发电量增长趋势图

公司上下密切跟踪存量电价执行情况和新机电价的落实，及时发现问题并全力协调解决，电价政策基本执行到位。2005 年 5 月电价调整翘尾对公司 2006 年上半年效益提升发挥了重要作用。系统上下积极推动、配合第二轮煤电联动工作，取得了较好的结果，58 家电厂的电价得到不同程度的提高。

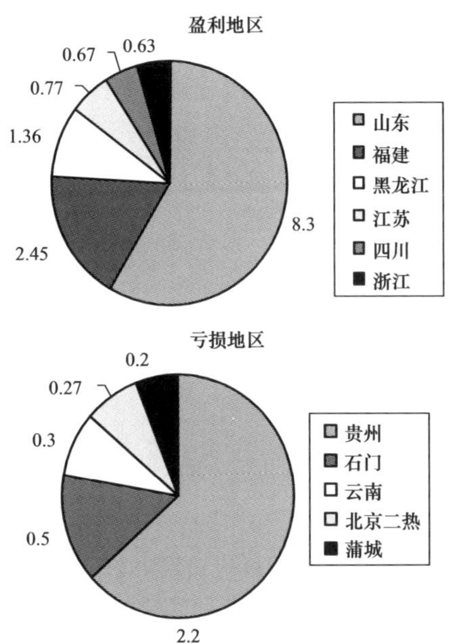

集团公司上半年盈、亏主要地域和单位图示（单位：亿元）

——降本增效继续加强。进一步发挥集团燃料“五统一”优势，较好地保证了煤炭正常供应，控制了煤价上涨幅度。存量资产营运改善进一步深入，公司系统综合供电煤耗同比下降 5.7g/(kW·h)，比年度预算低 1.97g/(kW·h)。继续推动亏损企业减亏扭亏、盈利企业增盈提效工作。三项费用和排污费用支出得到较好控制。

——电源发展、结构优化取得新进展。上半年取得核准电源项目 6 项 223.5 万 kW（其中，火电 3 项 183 万 kW，水电 3 项 40.5 万 kW）。乌江流域、金沙江中游、怒江流域前期工作取得积极进展，金沙江中游、大渡河泸定水电站项目建设开始启动。核电前期工作又迈出重要一步，继 2005 年参股浙江三门核电之后，又以 49% 的较高股比与中核集团联合组建成立了福建福清核电有限公司。工程建设“质量、造价、工期”管理继续加强。实行执行概算制度，上半年共编制 6 个项目的执行概算，预计节省投资 18 亿元。累计编制 23 个项目的执行概算，预计节省投资近 50 亿元。公司成立后建设的首台 60 万 kW 超临界燃煤发电机组——福建可门发电厂 1 号机组已并网成功。华电国际邹县发电厂四期 100 万 kW 超超临界燃煤发电机组建设进展较好。首家境外机构华电香港有限公司获批成立。第一个境外投资项目——印度尼西亚阿萨汉一级水电站 2×9 万 kW 工程通过国家核准。

——煤炭、金融产业较快拓展。实施了华电煤业增资扩股方案，其注册资本由 5 亿元增加到 15.6 亿元，发展实力大大增强。控股开发不连沟煤矿（1000 万 t/年），签署了山西轩岗煤电联营项目（2×60 万 kW）投资协议，实现了集团公司在山西前期项目零的突破；控股组建了新疆哈密英格玛煤电投资有限公司和昌吉英格玛煤电投资有限公司，为集团公司在新疆的长远发展奠定了基础。可门储运中心开工建设。

金融运作基本实现了“新三部曲”目标。与建设银行合作，参股建信基金已开始运作；以增资扩股的方式成为烟台商业银行的第一大股东；重组信托公司、投资保险公司工作正在抓紧落实。推进电煤资金统一结算，试点推进票据集中业务，提高资金使用效益。截至 6 月底，集团内资金存量归集率达到 90%，完成年度目标的 95%；日均流量归集率达到 80%，完成年度目标的 94%。财务公司、保险经纪和公估公司资产规模达到 103 亿元，同比增长 20%；上半年实现利润总额 8621 万元，完成年度利润目标的 86%，同比增长 297%；实现净利润 5396 万元，同比增长 315%。集团公司成功发行 20 亿元企业债券。国电南自和黔源电力股权分置改革成功完成。近日，华电国际已经顺利通过实施方案。

——科技环保工作得到加强。上半年取得环评批复项目 2 个，装机容量 240 万 kW；完成评估待批复项目 8 个，装机容量 920 万 kW；完成环评报告内审 11 项，共 1680 万 kW。水保批复项目 3 个，装机容量 251 万 kW；完成评估待批复的项目 10 个，装机容量 1592 万 kW；完成水保内审项目 10 个，装机容量 1484 万 kW。公司与国家环境保护总局签订了“十一五”二氧化硫总量削减目标责任书，承诺到 2010 年底，二氧化硫排放总量在

2005 年的基础上削减 44.9%，承诺的削减幅度在中央五大发电集团中处于首位，既树立了华电环保形象，又为电源发展创造了环保空间。召开了首次科技工作会议，对推动科技创新进行了全面部署，成立了“动力技术研究中心”和“电气和热控技术研究中心”，初步建立起科技创新的平台。

——内部改革稳步推进。将新疆分公司改制为全资子公司，四川地区原由集团公司控股、参股的8家企业移交四川发电有限公司管理，黑龙江分公司与华电能源股份有限公司进行了整合，新成立了安徽省代表处、辽宁省代表处。企业分离办社会职能工作进展顺利，至6月底，在有移交任务的8个省区中，除山东省外的7个省区签署了整体移交协议，3个省区资产财务划转文件已经批复。在深入调研的基础上，进一步明确了主辅分离、辅业改制工作的总体思路和实施方案。研究推进集团检修体制性改革试点工作。积极推动一厂多制和产权争议问题。继续推进了集团公司整体改制的研究工作。

——治理商业贿赂工作有序开展。公司党组对治理商业贿赂工作高度重视，按照中央有关部署成立了领导小组，深入进行调研，制订了详细的工作方案，建立了多项有关制度。与依法经营，规范经营，加强内部监控体系和风险防范机制建设等工作有机结合，使治理商业贿赂专项工作始终保持了正确的方向并健康有序地推进。系统各单位认真贯彻落实集团公司关于专项工作的部署和要求，确定工作重点，紧密结合实际，科学制订方案，为专项工作的顺利开展打下了基础。同时，按照中央的部署，广泛开展了“四好”领导班子创建活动，学习贯彻落实《党章》和“八荣八耻”社会主义荣辱观活动，进一步巩固扩大了先进性教育成果。

除以上工作外，国际合作交流、信息化建设、效能监察、内部审计、领导班子建设、员工队伍建设、企业文化建设、党群工作、风险防范、基础管理等方面，都围绕中心任务开展了卓有成效的工作。

第三，公司上下加强团结协作、全面落实责任，体现出良好的精神状态，创造了优异的工作业绩。

上半年，面对电力供需趋缓、煤价高位运行、发电成本上升等经营环境仍然偏紧的形势，公司系统不论是经营还是发展，不论是班子还是员工，都一心一意为着集团公司党组年初提出的“巩固和提高”这一总的要求而努力。系统上下继续发扬不甘落后、拼搏进取、奋发有为的良好精神状态，坚决贯彻中央的方针政策和集团公司的工作部署，加强团结协作，全面落实责任，努力开创性地做好各自的工作。这是取得上半年良好成绩的根本原因。

集团本部进一步完善了部门工作责任制，围绕年度工作目标，形成了以主要综合指标为核心、以要素指标为支撑的责任指标体系。与对系统企业的责任制考核相结合，完善了纵横连锁的责任制，建立起集团本部、分支机构、基层企业三级责任体系。集团本部将每半年召开一次的经营活动分析会调整为每季度召开一次，加强对生产经营过程和动态管理。本部各部门认真履行职责，积极落实责任，在工作质量、工作作风，为基层服务方面有明显的改进。年初新成立的市场营销部、体改办迅速进入角色，积极开展工作，取得了较好的初步成绩。

公司系统各分支机构和绝大多数基层单位，对贯彻落实集团公司确定的经营发展任务的决心和信心是坚定的，所采取的措施是积极的，上下积极呼应，取得了明显的成绩。各分支机构在区域生产经营管理、项目开拓、争取电量、电价和协调关系等各个方面进一步发挥重要作用。宁夏（116.23%）、浙江（71.35%）、云南（65.57%）、江苏（34.65%）、福建（19.07%）、辽宁（15.88%）、新疆（10.85%）等7个省区发电量增长超过10%。江苏、浙江、福建、湖北、四川、河北、山东7个省区，华电国际、福建有限公司、四川有限公司等16家发电企业超进度完成年度预算任务。湖北区域上半年整体扭亏。福建、安徽、四川、浙江等地区企业积极应对台风、洪涝等灾害，取得救灾、保电双丰收。

第四，公司工作仍存在一些薄弱环节，需要引起重视和认真解决。

上半年公司经济运行开局良好，质量和效益较好，发展态势趋好，这是主要方面。但是，也还存在一些薄弱的环节和问题：

一是与其他发电集团比较，虽然发电量、利润增长较快，关键指标差距有所缩小，但大部分指标的绝对值仍有较大差距。需要我们进一步努力工作，加紧追赶。

二是各个地区、各个企业在营运改善和项目发展方面的工作和成效不够平衡。在电量方面，有些地区电量没有上去，客观上受到大环境的制约，但在营销工作方面还需加大力度。在煤的管理方面，还有相当部分老机组煤耗下降不多，甚至有的还有所上升。占发电成本70%左右的电煤成本是内部挖潜的重点环节，相当部分单位仍存在管理薄弱环节。在扭亏方面，上半年二级发电企业有13家亏损，亏损面29.5%，亏损额4.02亿元；三级单位有24家亏损，亏损额4.94亿元；北京、辽宁、安徽、湖南、贵州、云南、陕西等7个区域亏损；还有少数企业由盈转亏、效益下滑。在项目发展方面，有的地区前期工作推进不够，核准的有关工作突破不力。

三是部分新投机组运行不够稳定，投产创效离预期差距较大。需要从建设管理、人员配备、生产准备等各个环节继续加强有关工作。

四是安全生产和队伍稳定仍然存在较多隐患。虽然没有发生特大安全生产事故，但是苗头很多，一般事故、障碍、非计划停运还在不断发生，个别单位发生了人身死亡事故。企业队伍稳定的压力加大，有几家单位发生多起不稳定事件。

我们既要充分肯定2006年上半年的工作成绩和良好发展势态，坚定更好完成全年各项任务的信心，也要冷静分析，正视问题，积极采取措施加强薄弱环节，更加努力、更加扎实地做好下半年的经济工作。

二、关于公司“十一五”发展规划

根据国家“十一五”规划纲要和能源形势及战略，结合公司“358”战略计划第一阶段执行情况和各中央发电集团发展态势，集团公司党组在2006年初研究提出，有必要对公司“358”战略计划进行修编。我在福建基建工作会议上对做好修编工作讲了一些基本思想。2006年上半年计划发展部会同有关部门和各地区做了大量认真、细致的工作，经征求各方面意见，集团公司总经理办公会议已经通过修编后的发展规划，已印发《中国华电集团公司“十一五”发展规划》。在这里再强调三层意思：

第一，编制华电“十一五”发展规划，修编公司“358”战略计划，是抓住“十一五”重要发展机遇，引领公司更快更好发展的带有全局性、战略性的重大课题。公司系统要把思想和行动统一到公司“十一五”发展规划上来。

公司成立三年多来，认真贯彻落实科学发展观，以实施“358”战略计划作为统领和贯穿全部工作的主线，圆满实现了“358”战略计划第一阶段的目标，为公司持续快速健康发展奠定了初步基业，形成了良性态势。

国家“十一五”规划纲要确定了“十一五”期间经济社会发展的指导方针、主要目标和重要任务，对能源产业发展做出了一系列新的部署，是公司“十一五”发展的根本指针，对公司的发展将产生深刻影响。公司“十一五”时期将面临三大重要机遇：一是科学发展的机遇。“十一五”规划强调，要以科学发展观统领经济社会发展全局，必须保持经济社会平稳较快发展，把经济社会发展切实转入到全面协调可持续发展的轨道。这为电力较快发展创造了有利条件。综合各方面分析预测，到2010年，全国发电量将达到3.6万亿kW·h，发电装机容量8亿kW，年均净增6000万kW左右。发电企业仍然存在着较大的发展空间。二是结构调整的机遇。“十一五”规划强调，要加快结构调整步伐，加快转变增长方式，坚持节约发展、清洁发展、安全发展，实现可持续发展，明确提出要优化发展能源工业，有序发展煤炭，积极发展电力，大力发展可再生能源。这为公司优化调整内部结构、转变增长方式创造了有利条件。三是改革创新的机遇。“十一五”规划强调，要深化体制改革，提高自主创新能力，加强和谐社会建设，这为公司推进体制机制创新、技术创新、管理创新提供了良好的外部环境，也为公司将不良资产向优质资产培育，加大煤炭、金融“两翼”的开拓力度，以适应整体改制提供了重要机遇。当然，也有挑战。这就是供需形势趋缓可能带来的“窝电”或产能过剩。对此，我们要正确看待。电力发展总是有一定的周期性，只要我们注重规模、速度、结构、效益的统一，做好发展、改革、投资、风险的衔接，因势利导，积极工作，就能较好地克服这一挑战所带来的一个时段可能出现的困难。

总的来说，“十一五”将是公司改革发展的关键时期，机遇大于挑战。在这样的背景下，对“358”战略计划进行新的审视，对公司“十一五”

的发展进行新的谋划，既是全面贯彻国家《“十一五”规划纲要》的客观要求，又是公司科学发展，做强做大的迫切需要，也是总结公司三年来的工作成绩和经验，适应新形势对公司战略规划与时俱进的完善和发展。修编“358”战略计划，就是要抓住“十一五”时期的重要机遇，在巩固过去三年实施战略计划取得重大成果的基础上，进一步引领公司更好更快发展，努力在规模和结构、质量和效益、实力和形象等方面得到巩固和拓展，不断提高公司的市场竞争能力和持续发展能力，增强公司作为大型国有企业在能源产业中的控制力、影响力和带动力，更好地肩负起发展我国电源产业主力军的使命。公司系统干部员工必须从战略和全局的高度，从关系公司生存和发展的高度，深刻认识公司面临的重要机遇，深刻认识科学制订“十一五”发展规划的重要性和必要性，把思想和行动统一到公司“十一五”发展规划上来，形成推动公司发展的强大动力。

第二，全面理解和把握公司“十一五”发展规划的基本内涵，进一步明确“十一五”发展的目标任务和工作方针。

公司“十一五”发展规划重点对“358”战略计划第二、三阶段的主要目标进行了科学的调整提高，对“十一五”项目发展进一步优化，对应当实现的规模和效益进行了预测和平衡，并提出了实施规划的策略和重点措施。

公司“十一五”发展规划中的目标是：到2010年，公司规模和效益均在2005年的基础上翻一番。主要指标包括六个方面：

一是规模总量较快增长。发电装机容量达到8000万kW，年发电量3600亿kW·h。

二是运营效益明显增加。销售收入1030亿元，利润总额50亿元，净利润16亿元，净资产收益率6.0%。劳动生产率达到40万元/(人·年)。

三是结构调整优化升级。投产单机容量60万kW及以上煤电机组2534万kW，占投产煤电规模的72%；投产超超临界、空冷和循环流化床机组1443万kW，占投产煤电规模的41%；投产水电机组711万kW，水电装机容量达到1400万kW，占总装机容量的17.4%；风电装机容量60万kW，占总装机容量的0.7%。

四是资源利用效率显著提高。供电煤耗336g/(kW·h)，比2005年下降27g/(kW·h)。SO_2排放量比2005年减少45%。

五是“两翼”能力较大提升。参控股煤矿生产能力2700万t/年，销售收入30亿元，利润总额3.5亿元，净利润2亿元；金融产业利润总额5亿元，净利润2亿元。

六是大型基地建设初具规模。培育建设若干个煤电基地、水电基地和煤炭基地。

公司“十一五”发展规划主要指标对比表

指　标	2002年底	2005年底	原“358”战略计划2010年目标值	“十一五”规划2010年目标值
装机容量（万kW）	2554	3881	6017	8039
利润总额（亿元）	8.76	18.5	40	50
净利润（亿元）	-4.78	3.89	15	16
供电煤耗[g/(kW·h)]	369.5	363.1	340	336
火电平均单机容量（万kW）	12.94	16.85	28	30
运行60万kW及以上煤机台数（占煤机容量比例）	4(11.3%)	4(8.2%)	25(32%)	43(45%)

公司“十一五”发展规划突出体现了以下基本方针：

一是坚持外延发展和内涵提升“两条腿走路”。通过持续开发投资新的项目，占据合理的市场和资源份额，实现外延发展，做大做强规模；通过不断强化营运改善，加快技术进步，提高员工素质，实现内涵提升，提高经营效益。从而实现规模与效益同步增长，效益增长高于规模增长的科学发展。根据这一方针，规划公司“十一五”新投装机容量4363万kW，年均增长15.7%，发电量年均增长17%，利润总额年均增长22%，净利润年均增长32.6%，较好地体现了效益增长快于规模增长的科学发展要求。

二是坚持规模增加和结构优化“双向突破”。一方面，加大项目发展和资本运作力度，通过建设、并购、重组等多种途径，不断在规模增加上取得突破。另一方面，在发展中调整结构，优化发展火电，大力发展水电，努力突破核电，积极发展新能源和可再生能源，努力实现环保要求，加快淘汰小火电机组，不断在结构优化上取得突破。按照这一方针，规划公司“十一五”开工煤电3738万kW，占69.9%；水电1491万kW，占27.9%；气电68万kW，占1.3%；风电48万kW，占0.9%；参股核电400万kW（权益容量118万kW）。退役小火电机组205万kW。开工47台60万kW及以上煤电机组，计3348万kW，占煤电规划总开工规模的90%。

三是坚持全面布局和重点发展“点面结合”。一方面，立足于服务国民经济发展全局，统筹考虑集团公司在全国的布局和发展，有针对性地扩大投资区域；另一方面，着眼集团公司整体利益，分类规划，科学布局，突出重点，有所为有所不为。在一次能源丰富地区积极储备资源，加大项目拓展力度，在负荷高速增长地区扩大市场份额。同时要优化配置资源，讲求规模效益，实施“大块头”计划，加快建设一批有较强赢利能力的大型煤电基地。按照这一方针，公司“十一五”资产分布将扩大到22个省份；到“十一五”末，规划公司在华北、东北、华东、华中、西北、南方六大区域的装机容量比例分别为13%、5.7%、22.2%、14.6%、7.5%、37%。其中山东、贵州装机将逾千万千瓦，黑龙江、四川、福建、江苏装机容量超过500万kW；建设十二大煤电基地、四大水电基地和四大煤炭基地，分别是规划装机容量在500万kW以上的福建可门和东山、安徽芜湖、湖北襄樊、四川广安、内蒙古土右和十二连城、宁夏灵武和永利、云南镇雄、山东莱州、江苏句容等煤电基地，乌江、金沙江中游、怒江和金沙江上游水电基地，内蒙古鄂尔多斯、新疆哈密和昌吉及陕北榆林煤炭（或煤电一体化）基地。境外规划开工2项258万kW。

四是坚持发电主体和煤炭、金融两翼“互动发展”。集中力量做强做大发电主体，不断增强发电核心业务；同时，坚持以电带煤，以煤促电，积极推进煤电一体化经营，有效化解电煤供应矛盾；加强金融运作，拓展金融产品，优化配置资金资源，服务公司发展资金需要。努力使电力“白金”、煤炭“乌金”、金融“黄金”“三金”互为推动、互为依托、互为促进，形成“主体强大、两翼丰满”的发展格局。按照这一方针，规划到2010年，煤炭、金融产业利润总额将分别达到3.5亿、5亿元，净利润均达到2亿元。

五是坚持新建、扩建、并购“合理摆布”。从实际出发，宜新则新，宜扩则扩，宜购则购。全力推进新建项目，形成持续开发、建设、投产新项目的合理发展格局。充分利用好老厂发展资源，以扩建焕发老厂新春。积极研究和努力实施资产并购，当前特别要抓住电网公司预留和暂留发电资产变现的机会，积极争取购得合理的份额。充分发挥上市公司的窗口作用，开展资本运作和资产经营，开辟新的资产增长方式。集团公司党组已经决定，在集团总部设立资产管理部，以加强资产管理和资本运作。投资项目都要进行科学决策，严格按程序办事，规范管理，建立并实施项目投资风险评价机制，规避投资风险，建立责任制考核机制，保证投资项目实现按期达标投产和投产盈利的双重目标。

六是坚持长远目标和阶段目标“协调统一”。立足当前，着眼长远，以远景目标指引“十一五”规划，以“十一五”规划落实远景目标；以“十一五”规划指导年度计划，以年度计划保证“十一五”规划，并根据规划实施情况，分年度进行动态调整，做到总体规划、分段实施，总量平衡、合理调控。根据这一方针，规划对各年度、各地区的发展做出了预安排。

公司“十一五”发展规划的总体目标、基本方针，是公司“十一五”科学发展行动纲领，公司系统干部员工，尤其是各级企业领导干部，要全面理解其基本内涵，更好地把握方向，明确目标，理清思路，努力把公司“十一五”的经营发展工作提高到新的水平。

第三，要充分认识实施“十一五”发展规划的可行性和艰巨性，采取有力措施保证规划实施和目标实现。

科学的发展规划在于其前瞻性和可行性，同时，实现这个规划又具有挑战性和艰巨性。国家“十一五”时期的重要发展机遇和良好形势，将为我们实施"十一五"发展规划创造有利条件；公司在实施"358"战略计划第一阶段三年中取得的成果、经验，为我们实施"十一五"发展规划打下了良好基础；公司外部环境、项目储备、市场份额、筹资能力及环保容量等多方面因素又使我们能够进行统筹分析和判断。公司党组认为，"十一五"发展规划既具有前瞻性，也具备可行性。我们要坚定信心，咬定目标不放松，精心组织实施。

同时，我们也要对实施规划的艰巨性及过程中的复杂性有充分的思想准备。例如，如何适应国家宏观调控政策，把握好公司投资规模和发展速度；如何应对电力供需趋于平衡甚至产能过剩的形势，积极开拓市场；如何解决公司资金平衡的困难，有效化解负债率过高的财务风险和由此带来的经营风险；如何适应深化电力体制改革和深化国企改革及电力市场的变化，加快体制机制创新等。虽然按照目前的分析判断，在规划中已作了较为充分的考虑和合理安排，更为重要的是要在过程中及时研究分析，积极应对。

在这里，需要特别强调指出，我们既要科学地制订规划，也要科学地实施规划。规划不同于计划，它是一个战略性的、导引性的、宏观性的大目标和预安排，在实施中仍有许多如前述的不确定因素，需要我们不断加深认识，及时进行动态的调整和整个系统的全面平衡，切不可将规划等同计划，切不可盲目攀比，一定要从实际出发，一定要把握好国家宏观调控的要求，一定要十分理性地控制风险。

规划中提出了实施的六项重点保证措施，公司系统要认真落实这些要求。近期特别要做好四项工作：一是加强项目前期工作并努力提高前期工作的质量，力争将规划项目纳入所在地区的地方发展规划，积极主动地落实核准要求；二是要重点抓好前三年的项目开工和建设工作，这是保证落实公司"十一五"发展规划目标的关键；三是要切实落实好电力、煤炭"大块头"项目的各项配套工作；四是要做好资金平衡工作，既要多渠道地保证发展要求，又要慎控项目风险，并努力将公司的负债率控制在适当的水平。

三、关于主辅分离改革

公司成立以来，在主辅分离、辅业改制方面做了大量的工作，虽然也遇到了较大的困难，但我们一直在前进中思考，在思考中前进，在思想准备、政策研究、工作试点、方案制订等方面取得了初步进展，有的基层企业已探索了一些经验。通过近一时期进行的一系列调研工作，包括这次会议的讨论交流，大家进一步统一了认识，理清了思路，更加明晰了今后的工作目标和任务。

第一，要坚持主辅分离、辅业改制的方向不动摇，并从实际出发，统筹规划，分步实施，先易后难，积极稳妥地推进这项工作。

主辅分离、辅业改制是中央提出的一项推动国有企业改革发展的重要工作；是国有企业建立现代企业制度，提高市场竞争能力的必然要求；是集团公司三项重点改制工作任务之一，而且要看到这项改革的时机和条件在逐步具备。因此，我们必须坚持主辅分离、辅业改制的方向不动摇。同时，也必须清醒地认识到，当前推进主辅分离、辅业改制工作中所存在的困难和问题，如电力行业宏观环境还没有完全形成有利的推进氛围，目前机制下职工转变身份难度较大，主辅业关联交易不规范（包括职工持股问题），大部分辅业自我生存发展能力较弱等。因此，我们要从实际出发，把改革、发展、稳定的关系处理好，把推进主辅分离、辅业改制与贯彻落实科学发展观、建设和谐社会相结合，既要坚定改革方向，又不能急于求成。要按照中央关于国有企业改革和电力改革的部署，按照集团公司发展战略和"十一五"发展规划的要求，统筹规划，分步实施，先易后难，稳步推进。

集团公司党组决定，计划用三年的时间，即到2008年年底前完成公司企业主辅分离、辅业改制任务。用三年时间，一是与国家对国有企业主辅分离、辅业改制的政策延长到2008年相衔接，以便充分利用好有关政策；二是与公司整体改革发展状况相适应。通过三年的改革发展工作，为完成主辅分离、辅业改制任务创造有利条件。集团公司正在制订三年规划实施方案。2006年内应选择少量的发电企业进行真正意义上的主辅分离、辅业改制的试点。2006年扩大试点，2007年完成过半，2008年全部完成。集团公司要从工作指导、员工配置、工资总额、业绩考核、政策扶持等方面采取措施，鼓励、支持有条件的企业尽早进行。各地、各企业也要积极创造条件、制订方案，尽快启动。

第二，主辅分离、辅业改制最终目的是要实

现“精干主业、效益突出，搞活辅业、走向市场，队伍稳定、企业和谐”。

“精干主业、效益突出”就是要通过主辅分离、辅业改制，集中力量做大做强主业，提高主业核心竞争力，进一步优化人力资源配置，降低企业用工规模和人工成本，不断提升企业的经济效益。集团公司要实现2010年规划的规模和效益目标，要争取用几年时间达到实现整体上市的要求，必须精干主业、效益突出。主辅分离、辅业改制要为这一目标服务。各发电企业要通过主辅分离、辅业改制，更好地精干主业，提升效益，努力纳入到集团整体上市的优质资产范围。这可以说是主辅分离、辅业改制对主业方面提出的目标要求。

“搞活辅业、走向市场”就是要使辅业改制成为法人实体和市场竞争主体。辅业与主业的分离，要做到资产分开、产权关系明晰，人员分开、劳资关系明确，经营分开、关联交易规范。这就必须要“搞活辅业、走向市场”。一是要使分离出来的辅业成为法人实体，按照混合所有制进行组建或重组、改制，建立现代企业制度，充分调动出资人、经营者和员工的积极性。二是要使分离出来的辅业成为市场主体，与主业仍可以建立产权关系、业务关系、合作关系，按照市场规则为主业服务，更为重要的是参与市场竞争，不断提高竞争能力。这可以说是主辅分离、辅业改制对辅业方面提出的目标要求。

“队伍稳定、企业和谐”就是要把握好改革的力度、发展的速度与员工的可承受程度，通过充分调研准备和思想发动，周密制订和操作实施方案，妥善解决突出矛盾，处理好企业与社会、主业与辅业、企业与员工的关系及干群关系、员工关系，保证员工队伍稳定、安全生产和经营稳定。同时，要通过实施主辅分离、辅业改制，解决好企业长期以来形成的历史包袱和突出矛盾，进一步促进队伍稳定、企业和谐。这可以说是主辅分离、辅业改制对企业提出的目标要求。

总的来说，三个方面的目标是相辅相成、互动推进的整体，既互为前提，又相互影响。我们要努力使三者有机统一，实现主业与辅业、企业与员工的多方共赢，互促发展。

第三，主辅分离改革也要坚持“两条腿走路”的方针，既立足于深化主业改革、加快主业发展，又着力推进辅业改制，放开搞活，从主、辅两方面做好工作形成推进主辅分离的合力。

从主业方面来说，首先是要加快发展，通过做强做大主业，更大范围地优化配置人力资源，更多地消化富余人员。其次要通过深化主业改革，实行按定员组织生产，使主业人员精干；改革用工和分配制度，实行员工竞争上岗、薪酬与业绩挂钩，形成员工能上能下、能进能出，收入能升能降的机制，使员工淡化员工身份，能够合理流动。三是通过做强做大主业，在国家政策允许的情况下，最大限度地对辅业进行有效扶持，对分流人员进行合理补偿，为主辅分离、辅业改制提供必需的和必要的支持。

从辅业方面来讲，在实施分离前的过渡期中，首先要规范管理关系、规范经营关系，落实经营责任。其次要发挥优势，对有一定市场竞争能力和外部市场的辅业予以必要扶持，支持其占领和扩大市场，促使其从安置型向效益型过渡，逐步减少对主业的依赖，不断提高竞争能力，为辅业与主业分离，走向市场积极做好多方面的准备。

为贯彻好“两条腿走路”的方针，当前要做好企业主业、辅业资产、人员、业务的界面划分；进一步规范主业与辅业的关联交易，规范企业劳动合同关系和用工分配制度；按照国务院国资委有关政策要求，规范企业职工持股；新单位要严格按照新体制、新定员标准组建，不办多种经营企业；发电企业投资要向主业集中，严格控制非主业投资，积极为实现主辅分离创造条件。与推进主辅分离、辅业改制相配套，按照因地制宜、因企制宜的原则推动检修管理体制改革，通过对检修资产、技术、人员的整合，促进电厂检修业务向专业化管理、集约化经营、市场化运作的方向迈进。2006年内先在四川、新疆、贵州、湖北等地区开展组建区域检修公司的方案研究和试点工作，取得成功经验后扩大范围。

主辅分离、辅业改制是公司内部改革的一个重要方面，要与集团公司整体改制，企业改制重组以及系统用工、分配、人事制度改革相结合，统筹考虑，协调推进。

四、关于公司下半年的工作

下半年工作总的要求，仍然是贯彻落实年初工作会议精神，特别是我们概括的“一条主线、两大任务、三个突破、四项创新、五大措施”的工作思路，实现“巩固和提升”总目标，更好地完成国务院国资委年度考核和任期考核任务。现就重点工作，强调以下几个方面：

（一）正确分析下半年经营发展的有利条件和不利因素，因势利导，坚定信心，更好地完成“十一五”开局之年的各项任务

2006年是国家实施“十一五”规划的第一年，下半年国民经济仍将保持快速健康发展，预计全社会用电量仍将保持强劲需求。国家宏观调控成效进一步显现，煤电油运矛盾开始缓解。国家进一步加强能源工作，特别是积极引导能源结构调整，大力支持新能源发展。第二轮煤电联动开始实施。国家将出台“十一五”深化电力体制改革意见，厂网分开遗留问题有望得到解决。公司经营的外部环境将不断改善。

同时，公司经营发展也将面临一些不利和不确定因素。国家对固定资产投资增长较快及包括电力在内的若干行业加大宏观调控力度，投融资环境将趋紧，公司发展成本、财务费用可能加大。国际国内原油和生产资料价格不断振荡走高，煤价仍在高位运行，环保投入增大，排污和水资源收费提高，将挤压发电企业利润空间，公司发电成本、经营压力加大。随着下半年大量新机投产，以及水电发电量的不确定因素，发电量进一步增长将遇到挑战。

总体来说，经过上半年的工作，影响2006年经营成果的两个主要因素——煤价、电价，目前情况已经基本明朗。煤炭价格虽有上涨并仍可能小幅波动，但基本得到较好控制；国家出台了第二轮煤电联动方案及电价政策，我公司取得比较满意的电价调整结果。公司上下三年多来大力推动存量营运改善，增量科学发展，其积极成果已开始显现。2006、2007两年是公司发展的关键时期，我们要珍惜国家实施“十一五”规划的重要机遇及公司向好的发展势头，进一步自我加压，努力提升公司的经营成果。因此，集团公司党组在深入分析判断形势的基础上，决定调高公司全年经营目标。新的目标主要是“双突破”，即全年利润总额突破25亿元，净利润突破5.5亿元，比年初确定的预算目标分别提高5亿元和0.5亿元。与此相关的各项指标亦要作必要的调整。为确保完成新目标，要按照利润总额28亿元、净利润6亿元来分解落实到各地区、各单位，并将相应地加大考核力度和调整考核方式。

确定以上新的年度经营目标，是推动公司“十一五”更好更快发展的需要，也是经过努力可以实现的目标。2006年应该是在三年工作基础上取得更好成绩的一年。按俗话讲，我们2006年要抱个“金娃娃”，其主要标志就是经营成果突破25亿元，力争实现华电国际邹县发电厂四期一台100万kW超超临界机组投产，从而实现公司经营效益，结构调整的重要突破。我们要坚持“两条腿走路”的方针，因势利导，坚定信心，坚决完成全年新的经营目标任务，为公司“十一五”发展开好局，奠好基。

（二）紧紧抓住电量、电价、煤炭、成本费用、新机、安全等影响经营成果的关键环节，逐一采取措施，努力争取更好成果

电量方面：要时刻关注用电形势，全力搞好迎峰度夏工作，抓住电力需求较旺时机，积极开拓市场；加强发电设备管理，进一步降低“非停”。继续跟踪和加强电力市场有关工作，进一步提高竞价上网水平。努力保持发电量较快增长的势头，全年完成发电量1940亿kW·h。

电价方面：要密切跟踪电价调整和执行情况，及时发现问题并全力协调解决，将已争取到的电价政策落实到位。特别要努力把第二轮煤电联动按时、足量落实到位。各企业要努力将电价上调的成果反映到经营效益上来，争取更多地为集团总体效益作出贡献。进一步做好电费回收工作。

煤炭方面：要继续发挥“五统一”的优势，扩大煤电一体化的成果，既有效保证供应，又切实把煤价控制好，争取实现更好的效益，回报各投资方。要进一步加强企业煤炭管理工作，切实加强薄弱环节，堵塞漏洞，挖潜降本。

新机方面：要认真做好新机投产准备工作，多方面采取措施解决好新机运行稳定问题，进一步做好新机电量、电价、降低非计划停运及成本管理工作，争取多发电量，实现当年不亏，努力实现投产达标和效益达标的双重目标。

成本、费用方面：要合理安排脱硫、技改、检修费用，提高资金使用效率。因地制宜采取措施，努力控制环保收费和水资源收费。严格控制固定成本，特别是人工成本增长。积极开展金融运作，降低融资成本和财务费用。进一步加强争取和运用财政企业政策，主要包括税收优惠、财

政补贴、财政贴息、国债转贷奖金等（前三年公司系统共争取财政利益约15亿元）。继续深化营运改善、扭亏增盈，大力开展各项增收节支活动，力求在消耗指标上有较大幅度的下降。

安全方面：要警钟长鸣，常抓不懈，始终把安全生产放在第一位，时刻不能放松。关键是要层层落实安全责任，事事落实安全措施，人人遵守安全规章。项目公司都要设置安全监察部，并配备必要的人员，保证项目建设零伤亡、零质量事故。

（三）全力争取实现投产1100万kW及其中1台100万kW机组、7台60万kW机组的目标，实现公司规模及结构调整上的新突破

2006年项目规划、前期、核准，特别是在建和投产项目点多面广，工作任务十分繁重，上半年取得了积极的成果，但下半年的任务更加艰巨。要按照“十一五”规划的要求，抓紧做好有关项目前期工作，进一步动员各种资源，加大核准工作力度。特别要做好投产项目的组织管理工作。绝大多数2006年投产的项目进展是正常的，也有的受制受阻，进展缓慢，投产困难较大。要逐一采取措施，解决好建设中的突出问题，既要实现投产1100万kW及其中1台100万kW机组、7台60万kW机组的目标，也要努力实现投产达标和效益达标的双重目标。

（四）积极推进技术创新、机制创新、管理创新，不断促进公司企业转变增长方式、转变经营机制、提升管理水平

技术创新方面：认真组织实施《中国华电集团公司科技发展规划》，进一步着力建立以集团为主导，企业为主体，市场为导向的多层次、多领域的科技力量，加大围绕生产运行、基本建设、设备管理进行自主创新的力度，促进公司电源技术结构升级，提高科技在公司发展中的贡献率。

机制创新方面：认真贯彻落实国家关于“十一五”深化电力体制改革的部署。制订实施集团公司整体上市工作规划，扩大主辅分离、辅业改制试点和检修体制改革试点，全面推动公司向现代企业制度迈进。进一步完善公司考核机制，用人机制和分配制度的改革。特别要结合项目发展和体制改革，进一步做好人力资源优化配置工作。贯彻中央有关精神，认真做好收入分配制度改革工作。

管理创新方面：结合公司实际，深入研究落实集团公司党组提出的“精细管理”的实施方案，在营运改善和“对标”过程中，广泛开展“精细管理”活动，促进公司各项基础管理工作和整体经营管理水平的明显提升。加快信息化建设，提升公司管理的现代化水平。

（五）切实抓好治理商业贿赂工作，进一步推进依法治企工作，切实保障干部廉洁，经济安全

按照集团公司确定的开展治理商业贿赂专项工作实施方案，坚持以“有利于推动企业经营发展、有利于促进企业规范管理”的总体原则，把专项工作与规范关联交易相结合，与构建惩防体系相结合，与开展学习贯彻遵守维护党章活动相结合，与加强效能监察相结合，与构建风险防范体系相结合，与开展“五五”普法工作相结合。重点抓好自查自纠、查办案件和建立长效机制三项工作。着力解决影响企业经营发展和规范管理的问题。依法查处商业贿赂案件。积极探索建立健全防治商业贿赂的长效机制。加强专项工作的组织领导和督促检查，坚持标本兼治、综合治理，用发展的思路和改革的办法，逐步铲除商业贿赂赖以生存的土壤和条件，确保专项工作取得实效，进一步促进公司企业依法经营、规范经营，保证干部廉洁、经济安全。

（六）进一步加强党的建设、领导班子建设和员工队伍建设，为公司经营发展提供坚强的思想保证、组织保证、人才保证

以保持和发展先进性建设为主线，进一步加强公司系统党的思想建设、组织建设、作风建设和制度建设，充分发挥企业党组织、党员的“三个作用”。各级党组织要认真组织党员深入学习胡锦涛总书记在庆祝建党85周年大会上的重要讲话，全面落实先进性建设的长效机制，巩固和扩大先进性教育活动成果。认真开展“四好”班子创建活动，进一步加强公司系统各级领导班子建设，使各级领导班子在党的理想、信念和作风上不断加强，凝聚力和战斗力得到有效发挥。2006年底要对创建活动进行考评和表彰。

需要指出，公司系统各个企业的班子建设总的状况是好的，各级领导干部在华电几年来的经营发展中不断提升了自己的能力和水平，特别是经过2005年先进性教育活动的洗礼，在理论素养和工作作风上又有新的进步，这是我们干部队伍

的主流。但是，我们要清醒地看到，干部队伍中仍存在一些苗头性的问题：有的领导干部自律不够，也缺乏必要的监督，导致出现违纪违法的情况依然存在；有的领导班子正常的生活制度不健全，导致凝聚力和战斗力不强；有的领导干部不能很好地处理改革、发展、稳定的关系，对群众的思想政治工作不够得力，影响了企业的改革和发展，等等。这些情况和苗头是局部性的，有的是个别、少数的，但必须引起我们高度重视。因此，下半年各企业要以学习贯彻胡锦涛总书记“七一”讲话，落实先进性建设长效机制和建设“四好”班子为主要内容，普遍开展一次领导班子民主生活会，以进一步强化班子的建设。各级领导干部特别是党政主要负责人要坚持“两手抓”，落实“双重责任”，进一步加强企业党的建设、精神文明建设、企业文化建设、思想政治工作和工会、共青团工作，大力加强员工队伍建设，努力保持队伍稳定，进一步调动企业干部员工的积极性，为完成公司经营发展任务，统一思想、凝聚力量、化解矛盾，促进企业的科学发展和安定和谐。

同志们，下半年任务繁重，头绪很多。希望公司系统领导干部持续加强学习，不断提高思想政治素质、业务工作能力，更好适应国家形势发展和集团公司事业发展的需要。要研究把握大局，经常地、系统地、全面地认真分析国家宏观政策和经济运行形势，使企业经营发展始终符合国家大政方针要求，自觉处理好集团全局和本地区、本企业的关系，坚决落实集团公司的工作部署。要增强责任意识，珍惜岗位，不负重托，不辱使命，把企业经营好、运作好，与华电共命运，与企业共命运，创造更好业绩。要保持廉洁自律，不断增强“四自”意识，自觉接受监督，落实“两个务必”、“八个坚持、八个反对”和“八荣八耻”的要求，做清廉、勤勉的模范，确保在廉洁上不发生问题。

各区域子公司、分公司、代表处，承上启下、连接内外，肩负党组重托和一方使命，任务繁重、责任重大，要进一步加强对区域企业经营发展工作的指导、帮助、协调、督促，加强与上下左右的沟通联系，努力把区域下半年各项任务完成好，把区域“十一五”改革发展重大问题规划好、摆布好。

履行三大责任　提升三大业绩
加快推进集团公司做强做大做好

集团公司2007年工作会议工作报告

集团公司党组书记、总经理　曹培玺

（2007年1月29日）

这次会议的主要任务是：以邓小平理论、“三个代表”重要思想和科学发展观为指导，全面贯彻党的十六大和十六大以来历次全会及中央经济工作会议、中央企业负责人会议精神，总结公司2006年工作及成立四年来的主要业绩和经验，部署2007年工作，进一步动员广大干部员工全面履行经济、政治、社会三大责任，全面提升安全、效益、发展三大业绩，全面完成2007年各项目标任务，加快推进集团公司做强做大做好。

下面，我代表集团公司党组讲四个方面的意见。

一、公司2006年工作回顾

2006年是公司“十一五”时期的开局之年，是国务院国资委对公司领导班子首轮任期考核的最后一年。公司系统高举邓小平理论和“三个代表”重要思想伟大旗帜，全面贯彻落实科学发展观，认真实施公司“十一五”发展规划，发展步伐进一步加快，结构调整进一步优化，管理水平进一步提升，经营环境进一步趋好，各项工作取得新的成绩，经营发展实现“双突破”，首台100万kW机组提前投产，全面超额完成年度目标任务，实现了公司“十一五”时期的良好开局。

（一）全面超额完成年度目标

——完成发电量1995亿kW·h，比2005年增长22.44%，完成年度目标1950亿kW·h的102.3%。

——完成供电煤耗356.28g/(kW·h)，比2005年下降6.78g/(kW·h)；完成综合供电煤耗359.18g/(kW·h)，比2005年下降7.08g/(kW·h)，均超额完成年度目标。

——实现利润总额30.5亿元，比2005年增长64.78%，完成年度目标25亿元的122%。实现利税总额95.1亿元，比2005年增长29.74%。

——实现净利润5.6亿元，比2005年增长43.96%，完成年度目标5.5亿元的101.8%。

——实现净资产收益率3.33%，比2005年提高0.83个百分点，完成年度目标3%的111%。

——完成流动资产周转率2.9次，比2005年提高0.2次，完成年度目标2.6次的111.5%。

——实现全员劳动生产率31.8万元/(人·年)，比2005年提高7.4万元/(人·年)，完成年度目标30万元/(人·年)的106%。

——投产发电容量1090.8万kW，比2005年增加299.7万kW，比年度目标增加290.8万kW，期末装机容量达到5004.61万kW。

——公司系统没有发生重大安全生产事故、重大违法违纪案件和对公司形象、稳定造成重大不利影响事件，确保了生产安全、经济安全、政治安全、形象安全。

全面完成国务院国资委下达的年度考核指标。发电量、利润总额分别完成考核指标的120.91%、231.1%，净资产收益率、流动资产周转率分别比考核指标提高2.87个百分点、1.3次。

（二）各项工作取得新的成绩

——安全生产总体稳定。公司系统全面落实安全生产责任制和各项制度措施，全面开展安全性评价复查工作，安全生产基础不断夯实，设备健康水平进一步提高，新机运行基本稳定，经受住自然灾害、迎峰度夏、生产建设任务繁重的考验，安全生产形势总体稳定。邹县、哈三、宝珠寺等38家企业没有发生非计划停运，青岛、漳平、遵义、华安等14家企业安全记录超过3000天。福建、浙江地区有效组织抵御强台风侵袭，四川地区积极组织抗旱，赢得社会好评。

——经营管理取得明显成效。发电量保持较快速度的增长，全年火电设备利用小时完成5323h，虽然低于其他发电集团火电设备利用小时，但差距有所缩小。宁夏、安徽、湖南、内蒙古、浙江、云南、江苏地区发电量增幅较大。煤电联动、电价落实取得较好成果，四川、贵州、湖北、福建地区及华电能源、北京热电、铁岭等企业电价工作取得较好成绩。电热费欠费额控制在预算目标内，华电国际、上海华电、半山、蒲城等企业超额完成电热费回收指标。开展创建优秀发电企业、营运改善、对标管理、降本增效等工作取得实效。综合供电煤耗比2005年下降7.08g/(kW·h)，节约标煤120.86万t。厂用电率比2005年下降0.04个百分点，节电4.39亿kW·h。单位发电油耗比2005年下降0.144g/(kW·h)，节油28.04万t。云南、福建、浙江、内蒙古、贵州、江苏地区供电煤耗比2005年有较大幅度下降。西塞山完成供电煤耗333.03g/(kW·h)，创公司30万kW等级常规火电机组为主力电厂的最好成绩。电煤区域协调、优化调度取得成效，保证了电煤供应数量和质量，电煤价格得到较好控制。三项费用等固定成本和财务费用控制较好。积极争取和利用国家有关政策，改善了公司经营发展环境。积极开辟渠道，筹措资金，较好地保证了生产和建设资金需求。监察、审计、财务稽查、法律监督等内控机制建设和风险防范工作进一步加强。开展任期经济责任审计、资产经营责任审计和审计调查等28项，促进企业增收节支8194万元；开展基建项目全过程跟踪审计11项，核减工程费用2.77亿元。华电国际、福建、江苏、浙江、湖北、贵州地区及煤业公司、财务公司、招标公司、蒲城电厂超额完成利润指标。华电国际实现利润总额18.134亿元，福建公司实现利润总额5.757亿元，江苏电力股份、富拉尔基、财务公司、华电能源、黄石、铁岭、半山、煤业公司、扬州等二级企业实现利润总额均超过1亿元。27家发电企业进入公司优秀发电企业行列，其中2006年新增7家。扭亏增盈工作取得进展，二级企业亏损缩减至5家，亏损面由2005年的23.5%下降到10.64%，完成控制在15%以内的年度目标；亏损额由2005年的4.2亿元降低到2.8亿元，完成控制在3亿元以内的年度目标；北京热电、青山热电、陕西蒲城、安徽六安、内蒙古东华等企业实现扭亏为盈。

——电源建设取得重大突破。制订实施公司“十一五”发展规划，推动区域发展规划编制工作。新开工项目922.3万kW。工程建设安全、质量、工期、造价总体处于可控、在控状态。投产新机38台，其中60万kW级机组6台。公司总装机容量突破5000万kW，资产结构和质量进一步改善，投产60万kW及以上机组容量467万kW，占2006年投产火电机组容量的44%；投产30万kW及以上机组容量920万kW，占2006年投产火电机组容量的87%。华电国际邹县发电厂百万千瓦超超临界燃煤发电机组成功投产，标志着集团公司技术装备水平跨入国内先进行列，创造了国内百万千瓦机组建设速度最快、工程造价最低、调试时间最短、整体质量最优的纪录。福建可门、内蒙古包头实现一年双投60万kW机组，贵州大龙、贵州大方、青海大通、华电章丘、哈尔滨热电、滕州新源实现一年双投30万kW机组。核电、风电开发取得突破。积极推进国际交流合作，推动境外投资和业务，成立首家境外投资机构香港公司，“走出去”战略取得新进展。

——煤炭、金融快速发展。煤炭“五统一”优势得到进一步发挥，煤业公司统一组织供煤9621.68万t。福建可门储运中心开工建设。内蒙古不连沟、山西轩岗、新疆哈密、新疆昌吉、陕西榆横、山西沁源等煤电一体化项目前期工作取得进展。加大了山西、陕西、宁夏等重点地区的开发力度。加强资金集中管理和监控，实行电煤资金统一结算，创新票据融资业务，实现相对控股烟台市商业银行，进一步优化融资环境，在与国内主要商业银行建立战略合作的基础上，又与中国进出口银行、英国渣打银行建立了合作关系，有效整合优化金融股权投资，进一步提升了金融运作水平。

——内部改革、资本运营迈出重要步伐。开展公司整体改制研究。对新疆、四川、黑龙江区域管理体制做了调整。成立辽宁代表处、安徽代表处。完成部分新公司组建、老企业整合和机构调整工作。明确了主辅分离、辅业改制工作总体思路和实施方案，推进试点工作。进一步规范主辅业经济往来关系。推进检修体制改革试点工作，组建成立10家检修公司。基本完成企业分离办社会职能工作。积极推进以按定员组织生产为主线的劳动用工制度改革试点，开展以业绩为导向的薪酬制度改革试点工作。

资本运营工作取得突破。四家上市公司股权分置改革取得成功。发行20亿元企业债券。通过股权收购，控股江苏电力股份公司和潍坊发电有限公司，取得良好经济效益。通过增资扩股重组控股汉源公司，间接持有襄樊电厂一期17.5%的股权。增持华电国际、黔源电力股份，进一步增强集团的控制力。理顺部分企业产权关系，完成黄岛电厂一期产权及部分企业不良资产处置工作。

——科技环保和信息化建设取得进展。开展9FA系列重型燃机、秸秆发电、海水淡化、乌江流域梯级开发生态环境影响及对策等重大项目研究。组织科技创新项目技术论证，申报的200MW级IGCC示范电站项目进入国家“863”计划。成立动力技术研究中心和电气热控技术研究中心，积极推进生产运营、基本建设及设备制造领域的技术创新。较好地完成了电源项目环境影响报告书、水土保持方案报告书的内审、评估和批复。分解落实“十一五”二氧化硫总量减排责任目标，当年投运脱硫改造机组705万kW，比责任书确定的当年投运任务增加202万kW，新增二氧化硫减排能力约50万t。推进了财务管理、资金结算管理、电子结算、PMIS基建管理和无纸化办公等信息系统的开发、建设和推广应用工作。

——队伍建设进一步加强。全面开展“四好”领导班子创建活动，加强企业领导班子建设。全年考察和调整领导班子124家，调整领导人员275人次。华电国际电力股份有限公司荣获全国国有企业“四好”领导班子先进集体称号，28家企业成为公司首批创建“四好”领导班子先进集体。开展学习《江泽民文选》、树立社会主义荣辱观、党章教育、基层党组织标准化建设和庆祝建党85周年系列活动。加强先进性教育长效机制建设。认真开展治理商业贿赂专项工作，落实教育、制度、监督并重的惩治和预防腐败体系。加大干部培训和交流培养力度，组织2期青年干部培训班和4期领导人员培训班，选拔20名干部进行上下交流挂职锻炼。建立9大教育培训基地，举办14个专业的22个培训班。各新建项目优先从系统内选聘人员，进一步推进了人力资源配置。加强精神文明建设、企业文化建设和思想政治工作，广泛开展文明单位创建、职工技能比赛和文化体育活动，开展关心困难职工、送温暖活动，保持了队伍稳定。

在充分肯定2006年各项工作成绩的同时，也应清醒地看到公司工作存在的问题：

——各区域、各企业经营成果不平衡。企业亏损的局面还没有得到彻底扭转。受来水少的影响，水电企业亏损面增加，亏损额加大。部分企业没有完成年度任务目标。一些企业效益尚不稳固，抗风险能力和可持续发展后劲不足。

——个别要素目标与全年预算控制目标还有差距。少数新投产机组的煤耗、经济效益未能达到预期目标。电源基建项目环保“三同时”要求没有完全落实。

——一些企业存在不安全的问题和隐患。生

产建设安全基础不牢固，还存在薄弱环节。违章现象没有完全杜绝，少数单位发生了安全事故。个别企业发生领导干部违法违纪案件和违反财经纪律问题。少数企业队伍存在一些潜在不稳定因素。应急管理有待加强。

——公司系统不同程度地存在管理不到位，工作不落实的问题。有些管理没有做到科学有效和可控在控。有的工作部署不够协调，制度措施不配套。各级干部工作作风需要改进，管理水平有待提高。

对于这些问题，我们要高度重视，积极采取有效措施，认真加以解决。

二、公司成立四年的主要业绩和基本经验

（一）四年的主要业绩

公司成立到现在，经历了艰苦创业的四年、团结奋进的四年、硕果累累的四年。四年来，集团公司党组团结带领广大干部员工迎难而上、拼搏进取，总体上改变了成立之初资产质量较差、经营水平不高、结构比较单一的状况，资产质量明显提高，综合实力不断增强，实现规模效益翻番，各项工作全面进步，初步形成规模与效益持续增长、效益增长速度高于规模增长速度的良性发展态势，较好实现国有资产的保值增值，为公司的长远发展打下良好基础。

——推动了规模快速发展。公司装机容量由2554万kW增加到5004.6万kW，增长96%。发电量由1161亿kW·h增加到1995亿kW·h，增长72%。资产总额由835亿元增加到1961亿元，增长135%。可控发电设备容量占全国总容量的比重由成立初期的7%左右提高到8%左右。

——推进了资产结构的优化。初步形成高效火电、大中型水电和新能源共同发展的格局。30万kW及以上火电机组的比重由成立时的44.3%上升到55.3%，其中60万kW及以上机组由成立时的4台增加到11台；水电在役机组达到722.41万kW，增加290.71万kW；热电联产机组由193.3万kW增加到532.5万kW；投产7台9FA重型燃机共273万kW；核电、风电建设取得进展。初步构建了战略区域、重点区域和其他区域互为支撑的区域格局，电源项目分布从14个省（区、市）扩大到21个省（区、市）。培育形成以发电为主体，煤炭、金融为两翼的发展格局，参控股煤矿生产和在建规模达到1365万t/年；金融产业管理运作资产总额达110亿元。

——提升了节能环保水平。公司供电煤耗由369.51g/(kW·h)下降到356.28g/(kW·h)，累计降低13.23g/(kW·h)。累计节约标准煤205万t，节约用电20.66亿kW·h，节约燃油34.32万t，直接实现节能价值22.3亿元。投产的首台百万千瓦机组设计发电煤耗为272.9g/(kW·h)，比全国平均发电煤耗低66.1g/(kW·h)。投入运行的脱硫机组达到1809.5万kW，约占煤电总装机容量的47%，二氧化硫减排能力达到110万t，单位发电量二氧化硫平均排放水平完成6.81g/(kW·h)，比公司成立时降低17%。

——实现了经济效益大幅提升。实现销售收入由273亿元增加到555.6亿元，增长103.5%。实现利润总额由8.76亿元增加到30.5亿元，增长248.2%。净利润由-4.78亿元增加到5.6亿元。企业亏损面由63.3%下降到10.64%，亏损额由17.56亿元下降到2.8亿元。净资产收益率由2003年的0.11%提高到3.33%。实现利税总额由2003年的46.7亿元增加到95.1亿元。

——全面超额完成国务院国资委下达的2004~2006年任期考核指标。国有资产保值增值率完成102.4%，比考核目标高0.7个百分点；三年主营业务收入平均增长率完成22.7%，比考核目标高14.7个百分点；全员劳动生产率完成25.2万元/(人·年)，完成考核目标的118%；供电煤耗完成356.28g/(kW·h)，比考核目标低7.72g/(kW·h)。

——形成了良好的战略、文化和形象。战略实施取得重要成果，并得到广大干部员工的积极呼应。初步形成具有华电特色的企业文化，建设了一支值得信赖、能打硬仗的干部员工队伍，华电大家庭的向心力、凝聚力进一步增强。公司“诚信、高效、合作、服务、环保”的形象得到社会认可。

（二）基本经验

回顾公司四年的发展历程，我们深切地感到，以胡锦涛同志为总书记的党中央提出的科学发展观和构建社会主义和谐社会的重大战略思想，是指导我们做好公司工作的根本指针。党中央、国务院关于加强宏观调控、保持国民经济又好又快发展，以及国有企业和能源工业改革发展的一系列方针政策，为公司健康快速发展指明了方向，提供了有利条件。我们要全面贯彻落实。在推进公司改革发展稳定的工作实践中，我们进一步增强了贯彻党中央的理论路线方针政策的自觉性，进一步坚定了搞好国有企业、做强做大做好华电的信心，对公司工作的内在规律有了新的认识和把握，积累了宝贵的工作经验，要继续坚持和发扬。

一是坚持科学发展。始终把发展作为公司的第一要务，树立强烈的推动公司做强做大的信心和决心，积极适应国家宏观调控政策和电力市场的变化，抢抓机遇，优化结构，转变增长方式，促进公司快速健康可持续发展。

二是坚持战略统领。全面实施公司发展战略，以战略为目标，明确方向、开创事业；以战略为旗帜，引领员工、凝聚力量；以战略为指针，统一思想、指导工作，以实施发展战略统领各项工作，引领公司朝着更高目标迈进。

三是坚持以经济效益为中心。遵循企业发展规律，坚持“两条腿走路”的方针，形成责任落实和压力传递的工作机制，不断推动管理有创新、经营有提升、发展有成效，确保国有资产的保值增值。

四是坚持深化改革。积极适应电力竞争的新形势，不断推进公司制度创新、技术创新、管理创新，大力推进公司人力、物力、财力等资源的优化配置，正确处理改革、发展、稳定的关系，充分调动各企业和广大员工的积极性、创造性。

五是坚持以人为本。不断加强公司各级领导班子建设和员工队伍建设，实施“人才强企”战略，坚定依靠广大干部员工推动企业改革发展，促进干部员工经受锻炼、提高素质、增长才干、创造业绩，成为推动公司发展的根本力量。

六是坚持发挥国企优势。全面加强党的建设，把精神文明建设、政治文明建设和物质文明建设结合起来，把思想政治工作同经营管理工作结合起来，把加强党的领导同建立现代企业制度结合起来，把企业自我约束与加大监督力度结合起来，确保公司政治安全，确保公司和谐稳定。

公司2006年和四年来取得的优异成绩，是党中央、国务院正确领导的结果，是国家有关部门、各级地方党委政府和社会各界大力支持的结果，是公司广大干部员工团结拼搏、努力奋斗的结果。在此，我代表公司党组向各级领导和社会各界表示诚挚的感谢！向公司全体干部员工表示崇高的敬意！

三、公司2007年的形势和基本工作思路

2007年是公司实施“十一五”规划的重要一年，是国务院国资委对公司领导班子新一轮任期考核的起始年。公司面临新的形势和任务，迎来新的机遇和挑战。要正确把握公司外部形势，趋利避害，抢抓机遇；辩证看待公司内部形势，扬长避短，挖掘潜力，主动适应新形势，努力抓住新机遇，积极应对新挑战，确保实现新发展。

（一）当前的形势

党的十七大的召开将推进我国经济社会发展进入新的历史阶段，我们国家正站在新的起点上继续向现代化目标迈进。国有企业作为国民经济的重要支柱，是全面建设小康社会和构建社会主义和谐社会的重要力量，地位重要，责任重大，始终受到党和国家的高度重视和支持。国家继续实施稳健的财政和货币政策，保持国民经济平稳较快发展，预计电力需求仍将保持较快的增长态势。随着宏观调控的继续加强和改善，煤电油运紧张状况将进一步缓解。电力体制改革进一步深化，厂网分开遗留问题可望逐步得到解决。公司成立以来，战略实施取得重大成果，规模结构、质量效益、综合实力和社会形象等方面取得长足进步，探索和积累了经营发展的有益经验，各项工作保持良好势头。这些将为做好公司2007年工作创造了有利条件。

也应看到，随着全国电力装机容量的快速增长，发电设备利用小时将呈下降趋势。国家继续加强对包括电站建设在内的固定资产投资规模的宏观调控，电源项目开工门槛不断提高，融资环境进一步趋紧。国家加大节能降耗和污染减排力度，加快关停小火电机组，提高排污和水资源收费，推行经济、节能、环保电量调度，既为公司推进技术升级和结构调整带来动力和机遇，也给公司系统老小机组的经营带来新的压力和考验。煤炭市场化和能源资源产品价格继续上涨给发电企业经营带来新的冲击。电力供需、电价政策、火电燃煤、燃机供气、水电来水、竞价上网、政策性收费等方面仍存在不确定因素。公司在实现改革发展稳定的协调、坚持速度质量效益的统一等方面，还有一些矛盾尚未从根本上得到解决。虽然公司经营发展表现出良好的成长性，但是公司的盈利能力、竞争能力和抗风险能力不强，发展资金矛盾较为突出。这些将给公司经营发展带来新的挑战。

中央企业负责人会议强调，中央企业在2007年开始的第二个任期内必须努力实现三个目标：一是中央企业建立现代企业制度的目标基本实现。二是中央企业布局结构调整的目标基本实现。三是中央企业核心竞争力明显增强。公司处于国有资本要加强控制和加快集中的电力行业。我们必须把握国有资本调整和国有企业重组的重要机遇，按照中央企业“三个目标”的要求，坚持科学发展，提高管理素质，增强核心竞争力，加快建立现代企业制度，加快做强做大做好，进一步提升公司在发电行业中的重要骨干企业地位，进一步发挥公司在国有经济中的主力军作用。

（二）基本工作思路

站在新的起点，面对新的形势，适应新的要求，公司2007年工作的指导思想是：坚持以邓小平理论和“三个代表”重要思想为指导，认真贯彻科学发展观和党的十六大及十六大以来历次全会精神，认真贯彻中央经济工作会议精神，全面履行公司肩负的经济责任、政治责任、社会责任，全面推进公司做强做大做好，全面实施公司发展战略和“十一五”发展规划，以安全为基础，以经济效益为中心，以发展为主题，着力坚持科学发展，着力推进改革创新，着力提升企业管理，着力加强队伍建设，全面完成2007年各项目标和任务，以优异成绩向党的十七大献礼。即“一个坚持、两个贯彻、三个全面、四个着力”“一二三四”的指导思想。

公司工作必须遵循以下总体要求：

——全面履行三大责任。作为特大型国有发电企业，公司必须切实履行好中央企业应有的经济责任、政治责任和社会责任，这是公司工作的大局，是党和国家赋予公司光荣而重大的职责。切实履行经济责任，就是要不断提高经济效益，确保实现国有资产保值增值，不断增强国有资本的控制力和竞争力。切实履行政治责任，就是要坚定地与党中央保持一致，全面贯彻落实党中央、国务院的各项方针政策及关于国有企业改革发展的决策部署，做到政治坚定、干部廉洁、队伍稳定，努力为发展壮大国有经济、全面建设小康社会和构建社会主义和谐社会作出重要贡献。切实履行社会责任，就是要协调好公司经营发展与经济、社会、资源、环境的关系，为经济社会发展提供可靠电力保证，增加纳税，节约资源，保护环境，支持公益事业，促进经济社会又好又快发展。

——全面推进做强做大做好。做强做大做好关系公司的前途命运，关系干部员工的根本利益，是公司工作的努力方向。做强，体现在盈利能力强、竞争能力强、抗风险能力强、干部员工队伍强。做大，体现在资产规模大、市场份额大、社会贡献大。做好，体现在社会责任履行好、员工发展好、社会形象好。做强做大做好是有机的整体，缺一不可。没有做大，公司不能实现做强；只求大不求强，做大不能持久，发展不可持续；做好是公司履行社会责任提出的必然要求，是公司做强做大的形象体现。公司上下要同心奋力加快推进公司做强做大做好。

——全面提升三大业绩。公司全部工作要坚持以安全为基础，以经济效益为中心，以发展为主题，这是公司工作的中心任务。安全是基础，就是要坚持“大安全观”，确保生产安全、经济安全、政治安全、形象安全，这是国有电力企业的基本职责。经济效益是中心，就是要把经济效益作为企业抓管理、做决策最重要的标准，作为企业各项工作的基本目的，这是企业的本质属性和根本任务。发展是主题，就是要一心一意谋发展，聚精会神搞建设，通过又好又快发展实现公司做强做大做好。这是公司工作的重中之重。要完善以安全、效益、发展为业绩目标的财务预算、业绩考核、薪酬分配三位一体的指标体系和考核分配机制。公司上下都要围绕持续提升三大业绩统筹工作、强化责任，不断推动工作上台阶、创佳绩。

——着力坚持科学发展。发展是硬道理，是公司做强做大做好的必由之路。必须始终把发展作为公司的第一要务，坚持以科学发展观为指导，努力实现快速健康可持续发展。快速，就是要坚持与国民经济又好又快发展相适应，保持较快的发展速度；健康，就是要坚持速度规模质量效益相统一，转变增长方式，增强核心竞争力，提升发展的内涵；可持续，就是要坚持与经济社会资源环境相协调，推动技术升级和节能减排，增强发展后劲，保持发展的稳健性和持久性。要进一步优化电源结构和区域布局，加快水电开发，优化发展大容量、高参数、环保型火电，加大核电、风电及其他新能源开发建设力度；加快在资源环境好、市场前景好的地区发展；进一步优化配置公司内部资源，集中力量做强主业；积极推动“走出去”战略向宽领域拓展。坚持以经济效益为中心，确保发展的质量和效益。

——着力推进改革创新。改革创新是活力之源，是公司做强做大做好的不竭动力。要通过改革创新，不断消除束缚生产力发展的体制性障碍，不断增强公司经营发展的活力。服从于公司做强做大做好的要求，大力推进公司制度创新，完善法人治理结构，建立现代企业制度；大力推进公司体制创新，完善公司管控模式，充分调动各方面积极性，提高管理效率；大力推进机制创新，适应国家政策调整和电力体制改革对公司工作提出的新要求，转换企业经营机制，不断提高市场竞争能力；大力推进科技创新，提升生产建设技术水平，建设创新型企业；大力推进发展模式创新，加快结构调整，优化资源配置，加强资本运作，拓宽资金来源，坚持走新型工业化发展道路。

——着力提升企业管理。管理是企业永恒的主题，是公司做强做大做好的基本途径。要大力倡导推广现代管理理念、管理手段、管理制度，全面加强战略管理、决策管理、投资管理、产权管理、经营管理、生产管理等各项管理，形成经营发展全过程闭环管理体系。集团总部要进一步提高战略管理、决策管理、资源管理、业绩管理能力；各区域机构要进一步发挥对区域内企业生产经营、项目发展、市场营销、公共关系等方面工作的领导和管理职能；各基层企业要进一步强化安全、效益、发展责任，成为经营发展、技术进步、队伍建设的主体和成本控制、利润形成的中心。要全面推行企业生产经营、基本建设主要经济技术指标的对标管理。加强预算计划管理和经营业绩管理，努力做到科学预算、精确计划、精细管理、精准考核，建立“重业绩、讲回报、强激励、硬约束”的工作机制，加快提升公司整体盈利能力、竞争能力和抗风险能力。以信息化促进管理现代化，提升管理效率和经营效益。各项管理工作要力求科学有效、管用管好、可控在控，要落实到安全、效益、发展三大业绩的提升上来。

——着力加强队伍建设。人力资源是企业的第一资源，是公司做强做大做好的根本力量。加强领导干部的思想政治建设和能力作风建设，建设好各级领导班子。全面加强党的建设，充分发挥国有企业的政治优势。加强集团公司总部队伍建设，发挥表率作用。大力实施“人才强企”战略，建设一支思想好、作风实、技能强、能打硬仗的员工队伍。大力推进和谐企业建设、企业文化建设，努力营造和谐融洽、干事创业的工作环境，充分调动好、发挥好干部员工的积极性和创造性，形成万众一心共创伟业的生动局面，为公司做强做大做好提供有力的人才保证、智力支持和文化支撑。

按照上述指导思想和总体要求，集团公司党组确定“十一五”时期公司的奋斗目标是：到2010年，发电装机容量突破8000万kW，年发电量4000亿kW·h，利润总额60亿元，净资产收益率7%，基本建立现代企业制度，全面超额实现公司“十一五”发展规划目标，力争进入世界500强企业，加快“国内先进、国际一流”现代企业集团的建设步伐。即“8467”奋斗目标。

四、公司2007年工作目标和重点任务

（一）主要工作目标

1. 安全目标

——公司系统不发生生产基建重大及以上安全事故，不发生企业经营和领导人员严重违法违纪案件，不发生对企业形象造成严重不利影响事件，确保生产安全、经济安全、政治安全、形象安全。

2. 经营效益目标

——发电量2538亿kW·h。

——综合供电煤耗352g/(kW·h)，比2006年下降7.18g/(kW·h)；供电煤耗349g/(kW·h)，比2006年下降7.28g/(kW·h)。

——利润总额38亿元，比2006年增长24.6%。

——净利润7亿元，比2006年增长25%；净资产收益率4%，比2006年提高0.67个百分点。

——流动资产周转率3次，比2006年提高0.1次。

——全员劳动生产率33万元/(人·年)，比2006年提高1.2万元/(人·年)。

3. 发展目标

——开工电源项目1000万kW。

——投产装机 1100 万 kW，确保年末发电装机容量突破 6000 万 kW。火电平均单机容量提高到 23 万 kW，30 万 kW 及以上火电机组容量达到火电装机容量的 71%，60 万 kW 及以上火电机组容量达到火电装机容量的 30%。

——单位发电量二氧化硫排放量控制在 5g/(kW·h) 以内，比 2006 年减少 27%。

——参控股煤矿生产和在建规模达到 2300 万 t/年，组织煤炭供应 1.16 亿 t，实现利润总额 1.2 亿元。

——控股金融机构管理资产规模达到 350 亿元，实现利润总额 2.5 亿元。

（二）重点工作任务

1. 确保生产安全

认真贯彻落实党中央、国务院及集团公司安全生产工作部署和要求，坚持"安全第一、预防为主、综合治理"的工作方针，做到思想认识警钟长鸣、制度保证严密有效、技术支撑坚强有力、监督检查严格细致、事故处理严肃认真。以安全质量标准化为核心，完善安全生产责任体系、保证体系、监督体系、技术体系，推进本质安全型企业建设。全面落实安全责任制和各项制度措施。加强安全生产监督、检查工作，加大反违章力度，健全反违章机制，严肃事故查处和责任追究。扎实开展安全生产"巩固提高年"活动和各种行之有效的安全例行工作，做好迎峰度夏、大坝安全和防汛工作。加强安全教育和培训，提高员工的安全意识和技能水平，加强生产管理，提高发电设备安全运行水平，抓好新机生产准备，确保安全生产可控、在控。

2. 全面提升经营管理水平

以经济效益为中心，坚持"两条腿走路"的方针，大力做好"三电"、"四煤"工作。加强电力市场预测分析，加大市场开拓力度，积极适应竞价上网和经济、节能、环保电量调度方式改革，做好新机并网调度协议和购售电合同签订工作，积极做好电量置换和大用户直购电工作，千方百计提高发电设备利用小时，提高主营业务销售收入。继续推动实施新一轮煤电价格联动，争取解决脱硫电价、燃机电价、电价偏低困难电厂电价问题，争取价格主管部门规范电价执行行为，促进电价政策落实到位。加强电热费回收过程控制和管理，确保完成电热费回收控制指标。继续加强燃料"五统一"管理，注意发挥各方面积极性，完善燃料管理机制。及时跟踪煤炭市场，着力抓好电煤合同兑现和经济运行工作，控制燃煤价格，提高燃煤质量，确保燃煤供应。进一步加强和规范电厂燃煤管理。

加强预算和计划管理，强化经营目标责任的落实和考核。全面深入推进生产建设主要经济指标的对标管理工作。推行成本定额和对标管理，严格控制三项费用等可控成本支出。全面落实资产经营责任制，加大各区域机构和各责任主体的经营责任和考核力度。继续推进扭亏增盈工作，力争实现无亏损企业目标。全面加强内控机制建设，加强投资管理、关联交易管理、担保管理、合同管理、信用管理，充分发挥纪检监察、审计、财务稽核、企业法律顾问等监督保障作用，加大资产经营责任审计和新投产机组经济效益审计力度，实现内部审计工作由查错纠弊向绩效性和风险性审计转变，完善经营风险防范机制，建立资产损失责任制度，实现经营工作全过程闭环管理，坚决防止国有资产流失，确保经济安全。

3. 加快推进"一体两翼"更好发展

完善实施公司发展战略和"十一五"发展规划。积极适应国家宏观调控政策，千方百计做好项目规划和储备工作，广开渠道、突出重点、择优比选，精心谋划好项目资源，为公司持续发展打牢基础。加大项目前期工作力度，确保 2007 年投产项目全部实现核准，确保一批对公司结构优化、布局调整至关重要的项目进入国家"十一五"后三年核准规划。千方百计落实开工条件，确保开工项目 1000 万 kW。以"双达标"为中心目标，切实抓好工程建设安全、质量、工期、造价管理，优化安排工程进度，加大设备催交、送出工程等配套工作力度，进一步控制工程造价，加强工程安全管理，提高工程建设质量，充分做好新投机组生产准备工作，确保完成年度投产目标。加强技改和小型基建项目的规划和全过程管理。继续积极推动境外项目发展。积极落实国家关停小火电机组的要求，研究制订、统筹安排公司小火电机组关停实施方案，加快关停小火电企业的"以大代小"改造、资本运作和改制重组，认真解决人员安置、后续发展、资源利用等问题，确保队伍稳定。

加强和扩大与国内外投资、金融机构的合作，争取信贷政策，优化融资结构，多渠道筹措项目资本金，优化建设资金安排，提高资金使用效率和效益，努力降低公司财务费用，严格控制负债率，防范金融风险，确保开工建设项目的资金需求。要实现投资项目全过程闭环管理，加强项目投资建设的科学论证和决策工作，实施投资项目后评价制度，健全项目发展风险防范机制，完善基建工程科学严格的责任体系和考核制度，认真落实投产项目“258”投资回报责任制，确保新机包括环保、运行稳定指标在内的投产和效益“双达标”。

加快自营煤炭开发步伐，力争控股开发的煤炭项目取得实质性突破，早日取得效益。加快推进煤电一体化项目建设，争取福建可门、内蒙古不连沟和山西同华项目年内核准，可门存煤场年内启用。推进新疆哈密、昌吉、陕西榆横、山西沁源等煤电一体化项目和陕北煤电基地项目前期工作。有针对性地做好煤炭项目投资、物流供应、煤电化储运工作，进一步增强煤炭调运能力。

充分发挥金融运作平台的作用，积极推动金融创新，进一步推进资金集中结算，全面推广票据结算业务，扩大燃料集中结算业务，推广应用财务公司电子结算系统，试点应收账款保理业务、存量资产经营性租赁业务和存量及新上项目股权投资信托业务，加强公司金融资源的集中运作，提高运作水平和经济效益，更好地为集团公司经营发展服务。

4. 大力推动资本运营

坚持生产经营与资本运营并重，项目建设与资产并购并举，积极创新经营方式和发展模式。服从集团整体改制和发展战略的需要，进一步明确上市公司的战略定位，支持上市公司发展，树立在资本市场中的良好形象，充分发挥上市公司融资窗口作用和资本运作功能，形成集团公司与上市公司之间资本运营的良性互动。坚持投资主体多元化，发挥有限资本金在发展项目上的股权控制作用和资产规模放大作用。以增强集团控制力和发展能力为原则，坚持有进有退，盘活存量资产，减少企业管理层次，通过发展、培育、整合、重组等措施，做强做大一批具有竞争优势的骨干企业，不断增强集团公司的现金控制能力和资本运营能力。积极实施资产收购和重组，开辟新的资产增长方式。积极做好电网预留待售发电资产收购工作。加快改善和处置不良资产，积极妥善解决厂网分开资产移交遗留问题。

5. 继续深化公司内部改革

以建立现代企业制度为方向，研究明确集团公司整体改制方案。按照责、权、利相统一，有利于提高管理效率，有利于调动积极性的原则，完善集团公司管控模式，合理调整扩大分支机构授权，进一步加强各级机构的管理责任。从公司实际出发，以促进发展和稳定为目标，全面推行主业按定员组织生产，扩大企业主辅分离、辅业改制试点范围；在总结经验的基础上，继续积极稳妥推进检修体制改革；抓紧解决“一厂多制”问题。继续深化三项制度改革，完善“严控入口、疏通出口”的用工政策，强化“业绩导向、引入竞争”的用人机制，努力形成能力、业绩、贡献与收入分配挂钩，经营者能上能下、人员能进能出、收入能增能减的市场化机制。按照全面落实集团公司作为出资人的战略意志和决策意图的要求，进一步完善公司制企业法人治理结构，加强和规范公司派出董事监事的管理。

6. 切实加强节能环保、科技进步和信息化工作

分解落实“十一五”节能规划目标，加强节能工作管理，全面开展节能评价工作，完善煤耗、厂用电率等指标对标管理体系，加快推广成熟的节煤、节油、节电、节水措施，充分挖掘潜力，确保实现节能降耗目标。进一步抓好电源项目的环保、水保评价等前期工作，切实落实新建机组“三同时”要求，安排好公司脱硫总量指标的平衡和老厂脱硫改造，加大环保项目的管理和监督力度，全面落实污染减排责任目标，努力通过污染减排促进增长方式转变，扩大发展空间，降低环保缴费。

落实公司“十一五”科技规划，以推广应用节能技术为重点，加大节能技改投入，积极开展技术攻关和技术研究，抓好列入国家“863”计划的IGCC项目和“十一五”重点科技项目，抓好科技成果的引进、吸收和推广应用，积极采用先进成熟的新技术、新工艺、新产品对老旧生产设备进行技术改造，及时解决制约生产建设的重大技术难题。加强技改项目的全过程管理，做好项目立项前的效益分析和项目竣工后的业绩考核工作，努力提高技改效益。以提升三大业绩为目的，以

财务管理信息系统和安全生产实时监管系统为主线，编制公司2007～2010年信息化发展规划，加快建设财务、生产、营销、基建、人力资源等管理实时信息平台，进一步提高信息化建设和应用水平。

7. 积极改善公司经营发展环境

认真履行社会责任。牢固树立为国民经济又好又快发展服务的思想，努力为经济社会发展提供安全、清洁、经济、可靠的电力、热力保证。妥善处理生产建设与生态、移民、区域经济发展的关系，创建资源节约型企业、环境友好型企业，大力建设和谐企业、和谐社区，积极参与社会救助、慈善事业。

加强公共关系工作。积极与各级政府、电网企业、投资主体、合作伙伴、新闻媒体、社会各界，建立诚信、沟通、合作、互助的良好关系。积极争取、充分利用国家能源发展鼓励政策和财政、税收、信贷、补贴等优惠政策，以及国家推进环保、节能、走出去、改革等支持政策，为公司经营发展创造条件。坚持依法经营，严肃财经纪律，规范企业行为，深入开展“五五”普法教育，自觉接受出资人监督和行政、法律、社会等外部监督，积极支持配合国务院派驻公司监事会、审计署专项审计工作。大力宣传正面典型和先进事迹，宣传树立公司“诚信、高效、合作、服务、环保”的形象，坚持正确导向，唱响主旋律。加强商业机密保护和信息安全工作。加强突发事件管理，确保重大突发事件信息畅通，完善应急管理机制，把应急管理纳入规范化、制度化的轨道，积极预防和有效化解突发事件，确保公司形象安全。

8. 进一步加强队伍建设

深入开展“四好”班子创建活动，切实加强领导班子建设，促进领导干部全面落实科学发展观，树立正确政绩观，全面提高素质和能力，努力做到靠得住、有能力、能干事、干成事。坚持德才标准、业绩导向的用人制度，优化企业领导班子结构，增强整体素质和能力。继续推进干部交流，加大后备干部选拔培养力度。按照“学习创新、务实高效、文明服务、廉洁和谐”的总体要求，加强集团总部队伍建设。进一步加强党的思想、组织、作风、制度建设，积极探索现代企业制度条件下加强党建工作的路子，更好发挥企业党组织的政治核心作用、战斗堡垒作用和党员的先锋模范作用。认真贯彻中纪委七次全会精神，全面落实制度、教育、监督并重的惩治和预防体系，继续深入开展治理商业贿赂专项工作，强化对领导人员尤其是主要负责人的教育和监督，确保领导人员依法经营和廉洁从业。贯彻落实科学人才观，全面实施公司“十一五”人力资源发展规划，加强人力资源开发机制建设，加大人力资源优化配置力度，继续加强员工培训，完善专业技术人才和技能人才考核评价体系，不断提高员工素质，拓宽员工职业生涯通道和空间，激发员工的创造力。

以构建“和谐华电”为主题，开展创建“学习创新型企业”活动，总结提炼符合公司实际的共同价值观，丰富和完善具有公司特色、催人奋进、促进和谐、推动发展的和谐华电企业文化，加强思想政治工作和精神文明建设，广泛开展群众性文明创建活动，进一步推行厂务公开，加强民主管理，充分发挥工会、共青团的作用，开展各类“争先创优”和劳动技能竞赛及文体活动，为职工创造良好的工作环境，不断提高员工的生活质量，增强队伍的凝聚力，努力形成和谐的劳动关系、干群关系、员工关系，营造一心干事业、齐心谋发展、同心促和谐的良好氛围。

同志们，完成2007年的目标任务，责任重大、意义深远。做好公司的各项工作，关键在人，核心在班子。各级领导干部要认真学习贯彻胡锦涛同志在中纪委七次全会上的重要讲话精神，全面加强作风建设，认真落实以下六点要求：一要加强学习、提升能力，树立终身学习的思想，不断提高领导能力。二要顾全大局、令行禁止，认真执行民主集中制，确保中央路线方针政策的贯彻落实，确保集团公司决策部署的贯彻落实，善于结合实际创造性地开展工作。三要秉公用权、廉洁从业，自觉遵守党的纪律和国家的法律法规，自觉接受监督，严格执行领导干部廉洁自律的各项规定。四要真抓实干，务求实效，不断增强干事创业的责任感和紧迫感。五要心系企业、服务员工，多办有利于企业发展、有利于职工根本利益的实事，真心重视、关心、帮助困难职工。六要艰苦奋斗、勤俭节约，讲操守，重品行，牢记“两个务必”，真正把有限的资金和资源用在刀刃上。各级领导干部要以过硬的素质、优良的作风、奋发有为的精神状态，履行好党和人民赋予的神圣职责，不辜负公司党组的重托和企业员工的期望，确保公司2007年各项目标任务的全面完成。

加倍努力　真抓实干
确保全面完成2007年各项任务

集团公司2007年年中工作会议工作报告

集团公司党组书记、总经理　曹培玺

（2007年7月17日）

这次会议的主要任务是：深入学习贯彻胡锦涛总书记在中央党校的重要讲话精神，深入贯彻落实科学发展观，总结上半年工作，分析形势，研究部署下半年工作，进一步动员公司系统干部员工加倍努力，真抓实干，确保全面完成2007年各项任务，以优异成绩向党的十七大献礼。

下面，我向会议作工作报告。

一、公司上半年工作的总体情况

2007年上半年，公司系统以邓小平理论、“三个代表”重要思想和科学发展观为指导，认真贯彻2007年工作会议精神，全面落实“一二三四”的指导思想，紧紧围绕全年工作目标，努力推进各项工作，取得了较好成绩。

（一）“三大业绩”全面提升，各项指标完成较好

1. 安全业绩

公司系统没有发生生产基建安全事故，没有发生企业经营和领导人员违法和严重违纪案件，没有发生对企业形象和稳定造成严重不利影响事件，确保了公司生产安全、经济安全、政治安全、形象安全。

2. 经营业绩

——实现利润总额19.58亿元，完成年度目标38亿元的51.5%，比2006年同期增长81%。

——实现净利润3.75亿元，完成年度目标7亿元的53.6%，比2006年同期增长57.6%；净资产收益率2.13%，完成年度目标4%的50.3%，比2006年同期提高0.71个百分点。

——完成发电量1162.58亿kW·h，完成年度目标2538亿kW·h的45.8%，比2006年同期增长28%。

——完成综合供电煤耗352.92g/(kW·h)，比年度目标高0.92g/(kW·h)，比2006年同期下降7.17g/(kW·h)；供电煤耗349.86g/(kW·h)，比年度目标高0.86g/(kW·h)，比2006年同期下降7.14g/(kW·h)。

——实现流动资产周转率1.51次，完成年度目标3次的50.3%，比2006年同期提高0.13次。

——实现全员劳动生产率18.5万元/(人·年)，完成年度目标33万元/(人·年)的56.05%，比2006年同期提高4.3万元/(人·年)。

3. 发展业绩

——开工电源项目3项177万kW，完成年度开工计划1000万kW的17.7%。

——投产机组13台、装机容量573.9万kW，完成年度投产目标1100万kW的52.2%。

——单位发电量二氧化硫排放量控制在3.97g/(kW·h)，比年度控制目标5g/(kW·h)低1.03g/(kW·h)。

——参控股煤矿生产和在建规模达到1185万t/年，完成年度目标2300万t/年的51.52%，比2006年同期增长17%；煤业公司组织煤炭供应5400万t，完成年度目标1.16亿t的46.6%，比2006年同期增长23.61%；实现利润总额7996万元，完成年度目标1.2亿元的67%。

——控股金融机构管理资产规模达到376亿元，完成年度目标350亿元的107%，比2006年同期增长267%；实现利润总额3.15亿元，完成年度目标2.5亿元的126%。

总体上看，集团公司党组确定的2007年三大业绩的主要指标，达到了“时间进度过半、指标完成过半”的要求，公司经营发展势头进一步趋好。发电量继续高速增长，增长率持续高于全国平均水平；供电煤耗、二氧化硫排放量等节能减排指标持续向好；利润总额、净利润、净资产收益率、流动资产周转率实现较大增长，发展规模和质量明显提升，三大业绩显著提高，为全面完成年度业绩目标打下良好基础。

（二）全面落实“四个着力”，各项工作扎实推进

1. 着力坚持科学发展，发展规模质量快速提升

公司系统牢固树立把发展作为第一要务的思想，以经济效益为中心，从“选、建、管”三个主要方面，全面推进公司科学发展，努力实现规

模与效益相协调、速度与质量相统一，努力实现快速健康可持续发展。

——前期工作取得新进展。公司系统上下互动、全力开拓，积极做好发展项目的前期工作，为推进公司科学发展奠定基础。加大了新项目的拓展力度，加快了前期工作步伐，加强了前期工作管理，明确了包括施工准备、开工建设、项目投产各阶段的基本要求，注重发展项目的科学论证，加大激励约束和考核力度。在国家进一步加强宏观调控、电站投资竞争激烈、项目核准门槛提高的情况下，公司核准项目317万kW，其中火电3项300万kW，水电1项15万kW，风电2万kW；获得开展前期工作“路条”3项181.95万kW，其中火电2项180万kW，风电1.95万kW。取得环评批复项目5个，容量612万kW；获得水保批复项目5个，容量396万kW；取得水保“小批文”项目6个，容量900万kW。有效推进了2007年开工、投产项目的前期工作。积极开展了金沙江中游、怒江中下游梯级水电站开发的前期工作和金沙江上游川藏段梯级开发流域规划。加快推进了山东莱州、浙江宁海下洋涂等风电项目的前期工作。

——电源建设和结构调整取得新成绩。坚持“确保又好又快，服务做强做大”的方针，加快电源建设，全面加强工程建设管理，努力做到“安快好省廉”，实现“双达标”。上半年超时间进度完成电源投产计划。坚持通过增量发展加速公司电源结构、区域结构、技术结构的优化调整。上半年投产60万kW级大型火电机组8台，对优化公司装机结构、提升技术等级产生积极作用。贵港一期首台60万kW、宝山一期首台66万kW机组顺利投产，实现了公司在广西、河南地区运行容量零的突破。集团公司第二台100万kW超超临界燃煤发电机组邹县发电厂8号机组7月5日成功投产，安装、试运行、节能、排放指标创国内最高等级火电机组的最优水平。大中型水电、新能源开发取得积极进展。开工建设新疆小草湖、宁夏宁东等风电项目。开拓在公司资产空白地区、经济发达地区、坑口港口电站的发展项目取得进展，天津、广东、陕西、山西、江苏、河南、云南等地区的发展前期工作都有新的突破。完全利用生物秸秆发电的新型清洁能源项目——华电宿州生物质能发电有限公司一期工程开工。境外投资项目印度尼西亚阿萨汉一级水电站2×9万kW工程正在抓紧建设。截至6月30日，公司控股装机容量达到5423.01万kW，其中火电4697.2万kW，水电725.81万kW。火电平均单机容量22.8万kW，比2006年底的18.56万kW提高了4.24万kW；30万kW及以上火电机组84台3266万kW，占火电装机容量的69.53%，比2006年底的64.06%提高了5.47个百分点；60万kW及以上机组19台1200万kW，占火电装机容量的25.55%，比2006年底的16.51%提高了9.04个百分点。

——节能减排取得新成效。从全面贯彻科学发展观、认真履行中央企业社会责任的高度，积极贯彻落实国家加强节能减排工作要求，先后召开公司系统“上大压小”、节能减排工作会议，制订了相关工作规划和实施方案，签订了责任书，全面部署、切实加强、积极推进节能减排工作。加大关停小火电机组力度，确定了“十一五”关停645.2万kW的目标方案。上半年实现关停28台135.5万kW，完成年度关停计划147万kW的92%。其中，杭州半山公司12、13号机组提前半年关停，云南巡检司电厂提前7个月关停，湖北黄石公司207、208号机组提前8个月关停，福建厦门电厂提前一年关停。制订了《中国华电集团公司节能管理办法（试行）》、《火力发电厂节能评价体系》，全面强化节能管理，广泛开展节能评价，努力提高能源利用效率。公司火电机组供电煤耗完成349.86g/(kW·h)，同比下降7.14g/(kW·h)；厂用电率完成6.17%，同比下降0.23个百分点，都比2006年同期大幅下降。河北热电、福建、四川、青海大通、新疆、湖南、江苏、辽宁等地区（单位）能耗指标低于年度计划指标。全面开展基建项目环保“三同时”清查整改，加强环境保护“三同时”管理。研究制订并分解下达了集团公司41家单位2007年二氧化硫绩效排放年度计划。进一步加快了现有燃煤机组和新机的脱硫设施建设，投运脱硫机组23台1044万kW，累计投运脱硫机组93台2851.5万kW，占集团公司煤电装机容量的64%，形成二氧化硫年减排能力146万t。在新建火电机组大量投运的情况下，采取有力措施加强污染排放指标监管，单位发电量二氧化硫排放量比2006年同期降低42%。内蒙古辉腾锡勒10.025万kW风电场CDM项目正式在联合国注册成功。新疆小草湖风电项目已完成PDD编制工作。半山、武昌、郑常庄3个燃机CDM项目完成国内审批程序。

——煤炭、金融稳步拓展。开工建设福建可门储运中心。陕西榆横、山西轩岗煤电项目，内蒙古不连沟煤矿项目，可门港铁路支线项目的前期工作取得进展。华远星海运公司运营良好。进一步加强公司金融资源的集中运作，公司系统资金集中归集率达到93%；推行票据结算业务和燃料集中结算业务，推广应用财务公司电子结算系统，试点应收账款保理业务、存量资产经营性租赁业务、存量及新上项目股权投资信托业务；佛山国投重组工作取得突破，继续推进烟台商行增资扩股工作，加强集团金融平台建设。金融产业的经营效益大幅提升。

2. *着力推进改革创新，经营发展活力不断增强*

服务于做强做大做好，公司系统大力推进体制、机制、技术创新和创新发展，促进公司经营发展活力进一步增强。

——推进体制创新。加强现代企业制度建设，推进集团公司整体改制研究工作，明确了整体改制上市的方向、路径和工作重点。适应集团公司经营发展的要求，调整了总部内设机构及相关部门职能，成立了资本控股公司、发电运营公司，调整加强国际合作发展管理机构，加强了金融产业、发电运营和实施“走出去”战略的体制保障。进一步调整和明确了集团总部有关部门的职责和管理界面。创新区域管理体制，按照产权与管理权相分离、在省级区域实行统一管理的思路，调整理顺贵州、四川、江苏、上海、福建地区部分企业管理关系，整合资源，形成集约化管理优势，提高管理效率。在资产空白或资产较少，但战略意义重要的上海、山西、陕西、宁夏等省（自治区、直辖市）设立代表处，促进公司在这些区域的发展。检修体制改革迈出步伐，试点工作取得初步成效。积极推动解决厂网分开资产移交遗留问题，完成了新疆发电企业资产的移交。

——推进机制创新。按照充分调动积极性，提高管理效率的要求，科学界定公司总部、二级机构（公司）和基层企业的职责定位，加大二级机构（公司）的责任和权限，努力做到责权利相统一。加强激励约束机制建设，完善年度绩效目标管理，建立任期目标管理办法，规范了单项奖励和评先创优管理。认真贯彻国家关于主辅分离、辅业改制有关精神，全面规划公司内部的综合配套改革。全面完成企业分离办社会职能工作。

——推进技术创新。实施公司“十一五”科技规划，围绕环保、节能、设备改造、装备技术升级，大力开展技术攻关和应用。积极应用超临界和超超临界空冷、IGCC整体煤气化联合循环、秸秆发电、海水淡化、锅炉微油点火、等离子点火、大容量循环流化床、辅机变频等先进技术，促进了生产运营、基本建设及电站装备领域的科技创新和技术升级。加强了技改项目的全过程管理，努力提高技改效益。国家863科技攻关项目邹县发电厂四期工程8号发电机组，是目前我国百万千瓦级国产化程度最高的超超临界火力发电机组。华电工程研发的“新型全封闭大储量圆形煤场系统开发及应用”等多个科技项目通过专家验收，具有较高程度的自主知识产权，市场推广和应用前景广阔。乌江公司组织实施的大型复杂水电站群联合优化调控关键技术及其应用项目通过专家评审，整体达到国际先进水平。集团公司电气及热控中心、动力中心积极参与科研开发、节能评价试点、科技推广等工作取得初步成效。

——推进创新发展。在确定集团公司整体上市的方向和路径的基础上，开展了集团公司发展布局研究，积极开展资本运作。成功重组并控股湖北汉源公司，为争取控股襄樊一期创造了条件。实现了对江苏电力股份公司的绝对控股，取得良好经济效益。成功收购湖北金源水电公司37%的股份，形成了湖北小水电项目的发展平台。对集团公司参股企业股权进行合理处置。在上级部门的协调下，完成了青山电厂的整体改制划转。优化资源配置，促进上市公司做强做大，增强了对黔源电力的控制力。创新融资方式，调整负债结构，降低融资成本，服务公司发展。深化与各金融机构的良好合作关系，与中国建设银行签署《银企合作暨综合授信协议》，综合授信额度增至500亿元；取得中信实业银行100亿元的授信额度；共获得各大银行综合授信2380亿元。与中海信托、交通银行签署战略合作协议暨贷款协议，获得30亿元信托贷款。争取到中国工商银行理财中心5年期信托贷款额度20亿元。华电国际成功发行40亿元短期融资券。稳妥参与资本市场运作，增加公司收益。

3. 着力提升企业管理，公司管理水平明显提高

按照科学有效、管用管好、可控在控，真正落实到“三大业绩”提升的要求，全面加强了企业管理，努力形成经营发展全过程闭环管理体系。

——强化管理职能。集团总部加强了战略管理、决策管理、资源管理、业绩管理，规范和优化了重点工作和关键环节的管控体系。加强区域机构对区域内企业的管理职能。强化了基层企业安全、效益、发展三大业绩的主体责任。

——加强安全管理。按照“以零违章确保零事故”要求，建立反违章长效机制，基本形成安全管理和评价的标准化、制度化体系。落实安全生产“巩固提高年”活动和各项安全例行工作，充分发挥各分支机构的作用，加大抓基层、抓重点、抓细节、抓倾向性和苗头性问题的力度，开展基建工程安全专项整治活动和新投机组安全性评价工作，把“以人为本、预防为主”的安全理念落到实处。公司系统没有发生安全事故，安全生产主要指标都有明显进步，在行业中处于先进水平，创公司成立以来最好形势。在新机投产较多的情况下，设备可靠性进一步提高，机组等效可用系数完成93.49%，同比提高1.63个百分点；机组非计划停运67次，同比下降12.99%。邹县、哈三、乌江渡等55家企业未发生“非停”，扬州、青岛、漳平等14家企业安全记录超过3000天。

——强化经营管理。全面推行企业生产、经营、基本建设主要经济技术指标的对标管理。加大市场开拓力度，加强电量目标管理，保证了公司发电量快速增长。贵州、江苏、四川、浙江、辽宁、河北、青海、广西8个地区煤机发电设备利用小时高于当地平均水平；福建、内蒙古、宁夏、广西4个地区60万kW等级以上煤机利用小时高于当地平均水平。戚墅堰、大通、大龙、望亭、蒲城等42家发电企业完成发电量计划进度要求。密切跟踪电价执行情况，积极落实国家电价政策，平均电价同比提高1.05分/(kW·h)，增收11亿元，对提升公司效益发挥了重要作用。强化电热费回收目标管理，落实责任制，回收率完成97.47%，同比提高2.24个百分点，在电费收入增加的情况下，欠费额得到了较好控制。采取积极措施适应电煤市场变化，充分发挥燃料“五统一”管理优势，加强跨区域供应协调，优化燃料供应结构，保证了正常供应，控制了价格上涨幅度。深入开展“燃料管理年”活动，加强电厂燃料管理制度建设、业务培训、检查考核，推动燃料规范化、精细化管理水平进一步提高。入厂入炉煤热值差完成0.575MJ/kg，比2006年平均值下降0.056MJ/kg，比年度预算指标低0.055MJ/kg。山东、四川、华东地区燃料管理工作取得明显成效。

——加强预算管理。加大经营目标责任考核力度，加强经济分析工作，形成“重业绩、讲回报、强激励、硬约束”的机制。继续加强成本、费用目标管理和过程控制。电热固定成本同口径比2006年同期减少3.21亿元。通过着力向内挖潜、降本增效，克服电煤价格上涨、火电利用小时下降、新机电价不完全到位的不利影响，实现了经济效益较大幅度的提升。实现销售利润率5.81%，比2006年同期提高1.59个百分点，实现成本费用利润率6.11%，比2006年同期提高1.69个百分点。扭亏增盈工作取得新成绩，二级企业亏损8户，比2006年同期减少2户；亏损额2.53亿元，比2006年同期减亏2.31亿元。黑龙江、陕西、北京热电、贵州实现扭亏为盈；福建、江苏、湖北、新疆、华电煤业、华电资本控股、石家庄热电、广西贵港、北京热电等15家单位提前完成年度利润预算目标进度要求。贵港投产即实现盈利0.43亿元。

——加强制度建设。对集团公司规章制度进行清理、废除、健全、完善，共清理制度334件，保留、修改、合并为182件，废止34件。制订了《集团公司规章制度管理办法》，修订完善了《集团公司重大决策程序暂行规定》，初步形成制度建设的长效机制，使集团公司管理界面和业务流程更加清晰、顺畅，战略实施和执行力得到加强。加强内控机制建设，加强审计管理、效能监察、风险管理等工作，加强项目投资、关联交易管理，依法经营工作进一步加强。

——加强信息化建设。以提升三大业绩为目的，以财务管理信息系统和安全生产实时监管系统为主线，编制了公司2007~2010年信息化发展规划，推进了财务、生产、营销、基建、人力资源等管理信息平台建设，开始实施集团公司对标信息平台管理系统，建设公司门户网站，以信息化管理手段促进了公司管理水平的提升。

4. 着力加强队伍建设，干部员工的积极性有效发挥

认真贯彻“以人为本”和“人才强企”战略，全面推进公司队伍建设，为公司经营发展提供有力的人才保证和智力、文化支撑。

——加强领导班子建设。深入开展“四好”班子创建活动，全面提高各级领导班子的领导力、执行力和战斗力。坚持德才兼备、业绩导向的用人制度，引导领导干部努力做到政治上靠得住，工作上有能力，能干事、干成事。对公司部分二级机构、基层企业领导班子进行调整加强，考察调整领导班子84家，调整领导人员281人次。加大干部交流力度，实施总部与基层、区域之间的干部交流。进一步完善和规范领导干部的管理责任和权限，统一管理标准，规范了任职、离岗、退休管理。在国资委的统一组织下，公开招聘集团公司总会计师。成立中共中国华电集团公司党校，举办了4期领导人员和后备干部培训班。

——加强党的建设。巩固和发展共产党员先进性教育活动成果，认真贯彻落实中央“四个长效机制”文件，使党建工作制度化、规范化，发挥了企业党组织的政治核心作用、战斗堡垒作用和党员的先锋模范作用，得到中央检查组的高度评价。“七一”前夕，隆重表彰了公司系统先进党组织、优秀共产党员和优秀党务工作者，树立了学习榜样。公司两位同志当选党的十七大代表。加强了党员干部廉洁从业和警示教育，深入开展以燃料管理为重点的效能监察，强化对领导干部的监督管理，构建惩治和预防腐败体系工作进一步落实。

——加强总部建设。按照学习创新、务实高效、文明服务、廉洁和谐的要求，加强总部作风建设，加强部门负责人结合能力、应变能力、协调能力、凝聚能力、落实能力等五种能力建设，着力提高总部员工的素质。总部的作风、氛围、效率、整体素质都有新的提高。

——加强员工队伍建设。实施公司“十一五”人力资源发展规划，加强人力资源开发机制建设，完善专业技术人才和技能人才考核评价体系。新建项目优先从系统内选聘人员，进一步推进了人力资源优化配置。加强员工培训，举办各类培训班18期，培训人员1125人次。开展关心困难职工、送温暖活动。

——加强企业文化建设。表彰命名了集团公司首批10个企业文化建设示范基地，广泛开展文明单位创建、职工技能比赛和先进集体、先进个人事迹宣传活动，开展了公司系统五项重点文体活动。

在着力推进以上四方面工作的同时，公司上下注重加强公共关系和内外合作，积极履行社会责任，树立公司良好形象，改善了公司经营发展的外部环境。集团公司领导在“两会”期间分别走访和会见了参加“两会”的有关省（自治区、直辖市）党政领导，加强与国家有关部门和地方政府的联系和沟通，在合作推进地方经济建设和华电发展等一些重大问题上取得共识，得到各级领导对公司工作的理解与支持。广泛开展国际交流合作，参加“中国—越南企业论坛”，与越南西贡电力发展股份有限公司签署了《关于投资建设越南电源项目谅解备忘录》，为公司在越南发展打下基础。积极配合国务院派驻公司监事会和审计署开展监督检查工作，受到好评。正确处理公司发展与地方发展的关系，妥善处理生产建设与环保、生态、移民的关系，认真落实国家下达的援疆援藏任务，积极参加社会公益活动，为公司经营发展营造了和谐外部环境。

总的来看，公司上半年工作取得了显著成绩，安全经营发展呈现出良好态势。但也要看到，公司工作仍存在一些差距和不足：一是经营不平衡。部分企业没有完成年度目标进度要求，经营业绩没有提升，有的甚至同比下降。部分新机运行的经济技术指标没有达到设计要求，经济效益没有充分发挥，有些还没有走出经营亏损困境，与“双达标”要求还有差距。二是设备利用小时低。一方面公司的资产结构在区域分布上的不合理仍然严重影响公司设备利用小时。另一方面，部分地区的设备利用小时同口径相比低于当地平均水平，也是影响公司设备利用小时的主要原因。尤其需要指出的是，公司单机容量60万kW级及以上机组的设备利用小时大幅低于公司的平均设备利用小时，对公司的经济效益产生极为不利的影响。6月以来，公司发电量增长幅度明显降低，与全国电力增长幅度提高形成反差，如不抓紧扭转这种趋势，将对完成全年发电量和效益目标产生很大压力。三是电煤问题依然突出。总体上煤炭的量、质、价保持年初水平，没有出现好转的趋

势，特别表现在煤价居高不下。部分地区煤炭供应紧张、质量下降，煤价上涨幅度大大高于全国平均水平。四是扭亏任务艰巨。虽然亏损面、亏损额较2006年同期有所减少，但与实现2007年无二级企业亏损的目标还有不小差距。以上问题的存在，虽受各种客观因素的影响，但是主观原因不容忽视。责任不落实、管理水平低、措施不得力、工作不到位的问题，在部分单位不同程度的存在。对于这些问题，我们要引起高度重视，切实加以解决。

二、公司面临的形势和任务

6月25日，胡锦涛总书记在中央党校省部级干部进修班发表重要讲话，系统总结了新时期29年来我国改革开放和社会主义现代化建设取得的辉煌成就和基本经验，深刻分析了当前国际国内形势下我国发展面临的新机遇、新挑战，全面阐述了科学发展观的深刻内涵，科学回答了事关党和国家工作全局的若干重大问题，鲜明地阐述了我们党今后一个时期的奋斗目标和行动纲领，是一篇马克思主义的纲领性文献，标志着我们党对中国特色社会主义的探索达到一个新的高度。胡锦涛总书记的重要讲话，高屋建瓴，内涵丰富，思想深刻，论述精辟，为党的十七大胜利召开奠定了重要的政治、思想和理论基础，对于进一步统一广大党员的思想认识，更好地为夺取全面建设小康社会新胜利、开创中国特色社会主义事业新局面而继续奋斗，具有十分重大而深远的意义。公司系统要深入学习、全面贯彻胡锦涛总书记的重要讲话精神，并作为当前和今后一个时期工作的根本指针。

当前，集团公司面临的内外形势发生深刻变化。我国经济社会进入到又好又快发展，全面转入科学发展轨道的重要时期。党中央、国务院更加注重发展的质量、结构的调整、发展方式的转变及经济社会环境的和谐，相继出台了一系列加强和改善宏观调控、加强节能减排的新举措，煤电油运矛盾开始缓解。国民经济较快发展推动电力需求保持高速增长。国家进一步加强能源工作，制订了《能源发展“十一五”规划》、《国家可再生能源中长期发展规划》，鼓励支持能源结构调整优化，鼓励节能降耗和环境保护，鼓励新能源、可再生能源、清洁能源和替代能源开发利用，促进能源产业可持续发展。国务院印发了《关于“十一五”深化电力体制改革的实施意见》，电力体制改革继续深化。公司的综合实力不断增强，领导班子、干部队伍、职工队伍的素质不断提高。这些为公司发展提供了新的机遇，创造了有利的条件。

同时，随着电力装机容量快速增长，发电设备利用小时继续下降。国家加大节能减排、“上大压小”力度，既给公司调整结构带来了机遇，也给当前公司的经济效益带来了影响，关停小火电机组给人员安置和队伍稳定带来很大压力。部分地区电煤质量下降、供应紧张，电煤价格仍居高不下，对企业生产和效益产生冲击，煤电价格联动政策至今尚未出台。央行连续加息，生产资料提价，企业成本不断增加。国家加强对电站项目建设的宏观调控，节能环保要求提高，征地移民难度加大，融资环境趋紧，设备供货拖期，送出工程滞后，加之公司发展资本金紧张，对加快发展形成制约。公司在实现改革发展与和谐稳定、规模速度与质量效益、内外各种利益关系的协调统一方面，一些矛盾尚未从根本上得到解决。国务院国资委正式施行中央企业负责人经营业绩考核和财务预算管理，全面启动第二轮任期（2007~2009年）经营业绩考核。这些给公司经营发展提出了新课题和新要求。

面对新的形势，公司系统必须进一步统一思想，求真务实，抓住我国“十一五”又好又快发展难得的历史机遇，积极迎接新的挑战，着力坚持科学发展，着力推进改革创新，着力提升企业管理，着力加强队伍建设，全面提升安全、效益、发展三大业绩，全面增强盈利能力、竞争能力、可持续发展能力三大能力，全面履行公司肩负的经济责任、政治责任、社会责任，进一步加快公司做强做大做好的步伐，为全面实现公司“十一五”“8467”目标奠定坚实基础。

三、关于公司下半年工作

公司下半年工作总体要求是：认真学习贯彻胡锦涛总书记在中央党校的重要讲话精神，以邓小平理论和“三个代表”重要思想为指导，深入贯彻落实科学发展观，全面落实公司2007年工作会议精神，继续坚持“一二三四”的指导思想，认真落实八项重点任务，确保实现三大业绩目标，确保全面完成2007年各项任务，以优异成绩向党的十七大献礼。

要认真抓好以下重点工作：

（一）进一步加强企业管理

1. 切实加强安全生产

继续坚持“安全第一、预防为主、综合治理”的工作方针，认真贯彻落实党中央、国务院及集团公司安全生产工作各项部署和要求，全面落实安全生产制度和措施。突出抓好“以零违章确保零事故”的反违章长效机制建设和落实，加强大机组安全经济运行工作，进一步提高新机可靠性水平和生产技术指标水平，从根本上消除公司系统安全生产的突出问题。认真做好迎峰度夏、安全度汛工作，保证生产安全、多发电量。确保实现安全生产工作可控、在控，确保不发生重大安全事故，进一步巩固和发展安全生产良好局面。

2. 持续加强经营管理

强化预算管理、计划管理，加强经营活动分析，加大年度业绩考核力度，建立任期绩效目标考核制度。全面深化推进对标管理工作，建立并落实“查错纠弊、持续改善、不断超越”的长效机制。继续加强“三电”、“四煤”工作。继续加强电量工作，积极开拓市场，特别是设备利用小时低于当地平均水平的企业，要积极争取电量，抢发电量，在完成基础电量的基础上积极争取跨省区和竞价等交易电量，努力扩大市场份额。要以提高大机组利用小时和落实新机电量为重点，统筹安排区域机组优化调度、电量置换工作，积极争取提高低能耗机组的电量比重。继续积极推动实施煤电价格联动，及时落实新机标杆电价和脱硫电价。落实电热费回收工作责任和措施，保证实现全年电热费回收目标。继续发挥燃料“五统一”优势，保证电煤供应，提高煤质，控制煤价，突出抓好云南、贵州、青海、四川等供煤偏紧地区和新机电煤供应工作，继续加强煤场管理，着力抓好重点环节、抓好突出问题、抓好典型示范、抓好基础管理，确保不发生煤场亏煤现象，进一步降低入厂入炉煤热值差，提高燃料管理整体水平。有效整合煤炭开发和营运资源，完善煤炭经营管理和服务协调机制。加强固定成本控制，严格控制三项费用，进一步节约成本。加强资金管理，努力降低资金的成本。加大扭亏工作力度，努力实现无二级亏损企业目标。加强安福大厦工程管理，加快建设进度，确保工程质量，控制工程造价。加快建设和运用信息化管理平台，提高管理效率。加大力度抓紧抓好影响公司经营业绩的重点企业、主要环节存在的突出问题的解决。采取更加有力的措施，确保完成年度经营效益目标，确保全面完成国务院国资委下达的年度业绩考核指标。

3. 加强依法经营工作

继续完善和加强监察、审计、财务稽查、法律监督等内控机制建设和风险防范工作。加大资产经营责任审计和新投产机组经济效益审计力度，加大经营管理薄弱环节和问题的整改力度。认真做好新的《企业财务通则》和《企业会计准则》的实施准备工作，做到平稳转换并实施到位。强化制度执行力度，做到凡事有章可循、凡事有据可查、凡事有人负责、凡事有人监督。2007 年下半年，在全系统开展一次依法经营、遵纪守法主题实践活动，组织对遵纪守法情况、内外检查发现的问题整改情况、依法经营长效机制建设情况，进行一次全面检查，重点是加强规范经营、落实整改工作，进一步促进公司经济安全和政治安全。

（二）进一步推进科学发展

1. 千方百计加快前期工作

做好前期工作是加快发展的关键。要充分调动一切积极因素，继续加大项目前期工作力度，为保证 2010 年集团公司装机容量突破 8000 万 kW 的目标夯实基础，坚定不移地为完成公司“十一五”发展规划而奋斗。大力推进三年项目评优工作，各单位要努力完成三年评优目标，确保集团公司进入“十一五”后三年火电评优规模的项目占全国总规模的 12% 以上。抓紧“上大压小”项目的前期工作，切实加快进度，尽早落实核准和开工条件。公司上下要进一步加大工作力度，力促今年计划投产、尚未核准的项目得到核准，2007 年开工项目进入后三年核准规模，全面落实项目开工条件。

2. 坚定不移确保完成 2007 年电源开工建设任务

要保证实现 2007 年开工 1000 万 kW，投产 1100 万 kW，积极争取再多投产 110 万 kW。下半年新机投产多，特别是项目开工任务很重。集团总部、二级机构、项目公司都要围绕实现以上目标，把工作措施、责任、成果落实到位，形成全集团抓、全集团保前期工作的氛围，为机组按期开工和投产创造条件。特别要拓宽渠道、创新方式，积极筹集资金，确保集团公司工程建设的资金需求。进一步加强基建工程“安全、质量、工期、造价”管理，努力做到“安快好省廉”，实现投产和效益“双达标”。发挥集团优势，统一组织设备选型、打捆招标，降低成本，提高效益。

3. 坚持不懈加快结构调整

紧紧抓住电力供需矛盾缓和的时机，在加快发展的同时，进一步加大电源结构、区域结构、技术结构的调整和“走出去”工作力度。要优化建设大容量、高参数、环保型火电，大力推进煤电一体化项目建设。对发展前景好、规划容量大、资源区位优势明显的项目，要集中力量、加大措施，力求突破。加快发展水电，加快乌江、金沙江中游水电站建设，千方百计促进规划的金沙江上游、怒江流域水电站早日开工。组建新能源公司和可再生能源技术开发公司，加大新能源发展和技术开发的力度。加大风电资源的争取力度，努力扩大规模。积极参与核电建设。要更加重视加强区域结构优化工作，加大在电力需求旺盛、市场前景好的地区发展的工作力度和支持力度，着力突破重点地区、重点项目。积极稳妥地开拓、推进海外发展项目。围绕发电装备升级、新能源开发、节能减排、提升管理，大力推进新技术应用和技术创新，进一步推进发电设备技术升级。

加快推动煤炭、金融产业发展。抓紧做好可门储运中心一期工程、鄂尔多斯不连沟煤矿、新疆哈密和昌吉煤电一体化项目、山西沁源煤电基地相关工作，重点拓展豫皖鲁、晋陕蒙、新疆、宁夏等地区煤炭、煤电一体化和煤炭储运项目，积极参与“三西地区”至港口和北南铁路煤炭运输通道建设。促进海运公司发展。完善以资本控股公司为核心的金融运作平台，完成信托公司重组，提高各金融机构的核心竞争力和协同发展能力；加快推广华电财务公司电子结算系统，提高集团资金集中管理水平；继续加大力度推广集中代理票据、应收账款保理等金融业务，进一步提升金融产业的经营效益和整体发展能力，更好地为集团公司发展服务，形成新的利润增长点。

4. 坚决有力推进节能减排工作

全面落实集团公司节能减排实施方案，从“优选”、“精建”、“严管”三个重点环节全面加强节能减排工作。各单位要自我加压，在确保完成年度节能、减排、“上大压小”三大目标的前提下，力争超额完成任务。全面开展节能减排评价工作，各单位要认真做好自查自评工作，摸清家底，找出差距，制订落实改进措施。发展项目要从规划、选点、设计、设备选择、施工、调试、生产准备等各个环节，落实节能减排要求。“上大压小”项目要统筹安排好关停、建设、人员安置、资产处置工作。脱硫技改项目要保质保量、按期完工；新机脱硫项目要严格执行环评和环保“三同时”制度，确保环保设施尽早发挥预期效益。进一步加强脱硫设施的运行管理，加强检查和考核力度，确保脱硫设施安全、稳定、连续运行，不因环保原因影响发电量和经济效益。采取有效措施，努力控制污染物排放总量，控制环保收费水平。

5. 积极开拓推进创新发展

加强资产运作，开辟电源发展新路径。加快通过收购进入战略重点区域和资产较少区域。密切跟踪和加强“647”发电资产处置工作。积极开辟资本金渠道，抓紧启动上市公司再融资方案，充分发挥上市公司的融资平台作用，努力缓解发展资本金的瓶颈制约。不断创新融资方式，改变目前主要依靠负债进行项目投资的状况，控制负债比例，调整负债结构，搞好发展资金衔接，提高资金使用效率，降低财务成本，规避财务风险。

（三）进一步深化公司改革

1. 深化公司战略和发展布局研究

服从于做强做大做好、整体改制上市和实现“8467”奋斗目标的需要，深化公司战略研究，确定公司发展布局，指导公司科学发展。研究制定上市公司和部分区域公司的资本运营方案，在增强集团公司控制力的基础上，统筹考虑上市公司、区域公司、专业公司的战略定位和资产整合方案。继续完善公司管理体系，完善集团系统公司制企业法人治理结构，加强“三会”管理，贯彻落实好集团公司的决策。

2. 推进综合配套改革

贯彻国家关于电力体制改革和国有大中型企业主辅分离、辅业改制的有关精神，以集团公司发展战略和“十一五”发展规划为统领，坚持整体规划、综合配套，因企制宜、规范操作，循序渐进、确保稳定的原则，从2007年下半年起启动公司综合配套改革实施方案。重点推进以下几项工作：一是实现按定员组织生产，实行员工竞聘上岗，优化配置人力资源，深化劳动用工和薪酬分配制度改革。二是进一步规范关联交易，从审批权限、招投标管理、定价标准、费用分摊、合同签订、结算付款等方面对主辅业关联交易进行具体规范，划清主辅业管理界面，加大对关联交易的审计、监督与检查力度。三是综合推进运行、检修、燃料、物资等专业化改革。发电运营公司、检修工程公司要服务集团、开拓市场，规范运营、取得成效，努力探索实践集约化经营、专业化管理、市场化运作的成功之路。华电工程要发挥多年市场运作的经验和优势，积极服务于集团公司产业延伸、工程配套、海外拓展、技术开发，努力发挥更大作用。集团公司要加大对专业公司的支持力度，促进专业公司做强做大。四是推进辅业的清理整顿与改制重组，实现辅业业务、人员、资产、机构、财务规范管理，着重研究推进与主业关联度较大的辅业业务（如粉煤灰、物业、运输、热网等）的改制与重组，鼓励、支持具备条件的辅业逐步走向市场。严格落实新厂新机制、新建电厂不办辅业的要求。进一步规范主业人员在多经企业的兼职兼薪现象。围绕推进以上工作，制定落实配套政策，加强组织领导，落实工作责任，加强过程调控，确保取得实效。通过实施综合配套改革，转换公司管理体制和经营机制，突出主营业务，提高劳动生产率，提高资产经营效益，提高核心竞争力，全面推进集团公司做强做大做好。

（四）进一步加强队伍建设

1. 不断加强领导干部队伍建设

认真组织学习贯彻党的十七大精神，用发展的马克思主义理论武装干部员工，进一步增强公司系统干部员工深入贯彻科学发展观的坚定性，进一步增强全面履行三大责任的自觉性。继续深入推进“四好”领导班子创建活动，切实做到政治素质好、经营业绩好、团结协作好、作风形象好。认真贯彻执行集团公司领导人员管理办法，全面加强各级领导班子的思想、组织、作风建设，努力提高各级领导班子的领导力和执行力。规范和严格领导干部管理，加强后备干部队伍建设。

2. 切实加强党的建设

继续抓好保持共产党员先进性长效机制的贯彻落实，进一步加强党的先进性建设，积极探索实践党建工作融入中心、服务大局的结合点、切入点和工作载体，建立健全工作机制，不断创新工作方法，在推进集团公司做强做大做好的实践中，充分发挥企业党的政治优势，发挥党组织政治核心作用、战斗堡垒作用和党员的先锋模范作用。认真贯彻落实《中共中央纪委关于严格禁止利用职务上的便利谋取不正当利益的若干规定》（简称《规定》），严肃查处违反《规定》的案件，深入推进治理商业贿赂工作，确保完成2007年构建惩治和预防腐败体系目标任务。

3. 全面加强职工队伍建设

坚持以人为本，认真实施公司“十一五”人力资源优化配置规划和开发培训规划，为实施公司“十一五”发展规划，实现“8467”奋斗目标提供强有力的人才保证。完善“严控入口、疏通出口”的用工政策，强化“德才兼备、业绩导向、引入竞争”的用人机制。结合结构优化、上大压小、主辅分离，统一规划、精心组织公司系统人员优化配置工作。切实关心职工的切身利益，关心帮助困难员工，广泛开展送温暖、献爱心活动，进一步加大员工岗位培训力度，多渠道开辟员工职业生涯发展空间，充分调动员工的积极性，充分发挥员工的创造性，努力实现员工的全面发展。正确处理发展、改革、稳定的关系，认真做好改革发展过程中的稳定工作，努力消除一切不稳定因素，确保职工队伍稳定。

4. 继续推进企业文化建设

在集团公司四年多实践的基础上，总结提炼符合公司实际、凝心聚力的共同价值观和具有华电特色的企业文化体系。加大正面宣传力度。大力构建和谐企业，广泛开展和谐主题下的群众性文明创建和创建学习型企业活动，开展各类劳动技能竞赛和文体活动。积极创造融洽和谐、生机勃勃、团结凝聚的工作氛围和环境，为完成经营发展任务奠定稳定基础。

（五）进一步营造良好的外部环境

1. 加强对外沟通合作

继续加强与上级组织、各级党委政府、相关利益体、新闻媒体的沟通交流，争取理解，取得支持，推动合作，促进发展。认真研究、积极争取、充分用好国家经济、财税、产业、新能源、节能环保等有关政策。自觉接受出资人的监督和行政、法律、社会等外部监督，积极支持配合国务院派驻公司监事会和审计署开展工作，认真落实各级监督机构提出的问题的整改工作。进一步加强突发事件应急管理，加强对外宣传和公司形象建设，加强网络信息安全管理，确保公司形象安全。

2. 积极履行社会责任

正确处理公司发展与地方发展、经济效益与社会效益的关系，努力实现公司发展与经济、社会、环境、资源的协调统一。积极创建资源节约型、环境友好型企业。牢固树立为国民经济又好又快发展服务的思想，努力为经济社会发展提供安全、清洁、经济、可靠的电力、热力保证。积极参与社会公益事业。

同志们，下半年的工作任务仍很繁重，完成全年目标需要我们付出更大的努力。公司系统要进一步增强工作责任感、紧迫感，围绕持续提升三大业绩，统筹工作、加强配合、强化责任、狠抓落实，不断推动工作上台阶。各级领导班子要加强组织领导，集中精力、高效务实、抓紧抓好各项工作。各级领导干部要按照胡锦涛总书记的要求，居安思危、增强忧患意识，戒骄戒躁、艰苦奋斗，加强学习、勤奋工作，加强团结、顾全大局，做到思想上始终清醒、政治上始终坚定、作风上始终务实，不负重托，再创佳绩。让我们紧密团结在以胡锦涛为总书记的党中央周围，高举邓小平理论和“三个代表”重要思想的伟大旗帜，深入贯彻落实科学发展观，加倍努力，真抓实干，为全面完成 2007 年的各项任务而努力奋斗。

重要论述

推动水电更快更好发展

贺　恭

（2006 年 4 月）

我国正处于全面建设小康社会的重要战略机遇期，能源需求量持续增长，水电开发迎来了前所未有的发展机遇。中国水电建设要坚持以科学发展观统领全局，切实转变水电开发观念，创新水电开发模式，提高水电开发质量，协调处理好水电开发与环境保护、移民利益、地方经济社会发展和“西电东送”的关系，走可持续发展的新型水电开发道路，不断开创我国水电事业发展新局面，为建设资源节约型和环境友好型社会作出新的贡献。

一、水电开发正逢其时

1. 水电是清洁的可再生能源获国际社会认同

随着社会的不断进步，可持续发展问题越来越被社会所重视，其中水资源和水环境问题是目前世界各国政府、学术界和社会各界广泛关注的热点。在经历了多年的争论后，水电开发对可持续发展具有重大的战略意义已经成为国际社会广泛共识。1996 年，世界可持续发展高峰会议首先确立了不需要建设大坝的小型水电的清洁的可再生能源地位，鼓励各国开发小型水电。2002 年在南非约翰内斯堡举行的世界可持续发展高峰会上，192 个国家一致认为，发展水电与燃烧矿物资源获得电力能源相比较，无论在资源方面，还是在环境方面，都是有利于可持续发展的。在世界各国都在鼓励发展各种可再生能源，来减缓全球气候变暖的情况下，大型水电也有必要被确认为清洁的可再生能源。会议通过的《约翰内斯堡执行计划》，呼吁全球能源供应多样化和增加包括大型水电在内的可再生能源的份额。继而在 2004 年 10 月，联合国经济与社会事务部与国家发展改革委在北京共同召开水电与可持续发展论坛研讨会，会议达成广泛共识，一致认为，水电在可持续发展中具有重要战略意义，水电为社会发展作出了巨大贡献，特别是在发展中国家及经济转型的国家，水电资源需进一步有效地开发利用。

2. 在保护生态基础上有序开发水电的基本方针已经明确

我国早在20世纪80年代就提出优先发展水电的政策。《中国21世纪议程》中把水电作为可再生能源和清洁能源并作为鼓励开发的能源形式列入了能源发展战略中，确定了大力开发水电，优化发展煤电，积极发展核电，加快新能源发展步伐的能源工作思路。近几年来，随着对全面协调可持续发展认识的加深，开发西部水电，实施“西电东送”已成为“西部大开发”战略的重要内容和支撑，三峡、广西龙滩、云南小湾、贵州构皮滩、四川瀑布沟、湖南（贵州）三板溪等在建大型水电站进展顺利，金沙江溪洛渡、四川锦屏一级、青海拉西瓦、重庆彭水等大型水电站相继开工建设，2005年国家核准建设的大型水电站达14个，总装机容量2707万kW。2005年10月，党的十六届五中全会通过的《中共中央关于制定国民经济和社会发展第十一个五年规划的建议》中明确提出“在保护生态基础上有序开发水电”，基本平息了数年来“生态论”与“水电论”之争，为中国水电发展明确了基本方针。

3. 中国水能资源状况已经查明

根据国家发展改革委2005年11月公布的全国水利资源复查成果，中国水能资源理论蕴藏量为6.944亿kW，技术可开发装机容量为5.416亿kW，经济可开发装机容量为4.018亿kW，均居世界首位。复查结果显示，中国水力资源在地域分布上极不平衡，总体来看，西部多、东部少；大多数河流年内、年际径流分布不均，丰、枯季节流量相差较大；水力资源集中于大江大河，有利于集中开发和规模外送。这次水力资源复查，基本查清了我国可能开发的水力资源及其分布、经济可开发量和开发情况，为我们进一步做好水电开发工作打下了良好的基础，对国家制定好能源和电力发展规划及相关政策具有重要意义，必将对我国水力资源的科学和合理开发起到重要的促进作用。

4. 水电开发技术日臻成熟

伴随着中国水电建设取得辉煌的发展成就，中国水电开发技术经历了一个从弱到强、从落后到先进的发展进程，培养了一大批数量可观的专家和专业技术人才，取得了丰硕的技术成果。特别是进入20世纪90年代以来，中国成功建设了类型各异、技术复杂的众多大型、特大型水电站，以长江三峡水利枢纽工程、二滩水电站、黄河小浪底水利枢纽工程等为标志，中国水电设计和施工技术达到了世界先进水平，形成了雄厚的技术积累和很强的自主创新能力，特别是在高坝建设技术、泄洪消能技术、大型地下洞群建设技术、巨型金属结构制作和安装技术、高边坡及地基处理技术等方面取得的突破，表明中国已经成为世界水电技术创新的中心。以我国大型机电制造企业中标三峡右岸机组招标为标志，我国特大型水轮发电机组的制造水平从只能设计制造50万kW级水电机组，到一跃而能制造70万kW特大型水电机组，设备国产化率的提高极大地推动了水电装备业自主创新能力的增强。成熟的水电开发技术、管理模式和装备制造技术，为加快水能资源利用奠定了良好的开发基础。

5. 水电开发体制不断创新

经过改革开放20多年来水电开发的实践和摸索，中国水电开发的机制逐步成熟，尤其是在乌江、清江、雅砻江等流域实施“流域、梯级、滚动、综合”开发机制，依据各梯级电站的自身特点、地理位置、调节性能、装机规模、上下游关系及电力需求分析等因素，结合所在电网的发展规划，统一规划，有序建设，推动了流域的统一有序开发和流域梯级统一调度，实现了调节效益和流域效益的最大化，促进了水电的开发。随着云南金沙江中游水电开发有限公司成立，水电流域开发机制又得到创新发展。云南金沙江中游水电开发有限公司由中国华电集团公司牵头，中国华能集团公司、中国大唐集团公司、华睿投资集团有限公司及云南省开发投资有限公司五家按股份组建，既有国有企业，又有民营企业；既有中央企业，又有地方企业，走出一条混合所有制股份企业开发水电的新路子，对于调动各方积极性，吸引各类投资主体，解决水电建设投资巨大的困难具有重要的示范作用。

二、水电开发时不我待

1. 中国能源资源的特点要求必须优先发展水电

我国常规能源资源主要包括煤炭、石油、天然气和水力资源。按照使用100年计算，我国的常规能源探明总储量约8450亿t标准煤（技术可开发），探明剩余可采总储量为1590亿t标准煤（经济可开发)，分别约占世界总量的2.6%和11.5%。常规能源以煤炭和水力资源为主，人均化石能源资源较少，特别是探明的油气资源难以满足日益增长的需求。

中国的能源结构长期以煤为主，煤炭在我国一次能源消费中的比重高达2/3以上，特别在电力中，煤电占70%以上。煤炭剩余开采量有限，并且这种过度依赖煤炭的能源消费结构，已造成了严重的环境问题。在我国大气中，约60%的TSP、87%的SO_2、67%的NO_x和71%的CO_2均来自煤炭的燃烧，我国CO_2的排放量仅次于美国，居世界第二位，继欧洲、北美之后，我国已成为世界上出现的第三大片酸雨区。以煤炭为主的能源结构不仅污染环境，还直接影响到水资源的平衡，每挖1t煤，就要破坏1.7m^3的地下水。以煤炭为主的能源生产和消费格局所导致的环保生态问题，给我国社会可持续发展带来严重的隐患。而按水力资源经济可开发年发电量重复使用100年计算，水力资源占我国常规能源资源剩余可采储量的40%左右，是我国重要的能源资源。目前我国已经和正在开发的水电装机容量仅占技术可开发量的24%，水电开发程度大大低于世界平均水平。因此，调整我国电力结构，优先发展水电势在必行。

2. 水电开发程度低的客观现实要求必须加大水电开发力度

我国水电发展从小到大，装机容量从1949年的16.3万kW发展到2005年的1.17亿kW，水电已为我国经济发展发挥了重要作用。但与经济发达国家开发状况相比，与我国丰富的水力资源相比，我国水电开发利用程度还很低。解放以来国家重视水电发展，水电在电力中的比例从1949年的8.8%上升到1984年最高值为32%。改革开放后，由于政策、措施的调整跟不上经济发展的要求，在缺电情况下，出现了争上“短、平、快”的火电项目的情况，使水电比例自1985年开始，一路下滑至1998年的23.4%。1997年提出3年内原则上不开发新的火电项目，优先发展水电，2000年水电比例恢复增长到24.8%。但是2000年后，由于全国性缺电，出现了新一轮的火电建设高峰，水电比重进一步下降，截至2005年底已降到23%。与之相比，世界上有62个国家依靠水电为其提供40%以上的能源，发达国家水电的平均开发程度已在60%以上。由于我国对于水电的战略地位及建设、运营的特点、规律正在不断摸索和认识中，水电开发的力度需要进一步加强。

3. 水电开发周期长的客观规律要求必须加快水电开发的速度

水电特别是大型水电站的建设期相对较长，流域梯级开发更为复杂。一般来说，大型和特大型水电站的规划、勘测、设计的周期比较长，建设的水电站自然条件和技术条件比较复杂，一般大中型水电站开工后第2年截流，第5年第一台机组发电，以后每半年投产一台，工期要6~10年。根据规划，到2010年，中国水电装机容量将达到1.8亿kW，占发电装机容量的25%，开发程度为33%；到2020年，水电装机容量将达到3亿kW，占发电总装机容量的30%，开发程度为55%。按现有装机水平，要实现规划目标，水电年均新增装机容量应达到1200多万kW。解决好实现规划目标的迫切要求和水电开发周期长的客观规律这一矛盾，必须进一步扩大水电开工规模，加快水电开发速度。

三、科学合理开发水电应坚持的四项基本原则

水电建设是一个涉及能源、国土、水利、环保、移民、资源综合利用和经济社会发展等诸多方面的复杂的系统工程，在水电开发中，必须全面贯彻落实科学发展观，坚持水电开发与环境保护双赢、水电开发与移民利益保护双赢、水电开发与带动地方经济社会发展双赢、水电开发与“西电东送”双赢四项原则，努力把水电工程建设成为生态工程和富民工程，促进人与自然的和谐发展、经济与社会的可持续发展。

1. 坚持水电开发与环境保护双赢的原则

水电开发要在努力做到充分利用与持续开发相结合的基础上，兴利除弊，实现开发与环境保护的共赢。要遵循保护优先、开发有序的方针，在水电工程建设规划、设计、施工阶段，节约用地和节约使用各种资源，高度重视和做好环境保护工作，做到在开发中保护，在保护中开发，将水电站建设成绿色工程，实现人与自然、工程与环境的和谐统一。要充分利用水电开发对航运、防洪、灌溉、供水、旅游开发、水土保持等产生的有利影响，有效综合利用水资源，积极主动地与生态环境保持一致。要重视生态恢复和建设，在库区流域开展“长治工程”、“长防林建设”等，加大植树种草、退耕还林、封山育林、坡改梯等水土流失防治措施，“建好一座电站，留下一个风景”。要加强水电和水电环保技术经济政策研究，改革水电价格和税收制度，减轻水电负担，逐步提高环境保护投入的水平。

2. 坚持水电开发与移民利益保护双赢的原则

要坚持以人为本，将水电工程效益的逐步发挥同移民生活改善、建设社会主义新农村相结合，努力做到建好一座电站，造福一方人民。要按照经济社会发展和人口资源环境相协调的原则，综合考虑移民生存和长远发展的基本条件，因地制宜地编制科学合理的移民安置、后期扶持和遗留问题处理规划，走开发型移民之路。要以发展移民经济、维护社会稳定为主线，以移民搬得出、安得下、稳得住、逐步能致富为目标，按照市场经济规律进行移民补偿，不断加强基础设施建设，大力实施“科教兴库”战略，合理调整产业结构，扶持移民发展生产，增强移民长期增收的能力，推进移民安置区经济社会全面协调可持续发展。要不断推进移民管理体制改革，建立和完善移民政策法规体系、多元化移民投资体系、移民社会化服务体系和水库移民理论体系，进一步完善“政府领导、部门负责、业主参与、分级管理、县为基础”的移民工作管理体制，为有效开展移民工作提供保障。

3. 坚持水电开发与带动地方经济社会发展双赢的原则

我国水能资源主要集中在广大的西部地区，水电开发是带动地方经济社会发展的重要途径。要坚持为人民服务的根本宗旨，自觉把水电开发效益统一于地区经济发展之中，努力实现经济效益和社会效益的最佳结合。要以国家大型水电项目建设为契机，大力发展“水电经济”，变地区水能资源优势为经济优势、扶贫优势、生态优势、招商引资优势、农村现代化建设优势和旅游优势，走“以水发电、以电兴工、以工强县（区）”的综合发展之路。要通过水电开发，大力加强地区基础设施建设，为区域产业结构调整及农村劳动力资源转移创造条件，从而有效地发展地区经济；要积极培育“电站＋电网＋相关产业”的产业链，培育特色和优势产业，积极实施“电矿结合”、“电矿联营”，将电能优势迅速转化为经济优势；要坚持为“三农”服务的宗旨，积极推进“水电农村电气化建设”、“水电代燃料”等工程建设，从而有效地巩固退耕还林还草和生态自然保护的效益，防治水土流失及草原荒漠化，保护生态环境，实现经济可持续发展。总之，要通过长期不懈地开发水电资源，为促进当地经济社会发展作出积极贡献。

4. 坚持水电开发与“西电东送”双赢的原则

以国家实施西部大开发战略和“西电东送”工程为契机，要抓紧建设一批各方面条件比较适宜的大型水电站，加大西部水电基地的开发力度，以水电为主力电源，大力推进“西电东送”工程的全面实施，显著提高电力资源在全国范围内的配置效率。要针对目前我国电力需求将达到供需平衡，电力发展将从“投资驱动”逐步转为“市场驱动”的形势，掌握适度原则，保持水电建设的连续性，防止大起大落。要切实将常规水电的开发重点从中东部转到西部，集中资金和制定政策支持开发具有战略性的调节性能好、综合功能强的水电站，带动流域梯级滚动综合开发，并注意控制东部新上电厂的水火比例，为西部未来大型水电站投产预留市场空间。要重视电网与电源协调建设问题，水电开发做到电源和电网统一规划、协调发展，以保证发电送出和供电的安全，同时要不断通过跨流域、跨区水电调度，加快推进“西电东送、南北互供、全国联网”的进程，促进水电的开发利用。

（此文发表于 2006 年 4 月 25 日《中国电力报》）

发展“乌江事业”若干问题的思考

贺　恭

（2007 年 3 月）

一、关于“乌江事业”的由来

2005 年新春，中央主要负责人视察贵州乌江在建的索风营水电站时，提出了大力发展“乌江事业”的号召，充分肯定了乌江流域水能资源开发已取得的成果，提出要做乌江流域发展的下一篇文章。消息传来，令人振奋。在征得贵州省主要领导的意见后，我于 2005 年 3 月下旬向中央报送了做好“乌江事业”这篇文章的初步认识和考虑。为展开本文题目的讨论，现将此报告的主要部分摘抄如下：“在进一步学习您在乌江的讲话精神后，我们有以下几点认识和考虑，汇报如下：第一，乌江是贵州省得天独厚的水能资源，经过长达20年地方与中央有关部门的共同努力，又恰逢‘西电东送’的机遇，如今已走上良性发展的局面。这一态势来之不易，要十分珍惜。我们作为控股股东和国家层面的发电集团公司，要同贵州省加强合作，抓住机遇，加倍努力，以尽快的速度和最好的质量，在2010年前完成乌江干流1000多万kW的开发任务，为贵州能源基地发挥主力军的作用。第二，我国蕴藏丰富的水能资源在能源资源中占着重要位置。国家倡导‘大力开发水电’，在新的时期，我们要认真落实科学发展观和构建和谐社会的战略思想，把水电开发同保护环境、同维护群众的利益、同推动地方经济发展几者的关系处理好，达到‘共赢’的目的。在乌江开发中，这个关系总体处理得是可以的，但我们要进一步做好。在其他区域开发水电也要把这些关系处理好，要汲取一些流域项目发生问题的教训。只要把这些关系处理好，我相信，中国水电发展就可以做得更好更快。第三，在世界上一些先进国家的河流开发，把水能资源与流域区域的经济、社会发展纳为一体，作为一个系统工程进行。比较典型的例子，如美国田纳西流域开发的成功例证。乌江对于贵州来说，不仅是一个丰富的水能资源，她流经贵州47个县（市、区），养育着2000余万人口，再加上贵州丰富的煤电及可开发的、有市场的矿业资源，因此，乌江事业要做大做强，应当和区域的发展目标及经济、社会、环境的综合平衡纳为一个整体来考虑。对这些，我和乌江公司的同志们都有些框架性的考虑。在您指示精神的启发下，我们将进一步做好总体战略规划，充分论证后分步予以实施。初步考虑：第一步，把乌江水电基本开发完并在过程中注意生态、环保；第二步，把乌江的水电与区域内的煤电进行必要的、可能的重组，把能源事业做大，并充分利用乌江流域丰富的资源优势，向上、下游产业（如铝、磷等）延伸，形成一个能源牵头的或为核心的产业链条；第三步，与当地区域经济的其他产业，如农业、环保、旅游等进行合作，形成乌江区域全景式的科学发展、和谐社会的良好局面，做好‘乌江事业’开发的下篇文章。我认为经过10~15年的努力，上述几步是可以做到的，而且这几步不是截然划开，是互相交错前进的。具体实施要先从规划入手，我们拟请中国科学院、工程院或国务院发展研究中心的专家们帮助一道做工作。”

一年多来，围绕上述初步提出的基本思路和框架，“乌江事业”正在起步。国务院发展研究中心进行了必要的有成效的研究。贵州省经济社会发展和华电集团在黔的发展也发生了很大的变化。在体制上，华电集团征得贵州省同意，也对贵州华电控股的水电、火电进行了必要的整合，这些将对“乌江事业”进一步发展奠定基础。我颇感欣慰，把自己一年多来的思索提出来以供参考。

二、关于对“乌江事业”的理解

对“乌江事业”的理解，我认为应从微观、中观、宏观三个层面来展开。从微观上讲，主要指的是乌江流域地区因其丰富的乌江水能资源及其已开发的较高程度，由此而带动地区其他资源的同步发展，以此推动地区民生问题的解决，以逐步形成一个区域的资源、经济、社会、民生的科学的和谐的可持续发展，这是要首先做到的。从中观上讲，我理解是用乌江流域以水电为带动的区域发展辐射到全省。贵州省历史上较为封闭，而资源优势突出。随着改革开放方针在贵州的实施，资源优势已得到明显的发挥。特别是抓住了“西电东送”的战略机遇，以水火互进、互济的电力，几年来取得了跨越式的发展。如何使丰富的电力既能外送，又能进一步就近升值；如何使经济发展和社会发展同步，取得更加富民兴黔的成就，是需要进一步做工作的。而“乌江事业”的提出和实施就将对全省产生辐射作用。从宏观上讲，乌江流域水能开发向“乌江事业”发展的模式可示范至全国，对有关省份水能资源，特别是流域水能资源开发的思路以指导。近二十年来，经过水电工作者的实践，已形成了“流域、梯级、滚动、综合”的基本机制，梯级滚动开发已取得不少成功的实践，而在“综合”上由于种种原因，见效者甚少。“乌江事业”的模式可以为各方面借鉴，使其发挥拓展作用。

综上所述，对“乌江事业”的理解可这样定性描述，即“乌江事业”是在乌江流域水能开发的基础上，融合和发展相关产业，带动区域经济社会的发展和民生的改善，同时辐射全省使资源同经济、社会发展同步和谐，形成可持续发展的局面，并对全国其他流域水能资源开发的模式起到示范作用。

我之所以这样解读“乌江事业”，意在要深刻理解这一提法的深远意义，意在使水能资源的开发真正走上科学发展的道路，使水电能对构建社会主义和谐社会起到重大作用。当然，不同地区、不同流域的具体情况不尽相同，需因地制宜，但只有树立了这样的观念和指导思想，水能资源开发的路子才能越走越广。

三、关于对国际上水能资源开发，特别是美国田纳西流域开发模式的评价和借鉴

20世纪80年代以来，因工作原因我曾先后考察了挪威、日本、美国、巴西、委内瑞拉、埃及等国家的水电，留下深刻印象，一个基本的结论就是：全世界水能资源丰富的国家和区域，数十年来无不致力于水电的开发，一些典型的水电工程和流域开发均取得了资源有效利用和带动经济社会发展的双重效益。如北欧的挪威，从20世纪60年代集中开发水电，取得巨大的经济效益。巴西的伊泰普水电站更举世闻名，连同附近区域的伊瓜苏瀑布景观构成一个能源、旅游相结合的区域。埃及的阿斯旺水坝建成后，使尼罗河进一步发挥埃及母亲河的作用，经过数十年的运行实践，原担心产生的负面问题远比预计的要小。美国在西部地区的水电工程更发挥着巨大作用，其20世纪30年代建设的胡佛水电站更对挽救经济危机起到了特殊的作用；田纳西流域水电开发与区域经济社会的协调发展更成为可借鉴的模式。

那么，从“乌江事业”发展看，与田纳西流域开发有哪些异同之处，有哪些是可以借鉴的呢？我想有这样几点是可以认真研究的。

第一，从流域资源结构看，都是首先有着丰富的可供开发的水能资源，同时具有较好的自然资源及丰富的矿产（包括煤炭、有色金属等）资源，具备着在产业发展中既可保护环境，又可供旅游的资源条件。因此乌江流域是具备成为资源综合开发，使资源开发与经济社会发展、保护生态环境同步共赢、和谐发展的基本条件。从这个共同点出发，乌江是可以借鉴田纳西模式的。

第二，从起步条件看，乌江流域水能资源开发经过20多年的努力，取得了很好的业绩，预计可提前至2010年左右（原计划2015年）完成干流上梯级电站的建设。同时在这几年也尝试着进行综合产业的开发，如建材、有色金属及煤电（包括煤电一体化）等，初步积累了一些经验。还需要指出的是，在电网系统的支持下，流域梯级集中控制机制已初步形成，可以最大限度发挥乌江水能资源的综合优势。所有这些，也是田纳西模式形成的初始条件和组成部分，因此也可以说，“乌江事业”已具备了向纵深发展的基本条件。

第三，从制度和环境看，田纳西流域的发展是经美国国会立法，赋予其地区行政的和资源开发的双重权力，从而在很大程度上保障了流域开发组织者的便利。由此可以领略在资本主义市场经济的环境中，对于重要国土资源的开发运用，国家法律机器给予支持的情况，很值得我们研究和借鉴。乌江水能开发的机制已形成多年，当年的国家电力系统、如今的华电集团同贵州省进行了卓有成效的合作，流域公司的现代企业制度逐步健全，工程建设和生产运营衔接有序，在地方政府的支持下，移民问题解决良好，培养了一大批水电人才，初步走出了一条人与自然和谐，开发环保并重，企业社会双赢，传统水电精神与科技进步相结合的路子。从全国的流域机构运行看，乌江公司是一个已成熟的公司。但在下一步拓展中，我认为在体制和环境上要创造两个条件：一是要完善机构和机制，在乌江公司的基础上，充实力量，加大职责，进一步完善现代企业制度。二是政府要立法。鉴于“乌江事业”在较长的时段主要是在贵州境内运作，宜由贵州省人大立法，赋予流域机构在区域内开发资源的权力，省政府应在权限内给予必要的政策。我认为，期望“完全”运用市场机制实施宏伟的“乌江事业”不大现实，应当采取政府依法、企业运作相结合的方式方可奏效，特别是在启动时期。

第四，从环境保护看，对田纳西流域开发过程中的环保工作，不少考察者和专家都颇有微词。我认为应历史地看这个问题，田纳西开发工程启动时是美国工业化发展时期，如何处理发展和环保的关系是任何一个国家和地区都会遇到的矛盾。这也是我们国家在资源开发过程中要吸取的经验和教训。乌江流域水能资源开发在近几年十分重视环保。中央领导考察的索风营水电站在建设过程中就十分重视生态的保护和恢复，堪称环保和文明的电站。在"乌江事业"的推进过程中，更应充分重视环保问题，相信是可以解决好的。

四、关于需要抓好的几项基础工作

第一，尽最大的努力，高效、优质地完成目前乌江干流上在建的构皮滩、思林、沙沱三个电站的建设，保证2010年左右完工。这是发展"乌江事业"的基础和前提。

第二，规划先行。乌江公司应在委托国务院发展研究中心进行发展战略研究的基础上，进一步经专家论证后制订可行的规划，经贵州省政府和华电集团组织审定，并履行相应的批准程序（包括我建议的贵州省人大的立法）。

第三，华电集团同贵州省商定已启动的乌江水电同华电在黔火电及其他资产的整合工作应不断完善，促进水火协调有序发展，促进"乌江事业"的拓展。

第四，乌江公司经董事会决策而实施的综合资源的开发工作应继续推进，健康发展，摸索经验，为下一步加大发展奠定初步的基础。

第五，乌江流域纵横贵州东西，区域的综合发展、各种产业的拓展都离不开地方政府和群众的支持，任何一步的前进都要使地方经济和群众见到效益，得到实惠，方能得到认可和支持。这既是"乌江事业"发展的指导思想，也是"乌江事业"发展的落脚点。因此规划的制订和初期的启动要防止一蹴而就，企图速成，应先进行必要的试点，稳步推进。

"乌江事业"的提出和实施是一个全面贯彻落实科学发展观构建社会主义和谐社会的伟大事业，也是一个前景辉煌，但需克服不少困难，挑战性很强的创新，需付出十几年、甚至几十年的心血方可见到成效，但我相信，只要坚持正确的方针，不断地努力，不断地积累，"乌江事业"的路子一定可以走向辉煌。

企业管理和企业家（摘要）

贺　恭

（2007年6月26日）

一、企业管理的沿革与现状及国企管理的属性

（一）国内企业管理的发展概况

企业是应经济发展而生的，因此它是一个经济组织，其发展、发达，真正达到"企业"的形态，则是随着市场经济的发展而实现的。

我国的国有企业经历了很长一段时间的计划经济体制，那时的企业附属于行政部门，也可称为是国家所有制的经济组织。改革开放以来，国有企业不断进行改革，走了三步：下放企业自主权，转换企业经营机制；现代企业制度的建立和完善（包括集团化、法人治理结构、混合所有制）；特别随着市场经济体制的确定，随着十六届三中全会的决定，企业改革进一步深化，企业的所有制同国家基本经济制度的"两个毫不动摇"结合到了一起。

可见，中国的企业经历了从计划经济体制向市场经济体制的变化，企业所有制（出资人）和产权结构（独资、股份……）都在发生深刻的变化。这些企业形态的变化，也都体现在了企业管理上。从管理理念看，从政企不分时的粗放管理到下放自主权后的加强成本约束，再到市场竞争阶段的重视市场、效益优先的集约管理和精细管理；从员工心态看，从吃大锅饭到拉开分配档次，从分配岗位到竞争岗位，从稳坐行业优势到关心企业发展和风险的忧患意识等；企业的领导者更是切实感到企业管理在市场经济体制下的繁重和担子的艰难。

那么，如何看待企业当前的现状呢？可以按"三三制"大体划分：1/3的企业基本完成了企业股份制改造，特别有的集团公司完成了整体上市，在基本制度、企业管理、企业效益和发展上走上了科学有效和逐步国际化的轨道；1/3的企业虽然实施了企业的改制，企业管理的水平和企业的效益有了较大的进步，但大多仍是独资企业，向着股份制改造还有较长的路子；1/3的企业仍处于改革的过程中，由于主客观两个方面的因素，历史遗留的问题较多，企业改制和提升管理的难度较大，有不少还处于亏损状态。

这个判断虽是对全国国有企业的宏观判断，也大体符合发电企业的实际，只是三种类型的比重可能有所不同。

（二）国际企业管理的发展概况

资本主义企业的组建本身就是市场经济的产物，或者说是资本主义对封建主义的革命，从此而诞生了资产阶级和无产阶级。正如马克思在《资本论》中所提出的："资本家的管理不仅是一种由社会劳动过程的性质产生并属于社会劳动过程的特殊职能，它同时也是剥削社会劳动过程的职能。”说明了资本主义企业管理既是合理组织生产的手段（职能），又是资本家对雇佣工人剥削的工具（职能），这种企业管理在不同社会制度形态下，在生产力和生产关系两个方面的双重性是一个共性的规律。对于社会主义制度下的企业管理，则应吸收资本主义企业管理中的生产力的管理，即企业管理的自然属性，而生产关系的社会属性则应体现社会主义制度的优越性，这一内容在以下将展开阐述。

资本主义的企业管理，我个人认为亦经历了三个阶段。20 世纪初至中叶，主要的管理方式是集中在如何提高效率、加大劳动者的强度及合理组织生产要素而进行管理，因而也诞生了如泰勒这样的管理学者，他提出企业管理职能五要素，即计划、组织、指挥、协调、控制，至今仍具指导意义。有的亦称为“古典科学管理学派”。20 世纪中叶之后，随着市场竞争的激烈，劳资关系的紧张（劳动者的反抗）和科技的进步，企业管理逐渐向关注市场、企业的股份制转化，管理上体现行为科学，产品重视质量和创新，管理重视系统科学的应用等成为管理的核心，有人将其称为“现代管理学派”。从 20 世纪末到 21 世纪初的这一阶段，随着科技的巨大飞跃和全球经济的紧密联系，随着第三世界的经济发展的需求，特别是资本主义国家对国际资源的争夺逐步由炮舰外交转向经济外交，企业的分化加速了，重组、并购和控制资源、扩大规模成为企业管理的主题，因而也逐渐形成了一些巨大的跨国公司，管理重点转向法人治理结构、资本运作、资源控制、集团和团队及文化交流（不同国家、地区的文化的碰撞）等，我把这一阶段叫做跨国的现代企业管理。

综上所述，可以看出，企业发展变化和企业管理重点的变化与社会、经济、科技的发展密切相关，与社会经济制度的发展变化密切相关。企业不是孤立的经济组织，也不是一个完全独立的社会组织。

（三）企业和企业管理的属性问题

前已述及，企业尽管是一个自主经营、自负盈亏、享有独立法人地位的经济组织，但它绝不是简单（单纯）的、孤立的、独立的组织，其属性除了经济性外，还有社会性和政治（国家）性。

拿国有企业来说，其经济属性是自然的，特别是现代的国企，如果不能在市场竞争中拥有自己的地位，如果没有合理的规模、较好的效益和可持续发展的能力，那就在竞争中站不住脚，甚至出局。因此，追求效益及其持续增长是企业的首要目标。国有企业的社会属性也是不言而喻的。首先，企业本身就是一批社会公民的集合体，从局限的角度来说，这批公民、企业的员工的行为、工作、生活、利益、关系，甚至家庭都是要企业操心的，都是要承担较多的社会责任的（随着政企、社企的分开，不少职能已交还了社会，而企业仍然承担着不少直接的管理责任）。从广泛的意义上讲，企业是一个社会组织，是社会组成结构的重要细胞，企业所在区域社会的发展、公共事业的需求不少是要求企业去关注、参与和支持的，这样才能促进和谐社会的逐步建成。国有企业的政治属性是国有企业所独有的。一方面，国有企业的资产是国家独资或控股的，其资产的保值增值直接关系着国家的经济发展，是我们党执政的物质基础。另一方面，中央提出的我国的基本经济制度的“两个毫不动摇”，即毫不动摇地巩固和发展公有制经济和毫不动摇地鼓励、支持和引导非公有制经济的发展。把公有制经济的国企的巩固和发展与国家的基本经济制度结合了起来。请大家注意，所用词是有区别的，对公有制经济是巩固和发展，对非公有制经济是鼓励、支持和引导。充分体现了国家对国企的关注、支持和期望。因此，国企的政治属性是明确的，政治责任可谓重也。同时，面对国际大企业集团的跨国经营和蓬勃发展的势头，国企，特别是大型国企更要掂量中央提出的搞好大型国企的决心，因为这是涉及我国改革发展和经济命脉的重大问题。

我讲国企的这三重属性，其意在于，一方面这是我们企业的基本目标，应当努力实现；另一方面，这是我们企业的基本责任，必须努力承担。

要实现企业上述目标，就要搞好企业管理，而企业管理就是要从调整生产关系和促进生产力发展两个方面入手去进行，或者说企业管理的两重性就在于提高生产力、搞好社会化大生产的自然属性和搞好生产关系、适应社会主义制度的社会属性，这和前述的企业的三重属性、目标和责任是相辅相成的。提高或促进生产力的发展是企业管理的首要环节，要采取一系列的管理方式、手段使企业的生产要素、经营流程很好地结合和运作，从而达到促进生产力、提高企业效益、推进企业发展的目的。调整生产关系是企业管理的核心环节，企业的生产关系涉及内、外两个方面，对外要调整好同政府、出资人、市场、客户等的关系，对内要调整企业同员工、企业的内部组织结构之间的关系。而生产关系调整得是否妥当和合理，是生产力管理的基础和前提，生产力的管理又可以检验和促进生产关系的完善。因此，两者必须搞好衔接，互为支撑，相互呼应，企业管理方能奏效。

二、企业管理的几个基本问题

最近重温了若干本企业经营管理的书，有的是中外学者们的专著，有的是成功企业家的企业经营之道，等等。同时回顾了若干年来，自己从事企业领导的经历、成功与失败的情况，也学习了中央有关文件，展望企业与经济、社会发展的前景，我把这些糅合起来，将企业管理的基本问题归纳为四个方面，提出来供大家参考：一是企业的责任与制度；二是企业的经营与战略；三是企业的文化与理念；四是企业的员工与领导。

（一）关于企业管理的制度问题

企业的责任问题我在上一个题目已作了评述。这里着重讲讲企业的制度。

企业管理的制度大体上可分为体制性制度、业务运作制度和监控性制度三类，一个完整的企业管理制度应当将这三类全部包括进去。

体制性制度是企业管理制度中带有基础性的制度，也是制定其他管理制度的前提，主要是解决企业的生产关系问题。主要的制度有三个方面：一是解决企业设置的制度，如出资人协议、企业章程；二是解决企业法人治理结构的制度，如股东会，董事会章程等；三是解决内外关系的制度，如企业同政府部门、相关企业的有关职责界定、相互合作的制度，内部组织机构的设置及其责任，以及企业同员工的关系界定等。上述这几个方面都需用契约、合同或责任制的方式由各方予以确认，并得到法律的认可（符合有关法律、文件，有些甚至需要法律公证等），以便执行及必要时仲裁。

业务运作制度是企业管理制度的主要和常用的部分，它是按企业生产要素的组合及经营流程的运转为主要内容的制度。它主要是针对提高生产力而设置的制度，生产要素能否合理组合，业务流程能否流畅运转，投入产出能否见效，主要是靠这些制度的制定和执行。生产要素方面的制度主要是针对人、财、物方面的管理（经济学将生产要素一般概括为劳动、土地和资本，也有的将企业家的才能加了进去）。如涉及“人”的有岗位的设置和竞聘、人力资源的组织和流动及效益分配等；涉及“财”的主要有成本管理、财务管理等；涉及“物”的主要有采购、保管等。业务流程方面的制度主要是从生产流程，即产、供、销方面的管理制度。生产运行的制度通常要多一些，如安全、质量的控制，设备运行检修等；供应方面主要是生产需要的物流制度，与前面所讲的“物”的管理属于一类，只是前者主要是要素管理，后者则是流程管理；销售环节越来越重要，与市场的衔接，与生产的投入产出及流程的再循环以至资产的放大密切相关。这方面的制度需认真把握。将生产要素和业务流程的管理进行综合，则要突出企业战略管理、计划管理和预算管理。

企业的监控性制度十分重要。制度设计和执行好了，可以起到对上述制度保证和监督的作用。很多企业的实践都说明了，以内部审计、内部监察和财务内部稽核三位一体的监督方式，可以在很大程度上保证企业的运营安全、经济安全及风险的控制，主要的制度是风险控制、内部审计、行政监察及财务稽核等。

上述三个方面的制度对各类企业均适用，但因从事不同业务的企业各有侧重或制度的细节设计上有所不同，如生产性企业主要突出安全和营销，基建部门主要突出质量和造价，设备制造企业主要突出设备管理和制造流程，科技类企业则主要突出人才和科技创新管理等。

所有制度的制定要有专门班子，并有专家指导进行，同时需据实践反馈进行动态调整；所有制度需要落实到部门和员工，须有责任制去落实。

（二）关于企业的经营战略问题

企业的经营战略是企业管理的重要组成部分，它与前述的企业制度和后面将阐述的企业文化和员工，以及企业领导人密切相关，相辅相成。

管理大师彼得·德鲁克曾将企业经营战略概括为回答三个假设，即关于企业环境的假设、关于企业目标的假设、关于企业优势的假设，并将三者有机地结合在一起去设计和推动，同时因各部分的变化，特别是环境的变化而进行弥补或调整或改变。我觉得他讲的是有道理的，不少国外的跨国集团和中小企业都大体上是按这样的思路去做的。那么，我们的国企从这三个方面如何结合企业的实际去设计自己的经营战略呢？

第一，要对企业经营和发展面对的外部环境进行周密的、动态的分析和判断，这既是制定企业经营战略的前提，也是企业经营业绩的预期。

主要的外部环境可以概括为以下几个方面：

（1）市场对企业产品的需求和变化。

（2）政府的政策和导向。

（3）企业所需资源（生产性资源、发展性资源）的状况及可能控制的程度。

（4）相关、关联企业或单位的状况及协作、合作的前景。

（5）竞争对手的状况。

上述分析和判断既要定性，也要定量，定量更为重要（这里所指的“量”，不仅是数量，还包括价格等）。

第二，在对环境分析判断的基础上对企业经营目标进行分析判断。企业经营目标可分年度和中、长期，可以从中长期分析判断落实到年度，也可由年度目标拓展至中长期。企业的经营目标一般可包括以下几个方面：

（1）生产性目标，如生产产品的数量、质量及流通。

（2）经营性目标，如成本目标、利润目标等。

（3）发展性目标，如企业扩大再生产的目标、企业长远发展的目标等。

（4）员工收入分配目标，如薪酬、福利、企业文化等。

（5）社会贡献性目标，如税收、环保、赞助等。

（6）主业之外的其他产业经营和发展目标等。

同样，目标的确定也必须定性地描述和定量地确定，这样的目标就是企业应保证实现的业绩，与前述环境分析的业绩预期相比，应是一个可行的、可接受的较为实在的业绩目标，从定量上讲，也可统称为经营业绩预算。

第三，在目标确定的过程中及实施目标的过程中，对企业自身的状况，包括优势、不足及扬长避短的措施应仔细地分析和判断。

应该指出，如同外部环境的分析判断一样，这方面的分析判断是设计目标的关键，也是实施目标的核心因素。分析优势和不足应主要抓住以下几点。我将这主要几点概括为“四度”，即资源的控制度、资金的保证度、人力资源的合理度及企业制度的约束度。

（1）资源的控制。包括生产和发展所需资源的数量保证、流通畅达、价格可控及合理地组织。

（2）资金的保证。包括自有资金的合理运用、信贷资金的畅通、现金流量和有效流动及周转的合理等。

（3）人力资源的合理组织。包括劳动组织、责任考核、薪酬分配等。

（4）企业制度的约束。应当明确企业制度是企业全体人员应遵循的企业运行准则，制订了并经过需要的程序（包括民主程序）而确定的制度就应具有刚性，就应对全体员工、企业所做的事有约束性。而这种约束性就可使制度发挥其在企业管理中的作用，从而保证企业运转有序、有效。

上述几个方面，每个企业在实施目标时不可能具有全部的、圆满的优势，必然会有这方面或那方面的不足、差异，那就要在分析判断和实施中进行补救和优化，有的要扬长避短，有的则要化劣为优。

关于企业经营战略的三个方面，即环境、目标和优势的分析、判断，每个方面不是孤立的，可以说是“三位一体”，在设计程序上，也并非因叙述的排列而有先后之序，是同时进行运作的，方能互相印证、弥补、对应分析，从而形成企业一个符合内外实际的、可控制的、可操作的、可实现的及可进行敏感性分析乃至动态调整的经营战略。

这里，我还想指出一点，企业的目标设计并不仅仅是企业自己的事，目标的实现也不仅仅是自身可独立完成的。所以有的管理学者指出，企业的目标应包括企业的生存、企业的双赢（这里的“双”是企业自身以外的其他相关企业及竞争对手）及企业的可持续发展。我认为讲得很有道理。

（三）关于企业文化与理念问题

经过数十年的企业实践，不论是企业理论家还是企业的经营者，都已充分认识到，企业文化是企业经营管理不可或缺的部分，甚至从发展的角度看，企业的人文管理将上升到企业管理中特别重要的部分。

从国家和社会的宏观上看，中华传统文化倡导的“和衷共济”、“和为贵”的理念；国外经济学者研究的人的行为科学（如将人的需求划分为从生理到精神的若干阶段的需求）；当前党中央所提出的“以人为本”、“科学发展”、“构建和谐社会”，以及胡锦涛总书记在联合国会议上提出的“构建和谐世界”等，我认为这都是一脉相承的，是社会发展过程中一个带规律性的东西。

从企业运行的微观看，组织生产首要的要靠员工，或者经济学讲的生产要素的第一要素：劳动（经济学的“劳动”不仅指劳动者，主要讲的是劳动价格），没有员工或劳动者的努力和积极性的发挥，我们上面讲的企业目标、企业制度、企业经营战略的制定和实施都是一句空话。员工的积极性的发挥，随着社会发展、经济繁荣和人们思想的解放和多元化的需求，就不能仅靠制度和薪酬来解决，而需要提高到精神层面，使员工获得多方面的激励，方能调动其积极性。此外，企业的发展变化越来越需要一个企业的理念，变成全体员工共同追求的价值观来凝聚企业。这样，企业文化就成为了企业管理之必需。

那么，如何理解和提升企业文化呢？我个人的看法是，文化的概念是个相当宽泛的，可以包容很多内容的系统概念，而企业文化是为企业所服务所遵循的，应当有其一定的范围，它应包括无形的属精神层面的东西，如价值观、理念、企业精神等，亦应包括有形的属物质方面的东西，如各种文化行为、健康有益的活动及精神或荣誉方面的鼓励等。其中最重要的是企业的共同价值观和企业理念。目标是企业的凝聚、员工的和谐和企业长远的可持续发展。

在这里可以举美国通用公司的前 CEO 杰克·韦尔奇所倡导的“数一数二”追求和“无边界”的企业理念为例。“数一数二”是他和企业领导团队为企业确定的目标，即要么不搞、要搞某一项业务必须达到同行业的第一或第二的水平。而“无边界”不仅是打破企业管理层次中纵、横向解决问题的障碍，更在于主张领导层和员工对企业发展、经营目标的共同讨论，这些理念构成了通用公司企业文化的重要组成部分，对推动通用公司的跨越发展起了巨大作用。

中国华电集团公司及集团公司不少企业这几年的发展变化，之所以取得业绩并具有发展前景，无不是在企业文化上有所追求，并有所成。

企业管理的第四部分关于企业领导者员工，我合并在第三个问题一并阐述，这里就不再讲了。

三、关于企业家的有关问题

企业家在企业管理中起着独特的重要作用，企业家队伍也就成为一个特殊的阶层，之所以特殊，因为不能把企业家与企业领导人画等号，也就是说，企业家必然是企业的领导者，但不是所有的企业领导者都是企业家。

资本主义企业家的出现是从投资和经营分开之后所产生的，简言之，投资者为资本家，经营企业的是企业家，而一些特殊能干的人使企业获得成功，取得超额利润，这些能干的人形成了企业家的阶层。在西方，不少企业家已呈职业化的趋势。

因此，西方的经济学家们把企业家的才能也作为生产要素看待，除了劳动、土地和资本外，企业家的才能使企业获得利润，也是生产要素之一。较长一段时间，虽然对企业的利润应如何判断争论很多，但企业家的才能对于企业管理的特殊重要性却是理论界和企业界所公认的。

我国企业经过改革开放 20 多年的运作，特别是在市场竞争中的企业运作，培育了一批卓越的企业领导人，其领导的企业不少是那个行业的领军企业。这样的企业领导者应当属于企业家。那么，到底如何判断企业家，其在企业管理中的地位和作用应如何估价，怎样才能成为企业家，自然是大家，特别是企业领导人关心的问题，当然更是企业广大员工所特别期盼知道的。

什么是企业家，我认为要做到这么几条：一是强烈的对企业的奉献精神（注意：我用的词是奉献，而不是单纯的敬业，同时还是强烈的）；二是非常熟悉企业业务；三是能够凝聚企业管理团队和企业员工（注意：凝聚和团结是不同程度的用语）；四是不断的创新，包括技术、管理等方面的创新；五是使企业的资产增值，创造利润，而不仅仅是能保值。这五点中最重要的是奉献、创新和增值。所谓奉献，把“企业”当成“家”，是企业家的另一种说法，对企业的奉献，企业家要做到“无我”的境界，其思想、行为的一切活动均围绕企业。当然我们不苛求企业家为“苦行僧”。然而松下幸之助则称对企业要有“辛苦心”。所谓创新，是企业家有别于通常企业领导人的典型标志。不论是生产方面的创新，如引入新产品、开辟新市场、取得新的资源等；还是体制和机制上的创新，如调整组织结构、组建为创新而设置的团队等；还是资本运营上的创新，如并购、重组等。而这些创新又是理性的，是风险可控的，是给企业带来巨大效益的。所谓资产增值和创造利润，这是对企业家的一个基本的考核和判断标准。不能设想，不能给企业带来利润的企业领导人，或者仅仅是实现资产保值的企业领导人可称为企业家。

有的学者将企业家比作企业的领袖。而作为领袖，重要的一点是要能使员工尊敬和信服，是要能带领员工向前走。因此，企业家不仅要有能力上的独特才能，而且要有好的品格，或者说是人格。我在前一段讲的凝聚，在企业文化中讲的企业共同价值追求，也都是这样的意思。这里可以引用宋代大文学家范仲淹所作的《岳阳楼记》中的话：“居庙堂之高，则忧其民；处江湖之远，则忧其君。”这句名言中虽有封建社会君君臣臣的色彩，但却阐明一个“上下同欲者胜”的和谐观念。引用过来，企业家要关心依靠员工，员工要关心企业和支持企业家的工作，企业之忧可解，企业发展可至。而我引此语还有一层意思就是，企业广大员工要对自己的领导人，特别那些强烈改变企业，哪怕一时有所失，领导人一时有所误，而能最终使企业前进的企业领导人要予以极大的支持，方能达到“同欲者胜”的状况。

企业的领导者在把握企业管理、实现企业战略的过程中会有不少的矛盾和问题需要处理。在思路上，要重点把握好一些关系。我前不久在写在华电集团四年个人述职报告时，曾将这些思路上概括为处理好五个方面的关系，利用此机会给同志们交流一下，可能对大家有所裨益：一是在发展上处理好规模和结构的关系，力求在市场上有合理的份额，并赶超电力技术进步的大潮；二是在经营上处理好内强素质和外拓环境的关系，搞好“两条腿走路”，而立足点是放在“内强”上；三是在导向上处理好全面评价企业与干部和突出业绩导向的关系，既要全面推进企业，又要突出业绩；四是在利益分配上处理好集团效益、企业利益和个人收入之间的关系，合理把握“度”，促使集团和谐、凝聚；五是在企业责任上处理好企业效益和社会效益的关系，认真落实中央指示，顾全社会大局，承担好企业的社会责任和政治责任。

最后，我想简要谈谈国企深入改革，加强管理的前景。首先共同学习一下经全国人大批准的我国“十一五”经济和社会发展规划纲要中关于“深化国有企业改革”的内容。其中内容包括五个方面：一是推动国有资本向关系国家安全和国民经济命脉的重要行业和关键领域集中，优化国有经济布局，增强国有经济的控制力、影响力和推动力，发挥主导作用；二是完善国有资本有进有退、合理流动的机制，加快国有大型企业股份制改革，除极少数必须由国家独资经营的企业外，绝大多数国有大型企业改制为多元股东的公司；三是改善国有企业股本结构，发展混合所有制经济，实现投资主体和产权多元化，建立和完善现代企业制度，形成有效的公司法人治理结构，增强企业活力；四是发展具有较强竞争力的大公司大企业集团；五是全心全意依靠职工群众，探索现代企业制度下职工民主管理的有效途径。

这几条直接涉及国家基本经济制度的健全完善，直接涉及国企深化改革的方向，当然也就直接关系到企业管理深化的前景。我以为，其中最重要的是解决企业管理生产关系的改制，而改制的核心是股份制，此其一。其二，企业的集团化管理。所以一是股份化，二是集团化，这也就是我们企业管理需要深化或着力的前景，让我们不断探索和努力。

谈谈企业领导者的文化修养

贺　恭

（2007 年 9 月 19 日）

近年来，很多学者、教授都在讲中国传统文化，比如易中天、于丹等，而且出了不少书。但是，仁者见仁，智者见智，社会上对他们的观点也存在不同的认识，这也正说明了人们都在关心传统文化的继承和发扬。现在我们所说的文化修养同样离不开中国的传统文化的继承和熏陶。但是，仅有传统文化是不行的，必须与时代赋予我们的现代文化相结合，融合提炼，与时俱进，才是一个完整的文化。

一、文化的定义

文化有广义的概念和狭义的概念。广义的概念是指人类在社会实践中所获得的物质精神财富的总和，这个概念很宽、很大。我们通常讲的文化是狭义的概念，主要是指“上层建筑”，属于精神层面。对企业和个人来说，就是价值遵循，比如理念、精神、情操、作为、意识形态等。

为什么企业领导干部要讲文化修养？首先是因为企业领导干部是企业的带头人，他的理念、意识、作为和信条直接影响着一群人，如果企业领导在文化修养上有所作为，他遵循科学的生产规律，遵循党和国家的方针政策，用个人的魅力、风格和文化修养去影响企业，在这个方面值得大家学习，就能够形成一种带动效应，就能够使我们整个的员工队伍和企业的文化向前走。所以从这个意义上讲，企业文化就是企业领导者的文化。也可以这么说，如果没有一定的文化修养，企业领导者要想把企业搞得很好是不可能的。

其次，要强调“三个责任”。政治责任、经济责任和社会责任，这都是国务院国资委对我们的总体要求。国有企业具有独特性，它对社会的影响是任何其他企业所不能替代的，要对国家的振兴和党的执政作出应有贡献。要搞好生产经营，在创造物质财富和经济效益方面给国家多作贡献。要搞好企业文化，对中华文化进行传承、发展和创新，从而带动整个国家和民族向前发展。中国具有五千年光辉灿烂的历史文化，尽管曾经很贫穷、很落后，甚至很封闭，但是民族文化一直植根于华夏大地，即使到了异国他乡，我们仍然为自己是中国人而自豪。中国能长久地形成一个统一的不断向前走的国家，这跟我们的文化传承统是有直接关系的。所以文化的传承作用，对社会和历史的进步都是非常重要的。

任何事物都是在不断解决矛盾中前进的，包括社会历史。中国的近代及建国前后发生了若干次对中国特色振兴之路探索的曲折事件，每一个曲折事件过后，社会都会继续往更高的方向发展。而进步的过程中文化起着重要作用，文化的传承与创新是和社会的进步是相辅相成的，甚至对社会的曲折进步起着协调性的作用。现在社会日益多元化，经济多元化与文化多元化是相辅相成的，文化的多元化，文化的协调作用是很明显的。

最后，企业要主动投身“和谐社会”建设。搞好企业领导者的修养，是构建和谐企业很重要的一个方面。只有每个人，每个企业都朝着和谐的方向努力，和谐社会才能形成，和谐才能不断延续下去。

所以说，从国家、社会、企业和中华文化的传承、创新这几个方面来看，企业领导者的文化修养是非常重要的。它对企业文化的进步、和谐社会的构建、国家经济的发展及中国特色的核心价值体系的形成等都有着重要的作用。因此，我们在文化修养方面要有所作为。

二、中国传统文化

中国传统文化最核心的、最正宗的、最占主流地位的是儒家文化。中华民族能够维系几千年，这跟我们有益的中国传统文化和儒家思想所起的作用是分不开的。中国传统文化的基本特点既是统一的，又是多元的，而且它还不凝固，传承性特别强，消化吸收外来文化能力特别强。这就是我们文化道德的特点，既博大精深，又不拘泥于自身（老祖宗传下来的东西），而是对外来文化的进入能够吸收、消化，纳入自己的文化。大家知道印度佛教在中国传播得那么迅速，那么快，能够被不少人所接受，就是一个典型的例证。西方国家也有着自己的文化。中国企业不管引进来还是走出去，经常遇到中外文化理念的撞击，在撞击的过程中文化在融通，形成合作的理念，形成合作伙伴。如果文化形不成共同的东西，那么就会对企业的发展形成障碍。

中国目前文化的重要组成部分是传统文化，或者说是中国传统文化中的精华部分、优秀部分。比如过去宣扬的“三纲”，即“臣以君为纲，子以父为纲，妻以夫为纲”就是封建传统文化。现代文化就不同了，民族意识、科学意识、平等意识、多元化意识和过去完全不同，像“三纲”这种东西我们就不能全盘接受，但其中所含的国家利益为重及上下有别、长幼有序的理念、礼仪则是需要我们把握的。

大家都知道是我们改革开放的总设计师——邓小平同志把市场机制引进来的。传统的计划经济在一段时期内对资源的分配、对生产的发展起到了作用，但发展到一定的时候，再往前发展，计划经济体制的弊病就出现了，它的活力就没有市场机制那么强。当然，在资本主义国家也认为不可能有完全的市场经济，不可能有完全的自由市场经济，必须有国家宏观调控的理念。资本主义国家市场经济机制运行的规则和我们社会主义国家，社会主义特色经济的运行规则在这一点上基本一致。是靠彼此竞争提高经济发展的活力，但是必须讲国家的宏观调控，所以完全用那只看不见的手来运作经济并不是一个真理，国家要采用经济的、法律的甚至行政的手段进行引导。

中国文化很重要的来源就是我们的传统文化，还有一个来源就是外来文化对我们中国传统文化的补充，包括我们对它的吸收、消化。如我前述的市场机制所配套的文化理念的消化吸收。下面还要讲到这个内容。

总之，随着时代的发展和经济体制运作的变化，文化本身也有一个不断创新、融合的过程。这次奥运会，张艺谋作为开幕式的总导演，不少人给他出难题，一定要体现中国传统文化。如何体现呢？太极拳、武术也是我们传统文化的东西。什么叫行云流水，什么叫有形的东西变为无形，无形的东西变为有形，大家在打太极拳的时候可以体会。比如我们写毛笔字的时候，写到心手合一，达到一种物我两忘的境界，那个时候你就进入另一个层次了。文化修养也是，大家看一本书开始浏览，精读就有体会了，实践后再精读体会就更深了。

前几天我重读了《四书》、《五经》的部分章节。《四书》、《五经》是以儒家为代表的中国传统文化的最经典部分，《四书》包括《大学》、《中庸》、《论语》、《孟子》这四本书。在七八百年以前，南宋的大思想家朱熹编纂的《四书集注》是中国封建社会中后期影响最深最广的一部儒家“经典”。

《四书》的第一部分是《大学》。相传是孔子的门生曾参所作。朱熹讲“大学”的含义，就是大人之学。你变成大人了，就必须学这个东西。实际上“大学”是儒家用来齐家治国平天下的学问，它以孔子所主张的“仁”为核心，以修身为根本，目的是齐家治国平天下。孙中山把它称为中国的政治哲学。《大学》的章节不多，文字篇幅比较少，值得一读。虽然文言文读起来比较涩一点，但是它有一些注释和释文，你可以通过注释和释文来理解里面的东西。而且我们在学习、理解、读书的过程中要学会用现代的理念去学习理解。用现代的理念去学习理解无外乎包括两层意思，一方面要弄懂它说的是什么，另一方面是你能一分为二地去消化和领悟。这是我们读书的一个常识了，既然叫大人之学就不是小孩之学了，小孩还不懂什么叫齐家，他还没家，什么叫治国，他还没有职务，还不能治国，什么叫平天下，他不是将军、元帅、更不是皇帝，怎么平天下？但是修身是核心，这就是我讲的修养，修身养性为修养也。古时候叫修身，实际上就是我们讲的修养。

《四书》的第二部分是《中庸》。《中庸》这本书我个人认为是一种哲学、伦理，这本书是孔子的孙子子思后来整理的，文字也不是很多，讲的是伦理，讲的是哲学，后人评价它里面藏有很多辩证法的观点。主席的《矛盾论》，我个人认为有不少是从《中庸》里面出来的。可惜在“左”的年代批判中庸哲学。中庸就是一种哲学观点，它讲究的是协调，讲究的是不偏不倚，讲究的是既不过又不及。讲究的是度，这个度是不太容易把握的，矛盾要通过协调的办法去化解，去解决。而解决的过程当中，既不过又不及，不偏不倚为中庸也。这里面就有辩证法，2000多年以前，孔子总结出的中庸充满辩证法，比黑格尔早多少年啊，这就是中华传统文化的精华部分。

《四书》的第三部分是《论语》，实际上是孔子的讲话、谈话、问答等的语录。把他在各种场合，因不同的问题，他的弟子问他，他讲，他的弟子记录下来或弟子们讨论，一问一答，这么一种体裁方式所以叫《论语》，论，讨论；语，讲话。讨论性的讲话，理论性的讲话，议论性的讲话，章节、文字很多，篇幅很长，读起来比较困难，但是翻一翻，其中很多能够给人以启迪，给人以思路的开阔，给人以感慨，我们的先哲是如何对一些问题看待的，这里边既有为人，又有处事，又有仁政，又有国家如何治理等。孔子的思想观念在这里表现得比较充分，特别是孔子强调的“仁”、“仁政”、“仁爱之心”，强调人格的修养，而人格修养最核心的是“仁”，不管你是个人、领导、组织者、国家领导人、皇帝、天子，都要讲“仁”，在个人修为中“仁”特别重要。尤其当前构建和谐社会，这也是我们中华文化的核心，甚至说它构成了中华民族多年来坚持的最基本的一条文化理念或者叫修身理念。

《四书》的第四部分是《孟子》。孟子大家都知道，《论语》是孔子的语录，《孟子》也可以叫做孟子语录，孟子是孔子的孙子子思的弟子，孔孟三代，像清朝康乾盛世，康熙和乾隆一样。很多人都去过绍兴，中华书法中出名的天下第一行书，1700多年以前的王羲之《兰亭集序》就是写在绍兴的兰亭。兰亭这个地方很出名，其中除了兰亭序书法出名外，还有一个叫祖孙碑。祖孙碑的一面是康熙的书法，另一面是乾隆的书法，都对《兰亭序》作了一些评价。

《孟子》是孟子的弟子和他的后人给他整理出来的。孟子是孔子学说的忠实传播者，但是对孔子学说又有发展。孔孟都讲“仁”或者叫“仁义”，而孔子更多强调的是“仁”，孟子更多强调的是“义”。从《孟子》这本书里可以很充分感到孟子更加关注民生，所以后人在讲孔子和孟子的区别的时候，孔子是给国家讲解如何实施“仁政”，或者为人应当如何，而孟子是大胆批评皇帝，如果你不好好做皇帝，不善待子民，你就下台。很多平民的设想，民生主义，他认为国家的强盛是建立在民生的基础上。北宋有一个大文人范仲淹写的《岳阳楼记》里面最出名的就是“先天下之忧而忧，后天下之乐而乐”，但是同志们还要注意《岳阳楼记》中另外一句话：“居庙堂之高则忧其民；处江湖之远则忧其君”。这个思想不得了，“居庙堂之高”比喻皇帝的高位，你在庙堂之高的时候，应该忧患的是你的百姓，“处江湖之远”比喻住在广袤之地的民众，要忧患君主，这里的“君”和“民”是广义的了。这是孟子思想里面很精华的一些部分。《四书》在宋朝时候正式成为科举考试的内容，是仁人志士、达官贵人必读之书。

再来看《五经》。《五经》中的第一部分是《易经》。关于《易经》作者的说法有很多，有人认为是周文王所作卦辞，并经孔子作传解经。现在大家共同的一些看法认为，它是过去先秦时期夏、商、周各个朝代的记事官（或叫从事占卜的巫史）把会占卜的、会算卦的进行整理记录而成的一种占卜书。既有64卦辞所讲的经文，也有对卦辞的解释的传文。我个人认为它里面有一些唯心的、迷信的东西，但是不少的卦辞也有一些辩证的东西在里边，是根据大量经验对一些事情进行预测性的东西，而且对我国古代的文学、历史作了经典的描述，所以它是中华文化的重要组成部分。里面很多文字，用语作为我们的警语被引用，起到积极的激励作用，如“君子自强不息”、“君子厚德载物”等。

《五经》中的第二部分是《尚书》。尚，可以比喻为上古，因为《尚书》是春秋战国时期人们把春秋战国以前的一些历史事件，把它记录下来，进行整理，实际上是一部古代历史文献，公元前3000年的历史文献。在历史上，几经曲折，完整的《尚书》几乎没有了，到现在也不是很完整，《尚书》是西汉时期的一个经学家整理出来的，《尚书》里有个序，序里面就讲了书是怎样保存下来的全过程。

《五经》中的第三部分是《诗经》。我们有不少人都读过《诗经》，它是中国古代第一部诗歌总集，因此它首先有极高的文学艺术价值。它主要以夏、商、周，特别是周朝的时代特点形成以四言体为主要题材的诗歌总汇，内容相当丰富，涵盖了文学、史学、哲学。这部诗歌总集的编辑出版归功于孔子和他的门生、弟子们，收集散落到社会、宫廷的诗，进行编著而形成《诗经》。《诗经》分为“风”、“雅”、“颂”三个部分、三种形式。“风”大部分是民歌性质的，“雅”是宫廷性质的，“颂”主要为宫廷服务的。题材很广，内容相当多。但是如果静下心来把其中学过的部分重读起来，读完后，再看看注释，可以领略不少古代对一些诗歌题材，对一些事物是怎么来把握和诗化的，既有记事的题材，也有形象的描述，把逻辑思维和形象思维结合了起来。

《五经》中的第四部分是《礼记》。《礼记》整理汇总了春秋战国时期一些礼仪、纪事、典章，包括宫廷礼仪和民间往来，应当把握的基本礼制和礼仪，内容涉及非常广泛。中国是一个礼仪之邦，不少的礼仪都是从《礼记》中来的。

《五经》中的第五部分是《春秋》。《春秋》是孔子和他的弟子们整理的春秋战国时期鲁国第一部编年体历史著作，是一部史书，也是一部文学性质的著作。

以上是我对《四书》、《五经》的一些肤浅的入门学习之谈，仅供大家参考。应该有选择地、一分为二地、有批判性地学习和继承，主要从三个方面来把握。

第一，文化的发展离不开继承。中华传统文化的优秀部分必须继承，否则就有割断历史的危险。但什么是优秀的部分，需要学习和把握。

第二，在继承当中要不断补充完善，使其符合新的时代特点。

第三，在继承中要讲创新，温故而知新，把温故同知新、创新结合起来。

我们不能仅仅固守自己的文化，随着经济发展、社会的进步，随着国家各项事业的发达而且走向全球，必须把外来文化引进来。像日本的明治维新，大量引进外来文化和体制，使得它较早地过渡到资本主义，但它仍然把他们的天皇保留了下来。天皇留下来是一个象征，但变革后更多的形成了竞争、市场、活力、开放。

欧美文化与我们传统文化有很大的不同，第一是主张宣扬个性，强调个性，宣扬自我奋斗的精神。虽然我们古代有四大发明而到后期不能在科技社会的进步站到最前列，这是因为我们活力不够，创新力不强，这是我们传统文化中很遗憾的东西。第二是竞争的意识。市场经济最基本的理念就是竞争。如果没有竞争，那么市场经济就回到了传统的计划经济，一切靠安排，一切靠指令，只作为一个产品生产者而不是一个商品生产者，而商品生产者你要把它推销出去。如果没有竞争的意识，不能通过质量、成本、文化，使你的产品质量、价格、服务和你的品牌里渗透着的文化理念而取胜的话，那你的企业就不可能长久。所以一个个人奋斗的意识，大大发挥人的主观能动性，一个竞争的理念、竞争的意识，这是欧美国家市场经济体制运作下相对应的一种文化理念。

新加坡资政李光耀特别佩服孔子，把儒家学说作为新加坡治国的基本学说。但是随着经济的发展、演变，他也认识到仅仅靠儒家学说难以把国家的活力推到更高层次，但对构建和谐，对于人性的各个方面的修炼起了重要作用。新加坡在和谐发展各方面都是比较突出的国家，那里华裔比较多，是把中国传统文化和外来欧美文化结合得比较好的地方。现在很多外国人也在学汉学，实际上主要是学习儒家学说。随着计划经济向市场经济转化，随着我们国家政治体制更加强调民主、科学、法制，这个过程中，我们在文化上就面临着传统文化如何和外来文化相结合，融合、提炼，形成一个中国的现代文化，这是一个重要的历史任务，需要不断探索和发展。

三、企业领导者文化修养的主要内容

我概括了十个字，即“仁”、“信”、“礼”、“竞”、“法”、“合”、“文”、“艺”、“情”、“度”。我认为，这十个字是中国现代文化对个人修养，特别是对企业领导者文化修养最重要的几个方面。也是我积数十年阅历的经验和体会的概括，力求把传统和现代结合起来，以供大家参考。

“仁”。孔子曰：仁，亲也。孔子治学之道，核心就是“仁”。“仁”的核心是爱，要有爱人之心。前不久中国首都师范大学语言学教授、中国书法协会顾问欧阳中石指出，现在的写法“仁”是这样写的，以前写“仁”也有一种写法是“忎”，把两个人的心或者一千个人的心凝聚到一起为“仁”。怎么凝聚呢？靠心，靠爱心。过去我们一般说“仁爱”、“仁政”、“仁义”，说这个人有仁宅之心，心很宽厚，能把一千个人装进去，这是为人最基本的一点。你处事、待人、聚众，最重要的一条就是“仁”，没有爱人之心，没有容人之心是做不到的，所以把它列为第一条。为人也好，作为领导者也好，跟同事打交道，跟员工打交道，这个企业要形成凝聚力，要把大家的心融合在一起，要靠“仁”。

“信”。首先是信仰的问题，然后是诚信和信用。现在社会上不是流行信用证吗？你不讲信用你在社会上就难以立足。当然对我们企业领导者来说，对我们承担一方的领路者来说，首先要有一个信仰：个人的信仰，企业的信仰。对共产党员来说，我们的信仰就是马克思主义。马克思主义不断发展，首先是马克思列宁主义，然后是毛泽东思想、邓小平理论，然后是“三个代表”重要思想，发展到今天代表着中国马克思主义化的最新成果就是以胡锦涛为总书记的党中央提出的科学发展观和构建和谐社会，我们现在把它叫做两大战略思想。马克思主义是一个不断发展的过程。现在还有很重要的提法，就是社会主义初级阶段将是很长的历史时期。前不久，温家宝总理发表了一篇理论性文章，充分地论证了社会主义初级阶段还需要很长的过程。过去我们传统的教育是垂死的资本主义为帝国主义，但它不断修身养性，不断改头换面，不断调整一些新的内容，它还在吸收社会主义民主、民生的内容，可以说，由于不断进行自我调整，资本主义这个阶段还很长。我们社会主义为什么处于初级阶段呢？因为物质生活追资本主义还有一定困难，精神生活没有一定物质生活为基础，精神生活要提高到很高的层次是不可能的。但精神生活回过头来对物质生活具有强烈的引带作用，我们要辩证地看，就是上层建筑与经济基础，生产关系和生产力的关系问题。社会主义初级阶段，要经过长期坚持不懈的努力，在这个过程中不能只重视经济的发展，还有我们的政治体制，还有我们的意识形态，包括文化的提高，全方位地向前走，才有可能在某一个比较遥远的将来走向社会主义的高级阶段并向共产主义大同世界迈进。我们每个人在历史长河中的这一阶段应该努力，这就涉及修养。大家都参加过先进性教育活动，不管年纪大的还是年纪轻的，都在承担着几十年来通过你个人在你那个岗位上不断努力或者到另外一个岗位上的努力，用你个人微薄的东西凑成不断向前的主流，才能把我们的国家推向前进。这是信仰。其次是信用或者诚信，这也是为人的根本。人和人之间打交道讲信用，现在我们企业要讲契约，这个契约非常重要，口头表态不算数，文字为据，这就是用口头和文字共同做的一个信诺。但这个前提是在观念上的信誉，是重诺。所以为人为领导心里要有信用和诚信，一定要把问题研究透彻，然后郑重地做出承诺，然后特别认真地把它兑现。哪怕是一件小事，你个人的修为和员工的凝聚就跨进一大步，做不到的不要去说，说了就一定做到。对领导也一样，要讲老实话。“信”，包含的内容有很多，信仰、诚信是最重要的。

“礼”。中国是礼仪之邦，“礼”主要讲的是礼貌，礼仪，礼尚往来。人的一生当中，特别是企业领导干部有好多种关系要处理。咱们现在学公共关系，公共关系在工作里无非包括两条，一个是“信”，一个是“礼”。公共关系首先你得跟人家讲信用。公共关系中做礼仪做得过了，又有阿谀奉承之嫌，有讨好卖乖之嫌；做得不到位，礼仪不到，看来你这个企业不能跟人家打交道。所以企业领导在礼仪上一定要注意，对于员工也一样。在整个企业里领导要强调礼仪。

“礼”里边还有一个很重要的内容，就是规范和标准。《礼记》里面记载了包括婚、丧、嫁、娶，包括祭祀等有一系列非常严格的规定，有烦琐之嫌。但最重要的是相互尊重，对上级，对同行，对内部，干部之间，干群之间，在企业，企业内部之间。日本人在他们的企业里对礼仪方面有一些基本的要求，如敬语怎么说等。相互交往也会有这样的评论：这个人彬彬有礼，这个人蛮不讲理。因此，“礼”的基本含义包括礼貌、礼仪、标准、规范。尤其在市场竞争过程中，处理公共关系，要把“信”和“礼”结合好，对企业领导者的个人修为，对企业的推进都有好处。这里很多都是传统文化的内容，当然传统文化在当前这个时代应给它赋予新的内容。

“竞”。竞赛，竞争。物竞天择，适者生存，不适者淘汰，新陈代谢，吐故纳新，这都属于“竞”。“竞”是事物运行的基本规律，你不想进，实际上也在进，“不进则退”，尤其是在市场经济的条件下。现在我们电力行业也是这样，五大发电集团行业之间的竞争，还有社会上一大批地方各个从事电力的行业，跟五大集团能够在一块竞争的至少还有七八家，并且都是很有实力的，这是从集团的层面来说的。从企业的层面来说，也是这样，一个地区不光是你一个，如果都缺电的时候，发电行业都行。但如果供求稍微发生点变化，企业领导都急了，怎么努力？首先你要有有效的服务，能够取得竞争性的优势，这是从运作企业的角度来讲、作为企业领导者应当有的观念。个人进步也是这样的，长江后浪推前浪。必须有竞争的观念，在这里我要强调的是个人要有一种竞争的观念。你干得好，我比你干得还要好。要树立这么一种观念，但你干好了我不妒忌你，不采取非正常的手段去伤害人家，竞争是有规范的。你上去了我全力拥护，但我自己仍继续努力，这才是一个正常的竞争形态。通过个人修为，个人努力，使自己的素质、涵养、内在蕴藏的东西不断加深、加厚。所以说竞争是两个方面：一是关于企业领导者，要推动企业在竞争的大潮中能够占据有利地位；二是从个人进步来说，要有一个很好的心态，竞争的心态。同时是通过自己的努力不伤害别人的心态，有一种规范的竞争行为，这一条是非常重要。我们搞事业的，搞水电的，能够一辈子从一个大工程项目上发挥你的光，发挥你的热，在过程中得到锻炼，这是最重要的。人生就像一个天平，有失必有得，有得必有失。

如果得都想有，《孟子》曰“鱼和熊掌不可兼得”，又想拿到鱼，又想拿到熊掌，这样的机会是很少的。

“法”。现在提倡“民主、科学、法治”，作为一个领导班子，决策也好，作为一个企业的运作也好，个人在修为的过程中必须树立“法”的观念，法律、法治、法规、制度，非常重要。邓小平说过，制度起根本性的作用，起基础性的作用，如果制度是稳定的，可以保持你的企业很好地运转。如果没有有效的制度，就会影响到企业的进步，甚至影响到国家的进步。制度既要讲“仁政”，也要讲“法治”，要把两者结合起来。有一些企业仍然实行的是“人治”，制度或不齐全，或束之高阁，这样，一段时期可能起作用，长久来说，你站不住脚。市场经济既是竞争的经济，又是法制的经济，所以我们党在十六届五中全会上提出民主、科学、法治。作为企业领导者来说，也要用制度约束自己，大家共同受这种约束，要形成这么一个东西，那你这个企业就会逐步法制化，就会进步。任何一个人不是全才，企业领导者的才能要体现在把来自各个方面的意见进行融合提炼。归纳起来说，讲“法”，主要两个方面，从企业的角度来说，强调法治、制度问题。从企业领导者来说，从个人作为来说是如何使你在企业制度的框子里来形成个人的作为和领导权，不离开制度办事。因为制度本身是智慧、法规、实践经验、血与汗的教训，所凝结出来的精华。当然，制度本身也需要发展。

“合”。华电集团成立之初，确立的“诚信、高效、合作、服务、环保”的企业理念为各方所接受，我很高兴。在竞争当中必须有合作，没有合作想独来独往，从个人来说也不可能。你生活在群体当中，一定要有合作的精神，也要有一种跟大家融合的精神，这样你的班子才能够融合，队伍才能凝聚。在社会上才能站得住脚。一个企业既要想着自己赚钱，同时也想着让你的竞争对手有钱可赚，这才是一个高明的企业运作方式。光想着自己赚钱，第一不一定能赚得到，因为别人也在努力，第二为了个人赚钱，你想把别人挤垮，你必然采取许多非正常的手段，而这种非正常的手段有时候一时得利，但很可能就会受到法律的制裁，最后搬起石头，砸了自己的脚。所以合作这个观念非常重要，因为我们的群体是一个团体。作为一个企业领导要有一个合作的观念，融合的观念，构建和谐也是这样。

“文”。中国传统文化，如果没有文字的载体，很难设想传统文化的传承。但你要是懂文字，那么文化的传承和吸收就加速了效率。现在应用电脑，各种信息都来了，可以广泛涉猎，想精读就精读。我在这里说的意思是一个企业领导者在修身养性个人文化修养的过程中要以文学为载体，要培养在文学方面的爱好，使文化修养既有了载体又有了推动力，读书、写文章、书法等是非常有意义的、促进身心健康的、对于自己文化修养起推动作用的。我比较喜欢看“华电文苑”，我对每一次“华电文苑”里来自华电集团各个厂的一些作者们写的小品、诗歌、小小说、感言，都特别认真地读，我读了以后曾经把他们写的特别好的诗歌抄下来寄给他们，以示一种沟通和勉励。所以文学既是载体，同时也起了推动作用，我不喜欢打麻将，我也反对打麻将，我认为把业余爱好消耗在打麻将上，还不如玩桥牌，想锻炼身体不是有两条吗？一个是游泳，一个是玩桥牌，一个可以锻炼体力，一个可以锻炼脑力，我认为可以把他们当做业余爱好。

“艺”。艺术也，技艺也。如果有好的技艺，在艺术方面能够有所爱好，比如会拉二胡、会吹口琴、会拉手风琴、会弹钢琴，能够跳舞，这多好，对文化修养它同样起到载体、平台和手段的作用，非常重要。昨天不少同志看我打网球，做观众，打得好了鼓鼓掌，球场上下一片欢声笑语，这多好啊。我前不久写了两首诗叫做《动静结合》和《张弛有度》，主要写的是通过一种有益的技艺的掌握，既可使身心得到放松，又可使自己的修身养性达到一种辩证的境界。上了年纪的老人的体会可供年轻的同志参考。

“情”。“情”主要讲两个方面，一个是情绪，一个是感情。每个人在一生当中不管工作、生活、家庭、事业，既有欢乐的一面，也有苦恼的一面；既有顺风的一面，也有逆水的一面。从个人修为来说，如何把握你的情绪，如何摆正你的心态，顺者不要洋洋得意，逆者不要灰心丧气。另外一个是对人要有感情。因为我们人在一生当中无非有这么几种情：大者，民族之情。由于中华传统文化的传承统一和它的稳固性，使中华民族历来是凝聚在一起的。海外多少代的移民，说到祖国热泪盈眶，有一次到印度尼西亚，跟一个企业接触，那里有一个华侨用中国话给我讲话，讲得泪流满面，他说我终于可以讲中国话了，终于盼来了我们大陆来的，很强势的，经济很发达的中国企业代表。这是民族之情。小者，亲情。一个人一辈子在亲情方面的滋润和调适十分重要。作为企业领导者来说，更重要的是一定要注意情绪的调剂、调整，把握心态的涵养，心态平衡的修炼，任何时候都保持一种正常的健康的向上的积极的心态。当然有时候会受到委屈，受到委屈也得委屈一下，把它作为个人修为锻炼的一个过程，从中吸取一些有益于身心的美好的东西。

“度”。“度”，即度量、尺度、衡量、平衡、协调之意。一个人特别作为一个领导往往最难把握的就是一个度，恰到好处，过犹不及。有些用数量观念的可以定量判断的度好把握，50对50放在天平里正好平衡了，有些是不能够用定量的，特别对于人文修养过程当中它要定性，得靠你的感觉，你的修养，去把握它的度，不太容易把握，领导艺术达到炉火纯青的地步往往在度的把握方面比较好，什么时候张，什么时候弛，什么时候动，什么时候静，什么时候严格要求，什么时候给予人文关怀，我认为这是企业领导作为文化修养方面的一个境界，度的把握要靠我们每一人去努力思考，实践，通过一些有经验有教训的为人处世而去领悟。

四、企业领导干部提高文化修养的方法

1. 读书

抽出时间，找出一些书来读，浏览、精读、深思，无非这么三个层次。浏览很重要，首先通过浏览知道有哪些门类，技术发展这么快，专业的书要看，文化的书要看，文艺的书也要看。读书、学习首先是要有的，平时挤出点时间来读一读，学一学，而且做一些思考。“书山有路勤为径”嘛。

2. 践行

在践行当中去体会，去领悟，因为修身养性很多就是一个领悟，有形的业务生产抓一抓就上去了，最后出成果。文化是无形的被转化成有形的价值，它需要一个过程，这个过程一般情况之下比物质生产的过程要长，要费力。个人修为也是这样，孔子云：三十而立，四十不惑，五十知天命，六十耳顺，七十不逾矩。不超越规矩而进行生活、工作、思考，这是更高的境界。我们也要经历这么一个过程，所以在践行的过程中要很好地总结。《孟子·告子下》中的“故天将降大任于斯人也，必先苦其心志，劳其筋骨，饿其体肤，空乏其身行，行拂乱其所为，所以动心忍性，曾益其所不能”，就是在讲艰苦的修炼过程。

3. 探索

《中庸》里面有一句非常重要的话，讲的是人在求学和修养的过程中，要“博学之，审问之，慎思之，明辨之，笃行之”(《中庸·第二十章》)。这讲的是儒家增进学业，修养人格的功夫。“博学之”意谓为学首先要广泛的猎取，培养充沛而旺盛的好奇心。“审问之”即有所不明就要追问到底，要对所学加以怀疑。“慎思之”是非常慎重地进行思考。“明辨之”为学是越辨越明的，不辨，则所谓“博学”就会鱼龙混杂，真伪难辨，良莠不分。“笃行之”就是坚定不移、按自己的方向努力前行。“笃”有忠贞不渝，踏踏实实，一心一意，坚持不懈之意。只有有明确的目标、坚定的意志的人，才能真正做到“笃行”。

传统文化和现代文化如何结合，形成现代的有中国特色的文化需要一个过程，我们每一位同志，对华电、对系统、对中华民族、对国家、对中国企业文化的发展，经济的发展都负有重要责任，是不同岗位上的重要一分子，我希望大家在文化修养上有所进步。

（此文系作者在华电高级培训中心授课内容）

履行三大责任
开辟“和谐华电”新境界

曹培玺

（2006年11月）

党的十六届六中全会作出的《中共中央关于构建社会主义和谐社会若干重大问题的决定》，是以胡锦涛同志为总书记的党中央从中国特色社会主义事业总体布局和全面建设小康社会全局出发提出的重大战略任务，反映了建设富强民主文明和谐的社会主义现代化国家的内在要求，体现了全党全国各族人民的共同愿望。《决定》提出的“社会和谐是中国特色社会主义的本质属性”这一重要理论命题，是新一届中央领导集体坚持科学发展观，推进理论创新的重大成果，是马克思主义中国化的新发展。构建社会主义和谐社会为华电集团的科学发展指明了方向、提供了方略。努力建设“和谐华电”，既是构建社会主义和谐社会对华电集团提出的重大战略任务，也是华电集团自身发展的迫切需要和在构建和谐社会中应尽的光荣义务。

一、华电集团在构建和谐社会中要切实履行三大责任

电力是国民经济的重要基础产业，同时又是关系全社会的重要服务行业。建设和谐电力，不断提高电力发展水平和服务水平，对构建社会主义和谐社会起着重要保障作用，有着广泛社会影响。中央领导同志多次强调指出，能源问题是关系我国经济发展、社会稳定和国家安全的重大战略问题。这充分说明电力工业在构建社会主义和谐社会中的重要作用。中国华电集团公司作为中央直接管理的特大型国有发电企业，在建设和谐电力，促进社会主义和谐社会建设过程中，必须自觉肩负起建设“和谐华电”的应尽义务，更好地履行应有的政治责任、社会责任和经济责任。

1. 履行政治责任。即要坚决同党中央保持一致，贯彻落实好构建社会主义和谐社会的重大战略任务

中国华电集团公司是国有独资的中央企业，是我党执政基础的有机组成部分，在构建和谐社会中负有重大的政治责任。必须坚决同党中央保持高度一致，坚定不移地贯彻落实党中央提出的构建社会主义和谐社会的重大战略任务，积极拥护和促进社会主义和谐社会建设，争做构建和谐社会的排头兵。要牢固树立科学发展观，把党中央、国务院关于建设小康社会，构建和谐社会的各项决策部署贯彻落实到公司改革发展稳定的各项工作之中，坚持公司正确的发展方向，实现公司的科学发展，确保公司系统的团结稳定。

2. 履行社会责任。即要协调好公司与政府、投资者、用户、员工等利益相关者及与自然环境之间的关系，构建“和谐利益体”，形成“和谐生态圈”

中国华电集团公司处于国民经济的基础产业，担负着电力、热力生产的重要任务，关系到经济发展、社会稳定、千家万户，是重要的“社会公民”，在构建和谐社会中负有重大的社会责任。必须始终把公司发展建立在为国家和社会多作贡献的基础之上。一方面，努力为经济社会发展提供清洁、经济、可靠的电力保证，力求在创造最大经济效益的过程中，直接创造社会效益；另一方面，要通过增加纳税、支持就业、参与公益、保护环境等积极承担社会责任。在公司内部，坚持员工发展与公司发展相协调，努力构建和谐的劳动关系，确保安全稳定，确保一方平安。在公司外部，妥善处理生产建设与生态、移民、区域经济发展的关系，努力做到建好一座电站，带动一方经济，改善一片环境，造福一地人民。

3. 履行经济责任。即要不断提高国家授权公司经营的国有资产的经营效益，确保实现国有资产保值增值

中国华电集团公司作为大型国有企业，是国有经济的骨干力量，是社会财富的直接创造者，经济效益的高低、对国家贡献的大小，直接关系到人民群众的根本利益，关系到和谐社会的物质基础，在构建和谐社会建设中负有重大的经济责任。中国华电集团公司成立近四年来，以战略统领生产经营、改革发展各项工作，坚持内强管理、外创环境，持续推进存量资产营运改善和增量资产的拓展优化，不断致力于提高公司的资产质量和经济效益，总体上改变了公司成立初资产质量较差、经营水平不高、结构比较单一的状况，较好地实现了规模与效益持续增长，效益增长速度高于规模增长速度的良性发展。要继续全面实施“以发电为主体，煤炭、金融为两翼，走集团化、多元化、国际化、新型工业化的路子，建设国内先进、国际一流，具有可持续发展能力和国际竞争力的现代企业集团”的发展战略，努力提升经营管理水平，实现国有资产保值增值，不断为壮大国有经济、增强构建和谐社会的物质基础作出贡献。

二、努力开辟“和谐华电”建设新境界

中国华电集团公司要切实履行作为中央发电企业应有的政治责任、社会责任、经济责任，必须始终坚持以人为本、科学发展，造福员工、服务社会的价值取向，在不断推动公司做强、做大、做好的实践进程中，大力建设“和谐华电”，不断开辟“和谐华电”建设新境界。

1. 建设“和谐华电”，必须坚持科学发展

发展是构建和谐社会的第一要务，也是建设“和谐华电”的根基。必须聚精会神搞建设，一心一意谋发展。要继续坚持一手抓存量资产营运改善，一手抓增量科学发展，靠生产经营实现内涵的提升，靠增量发展实现外延的拓展，努力实现“发电主体强大，煤炭、金融两翼丰满”的发展格局，全力以赴把华电集团做强、做大、做好。要更加注重发展速度质量效益的统一，当前发展与长远发展的统一；注重资产结构、电源结构、区域结构、产业结构、技术结构、组织结构的优化，使电力生产建设与经济社会发展相适应，与国家宏观调控政策相吻合，与国家能源战略相配套，与生态资源环境相协调，努力走出一条环境友好型、科技先导型、质量效益型的发展道路，做到节约发展、清洁发展、安全发展，力求实现可持续发展，最终实现有效益的发展。

2. 建设“和谐华电”，必须坚持深化改革

改革是构建和谐社会的根本动力，也是建设“和谐华电”的生机所在。必须按照电力市场化的改革方向，大力推进公司内部的体制创新、机制创新、管理创新，消除影响生产力发展的体制性障碍，不断增强公司的活力和竞争力。要正确处理好改革、发展、稳定的关系。把改革的力度、发展的速度和员工可承受的程度统一起来，在稳定发展中推进改革，通过改革促进发展和稳定，以改革促和谐，以发展求和谐，以稳定保和谐。

3. 建设“和谐华电”，必须坚持企业安全

安全是构建和谐社会的基础，也是建设“和谐华电”的基础。必须确立“生产安全、政治安全、经济安全、形象安全”全方位的“大安全”观。在生产建设过程中，要坚持“预防为主、安全第一”的方针，时刻把安全生产放在各项工作的首位，大力建设安全生产长效机制，确保公司的“生产安全”。在经营发展中，要坚持依法经营、严格管理、规避风险，努力保持快速健康协调的态势，不断实现国有资产的保值增值，确保公司的“经济安全”。在重大决策中，要坚持科学决策、民主决策、依法决策，全面贯彻落实党的路线方针政策和国家的法律法规；尤其是各级领导干部要做到“常修为政之德，常思贪欲之害，常怀律己之心”，在廉政建设上率先垂范，为人表率，为领导好公司各项工作，创造空间、赢得主动，赢得广大干部员工的充分信任和信赖；要从讲政治的高度，做好职工队伍稳定工作，确保公司的“政治安全”。在对外关系中，要坚持树立维护“诚信、高效、合作、服务、环保”的良好形象，努力使公司的形象和理念得到社会各界的广泛认可，积极营造有利于公司发展的外部环境，确保公司的“形象安全”。生产安全、经济安全、政治安全最终体现为形象安全。

4. 建设“和谐华电”，必须坚持加强和谐文化建设

和谐文化是构建和谐社会的精神支柱，也是建设“和谐华电”的文化支持。必须在实践中不断总结提炼符合公司实际的共同价值观，进一步丰富和完善具有公司特色、催人奋进、促进和谐、推动发展的和谐文化。要实施“人才强企”战略，建立以业绩为导向的激励机制、用人机制和分配机制，努力营造和谐融洽、干事创业的工作环境，使员工的职业生涯随着公司事业的发展得到改善。建立和谐的人际关系，包括内外和谐、上下和谐、干群和谐、班子和谐、同事和谐、邻里和谐，单位部门之间的工作和谐，不断增强员工的创造力和公司的凝聚力。

5. 建设“和谐华电”，必须坚持提高领导干部构建和谐社会的能力

构建和谐社会，关键在党。建设“和谐华电”，关键在公司各级党委、各级领导班子。必须以加强党的先进性建设为核心，以建设“四好”班子为目标，不断提高公司系统各级领导干部建设“和谐华电”的本领。要努力提高经营管理企业的能力，提高协调利益关系的能力，提高处理人民内部矛盾的能力，提高维护企业队伍稳定的能力，以高度的责任感和自觉性，激发员工创造力、调动员工积极性，倡导公平、维护稳定、营造环境，更好地适应建设“和谐华电”的需要。

6. 建设“和谐华电”，必须坚持与公司中心工作紧密结合

“不积小流，无以成江河；不积跬步，无以至千里”。建设“和谐华电”，必须明确目标、统筹兼顾、抓好结合、协调推进，从现在做起。特别要紧紧围绕做好公司的中心工作来推进“和谐华电”建设。通过建设“和谐华电”把干部员工的思想和行动凝聚到做好公司中心工作上来，通过

完成中心任务，夯实“和谐华电”建设的基础，坚定建设“和谐华电”的信心，扎实推进“和谐华电”建设。2006年前10个月，华电集团主要指标均超时间进度完成年初计划目标，公司经济运行质量和效益较好，经营发展进一步呈现出良好态势。2007年将是华电集团实施“358”战略计划和“十一五”发展规划的关键之年，将是国务院国资委对新一届领导班子进行任期经营责任考核的第一年。当前，华电集团正在集中精力做好年底前的工作，做好今明两年工作衔接，确保完成今年的各项任务，确保明年工作的良好开局，力争以优异的业绩推动“和谐华电”建设达到新的水平，为构建和谐社会做出实实在在的贡献。

构建社会主义和谐社会是一项长期的战略任务，需要全社会共同奋斗和不懈努力。中国华电集团公司将切实履行三大责任，大力建设“和谐华电”，并愿竭尽全力同广大电力企业携手并肩，不断推动和谐电力建设取得新进展、开辟新境界，为构建社会主义和谐社会作出新的更大贡献！

（此文发表于2006年11月15日《中国电力报》）

国有企业领导干部在作风建设上要增强“五种意识”，抓好“五个作风”，达到“四项要求”

曹培玺

（2007年3月）

胡锦涛总书记在中央纪委第七次全会上指出：“领导干部作风建设是党的建设的一项战略任务，必须常抓不懈。”认真贯彻落实胡锦涛总书记重要讲话精神，全面加强领导干部作风建设，是当前和今后一个时期的重要任务。国有企业领导干部一定要切实提高认识，自觉加强自身作风建设，切实把加强作风建设放在更加突出的位置，下决心抓紧、抓实、抓出成效。

一、切实增强“五种意识”

推进国有企业改革发展关键在党、关键在人、关键在领导班子。对于各级领导班子来说，切实增强“五种意识”十分重要。

一是大局意识。要顾全大局、令行禁止，坚持企业的局部利益服从国家的整体利益，坚决执行国家的决策部署，不搞“上有政策，下有对策”。二是责任意识。要始终牢记国有企业的经济责任、政治责任、社会责任，以事业为重、以企业为重，对重点、难点工作要敢于负责、勇于担当。三是集体决策意识。班子成员之间要发扬民主、团结共事，认真执行民主集中制的各项制度规定，严格按照领导班子内部议事和决策机制办事。四是勤俭节约意识。要牢记“两个务必”，坚持艰苦奋斗、厉行节约的优良传统，勤俭持“家”，勤俭办企业，不“讲排场”、“比阔气”。五是依法经营意识。坚持依法规范经营，向管理要效益，以规范树形象，切实增强执行力、凝聚力、感召力和战斗力。

二、切实树立“五个作风”

国有企业各级领导干部，是改革发展的直接组织者、指挥者，是实现企业战略目标和工作部署的具体实践者、执行者，必须全面加强思想作风、学风、领导作风、工作作风和生活作风建设。

一是思想作风上要“固本”，牢固树立宗旨意识。作为企业领导干部，在抓好生产经营的同时，要始终高度重视群众利益，认真解决影响职工切身利益的问题，与广大职工群众同呼吸共命运。二是学风上要“持恒”，树立终身学习的思想。要自觉学习现代科学文化知识和经营管理知识，加快知识更新，优化知识结构，不断丰富做好领导工作的知识武装和知识储备。要自觉成为学以致用、学有所成的表率，着眼于解决改革发展稳定中的实际问题，把学习的成果转化为谋划工作的思路、促进工作的措施、领导工作的本领。三是领导作风上要“慎权”，做到廉洁从业。权力是一柄“双刃剑”，它既可以成为服务人民的工具，也可能成为牟取私利的手段；既可以催人奋发向上，也可能诱人腐化堕落。在如何用权的问题上，各级领导干部必须始终保持清醒的头脑，要有“权力在手，重任在肩，如履薄冰，如临深渊”的审慎态度，从思想上筑牢防止权力滥用的铜墙铁壁。四是工作作风上要“务实”，做到脚踏实地。要戒骄气、除躁气、去庸气，重实干戒空谈，重实绩戒虚夸，重实效戒表面文章。要坚持深入实际、深入基层、深入群众，到工作第一线去发现问题、分析问题、解决问题，不断提高攻坚破难的能力。五是生活作风上要“修德”，做到情趣健康。主要领导干部的道德水平，在很大程度上影响着一个企业的道德状况，而且关系到党在群众中的威信和形象。领导干部一定要自觉加强思想道德修养，模范遵守社会公德、职业道德、家庭美德。要时刻牢记共产党员的身份，注重培养健康的生活情趣，慎独、慎始、慎微，不法之言不说，不义之财不取，不净之地不去，不正之友不交，做一个口、手、脚、心都干净的人。

三、切实达到“四项要求”

一要学习创新。以学习促创新，以创新促发展。要牢固树立学习的意识，坚持理论联系实际的学风，不断提高创新的能力，带动制度创新、机制创新、技术创新、管理创新和发展模式创新。二要务实高效。要尊重企业发展的规律，树立“效率第一”的观念，脚踏实地，真抓实干，提高办事效率和工作质量。三要文明服务。要切实端正服务态度，提高服务质量，为企业和基层解决实际困难和问题，推动形成风正气顺、齐心协力求发展的良好局面。四要廉洁和谐。要牢固树立廉洁自律意识，以清正廉洁的作风形象，促进上下之间、部门之间、员工之间的和谐，形成廉洁和谐的氛围。要通过领导机关的作风建设，带动整个企业的作风建设；企业各部门和单位在抓好自身作风建设的同时，也要加强对领导机关作风建设情况的监督，形成上下互动的良好局面，从而把整个企业的作风建设不断推向深入。

（此文发表于2007年3月6日《中国纪检监察报》）

国有企业是构建和谐社会的重要力量

曹培玺

（2007年9月）

国有企业在我国经济社会中地位特殊、作用明显，是构建社会主义和谐社会的重要力量。构建社会主义和谐社会，中国华电集团公司作为国有特大型能源企业，负有义不容辞的责任，也是企业自身发展的迫切需要。

一、正确认识国有企业在构建和谐社会中的重大责任

电力在国民经济和社会生活中的基础地位和重要作用，决定了建设和谐电力，不断提高电力发展水平和服务水平，对构建社会主义和谐社会起着重要保障作用，有着广泛的社会影响。

其一，国有企业必须履行经济责任。国有企业、特别是大型国有企业是国有经济的骨干力量，是社会财富的直接创造者，经济效益的高低、对国家贡献的大小，直接关系到人民群众的根本利益，关系到和谐社会的物质基础，在构建和谐社会建设中负有重大的经济责任。中国华电集团公司自成立以来，以战略统领生产经营、改革发展各项工作，坚持内强管理、外创环境，持续推进存量资产营运改善和增量资产的拓展优化，不断致力于提高公司的资产质量和经济效益，总体上改变了公司成立之初的资产质量较差、经营水平不高、结构比较单一的状况，较好地实现了规模与效益持续增长，较好地实现了国有资产的保值增值，为公司的长远发展打下了良好基础。当前，中国华电集团公司要坚持走“电为核心，上下延伸，内外并举，积极发展煤炭、金融、电力工程技术等相关产业”的路子，不断为壮大国有经济，增强构建和谐社会的物质基础作贡献。

其二，国有企业必须履行政治责任。国有企业是我党执政基础的有机组成部分，在构建和谐社会中负有重大的政治责任。中国华电集团公司始终坚持以邓小平理论和“三个代表”重要思想为指导，认真贯彻落实党中央、国务院提出的一系列方针政策，以保持和发展党的先进性为主线全面加强党的建设，把精神文明建设、政治文明建设和物质文明建设结合起来，把思想政治工作同经营管理工作结合起来，把加强党的领导同建立现代企业制度结合起来，把企业自我约束与加大监督力度结合起来，充分发挥了党的政治核心作用和政治优势，确保了国有企业正确的经营方向和全心全意依靠工人阶级办企业方针的落实，为推进集团公司的改革、发展发挥了有力的作用，为切实贯彻落实好构建社会主义和谐社会的重大战略任务发挥了积极作用。

其三，国有企业必须履行社会责任。中国华电集团公司担负着电力、热力生产的重要任务，关系到经济发展、社会稳定，在构建和谐社会中负有重大的社会责任。必须始终把集团公司的发展建立在为国家和社会多作贡献的基础之上，一方面，努力为经济社会发展提供清洁、经济、可靠的电力能源，力求在创造最大经济效益的过程中，直接创造社会效益。另一方面，要通过增加纳税、支持就业、参与公益、保护环境等途径积极承担社会责任。在公司内部，坚持员工发展与公司发展相协调，努力构建和谐的劳动关系，确保安全稳定，确保一方平安。在公司外部，妥善处理生产建设与生态、移民、区域经济发展的关系，努力做到建好一座电站，带动一方经济，改善一片环境，造福一地人民。

二、认真把握国有企业在构建和谐社会中的自身特点

在构建和谐社会中，国有企业既有很大的作用空间，又面临着全新的考验，存在着一些亟待解决的突出问题，必须认真把握国有企业在构建社会主义和谐社会过程中实现自身和谐的重要特点。

一是依法治企，科学发展。依法治企，既是企业改革、发展、稳定和社会主义市场经济的客观需要，也是国家法制建设和依法治国的需要。发展是我党执政兴国的第一要务，也是企业的第一要务，更是构建和谐企业的基础性条件。这就要求发电企业必须按照国家的法律法规规范企业行为，依法处理企业的各种矛盾和问题，提高依法治企的自觉性和主动性；遵守国家的宏观调控政策，按照电力发展的规律，科学地推进发电企业全面协调可持续发展。

二是公平协调，团结有序。公平协调是和谐企业的本质要求，是衡量企业全面进步的重要尺度，团结有序是企业保持生机活力的前提条件。发电企业必须按照公开、平等的原则，妥善处理和协调企业各方面的利益关系，实现员工在企业收入分配、个人发展、竞争机会等方面的公平，建设团结一心的员工团队，使企业真正成为全员和睦相处的大家庭。

三是敬业爱企，创新创效。发电企业必须积极倡导爱国守法、明理诚信、勤俭自强、敬业奉献的基本道德规范，努力将员工的愿望融入集团公司的发展战略中，形成企业关爱员工、员工热爱企业的团队精神，使员工勤奋敬业，忠于职守，爱企如家，与企业同呼吸、共命运；必须大力实施“人才强企”战略，不断激发企业创新活力，努力形成一种创新机制，能够使一切有利于企业、员工和社会进步的创新愿望得到尊重，创新活动得到支持。

四是诚信合作，环境友好。诚信合作不仅是企业重要的无形资产，也是企业实现和谐的重要力量。同时，社区和自然环境都是企业赖以生存发展的客观环境和重要基础。发电企业必须坚持以诚信立企，加强企业信用建设，协调好发电企业之间，发电企业与其他法人、自然人及社会各类群体之间的关系，友好合作，融洽相处，塑造良好的企业形象。

五是安全稳定，服务社会。安全稳定是和谐的前提，同时也是发展的基础；构建和谐企业，必须保持企业的安全、稳定、有序。电力企业作为国民经济的基础产业和社会公用事业，保持安全稳定、提供优质服务，是义不容辞的重要使命，必须始终把安全文明生产放在第一位，使企业员工安居乐业；在追求经济效益的同时，更多地关注社会效益，以服务社会为使命，在创造优质、高效、清洁的电能、热能等物质财富的同时，创造文明、健康、和谐的精神财富。

三、努力开辟国有企业在构建和谐社会中的工作局面

中国华电集团公司要切实履行作为国有发电企业应有的经济、政治和社会责任，就必须坚持在不断推进公司做强、做大、做好的过程中，大力建设“和谐华电”，不断开辟新局面。

一是坚持科学发展。要继续坚持一手抓存量资产营运改善，一手抓增量科学发展，靠生产经营实现内涵的提升，靠增量发展实现外延的拓展，努力实现“发电主体强大，煤炭、金融两翼丰满”的发展格局。要更加注重发展、速度、质量、效益的统一，当前发展与长远发展的统一；注重资产结构、电源结构、区域结构、产业结构、技术结构、组织结构的优化，使电力生产建设与经济社会发展相适应，与国家宏观调控政策相吻合，努力走出一条环境友好型、科技先导型、质量效益型的发展道路。

二是深化企业改革。必须沿着市场化改革方向，大力推进集团公司内部的体制创新、机制创新、管理创新，消除影响生产力发展的体制性障碍，不断增强公司的活力和竞争力。要正确处理好改革、发展、稳定的关系，把改革的力度、发展的速度和员工可承受的程度统一起来，在稳定发展中推进改革，通过改革促进发展和稳定，以改革促和谐，以发展求和谐，以稳定保和谐。

三是确保企业安全。必须确立“生产安全、政治安全、经济安全、形象安全”的“大安全”观。在生产建设过程中，要坚持“预防为主、安全第一”的方针，时刻把安全生产放在首位，建立安全生产长效机制，确保企业的“生产安全”。在经营发展中，要坚持依法经营、严格管理、规避风险，努力保持快速、健康、协调的发展态势，不断实现国有资产的保值增值，确保企业的“经济安全”。要从讲政治的高度，全面贯彻落实党的路线、方针、政策和国家的法律、法规，在重大决策制定过程中，坚持科学决策、民主决策、依法决策，切实加强各级领导干部的廉政建设，认真做好职工队伍的稳定工作，确保公司的“政治安全”。在构建对外关系过程中，要树立“诚信、高效、合作、服务、环保”的良好形象，积极营造有利于公司发展的外部环境，确保企业的“形象安全”。

四是加强和谐文化建设。必须在实践中不断总结提炼符合企业实际的价值观，进一步丰富和完善具有公司特色、促进和谐、推动发展的和谐文化。要大力实施“人才强企”战略，建立以业绩为导向的激励机制、用人机制和分配机制，努力营造和谐融洽、干事创业的工作环境，使员工的职业生涯随着公司事业的不断壮大得到发展。建立和谐的人际关系，包括内外和谐、上下和谐、干群和谐、班子和谐、同事和谐、邻里和谐，单位部门之间的工作和谐，不断增强员工的创造力和公司的凝聚力。

五是提高构建和谐社会的能力。要以加强党的先进性建设为核心，以建设“四好”班子为目标，不断提高公司领导干部建设“和谐华电”的能力。要努力提高经营管理企业的能力，提高协调利益关系的能力，提高处理人民内部矛盾的能力，提高维护企业队伍稳定的能力，以高度的责任感和自觉性，激发员工创造力、调动员工的积极性，促进“和谐华电”的建设，不断提高构建和谐社会的能力。

（此文发表于2007年9月号《思想政治工作研究》杂志）

大力加强干部队伍建设
培养造就高素质的企业领导人员

——曹培玺在集团公司第五期
中青年干部培训班上的讲话
（根据录音整理）

（2007年10月12日）

一、从战略和全局的高度，充分认识加强干部队伍建设的重要性和紧迫性

（一）加强干部队伍建设，是贯彻落实党中央一系列重要部署的需要

中央对干部队伍建设和年轻干部培养十分重视。胡锦涛总书记多次强调，现在我国改革开放和现代化建设已经进入关键时期，要全面贯彻落实科学发展观，实现经济社会全面协调可持续发展，关键在于各级领导干部，在于不断提高他们的素质和能力。他强调，加强干部教育培训工作，最重要的是要联系实际创新路，加强培训求实效，不断探索干部教育培训工作的新方法新途径，不断增强教育培训工作的针对性和实效性，不断提高各级领导干部的马克思主义理论水平和运用理论解决实际问题的能力。

国务院国资委对中央企业的领导班子和干部队伍建设也一直高度重视。李荣融主任多次强调，我们各项工作要上台阶、上水平，实现质的提高，必须夯实基础，在领导班子建设、职工队伍建设和机制制度建设上狠下工夫。要建设一个坚强有力的领导班子，通过强化教育培养，不断提高领导班子的素质与能力；通过抓好选聘任用，不断优化领导班子的人员与结构；通过加强监督管理，引导领导班子树立良好的作风与形象。把中央企业各级领导班子都建设成为团结带领全体员工奋力拼搏、勇创佳绩的核心力量。

作为关系国民经济命脉的重点骨干企业，中国华电集团公司在坚持和落实科学发展观，全面建设小康社会的伟大进程中担负着重要使命。能否保证党的路线方针政策在华电集团得到全面贯彻落实，保持公司正确的发展方向，顺利实现我们的发展战略目标，取决于企业的领导班子是否坚强有力，是否有大批能够担当重任的高素质领导干部不断造就和涌现。我们一定要从坚持和落

实科学发展观，实现快速健康可持续发展的战略高度，充分认识干部队伍建设的重要性，认真贯彻中央关于干部队伍建设的一系列重要部署，把加强干部队伍建设作为企业工作的重要环节来抓。

（二）加强干部队伍建设，是推动集团公司做强做大做好，实现又好又快发展的需要

集团公司成立以来，通过不断加强领导班子和干部队伍建设，各级班子和干部队伍的整体结构不断优化，创造力、凝聚力、战斗力不断增强，较好地推动了公司的改革发展。近五年的创业实践和辉煌业绩充分证明，办好华电的事，关键在干部，核心在班子。2007 年初，集团公司党组经过科学分析和认真研究，修订完善了“十一五”规划，提出了到 2010 年的“8467”奋斗目标。公司发展步入新的阶段，发展规模越来越大，涉足领域越来越多。仅仅从发展规模上来看，今后几年集团公司的装机容量要达到 8000 万 kW，且大多数新增装机容量是 60 万 kW 等级以上大容量、高参数机组，将有 20 多台 100 万 kW 机组开工建设、投产发电。同时还要在煤炭、金融、新能源、走出去、工程服务及电力高科技等产业或领域大力拓展。政治路线确定以后，干部就是决定的因素。要全面实现新的战略目标，没有一支优秀的干部队伍作为支撑不行。前段时间，我们对公司系统干部队伍基本情况进行了统计分析，总的来看，各级领导干部敬业务实、开拓进取，为企业的生产经营和发展做出了积极贡献，是集团公司事业发展的中坚力量。但是，与集团公司的发展要求相比，还存在着一些问题，主要表现在以下几个方面：一是集团公司发展很快，干部提升也比较快，领导人员的素质提升和经验积累不够。企业“一把手”的工作经历大部分比较单一，既懂生产、会经营又会党务工作的复合型领导干部比较缺乏，数据统计显示，党政主要负责人在副职岗位上有两个及以上岗位任职经历的仅占 21.42%。二是根据集团公司发展战略要求，部分领导人才缺乏。按照目前领导人员现状，缺乏高层次经营人才，掌握大容量、高参数的现代化大机组生产技术的人才，以及风电、核电、煤炭、金融、对外经贸等专业的领导人才。三是地区不平衡。部分存量资产多、新发展项目少的区域，干部储量相对比较丰富；而存量资产少、新发展项目多的区域，干部储量相对较少。我们必须正视差距与不足，以推动企业全面协调可持续发展的前瞻性眼光，充分认识培养造就大批高素质领导干部的紧迫性，采取更加有力的措施，超前规划，有计划、分专业、成系统地培养，为集团公司事业发展提供坚强有力的组织保障和人才支撑。

近来，集团公司党组根据事业发展的需要，相继对领导干部进行了一些调整，这是事业发展的需要，也是培养锻炼年轻干部的需要。在领导干部调整的过程中，我们感到集团公司优秀领导人才比较缺乏。出现这一情况既有客观原因，又有主观原因。从客观上讲，集团公司成立时间不是很长，很多同志在基层工作，各个层面发现优秀干部的渠道还需要进一步加强；从主观上讲，现有的干部队伍中有些同志适应现代化大生产和市场经济的意识、观念、素质，还不能与集团公司发展的要求相适应。事业发展时不我待，必须选拔培养一批能够担当重任的干部，来承担集团公司发展重任。即使是已经提拔到更高领导岗位的同志，也并不代表综合素质已经达到了适应工作的水平。所以，加强各级干部的培训，迅速提高干部队伍的综合素质，是当前我们整个集团发展过程当中的一项十分重要的任务。

（三）加强干部队伍建设，是广大干部提高自身素质能力，实现快速健康成长的需要

我们评判领导干部的标准是“政治上靠得住、工作上有能力、想干事、能干事、干成事”。政治上靠得住，是指理想信念坚定，同党中央保持一致，同集团公司党组保持一致；工作上有能力，是指专业知识和组织领导能力能与岗位职责相适应；想干事，是指积极进取、奋发有为的精神状态，是事业心和责任感；能干事，是指有干事的本领、用行动来说话、用实干来证明，能创造性开展工作；干成事，是指工作有成效，工作出业绩。

领导干部要适应这样的要求，离不开自身的努力，更离不开组织的培养。近年来，公司系统一大批干部走上了新的领导岗位，这些干部总体比较年轻，文化水平较高，精力旺盛，思维敏捷，接受新观念、新事物快，开拓进取精神较强。但是客观地分析，许多领导干部长时间没有接受系统的培训，缺乏对党的理论全面系统的学习，理论功底还不扎实。据统计，公司系统目前在职领导干部中，有 40.7% 的干部五年来没有参加过领

导干部培训班，59.3%参加过培训的干部也主要是参加集团公司举办的10天一期的班，离事业发展的需要和干部培训的相关规定差之甚远。后备干部中，有66.9%的人没有参加过后备干部培训班，33.1%参加过培训的干部也主要是参加集团公司举办的短期培训班，离上述规定也有较大距离。所以我们要下决心加强干部培训工作。在实际工作中，有的干部缺乏在艰苦工作环境中的锻炼，处理复杂问题的方法和经验积累不够丰富，从全局的高度系统地、辩证地分析问题、处理问题的能力还不够强，开拓能力和攻坚破难的能力有待提高；有的干部对企业所处的复杂经营环境和日趋激烈的市场竞争认识不够深刻，工作比较被动；个别干部责任心不强，心态比较浮躁，作风不够扎实，对自身要求不够严格。作为领导干部本身，我们要对自己有一个正确的评价，既要看到自身的优点和长处，继续加以发扬和提高，又要看到自身的不足，自觉地加以克服和弥补。作为组织，要把干部培养锻炼作为干部队伍建设的一项重要工作，对表现好、有发展潜力的年轻干部，要精心加以教育培养，帮助和促进广大干部健康成长、建功立业。

二、今后一段时期干部队伍建设的主要任务

2007年10月10日，集团公司党组专题研究了干部队伍建设问题，提出了下一步的工作指导思想、主要任务和具体措施。加强干部队伍建设，必须坚持以马列主义、毛泽东思想、邓小平理论和“三个代表”重要思想为指导，贯彻落实科学发展观，以集团公司发展战略为统领，紧紧围绕全面履行“三大责任”、提升“三大业绩”、落实“四个着力”、实现“十一五”规划和“8467”奋斗目标、推进公司做强做大做好的总体目标和要求，认真执行集团公司《企业领导人员管理办法》和《后备干部管理办法》，加强领导，统筹规划，健全机制，狠抓落实，努力培养造就一支数量充足、结构合理、素质优良，能够适应集团公司长远发展需要的干部队伍，既满足领导班子建设的近期需要，同时也为中长期领导班子换届和补充调整提供充足的干部准备。干部培养要立足当前，着眼长远，按照领导干部应具备的基本条件和“政治上靠得住、工作上有能力、想干事、能干事、干成事”的要求，把提高思想政治素质放在首位，把加强能力建设作为关键环节，把改进作风作为重要内容，把改善结构和优化布局作为重要目标，坚持理论武装、业务培训和实践锻炼相结合，着力提高领导干部的综合素质和能力。

（一）要以思想政治建设为先导，切实抓好理论武装，提高履行“三大责任”的自觉性

只有做到理论上的清醒和坚定，才能保持政治上的清醒和思想上的坚定。国有企业的领导干部如果不注重政治理论的学习，就不能很好地理解国有企业肩负的经济责任、政治责任、社会责任，工作就找不准定位，就容易偏离方向；如果不注重业务知识的学习，就不能很好地把握工作的规律，就打不开局面，干不出成绩。所以说，学习不是个人兴趣问题，而是时代的要求、形势的需要、工作的需要。作为一名领导干部，无论我们的学历高低，资历深浅，实践经验是否丰富，都要站在时代发展的高度，充分认识学习的重要性。

抓理论学习，当前最紧要的，是深入学习科学发展观和和谐社会的理论，用马克思主义中国化的最新理论成果武装头脑。胡锦涛总书记6月25日在中央党校省部级干部进修班上的重要讲话，提出了一系列新思想、新观点、新论断。10月15日，党的十七大即将胜利召开，会议将对我们坚定不移地走中国特色社会主义道路、夺取全面建设小康社会新胜利作出新的重大部署。我们要把认真学习和深刻领会胡锦涛总书记“6·25”重要讲话精神和十七大报告精神作为一项十分重要的政治任务，深刻学习领会讲话和报告的精神实质，重点把握讲话和报告强调的事关党和国家工作全局的若干重大问题，深刻理解讲话和报告阐述的新思想、新观点、新论断，全面把握我国发展的新战略，加强党的建设的新举措，深刻理解科学发展观的要义、核心、基本要求与根本方法，不断提高贯彻落实科学发展观的自觉性。

学习要以我们正在做的事业为中心。俗话说“干什么吆喝什么”，我们搞企业的，要加强企业管理业务的学习，把企业的规律和特点摸清楚。当前企业面临着许多新情况、新问题，发电设备利用小时随着全国电力装机容量的快速增长，将呈下降趋势；国家推行节能调度，给公司系统老小机组的经营带来新的压力；煤炭价格持续上涨给发电企业经营带来新的冲击；特别是国家加大安全生产、节能减排、构建和谐社会的力度，企业的社会责任日益增大。我们必须着眼于这些实际问题的理论思考，着眼于适应新形势、推进新发展，着眼于解决制约企业经营发展的核心问题，把学习的体会和成果转化为谋划工作的思路、促进工作的措施，转化为履行领导职责、推动企业发展的本领。

（二）要以能力建设为核心，不断提高领导能力，增强创造“三大业绩”的本领

领导干部应具备的能力是多方面的。分析我们当前面临的内外部环境的要求，分析我们业已制定的战略规划和目标任务的需要，分析我们的干部队伍素质能力的现状，当前集团公司领导干部的能力建设应重点在以下几个方面下工夫。

第一，要不断提高统筹全局的能力。要善于科学分析判断形势，把握国际国内政治经济的总体形势，把握国有企业改革发展的基本方向，把握电力行业的市场改革政策和技术发展趋势，科学判断企业面临的形势和任务、机遇和挑战，掌握工作的主动权，提高科学决策、民主决策、依法决策、正确决策的水平。要善于把握大局，把正在做的事情置于国家、中央企业、集团公司的大局中，把企业的改革发展放到集团公司和当地经济社会发展的大局中去谋划和推进。要善于合理摆布各项工作，包括安全生产、市场营销、项目拓展、内部改革、企业管理、队伍建设、党风廉政建设、企业文化建设等，抓住重点，统筹兼顾，协调发展，全面推进，使企业发展做到速度与质量相统一、规模与效益相协调。要善于抓结合。上级的指示要求很多，但一条措施不可能管好上百个单位的事，主要是指导面上的工作。作为领导人员，应该把上级的要求与本部门、本单位的实际相结合，创造性地开展工作，既全面贯彻上级的部署，又要切合本单位的实际，突出本单位的特色，增强工作的实效性。还要善于应急应变。现在，企业的安全生产、队伍稳定、经营风险防范等各个方面都存在一些不稳定的因素。大家在各自的岗位上，一定要有一种“如履薄冰，如临深渊”的忧患意识，不断增强处理突发事件的能力，超前制定完善可行的应急预案。一旦出现突发事件或紧急情况，要处变不惊，又要快速反应，要沉着应对，又要措施得当，才能有力地确保企业生产安全、经济安全、政治安全、形象安全。

第二，要不断提高攻坚破难的能力。市场竞争越来越激烈，项目拓展门槛越来越高，节能环保的要求越来越严，要在严峻的环境中生存发展，开拓意识和攻坚破难的能力至关重要。我们的发电设备利用小时，从集团成立那天起到现在，一直落后于其他发电集团。其原因，一半是资产区域结构的问题，一半是工作的原因。解决资产区域结构的问题，就是要靠发展，通过发展改变我们的资产大部分集中在发电设备利用小时比较低的地区这个现状，在一些经济发展比较强劲的地区，把我们的项目搞上去，改善区域结构。企业的发展，建设不是难题，选准项目、拿到项目，得到国家发展改革委的核准才是关键问题。靠什么把项目拿到手？就是要靠开拓，靠攻坚破难的能力。另外一半的因素，就很值得探讨。比如部分地区设备利用小时低于当地平均设备利用小时，单机容量60万kW以上机组的平均利用小时低于公司机组平均利用小时，大机组的效益发挥不出来，主要还是我们主观上的原因。一是由于设备临故修，就将影响全年发电量15.8亿kW·h；二是由于送出工程受限，投产机组发不出电来，预计影响全年发电量16.92亿kW·h；再就是我们和电网调度各个方面的协调不得力。而这几个因素，有些通过我们的努力，是可以做得更好的。我看主要还是由于我们的干部市场竞争意识不强，有的干部具有这方面的意识，但能力跟不上，不会处理外部关系，不会给企业经营发展营造良好的外部环境，就是缺乏攻坚破难的能力。

作为集团公司领导干部，要敢于攻坚破难，敢于正视困难和矛盾，千方百计下大气力破解难题。要把解决机组利用小时低的问题作为当务之急来解决，内抓管理，提高设备健康水平，外创条件，积极争取电量计划，努力解决送出工程的问题。另外，作为年轻干部一定要勇于创新。创新是一个民族进步的不竭动力，也是一个企业发展的不竭动力。在第三季度经济活动分析会上，我说各个单位要做好2008年工作的安排、思考，一定不要受一些制度的约束，因为什么样的制度都不可能十全十美，都需要在实践当中不断地完善。坚决贯彻执行集团公司党组制定的制度，这是组织原则，但是，要及时地对制度认真进行总结、分析，看看哪些地方与当前形势、与集团公司发展的需要不相适应，要克服惰性，勇于创新，

不断完善各项规章制度，提升我们的管理。年轻干部的思维比较敏捷，接受新观念、新事物比较快，工作中要继承传统，但千万不要墨守成规；要借鉴别人，但千万不要照抄照搬。对一些长期没有解决好的重点、难点问题，特别是针对当前改革、发展、经营等方面存在的难题，要以开拓的精神、创新的方法去突破、去解决。

第三，要不断提高经营管理的能力。搞经营管理首先得在经营上做个明白人，成为专业上的行家里手，这就要求我们加强业务知识的学习，优化专业知识结构，不断提高业务水平。其次是提高市场营销水平。要把争取电量作为市场营销工作的龙头，加强与政府有关部门和电网企业的沟通联系，争取稳发多发。要扭住电价这条“生命线”，积极争取政策，疏导电价矛盾，落实合理的电价水平。最后是提高管理水平。不断更新经营管理理念，充分借鉴国内外先进企业的管理经验，分析企业经营现状，狠抓对标管理，把对标作为提升企业管理水平的重要的途径和手段，既要在系统内部开展对标，又要与其他发电集团同类型优秀企业进行对标，建立并落实“查错纠弊、持续改善、不断超越”的长效机制。通过对标查错纠弊，找出差距和不足，明确工作重点；通过对标持续改善，不断改进完善企业的指标和管理；通过对标不断超越，既要不断地超越一个个竞争对手，更要敢于否定自我，超越自我。要不断推进企业的体制创新、机制创新、管理创新和技术创新，不断提高企业管理水平和经济效益。优化配置企业资源，实施精细化管理，把有限的财力物力集中到发展上来，提高企业物质资源、人力资源、信息资源的使用效率。不断深化企业内部改革，推进企业劳动、人事、工资三项制度改革，建立以业绩为导向的用人机制、分配机制，健全企业内控体系，完善规章制度，促进企业经营管理制度化、规范化、科学化。

第四，要不断提高凝心聚力的能力。一是凝聚好班子成员，建设团结和谐的领导团队。各级领导干部职责分工不同，但推进企业改革发展的目标是一致的，大家要顾全大局，相互沟通，相互理解，密切配合，形成心齐气顺的强大合力。“一把手”在团结的问题上觉悟要更高一些，心胸要更开阔一些，要带头发扬民主，善于听取不同方面的意见和建议，切实维护班子的团结。班子其他成员在讨论研究问题时要敢于发表自己的意见，在决策作出后，要根据各自分工全力推动决策的贯彻落实。二是要凝聚好员工队伍，调动员工的积极性。凝聚队伍要靠制度，治企务必从严。严格，带来加强；松散，导致削弱。从严带队伍的关键是敢抓敢管，敢抓就是抓任务的落实，敢管主要是抓人员的管理。凝聚队伍更要靠领导干部的人格魅力来影响和带动部属。要关心爱护下属，用人如人而不可用人如器，做到以事业凝聚人心，以感情凝聚人心，充分调动员工的积极性。

第五，要不断提高搞好公共关系的能力。企业经营发展涉及的部门和人员很多，各级政府、电网公司、同行企业、投资伙伴、银行、设备和燃料供应商、新闻媒体等社会各界对企业工作都会有不同程度的影响。领导干部要善于处理好公共关系，积极与这些部门和人员建立诚信、沟通、合作、互助的良好关系，营造和改善企业经营发展环境，以更好地争取、充分利用国家能源发展鼓励政策和财政、税收、信贷、补贴等优惠政策，以及国家推进环保、节能、走出去、改革等支持政策，为集团公司经营发展创造条件。作为一个企业、一个部门的负责人，既要贯彻好集团公司的决策部署，又要积极反馈情况、建言献策，还要处理好与下属部门、单位的关系，加强指导、做好服务、搞好监督。这虽然不算公共关系，但也是领导干部联系上下、协调各方必不可少的工作之一。

（三）要以作风建设为重点，积极营造良好风气，树立“三个模范”的形象

作风是一个人全部言行构成的公众评价，是个人品德、操守的外在反映。所谓“诚于内而形于外”，“听其言、观其行”，讲的就是如何通过作风形象看内涵的问题。领导干部的作风建设，关系企业的形象威信，关系企业的工作效能，关系企业的改革发展稳定。领导干部必须像爱护自己的眼睛一样来对待自己的作风形象，切实在广大员工中作表率、当模范。

一是要发扬雷厉风行、令行禁止的作风，做执行的模范。“十一五”是发电企业加快发展十分难得的战略机遇期，牢牢把握机遇，时不我待地抓紧做好各项工作，集团公司做强做大做好才能成为现实。领导干部肩负着企业发展的重任，必须带头营造雷厉风行、令行禁止的风气。雷厉风

行、令行禁止检验的是领导干部的执行力。雷厉风行，就是工作快速反应、快速行动、快速推进，早谋划、早落实、早打开局面。集团公司党组定下来的事情，要马上就办、抓紧实施；部署了的工作就要跟踪问效、一抓到底；重要工作、关键时刻，就要身先士卒、靠前指挥。工作中，要善于迅速找准工作的着力点和主攻方向，善于从具体工作抓起，从工作的具体环节抓起，以具体求深入，扎实抓好关系全局、长期起作用的大事、要事。令行禁止，就是“油门要加得上去，刹车要停得下来”，要充分维护集团公司决策部署和规章制度的严肃性，保持企业的政令畅通、步调一致，保证我们的队伍拉得出、顶得上、打得赢。

二是要发扬求真务实、真抓实干的作风，做务实的模范。实干兴邦，空谈误国。集团公司2007年年初和年中工作会议对全年及较长一个时期的工作都作出了明确的部署，关键是要求真务实、真抓实干、狠抓落实、务求实效。只有把嘴上说的、纸上写的、会上定的变为实践的行动、实际的效果、实在的效益，我们的工作才算做到了位、做到了家。做务实的模范，要发扬求真务实精神，克服浮躁情绪，下决心从文山会海中解脱出来，下决心从迎来送往中摆脱出来，把心思用在干事业上，把精力投到抓落实中。应当看到，说得多、做得少，抓落实不够的问题，在一些单位、部门还一定程度地存在。有的高高在上，脱离实际，以会议落实会议，以文件落实文件；有的热衷于搞花架子、做表面文章，一些事情往往就是在一片表态的声音中走了样，在一片落实的声音中落了空。纠正这种现象，就要察实情、出实招、办实事、求实效。要实事求是，不能脱离实际；要脚踏实地，不能华而不实；要重在落实，不能光说不做。要把工作的着力点真正放到解决生产经营和改革发展稳定中的重大问题上，以求真务实精神去抓落实，真抓实干、付诸实践、见诸行动、取得成效。

三是要发扬恪守职责、克己奉公的作风，做廉洁自律的模范。当前我们的干部队伍总体是好的，但这几年个别单位的队伍也出现了一些问题：2003年以来已有3名厂处级领导干部因涉嫌贪污贿赂等职务犯罪被检察机关查处，还有个别干部沉迷于一些带有赌博色彩的不健康的娱乐活动，在干部员工中造成不良影响。这里面有的是重大原则问题，有的则看似生活小节，但都体现了一个领导干部的思想素质和道德修养。有些看似小节的行为，发生在领导干部身上，就会造成很坏的影响。作为领导干部，我们的地位、权力都是党和人民给的，地位越高、权力越大，责任也就越大，奉献也应该越多，绝不能把自己等同于一般群众，而应该时刻做到自重、自省、自警、自励，注意慎权、慎欲、慎微、慎独，党纪国法规定不能做的，我们要坚决不做。同时还要争当道德模范。这是最起码的要求和标准，群众看领导干部，除了看业绩之外，也看一个人的做派。在这些方面一定要严格要求自己，树立一种健康向上的道德操守，不断提高自己的修养，从小事做起，守住小节，洁身自好，以高度的廉洁自律、高尚的道德修养和高雅的生活情趣，在员工中树立良好的威信和形象。在此，我用两句话与大家共勉：一是要做到“两个务必”，就是务必保持谦虚谨慎，不骄不躁的作风，务必保持艰苦奋斗的作风；二是要按照毛主席说过的做五种人的要求，争取做一个高尚的人，一个纯粹的人，一个有道德的人，一个脱离了低级趣味的人，一个有益于人民的人。

三、下一步公司系统干部队伍建设培养的主要措施

第一，要把干部队伍建设摆在更加突出的位置。不注重干部培养的领导不能算是一名好领导。各单位一定要把干部的培养锻炼工作摆上重要的议事日程，各级党政“一把手”要对本单位干部队伍建设负总责，分管领导和相关职能部门具体抓落实，形成党委统一领导，组织人事部门牵头抓总，有关部门各负其责、齐抓共管的工作格局。要按照“管现职必须管后备”的原则，对干部实行分层分类培养和管理。集团总部重点抓好副主任级以上领导和基层企业“一把手”领导干部的选拔、培养和管理；各分、子公司主要负责内设机构负责人和所属企业副职干部的选拔、培养和管理；各基层企业主要负责本单位干部队伍的日常管理和培养措施的落实，还要抓好中层干部队伍的建设；各职能部门要加强对本专业干部的培训和锻炼；各专业公司重点负责本专业干部的培养和引进。

第二，要以战略的眼光选拔和使用干部。贯彻党的干部政策，必须坚持“四化”标准，必须按照德才兼备、注重实绩、群众公认的原则选拔使用干部，德才兼备必须以德为首，古人说“德者，才之帅也；才者，德之资也”，就是这个意思。有才无德会坏事，品德低下的人，他的权力越大，破坏性就越大。所以我们一定要把思想品德摆在首位，在此基础上，按照德才兼备、注重实绩、群众公认的原则，选拔领导干部，让政治上靠得住、工作上有本事、作风上过得硬、群众信得过，想干事、能干事、干成事的干部得到使用。同时，我们还必须要有战略眼光，拓宽视野，不拘一格选用干部，对思想作风过硬、素质能力突出、工作业绩显著，有良好发展潜力的优秀年轻干部，要打破条条框框，早发现、早培养，创造有利于年轻干部快速成长的环境，使用时不搞论资排辈，大胆破格使用。

第三，要突出抓好干部的理论学习和业务培训。要充分利用集团公司党校、高级培训中心等培训资源，抓好新一轮大规模的领导干部的培训工作。要坚持每年举办 3 ~4 期领导干部培训班，用3 ~4 年的时间，将集团公司现职领导干部再轮训一遍；要抓好后备干部的系统化培训，坚持每年举办 2 ~3 期中青年干部培训班，分层级、分专业地选拔比较成熟的后备干部参加培训。在培训的实施上，培训的课程要符合干部的需求，突出集团公司的特色，以市场经济、战略管理、财税金融、营销、法律、国际合作等为主要内容，重点加强干部的领导能力、开拓能力、管理能力的培养和提高。此外，根据集团公司拓展新能源的规划进度，还要考虑选派一批领导干部到核电、风电等新能源发电领域学习培训。

第四，要大力加强干部的实践锻炼。一是立足本岗位，大胆“压担子”。艰苦复杂的环境最能锻炼人。对有发展潜力的优秀年轻干部，要积极“压担子”，大胆放手让其处理复杂问题。要安排年轻干部到困难企业和不发达地区工作，多派一些年轻干部到重点工程、新开发的项目、新进入的区域去承担急、难、险、重的工作任务，在艰苦和困难的条件下锻炼和考察干部。

二是加快岗位轮换。对工作经历比较单一的干部，要有计划地推行内部轮岗，进行多岗位锻炼。今后提任企业主要负责人，一般应该有 2 个以上副职岗位的任职经历，提任班子副职，一般应该有 2 个以上中层岗位的任职经历。对分、子公司“一把手”，还应该有基层企业“一把手”工作经历。对比较成熟的中层干部，也可以提任助理、副总师等职务，列席党委会、办公会，学习领导集体的决策过程和领导方法。

三是加大区域之间、企业之间、机关与基层之间的干部交流。总体上看，西部地区的人才比较缺乏。要有计划地交流东部地区干部到西部任职，让他们在加强锻炼的同时把发达地区先进的管理经验带到西部去；有计划地选拔一批西部地区企业的干部到东部地区管理比较先进的企业任职，提高他们的管理水平。要选派集团总部干部，到分、子公司或基层企业任职或挂职锻炼，丰富基层领导工作经历。选调基层领导干部到集团公司总部任职或挂职锻炼，提高管理层次。此外，还要组织水火电企业之间、发电企业与专业公司之间的干部交流任职和锻炼。

四是充分发挥先进企业作为人才基地的作用。对一些工作基础好、管理水平高的企业，班子副职一个岗位可以设置两个以上的职数，选派优秀年轻干部担任一岗双职的职务，进行领导岗位的实践锻炼，1 ~2 年后统一调配使用。

第五，要重点加强各级“一把手”的培养和锻炼。“一把手”是企业领导班子的“领头雁”。在集团公司快速发展时期，加强“一把手”的培养是当务之急，重中之重。对他们的培养必须标准更高，措施更具体。今后几年，要采取更综合、更系统、更全面的措施，有针对性地加大学习培训、交流任职、内部轮岗、挂职、压担子等培养力度，全面加快培养，加快成熟。对行政“一把手”的后备干部，应有意识地安排从事党务工作，提高其全面摆布工作的能力；对在能力、性格、魄力、改革创新等方面存在不足之处的现职“一把手”，也要有针对性地加强培养和锻炼。

第六，要搞好干部培养与使用的衔接。今后企业领导人员一般应当从后备干部中选拔。干部使用要坚持“先培训、后使用”的原则，提拔使用各级领导干部，原则上应先参加培训，任前未参加培训的，任后也要进行“补课”。要建立后备干部动态管理制度，根据后备干部考察结果，原则上每年补充、调整一次，每 3 年在系统内全面组织一次后备干部的考察推荐工作，使后备干部队伍始终保持充足的数量、合理的结构和较高的质量。后备干部要根据工作需要在集团公司系统范围内统一调配使用，实现人才资源的优化配置。

关于国有企业文化建设的思考

陈飞虎

（2006年12月）

企业是社会的细胞，是社会和谐的基础。我们要从构建社会主义和谐社会的全局和战略的高度，充分认识企业在推进和谐企业建设中的重要作用，准确把握先进文化的前进方向，把培育优秀的企业文化作为提升企业核心竞争力的重要战略举措。

培育优秀的企业文化，是构建社会主义和谐社会的客观需要。

我国实行以公有制为主体、多种经济成分共同发展的基本经济制度，公有制经济在我国经济社会发展中具有举足轻重的作用。企业文化作为企业的核心价值理念，体现着企业共同的价值追求、使命认同、行为习惯和目标企盼，是推动企业持续发展的精神动力，是企业的灵魂。企业文化建设的根本任务是培育和凝聚企业持续发展的精神力量。企业文化建设与构建和谐社会关系息息相关。这体现在一方面，企业文化建设的根本目标本身就是达致企业和谐、形成有利于企业持续发展的强大的精神动力，更重要的是，企业文化所传承的企业精神与构建和谐社会所倡导的社会主义核心价值体系具有高度的一致性。

培育优秀的企业文化，也是提高企业核心竞争力的内在需要。随着经济全球化加深和知识经济兴起，当今世界企业之间的竞争，已经从产品、服务方面的竞争，不断向技术、管理、资本、人才等领域延伸，而现在则正在快速向企业文化这个制高点挺进。文化力已经成为企业核心竞争力的重要组成部分。面对激烈的国际市场竞争，我们要大胆地学习借鉴国际上企业成功发展的经验，培育优秀的企业文化，提升企业核心竞争力。

全面理解构建和谐社会的深刻内涵，准确把握企业文化建设的方向。

按照社会主义和谐社会建设的“民主法治、公平正义、诚信友爱、充满活力、安定有序、人与自然和谐相处”的总要求，企业文化建设要准确把握以下几个重要问题：

坚持以促进和谐为企业文化建设的根本目标。企业文化建设的主要任务是，从企业经营发展的客观要求出发，按照企业的发展规律和先进文化的发展要求，以铸造企业的核心价值观为核心，培育企业精神，塑造企业形象，凝聚团队力量，提升企业核心竞争力。企业文化建设最终要获得的成果是要达到企业和谐，形成有利于企业发展的环境和动力。推进企业文化建设的过程，就是企业不断创新、超越和追求卓越的过程。在这个过程中，必须不断地实现企业内部和外部的和谐。只有把企业内部和外部都达致和谐，把企业建设成为和谐企业，企业才能持续发展。

坚持以社会主义核心价值体系为指导。服务于建设中国特色的社会主义这个伟大的时代主体，是企业文化建设崇高的使命和最根本的任务。企业文化建设必须以建设社会主义的核心价值观为指导，坚持马克思主义，坚持中国特色社会主义的共同理想，坚持以爱国主义为核心的民族精神和以改革创新为核心的时代精神，坚持社会主义荣辱观，牢牢把握社会主义先进文化的前进方向。

坚持从实际出发，遵循市场经济的基本规律和企业发展的一般规律。企业文化建设要坚持以科学发展观为统领，紧密结合企业行业的特点和经营发展的实际需要，要坚持从实际出发，不断凝练企业的核心价值理念，创新管理思想和制度，培育企业的精神。要不断地激发员工的主动性和创造性，在企业发展中实现员工个人价值，实现企业与人协调发展；要不断地强化企业的法制意识和社会责任意识，使企业在追求经济效益的过程中，维护国家和公众利益，实现企业与社会、企业与环境协调发展，更好地服务和回报社会。

积极探索和实践，建设有中国特色的国有企业文化。

我国国有企业的企业文化建设取得了显著的成效，但也还存在一些不容忽视的问题，主要表现在三个方面：一是存在简单化的问题。一些企业对企业文化建设缺乏全面的深入的认识，把企业文化简单等同于文化娱乐活动，或者看成是思想政治工作。二是结合实际不够，缺乏自己的特点。三是企业文化建设与其他工作脱节。

解决这些问题，根本途径在于加强实践。当前我们要重视抓好以下关键环节：

增强企业的自我认知。企业文化作为现代的

企业管理形式，是管理科学与现代文化的融和与创新。今天企业文化已经成为企业的核心竞争力，没有文化的企业就无法在全球的舞台上竞争。一个企业的文化如何，有没有企业文化，根本的决定因素是企业的自我认知，也就是企业对于其使命、优势、定位、愿景、环境等方面的清晰的认识，企业文化不是面对企业生产、技术、市场、人才、资本等具体实际问题，而是要回答“我们要成为一个什么样的企业”和“怎样成为这样一个企业”的问题，回答“我们为什么要存在”和“我们靠什么存在”的问题。如果企业缺乏清晰的自我认知，就不可能形成符合自身实际的核心价值观和管理理念，也不可能形成特有的企业精神。因此企业文化是基于战略的哲学思考，可以说是战略的战略。

培育企业的核心价值观。企业核心价值观就是企业文化的魂，集中地反映企业作为一个社会群体对自身使命和未来的认识。同仁堂“同修仁德，济世养生”的价值观，经历风雨300多年，至今仍然保持旺盛的生命力。这些企业的成功都首先源于对自身价值的认识，这是企业核心价值观形成的客观基础。从我国国有企业的情况看，现在企业文化的重要性正在受到越来越多的重视，但就总体而言，在企业核心价值观上相互雷同，缺乏个性，仍然是个突出问题。

凝聚企业的精神。企业文化建设要在自我认知的基础上，形成一种属于企业自己的精神动力，而这种精神动力作为一个永动系统是可以带动企业走向未来持续发展的。企业文化具有明显的导向、凝聚、激励作用，在企业文化建设中，关键是要把各种积极因素凝聚成为文化力这样一种能够驱动企业不断前进的强大力量。结合国有企业实际，就是要以培育企业精神为核心，在企业内部形成一种勇于创新、甘于奉献、奋发有为、充满活力的氛围，激发员工创业报国和建功立业的热情，增强团队的凝聚力和行为一致性，形成推动企业改革发展的精神动力。

塑造企业的形象。企业形象是企业核心价值观和企业精神的体现，是社会对企业的认知系统。每一个企业在社会的形象，包括它的知名度、可信度、美誉度，包括它的亲和力、公信力、感召力，都是企业文化长期积淀形成的。在这方面，我们的一些企业还有较大差距。

搭建企业文化的载体。企业文化建设具有很强的实践性。一些同志把企业文化单纯看成是吹拉弹唱、琴棋书画、标语广告，这当然是片面的。但是，企业文化建设也离不开这些必要的载体。只有把企业文化的深刻内涵寓于群众喜闻乐见的活动之中，企业文化才能根植于每一位员工的心里，体现到实际工作上。在企业文化的实践中，尤其是要处理好两个问题：一是要充分发挥企业文化的导向作用、凝聚作用和激励作用。二是要发挥企业家在企业文化建设中的作用。企业家肩负治理企业的责任，企业文化的内涵更需要企业家带领团队去实践。但是，我们也要看到问题的另外一面，就是企业文化建设必须遵循其规律性，要根据企业客观实际的需要。

伟大的时代呼唤先进的文化，企业文化建设重在实践。在建设社会主义和谐社会的进程中，企业文化建设大有可为。

（此文发表于2006年12月3日《光明日报》）

在集团公司2007年融资工作协调会上的讲话

陈飞虎

（2007年3月16日）

这次会议的主要任务是贯彻落实集团公司工作会议精神，协调落实2007年开工、投产项目的资金供应，为全面推动集团公司发展目标的实现，落实2007年的发展任务提供资金保障。

这次会议是一次研究、落实2007年集团公司发展目标具体措施的会议，会议内容非常明确。集团公司2007年准备开工、投产的部分项目单位，以及部分重点项目单位参加会议，集团公司计划部、财务部、工程部参加此次会议，资产部为这次会议召开做了认真的筹备、准备和安排。到会同志要认真地把有关问题、好的意见在会上充分发表，认真研究解决2007年项目实施中资金供应问题，为完成集团公司2007年发展目标提供保障。借这个机会，我谈三点意见：

一、要进一步统一思想、提高认识，认真贯彻集团公司工作会议精神，确保全年发展目标的实现

华电集团成立以来，公司上下认真贯彻落实

科学发展观的要求，按照国家宏观调控的有关部署，抓住机遇，谋求发展，取得了很大的成绩。过去四年是集团公司发展取得显著成绩的四年，四年来我们实现了“规模翻一番，效益翻两番”。集团的装机容量从成立之初的2500万kW，到2006年底突破5000万kW；利润从成立之初的8亿多元，到2006年突破30亿元；净资产收益率从成立之初的0.11%，提高到2006年的3.33%；亏损面从成立之初65%左右，到2006年压缩到了10%；年亏损额在成立时将近18亿元，到2006年降低到2.8亿元。这充分说明了中国华电集团公司成立四年来，我们在面临各种考验、各种挑战的情况之下，全系统上下团结奋战、众志成城，实现了科学发展，实现了规模、质量、效益的统一，走出了一条既快又好，符合华电实际情况的发展之路。在集团公司2007年工作会议上，曹培玺总经理的工作报告认真总结了过去四年的成绩，深入分析了当前面临的形势，全面部署了集团公司的工作，指明了发展的目标和要求，公司上下要认真地抓好贯彻落实。

2007年集团公司生产建设经营、改革发展稳定等各方面的任务都非常繁重。就发展来说，当前既面临着有利的机遇，同时也面临着一定的挑战。机遇在于国民经济继续保持持续快速增长，对电力发展提出了要求，2006年全国电力保持了15%的增长速度，2007年前两个月电力增长继续保持强劲态势。最近召开的全国“两会”上，总理的政府工作报告得到了与会代表的一致拥护，全国人民对国家的经济发展和社会进步充满信心，我们国家正处于一个加快发展的黄金时期、重要的战略机遇期。从华电集团来讲，好的宏观经济环境正是我们做强、做大、做好的重要基础，我们发展有强大的市场需求为保障。国家对能源基础产业、电力工业的发展十分重视，对能源安全十分重视，国家在宏观调控过程中，对电力工业采取了很多有利的政策。当前特别是加快结构调整，实行“上大压小”，在电力供应出现新一轮基本平衡的基础上，加快电力结构调整，加强节能降耗和污染减排，给华电集团的发展带来了新的机遇。华电集团作为中央管理的大型国有企业集团，得到了国家的高度重视和关心。中央经济工作会议和中央企业负责人会议都明确提出，继续支持大型企业集团的建设。中央提出在2010年建设80～100个具有国际竞争力的企业集团，华电集团作为能源基础产业和电力行业的一支重要骨干力量，完全可以有所作为，完全可以有更大的作为。

从宏观形势来讲我们有着非常好的机遇，同时在发展过程中我们也面临着一些挑战。首先是集团公司的发展要认真按照中央提出的科学发展观的要求来推进。改革开放以来，国民经济连续保持了20多年的稳定长期增长，现在中央提出了科学发展观，提出了构建社会主义和谐社会的要求，在新的形势下，集团公司的发展如何来呼应、来适应科学发展观的要求，对我们提出了很大的挑战。比如说，如何实现企业发展和社会发展的协调，如何实现企业发展与环境保护的协调，如何实现电源建设与国家能源发展战略相适应，这些方面对我们提出了很高的要求。华电集团作为国有企业，要坚决履行经济责任、政治责任、社会责任。特别是国务院国资委成立后对中央企业加强了监管、考核，要求我们的投资是有效率的，投资是要有回报的。这就向我们提出了一个创新的问题，就是如何加快结构调整，实现集约的、更有质量的增长。华电集团自2002年底成立到现在，已经有了一个好的基础，取得了显著的发展成果，但是也要看到，随着形势的变化，我们将面临新的各种条件的制约，这就要求我们创新发展模式。过去我们的快速发展也伴随着负债率的扩张，过高的负债率将会给我们的发展带来新的问题，如何能够实现可持续发展，值得很好地思考。如果简单靠放大负债率的办法来发展，这条路很难持续下去，所以要求我们的发展要又快又好，发展必须要有质量，从这个意义来讲，我们当前发展中面临的资金问题、负债率问题，从根本上讲是效率问题。

集团发展必须要有强大的资金支持，加快发展必须要保证资金供应。这是必然的，没有这些条件，发展不可能推进，就不可能完成发展的目标。但是，从集团公司的可持续发展来说，要保持这样一个好的发展态势，要全面地实现“十一五”发展目标，根本在于提高发展的质量。要确保每一个项目都要有较好的投入产出效果，能够实现自身平衡，要确保每一个项目投产以后都能够实现“双达标”。集团公司党组在这一点上态度非常明确，就是要求所有新项目投产以后，投资回报率达到第一年二、第二年五、第三年八，我们简称“258”。如果不能按照这个目标推进，我们现在所着急的问题是如何找到资金搞基本建设，将来就会变成在经营之中如何找到资金还本付息，关键在于能不能实现投资的预期目标。所以说，对于发展问题在系统内要进一步统一思想认识，全面落实科学发展观，准确把握集团发展的目标和要求。在每一个项目的推进过程中，都要严格地按照集团公司的要求去做，要确保发展目标的实现。2007年各项目单位的工作要认真学习集团公司工作会议精神，认真学习贯彻曹培玺总经理的工作报告精神，牢牢把握集团公司对发展的整体要求，在认识上真正做到统一。

二、要积极开拓创新，全力做好2007年发展资金的筹措工作

2007年集团公司的发展目标已经明确，要开工1100万kW、投产1000万kW，这是大目标。这两个1000万kW对集团“十一五”实现“8467”目标至关重要。在静态中会有一些微调，具体项目也会有一些动态的调整，但大的目标已经明确，要实现这个目标，资金供应是基础，是保障。在当前形势下，我们的发展面临着难得的机遇，也面临着一些前进中的问题，必须要抓住机遇、谋求发展。现在我们在推进项目的过程中，各个项目的情况有所差异，项目前期情况、核准工作进度、项目实施情况都有差异，有一些项目相对条件比较完整一些，有些项目还要在工作上克服一些困难，资金供应情况在不同地区、不同项目之间也有差异，但就整体而言还是落实的，我们对全面完成2007年发展目标是充满信心的。

对2007年的融资形势我有几点看法：一是国家加强宏观调控，电力项目审批门槛提高，这对项目的实施会提出一些新的问题，会在项目的核准、资金的平衡衔接上面会带来一些问题，需要认真地处理。二是随着国家金融改革，特别是商业银行的重组上市，对项目经济性的评价，对项目风险的控制在加强。2007年召开的全国金融工作会议，对金融改革和金融安全提出了新的要求，银行的改革在加快，势必对电力项目信贷政策带来一些调整，项目融资环境正在发生较为深刻的变化。三是各个项目在推进中间形成的不平衡。由于各个地区的环境存在差异，各个企业和银行的合作方式也有差异。作为项目实施单位来讲，如何把握好形势，在开工建设以后资金能不能平衡、能不能衔接，这是我们的责任。如果项目前期工作做得深入一点，项目经济性等各种情况比较好一点，那么融资的难度就会小一点，衔接过程比较省劲，反之则会带来一系列的困难和问题。但是从根本上讲，项目的核准对资金的影响是阶段性的。长远来看，项目能不能实现资金的平衡，根本在于项目经济性本身，根本在于推动项目的人是否有强的执行力。项目工作是不是严格地按照集团公司目标推进，能不能按照集团公司要求把握，能不能达到项目的预期目标，这就给我们提出一个很重要的问题，就是项目的执行力问题。总结一些项目的情况，就给我们提出了一个重要启示，就是不要怨天尤人，一定要集中精力抓好当前的工作。

三、要抓好落实，抓好动态平衡，加快项目推进

资金的问题与项目核准息息相关。但是，落实资金不能等、靠、要，要抓住机遇，做好工作。做好当前的各项工作也是争取项目核准的基础和条件。如果我们在项目实施上慢条斯理、大摇大摆，就会丧失发展的机遇，那就完不成我们的目标，就实现不了集团公司的发展战略，华电集团所处的位置、华电集团作为中央管理的大型企业集团在整个国民经济发展中应发挥的作用、应承担的责任义务就成为空谈，这关系到整个华电集团的全局，也关系到华电集团8万名职工的福祉，这就是华电集团的大局。从一个项目的推进来说有很多的问题，也有一定的困惑，但是从全局来说，这些问题都是前进中的问题，都是需要在前进过程中克服的。从集团公司来讲，投资决策要进一步优化。但是项目确定了以后，非常重要的是如何实现集团公司的目标，也就是要坚决实现“双达标”。当前研究资金问题，企业领导也好，负责财务的同志也好，一定要站在全局研究这个问题，其中很重要的一点就是要把我们当前的事情做好。比如，在项目实施过程中，前期工作如何加快推进，设计如何优化，施工如何优化，造价如何控制，在基本建设阶段，各项招标、合同管理如何强化，还要做好商业运营的准备工作，做好电价、煤炭、市场等各方面条件的落实，要真正按照做企业的要求来研究我们的工作，按照市场的规律来研究工作。在抓好2007年发展的过程中，一定要全面准确把握发展的形势和要求，一定要很好地做好各项目公司的工作。

2007 年在资金供应问题上，要重点抓住几条：第一，各个项目要很好地平衡，落实资本金和融资。每一个项目都要落实融资方案，融资方案不能停留在口头上，也不能停留在纸面上。过去我们有些项目和银行签了意向协议，开始大家都围过来，到真正干的时候都往后缩，造成被动。在项目融资上怎么落实，要结合各个地方各个企业情况，加强和有关金融机构的合作，这也是一个利益攸关方的合作，这个合作要基于项目的经济性，没有这个作保障，这个合作就会出现问题。第二，要发挥集团、区域和项目三个优势。在资金和配置过程中，降低融资的成本、保证供应，有很多工作要做，下一步要打好这个团体战，要共同协助配合。作为集团公司来讲，要以集团公司的信用支持各个项目的发展，作为各个区域子公司、分公司来讲，要发挥区域优势，做到资源合理分配，各项目要发挥自身优势，提升投资价值，营造好的投资环境。第三，加强资金调度，落实股东和项目公司的责任。集团公司在发展上，作为控股方也好，承担主要的管理职责方也好，一定要全力支持项目，与相关的股东方要加强沟通合作。从 2006 年看，集团公司资本金到位还是不错的，其他股东的资金到位问题要引起关注。现在一些项目上集团公司承担的责任超出了我们的权利，从集团公司战略来讲，要积极推进项目，但在实施过程中，项目融资出现了过多的担保，集团公司到最后会变成无限责任。在资金调度的问题上要清楚地界定责任，要严格地落实责任。凡是集团公司党组决策的，集团公司会尽全力支持项目的发展。但同时，各个项目要做的事情，更要尽到自己的责任，真正做到各负其责、恪尽职守。目前推行过程中，各方面为项目的推进都承担了很多的责任和压力，长远看我们要实现规范运作，只有规范运作，责任才能清晰。下一步在资金的调度上要重点研究配置机制，一定要把机制建立起来，机制的建立有利于明晰责任，有利于调动各方面积极性，有利于工作的整体推进。

着力调整结构
实现公司又快又好发展

——程念高在 2006 年年中经济活动分析会上的讲话

（2006 年 7 月 19 日）

下面我对 2006 年上半年生产计划和基本建设执行情况进行分析，对 2006 年下半年工作提出意见，并就集团公司“十一五”发展规划作简要说明。

一、上半年生产计划执行情况及下半年主要工作

（一）上半年生产计划执行情况

1～6 月，公司发电量完成 908.14 亿kW·h，同比增长 20.62%，完成公司计划 1900 亿kW·h 的 47.8%。

公司厂用电率为 6.40%，同比下降 0.16 个百分点。

公司供电煤耗完成 357.17g/(kW·h)，同比下降 5.36g/(kW·h)，比年度计划低 2.83g/(kW·h)；公司综合供电煤耗完成 360.3g/(kW·h)，同比下降 5.7g/(kW·h)，比年度计划低 2.7g/(kW·h)。

2006 年上半年生产计划执行有以下几个特点：

1. 发电量增幅比去年进一步加大

上半年公司发电量同比增长 20.62%，比 2005 年公司全年 17.7% 的增长率高 2.92 个百分点，比今年全国平均 12.7% 的增长率高 7.92 个百分点，增长率居五大发电集团之首。

发电量保持较快增长的主要原因有：

一是新投机组发挥了重要作用。截至 6 月底，公司 2005 年以来新投产机组净增电量 161.96 亿kW·h，拉动公司发电量增长 21.5 个百分点。

二是前几年供大于求的山东、新疆发电量稳步增长。截至 6 月底，公司在山东地区净增电量 13.2 亿kW·h（不考虑黄岛和潍坊），拉动公司发电量增长 1.7 个百分点；新疆红雁池电厂发电量增长 13.24%，拉动公司发电量增长 0.3 个百分点。

三是部分地区来水好。公司水电发电量 68.76 亿kW·h，同比增长 13%，拉动公司发电量增长 1.4 个百分点。

四是华电国际收购山东潍坊一期 66 万 kW，拉动公司发电量增长 2 个百分点。

五是部分省份工作力度加大，取得了良好成果。华电国际成立了电量公关小组，迅速扭转了落后局面，截至 6 月底累计利用小时超过中国华能集团公司，接近全网平均水平；江苏、浙江和四川公司加大公关力度，火电机组利用小时高于电网平均水平 100h 以上。

六是燃料供应基本稳定。华电煤业集团发挥区域协调的优势，整合调运力量，拓宽供应渠道，保证了集团公司燃料供应。

七是设备健康水平进一步提高。2006 年以来，各单位加强设备管理，设备健康的总体水平明显提高。

2. 综合供电煤耗呈现下降的有利局面

上半年公司综合供电煤耗同比下降 5.7g/(kW·h)。从各地区情况看，虽四川、陕西和黑龙江有所上升，其他地区均为下降或持平状态。

综合供电煤耗下降的主要原因有：

一是煤耗较低的燃机电量增加是拉动公司煤耗下降的主要因素。公司燃机平均综合供电煤耗 241.83g/(kW·h)，拉动公司煤耗下降 5.6g/(kW·h)。

二是新投产常规燃煤机组拉动煤耗下降。1～6 月，2006 年以来投产的常规燃煤机组综合供电煤耗 358.11g/(kW·h)，拉动公司煤耗下降 0.76g/(kW·h)。

三是设备健康水平进一步提高为煤耗下降打下了基础。如西塞山发电公司，2004 年两台机组投产，当年综合供电煤耗 350.97g/(kW·h)，2005 年下降到 340.07g/(kW·h)。2006 年上半年该电厂没有发生一次非停，综合供电煤耗下降到 332.2g/(kW·h)，创集团公司同类型机组最好水平。这正说明新投产机组煤耗 3 年达到设计值是完全可能的。

（二）下半年生产计划主要工作

为确保完成 2006 年公司发电量 1950 亿kW·h 和综合供电煤耗控制在 363g/(kW·h) 以内的奋斗目标，需重点做好以下工作：

一是继续做好电量计划指导和跟踪分析工作。各地区要做好“三同”小时的分析工作，指定专人，及时做好与调度的沟通和协调，争取较好的月度计划，确保 2006 年生产计划会后补充下达的发电量计划圆满完成。

二是要进一步加强设备管理，提高设备完好率。特别是要抓住机遇，确保 7、8、9 月迎峰度夏的三个月满发多发。

三是 2006 年上半年综合供电煤耗的下降，主要得益于燃机能耗低，常规燃煤机组降耗的任务仍然十分艰巨。下半年要加强现场调研，跟踪督导，确保煤耗目标可控在控。

二、上半年基本建设执行情况及下半年主要工作

（一）上半年基本建设执行情况

1～7 月，共核准电源项目 9 项 403.5 万 kW。分别为山东滕州新源二期（2×31.5 万 kW）、包头东华（2×30 万 kW）、山东章丘扩建（2×30 万 kW）、乌江东风扩机（1×12.5 万 kW）、四川西溪河地洛(2×5 万 kW)、印度尼西亚阿萨汉水电(2×9 万 kW)、广西贵港（2×60 万 kW）、内蒙乌达（2×15 万 kW）、贵州毕节头步（2×15 万 kW）。

截至 7 月 17 日，共投产机组 10 台 220.5 万 kW。分别是四川宜宾 2 号机组（1×15 万 kW）、青海大通 1 号机组（1×30 万 kW）、贵州大龙 1 号机组（1×30 万 kW）、湖南石门 4 号机组（1×30 万 kW）、内蒙卓资 2 号机组（1×20 万 kW）、福建照口水电 2 号机组（1×2 万 kW）、乌江索风营水电 3 号机组（1×20 万 kW）、安徽六安 2 号机组(1×13.5 万 kW)、山东青岛 4 号机组（1×30 万 kW）、章丘 3 号机组（1×30 万 kW）。

2006 年上半年主要开展了以下工作：

1. 前期工作稳步推进

一是落实了前期工作责任。在 2006 年 3 月 17 日福州基建专业会议上，集团公司与有关单位签订了 2006 年核准项目、“十一五”后 3 年国家评优项目、2005、2006 年两年开工项目责任书，明确了各单位前期工作任务，落实了前期工作责任。

二是加快了水电前期工作步伐。乌江思林水电站核准报告上报国家发展改革委并完成评估；金沙江中游龙盘、两家人、梨园、阿海、鲁地拉上半年完成了项目清算移交工作，正安排梨园、阿海、鲁地拉预可研报告审查；怒江六库水电站正在进行施工前的各项准备工作，赛格、亚碧罗、马吉正在深入进行河流规划阶段的补充勘探设计工作；金沙江上游公司于2006年4月28日正式成立，正配合成都勘测设计研究院开展河流规划工作；大渡河泸定水电站正进行施工区道路、桥梁及导流洞施工，为2007年截流做准备。

三是核电前期工作又迈出重要一步。继2005年集团公司参股浙江三门核电之后，2006年上半年又与中国核工业总公司达成协议，由中国核工业总公司出资51%，集团公司出资49%，联合组建福建福清核电有限公司，该公司已于2006年5月18日在福州挂牌成立。

四是煤炭产业取得重大突破。华电煤业集团与蒙泰煤电有限公司合作，成立了鄂尔多斯蒙泰不连沟煤业有限公司，控股开发不连沟煤矿(1000万t/年)；与大同矿务局签署了山西轩岗煤电联营项目（2×60万kW）投资协议，实现了集团公司山西前期项目零的突破；控股组建了新疆哈密英格玛煤电投资有限公司和新疆昌吉英格玛煤电投资有限公司，为集团公司在新疆的长远发展奠定了基础。

五是"走出去"战略正式启动。2006年上半年，经商务部批准，中国华电香港有限公司正式在香港注册成立。印度尼西亚阿萨汉一级水电站投资项目已获得国家发展改革委核准，2006年6月30日，施工队伍已进点开始施工准备。

2. 以60万kW及以上机组为主线落实2006年投产任务

集团公司成立3年来，还没有60万kW机组投产，集团公司党组对此高度重视。2006年上半年，贺恭总经理亲临邹县、可门、潍坊、河西、广安等工程现场检查指导工作，要求项目公司在保证工程安全质量的基础上，力争机组尽早投产。贺恭总经理的检查指导，极大地鼓舞了参建单位的斗志。

2006年保投产，设备供应仍是关键。集团公司工程部充分发挥上海、哈尔滨、成都三个设备催交组的作用，每月召开设备协调会。各项目公司也指定专人常驻三大主机制造厂，为保证设备供应做了大量的工作。

加大送出工程协调力度。经过多方呼吁，国家电网公司从2006年4月开始，每月召开送出工程协调例会，听取各发电集团公司意见，协调解决存在的问题。

3. 强化安全施工管理

2006年上半年，集团公司党组研究决定，每个项目公司都要成立安全监察部。同时，集团公司印发了《工程建设安全文明施工管理要点》，修订了《集团公司安全管理程序（A版）》，推行工程建设安全管理"两金一费、两训一检"（即施工单位安全保证金、个人安全风险抵押金、安全措施费，进厂前安全培训、每周安全培训、每日安全巡检）制度，并突出对分包商、农民工的安全管理。2006年4月，集团公司下发了《关于开展公司系统基建安全大检查的通知》，组织各单位进行了全面的安全检查和复检。

4. 加强工程造价的全过程控制

一是选定内蒙土右和山东莱州分别作为单机60万kW项目和单机100万kW项目优化设计示范工程。通过两阶段招标和设计优化，土右电厂（2×66万kW）取消了集控楼，并有望取消除氧间；莱州电厂采用侧煤仓间方案。土右电厂的静态投资在44.78亿元以内，单位千瓦投资3392元/kW，处于国内先进水平。从莱州电厂的评标结果看，单位千瓦造价将比土右电厂更低。

二是细化合理低价中标的评标方法。2006年上半年，组织招标公司根据合理低价中标的原则，编制了招标评标具体细则。2006年招标的哈三（2×100万kW）勘察设计标段中标单位的投标报价为7170万元，内蒙土右设计中标单位的投标报价为5310万元，均处于目前行业内同等级勘察设计标段较低水平。安徽芜湖三个主要标段中标单位报价分别比概算下浮18%、25%、28%，北京郑常庄燃机主要施工标段比概算下浮26%，也处于行业内较低水平。

三是编制执行概算，把降低造价的成果落到实处。上半年委托集团公司技经中心编制了6个项目的执行概算，共节约投资21.73亿元，平均占设计概算的8.55%。

5. 加大达标投产的宣贯力度

2006年4月中旬，邀请有关专家在成都举办了水电达标投产辅导班，乌江公司和华电在川水电企业均派骨干参加了培训，大家提高了对达标投产的认识，增强了达标投产实际操作能力。

2006年上半年，完成了扬州6、7号机组，青岛3号机组，卓资1号机组，石门3号机组和周宁水电站的工程达标投产复检。对部分工程的达标投产工作进行了指导，并组织了洪家渡水电站竣工达标投产预验收和咨询。广安二期工程被评为电力行业优质工程，并被推荐申报国家优质工程。

由于强化了达标投产的过程管理，2006年上半年投产的机组质量水平比2005年有了明显提高。大通1号机组投产后连续运行60天，大龙1号机组连续运行87天，且两台机组均是因电网调度原因而停机。

总体上看，2006年上半年基本建设进展顺利，但也还存在一些问题：一是项目施工准备期太长；二是安全隐患不容忽视；三是设备、送出、脱硫等环节制约机组如期投产；四是工程管理有待进一步规范。这些问题都有待我们采取措施认真解决。

（二）下半年基本建设主要工作

1. 加快前期工作进度，努力使集团公司“十一五”规划项目进入国家“十一五”后三年核准计划

国家发展改革委将在2006年底到2007年初进行“十一五”后三年火电项目评优，确定2008～2010年国家火电项目核准建设规模。这项工作不仅关系到集团公司2010年装机规模，还将影响到公司“十二五”的发展。各单位一定要高度重视，充分发挥地方政府的优势，加快项目前期工作，力争在2006年三季度末取得项目核准所必需的主要支撑文件，按福州会议签订的责任书内容，确保各自的责任项目进入国家“十一五”后三年核准计划。

2. 落实开工条件，力求今年开工项目如期开工

铁岭二期、佳木斯扩建是列入国家印发的东北“十一五”规划的项目，要争取2006年年内核准。凡列入集团公司2006年开工计划的项目，都要积极落实开工条件，缩短施工准备时间，尽快开工建设。

3. 在保证安全质量的前提下，确保完成全年投产任务

2006年年初投产计划为843.8万kW，福州会议提出力争投产1185.8万kW。截至7月17日已投产220.5万kW，下半年还有965.3万kW的投产任务，特别是有601.5万kW将集中在11～12月投产。各有关单位要有充分的打硬仗的思想准备，要拿出2005年12月保投产的措施和办法，早动手，早准备，做好设备催交、监造工作，加强分包和农民工管理，重视每日安全巡检，确保投产任务务期必成，特别是邹县发电厂7号机组和计划投产的7台60万kW机组更是投产项目重中之重，各单位要竭尽全力确保按计划完成。

4. 高度重视配套工程建设，确保送出工程和脱硫设施同步投产

在与电网公司商定送出工程建设进度时，不能因为怕罚款而人为地将计划投产时间推后，要促使送出工程尽量提前投产，为机组提前投产创造条件。脱硫设施要与电厂本体同步设计，统一安排施工进度，要把脱硫设施纳入第二批辅机招标范围，加快脱硫工程的建设，确保主机投产后15天内完成168h试运行。

5. 加强造价管理，确保项目投产盈利

一是编制2006年设备、材料价格信息，与工程量对标标准同时发布；二是制订水电执行概算编制办法，修订完善火电执行概算编制办法。2006年年底前，将今年有投产任务的项目和已批设计概算项目的执行概算编制完毕；三是开展已投产项目的工程结算工作，把工程结算控制在执行概算水平内。采取多种措施，为项目投产盈利创造条件。

6. 加大考核力度，建立健全激励与约束机制

2006年下半年将修订集团公司责任制考核办法，在原有基础上，将造价考核办法修改为按对标原则考核，同时增加移交生产后连续运行50天、半年之内无非停和PMIS使用情况等考核指标。要求项目公司在与设备制造厂和施工安装单位签订合同时，设立“连运50天、半年无非停”质量保证金，以建立完善的质量保证体系。

7. 加强基础建设，规范管理行为

按照福州会议的要求，上半年启动了《集团公司项目法人管理手册》、《集团公司安全文明施工标准化配置手册》、《集团公司质量工艺手册》、《集团公司调整试运案例汇编》等四套手册的编写工作。这四套手册下半年要编写并审查完毕，年底前印发执行，以提高集团公司整体管理水平。

PMIS推广版的开发已在潍坊电厂完成，下半年将全面推广，进一步规范工程建设的管理工作。

按照中央反商业贿赂的精神，规范工程招投标行为。下半年将修订完善《集团公司工程建设招标管理办法》，加强对不规范的招标行为和不规范的关联交易行为的监督。

三、关于集团公司“十一五”发展规划的说明

会前，《中国华电集团公司“十一五”发展规划》已正式印发。下面，我就几个问题作简要说明。

（一）“十一五”发展规划的编制过程

到2005年年末，公司“358”战略计划第一阶段目标圆满完成，实现了规模与效益同步增长，效益增长速度超过规模增长速度。在2006年年初召开的工作会议上，贺恭总经理在工作报告中代表集团公司党组提出了在公司成立初期编制的《中国华电集团公司2010年发展战略规划》的基础上，修编公司“十一五”发展规划，调整“358”战略计划第二、三阶段目标的任务。在2006年3月中旬召开的基本建设专业会上，贺恭总经理又强调了修编公司“十一五”发展规划的必要性，提出了《规划》修编的“十个坚持”，为《规划》修编指明了方向。为做好《规划》修编工作，集团公司成立了《规划》修编领导小组和工作小组。从《规划》大纲的编制到最终定稿，共召开了三次领导小组会议，三次跨部门协调会议及一次部分下属单位参加的研讨会，最后经总经理办公会议审议通过，前后历时半年。

这次修编的“十一五”发展规划是在集团公司党组的正确领导下，认真贯彻落实科学发展观的结果，是公司系统集体智慧的结晶，是集团公司未来五年发展的宏伟蓝图，是一个可持续发展的规划，它必将极大地调动公司系统全体员工的热情，为实现集团公司又快又好发展贡献自己的力量。

（二）“十一五”发展规划的指导思想和主要目标

这次修编“十一五”发展规划的指导思想是：坚持科学发展观，全面贯彻国家“十一五”《规划纲要》，以发展为主题，以效益为中心，以安全为基础，以市场为导向，以改革创新为动力，全面推进“一体两翼”发展战略，不断提升公司的整体实力和市场竞争力，把集团公司建设成持续成长型、学习创新型、节约高效型、环境友好型、和谐安全型企业，更快地向“国内先进、国际一流”的现代能源集团迈进，更好地为国民经济和社会发展服务。

《规划》提出，到2010年，集团公司经营规模和效益要达到以下目标：

（1）发电装机容量8000万kW，年发电量3600亿kW·h。

（2）销售收入1030亿元，利润总额50亿元，净利润16亿元。

（3）供电煤耗336g/(kW·h)，比2005年下降27g/(kW·h)。SO_2排放量比2005年减少45%。

（4）参控股煤矿生产能力2700万t/年，销售收入30亿元，利润总额3.5亿元，净利润2亿元；金融产业利润总额5亿元，净利润2亿元。

（5）在2007年公司系统实现无当年亏损企业的基础上，2010年除少数企业外，公司其他累计亏损企业消灭历史亏损；50%的企业达到国内先进水平，20%的企业达到国际一流水平。

（三）“十一五”发展规划的主要特点

1. 着力调整结构，加快增长方式转变

《规划》贯彻国家发展改革委等八部委颁发的《关于加快电力工业结构调整，促进健康有序发展有关工作的通知》精神，以发展为主题，以结构调整为主线，通过发展调整结构，在调整结构中实现公司科学发展。

一是调整电源结构。《规划》力图改变目前煤电比重过大的局面，加快水电开发步伐。“十一五”期间，新开工水电装机容量1490万kW，占集团新开工规模的三分之一；核电要迈出实质性步伐，参股建设浙江三门核电、大股比参股建设福建福清核电一期工程；风电建设在“十一五”初开始起步，规划期末风力发电要达到60万kW。

二是调整区域结构。本着突出优质市场、兼顾一般市场的原则，进一步加快重点地区的发展。到2010年，集团公司将出现两个装机容量逾千万kW的省份，北有山东1307万kW，南有贵州1133万kW。此外，还将出现四个装机容量超过500万kW的省份，即四川645万kW、黑龙江628万kW、福建543万kW、江苏510万kW。

三是实施“大块头”计划。转变增长方式，培育十二大煤电基地、四大水电基地和四大煤炭基地，从“十一五”开始起步，争取用2~3个五年规划时间基本建成。十二大煤电基地分别为规划装机容量在500万kW以上的内蒙古土右和十二连城、宁夏灵武和永利、云南镇雄、山东莱州、江苏句容、福建可门和东山、安徽芜湖、湖北襄樊、四川广安；四大水电基地为乌江、金沙江中游、怒江和金沙江上游；四大煤炭基地为内蒙古鄂尔多斯、新疆哈密和昌吉、陕北榆林。

2. 依靠科技创新，带动公司技术升级

依靠全系统技术力量，充分发挥集团公司动力技术研究中心和电气及热控技术研究中心的作用，学习借鉴先进技术，加大对关键技术的研究和突破，掌握大容量、高参数及空冷火电、大型水电、大型循环流化床、大型热电联产、燃气蒸汽联合循环机组的设计、建设、运行、检修技术。以内蒙十二连城、四川内江电厂扩建为依托，分别开展百万千瓦超超临界空冷机组和60万kW级循环流化床关键技术攻关；以半山电厂为依托，积极开展整体煤气化燃气蒸汽联合循环技术研究。

3. 坚持项目建设与资产收购并重，实现公司又快又好发展

根据“十一五”期间电力工业发展的新形势，这次制定的公司“十一五”发展规划的一个显著特点，就是明确提出了“项目建设与资产收购并重”战略，强调在投资建设项目的同时，加大资本运作力度，通过建设、并购、重组等多种途径，实现公司又快又好发展。

为实施“项目建设与资产收购并重”战略，经集团公司党组研究，集团本部新成立了“资产管理部”，以加强资产并购重组工作。2006年上半年，华电国际收购潍坊市投资公司在潍坊一期（2×33万kW）15%的股权，使股权比例达到45%，实现了对潍坊一期的相对控股。并购潍坊一期资产，拉动集团公司2006年发电量增长了2个百分点，效果十分明显。

4. 坚持协调发展，努力防控资金风险

《规划》通过综合分析市场容量、筹资能力、环保空间、前期储备等多方面因素，按照预算平衡原则，确定公司2010年发展目标。采取积极有效措施，慎控资金风险，实现公司健康、有序、可持续发展。

（四）实施“十一五”发展规划需要把握好的几个问题

1. 公司“十一五”发展规划是一个指导性的企业规划，《规划》的实施尚需公司系统付出艰巨的努力

电力行业是关系国家命脉的基础产业，不同于其他竞争性行业，电力行业将始终在国家宏观调控政策下发展。公司的规划项目只有进入国家“十一五”规划，才能变为现实。因此，在开展前期工作时，要留有余地，除了《规划》中明确的计划开工项目之外，还要有一定数量的备选前期项目。我们一方面要加快前期工作力度，使项目尽快具备核准条件；另一方面向国家申请参加“十一五”后三年评优的项目要大于《规划》所列开工项目。同时，在项目评优时，省发改委的排序至关重要，一定要取得地方政府的支持。

2. 要圆满实现《规划》目标，“十一五”前三年是关键

根据《规划》，公司的大机组将集中在2006～2008年投产。2006年计划投产60万kW及以上机组8台527万kW，2007年和2008年还将分别投产13台839万kW和8台504万kW。这对调整公司结构、降低资源消耗、提高经济效益具有重要意义。同时，由于电源项目建设有一定的周期，必须落实责任制，加大前期工作力度，落实开工条件，确保“十一五”前三年计划开工项目如期开工，以实现公司“十一五”发展目标。总之，调整结构主要看前三年，实现《规划》目标也主要靠前三年。

3. 加强工程全过程管理，确保实现“达标投产、投产盈利”双重目标

在项目规划时，要做到优中选优。项目公司成立后，公司主要负责人要与集团公司签订项目投资回报责任书，落实投资回报责任。要优化工程设计，节地、节水、节能、节材，努力降低工程造价。坚持合理低价中标原则，择优选定设备供应和施工队伍。加强安全质量管理，加快工程建设进度，尽快形成生产能力。提前开展生产准备，缩短机组移交生产后的运行过渡期，尽快实现稳定生产，实现“达标投产、投产盈利”双重目标。

4. 实施人才强企战略，保证发展所需人才

要实现公司发展目标，人才是保证。要不断加大人才开发工作力度，发挥集团优势，在全系统优化配置人才。要健全有效运作机制，建立人才培训、选拔、使用、待遇一体化的制度保障体系。要丰富人才开发培训方式，着力推动重点专业和人才急需专业的培训工作。要优化人力资源配置，不断提升员工综合能力，适应不断增加的高效环保大型机组技术要求。

提高认识 加强领导
开创公司系统水电移民工作新局面

——程念高在集团公司水电移民工作座谈会上的讲话

（2007年4月11日）

这次会议的主要任务是：落实集团公司2007年工作会议精神，总结水电移民工作经验，部署2007年移民工作，提高认识，加强领导，研讨方法，全面提高公司系统水电移民工作水平，为集团公司加快水电开发创造有利条件。

下面，我谈三点意见。

一、集团公司四年来水电开发情况

水电是清洁可再生能源，大力开发水电是国家长期坚持的能源政策。集团公司高度重视水电开发，集团公司党组多次强调，要加快水电开发，调整集团公司电源结构。在集团公司党组的正确领导下，经过公司系统上下的共同努力，公司成立4年来，水电开发取得了显著成绩。

截至2006年底，集团公司水电装机容量达到722.4万kW，比成立之初的431.7万kW增长67%。集团公司水电装机容量在全国的份额逐步提高，由成立之初的5.0%上升到5.6%。

针对部分地区不同年份出现干旱、水库来水偏少等情况，各流域水电公司采取争取合理电力调度以优化水库调度，改善运营条件，使集团公司水电发电量占全国的比重基本保持在4%，同时积极争取电价政策，确保电厂生产经营稳定，为集团公司经营目标的实现作出了贡献。

经过公司上下的积极争取，目前，公司系统拥有可开发的水能资源约5000万kW（含在建规模510万kW），为公司发展水电调整电源结构奠定了坚实的基础，主要有：位于贵州的乌江干支流约600万~700万kW，位于云南的金沙江中游5个梯级约1400万kW、怒江中下游11个梯级约1600万kW，位于四川和西藏界河的金沙江上游约1000万kW，四川的杂谷脑河约50万kW、西溪河约50万kW、木里河约100万kW、大渡河泸定92万kW，以及福建水电挖潜约20万kW等。其中，乌江构皮滩、思林、东风扩机先后立项核准并开工建设，沙沱水电站力争2007年得到国家核准；国务院决定由华电集团控股成立了金沙江中游水电开发公司，加快了电站前期工作；怒江中下游各梯级前期工作也在稳步推进；金沙江上游川藏段流域规划正在进行，预可研工作已陆续展开；杂谷脑流域将在2008年实现流域梯级的全部开发；西溪河流域四个梯级中的三个在建，一个即将核准；木里河梯级开发也正在有序进行。

集团公司成立以来，水电移民工作在各方面取得显著成绩，有效保证了水电前期、基建和生产任务的完成。一是有效开展移民安置规划设计工作，保证了水电前期工作的顺利开展。二是高度重视移民补偿和搬迁安置，确保工程建设的顺利进行。三是按规定缴纳后期扶持资金，为保障移民生产生活水平作出了贡献。四是不断学习贯彻国家移民政策，妥善处理移民搬迁安置问题。五是切实规范移民管理工作，实施《中国华电集团公司水电工程移民工作报告制度（试行）》，搭建了集团公司移民管理工作平台。六是积极处理已建工程遗留移民问题，配合国家发展改革委、四川省、甘肃省和陕西省有关方面积极开展四川宝珠寺水电站库区移民遗留问题的处理工作，力求水库早日验收。七是着力研究前期工作中的移民问题，积极分析研究前期项目移民工作中出现的新情况、新问题，努力适应移民工作的新形势、新要求。八是高度重视移民稳定工作，积极配合地方政府，妥善处理了集中上访、聚众反映诉求等突发性事件，最大限度地减少移民事件对工程建设的不利影响，维护了集团公司的社会形象。九是积累了做好移民工作的经验，初步培育形成了一支移民管理工作队伍。

在肯定成绩的同时，我们应该清醒地看到，公司系统水电开发工作还面临着许多困难和问题，一是水电占集团公司总装机容量的比重还较低，2006年仅为14.4%，低于全国20.7%的水平。二是水电利用小时偏低，发电量增速低于装机增速，与公司成立之初相比，2006年水电装机容量增加了67%，但发电量仅增加12%。2006年集团公司水电利用小时数仅为2218h，远低于全国平均值3434h的水平。三是水电资源开发权的竞争更加激烈，将拥有的水电资源转变为开发资源任务艰巨。四是移民工作还不能完全满足形势发展和大力开发水电的需要，移民工作中存在许多困难和问题，约束水电开发进程。2006年，移民总体情况平稳，但由于移民工作的复杂性，个别工程出现过围攻扣留设计人员（如金沙江龙盘“3·21”事件）、集体上访（如洪家渡移民140人进京上访）、聚众反映诉求（如泸定“1·17”聚集事件）等突发性事件。这些事件的发生，直接干扰前期工作和工程建设，也对项目公司和集团公司的社会形象带来不利影响。

我们要正视这些问题，并在今后的工作中采取措施加以解决。

二、公司移民工作面临的形势

1. 社会主义新农村建设给移民安置提出了新课题

解决“三农”问题是全党工作的重中之重，党的十六届六中全会把扎实推进社会主义新农村建设、促进城乡协调发展列为构建社会主义和谐社会的首要任务。

水电开发与当地经济社会发展息息相关，水库淹没和移民安置都直接涉及“三农”。结合水电移民，解决“三农”问题和建设新农村的课题已摆在我们面前。如何将社会主义新农村建设与移民安置工作有机结合，是当前移民工作的新课题。在移民工作中，我们应认识到库区经济社会发展是新农村建设的重要组成部分，做好水库移民工作，促进库区发展，是推进社会主义新农村建设的必然要求。

2. 移民新条例对移民工作提出了新的、更高要求

移民新条例体现了以人为本思想和构建社会主义和谐社会精神，更加关注民生问题，这对移民工作提出了新的、更高要求。新条例除了提高移民安置补偿标准外，对移民工作有严格要求。主要反映在，移民补偿标准提高，安置规划报告编制和审批的程序更加严格，落实各项淹没补偿指标的难度增大，设计工作内容更细、更深，使移民补偿和安置规划的编制工作量增大。

3. 加快水电开发是我国能源工业的长期战略

水电是清洁可再生能源，对于优化能源结构和布局，保障国家能源安全，具有十分重要的意义。我国水电开发程度低，积极开发水电是我国长期坚持的能源政策。近年来，随着国家继续加强对包括电站建设在内的固定资产投资规模的宏观调控，电力工业的快速发展将使电力供需矛盾得到根本缓解，建设火电项目的门槛不断提高。但水电开发得到了国家一贯的鼓励和支持，即使在当前国家严格控制固定资产投资规模的情况下，国家仍然鼓励在进一步保护生态环境的前提下积极有序开发水电。

4. 移民安全稳定事关集团公司的形象

集团公司高度重视安全工作。曹培玺总经理多次强调，要确保集团公司的生产安全、经济安全、政治安全和形象安全。移民安全稳定事关集团公司的“四大安全”，我们在开展移民工作中，一定要把移民安全稳定当成头等大事来抓，不能出现稍许疏忽。

5. 加快水电开发是集团公司调整电源结构的需要

大力发展水电，巩固并提高水电开发优势，是集团公司“十一五”发展规划中的重要内容。根据规划，“十一五”期间，集团公司计划投产水电711万kW，2010年水电装机容量达到1400万kW，占集团总装机容量的17.4%；到2020年，水电装机容量将达到4600万kW，占集团公司总装机容量的31%，水电比重将大幅提高，使电源结构显著改善。公司的水电建设大有可为。

当前，移民工作已经成为制约水电开发的关键。水电开发能不能真正快起来，关取决于能不能搞好移民工作。能否实现上述发展目标，关键要看我们的移民工作能否跟上。

三、2007年水电移民工作主要任务和要求

（一）工作思路

2007年集团公司水电移民工作的基本思路是：全面贯彻执行移民新条例及国家和地方政府出台的相关规定，建立健全移民工作管理制度，加大移民工作管理力度，加快水库移民安置规划工作，正确处理好移民安置与加快水电开发的关系，确保水库移民工作顺利进行，为加快水电开发提供良好的环境。

（二）主要任务

（1）完成移民搬迁安置11303人。

（2）11项在建工程完成（或基本完成）移民搬迁安置（白沙、高唐、构皮滩、格里桥、紫兰坝、古城、薛城、狮子坪、联补、洛古、地洛）。

（3）9项前期工程完成（或力争完成）移民安置规划的审核（沙沱、泸定、鲁地拉、阿海、卡基娃、立洲、俄公堡、上通坝、青松）。

乌江沙沱确保6月上旬完成移民安置规划的

审核，满足项目核准报告上半年上报国家发展改革委的需要，年内基本完成施工区移民安置。

泸定确保5月完成移民安置规划的审核，及时与中国华能集团公司签订冷竹关水电站的赔偿协议，满足项目核准报告上半年上报国家发展改革委的需要；完成施工区移民安置规划审批，并做好施工区移民搬迁安置工作，尽早恢复筹建工程建设。

（4）金沙江中游完成移民安置总体方案研究，鲁地拉和阿海完成施工区移民安置规划审查，并做好施工区移民搬迁安置工作，同时力争完成移民安置规划大纲的审批和移民安置规划报告的审核。

（5）怒江中下游完成移民安置总体方案研究，赛格完成施工区移民安置规划报告的编制，力争完成评审。

（6）乌江洪家渡、索风营、构皮滩、思林和大花水项目，做好移民投资概算调整工作；构皮滩完成水位线下移民搬迁；格里桥全面启动并基本完成库区移民搬迁安置工作。

（7）金沙江上游要尽快研究水库淹没搬迁中寺庙搬迁等关键问题，取得政府的支持意见，促进金沙江上游规划的顺利审批。

（8）其他项目。白沙、高唐、紫兰坝、古城、薛城、狮子坪、联补、洛古和地洛等在建工程，继续开展移民补偿和搬迁安置，力争年内全部完成。卡基娃、立洲、俄公堡、上通坝和青松完成移民安置规划审核。

（9）完成水电项目法人移民工作手册的研究和编制，年内印发。

（10）完成集团公司水电移民管理办法的研究，上半年印发。

（三）工作要求

1. 提高认识，进一步增强做好移民工作的责任感

做好移民工作是水电开发的一项重要任务，也是促进地方经济社会发展、构建和谐社会的需要，是集团公司切实履行中央企业应有的“三大责任”的需要，是确保集团公司生产安全、经济安全、政治安全和形象安全的需要。各有关单位必须高度重视，从构建社会主义和谐社会出发，充分认识做好移民工作的重大意义，切实转变思想观念，增强大局意识，统一思想，把移民工作作为一项政治任务，妥善处理移民工作中出现的问题，切实做好移民工作。

2. 加强管理，提高移民工作水平

一是要进一步加强集团公司水电移民工作的管理，充分发挥集团公司的指导、督促和协调作用，促进公司系统水电移民工作有序和顺利开展。水库实物调查、移民安置规划大纲、移民安置规划、移民安置实施计划、移民工程验收等关键环节，集团公司要督促各项目单位以内审、内部咨询等方式进行把关，确保移民工作规范有序，符合国家和地方政府有关规定，安置方案科学合理可行，补偿和搬迁安置符合批准的安置规划。目前集团公司正在起草移民工作管理办法，力争上半年印发。二是公司系统要进一步建立健全移民工作机制，充实力量，不断加强学习和培训，提高移民管理工作水平，尽快形成一支责任心强、政治觉悟高、经验丰富、能打硬仗的移民工作队伍。

3. 严格政策，规范有序地开展移民工作

移民工作政策性强，各有关单位要认真学习、深刻领会国家和地方政府有关移民工作的方针和政策，掌握移民工作的程序和方法，提高移民工作水平。移民工作的每个环节，都要严格遵守并认真贯彻国家和地方的相关规定。对不符合现行政策的要求要慎重对待，以免引起不良的连锁反应。开展施工准备、“三通一平”工程、工程截流、下闸蓄水等，必须按规定落实移民搬迁安置工作。移民搬迁安置应按照政府批准的移民安置规划方案进行，一般情况下不得采取过渡性、临时性搬迁方案，确需采取的，需经省级移民管理机构同意。对于施工区移民搬迁安置工作，必须按照经省级移民管理机构（或其授权机构）审查或批准的施工区移民安置规划实施，并在主体工程动工之前完成。

4. 科学制订安置方案，切实维护移民权益

要在深入、全面地调查研究库区和安置区社会经济的基础上，坚持以人为本，实事求是，科学制订移民补偿安置方案，因地制宜地采取不同方式妥善安置移民，切实维护移民的正当权益。要在编制移民安置规划大纲等关键环节，广泛听取移民和移民安置区居民的意见，确保移民的知情权和参与权得到充分行使。要在现有政策框架范围内，根据不同项目的实际情况，积极创新移

民安置方式，努力实现水电开发与移民和地方经济的共赢。

5. 加大宣传力度，营造良好的舆论氛围

做好舆论宣传工作是维护移民稳定的重要手段。各有关单位要积极引导和配合地方政府，加大移民宣传工作力度，坚持正确的舆论导向，广泛宣传移民政策法规、移民工作的成功经验和有效做法以及移民群众脱贫致富的先进典型，有针对性地答疑解惑，让移民对搬迁安置做到心中有底。要组织强有力的宣传队伍，深入库区和安置区，及时、长期地开展宣传工作。要充分理解群众心理，及时了解群众对移民安置工作的意见和想法，积极主动反映群众的实际问题和合理要求。

6. 依靠地方政府，共同做好移民工作

移民工作是一项复杂的系统工程，涉及社会经济的各方面，需要业主单位和政府的通力合作，协同作战。移民新条例规定，移民安置工作实行“政府领导、分级负责、县为基础、项目法人参与”的管理体制。政府是移民安置实施工作的主体。移民工作能否取得政府的理解和支持，是移民工作成败的关键。各有关单位必须紧紧依靠地方政府来推动移民工作的开展。但这并不是说业主单位就只能消极等待，或者把移民资金交给地方政府就算了事，而是要通过积极主动地开展工作，想政府之所想，急政府之所急，认真帮助政府研究解决移民工作中遇到的问题，为政府顺利开展移民工作创造条件。同时要充分发挥监理单位应有的监督和管理作用，做好对移民安置全过程监督评估工作。要建立起与地方政府、移民监理机构等有关方面的联合工作制度，加强沟通、协商、协调工作，共同做好移民工作。

7. 深入做好移民工作，切实维护社会稳定

稳定工作至关重要。各有关单位要高度重视并切实做好维护移民稳定的工作，把不出现群体性事件作为一项基本要求。要继续认真执行集团公司移民工作有关规定和报告制度，制定并完善突发群体性移民事件处置预案，对突发群体性移民事件要做到提前预见，快速应对，积极配合地方政府做好处理工作，并及时报告集团公司。同时要采取切实可行的措施，防止类似事件再次发生。工作过程中，既要注意把握政策，又要注意工作方法，把原则性和灵活性结合起来，通过耐心细致的工作，使我们的工作得到群众的理解和配合。坚决杜绝因工作方式不当激化矛盾、引发群众上访闹事等事件的发生。

8. 加强领导，切实落实移民工作责任

各单位主要领导是移民管理工作的第一责任人，分管领导是重要责任人，要切实加强对移民管理工作的组织和领导，做到组织落实、责任落实、制度落实、措施到位。对于因组织不力、责任不落实、措施不到位而发生的移民稳定事件，要从严追究主要领导的责任。“移民管理”和“企业稳定与形象”是各相关单位与集团公司签订的责任书中的两项重要业绩考核内容，各单位要认真履行。

认清形势　明确目标　扎实工作
为全面完成“十一五”
节能目标而努力奋斗

——任书辉在集团公司节能工作及技术交流会上的讲话

（2006 年 11 月 28 日）

召开这次节能工作及技术交流会议，目的是深入贯彻党中央、国务院关于节能工作的一系列重要部署和全国节能工作会议精神，进一步认清形势、统一思想、制定措施、落实责任，动员公司系统广大干部员工，全面推进节能工作，确保完成集团公司“十一五”规划制定的节能目标，为集团公司发展战略的实现奠定坚实基础。

下面，我讲三方面的意见。

一、集团公司节能工作现状

集团公司组建以来，始终坚持以邓小平理论和“三个代表”重要思想为指导，以科学发展观统领全局，在抢抓机遇、加快发展的同时，高度重视节能工作。始终坚持以优化电源结构和机组结构为基础，以技术进步和管理创新为动力，以生产环节为重点，全面推进节能工作，能耗指标和排放指标持续下降，促进了企业与社会、企业与环境的协调发展。

1. 优化机组容量结构和电源结构成为节能工作的有效途径

一是建设并投产了一批大容量机组，主要包括 7 台 9F（39 万 kW）燃气联合循环机组、2 台 60 万 kW、29 台 30 万 kW 燃煤机组和一批热电联

产机组，优化了火电机组容量结构。截止到2006年10月底，集团公司30万kW及以上火电机组的比重已由组建时的44%上升到60.35%，其中60万kW等级机组由组建时的4台增加到了6台，30万kW机组由23台增加到58台。二是通过积极开发和建设可再生能源和新能源项目，优化了电源结构。截止到2006年10月底，集团公司水电在役装机容量达到668.51万kW，比组建时增加了236.8万kW；风电从无到有，实现了“零”的突破，2006年年底将有2万kW风电机组投产发电；秸秆掺烧技术已经得到成功应用。三是优化新项目设计方案，在工程项目建设中采用节能、环保、高效的技术和产品，并精心组织施工，节约了土地，降低了煤、电、油、水等资源的消耗。通过优化机组容量结构和电源结构，到2005年年底，拉动集团公司煤耗降低3g/(kW·h)。

2. 技术改造及设备治理抓住了节能工作的关键环节

一是不断进行节能技改的投入。截止到2006年10月底，公司系统投入节能技改资金3.5亿元，共有7台13.5万kW等级、16台20万kW等级、7台30万kW等级、1台60万kW等级机组进行了通流部分改造，安装电动机高压变频器50台，推广微油点火技术，已完成和正在进行锅炉微油点火技术改造的锅炉达13台。二是加强热力系统跑、冒、滴、漏治理，努力减少非正常能源消耗。通过技术改造及设备治理，到2005年年底，使集团公司降低煤耗1.2g/(kW·h)。

3. 加强管理为节能工作打下了坚实的基础

一是认真制定、有效实施节约资源规划，并对能耗高的重点企业进行重点监控，以点带面，有力地推动了各发电企业经济运行水平的提高。二是建立了能耗指标对标管理平台，实现了与国内和集团公司同类机组各项指标的动态量化比较，通过月度指标完成情况与计划目标的实时对比、分析，不断改进工作，持续降低能耗和排放指标。三是针对生产运行中存在的高能耗问题，组织技术攻关，有效解决了部分影响降耗的突出问题。四是加强运行和燃料管理，努力提高机组效率。五是推行年度企业绩效考核，把煤耗指标作为业绩考核的关键指标之一，层层落实了责任制。通过管理的持续加强，到2005年年底，使集团公司煤耗降低2.8g/(kW·h)。

经过集团公司上下三年多来的不断努力，集团公司节能工作取得了一定成绩，各项能耗指标和排放指标持续下降。2006年1~10月，集团公司累计完成供电煤耗357.08g/(kW·h)，比组建时的370.34g/(kW·h)降低了13.26g/(kW·h)，节约标准煤90万t；火电厂用电率累计完成6.95%，比组建时的7.22%降低了0.27个百分点，增加上网电量3.44亿kW·h。单位发电量烟尘、二氧化硫、氮氧化物排放率，分别比组建时下降了5.88%、10.11%和12.41%。

在充分肯定成绩的同时，也必须清醒地看到，集团公司节能工作还存在较大差距，还远不能适应集团公司持续发展和建设节约型社会的要求。主要表现在以下几个方面：

一是全员节能意识有待进一步提高。部分单位领导对建设节约型企业的重要性缺乏足够的认识，没有把节能工作放到应有的重要位置，主观能动性没有得到充分发挥。这一点反映在集团公司参差不齐的煤耗水平上，在同等级机组中，既有达到并超过的国家先进水平的，也有不少机组未达到全国平均水平。对节能工作认识的不足已影响了节能工作的深入开展，影响了企业竞争力的快速提升。

二是电源结构和机组结构需进一步改善。截止到2005年末，集团公司13.5万kW及以下的机组107台，占火电机组总台数的56%，占火电总容量的25%。这107台机组2005年平均供电煤耗高达396g/(kW·h)，对降低集团公司煤耗平均水平影响很大。

三是大机组总体供电煤耗水平需进一步提高。30万kW及以上大机组的能耗指标不理想，与去年的全国平均值相比存在较大差距，30万kW等级机组高出5.12g/(kW·h)，60万kW机组高出3.01g/(kW·h)，大机组低能耗优势没有得到很好的显现。

四是节能改造的资金投入力度需加大。集团公司组建以来，专门用于节能改造的资金还不到总技改资金的15%，使新的高效节能技术和产品没能得到及时应用。

五是新投产机组运行经济性亟待提高。2006年1~10月，2005年投产的机组供电煤耗水平较同类型机组高5g/(kW·h)，2006年投产的机组供电煤耗水平较同类型机组高15g/(kW·h)，新机降低煤耗的拉动力没有得到充分发挥。

对这些问题，我们要给予足够的重视，并在今后的工作中认真加以改进。

二、认清形势、提高认识，进一步增强做好节能工作的责任感

党的十六届五中全会把节约资源确定为基本国策，《中华人民共和国国民经济和社会发展第十一个五年规划纲要》（简称《纲要》）把“十一五”期间的单位国内生产总值能源消耗降低20%左右作为国民经济和社会发展的约束性指标。为落实十六届五中全会精神和《纲要》确定的节能目标，国家建立了GDP能耗公报制度，组织开展了千家企业节能行动等一系列节能工作的重大举措。7月25日，国家发展改革委、科学技术部、财政部、建设部等八部委联合下发了《关于印发“十一五”十大重点节能工程实施意见的通知》，提出了“十一五”期间重点节能工程的指导思想、原则和具体目标。7月26日，经国务院批准，国家发展改革委组织召开了全国节能工作会议，对全国节能工作做了进一步的动员和全面部署。会上，国家发展改革委受国务院委托，与30个省、自治区、直辖市人民政府、新疆生产建设兵团和包括中国华电集团公司在内的14家中央企业负责人签订了节能目标责任书。8月6日，国务院颁发了《关于加强节能工作的决定》，进一步明确了节能工作的指导思想、奋斗目标及重点措施。上述一系列重大举措充分体现了党中央、国务院对节能工作的高度重视，为我们进一步做好节能工作和建设节约型企业指明了方向，公司系统上下必须充分理解节能工作的深远意义，深刻认识这项工作的重要性和紧迫性。

1. 做好节能工作既是国家一项长期的战略任务，又是当前的一项紧迫工作

国家发展改革委主任马凯在全国节能工作会议上指出，“能源是人类生存和发展的重要物质基础。我国人口众多，能源资源相对不足，人均拥有量远低于世界平均水平，煤炭、石油、天然气人均剩余可采储量分别只有世界平均水平的58.6%、7.69%、6.05%。而与此相对应的，是我国能源效率总体水平低，单位国内生产总值能源消耗比世界平均水平高出许多。我国经济发展取得了举世瞩目的成就，但也付出了不小的能源资源和环境代价。”因此“必须充分认识在当前形势下加强节能工作的极端重要性和紧迫性，要认识到，节能是解决我国能源问题的根本途径，是当前经济工作的一项紧迫任务，是科学发展观的本质要求。”

2. 做好节能工作是集团公司作为中央直接管理的特大型国有发电集团应尽的政治责任、社会责任和经济责任

发电企业既为社会提供优质清洁能源，又是消耗一次能源的大户。随着国家进一步加强节能管理工作力度，发电调度体系正酝酿着“节能调度”的变革，将改变过去各类机组平均分配利用小时数的旧调度模式，优先安排可再生、高效、污染排放低的机组发电，限制能耗高、污染大、违反国家政策和有关规定的机组发电。重点对火电机组进行优化调度，鼓励煤耗低、排放少、节水型机组发电，这必将对发电企业生产运营工作带来极大的冲击。集团公司每年燃用的煤炭占全国煤炭总耗量的4%以上，占全国发电用煤消耗量的10%以上，而供电煤耗水平略好于全国平均水平，在五大发电集团居第四位，处于中下游水平。因此，我们的节能工作开展得如何，对集团公司、全行业和全社会都具有重大影响。在全国节能工作会议上，集团公司与国家发展改革委签订了《节能目标责任书》，这是我们对国家和社会做出的庄严承诺，既是压力，也是巨大的动力。

3. 做好节能工作是提高竞争实力，实现集团公司做强、做大、做好的内在要求

集团公司的火电机组占总装机容量的85%，而火力发电企业约60%～70%的成本来自煤炭消耗。按照集团公司现有的火电装机容量，每年消耗原煤1亿t左右，2006年火电发电量按1800亿kW·h计算，发电煤耗降低1g/(kW·h)，就可以节约标准煤18万t；综合厂用电率降低0.1个百分点，就可以节电1.8亿kW·h，相当于增加上网电量1.8亿kW·h；发电水耗降低0.1kg/(kW·h)，就可以节水1800万m^3。所以，做好节能工作不仅具有良好的社会效益，巨大的经济效益，而且有利于提高集团公司的形象，并能为集团公司做强、做大、做好提供坚实的经济基础。做好节能工作既是国家的需要，集团公司的需要，同时，也是发电企业自身经营、发展的需要。作为集团公司支撑单位的发电企业必须做好自身的节约工作，为自身经营、发展提供基础，同时，也是为集团

公司发展提供动力。

总之，我们必须把全体干部和广大员工的思想统一到科学发展观上来，必须从战略和全局的高度充分认识做好节能工作的重大意义，从集团公司持续快速发展的高度充分认识节能工作的极端重要性和紧迫性。我们要进一步增强做好节能工作的责任感和使命感，坚定不移地走科技含量高、经济效益好、资源消耗低、环境污染少、人力资源优势得到充分发挥的科学发展之路。

三、明确目标、真抓实干，确保“十一五”期间节能目标的实现

集团公司2010年能耗目标是：供电煤耗实现336g/(kW·h)，较“十五”末降低27g/(kW·h)，年平均下降5.4g/(kW·h)，厂用电率实现5.72%，发电油耗实现38t/(亿kW·h)，发电水耗实现21m^3/万kW·h。“十一五”期间累计节约标准煤量600万t，节电33.7亿kW·h，节油8.3万t，节水2.6亿m^3。

为实现上述目标，“十一五”期间节能工作必须全面落实党中央、国务院关于建设节约型社会的重要部署，坚持科学发展观，坚持开发与节约并举、节约优先的方针，以不断提高能源利用效率为核心，以改善资产结构、优化运行方式、加快技术进步，强化节能管理为手段，全面动员，健全体系，完善措施，创新机制，确保“十一五”节能目标的实现，为集团公司做强、做大、做好奠定坚实基础。

特别要做好以下几项重点工作：

1. 加强领导，健全节能管理体系

集团公司系统各分支机构、各发电企业要统一思想，高度重视节能工作。要把节能作为一项关系全局的重要工作，尽快形成一把手牵头，分管领导具体负责，职能部门各司其职，工作人员各负其责的节能工作管理体系。各单位一把手是节能工作的第一责任人，要担负起领导责任，努力做好组织动员和督促检查工作。分管生产的领导是节能工作的主要责任人，要组织开展好本企业的节能工作，加强调查研究，健全管理体系，针对本企业存在的主要问题认真研究对策，及时采取措施，杜绝人为因素对煤耗指标的影响。运行管理部门要切实抓好运行管理，建立和完善奖惩机制，确保机组高效稳定运行；设备管理部门要进一步加强设备管理，及时消除缺陷，保证设备健康可靠，不断提高设备的经济运行水平。各分、子公司和发电企业都要设立节能管理岗位，做好节能日常管理工作。

2. 分解指标，逐级落实责任

集团公司已经初步制定了“十一五”节能规划，这次会议讨论后，将根据各分支机构及直管电厂的意见和建议进行修改完善，并经集团公司总经理办公会批准后予以颁布实施。集团公司“十一五”节能规划是根据集团公司成立之初到2005年期间的供电煤耗、发电厂用电率、发电油耗、发电水耗等主要能耗指标的变化情况，“十一五”期间新机组投产，小机组关停以及存量资产节能改造情况，在多次调研和大量的统计、分析、计算基础上编制的，确定了集团公司和各区域“十一五”期间的节能目标，并从结构调整、管理和技术改造三个方面制定了具体措施。

各分支机构及直管电厂要根据集团公司的“十一五”节能规划要求，结合本单位实际，制定行之有效的本单位节能规划，并把节能目标逐级分解到区域内的各电厂，分解到各年度，责任落实到各企业、各岗位，同时，制定配套措施及考核办法和年度计划，确保规划目标如期实现。

3. 注重源头，努力推进电源结构优化调整

节能工作是一项系统工程，要从源头开始实现全过程管理。电源项目规划要按照集团公司“十一五”发展规划中所要求的，坚持“大力开发水电，优化发展煤电，积极发展核电，适当发展天然气发电，加快新能源发电，实施‘以大代小’、‘上大压小’，逐步淘汰小机组，提高单机容量，努力构建资源节约型、环境友好型发电集团”的发展原则，加快水电流域开发建设，大力建设超临界、超超临界高参数、大容量的环保型高效火电机组；因地制宜，积极推进大型坑口电站、空冷机组的建设；项目建设开始，就要从设计、选型、制造等各个环节，全面考虑节地、节煤、节油、节水、节电等各项节约资源工作，努力做到造价与经济性的最佳配制；基建过程中，严格工艺流程，提高土建、安装、调试水平，提高工程建设质量，实现新建机组顺利投产并充分发挥其结构优化、降低能耗的作用。同时，要提前做好小机组关停的准备工作，确保按计划关停小机组，降低高煤耗机组对降耗工作的负面影响。

4. 加快完善，尽早发挥新机降耗的拉动作用

集团公司“十一五”期间将投产煤电机组3508万kW，多数为大容量、高参数机组，其中单机容量60万kW及以上煤电机组2534万kW，这些机组能否稳定运行以及运行的经济水平，直接关系到集团公司“336”供电煤耗目标的完成。有新投机组的发电企业、分支机构、子公司必须认识到这一点。要下大力气做好各项生产准备工作和新机组的稳定工作，完善保障措施，建立健全指标管理体系和相应的规章制度，保证新投机组的可靠性和经济性，使新机组的主要经济技术指标能够在投产一年内，基本达到集团公司同类型机组当年的平均水平，两年内达到集团公司同类型机组当年的先进水平，3年内达到设计值。经过努力，30万kW及以上等级新机组投产后，到2010年的平均供电煤耗必须低于336g/(kW·h)的集团公司平均水平，充分发挥新机组对降低能耗的拉动作用，不断降低集团公司整体能耗水平。

5. 统筹协调，深入开展优化运行管理

各区域要积极应对按“能耗调电”的调度规则变化，认真研究政策，抢前抓早，统筹协调，发挥区域优势，促进区域整体效益和节能效果的最优化。

各单位要优化机组的运行方式，掌握各台机组的热力性能，制定相应的负荷调度方案，并积极取得调度部门的理解与支持，对机组启停、负荷分配进行科学调度。要抓好运行分析，运用科学的方法，通过设备运行中的各项参数，分析系统的安全经济性能及其变化规律，确定系统的最佳启停方案和运行工况，做好锅炉、汽轮机及辅机的优化调整。要搞好指标分解，积极开展指标量化管理和形式多样的小指标竞赛，不断丰富小指标竞赛的内容，逐步实现对运行人员绩效的在线考评，使运行人员的收入与企业的经济运行水平直接挂钩，从而调动员工的积极性。要在保证安全的前提下，通过运行优化管理，最大限度地挖掘机组的节能潜力。

6. 对标管理，全面促进节能工作

要全面开展指标对标管理，按照“同类可比，相对先进”的原则，通过对标找准差距、发现问题，充分调动企业运营改善的积极性和主观能动性。要着重加强对新投机组的经济性管理，新机通过168h试运行后，其主要指标即纳入对标管理。作为节能工作的重点，集团公司已经对30万kW等级机组和循环流化床机组进行了能耗分析，各有关单位要根据分析结果，结合实际抓好节能降耗措施的落实工作，利用1~2年的时间使集团公司30万kW机组的煤耗达到全国平均水平，循环流化床机组达到国内先进水平。

7. 加强管理，提高发电设备维护检修水平

要进一步加强对设备的检查维护，提高设备在良好状况下运行的时间，为高效率运行创造条件。同时，根据设备磨损、腐蚀情况，制定设备定检周期表，消除设备泄漏点，通过检修消除七漏（漏汽、漏水、漏油、漏风、漏灰、漏煤、漏热），提高设备完好率和机组健康水平。要特别加强锅炉“四管”泄漏的控制，坚持“逢停必查”的原则，利用一切机会对受热面进行检查，消除漏泄隐患。新投产机组的第一次检修，必须做到消除现存的全部缺陷，方可起机，避免“非停”过多造成能耗增加。

针对检修体制改革形势，出台相应的保证检修工作正常开展的配套措施。完善检修管理机制，激励检修人员增强责任感和质量意识，要加强检修的过程管理，严格按工艺检修，严格按标准验收，确保机组修后达到全优。

8. 精心策划，加大技术改造力度

各单位要在集团公司的统一安排下，依靠科技进步，加大技术改造力度。编制好技术改造三年滚动计划，积极筹措资金，努力按计划完成技术改造任务。重点是：加快实施部分汽轮机通流部分改造，提高机组的出力和效率；加快改造部分锅炉的低效燃烧器，提高锅炉效率；积极应用高压变频技术、改造部分大出力低效率风机、水泵，降低辅机单耗，提高调整可靠性；全面推行锅炉微油点火技术，实现63台锅炉的微油点火，进一步降低发电油耗；尝试使用新型电除尘器控制设备，降低除尘器用电量；改造部分能量、资源关口计量装置，减少关口损失。

9. 协同管理，进一步提高燃料管理水平

积极开拓煤源，控制煤价，提高煤质，保证煤量，确保燃煤供应。强化厂内燃料管理，加强入厂煤和入炉煤计量管理，做好采制化工作，严把入厂煤验收关。尽可能使用设计煤种或接近煤种，加强煤炭掺配掺烧工作，提高锅炉效率。加强煤场管理，减少煤场损失。制定科学的燃料管

理考核办法，做到统计正确，考核公平。

10. 闭环管理，抓好能耗普查和节能评价工作

各单位要认真抓好能耗普查工作，积极开展机组热力试验、电平衡试验和水平衡试验，为进一步制定节能管理措施和技术措施提供依据。各单位对进行热力试验工作的外委单位要进行有效监督，对计算主要指标的原始数据和过程进行认真核对，充分发挥热力试验对机组经济性的指导作用。要加强计量管理，严格区分生产和非生产用能，为经济调度和节能降耗提供科学依据。

集团公司正在制定节能评价体系和标准，以更好地指导发电企业开展节能工作，并在2007年逐步开展节能评价工作，进一步查找企业在节能管理、优化运行、指标管理、燃料管理等方面存在的问题，督促企业制定整改措施，加快改进。通过持续开展节能评价工作，不断提高各单位的资源利用效率。

高度重视　扎实工作
确保迎峰度夏期间安全生产

——任书辉在2007年集团公司迎峰度夏视频会议上的讲话

（2007年6月12日）

这次迎峰度夏视频会议的主要内容是：回顾总结2007年1~5月集团公司安全生产工作，传达2007年全国电力迎峰度夏电视电话会议精神，针对下阶段安全生产工作，以及迎峰度夏工作形势和特点，提出要求，动员公司系统广大员工，高度重视，扎实工作，确保迎峰度夏期间安全生产。

下面我谈三个方面的意见。

一、1~5月集团公司安全生产情况简要总结

1. 总体情况

2007年以来，在集团公司党组的正确领导下，公司系统广大干部员工认真贯彻落实年初安全工作部署和春季安全生产视频会议要求，以反违章工作为重点，深入开展“巩固提高年”活动，做了大量、卓有成效的工作，继续保持了公司系统安全生产的平稳局面。主要表现在：

一是保持安全生产“零事故”。公司系统电力、热力生产，以及基本建设安全生产形势平稳，没有发生事故。

二是发电量持续稳定增长，累计增长29.59%，高于全国15%的平均增长率，居五大发电集团前列。

三是设备可靠性进一步提高。机组等效可用系数完成93.51%，同比升高1.89个百分点。设备利用小时完成1915h，同比上升19h。机组非计划停运55次，同比减少11次，下降16.67%，累计台均0.16次，同比降低0.04次。

四是主要经济技术指标继续改善。火电机组供电煤耗首次突破350g/(kW·h)，完成349.73g/(kW·h)，同比下降7.28g/(kW·h)。厂用电率完成6.16%，同比下降0.28个百分点。

稳定的安全生产局面，为公司系统各项生产经营指标的完成，奠定了良好的基础。

2. 安全生产工作的主要特点

1~5月，安全生产工作呈现出领导高度重视、超前研究部署、措施务实细致、责任层层落实和工作成效明显的特点。

一是各级领导班子进一步加强安全生产管理，认真落实公司党组关于安全生产的部署和要求，深入基层，了解情况，及时协调解决出现的新情况和新问题，不断推动安全生产工作深入开展。

二是自去冬今春视频会议以来，针对不同时期安全生产工作特点，突出重点环节，超前预防、超前研究，制定措施，精心部署，并认真督促落实，保证了安全局面的稳定。

三是突出抓反违章工作，采取各种形式检查，督促落实，加强规范管理，公司系统安全生产执行力明显增强。

四是各级企业，尤其是分支机构按照工作部署，自我加压，抓安全生产的作用和成效明显，各级人员抓安全生产的自觉性、主动性和实效性不断提高。

五是各单位安全工作符合实际，注重实效，强化责任制和制度落实，各项措施务实细致、针对性强，工作成效显著。

3. 安全生产方面所做的主要工作

2007年以来，公司系统各单位认真贯彻各项工作部署，采取切实措施，促进各项安全工作持续深化开展。

一是继续强化各级人员安全意识，完善年度和任期安全目标考核体系，推动安全生产责任落实。各区域抓基层、抓重点、抓细节、抓倾向性和苗头性问题，使本区域安全生产管理水平进一

步提高。

二是各单位积极呼应华电国际、华电福建公司、华电能源和乌江公司联合提出的“严反违章、共筑和谐”倡议，采取形式多样的反违章宣传、教育和工作措施，加强监督、检查和考核，深入推进反违章工作。目前，“违章是事故之源、遵章是安全之本”的观念已逐渐深入人心。

三是围绕重点、难点，加大工作力度，夯实安全基础。加强新机单位生产准备，推行点检定修试点。规范技术管理，突出加强化学、金属、绝缘等技术监督工作。完善技术监督体系，效果不断显现。

四是深入开展冬季安全培训工作，以隐患排查和整改为重点，认真组织春季安全大检查工作，以反违章为专题，开展安全月工作。突出实际效果，开展安全性评价专家查评和新机安全“三同时”验收等工作。

五是加强基本建设安全管理，严格落实安全管理责任，正确处理安全、质量和工期关系，深入开展基建安全专项整治，安全局势平稳。各单位高度重视小机组关停前、后时期的安全管理，加强多经企业安全管理和交通安全管理，保证公司系统“大安全”局面的稳定。

六是高度重视安全度汛、水库大坝和灰场堤坝的安全工作。各项准备工作比较完善，安全应急水平进一步提高。

七是努力提高设备健康水平，加强市场供求分析和营销工作，努力开拓市场，增发电量。千方百计解决电煤供应中的问题和困难，保证了电煤供应。

截至目前，2007 年我们保持了一个相对较长的安全生产稳定局面，全公司系统没有发生事故，这是集团公司党组正确领导、全公司干部员工共同努力的成果。我首先代表党组向所有单位、特别是基层企业的干部、职工表示衷心的感谢，同时希望大家要十分珍惜这来之不易的安全局面。安全工作任何时候都不能自满，任何时候都不能说我们的工作做的好了，要以如履薄冰的心态，警钟长鸣的意识，兢兢业业地对待每一项工作，希望同志们仍再接再厉，争取更大的成绩！

二、当前安全生产存在的问题和迎峰度夏期间安全生产的形势

在总结取得成绩的同时，我们还应清醒地看到，公司系统在安全生产方面还存在诸多问题，无论是设备隐患还是管理上的疏漏，都说明我们的安全生产工作，还远远没有达到“可控、在控”的要求，应引起高度重视：

一是部分单位安全生产管理还不严格，少数区域差距较大、个别单位问题比较严重。表现在安全监督、技术管理和生产管理力量不足，安全责任也没有落实到位，技术监督体系不健全，直接影响安全生产各项工作的正常开展。

二是部分设备存在安全隐患，部分新机不能够稳定运行。表现在“非停”发生率较高，1～5 月，新机累计发生“非停”25 次，占公司“非停”总数的 45.5%，影响发电量达 3.3 亿kW·h。涉及使用假冒进口高温高压管道的机组，在整改前维持运行，仍是安全生产的一大隐患。

三是部分新建单位人员素质还达不到要求。由于主要生产岗位人员到位晚、培训不足等诸多因素的影响，新厂人员整体素质难以适应新机组，例如大型 CFB 等机组的安全生产需要。

四是工作落实有差距。对重点开展的反违章、技术监督、节能评价等实践证明是行之有效的工作，部分单位仍存在不主动、执行力层层衰减的现象。

五是公司系统电量目标完成进度低于时间进度。还有部分电厂煤炭库存偏低，个别电厂长期处于告急状态，局部电煤供应形势还十分严峻。

下阶段安全生产形势有以下几个突出特点：

一是做好安全生产工作的意义更加重大。确保迎峰度夏期间的安全生产，做好安全度汛工作，是迎接党的“十七大”顺利召开、履行企业“三大责任”，保证集团公司“四个安全”，必须要做好的工作。必须引起各级领导和全体员工的高度重视，不能有一丝一毫的马虎。

二是汛期安全生产不确定因素较多。据预测，2007 年气象年景总体偏差，高温干旱、暴雨大风等极端气候事件比常年偏多，南方出现的暴雨已给公司某些电厂造成威胁。公司系统管理的大坝多、分布较广、坝型复杂、龙头水库多，安全度汛影响重大，应对气候变化对水、火电发电生产带来的不确定性，做好应对应急、保障安全度汛、可靠发电面临较大压力。

三是 2007 年前 5 个月，在需求强劲增长拉动下，全国发电增幅达到15.8%，为近3年来同期最高水平。在夏季高负荷情况下，满足电量需求，保持稳发满发，对设备健康水平提出了更高要求。

四是国家大力实施“节能减排”战略措施，逐步推广火电大小机组、水火机组之间替代发电，以及差别电价和节能调度政策，这些给公司小机组的生产及经营效益，以及关停过渡时间的安全带来一定影响。

五是集团公司近期有一批机组集中投产，这既为迎峰度夏期间发电量的增长创造了条件，也给我们保持新机稳定带来了考验。

这些问题和形势特点，必须引起我们的高度重视，要认真总结经验，立足新情况，解决新问题，克服麻痹松懈情绪，采取坚决有力的措施，建立有效机制，切实做到严阵以待，安全第一、多发电量，确保完成迎峰度夏安全生产工作。

三、下一阶段安全生产工作任务和重点工作

下阶段，要重点抓好以下工作：

1. 充分认识做好迎峰度夏期间安全生产工作的极端重要性

安全是一切工作的基础。保证安全度汛，确保迎峰度夏期间安全生产，是集团公司的重大社会责任和政治责任，也是集团公司完成其他工作目标的基础。各单位、各级领导要以高度负责的精神，高度重视并切实抓好，要进一步研究、分析本地区2007年迎峰度夏的形势和特点，把迎峰度夏期间安全生产工作，作为当前工作的重中之重来抓，切实加强领导，制订措施，狠抓落实。

2. 进一步完善应急机制，确保公司系统安全度汛

目前，公司系统已全面进入汛期，一些地区暴雨已经成灾，防汛形势严峻。一是要进一步完善应急组织保障，成立以各级主要负责人为组长的应急领导小组，自上而下健全组织体系，要加强预案演练、完善协调机制、提高实战水平。二是克服侥幸心理，全面落实防大汛的各项准备工作。做好汛前检查和汛期的巡视检查工作，对于检查中发现的问题要坚决采取措施，消除隐患。要确保汛情测报和大坝监测系统投入使用。火电企业要加强灰坝管理，及时发现并消除隐患。三是坚决服从各地防汛办和电力调度命令，加强与水利调度部门的联系，在确保安全的前提下，科学调度，争取多发电。四是突出强调在建工程安全管理，保持高度警惕，及时了解水情，做好预案，坚决杜绝各类事故的发生。五是落实责任，严格检查，各单位主要领导对本区域、本单位防汛重点做到心中有数，要及早发现、迅速响应、及时应对存在的突发事件，坚决防止次生灾害。要坚持“以人为本”，把握“防、抢、撤”三个重点落实应急工作，确保人身安全。

3. 加大工作力度，深入推进反违章和“安全生产月”工作

“安全生产月”工作正在有条不紊地展开。各单位要结合“安全生产月”工作，积极落实集团公司工作部署，重点推动反违章工作。一是加大对现场生产工作的指导、监督、检查、考核力度，深入开展隐患排查，加强闭环管理，建立健全危险源、隐患监控工作机制，深入开展标准化作业，规范现场作业管理，加强规章制度执行，切实消灭各类违章，起到保证安全的目的。二是夯实安全管理基础。加强安全教育，发动广大员工共同参与，查找工作中的不良习惯，纠正工作中的不良行为，增强工作人员责任心。三是完善反违章措施和方法，按照“四不放过”原则对待违章，查清原因、举一反三、追究责任、落实整改。四是加强反违章检查、考核机制建设，各分支机构要积极开展无违章创建工作，集团公司将采用典型引路、督促检查等形式，切实推动工作开展。

4. 精心组织，周密安排，确保机组安全稳定运行

认真落实各项组织措施和技术措施，确保迎峰度夏期间机组安全稳定运行。一是严格执行“两票三制”，包括在建工程的调试工作，坚决杜绝无票操作等作业行为，坚持全面进行危险点分析，全面落实安全措施，杜绝因人为责任造成的不安全事件。二是例行巡回检查、交接班和设备定期试验轮换制度，针对夏季高温、湿热、雷雨多等气候特点，制定落实防雷、防雨、防汛、防暑等措施，及时处理发现的问题和不良苗头，保证发电设备平稳运行。三是加强设备维护，充分发挥现有设备的能力，精心调整运行工况，加强参数分析和异常分析；加强缺陷管理，对缺陷要做到早发现早处理，防止缺陷扩大。加强检修质量管理，合理安排检修周期，尽最大能力做到稳发、满发，努力降低非计划停运。四是高度重视

电气、热控设备、电气二次保护及安全自动装置的管理，落实二十五项重点反措的要求，防范设备事故发生。五是加强对油区、氢站等危险场所及人员聚集场所的安全管理，确保不发生火灾、爆炸等事故。

5. 积极开展营销和经济运行工作，促进节能减排

一是加强沟通和协调，把握市场动态，抢抓“节能减排”带来的机遇，落实关停机组电量置换和发电量计划补偿指标，研究确定最优代发电厂，力争达到并超过预定的发电计划目标，继续保持电量快速增长的势头。二是以提高大机组利用小时和落实新机电量为重点，争取进一步提高大机组电量比重，尽快适应节能调度和差别电价的实施。三是强化落实新机稳定措施，切实发挥新机拉动电量增长作用，保证机组开得起、稳得住、发得满，为集团公司各项经营目标的实现做出应有的贡献。四是目前，燃机电厂重大缺陷较多，影响机组正常发电运行，要采取措施尽早恢复设备运行，并及时掌握天然气供应变化趋势，以及用电负荷的需求信息，抓住一切有利时机，发挥自身优势，努力提高燃机电量计划完成率。五是加强经济运行管理，紧紧围绕全年能耗目标，落实节能对标管理整改要求，切实提高能耗水平。为全年发电量任务等各项经济技术指标的完成奠定坚实基础。

6. 积极协调，保证燃料供应，抓好燃料管理工作

一是煤业公司及各单位要认真分析煤炭供应的总体形势，积极与有关部门沟通，争取理解和支持。二是要全力以赴、千方百计做好燃料采购，增加库存，提高燃煤质量。避免因缺煤造成的停机，杜绝发生因缺煤导致的全厂停电。三是加强燃料管理，针对来煤实际情况，做好混配煤工作，采取措施防止上湿煤给运行带来的影响，采用合理的燃烧和运行方式，制定相关的技术方案，防止因煤质问题导致的灭火和停机事件。

7. 加强值班管理和信息报送工作

一是各单位安全生产第一责任人必须到位，要亲自组织研究、部署迎峰度夏工作，督促各项工作的有效落实。二是要深入到生产一线，及时分析和解决安全生产中存在的问题，及时消除隐患。对发生的安全生产重要事件，要采取紧急措施，防止事态的扩大。三是做到24小时有领导值班。重要的检修作业和运行操作，有关领导要到位监督。四是严肃安全生产信息报送制度，对汛情、险情等重大问题，有关单位必须迅速组织力量妥善处理，并按规定及时、准确、迅速地向分支机构、集团公司及政府有关部门报告。

以树立社会主义荣辱观为契机 不断加强纪检监察队伍建设

迟文江

（2006年6月）

当前，全国上下都在认真学习贯彻胡锦涛总书记关于树立社会主义荣辱观的重要讲话精神，公司系统纪检监察干部要以树立荣辱观为契机，认清形势、明确任务，不断提高政治素质和业务水平，为进一步做好纪检监察工作储备知识、打好基础，为公司快速健康和谐发展提供坚强的政治保障。

一、立足集团公司实际，牢固树立社会主义荣辱观

2006年3月4日，胡锦涛总书记在看望出席全国政协十届四次会议的委员时发表了“八荣八耻”的重要论述。讲话精辟阐明了社会主义荣辱观的深刻内涵，体现了爱国主义、集体主义、社会主义思想，社会主义基本道德规范和社会风尚的本质要求，是中国传统美德和时代精神的完美结合，是社会主义世界观、人生观和价值观的具体体现。树立社会主义荣辱观，是社会主义思想道德建设的重大问题，是党风廉政建设的基础性工作，对广大党员干部特别是纪检监察干部加强党性修养，坚定理想信念，增强廉洁从业意识，推动党风建设和形成良好风气，具有十分重大的意义。集团公司党组对学习贯彻荣辱观非常重视，已发出通知，对公司系统学习贯彻胡锦涛同志重要讲话精神，深入开展树立社会主义荣辱观学习教育活动作出了全面部署。通过学习、体会，我认为树立社会主义荣辱观要着重把握好以下三点：

1. 把树立社会主义荣辱观作为促进各项事业发展的一项基础性工作，全面推动集团公司“358”战略计划的实现

华电集团是一个拥有8万多名员工的大型企

业集团，为达到加快发展、做强做大企业，需要共同的思想基础和行为规范，需要有维系企业和谐的精神纽带和道德风尚。只有辨善恶、分美丑，才能凝聚人心、提升境界、激发活力；只有明荣辱、扬正气，才能全面推进各项事业的健康发展。

集团公司成立以来，公司党组坚持落实科学发展观，以发展战略总领各项工作，树立了快速、优质、协调的发展理念，追求存量运营与增量发展相协调；以发电为主体，煤炭、金融为两翼，主业与综合产业发展相协调；企业发展与员工发展相协调；当前发展与可持续发展相协调；深化改革与保持稳定相协调。团结带领全体员工艰苦奋斗，开拓实干，装机容量快速增长，资产总量大幅增加，利润总额同步提升，走出了一条科技含量高、经济效益好、资源消耗低、环境污染少、人力资源优势得到充分发挥的路子，圆满实现了“358”战略计划“三年跨一步”的第一阶段目标。

实践证明，企业兴则员工荣，企业衰则员工耻。我们取得的这些业绩反映出来的是广大干部员工“人心齐”的巨大凝聚力，“人思进”的巨大创造力，“人气旺”的巨大战斗力。今年是“358”战略计划第二阶段的开局之年，目前，各项工作正在按照集团公司的整体部署全面展开。纪检监察战线的同志要更加自觉主动地把树立社会主义荣辱观作为落实科学发展观的内在要求和思想保障，作为促进各项事业健康发展的一项基础性工作来抓，坚定不移地贯彻到各项具体工作中去。大力宣传胡锦涛总书记关于社会主义荣辱观重要论述的重大意义和精神实质，宣传社会主义荣辱观的科学内涵和基本要求，宣传公司系统贯彻落实的具体举措和进展成效，宣传企业涌现出来的先进典型和鲜活经验，使广大员工继承和发扬业已形成的优良传统，把热爱祖国、服务人民、崇尚科学、辛勤劳动、团结互助、诚实守信、遵纪守法、艰苦奋斗的精神转化为立足本职工作、创造一流业绩的实际行动，为集团公司的战略发展作出更大的贡献，更好地肩负起中央大型骨干企业对发展国民经济、维护社会稳定、巩固党的执政地位的重大责任。

2. 把树立社会主义荣辱观作为加强思想道德建设的一项长期性任务，不断加快惩防体系建设步伐

荣辱观是人们对荣誉和耻辱的根本看法和态度，集中反映了社会的价值导向、人的精神状态和社会的文明程度。胡锦涛总书记关于树立社会主义荣辱观的重要讲话，是马克思主义道德观的精辟概括，是新形势下社会主义思想道德建设的重要指导方针。大力倡导以“八荣八耻”为主要内容的社会主义荣辱观，对于弘扬以爱国主义为核心的民族精神，对明确是非、善恶、美丑，形成良好的社会风气，具有重大的现实意义和深远的历史意义。

建立健全教育、制度、监督并重的惩治和预防腐败体系是公司系统的长期任务。我们要善于把树立社会主义荣辱观与构建惩防体系工作有机联系、紧密结合起来，形成以社会主义荣辱观引领思想道德建设，以思想道德建设的新成效推动惩防体系建设的工作思路。

一方面，把树立社会主义荣辱观作为思想道德建设的重要内容常抓不懈；另一方面，把思想道德建设作为加强党风建设和反腐倡廉工作的源头工程扎实推进。第一，始于教。要有效发挥教育在党风建设工作中的基础性作用，把树立社会主义荣辱观与思想教育、纪律教育，与社会公德、职业道德、家庭美德教育和法制教育结合起来，通过多渠道、全方位、宽领域的宣传和教育，弘扬真善美，摒弃假恶丑，努力构筑拒腐防变的思想道德防线。第二，重于行。树立社会主义荣辱观重在实践、贵在行动。知荣辱，树新风，要从自己做起，从身边做起，从点滴做起，从现在做起，做到知行合一，言行一致。要把社会主义荣辱观作为规范自己行为的基本准则，把个人荣辱与企业兴衰紧密联系在一起，正确对待苦乐成败，使个人行为与企业规范相协调，与集体利益相一致，在维护和增进企业利益中实现自身的价值。第三，成于风。树立社会主义荣辱观，要与廉政文化建设结合起来，促使广大员工身体力行并大力倡导遵纪守法、勤俭办企等良好道德风尚，反对并坚决抵制违法乱纪、骄奢淫逸等丑恶现象，使社会主义荣辱观深入人心，形成明荣辱之分、做当荣之事、拒为辱之行的良好氛围，不断加快构建惩防体系的步伐。

3. 把树立社会主义荣辱观作为加强党员干部队伍建设的一项政治性要求，努力提高党性修养水平

公司系统广大党员干部是企业改革发展稳定各项工作的中坚力量和宝贵财富，在物质文明、政治文明和精神文明建设等多方面都发挥着先锋

模范和示范带动作用，一言一行都是职工群众心中的一面镜子。为此，党员干部以身作则、率先垂范，对于公司系统内大力弘扬社会主义荣辱观至关重要。广大党员干部要把树立社会主义荣辱观作为加强自身建设的一项政治性要求，对于何为荣耀，何为耻辱，一定要保持清醒的认识，绝不能有半点含糊，做社会主义荣辱观的热情倡导者和积极推动者，用自己的模范言行和人格力量为职工群众作出表率。

作为一名党员干部，树立社会主义荣辱观是一个基本准则和要求，在衡量“荣”与“辱”的标准方面，还要从加强党的执政能力建设和党的先进性建设的高度，提出高于职工群众的要求，努力提高党性修养水平。

新时期共产党员党性修养的内容十分丰富，包括理论修养、政治修养、思想道德修养、文化知识修养、作风修养、组织纪律修养等多个方面。这些要求落实到系统内广大党员干部的荣辱观上，就是热爱企业、服务职工，就是崇尚科学、尊重劳动，就是团结协作、恪守诚信，就是遵纪守法、艰苦奋斗。党员干部只有在树立社会主义荣辱观的基础上，不断提升自身的思想境界，着力加强党性修养，才能对个人的名誉、地位、利益等问题想得透、看得淡，摆在合适的位置上，才能自觉地把精力最大限度地投入到企业建设和发展的各项工作之中，而不会去斤斤计较个人的得失，更不会去贪图享受，谋取私利。

共产党员的党性修养不是与生俱来的，也不是一劳永逸的，而是在长期的学习与实践过程中自我教育、自我锻炼、自我改造、自我完善的结果，要通过坚韧的努力、一生的实践来不断加强党性锻炼，提高党性修养。公司系统广大党员干部要把认真学习党章、自觉遵守党章、切实贯彻党章、坚决维护党章作为一项长期任务抓紧抓好，不断强化党章意识、党员意识和组织观念、纪律观念，进一步提高政治敏锐性和政治鉴别力，始终保持清醒的政治头脑和坚定的政治立场，始终同党中央保持高度一致，把思想和行动统一到集团公司一系列战略决策和各项部署要求上来，为企业推进改革、加快发展、保持稳定做出不懈的努力。

二、把握形势任务要求，不断加强纪检监察队伍建设

倡导和实践社会主义荣辱观，对纪检监察干部提出了更高的要求。“德高为师，身正为范”，纪检监察干部要带头学习和牢固树立正确的荣辱观，全面履行党章赋予的职责，自觉融入集团公司的宏伟事业之中，不断提高自身素质，以深厚的理论功底和过硬的实践本领，在集团公司战略发展的大舞台上施展才干、建功立业。

1. 认清形势，坚定工作信心

认真分析形势是做好纪检监察工作的前提和基础。把握公司系统当前党风建设和反腐倡廉工作的形势，做好工作，至少有这么三条。第一条，各级党组织高度重视。集团公司党组一贯重视纪检监察工作，早在集团成立之初，就将党风廉政建设纳入到企业发展和党的建设总体工作之中，与安全生产、资产经营工作一同部署、一同落实、一同检查、一同考核。在集团公司每年年初的工作会议后，紧接着召开纪检监察会议，总结安排纪检监察工作，集团公司党组书记、总经理贺恭同志亲自到会并作重要讲话。集团公司党组2004年专门下发了111号文件，对纪检监察机构设置及其人员配备、待遇落实等方面提出了明确要求，为纪检监察工作打下了坚实的组织基础。从2003年开始，集团公司每年举办一期纪检监察工作培训班，目前已实现集团成立之初提出的“四年内对专职纪检监察干部基本培训一遍”的目标，有力地促进了纪检监察人员综合素质的提高。系统内各级党组织也大力支持纪检监察工作，定期听取纪检监察工作汇报，及时研究和解决工作中的重大问题，为纪检监察工作的顺利开展提供了良好的外部环境。第二条，纪检监察工作成效明显。3年来，党风廉政建设责任制得到全面落实，党廉考核不合格单位逐年递减；效能监察工作取得显著成绩，3年共挽回经济损失9000多万元，节约资金达4.9亿元；信访举报的监督主渠道作用得以有效发挥，领导干部廉洁自律和依法经营意识明显增强；源头治理工作力度加大，反映领导干部违纪违法的信访举报有较大幅度下降。第三条，党风廉政建设任务依然艰巨。就全国形势而言，胡锦涛总书记在中纪委六次全会上指出：“违纪违法案件在一些地方和部门仍然呈多发态势”、“损害群众利益的问题仍然比较突出”、“党内不正之风仍然比较严重”、“反腐倡廉工作仍然存在薄弱环节”。从公司系统来看，受社会上一些不正之风和腐朽思想的影响，导致腐败现象易发多发的土壤和条件还没有从根本上消除，个别党员干部出现了违法犯罪行为；有的企业大局意识淡薄，违规经营，不仅加大了集团公司的经营风险，还极有可能引发腐败事件；另外，在领导干部廉洁自律、企业效能监察、构建惩防体系等多方面，还需要我们做大量艰苦细致的工作。

基于以上这三条认识，我们既要看到党风廉政建设工作的长期性、艰巨性、复杂性，随时做好应对困难的思想准备，更要看到有利的条件和因素，坚定做好纪检监察工作的信心，善始善终地抓好职能范围内的各项工作，为党政领导分忧解难，为企业发展尽职尽责。

2. 明确要求，激发学习动力

纪检监察干部要从提升纪检监察队伍整体素质、服从服务公司大局的高度来认识加强自身学习、提升自身素质的重要性和迫切性。首先，从纪检监察工作的职能作用看，迫切需要加强学习、提高素质。纪检监察工作在集团公司整体工作中处于重要地位，起着不可替代的作用；纪检监察工作涉及范围广，政治性、政策性、业务性强，这就要求纪检监察干部既要有较高的理论水平，又要有丰富的专业知识，还要熟悉经济、法律、金融、科技等相关知识。随着集团公司的快速发展，电源项目增多，管理链条加长，资金流量加大，使纪检监察工作涉及的领域越来越多，渗透的范围越来越广，因而对纪检监察部门和纪检监察干部的要求也越来越高。纪检监察干部要更好地履行职责，就必须不断加强学习，善于充实提高，否则就难以胜任工作、完成任务。其次，从创造性地做好全年纪检监察工作的要求看，迫切需要加强学习、提高素质。我在2006年的纪检监察工作会议的报告中，明确了全年党风建设和反腐倡廉工作的指导思想、目标任务、重点工作和推进措施。系统各单位均制定了贯彻落实会议精神的意见，目前各项工作正在全面推进，呈现出纵深发展的良好态势。但有些工作还没有全面铺展开来、深入进去，特别是在找准基层纪检监察工作与中心工作的结合点，更加有效地服务企业改革发展稳定方面，还有一定差距。尽管出现这些问题的原因是多方面的，但与我们纪检监察干部角色意识、创新意识不够强是直接相关的。而正确地履行职能、创造性地开展工作、高质量地完成任务，客观上要求每一名纪检监察干部都必须加强学习、提高素质。第三，从当前纪检监察干部的现状看，迫切需要加强学习、提高素质。从整体上讲，公司系统纪检监察干部队伍是一支吃苦耐劳、敢打硬仗、素质优良的队伍。3年来，我们这支队伍按照集团公司的要求，围绕中心，服务大局，坚持不懈地推进反腐倡廉工作，在领导干部廉政自律、查处违规违纪案件、深化效能监察、狠抓超前预防、创新体制机制等方面，做了大量工作，取得了显著成效，为保证企业和干部职工队伍的肌体健康发挥了重要作用。在充分肯定成绩的同时，我们也要清醒地看到，与集团公司的要求和广大职工的期望相比，我们的纪检监察干部在思想观念、工作作风、理论水平、知识结构、工作方法等方面还存在不适应新形势要求的地方，需要不断改进提高。另外，随着企业的发展，纪检监察干部同其他业务干部之间的岗位交流也逐年增多，新调入的干部对纪检监察业务还需要一个熟悉和实践的过程。这就要求大家增强压力感和紧迫感，不断充实自己、丰富自己、提高自己，努力成为一名高素质的纪检监察干部。

3. 坚持不懈，提高业务技能

坚持不懈地提高业务技能是纪检监察干部不断适应新形势，与时俱进、开拓创新的必然要求。要立足本职工作，结合岗位实际，苦练基本功，努力提高胜任岗位、履行职责、完成任务所必需的基本素质、基本能力和基本水平。要坚持向书本学习，努力钻研纪检监察业务知识，优化自己的知识结构，丰富自己的知识体系；要坚持向先进的同行学习，借鉴和吸收一切有益于自身工作的经验和做法，切实提高纪检监察工作的质量和水平；要坚持在火热的实践中学习，不断把握纪检监察工作的特点、规律，在实践中开阔视野、增长才干，成为纪检监察战线上的行家里手。

三、结合当前形势，突出工作重点

根据中央要求和集团公司2006年工作实际，为更好地行使纪检监察职能作用，需要明确当前应着力抓好的三项主要工作。一是认真开展治理商业贿赂专项工作。随着市场竞争的日趋激烈，商业贿赂已经成为经济生活中的一个突出问题，引起了党和国家的高度重视。按照中央精神和国家电力监管委员会的要求，集团公司成立了治理商业贿赂专项工作领导小组，并在监察部设立了领导小组办公室。5月23日，集团公司召开了治理商业贿赂专项工作视频会议，贯彻落实中央和全国电力行业治理商业贿赂专项工作电视电话会议精神，贺恭总经理发表了重要讲话，对全面动员部署公司系统治理商业贿赂专项工作提出了要求。各级领导干部要高度重视，切实增强政治责任感和工作紧迫感，扎扎实实推进，不折不扣执行，确保取得实效。二是认真开展不良资产管理效能监察工作。按照国务院国资委要求，集团公司定于2006年3～11月，分“调查摸底、选题立项”、“组织实施、落实整改”、“改进管理、总结提高”三个阶段，在公司系统全面开展不良资产管理效能监察。集团公司已印发了通知，要求系统各单位切实加强组织领导，深入扎实地开展好这项工作。三是持续推进惩防体系建设。这是当前和今后一个时期需要重点抓好的一项综合性工作，系统各单位要坚持不懈地抓紧抓好、抓出成效。

这三项工作都涉及多个部门和环节，既需要加强组织协调、调动各方面的力量，也需要依靠专业知识分类指导、整体推进。这对纪检监察干部的综合素质和实际工作能力提出了挑战和更高的要求。例如，在治理商业贿赂方面，商业贿赂和不正当交易行为在发电企业和本单位中有哪些表现形式，有哪些特点、原因和危害，治理商业贿赂应把握哪些政策和原则，如何增强开展专项工作的针对性和实效性，等等；在不良资产管理方面，本单位有无账销案存、清产核资后新发生的及其他潜在的不良资产，如何把效能监察的基本方法科学合理地运用到不良资产管理之中，效能监察应把握哪些重点内容和工作环节，本单位不良资产管理制度是否健全完善，资产处置工作是否规范有效，过错责任是否认定追究，等等；在惩防体系建设方面，如何突出教育和监督的重点、尤其是加强对“一把手”的监督，如何把党内监督制度与现代企业制度有效衔接起来、在现代企业制度体系下更好地发挥党组织的政治核心作用，如何调动各方面的积极性、形成惩治和预防腐败的整体合力，等等。解决和处理好这些问题，不仅需要以严细认真的工作作风进行全面深入的调查了解，还需要学习和掌握一定的专业知识与工作技能，更需要培养和锻炼沟通上下、协调左右的能力。纪检监察干部务必要通过努力学习业务知识来不断充实提升自己，确保工作达到预期效果。

新形势下，要求广大纪检监察干部要以树立科学荣辱观为契机，加强学习，不断提高精神素养、理论修养和业务水平。善于把新理论、新观点、新方法和新思路运用于实践，不断适应党风建设的形势要求，妥善处理在实际工作中遇到的新变化、新情况和新问题，完成好当前纪检监察重点工作，更好地发挥纪律检查和行政监察两项职能，为集团公司快速健康和谐发展提供坚强有力的政治保障。

促进惩防体系构建
推动反腐倡廉工作

——迟文江在集团公司促进构建惩防体系工作座谈会上的讲话

（2007年10月18日）

在党的十七大胜利召开之际，我们在湖南长沙召开这次座谈会，具有特别的意义，对于集团公司构建惩防体系工作的深入开展，必将起到重要的推动作用。

下面，我就集团公司两年来的惩防体系建设作一回顾，并就进一步做好今后工作讲几点意见。

一、加强领导，齐抓共建，集团公司构建惩防体系工作扎实开展

中央《建立健全教育、制度、监督并重的惩治和预防腐败体系实施纲要》和国务院国资委《关于贯彻落实〈建立健全教育、制度、监督并重的惩治和预防腐败体系实施纲要〉的具体意见》颁布后，集团公司党组高度重视，采取一系列措施，着力构建具有华电特色的惩治和预防腐败体系。各级企业认真贯彻落实集团公司部署，紧密结合本单位实际，做了大量卓有成效的工作。

（一）抓基础，强化组织领导

构建惩防体系，强化组织领导是关键。集团公司党组从一开始就充分认识到这一点，采取有力措施，夯实构建惩防体系的工作基础。

1. 健全组织机构

2005年9月，集团公司成立构建惩防体系工作领导小组，由时任集团公司党组书记、总经理贺恭担任组长，我和集团公司党组成员、副总经理辛保安任副组长，并在监察部设立办公室。系统各单位也都及时成立了由党政主要负责人任组长的领导小组及办公室。据统计，公司系统共建立领导机构和工作机构 105 个，为构建惩防体系提供了坚强的组织保障。

2. 建立工作格局

在构建工作中，集团公司纪检组有效发挥组织协调职能，充分调动各部门的工作积极性，共同形成构建合力。系统各级企业普遍建立了“党委统一领导、党政齐抓共管、纪委组织协调、部门各负其责、依靠群众参与”的工作格局，为扎实开展惩防体系建设充实了力量，拓宽了渠道。

3. 全面统筹规划

2005 年 12 月，集团公司制定印发了《建立健全教育、制度、监督并重的惩治和预防腐败体系实施细则》，对公司系统构建惩防体系工作作出整体部署。各单位按照《实施纲要》、国务院国资委《具体意见》和集团公司《实施细则》的要求，迅速行动起来，制定本单位构建惩防体系的具体方案。据统计，公司系统各企业共制定具体实施方案 104 个，明确了惩防体系建设的目标任务和总体思路。

（二）抓协调，落实责任分工

集团公司纪检监察部门认真承担起领导小组办公室职责，积极发挥组织协调作用，确保构建惩防体系各项工作落到实处。

1. 做好任务分解

2006 年初，集团公司印发《〈实施细则〉任务分解表》，将《实施细则》确定的任务分解为 5 个方面 18 项工作 122 项具体任务，明确了各级企业和总部各部门的责任。各级企业制定任务分解表 99 个，实现了构建惩防体系各项具体工作的可控、在控。

2. 加强督促检查

集团公司建立构建惩防体系工作协调会议制度，分别在 2006 年 2 月、8 月和 2007 年 3 月三次召开总部各部门主要负责人参加的协调会，通报情况、部署工作，研究解决工作中的重点难点问题。要求各部门将落实《实施细则》纳入年度工作计划，逐项列出具体的时间进度表，做到责任、措施、人员、时间“四到位”。2006 年 7 月，组织 6 个检查组对 18 家企业的构建工作进行现场检查。

3. 落实考核奖惩

将构建惩防体系工作情况纳入党风廉政建设责任制考核的重要内容，2006 年 12 月，组织对 61 家企业进行了全面检查考核，并将考核结果与单位领导人员评选先进、年终兑现奖励挂钩，使构建惩防体系工作由“软任务”变为“硬指标”。对这一工作，《中国监察》2007 年第 7 期以《权责明晰的举措》为题作了深入报道。

（三）抓促进，推动纵深发展

按照国务院国资委统一部署，集团公司从 2007 年 5 月开始，组织开展了促进构建惩防体系活动。

1. 建立三级网络

在公司系统按区域分成 3 个片区 11 个小组，建立起集团、片区、小组三个层面的督导促进网络，通过上下结合、相互借鉴和区域交流的方式，推动了公司系统构建惩防体系工作的纵深发展。

2. 搭建交流平台

促进活动中，三个片区负责单位和各组长单位认真负起责任，开展了形式多样的组际学习交流和组内检查督导。华电能源根据第一片区涉及东北、华北、西北各区域电力企业、成员单位比较分散的实际，分别采取走访、座谈、电话沟通、网上征求意见等形式进行协调沟通，从而实现了片区活动步调一致。华电国际在负责第二片区促进活动中，紧紧抓住组织协调、理论研讨、互动交流、制度完善、特色示范五个关键，使片区构建工作水平整体提升。华电福建公司以搭建“五个平台”为抓手，推动区内构建工作深入开展，并创办了《中国华电集团公司促进构建惩防体系活动第三片区工作动态》，宣传促进活动的开展情况，交流构建工作的好经验、好做法。各组长单位也都通过多层次、全方位的督导活动，发掘出一批特色经验与亮点做法，对构建工作发挥了重要的促进作用。

3. 开展理论研讨

为系统总结经验，促进理论创新，解决难点问题，在促进活动中，各企业认真分析研究企业落实党风廉政建设责任制、创新教育方式、加强内控制度建设、强化领导干部监督等方面面临的困难和问题，组织力量开展深入调研，撰写了一批具有一定质量和参考价值的研讨文章。据统计，公司系统共撰写论文 156 篇；通过层层筛选，向集团公司推送论文30篇；经集团公司和各组长单位共同评选，最终评出一等奖论文2篇，二等奖论文5篇、三等奖论文8篇和优秀奖论文15篇，并在本次座谈会上进行了表彰。集团公司已将这些优秀论文结集制成光盘，供大家在今后的构建工作中参考。

二、整体推进，成效明显，集团公司构建惩防体系工作取得阶段性成果

通过公司系统上下共同努力，构建工作取得了重要的阶段性成果。任务分解表中的50项长期性工作正在按进度有序开展，2006年前要求完成的33项任务有32项已得到落实，2007年要求完成的34项任务已大部分得到落实。年底之前，基本可以达到“做好构建惩治和预防腐败体系的基础性工作，反腐倡廉宣传教育工作格局基本形成，基本制度初步建立，监督措施发挥作用”的阶段性工作目标。

（一）教育更加扎实

工作中，系统各单位紧密结合实际，开展全方位反腐倡廉教育活动，构建多层次的廉洁教育框架体系。据统计，公司系统2006年组织各种形式的廉洁从业教育活动333场次，有33105人次参加。2007年上半年，公司系统各单位共组织廉政教育118场次，有15773人次参加了活动。

1. 常态教育机制有效建立

集团公司把反腐倡廉教育纳入了领导人员教育培训规划，在集团公司举办的企业领导人员和中青年干部培训班上，都开设了反腐倡廉、廉洁从业教育课。我先后在集团公司举办的7期企业领导人员培训班上，就加强企业党风廉政建设、领导人员廉洁从业和树立社会主义荣辱观等作专题报告。系统各单位普遍制订了廉洁从业教育计划，把廉洁从业作为民主生活会和党组中心组学习的重要内容，党政一把手带头为党员干部讲以廉洁自律为主要内容的党课。认真开展廉洁谈话活动，华电国际坚持三级廉洁谈话制度，党委书记、纪委书记与所属企业党政一把手每年谈一次，企业党政一把手与班子成员之间每半年谈一次，班子成员与分管部门领导、关键岗位人员每季度谈一次。华电四川公司在2007年2月组织了大规模的廉洁从业谈话活动，分为集团本部、各单位领导、各单位内部等多个层次进行谈话，收到了很好的效果。

2. 警示教育活动深入开展

集团公司于4月组织集团总部副处级以上干部和在京直属单位党政主要负责人近100人，到国家司法部直属燕城监狱参观，听服刑人员作忏悔演讲，参观服刑人员劳动、学习和生活场所。9月，组织公司本部和在京单位干部职工参观了最高人民检察院举办的查办职务犯罪成果展览。系统各单位也都开展了形式多样的以案说法、检企共建、参观监狱、观看警示教育片等活动。特别是发生在公司系统内部的案例为题材的教育片《贪婪和蜕变的代价——杨大为、张杏泉警示录》对大家震动很大，党员干部的廉洁从业和遵纪守法意识有了进一步提高。

3. 专题教育活动效果明显

2006年，在全体党员中开展“党章专题学习月”活动，组织知识竞答，公司系统共有2万余名党员干部参加了竞答，参与率达96%以上。2007年6月，在集团总部全体员工和各企业领导人员、中层管理干部及重要岗位人员中开展廉洁从业知识竞答活动，共有13484名党员干部和重要岗位人员参加答题，其中厂处级以上领导干部1204人，参与率达到94.92%。7月，结合燃煤管理效能监察重点抽查，对15家发电企业的廉洁从业知识学习情况进行了检查，并对121名副总师以上领导干部进行了现场闭卷测试，平均得分95.77分，表明领导干部较好地掌握了廉洁从业若干规定的主要内容，廉洁自律教育收到了明显的效果。

4. 廉洁文化建设丰富多彩

集团公司把“培育廉洁文化，营造和谐企业氛围”作为2007年党风建设和反腐倡廉六项重点工作之一，纳入惩防体系建设总体格局，充分发挥廉洁文化在拒腐防变中的重要作用。集团公司总结推广了华电能源牡丹江第二发电厂“进班子、进车间、进项目、进社区、进景观”和“上台面、上桌面、上页面、上画面、上墙面”的“五进五上”经验做法，推动了公司系统廉洁文化建设的广泛开展。各单位通过廉洁专题车载广播、“廉花园”社区、亲情助廉倡议书、廉洁从业格言警句征集、先进事迹演讲、廉政歌曲大家唱等丰富多彩的文化活动，使“以廉为荣、以贪为耻”的廉洁文化牢牢根植于职工之中。

（二）制度更加完善

吴官正同志9月6日在安徽考察国有企业时强调，加强制度建设是建立现代企业制度的内在要求，也是有效防治腐败的根本途径。按照《实施细则》要求，公司系统各单位在出台重大管理措施、制定规章制度时，注意把预防腐败的要求贯穿于制度建设之中，大力加强行为的规范化、管理的制度化、监督的程序化和制度的科学化建设，充分发挥制度在惩防腐败中的保证作用。据统计，公司系统自2006年以来共新建企业内控制度870项，完善企业内控制度1300项，开展制度执行情况检查350次。

1. 加强从业行为的规范化建设

2006年7月，根据中纪委等4部委颁布的《国有企业领导人员廉洁从业若干规定（试行）》和国务院国资委要求，集团公司制定了《领导人员廉洁从业实施细则（试行）》，并将《从业规定》和《实施细则》涉及的法律法规和制度逐条引注后，印制1万册，下发系统各企业中层以上党员干部和重要岗位人员学习。2006年10月，又制定印发了《领导人员廉洁从业承诺抵押金管理暂行办法》，规定将领导人员每年年薪的5%作为廉洁抵押金，上交财务统一管理。截至2007年5月底，公司系统共有3821名中层以上领导干部缴纳抵押金共计1569.2万元。

2. 加强经营管理的制度化建设

健全重大决策程序，修订完善了《集团公司重大决策程序暂行规定》，明确了10个方面的重大决策事项，对公司发展战略和发展规划、预算外资金审批、固定资产处置、企业领导人员选拔任用等30个重点事项逐一规定了决策程序。完善内控制度，制定印发《企业财务评价暂行办法》、《违反财经纪律内部处罚办法》和《财经违规记分办法》，从2007年1月开始执行；出台《关联交易规范管理办法》，明确了关联交易的操作程序、定价标准和信息披露等方面的要求；制定《全面风险管理实施意见》、《银行账户管理办法》、《现金稽查管理办法》，启动现金流量预算管理。建立干部选拔和评价激励机制，制定印发了《企业领导人员管理办法》、《企业领导班子后备干部管理办法》；修订《企业领导人员年度经营业绩考核评分暂行办法》，建立绩效考核评价体系；制定《企业领导人员任期绩效目标考核办法》，并探索建立领导人员薪酬延期支付及中长期激励机制。完善工程建设管理制度，修订《工程招标管理办法（A版）》和《工程评标导则（A版）》、《工程评标导则实施细则（A版）》两个配套性文件，完善了招标活动关键节点、主要环节的控制程序，这在国有大型骨干企业中是第一家，得到了国家发展改革委的充分肯定和高度评价，并在2006年中国招标投标高层论坛上作了书面交流。

3. 加强监督措施的程序化建设

2006年，开辟网上举报专栏，公布举报电话，进一步拓宽信访举报渠道。制定印发《查办案件工作暂行办法》，规范信访办案程序，要求按规定办理每一件信访举报件，做到件件有着落、事事有结果。根据国务院国资委《中央企业效能监察暂行办法》，制订《效能监察工作流程》，为系统各企业开展效能监察工作提供了有力指导。修订印发《招标监督办法》，将集团总部及基层企业的基建工程、大修技改工程、设备及燃料物资采购、中介服务、废旧物资处理等招标活动纳入监督范围。完善监督报告，以表格的方式将招标准备、开标、评标、定标等需要监督到位的环节一一列出，由监督人员逐项对照填写，使监督过程中暴露的问题在监督报告中清晰地反映出来，强化了监督人员的责任，对规范各单位招标工作起到了积极的作用。

4. 加强制度体系的科学化建设

从2006年11月开始，集团总部对公司成立以来制定的规章制度进行了全面清理。到2007年3月，共清理各种规章制度334件，保留、修改、合并为182件，废止34件，清理甄别出不属于公司规章制度层次的部门工作制度、办事程序文件116件。2007年4月制定印发《集团公司规章制度管理办法》，对制度的建立、修改、审批、废止等进行全过程管理，使规章制度更加科学、合理、有效。

（三）监督更加有力

在构建惩防体系工作中，紧紧围绕制约和规范权力运行，突出工作重点，加强监督约束，形成监督合力。

1. 以规范经营为目标，扎实开展效能监察工作

2006年，在公司系统开展了不良资产管理效能监察，重点对15家不良资产数额较大、清理处

置工作进展较慢的企业进行了检查，向12家企业发出了监察建议书督促整改。2006年9月，组织召开了集团公司效能监察工作座谈会，总结集团公司成立以来效能监察工作情况，交流推广了13家基层企业的经验做法。根据火电厂燃煤成本占发电总成本60%~70%的实际，进一步规范燃煤管理。监察部从2007年3月开始，会同有关部门和华电煤业公司，对燃煤“五统一”管理、入厂煤验收管理、储煤场管理、入炉煤管理、燃煤关联交易管理和内控制度等六个方面的内容开展了深入监察，并组织7个检查组对15家企业进行了重点抽查，针对检查中发现的问题进行通报，向有关单位下发监察建议书，督促整改。加强对工程建设招投标工作的现场监督，对集团公司审批的招标项目全部由监察部派员进行现场监督。2006年，集团监察部共审签招标方案和评标结果222件，组织参加重大项目招标现场监督16次，提出监察建议37条；2007年1~9月，审签招标方案和评标结果251件，组织参加重大项目招标现场监督128次，提出监察建议52条。另外，为提高监督水平，保证监督到位，6月在杭州举办了专题培训班，对集团公司招标监督人才库的74名同志进行了集中培训。

2. 以信访办案为渠道，加强对权力运行的监督

2006年，集团公司共受理信访举报132件次，按照分级管理原则，转办42件次，转下属单位查报结果21件次，直接初核13件。公司系统各级纪检监察部门共初核案件56件，立案7件，有17人受到党纪政纪处分。2007年1~9月，集团公司共受理群众来信来访84件次。对发生在新疆某企业的“小金库”问题进行了认真查处，给予当事人及企业主要领导党纪处分，降职使用，并在公司系统进行了通报。2007年上半年，又严肃查处了云南某企业私设“小金库”问题，给予行政主要领导记过处分，给予主要责任人记大过处分并调离岗位。

3. 以自查自纠为主线，深入开展治理商业贿赂专项工作

按照中央、国务院国资委和国家电力监管委员会的总体部署要求，从2006年5月开始，认真开展治理商业贿赂专项工作。集团公司把不正当交易行为自查自纠工作作为有效解决企业自身矛盾与问题、持续改进企业经营管理的重要机遇，使之与构建惩防体系工作互为促进。2006年5月，成立专项工作领导小组和办公室，制定《治理商业贿赂专项工作实施方案》和《开展不正当交易行为自查自纠工作实施方案》，编辑印发《治理商业贿赂专项工作文件汇编》。以工程建设和招投标、燃料和设备物资采购、产权交易和资产重组、关联交易为重点，深入开展自查自纠，对公司系统查出的316个不正当、不规范交易问题督促整改。把专项工作列入党风廉政建设责任制检查考核的内容，设分值20分，于2006年12月对61家企业进行了检查验收。系统各单位在专项工作中，共修订完善制度2273个，新建制度838个，进一步规范了经营行为，达到了“有利于推动企业经营发展，有利于促进企业规范管理”的目的。

4. 与财务、审计等部门密切配合，共同形成监督合力

2006年，根据集团公司《全面风险管理实施意见》，组织对公司系统78家企业进行了财务稽查。根据《银行账户管理办法》、《现金稽查管理办法》，开展了以基层企业自查为主，集团公司现场稽查为辅的现金稽查工作。按照《实施细则》的要求，注重信息网络技术在加强管理和监督中的运用，建立资金结算管理信息系统，实现了对下属240多家企业的970个账户的实时监控。加强审计监督，制订《三级管理单位内审职责权限划分指导意见》，按照谁任命谁审计、谁投资谁审计、谁控股谁审计的原则，初步建立了统分结合、权责明确、分级负责的审计工作机制。

总之，集团公司构建惩防体系工作取得了重要进展，基本实现了2007年前的阶段性目标。

总结两年来公司系统构建惩防体系工作实践，我们有以下经验体会：

第一，思想重视是构建惩防体系工作的基本前提。构建惩防体系是国有企业强化管理、促进发展的重要载体，是加强反腐倡廉建设的有效途径。它同时又是一项涉及方方面面、长期而又艰巨的系统工程，如果没有各级企业党政主要负责人的重视和支持，仅靠一个或几个部门是不可能完成的。集团公司党组充分认识到这一点，无论是领导小组的构成，还是实施细则的制定，以及责任的分解落实，无不体现了党组对这项工作的高度重视。各级企业能够积极响应中央和集团公

司党组号召，切实加强领导，并通过多种形式和载体，开展广泛宣传，营造良好的舆论环境，有效提高了干部职工的思想重视程度，推动了构建工作的健康深入开展。

第二，融入企业中心工作是构建惩防体系工作的必然要求。构建惩防体系是国有企业建立现代企业制度、强化监督管理、提高核心竞争力的内在需要。体系建设的过程，也是推进精细化管理、优化业务流程、加强风险管理与控制的过程，更是预防腐败风险的过程。构建工作只有融入企业安全生产、经营管理、企业文化、干部队伍和党的建设各项工作之中，使教育、制度、监督共同作用于生产经营管理的各个环节，与健全企业内控机制和管理体系相融合，才能够真正体现价值、真正发挥作用。

第三，建立健全有效的工作机制是构建惩防体系工作的重要保障。构建惩防体系是一项系统工程，必须树立综合的思想、运用综合的手段、使用综合的力量，依靠多方面的共同努力，才能取得良好的效果。工作中既要充分发挥企业党组织的政治核心作用，又要认真落实党风廉政建设责任制；既要坚持党政主要领导负总责，又要充分发挥纪委的组织协调作用和各业务部门的职能作用。只有形成齐抓共建、上下联动的工作格局，发挥整体合力，才能确保工作取得实效。

集团公司构建惩防体系工作取得了重要成绩，但也存在着一些难点问题和不足，主要表现在以下几个方面：一是工作开展不平衡，一些基础较好的企业工作开展较好，而一些新建单位忙于发展和建设，构建工作还处于起步阶段；二是有的单位领导和部门对构建工作在认识上存在偏差，甚至片面地认为构建惩防体系主要是纪检监察部门的事，主要领导未认真履行“一岗双责”的责任，工作上存在“两张皮”现象；三是公司系统违规违纪问题还时有发生，甚至出现了个别领导干部违法犯罪案件。在治理商业贿赂专项工作中，有3名厂处级领导干部和6名中层干部被检察机关查处；最近，贵州大龙公司有10名燃管人员涉嫌受贿被检察机关查处，这表明对关键岗位和重点人员的监督还存在欠缺，我们的工作还有亟待完善的地方。这些问题，应该引起我们的足够重视，下大力气加以解决。

三、深化认识，持续推进，认真做好构建惩防体系下一步工作

（一）深入学习贯彻十七大和胡锦涛总书记重要讲话精神，把构建惩防体系工作放在更加重要的位置

举世瞩目的十七大正在胜利召开。这是全党和全国人民政治生活中的一件大事，对于进一步加强党的建设具有历史性意义，对于进一步深化惩防体系建设也必将起到重要的推动作用。会议召开之前，胡锦涛总书记于6月25日在中央党校发表重要讲话，他强调，各级党委要充分认识反腐败斗争的长期性、艰巨性、复杂性，把反腐倡廉建设放在更加突出的位置，坚持标本兼治、综合治理、惩防并举、注重预防的方针，建立健全教育、制度、监督并重的惩治和预防腐败体系，在坚决惩治腐败的同时，更加注重治本，更加注重预防，更加注重制度建设，加强领导干部廉洁自律工作，坚决查办违纪违法案件。我们要认真贯彻落实胡锦涛总书记的重要讲话精神，坚定不移地构建惩防腐败体系，从源头上拓展预防腐败工作领域，更加扎实有效地推进反腐倡廉建设。各级企业党政主要负责人继续深化认识，深刻理解惩防体系建设对于促进企业持续健康和谐发展的重要意义，绝不能将惩防体系建设仅仅作为纪检监察机构的工作任务。要切实加强组织领导，认真部署、定期研究，积极发挥职能部门作用，扎实开展惩防体系建设。各片区负责单位和组长单位要继续负起责任，加强督促检查，深化调查研究，消除薄弱环节，确保构建惩防体系工作整体推进。

（二）积极探索新方法、新途径，进一步深化惩防体系建设

惩防体系建设是一项全新的工作，必须以发展的眼光、改革的思维和创新的办法，不断总结经验，勇于探索实践。一要加强对企业构建惩防体系的理论研究，特别是要注重对工作评价体系的研究。构建惩防体系是反腐倡廉建设的一个大工程和长期性工作，工作评价体系的研究和建立，对于保障整个体系的严密性、科学性有着重要意义。希望各企业认真研究这一课题，集团公司也将对这项工作开展调研指导。二要创新构建工作思路。要认真分析惩防体系的特点和内在规律，科学思维，大胆实践。在这次座谈会上，乌溪江

电厂介绍了他们运用QC管理方法促进构建惩防体系建设的做法，尽管还处在初步探索阶段，但无疑为大家提供了一种全新的思路和做法，给人以眼前一亮的感觉，这种勇于创新的精神很值得我们学习借鉴。希望乌溪江电厂继续完善你们的做法，也希望各企业加强这方面的探索和实践。三要创新监督机制。要认真研究对企业领导人员特别是主要负责人的监督机制，解决"一把手"监督难的问题。乌江公司向工程建设单位派驻专职监察员，明确监察员的副处级待遇，并把人资关系保留在公司本部，这是一种很有价值的尝试，与曹培玺总经理在2007年纪检监察工作会议上提出的纪检监察派驻的思路是一致的。希望你们能够认真总结，不断完善，为集团公司提供有益借鉴。四要继续深化开展廉洁文化建设。企业文化的核心是为全体员工所认同的价值观和行为准则，廉洁文化是企业文化的一个重要子系统。将廉洁的理念与企业的价值观和行为准则融为一体，能够有效抵制腐败文化和一些所谓"潜规则"对企业的侵蚀。各级企业要充分认识文化力的无形作用，把廉洁文化建设作为惩防体系建设的重要组成部分，切实抓紧抓好、抓出成效。

（三）以构建惩防体系为主线，统揽和推动纪检监察各项工作深入开展

在反腐倡廉工作中，构建惩防体系处在管总的、全局的、战略的地位。构建惩防体系，对纪检监察工作来说既是挑战，又是难得的机遇。各级纪检监察部门要充分发挥组织协调作用，积极争取领导重视和支持，把构建惩防体系与实现企业发展总体规划、完善内控机制和风险管理体系、强化企业管理、深化企业改革、构建和谐企业的目标紧密联系起来。要在协助党委抓好反腐倡廉工作中发挥好参谋助手作用，督促各职能管理部门履行监管职责，进一步落实齐抓共建的工作格局。要继续大力加强效能监察工作，把效能监察作为纪检监察部门贴紧中心、融入管理、强化监督的重要途径。要认真做好信访举报工作，坚决查办案件，结合治理商业贿赂专项工作，严肃查处违法违纪问题，同时注重发挥办案的治本功能，把握案发的规律和特点，提高对违法违纪行为的预警预控能力。要加强纪检监察能力建设，坚持不懈地抓好教育培训，努力提高自身素质和组织协调能力，以适应构建惩防体系工作的要求。各级党委要继续关心和支持纪检监察队伍建设，为构建惩防体系工作提供人才保障。

最后，我就年底前的几项工作作个强调。一是认真开展"依法经营，遵纪守法"主题实践活动。再过几天，集团公司将召开动员大会，全面启动这项工作，希望各级企业高度重视，认真抓好落实。二是对2007年受理的信访举报件进行一次清理，对集团公司转办要结果的信访件抓紧办理，按期报送查办结果。三要做好党风廉政建设责任制的自查和迎检工作。2007年是集团公司做好惩防体系建设基础性工作的关键一年，大家要认真对照任务分解表，对年底前需要完成的工作进行全面梳理，抓紧落实。12月，集团公司将组织检查组，对落实党风廉政建设责任制、治理商业贿赂和构建惩防体系工作一并检查考核。

对集团公司"十一五"时期人才开发培训工作的思考

辛保安

加大人才开发培训力度，提升员工队伍整体素质，是企业增强市场竞争力，实现可持续发展的必要途径。中国华电集团公司成立以来，在人才开发培训工作中，始终坚持以"三个代表"重要思想为指导，认真贯彻落实科学发展观，大力实施"人才强企"战略和"22211"人才工程，初步构建起了全员、全方位的人才开发培训体系和网络体系，建立了良好的人才开发培训工作管控模式和运作机制，员工队伍整体素质不断提高，较好地满足了集团公司发展对人才的需求。2005年，公司系统有9人获得国务院特殊津贴，在五大发电集团中名列前茅；公司系统2名员工被评为全国技术能手，1名员工被评为中央企业技术能手，5名职工参加全国职业技能大赛获优胜奖，3名员工获得中华电力教育基金会教育培训新星奖。

3年来，集团公司人才开发工作取得的成绩，为公司的快速发展提供了有力的人才保障。截至2005年底，公司装机容量由2002年成立时的2554万kW增加到3881万kW；发电量从成立时的1161亿kW·h增长到1629亿kW·h。电源项目分布从成立初的14个省（区、市）扩大到21个省（区、

市），初步形成了高效火电、大中型水电和其他电源合理比例的发展格局，构建了战略区域、重点区域互为支撑的区域格局，培育了以发电为主体，煤炭、金融为两翼的主业格局，实现了规模与效益同步增长，效益增长速度高于规模增长速度的科学发展。

“十一五”时期是我国全面建设小康社会，加快推进经济社会发展的关键时期，也是中国华电集团公司实施“358”战略计划后两个阶段的关键5年。按照集团公司发展战略，将在优化发展高效火电的同时，大力发展水电、核电、风电和其他新能源，不断推进电源结构的战略性调整和优化，到2010年装机容量将达到6000万kW以上。集团公司业务范围的拓展和快速发展，对各类人才的需求越来越迫切。为此，集团公司党组提出了“两个三年”计划的总体思路和要求，即从2005～2007年，用三年时间将公司系统企业领导人员轮训一遍；从2006～2008年，用三年的时间把系统企业主业人员轮训一遍。同时对“十一五”时期人才开发培训工作进行了专题研究，提出了人才开发培训工作的指导思想和总体思路。

“十一五”时期华电集团公司人才开发培训工作的指导思想是：以科学发展观为指导，坚持服从服务于“一体两翼”主营业务和“358”战略计划，坚持员工发展与企业发展相协调，以人力资源发展规划为统领，以实施“人才强企”战略为主线，以科学合理、运作规范的制度和机制体系为保障，紧紧抓住培养、吸引和用好人才三个环节，加快推进公司人才培训工作，为把集团公司建设成为国内先进、国际一流，具有可持续发展能力和国际竞争力的现代企业集团，提供强有力的人才保障和智力支持。

“十一五”时期集团公司人才开发培训将围绕“构建一个网络、加强两个建设、健全三个机制、搞活四个载体、强化五支队伍”的总体工作思路来开展。

一、构建一个网络，形成结构合理、责任明确、运转顺畅的集团化人才开发培训格局

构建科学合理、与时俱进的人才开发培训网络，是经过多年实践总结出来的宝贵经验，对于促进人才开发培训工作的整体划一、上下互动、良性运转具有十分重要的作用。集团公司将以面向基层、面向一线，为生产经营服务、为员工发展服务为目标，进一步加强人才开发培训网络建设，构建起覆盖全员、全过程的员工教育培训体系和包含集团、省（区域）公司、企业在内的三级教育培训网络，形成结构合理、脉络清晰、运转顺畅的集团化人才培训格局。将全员教育培训列入企业发展规划，列入各单位领导任期目标和经济责任制考核，确保有相应机构、人员从事企业培训工作，做到有领导抓，有机构管，有专人干，形成统一协调、分工协作、齐抓共管、有序运转的工作机制。加强计划管理，实行大规划小计划的管理模式，做到年度有计划，月度有安排，年终有检查、有考核、有总结，通过年度计划的分解兑现、奖惩考核和全过程闭环管理，确保集团公司制订的2010年人力资源发展战略规划得到全面落实。

二、加强两个建设，形成功能健全的基础设施和科学规范的制度保障体系

1. 加强基础设施建设，实现培训资源的共享和功能的拓展

充分发挥企业和社会两方面教育培训资源的作用，建立门类齐全、优势互补的教育培训机构和基地。在企业培训资源方面，一是不断完善华电高级培训中心和九大教育培训为主体的“一高九大”基地建设，进一步加强培训资源的规范和整合，实现培训资源的优化配置；二是树立大师资的观念，加强师资队伍建设，建立一支业务水平一流、专业结构合理、实践能力较强的专职队伍，同时还将建立包括专业技术人员、高级技能人员、有专业特长的管理人员等组成的兼职队伍，为公司人才开发培训提供师资保障；三是抓好人才开发培训大纲、培训项目、组织计划的制订和教材的编写工作，提高培训的质量和效率。在社会培训资源方面，采取“送出去”与“请进来”相结合的方式，邀请专家、教授来企业授课，同时选送各类优秀人才有步骤地到知名院校、培训机构进修深造，到知名企业、公司系统先进企业学习锻炼，增强培训的效果。

2. 加强制度建设，形成完善的人才开发培训制度体系

坚持与时俱进的原则，不断修订人才开发培训管理制度，增强培训工作的指导性、针对性和可操作性。根据《干部教育培训工作条例》、《全民科学素质行动计划纲要》等规章制度和文件精

神，对集团公司人才开发培训管理制度和管理办法进行修订完善，制订下发集团公司干部教育培训工作条例实施意见和员工职业技能培训工作实施意见。结合企业不断发展变化的生产经营、人员现状以及定岗定员、辅业改制、支援新厂等实际情况，补充人才开发培训新标准、新规定，进一步理顺人才开发培训管理体制、管理关系，形成分层分类、科学系统的管理体系。

三、健全三个机制，实现人才开发培训、选拔、使用、待遇一体化

良好的机制是企业决策部署、制度措施以及各项工作落到实处的重要保证，特别是在教育培训这个"软任务"面前，良好的机制更能显示出其强大的生命力和活力。集团公司将在健全完善人才开发培训机制同时，建立一系列的选拔、使用等配套机制，切实解决培训与选拔、使用、待遇等脱节的问题，保证人才开发培训工作的协调运转。

1. 建立符合现代企业制度要求的、科学有效的人才开发培训激励约束机制

积极倡导企业发展和员工发展相协调、学习是最大的奖励、培训是最大的福利的理念，创造良好的人才开发培训环境，增强员工参加培训的荣誉感。把促进员工的不断进步作为激励的重点，实行物质激励与精神激励并举，荣誉激励与待遇激励并重，将教育培训工作与创建集团公司优秀发电企业、文明单位和企业负责人经营业绩考核等进行挂钩，增强激励约束效果。

2. 建立权责明确、压力到位的人才开发培训监督考核机制

按照定性评价与定量评价、考试与考核、过程跟踪与结果分析、动态评价与静态评价相结合的办法和客观全面、科学准确的原则，把人才开发培训考核纳入企业经济责任制考评，与生产经营工作同部署、同检查、同考核，保证人才开发网络和制度体系有效运转，增强公司系统搞好人才开发培训工作的责任心和压力感。

3. 建立促进人才开发培训工作顺利进行的配套措施

一是建立以业绩为导向，涵盖德、能、勤、绩、廉等多个方面，能够全面反映工作业绩的考核评价机制。二是建立以业绩考核为基础的薪酬分配机制，实现岗位靠竞争，收入凭贡献。三是建立公开、平等、竞争、择优的使用选拔机制，形成人员能进能出、职务能上能下、待遇能升能降，充分调动人才积极性和能动性的良好局面。通过一系列的配套措施，解决教育培训和选拔、使用、待遇等脱节的问题，形成使用、培训、考核相结合，待遇与业绩贡献相联系的整套机制。

四、搞活四个载体，实现人才开发培训的多元化、网络化

1. 搞活华电高级培训中心和九大教育培训基地这个载体

华电高级培训中心抓好公司系统高级管理人员、高级技术专家、高级技能专家等人员的培训工作，打造"高精尖"人才；九大教育培训基地开展高技能人才和操作能手的培训，通过仿真机培训、模块式教学等方式，提高员工分析问题、处理问题的能力，最大程度地发挥"一高九大"培训资源的作用。

2. 搞活持证上岗和技能鉴定这个载体

按照先培训后上岗、先培训后转岗的要求，对新上岗和转岗人员进行系统的培训；结合设备改造、技术更新等实际，扎实做好在岗人员的适应性培训，确保全员培训率大于80%。按照"统一标准、统一考核、分级组织"的原则，对技能型岗位员工进行系统化、规范性培训，做到持证上岗。加快对高级工、技师、高级技师等高技能操作人员的职业资格培训鉴定，使企业高技能操作人员的比例不断提高，人员队伍结构不断改善。

3. 搞活网络教学和远程教育这个载体

充分发挥电教手段和网络信息优势，丰富教育培训的形式和内容，大力发展电化教育和远程教育，扩大教育培训的覆盖面，提高教育培训现代化水平。积极开发含有文字、图片和音视频等形式多样的电子教学课件，并将教学课件传送到教培网站，促进教育培训资源共享，提高培训效率，增强培训效果，实现教学方式的多元化、信息化。

4. 搞活技术比武和岗位练兵这个载体

在公司系统内广泛开展岗位练兵、技术比武和技术观摩交流活动，使培训工作更加贴近员工、贴近生产、贴近实际，在生产实践中，取得更多的培训成果。通过技术比武和岗位练兵这个载体，培养和选拔一批优秀专业技术人员、高技能操作

能手，并加强对典型的宣传，在公司系统内形成尊重知识、尊重人才、尊重劳动、尊重创造的良好氛围。

五、强化五支队伍，全面提升员工队伍综合素质

以“22211”人才工程为龙头，带动集团公司人才队伍整体素质跨上一个新的台阶，到2010年，培养造就200名复合型职业经理、200名高水平董事监事、200名出色党群干部、1000名企业专业技术带头人、10000名厂级岗位技术能手。

1. 以提高市场开拓能力和现代化经营管理水平为核心，加快培养造就一支高素质的职业经理队伍

按照优化结构，提高素质的要求，根据集团公司经营管理人员比较缺乏的实际，重点加强对经营管理人员的培养，努力增加经营人才在企业领导人员队伍中的比重，促进企业领导班子结构调整和优化。加强公司理财、市场营销、经济法律等方面知识的培训，积极推行挂职锻炼和任职交流，提高职业经理的驾驭全局能力、市场开拓能力、经营管理能力、组织协调能力、学习创新能力。

2. 以提高战略决策能力、监督管理水平和增强权益意识为核心，加快培养造就一支高素质董事监事队伍

加强董事、监事业务培训和出资者意识、权益意识和责任意识教育，重点加强对财务、审计、法律、金融、税收和项目管理等知识的培训，全面提高董事监事人员的科学判断能力、战略决策能力、防范风险能力、识人用人能力和监督指导能力，增强贯彻集团公司发展战略、指标体系的自觉性和主动性。

3. 以提高专业技术水平和技术创新能力为核心，加快培养造就一支高素质的专业技术人才队伍

按照集团公司下发的《关于加强员工职业技能培训工作的意见》要求，花大力气抓好专业技术人才培训工作。对运行值长、车间主任、专工等生产重要岗位进行一专多能岗位集中培训，努力提高专业技术人员的技术含量。积极推进与科研机构、高等院校的合作，加大技术引进力度，增强企业自主创新的能力，促进各类技术人才多出成果、出好成果。

4. 以提高政治理论水平和坚定理想信念为核心，加快培养造就一支高素质的党群干部队伍

加强对“三个代表”重要思想、科学发展观的教育，深入开展学习贯彻《党章》和“八荣八耻”社会主义荣辱观活动，进一步提高党群干部政治理论水平，增强参与企业重大决策、有效开展党建与思想政治工作的能力，增强各级班子的战斗力和先进性，发挥党群干部在“四好”领导班子创建活动中的重要作用。

5. 以提高实际操作技能水平和锻造顽强作风为核心，加快培养造就一支高素质技能人才队伍

大力加强技能员工的主人翁意识和职业理想、职业道德、职业纪律、职业技术教育，培养精益求精，追求完美的工作作风。强化专业理论知识和岗位操作技能培训，对检修、运行等生产主要岗位进行技能轮训，培养全能值班员、检修工。全面推行持证上岗和技能鉴定工作，促进员工自主学习的积极性。广泛开展劳动竞赛和发明、创造、革新活动，增强实际动手能力，提高职业素质和技术作业水平。

（此文发表于2006年第5期《电力职工教育培训》）

把握大局　促进发展
努力构建稳定和谐企业

——辛保安在集团公司维护稳定工作会议上的讲话

（2007年4月25日）

稳定事关全局，责任重大，事关改革发展，是我们搞好一切工作的基础和前提，尤其是2007年显得更为迫切。2007年是党和国家事业发展中具有重要意义的一年，党的十七大将要召开，2008年北京奥运会筹办工作进入关键阶段，重大活动和敏感日期较多，对社会稳定与和谐提出了新的更高的要求。中央企业改革已进入关键时期，集团公司的改革发展也进入重要时期，企业稳定工作面临新的形势和任务。2007年以来，中央专门就稳定工作连续下发了三个文件进行部署安排。3月20日，国务院国资委召开了成立以来第一次中央企业维护稳定工作会议。4月4日，集团公司党组会议对公司稳定工作进行了专题研究部署。4

月 10 日，集团公司维护稳定工作领导小组会议进一步深入研究分析了公司稳定工作形势和面临的任务，制定了 2007 年维稳工作的安排意见。党组书记、总经理曹培玺对召开这次公司系统维护稳定工作会议十分重视，要求尽快召开，尽快把中央、国资委党委对稳定工作的要求精神传达到公司系统。近期，曹培玺在中央、国资委有关稳定工作的文件上批示中指出：2007 年以来，中央对稳定问题三令五申，我们一定要高度重视，绝不可掉以轻心。对当前公司系统存在的不稳定因素，要摸清情况，落实责任，多管齐下，综合治理，确保稳定。要建立畅通的信息通道和快速反应应急预案，努力把问题解决在萌芽状态和原单位，做到可控在控。

这次会议的主要任务是，传达中央有关文件和中央企业维护稳定工作会议精神，总结分析集团公司维稳工作形势，安排部署公司系统维稳工作。中央企业维护稳定工作会议和中发 4 号文件、中信联发 1 号文件，中央文件和中央企业稳定工作会议，都对稳定工作提出了很高的要求，有很强的针对性，我们要认真学习和贯彻落实。受曹培玺委托，下面，我就加强和做好公司系统的稳定工作谈几点意见。

一、认清形势，提高认识，增强政治意识和大局意识

近几年来，在公司党组的正确领导下，集团公司保持了持续快速发展，装机容量突破 5000 万 kW，企业实力和核心竞争力不断增强，资产质量、企业效益、管理水平明显提高，全面和超额完成了国务院国资委下达的第一轮任期经营业绩考核目标。同时，各单位认真贯彻落实科学发展观，按照构建社会主义和谐社会的总体部署要求，从提升三大业绩和确保四个安全的高度落实稳定工作，做了大量富有成效的工作，及时排查化解了一些不稳定因素，保持了企业稳定、职工队伍稳定的良好局面，为促进和保障集团公司各项工作顺利开展发挥了积极作用。

近几年来，全国信访稳定形势持续好转，信访量呈现下降趋势，群体性事件逐步减少，保持了社会的总体稳定。但也存在不少隐患和问题，维护社会稳定的工作形势依然严峻，任务依然繁重。中央提出，我们面临的发展机遇前所未有，面对的挑战也前所未有，既是重要战略机遇期，也属于矛盾凸显期。这是对现阶段国内外形势十分精辟、准确的概括。我们在分析企业维稳工作形势的时候，必须考虑到这样一些重要因素：一是目前我国已进入改革发展的关键时期，正经历一场空前的社会变革，所面临的社会背景、社会基础发生了重大变化。需要推进的主要是一些涉及面宽、利益协调层次深、触及群众切身利益、社会风险较大的改革。二是社会群体日益多元化，不同的社会阶层与利益群体具有不同的价值观念和利益诉求，有强烈的分享改革成果的愿望。目前，人民群众的民主法制意识不断增强，政治参与的积极性明显提高，维护自身权益的要求日益强烈。对社会发展进步而言，这是件好事；但对稳定工作而言，也提出了顺应形势发展的更高要求。三是由于发展不平衡、部分群众生活困难、社会收入分配差距和消极腐败现象等问题引发的不稳定因素逐渐增多，社会矛盾的关联性、聚合性和敏感性不断增强，增加了处理化解社会矛盾的难度。四是国际环境复杂多变，影响和平与发展的不稳定、不确定因素增多，国际敌对势力对我国实施西化、分化战略的斗争依然严峻，境内外敌对势力插手人民内部矛盾进行的渗透破坏活动从未停止。事实也表明，大的群体性事件背后，都或多或少地有境内外敌对势力的参与和推波助澜。随着中央企业维护稳定工作与外部环境和社会大背景关联度的提高，中央企业维稳工作任务更重，要求更高。

当前，集团公司稳定形势总体是好的，企业上下内外充满和谐凝聚力，发展势头良好。同时，我们对公司系统稳定形势也要有充分和正确的认识，不能估计过高和盲目乐观。必须清醒地看到，集团公司有 8 万余名职工，所属单位分布在全国 21 个省区，企业经营发展不平衡，市场竞争激烈，经营发展压力大，各种内外部因素相互交织在一起，职工思想动态十分复杂，部分企业确实存在着一些不稳定、不和谐因素和隐患，随着企业改革和结构调整的不断深化，有些矛盾和问题将会逐渐显露出来。今后一个时期，维护稳定工作仍面临着严峻的形势和艰巨的任务。对此，我们要居安思危，防患于未然，时刻保持高度的警觉和政治敏锐性。一定要深刻领会中央文件精神，一定要从讲政治的高度来认识和对待稳定工作，提高认识，加强领导，切实把维稳工作放到更加突出的位置，从更高的层次、更重要的位置去考虑，切实贯彻中央文件精神和国家有关政策，切实发挥好中央企业在构建社会主义和谐社会中的重要作用。

二、深化改革，加快发展，正确处理好改革发展稳定关系

正确处理好改革发展稳定的关系，是贯穿企业发展全过程的重大问题。改革发展稳定三者的根本目标是一致的，都是为了促进企业与员工发展，实现好、维护好、发展好广大职工群众的根本利益。改革是动力，发展是目标，稳定是保障。职工靠企业生存，企业需要职工支撑。我们要正确把握三者的结合点，最大限度地减少三者之间可能产生的矛盾，最大限度地增加三者之间的合力。以改革促发展，以发展保稳定，以稳定为改革发展创造更好的环境和条件。

第一，要着力引导职工认识到发展中出现的问题只能靠发展来解决，正确对待个人利益和企业利益、眼前利益和长远利益的关系，正确处理好集团、企业、个人之间的关系，以实际行动支持改革、推进发展、维护稳定，通过促进发展、加快发展使职工共享改革发展的成果。“十一五”期间，是集团公司发展壮大的关键时期，公司党组确立了“8467”发展规划目标，我们要全力推进，务期必成。

第二，要把握好改革的时机和力度。国有企业改革具有长期性，利益调整复杂，既要在总体规划上做周密安排，又要在具体操作中慎重考虑。企业在确定和实施改革方案时，要综合考虑职工的承受能力、社会的承接能力、资金安排、工作力量、工作顺序等问题，保障改革顺利、平稳地推进。其中，在制订涉及职工利益的改革措施和进行企业改革重要决策时，要对企业稳定风险进行专门评估分析；在实施具体改革措施时，要制订维稳工作预案。

第三，改革工作必须规范，有序推进。依法按政策规范操作，是国有企业改革取得成功的重要保证，也是顺利、平稳地推进改革措施的必要条件。如果没有严格依法按政策办事，操作不规范，必然会留下很多后遗症。近年来国有企业发生的一些群体性事件，与工作粗糙、不规范有着直接的关系，操作不公开、不透明，也成为产生问题甚至是出现贪污腐败问题的根源之一。要重视改革的公开性和透明度，要让职工了解改革的目的、方向和具体方案，严格规范操作程序，法律政策规定要走的程序必须走到，不要由于操作不规范和程序不完善而影响改革进程。在改革中要加强各级领导干部的工作作风、思想作风和生活作风建设，在实施改革方案时要选用作风正、能力强的干部来操作改革，防止好的改革政策在操作中变味走调，坚决防止在操作改革的过程中产生消极腐败和违法违纪问题。

第四，必须在改革中维护好职工的合法权益。国有企业在推进改革过程中，职工最为关心的是切身利益问题。如果侵犯了职工的合法权益或者维护职工合法权益的政策没有落实，就非常容易产生不稳定问题。在处理企业与职工劳动关系时，要按照《劳动法》等规定，办理完备的法律手续；在政策性关闭破产过程中，经济补偿金、安置费要发放到位，社会保险关系要妥善接续；企业改制方案要经职工代表大会或职工大会审议，职工安置方案要经职工代表大会或职工大会审议通过，等等。维护职工合法权益工作具有一定的复杂性，职工群众某些合情合理的要求，由于客观因素等原因，现有政策还没有涵盖到。对此，我们一方面要认真对待，积极研究提出政策建议，向上级和有关部门反映情况，争取予以妥善解决；另一方面要把握现有政策界限，对超出政策范围的要求努力做好工作，不能乱开口子，否则会引发攀比甚至造成更大范围的不稳定。

三、摸清底数，标本兼治，深入开展矛盾纠纷排查化解工作

2007 年 2 月，中央处理信访突出问题及群体性事件联席会议召开了全国排查化解矛盾纠纷电视电话会议，要求集中时间、集中精力和集中更多的人力、财力及物力，在全国范围内深入开展矛盾纠纷排查化解工作。各单位要认真领会和坚决贯彻中央的重大决策部署，认真组织开展矛盾纠纷排查工作，4 月底前要在本企业集中开展一次大排查，全面排查，突出重点，全面清理和掌握新产生的及历年积累下来的不稳定因素、重大隐患及倾向性、苗头性问题。

在排查工作中，要突出重点，对重点问题和突出矛盾要心中有数，做到底子清、情况明，掌握稳定动态，积极应对。对排查出来的主要不稳定问题，一是要认真梳理，分门别类，逐件按诱因、时间、地点、单位、涉及人数、重点人员、事态发展预测等要素登记建档，建立台账，及时上报，不得迟报、瞒报和漏报事关稳定的重大信息。二是要坚持标本兼治的原则，采取治本之策，从根子上、从源头上消除不稳定因素，着力解决问题，这是信访工作的核心，是彻底息诉罢访的关键。企业信访的许多问题还是由于历史原因和政策调整造成的，政策性强、涉及面广，必须依法按政策处理。对于法律政策有明确规定，而且能够解决的，要尽快落实责任单位，限期督办解决。对于要求具有合理性，但法律政策没有明确规定或者规定不够完善的，要积极研究解决办法，也可以向集团公司及政府有关部门提出建议。对于缺乏政策和事实依据的不合理要求，不能随意承诺和迁就，要做好宣传解释工作。对于无理要求，要亮明态度，讲明政策，落实好稳控措施。

在排查工作中，要下大气力解决上访老户问题。各单位要对多年积累的缠访、闹访老户，按照一人一策、一案一策的要求，制订解决方案。集团总部有关部门要会同基层单位加强对突出信访问题的政策研究，能够形成指导意见的要尽快研究制定，以指导面上的工作；个案问题该复查的要组织复查，并形成明确的处理结论；符合政策、要求合理、应该解决的一定要尽快解决。对于已有明确结论仍坚持上访的，要采取必要的稳控措施。

四、明确责任，畅通信息，建立健全维稳工作责任体系

维护稳定工作是一项任务艰巨、协调难度大的工作，涉及企业的方方面面，必须切实加强领导和增强工作力量，建立起统一领导、部门协调，统筹兼顾、标本兼治，各负其责、齐抓共管的信访稳定工作大格局。各单位要根据维护企业稳定工作的需要，成立企业主要负责人牵头、有关负责人参加的维护稳定工作领导小组，明确办事机构承担日常工作，企业内各相关部门都要配合和支持维稳工作，层层抓落实，确保责任真正得到落实。信访稳定问题较为突出的一些单位，要切实加强维稳力量，进一步落实工作责任，要敢于面对矛盾、正视问题，遇事能够控制得住、化解得了。

各级维护稳定工作领导小组要定期召开会议，研究部署维稳工作，梳理分析重点不稳定问题，并形成常态工作机制。集团公司总部各部门要按照《中国华电集团公司总部受理接待来信来访暂行办法》的规定，以及《中国华电集团公司关于2007年维护企业稳定工作的意见》的要求，切实承担起与维护稳定相关的工作职责和任务。各部门要加强对有关政策的把握，积极帮助基层单位研究制订信访突出问题的治本之策，深入到信访问题较多的单位集中下访，增强维稳工作措施的主动性、针对性。

五、依法接访，规范信访，改进和加强新形势下的信访工作

一是要转变观念，树立以人为本的信访工作理念。为人民服务是我党的根本宗旨，中央反复强调“权为民所用，利为民所谋，情为民所系”，要“立党为公，执政为民”，要关心和解决民生问题，这是指导我们做好信访稳定工作的重要指针。各级领导干部和管理干部要树立职工利益无小事的思想意识，进一步转变观念，带着深厚的感情去做信访职工的思想政治工作，切实把以人为本作为信访稳定工作的出发点和立足点，寻找工作切入点。信访问题在性质上属于人民内部矛盾，在改革发展中职工提出一些要求，或者通过信访渠道反映问题，以及提出意见和建议，只要不是诬告陷害，没有触犯法律，都是允许的。对广大职工的合理诉求，我们首先应当尊重，认真对待并进行研究，及时答复和解决。信访渠道是职工对我们的工作和作风进行有效监督的重要渠道，是联系沟通干群关系的纽带和桥梁，职工提建议、反映问题、请求解决矛盾，我们决不能拒之门外。要胸怀宽广，广纳群言，广开言路，虚心接受职工的意见和建议。有问题不可怕，就怕掩盖问题，就怕不解决问题，使问题越积越多、矛盾越来越大。对职工反映问题，决不能漠不关心、麻木不仁、视而不见。各级信访接待人员和各级领导干部要站在信访职工的角度换位思考，要设身处地为信访职工着想，体谅其处境，体察其情绪，不管其要求是否合理，在思想深处都要本着尊重人、关心人、爱护人、帮助人的理念，倾听职工呼声，及时了解职工的生活状况和思想动态，及时发现和化解不满情绪，关心困难职工生活，切实为职工排忧解难。要深入职工，满腔热情，主动工作，畅通企情民意表达渠道，理顺情绪，平和心态，引导职工正确认识和看待利益关系，讲权利、讲义务、讲责任，自觉学法守法。

二是要改变长期以来依靠劝说办理信访的工作习惯，认真学习贯彻国务院颁布的《信访条例》，把信访工作纳入法治轨道。一方面要按照《信访条例》的要求，完善信访事项的受理、交办、督办、回复等工作程序和法律文书，规范信访工作程序；另一方面，引导职工群众依法信访和通过法律途径解决问题，以理性合法的方式表达和反映利益诉求，规范信访工作秩序。对于三级复核后仍缠访、闹访的，要依法给予训诫；对于以上访为名制造事端、串联、煽动、组织、操纵闹事的违法人员，对违反《信访条例》规定的六种禁止行为，要及时收集、固定、移交证据，移送公安、司法机关处理。

三是要耐心细致地做好初信初访工作，从源头上进行治理。信访问题处理得好不好，与初信初访工作的办理效果直接相关。近几年，从集团公司收到的一些来信来访内容来看，职工群众反映的情况，有些查证属实或基本属实，有些是违法违纪问题，有些有不实之词或同事实有出入，但许多问题与我们干部的工作作风有关系，与工作方法简单、决策不民主不科学有直接关系，完全可以通过改进我们干部的工作来解决，但由于有些单位没有引起足够的重视，任其发展，慢慢变成了老问题，上告不断，对单位和个人都带来不好的影响。所以，要加强初信初访的处理工作，及时给上访人书面答复，能解决的尽快解决掉。要坚决杜绝对信访事项不闻不问、不负责任、推诿拖拉、回避矛盾的现象，要想方设法把问题解决在初发阶段、解决在企业内部。要认真对待联名信、集体访问题，坚持及早、就地化解原则，防止矛盾积累、聚合、激化。

四是要加大对非正常上访的处理力度，探索建立解决重复上访、越级上访和多次上访的长效机制，着力化解长期积累下来的矛盾纠纷，尽最大努力减少非正常进京上访活动。

六、严密防范，严肃纪律，提高维稳和处置突发事件的能力和水平

一是要筑牢维护企业和谐稳定的根基。信访问题绝大部分都发生在基层，基层是维护稳定工作的“第一道防线”，这道防线筑得牢、守得住，就能够把绝大部分信访问题消灭在萌芽状态。因此，必须把维护企业稳定工作的重点放在基层，树立固本强基的思想，做到重心下移、关口前移。要按照“属地管理、分级负责”，“谁主管、谁负责”，“依法、及时、就地解决问题”的原则，切实把问题解决在基层、解决在当地，不能把矛盾和问题推给上级、推向社会。“风起于青萍之末”，一切矛盾和问题都是从细微中发展起来的。小洞不补，大洞吃苦。维护企业稳定工作必须见微知著，从细微之处入手，一旦有异常上访苗头，要早介入、早控制、早处理。各级基层党组织要切实承担起在一线化解矛盾、维护稳定的职责，充分发挥工会、共青团等群众组织的积极作用，整合力量并形成合力，积极推进和谐文化建设，努力营造企业内部和谐稳定的良好氛围。

二是要增强政权意识和国家安全意识，高度重视境内外敌对势力对我进行渗透破坏活动策略手段的变化，严密防范“法轮功”等邪教组织的捣乱破坏活动。要进一步加强对企业网络的监控和管理，教育和引导干部职工对境内外舆情和敏感信息的鉴别能力，及时封堵和删除有害信息，坚决防止泄密事件。要完善突发事件应急处理和新闻报道制度，加强正面宣传，最大限度地减少网上负面因素。发现可疑情况，要立即报告，对少数别有用心的人在企业和职工队伍里制造散布谣言、挑起事端等违法犯罪活动，要积极配合政府有关部门依法打击。在海外工程承包、开展涉外经营活动及对外经济技术交流交往当中，要严格遵守外事工作纪律，牢牢把住国家安全这道防线。

三是要加强突发事件的应急处置工作。要深刻认识现代企业管理风险增大的趋势和特征，深入研究企业深化改革、结构调整中矛盾的特点和规律，积极探索有效预防和妥善处置群体性事件的途径方法，切实提高发现、控制、防范、化解和处置的能力。各单位要紧紧依靠地方党委、政府的指导和支持，主动把本企业稳定工作纳入地方维护稳定工作总体格局，形成政企联动、协同配合的处置机制。要实行重大工程项目稳定风险评估制度和突出隐患动态监测预警制度，增强预防处置群体性事件工作的主动性、超前性、针对性、实效性。要针对安全、环保、移民、征地、关闭破产、改制重组等实际，分别制订切实可行的应急处置预案，一旦发生群体性事件，要立即启动应急预案，坚决防止矛盾激化和事态扩大，尽快平息，确保集团公司形象安全。

四是要严格落实维护企业稳定工作责任制。企业主要负责人是维护企业稳定工作的第一责任人，对本企业稳定工作负总责，要担负起保一方和谐稳定的责任。稳定是安全的基础和保障，要把维护企业稳定工作绩效列为各级领导班子和领导干部年度业绩考核的重要内容。根据《中共中央组织部关于注意在处理信访突出问题和群体性事件工作中考察领导班子和领导干部有关事项的通知》等有关文件精神，组织人事部门要把妥善处理各种利益关系、信访突出问题和群体性事件，注重群众关心的热点难点问题、敢于和善于化解各种矛盾纠纷，作为衡量和评价各级领导班子和领导干部政治意识和大局意识，以及驾驭复杂局面、维护稳定能力的重要依据之一，纳入考核内容。对企业稳定工作出色的，要给予表彰奖励；对来信来访较多、矛盾纠纷突出的单位，要给予通报批评。发生群体性事件，企业主要负责人必须亲自负责事件的处置工作，深入一线，靠前指挥。凡因推诿扯皮、敷衍塞责、工作失职或处理不当、工作不到位等，导致群体性事件扩大、蔓延，造成严重负面社会影响的，要严格责任追究。一旦发生重大群体性事件，必须把原因一查到底，把责任追究到底，不但要追究处理群体性事件工作不到位、责任不落实的责任，也要追究因工作不规范、作风不正派等人为原因而引发群体性事件的责任者。

同志们，和谐凝聚力量，和谐成就事业。总之，稳定工作关系全局，稳定工作无小事，稳定工作责任重大，稳定工作压倒一切，稳定工作是保障企业改革发展的重要基础和前提，是摆在我们面前的一项十分重要的任务，是对我们各级领导干部驾驭全局和复杂问题能力的重要考验。各单位务必要把确保党的十七大胜利召开和北京奥运会成功举办作为维护企业稳定工作的重中之重和首要任务，摆上重要议事日程，进一步增强责任感、使命感和紧迫感，牢固树立政治意识和大局意识，做到思想到位、工作到位、措施到位。要着力构建和谐华电，最大限度地增加和谐因素，最大限度地减少不和谐因素，着力化解各种矛盾纠纷，全力做好稳定工作，确保公司系统的稳定。当前，正值施工建设和生产经营的黄金季节，各单位要注意统筹兼顾，把信访稳定工作和安全生产、经营管理、基本建设、思想政治工作等有机结合起来，按照集团公司年初工作会议的总体部署安排，恪尽职守，狠抓落实，锐意进取，奋力开拓，进一步开创企业稳定和谐工作的新局面，为不断推进集团公司做强做大做好而努力奋斗。

围绕华电“358”战略　依托科技创新　努力把华电建设成创新型能源集团

——邓建玲在集团公司科技工作会议上的工作报告

（2006 年 6 月 12 日）

本次科技工作会议是集团公司贯彻落实全国科学技术大会和中央企业科技工作会议精神，全面总结集团公司成立三年来的科技工作，分析形势，部署工作的大会，是以科学发展观为统领，紧紧围绕集团公司“358”战略，依托科技创新，努力把华电集团建设成为创新型能源集团的动员大会。

集团公司和集团公司总经理贺恭高度重视科技创新在公司发展中的战略地位，结合全国科学技术大会和中央企业科技工作会议，安排部署了本次大会，无疑为华电集团科技创新工作的开展，起到了里程碑式的促进作用。在 2006 年初召开的全国科学技术大会上，胡锦涛总书记、温家宝总理的重要讲话都突出强调，建设创新型国家的关键是要强化企业在技术创新中的主体地位。国务院国资委主任李荣融在中央企业科技工作会议上指出，中央企业作为我国国有经济的主导力量，有责任、有义务做自主创新的表率。这些，都为华电集团的科技创新工作更上一个新台阶指明了方向，起到极大的推动作用。

一、公司科技工作回顾

（一）重视科技创新体系建设，适时构建科技创新管理、技术支撑平台

集团公司高度重视科技创新工作。三年来，公司不断完善从集团公司本部到基层企业的科技创新体系建设，针对自身拥有众多以技术应用为主的发电企业，同时又拥有一批具有较强科技创新实力和良好发展前景的高科技企业的特点，集团公司将科技工作范围定位在覆盖集团公司基本

建设和生产运营全过程，集团总部各管理部门、各分公司、子公司、分支机构及各发电企业、科技企业都是科技工作的主体。

集团公司成立以来，牢固树立和坚持科学发展观，高度重视科技工作，把加强科技工作作为贯彻落实科学发展观的重要举措，摆在集团公司重要的战略位置。公司成立伊始，根据集团总部“三定”方案，科技工作职能设在原生产运营部安全运行处。2003 年 6 月，在原生产运营部增设科技环保处。2004 年 7 月，成立科技环保部，负责公司的科技管理工作。“中国华电集团公司动力技术研究中心”和“中国华电集团公司电气及热控技术研究中心”成立意味着华电集团建立了自己的科技创新技术依托平台，建立了自己的为公司生产运营、基本建设及综合产业提供技术保障的科技队伍。部分基层发电企业成立了以副总经理为核心的科技工作领导小组和由厂部、车间、班组组成的三级科技进步网络，设立了科技专职工程师负责日常科技管理工作。集团公司已初步形成了适合自身特点的科技创新体系，为集团公司科技创新工作提供了较完整的组织保证。

（二）积极采用先进技术，公司的科技水平全面提升

发电企业是以技术应用为主的企业，集团公司在电源建设和生产管理中，深入贯彻“科技是第一生产力”的指导思想，积极采用先进适用技术，改善公司发电资产质量，提高企业经营效益。在大型高效环保火电技术方面，集团公司敢为人先，积极尝试最新科研成果。杭州半山 1 号机组为国内首台并网发电的 STAG 109FA 燃气—蒸汽联合循环发电机组。STAG 109FA 单轴联合循环机组，是当前世界上先进的燃气—蒸汽联合循环大型发电机组，在燃烧天然气时，ISO 条件下热效率达到 56.68%。目前在建的华电国际邹县发电厂四期工程建设 2×100 万 kW 超超临界燃煤凝汽式汽轮发电机组，是国内单机容量最大、技术参数最高的燃煤发电机组。全国三大环保示范工程之一的半山烟气脱硫工程，在引进消化吸收的基础上，进行自主创新，实现烟气脱硫浆液循环泵的国产化，填补国内大型脱硫石膏浆液循环泵（合金泵）的空白。在内蒙古缺水富煤地区，积极采用空冷技术，建成内蒙卓资电厂 20 万 kW 纯凝汽式间接空冷机组，大大降低发电耗水率。在建的青岛海水淡化工程，采用先进的海水淡化技术，向海洋要资源，具有显著的环保效益。

在水电建设方面，集团公司目前无论是水电机组的运行和建设均处于国内先进水平。乌江渡水电站是乌江流域进行梯级开发的第一座大型水电站，坝址位于岩溶性山区地质条件下，最大坝高 165 米，坝顶全长 395.6 米。经过扩机增容和技术升级改造，已成为装机容量达 125 万 kW 的大型水电站。构皮滩水电站于 2003 年底开工，大坝为混凝土双曲薄拱坝，最大坝高 232.5m，是国内在建同类坝型工程中的第五高坝。洪家渡水电站装机容量 54 万 kW，大坝为面板堆石坝，最大坝高 179.5m，是国内已建同类坝型工程中的第二高坝。索风营水电站从设计、施工入手，采用国内首创的半干式制砂工艺及良性生态工程系统等先进技术，确保了项目建设全过程的绿色环保，受到了胡锦涛总书记等党和国家领导人的高度赞扬。在乌江“流域、梯级、滚动、综合”开发建设过程中，通过建设流域梯级电站远程集控系统实现了运行优化，提高了流域水电站控制水平；通过开展流域水库诱发地震的机理研究及地震监测研究工作，提高了电站的安全技术水平；在施工工艺方面，还探索出了一套高质量、低成本、机械化生产人工砂石料的工艺，并创造性地在导流工程中采用在动水中灌注混凝土围堰坝的壁砌技术等，从而保证了电站建设的顺利进行。狮子坪水电站，大坝为软基上的黏土心墙堆石坝，基础混凝土防渗墙平均深度大于90m，属国内第一。贵州大花水电站，大坝为碾压混凝土双曲薄拱坝，最大坝高 134.5m，是国内在建同类坝型工程中的第一高坝。

在可再生能源利用方面，有华电能源垃圾发电厂，华电国际十里泉煤粉秸秆混燃机组，安徽宿州拟建纯秸秆发电机组，以及在内蒙古、新疆、宁夏、江苏等地区推进的风力发电项目等。在信息化建设方面，建立的华电广域网已经作为集团公司业务系统的主要承载网，目前办公、统计、财务及资金结算等系统均通过该网络进行信息传输，实现了无纸化办公和远程办公，实现了视频、语音及数据的三网合一。已完成上线评审工作的华电国际的 ERP 系统建设试点项目 FAM 系统，实现了设备、物资、财务的全过程电子化管理和业务间的紧密集成，在生产管理中发挥了重要的作用。

集团公司实施“一体两翼”发展战略，加快推进煤炭产业发展，煤矿开发取得突破。先后投资参股了五个煤矿项目，建设规模1125万t，占有资源15亿t；投资一个大型煤炭储配项目，建设5万t级、20万t级泊位各一个，年周转能力1000万t；参股石太铁路专线，获得1000万~1500万t/年的铁路运力。在煤矿和码头储运的可研、设计、招标、施工建设的全过程中积极推广采用先进适用的建设技术和装备，全面提升煤炭产业的科技水平。大方煤矿采用铁路隧道大断面快速掘进成巷过溶洞施工技术、瓦斯远程实时监测联网系统；平坝煤矿采用了“四位一体”的综合防治煤与瓦斯突出技术、瓦斯超限自动报警断电闭锁装置；陕西中能榆阳煤矿积极引进高效开采成套技术装备，稳步推进300万t矿井技改建设。针对福建可门储运中心陆域淤泥覆盖甚厚、软基加固技术难度大、地质构造极为复杂的状况，积极采用目前国际上先进的基础技术和工艺，打排水板、强夯置换与爆破挤淤等工艺技术综合配置，解决了软基处理的技术难题。

这些都是集团公司应用先进技术的示范工程，是集团公司科技创新能力的体现，是集团公司实现“358”战略目标的推动力。

（三）重视科技投入，强化科研成果转化，科技创造效益的作用日益明显

科技投入是科技进步的必要条件和基本保证。集团公司成立以来，共安排科技项目122项，科技投入资金总额近4亿元，项目涉及水电施工、电气控制、超超临界机组的安全经济运行、节能降耗和大型燃气轮机等领域，解决了电厂安全生产中的热点、难点及关键技术问题，形成了一批技术水平先进又具有自主知识产权的科技成果。三年来，共获得中国电力科技一等奖1项，二等奖5项，三等奖9项，累计获得省部级奖励60多项。集团公司每年还安排技改资金数亿元，提高了在运发电资产的技术水平。各基层发电企业在一次能源、环保成本增加、市场竞争加剧的情况下，多渠道、多层次加大科技投入。在积极申请集团公司年度科技项目的同时，还结合生产设备存在的疑难杂症及新技术新工艺发展趋势，确定攻关课题，开展技术攻关，进一步提高企业的科技水平。华电工程公司系统内的高新技术企业逐年加大对科技创新活动经费的投入，大力进行科技创新及相关的前期研发工作。三年多来，共投入科研开发资金1.65亿元，科研投入年均增长达到10%以上，新产品、新技术项目产生的销售合同额累计超过30亿元，并产生了明显的社会和经济效益，投入产出呈现良好态势。

科技创新重在提高集团公司的竞争力。集团公司注重重大科技项目组织实施的示范作用，形成了华电特色的核心技术。三年来，集团公司先后承担“可资源化活性焦烟气脱硫技术”国家863科技项目，“750kV重大技术装备研制专项”和“30t缆索起重机”国家重点科技项目。其中“可资源化活性焦烟气脱硫技术”项目已通过科技部组织的技术验收，并形成产业化生产能力。SG 750系列750kV继电保护装置已在西北电网750kV输变电工程项目投入使用；30t缆索起重机在三峡工程、广西龙滩电站获得成功应用。

结合华电集团在大型燃气轮机发电领域的特点和优势，集团公司与清华大学等单位紧密协作，酝酿启动了15项涉及燃机工程建设优化、燃机运行检修标准、高温部件寿命评估及修复技术的前沿科研课题，并就研究领域、时间进度、合作单位及资源共享等在三家燃机电厂进行了组织分工和协作，为形成在大型燃气轮机发电领域内自主知识产权的技术标准体系，确立华电集团在全国燃机发电领域的领头羊地位打下坚实的基础。

为进一步发挥流域电站的综合效益和占领大型水电开发技术的制高点，形成华电集团水电开发运营的独特优势，集团公司就梯级水电站水库群优化控制、大型泄洪消能建筑物结构和水电施工新技术新工艺新材料等方面安排了多项研究。目前已取得初步成果，涌现了“面板堆石坝关键技术”、“冲碾压实技术”“水库群诱发地震研究”等一批重大的科研成果。

集团公司注重有效把握从研究开发到成果转化的每个环节。近年来，一批集团公司自主研制的技术项目和产品在我国三峡工程、南水北调项目、构皮滩电站及杭州湾跨海大桥等国家重大建设工程项目中得到广泛应用，并发挥了重要作用。如塔带机、30t缆索起重机、大型卸船机、大型斗轮机、长距离胶带机、管状带式输送机、大型混凝土搅拌楼及蓄能空调系统等产品。由杭州市机械科学研究院与浙江大学联合开发成功的蓄能空调系统技术处于储能空调领域的国内领先地位，

其成果已在北京国际会议中心、上海科技馆、国家电力调度中心、广州大学城和阿联酋迪拜绿色家园等200多个重要工程项目中应用，实现电网移峰填谷30多万kW，节约电力建设数十亿元，取得了明显的经济和社会效益；自主创新开发的四卷筒卸船机在2003年突破1500t/h大型卸船机业绩后，又于2004年再创新高，实现了1600t/h的新业绩，产品已出口到东南亚。

（四）建立健全科技创新管理制度和激励机制，为科技创新提供制度保证

在制度建设方面，三年来，集团公司先后制定和下发了《中国华电集团公司科技项目管理办法》、《中国华电集团公司科学技术管理办法》、《中国华电集团公司本部软科学研究项目管理办法》、《中国华电集团公司科学技术进步奖奖励办法》和《中国华电集团公司科技创新基金管理办法》等相关规定并在工作中不断补充完善。各基层单位根据集团公司的规章制度，结合本单位实际，也制定了《科技管理标准》、《科技攻关奖励细则》等一系列规章制度，保证了基层科技创新管理工作的制度化、规范化。

在激励机制方面，从2006年开始，集团公司设立了“中国华电集团公司科学技术进步奖”，每年评奖一次，鼓励科技创新，发挥广大科学技术人员的积极性和创造性。2006年度，集团公司评出获奖项目22项，“长距离曲线带式输送机的开发研制”等3项项目荣获一等奖；“火力发电企业安全管理标准化的研究与应用”等11项项目获二等奖；“烟气脱硫装置石膏脱水系统生产流程优化”等8项项目获三等奖。集团公司还设立了“科技创新基金”，作为引导性基金，用以鼓励和扶持公司系统各单位和工程技术人员进行科技创新，解决公司系统生产和发展中的热点、难点和关键技术问题。

（五）坚持科学布局，以规划指导和促进公司科技进步与创新

多年的科技实践表明，根据企业所处的发展阶段要求制定科技发展规划，是指导科技工作、促进科技发展的一条重要经验。2004年底，公司就着手研究和编制《中国华电集团公司2010年科技发展规划》。规划的编制以公司“一体两翼、四化”发展战略为依据，提出了“科技工作的总体思路和工作方针”、“科技工作的发展目标”、“十大重点领域的研究项目”和“实施科技规划的主要保证措施”，为实现把华电集团建设成为具有国际竞争力的现代企业集团提供科技保障，促进公司的全面、协调、可持续发展。整个规划充分体现了科技发展长远目标与近期需求相统一、科技创新与技术推广应用相配合、科研攻关过程与人才培养相结合，是指导集团公司科技进步与创新的纲领性文件。近几年来，公司正在按照制定的科技发展规划，有步骤地实施科技进步与创新工作计划。

目前，按照全国科学技术大会的精神，在《国家中长期科学和技术发展规划纲要（2006～2020年）》的指导下，结合集团公司“十一五”发展规划的战略调整，集团公司已完成了“十一五”科技发展规划的修改工作。

（六）调动资源，集思广益，服务于华电集团科技兴企战略

建立了科技项目专家咨询制，在项目的可行性论证、立项审查、项目验收等各个环节聘请专家参与全过程咨询，专家咨询意见作为项目管理与决策的重要参考依据。目前，集团公司已初步建立了科技专家库。专家库涉及十二大专业分类，包括系统外专家60名、系统内专家150名、后备专家400名，基本可以满足当前科技管理工作的需要。通过邀请专家进行咨询、举办专题讲座等多种形式，充分发挥专家“智囊团”的作用，为推动集团公司科技进步工作献策献力。

（七）加强交流，群策群力，营造了良好的科技氛围

高水平的科技论文是科技创新成果的重要体现，也是衡量企业内科技工作者的技术实力、创新能力和核心竞争力的重要组成部分。2004年，“大型CFB锅炉在电力运行中磨损、排渣等问题的探索”和“冰蓄冷空调技术及其发展”两篇论文获中国电机工程学会优秀论文奖。2005年10月，集团公司与中国电机工程学会联合主办了“大型燃气轮机发电技术发展学术研讨会”，集团公司系统40余人与科技部、发展改革委等单位的领导、院士及近400位全国的燃机工作者共同探讨世界大型燃机技术及其在我国的应用前景，会议在行业内引起积极反响。11月首次举行的中国华电集团公司电气专业技术交流会，公司系统140余位电气专业工程师聆听了著名专家学者的电气前沿

技术报告，相互交流电气专业工作经验和管理经验，取得了良好的效果。

集团公司还积极组织参加了多项在行业内有广泛影响的超超临界会议（温州）、电力发展论坛（张家界）、洁净煤发电技术国际会议（昆明）、中国科协年会（新疆）、中国调度运行会（上海）等。通过举办和参加这些研讨会，交流了科研成果和收获，宣传了华电集团良好的科技形象，也为基层企业的专业技术人员提供了很好的学习机会。

由集团公司主管的《电力自动化设备》、《电力机械与制冷设备》和《水利电力机械》都是创刊20年以上，在期刊编辑出版方面有着丰富经验、在行业内有较大影响力的科技期刊。尤其是《电力自动化设备》杂志，是全国中文核心期刊，已被美国的《剑桥科学文摘》、英国的《科学文摘》、俄罗斯的《文摘杂志》收录，也被《中国期刊网》和《中国学术期刊（光盘版）》全文收录。该杂志还在2005年获得了第三届国家期刊奖提名奖，排名位居行业杂志前茅。高水平高质量的科技期刊杂志为公司系统各单位和广大专业技术人员提供发表科技成果、共享技术信息提供了重要载体。

回顾集团公司三年来的科技工作所取得的长足进步，主要体会是：

（1）党中央、国务院提出的“自主创新、重点跨越、支撑发展、引领未来”的科技工作指导方针，是指导公司科技工作的纲领。

（2）认真实践公司党组提出的“科技兴企”战略，以科技发展规划为指导，实现公司发展方式的转变，建设创新型、资源节约型、环境友好型企业，是科技工作的目标。

（3）构建科技工作组织体系是做好科技创新的保证。集团公司各级领导对科技工作高度重视，多数基层企业建立了从企业领导、主管部门到科技专责的组织体系。集团公司科技企业还设有专门的研发部门，强化了科技工作者的主导地位，使科技人员因为自己从事的工作和承担的责任感到自豪，有力地推动科技工作的开展。

（4）紧密联系公司生产实际，针对生产、基建中的重点难点问题，进行科研攻关，大力推进自主创新，在重大关键技术领域实现实质性的突破，为集团公司的健康发展提供持久的技术支撑，是科技工作的主要任务。

（5）注重科技人才的培养和储备，优化资源配置，建立完善具有吸引力的激励机制和良好的工作氛围，对在科技创新工作中取得突出成绩的人员给予重奖和鼓励，是激发员工的科技创新热情，取得创新成果的关键。

（6）转变观念，克服对风险失败的畏惧心理，敢为人先，大胆创新，勇于实践，是提高公司科技水平的必然选择。

二、认清形势，进一步明确当前科技工作的任务和要求

（一）科技工作存在的问题

在总结成绩和经验的同时，我们也应清醒地看到自己的不足和差距，距离“创新型能源集团”的要求相差甚远，主要表现在以下几个方面：

（1）公司科技整体发展水平还不能满足公司发展战略的需求，对公司发展的驱动力和支撑作用还不够明显。许多重大工程技术、行业共性技术的研发状况与实际需求还有较大差距；先进技术的集成与应用能力还较弱。

（2）企业自主创新能力不强，尚未成为科技创新的主体。科技开发和成果转化能力仍显不足；科研基础条件仍比较落后；先进技术开发、应用与实际需求的结合还不够紧密。

（3）科技创新体系尚需完善，存在着公司发展规模、速度对各类人才的需求与当前科技人才缺乏的矛盾。

（二）当前科技创新工作面临形势

当今世界，科技发展突飞猛进，科学技术已经成为一个国家、一个企业寻求生存和发展的关键因素，科技创新能力已成为一个国家和企业发展的核心驱动力。建设创新型国家的关键是强化企业在技术创新体系中的主体地位。胡锦涛总书记、温家宝总理在全国科学技术大会上的重要讲话都突出强调了这一点。在中央企业科技工作会议上，国务院国资委主任、党委书记李荣融指出，中央企业是国家技术创新的骨干力量，有责任、有义务做自主创新的表率。贺恭总经理在2006年工作会议上提出大力建设创新型企业，实施“科技兴企”战略，要求把增强自主创新能力作为公司科学发展的战略基点，作为调整结构、转变增长方式的中心环节，作为建设资源节约型、环境友好型企业的重中之重。

《国家中长期科学和技术发展规划纲要(2006～2020年)》中确定了“自主创新、重点跨越、支撑发展、引领未来”的科技工作指导方针，既是对以往科技方针的继承和发展，又体现了新时期新阶段对科技发展的新要求，是科学发展观在科技工作中的具体体现。对以发电为主体、煤炭金融为两翼的华电集团，科技创新工作的核心是支撑发展。即从公司现实的紧迫需求出发，着力突破影响集团公司发展的重大关键、共性技术，围绕集团公司“358”战略，为支撑集团公司的可持续协调发展提供科技保障。

目前，能源短缺不仅是中国面临的问题，更是全球性的问题。正是基于能源在经济社会中所处的重要位置，决定了各国的技术创新成果难以让他国共享，关键技术、核心技术必然成为“国家机密”，也注定了能源产业的科技创新工作要走一条艰辛之路。国家颁布的《国家中长期科学和技术发展规划纲要（2006～2020年）》为中国能源行业描绘了自主创新发展的路径图，将五个方面急需发展、任务明确、技术基础较好、近期能够突破的技术群作为能源领域自主创新优先主题，即工业节能、煤的清洁高效开发利用、液化及多联产，复杂地质油气资源勘探开发利用，可再生能源低成本规模化开发利用，超大规模输配电和电网安全保障等五个方面。同时，还围绕国家目标，进一步筛选出16个重大专项。在“实现跨越式发展，填补空白”的重大专项中，“大型先进压水堆及高温气冷堆核电站”跻身其列。

这些，都对集团公司的科技创新工作的开展提供了新思路，提出了更高要求。

（三）“十一五”科技工作指导思想和工作方针

“十一五”科技工作指导思想是：建立以企业为主体、市场为导向、产学研相结合的技术创新体系，为把集团公司建设成为以电为主，煤炭金融为两翼，国内先进、国际一流，具有可持续发展能力和国际竞争力的现代企业集团提供科技保障。

“十一五”公司科技工作方针是：以促进科技进步、提高经济效益和提高能源利用率为目标，全面落实科学发展观，坚持自主创新和引进消化相结合的创新思路，坚持“以技术革新和技术应用为重点、技术研究和技术开发为基础”。

“十一五”期间，根据科技工作指导思想和工作方针，将以集团公司在实施2010年发展战略期间进行的重大工程为依托，坚持大容量、高效率、低排放的技术领先战略，不断降低资源消耗水平。为推动我国高参数、大容量发电机组的国产化进程，提高电力工业的装备水平作出贡献。注重采用大容量、高参数的洁净煤发电设备，优化发展煤电；适度发展天然气发电；在保护生态基础上有序开发水电，发展大型水电站施工技术；积极推进百万千瓦级核电站建设，逐步实现先进压水堆核电站的设计、制造、建设和运营自主化；积极发展风电、生物质能等可再生能源。加强煤矿瓦斯综合治理与利用；开发煤炭洗选及低热值煤、煤矸石发电、煤炭深度加工转化等综合利用；开发推广高效洁净燃烧、烟气脱硫等技术；实现公司科技创新水平的跨越式发展。

三、2006年科技工作思路和重点任务

2006年是实现集团公司“358”战略计划十分关键的一年，也是实施“十一五”计划的开局之年。集团公司科技工作的思路是：以邓小平理论和“三个代表”重要思想为指导，认真贯彻党的十六届五中全会和全国科学技术大会精神，以科学发展观统领全局，大力增强自主创新能力建设，重视技术创新，加大科技研究和成果推广力度，科技进步推动公司生产经营的能力显著增强；加快体制机制创新，完善科技管理体系和科技交流平台建设，初步形成有华电特色的技术研究模式和专业技术交流平台；加强科技队伍能力建设，为把华电集团建设成为自主创新型能源集团而不懈努力。

2006年科技工作的重点任务：

（一）组织重大科技项目攻关，跟踪研究先进技术，加大先进技术和科技成果的应用推广力度

加大科技投入，重视重大科技项目攻关。结合集团公司“十一五”战略发展规划，进行100万kW空冷机组的可行性研究、30万、60万kW循环流化床机组的应用研究；结合集团公司在建的超超临界机组，加强对超超临界机组的安全经济运行分析与研究；燃气轮机的运行维护技术、梯级水电站水库群优化控制、大型泄洪消能建筑物结构和水电施工技术、海水淡化相关的科研项目加强管理和协调，及时做好项目验收和成果鉴定工作。

加强项目成果的后评估及成果推广力度。加快科技成果向现实生产力转化，努力推广公司系统在电力行业中先进的、占优的生产运行、设备管理、新能源的经验和技术，组织高压变频调速技术、电除尘电源节能控制、活性焦脱硫技术等具有自主知识产权先进技术的产业化示范和工程推广应用进程。加大设备整治力度，努力增加科技含量。

（二）加快体制机制创新，完善科技管理体系和科技交流平台建设，初步形成有华电特色的技术研究模式和专业技术交流平台

根据《国家中长期科学和技术发展规划纲要（2006～2020年）》，进一步修订公司“十一五”科技发展规划。公司所属各单位应根据公司科技发展规划，结合本单位的生产经营实际，编写各自的“十一五”科技规划。进一步优化科技管理流程，通过实施公司科技创新基金项目计划，研究以两个技术中心为主体的技术研究支撑体系的建设，加强特色专业的内外部横向联合，形成内外结合的有核心竞争力的自主研发能力。

加强专业技术交流。公司计划于2006年下半年召开热动技术交流会，为公司热动专业技术人员撰写论文和发表专业见解提供平台，提高公司技术人员的专业技术水平。充分发挥和利用好行业协会、学会及高校、研究机构的作用，利用学术技术交流会、报告会、现场会、报刊杂志及网络交流等各种手段，加快先进技术成果推广应用。加强公司主管的三种科技期刊的管理，不断提高期刊编辑出版水平。

利用计算机和网络手段，建立科技资源共享平台。研究建立科技成果数据库、优秀论文数据库和科技项目动态数据库，做到科技资源、科技信息和科技成果共享。

建立与外部科技环境的良性沟通，营造有利于公司科技业务发展的氛围和条件。要进一步加大与政府部门的科技管理部门、科研机构及知名学者专家的联系和沟通，提高华电科技的外部影响力和凝聚力。

（三）完善华电科技奖励制度和成果激励机制，不断推动公司科技进步和可持续发展

以精神鼓励为主、物质奖励为辅，完善华电科技进步奖励制度，加大宣传力度，鼓励技术创新，使华电科技进步奖成为激励科技人员从事技术创新、推动新成果大规模涌现和加速产业化推广的保障机制。

认真做好华电优秀科技成果的推荐评奖工作。加强与中国电力科技奖、省部级奖评奖机构的沟通和合作，宣传华电集团的最新科技成果，推荐优秀科技成果参与评奖，努力使更多的具备较高水平的科研成果获得奖励，提高华电集团在行业内外的科技地位。

认清形势　深抓落实
全面推进环境保护“三同时”工作

——邓建玲在集团公司环境保护“三同时”暨环境保护验收工作会议上的讲话

（2007年6月15日）

本次会议的主要任务是：贯彻落实集团公司5月11日节能减排工作视频会议和曹总在视频会议上的讲话精神，宣贯环保“三同时”要求，明确电源建设项目环保验收工作，全面提升集团公司基建工作环保水平。

这次会议是集团公司继2006年8月30日也是在这个会议室召开的环保前期工作座谈会以来，集团公司系统的第二次关于前期和基建中环保工作的会议。从会议内容上看，2006年强调的是如何更好地执行国家的环境影响评价制度，落实环评、水保报批等环保前期工作；我们要在2006年工作基础上，着重强调如何更好地执行国家的环境保护“三同时”制度，落实项目报批后的环保建设、环保验收工作，指导落实基建环节的环境保护任务。环境影响评价和环境保护“三同时”两项制度都是国家重要的环境保护制度，严格地落实到位了，集团公司环境保护工作一定能在原有的良好工作基础上再上新台阶。

一、认清形势，充分认识环保“三同时”工作的重要性和紧迫性

2007年上半年以来，党中央、国务院就节能减排工作召开了一系列会议，有几个会议尤其重要。一是温家宝总理亲自担任国家节能减排工作领导小组组长，参加了国务院节能减排工作电视电话会议。这个会议涵盖范围广、参加人员重要，分会场设到了县一级，是国内当前最大的电视电话会议，充分体现了节能减排工作的重要地位。

二是在国务院节能减排工作电视电话会议后的第二天，国家环保总局会同有关部委召开了全国整治违法排污企业保障群众健康环保专项行动电视电话会议，政治局委员、国务院副总理曾培炎出席会议并作了重要讲话，对环境保护工作及专项治理工作做了部署。随后，各省、自治区、直辖市和国务院国资委等部委对这两次会议精神进行了传达，国务院国资委专门对中央企业的节能减排工作进行了部署；各中央企业都相继就节能减排工作做了具体安排。

所以，在当前国家加大节能减排工作力度的形势下谈环保“三同时”工作非常有意义。

（一）环保“三同时”是当前国家节能减排工作的重要抓手

进入“十一五”以来，我国环境保护工作进入了以环境优化经济增长的历史性转变新阶段，国务院颁发了《关于落实科学发展观加强环境保护的决定》，在《中华人民共和国国民经济和社会发展第十一个五年规划纲要》中把污染物减排作为“十一五”经济社会发展的约束性指标；召开了第六次全国环保大会，提出在处理环境与发展的关系方面关键是要加快实现“三个转变”：一是从重经济增长轻环境保护转变为保护环境与经济增长并重。二是从环境保护滞后于经济发展转变为环境保护和经济发展同步。三是从主要用行政办法保护环境转变为综合运用法律、经济、技术和必要的行政办法解决环境问题。大家知道，最近发生了几起广受关注的环境事件。太湖发生蓝藻“水患”影响饮用水安全事件，党中央、国务院非常重视，副总理曾培炎在太湖视察并召开了太湖流域整治会议研究解决方案；厦门海沧 PX 项目虽然经济效益巨大，但因工业区发展与城市建设之间的矛盾日益突出被暂缓审批；北京海淀区六里屯垃圾发电厂已通过北京市环保局的环评审批，但因公众反映影响居住环境，也被国家环保总局建议缓建。这说明当前环保工作是一项全民意识、政府推动、公众参与的综合性工作。

国家加大了宏观调控力度，促进产业结构调整，实行节能减排。这是对环保工作的又一次提升。2006 年，全国主要污染物排放量不降反升，没有完成污染减排任务，今年一季度全国节能减排面临的形势仍然相当严峻，为确保国家“十一五”节能减排目标的实现，经国务院批准正在组织开展第一次全国污染源普查。在 4 月 27 日国务院召开的节能减排工作电视电话会议上，温家宝总理对“十一五”节能减排工作进行了全面部署和全国性的动员，提出要节约发展、清洁发展、安全发展，并要求“管住增量”，有效控制电力等高耗能高污染行业过快增长。在 4 月 28 日国家环保总局、发改委、监察部、司法部等 7 部委召开全国整治违法排污企业保障群众健康环保专项行动电视电话会议上，曾培炎要求防止“旧账未还又欠新账”，彻底扭转新建项目环境违法突出、“三同时”执行率低的问题；会议宣布在全国范围内全面开展环保专项行动，要“集中解决工业园区建设项目环境保护‘三同时’制度执行不力问题”。在 5 月 23 日国务院印发的《节能减排综合性工作方案》中，进一步明确了“十一五”节能减排目标和任务，该方案提出“加强‘三同时’管理，严把项目验收关。对建设项目未经验收擅自投运、久拖不验、超期试生产等违法行为，严格依法进行处罚”。在 5 月 29 日国家发展改革委和国家环保总局印发的《燃煤发电机组脱硫电价及脱硫设施运行管理办法（试行）》中，明确规定脱硫电价与脱硫设施验收、投运挂钩，脱硫设施必须通过环保验收，并且保障稳定运行才能享受脱硫电价，否则受到处罚。国家还提高了排污费征收标准，二氧化硫排污费分三年提高一倍。

国家加大了环境执法、公众监督、环保惩治力度。国家环境保护总局连续三年实施“环保风暴”，继 2005、2006 年的“环保风暴”之后，国家环保总局与监察部联合发布了《环境保护违法违纪行为处分暂行规定》，加大了对环保不作为、乱作为的处罚；高级法院和高级检察院出台了环境犯罪的司法解释，加大了对造成重大环境污染事故的企业打击力度。相继发布了《环境影响评价公众参与暂行办法》、《环境信息公开办法》，鼓励公众参与和社会舆论监督。2007 年年初，国家环保总局又通报了投资 1123 亿元的 82 个严重违反环评和“三同时”制度的钢铁、电力、冶金等项目，首次启动“区域限批”政策，以遏制违法违规开工投产、“三同时”执行不到位的建设行为。目前国家还将修改相关法律法规扩大“区域限批”政策的范围。曾培炎副总理在专项行动电视电话会议上已明确表示“区域限批”是整治环保不作为的有效办法，将长期执行。

在上述所有工作和要求中，环境保护“三同时”都是重要抓手，充分体现了国家开始综合运用行政、经济和法律等综合措施推动环保“三同时”、在经济增量方面最大限度地实现污染物减排的决心。随着国家节能减排工作的不断深入，新建项目的环境保护“三同时”工作要求将越来越严格，措施将越来越有力。

（二）做好环保“三同时”工作是华电集团在发展壮大过程中应尽的社会责任

华电集团作为中央直接管理的特大型国有发电集团，为国家改善环境质量状况负有义不容辞的责任，搞好环境保护工作可以体现企业高度的社会责任感和企业文化价值取向。环境友好是现代企业的发展方向。企业特别是生产企业既创造了大量的社会财富，也产生了一定的环境污染。随着时代的进步，绿色生产已成为企业竞争力的一个重要标志。建设环境友好型企业将有利于提升企业竞争力和软实力，有利于在社会上赢得美誉度，获得良好的公众形象，有利于维护企业的长远利益，为以后的发展留下良好的生存和发展空间。我们要将环境友好理念作为华电集团企业文化的一个重要组成部分。

具体到当前支撑集团公司发展壮大的电源建设项目，环境保护“三同时”工作不仅是国家的明确要求，也是华电集团自身经营、发展的需要，是每个发电企业应该自觉履行的社会责任，我们应自觉表现国有资产管理者负责任的良好姿态。每一个企业做好了，集团公司“做强、做大、做好”就有了坚实的基础。

（三）做好环保“三同时”工作是集团公司完成“十一五”二氧化硫削减目标责任书的客观需要

华电集团作为电力行业具有重要影响的企业，也是二氧化硫排放大户。根据与国家环境保护总局签订的《中国华电集团公司“十一五”二氧化硫总量削减目标责任书》，到2010年底，集团公司二氧化硫排放总量在2005年的基础上削减44.9%，控制在92.6万t以内；责任书明确要求新、改、扩建燃煤电厂必须按环保要求同步投运脱硫设施，并确保长期稳定运行，与环保部门实现联网监测。国家环保总局每年对责任书执行情况进行考核，将考核结果上报国务院并向社会公布。责任书的年度完成情况与集团公司形象安全密切相关。与其他发电集团相比，华电集团目前的排放水平最高，削减比例也最高，二氧化硫减排情况将对国家实现电力行业削减目标产生重大影响。我们必须不折不扣地执行责任书要求，坚持“预防为主、综合治理”的方针，在按计划实施脱硫技术改造的同时，确保新投产机组的脱硫设施同步投运，做到“不欠新账、多还旧账”，全面减少二氧化硫排放，争取向党中央和国务院、国家和人民交上一份满意的减排答卷。

（四）做好环境保护“三同时”工作是集团公司实现“十一五”规划目标的重要保障

为了把集团公司做强做大，集团公司党组确定了2010年实现“8467”的奋斗目标。在当前形势下，环境保护“三同时”执行情况已与地方、企业的经济发展紧密相关。“环保风暴”中集团公司因“三同时”问题被国家环保总局“限批”、个别项目被责令停机的教训是沉痛的。随着环保“三同时”监管力度的加大，必须确保新建项目环保设施按期建设、按期投运。否则，不仅将影响到集团公司投产目标的顺利实现，而且可能影响集团公司发展规划项目的环评审批以及核准，还可能影响直接经济效益。我们必须从环保角度为集团公司2010年实现8000万kW装机容量规模提供有力保障。

“三同时”执行情况已与金融贷款、电价争取、环保缴费紧密相关，环保机组在电网节能减排调度中优势明显，做好环境保护“三同时”工作也是企业争取合法经济效益的有效途径。环保设施与主机的同步投产、环保验收、稳定运行愈显重要，只有做好了，经济效益才能保证稳步增长。

因此，我们必须要保持清醒的头脑，进一步增强紧迫感和责任感，认清形势，落实措施，坚决贯彻国家在环保“三同时”方面的要求和精神，推动集团公司又好又快发展。

二、总结成绩，找出差距，积极解决环境保护“三同时”工作存在的问题

集团公司党组高度重视环境保护，牢固树立和坚持科学发展观，积极践行“诚信、高效、合作、服务、环保”企业理念，把加强环境保护工作作为贯彻落实科学发展观的重要举措，摆在集团公司重要的战略位置。在集团公司党组的正确领导下，环境保护“三同时”工作得到了各方面的重视，取得显著成效：

一是新建机组环保设施的投运提升了集团公

司环保整体水平。集团公司组建以来，通过优化电源结构和机组结构，积极推动污染防治战略逐步从末端治理向源头和全过程控制转变，从单一的污染治理向调整产业结构、清洁生产和发展循环经济转变。随着集团公司规模的增长，环保设施投运规模同步增长。集团公司所有新建、在建项目均采取废水处理、大气污染物防治、噪声防治等污染物防治措施。除新疆以外所有的新建燃煤电厂均同步建设了脱硫设施；长沙等电厂开展了建设脱硝设施的环保示范工作。与组建时相比，集团公司排放指标持续下降，至2006年底，集团公司单位发电量的烟尘、二氧化硫、氮氧化物排放绩效分别下降了27.94%、17.05%和9.66%，新机基本实现达标排放，促进了企业与环境的协调发展，为建设环境友好型社会作出了积极贡献。

二是加强“三同时”管理，脱硫设施建设滞后现象明显好转。集团公司先后颁布了《关于加强电源建设项目竣工环境保护验收管理工作的通知》、《关于加强新投产项目环境保护管理工作的通知》、《关于进一步明确烟气脱硫工程有关规定的通知》，将环保作为工程建设的重要控制节点考核内容，纳入了工程建设责任制和企业领导人年度业绩考核范围之内，提出了新开工项目必须确保环保工程与主体工程“三同时”的要求。集团公司在基建工作中加大了脱硫等环保设施与主机同步投运的管理力度，经过不断努力，目前脱硫工程建设进度普遍滞后于主机较多的问题较以往有很大的改观。滕州新源、灵武等项目实现了脱硫设施与主机的同步通过168h试运行。

三是环保竣工验收工作逐步规范化，项目建成后久拖不验情况得到明显扭转。截至2007年5月底，有19个新投产项目完成了环保验收，装机容量949.2万kW；21个项目已申请环保验收，装机容量1165.5万kW。环保验收执行率（进入环保验收程序和完成环保验收的机组容量占应申请验收机组规模的百分比）由2006年同期的42.0%上升至87.4%，增加了1.1倍。据了解，现在向国家环保总局申请环保验收的电力项目非常多，说明大家都重视了，那么就要比谁的工作做得好、做得早，只有“三同时”工作抢前抓早、做扎实了，才能又快又好地通过验收。

在肯定成绩的同时，我们也必须清醒地看到集团公司环境保护“三同时”工作与国家的要求还存在很大差距，还不能适应国家及国家环保总局的要求，以及集团公司持续发展和创建环境友好型企业的要求。连续三年的“环保风暴”都有集团公司项目名列其中，充分暴露出我们的工作还存在着诸多需要改进、提高的地方。问题和差距主要表现在以下几个方面：

（1）环境保护“三同时”意识和环保能力水平有待进一步提高。个别基建单位领导仍然存在“重主体、轻环保”思想，对环保重要性缺乏足够的认识，没有把“三同时”工作放到应有的重要位置，或者抱有侥幸心理，主观能动性没有得到充分发挥。个别单位基建过程中环保管理力量薄弱，机构不健全、人员不落实、职责不明晰，领导和员工对建设项目环境管理的有关法律法规、业务不熟悉，影响了管理和执行力度。

（2）环保设施建设滞后情况虽有所改善，但仍有差距。尽管在大家共同关心、重视之下，脱硫设施在工期规划、招标安排、建设进度的同步方面有好转，但2007年仍有个别项目脱硫设施没有实现与主机同步投运，无法满足国家环保总局随时调度脱硫投运情况的要求，影响到环保验收的按期完成，同时也致使脱硫电价迟迟无法落实，影响到投资收益的获取。噪声防治、煤场防尘、灰场防渗、中水深度处理等设施建设滞后也较明显和普遍，需引起高度重视。

（3）对工程应配套落实内容重视不够，需加大协调力度。我们要按照“诚信”的原则，落实环评报批时的承诺，既包括我们自身的工作，也包括需督促地方政府和相关部门落实的工作。城市中水处理、小锅炉和小机组关停、供热管网建设等与工程配套建设的外部条件都是环保验收内容，但由于地方政府承诺兑现不力、工程本身落实也滞后的情况非常突出。有部分单位对与工程挂钩的小机组、小锅炉关停等地方政府落实工作关注不够，至今还没有足够重视，处理不好会影响环保验收。当前部分项目已经进入环保验收阶段，配套落实问题亟待解决，与相关部门的沟通急需切实加快、加强。

（4）存在落实环保要求时打折扣、环保设施建成后未达到设计水平现象。个别项目没有按照环评及审批要求建设环保设施或者降低环保标准、简化工艺流程，出现未经许可擅自取消GGH、不建封闭煤场或防风抑尘网、不按要求建中水深度处理设施等问题，为后期弥补工作带来困难，给环保验收带来许多遗留问题。还有个别项目有除尘器效率不高或因质量等问题垮塌、脱硫设施投运后即因质量问题不能稳定运行的问题。新投产机组虽然都能实现了达标排放，但排放绩效离工程设计水平还存在差距，集团公司2007年第一季度的环保统计数据显示，二氧化硫排放绩效达到设计排放水平的占73.1%，烟尘排放绩效达到设计排放水平的仅占25.9%。为了督促脱硫设施正常投运，国家发展改革委已委托国家电力规划设计总院主持研究论证脱硫设施取消旁路的方案，已将火电厂取消脱硫旁路烟道的方案提上了议事日程。我们不能把环保设施当作摆设，须看作与主机同样重要，加强维护和管理。

（5）需进一步完善投产前环保手续，彻底扭转“重审批、轻验收”现象。部分项目存在试生产申请手续不全，未按规定申请竣工环保验收的情况，存在环保处罚的风险，需进一步树立合法生产的观念，在保证环保设施正常运转的同时，积极履行环保验收手续。

三、落实责任，明确措施，抓紧抓好环保“三同时”工作

环境保护必须与企业发展紧密结合，我们要紧紧围绕集团公司“十一五”减排目标，全面落实环保“三同时”工作，为集团公司实现“8467”奋斗目标保驾护航。

1. 切实提高认识，加强领导

要把环保工作真正融入集团公司“8467”发展战略的大局之中，在实现集团公司投产目标的过程中全面落实环保“三同时”工作。集团公司系统各级领导要加深对环保工作的认识，组织开展环保法律法规的学习，切实转变以往“重工程、轻环保”的传统观念。2007年，集团公司科技环保部有必要在适当的时候组织各单位主管环保的部门主任、环保专工等专业人员进行一次培训。有基建任务的各单位要把环保“三同时”工作纳入基建工作的重要日程中，要像抓主机投运一样抓环保设施的建设。

2. 逐级落实责任，健全管理体系

2007年，集团公司的业绩考核体系已把环保“三同时”执行情况与企业领导人经营业绩年度考核挂钩，各分支机构、发电企业要高度重视，建立相应的约束和激励机制，明确“三同时”责任部门、责任人，有效协调电厂基建、生产之间及业主与参建单位之间的管理关系，针对设计、建设、投产等环节的环保工作落实职责，形成统一高效的环保管理体系。要重视与环保部门的协调、沟通工作，试生产申请和环保验收等工作应有熟悉专业、协调能力强的专人负责。

各分支机构、区域子公司必须切实履行区域内环保工作的指导、协调和监督职能，加强与环保部门的沟通，认真做好环保“三同时”实施方案的审定和环保验收前的核查工作。

3. 完善环保手续，落实“四个必须”

各基建项目要切实落实投产前的环保条件，有效防范出现各类环境风险。经集团公司党组研究同意，今后基建项目的建设要满足四个条件。

一是新开工项目在开工前必须取得环评、水保批文。所有建设项目必须严格执行环境影响评价制度，完成环境影响报告书和水土保持方案报告书的审批及其他核准条件。

二是基建项目在施工准备阶段必须编制环保“三同时”实施方案，并作为主体工程开工批复条件。环保工作早起步，早主动。从现在起，所有新开工项目都要本着诚信兑现环保承诺的原则，结合集团公司下达的投产计划，对照环境影响报告书、水土保持方案报告书及审批意见要求，精心制定环保“三同时”实施方案。各单位必须不折不扣地落实工程环保措施，认真梳理与工程相关的各项环保要求，尽早采取措施确保两方面工作的落实：一是工程自身环保设施与主机同步投运；二是与工程环保验收挂钩的所有配套建设内容的落实和协调。现已开工和进入施工准备的项目要立即着手编制具体的环保实施方案，并遵照执行。集团公司科技环保部、工程建设部、安全生产部等部门要相互配合，共同督促落实。集团公司已安排望亭发电厂和四川华电泸定水电有限公司分别作为火电和水电项目的试点单位编制范本，希望两单位能配合集团公司有关部门，很好地完成工作。

三是新投产项目在168（或72+24）h试运行前必须取得环保部门同意文件。有投产任务的各单位要早安排、早行动，在机组整套启动试运前，提早开展环保自查，并在机组整套启动试运行前做好试生产申请工作。

四是达标投产前必须取得环保验收批复文件。

必须树立合法生产的经营观念，项目完成168h试运行后应尽快依法履行竣工环保验收手续，杜绝久拖不验、超期试生产等违法违规行为。火电项目要在最短时间内完成脱硫设施验收，尽早落实脱硫电价。蓄水前有阶段验收要求的水电项目要留足充分的时间开展验收工作。

4. 加强环保设施建设质量和工期管理，积极落实外部配套条件

各基建项目要协调好工期与质量的关系，实现“三同时”的同时，不能放松对质量的把关。环保设施必须严格按照环评确定的设计效率、排放要求进行招标，不得随意改变工艺流程和设计标准，要提高土建、安装、调试水平，提高工程建设质量。要结合投产计划合理安排火电项目脱硫、除尘、废水治理、噪声防治，以及水电项目水土保持、生态保护等所有环保设施的建设工期，千方百计保障与主机同步投产，为竣工验收、落实电价创造良好条件。

务必要加强与地方政府及相关部门的沟通，尽早落实与环保验收挂钩的外部条件。有中水利用的项目，要督促地方政府尽快建设污水处理厂，确保投产前提供合格水源，电厂内应建的中水深度处理设施，必须与主机同步建成；已经滞后的单位，必须抓紧完成。涉及区域内小机组或供热锅炉关停、集团公司外机组脱硫等环保改造、城市配套热网建设的项目，要警惕相关部门的推诿，督促地方政府务期必成。有水灰场改造、脱硫、废水综合治理、除尘器改造等“以新带老”环保技改任务的项目，要协调好生产与基建的关系，保证技改资金并同步实施完成。各有关单位要高度重视，必须把这些配套内容纳入投产条件范围进行管理。

5. 加强环保设施运营管理，充分发挥新机减排效益

各单位在项目投产后，要重视环保设施的管理工作，把污染物治理和生态保护设施作为电厂生产的必备条件来管理和维护，新建火电机组要率先实现清洁生产，二氧化硫、烟尘、氮氧化物排放水平要满足环评批复的排放水平，二氧化硫排放总量不得超过核定指标；水电项目要满足生态保护要求。从2007年起，排放指标已纳入集团公司对标管理和企业领导人任期业绩考核体系，各单位要注意总结经验，确保新建机组排放指标达到集团公司先进水平，实现稳定达标，充分发挥新机优化集团公司机组结构、降低总体排放水平的作用。各火电企业还要重视粉煤灰和脱硫副产品的综合利用工作，不断提高资源综合利用率和可持续发展能力。

6. 完善环保信息报告制度，加强突发事件应急管理

各单位要严格执行集团公司的工程管理制度、统计制度、重大突发事件报告制度，采取定期、不定期相结合的方式，及时向集团公司和环保部门报告环境保护信息。集团公司正在完善工程项目管理信息系统（PMIS）、综合统计分析系统，正在建立生产实时监测系统，各单位也要建立并完善相应报告制度，快捷、准确地报送环境保护设施建设、运行状况。要制定施工期和生产过程中的环境风险应急防范预案，避免重大污染事故和突发环境事件对周围环境和居民的不利影响，避免出现有损集团公司形象安全的事件发生。

7. 积极争创国家环境友好型企业，适时开展环境后评价工作

国家环境友好企业是在清洁生产、污染治理、节能降耗、综合利用等方面都处于国内领先水平的企业。我们要积极借鉴国内2004年以来已经获得“国家环境友好企业”称号的企业先进经验，建设优质工程为争创工作打好坚实基础，争取通过前期、基建、生产等各个环节的努力，搞好创建工作，在集团公司内树立经济效益良好、资源合理利用、生产环境优美、环境与经济协调发展的企业典范。已经投产的项目，要结合实际情况，总结前期和建设的工作经验，对项目实施后的环境影响及防范措施的有效性进行跟踪监测和验证性评价，不断提高环保工作成效。已经列入国家环境影响后评价试点单位的贵州乌江水电开发有限责任公司要抓紧完成流域水电开发的后评价工作。正在建设的项目，要按照火电行业清洁生产标准严格要求，积极成为集团公司的环保示范工程，努力创建国家环境友好企业。

战略导向型企业文化建设

陈建华

华电国际电力股份有限公司（简称华电国际）是中国华电集团的核心企业和融资窗口，成立于

1994年6月28日，1999年6月30日在香港联合交易所（H股）上市，2005年2月3日作为中国证券市场询价发行第一股在上海证券交易所（A股）上市。到目前为止，拥有19家发电企业，投入运营的有11家，分布于山东、四川、宁夏、安徽、河南、江苏等省区，现有在职职工13649名。到2006年底，运营管理装机容量超过1400万kW，总资产约540亿元。计划在2006年底装机容量将突破2000万kW。

多年来，华电国际坚持战略统领，实施科学发展，以企业文化推动和促进企业改革发展，成为全国最大、最强、最具竞争力，同时拥有境内外两条融资渠道的上市发电公司之一。

一、实施企业文化战略的原因、形成、依据

电力体制改革后，我国电力工业进入全新的竞争发展阶段，这一重大变革，无疑会对企业经营理念、管理体制、运作机制产生重大而深远的影响。环境要求华电国际进入战略导向管理阶段，除了要关心传统管理阶段的问题之外，重要的是把握未来，关注外部环境，与竞争对手进行竞争与合作，从长远角度培养和提高企业素质和价值，获得企业的竞争优势和可持续发展，以战略统筹的思维来进行企业管理。

华电国际从管理计划经济下产权形式相对单一、业务相对单一的地方性企业，发展到管理竞争市场中产权形式多元化、业务复杂的全国性企业，其内外部环境发生了深刻的变化。随着电力体制改革的不断深化，改革和发展已经成为发电企业的两大主题，发电集团之间、中央与地方及其他投资主体之间的竞争态势全面展开。竞争焦点已经从存量竞争扩展到增量竞争，从当前利益竞争扩展到未来格局的竞争，从项目开发竞争扩展到资源开发竞争，围绕电源项目的竞争更加激烈，优胜劣汰、适者生存的市场法则在发电市场得到充分体现。发电投资主体之间的激烈竞争要求公司全面提升企业核心竞争力。电力体制改革为电力产业价值链中的各环节培育核心竞争力创造了条件，也为各个环节中的企业提出了核心竞争力建设的要求。日趋激烈的市场竞争，紧急呼唤先进的企业文化为其提供科学的行动指南和强大的精神动力，迫切需要在企业的核心竞争力中，输入文化力的新鲜血液。

企业文化虽然客观存在于企业的日常生产经营活动之中，但只有制定科学的企业文化战略，经过长期精心培育，才能形成系统而明确的理念与行为规范体系，才能真正发挥其导向、凝聚、规范、协调、辐射作用。华电国际自1994年成立以来，先后经历了艰难初建、曲折上市等发展历程，形成了公司独有的企业文化，在长期培育的基础上于1999年总结形成了“坚忍不拔、锲而不舍的进取精神，任劳任怨、兢兢业业的奉献精神，讲求质量、工作高效的实干精神，谋求发展、勇于探索的开拓精神，勤勉自律、谨慎理智的尽责精神，规范经营、忠于职守的诚信精神”，对公司的健康成长起到了特殊而重要的作用。公司所属企业也都具有丰厚的文化积淀和鲜明的文化特色。但是，其企业文化还处于相对零散和初步发展阶段，还没有上升到企业战略资源与核心竞争力的高度，还没有经过系统化、专业化的整合与梳理。

为此，华电国际以总体发展战略为指导，建立和实施了公司企业文化战略；全面推进企业文化体系建设，使企业文化由自发向自觉、由零散不全向系统化科学化转变；强化企业文化宣贯与实践，使企业文化为广大干部员工普遍认同，并真正成为指导生产经营活动和各方面工作的基本理念，成为企业和员工自觉实践的行为准则；坚持企业文化与企业战略的和谐一致，企业发展与员工发展的和谐一致，企业文化优势与资产优势的和谐一致，为企业科学发展提供强有力的精神动力和文化支持。

二、企业文化系统的内涵、企业文化的目标体系、运行体系、考核体系

（一）企业文化系统的内涵

2004年，华电国际在中国华电集团公司的指导下，基于现代企业管理原理，从本公司战略需求出发，认真总结分析企业发展历史和发展趋势，深入挖掘企业文化积淀，充分考虑传统文化和行业文化，充分考虑上市发电公司企业文化及其所属单位企业文化的特点，在广泛征集公司系统广大干部员工意见和建议的基础上，提炼形成了与华电集团企业文化一脉相承、具有本公司特色的战略导向型企业文化理念体系。在这一体系中，各理念之间具有内在的联系，“人本观念、敬业精神、规范运作、创新发展”是贯穿其中的基本内核和精髓，体现了华电国际的价值主张和文化取向。

虽然企业文化理念体系包含的内容很多，但华电国际根据自身特点及需求，有选择地对其中几项进行了提炼和宣导。结合公司实际和未来发展要求，选取“企业使命”、“企业愿景”、“企业宗旨”、“企业精神”、“企业价值观”、“企业管理理念”等10项内容进行提炼和整合。华电国际企业文化理念体系呈金字塔形，高居金字塔顶部的是战略层理念，包括公司使命、公司愿景和公司宗旨；位居金字塔中部的是策略层理念，包括公司精神和公司价值观；稳居金字塔底部的是执行层理念，包括公司管理理念、经营理念、人才理念、竞争理念和发展理念。上述10项内容是一个具有内在联系的有机整体，共同构成华电国际战略导向型企业文化理念体系。

华电国际企业文化理念体系各项理念的词条表述如下：

➢ 企业使命——提供可靠、清洁、经济之能源，输出发展、进步、文明之动力，实现报效祖国、回报股东、成就员工之宏愿

➢ 企业愿景——能源巨子，行业先锋，国际一流

➢ 企业宗旨——以人为本，安全第一，效益至上

➢ 企业精神——严细　高效　超越

➢ 企业价值观——尽责　诚信　创新　和谐

➢ 企业管理理念——以制度人，以文化心

➢ 企业经营理念——激活资源，提升价值

➢ 企业人才理念——绩效识才，竞争择优，酬显其绩

➢ 企业竞争理念——领先一步，竞合共赢

➢ 企业发展理念——致力于主业，快速可持续

华电国际战略导向型企业文化理念体系具有以下主要特点：

1. 既尊重历史，又着眼于未来发展

华电国际在长期改革与发展中，培育形成了如上所述的“六种精神”，其企业文化理念体系是对上述精神的概括、升华和延伸。同时，华电国际企业文化理念体系也充分考虑了企业的未来。电力体制改革后，华电国际面临着很多新的机遇和挑战，理念体系充分考虑了企业环境变化，突出表现在对新的环境下公司发展战略和竞争战略的支持，从使命和愿景的明确，到竞争理念和发展理念的确立，都充分体现了这一点。

2. 充分体现了公司集团性、公益性、公众性的特点

随着华电国际发展速度的不断加快和规模的不断扩张、管理范围的不断扩大，其本身已具有集团公司的性质。在一个单一化的企业里，管理不同利益相关者已经是很困难了，而在一个集团公司中，复杂因素又会进一步增加，每一个基层企业都有自己的利益相关者，都有自己独特的企业文化，而且通常都有自己鲜明的管理风格，不可能在全公司范围内建设一种大一统的企业文化，如果不同地域的分公司或子公司都采用过于统一的企业文化，就容易在公司的发展中造成僵化的趋势。因此，在企业文化建设中，公司着眼于建立“一主多元”的企业文化格局，坚持以本部为依托、以基层企业为基础的原则，在对各基层企业的文化进行适度整合的基础上，形成了共同的理念识别系统。在这个共同理念识别系统的指导下，允许并鼓励公司所属各单位子文化的培育、创造和个性发展。由此形成的理念体系，能够适应与协调公司集团化管理运营。

其次，公司以电源运营与建设为核心业务，具有社会公益性特点。为此，在企业文化理念体系中突出了以发展电力、服务社会为己任；提供优质、经济的能源，满足社会动态需求；致力于无污染、可再生能源的合理开发与利用；努力降低企业生产对环境的污染；追求企业效益与社会效益相统一等内容。

再次，作为政府十分重视监管的上市公司，具有公众性特点。上市公司更广泛地直接面对社会公众，经济责任和社会责任更加重大，其企业文化要充分体现信誉化特征。要科学地描绘出企业发展的远景目标和战略步骤，在社会上树立较高的信誉，给股东和员工以充分的信心。为此，在企业文化理念体系中突出了依法经营，树立“诚信、规范、高效、合作、服务、环保”的企业形象；回报股东，致力于股东利益的长期化和最大化；与政府和社会各界保持良好的公共关系等内容。

3. 华电国际企业文化理念体系是一个完整的具有不同层次的有机系统

华电国际企业文化具有自我调节、自我完善、自我更新能力和内部约束平衡机制，具有强大的

生命力和包容性，其各个组成部分互为依赖，和谐共生。充分体现出该公司是一个和谐的有机整体，所属各单位自觉适应和服从公司一体化管理；每一位员工自觉认同企业文化，并以其不断熏陶自己的思想感情，审视和约束自己的日常言行。

不论是在企业内部还是在企业外部，华电国际都倡导和谐共生、共同进步。整个文化体系充分考虑了员工、企业和社会的关系，追求员工发展、企业发展和社会发展的和谐统一，追求“企业小文化”与“社会大文化”的和谐统一。这一文化体系的建立，有效扩大了华电国际企业文化的外延及渗透能力，有利于华电国际树立良好的外部形象。

4. 华电国际企业文化理念体系是建立在矛盾分析基础上的科学体系

华电国际企业文化是公司的行为纲领，是指导各项工作的基本准则，是统领公司战略、政策、制度、对策的基础法则。因此，理念体系认真面对企业内外部客观存在的各种矛盾，科学处理了制度化管理与人性化管理的矛盾、个人发展与企业发展的矛盾、快速拓展与稳健经营的矛盾、规范运作和鼓励创新的矛盾、竞争与合作的矛盾、企业利益与社会利益的矛盾、当前利益和长远利益的矛盾、不同利益相关者之间的矛盾等。公司企业文化理念体系中每个理念，都是在正确分析和处理公司内外部各种矛盾关系的基础上提出的。

（二）企业文化的目标体系

华电国际企业文化建设的总体目标是：形成和完善以公司为主导、以本部为依托、以企业为基础、以纳入“四项责任制”管理考核为抓手的独具特色的企业文化建设格局。公司系统企业文化体系进一步规范完善，企业文化建设整体水平显著提高，形成以人为本的企业管理风格。员工对公司企业文化知晓率和认同率达到95%以上。公司经济效益贡献度、职工满意度和社会知名度、美誉度进一步提高，在国内外市场树立起“诚信、规范、高效、合作、服务、环保”的企业形象，形成公司企业文化的品牌效应。

（三）企业文化的运行与考核体系

围绕实现上述目标，华电国际在企业文化建设中坚持五项基本原则：一是坚持以人为本的原则。重视人在企业发展中的决定性作用，把以人为本的管理思想作为一条主线，贯穿于企业管理的全过程。下大力气培育人、凝聚人，提升员工的思想境界，提高员工忠诚度、归属感和自律能力，激发员工的积极性、创造性和团队精神，造就高素质的员工队伍，以此创造一流的业绩。二是坚持求真务实的原则。企业文化建设立足公司实际，符合公司定位，与生产经营管理、思想政治工作和精神文明建设结合起来，与解决企业实际问题结合起来，经得起实践和时间的检验。在企业文化建设中，坚持各级领导带头，管理人员先行，精读熟知，融会贯通，领会真谛；规范自我，指导实践，使其落到实处，发挥作用，创造价值，避免搞形式、走过场。三是坚持循序渐进的原则。企业文化建设是一项长期而艰巨的任务，是一个渐进的、不断深化的过程，必须着眼长远、重在建设、统筹兼顾。在实施过程中，既加快推进，又防止急功近利、一蹴而就。分段实施，稳扎稳打，坚持不懈地淘汰旧观念、旧习惯，学习和接受新观念，逐步实现企业文化建设目标。四是坚持统一性原则。始终维护企业的整体性、统一性，保证社会公众、投资者、合作者在任何时候、场合都能感受到统一的华电国际文化气息。加大企业文化实施中的刚性制约力度，保证每位员工都必须认同和实践企业文化，以其规范理念和言行，塑造华电国际员工形象。重视个性与共性的辩证统一，个性中体现共性，共性中包含个性，使有益的个性在有力的文化共性中得以发挥，为共同价值观的塑造提供源源不断的活力。搞好跨文化管理，重视华电国际企业文化与所属各单位企业文化的融合发展，正视文化差异，在加强沟通与融合的基础上，实现共同文化与个性文化的协调发展。五是坚持系统性原则。始终坚持企业文化体系是由多种要素构成的自上而下的有机系统，是企业文化从精神到制度、从思想到行为的一致体现，努力培育形成完善的、系统的企业文化，全面、综合发挥企业文化的独特作用。

为加强和促进企业文化建设，充分发挥企业文化在企业管理和改革发展稳定中的重要作用，不断提升企业核心竞争力，华电国际根据华电集团和本公司《企业文化建设纲要》，于2005年4月出台了《企业文化建设管理考核办法（试行）》，并将企业文化建设纳入安全生产、资产经营、稳定及精神文明建设、党风廉政建设“四项责任制”考核，取得了明显成效。2006年，公司又结合战略的实际，完善了企业文化建设规划，出台并实施了《华电国际电力股份有限公司“十一五”企业文化建设规划》，企业文化建设工作进入规范化管理的新阶段。

三、企业文化系统管理方法、理论、运行机制

华电国际《企业文化建设管理考核办法（试行）》的制定，以企业文化建设的基本规律为理论依据，以华电集团《企业文化建设纲要》为指导，把“经济效益的贡献度、社会的美誉度、员工的满意度”作为评价企业文化建设成效的根本标准，并综合考虑了与企业文化建设相关的多方面因素。

（1）充分考虑了企业文化与企业经营业绩的关系。经过深入研究，华电国际认识到企业文化对企业经营业绩具有重要促进作用，企业经营业绩是衡量企业文化建设成效的重要依据。《企业文化建设管理考核办法（试行）》把企业文化建设对完成“四项责任制”目标和公司下达的年度重点工作目标的支持和促进作用，作为企业文化在企业经营管理成果中的体现的考核依据，充分体现了企业文化与企业经营业绩的紧密关系。

（2）充分考虑了企业文化与企业战略、企业政策、企业制度的关系。企业文化是统领企业战略、政策、制度的基础法则，在《企业文化建设管理考核办法（试行）》中，把企业文化在企业战略规划、企业管理体系和制度及有关政策制定方面的体现，作为企业文化运转情况的考核依据，充分体现了企业文化的基础法则作用，使《企业文化建设管理考核办法（试行）》的实行，有利于促进企业文化建设与实施公司发展战略、与生产经营管理活动紧密结合，保证中心任务的圆满完成；有利于促进企业文化建设与管理制度深度融合，实现制度与文化理念的对接，使员工既有价值观的导向，又有制度化的规范，内化与固化结合，文化与管理一体，隐性与显性相融，刚性约束与柔性导向优势互补，推动企业管理水平的不断提升。

（3）充分考虑了企业文化要满足利益相关者和工作相关者的要求。利益相关者和工作相关者的要求是公司确定使命、愿景、宗旨等企业文化理念的基础，因此，能否满足利益相关者和工作相关者要求是评价企业文化建设成效的重要依据。《企业文化建设管理考核办法（试行）》把社会的美誉度，员工的满意度，股东的满意度，及客户、合作方、同业者的满意度作为重要考核内容，充分尊重了利益相关者和工作相关者的要求。

（4）充分考虑了企业文化建设的组织保证措施。企业文化建设涉及企业的方方面面，是一项综合性、全局性的系统工程，必须加强组织领导，这是企业文化建设工作能否顺利开展的重要组织保证。《企业文化建设管理考核办法（试行）》明确了企业领导的企业文化建设责任，明确了企业职能部门的企业文化建设职责，同时对管理人员的企业文化建设能力进行考核，对企业文化在员工职业行为中的体现进行考核。这样有利于加强企业文化建设的组织领导，形成党政领导一起抓、部门各负其责、全员参与企业文化建设的工作格局。

（5）充分考虑了企业文化建设的主要工作内容。管理考核体系包括企业文化建设的组织领导、规划计划的制订与实施、企业文化宣贯、企业文化体系运转和企业文化建设经验总结等内容，既有对企业文化建设的最终效果的考核，也有对企业文化建设工作环节的考核。通过定期对企业文化建设的成效进行考评，可以帮助各被考核企业及时发现企业文化建设中存在的问题和不足，及时改进，实现企业文化建设的闭环管理。

四、从自发到自觉、从局部到系统、从传统到现代的转变中的经验成果和做法

华电国际企业文化体系的形成，标志着企业文化建设进入了“起飞”的阶段，为实现企业文化体系全面深入的实践，即实现企业文化的“落地”，该公司依据企业文化建设的基本规律，在企业文化宣传导入、企业文化运行机制建设、组织领导和队伍建设方面采取了一系列行之有效的举措，为公司企业文化的“落地”提供了组织保证和制度保证。促进了企业文化建设从自发到自觉、从局部到系统、从传统到现代的转变。

一方面，从战略高度加强企业文化建设的组织领导和队伍建设，为企业文化建设提供组织保证。

企业文化建设是一项事关企业发展大局的重大战略工程和系统工程，企业领导人是企业文化的设计者、倡导者和组织者，企业及所属单位管理层是企业文化建设的主体。因此，必须加强企业文化建设的组织领导和队伍建设，为企业文化战略的有效实施提供组织保证。华电国际及所属各单位均形成了以行政和党委一把手为企业文化建设第一责任人，党政工团按照在两个文明建设中所担负的责任和管人、管物、管事一体化的思路齐抓共管，职能部门各负其责的企业文化建设责任体系和工作格局。华电国际高度重视企业文化建设队伍的培养。按照品位高、观念新、素质全、能力强的要求，加强教育培训，努力建设一支以各级领导者和管理人员为主体的企业文化建设骨干队伍，促使各级管理人员努力把实践企业文化与做好管理工作有机结合，使企业文化融合于企业管理的全过程、全方位。2005 年以来，由公司统一组织，在所属各单位分别举办企业文化培训班，对公司系统各个层次的所有管理人员进行了全员培训。高度重视企业领导人员企业文化建设能力的培养，并把企业文化列为公司中青年干部强化班的重要培训内容之一。充分发挥企业文化建设骨干队伍的作用，采取各种有效方式加强公司企业文化宣贯，组织专人紧密联系公司战略管理实际，撰写企业文化宣贯系列文稿，对公司企业文化理念体系进行全面深入的阐释，并结集出版《企业文化宣贯读本》。对新建单位和新纳入公司管理的单位，坚持企业文化先行，准确把握其企业文化现状及其与公司企业文化不相适应的关键环节，加强沟通和引导，积极促进新单位企业文化与公司企业文化的对接和融合。经过不懈努力，公司企业文化建设步入了科学化、规范化、制度化的轨道。

另一方面，从战略高度建立与完善企业文化建设运行机制，为企业文化建设提供制度保证。

建立健全制度，实行企业文化建设责任制。把企业文化建设作为公司高层次管理领域，建立科学、完整的管理制度，规范企业文化建设职能与分工、责任与考核，做到工作有章可循。形成一套完整的工作程序，实行闭环管理，做到工作制度化、规范化、程序化，建立起企业文化建设长效运行机制。党政工团按照在两个文明建设中所担负的责任，遵循以人为本，实现管人、管物、管事一体化的思路，各有侧重，互相配合，形成齐抓共管的企业文化工作格局。企业文化处作为企业文化建设的牵头部门，认真抓好企业文化的宣传、学习、教育和工作协调。各职能部门结合实际，各负其责，积极探索发展分管领域的分支文化。各部门一把手是本部门企业文化建设的第一责任人，切实担负起本部门企业文化建设规划、设计和组织实施的责任。各级管理人员是企业文化建设的主体，认真学习掌握企业文化基本理论，努力把实践企业文化与做好管理工作有机结合，使企业文化融合于企业管理的全过程、全方位。将企业文化建设与建设华电优秀发电企业、创建文明单位相结合，将企业文化建设工作纳入企业总体发展规划和领导任期目标，纳入企业总体工作部署，做到企业文化建设工作与其他管理工作同部署、同检查、同考核、同奖惩，确保企业文化得到有效的贯彻实施。把对公司企业文化的认同纳入公司人力资源管理，在签订劳动合同的同时，签订企业文化认同协议。对思想上违反企业文化要求的员工给予批评教育，对行为上违反企业文化认同协议的员工给予处罚，直至解除劳动合同。

华电国际企业文化建设注重紧密结合公司实际，围绕企业中心工作，与生产经营管理紧密结合。以企业文化理念为指导，完善了公司组织结构、运营机制、管理机制，改善了公司的沟通渠道，营造和谐、学习、创新的浓厚组织氛围，提高了公司向心力与凝聚力，促进了公司企业文化建设的不断深化。发挥企业文化的导向作用、凝聚作用和激励作用，形成以愿景驱动战略的模式，改善公司运营，激发员工潜能，提高企业竞争力，树立公司的竞争优势与品牌形象。

五、企业文化建设中解决所遇困难的指导思想和策略

在公司企业文化体系形成后，如何保证企业文化建设规划深入实施，如何保证企业文化体系的有效运转，如何使企业文化建设进入科学规范的管理阶段，如何进行检验考核，是企业文化建设过程中面临的重大课题和难题。

企业文化理念体系是企业倡导的支持战略管理的文化，也是目前还没有完全达到的企业文化状态。从这个意义上说，企业文化理念体系是目标文化。与其他各项管理一样，要实现企业文化建设的目标，就要遵循企业文化建设的一般规律，判断企业文化建设是否符合目标文化要求，及时发现存在的问题和差距，建立反馈纠偏机制，实现对企业文化建设过程的控制。从这个角度讲，企业文化建设管理考核与对工程项目的考核没有本质的区别。

然而，企业文化建设的考核与工程项目的考核相比有很大的难度。主要表现为企业文化是各项工作的指导理念，是企业战略、政策、制度、对策的基础法则，企业文化建设考核的是企业和企业人的理念和行为。一方面，理念看不见也摸不着，而行为是过程量，其结果考核在“四项责任制”中已经涵盖。因此，企业文化体系是否得到有效实践，是企业文化考核的难点所在。另一方面，企业文化是客观存在的，客观存在的事物就能够被考核评价。企业文化建设考核的重点，就在于找到能体现企业文化理念的相对便于测量的外在表征。

对企业文化建设的考核不同于对企业文化的测评，因为企业文化建设考核的出发点是为了促进和改进企业文化工作，从而实现企业文化建设的目标。因此，把握企业文化建设基本规律是确定企业文化建设管理考核内容的关键。

基于对国内外优秀企业的企业文化建设基本规律的研究，华电国际把企业文化建设管理考核内容分为两大部分：企业文化建设工作部分和企业文化体系运转部分。企业文化建设工作部分侧重于考核企业文化建设的具体工作，企业文化体系运转部分侧重于考核企业文化体系在企业经营管理实践中的贯彻落实情况。

企业文化建设工作部分重点考虑了企业文化建设的基本规律、重要工作内容和保证措施。主要包括企业领导班子对企业文化建设的重视、企业文化建设规划和年度工作计划、企业文化体系、企业文化建设组织机构和人员、企业文化建设管理制度和方式方法、企业文化体系的宣贯等内容。

企业文化体系运转部分主要从企业文化在企业规划、企业管理体系和制度、企业经营管理成果、企业员工职业行为、企业物质环境、满足企业利益相关者和工作相关者要求等方面的体现情况来反映企业文化体系运转情况。

六、企业文化建设的成绩、效果、基本经验和启示

华电国际通过加强企业文化建设，有效提升了公司的经营业绩和整体形象。一是社会美誉度高。在社会上树立了“诚信、规范、高效、合作、服务、环保”的良好形象，“华电国际”已经成为全国乃至国际知名品牌。二是对社会和股东的贡献度高。近年来，在经营形势十分严峻的情况下，公司克服重重困难，年年圆满完成与华电集团签订的“三项责任制”和董事会确定的各项目标任务，确保了国有资产保值增值，被集团公司授予“特殊贡献奖”，被中国电力企业联合会授予“全国电力行业优秀企业”，被国资委党委授予“中央企业先进基层党组织”，被中共中央组织部、国务院国资委党委授予“全国国有企业创建‘四好’领导班子先进集体”等称号。三是员工的满意度高。坚持实现企业效益和员工利益相结合，企业发展和员工发展相协调，满足了员工对物质生活和精神生活的双重需求。

在企业文化的有力推动下，华电国际成功地实现了两次历史性大跨越。从1994年6月28日公司正式成立，至1999年6月30日成功在香港H股上市，企业性质发生了重大变化，从计划体制下的国有发电企业转变为走向国际资本市场的上市发电公司，装机容量从182.5万kW增加到362.5万kW，五年翻了一番，实现了公司发展史上第一次历史性跨越。到2005年底，以“三个首次突破、两条融资渠道和一个重大转变”为标志，成功实现第二次历史性大跨越：累计完成发电量首次突破500亿kW·h大关，达到528.04亿kW·h；总资产突破300亿元大关，达到350亿元；公司总装机容量突破1000万kW大关，达到1019.5万kW；A股成功发行，使公司同时拥有了境内外两条融资渠道；实现了由区域性向全国性发电公司的重大转变。

在实现两次历史性跨越的基础上，华电国际坚持战略统领，科学发展，超前谋划，提出了到“2008年公司装机容量突破2000万kW，发展成为规模宏大、实力雄厚、管理科学、具有强大竞争力、可持续发展的国际一流现代企业，实现第三次历史性跨越”的目标。在发展战略的指引下，在企业文化的推动下，经过两年多的不懈努力，有望在2007年提前实现第三次历史性跨越。

华电国际企业文化建设成绩的取得，主要原因有以下两点：一是在企业文化建设的整个过程中，坚持紧密依靠群众，从群众中来，到群众中去，使公司企业文化建设具有坚实的基础。如在企业文化体系形成环节，广泛征集群众意见，尊重广大群众在长期生产实践中形成的文化；在企业文化宣导环节，注重促进广大群众对公司文化体系的理解和认同；在企业文化实践环节，深入动员广大群众参与实践；同时，加强广大群众企业文化建设培训，提高群众参与文化建设的能力。二是在企业文化建设的整个过程中，紧密围绕公司战略，建设了战略导向的企业文化，使公司企业文化建设具有明确的方向。公司将企业文化与企业战略进行了有机结合，从战略高度深刻认识了企业文化建设的重要作用，从战略高度构建了华电国际企业文化体系，从战略高度建立与完善了企业文化建设运行机制，从战略高度加强了企业文化建设的组织领导和队伍建设。由于公司企业文化建设基础牢固，方向明确，使各项企业文化建设举措能够得到正确有效的落实，进而促进了公司企业文化的全面"落地"。

企业文化建设是一项系统、复杂、长期的战略工程，在一定程度上讲，企业文化建设的实践是十分困难的。但正因其困难，才成为企业间竞争的关键要素，才成为企业核心竞争力的重要来源。卓越企业之所以卓越，是因为在诸如企业文化建设这样的战略性工程中的坚定投入。只要坚持不懈、持之以恒，在确定的企业文化战略方向上进行锲而不舍的投入，就一定能发挥企业文化建设的重要作用，为做强做大做好企业提供强大的精神动力和文化支持。

（此文由集团公司党组成员、华电国际电力股份有限公司总经理陈建华及有关部门联合写作，2006 年 9 月被中国电力企业联合会授予"全国电力企业文化优秀奖"）

以战略为导向的集约化管理模式构建与实施

陈建华

华电国际电力股份有限公司（简称华电国际）于 1994 年在山东省济南市注册成立，公司发行的 H 股于 1999 年 6 月 30 日在香港联合交易所上市，A 股于 2005 年 2 月 3 日在上海证券交易所上市，是一个同时拥有境内外两条融资渠道的大型发电公司。华电国际自成立以来，紧紧围绕"能源巨子，行业先锋，国际一流"的企业远景目标，坚持以战略为导向，以发展为主线，以效益为中心，以安全生产为基础，以资源优化配置为手段，积极实施战略统领，大力推进协调发展，企业综合素质不断提高，竞争优势日益增强。规模和区域不断扩大，截至 2007 年 7 月，控参股总装机容量达到 1836.17 万 kW，权益装机容量达到 1452.21 万 kW，控参股发电企业 18 个，资产分布于山东、四川、宁夏、安徽、河南、江苏等 6 个省区。"走出山东、拓展全国"的战略布局已基本实现，并将随着公司快速健康发展而不断地得到强化和巩固；电源结构不断优化，火电平均单机容量为 36 万 kW，居全国独立发电公司前列，主要经济指标均达到国内领先水平，部分机组主要经济技术指标均达到国际领先水平。发展领域已涵盖煤电、水电、风电、生物质能发电等电源项目种类，基本形成了"一主多元"的优化电源结构。

伴随着我国电力工业由计划体制向市场化体制的转变和企业自身向集团化、规模化发展的里程，华电国际的企业管理也在不断地发展和演变，经历了由以安全生产为中心的生产管理型到以经济效益为主导的经营管理型再到目前以战略为主导的集约化管理型管理模式的转变。以战略为导向的集约化管理体系和管理模式，有效支撑了公司集团化发展，使华电国际步入了健康、快速、持续、协调的发展轨道。到 2007 年，装机容量将突破 2000 万 kW；计划到 2010 年，总装机容量突破 3000 万 kW，发展成为实力雄厚、管理一流、具有国际竞争力的现代化上市发电公司。

一、以战略为导向的集约化管理体系建设的战略背景

作为一个全国性的上市发电集团公司，华电国际面临着来自外部和内部的双重压力和挑战。一方面，随着电力改革的深化，众多发电集团旗下新建电厂层出不穷，区域电力市场竞争加剧，加上燃料成本持续高位运行，各类资源价格上升，环保压力增大，使得公司的利润率面临挑战；另一方面，来自内部的原有机组老化，设备面临更新换代，维修成本升高，人员构成复杂，管理难度大。同时，随着公司跨区域、跨领域的快速发展，如何进行集团化管控，以充分发挥集团化企业的规模优势也成为公司所面临的重要管理课题。

（一）华电国际在发展中面临的管理挑战

面对急剧变化的企业内外部环境和严峻的竞争形势，和众多的企业一样，在走向集团化的进程中，华电国际也同样遇到过一系列集团化管控

的难题与挑战，主要体现在：

1. 科学高效的决策支持

决策是与战略直接相关的管理活动，特别是关系企业战略目标的执行决策，涉及融资及购并，重大的固定资产投资，大宗的物资购买策略等，往往决定着企业阶段指标的完成。由于缺乏准确可靠的业务数据，企业在管理过程中面临着“管理拍脑袋、经营拍脑袋、决策拍脑袋”的盲目性。这种管理盲区，将影响到企业集团整体经营指标的实现和发展战略的贯彻，极易出现个体目标偏离整体目标，无法发挥集团企业的规模优势，导致整体竞争力下降。因此，建立科学的决策支持体系，是战略目标有效达成的重要条件。

2. 确保战略有效实施的企业组织结构和管控机制

灵活、高效的组织架构和责权清晰的组织管理体系是企业战略得到有效实施的组织保障，战略目标必须分解落实到各级组织及岗位的绩效和职责中去，并得到有效执行才能保证企业战略目标实现，而合理的组织机构及岗位分配，决定着一个企业的战略执行力，如何让每个组织及岗位发挥出最大效能，充分挖掘人力资源的潜力，决定于组织结构的科学构建。

华电国际在规模快速扩张的同时，面临的是跨地域、跨领域经营的集团化管理难题，需要应对巨大挑战。公司有限的管理资源无法与企业规模发展的速度相匹配，管理瓶颈凸显。

3. 核心业务集成管理技能

发电企业是一个资产、技术密集型的业务实体，业务体系庞大而繁杂，在市场化条件下，企业迫切需要缩短业务处理时间，减少业务数据的错误率，因此对各业务环节特别是对跨部门、跨组织的业务进行集成和管理，形成顺畅的物流、资金流、信息流成为发电企业面临的重大问题。

4. 成本费用控制

电力产品的同质性，决定了发电企业无法通过产品的差异化来取得竞争优势，竞争优势的唯一来源就是低成本，发电企业必须对内节约挖潜，控制费用支出，最大限度地降低生产运营成本，将有限的费用用到能够为企业带来价值的环节上去，提高企业盈利能力，实现核心竞争力的提升。

5. 确保企业经营安全，规避风险的内控程序

在企业快速发展的同时必须有效地防范风险，实施全面风险管理，构建公司基于风险管理的内控管理体系，既是企业健康持续发展的需要，也是香港联合交易所和上海证券交易所对上市公司的监管要求。公司需要实施全面风险管理，把风险管理的各项要求融入企业管理和业务流程中，建立风险内控体系；建立风险管理工作制度和工作机制，对关键业务的风险管理进行规范；积极培育企业风险管理文化，在内部各个层面营造风险管理文化氛围，保证公司健康持续发展。

（二）华电国际的发展战略

一个企业的成功要素可分为四个必不可少的层次：一是要有明确的、鼓舞人心的公司发展远景目标、实现远景目标所需的积极的制胜战略和雄心勃勃的业绩目标；二是要建立确保战略有效实施的组织结构及分工合理、职责分明的高效决策体系；三是指导下属业务单元经营发展及促进业务单元业绩改善管理程序和业绩评价、激励机制；四是日常经营活动所需的专业化管理技能、程序及确保经营安全，规避风险的内控程序。

围绕以上企业发展的成功要素，并结合华电国际自身所遇到的管控难题，在经过认真分析后，华电国际从业务发展、组织发展和管理发展三个层次上提出了华电国际“一体、两化、两优”的企业发展战略（见下图）。“一体”：业务发展方向坚持“发电产业为主体，快速可持续”；“两化”：坚持“集团化经营、专业化运作”的企业组织发展方向；“两优”：围绕打造“低成本竞争优势和核心竞争力优势”目标，持续提高管理水平。

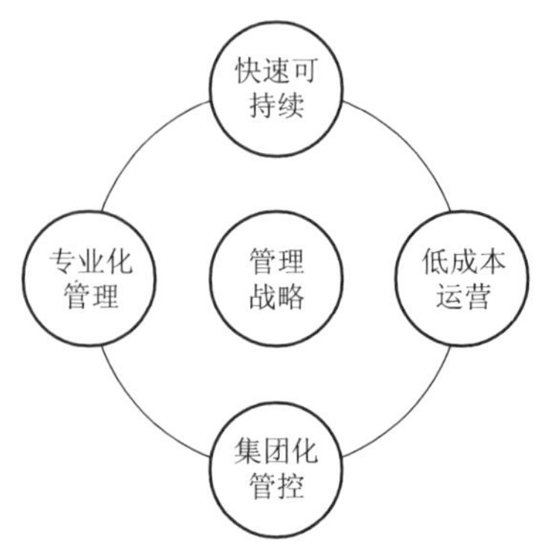

华电国际的管理战略

（1）快速可持续：“可持续”是公司的发展战略的基石，一是要对公司的成长进行有效战略规划和计划管理，保证公司的决策适时、灵活、高

效，从源头上有效防止和减少公司在成长过程中各种困境和风险的发生；二要强调企业的长远发展，居安思危，在高速成长中对企业发展的风险进行有效控制；三是指不仅追求发展规模的快速扩张，而且还要注重发展质量和相匹配的条件。“快速”有两个层面的含义，一是要在管理基础、内部管控等各方面完备的情况下实现快速发展，坚持收购与新建并举，在发展速度上高于同业者；二是要建立高效的管理模式，建立快速有效的执行体系。

（2）集团化经营，专业化管理：一是要建立集团化管控的组织模式，明确公司总部与电厂的分工，充分发挥集团总部在资源整合和分配上的管理作用，发挥内外部资源的最大效用，体现规模优势，实现集团化经营；二是持续优化公司的业务管理模式，规范管理流程，推进专业化、精细化管理，深化管理内涵，提高管理水平，打造公司的核心竞争能力。

（3）低成本运营：一是要充分内部挖潜，加强内部管控，向管理要效益，实现严格的费用控制体系；二是利用规模优势，全方位降低运营成本；三是要延伸企业的管理链条，提高整个价值链的运作效率，充分利用信息价值，全面提升企业的盈利能力和竞争能力，在市场竞争中保持低成本优势地位。

二、“145131”战略导向集约化管理模式的内涵

以管理战略为导向，华电国际公司提出了集约化的管理体系模式（见下图）。所谓“集”，是指充分整合、共享企业资源，提高管理能效；所谓“约”，是指加强内部管控，充分挖掘企业潜力，不断提升管理水平，实现专业化、精细化的管理。

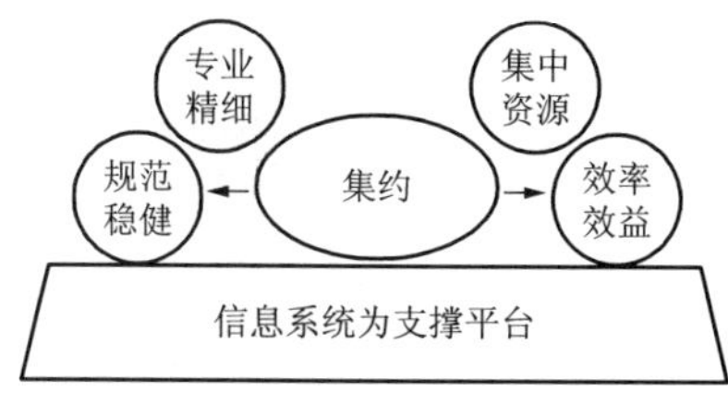

集约化管理体系模式构成要素

华电国际集约化管理模式的内涵主要体现在五个方面：一是要突出规模化的优势，将管理要素相对集中，向规模要效益；二是突出快速、稳健的特征，以又快又好发展为出发点，强化内涵和经营质量，全方位加强内部管控，降低经营风险，在内部管控体系健全、手段完备的前提下，实现合理的快速发展；三是要体现上市公司的管理要求，突出效益效率经营的特征，以提高盈利能力为最终目标；四是突出精细化、专业化管理思想，深化管理内涵，优化管理流程，利用迭代式螺旋上升的方法，实现关键业务的管理流程闭环，不断提升管理水平；五是要有先进的管理手段，要结合集成化网络化的信息系统，充分利用信息化系统高效、规范的优势，实现集约化的管理思想，实现管理提效。

基于以上集约化管理体系构建思路，华电国际提出了具有自身特色的战略导向的集约化管理体系架构（见下图），我们称之为“145131”管理模型，即：一个战略核心，四个管控体系，五种核心业务管理，一个信息化运作平台，三个基础规范，一条监控线。

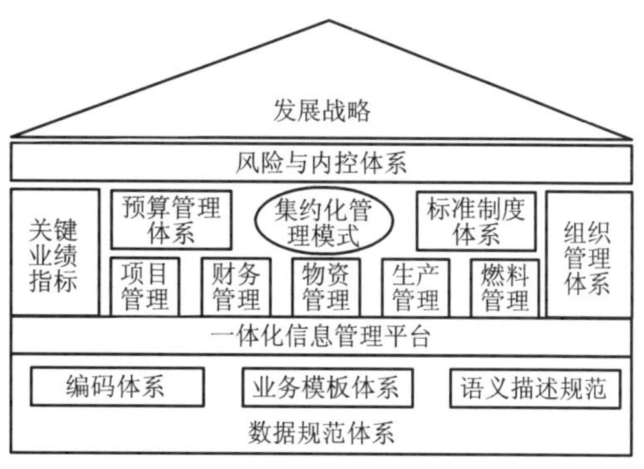

集约化管理体系架构示意图

➢ 一个战略核心——坚持“一体，两化，两优”企业发展战略。

➢ 四个管控体系——以企业组织管控体系、企业标准制度体系、预算管控体系、绩效评价考核体系四个体系的有效运作保障企业战略目标的实现。

➢ 五种核心业务管理——全面强化项目管理、财务管理、物资管理、生产管理、燃料管理五种核心业务的专业化、精细化管理水平。

➢ 一个信息化运作平台——建设公司统一集成的FAM信息平台，支撑公司集约化管理体系的运转。

➢ 三个基础规范——编码体系、业务模板体系、语义规范体系，作为信息化管理平台应用和推广的基础规范体系。

➢ 一条监督线——以全面风险管理与内控体系作为一面镜子，对企业的健康高效运作进行定期审视和监督反馈。

整个架构体系体现出以战略为导向，所有管理体系均围绕战略为核心目标，为战略目标的达成提供直接或间接的支撑。其中信息化管理平台，一方面涵盖了企业核心价值链中的业务体系；另一方面贯彻了企业制度管理，并为风险内控体系和业绩评价考核体系提供准确翔实的监督审计数据；同时在系统内部实现了完善的预算管理，各个业务环节的处理均体现出了集中、集成、费用控制、质量管理等企业集约化理念。借助各方面的数据分析和挖掘，信息化系统还可以为企业决策分析提供可靠的依据。风险与内控体系是全面审视公司管理的核心监管体系，体系本身类似透镜原理，将企业宏观战略聚焦成分散的控制点，渗透入企业各个管理环节；同时又将企业各个环节的运作效能信息，通过内控体系的监督反射至业绩评价及考核体系，进行最终的经营绩效考评。

整个体系体现出“目标—保障—执行—监督—反馈”的闭环，借助了先进的信息化手段，渗透了企业集约化管理的理念，在华电国际实际的管理实践中，为企业核心竞争力的提高起到了至关重要的作用。

三、“145131”战略导向集约化管理模式的做法

（一）以企业信息化为手段，推动集约化管理模式的实行

1. 必要性

华电国际提出的集约化管理模式的所有关键特质，只有借助信息化手段才能有效实施和支撑。华电国际所属单位股权构成情况复杂，既有全资发电厂，也有控股发电公司；经营规模差异大，新厂老厂并存；分布区域跨度大，公司已成为一家全国性发电公司，在宁夏、山东、四川、安徽、河南等省均有分布，且发展快速。公司财务整体上还要实现账务、报表的合并处理，以向资本市场提供准确、及时的信息披露。华电国际在经过认真的研究、分析后认为，公司所构建的以战略为导向的集约化管理模式，只有以一体化的信息系统为载体，充分发挥信息系统规范、高效的特质，才能在公司整体范围打破管理边界，起到统一管控、降低运营成本的作用。因此，华电国际提出了以实施财务及资产管理（FAM）系统为核心，全面推进企业信息化建设的战略规划（见下图），将实施信息化系统作为实现公司集约化管理模式的核心内容之一，以期实现公司核心竞争力的整体飞跃。

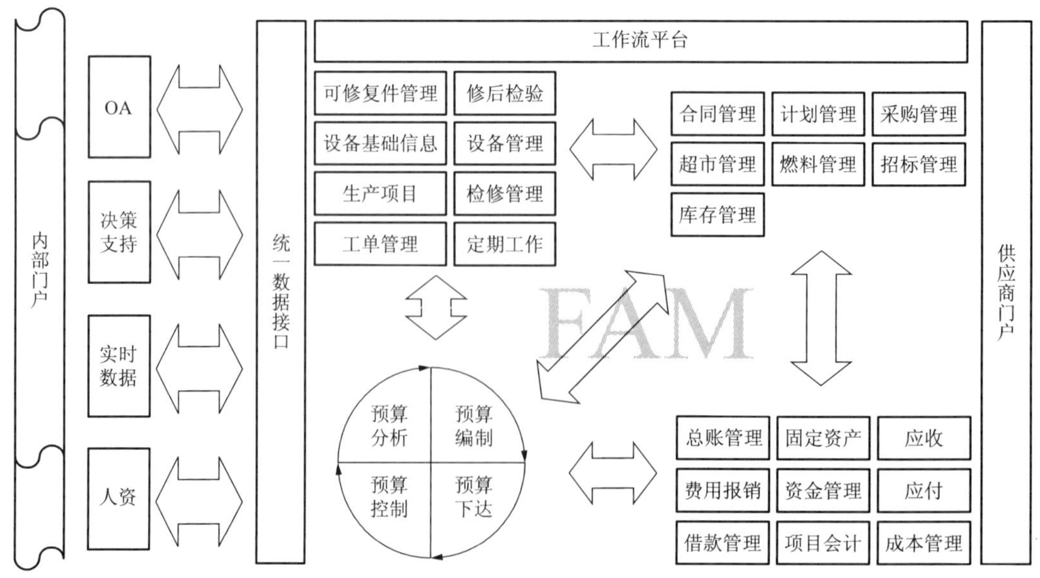

华电国际以FAM为核心的信息化系统结构示意图

2. 信息化系统的技术支撑特点

华电国际FAM系统核心的信息化系统为集成化、一体化集中部署，数据库和应用服务器均部署在公司总部，各应用单位通过广域网链接至总部数据中心，进行各种业务操作。系统具有以下技术特点：一是支持多组织支持和分级权限控制，可根据实际需求进行灵活多变的权限设置，支撑集团化多组织的管控模式；二是具有统一的工作流引擎，可规范化地从岗位间协作到跨组织、跨地域的工作流程协作与业务处理；三是可以灵活地模块化部署，使系统功能部署和扩展更加容易；四是具有独特的弹性域结构，可以灵活方便地定义用户自己的关键性信息，满足了业务的变化需求；五是其先进的后台并发处理和安全管理机制，增强了系统可靠性，确保了系统安全性。

先进的系统架构和技术体系有力支撑了公司的业务体系和组织结构，支持了公司集团化、跨地域的快速发展。

3. 建立企业数据规范体系

建立数据规范体系是所有信息化系统实施工作的基础，华电国际在这方面做了大量的工作，一是建立了一整套发电企业编码体系，共建立kks设备编码、物资编码、计量单位编码、会计科目、项目、资产、员工、供应商等120余种。二是规范了大量业务模板，如：固定资产、项目模板、合同模板、工作包模板、工单模板等50余种，有效规范了各单位的管理行为，约束了管理细度。三是针对各单位地域跨度大，管理对象语义描述歧义较大的情况，建立了语义描述的规范。

在明确定义了数据规范的基础上，华电国际还全方位推进了数据规范体系的实施和日常管理工作，建立了数据规范的组织网络架构和编码指导小组，确保数据规范体系的高效运转。通过建立企业数据规范体系，华电国际各单位统一了基础管理“语言”，规范了具体的管理工作内容和行为，为实现管理体系的部署和融合，打下了坚实的基础。

华电国际通过信息系统实施，优化了管理流程，整合了企业资源，三年多的实践充分证明，一体化集中式的信息化系统有效支撑了公司集约化管理模式的实施，降低了企业整体运营成本，发挥了巨大的管理效益。

（二）推动管理及资源整合，充分发挥规模优势，降低运营成本

1. 调整企业组织架构，再造管控模式

华电国际所属单位地域分布广，管理观念差异大，组织架构调整十分不易，为彻底扭转管理链条割裂的问题，在集团化管控的运营战略框架下，华电国际推动了公司内部的业务流程的重组和整合，并以信息化带动和支撑公司战略的实施，促进不同企业间信息、管理、技术、供应链、人员等资源的共享，进一步强化了集团管控，促进了企业整体管理水平的提升。主要进行了三个方面的工作：一是在燃料业务方面，华电国际成立燃料公司，对燃料进行集中采购和调运管理，并以规模优势对应燃料供应厂商，掌握燃料调运环节，全力保障燃料的低价供应；二是在物资管理方面，华电国际通过成立物资公司，在各单位成立了物资分公司，充分利用FAM系统一体化的优势，对全公司的物资业务实行集中采购和统一管理，实行各单位共享物资库存的策略，通过虚拟库存、网络寄售销售的方式将电厂库存占压资金降到最小化；在业务管理方面，明确了总部与电厂的职能划分，突出集团化公司的综合管理职能。

2. 实行资金集中管理

对存量资金进行集中管理，可最大限度地发挥资金的作用，在实施前，对存量资金管理主要针对公司所属的全资电厂进行，由电厂根据每月需求情况进行估算，公司根据需求进行下拨，经常出现需求计划过多或不足的情况，效率低下，项目付款不及时，资金集中管理的作用和效益得不到发挥。华电国际利用FAM系统集成化、网络化的优势，系统自动快速汇总项目、检修、合同等各业务的资金需求信息，并通过系统将相关信息汇总到公司总部，总部通过网络进行审核后，系统通过银行接口进行资金划转。目前，资金计划已经做到每周一次，对特殊情况可以即时划转，资金管理的准确率和效率大大提高，付款及时准确，资金管理范围也扩大到全部管辖单位，取得了较好的经济效益和社会效益。

3. 实行数据集中管理，共享企业资源

在推动企业资源共享方面，华电国际充分利用一体化信息系统的优势，一是有效解决了组织间的备品、专用工具的组织间调拨问题，减少了

资源闲置情况，激活了资产价值；二是解决了专业技术人员共享的问题，检修队伍、技能人才都得到有效共享；三是实现了以检修工作包、管理制度为载体的知识共享，促进了各单位的信息交流。

4. 在集团化管控模式的基础上，延伸企业外围价值链条

一是基于集中式一体化的 FAM 管理信息系统，开发了网上银行系统，实现了银企联网，做到了财务应收、应付、资金管理与银行的自动资金划转和查询。二是延伸了供应链管理范畴，使用网上招标系统，网上寄售管理和供应商管理系统，实现供应商的等级评价和网上交易管理体系，特别是通过寄售管理系统，供应商可随时通过网络报价竞标或查询其库存余额，以进行补库；通过燃料信息系统，可对燃料供应和调运环节进行跟踪管理；三是连通了调度数据网，及时获取电网信息，并与电网通过网络进行公文和内部邮件互联，将信息链充分外延（见下图）。

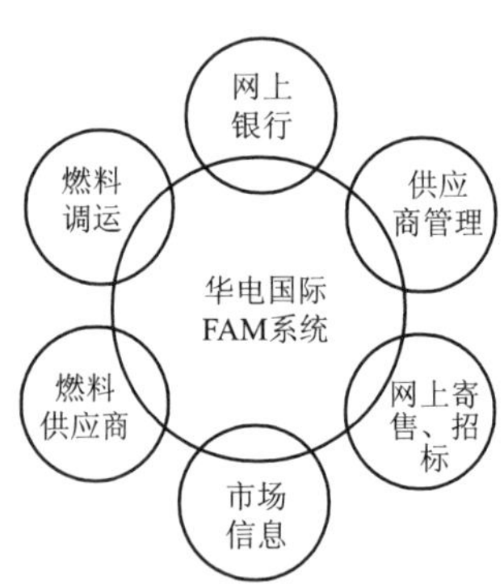

华电国际价值链延伸示意图

华电国际通过信息链带动了企业价值链的延伸，更带来了直接的管理和经济效益，由于上下游信息通畅缩短了交易周期，加快了物流速度，显著降低了交易成本，对下游单位，华电国际也可实时得到市场信息，可快速、及时调整市场策略。

（三）优化管理模式，深化管理内涵，实现专业管理规范化、精细化

建立标准化、精细化的专业管理体系，是公司集约化管理模式构建的核心内容。华电国际的专业管理体系主要包括：设备管理体系、财务管理体系、物资管理体系、燃料管理体系、项目管理体系、人力资源管理体系（见下图）。一是通过对管理流程进行优化和梳理，建立了各业务标准化的管理内容和管理流程，并通过信息化系统加以实现和融合。二是深化了管理内涵，体现精细化管理的思想。

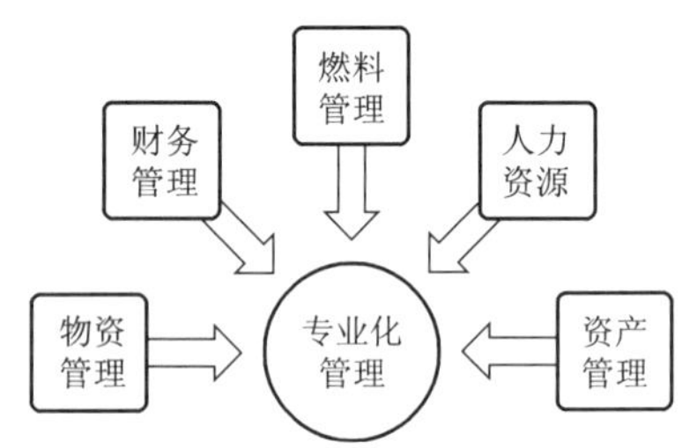

专业化管理示意图

（1）在资产管理方面，推行企业精细化管理。通过统一设备管理模式，建立了标准的设备管理流程，实现了设备缺陷、维护、检修的全过程管理，通过 FAM 系统为载体加以落实，一是以工单为载体，进行缺陷管理、维护、维修管理、燃油运行管理、技术监督等管理工作；二是通过开发应用工作包和检修全过程管理模块，对检修过程中的成本、质量、工期、检修资料进行全方位闭环管理；三是导入了 RCM Ⅱ 的设备管理方法论，通过分析重要设备故障对机组运行的可靠性影响，建立以可靠性为中心的设备维修策略，达到可靠性与经济性的平衡点。

（2）在物资管理方面，配合公司的物资管理战略，实现了物资集中采购、分散库存管理的物资管理模式。通过全过程电子化管理，将物料需求计划的提报、审批、采购、招投标、供应商、合同等在系统中进行全程跟踪、监控，不断优化管理流程，提高效率，规范流程，降低库存资金；此外，还实现了物资可修复件管理、事故备品、随机备品管理功能。通过实施物资超市管理，实现了消耗品以寄售为主的物资超市管理模式，优化了公司的库存，降低了流动资金占用。

（3）财务管理方面，通过 FAM 系统，实现了以财务为核心，基于底层业务、全方位的数据集成，创新了财务管理模式。一是实现了财务数据自业务初始的单点输入，在线分析、自动生成财务会计分录及统计报表，减少了财务人员的重复劳动，财务信息自业务底层汇总，数据更加精确，实现了最小颗粒度的业务信息追溯。二是统一了

华电国际财务管理标准及科目设置体系，重新定义了基于业务流程的财务核算体系，规范了公司的财务处理过程。三是加强了预算管理，实现了自电厂车间到公司总部的预算全过程、全范围的管控。通过 FAM 系统的应用，公司的财务管理已由原先账务处理升级为真正意义上的财务管理，实现了财务管理质的飞跃。

（4）在燃料管理方面，与 FAM 系统集成的燃料管理建立了华电国际统一的燃料管理信息平台，使燃料的计划、调运、计量、煤质化验、结算、煤场管理、消耗、生产等燃料业务实现流程化、规范化管理，提高了燃料管理自动化水平。通过对燃料入厂煤样进行二次编码，计量、化验数据的实时封闭入网、与历史数据的自动比对，避免人为因素或仪器误差造成数据差错带来的燃料损失。依据规范、准确的煤质数据，建立入炉煤掺配比数学模型，制定优化掺配方，实现入炉煤掺配优化达到安全、经济运行，降低煤耗。在建立完善的来煤预报机制和加强煤质检测，以及通过定值存放的煤场数字化管理的基础上，根据煤源标煤单价指标和煤质优化指标进行优化选择，生成每月进煤优化方案建议，指导燃料优化调运工作，降低入厂燃料采购成本。

（5）人力资源管理应属组织体系内涵范围，在人力资源管理方面，华电国际实施了集中部署的人力资源管理系统，实现了劳资、档案、薪酬、考评、培训的规范化、集中化业务处理，提高了人力资源的管理效率。

（6）华电国际还以财务为核心，强化了业务模块之间的集成性（见下图），首先，各专业管理

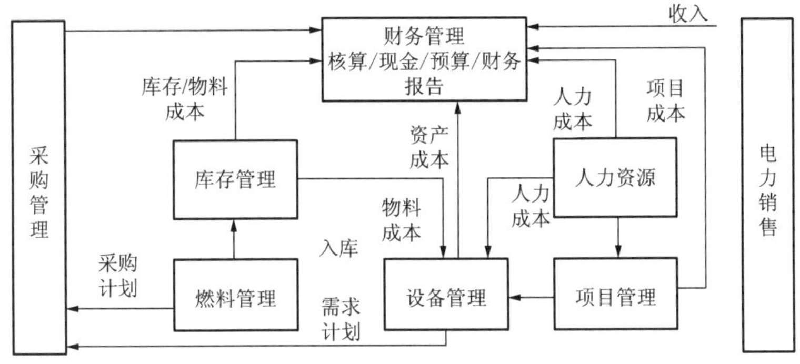

专业管理模块关系示意图

内容全部基于同一平台实现，基础信息共享，管理流程连贯；其次，华电国际以预算管理为主线，以加强内控管理为手段，加强了业务部门之间的联系，全方位增强了企业的管理能力。

（四）推行基于战略目标的全过程预算管控体系

推行基于战略目标的全面、全过程的预算管控，是公司推行集约化管控模式的核心手段。它解决了公司决策层关心的两大问题：一是资源的优化配置和使用；二是决策权在不同层级的合理分配和激励约束，是华电国际集控制、激励和分析功能于一身的综合贯彻公司战略的经营机制，也是华电国际推行集团化公司治理结构的重要内容。华电国际通过信息系统实现了基于战略目标的预算管控体系，主要内容如下：

（1）与战略深层次整合。华电国际建立了预算指标体系（见右图），业务控制体系和业绩指标

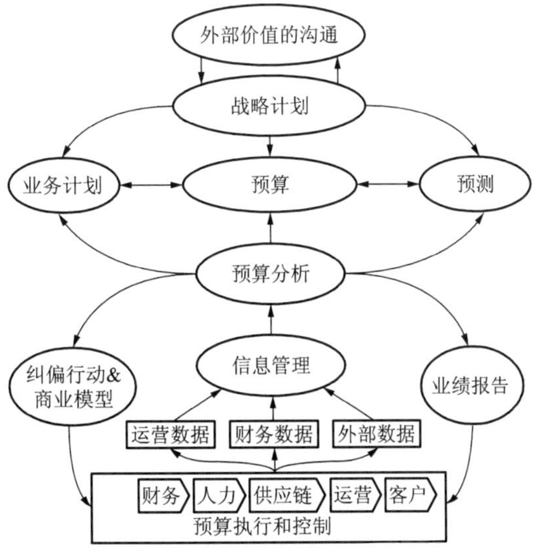

基于战略的预算管理体系

体系，一是通过预算管理系统、决策支持系统、薪酬系统等一系列管理系统的实施，将公司战略目标逐年分解到预算指标，将战略规划、业务计划、财务预算、业绩评价四个层面的指标体系前后融合，并落实到绩效评价中，实现从战略、预算制定、调整、执行到考核评价的螺旋式上升法则，促进管理水平的不断提高。二是通过 FAM 系统，将财务活动和业务活动关键控制点相互整合，以预算为主线，通过费用控制网络，建立业务与预算，预算与战略快速响应。

（2）强调广泛参与和互动性。具体做法是，在预算制定的流程中，加强以上下互动为主线，使用有效、全面的预算组织体系，确保预算考虑了综合因素，并具有最大的业务驱动能力。公司实施了预算管理系统（见下图），使用网络化的信息管理工具，自电厂车间开始编制预算，汇总到公司业务部门，业务部门平衡各种因素后，汇总到财务部门，公司财务部门在综合平衡各种因素后，制定目标预算，然后层层分解，直到分解到电厂业务部门和车间，并可多次反复。

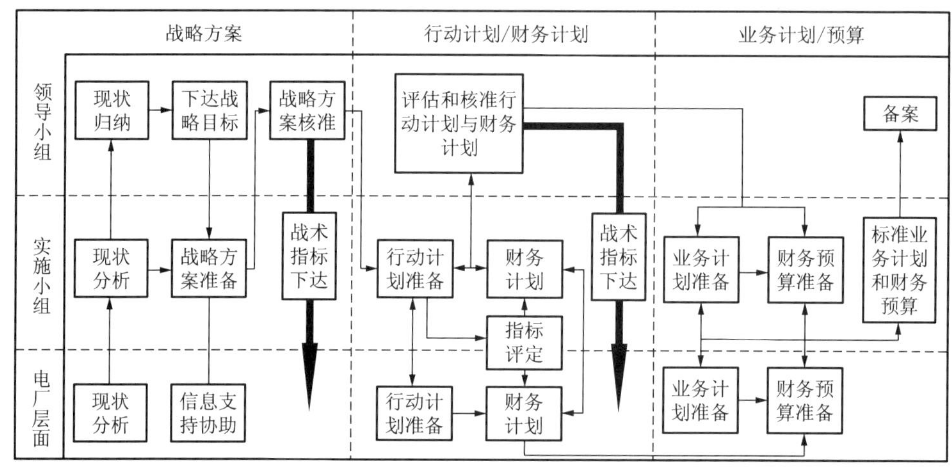

华电国际预算管理系统

（3）进行滚动预测和调整。主要针对预算执行过程中，对内部、外部因素变化进行预测和调整，从而较为精确地制定应变措施。华电国际部署的预算管理系统，可每月针对预算进行多版本编制和调整工作，并通过与业务系统的紧密集成，将预算调整即时反映到业务管控过程中，增强了管理目标的执行能力。

（4）内容覆盖全面。由于有了网络化集成化的系统制成，预算管理覆盖面逐步扩大，一是业务覆盖全面，通过将目标层层分解，逐步落实，公司的各种业务均有预算指标对应；二是人员覆盖全面，每项业务，每个部门、岗位均有监控、实施的预算指标，并与业务情况实时对应。

（5）实现了结合预算的项目的全过程管理。在项目管理方面，华电国际充分利用 FAM 集成化的特点，充分结合预算管理过程，实现各类项目的集成化、全过程管理（见右图）。一是制定了项目评价体系，将前评估与后评估相对应，并与业务目标挂钩，增强业务连贯性；二是通过信息系统将项目申报、审批、下达、项目实施、验收、付款及评估进行全过程在线管理，通过与预算管理、费用控制系统的全面集成，对项目费用和内容进行在线管控。

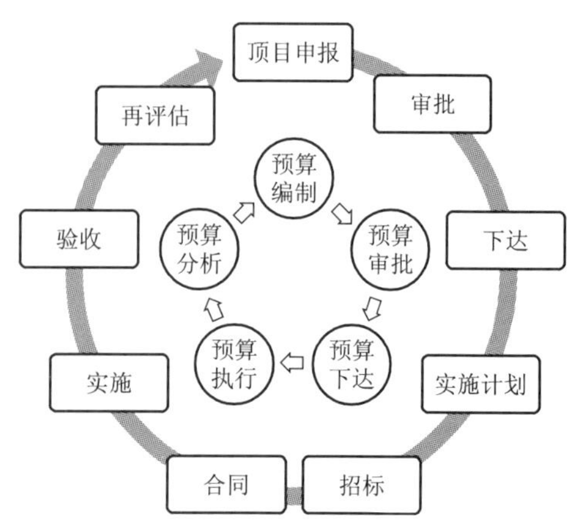

与预算管理结合的全过程项目管理体系

(6) 建立完善的费用控制体系。公司基于优化管理流程，建立了企业内部自公司总部到电厂车间的完善的费用控制网络。公司将费用归为三类，分别制定了不同的费用控制手段，分别是：

第一类，定额费用，指维修维护费用，管理费用等，此类费用公司控制到电厂，电厂控制到部门、车间，车间有一定的自主权，此类费用通过项目模块进行费用归集活动信息，使用超市（寄售管理）管理模块、工单、费用报销管理模块等，管控业务流程，防止费用和业务类型超出标准。

第二类，基建及技改、科技项目，此类费用公司通过项目管理、合同管理、生产管理、物资管理、资金管理等各个模块，对费用进行全过程监控，并在费用支出环节自动检查预算。

第三类，非项目类型的费用支出，如环保收费等，此类费用通过公司的网上费用报销模块进行监控和管理，并与预算进行对应、联动。

通过预算为引导，华电国际将费用管控关口通过网络化系统充分前移，让每个部门、车间、员工都有强烈的费用控制意识，通过完善的信息化手段，进一步完善了费用控制手段，提高了费用管控能力，减少了超预算的费用支出情况。自2003年开始，公司所属各单位单位容量检修维护费用、单位电量固定成本等各项可控费用持续下降，公司盈利能力明显提高。

（五）规范管理流程，降低管理风险

华电国际按照责、权、利相对应，执行与监管分离的思想，全面优化了内部管理流程，公司全部关键业务均通过网络执行审批和业务处理，并通过三个措施加以控制：

一是通过系统自动实现业务流程的逻辑判断，针对不同风险，自动启动相应处理流程，减少人为因素对流程的干预。

二是系统自动保留全部的审计线索，使公司监管人员可深入到业务底层，并通过各模块间的穿越式访问，查找问题的根源，可通过系统对公司业务进行在线监控。

三是利用信息系统数据共享的特征，建立公司的业务监控平台，对业务风险因素进行数字化辨识，对公司的关键业务进行自业务底层的全面监控和预警。

（六）依托信息化平台建立指标分析和业绩评价系统（见下图）

华电国际把对关键、重点经营行为进行有效反应，对业绩进行有效反馈，作为促进管理水平的螺旋式上升的有效手段，促进企业战略的执行。主要有以下做法：

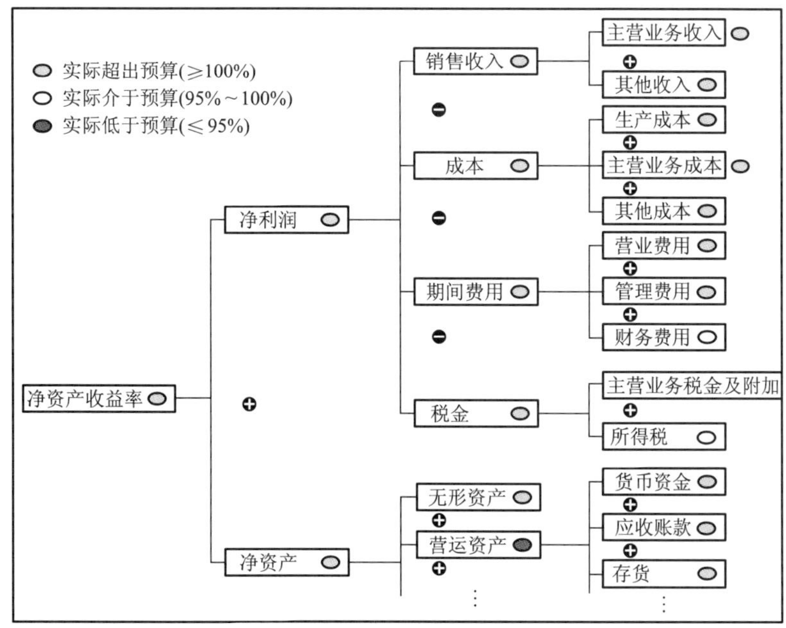

公司业绩指标分析系统截图

（1）基于战略指标，建立企业分析指标体系，并基于业务系统进行在线数据分析。华电国际从财务、市场、设备状况、内部流程和员工发展不同的侧面将企业愿景和战略转化为数据指标，对公司战略目标进行数据化分解，使电厂及公司领导清晰地了解对创造公司价值最关键的经营指标的即时操作情况，及时有效反应。

（2）设立综合平衡记分卡，建立业绩评价体系：指标体系强调企业短期与长期发展的平衡、财务与非财务的平衡，以及各指标间的平衡，能有效反映关键业绩驱动因素的变化程度。通过指标引导，可以使管理者关注于公司的发展战略和目标，理解目标的综合驱动因素，全力促进战略目标的达成。

（3）建立在线对标与分析系统。提供对比分析功能，一是与手工输入的多组外部指标（如竞争对手、行业平均）指标进行对比；二是提供与公司所属各电厂之间的指标对比功能，使管理者了解目前的管理水平和差距。

（4）通过指标分析系统对关键指标建立风险预警线，可通过信息化手段对风险和驱动因素加以辨识，使管理者集中精力于对业绩有最大驱动力的经营方面，可对关键、重点经营行为进行有效及时反应。

（七）进行管理体系的快速部署

根据公司“快速可持续”的发展战略和集约化的管理模式，华电国际提出了以管理融合为基础，以关键业绩指标为引导，以信息化平台为支撑，实现稳健、快速发展的管理策略。管理体系快速部署是华电国际体现发展策略的实现方案，有两个层面的含义：一是基于迭代和持续改进的管理思想，对原有管理体系进行的升级和优化内容可快速部署实施；二是对新建、新并购单位，以数据规范体系、专业管理体系、业绩指标体系的宣贯和实施为先导，快速导入管理体系，使其纳入公司的管理轨道。

华电国际以集中式的 FAM 等管理信息系统作为部署和支撑平台，实现管理体系的贯彻和实施。一方面，将主要业务纳入信息化管理的轨道，将对管理模式和流程的优化通过信息化工具加以快速实施；另一方面，对每一个新建、收购单位，均按照管理体系快署的策略，导入管理体系，部署信息化管理系统，实现了以较低的成本进行管理体系的融合工作。实现了管理体系快速部署。

华电国际推行管理体系快速部署的管理策略，并通过信息系统加以贯彻支撑，公司可以用较低的成本，快速完成新单位的管理接管工作。由于公司以 FAM 为核心的信息系统采用集中部署方式，新收购单位系统实施周期由原来的半年缩短为目前的 1～2 个月，极大地提高了工作效率。更重要的是，新建单位无论从基础数据、业务流程还是管理模式，都可迅速得到规范，实现与公司各项管理工作的无缝对接，快速融入公司现有管理体系，有力支撑了公司管控范围的迅速扩大。

四、以战略为导向的集约化管理模式的体系实施

华电国际以信息化系统建设为推动因素，全面落实公司的集约化管理模式的实施工作，建立了适合集团公司层面的，多组织架构应用软件平台。在整个战略实施过程中，公司一直将信息化工作，尤其是 FAM 系统的实施及应用列为全公司的重点工作之一，并由公司总经理亲自挂帅，各业务分管领导牵头，进行从公司管理战略、管控架构、业务流程及系统实施等工作的研究和实施部署工作。在经过充分的分析和论证后，公司制定了公司管理模式和管理体系，决定配合集约化管理模式，全面部署包括财务管理系统、资产管理（设备）系统、物资管理系统、燃料管理系统、人力资源管理系统、决策分析系统在内六大模块的集中式一体化管理系统，确定了“统一规划、总体部署、分步实施、稳步推进、持续优化”的总体实施原则。

华电国际集约化管理模式自 2002 年开始规划，2003 年 10 月正式启动。实施过程分为“资源整合、集成上线、功能完善”三个阶段实施（见下图）。

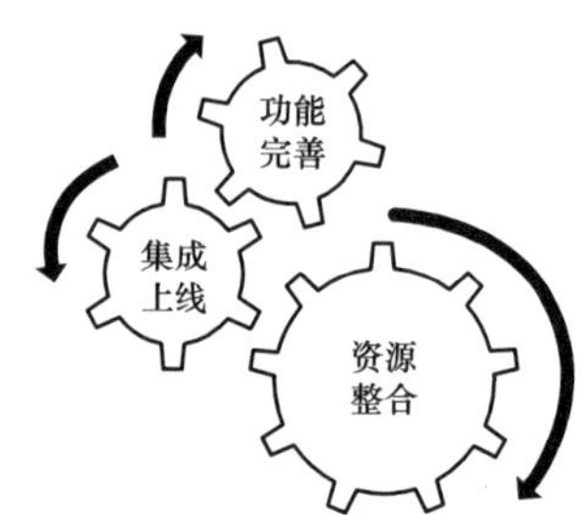

华电国际集约化管理模式的实施步骤

在资源整合阶段，华电国际在进一步明确公司管理战略的基础上，组建了集中的垂直管理组织体系，确定了组织模式和业务流程，整合了企业管理资源。

在集成上线阶段，公司依托以 FAM 系统为核心的信息化系统建设，在充分整理企业基础数据、规范业务管理流程的基础上，建立公司统一的管理模式，规范了业务管理体系，完成管理架构的实施工作，构建了一体化的管理信息平台，实现设备、物资、财务、燃料等核心业务间紧密集成和数据共享，并在公司总部及所属单位的范围内全面上线应用。

在功能完善阶段，华电国际进一步完善了内部管控流程，建立了公司基于战略的全过程预算管理体系，实现了对企业管理运营资金及费用的合理管控，并以项目的全过程管理为手段，实现了管理流程的全过程控制、跟踪功能，达到项目闭环管理；进一步延伸公司的管理链条价值，提高了上下游信息沟通效率；建立了关键业绩指标体系和决策支持系统，使系统实现管理决策分析的能力。

整个系统自 2005 年 12 月 31 日整体正式上线运行，目前已成功推广到公司所属全部 36 家单位（含燃料调运处和物资分公司），有力支撑了公司的发展战略，全面完成了以战略为导向的集约化管理模式的构建和实施工作。

五、以战略为导向的集约化管理模式实施效果

（一）提升了战略执行力

一是通过预算管理系统和业务系统、决策系统、考核系统的充分集成，加强了上下贯通能力，通过战略与预算、预算与业务、业务与考核的互动操作，公司的战略目标可迅速得到分解、贯彻和互动；二是整合了战略的执行力，以战略为统领，通过强化协同，相互配合，相互促进，并层层与目标对应，形成了战略合力，进一步增强了公司战略执行力；三是加速了管理战略的执行能力，通过将关键业务的网络化处理，公司可将业务组织网络化、虚拟化，迅速通过信息系统的进行流程的整合与重组，并得以贯彻。

（二）管理效率、效益大幅度提升

通过实施信息化系统构建集约化管理模式，公司切实感受到其所带来的管理效率的提升，据统计，整个项目实施后，财务月结时间减少 60%，财务人员会计核算的时间缩短了 50%，资金计划效率提高了 4 倍，各电厂的资金存量每月同比减少约 100 万元，各项费用的预算控制覆盖面达到了 100%；物资采购和对账时间缩短了三分之二，物资和燃料的采购价格明显降低；由于采用精细化的设备管理模式，设备管理基础数据和管理覆盖面由原来的 80% 提升到 99%，各项检修、维护费用显著降低。

（三）公司规模和经济效益大幅度增长

以战略为导向的集约化管理模式有力地支撑了公司的快速、高效发展（见下图），从 2002 年到 2007 年这六年间，公司装机容量快速增加，公司实力得到了明显的提升，控参股装机容量从 630.8 万 kW 增长到 2142.6 万 kW，其中 2006 年装机容量增长率达到了 43.42%，2007 年增长率达到了 44.96%。

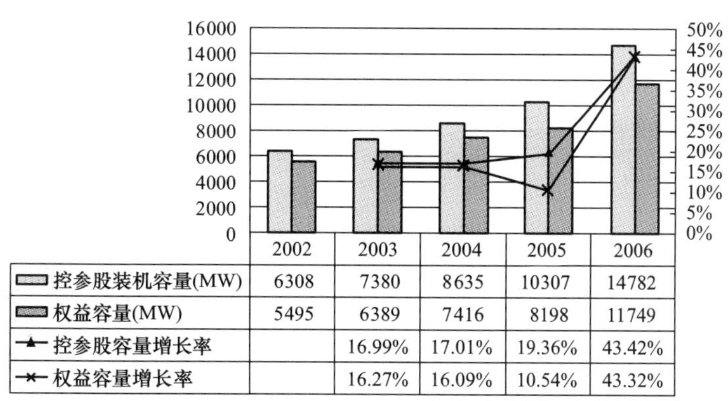

	2002	2003	2004	2005	2006
控参股装机容量(MW)	6308	7380	8635	10307	14782
权益容量(MW)	5495	6389	7416	8198	11749
控参股容量增长率		16.99%	17.01%	19.36%	43.42%
权益容量增长率		16.27%	16.09%	10.54%	43.32%

华电国际装机容量发展曲线

随着公司装机规模的不断增长，公司的资产规模也不断扩大。公司资产规模从2002年末的191.57亿元增长到2007年底的658亿元，五年时间增长近3.5倍，年均增长率为28%。公司的主营业务收入情况与公司装机规模相对应，随着公司发电量的快速提高，公司的收入情况也表现出了快速增长的态势。截至2007年底，公司的主营业务年收入已经达到了203.41亿元，同比增长38.38%。

（四）转变了员工的观念，提高了人员整体素质

通过体系的实施和信息化平台的支撑，员工的观念和素质得到了进一步的提升，一是通过目标体系建立和成本责任的细化分解培养和树立了全员经营管理意识；二是通过业务的集成和流程的整合使过去面向职能的管理转向面向流程的管理，部门之间的协同意识增强；三是信息化网络化的业务处理使过去简单繁琐的工作效率大幅提高，管理人员有更多的精力和时间去从事更深层次的管理活动。

（此文由集团公司党组成员、华电国际电力股份有限公司总经理陈建华，华电国际电力股份有限公司副总经理王文琦及有关部门联合写作，2007年9月被中国电力企业联合会授予“全国电力管理创新一等奖”）

以信息化促进资金管理现代化

王怀书

（2006年10月）

在集团公司实施“一体两翼”发展战略的过程中，对于资金的存量、流量、流向等的管理成效，直接影响着集团资金运动的效率、效益，制约着企业集团发展与竞争的后续保障能力。

集团公司自成立以来，“金融”一翼对集团公司经营发展所起的支撑作用日益凸显。资金犹如血液，逐渐渗透于企业集团的每一个组织层面，构成了纵横交错的运行网络。截至2006年8月底，现金流量管理网络归集资金达67亿元，资金存量上网率为90%。财务公司资产规模超过百亿元，为集团系统提供低成本信贷资金累计达160亿元；实行的基准利率下浮10%，每年为集团系统节省财务费用超过1亿元；组建银团贷款111亿元，为集团的发展提供了重要的资金支持。

尽管如此，必须清醒地看到，随着集团公司资产规模不断扩张，组织架构日趋壮大，集团公司对资金集中管理工作提出了更高要求，而由于没有建立电子结算平台，资金结算工作的方式、手段、工具的科技含量还不高，集团公司对资金流量的管理、对资金的调控力度和对资金风险的掌控能力还有较大不足。为了全面实现对资金流量的管理，通过增强对资金头寸的调控提高资金的效益，提高资金结算管理工作的科技含量，搭建与集团公司信息化规划相适应的电子结算业务系统不仅十分必要，而且非常紧迫。

电子结算业务系统的建设，是消除资金管理制约瓶颈的重要途径，也是落实集团公司强化资金管理一系列规定的重要措施。通过这个系统，力争为集团公司、所属企业提供一个功能更加完善的操作平台，为集团公司、各分子公司、发电公司强化资金管理提供所需的措施和手段，为共享现金流量管理信息奠定基础。

要做好电子结算业务系统的建设，首先要确定电子结算业务系统建设到底要采取什么样的资金集中管理模式。为了建好电子结算业务系统，中国华电集团财务有限公司在2005年就开始了前期工作（以下简称财务公司），重点就资金集中管理模式进行了调研。先后赴华能财务公司、三峡财务公司、中国电力财务有限公司等同业和中国、农业、工商、建设、交通、国家开发银行等专业银行考察，并请来专家咨询，在充分吸取华能模式的基础上进行了再创新，提出了华电资金集中管理模式——代理银行模式。在近期召开的“企业集团财务公司资金集中管理研讨会”上，中国银行业监督管理委员会和同业对具有“华电”特色的资金集中管理模式给予了高度评价和肯定，认为该模式走在了国内企业集团资金集中管理的前列。

在华电资金集中管理模式——代理银行模式的思想指导下，电子结算业务系统按照“总体规划、分步实施、结合实际、急用先行和安全第一”的原则，立足于先进、灵活的工作流平台实现数据大集中管理，实现系统内的结算集中管理；充分利用集团软硬件资源、有效控制成本，建设与

集团技术路线相一致的IT技术架构，建设以商业银行电子银行业务水平为目标的结算业务系统。目前电子结算业务系统的建设已经具备了试运行的条件，系统建设从系统架构、软硬件部署、软件开发、业务流程测试、真实应用环境测试等都较好地贯彻了项目建设的思路和原则，达到了预期效果。

系统建成后，将实现成员单位在任何能够上网的地点都可以远程登录结算业务系统，在权限范围内实现业务操作。系统实现了主动实时归集资金、代理支付、自动记账对账、客户业务信息查询、资金头寸调整控制、支付核算同时完成等功能。同过去的结算模式相比，一是新系统集成了各家银行的网银功能，成员单位登录该系统便能实时查询其在所有银行的存款，无须在不同银行的网银界面间切换。二是系统具备了移动办公条件，极大地便利了成员单位的业务办理。三是资金归集由过去被动的由银行发起变为由财务公司主动归集，而且归集形式多样。四是将成员单位资金直接集中到财务公司形成资金池。五是财务公司变被动为主动地选择使用资金池资金。六是成员单位通过财务公司对外支付时，财务公司可根据各家银行的头寸情况，自主选择银行对外支付或进行资金调度，提高了资金的使用效率。

电子结算业务系统具备以下几个特点：

1. 高度安全

在网络上对核心业务与办公业务严格分离，登录系统使用双识别措施和传输加密技术，增强了防范非法用户入侵的能力，确保了资金信息安全传输；系统硬件和网络安全设备全部采用双机配置措施，提高了系统运行的可靠性；由于系统设计采用了数据只能一次录入、多层审批的理念，降低了操作风险；由于财务公司可以自主选择银行支付，调配在各银行间的资金，能够杜绝透支，增强了抗流动性风险的能力。

2. 全面透明

系统投入运行后，将实现资金集中、流量集中和数据集中的“三集中”，成员单位的资金及财务公司的资金池动向等信息对集团公司将是实时、全面透明的，为集团公司进一步加强对资金的精细化管理创造了有利条件。

3. 功能先进

实现了“柜面业务桌面化”（利用网络技术，成员单位足不出户即可在办公桌上办理结算业务）、“异地业务本地化”（所有成员单位的结算业务均由财务公司在京办理）、“核算支付一体化”（整合财务公司核算与结算流，实现一本账管理）、“业务管理流程化”（业务办理以流程的形式体现，提高工作效率），即“四化”。

4. 扩展灵活

电子结算业务系统立足于先进、灵活的工作流平台及主流工具，能够迁移到集团要求的BEPL标准工作流上，遵循集团的IT技术架构及主流的工业标准与规范（如J2EE、Web Services服务架构等），使电子结算业务系统不仅可以随业务的变化和发展进行流程再造，而且在积累结算系统建设经验的基础上，通过门户开发和系统集成及信贷、投资等业务系统的开发，实现无纸化办公。同时，系统预留了资金预算管理功能接口，为集团公司实现对资金的硬控制创造了条件。

按照集团公司关于加强金融运作和强化资金管理的有关要求，下阶段将加快电子结算业务在北京地区的推广和系统进一步完善的工作。重点包括以下几个方面：

一、做好上线的准备工作，力争实现今年年底在京成员单位的系统推广和应用

电子结算业务系统正式投入使用后，结算电子化将改变传统的资金支付方式，成员单位与各银行的利益格局将会发生巨大变化，资金的风险将会由银行向财务公司转移。成员单位改变传统的工作习惯还需要一个接受和熟悉的过程，利益格局的改变还需要理解的时间，同时还存在成员单位终端、网络运行通道状况等不可控因素，都会影响到系统的顺利推广和应用。所以，必须积极稳妥地推进上线工作，用完善可靠的系统、健全的风险防范措施及优质的服务这三大支柱确保系统的顺利推广和应用。

1. 进一步完善系统功能

继续做好试点单位的试运行工作，通过试运行及时发现业务办理过程中出现的问题，进一步完善系统、优化流程，为资金集中统一结算积累经验、奠定基础。

2. 进一步提高风险意识，加强风险管理

电子结算业务的上线运行改变了风险格局，

业务处理中的操作风险将从银行向财务公司汇集，财务公司对资金安全的掌控能力将成为关系整个集团资金安全的关键所在。因此，必须进一步提高风险意识，坚持安全与服务并重的原则、建立完善的管理控制制度、明确授权内容、科学划分职责、严格管理密码密钥，制订有效的防范与应急措施，使资金操作、系统运行的风险处于可控、在控的范围。

3. 进一步提高服务意识和服务水平

电子结算业务开展后，财务公司将取代原有专业银行的部分功能，成为集团系统内资金流转的主要渠道，在成员单位面前，财务公司就是银行，必须独立运转，必须以专业的服务水平和优质的服务质量满足成员单位的结算需要。这对财务公司的结算业务水平提出了更高要求。

二、充分挖掘和发挥电子结算业务系统的功能，切实提高资金的使用效率

电子结算业务系统上线前，集团公司不能及时掌握资金头寸信息，缺乏对资金的调控能力，2004、2005年的资金备付率为16%、13%，资金透支额度2004年累计达27.1亿元、2005年累计达23.6亿元。电子结算业务系统上线后，财务公司一年的资金结算流量预计将达到2000亿元，但是需要在集团公司系统全部成员单位上线后才能全面体现出最大效益，这就要求在电子结算业务系统推广后，切实发挥出对资金流量管理和资金头寸的调控作用，发挥管理资金流量的效益，减少备付、杜绝透支，提高集团公司资金的整体利用水平和资金使用效益。

（本文发表于《中国华电》2006年第5期）

要闻特编

集团公司2006年工作会议

2006年1月22~23日，集团公司2006年工作会议在北京召开。集团总部副处级以上干部员工、公司系统各单位主要负责人和职工代表约400人参加了会议。

集团公司党组书记、总经理贺恭，集团公司党组成员、副总经理曹培玺、陈飞虎、程念高、任书辉，集团公司党组成员、纪检组组长迟文江，集团公司党组成员、副总经理辛保安出席会议。会议由曹培玺主持。国家电力监管委员会副主席王禹民，中国电力企业联合会理事长赵希正，国务院派驻华电集团监事会主席范有年，国家能源办副主任、国家发展和改革委员会能源局局长徐锭明出席会议并讲话；中共中央组织部、国务院国有资产监督管理委员会的有关领导出席了会议。

会议全面总结了集团公司成立三年来及2005年的工作，分析形势，交流经验，部署2006年工作，动员公司全体干部员工，在国家“十一五”开局之年，立足新起点，谋求新跨越，为实现公司“358”战略计划第二阶段更快更好发展而努力奋斗。

贺恭在会上作了题为《全面贯彻落实科学发展观　努力实现集团公司更快更好发展》的工作报告。报告全面、客观、系统地总结了2005年集团公司生产、经营、改革、发展、党建和队伍建设各项工作取得的成绩，从十个方面回顾了公司工作情况。报告运用数字的对比，直观、鲜明地展现了公司圆满达成“358”战略计划第一阶段目标的重大成就。报告总结了集团公司成立3年来“定战略、强资产、树形象、聚人心”所取得的显著成效，归纳了“五个坚持”的基本经验，实事求是地指出了存在的矛盾和问题。报告全面分析了公司进入新阶段所面临的新形势，明确提出了公司深入实施“358”战略的新任务，极具针对性地提出了“五个更加注重”的新要求。报告提出了2006年公司工作的指导思想、“一条主线、两大任务、三个突破、四项创新、五大措施”的“一二三四五”工作思路和主要的工作目标，从八个方面全面安排部署了2006年工作任务，并对各级领导干部提出了“五个进一步”的要求。

曹培玺作会议总结，要求各单位要结合各自的实际，对2005年的工作进行认真总结，深入分析面临的形势任务、存在的主要困难和问题，按照集团公司的部署，进一步确定本单位的工作目标、工作思路和工作措施，特别是要对照贺恭提出的“一二三四五”工作思路和八项重点工作的要求，认真查找差距，采取有针对性的措施，层层落实任务、落实责任，努力把会议精神落实到各项工作之中，取得实效。

会上，贺恭与公司所属企业签订了“经营业绩责任书”和“前期和在建工程管理责任书”。

集团公司2006年年中经济活动分析会

2006年7月19～20日，集团公司2006年年中经济活动分析会在哈尔滨召开。

集团公司党组书记、总经理贺恭，集团公司党组成员、副总经理曹培玺、程念高、任书辉，集团公司党组成员、纪检组组长迟文江，集团公司党组成员、副总经理辛保安出席会议。国务院派驻华电集团监事会主席范有年、集团公司高级顾问邵秉仁、黑龙江省人民政府副省长刘海生、国家电力监管委员会东北电监局副局长赵海华、黑龙江省电力有限公司副总经理魏庆海出席会议并讲话。

会议系统地总结了2006年上半年的工作成绩和经验，深入地分析了当前公司面临的形势及工作中的薄弱环节，进一步理清了工作思路，明确了下半年的工作任务，同时对公司“十一五”发展规划和主辅分离改革两个重大问题统一了思想认识和工作部署，动员全体干部员工，在国家“十一五”开局之年，为全年超额完成经营发展任务而努力奋斗。

贺恭在会上发表了题为《团结奋斗 继往开来为完成全年任务和“十一五”规划目标而努力》的重要讲话。讲话全面深刻地分析了集团公司2006年上半年经济运行情况，安排部署下半年重点工作，并就公司“十一五”发展规划和主辅分离改革两个重大问题进行了专门论述和阐释。

会议指出，2006年上半年，公司系统按照年初工作会议确定的“一二三四五”工作思路和“巩固提升”总要求，上下共同努力，积极开拓，生产、经营、建设、发展、改革、稳定各项工作取得了可喜的成绩。公司经济运行质量和效益较好，经营发展进一步呈现出良好势头，营运改善、科学发展、内部改革等各项工作取得新的进展和成效，电量、电价取得较大突破，发电量增长速度达20.62%，居五大发电集团第一位。降本增效、电源发展、煤炭、金融产业、科技环保、内部改革等都围绕中心任务开展了卓有成效的工作。

贺恭在讲话中指出，2006年上半年，公司广大干部员工上下加强团结协作、全面落实责任，体现出了积极进取的精神状态，创造出了优异的工作业绩。立足新起点，谋求新跨越，公司提出编制“十一五”发展规划，修编公司“358”战略计划，是抓住“十一五”重要发展机遇，引领公司更快更好发展的带有全局性、战略性的重大课题。公司系统广大员工，尤其是各级企业领导干部要全面理解其基本内涵，更好地把握方向，明确目标，理清思路，要把思想和行动统一到公司“十一五”发展规划上来，全面理解和把握公司“十一五”发展规划的基本内涵，进一步明确“十一五”发展的目标任务和工作方针，并充分认识实施“十一五”发展规划的可行性和艰巨性，采取有力措施保证规划实施和目标实现。

公司“十一五”发展规划目标是：到2010年，公司规模和效益均在2005年基础上翻一番。主要指标包括六个方面：一是规模总量较快增长。发电装机容量达到8000万kW，年发电量3600亿kW·h；二是运营效益明显增加；三是结构调整优化升级；四是资源利用效率显著提高；五是“两翼”能力较大提升；六是培育建设十二大煤电基地、四大水电基地和四大煤炭或煤电一体化基地。规划突出体现了坚持外延发展和内涵提升“两条腿走路”，规模增加和结构优化“双向突破”，全面布局和重点发展“点面结合”，发电主体和煤炭、金融两翼“互动发展”，新建、扩建、并购“合理摆布”，长远目标和阶段目标“协调统一”的基本方针。

贺恭在讲话中进一步明确了主辅分离改革工作目标和任务，提出要坚持主辅分离、辅业改制的方向不动摇，并从实际出发，统筹规划，分步实施，先易后难，积极稳妥地推进这项工作，计划用3年的时间，即到2008年底前完成公司企业主辅分离、辅业改制任务。公司将制订3年规划实施方案，最终目的是要实现“主业精干、效益突出，辅业搞活、走向市场，队伍稳定、企业和谐”。

贺恭在讲话中强调，虽然2006年上半年的工作成绩和良好发展态势很好，但也要冷静分析，正视问题，积极采取措施加强薄弱环节，更加努力、更加扎实地做好下半年的经济工作。尤其是，2006、2007年两年是公司发展的关键时期，要珍惜国家实施“十一五”规划的重要机遇及公司向好的方向发展的势头，努力提升公司经营成果。因此，在深入分析判断形势的基础上，公司党组决定调高2006年经营目标，同时，争取实现投产1100万kW及其中1台100万kW机组、7台60万kW机组的目标，实现公司规模及结构调整上的新突破，为集团公司“十一五”发展开好局，奠好基。

贺恭要求公司系统领导干部要持续加强学习，要研究把握大局，增强责任意识，保持廉洁自律。各区域子公司、分公司、代表处，承上启下、任务繁重、责任重大，要进一步加强对区域企业经营发展工作的指导、帮助、协调、督促，加强与上下左右的沟通联系，努力把区域下半年各项任务完成好，把区域“十一五”改革发展重大问题规划好、摆布好。

国务院派驻华电集团监事会主席范有年在讲话中指出，集团公司制订的“十一五”发展规划，解放思想，指标先进、考虑全面。要完成“十一五”发展规划目标，必须按照树立科学发展观的要求，动态调整发展速度，以效益为中心，一手抓发展、一手抓改革，降本增效，提高企业竞争力，实现规模与效益同步增长，效益增长快于规模增长的科学发展。同时，规划要按照国务院统一部署，注重衔接，充分考虑到国家加大宏观调控等因素，早动手、早准备；通过加快结构调整，深化内部改革，加强科技环保，培养高素质的人才队伍等措施，实现到2010年公司规模和效益均在2005年基础上翻一番的宏伟目标。

集团公司高级顾问邵秉仁就“十一五”期间国家宏观政策、电力体制改革深入后电力企业面临的严峻形势进行了深入分析。他指出，集团公司“十一五”发展规划，注重与国家规划衔接，规划基调与措施制订符合实际情况。要实现在2005年基础上翻一番，必须正确处理好规模与效益关系，坚持以效益为中心；必须加强企业结构调整，坚持“一体两翼”的产业结构，实现煤炭、电力和后续产品的可持续发展，调整发电主业结构，充分利用国家政策，发展风电、核电和可再生能源，在金融方面利用好中国华电集团财务有限公司的平台。

黑龙江省人民政府副省长刘海生高度评价了集团公司为黑龙江地区的经济社会发展所作出的贡献。他指出，中国华电集团公司作为国内有规模、有实力的大型电力企业，抓住振兴东北老工业基地发展的历史机遇，搞好企业的经营管理，抓好有关项目落实，以更好地服务地方经济建设、造福黑龙江人民为己任，近年来发展迅猛，华电黑龙江分公司经营业绩突出，运营势头良好，对黑龙江的经济社会发展起到了“主力军”作用，作出了很大贡献。2006年6月，为进一步加强在黑龙江地区的发展，华电集团将华电黑龙江分公司和华电能源股份有限公司整合为中国华电集团公司黑龙江分公司、华电能源股份有限公司，所管理的8个电厂占黑龙江省总装机容量的42%，规模资源优势进一步突显，未来发展前景更加辉煌。刘海生表示，黑龙江省委、省政府将一如既往地优化经济发展环境，支持中国华电集团在黑龙江的发展壮大。黑龙江省愿意与华电集团进一步开展更多领域、更高层次的交流合作，实现互惠互利和共同发展。

集团公司党组成员、副总经理曹培玺、程念高、任书辉，党组成员、纪检组组长迟文江，党组成员、副总经理辛保安分别就分管工作作了专题讲话。

集团总部各部门负责人、各分支机构负责人和部分企业负责人针对会议精神，结合实际工作，分组进行了讨论。各分支机构负责同志就本地区的工作情况作了交流发言。

集团公司2007年工作会议

2007年1月29～30日，集团公司2007年工作会议在北京召开。

中共中央政治局委员、国务院副总理曾培炎，国家发展和改革委员会主任马凯，国务院国有资产监督管理委员会主任李荣融分别作出重要批示，对集团公司2006年及成立四年来取得的成绩给予充分肯定，对集团公司的工作提出了重要指导意见。国家电力监管委员会副主席史玉波、国务院派驻华电集团监事会主席韩修国、国家发展和改革委员会能源局副局长吴贵辉、中国电力企业联合会副理事长孙玉才出席会议并讲话；中共中央组织部干部五局副局长荆德建、国务院国有资产监督管理委员会业绩考核局副局长刘南昌及国务院派驻集团公司监事会、审计署太原特派办等国家有关部门领导出席了会议。

集团公司党组书记、总经理曹培玺，集团公司党组成员、副总经理陈飞虎、程念高、任书辉，集团公司党组成员、纪检组组长迟文江，集团公司党组成员、副总经理辛保安，集团公司老领导、专家委员会主任委员贺恭出席会议。集团总部副处长以上干部、系统各区域、各单位党政主要负责人近300人参加了会议。

会议以邓小平理论、“三个代表”重要思想和科学发展观为指导，全面贯彻党的十六大和十六大以来历次全会及中央经济工作会议、中央企业负责人会议精神，总结集团公司2006年工作及成立四年来的主要业绩和经验，部署2007年工作，进一步动员广大干部员工全面履行经济、政治、社会三大责任，全面提升安全、效益、发展三大业绩，全面完成2007年各项目标任务，加快推进集团公司做强做大做好。

集团公司党组书记、总经理曹培玺在会上作了题为《履行三大责任　提升三大业绩　加快推进集团公司做强做大做好》的工作报告，全面总结了集团公司2006年及成立四年来的工作情况，明确了2007年工作指导思想和总体要求，对2007年工作进行了全面具体部署。

曹培玺提出，按照2007年集团公司的指导思想和总体要求，要重点做好八个方面的工作：一是确保生产安全；二是全面提升经营管理水平；三是加快推进“一体两翼”更好发展；四是大力推动资本运营；五是继续深化公司内部改革；六是切实推进节能环保、科技进步和信息化工作；七是积极改善公司经营发展环境；八是加强队伍建设。

大会隆重表彰了集团公司2006年度优秀发电企业、文明单位标兵、文明单位、四好领导班子、安全生产先进单位、安全生产先进集体、安全生产先进个人、扭亏增盈先进单位、前期工作先进单位、投产功勋单位。会上，集团总部财务管理部、计划发展部、安全生产部、人力资源部分别作专题发言，9家先进单位代表作了大会经验交流发言，12家单位提交了书面交流材料。

陈飞虎在大会总结中强调，公司系统各单位要进一步增强责任感和紧迫感，认真全面迅速地抓好会议精神的贯彻落实，要认真学习会议精神，切实把思想认识统一到集团公司党组的决策和部署上来，要全面准确地把握公司面临的形势，全面准确地把握公司的工作目标，全面准确把握集团公司工作的总体要求，全面准确把握集团公司2007年的工作任务，认真落实集团公司2007年的12项工作目标和8项重点工作，确保各项目标任务落实到位。

集团公司2007年年中工作会议

2007年7月17~18日，集团公司2007年年中工作会议在中国华电集团高级培训中心召开。

会议深入贯彻学习了胡锦涛总书记在中央党校的重要讲话精神，深入贯彻落实科学发展观，总结2007年上半年工作，分析形势，研究部署下半年工作，进一步动员公司系统干部员工加倍努力，真抓实干，确保全面完成2007年各项任务，以优异成绩向党的十七大献礼。

集团公司党组书记、总经理曹培玺，集团公司党组成员、副总经理陈飞虎、程念高、任书辉，集团公司党组成员、纪检组组长迟文江，集团公司党组成员、副总经理辛保安、邓建玲，集团公司党组成员、华电国际总经理陈建华，集团公司总师、顾问、副总师和党组纪检组副组长出席大会。国务院派驻华电集团监事会有关领导参加会议。集团总部各部门负责人、各分支机构负责人和部分企业负责人共计118名代表参加会议。

集团公司党组书记、总经理曹培玺在会上作了题为《加倍努力　真抓实干　确保全面完成2007年各项任务》的工作报告。曹培玺在工作报告中指出，2007年公司经营发展势头进一步趋好。发电量继续高速增长，增长率持续高于全国平均水平；供电煤耗、二氧化硫排放量等节能减排指标持续向好；利润总额、净利润、净资产收益率、流动资产周转率实现较大增长，发展规模和质量明显提升。公司系统牢固树立把发展作为第一要务的思想，以经济效益为中心，从“选、建、管”三个主要方面全面推进公司科学发展，努力实现规模与效益相协调、速度与质量相统一，努力实现快速、健康、可持续发展。着力推进改革创新，公司系统大力推进体制、机制、技术创新和创新发展，促进公司经营发展活力进一步增强。按照科学有效、管用管好、可控在控，真正落实到“三大业绩”提升上来的要求，着力提升企业管理，努力形成经营发展全过程闭环管理体系。认真贯彻“以人为本”和“人才强企”战略，着力加强队伍建设，全面推进公司队伍建设，干部员工的积极性有效发挥，为公司经营发展提供有力的人才保证和智力、文化支撑。曹培玺在报告中对公司2007年下半年工作的总体要求和重点工作进行了部署，要求公司系统2007年下半年要认真学习贯彻胡锦涛总书记在中央党校的重要讲话精神，以邓小平理论和“三个代表”重要思想为指导，深入贯彻落实科学发展观，全面落实公司2007年工作会议精神，继续坚持“一二三四”的指导思想，认真落实八项重点任务，确保实现三大业绩目标，坚定信心，加倍努力，确保全面完成2007年各项任务，以优异成绩向党的十七大献礼。重点抓好五个方面工作：进一步加强企业管理，进一步推进科学发展，进一步深化公司改革，进一步加强队伍建设，进一步营造良好的内外环境。

会上，集团总部计划发展部、财务管理部、工程建设部、安全生产部、市场营销部、体制改革办公室、人力资源部等7个部门分别就对标管理、预算管理、基本建设、节能减排、市场营销、综合改革、绩效考核等方面工作作了专题发言。集团公司党组书记、总经理曹培玺与部分企业负责人签订了2007~2009年任期绩效目标责任书。

陈飞虎在会议总结中强调，要认真学习和准确把握工作报告的精神实质，把思想和行动统一到集团公司工作部署上来，坚决完成2007年生产经营任务；深入贯彻科学发展观，坚定不移推进公司科学发展，为实现集团公司“8467”的目标而奋斗；要推进综合配套改革，加强领导班子和队伍建设，为完成全年目标任务提供强劲动力和保障。各单位要认真抓好会议精神的贯彻落实，抓好各项工作目标、措施和责任的落实，抓好会议提出意见和建议的落实，以此次会议为新的起点，振奋精神，努力工作，确保完成2007年各项目标任务。

会议期间，华电国际电力股份有限公司、中国华电集团公司江苏分公司、华电四川发电有限公司、华电福建发电有限公司、贵州乌江水电开发有限责任公司、河北华电石家庄热电有限公司、中国华电集团贵港发电有限公司等七家单位作了大会交流发言。

集团公司发电装机容量突破5000万kW

2006年12月4日，以国内首批、集团公司首台百万千瓦超超临界火电机组——华电国际电力股份有限公司邹县发电厂7号机组顺利投产为标志，集团公司发电装机容量突破5000万kW。

12月26日，集团公司在邹县发电厂隆重举行发电装机容量突破5000万kW庆典大会。集团公司党组书记、总经理曹培玺庄严而自豪地宣布：“发电装机容量突破5000万kW，是中国华电集团公司贯彻落实科学发展观取得的重大成果，是中国华电集团公司做强做大做好征途中的重要里程碑，也是中国华电集团公司履行中央企业的经济责任、政治责任和社会责任，更好地服务国民经济，又好又快发展的新起点。”

在庆典仪式上，曹培玺表示，经过4年的艰苦努力，中国华电集团公司初步形成了高效火电、大中型水电和其他电源合理比例的发展格局，发电资产分布从公司成立时的14个省份扩大到21个省份，可控发电设备容量占全国总容量的比例由成立初期的7%左右提高到8%左右。

随着电源规模的快速扩大，中国华电集团公司资产结构进一步优化、节能降耗成效明显，经济效益显著提升：30万kW级及以上火电机组的比重由成立时的44.29%上升到55.31%，60万kW级以上机组由成立时的4台增加到11台，还有15台在建，共计959万kW；热电联产机组由公司成立时的193.3万kW增加到532.5万kW；水电在役机组达到668.51万kW，比成立时增加了236.81万kW；华电国际邹县发电厂首台投产的百万千瓦机组设计发电煤耗为272.9g/(kW·h)，比全国平均发电煤耗低66.1g/(kW·h)，到2006年底，公司全年供电煤耗预计可降低到356.5g/(kW·h)，实现4年降低13.01g/(kW·h)；预计年底前公司系统投入运行的脱硫机组将达到 1908 万 kW，二氧化硫减排能力将达到 105 万 t；预计公司全年发电量完成 1995 亿 kW·h，比公司成立之初增长 71.4%，利润利税大幅提升。

至此，华电集团实现了成立四年装机容量翻一番的重要跨越，并引起中央媒体的高度关注。新华社、中央人民广播电台、中央电视台、《中国电力报》等中央媒体对此进行了现场采访，国务院国资委门户网站、《经济日报》等刊发了新闻通稿。

新华社第一时间编发《华电集团装机容量突破 5000 万 kW》消息，中央人民广播电台以《华电电厂首台百万千瓦机组正式投产运营》为题，报道了随着集团公司装机容量突破了 5000 万 kW，集团公司节能降耗取得明显成效。中央电视台一套《晚间新闻》、新闻频道《新闻 360 度》播出了消息。《经济日报》综合新闻版报道了华电集团装机容量突破 5000 万 kW。国务院国有资产监督管理委员会门户网站 27 日头条刊发消息。《中国电力报》在一版头条刊发了消息、评论及对总经理曹培玺的专访，专访全面翔实地回顾了集团公司四年创业发展历程和主要成就，阐释了集团公司以“三大业绩”为目标、以“四个着力”为措施，推动科学发展的决策思路，显示出了集团公司将全面履行公司肩负的经济责任、政治责任、社会责任，全面推动集团公司做强做大做好。

集团公司发电装机容量突破 6000 万 kW

2007 年 12 月 10 日，以内蒙古华电辉腾锡勒风力发电有限公司 12 万 kW 风电全部投产为标志，集团公司发电装机容量突破 6000 万 kW，达到 6047.16 万 kW，成为我国第三家装机容量超过 6000 万 kW 的发电集团。

集团公司成立五年间，全面贯彻落实科学发展观，积极适应我国经济社会发展对电力的强劲需求，加快电源发展和结构优化，发电装机容量从成立时的 2554 万 kW 扩大到 6047.16 万 kW，其中 60 万 kW 及以上火电机组由成立时的 4 台增加到 25 台，容量由 240 万 kW 增加到 1606 万 kW，投产 2 台国内单机容量最大、国产化程度最高的 100 万 kW 超超临界机组，资产分布从成立时的 14 个省（自治区、直辖市）扩大到 23 个省（自治区、直辖市），实现了发电装机容量规模及电源结构、技术装备结构的重要跨越。随着电源规模扩大和结构优化，节能减排取得明显成效，供电煤耗由成立时的 369.51g/(kW·h) 降到 348.02g/(kW·h)，下降 21.49g/(kW·h)；平均二氧化硫排放绩效、烟尘排放绩效和氮氧化物排放绩效分别比成立时下降 52%、34% 和 14%，实现装机容量规模翻一番多，经济效益翻两番多，形成了快速、健康、可持续发展的良好态势。

2007 年 12 月 28 日晚，集团公司成立五周年暨装机容量突破 6000 万 kW 庆祝会在北京隆重举行。集团公司党组书记、总经理曹培玺，集团公司党组成员、副总经理陈飞虎、任书辉，集团公司党组成员、纪检组长迟文江，集团公司党组成员、副总经理辛保安、邓建玲，集团公司总会计师王怀书出席晚会；国务院派驻集团公司监事会主席韩修国，集团公司专家委员会主任贺恭应邀出席晚会；集团公司在京单位班子成员和集团总部全体员工参加了晚会。韩修国发表了热情洋溢的讲话，对集团公司五年来取得的成绩给予充分肯定，对下一阶段工作提出殷切希望。集团公司老领导、专家委员会主任贺恭即兴朗诵了自己专门为公司成立五周年创作的书法长联。随后，全体人员观看了由中国煤矿文工团和在京部分单位为庆祝会编排的精彩文艺演出。《欢乐的桑巴舞》、《我想对你说》、《华电之歌》等一个个激情四溢的节目依次展开，节目通过歌曲、诗朗诵、舞蹈、快板、器乐演奏等多种艺术形式，充分展示了集团公司五年来取得的丰硕成果，整台晚会精彩纷呈，高潮迭起，欢声雷动，充分展示了华电人欢欣鼓舞、精神振奋、团结凝聚的时代风貌。

重要媒体报道

华电：以节能环保促效益提升

（2006 年 9 月 19 日《经济日报》）

• “十一五”期间，将瞄准国际最先进的火力发电技术，重点建设大型、高效、环保煤电机组。力争使煤耗低、热效率高的 60 万 kW 及以上煤电机组开工规模占到规划建设煤电机组总规模的 90%。

• 按照规模增加和结构优化“双向突破”的方针，规划在“十一五”期间实现关闭退役煤耗高小火电机组 205 万 kW，以促进公司整体降耗增效。

• “十一五”期间，将完成现役燃煤机组 25 台，对应脱硫装机容量 503 万 kW 脱硫改造建设任务，届时所有脱硫设施建成投运后将具备每年削减二氧化硫排放总量 126 万 t 的能力。到 2010 年底，二氧化硫排放总量在 2005 年的基础上削减 44.9%。

在前不久与国家环保总局和国家发展改革委签订的《二氧化硫总量削减目标责任书》、《节能目标责任书》中，华电集团做出了这一居五大发电集团之首的承诺。

这意味着华电集团在今后五年，在加快建设一批节约环保型电厂的同时，也需围绕降低煤耗的目标，进一步加快调整华电集团的电源结构。

记者在采访中发现，华电集团应用或正在建设的一些节能环保新设备、新技术都在行业内创造了“第一”或“之最”的纪录。如，杭州“半山一号”燃气轮机，为国内第一台并网发电的 9FA 重型燃气轮发电机组；正在建设的华电国际邹县发电厂四期工程 2 台百万千瓦级超超临界燃煤发电机组，建成后将是国内单机容量最大、运行参数最高的燃煤发电机组。

这些项目的建设，在带动一批高压变频调速技术等先进适用技术在集团公司系统应用的同时，也极大地推动了我国电力节能降耗产业化示范和工程的推广应用进程。经过深加工的粉煤灰，漂洋过海，出口到海外；被农民废弃的秸秆，回收混燃用于发电后，相当于每年可减少 7.56 万 t 原煤消耗；在“吃”垃圾的发电厂里，每年吞进的垃圾，可以转化为两千多万度电能……

在传统的粉煤灰和废水综合利用领域，华电公司系统许多电厂取得了很好的成效。华电国际邹县电厂的粉煤灰产品目前占领了三峡建设工地市场，青岛电厂的粉煤灰产品外销韩国。先进的废水处理与回收工艺得到逐步推广应用，部分电厂已实施废水零排放工艺，提高了电厂废水回收利用程度，降低了发电生产水耗。集团公司企业的废水回收率已达 73% 以上，达标排放率达到 90% 以上。

山东华电国际十里泉电厂根据所在地区秸秆资源丰富的实际，2005 年在 5 号机组大修中安装了秸秆燃烧器。改造后，按年运行 7236h 计算，每年将燃烧 10.5 万 t 秸秆，相当于减少 7.56 万 t 原煤消耗。由于秸秆在炉内燃烧的过程得到人为控制，燃烧充分，一年可减少二氧化硫的排放量约 1500t。秸秆烧完的炉灰还是上等的钾肥，可作为肥料再次得到利用。随着十里泉电厂秸秆发电项目投产，当地原本“不值一钱”的秸秆，目前 1t 已可以卖到 400 多元。在取得降低能源消耗和保护环境的效果同时，也在一定程度上增加了当地农民的收入。

在人称“吃”垃圾的发电厂——华电能源哈尔滨垃圾发电厂由于采用了世界上先进的循环流化床技术，建成后目前每年可处理生活垃圾 7 万 t，发电 2300 万 kW·h 时。再加上经过一系列环保处理，目前电厂排放的烟气，环保程度已超过国家标准，达到了欧洲排放要求。

不断开拓节能新途径、调整电源结构和在发展中始终把节能环保放在优先地位，使组建 3 年多的华电集团初步走上一条规模效益同步增长，效益增长快于规模增长的科学发展之路。

统计显示，华电集团公司成立三年来，已累计实现节约标准煤102.8万t、节约用电7782万kW·h、节约燃油14.1万t、节约水5700万m^3，直接实现节能价值7.8亿元。

经过3年多努力，目前华电集团也已初步形成“水火气核风共进”、协调发展的喜人局面。在燃气发电方面，截至2005年底，华电集团在杭州半山和江苏望亭、戚墅堰三地兴建的7台39万kW燃气—蒸汽循环联合机组均已实现投产发电；在内蒙古辉腾锡勒兴建10万kW风电工程之后，2006年，华电集团又参股了浙江三门2台100万kW核电国产化项目和福建福清核电项目。此外，经过积极准备、多方论证，各方瞩目的金沙江中游水电开发和怒江开发也正在积极推进之中。

华电集团有关人士在接受采访时说，结合目前华电集团发展正处于新一轮上升阶段的特点，华电集团将围绕“巩固提升”和实施科学发展这条主线，把调整电源结构，转变经济增长方式，作为实现节约发展、清洁发展的突破口。

按此思路，目前华电集团公司规划确定，在“十一五”期间，将瞄准国际最先进的火力发电技术，重点建设大型、高效、环保煤电机组。力争使煤耗低、热效率高的60万kW及以上煤电机组开工规模占到规划建设煤电机组总规模的90%。在存量资产运营方面，按照规模增加和结构优化“双向突破”的方针，规划在“十一五”期间实现关闭退役煤耗高小火电机组205万kW，以促进华电集团整体降耗增效。在降低污染物排放方面，“十一五”期间，将完成现役燃煤机组25台，对应脱硫装机容量503万kW脱硫改造建设任务，届时所有脱硫设施建成投运后将具备每年削减二氧化硫排放总量126万t的能力。

另据了解，目前华电集团已分别与上海、江苏、云南等各地基层电厂签订了二氧化硫总量削减目标分解指标责任书。围绕完成节能承诺的要求，还将对纳入国家“千家企业节能行动”的电厂，进一步采取措施，层层落实责任制，将节能目标纳入企业领导班子业绩考核体系中，并加强指导和跟踪。围绕重点建设大型、高效、环保煤电机组的要求，华电集团正在建设的大型、高效、环保煤电机组的总容量已超过1000万kW。

华电集团装机容量突破5000万kW

（2006年12月26日　新华社）

华电集团旗下的华电国际邹县发电厂首台100万kW超超临界火电机组正式投产，至此，作为中国五大电力企业之一的华电集团装机容量突破5000万kW。

“经过四年的努力，华电集团实现了5000万千瓦装机容量的突破，实现了成立四年装机容量翻一番的重要跨越。”华电集团公司总经理曹培玺在装机容量突破5000万kW仪式上说。

华电国际邹县发电厂投产的百万千瓦机组设计发电煤耗为272.9g/(kW·h)，比全国平均发电煤耗低66.1g/(kW·h)。

曹培玺说，华电集团初步形成了高效火电、大中型水电和其他电源合理比例的发展格局，发电资产分布从公司成立时的14个省份扩大到21个省份，可控发电设备容量占全国总容量的比例由成立初期的7%左右提高到8%左右。

据悉，随着电源规模的快速扩大，华电集团资产结构进一步优化、节能降耗成效明显，经济效益显著提升：30万kW级以上火电机组的比重由成立时的44.29%上升到55.31%，60万kW级以上机组由成立时的4台增加到11台，还有15台在建，共计959万kW。

最新数字显示，截至10月底，全国发电装机容量超过5.8亿kW。全国自2002年6月以来出现的电力供应紧张局面得到根本扭转。

节能降耗关乎电力企业自身竞争力

——访中国华电集团公司总经理曹培玺

（2007年1月16日《经济参考报》）

国家电力监管委员会有关负责人日前表示，2002年6月以来出现的电力供应紧张局面已得到根本扭转；与此同时，中国五大发电企业之一——华电集团宣布，到2006年底华电集团装机容量突破5000万kW。

“在全国电力供应从短缺转向平衡的情况下，发电企业面临的竞争会不断加大，而竞争的焦点将体现在企业内部节能降耗上。”中国华电集团公司总经理曹培玺如是说。作为电力企业的管理者也作为电力方面的专家，曹培玺以一个“行内人”的身份为记者讲述了自己对“电力企业节能降耗”的体会。

节能降耗更关乎电力企业自身的竞争力

根据“十一五”规划纲要，到2010年我国单位GDP能耗应比2005年降低20%。然而，2006年上半年，全国单位GDP能耗同比上升0.8%。尽管第三季度单位能耗由升转降，但2006年目标仍未实现。而作为节能降耗减排重要领域的电力企业在实现“十一五”规划节能降耗目标中仍扮演着举足轻重的角色。

2006年12月4日，华电集团旗下的华电国际邹县发电厂首台100万kW超超临界火电机组正式投产。“这是国内目前单机容量最大、运行参数最高的燃煤发电机组。”曹培玺说，“该机组设计发电煤耗为270.19g/(kW·h)，比全国平均发电煤耗低68.81g/(kW·h)，每年可以节约30万t标煤。”

煤炭是我国的基础能源，全国现在一年要消耗20亿t以上煤炭。但与石油相比，目前社会上对煤炭的消耗还远没有像石油那样“在意”，以电力企业为例，我国许多燃煤机组发电机组煤耗超过400g，甚至达到500g以上，而先进机组只有300g。

曹培玺告诉记者，华电集团应用和正在建设的一些节能环保新设备、新技术都在行业内创造了“第一”或“之最”的纪录。除了邹县发电厂的百万千瓦超超临界燃煤发电机组，杭州的“半山一号”燃气轮机是国内第一台并网发电的9FA重型燃气轮发电机组，该类型机组设计发电煤耗仅为212.85g/(kW·h)，采用天然气为燃料，几乎没有二氧化硫产生，无烟尘、固体和废物排放，堪称绿色电源。目前，华电集团已投产发电7台9FA重型燃气轮发电机组。

“这些项目的建设，在带动一批先进适用技术在华电集团应用的同时，也极大地推动了我国电力节能降耗产业化示范，提升了我国电站设备设计制造和电力工业技术等级水平。”曹培玺说。目前，华电集团供电煤耗由公司成立时的369.51g/(kW·h)下降到356.5g/(kW·h)，实现四年降低13.01g/(kW·h)。统计显示，华电集团公司成立四年来，已累计实现节约标准煤197万t、节约用电20亿kW·h、节约燃油34.37万t，直接实现节能价值22亿元。

中国电力企业联合会近日发布的最新数据显示，全国供电煤耗率为363g/(kW·h)。

优化电力技术结构是必然

我国现存大量小型火电机组。大量小型火电机组的存在一方面浪费能源造成煤炭供应的短缺，另一方面利用效率低下，严重污染环境。国家发展和改革委员会日前表示，将在电源项目规划安排上，与各地关停小火电机组情况挂钩。对关停小火电机组成效显著的地方和电力企业，在电源项目规划安排上给予倾斜。

曹培玺说：“电力企业要巩固提升自身的实力、实现科学发展，就必须调整电源结构，转变经济增长方式。”

根据华电集团的发展规划，在“十一五”期间，公司将瞄准国际最先进的火力发电技术，以大型高效环保机组为重点，规划开工煤电机组基本为60万kW及以上机组，适度发展天然气发电和洁净煤发电；同时发挥华电水电建设优势，大力发展水电，努力突破核电，建设一定规模的风电、秸秆发电项目，积极发展新能源和可再生能源。按照规划，“十一五”期间华电集团将实现关闭退役煤耗高小火电机组近200万kW，以促进整体降耗增效。

“实际上，华电集团自2002年电力体制改革以来，在国家相关政策的推动下已经采取了一系列措施优化公司的资产结构。”曹培玺介绍说，目前华电集团已初步形成了高效火电、大中型水电和其他电源合理比例的发展格局，资产结构进一步优化。华电集团现有30万kW级以上火电机组的比重由成立时的44.29%上升到64%，60万kW级以上机组由成立时的4台增加到11台。同时，华电集团的热电、水电、核电、风电建设也同步取得进展。

“不断开拓节能新途径、调整电源结构、在发展中始终把节能环保放在优先地位，使华电集团初步走上一条规模效益持续增长，效益增长快于规模增长的良性发展之路。”曹培玺说。

根据国家发展和改革委员会能源局提供的数据，目前全国10万kW及以下小火电机组占火电装机比重达到29.4%，关停任务很重，有些地区小火电比重更高。

环保、和谐发展是电力企业目标

中国在“十一五”规划中提出，“十一五”时期，二氧化硫排放总量要比“十五”期末减少10%。

煤烟型污染是中国大气污染的主要特征，而二氧化硫是主要污染物之一。其中，燃煤电厂二氧化硫排放量已占到全国总排放量的50%以上。

曹培玺说，对于二氧化硫排放物大户的电力企业来说，要实现企业与社会和环境的和谐发展，走节能环保的科学发展之路，就意味着，除了关注速度外，更应该着力重点解决两大课题：“节约资源”和“环境友好”。

据了解，在确保安全质量的前提下，目前华电集团已超额完成了“十一五”二氧化硫总量削减目标责任书2006年度脱硫改造任务，当年投运705万kW，比责任书要求2006年投运任务多投运202万kW，新增二氧化硫减排能力约50万t。

“削减二氧化硫排放量是电力企业履行社会责任的一个重要方面。作为中央直接管理的特大型国有发电企业，华电集团理应自觉肩负起构建社会主义和谐社会的光荣义务，建设和谐华电，更好地履行应有的经济责任、政治责任和社会责任。”曹培玺说，华电集团为确保《“十一五”二氧化硫总量削减目标责任书》的完成，进一步加大环保投入力度。“十五”期间结转“十一五”投运脱硫改造机组23台、装机容量653万kW，“十一五”期间新开工并投运脱硫改造机组25台、装机容量503万kW。

有关专家指出，中国能源资源的现状决定了以煤炭为主的能源格局将长期存在，建设燃煤电厂仍然是中国国情的客观选择。随着煤炭转化为电力的比重不断提高，控制燃煤电厂二氧化硫排放的任务也将越来越艰巨。

2006年以来，国家环保部门加大了对各地火电机组安装脱硫设置的监督力度。截至2005年底，中国建成投产的烟气脱硫机组容量达到5300万kW，这些脱硫装置每年可减排二氧化硫230万t。除建成投运的机组外，2005年底前中国在建的烟气脱硫机组容量超过了1亿kW。

国家在激励机制方面也做足了文章。为鼓励企业安装脱硫设施，这次电价调整明确规定，进行脱硫改造的电厂，其上网电价每千瓦时提高1.5分钱。同时，有关文件还明确提出，安装烟气脱硫设施的机组优先上网，年发电时间可高于没有安装烟气脱硫设施的机组等。曹培玺说，“我们有理由相信，中国燃煤电厂将迎来节能环保的春天。”

华电集团：“上大压小”促节能减排

（2007年8月21日　新华社）

按照国家关于电力行业“上大压小”的节能减排思路，2007年1~7月，华电集团实现关停26台132万kW，完成年度关停计划的106%。一些大型、高效机组在小火电退场的同时“重装上阵”。

据统计，华电集团与2006年同期比，上半年累计节约标准煤72万t，实现节能价值5亿元。在新建火电机组大量投运的情况下，加强污染排放指标监管，平均二氧化硫排放绩效3.97g/（kW·h），比年度控制目标低1.03g/（kW·h），单位发电量二氧化硫排放量比2006年同期降低42%。

记者在调查中了解到，华电集团主要从四个方面推进节能减排工作：

——加快电源结构调整，从源头抓节能减排。华电集团优化发展符合节能减排要求的大容量、高参数、坑口路口、煤电一体化等节能环保型火电项目。截至2007年6月，华电集团火电平均单机容量30万kW及以上火电机组3266万kW，占火电装机容量的69%。华电集团第二台100万kW超超临界燃煤发电机组——邹县发电厂8号机组7月5日成功投产，安装、试运行、节能、排放指标创国内最高等级火电机组的最优水平。集团公司不断加快水电发展。截至2007年6月底，华电集团控股装机容量5423万kW，其中水电725.81万kW，占13.5%；大力推进新能源发展。华电集团第一个风电项目——内蒙古华电辉腾锡勒10万kW风电项目2007年年底将投产发电。

——加强工程建设管理，把好节能减排建设关。华电集团注意强化环保前期管理，认真落实基建项目配套的中水利用、小机组或供热锅炉关停、送出工程、供热机组外网建设等外部条件。如福建华电可门发电有限公司采用目前国内最大的“全封闭圆形煤场”，安装了全封闭疏煤廊道，防煤灰飞扬。

——大力推进技术进步，提升节能减排能力。华电集团积极应用超临界和超超临界空冷、秸秆发电、海水淡化等先进技术，促进了生产运营、基本建设及电站装备领域的科技创新和技术升级。华电国际青岛发电厂一年投运4台海水脱硫设备，全年可削减二氧化硫3.5万t，是我国北方地区第一个采用海水脱硫工艺的发电企业。国家863科技攻关项目邹县发电厂四期工程8号发电机组，是目前我国百万千瓦级国产化程度最高的超超临界火力发电机组。

——加快推进“上大压小”、关停小火电。华电集团在与国家发展和改革委员会签订的“十一五”关停小火电机组的责任书基础上，加大小火电机组关停力度，到目前为止，确定“十一五”期间关停小火电机组655万kW，比责任书确定的关停目标增加186.7万kW。其中，杭州半山公司12、13号机组提前半年关停；福建厦门电厂提前一年关停，福建省将建设两台30万kW循环流化床机组。

电企减排引出环保“拐点”

（2007年9月7日《经济视点》）

“电力行业确实出力了！五大集团不愧是中央企业!”作为主要污染物的二氧化硫排放从多年攀升至今出现“拐点”，国家环保总局总量控制办公室副主任刘炳江十分感慨。

日前公布的污染物排放统计公报显示，今年上半年，电力行业二氧化硫减排成效显著，在火力发电量增长18.3%的情况下，二氧化硫排放量同比下降了5.2%，抵消了其他行业二氧化硫的排放增量。电力行业是如何做到减排的？日前，记者随中华环保世纪行采访组，走访了五大电力集团之一的中国华电集团公司。

上大压小带来减排高收益

“在电力供需基本平衡的形势下，国家希望强调的不再是规模上的跃进，而是对节能减排的重视，我们也是这么做的。”华电国际总经理陈建华这样表示。

此言不虚。截至今年6月底，华电集团供电煤耗降至349.86kg/(kW·h)，累计建成投产脱硫机组93台，容量2851.5万kW，形成了146万t的削减能力。

华电国际邹县发电厂有骄傲的资本，拥有两台国内第一批的百万千瓦超超临界机组，不仅让电厂实现了规模上的跨越，更重要的，超超临界机组带来的高效节能，给邹县发电厂的节能减排工作加了不少分。“节能减排根本还是得少烧煤呀。”邹县发电厂党委书记曹伟说得非常实在。

“上大”的同时，“压小”也成了华电集团上下的共识。2007年1月29日，华电集团与国家发展和改革委员会签订了“十一五”关停小火电机组78台484.5万kW的责任书。华电集团总经理曹培玺告诉记者：“我常说，国家现在要求上大压小，虽然有压力，可也是机遇。过几年要是只让我们压小不再上大，到时候会更困难。”

“上半年全国关停的551万kW中，五大发电集团就关了450万kW。”中国电力企业联合会秘书长王永干这样说。

不能任由小火电与环保大机组抢食

机组的利用小时2007年预计只有4516h，华电青岛发电有限公司总经理王文琦一脸苦闷：“上半年就已经亏损3000多万元了。可没有办法，跟我们抢食的小机组可不少。”

华电青岛发电有限公司目前4台30万kW机组只有3台在运行，一台机组已经完全沦为备用机组。据业内人士透露，山东自备电厂与小电厂数量众多，小机组与这些先进环保的大机组一样发电上网，使大机组的效能难以发挥。

虽然各地都在加大关停小火电的步伐，但是关停也不可能一蹴而就。虽然自己的企业正在经历着苦楚，曹培玺却对小火电企业表示了理解：“我们自己关掉小机组，可以在集团公司内消化，可是地方小火电一关，人员怎么安置、财税从何而来，确实有很多难题。”曹培玺表示，华电集团等大的电力集团正通过发电小时置换等方式帮助一些小火电企业，一方面让污染大的机组停下来，一方面也保证了环保机组运行的负荷率。

我国电力工业实现又好又快跨越式发展

（2007年10月5日
中央电视台《新闻联播》）

我国电力工业通过技术创新，不断优化结构，实现了又好又快的跨越式发展，为国民经济增长和社会进步提供了坚实的保障。

日前华电国际邹县发电厂一台容量可以超过100万kW的发电机组投产，它是我国单机容量最大的发电机组，但发1度电所消耗的煤却是全国所有火电机组里最少的。电厂采用的就是现在世界上最先进的火力发电技术——超超临界发电技术。

华电集团总经理曹培玺说：“（一年）节省下来的煤炭可以保证一台20万kW机组发一年的电，整个机组的国产化水平达到90%以上。”

而几个月前，邹县发电厂第一台百万千瓦机组投产标志着我国电力装机容量突破6亿kW，位居世界第二位；其中，水电装机容量突破1亿kW，居世界第一位；220kV及以上电网规模增加了10万多km。

华电集团签署最大一笔二氧化碳减排出售大单

（2007年12月12日
中央电视台《朝闻天下》）

英国益可环境金融集团公司12月11日与中国华电集团公司签署协议，今后每年将向华电集团购买300万t二氧化碳排放量，华电集团因此每年将获得3300万欧元减排收益。这是我国最大一笔二氧化碳减排出售大单。

二

集团公司概况

公 司 简 介

中国华电集团公司是2002年底国家实施电力体制改革时组建的五家全国性国有独资发电企业集团之一。公司于2002年12月29日在人民大会堂揭牌成立，注册资本120亿元人民币，主营业务为：电力生产、热力生产和供应；与电力相关的煤炭等一次能源开发；相关专业技术服务。

电力体制改革划分到中国华电集团公司的共有117家单位（发电企业116家，专业公司1家），运行装机容量2554万kW，在建装机容量613万kW。到2007年底，中国华电集团公司装机容量6302.41万kW，其中火电5508.6万kW，占87.4%；水电772.21万kW，占12.25%；风电21.6万kW，占0.35%。当年发电量2581亿kW·h，资产总额2430亿元人民币。资产主要分布在山东、贵州、黑龙江、四川、福建、江苏、湖北、内蒙古、新疆、安徽、宁夏、湖南、云南、浙江、陕西、河南、广西、辽宁、天津、上海、青海、河北、北京、山西、广东等25个省（自治区、直辖市），全资和控股拥有企业181家，其中分支机构21家，基层发电企业137家，百万千瓦以上火电厂24家，60万kW以上水电厂6家，年末从业人员8.3万人。控股拥有在香港、上海两地上市的华电国际电力股份有限公司（1071.HK，600027.SH），以及在内地上市的华电能源电力股份有限公司（600726.SH）、国电南京自动化股份有限公司（600268.SH）、贵州黔源电力股份有限公司（002039.SZ）等四家上市公司。拥有国内单机容量最大、国产化程度最高的100万kW超超临界机组和国内首批60万kW级空冷机组、60万kW级脱硝机组，以及国内单机容量最大的39万kW级天然气发电机组；并积极开发建设风电、核电、生物质能、太阳能等清洁能源。

华 电 宪 章

1. 前言

宪章是组织关于自身使命、宗旨、原则的一般规定，亦即一个组织的价值宣言与行为规章。企业文化是企业人普遍认同和遵守的价值观和行为规范体系，是对企业存在的价值意义的诠释及其实现途径的选择，从而成为企业管理思想和管理模式的集中体现。“华电宪章”就是中国华电集团公司的文化宣言、基本方略和行动总纲。

2. 公司标志

中国华电集团公司标志是以公司英文名称的缩写“CHD”为基础演变而来的图形。

中国华电集团公司标志以极富美感的形式传递着丰富而深刻的内涵。她象征拧结一体的绳索，丝丝缕缕，形成强大的合力，展现了大工业的气势和能量的聚合，是企业发展、员工团结的象征。流畅的线条寓意动力的形成、能量的转换，传达并强化“中国华电”以电力和热力运营为核心业务的企业特征，充满现代企业蓬勃的朝气，彰显现代企业追求卓越的理念。形似涌动的波涛，寓意企业面向社会、面向市场，锐意进取、海纳百川、开拓无限的经营思想。

标志的标准色为天蓝色和海蓝色，天蓝是晴空的颜色，寓意博大、宽广、高远；海蓝是大海的色彩，寓意睿智、理性、稳健。以蓝色为主体色彩，代表先进的科学技术和生产力，蕴涵着强烈的现代环保意识，洋溢着可持续发展的活力，以及对生命的珍视，展示企业以人为本、造福人类的宏伟志向。

3. 公司使命：全面履行经济、政治、社会责任

作为特大型国有企业集团，全面履行“三大责任”是中国华电的光荣使命，是企业置身于党和国家工作大局、顺应时代发展潮流的必然要求。

履行经济责任，就是勇担确保国有资产保值增值的重任，坚定不移地提高国家授权经营的国有资产的经济效益。

履行政治责任，就是勇担为党执政兴国提供雄厚经济基础的重任，坚定不移地贯彻落实构建社会主义和谐社会的重大战略任务。

履行社会责任，就是勇担推动科学发展的重任，坚定不移地走全面协调可持续发展之路，努

力实现企业经济、社会、环境的综合价值最大化。

4. 公司宗旨：照耀世界 温暖人间

“照耀”、“温暖”寓意中国华电以电力和热力运营为核心业务和主要发展方向，是社会公众洁净、安全、可靠、经济的能源生产供应者。

“照耀世界、温暖人间”昭示中国华电立足全国、走向世界，在全国乃至世界范围内不断扩大服务和影响。

“照耀世界、温暖人间”表明中国华电胸怀回报社会的崇高理想，以推动社会和谐和文明进步作为企业发展的最大价值和意义。

5. 核心价值观：以人为本 图强报国

以人为本是中国华电处世做事的基础法则。公司真诚面对公众，一切发展为了人、依靠人、发展人，努力实现发展成果由全体利益相关者共享；公司积极营造和谐，坚持做到尊重人、理解人、培养人，努力实现企业与员工协调发展。

图强报国是中国华电矢志不渝的理想追求。公司坚持高效运营、科学发展，努力为国家富强、民族振兴、社会和谐贡献力量。

中国华电全体员工坚守核心价值观，一心干事业、齐心谋发展、同心促和谐。

6. 公司愿景：国内行业前列 世界企业500强

中国华电紧跟时代发展和中国电力体制改革进程，坚持走安全发展、集约发展、绿色发展、和谐发展之路，着力提高综合实力和竞争能力，努力达到中国电力行业的前列。

中国华电胸怀中华振兴之志，勇做民族工业典范，自强不息，奋力超越，力争跻身世界企业500强之列，成为业绩优良、管理先进、科学发展、质形俱佳，具有可持续发展能力和全球影响力的现代企业集团。

7. 公司战略：以履行经济政治社会责任为使命，以提升安全效益发展业绩为中心，以做强做大做好为方向，坚持电为核心、上下延伸、内外并举，坚持集约化、现代化、国际化，坚持以人为本、科学发展、改革创新、构建和谐，把公司建设成为“国内行业前列、世界企业500强”的大型企业集团

8. 公司精神：务实创新 和谐超越

“务实”是中国华电全体员工的共同品格。中国华电员工把务实的精神作为基本的工作态度，求真务实、真抓实干、狠抓落实、务求实效。

“创新”是中国华电全体员工的共同追求。中国华电倡导创新意识，健全创新机制，鼓励创新行为，使创新成为员工的自觉行为和企业蓬勃发展的持久动力。

“和谐”是中国华电全体员工的共同理想。中国华电坚持以人为本，着力科学发展，诚挚服务社会，努力营造员工、企业、社会、自然友好共融的和谐环境。

“超越”是中国华电全体员工的共同信念。中国华电着眼未来、着眼至臻，永无止境地追求更高层次的超越。

9. 公司形象：诚信 高效 合作 服务 环保

中国华电视“诚信”为创业和发展之本，始终以诚信面对客户及社会公众，言必行，诺必践。

中国华电视“高效”为创造效益的前提，以高效率赢得高效益。

中国华电视“合作”为“双赢”和“多赢”的基础，坚持同社会各界真诚合作、携手共进，不断推动能源产业的发展与进步。

中国华电视“服务”为宗旨，着力改善服务质量，不断提高服务水平，始终以服务者的形象，真诚面对社会公众。

中国华电视“环保”为己任，致力于科技环保创新，积极推进资源节约型、环境友好型社会的建设进程。

10. 员工守则

忠诚企业，勇于追求，共建华电家园；
关爱社会，乐于奉献，共担华电责任；
严以律己，敏于执行，共守华电规章；
勤勉敬业，敢于创新，共兴华电伟业；
诚实守信，善于合作，共铸华电品牌。

中国华电是全体员工共有的人生家园。忠诚企业，就是要忠于职守，尽心尽责，与企业风雨同舟、荣辱与共。勇于追求，就是要自我激励、勇于超越，有强烈的成就动机、创业激情。

中国华电全面履行经济、政治、社会“三大责任”。关爱社会，就是要心系社会、创造财富、节约资源、保护环境、扶贫济困。乐于奉献，就是要树立崇高的理想，不图安逸、不讲条件，不求回报，以奉献为最大的快乐。

中国华电规章是全体员工共同的行为准则。严以律己，就是要自重、自警、自励，遵守国家的法律法规、企业规章制度和工作要求。敏于执

行，就是要令行禁止，全面、迅速、有效地把企业决策转化为自觉行动。

中国华电以做强做大做好为不懈追求。勤勉敬业，就是要勤奋工作，兢兢业业、任劳任怨，尽心尽力地做好每件事。敢于创新，就是要善于思考，善于学习，敢于探索，敢于变革。

中国华电视品牌为企业生命线。诚实守信，就是要以诚信面对每一位利益相关者。善于合作，就是要与合作伙伴坦诚相待，相互理解与尊重，携手营造共同繁荣发展的良好环境。

治 理 结 构

作为国有独资特大型企业集团，中国华电集团公司在国家宏观调控和行业监管下，按照现代企业制度要求，完善“科学有效、责权明确、指挥有序、运转顺畅”的管控体系，改进决策监督机制，坚持依法经营、照章纳税、履行责任，建立了科学规范、有效制衡的公司治理结构，为维护国家利益、履行社会责任奠定了坚实的基础。

中国华电集团公司按照《中华人民共和国全民所有制工业企业法》注册，国务院向集团公司派驻国有重点大型企业监事会，国务院国有资产监督管理委员会（简称国务院国资委）代表国务院履行出资人职责。

中国华电集团公司实行总分公司、母子公司并存的复合型管理体制，对分支机构实行授权管理，对所属企业实行分级管理，形成集团总部、二级机构（分公司、区域子公司、专业公司）、基层企业三级管理，初步形成了科学的管控模式，实现了战略资产的最优配置。

中国华电集团公司建立了部门研究、专家咨询和领导决策相结合的决策机制，以及严格的、可追溯的决策责任追究制度，实行科学决策、民主决策和依法决策。集团公司的发展战略、经营计划、财务预算、投融资计划、企业管理和改革的政策措施、重大投资项目和重大资本运营项目等重大决策，由总经理办公会集体讨论研究决定，由各专业（职能）委员会（领导小组）具体实施。

中国华电集团公司建立了产权、财务、人力资源、审计、绩效监控机制、依法经营机制和风险控制机制，健全了监事会监督、纪检监察、员工民主监督和管理、财务审计监督等各项制度体系。

领 导 班 子

党组书记：曹培玺

党组成员：陈飞虎、程念高、任书辉、迟文江、辛保安、邓建玲、陈建华

党组纪检组组长：迟文江

总经理：曹培玺

副总经理：陈飞虎、程念高、任书辉、辛保安、邓建玲

总法律顾问：辛保安（兼）

总会计师：王怀书

主要领导变动情况：2006 年 10 月 19 日，中共中央以中委［2006］262 号文，任命曹培玺为中国华电集团公司党组书记。2006 年 10 月 31 日，国务院以国人字［2006］89 号文，任命曹培玺为中国华电集团公司总经理。原集团公司党组书记、总经理贺恭因年龄原因不再担任上述职务。

国务院派驻中国华电集团公司监事会

机构：国有企业监事会第 35 办事处

主席：韩修国

办事处主任：李金凤

专职监事：唐中宁、罗雯、沈昊

2006 年 12 月，国务院对派驻中国华电集团公司监事会进行了调整，由第 35 办事处接替第 54 办事处负责对集团公司的监管。

国有企业监事会第 54 办事处：主席范有年，办事处主任王敏，专职监事王向欣、周建华、于岚。

组 织 机 构

中国华电集团公司组织机构（截至 2007 年底）见下图。

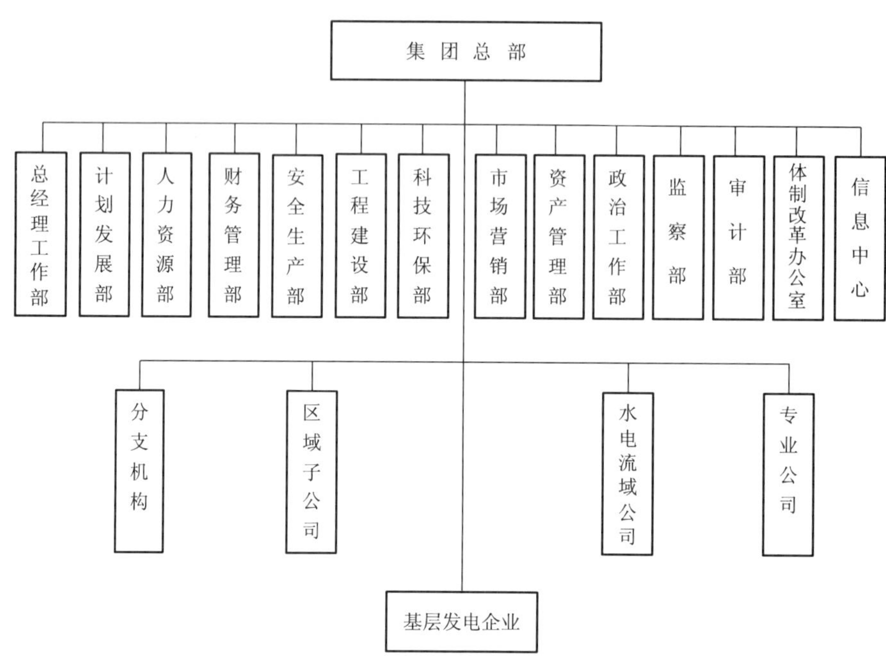

成 员 单 位

北京市

华电煤业集团有限公司（控股）

中国华电集团资本控股有限公司（中国华电集团财务有限公司）（控股）

中国华电工程（集团）有限公司（控股）

中国华电集团新能源发展有限公司（控股）

中国华电集团发电运营有限公司（控股）

华电招标有限公司（控股）

中国华电香港有限公司

华鑫国际信托公司（控股）

华电置业有限公司

中国华电集团高级培训中心

华电（北京）热电有限公司（全资）

北京华电水电有限公司（全资）

天津市

天津军粮城发电有限公司（控股）

天津华电南疆热电项目公司筹建处

山东省

华电国际电力股份有限公司（控股）

华电国际电力股份有限公司邹县发电厂

华电潍坊发电有限公司（华电国际控股）

华电青岛发电有限公司（华电国际控股）

华电国际电力股份有限公司莱城发电厂（华电国际控股）

华电国际十里泉发电厂（华电国际控股）
华电滕州新源热电有限公司（华电国际控股）
华电章丘发电有限公司（华电国际控股）
华电淄博热电有限公司（华电国际控股）
华电国际莱州项目筹建处（华电国际控股）

河北省

中国华电集团公司河北分公司
河北华电石家庄热电有限公司（控股）
河北华电混合蓄能水电有限公司

内蒙古自治区

中国华电集团公司内蒙古公司
内蒙古华电包头发电有限公司（全资）.
内蒙古华电卓资发电有限公司（全资）
包头东华热电有限公司（控股）
内蒙古华电乌达热电有限公司（控股）
内蒙古华电辉腾锡勒风力发电有限公司（华电新能源全资）
内蒙古华电土右发电有限公司（全资）

山西省

中国华电集团公司山西分公司

辽宁省

中国华电集团公司辽宁分公司
辽宁华电铁岭发电有限公司（控股）
辽宁华电检修工程有限公司
辽宁华电锦州发电有限公司筹建处
辽宁华电彰武发电有限公司筹建处

吉林省

中国华电集团公司吉林能源项目筹备处

黑龙江省

华电能源股份有限公司（中国华电集团公司黑龙江分公司）（控股）
华电能源股份有限公司哈尔滨第三发电厂（华电能源全资）
华电能源股份有限公司牡丹江第二发电厂（华电能源全资）
哈尔滨热电有限责任公司（华电能源全资）
黑龙江华电齐齐哈尔热电有限公司（华电能源全资）
中国华电集团富拉尔基发电总厂（内部核算）
黑龙江华电佳木斯发电有限公司（全资）
中国华电集团哈尔滨发电有限公司（控股）

上海市

中国华电集团公司上海分公司
上海奉贤燃机发电有限公司（控股）
上海华港风力发电有限公司（华电新能源控股）
上海通华燃气轮机服务有限公司（控股）

江苏省

中国华电集团公司江苏分公司

江苏华电戚墅堰发电有限公司（控股）
江苏华电扬州发电有限公司（控股）
江苏华电望亭天然气发电有限公司（控股）
望亭发电厂（上海华电电力发展有限公司）（全资）
江苏电力发展股份有限公司（控股）
江苏华电句容项目筹备处
江苏华电如皋发电厂筹备处

浙江省

中国华电集团公司浙江分公司
杭州华电半山发电有限公司（控股）
浙江华电乌溪江水力发电厂（内部核算）
杭州闸口艮山门发电厂留守管理处（内部核算）
浙江华电半山 IGCC 发电工程筹建处

安徽省

中国华电集团公司安徽分公司
安徽华电宿州发电有限公司（华电国际控股）
安徽池州九华发电有限公司（华电国际控股）
安徽华电六安发电有限公司（华电国际控股）
安徽华电芜湖发电有限公司（华电国际控股）
华电宿州生物质能发电有限公司（华电国际控股）

福建省

华电福建发电有限公司（福建华电投资有限公司）（全资）
福建华电可门发电有限公司（全资）
福建棉花滩水电开发有限公司（控股）
闽东水电开发有限公司（控股）
福建华电邵武发电有限公司（控股）
福建华电漳平火电有限公司（全资）（福建华电漳平发电有限公司）
福建华电永安发电有限公司（全资）
福建省古田溪水力发电厂（全资）
福建省安砂水力发电厂（全资）
华电福建池潭水力发电厂（全资）
中国华电集团福建华安水力发电厂（全资）
中国华电集团福建南靖水力发电厂（全资）
华电厦门电厂（全资）
华电福建发电有限公司湄洲湾电厂运行分公司（内部核算）
华电福建泉州发电有限公司（全资）
福建华电宁德火电厂筹备处

湖北省

中国华电集团公司湖北分公司
湖北华电襄樊发电有限公司（湖北襄樊发电有限责任公司）（控股）
湖北西塞山发电有限公司（湖北华电西塞山发电有限公司）（控股）
湖北华电黄石发电股份有限公司（控股）
湖北华电武昌热电有限公司（控股）（湖北华电武昌热电厂）（全资）

湖北汉源电力开发有限公司（控股）

湖南省

中国华电集团公司湖南分公司

湖南华电长沙发电有限公司（全资）

湖南华电石门发电有限公司（控股）

湖南华电常德发电有限公司（控股）

河南省

中国华电集团公司河南分公司

华电新乡发电有限公司（华电国际控股）

华电国际漯河电厂筹建处（华电国际控股）

广东省

中国华电集团公司广东分公司

广东华电徐闻发电厂筹备处

广西壮族自治区

中国华电集团贵港发电有限公司（全资）

云南省

华电云南发电有限公司（中国华电集团公司云南公司）

中国华电集团公司云南昆明发电厂（内部核算）

云南华电昆明发电有限公司（中国华电集团公司云南昆明发电厂）

云南华电巡检司发电有限公司（中国华电集团公司云南巡检司发电厂）

中国华电集团公司云南以礼河发电厂（全资）

中国华电集团公司云南绿水河发电厂（内部核算）

中国华电集团公司云南石龙坝发电厂（内部核算）

云南华电镇雄发电有限公司（控股）

云南金沙江中游水电开发有限公司

云南华电怒江水电开发有限公司（控股）

云南华电鲁地拉水电有限公司（控股）

贵州省

贵州乌江水电开发有限责任公司（中国华电集团公司贵州公司）

乌江渡发电厂

东风发电厂

洪家渡电站建设公司

索风营电站建设公司

贵州乌江清水河水电开发有限公司

构皮滩发电厂

思林发电厂

贵州黔源电力股份有限公司（控股）

贵州大方发电有限公司（控股）

贵州华电大龙发电有限公司

贵州华电清镇发电有限公司（全资）

贵州华电遵义发电有限公司（全资）

贵州华电塘寨发电公司

贵州华电桐梓发电有限公司（控股）

贵州华电电力检修有限公司

四川省

中国华电集团公司四川公司

华电四川发电有限公司（中国华电集团公司四川公司，华电金沙江上游水电开发有限公司）

四川广安发电有限责任公司（华电国际控股）

中国华电集团公司四川宝珠寺水力发电厂

中国华电集团公司内江发电总厂（全资）

四川华电黄桷庄发电有限公司（控股）

四川攀枝花三维发电有限责任公司

四川华电宜宾发电有限责任公司（控股）

四川华电杂谷脑水电开发有限责任公司（控股）

中国华电集团公司宜宾发电总厂

四川紫兰坝水电开发有限责任公司（控股）

四川华电磨房沟发电厂（全资）

四川华电攀枝花发电公司（全资）

四川华电五通桥发电厂（全资）

四川华电西溪河水电开发有限公司（控股）

四川华电木里河水电开发有限公司（控股）

四川华电高坝发电有限公司（全资）

成都华电三源热力有限责任公司（控股）

四川华电珙县发电有限公司（控股）

四川华电泸定水电有限公司（华电国际控股）

陕西省

中国华电集团公司陕西分公司

陕西华电蒲城发电有限责任公司（控股）

陕西安康电厂筹建处

甘肃省

中国华电集团公司甘肃能源项目筹备处

青海省

青海华电大通发电有限公司（控股）

宁夏回族自治区

中国华电集团公司宁夏分公司

华电宁夏灵武发电有限公司（华电国际控股）

华电宁夏宁东风电有限公司（华电国际全资）

新疆维吾尔自治区

华电新疆发电有限公司（全资）

新疆华电红雁池发电有限责任公司（控股）

新疆华电哈密发电有限责任公司（控股）

新疆华电吐鲁番发电有限责任公司（控股）

新疆华电苇湖梁发电有限责任公司（控股）

新疆华电昌吉热电有限责任公司（新疆华电昌吉热电二期有限责任公司）（控股）

新疆华电喀什发电有限责任公司（新疆华电喀什二期发电有限责任公司）（控股）

华电新疆发电有限公司乌鲁木齐热电厂

新疆华电发电检修有限公司

新疆华电小草湖风力发电有限责任公司（华电新能源全资）

年　度　业　绩

2006年，集团公司坚持以邓小平理论和“三个代表”重要思想为指导，贯彻落实科学发展观，认真实施公司“十一五”发展规划，动员广大干部员工全面履行经济、政治、社会三大责任，全面提升安全、效益、发展三大业绩，加快推进做强、做大、做好，发展步伐进一步加快，结构调整进一步优化，管理水平进一步提升，各项工作取得新的成绩，全面超额完成年度目标任务，全面完成国务院国资委下达的年度考核指标。完成发电量1995亿kW·h，比上年增长22.44%；供电煤耗比上年下降6.78g/(kW·h)，综合供电煤耗比上年下降7.08g/(kW·h)；实现利润总额比上年增长64.78%，利税总额比上年增长29.74%，净利润比上年增长43.96%；净资产收益率比上年提高0.83个百分点，全员劳动生产率比上年提高7.4万元/(人·年)。没有发生重大安全生产事故、重大违法违纪案件和对公司形象、稳定造成重大不利影响的事件。

2007年，集团公司以邓小平理论和“三个代表”重要思想为指导，认真贯彻落实科学发展观和党的十六大、十七大精神，全面履行经济、政治、社会责任，全面推进做强、做大、做好，全面实施公司“十一五”发展规划，以安全为基础，以经济效益为中心，以发展为主题，着力坚持科学发展，着力推进改革创新，着力提升企业管理，着力加强队伍建设，发展步伐进一步加快，结构调整进一步优化，管理水平进一步提升，队伍建设进一步加强，经营环境进一步趋好，安全、效益、发展三大业绩大幅提升，各项工作取得新的成绩，经营发展势头进一步向好的方向发展。公司系统全年没有发生生产基建安全考核及以上事故，没有发生企业经营和领导人员违法和严重违纪案件，没有发生对公司形象和稳定造成不利影响的事件，确保了生产安全、经济安全、政治安全、形象安全。完成发电量2581.58亿kW·h，比上年增长29.4%；实现利润总额比上年增长36%，净利润比上年增长47.5%，净资产收益率比上年提高2.54个百分点，流动资产周转率比上年提高0.05次，供电煤耗比上年下降8.71g/(kW·h)，单位发电量二氧化硫排放量比上年下降47%；投产发电装机容量1219.5万kW。

中国华电集团公司工作规则

（2007年1月24日
集团公司党组会议修订通过）

第一章　总　　则

第一条　为保障中国华电集团公司各项工作高效、协调、有序运转，实行法制化、规范化、制度化、科学化管理，建立健全科学民主的决策机制，根据国家有关规定和《中国华电集团公司组建方案》、《中国华电集团公司章程》，制定本规则。

第二条　本规则适用于公司所属各单位、公司总部各部门。

第三条　公司工作以邓小平理论和“三个代表”重要思想为指导，贯彻党的路线、方针和政策，坚持以人为本，树立和落实科学发展观，以战略为统领，全面履行中央企业的经济责任、政治责任和社会责任，全面提升安全、效益、发展业绩，全面推进华电做强做大做好，建设国内先进、国际一流的现代企业集团。

第四条　公司员工要认真履行岗位职责，坚持解放思想，实事求是，与时俱进，开拓创新；忠于职守，勤勉廉洁，服从命令，顾全大局，自觉维护公司利益和公司形象。

第五条　各部门要切实贯彻好公司作出的各项决策和工作部署，进一步转变管理方式和工作作风，加强协调配合，规范办事程序，推进信息化管理，提高工作效能，保证工作质量。

第二章　公司领导及有关负责人职责

第六条　公司实行总经理负责制。总经理是公司法定代表人，领导公司全面工作，行使公司章程规定和国务院及有关部门授予的职权。副总经理协助总经理工作，并对总经理负责。

第七条 总经理召集和主持总经理办公会议和公司有关重要会议。公司工作中的重大事项，必须经总经理办公会议讨论决定。

第八条 副总经理按分工负责处理分管工作。受总经理委托，负责其他方面的工作或者专项任务，并可代表公司进行公务和外事活动。党组纪检组组长负责纪检监察工作。

第九条 总会计师、总经济师、总工程师（总法律顾问、总审计师等，以下统称“总师”）及总经理助理在其职责范围内协助总经理工作，对总经理负责，完成总经理交办的工作及副总经理按分管工作委托的事项。经总经理授权，可代表公司进行公务和外事活动。

第十条 总经理出国、出差和休假期间，其职责按照公司领导职责分工规定执行。

第十一条 各部门主任负责本部门的工作。各部门根据国家有关政策、法规、规定和公司工作部署，在本部门的职权范围内，拟订规章制度，制定工作措施，发布工作要求。

第十二条 公司领导的具体工作分工，经党组会议或总经理办公会议讨论决定。

第三章 实行科学民主决策

第十三条 公司要完善部门研究、专家咨询和领导决策相结合的决策机制，健全重大决策的规则和程序，实行科学决策、民主决策和依法决策，建立严格的、可追溯的决策责任追究制度。

第十四条 公司发展战略、经营计划、财务预算、投融资计划、企业管理和改革的政策措施、重大投资项目和重大资本运营项目等重大决策，由总经理办公会议讨论决定。

第十五条 各部门提请公司讨论决定的重大决策建议，必须进行技术经济和政策研究，必要时要经过专家或研究、咨询、中介机构的论证评估或法律分析；涉及相关部门的，应协商沟通；涉及公司系统所属单位的，应事先征求意见。

第十六条 各部门、各单位必须坚决贯彻落实公司的各项决策，及时跟踪和反馈执行情况。总经理工作部要加强督促检查，确保公司政令畅通。

第四章 坚持依法经营

第十七条 依法经营的核心是规范经营行为，有效控制风险。公司及各部门、各单位要按照合法经营、行为正当、高效有序、诚实守信、权责一致的要求行使经营管理权力，强化责任意识和法纪观念，不断提高依法经营管理的能力和水平。

第十八条 公司及各部门、各单位要加强制度建设，强化法制教育，健全内控制度，完善考核奖惩制度，建立激励与约束机制，实现经营管理活动的可控在控，防范经营风险，有效预防单位犯罪和职务犯罪，保障生产安全、经济安全、政治安全和形象安全。

第十九条 公司要自觉接受国务院国资委、监事会及有关行政部门的监督，对国有资产监督和行政监督中发现的问题，要认真查处和整改并及时报告。公司及各部门、各单位要接受新闻舆论监督和员工民主监督，加强网站建设，发布公司信息，便于员工知情、参与和监督。

第二十条 加强公司系统内部监督，严肃财经纪律，严格执法执纪。各部门、各单位要自觉接受企业监察、审计、财务等部门的专项监督，严禁设立“小金库”和违规关联交易等不规范经营行为。

第二十一条 公司及各部门、各单位要重视人民群众来信来访工作，进一步完善信访制度，确保信访渠道的畅通；公司领导同志及各部门、各单位负责人要亲自阅批重要的群众来信。

第五章 工作安排布局

第二十二条 公司及各部门要加强工作的计划性、系统性和预见性，做好年度工作安排布局，并根据形势和任务的变化及时做出调整。

第二十三条 公司提出年度重点工作目标，确定需要制订的重要工作措施和管理制度、公司召开的全系统会议等事项，形成公司年度工作安排布局，下发执行。

第二十四条 各部门、各单位要认真落实公司年度工作安排布局，并在年中和年末向公司报告执行情况。总经理工作部适时作出通报。

第六章 会议制度

第二十五条 公司实行党组会议、总经理办公会议、月度经济活动分析协调会议、专题会议、年中经济活动分析会议、公司工作会议制度。

第二十六条 党组会议由党组书记主持，党组成员参加，总经理工作部（办公厅，下同）主任列席。根据会议内容，由党组书记确定其他有关负责同志列席会议，必要时可召开党组扩大会议。参加会议的党组成员不应少于党组成员的三分之二。

党组书记因故不能主持党组会议又确有必要召开时，由党组书记委托一名党组成员主持，并由总经理工作部在会前通知党组成员。

第二十七条 党组会议的主要议题是：

（一）传达学习党中央、国务院的重大决定和重要会议精神及党中央、国务院领导同志的指示精神，研究贯彻落实的意见和措施，指导公司系统党的工作和精神文明建设。

（二）研究决定公司管控架构、总部机构调整等重大问题和重要人事任免、调动等事项。

（三）讨论通过上报中央有关部门的重要请示、报告，以及发送公司系统党委（党组）的重要文件。

（四）党组书记提议研究的其他问题。

党组会议要严格贯彻执行党的民主集中制原则，一般每月召开一次，党组书记可根据情况决定临时召开。

第二十八条 总经理办公会议由总经理或总经理委托的副总经理主持。总经理、副总经理、党组纪检组组长、“总师”、总经理助理和总经理工作部主任参加。根据会议内容，由总经理确定公司顾问（咨询，下同）、有关部门或所属单位的负责同志列席会议。

第二十九条 总经理办公会议研究决定公司重大事项，主要议题是：

（一）传达和贯彻党中央、国务院及有关部门的重要文件、指示和决策部署。

（二）讨论通过呈报国务院有关部门的重要请示、报告，以及发送公司所属单位的重要文件。

（三）通报公司及公司所属单位的主要工作情况，检查总经理办公会议议定事项的落实情况和上月工作完成情况，布置当月及近期工作。

（四）审议批准公司及公司所属单位经营发展战略和中长期规划（包括公司整体发展规划、主要电源点建设规划等）。

（五）审议批准公司及公司所属单位重大投融资计划、资本运营和重大资产重组方案。

（六）审议批准公司及公司所属单位年度建设计划、生产计划、经营计划、财务计划，审议批准公司及公司所属单位年度报告、财务预算方案、决算方案和税后利润分配方案，考核经营成果，决定奖惩。

（七）审议批准公司审计工作中的重大问题及其审计意见。

（八）决定重点建设项目和电力生产、并网调度等重大问题，研究重大安全隐患及特大事故的处理。

（九）审议批准公司内部改革方案，决定公司内部管理体制、组织结构调整和机构设置，拟订公司章程修改方案，制定公司重要管理制度。

（十）聘任和解聘公司顾问以及各部门、分支机构、全资企业负责人。按法定程序和出资比例向控股、参股企业委派或更换股东代表，推荐董事会、监事会成员等。

（十一）审议批准公司及公司所属单位的工资总额与经济效益挂钩实施办法、基础工资制度、工资分配政策、重大劳动工资改革方案和公司所属单位经营者收入。

（十二）审议决定公司对外经济技术合作与交流重大事宜，以及在境外设立的分公司、子公司或办事机构的有关事宜。

（十三）审查批准公司所属单位的重大决策方案和其他需经总经理办公会议研究的请示、报告。

（十四）审批子公司限额（具体限额由公司确定）以上投资、借贷、对外担保。对控股或参股企业通过董事会实施。

（十五）审定子公司注册资本的增减和股票、债券的发行方案。

（十六）拟订公司增加或减少注册资本的方案。拟订公司合并、分立、变更公司形式、解散的方案。拟订公司发行股票、债券的方案。

（十七）审议公司工作会议和重要会议文件。

（十八）总经理认为应研究的其他问题。

总经理办公会议一般每月召开二至三次，总经理可根据情况决定临时召开。

第三十条 重大项目投资，包括新建、扩建、改建电力、煤炭等能源项目投资、金融股权投资、投资200万元以上资产并购项目，应经过投资审核委员会研究提出审核意见，提交总经理办公会议审议决定。

第三十一条 50万元以上预算外资金使用，

应提交总经理办公会议审议决定。

第三十二条 党组会议议题由党组书记确定，总经理办公会议议题由总经理确定。会议的组织工作均由总经理工作部负责，议题于会前送达与会同志。

公司领导同志不能出席党组会议或总经理办公会议的，向党组书记或总经理请假。如对议题有意见或建议，可在会前提出。

第三十三条 《党组会议纪要》和《总经理办公会议纪要》分别由党组秘书和总经理办公会议秘书负责整理，经总经理工作部主任审核后，由会议主持人签发。

总经理办公会议讨论决定的事项，宜于公开的，经审定后及时在公司系统内部报道。

第三十四条 月度经济活动分析协调会议由总经理主持召开，副总经理、党组纪检组组长、“总师”、总经理助理、各部门主要负责人参加。会议的主要任务是：

（一）通报上月安全生产情况、各项经营指标完成情况、项目前期和基建工程进展情况。

（二）对下月工作进行安排部署。

第三十五条 专题会议由公司领导主持召开，专题研究解决有关具体工作事项。

会议组织工作由公司有关部门负责，总经理工作部协助。会议议定事项形成《办公通报》，经总经理工作部主任审核后，由主管公司领导签发。

公司领导在专题会议上的讲话，以《内部情况通报》印发，由主管公司领导签发。会议纪要根据情况可以公司文件印发。

第三十六条 年中经济活动分析会议由总经理主持，出席人员为公司系统分支机构、控股公司及有关单位主要负责人，公司领导，“总师”、总经理助理、顾问，各部门主要负责人。根据会议需要，邀请国务院派驻公司监事会、国务院有关部门、有关地方政府负责人及电力系统有关单位参加。总经理可以确定列席人员。会议的主要任务是：

（一）传达学习党中央、国务院及其有关部门的方针政策和指示精神，提出贯彻落实意见。

（二）总结分析公司上半年经济活动情况，检查通报公司年度工作目标的完成进度，调整部署下半年工作思路及工作目标、进度。

（三）交流公司系统改革发展的有效做法和经验。

（四）讨论研究和安排其他重要工作事项。

第三十七条 公司工作会议由总经理主持，出席人员为公司系统各单位党、政主要负责人，公司领导，“总师”、总经理助理、顾问，各部门主要负责人。邀请国务院派驻公司监事会、中央及国务院有关部门及电力系统有关单位参加。总经理可以确定列席人员。会议的主要任务是：

（一）传达学习党中央、国务院及其有关部门的方针政策和指示精神，提出贯彻落实意见。

（二）总结和部署公司的年度工作。通报和兑现年度考核及奖惩情况，表彰公司年度先进单位和个人，签订年度经营业绩责任书及有关责任书。

（三）交流公司系统的工作经验。

（四）讨论审议其他重要工作事项。

公司工作会议原则上每年召开一次，可同时套开公司纪检监察会议。

第三十八条 年中经济活动分析会议和公司工作会议的组织工作均由总经理工作部负责，公司有关部门协助，会议的主要文件在会后以公司文件印发，由总经理签发。

第三十九条 公司实行会议计划制度，各有关部门召开的公司系统会议要列入会议计划，由总经理工作部统一归口管理。

公司及各部门召开的工作会议要坚持精简、高效原则，控制规模，严格审批，并尽可能采用电视电话会等快捷、节俭的形式召开。

第七章 作风纪律和公务活动制度

第四十条 公司领导要作学习的表率，密切关注国内外社会、经济、科技等方面发展变化的新趋势，不断充实新知识，丰富新经验。公司通过适时举办专题讲座等方式组织学习有关业务知识。

第四十一条 公司领导要深入基层考察调研，了解情况和指导工作，解决实际问题。在公司系统内出差、考察等活动，一律轻车简从，不收受下属单位赠送的贵重物品、现金、有价证券、支付凭证等。

第四十二条 公司所属单位邀请公司领导出席会议或重要活动，应事先报总经理工作部，由总经理工作部请示公司领导进行安排。

第四十三条 党中央、国务院有关部门、地级以上人民政府、有关单位邀请或要求公司领导参加会议、出席重要活动或来公司会见公司领导，由总经理工作部提出初步意见请示总经理后统一安排。

第四十四条 严格控制各种庆典活动，公司举办重大的庆典活动，须经总经理批准。

第四十五条 公司对外发布信息和对外宣传报道统一由总经理工作部负责。公司领导参加有关活动的新闻报道，新闻单位采访公司领导，均由总经理工作部审核后报公司领导批准。公司重要会议、活动的新闻通稿，由公司新闻发言人审定，必要时报公司领导审定。

公司实行新闻发言人制度，及时通过华电网站和有关媒体公开报道有关信息。各部门及其工作人员不得擅自以公司名义接受采访、发表文章。公司系统不得有任何与公司决定相违背的言论和行动。

第四十六条 除外事工作外，以公司名义开展各种社会活动，印制出版各种书籍、资料，举办各种展览展示活动等，均由总经理工作部统一负责。向公司领导约稿进行公开发表、报请公司领导题辞题字等，均需报总经理工作部统一协调。以公司名义公开发表或收录入书的文章，均需经有关领导审定并在报送领导前交总经理工作部审核。

第四十七条 公司领导的外事活动，由业务部门报经外事部门提出建议，经分管外事工作的公司领导审核后，报送参与外事活动的公司领导审定。公司领导可以根据情况直接决定外事活动安排。

第四十八条 总经理出国（境）访问，按国务院有关规定办理。

副总经理、党组纪检组组长、“总师”、总经理助理和各部门负责人出国（境），以及公司总部其他人员出国（境），由外事部门制定具体审批管理办法。

第四十九条 总经理出差、休假按国务院规定办理，并委托一位副总经理主持全面工作。副总经理、党组纪检组组长、“总师”、总经理助理出差、休假，应请示总经理同意，并通知总经理工作部值班室。

第五十条 各部门正职出差或休假，应事先请示分管领导同意，明确一位副职主持本部门工作，并报总经理工作部总值班室；副职出差或休假要经正职同意。

第五十一条 各部门、各单位要严格逐级请示、报告制度，对工作中的重大问题及遇有突发事件，必须按照公司重大事项报告制度和突发事件应急管理规定处理。

第八章 公文审批管理制度

第五十二条 公司收文及办理原则：

（一）党中央、国务院的文件及领导批示先送总经理批示。

（二）国务院及国家有关部门、各省（自治区、直辖市）人民政府及公司所属单位的重要文件，按分工送分管领导批示。

（三）公司所属单位及其他部门的一般业务文件，按分工送公司有关部门阅办。

第五十三条 公司总部签报及办理原则：

（一）各部门向总经理、副总经理、党组纪检组组长和“总师”、总经理助理请示、报告事项用签报。

（二）总经理工作部为签报的管理部门。除人事任免、案件查处等内容的签报按有关规定办理外，其余签报均应通过办公自动化系统呈报。经公司有关领导阅批的签报，由总经理工作部返回报送部门或送交有关的承办部门。

（三）对于涉及两个及以上部门的事项，应由主办部门会签协办部门，部门间如有分歧意见应在签报中注明。

第五十四条 公司发文及办理原则：

（一）向党中央、国务院及国家有关部门的请示报告，送分管领导审核后，由总经理签发。

（二）公司党组发文、党组发函、党组任免文件由公司党组书记签发。

（三）一般发文按分工送分管领导签发，发文内容如涉及两位以上领导分管工作，应送有关领导核签。

（四）发文内容如涉及其他部门业务，应事先会签，如涉及“总师”、总经理助理协调事项，应先送“总师”、总经理助理核签。

（五）严格公文督办制度。对基层单位和国家有关部门来文，承办部门应当按照公司公文处理办法规定的程序和时限，及时办理，不得积压和推诿拖延。对基层单位请示的问题，应当及时研究提出意见并给予批复。问题复杂难以批复的，应当主动同基层单位沟通并说明情况。

第五十五条 公司文件种类包括：公司党组发文、党组发函、党组任免文件；公司发文、公司发函、公司任免文件；部门发函等。公司及各部门要进一步精简公文，加快网络化办公进程，提高公文办理的效率。

第五十六条 以下事项授权签发：

（一）公司发函、公司介绍信、贺电、唁电等授权总经理工作部主任签发。

（二）公司管理的干部离退休、参加工作时间和待遇变更以及人事、劳动统计报表、工商登记注册等，授权人力资源部主任签发。

（三）进口设备免关税、出入境免检、邀请外宾函电、接待外宾、出国及赴港、澳、台的请示件等，授权国际合作部门负责人签发。

（四）财政请款、银行印鉴变更及资产评估确认、土地评估确认等，授权财务管理部、资产管理部主任签发。

（五）审计通知书和复议受理通知书，授权审计部门负责人签发。

（六）其他非常规类用印，应填写用印单，经主管部门负责人签字后，送总经理工作部主任核签。

第五十七条 各级领导审批文件时，应明确签署意见，并注明审批时间。审批文件时，对于一般报告性公文圈阅表示“已阅知”；对于有具体请示事项的公文，圈阅表示“同意”请示的事项。

第九章 附 则

第五十八条 本规则由党组会议或总经理办公会议审议通过（修订程序同）。总经理工作部负责本规则的解释及检查监督。

第五十九条 本规则自印发之日起执行，2004年10月14日颁发的《中国华电集团公司工作规则》（中国华电［2004］736号）同时废止。

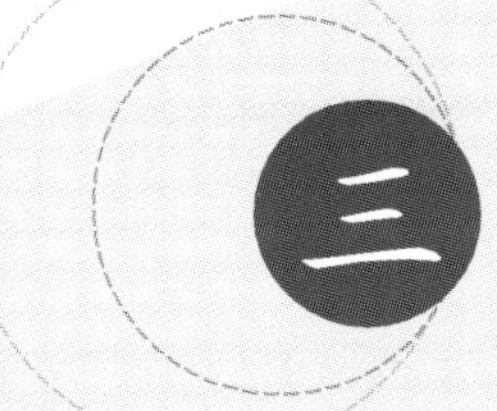

总部建设与管理

综　述

概　述

集团公司总部建设及综合管理的职能和事务主要由总经理工作部（简称总经部）承担。总经部设秘书处、研究室、公关策划处、法律（信访）处、外事处和行政处，负责处理集团公司会议组织、文秘档案、重大调研、新闻宣传、法律事务、信访接待和总务后勤等工作。

2006~2007年，总经部按照“决策参谋机构、运转中枢机构、综合协调机构、服务保障机构、公关联络机构”职能定位，适应新形势新要求，紧紧围绕企业中心工作，积极参与政务、处理公务、办好会务、管理事务、搞好服务，全面学习贯彻集团公司党组的工作思路和各项决策部署，充分发挥公司工作运转枢纽和桥梁纽带的作用，努力促进集团公司党组工作思路和重大决策部署的贯彻落实，为保障公司系统工作的高效有序运转，促进各项目标任务的顺利完成作出了积极贡献。

（1）圆满完成重要会议和重大活动的组织工作。一方面认真加强重要会议、重大活动的组织落实，有效发挥综合协调作用，保证了企业重大决策部署落实到位。成功组织了年度工作会、年中工作会、企业负责人座谈会、集团公司成立五周年庆典等重要会议和重大活动。另一方面，积极协调国家有关部委、各级地方政府，组织安排重要会晤和商务活动，加强了协调沟通，有效改善了经营发展环境。

（2）加强基础建设，保证了公司工作的高效协调运转。不断加强制度建设。及时修订《工作规则》、《重大决策程序暂行规定》等一批规章制度，审查新制订和修改制度145项，汇编制度8册。不断提升办事、办文水平。注重规范行文，坚持把好政策关、内容关、文字关和格式关，公文质量进一步提高。加强对公文的检查、评比、通报，加快公文运转，做到了及时有效处理。提高信息化水平，公司系统全面实施无纸化办公，运转效率明显提高。不断加强值班、保密、档案管理。严格涉密文件收发和保管制度，没有发生失密、泄密事件。举办了文书档案培训班和现场经验交流会，档案管理进一步规范化、制度化。建立了重要情况报告制度，集团总部与基层企业保持24小时联络通畅。

（3）调研和信息工作得到加强。认真研究中央精神和国家宏观形势，结合实际开展调研活动，提出了一批有价值的建议。及时向国务院国资委报送公司重要信息，有效地反映了工作，促进了交流。坚持编发《每日快递》，及时发布工作动态，为公司领导决策提供信息支持。积极探索和改进督查督办方式，加大跟踪监控力度，努力做到“事事有回复，件件有着落”。

（4）公关宣传工作成效显著。建立完善公关宣传工作网络，积极宣传公司改革发展成就。精心设计宣传内容，不断创新宣传方式，加强在新华社、中央电视台、《人民日报》、《经济日报》、中央人民广播电台等中央主流媒体的宣传报道，营造了积极向上的舆论环境。《中国华电》杂志和中国华电集团公司内、外网站及时刊登集团公司党组决策部署，集中发布公司重要信息，反响较好。

（5）维护稳定工作扎实有效。认真落实中央关于维护稳定工作的方针政策和文件要求，下发稳定工作意见，加强信访和法律工作，切实采取有效措施，为生产经营和改革发展提供坚强保障。积极开展“五五”普法宣教活动，增强企业的整体法律素质和依法办事能力。妥善处理法律纠纷，重点指导、协助处理了多起重大纠纷案件，维护了企业的合法权益。

（6）外事服务和后勤服务水平跃上新台阶。集团总部建立外事管理、监督等规章制度，规范出国（境）团组审批管理，保证外事工作规范有序。两年来，进一步加强与外事主管部门的联络沟通，协调指导基层外事工作，确保重点团组顺利出访和工作成效。努力完善软硬件建设，提高后勤服务水平，积极为大型会议、活动提供周到、细致的服务。

政务工作

秘书工作

坚持落实集团公司领导活动安排制度。周密细致地做好公司的重大政务活动，为公司领导搞好服务，认真组织安排党中央、国务院、国家有关部门和各省领导对集团公司企业的视察、调研活动，协调安排集团公司领导和地方省市领导的高层会晤及各类重大商务活动，有效地保证了各类重大政务、商务活动的顺利进行，对于增进集团公司与地方政府的相互理解，改善集团公司的发展环境起到了促进作用。

总经部每天编印一期《每日快递》，刊登公司领导批示和公司收发文情况；每日沟通和汇总集团公司领导当日与近期的会议、会见及其重要活动安排；每周对领导活动进行预安排，提前做好各项服务工作。积极组织协调公司有关部门向国务院国资委、国家电力监管委员会（简称国家电监会）、国家发展和改革委员会（简称国家发展改革委）等部委的各项专题汇报，反映生产经营成果及存在的困难问题，得到上级机关的了解、支持和帮助。

圆满完成集团公司党组会议及总经理办公会议，2006、2007 年年度工作会议、年中工作会议、分支机构负责人座谈会等重要会议，以及陪同集团公司领导出访、会见外宾等重大外事活动的组织协调工作。

政策研究

围绕集团公司中心工作开展了形势、政策分析和重点课题研究，研究国家宏观政策和产业政策给公司经营发展带来的机遇和挑战，为起草公司重要材料提供依据。同时，按照公司领导决策需求和国家有关职能部门的工作要求，较好地组织完成了政策研究和调研工作。对国家发展改革委、国家电力体制改革工作小组办公室（简称电改办）向国务院《关于电力体制改革工作的汇报提纲》提出了修改意见，对电改办《“十一五”前两年电力体制改革主要任务及工作分工》（征求意见稿）提出了修改意见。参与并配合国务院国资委完成煤电一体化经营的有关调研计划。参与完成了国务院国资委组织开展的关于中央企业履行社会责任的调查问卷，参与完成了中国电力企业联合会（简称中电联）组织开展的关于电力行业关停小火电的专题调研，参加中电联期刊考察课题。通过政策研究工作，决策服务水平得到进一步提升。

以政策研究和调研成果为基础，组织完成了大量重要文件材料的起草工作。先后起草和完成了集团公司 2006、2007 年年度工作会议、年中经济活动分析会议的工作报告及总结讲话，起草完成了集团公司向中共中央组织部（简称中组部）、国务院国资委、国家发展改革委、国家电监会、国务院派驻华电集团监事会等上级领导机构的汇报材料。在体现领导决策意图、传达集团工作部署、反映公司运营实际、营造良好外部环境等方面发挥了重要作用。

政务信息

按照“把握大局、围绕中心、突出重点、服务决策”的原则，研究编制年度信息报送要点，全面、及时、准确地收集和提供信息，认真做好向国务院国资委等上级领导机构的信息报送工作。2006～2007 年，累计向国务院国资委报送反映公司重点工作、重大事项的动态信息专报 200 多期，被采用 100 多期，采用率在中央企业和五大发电集团中均居前列，公司连续被评为“中央企业信息报送先进单位”，较好地树立和展示了集团公司的形象。

督查督办

总经部是公司重要事项督办工作的归口管理

部门，负责重要事项办理情况的检查、督促、综合、反馈等工作，通过督促各部门、各单位按要求办理公司各类重要事项，确保上级和公司重大决策部署、重要会议、文件及领导重要批示落到实处。督办的重要事项包括上级重大决策、重要工作部署和重要文件、领导批示中需要督办的事项；公司党组会议、总经理办公会议、年度工作会议等会议确定的需要督办的事项；公司制定的重大决策、重要工作部署和重要文件，以及公司领导重要批示中需要督办的事项；其他需要督办的事项。

组织好公司领导的调研活动。2006 年 5 月，公司领导带队组成 6 个调研组深入基层调研。2007 年 11 月，公司领导带队组成调研组深入基层调研。两年中，总经部努力做好调研的服务工作，研究分析年初工作会议、年中工作会议及公司领导在调研中基层企业提出的问题和建议，分类整理并形成文件印发有关部门落实，切实发挥了参谋助手的作用。

从会议精神落实、文件流转、催交催办等方面认真搞好督查督办工作。公司年度工作会议后，根据公司系统企业提出的问题和所反映的情况，按照公司部门分工进行分类，并落实部门专项负责，明确时间完成。同时，加强对会议精神的传达和督办，及时印发会议纪要，传达公司领导的指示和要求，反馈会议代表意见，跟踪督促检查会议精神的落实情况，确保了公司重大决策部署的贯彻落实。

会议管理

适时对《中国华电集团公司总部会议管理办法》做了修订，会议依然实行计划管理、分类审批、预算控制、分级实施的管理制度，会议划分则按照会议级别分为三类：一类会议为由公司总经理主持召开的公司年度工作会议、年中会议、公司系统主要负责人会议、集团总部员工大会等综合性、全局性会议；二类会议为由公司有关部门主办，以公司名义或以公司有关部门名义召开，并请全部或部分公司所属单位负责人参加的专业性会议；三类会议为由公司有关部门以本部门名义召开的其他专业会议，以及各种座谈会、研讨会、审查会等。会议实行年度计划和月度计划管理。

按照要求，集团总部各部门根据集团公司确定的年度工作目标和重点任务，合理安排会议。在保证工作效果的前提下，控制会议的次数和规模，尽量减少参会人员、压缩会期。尽可能利用网络视频、网络电话等现代化手段召开会议。同时，对会议经费使用进行严格要求，厉行节约办会，反对铺张浪费，严格执行有关党风廉政建设和财务管理的规定，不得超标准使用会议经费。从总体来看，《中国华电集团公司总部会议管理办法》执行情况较好，集团公司会议管理工作得到了规范和加强。

总值班室管理

总值班室在总经部的直接领导下，围绕公司的中心工作，和各部门密切协调、配合，实现了值班工作的制度化、规范化和科学化管理。在确保公司政务信息的畅通，保证公司各项工作的正常运转，维护稳定，更好地为公司领导和企业服务方面发挥了重要作用。

集团公司总值班室实行 24 小时值班，五年来严格执行《中国华电集团公司值班制度》（中国华电总［2003］22 号），主要做好四个方面的工作：① 加强值班工作。值班工作由总经部秘书处负责，聘用有经验、责任心强的同志负责日常值班，节假日采取公司领导、部门领导带班，总经部有关人员及值班室人员轮流值班的形式。每天履行交接班签字手续。② 加强信息管理。值班室在办公时间收到的各种信息进行登记后送秘书处处理，非办公时间收到重大紧急信息直接报送总经部秘书处处长和总经部主任，并根据领导批示进行督办落实。2006 年值班室收到传真、文件约 1100 件；2007 年收到传真、文件 1189 件（不含转为公司收文的文件）。负责公司召开的重大会议联系工作及办公自动化系统（OA）不通单位的急件传真工作。③ 加强会议室、电子广告牌、应急门卡的规范管理和使用。根据《关于公司本部会议室、电子广告牌、应急门卡使用管理办法的通知》（中国华电总函［2003］25 号）值班室负责集团总部会议室、电子广告牌、应急门卡管理。会议室由使用部门提出申请，经值班室同意并通知会议室管理人员。2006 年会议室使用 1914 次，2007 年会议室使用 2713 次。应急门卡由使用部门或人员提出需求并签字确认，2006 年 4～12 月底使用 516 次，2007 年使用 1029 次。电子广告牌每天滚动播放华电新闻或根据需要播放欢迎词等。④ 加强公司系统通信管理，保证公司系统通信畅通。公司办公门户网站上的系统电话簿能及时地反映企业名称变更、人员变化，使集团总部和所属企业能迅速准确地查到有关信息。总值班室负责公司系统电话簿的管理和数据更新，保证了通信渠道畅通。

规章制度修订和清理

根据公司领导关于加强制度建设、依靠制度管人管事的要求，集团总部各部门从部门职能出发，按照“科学有效、管用管好、可控在控”的制度建设标准，健全完善了相关制度体系。根据《关于清理整合公司规章制度的通知》的要求，集团总部认真组织安排清理工作，对2003～2006年制定颁布的规章制度进行了全面清理，并研究提出了保留、修改、废止的初步意见。2003～2006年共清理公司规章制度332件，保留210件，修改74件，合并6件，废止33件，职能交叉2件，部门重复2件，12月份发布的5件。经总经部初步界定，不属于公司规章制度范畴129件（含有废止件数）。经统计，清理出废止的规章制度和不属于公司规章制度范畴的文件共141件，合并减少4件，重复减少2件，经过清理整合，公司规章制度精简为185件。

2007年新制定、修订规章制度共计49件，其中新制定23件，修订26件。截至2007年底，公司颁布的现行有效的规章制度共205件，为实现三大业绩提供了制度保障。

常设咨询机构管理

中国华电集团公司专家委员会（简称专委会）是集团公司的常设咨询机构，在集团公司党组和总经理的领导下开展工作，向集团公司党组和总经理负责。专委会由15～20人组成，每届任期3年。工作任务是对集团公司宏观层面的重大问题和事项进行咨询或提出建议；工作方式有采取主动议事提出建议与接受集团公司任务和课题进行咨询两种方式；工作方法为调研、开会讨论，提出建议或咨询。日常工作和事务由集团公司总经部负责协调。

2006年12月28日，集团公司召开专委会成立座谈会，向受聘的专委会委员发放聘书，专委会正式成立。经集团公司党组研究决定，贺恭任专委会主任委员，邓建玲、陈建华任专委员会副主任委员，聘任江自生、田沛亭、戴绍良、孙寿年等4位为专委会委员。

2007年，专委会充分发挥“智囊”作用，取得了良好成效。积极探索有效发挥作用的途径，基本形成了平时分散研究和重点调研结合，召开例会共同讨论，通过纪要提出建议，汇总研究成果编印文集供系统领导干部参考借鉴，并提供咨询服务和进行企业诊断的工作机制。围绕集团公司发展战略、整体改制、大机组达标、新能源和可再生能源发展、煤炭和金融产业发展、节能减排等重大课题，对山东、贵州、福建、江苏、内蒙古等13个区域的40多家基层企业进行了调研，为云南华电昆明发电有限公司、新疆华电红雁池发电有限责任公司和新疆华电苇湖梁发电有限责任公司3家企业提供咨询服务和企业诊断，召开例会4次，汇编文集2册，为集团公司科学发展提供了重要的决策参考，为集团公司又好又快发展作出了积极贡献。

文档管理

机要管理

2006～2007年，集团公司进一步加强机要工作，不断完善机要制度，严格保密措施，严格专职岗位责任制度，继续开展与国务院国资委交换站、中共中央办公厅（简称中办）机要交换局、新华社机要业务往来，积极参加中办、国务院办公厅（简称国办）举办的机要工作培训，加强机要人员业务培训，不断提高机要人员的业务素质和专业水平，确保了集团公司机要文件交换安全和传递渠道畅通及集团领导高级内参信息的参阅。2006~2007年，累计完成机要文件收发2万多件，确保机要文件交换安全、保密、准确、及时，从未发生过错办、漏办、遗失、延误等现象，杜绝了失密和泄密事件。集团公司在2006~2007年被中央国家机关机要文件交换站评为“优秀交换集体”。同时，主动为在京直属单位做好文件交换服务工作，减少了交换环节，提高了传递效率，促进公司系统上下的信息互动联通。

文件管理

集团公司公文处理实行集中统一管理的原则，由总经部负责集团公司的公文处理工作。2006~2007年，集团公司不断对公司系统文件管理工作作出相关规定，进一步提高了公司系统文件管理质量和文件运作效率，使公司系统文件管理规范化、制度化、科学化。

2006年印发了《进一步规范公司本部公文运转工作的通知》（中国华电总［2006］466号）和《进一步规范公司系统公文报送工作的通知》（中国华电总［2006］484号）文件，对集团总部公文运转及系统单位上报公文工作提出了明确要求，进一步提高了集团总部及系统单位公文质量及文件运转效率。2006年完成发文2087件，收文5400余件，公司签报840件。

2007年，根据工作需要，进一步修订了《中国华电集团公司公文处理办法》（中国华电总［2007］265号），对集团公司公文格式、行文规则、公文处理等工作做了进一步的规范。2007年完成发文2571件，收文5400余件，公司签报820件。

2006~2007年，进一步加强了集团公司印章的使用和管理。各类文件用印严格按照用印审批制度的规定，经公司领导或授权部门主任签发后用印。公司正式发文用印2万余枚，协议、章程、委托书等用印4000余枚。

为进一步提高公司系统公文质量和公文管理水平，规范公司系统公文运转，2007年10月17~19日，在中国华电集团高级培训中心举办了公文管理培训班，公司系统共130多家单位160余人参加了培训。培训班就公文写作、运转及审核，保密工作相关知识，集团公司对系统单位上报公文的要求，无纸化办公系统的使用等方面对学员进行了全面系统的培训。2007年7~11月，在公司系统组织开展了公文报送检查评比活动，进一步规范了公司系统公文报送工作，提高了公司系统的公文质量。

此外，按照国务院国资委要求定时接收非涉密公文传输系统传输的各类文件，保证国务院国资委公文的正常运转。严格按照系统传输要求进行文件的上报工作，凡涉及企业秘密及标有密级的文件一律不通过系统传输，保证了集团公司公文的安全、保密。

档案管理

集团公司高度重视档案工作，把档案工作贯穿到企业管理的全过程，认真贯彻国家有关政策法规，全面履行《中华人民共和国档案法》和《档案法实施办法》所规定的职责。认真学习、宣传、贯彻、落实《中华人民共和国档案法》，不断提高全员档案意识。在国家档案局、中央档案馆2007年8月举办的档案与法制知识有奖竞赛活动中，公司系统各单位积极参加档案与法制知识竞赛活动，集团公司荣获国家档案局颁发的“全国档案法制普及宣传奖”。2006~2007年主要做了以下工作：

（1）加强制度建设，规范档案管理。依照《中华人民共和国档案法》、《档案法实施办法》和《企业档案管理规定》，不断补充和完善档案管理规章制度，确保归档文件材料的齐全、完整、准确，使公司系统的档案管理工作沿着科学管理的轨道前进。

（2）加强档案管理基础工作，做好文件资料的收集、整理、归档、利用工作。据不完全统计，公司系统2006年度保存档案数量：811967卷、454883件（以件为保管单位）、照片97034张、光盘11914张。利用档案49839人次，132325卷（件）次；利用资料20768人次，40151册次；复制档案资料420704页。2007年度保存档案数量：873483卷、616972件（以件为保管单位）、照片

122959张、光盘13915张。利用档案55421人次，200825卷（件）次；利用资料16160人次，36080册次；复制档案资料828095页。

（3）加强建设项目档案管理，把档案工作贯穿于工程管理的全过程。为加强集团公司建设项目档案管理，规范建设项目档案专项验收工作，制定颁发了《中国华电集团公司建设项目档案验收办法》（中国华电总［2007］852号）。2006年会同有关省档案局组织了贵州乌江洪家渡电站工程和浙江半山天然气（3×39万kW）发电工程档案专项验收；2007年组织了贵州乌江索风营电站工程竣工档案专项验收。

（4）加强档案队伍建设，不断提高档案人员业务水平。为促进高素质档案队伍的建设，集团公司每年组织档案业务培训班两期，聘请档案专家授课；请项目档案工作做得好的单位讲授经验。通过业务培训，公司系统档案队伍的知识结构得到优化，综合素质水平明显提高。目前公司系统大多数企业配备了专职的档案人员，并取得了相应的岗位证书。

（5）不断加强档案信息化建设，继续深化档案管理工作。公司系统各单位执行《中国华电集团公司电子文件归档管理办法》（中国华电总［2005］1068号），规范了电子档案的管理。在公司系统加强档案信息化基础设施建设，实现了电子档案的全程管理，保证了电子档案的真实、完整、有效，提高了工作效率。

文件印制管理

文件印制管理是公司公文流转的重要环节。2006~2007年，文印室在总经部的领导下，以热忱服务为宗旨，立足本职工作，强化服务意识，加强业务和技能培训，不断提高工作质量，使文件录入、排版更加高效规范，不折不扣地完成上级部门交办的各工作任务，积极发挥服务职能的作用，为集团公司的文件和会议资料的印制提供了有力的保障。两年来，共排版校对公文8425份，会议材料258份，其中大型会议72份，共计印制文件、材料360万张；同时继续推行无纸化办公，大力实行文件印制节俭工作，两年来节约用纸260万张。

无纸化办公

2006年，集团公司信息化领导小组第四次会议明确提出了2007年8月8日实现公司系统无纸化办公的目标。2006年5月，集团公司无纸化办公项目正式启动。2006年5~7月，完成系统需求、架构的调研，建设方案的编制，系统的开发工作。2006年7月~2007年5月，通过“集中培训，合格启动，自行实施”的方式，对公司系统165家所属单位分批进行实施工作，其中7家单位使用原有OA系统，与集团公司部署的系统做接口，实现公文交换互联互通。2007年8月8日完成所有单位的实施部署工作，并对系统进行进一步完善和消缺。实现了公司系统上下级单位之间公文交换互联互通；集团总部及系统各单位公文处理全程采用电子方式，提高了公司系统上下级单位公文交换及公文运转的效率。

保密管理

建立健全了保密工作规章制度，成立了集团公司保密工作领导小组和保密工作办公室。

加强公司涉密文件管理。对公司工作中涉及的秘密文件、资料和其他物品准确标明密级，严格执行保密制度和遵循保密程序，注重加强拟稿、印刷、复制、传递、阅办、归档、保管、清退和销毁等各个环节的管理。公司收到党中央、国务院和有关部委的秘密文件，均作认真登记，严格按保密管理要求和领导批示的范围印制，严格控制印发份数和流向，做到按份数发放和统一收回，杜绝失密现象的发生；必须退还国务院国资委的绝密文件，经公司领导阅读后立即退还。对销毁的秘密文件、资料进行登记造册，并派专人（二人以上）送指定地点监督销毁，每年按照国务院国资委有关要求报送中央文件清退情况。凡秘密事项，未经保密主管部门批准，一律不作公开宣传、报道、出版、展览和写入教材。

加强计算机及网络保密管理。严格执行《关于加强信息安全保障工作中的保密管理的通知》（中国华电总［2005］444号）的有关要求，在建立与自身管理及业务相符合的办公系统的同时，认真落实国家有关部门的要求，制定了相应的确保网络和信息安全的办法与措施，加强信息系统的维护和管理工作，不断强化系统抵御入侵和防止泄密的安全保卫工作。在公司内部网和外网之间使用了防火墙技术，每个应用系统都设置了密码和口令，采取了加密措施，并设置了相应权限，防止了公司内部微机和网络的泄密。在内部网络办公自动化过程中，对网上传阅的文件使用了加密系统，严格执行传阅人员的权限，既做到了办公的便利，又防止了泄密的发生。移动办公采用硬件加密技术的虚拟专网方式，实现远程的信息加密通信，方便了集团总部人员外出移动办公访问华电信息网的需求。与此同时，限定了移动用户的发放范围，加强移动用户对加密卡和口令的管理，并对移动用户的申请流程作了严格规定，从而有效地保证了系统安全。

2007 年 1 月，集团总部召开了关于进一步加强集团总部保密工作的会议，会议进一步明确了对涉密文件的管理和集团总部网站信息发布的管理工作，会后各部门按照会议要求对本部门的保密工作进行了清查和整改。

根据国务院国资委保密委员会的要求，公司组织开展了涉密文件资料保密管理情况的专项检查活动。检查分两次进行，6 月下旬 ~7 月中旬对在京单位保密工作进行检查；8 月对系统各单位重申有关保密规定并提出新的要求，对保密工作进行了全面检查。向国务院国资委保密办报告了集团公司涉密文件资料保密管理检查的情况。

6 月 26 日，集团公司向在京单位转发了国务院国资委保密委员会《转发关于加强涉密载体保密管理杜绝涉密文件资料流失的通知》（中国华电总［2007］888 号），要求各单位从制度建设、责任落实及文件资料的保密管理情况等几个方面进行自查，并将检查情况向集团公司报告。

8 月 3 日，集团公司向系统各单位印发了《关于进一步加强涉密文件资料保密管理并开展专项检查的通知》（中国华电总［2007］1142 号），要求各单位高度重视，认真开展保密工作检查。要求分支机构、区域子公司负责组织所在区域单位的检查工作，并将检查情况汇总上报。

各单位均按照要求将本单位保密工作检查情况向集团公司报告，同时上报保密机构和保密人员名单。根据报告情况，各单位从制度建设、责任落实、基础管理等几个方面，认真开展了涉密文件资料保密管理情况的专项检查活动，具体情况如下：

（1）各单位均建立健全了保密工作组织机构，成立了保密工作领导小组和保密办公室，公司主要领导任保密工作小组组长，配备了保密人员。

（2）制定和完善了保密规章制度，使保密工作有据可依，有章可循。

（3）加强了基础管理，对工作中涉及秘密的文件、资料和其他物品标明密级，并在拟稿、印刷、复制、传递、阅办、归档、保管、清退和销毁等每个环节严格执行保密制度和遵循保密程序。

（4）加强了计算机及网络和其他涉密载体的保密管理，不断完善办公自动化和计算机系统抵御入侵和防止泄密的安全保卫措施。

通过检查，各单位进一步提高了做好新形势下保密工作的认识，增强了保密工作能力，提高了保密工作水平。其中，华电国际电力股份有限公司认真组织所属单位开展保密检查，表现突出。华电国际电力股份有限公司印发了《华电国际电力股份有限公司保密工作检查评分表》，采取自查和抽查相结合的方法，分为四个阶段（自查阶段、整改阶段、抽查阶段、提高阶段）进行保密工作检查。

公关宣传

公关宣传制度建设

2006年和2007年，公司认真贯彻落实《中国华电集团公司公共关系工作管理办法（试行）》、《〈中国华电〉记者站和记者管理办法（试行）》和《中国华电集团公司网站管理办法（试行）》等公关宣传工作制度，公关宣传工作坚持贯彻公司党组决策部署，坚持正确舆论导向，积极宣传公司科学发展的成就和经验，增强了凝聚力和向心力，树立了良好的企业形象。

实施《中国华电集团公司公共关系工作管理办法（试行）》，进一步整合和优化公司对外联络、新闻宣传资源，积极挖掘政府部门、专家学者、新闻媒体、社会舆论等社会资源，充分发挥电视台、电台、报刊、网络等媒体优势，精心策划宣传内容，创新工作方式，抢占形象宣传制高点和话语权，构建起整体联动、优势互补、运行高效的公关宣传工作体系。实施《〈中国华电〉记者站和记者管理办法（试行）》，定期总结公关宣传工作，建立和完善公关宣传工作网络，记者和通讯员队伍素质得到不断提高，为搞好公司系统公关宣传工作奠定了基础。实施《中国华电集团公司网站管理办法（试行）》，对公司网站进行改版，加强新闻发布工作的规范管理，正确引导新闻传播效应，保证了公司新闻发布的质量，保障了华电集团的品牌形象不受影响。完善公司突发公共事件新闻发布应急机制和新闻发言人制度，制定《关于建立新闻及稳定突发事件通报考核制度的通知》，及时下发《公共关系处理通知书》，为抓好整改工作创造了良好的外部环境。在区域公司和直属企业建立新闻发言人，形成统一指挥、反应灵敏、运转高效的新闻应急工作体系，提高处置突发事件的新闻应对能力。

对外公关宣传

加强在新华社、中央电视台、《人民日报》、《经济日报》等社会主流媒体的宣传，积极构建与社会媒体的互动合作关系，提高对外公关宣传水平。2006～2007年，在中央媒体发表公关宣传报道640篇，位列五大发电集团第一，在中央企业中名列前茅。分别策划播出中央电视台《新闻联播》对公司领导专访，邹县发电厂百万千瓦机组投产，公司装机容量突破5000万、6000万kW报道。组织撰写新华社、《经济参考报》、《中国电力报》、《经济日报》、《上海证券报》对公司领导的专访稿件。参加国务院国资委“央企节能在行动”、全国人民代表大会“中华环保世纪行”、《喜迎十七大——经典中国 辉煌成就》等重要公关宣传报道，在电力行业及全社会引起较大反响。公司形象宣传片《华电华章》等20个作品在电力报刊协会举办的“中电传媒杯”第三届全国电力行业优秀电视片展评中获奖。妥善处理危机事件的媒体报道，妥善处理了新疆苇湖梁结焦停止供暖、国家环境保护总局叫停严重违反环境影响评价和“三同时”制度电厂、国家环境保护总局“区域限批”等危机事件的媒体报道工作，避免集团公司形象受到不良影响。

内部宣传媒体建设

集团公司党组始终高度重视公关媒体建设工作。作为集团公司两大内部媒体，《中国华电》杂志、网站坚持正确的舆论导向，服务于贯彻集团公司发展战略，大力宣传公司改革发展的成就经验。通过加强策划、创新手段，针对性、实效性和感染力不断增强。

（一）《中国华电》杂志

《中国华电》杂志是集团公司创办的一本以舆

论引导、典型宣传、经验交流、文化培育等为主旨的内部刊物，发行对象为公司系统各单位，同时向国务院有关部门、各兄弟发电集团公司报送交流。为进一步营造公司改革发展的良好氛围，《中国华电》杂志于2006年12月成功实施改版，内设封面文章、聚焦、观点、管理经纬、人物、班组等栏目。改版后的《中国华电》杂志充分发挥集团公司的"喉舌"作用，及时刊登公司党组决策部署，重点作好深度报道和典型宣传，力求主题集中、脉络清晰、标题鲜活、语言生动，分析性、指导性强。2006～2007年，《中国华电》杂志共出版12期，策划制作"集团公司落实科学发展观系列报道"、"集团公司装机突破5000万kW"、"节能减排"、"集团公司成立五周年"等专题23个，刊登文章400余篇共计150万字、图片1100幅，举办征文、摄影大赛各1次，为对内宣传贯彻公司党组决策、交流企业成功经验，对外拓展发展空间、树立公司良好形象创造了良好的舆论环境。

（二）"中国华电"网站

"中国华电"网站是集团公司对内对外宣传、展示企业形象的重要窗口。2006年和2007年底，网站分别进行了较大的改版，页面设计、栏目结构均作了较大变动，使栏目定位更加科学合理，功能更加丰富完善，页面更加美观大方，得到了集团公司和系统广大员工的好评。2006～2007年，集团公司外部网站每年发稿均超过5000篇，每年编辑上传图片1000余张。2006年制作了"集团装机容量突破5000万kW"、"华电集团首台百万千瓦机组投产"等10个专题。2007年制作了"经典华电　辉煌五年"、"学习贯彻十七大精神"等14个专题；根据公司领导班子变化，网站及时更新中文和英文网站"总经理致辞"、"领导班子"、"组织结构"、"公司概况"等内容；根据节日和实际需要，在首页制作弹出（飘动）广告、公示等，内容、质量都有了新的提升，新闻时效性、准确性、影响力显著提高。截至2007年底，网上文章超过2.15万篇约1000万字，图片超过6500余幅。日浏览量在1.9万人次左右，最高日浏览量接近2.8万人次。

公关宣传队伍建设

截至2007年底，公司系统共建立记者总站22家、记者站106家，建立了拥有280名骨干的新闻宣传队伍，进一步完善了"党委统一领导，党政共同负责，职能部门齐抓共管，以专职公关宣传工作人员为骨干，职工群众广泛参与"的公关宣传网络。

加强对记者队伍的管理、考核和激励，将新闻宣传工作纳入创建文明单位的考核之中，每年度通报各记者站和记者发稿情况，对新闻宣传工作先进单位和优秀记者进行表彰和奖励。2006年度，16家企业荣获"新闻宣传工作先进单位"称号，50个记者（总）站荣获"优秀记者（总）站"称号，10名同志荣获"十佳记者"称号，50名同志荣获"优秀记者"称号。2007年度，12家企业荣获"新闻宣传工作先进单位"称号，40个记者（总）站荣获"优秀记者（总）站"称号，10名同志荣获"十佳记者"称号，45名同志荣获"优秀记者"称号。

采取不同形式加强对记者队伍的业务指导和培训。集团公司公关策划处加强与各基层记者、通讯员的沟通，鼓励他们深入生产、生活一线获取鲜活素材，围绕中心工作挖掘闪光点；加强组织协调，整合公司系统宣传资源，把握宣传重点，突出宣传实效。各基层企业按照集团公司要求，定期举办通讯员培训班，着力提升基层宣传工作者的基本素质，增强工作的主动性和针对性。同时，公司系统还通过举办公关宣传工作座谈会、企业风采、征文和摄影大赛等多种形式，加强对公关队伍的业务培训和指导，提高了公关队伍的业务素养和工作热情，调动了公关队伍的公关宣传积极性。

展览展示

加强企业形象建设与管理，组织基层企业对推广和规范应用VI系统的情况进行自查，促进了VI系统的推广和规范应用。制定下发《中国华电集团公司火力发电厂主厂房企业标识使用指导意见》，积极指导集团公司新建电厂主厂房企业标识的使用工作。制定下发《中国华电集团公司多媒体广域网视频会议分会场环境布置指导意见》，对视频会议室环境布置进行全面抽查、整改工作。设计制作集团公司2006年版、2007年版宣传册，装机容量突破5000万kW纪念册，制作了华电视频形象宣传片。组织参与中央电视台、《中国电力报》联合出品的首部大型电力工业纪录片《照亮中国》的组稿、拍摄。组织完成公司所属多家公司成立等新闻宣传及展览、宣传册制作工作，取得较好效果。特别是在集团公司成立五周年之际，举办了“经典华电、辉煌五年”主题展览，全面、翔实、生动地展示了集团公司在电源建设、调整结构、产业延伸、节能减排、改革创新、加强管理、队伍建设、交流合作等方面取得的巨大成就。

法律和信访事务

依法经营和依法治企

（一）规章制度建设

集团公司始终把“依法订制、以制治企、合规管理”作为一项重要工作来抓，专门制定了《集团公司规章制度管理办法》，按照“科学有效、管用管好、可控在控”的要求，积极推进制度创新。

在制度建设工作中，集团公司坚持每年初发布规章制度制定、修订计划，年终对规章制度进行一次全面清理，编辑年度规章制度汇编，及时公布废止的规章制度目录。2006 年，制定、修订规章制度 104 件，整理编辑了《中国华电集团公司本部规章制度选编（第三辑）》和《中国华电集团公司系统规章制度汇编（2005 年）》。2007 年，制定、修订规章制度 38 件，整理编辑了《中国华电集团公司总部规章制度选编（2007 年版）》和《中国华电集团公司系统规章制度汇编（2003. 1 ~ 2007. 4）》。

（二）合同管理

集团公司在合同管理中加强了以下“十项措施”：

一个归口，即合同由法律事务机构统一归口管理，统一把好法律关。

两个不得，即未经法律事务机构审查签字，不得对外签订合同，财务部门不得对外付款。

三个百分之百，即法律事务机构对合同审查率要做到百分之百，审查合格率要做到百分之百，合同履约率要做到百分之百。

建立四项制度，即承办人负责制度、分类管理制度、审查会签制度、定期清理制度。

增强五种意识，即契约意识、程序意识、自我约束意识、自我保护意识、风险识别意识。

坚持六项原则，即意思自治原则、主体平等原则、权利义务分担公平原则、诚信原则、合法签约原则、合同法律约束力原则。

建立七种台账，即合同登记台账、合同审查台账、履约报告台账、合同专用章台账、授权委托书台账、违约处理台账、统计分析台账。

把好八个关口，即签约主体资信审查、签约人资格审查、合同立项审查、条款审查、签字盖章、合同履行、资金结算、履约反馈。

审查九个合法性，即主体资格是否合法、合同形式是否合法、合同内容是否合法、意思表示是否合法、履约能力是否合法、用语用词是否严谨规范、合同可行性是否真实可行、合同签订是否必要、知识产权归属和涉外合同的特别审查。

严把十大合同条款，即当事人基本状况条款，合同标的条款，数量条款，质量和验收条款，价款和报酬条款，合同期限、履行地点和履行方式条款，违约责任条款，不可抗力条款，担保条款，合同纠纷争议解决条款。

通过“十项措施”，实现了合同管理动态监控，形成了法律事务工作机统一归口管理、承办人各负其责、相关职能部门分兵把关的闭环管理体系，使合同管理同公司预算管理、资金控制和有关决策程序紧密衔接起来，能够及时发现合同风险点，及时堵塞漏洞和排除隐患，从而有效地防范了合同纠纷的发生。2006 年，共审查各类商务合同、协议 191 件，总金额 199 亿元。2007 年，共审查各类商务合同、协议 214 件，总金额 213 亿元。

（三）授权管理

集团公司通过严格授权管理工作，不断增强公司系统法定代表人意识和委托代理意识，增强集团公司控制力，履行法人职责，维护法人权利，防范法人风险。2006 年，办理授权委托书 56 份，其中审查办理集团公司法人授权委托书 31 份，转授权书 2 份，协助办理公司副总经理和有关部门主任担任董事长的授权委托书 23 份。2007 年，办理授权委托书 88 份，其中审查办理集团公司法人授权委托书 27 份，协助办理公司副总经理和有关部门主任担任董事长的授权委托书 61 份。

（四）参与重大决策和重大经济活动

集团公司法律事务参与经营管理活动的深度和广度不断得到拓展，通过各种形式，为领导依法决策和重大经济活动提供法律意见，排除法律隐患。

2006 年，法律事务工作机构参加集团公司内部会议和外部有关单位会议 63 次；参加经济活动分析会，参与收购电网保留发电资产领导小组、主辅分离改制分流工作协调小组、分离企业办社会职能工作办公室、信息化招标领导小组、印度尼西亚阿萨汉项目工作小组、电力市场办公室等有关工作；参加蒲城三期公司组建谈判、肇庆电力发展有限公司组建、青海建设铝电联营项目、辉腾锡勒 CDM 减排购买等工作；开展电力业务许可证申请工作培训，编制《电力业务许可证申请材料填报指南》，安排部署系统电力业务许可证申请工作。此外还完成了《基层发电企业主要合同纠纷点防范初探》课题并顺利通过验收。作为副组长单位参与中电联《电力企业法律风险防范研究》课题撰写。在涉外投资活动法律服务方面，先后组织或承担印度尼西亚阿萨汉项目、南苏项目、菲律宾 GNPOWER 项目投资法律审查，提供法律意见书十几件（次），特别是通过海外资金管理服务主体、香港公司出口信用保险投保主体和受益人的研究确定，及时有效防范集团公司涉外法律风险。

2007 年，参加集团公司内部会议和外部有关单位会议 79 次；参与信息化招标领导小组、关停小火电领导小组、构建惩防体系领导小组办公室及印度尼西亚阿萨汉项目、南苏项目工作小组工作；为佛山信托重组、上海电气关联交易、绿色煤电增资、金沙江中游、怒江泸水、蒲城三期、金融租赁、GPA 研究等 17 个重大事项提供法律服务；集中研究并组织学习新法律法规政策变化情况。在境外项目法律服务方面，先后承担印度尼西亚阿萨汉、南苏、PJB、菲律宾 GNPOWER、越南北贡、柬埔寨、新加坡淡马锡等 7 个电力项目投资法律审查，提供法律意见。制订境外项目法律服务方案，选聘境外项目常年法律顾问。此外，为与渣打银行金融合作、与 GE 公司环保合作提供大量法律服务。

（五）参与立法活动

集团公司通过参与相关立法活动，积极反映意见和建议，从根本上维护发电企业的合法权益，展示公司法制形象，依法保障发电企业科学、健康、快速发展。2006 年，主要参与了《中华人民共和国电力法》、《中华人民共和国能源法》等法律法规的制定和修订工作。2007 年，主要参与了《中华人民共和国能源法》、《中华人民共和国循环经济法》等法律法规的制定和修订工作，部分反馈意见得到采纳，从法律制定上维护发电企业的合法权益。

普法及法制宣传教育

“五五”普法启动以来，集团公司在制定规划、宣传发动、落实教材、落实机构等基础上，着力于普法创新，取得了显著成效。

2006 年，成立集团公司“五五”普法领导小组，召开“四五”普法总结表彰暨“五五”普法启动大会，制定印发《中国华电集团公司开展法制宣传教育的第五个五年规划》；深入开展《中华人民共和国公司法》、《中华人民共和国证券法》宣贯活动，组织本部《中华人民共和国公司法》讲座并向系统下发学习光盘，举办《中华人民共和国公司法》网上答题活动。

2007 年，深入实施《中国华电集团公司开展法制宣传教育的第五个五年规划》，重点开展两项普法活动：

（1）组织集团总部各部门对 2003 年以来国家颁布的新法规政策文件进行了一次全面清理，形成了《2003～2007 年新法律法规及政策文件目录》和《新法律法规及政策文件重点条文摘要》，向公司系统下发了《关于组织学习新法律法规及政策文件的通知》。在学习的基础上，2007 年 11 月，组织集团总部有关部门又进一步对新法规政策进行了深入分析，研究制定了《劳动合同法主要影响及对策》、《关于实施节能发电调度影响的分析报告》、《关于企业财务通则影响情况的分析报告》、《关于新会计准则影响情况的分析报告》、《关于试行国有资本经营预算的影响分析报告》、《安全生产和节能管理新法规政策影响分析及对策研究》、《关于新环保法规政策影响分析及对策研究》等7个专题报告。在此基础上，整理颁发了《关于印发新法规政策影响分析报告及专题报告的通知》，在集团总部范围内学习贯彻，深入推动依法经营工作。

（2）从2007年10月开始，在全系统开展了“依法经营，遵纪守法”主题实践活动，把经济安全情况、企业关联交易情况、人工成本列支情况、基建工程管理及资金使用情况、会计信息的真实性和集团成立以来各项检查处理意见作为整改落实的重点内容。通过这次主题实践活动，公司系统依法经营意识和遵纪守法的文化氛围得到进一步加强，问题整改取得较好成效，进一步降低内外部经营风险，公司系统依法经营水平得到切实提高，得到了国务院派驻华电集团监事会的肯定。

法律纠纷管理

2006年，集团总部没有发生重大诉讼案件，所属各级子公司共发生重大诉讼案件4起，涉案金额7158万元，通过协助基层单位妥善处理，挽回经济损失2494万元。分别为：①新疆华电昌吉热电有限责任公司诉昌吉热力有限责任公司长期拖欠热费纠纷，涉案金额1802万元；②河北华电热电有限责任公司诉石家庄市排水收费管理所违法收取污水处理费纠纷，涉案金额763万元；③厦门水务集团公司因厦门电厂拒绝缴纳自取原水污水处理费及滞纳金，提请厦门仲裁委员会进行仲裁，涉案金额529万元；④云南省房地产开发经营公司因与云南以礼河发电厂履行房地产委托开发合同产生纠纷，提请昆明仲裁委员会进行仲裁，涉案金额3858万余元。

2007年，集团总部没有发生重大诉讼案件，公司系统反映到集团公司的重大法律纠纷8件，涉案金额9.4亿元。还没有形成仲裁和诉讼的争议2件，即陕西华电蒲城发电有限责任公司、内蒙华电土右发电有限公司与德国思必克（SPX）公司空冷设备采购合同纠纷，合同标的额为4.81亿元。已经形成仲裁和诉讼的争议为6件，分别为：华电工程的哈纳斯热电工程总承包协议纠纷，合同标的额为3.2亿元；华电福建发电有限公司办公楼装修工程承包合同纠纷，集团公司作为第一被告，福建公司作为第二被告，涉案金额为22.5万元；新疆华电昌吉热电有限责任公司诉昌吉热力有限责任公司拖欠供热费纠纷，涉案金额为1718万元；长城资产公司乌鲁木齐办事处诉新疆华电工贸公司借款合同纠纷，涉案金额为5434万元；云南房地产开发公司与中国华电集团公司云南以礼河发电厂房地产委托开发合同纠纷，涉案金额为3979万元；盐边县人民政府诉攀枝花三维实业集团公司兼并红坭矿务局协议纠纷，涉案金额为3500万元。

维护企业稳定工作

每月坚持向国务院国资委报送信访月报，在系统内开展矛盾纠纷集中排查调处活动，指导安排《信访条例》实施一周年宣贯活动；在节假日及其他敏感时期，布置重点单位做好稳定排查和维稳工作，确保企业稳定和队伍稳定。

2007年，认真贯彻党中央、国务院国资委、集团公司党组对于稳定工作的指示要求，制定了公司2007年维稳工作意见，召开公司系统维稳工作会议，先后在公司系统组织开展了4次矛盾纠纷排查活动，及时处置进京上访事件。研究制定信访格式文书，严格规范系统信访行为，确保了十七大的胜利召开，确保了公司和谐稳定的发展局面。

信访接待处理

2006年，直接处理来信来访事项43件（批）次，其中来信29件次，来访14批次。处理的信访事项主要有以下几类：①退役士兵安置问题；②企业改革引发的稳定问题，主要是分离企业办社会涉及的教师队伍稳定问题；③离退休人员待遇问题。重点协调处理了杭州闸口良山门发电厂离退休职工群体上访事件。

2007年，直接处理信访事项共34件（批）

次，其中来信26件次，来访8批次。处理的信访事项主要有以下几类：① 退役士兵安置问题；② 离退休人员待遇问题；③ 企业职工及下放人员工伤问题；④ 企业破产稳定问题，主要是中国华电工程（集团）有限公司吉林水工厂稳定问题。特别是在电力改革领导小组的支持下，较为妥善地解决了杭州闸口艮山门发电厂离退休人员补偿资金问题。

应 急 管 理

2007年，制定了《中国华电集团公司应急管理工作暂行规定》，编印了《中国华电集团公司突发事件应急预案》，应急管理机制进一步完善。

外 事 管 理

护 照 管 理

认真贯彻《中国华电集团公司因公出国（境）管理办法》（中国华电外［2003］725号）精神，继续做好各项因公证照管理工作，认真执行领用、收缴、保管的工作制度，进一步加强了因公出国（境）证照的统一管理。

2006年，新申办护照291本（其中公务护照1本）、港澳通行证22本，办理护照延期36本。

2007年，新申办护照343本（其中公务护照6本）、港澳通行证10本。

签证管理及境外培训工作

2006年，集团公司共办理出境签证248批次，574人次。

2007年，集团公司共批准因公出国（境）团组193个，716人次；共办理出境签证210批次，613人次。

进口许可和资质年审工作

2006年，办理集团公司所属企业进口许可证预审批业务35批次，涉及进口金额约1948万美元。

2007年，办理集团公司所属企业进口许可证预审批业务5批次，涉及进口金额72.9万美元。

行 政 后 勤

行 政 事 务 管 理

（一）会务管理

认真做好公司系统内各类大型会议的会务管理工作。完成了集团公司2006~2007年年度工作会议、年中经济活动分析会和系统主要负责人座谈会的组织工作，完成了与会代表的接送、食宿、会场布置、会议资料发放及物品配送等任务，为会议提供了可靠的服务保障。负责集团总部日常会客接待、前台接待、会议室会务服务及视频电视电话会议主、分会场的联调与设备维护等工作，确保视频设备的有效畅通与视频声像的准确传输，两年共提供会议服务4482次。

（二）职工福利管理

做好企业住房补贴工作。在对其他发电集团住房制度改革工作调研的基础上，主动与国务院国资委分配局进行了交流和沟通，向国务院国资委上报了《中国华电集团公司关于规范住房补贴情况的报告》，根据国务院国资委关于加快对企业住房补贴工作进行整改的文件要求，制定了住房补贴方案（草案）。按照公司发展和工作的需要，及时妥善安排和解决集团总部员工、挂职干部和部门借用人员的办公、生活等问题。落实计划生育政策，认真落实独生子女及父母相关补贴和待遇。做好员工体检工作，按时为员工提供一年一度的体检服务和相应的医疗咨询工作。

（三）行政办公费用管理

根据集团总部上年度行政费用支出情况及下一年公司的发展需要，审核和申报集团总部各部门办公费、差旅费、会议费和招待费等行政费用的预算，并在执行过程中定期发布预算执行情况进行预警监控。

（四）严格公司系统公务用车的审批

2007年，制定并下发了关于加强和规范公司系统公务用车管理工作的规定，规范了公司系统车辆配备标准。严格按照要求，控制各单位公务用车的审批。

后勤服务保障

推进集团总部后勤服务保障工作的社会化，以市场化的管理机制，为集团总部提供优良和满意的后勤服务保障。

为办公大楼及外地调京人员的临时周转住房提供物业服务。加强办公大楼设备的日常维护和定期检修工作，为减少对工作影响，合理利用长假期对设备进行定期检修，保证各类设备的正常运行。

做好餐厅服务工作。为丰富菜式品种，适时做好菜品食品的应季调整，定期借用不同地域的厨师调整菜系口味，增加菜式品种，满足员工各式口味的需要。完成了公司领导和部门在集团总部的接待任务。

加强车队的安全教育和车辆管理，通过举办交通安全知识讲座，增强驾驶员的安全意识和责任意识，及时检查和维护保养车辆，确保行车安全和公司大型会议的接送站任务的完成；2006年“中非合作论坛北京峰会”期间，按照北京市交通管制停驶公务车辆50%的要求，合理调度车辆，确保公司用车。2006～2007年度未发生责任性交通事故。

贯彻落实“预防为主、打防结合、突出重点、保障安全”的内保方针，认真做好内保基础工作建设。2007年对安全监控系统进行了改造，实现了对集团总部的全方位监控，确保了公司的财产安全、人身安全。公司成立至今，没有发生治安事件，获得北京市公安局内保局的好评。

做好餐厅的饮食卫生工作。严格执行食品卫生管理制度，从采购、供应、存储等各环节严把食品卫生关，确保食品的卫生安全；与卫生防疫部门多方联系，配置了食品用油、菜品、水发食品的检测药品和试纸，确保员工身心健康。

固定资产管理

负责集团总部固定资产的采购、管理、维修、调配与报废处理等工作，对固定资产及办公物品的管理通过《员工固定资产实物管理系统》实现电脑管理，在执行中严格管理固定资产的进、出手续，定期对固定资产及办公物品进行分门别类的统计清点，配合财务部做好固定资产的实物管理。2006年根据监察部“三重一大”构建惩防腐败体系的要求，制定了集团总部购置固定资产购买过程中的决策机制和操作程序。针对集团总部办公地点的临时性特点，固定资产的采购与使用按照实用与节约的原则，充分利用现有条件，既满足使用要求，又减少固定资产费用的支出。

办公楼建设与管理

随着集团公司的发展，为进一步改善办公条件、满足集团总部办公需要，2006年下半年，对北京市西直门内大街273号院内2号楼进行了粉刷、地毯铺设、家具购置及配备、完成了餐厅增设等工作；认真制定搬迁方案，迅速组织实施，在不影响公司和各部门正常工作的前提下，在最短的时间内完成搬迁工作。

认真贯彻和落实国务院机关事务管理局关于开展人防工程工作要求，组织人员参加了人防工作培训班，做好人防保密工作检查、在京中央企业普通地下室调查目的数据的采集等工作。

2006年，北京市政府对西直门内大街道路改造，施工带来诸多不便。积极做好对外协调道路拓展、拆迁等工作，并及时做好集团总部1号楼前的场地平整和利用工作，做到车位整齐划一，保证了公司正常的工作秩序、生活秩序，并为员工提供了便利。

两年来，通过对现有办公区域的修缮与改造，不断地改善工作环境，完善大楼的功效，满足了公司不断发展的需要。

社会事务管理

积极参加社区、国务院机关事务管理局及本单位的精神文明建设，加强计划生育、交通安全、植树绿化、爱国卫生和卫生防疫、消防和人防安全、安全保卫及社会综合治理等管理工作，圆满完成各项任务指标，积极参与社会公益活动及向灾区捐款等活动。集团总部2004~2007年连续四年被评为“中央国家机关文明单位”，2003~2007年连续五年被评为“北京市爱国卫生先进单位”和“卫生防疫A级单位”，2007年被评为“中央国家机关人口和计划生育先进单位”和“西城区交通安全先进单位”。

科学发展

综　　述

概　　述

2006～2007年，集团公司以科学发展观为指导，认真贯彻落实国家关于能源产业发展和节能减排等方面的重大决策部署，解放思想、开拓创新，在继续加快发展步伐的同时，更加重视产业结构和区域分布的优化工作，着力改善集团公司资产质量差、区域分布不合理的不利局面，取得了明显成效。不断加强企业战略规划的研究与编制工作，组织编制了集团公司“十一五”规划，使发展目标更加符合新形势下的国家产业政策和集团公司实际；在投资决策和项目前期工作中，按照“优选、精建、严管”的总体要求，大力发展水电、风电等新能源项目，重点选择在煤炭资源丰富、经济发展水平高或潜力大的地区发展大容量、高效能、环保型的火电项目；按照“以电为主、上下延伸”的发展思路，积极拓展煤炭等相关产业，延伸产业链，分散经营风险，提升企业可持续发展能力，为集团公司做强、做大、做好奠定了坚实的基础。

战略与规划

战略规划编制与修订

2006年3月，全国十届人大第四次会议审议批准了《中华人民共和国国民经济和社会发展第十一个五年规划纲要》（简称《规划纲要》）。为全面贯彻《规划纲要》精神，集团公司编制了《中国华电集团公司“十一五”发展规划》（简称《公司“十一五”规划》），在“358”战略计划的基础上，着重对第二、三阶段的目标任务进行了科学调整和提高，对集团公司“十一五”期间的发展项目进行了梳理，从而进一步明确了规划实施的策略和重点。在《公司“十一五”规划》的总体框架下，2007年集团公司组织分支机构和相关单位完成了“十一五”区域规划报告的汇编和总结。

根据国务院国资委的要求，集团公司于2006年编制上报了《中国华电集团公司2006～2008年发展规划》，于2007年编制上报了《中国华电集团公司2007～2009年发展规划》。

“十一五”发展思路

“十一五”期间，集团公司的发展思路如下：

（1）优化发展火电。以大型高效环保机组为重点，建设大型超超临界机组和大型空冷机组，逐步形成一批大型煤电基地；有条件的地方适度发展天然气发电和洁净煤发电；加快淘汰小火电机组，为大型火电建设腾出环保空间。

（2）大力发展水电。发挥集团公司水电建设优势，完善流域综合开发机制，加快乌江流域开发，大力推进金沙江水电开发，积极推动怒江流域开发，高度重视中小型水电开发。加强水电机组挖潜改造。

（3）努力突破核电。加大核电参与力度，以参股建设为切入点，逐步培育核电建设人才和公司自主开发核电能力，争取尽早在核电建设方面实现突破。

(4) 积极发展新能源和可再生能源。利用好国家优惠的财税、投资政策，把握国家强制性市场份额政策，建设一定规模的风电、秸秆发电项目。

(5) 积极拓展煤炭产业。积极参与国家大型煤炭基地的开发建设，密切与大型煤炭企业的合作，在重点地区建设煤炭供应基地，选择有优势的煤炭企业实行煤电联营或煤电一体化经营。适时开拓国际煤炭资源。

(6) 有效培育金融运作平台。巩固完善现有金融平台，进一步整合利用好内部金融资源，加强风险防范和控制，构筑科学合理、服务集团公司发展的金融产业经营管理架构。

“十一五”发展目标

根据《公司“十一五”规划》确定的发展目标，到2010年集团公司经营规模和效益均在2005年基础上翻一番，具体指标如下：

(1) 发电装机容量8000万kW，年发电量3600亿kW·h。

(2) 销售收入1030亿元，利润总额50亿元。

(3) 投产单机容量60万kW及以上煤电机组2500万kW，占投产煤电规模的72%；投产超超临界、空冷和循环流化床机组1400万kW，占投产煤电规模的41%；投产水电机组700万kW，水电装机容量达到1400万kW，占总装机容量的17.4%；风电装机容量60万kW，占总装机容量的0.7%。

(4) 供电煤耗336g/(kW·h)，SO_2排放量比2005年减少45%。

(5) 参、控股煤矿生产能力2700万t/年，金融产业利润总额5亿元。

(6) 培育建设12个大型煤电基地、4个大型水电基地和4个大型煤炭基地。

战 略 实 施

2006年是国家“十一五”规划的开局之年，同时也是集团公司实施“358”战略计划第二阶段目标的起步之年。为了适应《规划纲要》对电力工业的发展要求，集团公司在巩固过去三年取得重大成果的基础上，抓住“十一五”发展的重要战略机遇期，推动公司又好又快发展，公司党组部署编制了《公司“十一五”规划》。

《公司“十一五”规划》以科学发展观为指导，结合《规划纲要》的总体要求，在深入分析国家宏观经济形势、电力工业及有关产业发展趋势的基础上，结合公司发展现状、发展环境，发展空间和发展能力，着重对集团公司后两个阶段的发展目标进行科学调整和提高，同时全力组织落实，确保有效实施。

统一思想，提高认识。公司系统积极按照集团公司要求，通过学习宣贯，坚决把思想认识统一到《公司“十一五”规划》精神上来，坚持科学发展观，积极有效实施规划，全面完成规划目标。集团总部加强规划指导，做好统筹协调，优化配置各种资源，跟踪分析规划实施情况，及时解决规划执行存在的问题。公司系统各单位充分树立发展“一盘棋”的大局观，真抓实干，落实好本地区、本企业规划，促进公司规划全面完成。

加大前期工作力度，确保项目按程序核准建设。公司上下全力以赴地做好评优工作，将规划开工项目纳入所在省份的“十一五”规划，并确保进入国家“十一五”后三年排优计划。在推进规划项目加快建设的同时，加大资产重组并购力度，开辟新的资产增长方式，实现公司又快又好发展。同时，千方百计落实各项开工条件，有计划、有组织、有措施地保证计划开工项目的规划、环保、水保、国土、接入系统、融资及水电项目移民等核准条件的落实，确保按计划开工。

精心组织实施，积极做好小火电机组关停工作。根据关停小火电机组实施方案，积极稳妥地开展关停小火电机组工作。严格按照集团公司的统一部署和计划，积极落实关停措施，做到“一厂一策”，按期关停。充分把握“上大压小”相关政策，扎实推进替代项目的前期工作，将小火电关停工作与促进发展有机结合起来。同时高度重视人员安置工作，始终坚持将职工队伍的稳定摆在小火电关停工作的首位。

积极筹措建设资金，满足公司发展需求。公司通过不断改善经营成效，提高公司资金筹措能力。增强对内核企业、全资企业现金流的控制，合理使用内核企业折旧资金。同时进一步发挥上市公司融资功能，增强财务公司资金融通能力，化解项目资金压力。广泛加强银企合作，深入研究融资策略。合理有效利用担保资源，提高公司担保实效。进一步研究探索新的融资渠道和品种，在发行企业债券的基础上，做好产业投资基金、资产证券化、信托融资等工作，加大直接融资力度。优化资金计划安排，统筹考虑资金平衡，把有限的资金优先用于重点项目和投产项目。

加强工程全面管理，确保实现项目预期收益。狠抓工程计划管理，抓好图纸设备催交，优化施工组织，尽快形成生产能力。开展达标投产创优质工程活动，确保工程达标投产。加快设计示范工作，推动大型机组设计优化。推进工程对标管理，制定公司工程造价指标控制标准。构建基于概算、执行概算、施工图预算、工程结算的造价闭环管理体系，推行同等技术条件下合理低价中标，严格设计变更管理，把降低工程造价落到实处。及时开展生产准备，确保基建向生产平稳过渡，尽快实现稳定生产，以此强化项目投资回报责任制，实现项目预期收益。

提升科技创新能力，为公司发展提供技术保障。做好集团公司科技规划，增强公司系统科技创新能力。依靠全系统技术力量，发挥集团公司动力技术研究中心和电气及热控技术研究中心的作用，学习借鉴先进技术，加大对关键技术的研究和突破，掌握高参数、大容量及空冷火电，大型水电，大型循环流化床，大型热电联产，燃气蒸汽联合循环机组的设计、建设、运行、检修技术。开展20万kW级IGCC机组、百万千瓦级超超临界空冷机组和60万kW级循环流化床关键技术攻关。积极参与洁净煤发电、新能源发电技术研究，推广应用节地、节能、节水、节油技术。

大力实施人才强企战略，保证发展所需人才。为了适应发展要求，公司不断加大人才开发工作力度，发挥集团优势，在全系统优化配置技术人才，健全有效运作机制，建立了人才开发培训、选拔、使用、待遇一体化的制度保障体系。丰富人才开发培训方式，着力推动重点专业和人才急需专业的培训工作。进一步做好人力资源优化配置工作，不断提升员工综合能力，以适应不断增加的高效大机组技术要求。

通过以上举措，力求优化发展布局，推动技术升级，合理调整结构，转变增长方式，实现又好又快发展，努力把公司建设成持续成长型、学习创新型、节约高效型、环境友好型、和谐安全型企业，更好地向“国内先进、国际一流”的现代能源集团迈进。同时，充分发挥集团平台优势，坚持“两条腿”走路的方针，整合内、外资源，积极推进与各级政府和相关企业的良好合作，通过战略联盟、资本纽带等多种形式锁定与利益相关方的关系，为集团公司发展战略实施营造了良好的发展环境，实现“双赢”目标。

电源发展

概　　述

2006~2007年，集团公司合计投产装机容量2310.3万kW，实现了总装机容量5000万kW和6000万kW两个台阶的大跨越。公司电源结构得到了进一步优化，初步形成了高效火电、大中型水电和新能源共同发展的新格局，其中30万kW及以上火电机组的比重由成立时的44.3%上升到70%，先后投产了国内单机容量最大、国产化程度最高的华电国际邹县发电厂100万kW超超临界机组和国内首批60万kW华电宁夏灵武发电有限公司空冷机组、60万kW湖南华电长沙发电有限公司脱硝机组，投产7台9F重型燃机共273万kW，这些设备的投产为提高我国电站装备水平和自主创新能力作出了重大贡献。贵州乌江构皮滩发电厂等大型水电工程稳步推进，水电在役机组达到772.21万kW。在内蒙古、宁夏、新疆等地区，一批风电项目和安徽宿州秸秆发电项目陆续开工建设并部分投产，实现了集团公司新能源发电项目零的突破。

投资管理

为进一步规范投资行为，强化风险约束机制，提高投资收益，依据国家有关法律、法规和公司章程，结合集团公司实际及发展战略规划，研究制定了一系列投资管理制度。根据《中央企业投资管理暂行办法》（国资委令第十六号）要求，制定了《中国华电集团公司投资管理办法》，对投资管理内容和要求、投资申请的上报和初审、投资决策、投资实施与监督、职责与分工、资金筹措和使用及责任追究都作了明确的规定。

为了把好投资项目决策的第一道关口，2007年1月，集团公司成立了技术经济工作组，由计划发展部牵头，工程建设部、安全生产部、资产管理部、财务管理部、市场营销部、科技环保部、技经中心、煤业集团公司等部门和单位的相关人员共同组成。集团公司每一个投资项目在被提交到投资审核会审核之前，技术经济工作组都要从技术经济角度对其可行性和经济性进行全面评价，提出评价意见，供投资审核会和党组会决策参考。

经过几年的实践探索，集团公司投资决策机制不断完善，形成从“技术经济工作组评价”到“投资审核委员会审核”，最后由“集团公司党组会决策”的三级决策体系，确保投资项目审慎决策，确保合理的投资收益，确保国有资产保值增值。同时，为了提高集团公司项目投资决策水平、管理水平和投资效益，公司制定了《中国华电集团公司投资项目后评价管理办法》，进一步规范了项目后评价的依据、内容、组织机构、程序、编制单位及成果应用等。

前期管理

根据国家有关政策，集团公司前期项目管理按照不同阶段进行，依次为可行性研究审查、取得单项支持性批复文件、获得“路条”和项目核准。2006～2007年，公司前期管理工作在不同阶段都取得了重要进展，其中获得政府核准和同意开展项目前期工作批复（即“路条”）的情况如下：

（一）项目核准

集团公司2006年获得政府核准的电源项目共16项632.95万kW。其中：火电6项363万kW，水电6项255.5万kW，风电2项9.45万kW，秸秆发电1项5万kW。具体项目有：贵州东风扩机（1×12.5万kW）、西溪河地洛水电站（2×5万kW）、印度尼西亚阿萨汉1号水电站（2×9万kW）、西溪河洛谷水电站（2×5.5万kW）、贵州乌江思林水电站（4×25万kW）、贵州北盘江光照水电站（4×26万kW）、滕州新源二期（2×31.5万kW）、包头东华热电（2×30万kW）、章丘二期（2×30万kW）、贵州头步技改热电工程（2×15万kW）、内蒙乌达热电（2×15万kW）、广西贵港（2×60万kW）、新疆小草湖风电（4.95万kW）、宁夏宁东风电（4.5万kW）和安徽宿州秸秆热电项目（2×2.5万kW）。

集团公司2007年获得政府核准的电源项目共10项544万kW。其中：火电5项498万kW，水电1项15万kW，风电4项31万kW。具体项目有：望亭油改煤项目（1×66万kW）、辉腾锡勒扩建（2万kW）、湖南长沙一期（2×60万kW）、陕西蒲城三期（2×66万kW）、清水河格里桥水电（15万kW）、石家庄南郊热电（2×30万kW）、山东莱州风电（4.05万kW）、内蒙古包头河西项目（2×60万kW）、内蒙古库仑风电（20万kW）和新疆小草湖风电二期（4.95万kW）。

（二）获得“路条”项目

2006年，公司获得“路条”项目1项60万kW（江苏望亭电厂煤改油项目）。

2007年，公司获得的“路条”项目共20项计1716.9万kW。其中：火电12项840万kW，水电5项850万kW，风电3项26.9万kW。具体项目有：黑龙江佳木斯热电（2×30万kW）、上海老港风电（1.95万kW）、清镇异地改建（2×60万kW）、牡二“上大压小”热电（2×30万kW）、达茂旗召河风电（4.95万kW）、山西轩岗一期（2×60万kW）、金沙江中游阿海水电（200万kW）、金沙江中游梨园水电（240万kW）、云南鲁地拉水电（210万kW）、福建漳平扩建（2×30万kW）、福建永安扩建（2×30万kW）、攀枝花煤矸石项目（30万kW）、内蒙古巴音风电（20万kW）、河南漯河热电（2×30万kW）、珙县一期（2×60万kW）、贵州乌江沙沱水电

(112 万 kW)、石家庄西郊热电（2×30 万 kW）、河南渠东热电（2×30 万 kW）、湖北黄石扩建（1×30 万 kW）和贵州北盘江董箐水电（88 万 kW）。

水 电 开 发

2006~2007 年，集团公司继续加大水能资源的开拓力度。

（1）进一步巩固已有水能资源。加强和国家发展改革委，云南省政府、规划设计部门的协调沟通，有序开展前期工作，努力促批怒江中下游水电规划；继续争取西藏、青海、四川等地大力支持集团公司开发金沙江上游青川段、川藏段水电资源，成立金沙江上游水电开发有限公司；加强与国家相关部委、有关省（自治区、直辖市）的联系沟通，力争金沙江上游环评规划和流域规划早日审查，同时委托国家电网公司启动梯级输电规划研究。

（2）继续在四川、西藏、新疆、青海等地争取水能资源。与四川、西藏有关地方政府签订金沙江上游 7 条支流的开发协议；启动规划设计工作，争取俄日河、绰斯甲河、安宁河等中小水能资源开发权；继续争取在西藏雅鲁藏布江水能资源、羊卓雍湖二厂等项目开发权；在新疆争取叶尔羌河、三屯河等项目开发权；在青海争取通天河水能资源开发权，已取得地方各级政府和发展改革委的支持。

全面推进水电流域开发。乌江流域开发有序进行：思林项目于 2006 年获得国家核准，正式开工建设；沙沱水电站 2007 年底实现分流；清水河格里桥水电站实现核准并开工建设。金沙江中游移交工作按期完成：2006 年 6 月，金沙江中游公司开发的龙盘、两家人、梨园、阿海和集团公司控股开发的鲁地拉等 5 个梯级前期工作的清算移交工作全部完成，进一步理顺了开发体制；2007 年 11 月，国家发展改革委批复开展龙头水库比选工作，流域相关专题研究等工作同时全面开展。怒江中下游各梯级前期工作稳步推进：国家发展改革委发文同意规划建设六库水电站，赛格、亚碧罗水电站已开展施工准备，马吉水电站加紧开展前期准备工作，其余梯级正在开展前期阶段勘测设计工作，六丙公路已做好开工准备。金沙江上游促批工作取得积极进展：西藏自治区政府将金沙江上游水电站作为藏电外送的优先启动项目，列入《西藏电力发展“十一五”规划及 2020 年远景目标》，流域水电规划基本具备审查条件，委托设计院启动藏川段 7 个梯级预可行性研究工作。北盘江干流加快开发：董箐水电站除环保未批复外，其余项目核准文件已落实，马马崖水电站正在开展可研勘测设计和施工准备工作，善泥坡水电站正在落实核准条件。中小流域开发稳步进行：杂谷脑河流开发已接近尾声，西溪河青松可行性研究报告基本完成，已启动核准申请工作，其余梯级已开工建设，木里河 4 个梯级已全面进入可研勘测设计阶段，对外交通均已开工建设。

深入做好水电移民工作。公司系统在建、筹建水电工程移民安置搬迁任务较重，涉及移民超过 10 万人。集团公司进一步加强水库移民管理工作，各单位配合地方政府做好水库移民安置，及时拨付移民资金，营造了移民总体稳定的有利局面。国家新的《大中型水库征地和移民安置工作条例》颁发后，集团公司按照新条例要求积极开展移民相关工作，基本保证了前期工作、工程建设和生产运行的正常开展。水电项目移民安置规划取得突破，完成一批项目的移民安置规划大纲和移民安置规划审核。积极探索移民工作新举措，云南省政府已批准金沙江中游水电项目实行移民长效补偿机制方案，并在阿海、鲁地拉项目上执行。各施工准备项目较好地完成了施工区征地和移民搬迁安置工作，为工程建设创造了条件。宝珠寺库区遗留问题的处理工作取得积极进展，处理措施与相关省份基本达成一致意见。

加强水电管理力量和管理制度建设。集团公司进一步加强了水电管理力量，2007 年 9 月在计划发展部内增设水电处。进一步规范前期工作管理，完善管理办法。建立了水电核准项目和施工准备项目月报制度，印发了移民工作管理办法、水电前期工作考核办法。召开了公司系统水电前期座谈会、水库移民工作座谈会，举办了移民管理培训讲座。

新能源发展

为了积极响应国家有关新能源发展的产业政策，发挥专业化优势，促进集团公司电源结构调整，2007 年 9 月，公司出资设立了中国华电集团新能源发展有限公司，专门负责公司系统新能源项目的投资、建设、生产与运营工作。

集团公司新能源发展以资源富集的内陆地区、沿海地区和集团公司资产空白区域为重点，以风电项目为龙头、以小水电项目为依托，积极发展分布式能源和太阳能发电，因地制宜开展生物质能和垃圾发电，及时跟踪了解其他新能源的发展状况，努力为社会奉献更多的清洁能源。

在风电项目上，集团公司已在内蒙古、新疆、甘肃、吉林、黑龙江、辽宁、广东、广西、海南、江西、江苏、浙江、湖南、湖北等省（自治区、直辖市）取得了资源，并与各地方政府签订了一批项目开发协议，累计占有风电资源量近900万kW，并按照开发协议的要求开始开展测风工作。2007年12月10日，内蒙古华电辉腾锡勒12.15万kW风电机组全部投产发电，是集团公司投产的首家风电场。随后，宁夏宁东风电4.5万kW和新疆小草湖风电一场一期工程4.95万kW风电机组相继投产发电，到2007年底，集团公司的风电装机容量达到21.6万kW。

在太阳能发电项目上，集团公司已争取到上海市普陀区都市工业园1.4MWp太阳能光伏发电项目和北京市八达岭1MW太阳能热发电项目的投资开发权。其中上海市普陀区都市工业园1.4MWp太阳能光伏发电项目已将可研报告上报普陀区发展改革委，北京市八达岭1MW太阳能热发电项目建议书（代可研）已获得批复。

在分布式能源项目上，集团公司密切关注国内分布式能源的发展状况，与广州大学城能源发展有限公司签订了合资合同，共同出资设立广州大学城华电新能源有限公司，投资广州大学城分布式能源站并积极开展项目施工准备。

在小水电项目上，集团公司抓住国内资本市场利好和电力体制改革进一步深化的有利时机，开展了部分区域小水电项目的收购洽谈工作。与甘肃明珠投资股份有限公司进行了多次接触，并积极参与海南水电公司资产重组。与湖南、四川、云南、黑龙江等区域的部分小水电项目开展洽谈。

境外项目发展

2007年4月，根据集团公司的战略部署和机构调整方案，由计划发展部统一负责集团公司境外发展战略规划的制定和组织实施，并设国际项目处，专门负责境外项目的开发及境外项目前期工作的组织协调等工作。为充分发挥集团公司整体优势，加大对境外项目的指导和协调力度，2007年7月建立了集团公司境外项目前期与基建协调会月会制度。

截至2007年底，集团公司在开拓印度尼西亚电力市场方面取得了重要进展。3个项目已进入实施阶段，其中投资项目1项（印度尼西亚阿萨汉一级水电站2×9万kW项目，包括总承包建设和电厂运营维护），总承包项目2项（印度尼西亚印度拉玛燃煤电厂2×3万kW项目和印度尼西亚拉法基燃煤电厂2×1.6万kW项目）。境外投资合同金额合计为2.47亿美元，总承包合同金额合计为3.03亿美元。在着力保障已开工项目顺利实施的同时，为确保“走出去”战略实施的可持续性，集团公司继续加大力度进行其他境外市场拓展及后续项目的开发，在印度尼西亚、俄罗斯、缅甸、柬埔寨、老挝等国跟踪开发新的电力项目。

“上大压小”

“上大压小”是党中央、国务院作出的具有战略意义的重大决策。党中央、国务院在《规划纲要》中明确提出：到2010年，单位国内生产总值能源消耗和主要污染物排放总量分别比2005年降低20%和10%。2007年1月29日，为贯彻落实国务院《关于加快关停小火电机组的若干意见》（国发［2007］2号）精神，国家发展改革委、国务院能源领导办公室在北京召开了全国电力工业“上大压小、节能减排”工作会议，部署“十一五”时期小火电机组关停工作。集团公司与国家发展改革委签订了“关停小火电机组目标责任书”，承诺在“十一五”期间关停小火电484万kW。

2007年2月14日，集团公司召开关停小火电机组暨“上大压小”工作会议，对公司系统“上大压小”工作进行动员和部署，公司系统有关单位与集团公司签订了“十一五”关停小火电机组责任书。

2006年，公司完成关停小火电机组21台74.8万kW。2007年，关停小火电机组31台175.9万kW。其中杭州华电半山发电有限公司、贵州华电清镇发电有限公司、华电滕州新源热电有限公司共5台机组提前6个月关停，云南华电巡检司发电有限公司4台机组提前7个月关停，湖北华电黄石发电股份有限公司2台机组提前8个月关停，华电厦门电厂、水城公司4台机组提前1年关停，四川华电攀枝花发电公司6号机组、十里泉电厂3、4号机组提前2年以上关停。截至2007年底，集团公司累计关停小火电机组52台250.7万kW，完成“十一五”关停责任书468.3万kW的53.5%。

为顺利推进“上大压小”工作，确保安全生产和人员稳定，集团公司重点采取了以下措施：①成立了以集团公司总经理为组长、分管副总经理为副组长、相关部门主要负责人组成的小火电机组关停工作领导小组，全面动员和部署集团公司“上大压小”工作，按年度分解落实“十一五”期间小火电机组关停任务，确保工作责任到位、措施到位，按照“一厂一策”的原则，制定关停实施方案和人员配置方案，报集团公司审批后组织实施。②抓住关停机组人员安置和“上大压小”替代项目建设两个关键环节，统筹处理好资产处置、债务处理、发电量计划补偿和电量转移等善后事宜，严格关停机组资产处置管理，逐项清理债权债务，杜绝国有资产流失事件发生，充分利用发电权转让和电量计划补偿等鼓励小火电机组关停的政策，最大限度地减少关停小火电机组对经营业绩的不利影响。

项目公司组建

2006年，集团公司先后组建了湖北华电武昌热电有限公司、云南华电鲁地拉水电有限公司和湖南华电常德发电有限公司。湖北华电武昌热电有限公司是在原武昌热电厂的老小机组关停之后，为加强新的燃机项目建设和管理而组建的，由集团公司控股90%，武汉开发投资有限公司参股10%，原武昌热电厂的留存资产和人员全部一并划入新的公司。为了加强金沙江中游鲁地拉水电梯级开发，按照《关于组建金沙江中游水电开发有限公司有关事项的批复》(发改能源［2005］2609号）文件精神，集团公司按照控股75%的比例出资组建了云南华电鲁地拉水电有限公司，另外两家参股股东分别为金沙江中游水电开发有限公司和云南省开发投资有限公司，参股比例分别为17%和8%，建设规模为6台36万kW机组。湖南华电常德发电有限公司规划建设规模为4台60万kW，其中一期建设2台60万kW，由集团公司和湖南省常德市经济投资公司分别按照90%、10%股比份额出资组建。

2007年，集团公司先后组建了中国华电集团新能源发展有限公司、陕西华电蒲城第二发电有限公司及湖北华电西塞山发电有限公司。陕西华电蒲城第二发电有限公司由集团公司独资设立，建设规模为2台67万kW，与陕西华电蒲城发电有限公司“两块牌子、一套人马”，按照“一厂两制”的方式进行管理和运营。2007年7月设立的湖北华电西塞山发电有限公司，由集团公司控股99%，湖北省黄石市城市建设开发投资公司参股1%，主要负责2台68万kW火电机组扩建工程的建设和运营。

工程建设管理

（一）基建概况

2006年底，集团公司在建电站项目为34个，在建容量为2341.5万kW，其中，火电项目22个，容量为1819.8万kW；水电项目11个，容量为509.7万kW；风电项目1个，容量为12万kW。2006年度投产电站机组为38台，投产容量为1090.8万kW，比年度计划增加290.8万kW，其中，火电机组31台，容量为1053万kW；水电机组7台，容量为37.8万kW。

2007年底，集团公司在建电站项目为29个，在建容量为2391.15万kW，其中，火电项目17个，容量为1707.3万kW；水电项目10个，容量为677.3万kW；风电项目1个，容量为4.05万kW；秸秆项目1个，容量为2.5万kW。2007年度投产容量为1219.5万kW，其中，火电机组23台，容量为1156.5万kW；水电机组8台，容量为41.4万kW；风电项目3个，容量为21.6万kW。

（二）项目建设管理

（1）安全管理。集团公司高度重视在建项目的安全管理工作，积极引导基建单位落实各项安全措施，强化安全理念，确保了集团公司2006~2007年度在建工程项目基建安全工作实现无重大人身伤亡事故、无重大机械设备损坏事故、无重大火灾事故、无重大交通事故、无重大环境污染事故和无重大垮（坍）塌事故、无大面积传染病和集体食物中毒事故的目标。同时，通过组织系统内在建单位开展安全生产“巩固提高年”活动，采取切实有效的措施，建立安全生产责任制、加强多发事故的防范工作、加强施工现场的安全管理、加强安全生产应急管理工作、营造集团公司安全发展企业文化等多方面的安全管理工作，加强了各基建单位的安全管理意识，确保了集团公司2006～2007年未发生一起重大安全责任事故。

（2）质量管理。为确保基建项目质量达标，集团公司加强对基建项目的质量检查工作。2006～2007年，集团公司基建项目总体质量良好，部分项目质量优良。其中广安二期工程获得“国优工程银质奖”称号，长沙、齐热、宝山等工程在主厂房等建构筑物施工中推行清水混凝土工艺成效显著，成为工程建设中的闪光点。工程建设质量管理工作围绕“建立一个体系、完善两种签证、强化三项监督、落实四级验收”来开展，通过对在建工程进行达标投产年度检查，及时发现存在的问题，并提出整改意见和下一步工作要求，强化过程管理，取得了事半功倍的成效。同时加强工程建设阶段性检查和质量监督巡视，采取专家诊断、成立攻关小组等多种手段，为确保投产创造条件。通过对池州、东华、昆二、攀枝花、半山、望亭、戚墅堰、大龙、大通、六安、狮子坪、联补、紫兰坝等项目采取阶段性检查和举行现场协调会，取得了相互交流、扬长避短的良好效果。

（3）进度管理。针对集团公司在建项目进度管理存在的问题，集团公司按照下发的综合进度计划，要求各项目公司分解细化进度计划，形成二级和三级网络进度计划，以确保一级进度计划。各基建单位认真分析影响工程的主要问题，找出关键路径，发现影响关键路径的问题后，要及时调整，采取赶工措施，保证关键路径的进度。制定责任制，将具体进度管理和责任落实到人。各基建单位公司领导班子根据各自的专业和特长，分工负责，形成全公司抓基建、全公司保投产的氛围。通过集团公司上下齐心协力抓进度保投产，2006～2007年，公司投产容量达到2310.3万kW。

（4）造价管理。按照中央建设节约型社会的要求，从源头上开始控制工程造价，节约资源，提高项目竞争能力。集团公司通过对可研及初步设计阶段在总平面布置、主厂房布置、建筑结构、设备选型、费用控制等方面的优化，大大降低了工程造价。齐热仅集控楼优化一项就节省投资近千万元，襄樊二期利用两台30万kW的主厂房布置了2台60万kW机组，仅土建就节省投资近500万元。

集团公司加强对招标工作的管理，修订了工程招标管理办法，并组织招标公司编制了各类标段的评标导则和细则，使招评标工作进一步规范。采取两阶段、打捆招标、限制投标报价（设置拦标价）等方式降低了工程造价。

为了抓好造价控制的过程管理，对于已批复的概算，集团公司要求项目公司委托技经中心以招标成果合同价或同类地区较低的单价标准编制执行概算，以之作为集团公司基建项目造价过程控制的标准。编制的执行概算相对批复概算预计总共节余72亿元左右。

同时，集团公司大力开展30万、60万、100万kW级费用类、工程量、设备价格对标工作，要求各相关单位根据自身工程的实际与标杆找差距、分析原因，力争控制在标杆水平内。

（三）基建管理经验

（1）发挥集团整体优势，协助攻艰破难。2006～2007年，集团公司投产项目多、任务紧，各基建单位普遍面临设备不能按时交货影响投产进度的难题，集团总部站在全局的高度，充分发挥集团公司的整体优势，加大协调设备催交和调整试运工作：① 积极筹集资金尽量保证主机设备进度款及时到位。② 到主机设备厂根据集团公司整体工程建设任务统一协调交货进度，并成立设备催交领导小组和工作组，改变项目各自为政的局面，统一面对主机和主要辅机厂进行跟踪协调，起到了各项目催交人员单独催交所不能起到的作用。③ 统一调配全系统技术力量支持项目整套试运。集团公司面对巨大的投产压力，不是遥控指挥，而是派人到现场进行指导和协调，与一线的广大干部员工同甘苦共患难。同时调配全系统的技术人员组织技术攻关，加强对调整试运的指导。④ 积极做好生产准备工作，加大运行人员上岗培训，指导项目公司做好投入生产前的各项准备工作。重点协调落实电厂送出工程的同步建设，落实新的环保政策对机组建设提出的要求，同时，加强对新技术的消化与掌握，落实好生产人员的培训和各项目生产准备工作。通过集团公司的整体协调优势，协助各基建单位共同攻坚破难，为确保完成集团公司年度投产任务打下坚实基础。

(2) 创建工程对标体系，提升管理业绩。为了加强基建项目造价控制，提升基建管理单位管理水平，集团公司创建了工程造价对标体系，建立了造价对标考核机制。在30万、60万kW机组工程量对标的基础上，还重点编制了100万kW机组的工程量对标标准，并对30万、60万kW机组主体工程以外的模块进行补充完善。对不同规模机组的工程量、费用标杆在各项目试点，各基建单位根据自身工程的实际与标杆找差距、分析原因，力争控制在标杆水平内，并且将对标工作纳入考核体系。集团公司定期发布投资类、费用类、脱硫岛EPC价格、设备价格类等对标标准，指导各项目公司全面控制工程造价。各相关基建单位结合工程量对标标准督促设计院在开展初步设计时优化设计方案，根据自身工程的实际，与对标标准找差距、分析原因；施工招标时要对比对标标准并结合标段划分严格控制招标工程量；工程实施过程中要结合标准控制设计变更、工程量签证；结算中要严格控制结算工程量在对标标准范围内，对于超出对标标准部分要分析原因。各基建单位结合发布的投资类、费用类、脱硫岛EPC价格、设备价格类指标指导招标工作，对最终合同价与指标进行对比，力争控制在对标标准水平内。

(3) 围绕达标投产办法，狠抓过程控制。围绕达标投产，狠抓过程控制，组织技术攻关，确保高质量投产。集团公司通过对在建工程进行达标投产年度检查，及时发现存在的问题，并提出整改意见和下一步工作要求，强化过程管理，取得了事半功倍的成效。集团公司加强工程建设阶段性检查和质量监督巡视，采取专家诊断、成立攻关小组等多种手段，为确保投产创造条件。2006年组织完成对投产机组的达标投产检查工作，其中2005年投产的24台火电机组达标投产率为87.5%，4座水电站达标投产率为100%，2006年上半年投产的5台火电机组达标投产率为100%；2007年组织完成对24台机组的达标投产复查批复工作，平均得分率93.06%，其中批复达标机组20台，需完善尾工和相关工作后才能达标的机组4台。

投产新机组中，邹县、潍坊、滕州等机组保护投入率、自动投入率、主要仪表投入率均达到100%，汽水品质合格率100%。哈热8号和滕州3号、4号等机组真空严密性低于0.22kPa/min，其中邹县7号机组低于0.06kPa/min，青岛4号机组只有0.0366kPa/min。大通2号机组吹管期间没烧一滴油，到168h试运行结束，只燃油95t。邹县7号机组厂用电率只有3.87%，168h试运行期间没烧一滴油。潍坊3号和滕州3号、4号机组试运行期间发电机漏氢量在3.32Nm^3/d以下。大龙1号机组在168h试运行后不停机连续运行85天，大通1号机组在168h试运行后不停机连续运行61天，章丘3号机组移交商业运行后连续运行102天，青岛4号机组在6个月考核期内连续运行160天，大方2号机组168h试运行后连续运行84天。以上成绩表明，集团公司围绕达标投产，狠抓过程控制，组织技术攻关，确保高质量投产卓有成效。

(4) 构建信息管理平台，加强管控力度。PMIS系统（Project Management Information System）即华电集团公司工程项目管理信息系统，是以华电集团广域网和虚拟网（VPN）为网络平台，以集团侧、各基建单位两级系统部署方式，涵盖集团总部、二级管理公司、项目单位三级基建项目管理职能的信息系统。系统建设目标是构建集团公司系统内工程项目管理的一体化管理系统平台，提高集团公司项目管理水平和决策反映能力，达到控制工程进度、降低工程造价、提高建设质量、为设备全生命周期管理提供基础信息的目的要求。主要业务范围包括集团公司在建的各项目单位业务处理及集团公司对在建工程项目的相关管理及统计分析。通过实施PMIS实现了集团公司项目管理的规范化、资源共享、数据挖掘和为集团公司及项目单位领导层提供辅助决策。实现了与工程设计单位、监理单位、施工单位的管理协作和信息收集。项目管理人员与参建单位协调沟通，共同应用PMIS进行工程管理，这种科学、先进的管理方法给工程管理带来了极大的效益。资源共享减少了项目管理过程中的中间环节，加强了对进度、质量、成本等的有效控制，提高了工作效率，缩短了决策周期，并使资金周转加快。自2006年7月开始在集团公司25家在建火电单位推广使用电厂侧PMIS及60多家单位使用集团侧PMIS，提高了集团公司项目管理水平，积累了人才和经验，对集团公司项目管理和信息化建设起推动和促进作用。

(5) 建立完善激励机制，调动各方热情。为了激励在基建过程中对安全、质量、进度、造价等工作作出突出贡献的相关单位，集团公司设立了工程“双达标”奖。经集团公司考核确定为“双达标”并有投资节余的给予“双达标”奖励，按投资节余的2%给予投产达标奖励兑现；投产后的3年内，集团公司考核确定效益达标后，每年再按投资节余的1%给予效益达标奖励兑现；当年未实现效益达标不给奖励。通过“双达标”奖的设置，充分调动了各参建单位的积极性和热情度，这对确保集团公司投产保产任务、促进各基建项目达标投产发挥了积极作用。

(6) 创新工程管理模式，突出管理特色。针对国家环保部门对脱硫系统的特殊要求，集团公司创新管理模式，将脱硫系统的设计，设备的采购和监造、催交催运及建安施工的管理工作委托中国华电工程（集团）有限公司全面实施，并负责脱硫系统的性能保证和运行稳定可靠。

中国华电工程（集团）有限公司协助集团公司编制脱硫系统初设定价体系，并通过几个工程的试点进行脱硫系统各专业的造价分析，真正将脱硫系统作为一个子系统纳入到集团公司整体工程造价控制中，以提高装置性能及可用率，满足国家对节能减排的要求。

湖南华电常德发电有限公司作为集团公司建设脱硫设施的试点单位，将脱硫系统的设计，设备的采购和监造、催交催运及建安施工的管理工作全面委托中国华电工程（集团）有限公司全面实施。通过这种方式建设脱硫设施相对传统的EPC模式不仅增加了透明度，而且还在材料、设备及施工过程中严格把关，确保了脱硫设施建设高质量及可靠性，高标准满足了国家对节能减排的要求，同时也节省了工程投资。

(7) 健全完善规章制度，确保有章可循。2006～2007年度集团公司组织起草、修订并下发了14个涉及安全、开工、施工组织总设计、工期定额、招投标、工程结算等管理办法及程序，进一步完善了工程建设管理制度。

为及时总结工程建设经验及存在的问题，集团公司组织编制了《项目法人管理手册》、《安全文明施工标准化配置手册》、《质量工艺管理手册》、《调整试运案例汇编》、《辅机技术规范》，这些手册凝聚着编写人员多年的成功经验，有力促进集团公司工程建设管理水平迈上一个新的台阶。

健全完善规章制度，及时总结工程建设管理经验及教训，确保集团公司工程建设有章可循、有据可查，规范理顺了各基建单位管理流程和管理模式，极大推动了集团公司基建项目建设的快速高质发展。

（四）工程管理制度

为了进一步加强集团公司基建项目管理，规范各基建项目管理程序，促进各基建项目建设管理达到集团公司提出的“安、快、好、省、廉”总体目标。2006～2007年，集团公司先后颁布了以下工程建设管理规章制度：

《关于印发中国华电集团公司火电建设工程造价指标控制标准（2006年）的通知》（中国华电工［2006］305号）；

《关于印发中国华电集团公司火电工程主体开工管理程序（B版）的通知》（中国华电工［2006］430号）；

《关于印发中国华电集团公司工程建设安全管理程序（A版）的通知》（中国华电工［2006］436号）；

《关于引发中国华电集团公司工程建设安全文明施工管理要点的通知》（中国华电工［2006］470号）；

《关于印发中国华电集团公司火电工程施工组织总设计管理规定（试行）的通知》（中国华电工［2006］740号）；

《关于印发中国华电集团公司燃煤电厂工程建设工期定额（B版）的通知》（中国华电工［2006］1275号）；

《关于印发中国华电集团工程招标管理办法（A版）的通知》（中国华电工［2006］1488号）；

《关于印发中国华电集团公司工程评标导则（A版）、中国华电集团公司工程评标导则实施细则（A版）的通知》（中国华电工［2006］1587号）；

《关于印发中国华电集团公司工程项目管理信息系统（PMIS）考核办法（试行）的通知》（中国华电工［2006］1606号）；

《关于印发中国华电集团公司火电建设工程结算管理办法（试行）的通知》（中国华电工

［2006］1703 号）；

《关于印发中国华电集团公司在建工程双达标奖奖励考核办法（试行）的通知》（中国华电工［2007］1105 号）；

《关于印发中国华电集团公司火电工程执行概算实施办法（B 版）的通知》（中国华电工［2007］1121 号）。

（五）基建工作会议

2006~2007 年度，集团公司多次召开各类促进基本建设的专业会议，如基建工作会、经验交流会、确保机组投产座谈会，统筹安排、周密部署，高质高效地完成了集团公司的基本建设工作。

（1）基建工作会。集团公司 2006 年基建工作会于 2006 年 3 月 17 日在福州召开。会议对于指导推动基建战线求真务实、科学管理、锐意进取、知难而上、全面完成集团公司的基建任务具有十分重要的意义。集团公司党组书记、总经理贺恭根据《中华人民共和国国民经济和社会发展第十一个五年规划纲要》，结合集团公司的实际，论述了集团公司“十一五”发展应坚持的十项原则、八个需要重点把握的问题和完成 2006 年基本建设任务的四项重点工作；集团公司党组成员、副总经理程念高作了题为《坚持科学发展　大力调整结构　全面实现集团公司基本建设工作目标》的工作报告。

集团公司 2007 年基建工作会于 2007 年 3 月 26 日在湖南长沙召开。这次会议是在集团公司上下全面落实 2007 年工作会议精神，认真贯彻落实集团公司党组提出的“履行三大责任”、“提升三大业绩”、确保“四个安全”的要求，集团公司各项工作开局良好的背景下召开的一次十分重要的会议。集团公司党组书记、总经理曹培玺作了《坚持科学发展　强化目标管理　全面提升集团公司基本建设水平》的重要讲话，集团公司党组成员、副总经理程念高作了题为《统一思想　狠抓落实　确保完成 2007 年各项基本建设任务》的工作报告。

（2）经验交流会。2007 年 1 月 18 日，集团公司在山东邹县召开了机组试运行经验教训交流会暨 2007 年、2008 年投产计划协调会。集团公司党组成员，副总经理程念高出席会议并作重要讲话。本次会议对集团公司 2006 年投产机组进行了总体分析，总结经验教训为后续投产项目提供了很好的借鉴，同时围绕瞄准集团公司战略发展目标和“十一五”发展规划，确保完成 2007 年与 2008 年投产任务，大会强调了各基建单位建设任务的艰巨性和重要性。

（3）确保机组投产座谈会。为了贯彻落实集团公司 2006 年年中经济活动分析会的精神和贺恭总经理的重要批示，分析投产项目的建设现状及存在的主要问题，提出应对措施。集团公司于 2006 年 8 月 9 日在昆明召开了确保机组投产座谈会。会议强调了确保完成以邹县发电厂百万千瓦机组为标志的 1185.8 万 kW 全年投产任务的重要性，并提前安排好 2007 年投产计划，为实现集团公司“五年上台阶”的目标打下坚实基础。

重点工程

（一）构皮滩水电站工程

构皮滩水电站位于贵州省余庆县境内，上距乌江渡水电站 137km，下距河口涪陵 455km，控制流域面积 43250km^2，多年平均径流量 226 亿 m^3。工程开发的主要任务是发电，兼顾航运、防洪及其他综合利用。水库总库容 64.51 亿 m^3，调节库容 31.54 亿 m^3，正常蓄水位高程 630m。地下电站装机容量 5×60 万 kW，保证出力 75.18 万 kW，年发电量 96.67 亿 kW·h，是贵州省实施“西电东送”战略的标志性工程。该工程列入“十五”计划国家重点工程，是集团公司最大的在建工程。

截至 2007 年 12 月 31 日，累计完成工程投资 74.5 亿元，土石方开挖 1976.42 万 m^3，土石方回填 164.88 万 m^3，混凝土浇筑 424.56 万 m^3，钢筋制安 5.13 万 t，共签订合同 758 项，合同金额 616280.07 万元。机电安装工程共完成机组埋件安装 2372.972t，埋管 18569.75m。

2006~2007 年，国家电力建设工程质量监督总站组织巡视组先后两次对构皮滩水电工程进行了质量监督现场巡视，给予了“构皮滩水电站工程的安全、质量处于受控状态”的积极评价。构皮滩水电站建设公司发挥“服务、协调、督促、管理”的管理职能，坚持“设计、监理、施工、业主”四位一体的管理理念，进行“设计、施工、工期、投资”四个优化，使得安全、质量、环保、工期、投资得到有效控制。以“和谐环保，促达标投产；精工建设，创鲁班大奖”为建设目标开展工作，使各项管理工作得以顺利推进。坚持以人为本的思想，在全工区组织了一系列“安康杯”主题活动，2007年获全国总工会组织的“安康杯”竞赛优胜单位称号。2006年、2007年获中国华电集团先进基建单位，2006年获中共贵州省国有资产监督管理委员会委员会先进基层党组织，2007年获国家环境保护总局颁发的全国生态环境监察示范单位等荣誉称号。

（二）内蒙古不连沟煤矿工程

不连沟煤矿位于准格尔煤田北部的大路镇，隔黄河北与托克托县、东与清水河县相望。北距呼和浩特市约95km，距托克托电厂30km，西距鄂尔多斯市170km。大准铁路、呼准铁路分别从井田南部、西北部穿过，规划的准朔铁路从矿区南部通过。井田附近有109国道、103省道和2级公路通过，铁路和公路交通条件便利。

不连沟井田面积33km²，煤炭储量11.45亿t，煤矿建设规模为1000万t/年，配套建设相应规模的选煤厂。矿井工程于2007年11月8日开工，计划2009年年底投产。

项目工程建设概算投资26亿元（不含资源价款），其中矿井建设投资23亿元，选煤厂3亿元。原煤生产成本77元/t，洗选加工费8元/t，商品煤售价按131元/t测算，项目正常生产年份年利润约3亿元。

（三）华电宁夏灵武工程

灵武一期2×60万kW空冷机组作为集团公司首台60万kW空冷机组，项目建设意义重大。华电宁夏灵武发电有限公司在确保总体工程工期目标不动摇的前提下，按照“安、快、好、省、廉”的总体要求，狠抓工程建设安全、质量管理，较好地完成了一期工程1、2号机组分系统的安装、调试和整套启动试运行阶段工作，确保了灵武一期工程提前完成。1、2号机组分别于2007年6月8日、9月22日主体工程与脱硫工程同时圆满通过了168h满负荷试运行，实现了环保“三同时”目标，较集团公司定额工期分别提前1.5个月和3个月。其中，2号机组整套试运行历时13天，创出全国同类型机组168h试运行用时最短纪录，2号机组真空严密性创世界空冷机组最好水平。两台机组均实现了“七个一次”成功；均采用等离子点火技术，实现了“零”燃油目标。

在工程建设过程中，华电宁夏灵武发电有限公司始终贯彻“抓工程必须抓安全、抓生产必须抓安全”的原则，把“四个安全”理念切实落到实处。按照“以零违章确保零事故”要求，不断完善安全管理体系和机制，强化安全生产责任制。着力加强现场重大危险源管理，突出查禁各类违章现象，不断加大安全监督考核力度，确保了基建施工安全。

华电宁夏灵武发电有限公司全面落实项目法人负责制，充分发挥业主的核心主导作用，建立健全完善的运作机制，界定清楚业主和监理单位之间的相互职责，突出了工程管理重点，明确了管理流程，对施工单位、监理公司始终保持强有力的管理，做到了雷厉风行，事不过夜，形成了适合灵武一期工程的运作体系，有效地规范了工程建设。

（四）华电长沙发电工程

2007年，湖南华电长沙发电有限公司1、2号机组分别于10月23日、12月25日通过168h试运行，实现了“年内双投”目标，且烟气脱硫、脱硝系统同步通过168h试运行，标志着国内首批、集团公司首座燃煤脱硫脱硝环保绿色电厂建成投产。工程自2005年12月16日开工建设，到2007年12月25日胜利竣工，两台机组建设工期仅用了24个月零10天。

为确保华电长沙发电工程按期投产，湖南华电长沙发电有限公司在以下方面做了大量工作：

（1）安全方面。要求进一步加强现场安全基础管理，组建工地安全监察大队，坚持每日安全巡查、每周至少两次安全大检查，加强教育和培训（特别是农民工的教育），特种人员全部持证上岗。

（2）质量方面。

组织编写《创鲁班奖实施规划与实施细则》。成立了创优工程领导小组及办公室，督促主要施工单位根据实施规划编制了实施细则，狠抓落实。

组织技术攻关，鼓励新工艺、新材料、新措施在本工程的应用。

加强过程控制，保证工程质量：① 在大型土方施工过程中，委托有资质的检测单位在施工单位自检的基础上进行回填密实度平行检测，保证了回填质量。② 在主厂房屋顶网架方面，通过加强过程控制，在设计上，组织专家对厂家二次设计图纸进行会审；在网架制作过程，聘请有经验的技术人员驻生产厂家进行监造，技术人员及监理工程师多次到生产厂家进行平行检验；在网架安装过程中，多次召开技术专题会议，解决施工过程出现的问题，保证了网架工程安全、可靠、美观、质量优良。③ 在锅炉本体安装过程中，积极和长驻现场的锅检所专家一起加大监检力度，杜绝错用材料现象。④ 在监理旁站监督下，对所有联箱使用内窥镜检查，并在联箱最后一道焊缝焊接前再次使用内窥镜进行检查，有效地防止因错用材质、异物堵塞引起爆管事故。

（3）进度方面。多次修订一级网络，滚动调整作业计划，根据“双投”目标，把工程分为土建和交安两部分，充分调动各参建单位的积极性，开展劳动竞赛，掀起施工高潮，确保了“双投”目标的实现。

（4）生产准备方面。坚持基建为生产服务，一切从安全生产出发来研究和部署基建有关工作，并超前做好生产准备。组织有多年运行经验的专家参加各类辅机设备招标文件审查和设备招评标工作，吸收和采纳其他生产企业的经验和教训；坚持基建生产一体化，组织生产人员提前介入并参与设备开箱验收、设备安装、分部调试与整套试运行工作，在全程做好质量监督工作的同时，做好生产技术管理准备。

（五）郑常庄燃气热电工程

华电（北京）热电有限公司郑常庄燃气热电工程于 2005 年 12 月通过北京市核准，并列为 2008 年奥运重点项目。工程位于北京市丰台区郑常庄地区，建设规模为 2 台 25 万 kW 燃气—蒸汽联合循环热电联产机组，3 台供热能力为 1×10^{8}kcal/h 的燃气热水炉。燃机为德国西门子原装进口 E 级机组，汽轮机和发电机由上海电气集团股份有限公司制造，余热锅炉由武汉锅炉有限公司制造。

郑常庄燃气热电工程是国内供热能力最大的燃气机组，是国内第一次设计、生产、国产化程度最高的 E 级燃气—蒸汽联合循环机组。排放、噪声等环保指标是国内火力发电厂的最优水平，首次应用低氮燃烧器再配脱硝装置，使脱氮效率不低于 50%。设备噪声治理的设计、制造和施工达到了国内最高水平。工程执行的标准对于工业企业来说属于全国首例，没有借鉴性，施工难度也较大。为了降低设备运行噪声，郑常庄燃气热电公司采取了多项措施。从设备选型到主厂房结构、余热锅炉紧身封闭布置到机力风塔噪声治理，在设计上和施工中均严格依照 GB 12348—1990《工业企业厂界噪声标准》执行，达到环评批复要求。

华电（北京）热电有限公司要求各设备生产厂家严格执行国家、行业质量标准，并通过对监造公司的监管及到设备生产厂家监造，保证设备质量，从源头堵住因为产品质量可能造成的安全生产事故。同时，围绕工程制定的整体质量工作目标，认真贯彻落实上级指示精神，将各参建单位制定的质量制度和措施纳入质量体系文件和岗位规范中，制定了定期集中检查和日常抽查相结合的质量监督检查制度，组织开展质量月等活动，从生产管理、反事故措施及技术监督的角度核查设备、施工质量。同时，加大质量监督检查的深度和力度，确保重点关键部位工程质量的达标。

（六）内蒙古华电辉腾锡勒风电场工程

内蒙古华电辉腾锡勒 10 万 kW 风电场工程和扩建 2 万 kW 风电场工程，分别于 2005 年 7 月和 2007 年 3 月，经国家发展改革委和内蒙古自治区发展改革委正式核准，2006 年 5 月 1 日两期工程正式开工建设，可行性研究概算总投资 10.25 亿元，安装华锐风电科技公司生产的 FL—1500 型风电机 30 台和歌美飒（天津）公司生产的 G52—850 型风电机 90 台，总装机容量 12.125 万 kW。风电场变电站安装一台 12 万 kVA 主变压器和相应的电气设备，通过一回 220kV 线路接入内蒙古电网 220kV 德胜变电站。工程 2006 年完成了 13 台 1500kW 风电机组吊装安装工程，计划 2007 年底全部 12 万 kW 机组达标投产。

华电辉腾锡勒风电场海拔 2100m，地势复杂、山高坡大、施工作业地点分散。120 台风电机沿东西 20 多 km 长延绵分布，施工作业、设备运输、设备存放、机具调遣、吊装作业受交通道路、作业场地的影响较大，修整道路、吊装作业平台花费了大量的人力物力。为保证工程顺利有序进行，采取了以下重要措施：充分做好工程开工前的准备工作，选好工程设计单位，配备好项目公司的关键技术人才，提早抓好塔筒制造设计和技术交底工作，确保塔筒基础段供货，跟踪做好塔筒制造的监造工作，合理划分施工标段，明晰好各施工作业单位的工作接合点，安排好施工作业顺序。

（七）华电国际邹县发电厂四期工程8号机组

邹县发电厂四期工程是国家百万千瓦机组引进技术国产化的依托工程，被列为国家重点建设工程。7号机组是集团公司运行容量突破5000万kW的标志性项目。

8号机组建设过程中，大力推广对标管理，加强指标的过程控制。把7号机组各主要指标进行了汇总整理，并收集了同类型机组的一些主要指标进行参考对比，明确8号机组各主要指标的目标值，制定了《8号机组创精品、上台阶主要指标项目奖惩办法》，并将有关内容张贴于现场，对完成目标值及时全额兑现奖励，未完成目标值进行扣罚。组织有关人员对工程质量做出详细的策划，质监站组织监理、设计、电厂等专业人员对单项工程进行评选，对评出的精品项目给予通报表扬奖励。在每一个重点项目区域都设立了包括电厂、监理、施工等单位人员的质量责任牌，明确设备、系统安装调试要达到的安装质量标准，进一步增强了项目负责人的责任意识。同时，通过严格的工艺质量控制和加强过程监督，确保了8号机组在整组启动期间锅炉不发生爆管、汽轮发电机振动不超标等。

8号机组是国内制造的首台百万千瓦机组，为加强制造质量的控制，邹县发电厂抽调3名技术骨干到厂家对发电机定子和转子进行了全过程监造。发现问题立即与厂家沟通，并督促消除。由于发电机交付相对施工进度要求较晚，邹县发电厂对运输中的困难和问题超前充分考虑，提前安排专人全程跟踪发电机定子、转子运输工作，提前疏通协调解决运输过程中出现的各种问题，实现了以最短的时间将设备运到现场。在努力做好设备催交催运同时，邹县发电厂组织参建单位，积极发挥各自的技术优势，科学制定施工方案和施工工序，各项工作努力往前赶，为下一步汽轮发电机安装创造条件。认真分析发电机不就位对汽轮机安装所产生的影响，对扣缸前的各种数据进行了仔细测量。组织专家对在发电机不就位状态下进行汽轮机扣缸的风险进行评估，制定了预案，通过采取一系列非常规措施，实现了8号机组汽轮机扣缸工作的提前完成。在8号发电机定子到厂后，邹县发电厂召开了发电机安装誓师大会，针对现场实际情况制定了汽轮发电机安装技术措施、安全措施、组织措施，明确工序、细排工期，明确分工，责任到人，充分发挥电厂整体优势，组织电厂生产技术部、检修公司汽机队、电气队，机加工车间等有关部门人员与施工单位密切配合，24h连续施工，从发电机转子到货到汽轮发电机安装完成仅用了10天。抢回了设备到货晚影响的工期，为按期进行整组启动创造了有利条件。

在锅炉吹管期间，对6台磨煤机全部进行了试投，实现投粉运行，2台小机和气泵均进行了试转和投运，在发电机未就位的情况下实现了汽轮机主机投盘车。为机组顺利实现总启动提供了良好的条件。整套试运行期间，运行人员精心检查，精心操作，确保了8号机组试运的顺利进行。自2007年6月25日12时17分锅炉点火到7月5日7时39分，8号机组整套启动至完成168h试运行仅用了9天零19个小时，机组满负荷试运行期间，自动、保护、仪表投入率100%，平均负荷率达101.86%，各项参数均达到优良水平。环保设施同步投运，实现了环保“三同时”。

煤炭产业发展

概　　述

随着煤炭市场化改革的深入推进，能源资源产品价格不断上涨，发电企业因燃煤成本急剧上升而面临巨大的经营压力。为了逐步增强自主供煤能力，不断提高对煤炭供应量的保障能力和质、价的控制能力，保障电煤供应安全，有效控制燃煤成本，集团公司以华电煤业集团有限公司为平台，对集团公司系统燃料管理实行“五统一”，并大力推进以增强自供煤能力和盈利能力为重点的煤炭产业发展工作。

2007年8月，集团公司印发《中国华电集团公司产业布局与资产重组的指导意见》，将华电煤业集团有限公司定位为“集团公司煤炭产业发展的实施主体”，明确提出了煤炭产业发展要求：在煤炭开发方面，主要是加快自营煤炭开发，控制具有战略意义的煤炭资源，并积极参加国家大型煤炭基地的开发建设；在燃料供应方面，主要是建设煤炭储、配、送网络，建立大型的储运配送中心，确保集团公司系统的燃料供应；在煤炭深加工方面，主要是投资煤炭化工项目，以及占有煤炭资源为主，投资建设煤电一体化项目。

截至2007年底，集团公司通过华电煤业集团有限公司控制煤炭资源201亿t，控（参）股煤矿在建和投产规模达2305万t/年，并初步形成了煤、电、化、路、港、航协调发展的良好态势。

煤炭产业发展规划

华电煤业集团有限公司坚持“煤为核心，以电带煤，以化配煤，以煤保电，综合发展”的煤炭产业发展布局，着力开发“四大领域”，着力建设“八大能源基地”，着力建设“两大体系”，全面推进产、供、销、储、运、配、送各项工作。到“十一五”末期，控制煤炭资源300亿t，控（参）股煤炭企业开工建设规模达到6400万t，投产规模达到4000万t，码头吞吐能力达到1800万t，配送能力达到500万t，煤化工生产能力达到240万t，船舶运力达到60万t，初步建成物流体系和电子商务平台，自供煤能力达到30%。

煤炭项目开发

着力开发“四大领域”。在煤电化、物流、电子商务、国际业务四大投资领域，通过项目开发、产业整合和资本运营，最终形成煤电化运储一体化开发、相关产业紧密相连、高度信息化的现代能源产业。

着力建设“八大能源基地”。通过建设山西、陕北、蒙东、蒙西、新疆、宁东、甘肃、海外八大能源基地，打造集团公司的煤炭资源中心、煤炭供应中心和效益增长中心。海外能源基地的开发重点是印度尼西亚、蒙古、澳大利亚和俄罗斯。

着力建设“两大体系”。通过建设煤矿、港口、码头、船队、铁路、储配煤场和发煤站，打造煤炭物流体系；通过重点开发电子商务平台，打造煤炭交易体系，形成全国煤炭网上交易中心。

截至2007年底，由华电煤业集团有限公司控股开发的煤炭及其相关产业项目主要包括内蒙古蒙泰不连沟煤矿项目、福建华电储运中心项目、陕西榆横煤电项目、新疆哈密煤电项目、新疆昌吉煤电项目、山西同华电力项目、华远星海运船队；由华电煤业集团有限公司参股开发的煤炭及其相关产业项目主要包括贵州林东平坝煤矿项目、贵州大方煤矿项目、云南镇雄煤矿项目、陕西黄陵建庄煤矿项目、陕西中能煤矿项目、鄂尔多斯市蒙泰范家村煤矿项目、福州港福源船务项目、石太铁路客运专线项目、乌准铁路项目、中国太原煤炭交易中心项目、蒙冀铁路项目。

重点项目概况

（一）福建可门储运中心项目

该项目由8、9、10、11号四个泊位码头（分别为10万、20万、10万、5万t）、上宫洋散货堆场和可门疏港铁路三部分组成，可建成东南沿海的大型煤炭散货中心，除满足集团公司沿海电厂的下水煤需求外，可通过可门疏港铁路接至温福铁路到达福建省腹地、江西和湖南等地。华电煤业集团有限公司占56%股比，一期10、11号泊位总投资13.81亿元，已于2005年5月1日开工，计划2008年9月底投产。

（二）内蒙古鄂尔多斯不连沟煤电项目

该项目位于国家规划的13个煤炭基地、电网规划的8个煤电基地内，由不连沟煤矿（1000万t/年），不连沟煤矸石供热电厂（规划4×30万kW，一期2×30万kW）和十二连城超临界空冷电厂（规划4×66万kW+4×100万kW，一期2×66万kW）三部分组成，是集团公司首个年产千万吨的大型煤炭基地。华电煤业集团有限公司占51%股比，煤矿项目总投资29.4亿元，已于2007年10月开工，计划2009年底投产。煤矸石电厂一期总投资

25 亿元，十二连城电厂一期总投资49 亿元。

（三）陕西榆横煤电化项目

该项目位于国家规划的 13 个大型煤炭基地内，是陕北 750kV 线路外送的电源支撑点，由小纪汗煤矿（一期 1000 万 t/年）、榆林电厂（规划 6×66 万 kW，一期 2×66 万 kW）、180 万 t 甲醇和 100 万 t 二甲醚项目三部分组成。华电煤业集团有限公司占 77% 股比，电源项目一期总投资 48.6 亿元，已列入陕西省“十一五”发展规划；配套煤矿项目的资源储量为 25.6 亿 t，一期总投资18 亿元。

（四）山西轩岗煤电联营项目

该项目包括一期 2×66 万 kW 电厂和配套煤矿。华电煤业集团有限公司占 47.5% 股比，电源项目总投资 44.6 亿元，已列入国家“十一五”2009 年开工备选项目，现场已于 2007 年 8 月开工，计划 2009 年 5 月和 8 月各投产一台。该项目的开工建设，标志着集团公司在山西煤电开发实现了“零”的突破。

（五）新疆昌吉煤电化路项目

该项目由西黑山煤矿（规划 2×1500 万 t/年，一期 600 万 t/年）、西黑山电厂（规划 4×66 万 kW＋4×100 万 kW，一期 4×66 万 kW 分 A、B 两站建设，各为 2×66 万 kW）、乌准铁路和煤化工项目四部分组成。华电煤业集团有限公司占 88% 股比，煤矿项目一期总投资 18 亿元，电源项目一期 A 站总投资 49 亿元。

（六）新疆哈密煤电项目

该项目由淖毛湖煤矿（规划 1000 万 t/年，一期 600 万 t/年）和配套电厂（规划 2×66 万 kW＋4×100 万 kW，一期 2×66 万 kW）两部分组成。华电煤业集团有限公司占 72% 股比，煤矿项目一期总投资 18 亿元，电源项目一期总投资 49 亿元。

（七）陕西中能煤矿项目

中能煤矿位于陕西省榆林市，资源储量 3 亿 t，为投产矿井，生产能力 300 万 t，拥有一段矿区铁路接国铁。华电煤业集团有限公司占 33.5% 股比，总投资 4.2 亿元。

（八）陕西黄陵煤矿项目

黄陵煤矿位于陕西省黄陵县，资源储量 3 亿 t，设计生产能力 240 万 t，2006 年 6 月开工，计划 2009 年上半年投产。华电煤业集团有限公司占 30% 股比，总投资 8 亿元。

（九）范家村煤矿项目

该项目位于内蒙古鄂尔多斯市郊区，属国家 13 个大型煤炭基地之一的神东煤炭基地万利矿区，建设规模 240 万 t/年，计划 2008 年 8 月投产。华电煤业集团有限公司占 45% 股比，总投资 4 亿元。

（十）华远星海运公司

该公司于 2007 年 5 月以 2.5 亿元采购了一艘 6.4 万 t 级二手散货船，计划再建造 8 条散货船（5 条 5.7 万 t、2 条 8.7 万 t、1 条 11.5 万 t），力争用 3～5 年时间，打造成一支拥有 60 万 t 运力的中型电煤运输船队。华电煤业集团有限公司占 36% 股比，预计总投资 38 亿元。

金融产业发展

概　　述

集团公司高度重视金融产业的发展。作为集团公司发展战略的一个重要组成部分，集团公司金融产业积极贯彻落实以发电为主体，以煤炭、金融为两翼的“一体两翼”发展战略，经历了从无到有、从小到大，先内后外、先局部后整体的快速发展历程。集团公司先后组建结算中心，成立华信保险经纪有限公司和北京华信保险公估公司，重组设立中国华电集团财务有限公司，成功实现金融运作“三部曲”的战略目标，建立了一个面向集团公司内部较为完善的金融运作体系，并以此为基础，实现资金、账户、保险等主要金融资源的整合。

为了进一步完善和拓展金融运作平台，更好地吸纳外部资金为集团公司发展提供更大规模的资金支持，集团公司进一步明确了投资基金公司、商业银行和信托公司的金融运作“新三部曲”目标：2005年，参股建信基金管理公司；2006年，成为烟台市商业银行股份有限公司第一大股东；2007年，重组设立信托公司取得重大进展，集团公司金融运作“新三部曲”的目标基本实现。

2007年5月，集团公司全资设立中国华电集团资本控股有限公司，归口管理集团公司金融资源与金融产业，集团公司金融产业的管理运作体系进一步完善，为加快推进金融产业的一体化管理、实体化运作创造了条件。截至2007年底，由集团公司控参股的金融机构共8家。

金融运作机构

（一）集团公司绝对控股并直接管理的金融机构

（1）中国华电集团资本控股有限公司。注册资本金6亿元，集团公司100%持股。成立背景：为更好地推进集团公司发展战略的实施，加快金融产业发展，2007年5月，成立中国华电集团资本控股有限公司（简称资本控股公司），承接原集团公司金融管理部的全部职能，归口管理集团公司金融资源与金融产业的投资、整合、管理、监督和服务；代表集团公司统一规划金融发展、统一整合金融资源、统一管理金融投资、统一协调金融业务、统一控制金融风险，并根据集团公司授权，依照监管政策和法律程序，逐步将集团公司持有的各金融机构股权划入资本控股公司，代表集团公司行使对所属金融机构的出资人权利。

（2）中国华电集团财务有限公司（简称华电财务公司）。成立于2004年1月，注册资本8亿元，由集团公司控股，系统内11家企业参股组建。其中，集团公司出资40920万元，占股比的46.875%。华电财务公司通过重组北方有色金属工业财务公司设立，是国家电力体制改革后新组建的发电集团中第一家财务公司，同时也是集团公司金融运作“三部曲”的重要组成部分。华电财务公司成立一年内即基本消化了重组成本，实现平稳开局、快速发展，成为全国短时间、低成本成功改制重组的财务公司典范。截至2007年底，华电财务公司累计实现利润总额6.77亿元，年平均增幅达到114.8%，管理资产规模达到137.8亿元，实现利润总额4.06亿元（其中投资收益2.4亿元），在全国78家财务公司中排名第21位。

（3）华信保险经纪公司、北京华信保险公估公司。华信保险经纪公司注册资本5000万元，北京华信保险公估公司注册资本200万元，均成立于2003年9月，实行合署办公。其中，华信保险经纪公司由集团公司控股50%，系统内其他5家企业参股共同组建。北京华信保险公估公司则由集团公司控股50%，系统内另外2家企业共同参股组建。2007年，华信保险经纪公司年经手保费达1.4亿元，实现利润1023万元，累计协助系统电厂获得保险赔款3.36亿元，业务收入在全国318家保险经纪公司中排名第11位；北京华信保险公估公司主要依托经纪公司发展业务，2007年实现利润52万元。

（二）相对控股及参股的金融机构

（1）烟台市商业银行股份有限公司（简称烟台商行）。注册资本金10.87亿元，集团公司入股时间为2006年8月。烟台商行股权由地方财政、企业法人和自然人三部分组成。其中，集团公司出资27300万元，占比25.11%，为该银行的第一大股东。截至2007年底，烟台商行各项经营指标均较集团公司入股前有了较大幅度的提高和改善，其中，总资产达到269亿元，增长19%；不良贷款率下降到5.2%，下降34%；拨备覆盖率62%，增长50%；全年实现拨备前利润3.3亿元，增长8.55%；税前净利润9947万元，增长37.4%。

（2）华商基金管理有限公司（简称华商基金）。成立于2005年12月，注册资本金1亿元，由华龙证券有限责任公司、中国华电集团财务有限公司、济钢集团有限公司三家单位共同出资设立。其中，中国华电集团财务有限公司出资3400万元，占股比的34%，为华龙证券有限责任公司之后的第二大股东。2007年5月，华商基金发行了第一只基金产品“华商领先企业基金”，并以48.61%的累计净值增长率，在所有开放式基金中排名第4位，在成立不足一年的新基金中排名第一。截至2007年底，华商基金实现净利润2053万元。

（3）建信基金管理有限公司（简称建信基金公司）。成立于2005年9月，注册资本金2亿元，由中国建设银行、美国信安金融集团和中国华电集团公司共同投资成立。其中，集团公司出资

2000 万元，占股比的 10%。截至 2007 年底，建信基金管理有限公司管理资产规模达到 487.6 亿元，实现税后净利润 2.3 亿元，现金分红 6500 万元，集团公司根据股比分得红利 650 万元。

（4）永诚财产保险股份有限公司（简称永诚保险公司）。成立于 2004 年 9 月，注册资本金 10 亿元，由华能、华电、大唐、国电等多家电力集团共同投资成立。其中，集团公司出资 1 亿元，参股 10%。截至 2007 年底，永诚保险公司实现保费收入 15.06 亿元，实现税后净利润 1046 万元，在全国 39 家财产险公司中排名第 14 位。

（5）华鑫国际信托有限公司。注册资本金为 3.2 亿元，正在积极筹建。

金融发展规划

以科学发展观为统领，以服务集团公司做强做大做好为使命，以安全为保障，以提升安全、效益、发展三大业绩为中心，以做强、做精金融产业为方向，以金融控股集团的建设发展为基础，以资源的整合融通运作为主线，坚持产业化发展、专业化道路、市场化运作、精细化管理，坚持产融结合、服务与效益并重，逐步实现金融产业的一体化管理、实体化运作，持续提升金融产业的发展速度、发展规模和发展质量，建立与集团公司整体布局相适应、与集团公司金融需求相协调的金融产业，使金融产业成为集团公司快速发展的有力“支撑点”、经济效益的持续“增长点”、规范经营的“闪光点”，实现集团公司整体利益最大化。

金融运作管理

（一）金融机构发展

2007 年 5 月，集团公司党组决定成立中国华电集团资本控股有限公司，赋予资本控股公司履行对集团公司金融资源与金融机构的整合、管理、监督、投资的职能，履行服务集团发展、做好金融产业的职责，并逐步将集团公司持有的永诚保险公司、华信保险经纪公司、北京华信保险公估公司、建信基金公司的股权划转至资本控股公司，建立以中国华电集团资本控股有限公司为核心，涵盖商业银行、保险、基金、信托等多个金融领域的金融产业基础架构，为集团公司金融产业的快速发展奠定了坚实的基础。

华电财务公司为集团企业提供融资服务的能力不断提升。2006 年 11 月，华电财务公司注册资本金从 5 亿元增至 8 亿元；2007 年，华电财务公司启动新一轮增资扩股工作，计划将注册资本从 8 亿元增至 13.9 亿元，同时考虑外币注资，为归集集团境外发展和 CDM 运作产生的外币资金、扩大华电财务公司业务范围奠定基础。信托公司重组已完成清理整顿和引进外资战略投资者等工作，获得国务院国资委和广东省银监局的批准并上报中国银行业监督管理委员会。保险中介机构开始与永诚保险公司进行业务合作，共同搭建业务平台，北京华信保险经纪公司筹备建立车险服务中心，新推车险业务，拓宽业务领域；积极推进集团内企业保险业务，成功中标金沙江中游保险项目，市场化业务开拓能力不断增强。北京华信保险公估公司完成系统内外 20 多家企业的风险评估。烟台商行积极寻找战略投资者推进增资扩股工作，同时进一步完善公司管理结构，推进机构扁平化和业务垂直化管理。2006 年，根据经营发展需要，集团公司解散黑龙江华信保险代理有限公司，对集团系统金融股权投资进行整合和优化。

（二）金融资源管理

（1）资金归集方面。2006 年，为进一步提升金融资源的整合能力，健全资源整合手段，并为集团公司实施集中结算、统一支付奠定良好基础，集团公司决定由华电财务公司建设华电网上银行，进一步加强资金的集中管理，并于 2006 年末完成系统的建设和试点工作，2007 年开始在全系统范围内全面推广，实现了集团公司资金集中结算的流程再造。截至 2007 年底，已完成 160 家单位 330 个账户的集中管理，全年通过华电网上银行累计支付 449 亿元，累计归集资金 452 亿元，占资金归集总额的 44%，集团公司系统企业归集资金日均余额达到 59.4 亿元，存量资金归集率达到 95%，流量归集率达到 87%。自 2006 年 3 月，集团公司全面推进电煤资金统一结算工作。2007 年，电煤资金结算范围进一步扩大，结算流程进一步优化，全年累计支付电煤资金 230 亿元，电煤资金的安全、准确、快速支付，保证了煤炭资金的供应。资金管理网络和管理手段的不断提升，为集团公司成员单位提供了快捷高效的金融服务，使集团公司对系统内资金的结算、归集、预算和监控能力得到进一步加强。

（2）资金运作方面。2006～2007年，华电财务公司贷款规模稳定增长、贷款结构进一步优化，证券投资紧紧把握住市场变化，收益开创了历史最好水平。2007年，华电财务公司运作集团归集资金及通过同业拆借、资产回购等手段筹措外部资金，累计向集团成员企业发放贷款达89.15亿元，较2006年同期增长144%，日均贷款规模达到69亿元（含卖断），比2006年日均资金增加6.7亿元；华电财务公司自2004年成立以来累计发放贷款达到220亿元，组织银团贷款累计筹集资金127亿元，为加快集团公司电力主业发展提供了重要资金支持。2007年，华电财务公司合理把握证券投资机会，实现投资收益2.4亿元；受托管理企业年金实现良好投资效益，截至2007年底，受托管理年金规模21.8亿元，委托投资收益率约10.3%，投资收益率水平大大超过协议要求和以往年份。

同时，集团公司各金融机构积极发挥桥梁和纽带作用，不断扩大集团系统与银行等外部金融机构的合作范围，为集团发展争取良好的融资环境。2007年末，集团公司从各银行取得综合授信达到2380亿元，比2006年末增加220亿元。

（3）保险方面。华信保险经纪公司对保险资源进行整合，实现对集团公司内保险业务的统一专业化管理。通过专业经纪公司设计保险方案、安排投保事项、协助保险理赔，在降低整体保险费率的同时，系统内各企业在生产经营和工程建设中的风险得到科学合理的分散，以较低的保费支出使集团公司资产受到最大的风险保障。2007年，华信保险经纪公司在按时完成集团下属企业续保业务的同时，及时安排落实集团公司新投产项目保险业务，为集团资产提供了良好的风险保障；同时，市场化业务开拓取得新成绩，与中国葛洲坝集团公司签署了施工机具、机损及施工人员意外伤害保险的一揽子保险方案；成功开拓中国大唐集团公司双鸭山热电厂、大庆龙凤电厂等外部业务。华信保险经纪公司全年签约保费1.41亿元，比2006年增长22%；受理系统内涉及的重大赔付案件75起，报损金额1.18亿元，已决赔案48起，争取总赔款达到3328.7万元，有效地降低了出险企业的经济损失，协助受损企业尽快恢复生产。

（三）金融业务创新

创新是企业发展的不竭动力。2006～2007年，各金融机构紧紧围绕服务于集团公司做强做大做好，紧紧围绕服务于集团公司利益最大化，紧紧围绕服务于做强做精金融产业，积极推进创新业务的研究和应用，取得良好成效：

（1）成功发行金融债券。华电财务公司金融债是2007年债券市场中的创新品种。得益于监管部门的大力支持、集团公司良好的实力背景和华电财务公司连续三年优秀的经营管理业绩，2007年11月26日，华电财务公司成功发行金融债券，成为首批获准发行财务公司金融债券并取得成功的机构之一，也是北京银监局监管的20家财务公司中，2007年唯一被推荐发行金融债券的财务公司。此次金融债券发行总规模为10亿元人民币，期限10年，年利率仅为5.6%，是华电财务公司首次利用资本市场获取长期资金，同时也是为集团公司从外部资本市场再次融资10亿元，有力地支持了集团公司电力主业的发展。

（2）成功试点应收账款保理业务。2007年，集团公司的金融机构分别与中国工商银行、中国农业银行和渣打银行合作，选取部分单位进行研究和试点，开展应收账款保理业务，并取得阶段性成果。全年完成保理业务约7.5亿元，对有效调整集团公司财务结构、提高流动资产周转率、抑制资产负债率的攀升起到了重要作用。

（3）成功试点并扩大集中代理票据业务。集中代理票据业务是由集团公司代下属企业开立银行承兑汇票，使集团公司各成员企业充分利用集团公司整体信用，获得免担保、免保证金和最低优惠贴现利率的低息短期融资，开拓了企业低成本短期融资新渠道。2006年，集团公司选取部分单位进行试点，开展集中代理票据业务。2007年，在成功试点的基础上，又新增与交通银行的票据业务合作，开创集团代理下属基建单位开立票据业务，不断拓宽票据使用范围，全年代理开立票据约26亿元，为集团企业节省财务费用近6000万元，减少保证金质押2亿元。

（4）成功试点信托业务。2007年，华电财务公司牵头成功发行江苏戚墅堰及乌江地区信托理财产品共计6亿元，并且在理财产品的设计和运作方面取得了新突破。

（5）华电集团各金融机构还对存量资产租赁业务、人民币利率掉期产品等新业务进行了广泛研究。各项创新业务的研究和开展，为华电集团拓宽融资渠道、降低融资成本、优化财务结构、抑制资产负债率的攀升发挥了重要作用，各金融机构的研究水平、创新能力和金融服务功能也在实践中不断得到提升。

（四）金融风险管理

有效防范与控制风险始终是金融产业发展的“第一工作、第一责任”，更是“第一效益”。资本控股公司在现有各金融机构风险管理的基础上，采取一系列措施持续增强金融产业抗风险能力。

（1）坚持“安全第一、防范为主、内控优先、制度先行”的原则，持续加强风险管理文化的宣传教育，逐步树立起全员重视风险、风险管理从我做起的风险管理文化，提高金融产业每位员工的风险防范意识，引导每位员工自觉养成规范运作和合规经营的习惯，为确保金融产业安全奠定思想基础。

（2）加强风险制度体系的建设和维护，加强资本控股公司的风险管理制度体系建设，结合资本控股公司的战略定位、管理职能和运作机制，明确资本控股公司风险管理的目标和思路，在资本控股公司和系统内金融机构两个层面，分别确定风险管理的模式和内容，组织制定内控制度体系框架，为确保金融产业安全奠定制度基础。

（3）发挥对机构风险管理的指导作用，落实风险责任制，加强风险监督检查力度；加强对金融产业流动性风险、信用风险、市场风险、操作风险等关键风险的管理，指导各控股金融机构不断完善公司治理机制和内控体系，初步建立起针对各金融机构的风险监测、风险评估、风险管理指导、应急预案管理等工作机制。

（4）加强对控股金融机构财务和经营活动的稽核审计，实现所有关键风险点的可控、在控。以信息化建设为契机，不断丰富风险管理的方法和手段，积极发挥财务公司资金结算系统对系统内资金和账户的监督管理作用，使集团公司系统资金“看得见、控得住、管得好”，确保集团公司资金安全。

安全生产与运行

综　述

概　述

集团公司成立后，在总部设生产运营部，负责集团公司直属、控股和受托管理发电企业的安全生产监督、技术设备管理、营运改善、节能管理、企业基础管理和优秀企业创建等工作，负责归口管理集团公司控股和受托管理的非发电企业安全生产工作。后因集团总部机构调整，科技环保和市场营销的职能划归他部，生产运营部于2005年12月28日更名为安全生产部，下设安全监察处、生产技术处和经济运行处。

2006~2007年，集团公司安全生产工作紧紧围绕公司发展战略，认真贯彻"安全第一、预防为主、综合治理"的安全生产方针，以科学发展观为统领，认真实践"安全是第一责任，安全第一工作，安全是第一效益"的安全理念，全面落实各级安全责任制，加强规章制度建设，不断强化基础培训，深入开展安全质量标准化、安全性评价、对标管理和创建优秀发电企业工作，狠抓"反违章"、降"非停"、技术监督、新机稳定生产和季节性安全大检查工作，积极探索安全生产长效机制，努力构建本质安全型企业。2006年和2007年，继续保持和巩固了公司系统安全生产的良好局面，未发生生产重大及以上人身伤亡事故，未发生重大及以上设备事故，未发生有严重社会影响的电力安全生产事件，确保了"迎峰度夏"、"两会"及春节等重要时期的安全生产。设备管理水平逐年提高，非计划停运基本上得到有效控制，节能减排效果显著，对标管理及企业创优工作顺利推进，安全保障能力、设备保障能力和节能减排能力逐步提升。2006~2007年事故、一类障碍及机组非计划停运情况见下表。

2006~2007年事故、一类障碍及机组非计划停运情况

类　别	2006年	2007年
一般人身伤亡事故（起）	2	0
一般设备事故（起）	3	0
设备一类障碍（起）	158	153
机组非计划停运（次）	148	147

安全管理

安全责任体系

集团公司在2003年发布实施《中国华电集团公司安全生产责任制实施办法（试行）》，明确了安全生产工作目标，初步建立了一级包一级、一级保一级的安全生产责任包保体系和"横向到边、纵向到底"的责任体系。2006~2007年，继续本着突出"制度使其不能，教育使其不违、检查使其不漏、奖惩使其不懒、严惩使其不怠"的原则，进一步强化企业的安全生产责任主体地位，深化"安全不留死角、责任无缝隙连接、全员共同参加"的安全生产工作格局和责任体系，强化安全生产的基础地位。强化落实分支机构、区域子公司、上市公司、流域公司对所属企业安全生产的监督、检查和指导职责，建立以各级"第一责任人”为核心的安全责任体系，建立健全严格的岗位目标责任制和科学明晰的责任管理体系。在集团公司内部，形成了集团公司安全生产部、分支机构安监部、企业安监部构成的三级安全网；在企业内部，形成了部门安监人员、车间安全员、班组安全员组成的三级安全网。

安全性评价

在总结以往安全性评价经验的基础上，集团公司确定2006年为“安评整改年”，以安全性评价整改为手段，建立复评工作程序和标准，提高整改工作质量，明确整改目标，落实责任，把握关键，将整改结果与企业年度经营业绩保障指标挂钩，共完成了65家发电企业专家复评工作，大大推动了安全生产隐患的整改工作。公司系统各单位紧紧围绕安全管理、设备治理做工作，消除设备隐患，提高工作标准和责任意识，保证了安全生产，使集团公司存量资产的安全生产水平大大提高。

2007年以安全生产“巩固提高年”活动为载体，对22家新投产单位开展安全性评价专家查评工作，对新厂的安全生产现状有了全面细致的掌握。

安全教育培训

通过专题培训与综合培训相结合，提高安全生产管理人员综合素质。坚持每年组织安全生产视频培训和考试工作。对分支机构、区域子公司、基层发电企业主要安全生产负责人进行定期考试、考核，强化安全生产责任意识、法律意识和科学意识。

结合安全生产专题会议、防汛和大坝安全总结会议提高应急管理和安全管理知识。组织新投产机组单位安全及生产主要管理人员专题培训，提高安全生产管理水平。成立注册安全工程师部门注册管理机构，组织注册工作，在公司系统推行注册安全工程师模式，提高安全及生产人员安全生产水平。

2007年4月9日，集团公司2007年第二期企业领导人员（安全生产管理）培训班在中国华电集团高级培训中心开班。集团公司党组成员、副总经理任书辉出席开学典礼并讲话。本次培训以提升企业领导人员的安全管理素质和能力为主线，以提高公司系统安全生产管理水平为目标，围绕“强化领导干部安全生产法律法规知识模块、提升企业安全管理技能模块、提高综合管理素质模块”三个培训模块展开，共对反违章、安全生产应急管理、节能对标管理、燃料管理、技术监督管理以及电力行业改革及趋势、财务管理、电力市场与市场营销、企业党风廉政建设等22个专题进行研修，并组织进行企业调研与社会实践活动。公司系统各发电企业分管安全生产的副厂长、副总经理共69人参加了培训。2007年11月16日，组织公司系统安监人员持证培训，有32人取得安全督察一级资格证，196人取得安全督察二级资格证，各区域取得国家注册安全工程师执业资格的人数明显增加。

生产管理

检修与技改

2006年，集团公司制定下发了《中国华电集团公司发电企业技术改造项目、检修特殊项目管理指导意见》，加强对项目实施的监督。各企业加强技术改造和检修工作，积极推广采用先进、成熟的新技术、新工艺、新产品对老旧生产设备进行技术改造和检修，使科学技术迅速转化为生产力。

2006年，组织华电国际电力股份有限公司编制了《检修全过程管理规范》；2007年，在华电国际电力股份有限公司开展检修全过程规范化管理，从修前准备、过程控制到修后试验与评价全过程标准化、规范化管理，切实提高设备检修质量，为机组的稳发、满发奠定基础。

为了适应新的形势需要，建立与检修体制改革相配套的管理办法，在新建电厂、检修体制改革的电厂积极推动点检定修管理的实施，发布了《中国华电集团公司点检定修管理实施指导意见》，2007 年确定了湖北西塞山发电有限公司、福建华电可门发电有限公司、安徽池州九华发电有限公司、云南华电昆明发电有限公司、新疆华电红雁池发电有限责任公司、湖南华电长沙发电有限公司、包头东华热电有限公司和贵州华电大龙发电有限公司等 8 个试点单位。组织编制出版了《中国华电集团公司发电企业点检定修管理示范性标准与示例》，举办了三期点检员培训班，对点检定修管理基本理论、集团公司点检定修管理标准、发电设备检修管理、RCM、RBM、点检定修管理软件及硬件等内容进行了培训，共培训了 705 人。对点检定修管理试点单位进行了督导，为点检定修管理的推广打下基础。

技 术 监 督

2007 年 3 月 20 日，在扬州召开了分支机构及部分电厂安全生产管理工作研讨会，讨论确定了技术监督的工作思路，要求切实做到对技术监督工作全面掌控和过程监督。强调一方面进一步完善技术监督管理体系，形成覆盖集团公司、分支机构、电厂的三级管理体系，确保技术监督工作开展到位，集团公司委托动力中心开展对技术监督工作的监督；另一方面建立技术监督信息化网络，组织动力中心开发了集团公司技术监督管理软件，确保技术监督信息及时可靠地传达，对技术监督数据进行跟踪分析和指导，全面提高集团公司技术监督水平。

2007 年，利用节能评价、安全性评价工作，组织专家组查评集团公司各发电企业技术监督开展情况，并及时提出整改意见。组织开展了金属、化学、绝缘三项监督专项检查；对 39 家企业化学监督管理和汽水品质进行了检查，详细掌握各单位化学监督开展情况及存在问题。组织开展了全集团公司金属、绝缘、热工、化学等 9 个专业技术监督培训工作，重点解决监督什么、监督标准及怎么监督的问题，提高了技术监督专责的技术素质。为下一步确保技术监督信息及时可靠地传达，对技术监督数据进行跟踪分析和指导，全过程开展技术监督管理，全面提高集团公司技术监督水平打下了基础。

生 产 调 度 管 理

坚持每天召开生产调度会，通过日调度会，及时掌握各企业设备的运行、检修、备用及安全情况；掌握各地区电力供求形势、来水情况，紧密跟踪同网机组运行情况；跟踪新建项目的工程建设进展情况、生产准备情况及新投机组的运行情况。坚持每月召开月度安全生产经营活动分析会，及时通报预算完成、电力生产计划执行、安全运营及燃料供应情况，对工作中存在的问题，及时研究分析，加强指挥协调，制定解决措施。形成了“日—旬—月—年”四级逐级递进、逐级确保的动态管理，为全年生产任务的完成奠定坚实的基础。

技术支持平台建设

建设安全生产与营销实时监管系统，目的是对生产数据实时采集，及时进行信息的分类、统计、对比、分析，从而为安全生产和市场营销提供信息支持。

2007 年 7 月 12 日，集团公司召开安全生产与营销实时监管系统实施启动动员视频会议。要求系统各单位从战略和全局的高度充分认识信息化建设的重要性，加快信息化建设步伐，瞄准“国内先进、国际一流”水平，以提升“三大业绩”和落实“四个着力”为目标，以财务管理信息系统和安全生产实时监管系统为主线，加快公司信息化建设步伐，以信息化提升集团管理水平，促进公司做强、做大、做好。

按照有关部署，集团公司安全生产与营销实时监管系统建设积极推进，2007 年底完成具备实施条件的 70 家电厂实时数据上线，开发了集团公司技术监督管理软件，稳步推进检修技改项目管理系统和安全生产综合管理信息系统建设，大大提高了集团公司对安全生产过程的监控和管理效率，并为进一步挖掘、利用有关数据奠定了基础。

生产准备与培训

2006年和2007年，集团公司下发了《关于加强新投机组生产管理》的通知，在新建电厂生产组织机构建设、人员到位方面提出严格要求，对生产介入全过程提出要求，明确分支机构对关键的环节（可研、初设，验收、分步试运行、168h试运行等）介入的要求；并有针对性地通过专项检查、调研指导、监督整改、对口帮扶等手段，努力缩短新机磨合期，有效地促进了新投机组的稳定。同时加强交流，认真总结以往投产新机组出现的问题和教训，做到举一反三，避免在今后投产机组上发生类似问题。

节 能 降 耗

概　　述

集团公司始终牢固树立和全面贯彻落实科学发展观，自觉履行中央企业在建设资源节约型和环境友好型社会中的重大责任，大力推进节能减排工作。坚持“开发与节约并举、节约优先”的方针，以提高能源利用效率为目标，以改善资产结构、优化运行方式、加快技术进步、强化节能管理、节省项目建设资源为主要措施，全面推进节能降耗工作。截至2007年底，公司供电煤耗347.11g/(kW·h)，比成立时的369.51g/(kW·h)降低22.40g/(kW·h)；火电企业厂用电率6.67%，比成立时的8.54%降低1.87个百分点。累计实现节约标准煤385万t，节约用电24.3亿kW·h，节约燃油138.5万t，直接实现节能价值33.5亿元。

节　能　管　理

为加强节能减排的组织领导，集团公司成立了以总经理为组长的节能减排工作领导小组，设立了节能减排工作办公室，各基层单位按照集团公司总体部署，也相应成立了本单位节能减排领导小组和工作机构，初步形成了公司系统的节能工作网络，为节能工作提供了组织保障。

不断加强机制建设，将主要能耗指标和污染物排放指标逐级分解到各单位，把节能和环保目标纳入企业领导班子业绩考核体系中，层层落实责任制。将节能减排目标完成情况纳入年度“三大业绩”考核和干部考核的重要内容，严格考核，严明奖惩，坚决兑现。制定了《中国华电集团公司“十一五”节能规划》、《中国华电集团公司节能管理办法（试行）》、《火力发电厂节能评价体系》等制度。

工作中一是抓对标管理，通过开展“营运改善，对标管理”活动，细化、优化了节能减排指标，实施动态跟踪，及早发现并解决问题。二是抓评价分析，坚持每月下达主要指标计划，坚持月度指标完成情况与计划目标的对比、分析，并对重点企业进行监控，解决突出问题。

2006年6～7月，对公司系统42台30万kW燃煤机组和13台循环流化床机组的供电煤耗进行了专题调研。分别进行了30万kW机组、循环流化床机组的供电煤耗完成情况统计、对标分析、2010年煤耗预测，为今后循环流化床机组的发展及准确、科学、合理地制定集团公司“十一五”节能规划提供了依据。

2006年11月28～29日，在杭州召开了集团公司节能工作及技术交流大会。会议传达了党中央、国务院关于节能工作的有关文件和会议精神，对集团公司“十一五”节能规划的编制进行了说明。

2007年5月11日，召开节能减排视频会议。会议对公司系统贯彻落实中央关于加强节能减排工作的有关部署作了安排。

节 能 技 改

2007年，制定并实施集团公司2010年技术改造规划，按照环保、节能、高效的要求，大力开展技术攻关，积极开发应用新技术、新工艺、新设备，促进生产运营、基本建设及电站装备领域的科技创新和技术升级，加大烟尘、废水和噪声的环保达标治理力度，推进火电厂资源综合利用。

在节能技术研发方面，2006年，集团公司整合公司科技资源，组建了电气及热控技术研究中心、动力技术研究中心，建立了科技支撑和创新体系；积极参与节能技术的科技研发、节能评价试点等工作。两年来，在节能技术应用方面，组织实施了电除尘器电源及控制系统节能改造，试点开展了华电国际电力股份有限公司邹县发电厂干排渣、华电能源股份有限公司哈尔滨第三发电厂高效凝汽器等节能技改项目。在试点工作的基础上，加大了微油点火技术的推广力度，华电能源股份有限公司哈尔滨第三发电厂3号机组、辽宁华电铁岭发电有限公司4号机组通流改造顺利完成；江苏华电扬州发电有限公司采用国电南京自动化股份有限公司开发的具有自主产权的高压变频装置，节能效果显著，得到江苏省政府赞扬，并在全省推广。

节 能 评 价

2007年，为认真贯彻落实党中央、国务院关于加强节能工作一系列战略部署，进一步推动集团公司节能降耗工作顺利、持续、有效开展，确保集团公司“十一五”节能规划目标得到落实，全面提升安全、效益、发展三大业绩，深入对标管理并将对标管理技术化，集团公司下发了《关于开展节能评价工作的通知》，要求按照集团公司组织编写的《火力发电厂节能评价体系》，在公司系统各火电厂开展节能评价工作。通过评价，深入了解企业节能工作开展情况、能耗现状，找出设备和节能工作存在的问题，评估节能潜力，确定工作目标和措施，规范节能管理，加强节能监督，促进企业节能工作的有效开展。此项工作在全国没有先例，是集团公司在节能管理方面的重大突破，是一项管理创新。

为确保评价试点成功，集团公司于4月17~18日在华电潍坊发电有限公司召开了集团公司火力发电厂节能评价研讨会，进一步完善了评价体系、查评内容及工作程序。4月19~28日，华电国际电力股份有限公司又组织聘请系统内外的8名资深专家及20余名系统内部分单位的在职人员对华电潍坊发电有限公司进行了试查评，为更好地开展下阶段节能评价试点锻炼了队伍、熟悉了过程、积累了经验。在华电潍坊发电有限公司试查评工作的基础上，下发了《关于节能评价专家查评工作安排的通知》、《中国华电集团公司火力发电厂节能评价工作管理规定（试行）》。

为全面启动集团公司火力发电企业节能评价工作，提高各单位节能管理人员的业务水平，规范各单位节能评价工作，培养一批懂标准、会查评的专业技术人员，集团公司于5月14~16日在华电潍坊发电有限公司举办了节能评价第一期培训班，共有来自华电国际电力股份有限公司、集团公司所属东北、华北、华东区域各火电厂负责节能工作副总、主任、专工等80人参加了培训。培训班对节能评价工作的意义、目的、体系内容、工作程序等进行全面的讲解和说明。

截至2007年底，组织专家组完成了33家企业节能评价工作，基本摸清了企业节能工作开展情况和薄弱环节，挖掘出节能潜力，确定了节能目标，各单位根据节能评价情况制订节能整改计划，狠抓整改，目前已初见成效。

“千家企业节能行动”

为实现GDP能耗降低20%左右的目标，国家发展改革委等5部门联合决定在钢铁、有色、石油化工、化工、建材、纺织、造纸等9个重点耗能行业组织开展“千家企业节能行动”，目的是提高企业经济效益，缓解经济社会发展面临的能源和环境约束，确保实现“十一五”规划目标和全面建设小康社会目标。2006年7月26日，国家发展改革委在北京召开了全国节能工作会议，集团公司在会上与国家发展改革委签订了节能目标责任书。公司所属河北华电石家庄热电有限公司、华电能源股份有限公司哈尔滨第三发电厂、华电青岛发电有限公司、华电国际电力股份有限公司邹县发电厂、华电国际电力股份有限公司莱城发电厂、中国华电集团公司内江发电总厂等六家企业被列为国家重点耗能企业，要求到2010年实现节能17.85万t标煤。

截至2007年底，公司系统参加国家千家企业节能行动活动的六家单位全部完成或超额完成2007年度节能目标。华电国际电力股份有限公司邹县发电厂、华电国际电力股份有限公司莱城发电厂、华电能源股份有限公司哈尔滨第三发电厂和河北华电石家庄热电有限公司等四家单位超额完成2007年节能目标；华电青岛发电有限公司和中国华电集团公司内江发电总厂完成2007年节能目标。

企业基础管理

对标管理及营运改善

2006年11月，组织编印了《发电厂对标管理》，使电厂各级人员能够掌握对标的办法和手段，推动对标工作逐步深化。将对标工作与企业创优和日常生产管理工作更加紧密结合，把对标管理逐步贯穿到生产经营活动的各主要环节之中，并启动了新投机组的对标工作。同时，开展了一系列有针对性的节能降耗技术改造，为改善技术经济指标奠定了物质基础。

创建优秀发电企业

公司系统各单位继续依托创建优秀发电企业这一有效载体，学习最佳实践，实施对标诊断，开展了一系列富有成效和开创性的工作，使创优工作稳步推进，初步形成了学先进、找差距，“争先创优”的良好氛围，并涌现出一批创新能力强，管理水平高，经营成果好，社会贡献大的优秀企业。2006～2007年共有13家企业进入集团公司优秀发电企业行列，成为公司系统各单位的优秀代表和学习榜样，为集团公司做强、做大、做好奠定了坚实的基础。

为总结交流“创优”工作经验，2007年6月15日在华电国际电力股份有限公司莱城发电厂组织召开了集团公司创建优秀发电企业工作座谈会，研究部署的创优工作，探讨现有优秀发电企业的动态管理和新的激励机制。

为推动集团公司创建优秀发电企业总体规划的实施，促进“一加一”帮扶创优工作的深入开展，10月23日，陕西华电蒲城发电有限责任公司与江苏华电扬州发电有限公司结为创建华电优秀企业“结对互学”友好单位。在“结对互学”活动中采取领导班子、中层管理干部、基层生产班组三个层面走访学习、召开研讨交流专题会等形式，从安全管理、生产管理、经营管理、燃料管理、科技进步与环境保护、文明生产、企业文化建设与精神文明建设等六方面进行广泛而全面的学习交流，互补长短，共同提高。

企业管理创新

集团公司积极引导和推进企业运用现代科学理论，在企业制度、管理理念、管理方式、组织、方法和手段等方面进行改进和创新。2006～2007年，公司系统共有30项成果获得全国电力行业管理现代化创新成果奖，其中6项成果获得一等奖。

2006年推荐12家企业15项管理创新成果申报全国电力企业管理现代化创新成果奖励，有2项成果获一等奖，5项成果获二等奖，8项成果获三等奖。其中获一等奖的成果是：贵州乌江水电开发有限责任公司的《机电设备物资招标模糊综合评价机制设计和运用》、国电南京自动化股份有限公司的《以平衡记分卡为核心的战略性绩效管理体系建设》，实现了集团公司在全国电力企业管理现代化创新成果一等奖“零”的突破。

2007年9月，经过全国电力行业企业管理创新成果现场交流与评审，集团公司系统共有15项成果获奖，其中4项成果获一等奖，6项成果获二等奖，5项成果获三等奖，这是集团公司成立以来管理创新成果获得一等奖数量和获奖总数最多的一次。其中获一等奖的成果是：贵州乌江水电开发有限责任公司的《以节能增效为核心的大型水电站群远程集中管理》、华电福建发电有限公司的《水电存量资产重组整合》、华电煤业集团有限公司的《以燃料“五统一”为目标的信息化管理》、华电国际电力股份有限公司的《以战略为导向的集约化管理体系构建与实施》。

按照《全国企业管理现代化创新成果申报审定和发布办法》的规定，在获得全国电力行业企业管理创新成果一等奖中，优中选优，于10月底向全国企业管理现代化创新成果审定评委会推荐了贵州乌江水电开发有限责任公司的《以节能增效为核心的大型水电站群远程集中管理》、华电煤业集团有限公司的《实现统一采购的燃料信息化管理》两项成果，参加国家级管理创新成果的评选，最终获得二等奖。

事故摘编

2006年3月14日，安徽池州九华发电有限公司电2号除尘器和输灰系统在设计、制造、安装运行管理等方面均存在一定的问题，导致2号除尘器运行中发生倒塌。

2006年3月16日，四川攀枝花三维发电有限责任公司检修人员在处理2号湿式卸灰机故障时，由于无票作业和未按规定程序进行检修设备的试投工作，导致1名工作人员被双轴搅拌机挤压致死。

2006年8月28日，贵州华电大龙发电有限公司输煤检修人员进行皮带地坑排水工作时，由于工作地点照明线路对栏杆（地）漏电，造成1名工作人员触电死亡。

2006年9月26日，中国华电集团公司巡检司发电厂运行人员在进行倒闸操作时，由于操作人员未按规定认真核对被操作设备实际位置，导致误合刀闸，造成110kV Ⅰ、Ⅱ母线母差保护动作。

2006年10月28日，四川广安发电有限责任公司在3、4号机组检修完毕，进行发电机空载试验过程中，由于主变压器分接开关位置偏离工作位置，造成主变压器分接开关短路、分接开关烧毁、主变压器高压绕组绝缘损伤。

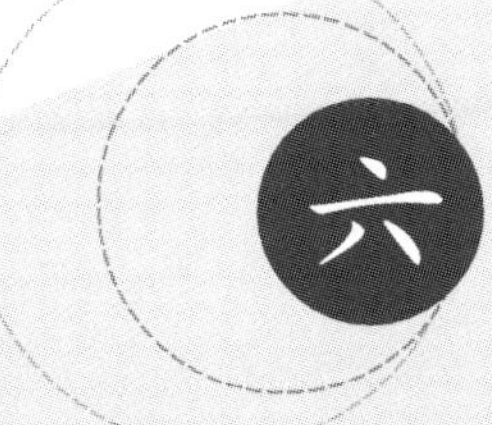

经营管理

综合计划与统计管理

概　　述

集团公司坚持以科学发展观为指导，全面加强综合计划和统计管理，力争多发多供，努力降低消耗，力争以最低的能源消耗向社会提供最大的电力。2006 年，集团公司发电量为 1995.11 亿 kW·h 和 2562.96 亿 kWh，分别比上年增长 22.45% 和 28.46%，增长率远远超过全国平均增长率。供电煤耗大幅度下降，2006 年供电煤耗完成 356.26g/(kW·h)，比上年下降 6.8g/(kW·h)；2007 年供电煤耗完成 347.11g/(kW·h)，比上年下降 8.71g/(kW·h)。

经过不懈努力，集团公司综合计划管理制度已全面建立，统计信息化建设得到进一步加强，存量资产质量逐步改善，经营业绩稳步提高，综合计划与统计管理已步入良性循环的发展轨道。

生产计划管理

2006 年 12 月，集团公司对生产计划管理进行改革。计划发展部负责编制集团公司年度发电量和综合供电煤耗计划，负责对集团公司生产计划完成情况进行跟踪分析和结果评价，市场营销部负责下达并落实月度电量计划，安全生产部负责安排下达发电企业月度煤耗计划，市场营销部和安全生产部分别负责对基层发电企业电量和煤耗计划执行的协调和评价，并提出考核方案，经计划发展部审核后报集团公司业绩考核委员会。

集团公司年度发电量计划安排是在认真分析上年度计划执行情况的基础上，预测分析下年度全国电力供需状况及其发展趋势，提出下年度生产计划建议，并针对计划实施中存在的问题提出措施建议。煤耗计划的编制坚持贯彻对标管理的思路，将影响煤耗的厂用电率和发电煤耗进行分类对标，按机组类型分类排序，确定集团公司平均水平、先进水平和落后水平，与全国同类型机组的平均水平进行比较。原则上，集团公司落后水平要向中等水平看齐，中等水平要向先进水平看齐，先进水平要向全国先进水平看齐。每年 9 月，系统各单位需上报下一年度生产建议计划，集团公司结合各单位上报计划建议和市场预测，编制公司系统年度生产计划，形成计划建议报告，经集团公司总经理办公会讨论通过后下达。在计划执行中，生产部、营销部按照年度计划目标分解下达月度计划，通过月度控制和管理，确保年度计划目标实现。

为准确把握全国及各地区电力供需状况，加强与其他发电集团计划指标的对标工作，跟踪年度计划执行情况，分析存在问题和预测发展趋势，为公司经营发展决策提供参考，计划发展部每季度编报《集团公司季度综合计划分析报告》。报告发送公司领导、集团总部各部门、分支机构。报告的主要内容：① 跟踪国家宏观经济运行情况及地区经济发展情况、国家和地方有关部门出台的电力产业政策（包括政策要点、目的和意义）；跟踪其他发电集团、电网及煤炭等行业发展动态。② 分析全国及各地区电力供需状况及变化趋势，跟踪分析公司生产计划、投资计划执行情况，加大与其他发电集团的对标力度，分析存在的主要问题，主要包括发电量、火电利用小时、技术经济指标，新开工、施工准备、投产情况、投资完成情况等。③ 对公司计划执行情况做出预测和判断。④ 对需关注的重点问题，提出措施与建议。

投资计划管理

集团公司建设项目投资计划安排的主要原则：① 坚持科学发展观，服从国家宏观调控政策，根据工程建设进度和建设条件，科学安排年度投资，资金安排上从严从紧；② 坚持包投产、包续建，按程序严控新开工项目，重点保证计划投产机组的资金需求；③ 牢牢抓住经济效益这一中心，优化资金配置结构，降低筹资成本，根据工程需求合理运用资金，在资金使用上从严掌握和控制，努力提高资金效益；④ 积极促进以存量资产带动增量资产。

集团公司投资计划管理实行年度投资计划和季度资金计划相结合的管理方式。各项目负责单位按照集团公司每年9月初提出的下一年度基本建设投资计划编制原则和要求，将投资计划上报集团公司，计划部会同有关部门审查平衡后，提出下一年度投资计划草案，报总经理办公会议审批后下达。集团公司每季度还要根据各项目实际进展情况及年度投资计划编制下达季度资金计划，为项目公司落实融资和资本金提供依据。

集团公司对资金计划实行动态管理，有效保证了建设项目的资金需求，采取的主要措施有：① 积极推进股权转让，将部分项目转让给上市公司；② 利用开行软贷款作为项目资本金，解决公司资本金不足的困难；③ 发挥集团优势，对部分一时难以落实银行贷款的项目，集团公司利用委托贷款，保证项目建设需要。

综合统计管理

集团公司综合统计管理工作坚持与时俱进，深入调查研究，不断完善统计指标体系，使统计信息服务更加丰富翔实。2006～2007年，统计系统中陆续补充了万元产值能耗、机组综合厂用电率、替代电量和被替代电量，以及每日的入库水量、多年平均来水情况比较等指标，增加了《机组主要技术经济指标设计值及试验值》、项目前期情况统计等报表，全面反映了集团公司的能耗水平、电量完成等情况，及时掌握有关发展项目工作动态，确保前期工作的有序开展和可控在控，满足了公司项目发展、生产经营管理的要求，为公司加强对标管理提供了有力的信息支撑。

（一）统计信息管理

为发挥集团公司信息统一管理优势，在工程项目管理信息系统中开发了项目投资统计管理模块，适应集团公司对电源建设项目的施工进度管理、安全管理、物资采购与使用、资金到位与使用情况，以及工程概预算控制等各个方面实施统一的信息化管理需求；完成了分支机构门户网站统计管理系统的开发，满足了分支机构对其所属电厂及系统其他单位的统计信息共享需求，为分支机构及时掌握有关统计信息提供了信息平台。

按照集团公司要求，为加强对标管理，2007年5月，计划发展部会同财务管理部等多个部门和单位研究制定了《中国华电集团公司对标信息平台管理办法》和《中国华电集团公司对标信息指标体系》。同时，在公司门户网站上发布了对标信息，使集团总部及系统各单位能够及时查询对标信息，了解企业在国内外电力行业和集团公司系统中所处的地位，促进了对标工作的深入开展。

（二）统计信息分析

集团公司高度重视统计信息咨询服务工作，定期开展统计分析和统计预测。集团公司不仅每年编制《华电集团公司统计资料提要》、《华电集团公司统计年报汇编》，而且在与其他各发电集团建立定期交换统计信息制度的同时，2006年创刊了《电力行业统计信息分析简报》，综合国民经济、电力行业等方面的宏观统计数据，结合集团公司的生产经营情况进行深度分析，为集团公司各级领导及时了解企业发展所面临的宏观环境发挥了统计信息的咨询作用。

集团公司不断加强统计理论培训，努力提高统计工作人员的综合素质和业务水平。2006年和2007年共举办了两期统计人员业务培训，结合统计工作实际和对标管理，就电力行业发展与改革、统计基础知识、宏观经济形势、电力统计分析、集团公司统计管理制度等内容进行了培训，使统计人员开阔了视野、启迪了思维，提高了统计工作水平和统计分析能力。2006年组织了统计征文活动，共评选出5家单位获组织奖，33篇论文被评为优秀论文，其中一等奖3名、二等奖10名、三等奖20名，并将获奖论文汇编成册发至各单位，为统计人员相互交流、学习和提高提供了平台。

集团公司每年坚持对公司系统各单位的综合统计工作和统计人员分别在投资、生产、劳资、安全、环保、综合产业等专业统计工作进行考核、评比。经过各单位自评和集团公司综合考评，40家单位和130名统计工作者被评为2006年度统计先进单位和统计先进个人，40家单位和133名统计工作者被评为2007年度统计先进单位和统计先进个人。

财务管理

概　　述

2006年7月，集团公司将原财务资产部职能重新划分，分别成立财务管理部和资产管理部，其中财务管理部下设预算管理处、财务管理处、会计处，主要职责为：

（1）负责制定集团公司会计、预算、成本、财务信息、资金、收益分配、财务风险控制、财务监督、财务评价和集团总部有关方面的财务管理制度。

（2）负责编制集团公司损益、资金、资产负债和现金流量预算，及时提交财务分析报告；负责对标工作的归口管理和组织实施，建立标准成本管理体系。

（3）负责集团公司的年度财务决算和工程竣工决算，对外提供财务信息；负责编制企业财务评价分析报告。

（4）负责集团公司会计核算的日常管理工作，及时提供月度财务快报信息；负责做好集团公司会计基础管理工作。负责制定集团公司折旧政策，审核批准企业折旧方案。

（5）负责建立和完善集团公司财务监督机制，协助配合其他外部检查工作。组织对所属企业进行财务检查和自查工作。

（6）负责争取和落实国家有关财政税收优惠政策，做好集团公司的税务筹划工作。

（7）负责建立和完善业绩考核的激励机制，不断提升企业盈利能力、竞争能力和可持续发展能力，组织年度和任期业绩考核责任书的签订和业绩考核的日常管理工作。

（8）负责指导并协调解决公司系统有关财务问题，负责财务信息化建设工作。

（9）负责财务人员继续教育、年度培训和财会队伍的建设工作。

（10）负责公司系统关联交易规范工作，组织对企业关联交易状况进行分析和诊断，提出改进措施和建议。

（11）负责集团公司系统担保管理，对财务风险控制、技术经济评价、重大投资决策提出措施和建议。

（12）负责集团公司资金滚动规划的制定，按集团公司的战略，研究并提出资金资源的配置方案，负责资金的安全管理，负责资金的日常管理。

（13）负责集团总部（含分公司）年度经费预、决算和会计核算工作，对各项费用支出进行监督和控制；负责集团总部固定资产价值管理；负责本部职工工资、奖金、福利费、差旅费、医疗费、养老保险费、补贴、税金等的发放、报销和代扣代缴工作。

（14）配合资产管理部做好资产处置的相关管理工作。

2006~2007年，集团公司财务工作认真贯彻落实集团公司党组的战略部署和总体要求，坚持以提升“三大业绩”、履行“三大责任”为中心，周密部署，狠抓落实，使财务管理工作迈上“新台阶”。

一是加强预算管理、经营管理的机制建设，按照业绩导向对集团现行责任制办法和单项奖励进行整合，促进企业自我加压、自我提升绩效，2006~2007年均圆满完成国务院国资委的各项考核任务，连续两年在国务院国资委年度中央企业经营业绩考核中考评为“A”。

二是积极促进与外部金融机构建立战略合作关系，通过业务创新不断扩大集团公司与银行等外部金融机构的合作范围，深化合作内容，创新融资方式，筹措资金，疏导资金矛盾，为优化集团公司资产结构、保障建设项目的资金供应发挥了重要作用。

三是加强资本运作和资产并购，积极参与发电资产的市场并购，在国家电力体制改革办公室（简称电改办）“647”项目收购中获得了最大的收购份额，快速扩充集团实力，实现了集团公司在上海、天津地区发电资产零的突破。利用上市公司的窗口平台作用，为集团公司持续发展服务，组织制定华电国际电力股份有限公司的再融资方案、国电南京自动化股份有限公司的重组和再融资方案，并顺利实施。

四是加强财务监督，建立以预防性监督为核心的财务监督体系，在公司系统实行重大经济事项月度报告制度，对发现的问题采取必要的措施，预防和控制经营风险；建立财务评价制度，客观评价企业经营绩效与风险，进行全面对标，为考核企业领导班子、评价企业领导班子经营能力提供依据；完善申报和信息披露等方面相关制度，逐步规范企业的关联交易，有效保障主业利益。

五是利用信息化强化财务集中管理手段，开创“大财务”的工作局面，实现物流、资金流、信息流的集中，有效改变了集团公司成立初期资金分散的状况，强化了集团对资金的驾驭能力和对财务风险的控制与防御能力。

六是进一步推进财会队伍建设，利用系统内外的各种资源加强对财会从业人员培训及财务管理工作体系建设，全面提高从业人员的政治思想素质、业务素质和职业道德素质，为集团公司财务管理工作的稳步推进奠定了基础，有效增强了集团公司的软实力。

预 算 管 理

建立健全预算组织管理体系：① 修订并完善《预算管理办法》及其他预算管理工作制度；② 通过对标管理初步形成成本定额标准体系，为科学编制成本预算打下基础；③ 突出业绩导向，按照科学有效、管好管用、可控在控的要求，建立预算、考核、薪酬三位一体的考核机制，切实保障经营目标的实现和经营责任的落实，推动集团公司经营业绩不断提升。

加强预算动态管理工作。将年度执行预算分解到每个月、每个企业，并落实到主要要素指标上，每月召开经济活动分析会，查找偏差、分析原因、提出要求，同时通报分析会情况，传达和部署集团公司重点工作要求和意见，并跟踪有关要素和企业的落实情况，确保经营目标的可控在控。同时，根据集团公司总体战略目标，集团公司对经营指标逐层分解，按各区域签订任期责任书，确保集团公司“十一五”战略规划落到实处。

积极开展全过程预算管理。集团公司预算管理，以公司发展战略为依据，坚持以经济效益为中心，在投资、基建、营运各方面推进预算管理，充分发挥预算在企业经营过程中的控制、导向和保障作用，对预算的编制、分析和控制、评价和考核进行全过程管理。在预算编制上，集团公司遵循“自上而下、自下而上、上下结合、分级编制、综合平衡”的程序，不断优化资源配置，确保不断提升经营业绩，全面完成国务院国资委业绩考核目标，保证集团公司战略计划的顺利实施。加强预算执行中的分析和控制。年初及时将年度执行预算分解到每个月、每个企业，落实到主要要素指标上。集团公司党组高度重视月度经济活动分析工作，每月及时召开分析会，对重大问题和事项进行分析研究，积极应对，实现了经营目标基本的可控、在控。集团公司及时通报月度经济分析会情况，传达和部署落实集团公司重点工作要求和意见。分公司、区域公司及大多数发电企业也积极开展月度经济活动分析和形式多样的专题分析活动，及时发现问题、查找偏差、制订措施，在工作中积极抓好落实，有力地保证了预算管理工作水平的提高和经营目标的实现。

资 金 管 理

针对集团公司发展资金压力大，资产负债率高的实际情况，研究提出集团公司“十一五”资金配置分析报告，对公司系统及集团总部的资金现状进行分析，对 2007 ~ 2010 年资金平衡情况进行测算，揭示资金平衡存在的矛盾和问题，有针对性地对集团总部和各区域两个层面提出了资金配置的具体建议措施，为解决集团公司资金短缺的问题提供参考意见。

按照《基建项目财务管理办法（试行）》，要求项目公司及时向集团公司报送《基建财务月度报表》，对资金进行统筹安排、合理调度，防止资金短缺影响工程建设，避免资金沉淀造成浪费。通过该项制度的执行，加强项目前期费、建设管理费、生产准备费、非生产性投资等费用的控制，将项目所有资金纳入预算控制，规范基建单位的财务行为，降低工程造价，提升资金使用效率。

按照集团公司担保管理办法，规范担保申报程序和审批权限，认真清理历史担保。对条件适合的担保进行转移，及时释放集团公司的担保空间。按照总额控制的原则，通过多种担保方式满足融资需求，确保重点项目建设资金的需求。

会计与税收管理

组织完成了年度财务决算工作：① 根据国务院国资委决算预算布置会的相关要求，组织召开集团公司决算预算布置会，对决算工作统筹部署；② 在集团公司审计部、人资部、生产部等相关部门的配合下，按时向国务院国资委报送决算报告；③ 组织中介机构开展决算审计，重点做好跟踪审计情况和组织决算面审工作，对中介审计及决算面审中发现的问题，及时了解情况、研究处理意见、督促相关单位及时整改，尽可能把问题消灭在萌芽状态；④ 与国务院国资委决算审查进行沟通协调，组织对决算批复进行反馈。会计师事务所最终出具标准无保留意见的决算审计报告，财务管理部顺利完成对国务院国资委和财政部的年度的决算上报工作，全面超额完成国务院国资委对集团公司各项经营业绩考核。

稳步推进财务信息化工作：① 完成集团总部财务分析系统、稽核系统和财务部网站的开发及部署工作，相关系统进入试运行；② 继续推进燃料一体化事项，提出燃料财务的详细需求，开发财务接口程序，制定《燃料核算办法》等配套文件，同时开展业务知识和操作培训，组织相关单位进行燃料一体化试点，与煤业集团公司合作共完成财务与燃料数据初始化；③ 抽调基层信息化骨干成立财务信息化规划小组，到华电国际电力股份有限公司、杭州华电半山发电有限公司、华电福建发电有限公司湄洲湾电厂运行分公司、福建电网公司等单位调研，收集电力系统信息化先进单位的经验，在此基础上编写《财务管理系统信息化建设规划》，对财务信息化建设的现状、目标、方案、计划做了充分的描述和论证，并向集团公司总经理办公会提交了规划报告。

密切跟踪国家在财政税收政策的调整变化，如对增值税转型政策、风力发电增值税纳税额减半征收政策、大型企业集团合并缴纳企业所得税政策进行研究部署，积极主动进行税收筹划与管理。办理基建项目财政贴息事宜，2006 年指导贵州乌江水电开发有限责任公司、江苏华电望亭天然气发电有限公司、中国华电集团公司内江发电总厂、陕西华电蒲城发电有限责任公司等单位获得财政专项拨款 1.58 亿元，2007 年指导贵州乌江水电开发有限责任公司、杭州华电半山发电有限公司、华电能源股份有限公司哈尔滨第三发电厂等单位获得财政专项拨款 1.38 亿元。

财　务　评　价

按照《企业财务评价暂行办法》，开展企业财务评价工作：① 确认企业经营业绩，将确认结果作为综合评价企业领导人员经营业绩、兑现企业工资总额的主要依据；② 推动企业经营业绩对标，揭示企业生产经营中存在的问题、差距、潜力，评价企业经营管理水平，促进企业运营目标改善；③ 从出资人角度客观评价企业综合绩效与风险，为公司制定资产战略、融资决策、风险管理提供基础。

配合计划部做好集团公司拟投资项目的技术经济分析工作，重点对项目的投资收益率、投资回报期、现金流及资产利润情况进行分析，揭示风险点，为投资审委员会提供决策依据。

财务监督与制度建设

按照“预防为主、违规必究、防堵结合”的原则，建立了以预防性监督为核心的财务监督体系，进一步加强财务内控机制建设。2006 ~ 2007 年，颁布下发了《中国华电集团违反财经纪律内部处罚办法》、《中国华电集团公司燃料核算办法》、《中国华电集团公司关联交易规范管理办法》、《节能技术改造财政奖励资金管理暂行办法》、《中国华电集团公司投资收益收缴管理办法》、《中国华电集团公司企业所得税合并纳税管理办法》等，进一步完善了财务管理制度体系。

2007 年 10 月，集团公司在全系统组织开展“依法经营，遵纪守法”主题实践活动，把经济安全情况、企业关联交易情况、人工成本列支情况、基建工程管理及资金使用情况、会计信息的真实性和集团成立以来各项检查处理意见作为整改落实的重点内容。系统各单位按照“务求实效”的标准和要求，认真对国务院派驻华电集团监事会、审计署以及历年来集团公司内部审计、财务稽查等发现的问题和提出的处理意见，逐一进行梳理分析和整改落实。该次活动共下达监督检查问题788项，涉及单位99家，完成整改落实749项，平均整改率95.05%。通过这次活动，公司系统内单位进一步提高了依法治企、依法经营、依法管理的能力，增强了企业遵纪守法的意识。

进一步完善申报和信息披露等方面相关制度，按照修订的关联交易规范办法，逐步规范企业的关联交易，有效保障主业利益；组织中介机构开展2006年度财务决算审计，对集团公司及纳入集团合并会计报表范围的155户三级以上单位全部出具了标准无保留意见审计报告；配合国务院派驻华电集团监事会、审计署对集团公司及所属企业的各项监督和检查工作，及时、全面、如实地提供各项监督检查资料，对监事会提出的问题和要求认真迅速地进行落实，圆满完成迎审工作。

财会队伍建设

集团公司积极推进财会队伍建设，大力提升从业人员的素质，着力打造具有市场观念、全局观念、竞争观念，具备现代理财能力、创新能力、沟通协调能力的两支队伍，一支是以总会计师、财务经理为代表的高级财务管理队伍；另一支是以高级会计师、注册会计师为代表的高级会计人才队伍。截至2007年底，集团公司主业财会人员总数较2004年增加了301人，增幅达31%；25家单位配备了总会计师；获高级职称的占全部从业人员的9%；42人具有注册会计师资格；91%的财会从业人员学历在大专以上。

2007年新会计准则颁布实施后，集团公司制定专题方案，对公司系统全部财务人员进行了新会计准则培训。其中集团公司直接组织4期共约400名财务骨干的培训，其余人员由区域公司组织培训。组织公司系统内专家及部分中介机构，研讨修订了会计核算办法、接轨方案等制度，模拟分析新准则对企业经营的影响，完成了《关于执行新会计准则的影响分析报告》。以国务院国资委在3所国家会计学院举办的国有企业总会计师岗位培训班为平台，安排系统内总会计师和财务负责人共50余人参加培训。

资产、产权管理

重　组　并　购

2006～2007年，根据集团公司发展战略的需要，按照“电为核心，上下延伸，内外并举”的产业布局，围绕“电力、煤炭、金融、工程、境外产业”五方面业务，以上市公司为主要平台稳妥实施资产重组并购。通过资产重组并购，进一步突出集团主业，明晰发展重点，筹集发展资金，改善集团公司资产和财务结构，在有效提升竞争力和促进集团健康、快速、可持续发展等方面取得积极成果。

（1）通过并购重组，壮大了公司实力。2006年8月1日，集团公司与襄樊电力开发总公司签订了《中国华电集团公司与襄樊电力开发总公司关于重组湖北汉源电力开发股份有限公司的协议》，成功控股湖北汉源电力开发股份有限公司51%的股权。2007年2月，湖北汉源电力开发股份有限公司通过收购湖北省能源集团有限公司持有的湖北襄樊发电有限责任公司（一期）17.5%的股权，从而达到累计持有该公司35%的股份，为集团公司整合湖北襄樊发电公司一、二期股权关系奠定了基础。2007年9月28日，集团公司与上海柘中（集团）有限公司签署协议，收购装机容量72万kW的上海奉贤燃机发电有限公司40%股权，并于2007年12月10日正式接管该公司，实现了集团公司发电资产在上海地区“零”的突破。2007年，集团公司积极参与电力体制改革“647”项目处置工作，圆满并购了天津军粮城发电有限公司和湖北襄樊发电有限责任公司（一期），并于2007年底完成了管理交接，实现新增容量210万kW。

（2）加大股权处置，盘活存量资产。2006年，按照中国证券监督管理委员会的相关规定，增持了贵州黔源电力股份有限公司股权，成为其第三大股东，进一步增强了对其的控制力。2007年11月，根据国务院国资委关于产权转让的有关规定，集团公司将持有的北京京丰热电有限责任公司35%的股权和北京京西发电有限责任公司48%的股权在北京产权交易所公开挂牌转让，并于2007年12月14日签署了股权转让协议，获得了较好的转让收益，存量资产进一步盘活。

（3）优化资源配置，降低市场风险。2006年，通过财务公司与烟台市商业银行签署投资入股协议，以增资扩股方式控股烟台市商业银行，进一步丰富了集团公司金融运作平台，有效降低了各类市场风险。2007年8月，集团公司以华电国际邹县发电厂四期2×100万kW机组资产与兖州煤业股份有限公司和邹城市城市资产经营公司合作组建华电邹县发电有限公司，进一步加强产业链上下游企业的战略合作，谋求共赢。2007年10月，集团公司通过内部重组方式，将内蒙古华电辉腾锡勒风力发电有限公司100%股权、新疆华电小草湖风力发电有限公司100%股权和上海华港风力发电有限公司50%股权注入集团公司设立的中国华电新能源发展有限公司，进一步集中和优化资源配置，推动新能源产业发展。

融资工作

2006年开始，国家不断加大宏观调控力度，在信贷规模紧缩、融资成本不断上升的情况下，集团公司融资工作以确保投产项目、重点项目资金供应为首要任务，积极拓展融资渠道，疏导资金供求矛盾，做好资金平衡和调度，千方百计落实资金来源，取得积极成效。

（1）建立和完善融资管理制度，规范集团公司系统融资工作。制定印发《中国华电集团公司融资管理办法》，结合集团公司实际情况，进一步明确了融资管理的基本原则、管理职责、融资方案的制订、实施、监督和检查等方面内容，对加强融资管理、规范融资行为、防范融资风险、维护集团公司信用安全提出了具体要求，建立健全了集团内部融资管理制度规范。

（2）加强集团公司信用管理，加大银行和企业合作力度。拓宽银行贷款主渠道作用，与各家主要商业银行签订综合授信协议，全面开展金融合作。截至2007年底，各家银行对集团公司的综合授信总额超过2000亿元。

（3）创新融资工作思路，拓展融资渠道，加大除银行贷款以外的其他方式的融资比重。2006年6月5日，集团公司成功发行第三期20亿元企业债券，债券期限15年，年利率4.15%，较同期银行贷款利率低2.69个百分点，每年节约财务费用5000余万元。2007年4月20日与中海信托公司和交通银行合作，争取到30亿元信托资金，提款20亿元，年利率4.75%，比同期银行基准利率下浮35%，节省财务费用5000万元。

（4）加强公司系统融资管理工作，维护集团公司整体信用安全。帮助基层企业落实项目融资，对发展项目年度融资方案进行把关指导，积极协调各银行总行提供资金支持；帮助经营困难企业做好资金接续工作，2007年为基层企业协调解决偿还到期资金100多亿元；指导基层企业创新融资品种，指导华电国际电力股份有限公司、华电煤业集团有限公司发行47亿元短期融资券，指导华电财务公司发行10亿元金融债，指导华电四川发电有限公司、华电福建发电有限公司使用理财产品、信托受益凭证等手段缓解资金来源紧张问题。

股权转让

2006~2007年，按照国务院国有资产监督管理委员会加强对国有股权管理、提高企业核心竞争力的有关要求，根据集团公司发展战略，积极开展股权转让工作，进一步理顺了集团公司产权关系和产权管理工作。

（1）进一步规范集团系统企业所持上市公司股份的管理。2007年7月，以华电资［2007］1137号文转发了国务院国资委关于《国有股东转让所持上市公司股份管理暂行办法》、《上市公司国有股东标识管理暂行规定》、《国有单位受让上市公司股份管理暂行规定》，规范上市公司股份管理。

（2）集团公司向华电国际电力股份有限公司

转让安徽芜湖公司股权。为支持华电国际电力股份有限公司发展，根据集团公司在安徽的发展战略，2006 年 12 月，按国资产权［2006］1576 号文件，将集团公司持有安徽华电芜湖发电有限公司 95% 的股权让给华电国际电力股份有限公司。

资产管理与资本运作

部署开展“十一五”小火电机组关停资产处置工作。为进一步加强国有资产处置管理，做好“上大压小”资产处置工作，于 2007 年 6 月下发了《关于加强资产管理做好“上大压小”资产处置工作的通知》(中国华电资［2007］953 号)，明确了关停小火电机组资产处置的原则、思路和方法，重点突出了规范资产处置行为，提高资产处置收益，防止国有资产流失。2007 年 8 ~ 10 月，分别批复完成杭州华电半山发电有限公司、湖北华电黄石发电股份有限公司、华电淄博热电有限公司、贵州华电清镇发电有限公司关停机组资产的处置方案。

加大不良资产处置工作力度。鉴于黄岛发电厂一期累计亏损严重，历史包袱沉重，2006 年 6 月，经《关于山东黄岛发电厂一期国有产权无偿划转批复》（国资产权［2006］714 号)，将山东黄岛发电厂一期产权划转青岛国信实业公司，促进了国有资产的保值增值；2007 年 12 月，以《关于同意中国华电集团财务有限公司不良资产核销的批复》（中国华电资［2007］2004 号）批复中国华电集团财务有限公司核销不良资产 4535 万元。

上市公司股权分置改革

根据“积极推进，稳妥设计；总体协调，区别对待；强化控制，合理补偿；战略统领，全面平衡”的总体原则，圆满完成华电国际电力股份有限公司、华电能源股份有限公司和国电南京自动化股份有限公司三家上市公司股改工作：2006 年 3 月，经《关于国电南京自动化股份有限公司股权分置改革有关问题的批复》（国资产权［2006］384 号)，国电南京自动化股份有限公司股改对价 10 送 2.8；2006 年 7 月，经《关于华电国际电力股份有限公司股权分置改革有关问题的批复》(国资产权［2006］700 号)，华电国际电力股份有限公司股改对价 10 送 3.0；2006 年 8 月，经《关于华电能源股份有限公司股权分置改革有关问题的批复》（国资产权［2006］1062 号)，华电能源股份有限公司股改对价 10 送 3.2；华电国际电力股份有限公司、华电能源股份有限公司和国电南京自动化股份有限公司的股改方案分别以 79.58%、88.72%、97.05% 的投票赞成率顺利通过。三家上市公司股改对价水平与其他电力类上市公司相比属适中水平；股改进程符合国家和集团总体安排，树立了集团公司的良好形象。

解决电力体制改革遗留问题

积极配合国家有关部门，较好地解决厂网分开资产移交有关遗留问题，维护了集团公司的利益。

（1）资产移交遗留共性问题得到较好解决。与国家电力体制改革办公室、财政部和国务院国资委等有关部门密切沟通协调，确定了电力资产财务划分有关遗留共性问题处理的原则和方法。2007 年 6 月，以《关于确认电力资产财务划分有关遗留问题争议资金核算结果的函》（中国华电函［2007］78 号）对资本金、投资收益分配、工资结余分配等涉及的金额与相关电网公司进行了确认。电力体制改革资产财务划分有关遗留共性问题得到公平、合理地解决。

（2）与新疆电力公司签署资产移交协议，解决了制约集团公司在新疆企业经营和发展的遗留问题。本着“尊重历史、综合平衡、着眼未来”的原则，加强与电改办、新疆电力公司的沟通协调。2007 年 1 月 12 日，与新疆电力公司签署《关于解决新疆地区厂网分开有关遗留问题协调会议纪要》，2 月 9 日签署《新疆电力公司与华电新疆发电有限公司关于发电企业移交接收协议书》，解决了与新疆电力公司长期悬而未决的问题，促进了集团公司在新疆企业的发展，取得了较好的效果。

市场营销

概　　述

2006~2007年，集团公司市场营销工作以公司发展战略为统领，以效益为核心，以市场为导向，深化政策研究和市场分析，加强过程控制，“三电”指标全面完成，带动和促进了公司系统市场营销管理水平不断提升。

（1）争取电量取得较大成效。2006年和2007年，集团公司分别完成发电量1995.11亿kW·h和2581.58亿kW·h，同比增长22.44%和29.4%，发电量增长率连续两年列五大发电集团之首。

（2）积极推动煤电价格联动，实现了较好效益。2006年，集团公司平均电价上调1.48分/（kW·h），电价调整水平超过全国平均水平。同时，争取到部分地区煤热价格联动，为提升集团公司整体效益发挥了积极作用。

（3）进一步强化电热费回收管理，清理陈欠电费，实现当年电费结零，陈欠逐年下降，保证了公司经营成果。

（4）加强与政府、电网企业等有关方面的联系，争取到理解和帮助，创造了有利的外部经营环境。

（5）积极开展政策研究，客观反映公司实际，科学提出意见和建议，努力争取政策，维护了集团公司合法权利。

（6）大力研发集团公司实时监控系统，强化了监督手段，提高了分析和决策效率。

电　量　管　理

（1）竞价上网。2006年，国家电监会继续加快推动区域电力市场建设，为适应竞价上网工作的需要，集团公司加强了电力市场协调指导的力度：① 通过召开东北、华东和南方区域主要负责人座谈会，分析电力市场的形势，贯彻集团公司电力市场工作的原则，理清了工作思路，强化了各级单位的市场竞争意识。② 加强公司系统区域电力市场统一竞价平台的建设和管理。指导华东市场办公室制定了《华东区域电力市场管理暂行办法》，进一步明确了华东市场办公室及各竞价单位在竞价上网过程中的职责和权限，确定了竞价上网工作流程。初步确定了市场竞价评价指标，为进一步加强报价决策管理奠定了基础。③ 进一步完善了华东市场辅助竞价决策系统的功能，增加了市场价格分析和竞价结果分析模块，提高了辅助竞价决策系统的实用性和时效性。④ 协调指导东北和华东市场竞价上网试运行。在东北市场年度竞价和华东市场两次调电试运行过程中，组织开展专题市场分析和调研，现场指导竞价策略的制定，协助办公室开展报价方案的统一协调，推动系统企业在两个区域电力市场竞价工作达到了预期目标。⑤ 组织华中各单位开展两部制电价测算，指导华中市场办公室开展市场分析和研究，初步确定了华中市场竞争策略。争取到将宝珠寺电厂列入四川调峰调频电厂、在电力市场初期可不参加市场竞价的条件，保证宝珠寺电厂已争取到的高电价不受竞价影响。

集团公司还委托华北电力大学开展了《中国华电集团公司参与东北区域电力市场竞价考评与奖励分配机制》的课题研究，分析了集团公司管理考核机制在应对市场竞价方面存在的主要问题，提出对东北竞价电厂的报价预评估和后评估的指标评价体系，以及能够更好地实现集团公司在东北区域统一协调、统一报价管理目的激励机制，为集团公司积极应对电力市场竞价上网、实现效益最大化提供了一套较完整的考核管理方法。

（2）发电量管理。2006年以来，集团公司从强化过程监督入手，逐步完善公司发电量分析和预测方法，及时调整电量目标，实施重点督导，强化了发电量管理。2007年，集团公司30万kW及以上火电大机组电量占火电电量比重达到

67.67%，同比增加60.94%，边际利润贡献较大的水电电量同比增长42.8%，电量结构明显改善，为促进公司节能降耗和增发增利创造了有利条件。

（3）并网协调和购售电合同管理。① 开展新机并网协调工作。集团总部与有关分支机构上下配合、分工协作，积极与国调、有关网（省）调协调，落实了襄樊、新乡、贵港等新机组的"168"并网方式和电量计划。经过上下的共同努力，难度较大的宿州电厂送出问题得到较好解决，与华东电网公司协商落实了宿州电厂"皖电东送"的电量计划。② 指导分支机构开展《并网调度协议》和《购售电合同》的签订工作。积极向有关主管部门反应"协议和合同"签订过程中存在的问题，促成国家电监会开展"协议和合同"签订工作的检查，对规范网厂经营行为，创立良好经营环境奠定了基础。2006、2007年，公司系统"协议和合同"签订率基本达到100%。

电、热价格管理

（一）电价调整和执行

2006年，在煤价大幅上涨、经营成本遭遇巨大压力的情况下，集团公司积极开展测算和分析，全力推动国家实施煤电联动，重点解决了个别特殊困难电厂的电价矛盾，着力协调东北竞价电厂结算电价，确保了集团公司整体经营效益。

（1）全力推动国家实施煤电价格联动。集团公司组织各分支机构和燃煤电厂反复测算煤价上涨水平，在汇总分析的基础上，多次向国家发展改革委价格司和有关省级物价部门反映问题，要求按照国家的煤（运）电价格联动机制、进行煤（运）电价格联动调整。同时，对低价困难电厂和脱硫项目等急需解决的电价问题进行了认真的梳理，要求国家发展改革委价格司一并予以疏导和解决。在各方面的共同努力和推动下，2006年6月国家发展改革委价格司组织了煤电（运）联动调价的测算会议，集团公司最终基本达到了调价的预期目标。公司系统共58个电厂的电价得到提高，平均上网电价提高1.48分/(kW·h)，其中，煤（运）电价格联动超过了全国平均联动水平，15个困难电厂在联动基础上再单独加价，部分电厂突破政策上限得到调价，计划内的脱硫项目也全部得到了1.5分/(kW·h)的脱硫电价。

（2）落实电价执行。2006年7月，国家调价政策出台以后，集团公司及时组织了调价的落实工作，逐省、逐厂了解新价的落实执行情况，对重点地区进行协调和帮助。除贵州、青海因受地方政府少调的政策影响之外，其余地区全部落实了国家的调价政策。通过这次调价和调价的落实，有效地缓解了煤价上涨推动成本大幅增支的压力，为实现集团公司"双突破"目标起到重要作用。

（3）着力协调东北竞价电厂结算电价。2006年8月，国家发展改革委组织协调东北竞价电厂的结算工作。由于平衡账户严重亏损，国家电监会终止了市场的运营并进行总结。9月，针对国家电监会提出了"按2004年批复电价加煤电联动"等三个结算方案，集团公司组织进行反复测算，并多次与东北电监局、黑龙江省物价局进行沟通、协调，积极向国家电监会和国家发展改革委陈述公司的困难和修正意见，最终促成了对集团公司相对有利的结算修正方案，使集团公司在东北的总体利益得到了合理的保障。

2007年，集团公司及时向各级价格管理部门反映困难、争取理解和支持，在小火电机组降价和个别地区电价落实方面争取主动，维护了公司的利益，并在国家发展改革委未实施全国电价调整的情况下，力促个别地区电价实现了突破。

（1）贵州、云南和黑龙江电价得到调整。贵州火电从11月起普调1.25分/(kW·h)，清镇、遵义上调2.25分/(kW·h)、大龙上调1.35分/(kW·h)，大方上调1.25分/(kW·h)，乌江上调1.2分/(kW·h)，年增收2.9亿元。云南火电从11月起上调0.588分/(kW·h)，年增收0.4亿元。华电云南发电有限公司还以"来煤加工"的形式提高了结算电价，缓解了煤价上涨的部分压力。黑龙江送辽宁电量电价从10月份起提高0.5分/(kW·h)，年增收0.2亿元。

（2）认真落实电价政策。通过不懈努力，内蒙卓资公司和青海大通电厂的标杆电价得到落实。福建棉花滩白沙水电站争取到0.379元/(kW·h)的较高电价。新机组标杆电价除华电包头发电公司外全部得到落实。集团公司所有已验收的脱硫机组脱硫电价全部落实。山东区域的老机组脱硫电价争取到从验收之日起执行的政策。

（3）积极应对小火电降价。通过积极开展工作，争取到分步降价、置换电量不降价的有利政策。政策出台后，集团公司组织有关单位认真研究应对措施，并积极引导各省的落实方案，努力将降价影响减少到最小程度。

(4) 华电四川发电有限公司、陕西华电蒲城发电有限责任公司在推动煤电联动方面做了大量工作，促成当地物价部门多次向国家发展改革委汇报，要求实施煤电联动，得到了国家发展改革委的认可，为下一步适时调整电价创造了有利的条件。提前启动了北京二热、武昌燃机的电价测算报批工作，与当地物价部门进行了有效的沟通，为及时核定合理的电价水平奠定了基础。

(二) 热价调整

集团公司根据国家发展改革委、建设部2005年《关于建立煤热价格联动机制的指导意见》：① 组织系统各热电企业认真做好测算，积极开展公关，研究摸清当地供热行业的热价水平，力争做到同城、同质、同价，避免了调价政策出台不同步的现象；② 积极向政府汇报反映供热经营的亏损局面，消化煤炭价格上涨带来的供热成本增支。③ 本着“政策性亏损政策补”的思路和原则，争取通过财政补贴等其他有效办法，解决热亏问题。2006年有5家热电企业的热价得到调整，累计调价增收1267万元。华电（北京）热电公司积极争取供热财政补贴，得到了北京市有关部门的理解，2006年获得财政补贴约1.28亿元，补贴提高增收3780万元，为实现全年不亏的目标奠定了坚实的基础。

为提高热力营销规范化服务水平，保证经营效益，集团公司出台了《供热营销服务管理办法》，发布了《供热价格测算原则指导意见》，为完善供热营销服务，开拓供热市场以及争取理顺热价奠定了基础。

电、热费回收

2006年和2007年，集团公司面对电、热费总额不断提高，市场不够规范和透明，个别地区和单位当年欠费不能结零，历史陈欠难以实现突破等不利局面，进一步加强和完善了电、热费回收管理，采取台账制、考核制、说清制的“三制”管理，加强了当年电、热费回收的过程控制；全面分析陈欠电、热费情况，进行合理分类，加大了陈欠电费回收的激励力度，促进各单位努力协调电网企业，对陈欠电费实施重点突破。

(1) 对外争取政策，规范市场行为。2006年，促成国家电监会出台《厂网电费结算办法》和《三电信息披露制度》，争取了政策支持，促进了电费结算制度化建设，为规范电费结算行为，保证电费及时足额回收奠定了基础。

(2) 加强电、热费回收的过程控制。集团公司对系统各单位电、热费回收完成情况进行月度汇总和通报，要求回收状况较差的单位以书面材料的形式，汇报了回收现状、欠费原因、目前遇到的困难，预测本单位当年回收形势及拟采取的措施和办法，实现了电、热费回收的全过程动态跟踪。

(3) 对重点地区实施突破。2006年，集团公司对欠费额度较大的难点地区实施了重点管理。集团公司对贵州、新疆、湖北、内蒙古和黑龙江五个欠费严重的地区，要求各单位必须坚持一把手亲自抓的原则，采取把电、热费回收任务层层分解，作到层层有压力，通过一系列的措施和办法，这五个欠费重点地区的交费状况有所改善。

(4) 加强陈欠电费基础管理。2006年，集团公司下发《关于调查电热费回收情况的通知》（华电市函［2006］6号），并根据欠费账龄和性质进行了分类，初步对集团公司陈欠电费进行了理清。

(5) 实施陈欠电费专项清理。2007年，集团公司重点对陈欠电费进行了专项清理，对不同性质的欠费，从集团公司长期效益为出发点，在综合平衡欠费年限、财务费用和收益的基础上，分别采取了不同的措施和方法。2007年清理陈欠电费20239万元，回收欠费19799万元。

两年中，公司系统39家考核单位全部完成了营销口径欠费指标，其中31家同时完成财务口径欠费指标，陈欠电费逐年好转。到2007年底，陈欠电、热费已回收70%，超过集团公司的回收目标。

市场营销基础工作

(1) 政策研究。集团公司主动与国家发展改革委价格司、价检司、经济运行局和国家电监会价财部、市场部、发电监管部等部门建立业务、信息沟通渠道，并积极提供相关的工作服务，努力营造良好的市场营销环境。2006年，集团公司主动承担了国家发展改革委《上网电价管理暂行办法》政策课题，参与国家发展改革委、国家电监会的市场电价形成机制改革，峰谷电价、输配电价核定办法，大用户直购电定价办法、优化调度方式、发电企业监管办法、新机组商业运行管理办法和华中、华东、南方电力市场规则等一系列政策、规则的研究制定，为争取合理的政策空间和维护集团公司基本利益起到重要作用。2007年，集团公司承担和参与了国家发展改革委燃机电价、水电电价、跨网省电价机制和小火电关停补偿等相关电价政策的研究，争取到小火电分步降价、置换电量不降价的有利政策。集团公司还组织公司系统开展节能发电调度及配套补偿办法等相关政策的研究，从营销组织管理、项目规划、设备技改、脱硫设施改造，以及管理机制等方面提出相关工作建议。通过政策研究，一方面影响政策导向，争取到合理的空间，维护了公司的基本利益；另一方面，有效促进了公司市场营销系统全面领会和掌握政策，为更好地开展工作奠定了基础。

（2）研发生产营销实时监管系统。为了适应市场形势快速变化和对系统内机组经济运行实施全过程监管的需要，集团公司决定筹备公司系统营销监控中心，研发相关监控管理系统。2006年，组织完成了公司系统的计量装置改造、电量采集等工作，开始了公司系统生产营销监控管理软件的设计工作。2007年，开展了多次数据收集和分析模型的研讨和定型工作，监管系统于2007年底投入运行。

（3）关口计量管理。2006年，为规范公司系统电能计量装置管理，减少因电能计量装置误差造成电量损失，集团公司对公司系统各单位电能量计量系统进行了普查，并在2007年全部完成了公司系统电能计量装置改造，实现了电量数据自动采集和上传，规范了公司系统的计量工作，提高了计量的精度，也为集团公司生产营销信息化系统建设奠定了基础。

（4）市场营销专业培训。为贯彻集团公司市场营销工作的管理理念，提高公司系统市场营销工作人员的业务水平，集团公司组织开展了经验交流、工作座谈会和专业培训等多种形式的培训工作。2006年，组织了对各级单位市场营销工作的主管和具体业务人员的两期培训，聘请了国家发展改革委、国家电监会及有关价格和市场方面的专家学者教授市场营销理论，由集团公司各业务主管针对集团公司发展战略及有关工作要求进行培训，大大提高了公司系统市场营销工作人员的专业理论水平。

为应对区域电力市场竞价上网工作，重点对公司系统华东和华中区域的电力市场管理人员和报价员进行了培训，进行市场规则、市场分析方面的专业培训，并对华东区域市场报价员进行了以辅助竞价决策系统上机操作和理论考试为主要内容的报价员资格考核认定工作，提高了报价员的市场分析理论和实际操作的能力。

燃 料 管 理

概　　述

集团公司对燃煤供应实施“五统一”管理，即“统一计划、统一订货、统一调运、统一结算和统一管理”。有关职责和工作由华电煤业集团有限公司具体负责实施，公司系统发电企业按3元/t支付燃煤代购服务费。为履行好燃煤供应“五统一”管理职责，华电煤业集团有限公司在健全网络、完善制度、强化考核等方面做了大量的工作。在集团公司资产集中省份或煤炭资源富集省份设立了分公司（办事处），在主要燃煤发电企业设立了分理处，初步建立了覆盖全国的燃煤供应网络和三级燃煤供应体系（华电煤业集团有限公司—华电煤业集团有限公司分公司—分理处）。制定了从计划、订货、调运到结算的一整套燃煤供应管理制度，建立了以保量、提质、控价为核心的燃煤供应考核机制。以电煤结算全过程、可追溯性管理为设计理念，建立了从采购合同电子化、验收上数、试算与核算，到资金统一支付各个环节的统一结算系统。

在组织实施向公司系统发电企业提供燃料供应的同时，华电煤业集团有限公司根据中国华电人［2005］920号文件的要求，受托行使燃料管理职能。华电煤业集团有限公司遍布全国的燃料工作网络对集团公司实施燃煤专业化管理以及建立职责明确、管理高效、运转协调的燃料管理体系起到十分有效的重要作用。2006年12月，为了进一步理顺部门职能，减少职责交叉，集团公司又以中国华电人［2006］1701号文件明确燃料管理职责分工：华电煤业集团有限公司按照燃料“五统一”原则，负责燃料到厂前的有关工作；安全生产部负责燃料到厂以及燃料厂内管理的指导、监督、考核。2007年1月，又以中国华电生［2007］30号文件要求华电煤业集团有限公司在集团公司安全生产部的领导下，按中国华电人［2005］920号文件继续履行好集团公司委托行使的厂内燃料管理职能。

按照集团公司的授权，华电煤业集团有限公司主要负责厂内燃料管理的指导、监督、考核等工作，向集团公司上报各发电企业的年度考核方案；开展燃料管理达标、创优、建示范活动的评选工作；组织燃料管理人员的业务培训和质检、计量人员的上岗考核工作；督促各单位改善燃煤计质、计量设备设施；参与新建（扩建）电厂可研、初设阶段的燃料系统审查；定期向集团公司报送燃煤管理状况和统计分析报告，及时汇报管理中发生的重大矛盾和问题。

“五统一”管理体系

“五统一”管理的内容包括统一计划、统一订货、统一调运、统一结算和统一管理。统一计划，即根据各发电企业的用煤需要，在综合平衡的基础上统一制订年、季、月供煤计划和煤价控制标准，在预测煤炭市场走势的基础上统一下达各发电企业的目标库存。统一订货，即发挥规模采购优势和大企业集团的市场主体作用，以华电煤业为统一对外的采购主体组织订货，达到获取规模效益、降低采购成本的目的，实现集团公司整体利益最大化。统一调运，即以集团公司整体利益最大化为出发点，处理好局部与整体、眼前与长远的关系，实施全国范围的跨区域大调运，避免区域内发电企业抢煤源、争运力的恶性竞争，保证当地资源不足、供应紧张的发电企业的电煤供应。统一结算，即以各发电企业上报的燃煤验收数据和煤业各分公司（办事处）上报的合同为依据，通过电煤结算系统进行煤款统一结算。统一结算的关键是实现了支付能力的集中控制，电厂不再自行向供煤企业支付煤款。统一管理，即对燃煤供应工作实施标准化、规范化管理，统一安排部署，统一管理标准，统一工作程序，统一合同条款，统一价格批复。

燃料供应管理

2006~2007年，针对供应紧张、运力不足、煤价飙升的煤炭市场形势，集团公司充分发挥燃煤“五统一”管理优势，以保证供应、优化结构为目标，以早抓储煤提库存为重点，以跨区域调运为突破口，以全方位协调为手段，加强信息的收集与分析，严格计划的制订与考核，规范合同的谈判与签订，并从发运源头、合同条款、入厂验收等环节严把煤质关，实现了调运工作及时、有序、高效、合理，较好地保证了电煤供应。通过实施“五统一”管理，集团公司的规模化、集约化优势得到了发挥，大集团的市场主体作用得到了显现，电煤资源和运力得到了优化配置，电煤采购管理得到了有效规范。2006年完成电煤供应量9621万t，比2005年增加1405万t；2007年完成电煤供应量11648万t，比2006年增加2027万t。

燃料价格管理

2006~2007年，主要受国际市场能源涨价、国内安全生产治理和运输“瓶颈”制约等多种因素的影响，国内煤炭供需矛盾突出，价格大幅上涨。集团公司建立了“价格三条线”管理机制（承包利润线、零利润线、边际成本线），以及统筹协调、相互制约、快速反应的电煤价格形成机制，统一价格体系，规范价格管理，做到了动态、超前、快速适应市场的变化，争取电煤采购的主动权；按照可靠保证电煤供应、入厂标煤单价最低的原则，以优化供煤结构为重点，统一制订调运方案，加大跨区域调运力度，合理引导资源流向，控制采购价格，实现了集团公司整体利益最大化。2006年完成入厂标煤单价（含税）437.37元/t，比2005年下降0.64元/t；2007年完成入厂标煤单价（含税）470.91元/t，比2006年仅上涨33.54元/t。

电厂燃料管理

建立了职责明确、管理高效、运转协调的三级燃料管理体系，制定了一整套燃料管理制度。以科学、规范、高效管理为目标，以控制热值差和加强煤场管理为重点，以开展“燃煤管理年”活动、“达标、创优、建示范”活动和电厂燃料管理交叉检查为载体，以举办首届燃煤采制化技能大赛为契机，从完善设备、健全机构、充实人员、建章立制、强化监督等方面，大力推进燃煤全过程规范化管理，集团公司的燃料管理整体水平得到不断提升。初步建立了财务与燃料业务数据一体化系统，为实现发电企业燃料管理与集团公司财务管理的无缝对接搭建了平台。通过加强燃料管理，集团公司系统的厂内燃料管理指标不断优化，2006、2007年入厂入炉煤热值差分别完成0.63、0.52MJ/kg，入厂入炉煤标煤单价差分别完成27.39、21.28元/t，亏煤企业由2005年的26家减至2007年的3家，减亏15万t，燃煤电厂的燃料管理达标率达到了64.2%。燃料管理信息系统荣获企业管理现代化创新成果电力行业一等奖、国家级二等奖。

内部审计

概　　述

集团公司按照现代企业制度和公司章程的要求，实行企业内部审计制度。根据集团公司经营发展需要，设立了独立的审计机构。审计部下设两个处室，审计一处负责全面风险管理、经营管理审计、领导干部经济责任审计和各类专项审计及审计调查等；审计二处负责基建工程审计、内部控制制度审计、新投产项目效益审计、对集团公司所属单位审计业务指导、对集团公司派出监事业务指导和综合事务管理等。

集团公司审计工作指导思想：以邓小平理论和“三个代表”重要思想为指导，紧紧围绕集团公司中心工作和发展思路，强化监督、服务大局、促进管理、提高效益，着力推进审计改革创新，着力提升审计工作质量，着力加强审计队伍建设，全面履行公司赋予的确保经济安全第一责任，积极促进集团公司履行三大责任、提升三大业绩，全力推进集团公司实现年度工作目标。审计机构的主要职责：负责对集团公司内部经营活动进行监督和评价；负责制定集团公司内部审计制度，编制集团公司内部审计工作发展规划和年度工作计划并组织实施；负责与国家审计署和国务院派驻华电集团监事会等有关部门的工作联系和协调；指导所属单位的内部审计工作等。具体的审计类别有：①资产、负债、损益审计；②任期经济责任审计；③工程建设审计；④内部控制制度审计；⑤资产经济责任审计；⑥审计专项调查。

2006～2007年，集团公司审计工作紧紧围绕公司发展战略和经营目标，着眼于企业经营管理水平的提升，立足于保证国有资产的保值增值，积极服务于公司的改革和发展，扎实而富有成效的开展审计工作，取得了显著成绩。

（1）对区域子公司和直属公司进行了财务收支和资产经营责任审计。2006～2007年，先后对华电福建发电有限公司、上海电力发展有限公司和江苏华电扬州发电有限公司等13家单位进行了财务收支和资产经营责任审计，对公司经营目标和相关经济指标的真实性、准确性进行了审计评价，对年度经营目标提出了审计建议。

（2）深化领导人员任期经济责任审计。按照集团公司《领导人员任期经济责任审计办法》的要求，两年内共完成经济责任审计286项，其中集团总部39项，审计率达到100%，全面、客观地评价了领导人员任期内的经营业绩。在重点审计领导人员任期内资产经营责任目标完成情况的同时，还对领导人员的薪酬、职务消费等方面进行了核查，对企业盈利能力、可持续发展能力、竞争能力及领导干部经营业绩进行了审计评价。

（3）开展专项审计调查工作。开展对集团公司"上大压小"项目和华电能源股份有限公司哈尔滨第三发电厂燃料管理等专项审计。对公司规范燃料管理、强化资产处置程序，防范国有资产的流失起到了促进作用。

（4）积极开展基建工程全过程跟踪审计。对公司系统39个基建项目开展了全过程跟踪审计，取得基建效益审计效果明显，共审减工程支出55820万元。进一步深化了基建全过程跟踪审计工作，完善了委托项目招投标制，加强项目过程控制，强化审计成果落实。

（5）开展新投产工程项目效益审计评价工作。按照集团公司的战略规划，从"选、建、管"三个方面，对四川华电宜宾发电有限责任公司、内蒙古华电包头发电有限公司、云南华电昆明发电有限公司进行了新机效益审计评价，为集团公司项目发展和科学决策提供了审计依据。

（6）建立健全审计制度体系，进一步规范公司治理结构，完善审计制度体系。先后制定了《中国华电集团公司基建工程项目审计管理办法（试行）》、《关于加强和改进监事会工作指导意见》、《燃料管理审计操作细则》和《基建全过程跟踪审计实施细则》等管理制度，使集团公司三级审计制度体系框架已初步构建，有效保障了审计工作质量。

（7）开展了审计专题研究、试点工作。结合集团公司目前实施的管控模式，就集团公司审计管理体系、专项审计工作方式、方法等七方面的内容进行专题研究和试点，包括上市公司和财务公司健全审计委员会制度；探索集团公司二级管理机构内部审计管理新机制；完善向职代会报告审计工作制度；基建工程全过程跟踪审计试点工作；开展计算机审计和探索风险管理审计试点工作；建立新投产机组效益审计评价指标体系以及适时开展境外工程项目审计试点工作。

（8）配合做好审计署对集团公司领导人员任期经济责任审计的迎审工作。配合审计署开展对公司原总经理领导人员任期经济责任审计有关事项的衔接和协调工作，确保了本次经济责任审计工作的顺利完结。

（9）加强审计专业培训工作，提高审计人员技能和素质。围绕公司发展战略和经营目标，切实履行好审计工作在完善内部控制机制和强化自我约束机制中的职能作用，对公司系统内审计人员进行新会计准则培训，提高审计人员业务素质和管理水平，倡导审计干部要从集团角度、管理角度和效益角度去思考问题、分析问题、发现问题和解决问题，实现由查错纠弊的"经济卫士"向审计评价、风险控制、管理咨询的"保健医生"转变。

审 计 组 织

集团公司实行三级审计组织体系：

（1）在集团总部设立审计机构，接受国务院国资委、国务院派驻华电集团监事会、审计署和中国内部审计协会的业务指导，全面负责公司系统审计工作。

（2）在上市公司、区域公司、流域公司、直管企业设立审计机构、接受集团公司审计委托，负责对所属单位开展审计工作。

（3）各基层企业设立审计机构，在本企业内部开展审计工作。截至2007年底，集团公司所属单位共有独立审计机构54家，与其他部门合署办公46家，拥有专、兼职审计人员126人。

审 计 管 理

对华电国际电力股份有限公司、福建华电发电有限公司等上市公司、区域公司、流域公司实行授权、委托开展审计工作。汇总各年度审计工作资料，按照档案管理要求将审计工作资料归档。

风 险 管 理

2006年，集团公司在北京召开了系统单位主要负责人会议，对贯彻落实国务院国资委《风险管理指引》工作进行了部署。提出了坚持“积极稳妥，务求实效；总体规划，分步实施、分级负责”的原则，按照“自上而下、统一设计、集中培训、试点先行、全面推广”的方式，力争利用2~3年时间在公司系统内分“三步”实施全面风险管理，建立起“三个体系”和“六个机制”，最终达到“一个目标”的总体工作思路。在集团层面成立了风险管理工作协调小组，划分了各部门风险管理的基本职责。2007年，全面风险管理工作继续按照党组要求积极开展工作。组织有关人员参加了国务院国资委组织的风险管理培训，根据公司实际情况开展了“依法经营，遵纪守法”主题实践活动，进一步规范了主业和多经的关系，增强了企业的守法和防范经营风险意识。

审计队伍建设

（1）审计人员专业审计软件业务培训。2006年10月，在珠海举办了公司系统审计人员中普审计软件的培训会议。这次培训会议是在集团公司快速发展的大背景形势下召开的，集团系统各分公司、内部核算电厂、全资企业和控股单位及新项目公司的100余名审计骨干人员参加了此次培训。通过专家授课，对审计专业软件进行了理论和实践学习，进一步将财务专业知识和信息化审计紧密融合，提升了审计人员的专业技能，为下一步开展工作打下基础。

（2）总会计师审计专题培训。为了贯彻落实国务院国资委关于加强企业经营和财务风险防范的指示精神和总体部署，提升各单位审计部门领导人员职业道德素养和政治理论水平，提高审计业务能力、创新能力和应对新形式复杂局面的能力，充分发挥审计人员在企业经营管理中服务和监督作用，2006、2007年，分别参加了在北京国家会计学院举办的总会计师审计专题培训，共有近40名审计骨干参加了培训，学习了新企业会计准则、国际审计实务、新格局下的审计未来发展等课程，取得良好的成果。

效能监察

概　　述

2006~2007年，集团公司将效能监察工作融入经营管理，把握关键环节，内容不断深化，领域不断拓展，取得了明显成效。两年共避免和挽回经济损失5889.46万元，节约资金3.6亿元。2006年，公司系统共立项286项，提出监察建议422条，作出监察决定10个，节约资金1.7亿余元；2007年，系统共立项289项，提出监察建议530条，作出监察决定34个，查处违规金额552.45万元，节约资金1.9亿余元，整章建制370个。2006年9月，召开集团公司效能监察工作座谈会，制定印发了集团公司《效能监察工作流程》，为系统开展效能监察工作提供了指导和依据。

招标监督

高度重视工程招投标工作的监督与管理，不断加大招标监督力度。2006年，共审查招标方案和评标结果222件，组织参加现场监督16次，提出监察建议37条，受理招标投诉12件（次）。2007年，共审签招标方案和评标结果344件，组织参加项目招标现场监督198次，提出监察建议69条，受理招标投诉11件（次）。修订印发了《招标监督办法》，将集团公司审批的所有招标项目全部纳入监督范围。建立集团公司招标监督人才库，实行招标监督月度计划制度，每月根据集团公司招标项目统一安排人员进行现场监督。集团公司总结的《创新监督机制，提高招标管理效能监察实效》的经验，在中央企业效能监察工作座谈会上作大会发言。

不良资产管理效能监察

2006年，按照国务院国资委纪委的部署，制定印发了《关于在公司系统开展不良资产管理效能监察的通知》，集团公司监察部会同资产管理部、审计部，对公司系统15家不良资产额度较大或清理处置工作进展较慢的单位进行了重点检查，向存在问题的12家企业发出了监察建议书督促整改。系统各单位针对不良资产管理共立项168项，纪检监察部门参与资产处置239项，涉及金额17771.1万元，参与追索收回资产金额444.37万元，提出监察建议155条，制定或完善规章制度283项。2007年，开展了不良资产后续管理效能监察，对2006年下发监察建议书的12家单位进行跟踪检查。

燃煤管理效能监察

2007年，在公司系统开展了以燃料管理为重点的效能监察。印发了《燃煤电厂厂内燃料管理监督暂行办法》，确定了7个方面18项监督内容，明确了相关部门的监督管理职责。围绕燃煤“五统一”管理、入厂煤验收管理、储煤场管理、入炉煤管理、燃煤关联交易管理和内控制度等六方面的内容，开展了燃煤管理效能监察。在各单位自查的基础上，组织对15家单位进行了重点抽查，印发了燃煤管理效能监察情况通报，向9家单位发出监察建议书督促整改，有力地促进了燃煤管理工作。

效能监察培训

大力加强纪检监察干部业务培训，不断提升效能监察工作水平。2006年~2007年，先后在中共中央纪律检查委员会北京培训中心举办了两期新任纪委书记和纪检监察骨干培训班，把效能监察作为重点培训内容，共189人参加了培训。2007年6月，在杭州举办了专题培训班，对招标监督人才库的74名纪检监察人员进行了集中培训，有效提升了纪检监察人员招标监督水平。

内部改革

概　述

为进一步加强体制改革工作，2006 年 12 月 21 日，集团公司下发《关于对集团公司本部部分部门职能分工进行调整的通知》(中国华电人［2006］1701 号)，将改制重组办公室更名为体制改革办公室。主要职责是：

（1）负责组织研究国家有关方针政策，负责集团公司体制的综合改革研究，参与集团公司中长期发展战略规划的研究。

（2）负责集团公司整体改制上市工作的研究和组织。

（3）负责集团公司系统改制工作的研究、组织和协调。

（4）负责集团公司主辅分离、辅业改制工作的研究、组织和协调。

2006~2007 年，集团公司体制改革工作始终坚持以集团公司发展战略和“十一五”发展规划为统领，以提高集团公司核心竞争力为目标，围绕中心，服务大局，改革创新，落实科学发展观，一切从实际出发，正确把握好改革发展稳定的关系，积极稳妥地推进了集团公司整体改制上市和新的产业布局研究、改制重组、主辅分离辅业改制综合配合配套改革、检修体制改革、解决一厂多制问题等工作。

改　制　重　组

2006 年，体制改革办公室以“理顺管理体制，发挥规模效应”为目标，重点推进了新疆、四川、黑龙江、湖北等四个地区管理体制的调整工作。4 月 30 日，集团公司召开党组扩大会，正式研究了新疆、四川、黑龙江、湖北等四个地区的管理体制调整建议，会议明确将集团公司在新疆地区的资产通过成立全资子公司的方式进行管理；在四川地区的资产，向华电四川发电公司和华电国际电力股份有限公司集中；在黑龙江地区的资产，向华电能源股份有限公司集中；对湖北地区，由于湖北青山电厂的“一厂三制”问题需要在集团公司层面解决，暂时维持现状。按照此会议精神，5 月 31 日，集团公司以中国华电人［2006］691 号文件明确了自 2006 年 6 月 1 日起，原集团公司在川直接管理的 8 家单位的股权无偿划转给集团公司全资子公司华电四川发电公司管理；6 月 13 日，集团公司以中国华电人［2006］757 号文件明确将黑龙江分公司同华电能源股份有限公司进行机构整合，集团公司在黑龙江地区当前直接管理的资产委托由华电能源股份有限公司代管；6 月 28 日，华电新疆发电有限公司于正式成立，标志着新疆区域管理体制的调整工作圆满完成。

2007 年，体制改革办公室圆满解决了湖北华电青山电厂“一厂三制”问题。这个问题一直严重制约着该厂的正常生产经营和发展。在电改办的协调下，集团公司党组从维护企业稳定和职工利益出发，同意对该厂进行适当补偿后，将其全部债权、债务、担保和人员移交中国国电集团公司。4 月 13 日，中国华电集团公司、中国华能集团公司、中国国电集团公司正式签署了“青山电厂国有股权划转协议”；国务院国资委于 9 月正式批复青山电厂股权划转事宜。青山电厂“一厂三制”问题的解决，理顺了管理关系，为青山电厂的下一步发展注入了新的活力，同时为解决“厂网分开”遗留问题提供了有益的借鉴。

在区域内部改制方面，2007 年，积极推动了新疆、福建区域的内部改制工作。新疆区域，主要是将哈密发电有限公司改制为华电新疆发电有限公司的内部核算单位，并完成了哈密发电有限公司同哈密第二发电厂合并，实现了该厂的“一厂一制”，提高了管理效率，缓解了华电新疆发电有限公司现金流紧张问题。福建地区，主要是完成了福建华电永安发电有限公司、福建漳平发电公司的改制工作，通过改制，增加了融资主体，加强了责任意识，有利于改扩建工作的顺利进行。

主辅分离、辅业改制及综合配套改革

2006 年，体制改革办公室按照国家经贸委［2002］859 号文件精神，积极稳妥地开展主辅分离辅业改制试点工作。2006 年初，深入到 16 家基层企业调研，基本摸清了集团公司主、辅业情况，通过调研完成了《集团公司主辅分离、辅业改制有关问题的初步意见》，选择并积极推进华电四川发电有限公司、江苏华电扬州发电公司、湖北华电黄石发电股份公司三个试点单位的主辅分离、辅业改制工作。4 月 25 日，集团公司召开主辅分离、辅业改制工作研讨会，进一步听取各方意见，统一认识，完善方案。7月17日，研究制定了《中国集团公司主辅分离辅业改制工作指导意见》，按照统筹规划、主辅联动、分步实施、先易后难、稳步推进的工作思路，积极稳妥地推进主辅分离辅业改制工作，最终实现“精干主业、效益突出；搞活辅业、走向市场；队伍稳定、企业和谐”的最终目标。

2007年初，结合集团公司试点单位推进改革试点过程中的经验和启示，体制改革办公室进行了广泛的调研。5月9日，集团公司总经理办公会听取了体制改革办公室《关于集团公司主辅分离、辅业改制及配套改革工作总体安排的汇报》，会议提出，集团公司结合实际，对集团公司主辅分离、辅业改制工作重点进行调整，将单一孤立的改革调整为内容广泛的综合配套改革，按照“控制人口，疏通出口，依靠发展减人，依靠改革减人，综合配套，全面推进”的基本思路，通过内部改革、项目发展和转换机制，推动集团公司综合配套改革，实现多渠道减人提效的目的。7月19日，集团公司研究制定了《中国华电集团公司主辅分离辅业改制及综合配套改革工作实施意见》。8月17日印发了《中国华电集团公司主辅分离辅业改制及综合配套改革工作实施计划》。按照实施意见和实施计划的要求，体制改革办公室牵头，各部门和单位按照职责分工，围绕集团公司的经营与发展，推进制度、体制、机制、科技和发展模式创新。为更好地推动综合配套改革工作，协调各项改革工作进度，集团公司印发《关于成立中国华电集团公司综合配套改革领导小组和工作小组的通知》，成立了以总经理曹培玺为组长，副总经理陈飞虎、辛保安为副组长的综合配套领导小组，下设工作小组。每月组织召开综合配套改革工作小组会议，每季度召开综合配套改革领导小组会议，以总结、协调、部署综合配套改革工作。通过推进综合配套改革，在人力资源配置规划、人才队伍开发培训规划、推进按定员组织生产、开展全面对标管理、推进检修、运行、物资、燃料体制改革、开展依法经营，遵纪守法主题实践活动、开展规范关联交易效能监察、开展交叉资产调查、研究区域综合物业服务中心的可行性、推进辅业改制及东北地区厂办大集体企业改制、确保职工队伍稳定等方面都取得了阶段性成果。

分离企业办社会职能

分离企业办社会职能工作涉及面广、政策性强、情况复杂，工作难度大。2005年底，集团公司所属企业主办的中小学校共15所、公安机构6个，分布在黑龙江、河北、山东、新疆、云南等9个省（自治区）的18个基层发电企业。

2006～2007年，集团公司认真贯彻落实国办发［2005］4号文件精神，加强组织领导，密切沟通协调，有序规范操作，严格执行政策，稳妥开展办社会职能机构的移交工作，顺利完成了移交任务。截至2007年底，集团公司系统向全国9个省区的15个地方政府移交办社会职能机构17个，其中中小学校15所，公安机构2个，共移交在职人员533人，离退休教师370人，移交资产4523万元，较好地完成了分离办社会职能工作。

（1）签署协议。2006年，在移交机构的对账数据陆续批复后，集团公司进一步加强了与各省财政部门、国务院国资委等的沟通协调，并根据公司系统各企业工作开展很不平衡的实际情况，及时督促各有关单位加大工作力度，确保按期签署总体移交协议。对于补助经费批复数额较低的河北、贵州、云南等地区，集团公司与各省级财政部门分别进行了深入沟通，在解决方式上达成了一致意见，并及时向财政部作了专题汇报。在财政部的指导下，针对各地的不同情况，分别落实了解决措施。

截至2006年7月，集团公司分别与黑龙江、四川、新疆、云南、贵州、河北、陕西、吉林、山东等9个省（自治区）政府签署了整体移交协议，并向财政部、国务院国资委报送了移交机构补助经费和资产划转的申请文件。

（2）移交实施。根据财政部、国务院国资委批复的移交机构补助经费和资产划转事项，公司系统各有关企业与地方政府部门密切配合，严格按照移交方案进行机构、人员和资产的移交工作。各企业组织有关人员对移交协议进行反复研究，对协议的每一项条款都充分听取移交人员的意见。为确保移交人员思想稳定，各企业还根据集团公司的要求，针对有关不稳定因素制定了移交工作预案。在确认移交人员、确认移交资产和确认人员待遇的过程中，严格执行公示制度，并保证移交期间领导小组和办公室成员每天有人在现场值班，了解移交人员思想动态，及时解答有关问题，排查不稳定因素。同时，严格执行财经纪律和各项规章制度，确保了国有资产不流失。

在财政部、国务院国资委的大力支持下，经过与各级地方政府部门的积极沟通和认真协商，黑龙江、贵州、四川、河北、吉林、云南、陕西等省的企业分别于2006年完成移交任务。山东省受人员按编制移交的影响，移交工作遇到了巨大困难，在集团公司的协调和主办企业的努力下，于2007年5月底完成了子弟学校的正式移交工作。截至2007年9月，公司系统17个办社会职能机构全部完成了移交工作。集团公司分离移交的办社会职能机构名单如下：

中国华电集团富拉尔基发电总厂子弟小学

中国华电集团公司四川宜宾发电总厂小学

中国华电集团公司四川内江发电总厂白马子弟学校

中国华电集团公司四川内江发电总厂高坝子弟学校

四川华电攀枝花发电公司职工子弟学校

贵州遵义发电总厂英语试验学校

贵州清镇发电厂子弟学校

中国华电集团公司云南昆明发电厂水发小学

中国华电集团公司云南以礼河发电厂联合学校

华电国际邹县发电厂子弟学校

华电国际十里泉发电厂职工子弟学校

陕西华电蒲城发电有限责任公司蒲城电业中学

河北华电石家庄热电有限责任公司子弟学校

新疆华电苇湖梁发电有限责任公司子弟学校

吉林水工机械厂子弟小学

中国华电集团富拉尔基发电总厂新电街治安派出所

黑龙江华电佳木斯发电有限公司公安处

检修体制改革

为解决新厂不配备检修人员，常规发电企业检修人员富余的问题，集团公司自2006年初即着手推进检修体制改革。根据集团公司发展现状和对系统内外检修市场需要的判断，按照先试点后推广的原则，在2006年年中工作会议上，集团公司提出了开展检修体制改革试点的要求，鼓励并促进检修业务向专业化管理、集约化经营、市场化运作的方向迈进。在经过充分调研基础上，选择华电四川发电有限公司、华电新疆发电有限公司、贵州乌江水电开发有限责任公司、辽宁华电铁岭发电有限公司、中国华电集团富拉尔基发电总厂和江苏华电扬州发电有限公司作为检修体制改革试点单位，并多次召开研讨会，讨论各试点单位检修体制改革方案，2006年10月27日制定了《中国华电集团公司检修体制改革实施办法》，对检修体制改革从人员划转、工资计划、费用定额、取费标准、市场划分、市场准入、项目招投标、鼓励开拓外部市场等方面做了原则性规定，以指导集团公司检修体制改革工作。11月10日，集团公司第一家检修公司——贵州华电电力检修有限公司挂牌成立，之后相继成立了华电新疆发电有限公司、中国华电集团辽宁分公司、中国华电集团富拉尔基发电总厂、江苏华电扬州发电有限公司及华电四川发电有限公司5家共10家检修公司（其中贵州、新疆、辽宁为区域检修公司）。

从2007年1月1日起，10家检修公司按照体制分开和人员逐步到位的思路，开始独立运转。1月26日，集团公司研究制定了《中国华电集团公司检修体制改革试点工作管理办法（试行）》，指导和推动检修公司开拓外部市场。按照集团公司关于检修体制改革总体部署，2007年重点对10家检修试点单位运转情况进行跟踪，认真研究并解决检修公司运作中遇到的困难和问题，为集团公司推进并深化检修体制改革积累经验。体制改革办公室在对检修公司的企业定位、人员管理、工资计划、业绩考核、市场竞争等10个方面的问题进行研究的基础上，12月3日，正式印发了《集团公司区域检修公司管理办法（试行）》，进一步促进了区域检修公司的规范运作。经过一年多的试点，10家试点单位运转顺畅，按照体制分开、独立运作的思路，建立了以项目负责制为基础的扁平化管理架构，在推进体制创新和机制转换、外部市场开拓、加强企业内部管理、全面提升检修管理水平等方面做了积极探索，为集团公司下一步推进检修体制改革积累了经验。2007年，10家检修公司实现收入共计2.87亿元，其中对外创收8473万元，实现利润351万元。

整体改制上市研究

2006年，按照集团公司年度工作会议上对整体改制上市研究工作提出的“2006年形成可操作性方案”的要求，积极开展了研究工作。4月，向国务院国资委企业改革局汇报了集团公司整体改制上市研究工作的进展情况。8~10月，在中金公司、大信会计师事务所的配合下完成了集团公司非上市发电类资产的分类工作。按照主业性、效益性和资本市场可接受性等原则，将集团公司2005年底的非上市资产划分为存量运营资产和在建项目两个部分，并将存量运营资产分为A、B、C、D四大类。其中，A类资产为当前运营状况良好，初步判断可达到上市条件的资产；B类资产为存在盈利潜力电厂；C类资产为远期培育类电厂；D类资产指急需扭亏类电厂。11月底在资产分类成果基础上，完成了集团公司整体改制上市规划讨论稿。

2007年，体制改革办公室经过对集团公司非上市存量资产进行了重新分类汇总，研究提出了集团公司整体改制与上市建议方案。5月8日，集团公司召开党组会，对体制改革办公室提出的集团公司整体改制上市方案进行了专题研究，明确了集团公司整体改制上市的方向、路径和工作重点。体制改革办公室根据会议要求，于6月上旬完成了集团公司整体改制上市规划，从而确定了集团公司长远的体制改革框架，为下一步加强集团总部资源管理，制定集团公司存量资产、发展项目的重组规划，制定上市公司资本运作规划，按照“两权分离”的原则理顺区域管理体制提供了大的前提。

产业布局和资产重组指导意见研究

2007年，体制改革办公室按照集团公司领导指示精神，针对集团公司经过四年多的快速发展，面临资本金匮乏，资产负债率较高、持续发展后劲不足、分工不合理、发展责任不落实等现实情况，研究提出了《关于集团公司产业布局和资产重组的指导意见》(简称《指导意见》)，并在8月10日集团公司党组会研究通过。《指导意见》的核心内容：集团产业布局是电为核心，上下延伸，内外并举，积极发展电力、金融、煤炭、电力工程技术、境外产业等5个方面；在发展分工上，明确了集团总部是公司的战略管理、决策管理、资源管理中心，三家发电类上市公司是今后电力产业发展的主体力量。煤业、金融、电力工程技术、境外产业发展分别由华电煤业集团有限公司、中国华电资本控股有限公司、中国华电工程（集团）有限公司、中国华电香港有限公司负责。明确提出要把集团公司建设成为业绩优良、管理先进、科学发展、具有境内外影响力的现代化企业集团。

《中国华电集团公司产业布局与资产重组的指导意见》（中国华电改［2007］1224号）于8月15日正式印发，成为指导集团公司各项工作的纲领性文件。

八

综　述

概　述

2006~2007年，集团公司坚持科技环保与经营发展协调同步，在“358”战略计划第二阶段目标的起步时期，大力推进自主创新、创建创新型企业，认真贯彻落实国家节能减排、增产减污的要求，全面履行“三大责任”、提升“三大业绩”、确保“四个安全”，努力推进实现“8467”的战略目标，取得了明显成效。

（1）大力实施科技发展规划，提高了公司科技创新水平。集团公司按照“自主创新、重点跨越、支撑发展、引领未来”的科技工作指导方针，全面启动实施了2010年科技发展规划。“科技兴企”、“建设创新型企业”成为公司发展战略的重要组成部分，初步建立了具有公司特色的科技创新体系。

（2）优选科技项目，提升了公司生产经营的科技支撑能力。两年间，集团公司共安排科技项目54项，投入资金总额7136万元，共有13个项目获得中国电力科学技术奖，共安排集团总部软科学研究项目38项，资金756万元，从项目数量、质量和资金安排上都较往年有较大的提升，满足了公司系统工作需要，促进了公司科技事业的发展。

（3）创新体制机制，加强了公司科技创新基础能力建设。集团公司设立了科技创新基金和科学技术进步奖，发布了《中国华电集团公司科技创新基金管理暂行办法》和《中国华电集团公司科技进步奖奖励办法》，进一步细化完善了科技管理规章制度，保证了公司科技工作高效、稳妥运转。

（4）环境污染治理设计建设与运营监管并举，污染物减排工作成效显著。加强了环保宣传和对外沟通协调，妥善解决了2007年初“环保风暴”通报的四个项目和“区域限批”问题，加强了环保设施运行维护管理，强化了环保监督工作，从环保角度为节能调度工作创造了良好条件。

（5）环保前期工作取得新的突破，CDM（清洁发展机制）开发工作积极推进。集团公司积极适应国家严格的环境准入和宏观调控政策，加强了环评内部审核，努力提高环保前期工作质量和深度，优化环保措施，规范并推动了CDM项目的开发工作。

（6）落实“四个必须”，环保“三同时”工作取得显著成效。全面推进基建项目在施工准备阶段编制环保“三同时”实施方案，完善环保“三同时”信息报告制度，严格落实试生产申请和环保验收手续。在系统内全面推动水土保持“三同时”及验收工作，继续加强水电项目环保“三同时”管理，切实督促生态保护措施的全面落实。

（7）建设了环保“三大体系”，环保管理机制逐步健全。建立了环保考核体系，减排项目、“三同时”执行情况与企业领导人年度考核挂钩，二氧化硫等绩效排放指标纳入任期考核范围。以绩效考核导向为核心的环保指标、监测、考核“三大体系”构架基本形成。

科技工作

科技支撑平台建设

2006年6月12日，集团公司在北京召开了首次科技工作会议。会议以科学发展观和党的十六届五中全会精神为指导，学习贯彻了全国科学技术大会和中央企业科技工作会议精神，总结了公司成立以来的科技工作，交流了工作经验。会议为集团公司科技工作指明了方向，为全面实施公司发展战略，实现公司更好更快科学发展提供了坚强的科学技术支撑。

2006~2007年，集团公司高度重视科技基础条件建设。2006年，为加快科技信息共享平台建设和管理，整理了公司成立以来的近200项科技成果，在公司门户网站发布。2007年底，集团公司在《水利电力机械》杂志的基础上更名创刊了《华电技术》，使公司拥有了自己的展示技术成果平台和技术交流平台。2006年6月12日，集团公司组建成立了中国华电集团公司动力技术研究中心和中国华电集团公司电气及热控技术研究中心。2007年11月12日，为全面实施新能源发展战略，加强新能源技术开发的力度，集团公司在中国华电工程（集团）有限公司组建成立了新能源技术开发公司，重点就风能、核能、太阳能、生物质能等领域开展科学研究和科技攻关工作。

科技管理规章制度

为增强自主创新能力，鼓励科技创新，集团公司于2006年设立了科技创新基金，发布了《中国华电集团公司科技创新基金管理暂行办法》。每年由集团公司集中一部分资金，用于支持具有较高自主创新意义的科研攻关项目，引导公司系统各单位从事科技创新活动。

2006年，集团公司设立了科学技术进步奖，颁布了《中国华电集团公司科技进步奖奖励办法》，对在集团公司科技创新工作中作出突出贡献的单位和个人给予积极的奖励和鼓励。成为五大发电集团公司中第一家建立科技奖励制度的公司，为持续推动公司自主创新和科技进步提供了新的动力。

2007年，集团公司进一步细化完善了科技管理规章制度。为保证公司科技工作高效、稳妥运转，先后修订和编制了《中国华电集团公司科技项目管理办法》、《中国华电集团公司科学技术管理办法》、《中国华电集团公司本部软科学研究项目管理办法》、《中国华电集团公司科技进步奖奖励办法》、《中国华电集团公司科技创新基金管理暂行办法》、《200MW级IGCC关键技术研究开发与工业示范课题管理办法》、《200MW级IGCC关键技术研究开发与工业示范课题经费管理办法》等规章制度。通过制定并严格执行规章制度，促进管理工作向规范化、程序化、标准化迈进，使科技管理流程及模式得到了规范和固化，提高了管理效率和工作质量。

2010年科技发展规划

集团公司全面启动了《中国华电集团公司2010年科技发展规划》，明确了在2010年前启动实施10大专业领域28项重大科研攻关项目，到2007年底已启动19项。

2006~2007年，集团公司联合一批国家级科研机构和大学，向国家科技部申报国家高技术发展研究计划（"863"计划）和国家科技支撑计划。成功申报了"200MW级IGCC关键技术研究开发与工业示范""863"计划课题，作为主要合作方成功申请了"300MW级汽轮发电机蒸发冷却技术"、"超临界循环流化床"等国家科技支撑计划课题。启动了海水淡化、燃气—蒸汽联合循环机组、乌江流域梯级开发生态环境影响、构皮滩水电站尾水洞特大断面软岩施工等领域内的一批重大工程及生产研究项目。超前部署安排了100万kW超超临界空冷技术、生物质能发电等前瞻性科研课题。

科 技 项 目

2006~2007年，共安排科技项目54项，投入资金总额7136万元。2006年，分两批安排科技项目计划29项，资金总额2725万元，其中节约资源项目5项，提效项目5项，安全项目5项，施工技术2项，前沿课题10项，新技术研发2项。2007年，安排了机组运行优化、煤炭掺烧、燃气轮机运行维护规程以及节约资源领域的新技术研究及应用项目等科技项目43个（含18个结转项目），投入资金4411万元。

软科学研究项目

2006~2007年，共安排集团总部软科学研究项目38项，资金756万元。其中，2006年，安排研究项目18项，资金360万元；2007年安排集团总部软科学研究项目共20项（含追加的2项），总金额396万元。从项目数量、质量和资金安排上都较往年有较大的提升，满足了业务需要，促进了公司的发展。

科技成果评审与验收

2006年，累计完成科研项目技术方案审查12项，完成科技项目验收12项，组织鉴定科技成果11项。其中SG 750系列750kV继电保护装置、蓄冰空调系统集成技术、长距离曲线带式输送机的开发研制、PS6900电厂电气自动化系统、爆炸挤淤筑堤技术在淤泥超厚工程中的应用等项目在国内达到先进水平。

2007年，集团公司组织科技项目验收15项，组织评审鉴定科技成果17项。涌现了100万kW级超超临界发电国产化示范工程及关键技术应用研究、乌江流域大型复杂水电站群联合优化调控关键技术及其应用研究、国内首台重型9FA燃气—蒸汽联合循环发电工程、基于高压IGCT的新型大容量变频调速系统（ASD6000T）、新型全封闭大储量圆形煤场系统开发及应用等一批有重要影响和推广应用价值的科技成果。

科 技 成 果 推 广

2006年，集团公司组织出版了《中国华电集团公司科技成果汇编》，介绍自公司成立以来取得的科研成果，实现了公司内部技术成果资源共享。

2006年12月30日，经过多项改进后的高压三电平变频调速系统推广应用于富拉尔基发电总厂二期泵站2号灰渣泵。填补了我国在基于IGCT的高压大容量三电平变频器产品生产上的空白，技术上整体达到国际先进水平，部分关键技术达到国际领先水平，为国家节能减排战略的实施作出了新贡献。2007年6月和10月，集团公司又先后在江苏扬州发电公司51号和61号凝泵上推广应用，投运后运行稳定，节能明显。

2006年，集团公司在上海华电望亭电厂等单位应用高效电除尘电源控制技术取得显著成效，通过高效电除尘电源控制技术改造，降低了电除尘器工作耗电量，实现了电除尘器的节能运行。集团公司从2007年11月开始，在云南华电巡检司发电公司等单位开始逐步推广开展电除尘器电源及控制系统节能改造工作。

2006年，传确皮带辊轮自动校正系统在昆明电厂、扬州电厂和富拉尔基电厂推广应用后，彻底解决了输煤皮带跑偏、磨损的问题。传确皮带辊轮自动校正系统以独特、简单的机械结构，完成了复杂的传送带带轨追踪校正技术，能够取代业内现有的皮带电动校正装置和机械纠偏系统，为皮带的纠偏提供了良好的控制手段。2007年，集团公司积极组织华电能源股份有限公司牡丹江第二发电厂等有关电厂大力推广使用此项技术。

集团公司科技进步奖

2006~2007年，共有64个项目获得集团公司科技进步奖。其中2006年22个项目获奖，“长距离曲线带式输送机的开发研制”等3个项目荣获一等奖；“火力发电企业安全管理标准化的研究与应用”等11个项目获二等奖；“烟气脱硫装置石膏脱水系统生产流程优化”等8个项目获三等奖。2007年42个项目获奖，“1000MW级超超临界发电国产化工程示范及关键技术应用研究”等6个项目荣获一等奖；“火力发电厂经济运行及在线生产管理系统研究与应用”等19个项目获得二等奖；“电力行业标准DL/T 478《静态继电保护及安全自动装置通用技术条件》”等17个项目获得三等奖。

中国电力科学进步奖

2006～2007年，集团公司共有13个项目获得中国电力科学技术奖。其中“大运量、大功率、高带速、长距离曲线带式输送系统的开发研制”、“高效蓄能调峰空调系统集成技术”2项获得2006年中国电力科学技术奖二等奖；“新型内旁通紊流密相气力输送系统的研发及应用”、“‘finesep高塔分离法’技术在凝结水精处理系统中的研究与应用”、“烟气脱硫部分辅机及系统国产化应用研究”3项获得2006年中国电力科学技术奖三等奖；“基于高压IGCT的新型大容量变频调速系统(ASD6000T)”、“超超临界机组P92钢应用技术开发”2项获得2007年中国电力科学技术奖二等奖；“国内首台重型9FA燃气—蒸汽联合循环发电工程及国产化技术研究”、“新型全封闭大储量圆形煤场系统开发及应用”、“SG 750系列750kV继电保护装置”、“火力发电厂经济运行及在线生产管理系统研究与应用”、“FZQ2400型附着自升塔式起重机”、“TCS3000仪电式分散控制系统”6项获得2007年中国电力科学技术奖三等奖（见下表）。

2006年度中国电力科学技术奖获奖情况

奖项	项目名称	获奖单位
二等奖	大运量、大功率、高带速、长距离曲线带式输送系统的开发研制	中国华电工程（集团）有限公司、华北电力大学
二等奖	高效蓄能调峰空调系统集成技术	国电机械设计研究院、杭州华电华源环境工程有限公司
三等奖	新型内旁通紊流密相气力输送系统的研发及应用	中国华电工程（集团）有限公司、华电环保系统工程有限公司
三等奖	“finesep高塔分离法”技术在凝结水精处理系统中的研究与应用	中国华电工程（集团）有限公司
三等奖	烟气脱硫部分辅机及系统国产化应用研究	杭州华电半山发电有限公司、襄樊五二五泵业有限公司

2007年度中国电力科学技术奖获奖情况

奖项	项目名称	获奖单位
二等奖	基于高压IGCT的新型大容量变频调速系统(ASD6000T)	国电南京自动化股份有限公司
二等奖	超超临界机组P92钢应用技术开发	中国华电工程（集团）有限公司
三等奖	国内首台重型9FA燃气—蒸汽联合循环发电工程及国产化技术研究	杭州华电半山发电有限公司
三等奖	新型全封闭大储量圆形煤场系统开发及应用	中国华电工程（集团）有限公司
三等奖	SG 750系列750kV继电保护装置	国电南京自动化股份有限公司
三等奖	火力发电厂经济运行及在线生产管理系统研究与应用	华电国际电力股份有限公司
三等奖	FZQ2400型附着自升塔式起重机	国电郑州机械设计研究所
三等奖	TCS3000仪电式分散控制系统	国电南京自动化股份有限公司

科技交流与培训

2006～2007年，集团公司主办了4次国际、国内科技交流会，参加了3次国内学术年会和国际电力技术交流活动，举办了2次科技培训班。通过科技交流和培训活动的开展，开阔了专业技术人员的视野，营造了集团公司良好的科技氛围，为推动集团公司科技工作快速发展奠定了基础。

（一）科技交流活动

2006年11月28日，集团公司在杭州召开首次节能工作及技术交流大会。会议进一步贯彻落实了党中央、国务院关于节能工作的一系列部署和全国节能工作会议精神。集团公司党组书记、总经理曹培玺在批示中强调，建设资源节约型企业，既是公司自身发展的需要，也是党中央赋予中央企业的重要职责。他希望同志们进一步统一思想、提高认识，全面总结节能降耗工作的经验，认真贯彻党中央、国务院有关部署，坚持科学发展观，紧紧围绕集团公司的发展战略和“十一五”规划制定目标，积极努力、卓有成效地开展工作，确保“十一五”节能目标和各项任务的实现，更好地履行集团公司作为国有独资中央企业应尽的政治责任、社会责任和经济责任。副总经理任书辉作了题为《认清形势　明确目标　扎实工作　为全面完成“十一五”节能目标而努力奋斗》的重要讲话。会上，安全生产部传达了党中央、国务院关于节能工作的有关文件和会议精神；华电能源股份有限公司等3家单位作了节能工作经验交流；10位论文作者围绕节能降耗，分别从不同侧面进行了论文交流。集团总部各部门、华电煤业集团有限公司、各分支机构、电厂的分管领导和节能专家等共230余人参加了会议。

2006年12月10~13日，集团公司组团参加了在河南郑州召开的2006年中国电机工程学会学术年会，年会分为4个专题研讨会，即发电技术研讨会、电力系统及高电压技术研讨会、电网调度自动化与保护技术研讨会、可再生能源与新能源发电技术研讨会。集团公司副总经理任书辉带队与日本、韩国、德国、越南、中国香港地区同行和各兄弟公司、行业技术人员交流工作经验、研讨技术心得，体现了公司领导对加强技术交流的重视。

2006年12月24~25日，集团公司在杭州召开了“200MW级IGCC研究开发与工业示范”技术方案研讨会。本次会议确定了200MW级IGCC关键技术研究开发项目工艺方法和工艺流程，为工程起步打好了基础。集团公司副总经理任书辉出席会议并讲话。来自全国各地的各位领导、专家、代表60多人参加了会议。

2007年5月23~24日，集团公司组织参加了由中国科技部、中国科学院联合美国哈佛大学肯尼迪政府学院共同举办的“整体煤气化联合循环、联产、CO_2捕集及封存”国际研讨会。会上，集团公司副总经理邓建玲作了题为《200MW级IGCC示范项目进展》的主题发言。

2007年6月22日，集团公司主办了中俄电站涡流燃烧技术交流会。副总经理邓建玲带领公司有关部门、华电煤业集团有限公司、相关电厂20余人出席了交流会。在交流中，邓建玲介绍了集团公司的主要情况，并希望双方进一步加强交流合作，促进共同发展。

2007年9月27日，集团公司组织参加了第二届中日节能环保综合论坛。副总经理邓建玲带队与两国的专家学者、企业家和政府官员，围绕电力、环保、节能政策、节能环保技术合作等多个领域开展了研讨和交流。

2007年11月6~8日，集团公司与中国电机工程学会共同在济南举办了“清洁高效燃煤发电技术协作网”2007年年会。中国科协副主席陆延昌、集团公司总经理曹培玺出席会议。曹培玺在致辞中表示，开发和采用清洁、高效的燃煤发电技术已经成为电力工业节约发展、清洁发展的重大课题。发展以超超临界、整体煤气化联合循环和循环流化床发电技术为代表的清洁高效燃煤发电技术对节约资源、降低排放、保护生态、提高能源使用效率，具有重大的现实意义。集团公司副总经理邓建玲在开幕式上作了集团公司清洁能源利用前景的主旨报告，树立了华电集团自主科技创新、电力工业走能源清洁发展道路的良好形象。华电国际总经理陈建华在会上作了题为《超超临界火电机组建设与运行经验》的报告。会议围绕“高效、清洁燃煤发电——需求与挑战”的主题，对我国清洁燃煤发电机组研究及发展过程中出现的技术问题进行讨论，对国际清洁燃煤发电机组的技术研发方向及运行、生产经验等进行了交流。会议收录论文125篇，其中华电集团79篇，论文质量和数量均较前两届有大幅提升。新华社、科技日报、中国环境报、中国电力报对会议进行了宣传报道，在社会上引起积极反响。全国各大电力企业相关负责人，GE能源、东京电力公司、巴布科克日立公司、壳牌等单位的外国专家以及国内60多个单位近200名代表出席了会议。

（二）科技培训活动

2006~2007年，集团公司组织了2次科技培训班。2006年12月27～29日，集团公司首次科技创新培训班在郑州成功举行。此次培训班的目的是贯彻全国科技大会和集团公司首次科技工作会议精神，落实科学发展观，坚持“自主创新、重点跨越、支撑发展、引领未来”的科技工作指导方针，提高公司系统科技管理工作水平、提升公司自主创新能力。培训班采取了讲解与提问互动的方式进行。经过培训，公司系统广大科技管理人员掌握了集团公司及电力行业关于科技管理的相关规定，熟悉了中国电力科学技术奖报奖程序和科技成果鉴定材料的编写要求，提升了集团公司科技人员的管理素质，为下一步集团公司科技自主创新工作创造了条件、奠定了基础。

为进一步推动集团公司系统企业科技创新工作，提高科技成果管理水平，2007年6月27～28日，集团公司在南京举办了第二期科技创新工作专题培训班。此次培训是在第一次培训的基础上，具体落实、实施集团公司2010年度科技发展规划，为实现集团公司“8467”战略计划提供了科技支撑，培训特别邀请了4位在科技项目管理和科技创新成果申报方面有着丰富经验的专家授课，系统内60余名科技工作者参加了培训。

科技期刊出版

2006～2007年，集团公司主管的《电力自动化设备》、《制冷空调与电力机械》和《水利电力机械》三部科技期刊的学术水平进一步提升，在国内、国际的影响力进一步扩大，知名度和美誉度进一步提高，成为公司系统各单位和广大专业技术人员发表科技成果、共享技术信息的重要载体。

《电力自动化设备》坚持学术质量与编校质量并重的原则，致力于宣传国内外有关电力自动化及设备的理论研究与先进技术。2006年收稿约2000篇，编审发稿340篇，刊登省、部、国家级基金项目支持的论文64篇。2007年收稿2400余篇，编审发稿334篇，基金项目论文91篇。2006年8月，《电力自动化设备》杂志被著名的美国《工程索引》（EI）列为核心期刊，成为被收录的中国电气电工类4种杂志之一。《制冷空调与电力机械》的办刊质量和知名度不断提高，读者投稿量不断增加。2006年收稿300余篇，编审发稿146篇。2007年收稿400余篇，编审发稿177篇。

《水利电力机械》从2006年起由双月刊改为月刊，2006年出版杂志12期，全年编审发稿293篇。2007年编审发稿479篇，产值达70万。2007年底，集团公司在《水利电力机械》杂志的基础上更名创刊《华电技术》。2008年1月9日，国家新闻出版总署批准同意更名，这标志着集团公司成为五大发电集团中首家拥有自主品牌科技期刊的发电公司。

环保工作

环保管理

（1）环保制度建设。2006～2007年，集团公司进一步加强环境保护制度化建设和规范化管理。先后颁布了《中国华电集团公司环境保护及水土保持前期工作管理实施细则（A版）》、《中国华电集团公司建设项目环境保护“三同时”管理规定（试行）》、《中国华电集团公司电厂烟气脱硫技改项目初步设计概算编制暂行办法》、《关于进一步加强和规范集团公司CDM项目开发工作的通知》、《中国华电集团公司脱硫技改项目前期工作管理办法（A版）》等环境保护方面规章制度和规范性文件。加强了环保设施建设的规范化和标准化管理，颁布了《中国华电集团公司火电厂烟气脱硫工程（石灰石—石膏湿法）设计导则（A版）》、《中国华电集团公司火电厂烟气脱硫工程（石灰石—石膏湿法）施工导则（A版）》、《中国华电集团公司火电厂烟气脱硫工程（石灰石—石膏湿法）调试导则（A版）》、《中国华电集团公司火电厂烟气脱硫工程（石灰石—石膏湿法）设备采购技术规范（A版）》、《中国华电集团公司火电厂烟气脱硫工程（石灰石—石膏湿法）EPC招标文件范本》和《基建项目环境保护“三同时”实施方案范本》等企业内部规范或范本。加强了环保改造项目的前瞻性计划，修编完成并印发了《中国华电集团公司2010年环境保护规划》。

（2）环保基础能力建设。完成集团公司环保统计系统的升级工作，开展了集团公司单位发电量污染物排放量的对标工作，促成建立了五大集团环保数据共享平台，结合工程建设系统建设了环保“三同时”信息管理系统，建立了电源建设项目环境保护信息库和环保“三同时”信息月报报告制度，为环保“三同时”管理及节能减排考核工作奠定良好基础。建立了集团公司环保监测体系的启动，建设了环保实时系统。至2007年底，完成了四川、河南、江苏、贵州四省脱硫机组的环保实时系统接入工作。建立了环保考核体系，减排项目、“三同时”执行情况与企业领导人年度考核挂钩，二氧化硫等绩效排放指标纳入了任期考核范围。以绩效考核导向为核心的环保指标、监测、考核“三大体系”构架基本形成。

（3）环保监管。积极应对外部形势变化，加大环保监管力度。加强了环保宣传和对外沟通协调，妥善解决了2007年初“环保风暴”通报的四个项目和“区域限批”问题。针对“环保风暴”暴露的问题，于2007年1~3月开展了环保“三同时”清查整改；为促进污染物减排工作落到实处，于2007年7~8月组织开展了环保专项检查，对除新疆地区以外华电所属59个燃煤发电企业共205台机组脱硫设施建设、运行管理现状和环保“三同时”执行情况进行了专项重点检查并召开整改工作会议，加强了集团公司环保设施运行维护管理，强化了环保监督工作，从环保角度为节能调度工作创造良好条件。

环境污染防治

（1）二氧化硫治理。截至2007年底，累计投产脱硫机组110台共3491.5万kW，是集团公司成立之初脱硫装机容量的59.7倍，占煤电装机容量的67.9%，形成二氧化硫年减排能力162万t。2006年投运脱硫机组53台1572万kW，其中现役机组脱硫技改28台705万kW，新建机组烟气脱硫23台838.5万kW，新建循环流化床机组3台、装机容量58.5万kW。2007年投产脱硫机组40台1744万kW，其中现役机组脱硫技改10台135万kW，新建机组烟气脱硫30台1609万kW。按电厂上报统计口径，集团公司2007年二氧化硫排放绩效比2003年下降了57%。

（2）氮氧化物治理。积极推广低氮燃烧工艺，降低氮氧化物排放量。2006~2007年新建机组全部采用低氮燃烧方式，大部分新建、扩建火电厂均预留了烟气脱硝装置空间；在长沙电厂开展了建设烟气脱硝设施的环保示范工作，于2007年投运2台共120万kW。按电厂上报统计口径，集团公司2007年氮氧化物排放绩效比2003年下降了22%。

（3）烟尘治理。新建项目按照环境影响报告书及批复要求进行烟尘防治，烟气全部采用高效静电或电袋除尘器除尘，并通过湿法脱硫装置进一步降低烟尘排放。对现役电厂按照现行大气污染物排放标准并结合脱硫设施正常运行要求实施技术改造。完成华电哈尔滨热电有限责任公司4号和5号炉、贵州华电清镇发电有限公司7号和8号炉、贵州华电遵义发电有限公司7号和8号炉、昆明发电厂1号和2号炉、内江发电总厂21号和22号炉、宜宾发电总厂3号和4号、四川华电攀枝花发电公司5号、江苏华电扬州发电有限公司4号和5号炉共8个电厂的除尘器技改工程。按电厂上报统计口径，集团公司2007年烟尘排放绩效比2003年下降了56%。

（4）噪声治理。新建项目按照环境影响报告书及批复要求进行噪声防治，从优化厂区布置，选用符合国家噪声标准规定的设备，采用消声、隔振、隔声、吸声等噪声控制措施。对现役电厂积极按照现行噪声标准进行噪声污染治理，完成华电国际莱城发电厂、四川华电广安发电有限公司二期工程、江苏华电扬州发电有限公司噪声治理技术改造3项。

（5）废水治理。以废水“零排放”为目标，提高废水重复利用率。新建电厂基本全部按照“零排放”进行建设。现役火电厂积极实施废水治理技术改造，完成望亭发电厂节水改造工程、杭州华电半山发电公司废水综合处理系统改造、江苏华电扬州发电有限公司污水综合整治及回收利用项目三项。

生 态 保 护

集团公司重视水电开发的生态保护工作，大部分水电开发公司设立专门的环保管理机构和人员从事生态保护管理工作，负责贯彻落实环境影响报告书和水土保持方案要求的各项生态保护措施。在施工过程中开展环境保护、水土保持监测、监理工作，采取切实可行的工程措施和植物措施，防治因开发建设可能造成的环境影响和水土流失。2006～2007年，贵州、四川、福建等区域主要在建水电工程的水土流失防治面积3137hm^2，防治弃渣3810万m^3，实施绿化面积334hm^2，移植保护植物345万株，营造动物栖息面积154hm^2，开工建设鱼类保护站增殖站3个。

具体实施的生态保护措施内容主要有：

（1）优化工程设计，最大限度地减少生态影响。如构皮滩电站设计上尽量避免大规模明挖造成对地表环境的破坏，优化调整部分工程布局，减小了开挖量和受影响植被面积。

（2）采取工程措施、植物措施防治水土流失。对“三通一平”等工程开挖部位施工期临时支护结合水工永久支护，对开挖边坡及时进行喷混凝土、锚杆、锚索等支护处理，设置截排水沟并完善排水系统等工程措施进行防护；开挖渣料尽可能回用，弃渣集中堆放在规划的弃渣场，渣场严格按照“先挡后弃”堆渣，在弃渣场采取砌石挡墙、排水等措施；对表土进行剥离并集中堆放，施工结束后恢复植被。

（3）采取鱼类保护措施。乌江、北盘江流域的水电站统一规划建设了鱼类增殖放流站。光照电站进水口采取了分层取水方式，以确保下泄水流的水温接近大气温度，适应鱼类生活繁殖。

（4）采取陆生生态保护措施。尽可能采用原生树种恢复植被，为受水库淹没影响的野生动物营造新的栖息地。如索风营水电站种植茅栗、猕猴桃和火棘等，重建猕猴、藏酋猴栖息地，结合人工投放食物等实现该区域猕猴、藏酋猴等动物的保护。

（5）业主出资保障移民安置过程中的环境保护工作，如土地开发整治中的环境保护、集镇建设的弃土弃渣防护、污水处理、垃圾处理、房前屋后的绿化、人群健康防护、蓄水前库底卫生清理、专项设施迁改建中的环境防护。

环 保 前 期

（一）环境影响评价

集团公司开发建设项目严格按照《中华人民共和国环境影响评价法》、《建设项目环境保护管理条例》、《中国华电集团公司环境保护管理办法（试行）》、《中国华电集团公司环境保护及水土保持前期工作管理实施细则（A版）》等要求，认真履行环境影响评价制度。积极适应国家严格的环境准入和宏观调控政策，按照保项目、促发展、降造价的原则，加大与环保部门的沟通协调力度，加强了环评内部审核，努力提高环保前期工作质量和深度，优化环保措施，合理控制环保投资。不断总结环保前期工作经验，启动了乌江水电梯级开发环境影响后评价和金沙江中游规划环评研究工作。2006～2007年共完成建设项目环境影响报告书批复28项1980万kW。

2006年完成国家级环评审批7项装机容量740万kW，均为火电项目，包括云南镇雄、贵州桐梓扩建、河南漯河一期、永安扩建、芜湖二期、天津军粮城电厂五期扩建。完成省级环评审批4项40.95万kW，为格里桥水电站、西溪河洛古水电站、西溪河地洛水电站3个水电项目36万kW和新疆华电小草湖风电一场一期1个风电项目4.95万kW。

2007年完成国家级环评审批11项，装机容量1166.55万kW。火电项目8个1020万kW，包括宿州二期、彰武、可门二期、卓资、六安二期、芜湖梁三期、珙县、灵武二期；水电项目为泸定水电站1个，装机容量92万kW；码头项目1个，为福州港罗源湾港区可门作业区10、11号煤炭码头工程；煤矿项目1个，为不连沟矿井及配套选煤厂。完成省级环评审批5项57.05万kW，其中风电4项54.65万kW，包括内蒙古华电辉腾锡勒风力发电有限公司库伦风电场、河北沽源大脑包风电、华电内蒙古巴音风电场、虎林石青山风力发电场工程；秸秆发电1项2.5万kW，为宿州秸秆发电项目。

（二）水土保持方案

集团公司开发建设项目严格按照《中华人民共和国水土保持法》、《开发建设项目水土保持编制规定》、《中国华电集团公司环境保护管理办法（试行）》、《中国华电集团公司环境保护及水土保持前期工作管理实施细则（A版）》等要求，认真组织编制水土保持方案报告书。2006～2007年共完成建设项目水土保持方案批复28项2195.6万kW。

2006年完成国家级水土保持方案审批13项装机容量1528万kW，其中11个火电项目1440万kW，包括四川珙县、贵州桐梓扩建、宿州二期、乌达扩建、望亭油机改造、江苏句容、密山、漳平扩建、芜湖二期、彰武、苇湖梁三期；1个水电项目88万kW，即董箐水电站；1个煤矿项目，即不连沟煤矿。完成省级水土保持方案审批7项81.5万kW，其中火电1个30万kW，即黄石扩建项目；水电项目5个49万kW，包括格里桥水电站、西溪河洛古水电站、西溪河地洛水电站、华安扩机、池潭扩机；秸秆发电1项2.5万kW，即宿州秸秆发电项目。

2007年完成国家级水土保持方案审批6项装机容量564万kW，其中5个火电项目360万kW，包括长沙、大龙、清镇“上大压小”异地改建、永安扩建；2个水电项目204万kW，包括泸定水电站、沙沱水电站。完成省级水土保持方案审批2项22.05万kW，其中水电项目1个12万kW，即木里河俄公堡水电站；风电1项10.05万kW，即河北沽源大脑包风电。

环保“三同时”及环保验收

（一）环保“三同时”

按照《建设项目环境保护管理条例》、《建设项目竣工环境保护验收管理规定》，集团公司强化了环保“三同时”（环境保护设施与主体工程同时设计、同时施工、同时投入使用）工作，全面落实《中国华电集团公司建设项目环境保护“三同时”管理规定（试行）》，提出了基建项目环境保护“四个必须”的要求，并将环保设施与主机同步投运的要求纳入了工程建设责任制和企业领导人年度业绩考核范围之内，将环保验收纳入了机组达标投产考核。2006年，妥善处理了杭州半山燃机项目环保“三同时”事件，并对集团公司已投产、已核准、环评已审批项目环保设施建设和投运情况进行了梳理，印发了《关于加强新投产项目环境保护管理工作的通知》，推动建设项目按照环境保护要求投入生产运营，督促火电项目脱硫等环保设施与主机同步投运、水电项目的鱼类保护等生态保护措施抓紧实施。2007年，以攀枝花、大通、乌达、卓资、西塞山、宜宾、半山等项目为典型案例，深入全面清查整改了集团公司组建以来所有投产和在建项目环保“三同时”情况，召开了集团公司环境保护“三同时”暨环保验收工作会议，颁发了《中国华电集团公司建设项目环境保护“三同时”管理规定（试行）》和火电项目、水电项目的环保“三同时”实施方案范本，以点带面地推动基建项目环保“三同时”工作。通过加大管理、监督，环保设施投运滞后主机建设的状况明显好转，2007年投运的大部分项目实现了脱硫设施与主机的同步通过168h试运行。

（二）竣工环保验收

大力推进了竣工环保验收工作，落实《中国华电集团公司建设项目环境保护“三同时”管理规定（试行）》，建设项目环保验收工作得到显著规范，大部分项目在投产后三个月内积极申请了竣工环保验收。至2007年底累计完成竣工环保验收项目36项2294.2万kW，其中2006年完成环保验收项目9项453万kW，2007年度完成环保验收项目20项1525万kW。

“十一五”二氧化硫总量削减目标责任书

2006年5月29日，集团公司与国家环境保护总局签订了《中国华电集团公司“十一五”二氧化硫总量削减目标责任书》。责任书明确要求中国华电集团公司2010年二氧化硫排放总量比2005年削减44.9%，控制在92.6万t以内。随后，集团总部分解了有关责任目标，与相关分支机构、区域子公司和直管电厂签订了《“十一五”二氧化硫总量削减目标分解指标责任书》，并将目标完成状况与企业领导人经营业绩年度考核挂钩。

根据责任书要求，集团公司2007年底应完成脱硫治理项目15项、32台机组、装机容量736万kW。从实际完成情况看，2006年完成项目14项、28台机组、装机容量705万kW，2007年完成投运任务的脱硫改造项目4项、10台机组、135万kW。至2007年底，华电集团共完成责任书项目18项、38台机组、840万kW，超额完成了与国家环保总局签订的《“十一五”二氧化硫总量削减目标责任书》确定的年度目标，比责任书提前完成3项6台机组104万kW的脱硫改造任务，提前形成8.22万t的减排能力。

清洁发展机制

按照积极稳妥的原则，规范并推动了清洁发展机制（CDM）项目开发工作。至2007年底，集团公司共有17个项目正在进行CDM开发工作，已获得国家发展改革委批准的项目10项，主要集中在风电、水电和燃气发电；内蒙古辉腾锡勒风电项目已在联合国注册成功，预计每年可新增收益2000多万元人民币。

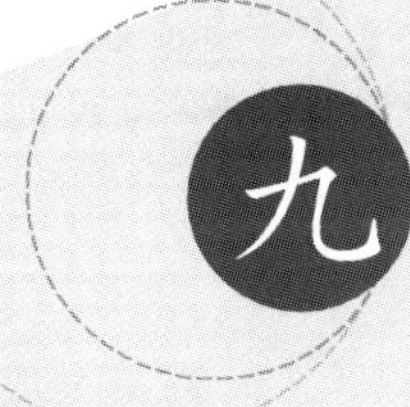

信息化建设与管理

综　述

概　述

2006~2007年，集团公司在信息化建设方面取得了较快进展。信息化建设以提升安全、效益、发展三大业绩为目的，以财务管理信息系统和安全生产实时监管系统为主线，全面修订了2003~2010年信息化建设规划。按照修订后的规划，加强了面向服务的架构SOA基础设施建设；建设了以门户应用为业务系统整合的应用平台；建设了广域网二期项目，为应用系统建设了快速、安全、畅通的数据通道；积极推进安全生产与营销实时监管以及财务信息化整合等信息化应用系统建设工作，为集团公司各项管理工作提供了有力的信息支撑和信息服务，进一步提高了集团公司的信息化建设和应用水平。

信息化管理

信息化规划

按照“统一领导、统一规划、统一标准、联合建设、分级管理、分步实施”的信息化建设方针，根据集团公司信息化领导小组第四次工作会议精神，集团公司对信息化建设规划进行了多次研究和讨论，结合公司战略目标和信息化应用现状，对信息化建设规划从范围、原则、项目、资金、技术等方面作了必要的修订。

2007年5月31日，集团公司召开了信息化领导小组第五次工作会议。会议原则通过了《中国华电集团公司2003~2010年信息化建设规划（修订版)》。修订版中新增和调整了金融、煤业等有关信息化项目，增加了示范电厂信息化计划，加强了精细化管理，提高了信息化建设规划的科学性。

信息化管理制度

2006年6月，发布了《中国华电集团公司火电企业KKS标识系统编码规则（试行)》，明确了火电厂从设计、基建期到生产期等各个阶段的设备编码规则，确定了集团公司的技术架构和实施路线，规范了集团公司的信息化基础数据和标准规范。

2006年11月，发布了《中国华电集团公司企业信息化等级评定办法（试行)》，加强了公司系统信息化管理，对公司系统各单位信息化建设进度和水平进行了全面评价。

2007年1月，在《中国华电集团公司火电企业KKS标识系统编码规则（试行)》的基础上发布了《中国华电集团公司KKS标识系统编码规则（试行)》，并发布了《中国华电集团公司物资编码规则（试行)》。两项制度的发布为集团公司应用系统建设提供了编码规则的依据。

2007年3月，修订并发布了《中国华电集团公司信息化建设管理办法（试行)》、《中国华电集团公司应用系统建设与运维管理实施细则（试行)》和《中国华电集团公司网络系统建设与运维管理实施细则（试行)》，细化和完善了制度内容，使其更加具有可操作性和实用性。

2007年12月，发布了《中国华电集团公司安全生产与营销实时监管系统建设运维管理办法（试行)》。

网络与安全

局域网与安全建设

2006年9月，为保障机房的安全、稳定运行，集团公司建设了机房温湿度监测系统，实现对机房环境7×24h的监测。完成机房电源改造，提高了机房供电的容量，以满足应用服务器等设备增加的用电需求。

2006年11月，完成集团公司集中存储和备份系统的建设和实施，为集团公司各业务应用系统提供数据存储的基础平台。

2006年12月，对集团公司现有移动办公系统进行技术论证，完成了集团公司基于SSL VPN和IPSEC VPN的远程移动办公平台，提高了移动办公的安全性、稳定性和可靠性。

2007年8月，随着上线的应用系统越来越多，为保证服务器区的网络交换机在性能和功能上满足业务系统的需要，集团公司对局域网的核心交换机进行了升级，提高了核心网络系统的性能和稳定性，有效地保障了业务应用系统的正常运行。

2007年11月，为提高广域网和局域网之间连接的安全性，集团公司将广域网总部侧防火墙进行了升级，有效地保障了各业务应用系统的安全运行。

2007年8月，根据国务院国资委的工作安排，实施完成了国务院国资委中央企业视频会议系统，进一步加强了集团公司与国务院国资委及各大中央企业的沟通与交流。

2007年9月，为了配合集团公司多媒体广域网二期建设项目的实施，更好地与广域网进行互联。集团公司对IP地址进行了统一规划，实现了集团总部局域网与集团下属100余家广域网单位的IP地址的重新规划。

广 域 网 建 设

2006年6月~2007年5月，完成中国华电集团财务有限公司VPN的实施，实现中国华电集团财务有限公司与150多家系统单位的互联互通。

2007年8~12月，集团公司广域网二期及多媒体广域网视频会议系统进行建设，新开通了38家单位。截至2007年底，共有100家单位实现了2M SDH专线链路接入集团总部，近130家单位实现了VPN链路接入集团总部，多数单位实现了主备双链路安全接入集团总部，实现了基层单位与集团公司的数据、视频和语音的互通。

应用系统建设

人力资源管理信息系统试点

2006年8月，集团公司人力资源信息管理系统开始试点建设，在江苏分公司、江苏华电扬州发电有限公司、华电四川发电有限公司、四川宝珠寺水力发电厂、华电能源股份有限公司和哈尔滨第三发电厂等6家单位进行应用试点，主要包括人事、薪酬、干部、绩效、考勤等主要管理功能模块。

集团公司人力资源信息管理系统建设目标是实现及时获取全集团的人力资源信息，规范整个集团的基础人事管理；完成人力资源管理关键指标统一；通过先进管理思想和方法，提高人力资源管理的水平和效率；提高人力资源管理参与度，加强人力资源管理各层面互通和信息共享；为管理层提供丰富的人力资源报表及决策数据。

检修技改项目管理系统试点

2006 年 10 月，集团公司检修技改项目管理系统开始试点建设，在浙江代表处及其所属电厂、华电福建发电有限公司及其所属电厂进行应用试点。系统主要包括项目申请、申报、审核、审批、计划、招标、合同和系统管理等主要功能模块。系统建设完成后，将在很大程度上减轻了基层单位上报项目和审批项目的工作压力，进一步提高了集团公司各管理层面的工作效率，从而为集团公司安全生产工作提升更大的效益和业绩。

集团公司门户系统

集团公司门户系统是集团公司高效的企业信息共享和展示企业形象的平台，是集团公司应用系统的重要集成业务平台，是基于 SOA 技术的重要基础设施。门户系统按照统一规划、协同建设、分级管理、资源共享的原则，以先进成熟的信息化技术为主要手段，利用集团广域网的优势，通过对现有信息的整合和应用的集成，建设成为一个信息布局合理、具有高可靠性和可扩展性、覆盖集团公司的综合信息系统，实现了页面个性化定制、应用系统单点登录、人员身份统一认证以及应用系统集成等功能。

2007 年 1 月，完成了集团公司门户系统功能设计开发、硬件设备部署、域名规划、用户权限分级管理等功能。2007 年 8 月 8 日，集团公司门户系统正式上线、单轨运行。集团公司门户系统集成了集团总部办公自动化、电子邮件、电子档案、PMIS 基建项目管理、综合统计、财务管理、煤业管理、安全生产与营销实时监管、检修技改项目管理等应用系统，通过各应用集成页面和单点登录，将不同应用系统中关键数据和图表展现整合到用户单一登录页面。

生产与营销实时监管系统

2007 年 3 月，开始建设安全生产与营销实时监管系统。截至 2007 年 12 月底，已完成 73 家电厂生产实时数据接入集团总部。该系统的建设成功，将实现安全生产、营销、环保数据的实时采集与展现，将集团公司所有运行机组集成到统一的监管平台，为集团公司实现三大业绩目标提供实时数据决策依据。

无纸化办公应用推广

2007 年 8 月 8 日，完成了全公司系统 165 家单位的无纸化办公推广工作，实现了公司系统所有单位与集团总部的公文互通，加快了集团公司公文传递速度，通过无纸化办公，公司的办公用品开支大幅下降，提高了管理效益。

对标管理信息系统

2007 年 6 月，开始建设对标管理信息系统。对标信息管理系统将为各级业务人员提供高效的对标工具，可以及时动态掌握集团公司在电力行业和五大发电集团中的总体地位，及时发现系统各单位在生产经营和企业管理工作中存在的问题和差距，为决策提供依据，从而促进企业管理水平的提升。

十

人力资源管理

综　述

概　述

2006年7月，集团公司人力资源部（简称人资部）承担的股东会、董事会和监事会日常协调职能划转资产管理部。2007年5月，人资部干部管理处更名为干部管理一处，董事监事处更名为干部管理二处（董事监事处），原干部管理处承担的京内企业班子建设、干部管理职能和人才开发处承担的集团总部、人事管理职能调整到干部管理二处（董事监事处），业绩考核处更名为薪酬分配处，原人才开发处承担的总部绩效、薪酬管理等职能调整到薪酬分配处，原业绩考核处承担的集团公司领导人员业绩考核评价、公司系统企业绩效目标考核和领导人员任期目标考核职能划转财务管理部。截至2007年底，人资部下设干部管理一处、劳动组织处、薪酬分配处、干部管理二处（董事监事处）、人才开发处共5个处室，编制20人。集团公司社保中心挂靠人资部。人资部的主要职责为：

（1）研究制定并组织实施集团公司人力资源开发战略和人才工程规划。

（2）负责集团公司党组管理的企业领导班子及后备干部队伍建设。

（3）负责公司制企业法人治理结构的建立，集团公司派出董事监事的管理。

（4）负责集团公司劳动组织、机构编制、定员定额、劳动合同、减人增效、职业安全与卫生等管理工作。

（5）负责集团公司薪酬福利管理、工效挂钩、人工成本控制工作。

（6）负责协调集团公司社会保险的管理。

（7）负责集团公司大学生接收与复转军人安置、人员调配、教育培训、专业技术人员职称评审、职业技能鉴定等管理工作。

（8）负责集团公司党组管理领导干部及集团总部员工人事档案管理并指导所属企业人事档案工作；负责干部人事、劳动工资、教育培训、离退休统计及分析工作；办理在京领导班子、总部副处级以上干部因私出国（境）备案工作和进京户口报批工作。

（9）负责集团总部人事调配、薪酬福利、劳动纪律、休息休假管理；负责总部社会保险、住房公积金、教育培训经费管理工作。

（10）负责集团公司参加学会、协会的协调管理工作。

（11）负责集团公司系统企业年金的基金归集、运作、账目管理，账户的建立、转移、支付、终止、查询等管理工作。

2006～2007年，集团公司人力资源工作紧紧围绕公司战略目标，服务公司改革发展稳定大局，不断深化内部改革，持续创新管理机制，各项工作成效显著：

（1）领导班子整体功能不断增强。深入开展“四好”领导班子创建活动，制定实施了“四好”领导班子创建活动实施意见，修订完善了“四好”领导班子考评办法及考评标准，建立了创建活动闭环管理体系，形成了“一年一循环、一年一考评”的长效机制。建立健全了公司系统企业领导人员管理办法、后备干部管理办法等制度，坚持抓班子、强核心，加大干部选拔考察力度，及时调整优化各级领导班子，班子结构进一步优化。根据公司发展战略需要，大力加强后备干部的考察和推荐工作，自下而上逐级建立后备干部库，形成了良好的后备干部选拔、培养、锻炼、使用运转机制，较好地满足了干部队伍建设的需要。

（2）法人治理结构不断完善。以确保集团公司作为出资人的战略意志和决策意图能够较好地贯彻落实为出发点，进一步优化所属企业法人治理结构，完善职工代表依法进入董事会、监事会的程序，逐步加大“双向进入、交叉任职”比例。按照资产纽带关系，依法规范调整了云南金沙江中游水电开发有限公司、中国华电香港有限公司等68家重组、新建公司的法人治理结构。实行董事监事任前谈话及重大事项请示报告制度，指导所属企业按期完成董事监事的换届工作，积极推荐专业人才、职工代表进入董事会和监事会，董事监事队伍结构更加合理。

（3）管理体制创新和人力资源优化配置稳步推进。对黑龙江、贵州、四川、福建、云南等区域机构和企业进行了管理整合，调整了四川、上海等部分地区企业的管理关系。成立了中国华电香港有限公司、中国华电集团资本控股有限公司、中国华电集团发电运营有限公司、中国华电集团新能源发展有限公司等专业公司，在资产相对较少、发展潜力较大的区域分别设立了分支机构和能源项目筹备处，加强了二级机构在推进公司发展中的作用。积极推进以按定员组织生产为主线的劳动用工制度改革，积极做好人力资源优化配置，研究制定了集团公司《2007～2010年人力资源优化配置规划》和《“十一五”期间“上大压小”人员配置指导意见》，小火电机组关停人员分流安置工作进展顺利。完成了分离企业办社会职能工作，公司系统共向各级地方政府移交中小学校15所，公安机构2个，移交在职人员533人，离退休教师370人，移交工作总体平稳有序。

（4）绩效考核体系和激励约束机制不断完善。建立健全企业工资总额决定机制和调控体系，进一步明确了以效益为主要指标的分配模式和激励导向。围绕关停小火电机组和人力资源优化配置规划，完善了企业工资总额核定的综合配套政策。全面实施企业领导人员经营业绩考核评价制度，完善企业领导人员经营业绩考核办法和企业领导人员任期绩效目标考核办法，构建了“责任层层传递、目标逐级保障，短期与中长期相结合”的绩效目标管理体系和工作机制。2006年和2007年，集团公司在国务院国资委经营业绩考核评价中获得A级，荣获国务院国资委颁发的第一任期绩效进步优秀奖。按照“先试点，后推开”的工作思路，选取不同区域、不同类型的13家试点单位，推行以岗位薪点工资制为主要内容的内部分配制度改革，为在公司系统全面推进内部分配制度改革奠定了基础。

（5）人力资源开发培训成效明显。制定了集团公司《2007～2010年人才队伍建设规划》。成立了集团公司党校，确定了山东邹县电厂、黑龙江哈三电厂等10个教育培训基地，形成了以中国华电集团高级培训中心为龙头，以十大教育培训基地为主体的教育培训资源体系，完善了覆盖全系统、全过程的教育培训体系和三级教育培训网络。按照“两个三年”的目标和要求，完成了第一轮企业领导人员的轮训工作。制定了加强生产技能人员培训意见、教育培训基地管理暂行办法、专业技术资格评审管理办法等一系列制度。组建了工程、经济、会计、政工四个系列的高级专业技术资格评审委员会，完成了相关专业技术资格评审工作。对集团公司技能鉴定体系和布局进行了统筹规划，向劳动保障部申报并获准成立了6个电力行业特殊工种职业技能鉴定站。

（6）集团总部职能优化和作风建设取得积极成效。根据职能定位和工作需要，对集团总部机构进行整合，撤销了金融管理部、国际合作部，调整了计划发展部、财务部、审计部、人资部、安全生产部、改制办等部门内设机构、人员编制及职责分工。对集团总部与华电煤业集团有限公司、中国华电集团财务有限公司、中国华电香港有限公司等专业公司管理界面进行了调整，进一步优化了管理职能。根据集团公司党组加强总部作风建设的要求，研究制定了《关于加强集团公司总部作风建设的意见》，督促有关部门对基层提出的意见和建议进行整改，取得显著成效。制定了《总部员工管理办法（试行）》、《总部绩效考核办法（试行）》，修订了《总部员工考勤、休假管理办法》、《总部借用人员管理办法》，集团总部建设得到了进一步加强。

干部人事管理

领导干部管理

（一）考察调整

2006年，考察和调整领导班子124家，共调整领导人员275人次，新提拔到更高职级领导干部93人，其中内部提任58人，异地提任35人，有54名优秀年轻干部进入了领导人员行列。跨区域交流干部50人次，同一区域内交流干部135人次，加大干部交流锻炼力度。对28家新项目公司领导班子进行了考察，根据项目进展情况及时配备了班子成员。明确了一批百万千瓦级大厂主要领导的职级待遇。对部分区域的组织机构进行了调整和充实，成立了安徽代表处和辽宁代表处，对黑龙江企业、贵州企业进行了整合重组。配合中组部、国务院国资委完成公司领导班子考察和调整工作。年内举办4期领导人员培训班，共培训企业领导人员237人次。

2007年，共对123家领导班子进行考察，考察领导班子成员及后备干部超过1000人次。共调整领导干部12批次，对258家（次）领导班子进行了调整，其中二级管理机构102家（次）。对99家企业的党政“一把手”进行了调整，其中二级管理机构15家。共调整领导人员747人次，新提拔到更高职级领导干部359人，其中正、副主任级干部86人，正处级干部136人，有137名优秀年轻干部进入领导干部行列。跨区域交流干部68人次，同一区域内交流干部206人次，有88名干部进行了岗位轮换，加强了有针对性的培养和锻炼。全年举办4期领导人员培训班，共培训企业领导人员253人次，新提拔进入领导班子的干部参培率达到95%以上。

（二）建章立制

2006年，对《企业领导人员管理办法》和《职务名称表》进行修订完善，制定《企业领导人员管理关系一览表》，重新界定干部管理权限，对班子建设和干部管理的各个环节进行规范。制定下发《中国华电集团公司〈构建惩防腐败体系实施细则〉任务分解表》、《中国华电集团公司领导人员廉洁从业实施细则（试行）》、《中国华电集团公司企业领导人员管理办法》等管理制度。

2007年，印发《关于深入推进公司系统“四好”领导班子创建工作的意见》，修订完善《“四好”领导班子先进集体的考评标准》等一系列文件。制定实施《企业领导班子后备干部管理办法（试行）》和《关于加强集团公司系统后备干部队伍建设的意见》，对后备干部队伍建设的各个环节进行了规定；在对原《中国华电集团公司百万千瓦级以上发电企业主要领导人员晋升职级、提高待遇暂行规定》修订的基础上，总结经验，结合集团公司发展实际，印发《中国华电集团公司关于发电企业领导人员调整职级、待遇的规定》，制定《关于规范领导人员排序的通知》，加强干部管理制度建设。

（三）班子管理

截至2005年底，公司系统企业领导班子共有153户，其中集团公司党组直接管理的企业领导班子146户（其中6个分公司，5个代表处，21个全资直管单位，33个控股直管单位，3个内部核算电厂），上市公司领导班子2个，百万千瓦级企业领导班子17个。企业领导人员共1100人。

2007年，新成立二级机构12个，三级单位29个（其中全资电厂5个，控股单位15个，新成立项目筹建处9个），参股企业16个。2007年，根据集团公司发展需要，在授权、职责不变的前提下，将湖南代表处、浙江代表处、山西代表处、安徽代表处、宁夏代表处、河南代表处、河北代表处、辽宁代表处、上海代表处、广东代表处、陕西代表处等11家代表处改为分公司。截至2007年底，公司系统企业领导班子共254户，其中集团公司党组直接管理的企业领导班子224户（其中15个分公司，9个区域子公司及水电流域开发公司，11个专业公司，2个区域筹备处，26个直属基层企业），上市公司领导班子3个，百万千瓦级企业领导班子24个。企业领导人员共1237人。

后备干部管理

2006年，对公司系统后备干部队伍现状进行了全面了解，举办2期中青年后备干部培训班，对39名厂处级正职后备干部和83名厂处级副职后备干部进行集中强化培训。加大领导人员交流锻炼力度，7名挂职锻炼干部完成锻炼任务。

2007年，建立了875人的后备干部库，其中主任级后备干部人选32人，副主任级后备干部人选101人，正厂（处）级后备干部163名，副厂（处）级后备干部579人。举办了2期厂（处）级后备干部培训班，对65名厂（处）级正职后备干部和57名厂（处）级副职后备干部进行了集中强化培训。举办了1期中青年干部培训班，8名主任级后备干部和35名副主任级后备干部参加了学习。选拔20名干部进行上下交流挂职锻炼。

企业领导班子建设

（1）进一步加强企业领导班子建设各项基础工作。完善企业领导人员信息库，及时做好各种信息的补充、完善和更新，按时完成干部档案管理人员调查统计，上报中组部。

（2）全面开展“四好”领导班子创建活动。2006年5月31日，印发《关于开展“四好”班子考评工作的通知》。2006年，28家单位评为“创建‘四好’领导班子先进集体”，华电国际电力股份有限公司荣获“全国国有企业创建全国‘四好’领导班子先进集体”荣誉称号，公司系统“四好”领导班子创建活动开展情况得到中组部、国务院国资委调研组的高度评价。2007年，印发《关于深入推进公司系统“四好”领导班子创建工作的意见》，修订完善了《“四好”领导班子先进集体的考评标准》，建立“一年一循环、一年一考评”的长效机制，实现创建活动的全过程闭环管理。55家单位评为2007年度“创建‘四好’领导班子先进集体”。

（3）通过党组民主生活会、年度民主生活会、作风建设专题民主生活会等形式，有效解决班子自身建设中存在的问题，增强了各级班子的凝聚力和向心力。

董事、监事管理

法人治理结构管理

按照现代企业制度的要求，依法建立健全公司股东会、董事会和监事会，完善集团公司法人治理结构，搭建集团公司规范运作的平台。2006~2007年，新建、重组了湖北汉源电力开发有限公司、江苏电力发展股份公司、华电新疆发电有限公司、中国华电香港有限公司、中国华电集团资本控股有限公司、湖北华电西塞山发电有限公司等15家公司法人治理结构。取得有关股东方、证券公司的理解配合，成功改组了黔源公司董事会、监事会，增强了集团公司的控制力，维护了股东和黔源公司的权益。与有关股东方密切合作，参与二滩公司章程修改和经理班子的联合考察，成立了二滩股东会，促进了公司的健康发展。

董事、监事队伍管理

根据新《中华人民共和国公司法》和集团公司管理实际，修订了集团公司董事监事管理办法，明确了“按资产纽带关系、谁出资谁负责推荐委派董事监事”的原则，进一步理顺了管理关系；对不同类型的企业按分级分类的原则选派董事监事；建立了“三会”联络人制度、“三会”协调制度、董事监事工作汇报制度等，增加了董事监事管理工作的规范性和操作性。

认真做好董事会、监事会换届和董事监事调

整工作，优化董事监事专业、来源构成，加强董事监事队伍建设。梳理“三会”任期届满企业，完成了19家企业董事会、监事会的换届推荐委派工作；依据董事监事管理办法，结合领导干部调整及时研究调整董事监事，认真落实中央关于干部“双向进入、交叉任职”的要求，注意增加分支机构、区域公司和基层企业的选派名额共调整97家企业董事监事199人次。举办了为期一周的董事监事培训班，共计38名董事监事参加了培训，培训课程包括新公司法、公司治理实例、投融资管理、财务管理等内容，通过培训，进一步提升了董事监事履职的素质能力和法制意识。

截至2007年底，集团公司向63家直接管理的全资、控股公司制企业，20家参股企业选派了董事监事440人次。

劳动组织管理

集团总部组织调整

2006年7月14日，集团公司下发中国华电人［2006］952号文件，成立资产管理部，主要负责集团公司的产权管理、资本运作和融资管理工作，下设产权管理处、资产运营处和融资管理处，人员编制9人；财务资产部更名为财务管理部，主要负责集团公司的预算管理、财务稽核、会计和财务风险管理工作，下设预算管理处、财务稽核处、风险管理处和会计处，人员编制16人。

2006年12月21日，集团公司下发中国华电人［2006］1701号文件，改制重组办公室更名为体制改革办公室，主要负责集团公司体制改革、公司系统企业改制以及综合配套改革的研究和组织协调工作。

2007年4月6日，集团公司下发中国华电人［2007］452号文件，撤销国际合作部，原国际合作部经贸处职能划归计划发展部，更名为国际项目处；原国际合作部交流处职能划归总经理工作部，更名为外事处。同时，撤销金融管理部，原金融管理部职能及人员全部划转中国华电集团资本控股有限公司（中国华电集团财务有限公司）。

2007年5月25日，集团公司下发中国华电人［2007］712号文件，人力资源部干部管理处更名为干部管理一处；董事监事处更名为干部管理二处（董事监事处），原干部管理处承担的京内企业班子建设、干部管理职能和人才开发处承担的公司总部干部、人事管理职能调整到干部管理二处（董事监事处）；业绩考核处更名为薪酬分配处，原人才开发处承担的总部绩效、薪酬管理等职能调整到薪酬分配处；人力资源部编制人数不变。政治工作部增设青年工作处，与党建处合署办公，政治工作部编制人数不变。总经理工作部增设外事处，编制2人；秘书处增加编制1人，公关处增加编制1人；总经理工作部编制数调整为28人。计划发展部增设国际项目处，编制3人；计划发展部编制数调整为18人。科技环保部科技处增加编制1人，科技环保部编制数调整为6人。审计部增加编制2人，编制数调整为7人。

2007年9月5日，集团公司下发中国华电人［2007］1348号文件，计划发展部增设水电处，编制3人，计划发展部总编制增加为21人。

2007年11月20日，集团公司下发中国华电人［2007］1788号文件，撤销财务管理部风险管理处、财务稽核处，成立财务管理处，主要负责公司财税政策、财务规划、财务监督、财务风险管理、内部制度及队伍建设、财务部综合事务管理等工作；将财务管理部“配合国务院派驻华电集团监事会工作、牵头组织集团公司全面风险管理工作”划归审计部负责；财务管理部编制减少1人；审计部编制增加1人。

至2007年底，集团总部共设14部44处，编制181人。

系统企业管控体系

2006年，完成中国华电集团黑龙江分公司与华电能源股份有限公司的管理整合。2007年完成中国华电集团贵州公司与贵州乌江水电开发有限公司的管理整合，组建了中国华电集团新能源发展有限公司、中国华电集团资本控股有限公司（与华电财务公司合署办公）、中国华电集团发电运营有限公司三家专业公司，成立了集团公司党校。

探索建立了“资产所有权与经营管理权分离、区域统一管理”的管理模式。加强对分子公司的管理，截至2007年12月31日，共拥有7家主任级分公司，分别为黑龙江分公司、贵州公司、云南公司、四川公司、内蒙古公司、江苏分公司、湖北分公司；11家副主任级分公司，分别为湖南分公司、浙江分公司、山西分公司、安徽分公司、宁夏分公司、河南分公司、河北分公司、辽宁分公司、上海分公司、广东分公司、陕西分公司；2家区域筹备处，分别为中国华电集团甘肃能源项目筹备处、中国华电集团吉林能源项目筹备处。2007年，研究制定了《关于规范分支机构、区域子公司、上市公司人员编制和内设机构的管理办法》。

劳动合同管理

积极推进按定员组织生产，公司系统60%的企业实现了按定员组织生产。严格执行劳动法及配套法规，加强劳动用工管理，规范劳动合同关系。坚持严把入口、疏通出口，超员企业严格执行“减三进一”政策，加强人员调配、毕业生分配计划管理和过程控制，推行复转军人有偿安置，不断拓宽人员分流渠道。在公司装机容量翻一番多和企业数量不断增加的同时，用工总量实现负增长，平均用工水平由成立之初的27人/万kW，减少到13人/万kW；全员劳动生产率由18.2万元/(人·年)，提高到37万元/(人·年)。

人力资源优化配置

按照依靠发展减人的思路，把公司系统新项目人力资源配置和超员企业减员有机结合，推进人力资源优化配置。制定实施了公司2007～2010年人力资源优化配置规划，明确了新建项目人力资源的来源、超员企业人力资源输出指标和进度。华电国际电力股份有限公司、四川公司等人员配置任务较重的区域，积极开展了人员输出工作，内蒙古等区域较好地完成了人员的输入任务。至2007年12月31日，公司系统人力资源共配置13792人，其中，系统内配置9195人，跨区域流动2942人。

劳动工资统计管理

集团公司根据国务院国资委、国家统计局等机关的报表要求及《中国华电集团公司统计管理办法》（中国华电计［2003］274号），依法规范地开展劳动工资统计工作。2007年完善报表体系和统计管理软件，借助企业人力资源管理信息系统平台实现统计指标自定义组合查询功能，劳动工资统计业务为经营决策提供统计数据和统计分析服务的能力有了很大提高。

截至2007年底，集团公司从业人员总数为83038人。职工总数中，长期职工79727人。

截至2007年底，集团公司直接管理的成员单位共有107家，其中，分公司18家，区域筹备处2家，内部核算单位4家，全资企业22家，控股企业46家，其他单位1家，三级筹建（备）处14家。

薪酬管理

企业薪酬制度

2006年，在广泛调研、充分研讨和模拟测算的基础上，研究制定了《关于深化薪酬制度改革的指导意见》和《企业绩效考核管理的指导意见》，适应集团发展战略和市场竞争需要，层层传递战略目标和业绩目标，引导和指导企业实现薪酬分配管理的规范化、制度化、科学化；适应内部管理和岗位竞争，加强企业内部绩效管理，积极推进按定员组织生产，保障企业人力资源优化配置，有效凝聚和激励各类人才多作贡献。指导意见和试点工作方案经集团公司党组批准，按照“先试点，后推开”的工作思路，选取了不同区域、不同类型的13家试点单位。于2006年9月召开试点单位和有关分公司参加的改革试点工作布置会议。2006年10月~2007年4月，企业研究执行实施方案。2007年5月组织召开了企业内部分配改革方案初步审核会议，对试点企业的实施方案进行了初步审核并提出了修改意见，明确了特殊问题的处理办法。8月进行了终审工作。10月底基本完成试点单位的方案批复和实施。通过部分单位的试点，成功实施了以岗位薪点工资制为主要内容的内部分配制度改革，有效促进了企业薪酬分配和绩效考核管理水平的提升，为在公司系统全面推进企业内部薪酬制度改革取得了宝贵的工作经验，奠定了良好的工作基础。

工资总额管理

2006年9月，制定了《集团公司总部员工薪酬管理办法》（试行），根据中央和国务院国资委有关分配的政策和要求，对集团总部薪酬管理工作进行规范管理，构建科学合理、公平公正的收入分配体系。2007年6月，集团总部的工资福利和绩效考核等职能划转薪酬分配处后，进一步修订完善了集团总部人员工资管理办法和员工考核管理办法，形成短、中、长期激励结合的员工薪酬体系；理顺集团总部员工薪酬、保险工作流程；修订集团总部员工保险管理办法。

2007年，国务院国资委对集团公司的工效挂钩改为与实现利润总额单挂的政策，更加突出企业经济效益。集团公司按照国务院国资委的要求和国家政策调整，以经济效益为中心，进一步完善工效挂钩制度，进一步强化工资增长与利润增长挂钩；同时，参照CPI建立职工共享集团发展机制；不断研究发展过程中面临的新问题，改革完善新厂、区域公司、专业公司、分支机构、检修公司和总部工效挂钩办法。实现导向更加鲜明、制度更加透明、激励更加有效的目标，促进企业努力实现集团公司发展战略。根据新的绩效目标考核办法及经济效益的预测目标，根据集团发展战略和人力资源优化配置的要求，安排确定各企业的利润基数和工资基数，定员内工资与企业效益挂钩，定员外工资逐年核减。对基层企业继续实行层层挂钩，在“两个低于”的原则下，合理调控工资发放计划，实现了企业工资基金的稳步增长。集团公司进一步规范各种奖金、奖励的项目设立的发放。2006年对作出特殊贡献的企业实施特殊奖励。2006、2007年分别对有关企业实施了安全生产奖励。2007年对有关企业实施了科技进步奖励。

人工成本管理

根据国家工效挂钩政策规定，做好以丰补歉工作，规范集团公司工资储备管理，积极探索工资储备的力度、方法以及规范工资储备的使用审批程序。按照国务院国资委要求，对各企业人工成本实行分级分类管理，加强人工成本调控和动态监督指导工作，加强分支机构对所属企业工资管理职责，实施全面预决算管理和开展对标活动。

将人工成本增长与企业的经济效益和承受能力挂钩，实行动态调整。进一步规范了人工成本项目和支付标准，严格界定支付范围和支付渠道，建立与企业经济效益挂钩、动态调整机制，把保障与激励作用有机结合起来。为配合集团公司按成本要素规范管理企业各项成本费用，对电厂燃料二次费用规范问题、劳务费规范问题和离退休人员统筹外补贴进行了研究、测算和管理关系理顺。配合集团财务部、审计部迎接国家审计总署对集团公司的审计工作；参加集团公司依法经营遵章守纪的主题实践活动。

为规范公司系统企业住房补贴政策，及时把国务院国资委住房补贴工作精神贯彻落实到各级企业，进一步加强对公司系统企业住房补贴的规范管理，在转发国务院国资委《关于规范中央企业住房补贴问题的意见》的同时，结合实际提出了具体要求。同时，为确保公司系统新建项目的顺利开展和生产运营，稳定员工队伍，妥善解决新建单位职工住房问题，吸引和留住所需人才，按照国家有关政策，经认真研究国务院国资委及地方政府相关政策规定，研究并印发《关于解决新建单位及异地调动职工住房困难问题的指导意见》。

企业领导人员薪酬

2006 年，按照《中国华电集团公司企业领导人员经营业绩考核暂行办法》的有关要求，承担业绩考核办公室职能，组织编制企业 2006 年度经营业绩责任书，组织集团公司年度经营目标分解落实到各个基层企业，组织完成责任书签订、考核和奖励兑现工作，在企业领导人员薪酬与经营业绩考核结果紧密挂钩兑现年薪的基础上，并对贡献突出的企业领导人员实行特殊奖励，实现了压力层层传递、激励层层链接，为集团公司在国务院国资委经营业绩考核评价中获得 A 级和荣获国务院国资委颁发的 2004 ~ 2006 年第一任期绩效进步特别奖发挥了积极作用。

2007 年，制定下发了《中国华电集团公司绩效目标管理办法》（中国华电人［2007］115 号），建立了以经济效益为中心，效益、安全和发展三大绩效相统一的目标管理体系；优化了企业领导人员年薪结构和计算办法，基薪主要根据企业规模、公司系统工资标准值、本企业职工平均工资、所承担的岗位责任等因素确定，并根据企业利润目标挂钩浮动，绩效薪金与绩效目标考核得分率挂钩计算，充分调动了企业领导人员的积极性和创造性。

制定下发了《企业领导人员任期绩效目标考核办法（试行）》（中国华电人［2007］1005 号），全面实施企业领导人员任期绩效目标考核和任期激励制度，任期内将企业领导人员年度绩效薪金的 20% 延期支付，任期结束后根据任期绩效目标考核等级兑现延期支付薪金和进行一次性奖励，形成了激励与约束相统一、短期与中长期相结合的企业领导人员薪酬分配机制。

人 才 强 企

人才资源培训开发

制定人才队伍建设规划，加强制度机制建设。制定了集团公司“十一五”人才队伍建设规划，明确了“十一五”期间人才队伍建设的总体思路、基本原则、工作目标和重点任务。制定了《关于加强生产技能人员培训的意见》、《教育培训基地管理暂行办法》等一系列制度和办法，使集团公司人才开发培训工作更加规范化、标准化。完善专业技术人才评审制度，建立了组织机构，制定了评审条件、评审标准、申报规定等一系列制度，初步形成了科学系统的职称评审体系。健全技能人才评价体系，为公司系统统一开展技能鉴定工作创造了条件。

开展大规模培训，提升干部员工队伍素质。认真落实年度教育培训计划，举办了8期企业领导人员培训班，对490名企业领导人员进行了培训；举办5期中青年后备干部培训班，对290名中青年干部进行了培训；选送公司系统18名优秀领导干部到中央党校、中央党校国务院国资委分校、大连高级经理管理学院等培训机构进修深造。抓好专业技术人才培训，举办安全生产、市场营销、财务管理等专业知识培训班70多期，共培训5758人次。强化技能人才培训，举办了首期值长培训班，对53名值长进行了培训；利用教育培训基地，举办了公司系统14个专业22个培训班，共对465人次进行了培训。系统各单位根据生产经营目标、人员现状、培训资源等实际，结合“上大压小”、新项目建设等工作，开展了形式多样的培训，有效提升了员工的业务能力和素质。1人入选国家百千万人才工程人选，7人获得国务院政府特殊津贴，1人获得全国电力行业优秀技能选手称号，9人获得电力教育培训新星奖。

加强基础建设，完善教育培训体系。加强教育培训设施建设，在各单位申报的基础上，遴选确定了华电国际电力股份有限公司邹县发电厂、华电能源股份有限公司哈尔滨第三发电厂、福建金湖、中国华电集团宜宾发电总厂等8个教育培训基地，根据发展需求，2007年增设了新疆华电红雁池发电有限责任公司、国电南自电气热控两个培训基地；积极做好技能鉴定站报批工作，中国华电集团宜宾发电总厂、中国华电集团公司四川宝珠寺水力发电厂被人力资源和劳动保障部命名为国家职业技能鉴定站，集团公司职业技能鉴定中心被中电联授予技能鉴定先进单位。加强教材体系建设，印发了火力发电企业生产岗位培训标准，组织编写了水力发电企业生产岗位培训标准、生产岗位培训大纲等教材。

职称评定工作

为贯彻落实集团公司“人才强企”战略，建设高素质的专业技术人才队伍，规范公司系统专业技术资格评审工作，2007年，集团公司统一组织开展了职称评审工作，主要对工程、经济、会计、政工四个系列的专业技术资格进行评审。成立了组织领导机构，组建了各专业评审委员会，制定了四个系列专业技术资格评审条件、申报规定、评审标准等一系列配套文件。按照公平、公正、公开的原则，突出业绩导向，严格履行初审、复审、评审和公示等程序，严谨细致的组织职称评审工作。共有2007人取得了中、高级专业技术资格。

技能鉴定工作

为促进集团公司技能人才的合理开发与利用，提高员工的专业技能，公司制定了《职业技能鉴定管理暂行办法》，明确了各级人力资源部门的职责、鉴定申报的要求、鉴定程序与管理、聘任、使用与待遇等有关方面的内容。坚持统一标准、分级管理的原则，加强对公司系统各技能鉴定站的指导和监督，保证了职业技能鉴定的质量。公司系统共4076人进行了职业技能鉴定，其中高级技师、技师1176人，高、中、初等级工2900人。

企业年金管理

概　述

2006年8月31日，集团公司企业年金管理监督委员会一届四次会议表决通过了《关于中国华电集团公司企业年金管理监督委员会会更名为中国华电集团公司企业年金理事会的议案》，中国华电集团公司企业年金管理监督委员会正式更名为中国华电集团公司企业年金理事会。更名后的理事会完善治理结构，充分发挥理事会作用，确保了企业年金安全健康运行。

管 理 运 营

截至2007年12月31日，公司系统建立企业年金单位127家，建立职工个人账户75310个。企业年金基金净资产累计为347981.00万元（按资产市值计算）。企业年金资金规模增长情况见下图。

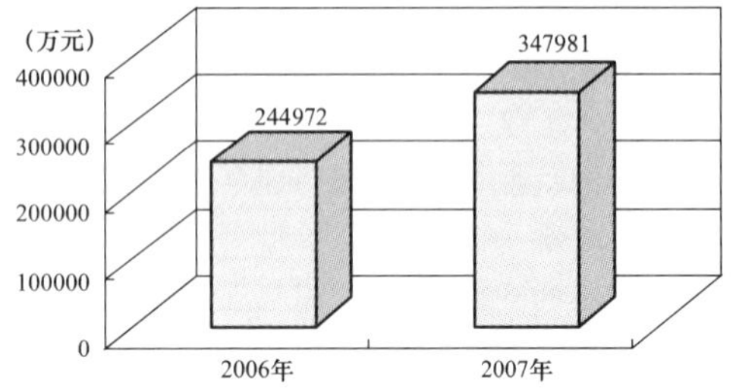

企业年金资金规模增长情况

2006年，投资收入15266.9万元。投资收益率为7.24%。2007年，投资收入54569.13万元，投资收益率为20.71%。投资收益情况见下图。

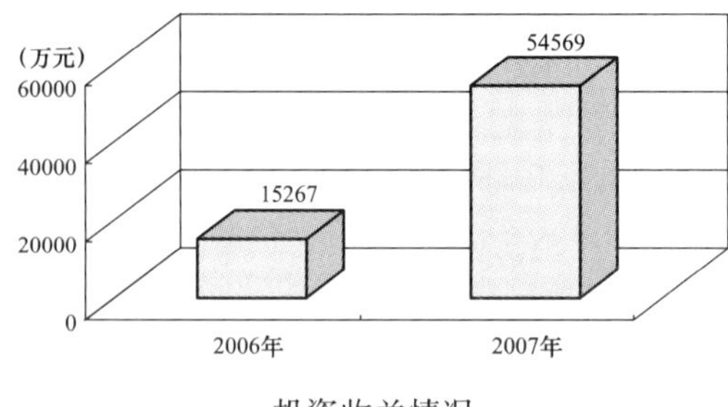

投资收益情况

党的建设和精神文明建设

党建工作

十七大代表选举

选举出席中央企业系统（在京）党代表会议代表，是做好党的十七大代表选举工作的重要环节。2006年11月，国务院国资委党委召开会议部署了中央企业系统（在京）十七大代表选举工作，发出了《关于做好中央企业系统（在京）十七大代表选举工作的通知》。按照国务院国资委党委的部署，集团公司出席中央企业系统（在京）党代表会议代表为3名。集团公司党组成立了选举工作领导小组和办公室，研究制订了工作方案，对组织代表提名推荐以及召开集团公司直属党代会等作了安排。在集团总部、在京单位各级基层党组织和广大党员充分酝酿、推荐的基础上，经过“两上两下”，集团公司直属党委按照差额比例不少于20%的要求，确定了4名代表候选人预备人选，并报国务院国资委党委审查同意。2007年1月，经集团公司直属党委研究，集团公司党组同意，决定召开集团公司直属党员代表大会，选举出席中央企业系统（在京）党代表会议的代表。经报请国务院国资委党委批准后，认真开展了党代会筹备工作。2007年2月6日，在集团总部A座603会议室组织召开了集团公司直属单位党员代表大会，本次大会的正式代表共102名，实际到会代表89名。大会以差额选举、无记名投票的方式，选举曹培玺、王俊生、娄建明3名同志为出席中央企业系统（在京）党代表会议的代表。2007年6月1日下午，在中央企业系统（在京）党代表会议上，集团公司党组书记、总经理曹培玺当选为中国共产党第十七次全国代表大会代表。此外，中国华电集团公司辽宁分公司党组书记、总经理王清文也当选党的十七大代表。

在京直属单位党的建设

（1）思想作风建设。坚持不懈地用马克思主义中国化的最新理论成果教育和武装党员干部，深入贯彻落实党的十六大以来历次全会精神和十七大精神，组织广大党员在继续深入学习科学发展观、构建社会主义和谐社会等党的一系列重大战略思想的同时，重点对党的十七大精神进行了及时深入地学习。党的十七大召开期间，组织集团总部和在京直属单位党员集中收看了党的十七大开幕式电视直播。党的十七大闭幕后，又组织集团总部党员领导干部收看了新一届中央政治局常委与记者见面会电视直播。充分发挥党员领导干部在政治理论学习中的示范带动作用，集团公司党组成员、直属党委委员带头加强理论学习，党组书记曹培玺以身作则，除参加党组中心组的学习外，坚持参加所在支部的党课学习，并善于将所学所得用于指导实践，提出了履行“三大责任”，提升“三大业绩”，确保“四个安全”，全力推动华电又好又快发展的战略思路，先后有《开拓国有企业和谐发展的新境界》、《国有企业是构建和谐社会的重要力量》等多篇理论研究文章在《求是》、《思想政治工作研究》等全国性媒体发表。进一步强化了党员政治理论学习，定期下发《党员政治理论学习计划》，明确学习内容、形式和要求，促进党员理论学习的经常化、规范化。制定下发了《关于加强集团公司总部作风建设的意见》，按照学习创新、务实高效、文明服务、廉洁和谐的要求，加强总部作风建设，总部工作作风明显转变，工作效率大大提升，整体素质有了新的提高。

（2）组织和队伍建设。在不断强化集团公司直属临时党委作用发挥的基础上，着力加强党组织自身建设。2006年1月，经集团公司党组同意，并报请国务院国资委党委批准，决定召开集团公司直属第一次党代会，选举产生中共中国华电集团公司直属第一届委员会和纪律检查委员会。经过紧张筹备，3月15日，集团公司直属第一次党代会在集团总部A座603会议室召开。大会以差额选举、无记名投票的方式选举产生了集团公司直属第一届党委和纪委。随后，召开了集团公司直属第一届委员会第一次全体会议和纪律检查委员会第一次全体会议，分别选举产生了中共中国华电集团公司直属第一届委员会书记、副书记和中共中国华电集团公司直属纪律检查委员会书记。

集团公司直属第一届党委由辛保安、王日文、林正山、雷本慧、王俊生、杨勇、丁焕德、黄国义、高启贵等9名同志组成，辛保安任书记，王俊生任副书记。集团公司直属纪委由雷本慧、李长旭、曹荫昌、黄春齐、袁明刚等5名同志组成，雷本慧任书记。着力规范和完善基层党组织建设，制定实施了《关于进一步加强和改进集团公司总部和在京单位党建工作的意见》，加强了对“三会一课”等基础工作的管理，增强了工作的规范性。根据机构和人员变动，及时调整充实集团总部和直属党委直管的各在京单位党支部。截至2007年底，集团公司直属党委共有基层党委6个，党支部（党总支）62个，其中直管的党支部18个，党员920名。认真落实《基层党支部工作条例》，充分发挥党支部的战斗堡垒作用，市场营销部党支部被评为集团公司先进基层党组织。加强党员教育管理，严格组织生活会制度，党员的宗旨意识、党性意识和组织观念进一步增强，先锋模范作用得到了有效发挥，林正山等8名同志、刘立等3名同志分别被评为集团公司优秀共产党员、优秀党务工作者。认真地抓好集团总部和在京直属单位党员发展工作，制定党员发展计划，举办入党积极分子培训班，组织各党支部完成了政审、组织谈话等工作。2006～2007年，集团公司直属党委共发展党员55人，预备党员转正50人。

（3）制度建设。全面落实集团公司党组保持共产党员先进性长效机制和四个长效机制文件，对直属党委原有文件进行了全面梳理和修订完善，迎接了中央检查组对集团公司贯彻落实中央四个长效机制文件工作的检查，受到了充分肯定和高度评价。集团总部和在京单位党组织也以落实长效机制为契机，不断加强制度建设，制定完善了党员教育、干部管理、廉洁自律等方面的规章制度，实现了凡事有章可循、凡事有据可查，工作的规范性大大增强。

公司系统企业党的建设

（1）思想作风建设。强化对党的理论和路线方针政策的学习贯彻，着力抓好党的十七大精神的学习贯彻，在大会闭幕第3天就发出了中国华电集团公司党组《关于认真学习贯彻党的十七大精神的通知》，召开了党组中心组学习贯彻党的十七大精神扩大会，做到了在第一时间学习领会党的十七大精神。2007年11月1日，在集团公司党校举办了公司系统领导干部学习贯彻党的十七大精神研修班，集团公司党组书记、总经理曹培玺发表了题为《深入学习贯彻党的十七大精神　努力创造公司改革发展新业绩》的重要讲话，中央党校副校长李君如应邀作了题为《发展中国特色社会主义的伟大旗帜和战略思想》的辅导报告；在此基础上，先后举办了29期学习贯彻党的十七大精神培训班，掀起了深入学习贯彻十七大精神的新高潮。加强党委（党组）理论中心组学习，制定印发了《关于进一步加强和改进企业党委（党组）中心组理论学习的意见》，对党员领导干部发挥表率作用，提出了“真学、真懂、真信、真用”的学习要求，严格执行党组中心组理论学习制度，坚持中心组成员集体学习并结合中央重大政治活动或方针政策出台等实际，及时组织专题学习。坚持理论联系实际，注重抓好学习运用，依据公司工作实际，研究确立了公司各个方面工作的原则要求和基本思路，不断为公司的改革发展指明方向。2007年下半年，公司党组通过系统地学习科学发展观、社会主义荣辱观、构建社会主义和谐社会等重大战略思想，确立了履行经济、政治、社会“三大责任”的公司职责，提升安全、效益、发展“三大业绩”的中心任务，确保生产、经济、政治、形象“四个安全”的安全观，“做强、做大、做好”的公司总体要求，推动公司系统开创了各项工作的新局面。在集团公司党组的带动下，系统各级党委（党组）中心组每年集中学习研讨的次数都在14次以上。

（2）组织和队伍建设。大力加强党的先进性建设，进一步巩固和扩大先进性教育活动成果，2006年11月16～17日，在中国华电集团高级培训中心召开了公司系统党的先进性建设推进会议。集团公司党组书记、总经理曹培玺出席会议并发表重要讲话。会议总结了公司成立以来党的先进性建设工作情况，深刻分析了公司党的先进性建设面临的新形势、新任务，明确提出了当前及今后一个时期公司加强党的先进性建设的总体要求，部署了六个方面的重点任务。会上印发了《关于开展“强核心、固堡垒，全面提升基层党组织标准化建设水平”活动的通知》，组织了分组讨论，华电福建发电有限公司等5家单位作了经验交流发言。这次会议的召开，进一步强化了公司系统各级党组织坚持不懈地加强党的先进性建设的主动性和自觉性，激发了广大党员永葆先进的内在动力。坚持党要管党、从严治党，始终高度重视加强基层党组织建设，及时健全基层组织，做到了新建单位的同时建立党组织，调整经营管理组织的同时调整党组织的设置，配备经营管理人员的同时配备党务工作人员。公司系统现有基层党委（党组）168个，党支部（党总支）1329个。重视选好配强党委（党组）书记，合理设置和调整工作机构，配强配好党务工作人员，把企业党组织工作机构和党务工作人员全部纳入企业管理机构和人员编制，党务工作人员的待遇和奖惩与同一层次经营管理人员一视同仁。重视加强对党务工作人员的培养、选拔、考核和激励，近几年从基层调集团总部的人员中，有15人是从党务工作岗位选拔上来的或曾有党务工作经历。运用活动推动，在2005年组织开展党员干部“五带头”主题实践活动的基础上，2006年集团公司党组又在系统党组织中开展了“强核心、固堡垒，全面提升基层党组织标准化建设水平”活动，促进基层党组织建设实现科学化、规范化、制度化。各级党组织积极探索新形势下党组织工作的方式方法，创新工作内容，增强工作活力，提高工作效果，增强了基层党组织的创造力、凝聚力和战斗力，发挥了基层党组织在开展党建工作和搞好企业中的特殊作用。重视抓好典型选树，对先进基层党组织和优秀党员、优秀党务工作者进行了评选表彰，“七一”前后，专题组织开展“两优一先”的集中宣传。2007年6月30日，召开了集团公司纪念建党86周年暨公司系统“两优一先”表彰视频会议，对华电国际邹县发电厂党委等20个先进基层党组织、张仲良等58名优秀共产党员、王凤君等26名优秀党务工作者进行了表彰。紧紧抓住党的十七大召开的有利时机，全面总结公司系统党建工作的成功经验，在《中国电力报》、中国电力新闻网等媒体进行了集中宣传报道，在全国电力行业引起了较大反响。

（3）制度建设。在进一步完善保持共产党员先进性十大长效机制基础上，利用5个月的时间，在公司系统开展了长效机制建设的试点工作，提炼形成了若干个单项机制实施意见。中央保持共产党员先进性四个长效机制文件的出台，为集团公司先进性长效机制建设指明了方向。公司党组及时派出调研组，对公司系统各单位先进性长效机制建设试点情况展开广泛深入调研，在全面总结成功经验做法的基础上，经过精心归纳总结和不断优化，形成了中国华电集团公司党组《关于加强党员经常性教育的意见》、《关于加强和改进党员管理工作的意见》、《关于做好党员联系和服务群众工作的意见》、《关于建立健全分支机构党组（党委）、企业党委抓基层党建工作责任制的意见》等四个长效机制文件。以此为契机，还对集团公司党的建设原有文件进行了全面梳理，修订完善了一大批制度规定，同时公布了部分失效和废止的规章制度目录，进一步丰富和提升了公司系统党建工作的制度化、规范化水平。认真做好迎接中央对贯彻落实保持共产党员先进性四个长效机制文件工作情况的检查。2007年5月28日，集团公司作为此次接受检查的唯一一家电力企业，在迎检时间紧、检查要求高的情况下，全力以赴，取得了令人满意的结果，受到了中央检查组的充分肯定和高度评价。加强对现代企业制度下党组织参与企业重大问题决策相关制度和机制的探索与实践，制定实施了《中国华电集团公司重大决策程序暂行规定》等制度，把党组织参与决策和董事会对企业重大问题统一决策、监事会有效监督结合起来，保证了党组织政治核心作用的有效发挥。

纪检监察工作

概　　述

2006~2007年，集团公司继续抓好党风廉政建设责任制、领导干部廉洁自律、效能监察、信访举报和纪检监察队伍建设等工作，深入推进教育、制度、监督并重的惩治和预防腐败体系建设，各项工作取得了明显成效。惩治和预防腐败体系建设工作取得阶段性成果，集团公司党组提出的在2007年“做好构建惩治和预防腐败体系的基础性工作，反腐倡廉宣传教育工作格局基本形成，基本制度初步建立，监督措施发挥作用”的阶段性工作目标基本实现。党风廉政建设责任制工作有新进展，2007年未出现考核不合格单位。领导干部廉洁自律和依法经营意识有明显增强，2007年全年未发生副处级以上人员职务犯罪案件。信访举报数量下降，集团公司监察部2006年共受理信访举报132件（次），与2005年持平；2007年93件（次），比2006年减少39件（次）。

惩治和预防腐败体系建设

集团总部各部门、系统各单位认真落实集团公司《建立健全教育、制度、监督并重的惩治和预防腐败体系实施细则》（简称《细则》），各项工作按进度有序开展，构建惩防体系工作稳步推进。

（1）加强组织领导。建立了协调会议制度，2006年2月、8月和2007年3月，先后组织召开三次由集团总部各部门主要负责人参加的惩防体系工作领导小组协调会议，对《细则》明确的5个方面18项工作122项具体任务逐项列出具体的时间进度表，做到责任、措施、人员、时间“四到位”。

（2）建立三级网络。2007年5月，印发了《关于在公司系统开展促进构建惩防体系工作的通知》，在公司系统按区域分成3个片区11个小组，建立起集团、片区、小组三个层面的督导促进网络，在公司系统内开展了促进构建惩防体系活动。

（3）搭建交流平台。2007年10月，在长沙召开了促进构建惩防体系工作座谈会，3个片区负责单位、11个组长单位汇报了促进工作情况，13个基层企业在会上交流了经验。

（4）开展理论研讨。2007年，在公司系统组织了构建惩防体系工作征文活动，评出一等奖论文2篇，二等奖论文5篇、三等奖论文8篇和优秀奖论文15篇，并结集制成光盘下发各单位。监察部撰写的《加强对国有企业主要领导人员监督工作的思考和对策》，在中央纪委、国务院国资委举办的“国有企业党风建设和反腐倡廉工作理论研讨会”上作了大会发言。

党风廉政建设责任制

集团公司坚持以党风廉政建设责任制为龙头，每年与下属单位签订党风廉政建设责任书，形成了一级抓一级、一级带一级、层层抓落实的党风廉政建设责任体系。2007年，将党风廉政建设责任目标作为安全指标的重要内容，与效益指标、发展指标一并纳入经营业绩考核体系，与领导人员绩效奖惩挂钩，党风廉政建设责任制考核体系进一步完善。公司总结的《明确标准、规范程序、落实责任，建立健全党风廉政建设责任考评体系》，被国务院国资委纪委召开的“中央企业领导人员廉洁从业和党风廉政建设责任制工作座谈会”选为大会交流材料。《中国监察》2007年第7期，以《权责明晰的举措》为题，对集团公司着力健全党风廉政建设责任制考评体系的工作实践作了全面报道。

2006年，集团公司与66家下属单位签订了年度党风廉政建设责任书，年底对60家单位（6家单位合并考察）进行了现场检查考核，共评出优秀等次单位41家、良好等次单位16家、合格等次单位1家、不合格等次单位2家；2007年，对与集团公司签订责任书的35家单位组织了现场检查考核，评出优秀等次单位25家、良好等次单位8家、合格等次单位2家，没有出现不合格单位。

领导干部廉洁自律

集团公司大力加强领导人员廉洁从业和反腐倡廉教育，注重教育的针对性和有效性，领导人员廉洁从业行为得到有效规范。

（1）开展警示教育。2006年，以发生在公司系统内的典型案例为题材，组织系统各单位中层以上干部和重点岗位人员观看《贪婪和蜕变的代价——杨大为、张杏泉案件警示录》教育片。2007年，组织集团总部副处级以上干部和在京直属单位主要负责人参观国家司法部直属燕城监狱、听服刑人员作忏悔演讲，参观最高人民检察院举办的惩治和预防职务犯罪成果展览，观看警示教育片等教育活动。系统各单位普遍开展了参观监狱、检企共建、以案释法等形式多样的教育活动，引导党员干部正确行使手中的权力，收到良好效果。

（2）组织专题教育。把反腐倡廉教育列入干部教育培训规划，在集团公司举办的企业领导人员和中青年干部培训班上，开设反腐倡廉、廉洁从业教育课。2006年，在公司系统全体党员中开展了"党章专题学习月"活动，组织了知识竞答，公司系统共有2万余名党员干部参加了竞答，参与率达96%以上；组织开展了以"学习党章，我为'358'战略计划做贡献"为主题的征文活动，收到作品280篇。2007年，在公司系统组织开展了廉洁从业知识竞答活动，公司系统13484名党员干部和重要岗位人员参加答题，其中厂处级以上领导人员1204人，参与率达到94.92%；组织对15家发电企业的121名副总师以上领导人员进行现场闭卷测试，平均成绩达到95.77分。

（3）加强制度建设。根据国务院国资委关于中央企业贯彻落实《国有企业领导人员廉洁从业若干规定（试行）》的意见，2006年制定印发了集团公司《领导人员廉洁从业实施细则（试行）》、《领导人员廉洁从业承诺抵押金管理暂行办法》，编印《廉洁自律手册》下发系统各单位中层以上干部学习。落实《中央纪委关于严格禁止利用职务上的便利谋取不正当利益的若干规定》，在公司系统认真开展了自查自纠活动。

（4）推进廉洁文化建设。2007年，印发了集团公司《述廉议廉工作实施办法》；总结了牡丹江第二发电厂廉洁文化"五进五上"的经验做法。系统各单位通过举办专题讲座、组织知识竞答、主题征文、歌咏比赛、签名承诺、廉洁谈话、述职述廉、观看展览等多种形式，开展了内容丰富的宣传教育活动，营造以廉为荣、以贪为耻的浓厚氛围。据不完全统计，2006年，公司系统组织廉洁从业教育333场次，有33105人次参加；254人次主动上交礼品、礼金、有价证券和支付凭证共计91.366万元。2007年，公司系统实行廉洁承诺8462人，述廉议廉2253人次，任职廉洁谈话1142人，诫勉谈话105人次；共有301人次上缴礼品、礼金、礼券和有价证券，折合人民币190余万元；公司系统各单位中层以上领导干部共交纳廉洁从业承诺抵押金1569.21万元。

信　访　举　报

在受理信访举报和查办案件工作中，集团公司坚持立足于从严治企、立足于服务中心、立足于标本兼治，充分发挥其对领导干部的监督主渠道作用。

（1）认真办理信访举报。2006年，在公司系统网站上开辟了信访投诉专栏，公布了举报电话，进一步畅通信访渠道。公司系统全年共受理群众来信来访353件次，初核案件56件，立案7件，共有17人受到党纪政纪处分；其中集团总部受理132件次（含重复举报12件），直接初核13件，转下属单位核查并报结果21件，转下属单位办理43件，因反映事实不清暂存43件。2007年，公司系统共受理信访举报301件次，初核20件，立案3件，3人受到党纪政纪处分；其中集团总部受理93件次，直接初核7件，转下属单位核查并报结果9件，转下属单位办理36件，因反映事实不清暂存41件，做到件件有着落、事事有结果。

（2）加大办案和指导工作力度。2006年，制定印发了集团公司《查办案件工作暂行办法》。2007年，对新疆华电红雁池发电有限责任公司的"小金库"问题进行了认真查处，给予当事人及企业主要领导党纪处分，降职使用，并在公司系统进行了通报。查处了中国华电集团公司云南绿水河发电厂私设“小金库”问题，给予行政主要领导记过处分，给予主要责任人记大过处分并调离岗位。针对贵州华电大龙发电有限公司10名燃管人员违法违纪问题进行实地调研，帮助剖析原因，督促完善管理、堵塞漏洞。同时，补充完善了廉政档案，加强对领导人员的任用监督。

治理商业贿赂专项工作

2006～2007年，按照中央、国务院国资委和国家电监会的总体部署要求，把不正当交易行为自查自纠工作作为有效解决企业自身矛盾与问题、持续改进企业经营管理的重要机遇，积极稳妥、健康有序地组织开展治理商业贿赂专项工作。

（1）加强组织领导。2006年，成立了专项工作领导小组和办公室，选择华电国际电力股份有限公司和贵州乌江水电开发有限责任公司作为专项工作联系点。5月23日，组织召开了治理商业贿赂专项工作视频会议。制定了《治理商业贿赂专项工作实施方案》和《开展不正当交易行为自查自纠工作实施方案》，编辑印发了《治理商业贿赂专项工作文件汇编》。在网站上开设了“治理商业贿赂”专栏，累计编发《简报》42期；在外部媒体上刊发专项工作信息10篇。组织督导调研4次、召开座谈会1次。

（2）认真查找问题。围绕集团公司确定的工程建设和招投标、燃料和设备物资采购、产权交易和资产重组、关联交易四个自查自纠工作重点，在公司系统共查出316个不正当、不规范交易问题并督促落实整改。

（3）探索长效机制。针对存在的问题，集团公司修订印发了《工程招标管理办法》和《工程评标导则》、《工程评标导则实施细则》，制定了《煤炭采购管理监督暂行办法》、《关联交易规范管理办法》等规章制度。

（4）开展“回头看”工作。2007年7月，集团公司制定“回头看”方案，集中一个月的时间，对自查自纠各个阶段、每个环节的工作情况进行了一次全面的检查梳理。各单位在自查自纠工作中，共核查合同40600个，审查工程建设和招投标项目12533项，发放自查表或调查问卷9392份，参与自查自纠的重点岗位人员达7503人；共修订完善制度2273个，新建制度838个，进一步健全了企业内控体系。

队 伍 建 设

集团公司高度重视纪检监察组织建设和能力建设，与中央纪委北京培训中心合作，每年举办新任纪委书记和纪检监察骨干培训班。到2006年，实现了“四年将专职纪检监察干部基本轮训一遍”的既定目标。

2006年，举办了公司系统第四期纪检监察骨干培训班，新任纪委书记和监察部门负责人、业务骨干共98人参加了培训。2007年，举办新任纪委书记和纪检监察骨干培训班，共90人参加了培训。集团公司以历届优秀学员为主体，通过逐级推荐选拔，建立了由70人组成的公司系统招标监督和办案骨干人才库，在学以致用、学用结合方面进行了有益尝试。

精神文明建设

思 想 道 德 建 设

（1）加强思想教育。大力开展社会主义核心价值体系、社会主义荣辱观等主题教育活动，提高了广大员工的思想道德水平。按照上级部门的有关要求，认真做好职工政治理论教育，坚持用中国特色社会主义理论武装干部、职工头脑，对公司系统学习贯彻党和国家的大政方针进行了周密部署，分别下发实施了《关于认真组织学习〈江泽民文选〉的通知》、《关于认真学习贯彻党的十六届六中全会精神的通知》、《关于"创造新业绩，喜迎十七大"的通知》、《关于认真学习贯彻党的十七大精神的通知》，促进了干部职工政治理论素质的提升。加强形势任务教育，以学习贯彻集团公司年初和年中工作会议精神为重点，组织广大党员和职工系统学习领会集团公司党组的一系列决策部署，进一步统一了思想行动，增强了"全面履行三大责任、全面提升三大业绩、着力确保四个安全，加快集团做强做大做好步伐"的自觉性和主动性。继续做好企业党的统战工作和"法轮功"等邪教组织的防范工作。

（2）树立先进典型。2007年1月印发了《"评先创优"管理办法》和《先进单位、先进集体、先进个人评选办法》，梳理确定了集团公司《2007年度"评先创优"工作奖项设置计划目录》。开展了集团公司先进企业、先进集体、先进个人评选，24家企业获2007年度先进企业称号，59个集体获2007年度先进集体称号，122名个人获2007年度先进个人称号。推选出了集团公司成立以来的"全国劳动模范"石晓启等十大先进典型，进行了广泛宣传。

思想政治工作

加强改革中的职工思想工作，着重做好主辅分离、辅业改制、检修体制及关停小火电机组等改革过程中的职工思想引导，教育广大职工了解深化改革的意义、配套政策、措施和方式，帮助广大职工认识改革的重要性和必要性，进一步解放思想，转变观念，增强信心，主动理解改革、支持改革、参与改革，保证了改革顺利进行。加强思想动态分析，制定实施了《集团公司职工思想动态分析制度》，及时准确把握职工思想脉搏，积极化解矛盾，消除不稳定因素，维护改革发展的良好局面。加强思想政治工作机制建设，制定实施了《政治工作例会制度》，初步形成了定期开展职工思想状况分析的工作机制和党政工团齐抓共管的"大政工"格局。加强政工干部队伍建设，2007年10月，完成了公司系统首次政工职称评审工作。积极开展职工思想政治工作研究，制定下发了集团公司职工思想政治工作研究会2006年工作要点与2006～2007年重点课题，组织召开了2006年集团公司政研会秘书长工作会议，整理下发集团公司政研会会费管理办法、课题管理办法等规范文件。

"文明单位"创建工作

开展文明单位创建活动。将文明单位创建工作作为加强精神文明建设的有效载体，印发了《中国华电集团公司文明单位建设管理办法（试行）》，2006年和2007年分别继续开展了集团公司"文明单位"和"文明单位标兵"评选工作，两个年度共评选"文明单位"34家、"文明单位标兵"17家，分别在次年的集团公司工作会议上进行了表彰。

加强集团总部和在京单位文明创建工作。印发了《中国华电集团公司总部2007年度精神文明创建工作要点》（中国华电精办［2007］1号），集团总部连续荣获2006、2007年度"中央国家机关文明单位"称号。集团公司有关同志还荣获了2006年度"中央国家机关精神文明建设先进工作者"和"中央国家机关绿化美化先进工作者"称号。

企业文化建设

深入贯彻国务院国资委企业文化建设推进会议精神，大力推进公司系统企业文化建设。2006年，开展了企业文化建设"提高年"活动，围绕企业理念宣贯，在系统中开展了企业文化建设

“十个一”活动，征集“华电之歌”，“华电人物”、“华电故事”等；举办了企业文化理论与实务培训班；成立了集团公司企业文化建设推进委员会；建立了企业文化建设的跨部门协调机制；成立了集团公司企业文化建设基金，并设立“敬华企业文化奖”；对公司系统企业文化宣贯活动进行表彰；组织召开了集团公司系统项目公司企业文化建设座谈会，总结推广了基建单位企业文化建设的典型经验。2007年，以提炼公司共同价值观为核心，对企业文化体系进行整合与深化，形成了体现公司价值主张的《华电宪章——中国华电集团公司企业文化体系》。加强对基层单位的指导，命名表彰了集团公司首批10家“企业文化建设示范基地”。开展丰富多彩的企业文化建设活动，以“弘扬华电精神、传递华电理念、树立华电形象”为主题，先后举办了两场“感动华电”故事演讲会；编辑出版了《华电故事》和《华电之歌》两本专集。“华电文化”现象受到了《工人日报》、《中国电力企业管理》等媒体的广泛关注和深入宣传。开展创建“学习创新型企业”活动。制定下发了《中国华电集团公司创建“学习创新型企业”指导意见》，举办了学习创新型企业培训班，公司系统涌现出牡丹江第二发电厂等一批“全国创建学习创新型企业先进单位”。公司系统华电国际邹县发电厂等8家单位的建设成果分获2006年度全国电力行业企业文化建设特等奖和优秀奖，辽宁华电铁岭发电有限公司等8家单位的建设成果分获2007年度全国电力行业企业文化建设特等奖和优秀奖。

以公司价值主张为主导，按照国务院国资委《关于中央企业履行社会责任的指导意见》要求，依据全球报告组织G3标准，分绿色发展、集约发展、安全发展、和谐发展四个部分，编制完成了《2007年社会责任报告》。

群众工作

工会工作

2006~2007年，集团公司工委全面贯彻落实科学发展观，切实履行职责，积极促进企业改革发展，协调和指导公司系统各级工会组织创新创效、开拓进取，开展了一系列富有成效的工作。

（1）组织建设。每年召开一次集团公司工委全委会议，紧紧围绕企业改革发展稳定的大局，对上一年度工会工作进行总结回顾，对本年度工作进行安排部署。按照“扩大覆盖面，增强凝聚力”的建制要求和“分类指导、重点突破”的原则，加强对各级工会组建工作的指导。截至2007年底，公司系统组建8个区域工会、96个基层工会。加强对基层工会工作的指导，重点抓好工会的换届选举和企业“职工之家”创建活动。以建家活动为主线，切实加强工会干部思想、作风和能力建设，涌现出一批能力和业绩突出的干部。2006年，公司系统有6人获“全国能源化学系统优秀工会干部”荣誉称号。集团公司工委连续两年获全国电力系统争先创优先进工会称号。截至2007年底，公司系统共有18个全国模范职工之家、20个省级模范职工之家。

（2）创建活动。深入开展“为发展助力、为华电建功”主题实践活动，引导员工建功立业。结合“安全巩固提高年”、“燃料管理年”等活动，举办了2006年集团公司火电机组集控运行值班员技能比赛、2007年集团公司燃煤采制化技能大赛。2006年，组队参加了中央企业职工技能大赛、全国电力行业电气实验工技能大赛，取得优秀成绩。各基层工会组织围绕中心工作开展了形式多样的劳动竞赛。乌江渡电厂、东风电厂两家单位在全国大型水电厂劳动竞赛中获得优胜。华电四川发电有限公司开展了“当好主力军、建功十一五，和谐创一流”活动，制订了《职工劳动竞赛管理办法》，积极组织广大职工参加劳动竞赛、技术比武。华电国际电力股份有限公司邹县发电厂围绕2台百万千瓦机组建设，积极开展“百万机组争功臣，千万工程做贡献”劳动竞赛，为百万机组顺利投产做出了积极贡献，并连续6年获得全国“安康杯”竞赛优胜企业称号。公司系统企业于2006年开展各类技能竞赛472场次，2007年开展技能竞赛788次，带动了职工技术水平整体提高。2006年，各基层工会组织还紧紧围绕安全生产、经营管理、环保节能等工作开展合理化建议活动，共征集合理化建议12275条，其中5906条被采纳实施，取得了明显的经济效益和社会效益。

（3）积极开展各类先进典型的培养和宣传工作。2006年，公司系统有9个班组和9名职工分别被评为中央企业“学习型红旗班组”和“知识型先进职工”，福建华电漳平发电有限公司、华电国际电力股份有限公司莱城发电厂、乌江渡发电厂3个单位荣获“全国五一劳动奖状”，系统企业有3人荣获“全国五一劳动奖章”，贵州乌江水电开发有限责任公司、江苏华电扬州发电有限公司荣获“全国劳动关系和谐企业”称号。2007年，华电能源股份有限公司牡丹江第二发电厂等5家单位荣获全国“五一”劳动奖状、安徽华电芜湖发电有限公司李永学等3名职工荣获全国“五一”劳动奖章，四川广安发电有限责任公司王小红荣获“全国三八红旗手”称号，华电国际十里泉发电厂郑飞雪荣获中央企业“巾帼建功标兵”称号。颁布实施《集团公司劳动模范管理办法》，集团公司总工程师张涛等30名职工被评为集团公司劳动模范。

（4）民主管理。积极贯彻落实国务院国资委《关于建立和完善中央企业职工代表大会制度的指导意见》，不断完善以职工代表大会为基本形式的民主参与、民主管理、民主监督机制，紧紧抓住职代会、厂务公开、集体合同等重点工作和关键环节，努力为企业发展保驾护航。2006年，90家企业开展了民主管理职工满意度测评，满意率在90%以上的企业达到80家，满意率在80%～90%的企业有10家。截至2007年底，全系统有5个子公司和82个基层发电企业建立了职代会制度；98家单位签订了集体合同，并且完成率均为100%。2007年，公司系统各单位积极征集职工提案，共立案2170件，提案处置率100%。

（5）2006年，印发实施《中国华电集团公司“送温暖”工程实施办法》，系统企业投入资金462万余元，慰问职工13260人次，救助困难职工1785人次，走访劳模先进198人次。组织各类捐献活动204次，捐款424万余元，捐物3万余件。2007年，共慰问、救助职工13000多人次。积极参与社会慈善活动，向社会捐款600余万元，捐物3万余件。

（6）文体活动。充分发挥工会阵地优势，开展丰富多彩文体活动。逐步形成了“公司工委统筹协调、区域工会轮流承办、职工群众广泛参与”的文体活动运行体系。2006年成立了集团公司文体协会和书画、摄影等11个分会；组队参加首届“国家电网杯”中央企业（电力）乒乓球比赛，取得了优异成绩；出版了《翰墨华章——中国华电集团公司书画作品集》，启动“华电杯”第二届电力职工书画作品展，展示了公司系统文化建设成果。2007年，配合集团成立五周年庆祝活动，精心策划、组织了庆祝公司成立五周年文艺汇演，艺术地再现了公司五年来的风雨历程和辉煌业绩；相继组织开展了“辉煌五周年”征文、“爱我华电”书画摄影、“放歌华电”歌手大赛和“迎奥运、展风采”乒乓球、羽毛球比赛等五项主题文化活动，收到征文350多篇、书画作品183幅、摄影作品1116幅，434人次参加乒乓球、羽毛球、放歌华电比赛；组队参加全国电力行业网球赛、羽毛球赛和中央企业乒乓球比赛，展示了公司职工良好的精神风貌。华电国际电力股份有限公司、华电四川发电有限公司、华电新疆发电有限公司、中国华电集团江苏分公司等区域把繁荣职工文化生活与企业重点工作和构建和谐企业紧密结合，分别举办了“庆祝‘千万工程’竣工暨装机容量突破2000万kW”、“心系华电，共建和谐”等文艺汇演。丰富多彩的职工文化体育活动，营造出华电“人心齐、人气旺、人思进”的积极向上、共建和谐的氛围，形成了助推企业发展的内在动力和文化支撑。

共青团工作

着力加强团员青年政治理论和思想道德教育。组织学习邓小平理论和“三个代表”重要思想，进行科学发展观和社会主义荣辱观教育，团员青年政治理论水平和思想道德素质不断提高。着力加强国情、企情教育和党史、团史、革命史教育，按照集团公司统一部署，开展了“与祖国共奋进、与华电共成长”主题教育等活动，团员青年为实现公司愿景而不懈努力的自觉性明显增强。

坚持融入中心、服务大局，扎实开展青年创新创效、“青年文明号”和“青年安全生产示范岗”等活动。以企业生产经营管理中的难点和关键点作为重点，带领团员青年充分发挥主观能动性和创造性，以实实在在的成果体现团组织的价值和作用。目前，公司系统有13个青年集体分别荣获“全国青年文明号”和“中央企业青年文明号”，60多个青年集体荣获“省级青年文明号”。在2007年中央企业首届“中铝杯”青年创新创效奖评选中，公司系统10个项目分别荣获银奖和优秀奖。扎实开展“安全生产，青年争先”主题实践活动，共开展安全理念宣传活动587次，举办安全主题演讲432次，广大团员青年的安全意识和技能进一步提升。

坚持青工的需求与企业的需要有机结合，积极实施“青年技能振兴计划”，积极开展争做“青年岗位能手”活动，引导团员青年立足本职，刻苦钻研，不断提升职业技能。公司系统共有7人分别被评为全国青年岗位能手和中央企业杰出青年岗位能手，7人被评为中央企业青年岗位能手，近百人被评为省级青年岗位能手。

加强团青组织自身建设。2007年5月，集团公司成立青工处，与政治工作部党建处合署办公，从而进一步加强了对公司系统团青工作的领导和协调。基层各单位团组织加强与上级主管部门及相关部门的汇报沟通，逐步理顺团组织隶属关系，完善领导和管理体系。贵州乌江水电开发有限责任公司、华电四川发电有限公司、云南金沙江中游水电开发有限公司分别成立了团工委、临时团委和团委，有力地促进了系统共青团组织的健全完善。到2007年底，公司系统共有团委81个，团总支53个，团支部553个。针对团员数量逐渐减少、青年工作需要加强的实际，基层各单位积极探索完善团青组织体系，延伸团员、青年工作的手臂，扩展团员、青年工作的范围，实现了对团员、青年的广泛联系和工作的有效覆盖。积极开展创建“五四”红旗团委、团支部活动，两年来先后有4个基层团组织被评为全国和中央企业“五四”红旗团委，6个基层团组织被评为全国和中央企业“五四”红旗团委创建单位，4个基层团组织被评为全国和中央企业“五四”红旗团支部，11个基层团组织被评为省级“五四”红旗团委（及标兵），3个基层团组织被评为省级“五四”红旗团支部。

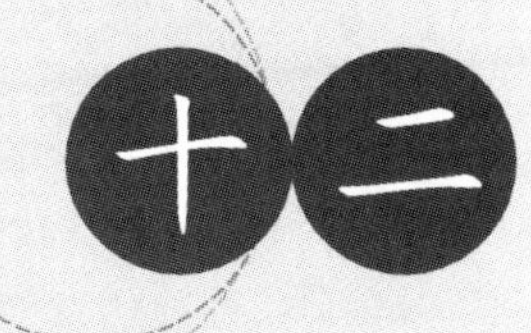

交流与合作

国内交流与合作

概　　述

集团公司高度重视合作共赢，积极开拓和发展与境内外合作伙伴的战略友谊，不断增进交流，更好地适应国内外市场竞争、经济全球化和扩大对外开放的需要。特别是在项目开发、金融运作与科技环保等领域，集团公司通过积极有效的工作，坚持依法治企、规范运作、诚信守约、互惠共赢，与金融、科研、建设、铁路、煤矿等企业建立了良好关系，极大地拓展了企业发展空间，创造了有利的外部环境，同时也树立、展示了集团公司形象，取得了经济效益和社会效益双丰收。

领导人会晤

2006~2007年，集团公司本着积极主动、互利双赢的原则，积极与国家相关部委、各地方政府展开互访，先后与四川、安徽、新疆、宁夏、辽宁、湖南、福建、黑龙江、西藏、山西、浙江、山东、陕西、青海、广西、湖北、内蒙古、贵州、江苏、云南、河南、广东、天津、上海等省（自治区、直辖市）政府建立了密切联系，集团公司领导累计会见省部副职以上领导人达80余次。通过高层会晤，集团公司得到了国家相关部委和各地方政府的支持和理解，从而为集团公司在新项目开发等方面取得更大进展创造了条件。截至2007年底，集团公司的资产分布已经从成立之初的14个省（自治区、直辖市）扩展到25个省（自治区、直辖市），在青海、宁夏、河南、天津、上海等地实现发电资产零的突破，一些重大项目在地方政府的支持和帮助下得到很好的推动，取得积极进展。

战略合作

2006~2007年，集团公司积极与地方政府、各大银行、各大企业进行战略合作，先后与国家开发银行、工商银行、建设银行、中国出口信用保险公司、交通银行和中海信托投资公司签署各类银企合作协议5项，与中国核工业集团公司、中国葛洲坝集团有限公司、哈尔滨电站设备集团公司、中国西部发展控股有限公司以及地方政府签署电力开发及煤电联营战略合作协议14项，与辽宁、山西等地方大型煤炭企业签署煤炭开发合作协议2项，其他类合作协议7项。通过“政企合作、银企合作、企企合作”等方式，逐步构建起了优势互补、关联协作、互动发展的一体化经营模式，积极有效的战略合作极大地增强了集团公司以发电为主体，煤炭、金融为两翼的战略发展新格局。

国际交流与合作

概　　述

集团公司国际合作工作围绕集团公司总体发展战略，在注重日常外事管理的同时，关注国际市场动态，把握国际市场机遇，为集团公司开拓国际交流合作领域，实施国际化发展战略打下坚实的基础。

高层出访

2006年9月，集团公司党组书记、总经理贺恭出访印度尼西亚参加阿萨汉一级水电站项目建设动员会，并率代表团考察了阿萨汉一级水电站工程现场。在印度尼西亚期间，贺恭与印度尼西亚政府官员及相关合作方举行会谈，对增进互信及共同推进阿萨汉项目建设起到积极作用。

2007年6月，集团公司党组书记、总经理曹培玺率团出访印度尼西亚和中国香港特别行政区。视察了集团公司在印度尼西亚的在建项目——阿萨汉水电站；与印度尼西亚有关主管部门高层磋商，推动南苏4×60万kW煤电项目前期工作，并代表集团公司与项目股东方签订谅解备忘录。

境外投资

概　述

2006年7月，集团公司设立中国华电香港有限公司，作为境外投资的实施主体之一，进一步加大实施“走出去”战略力度，积极开展境外投资。2007年4月，集团公司党组从整合集团有效资源，力求将“走出去”工作向宽领域、深层次拓展的战略高度出发，对集团总部职能部门进行了调整，由计划发展部统一负责集团公司境外发展战略规划的制定和组织实施，并负责境外项目的开发以及境外项目前期工作的组织协调等。

在充分调研、组织研讨的基础上，集团公司确定了“以东南亚国家和地区作为当前重点开发区域，适时向中亚、中东、非洲和拉美地区发展；以发展中国家作为近期项目发展的主战场，逐步向工业化和中等发达国家、地区进军，有选择的开展与发达国家的项目合作”的发展思路。至2007年底，集团公司已经确立了在印度尼西亚电力项目市场上的地位。第一个境外投资项目——阿萨汉一级水电站2×9万kW工程已经国家核准并开工建设，预计2009年投运。第一个境外总承包项目——印度拉玛2×3万kW燃煤自备电站进入工程尾期。与印度尼西亚4家公司合资开发的南苏门答腊4×60万kW煤电一体化项目已于2006年10月签署合资协议，前期工作进展顺利。在稳固印度尼西亚市场的同时，集团公司积极在东南亚寻找其他投资机会。经过多次实地调研及访问，集团公司加强了与越南西贡电力股份公司的沟通与合作。2007年5月，与越南西贡电力股份公司签署了《投资建设越南电源项目谅解备忘录》。

正在执行的境外项目

集团公司在境外执行的项目共三个，分别为印度尼西亚阿萨汉一级水电站（2×9万kW）项目、印度尼西亚印度拉玛燃煤自备电厂（2×3万kW）项目和印度尼西亚拉法基电厂（2×1.6万kW）项目。其中阿萨汉一级水电站为投资项目，印度拉玛燃煤自备电厂和拉法基电厂为工程总承包（EPC）项目。

（1）阿萨汉一级水电站（2×9万kW）项目。阿萨汉一级水电站项目位于印度尼西亚苏门答腊岛北部地区，距苏门答腊省棉兰市约130km，是阿萨汉河流域梯级开发的第一级。阿萨汉项目于2004年3月由集团公司旗下专业公司——中国华电工程（集团）有限公司与项目业主签订EPC总承包合同。2006年6月，该项目获得国家发展改革委核准（发改外资［2006］1200号），并于2006年12月18日开工建设。

（2）印度拉玛燃煤自备电厂（2×3万kW）项目。印度拉玛燃煤自备电厂位于印度尼西亚爪哇岛的普瓦卡塔省，厂址位于印度尼西亚首都雅加达以南约100km处，是印度拉玛公司纺织厂的自备电厂，投运后向纺织厂提供电力和中低压工业抽汽。

(3) 拉法基燃煤电厂（2×1.6万kW）项目。拉法基水泥厂自备电站项目位于印度尼西亚苏门答腊西北部的班达亚齐省，距亚奇市约15km。2006年8月10日，集团公司与项目业主签署总承包合同。2007年1月25日正式开工，预计2009年2月机组投运。

跟踪开发项目

（一）印度尼西亚南苏大型坑口电站项目及配套煤矿项目

印度尼西亚南苏大型坑口电站项目位于南苏门答腊省 MUARA ENIM 县 CENTRAL BANKO 地区，该地区煤炭储量丰富，且多为露天矿。项目总装机容量约240万kW，配套年生产能力1000万t的露天煤矿。建成后主要向爪哇—巴厘电网送电。

2005年7月29日，合资各方在印度尼西亚总统苏西洛和我国国务院副总理曾培炎见证下签署了《南苏门答腊4×60万kW坑口电站投资备忘录的修正和重申协议》。

该项目已完成了电站的可行性研究，地质勘测、环境评估、大件运输、水质分析也已完成，获得环评许可。2006年1月24~25日，电规总院对西南院编制的电站可行性研究报告进行了审查，并于4月20日出具了审查报告。2007年5月中国国际工程咨询公司对西安院编制的项目配套露天煤矿可行性研究报告进行了审查，已出具了审查意见。

（二）中俄电力合作配套电源项目

2005年7月，国家电网公司与俄罗斯统一电力系统股份公司签署了从俄罗斯向我国送电的中俄电力合作长期协议。根据该协议，俄罗斯向我国送电拟分为三个阶段。第一阶段，到2008年底通过建设直流背靠背工程，从俄罗斯向我国东北地区送电60万~72万kW；第二阶段，到2010年通过±500kV直流输电线路，从俄罗斯向我国东北地区送电300万kW；第三阶段，2015年以后通过±800kV直流输电线路，从俄罗斯向我国东北地区送电640万kW。整个工程从俄罗斯向我国东北送电总容量将达到1000万kW，送电量达到600亿kW·h。

2007年10月，经过多次沟通，国家电网公司确定集团公司为该项目的合作伙伴，共同参与三个阶段电源项目的投资建设。集团公司由此开始与俄罗斯东方能源公司（俄罗斯统一电力系统股份公司改制后，由该公司负责该项目的开发与合作）进行沟通，同时为成立第二、三阶段的可研合资公司做准备。

投　资

通过集团公司所属的中国华电香港有限公司，投资H股一级市场。2006年9月，投资招商银行H股，收益1869万元港币；10月，中国华电香港有限公司成功参与中国工商银行H股IPO，投资收益1069万元。

成员单位

华电国际电力股份有限公司

概况

华电国际电力股份有限公司（简称华电国际）的前身为山东国际电源开发股份有限公司（以下简称山国电公司），成立于1994年6月28日。

1999年6月30日，山国电公司在香港联合交易所成功上市，总股本525608.42万股，其中：内资股382505.62万股，占总股本的72.78%；境外上市外资股143102.8万股，占总股本的27.22%。

2002年底国家实施电力体制改革，山东电力集团公司持有的山国电公司53.56%的股权划转给华电集团。为适应企业改革与发展需要，2003年11月1日，山国电公司正式更名为华电国际电力股份有限公司。

2005年2月3日，华电国际A股作为国内询价发行第一股，在上海证券交易所正式挂牌上市。发行A股后，华电国际的股东主要有：华电集团，占50.01%的股份；山东省国际信托投资有限公司，占15%的股份；香港H股股东占23.77%的股份；A股股东占9.45%的股份。

华电国际为中国最大型的上市发电公司之一，主要业务为建设、经营发电厂和其他与发电相关的产业。

所属企业及资产

截至2007年底，华电国际所属及关联企业共有28家，其中：分公司4家，分别是华电国际安徽分公司、华电国际宁夏分公司、华电国际河北分公司、华电国际河南分公司；专业公司3家，分别是华电国际山东物资有限公司、华电国际山东项目管理有限公司、华电国际山东信息管理有限公司；华电国际所属及关联发电企业21家。

华电国际所属及关联发电企业

序号	企业名称	装机容量（万kW）
1	华电国际邹县发电厂	254
2	华电国际莱城发电厂	120
3	华电国际十里泉发电厂	130
4	四川华电泸定水电有限公司	4×23（在建）
5	华电淄博热电有限公司	43.3
6	华电宁夏宁东风电有限公司	4.5
7	安徽华电宿州发电有限公司	120
8	安徽华电芜湖发电有限公司	2×66（在建）
9	华电新乡发电有限公司	132
10	华电滕州新源热电有限公司	93
11	华电章丘发电有限公司	89
12	四川广安发电有限责任公司	240
13	华电宿州生物质能发电有限公司	2×1.25（在建）
14	华电邹县发电有限公司	200
15	华电宁夏灵武发电有限公司	120
16	华电青岛发电有限公司	123.5
17	宁夏中宁发电有限责任公司	66
18	华电潍坊发电有限公司	200
19	四川泸州川南发电有限责任公司	2×60（在建）
20	安徽池州九华发电有限公司	60
21	宁夏发电集团有限责任公司	153.27

机构设置

截至2007年底，华电国际本部组织机构共设置“十一处一室一部”，分别是办公室、战略管理处、计划发展处、人力资源处、财务处、生产处、市场营销处、工程处、证券市场处、政治工作处、监审处、安监处、燃料部。

领导班子

董事长：曹培玺

副董事长：陈飞虎、朱崇利

董事：陈建华、王映黎、陈斌、钟统林、褚玉、赵景华、丁慧平、王传顺、胡元木

监事会主席：冯兰水

监事：李长旭、郑飞雪

总经理：陈建华

党委书记：钟统林

党委副书记、纪委书记：张树政

财务总监：祝方新

副总经理：王文琦、白桦、王辉、彭国泉

总工程师：谢云

主要领导变动情况：

2006年12月19日，原党委书记田沛亭离任，钟统林任党委书记。

2007年2月5日，华电国际召开四届十五次董事会，董事长贺恭变更为曹培玺。

发展战略

总体发展战略：坚持科学发展观，以市场为导向，安全为基础，效益为中心，人才为根本，管理为手段，深化企业改革，促进资源的高效配置，推进华电国际集团化、市场化、专业化运作，建立完善具有竞争优势的产业发展线与高效率的管理控制线，系统提升华电国际核心竞争力，把华电国际建设成为"能源巨子、行业先锋、国际一流"的上市发电公司。

2010年发展目标：形成以大型燃煤火电为主体、水电、风电等可再生能源为补充的"一主多元"的优化电源结构，管理装机容量突破4000万kW。

2020年远景发展目标：形成以火电为主，水电、风电等新能源互补的多元化发电结构，水电比重有较大幅的提高，风电具备一定规模，管理装机容量突破8000万kW。

年度业绩

2006年，完成发电量591.28亿kW·h（含新机试运电量9.86亿kW·h），同比增长11.52%；实现销售收入147.76亿元，同比增长12.75%；实现利润总额18.9亿元，实现净利润12.12亿元；完成净资产收益率8.98%，流动资产周转率4.51。投产8台新机共380万kW，2006年末控参股总装机容量达到1478.22万kW。资产总额548.80亿元，比上年增长61.25%。

2007年，完成发电量812.23亿kW·h（其中试运电量15.13亿kW·h），同比增长37.37%；实现销售收入204.92亿元，同比增长38.68%；实现利润18.23亿元，实现净利润12.26亿元；完成净资产收益率8.55%，流动资产周转率5.06次。投产发电容量603.5万kW，年末控参股总装机容量达到2142.57万kW。资产总额657.53亿元，比上年增长19.81%。

生产经营管理

强化安全管理。2006年，华电国际全面推进本质安全型企业建设，强化安全技能培训、安全性评价、专项检查治理，开展新建电厂安全管理评估和新机安全验收评价工作，强化基建安全检查督导。重视应急管理，加强应急预案编制和演练。2007年，华电国际编制的《火电机组检修全过程安全管理规范》、《火电建设项目安全验收评价标准》被作为华电集团企业标准推广实施。实施生产人员安全技能培训认证，员工安全技能进一步提升。深入开展"巩固提高年"活动，组织进行安全现状评价、新机安全验收评价和安全管理评估等活动，安全生产基础得到巩固。

加强设备管理。开展检修管理规范化试点工作，圆满完成了机组检修任务，华电国际和邹县电厂、十里泉电厂被评为"全国设备管理优秀单位"。科学制定并认真落实燃料掺配掺烧方案，确保了机组安全经济运行。

深入推进营运改善，机组经济技术指标继续保持国内领先。2006年，在第35届全国火电大机组竞赛中，华电国际参赛机组获奖率达45%，超过全国平均水平23.2个百分点，其中邹县电厂5号机组荣获60万kW级一等奖，青岛公司2号、邹县电厂3号和莱城电厂3号机组荣获30万kW级一等奖。2007年，邹县电厂被授予2005～2007年度"全国电力可靠性管理先进单位"，6号机组在全国火电机组60万kW级竞赛中获一等奖，并被授予"全国发电可靠性金牌机组"；十里泉电厂4号机组荣获全国火电机组10万kW级竞赛一等奖。

加大科技创新力度。开展了仿真机系统建设，完成了《CDM（清洁发展机制）项目研究报告》和节能调度研究报告；"循环流化床机组能耗特性及节能分析系统"在淄博公司上线试运行，填补了国内空白。华电国际获得2006年度集团公司科技工作先进集体称号。2007年，华电国际2个项目荣获2007年度集团公司科技进步奖一等奖，SIS系统试点工作全面完成。

积极建设资源节约型和环境友好型企业。相继关停小火电机组45万kW；老机脱硫技改工程加快推进；新投产机组基本实现"三同时"。2006年有6个单位的296万kW脱硫技改工程投运，截至2007年底共投运脱硫机组1736万kW，占管理装机的86%，形成年减排50万吨二氧化硫的能力，树立了良好的社会形象。

实施低成本战略。加强燃料管理和煤炭供应工作，严格控制各项费用，提高资金运作效益，实现了良好的经营业绩，超额完成了年度预算利润目标。强化市场营销，抓好“三电”工作。持续加大电量工作力度，发电利用小时实现了“同网同类型机组同利用小时”的目标；积极推动煤电价格联动和脱硫电价到位，电价成为效益增长的关键点。2006年华电国际平均电价上调1.1分/(kW·h)，增加收入约2.40亿元。实施煤炭区域调运和煤价目标管理机制，坚持煤炭采购月度区域协调会制度，按月编制优化调运方案，实施动态调控，广开进煤渠道，优化进煤结构，在确保合理库存的基础上，努力提高煤质、降低煤价。2007年，华电国际开展了“燃料管理年”活动，编制下发《燃料全过程规范化管理标准》等制度，形成标准化、规范化、精细化的燃料管理闭环体系；大力推进燃料全员、全过程、规范化管理，对厂内燃料管理开展了诊断、查评、整改活动，使厂内燃料管理水平不断提升。2006年，在年初重点计划煤价格上涨了15~20元/t的情况下，入炉天然煤价格较上年仅升高4.23元/t；2007年在全国电煤价格普遍上调30元/t，山东电煤价格平均上调39.20元/t的不利市场形势下，入炉天然煤价格完成342.35元/t，较上年升高25.96元/t。继续严格控制可控成本，固定成本增长始终低于容量增长。加强成本分析，大力压缩可控费用，落实控制措施，各项固定成本均控制在预算范围内。集中采购生产和基建物资，有效降低了采购成本。深入开展“依法经营、遵纪守法”主题实践活动，加强财务、审计和效能监察工作，关联交易进一步规范。

拓宽资金运作范围，积极争取国家优惠政策，取得显著效益。2006~2007年，华电国际积极拓宽资金运作范围，新增人民币借款全部执行最优惠利率，比执行基准利率下浮10%；采取循环额度借款和制定资金存量余额目标，把资金存量控制在较低水平。积极进行承兑汇票业务操作，2006年减少利息支出1000万元以上，2007年降低利息支出6245万元；把握美元汇率走向，续借美元借款，并签订远期结售汇合同，2006年实现汇兑收益5677万元，2007年实现汇兑收益8869万元；2007年成功发行40亿元短期融资券，全年再减少利息支出4432万元。2006年滕州新源热电公司的土地出让金3617万元实行即征即返政策，降低了工程造价。2006年，华电国际对所属公司总金额为4.2亿元技改项目，在国家发展改革委、山东省经贸委、山东省国税局进行了项目立项和确认工作，获批五年内可抵免所得税9960万元，2006年实现抵免所得税2444万元，2007年抵免3206万元。

项目发展

2006年，华电国际在火电、风电和生物质能发电项目核准方面取得全面突破，滕州新源二期(2×30万kW)、章丘公司二期扩建工程(2×30万kW)、宿州秸秆发电项目(2×1.25万kW+1×2.5万kW)分别获得国家发改委核准，宁东风电一期(4.5万kW)获宁夏回族自治区发展改革委核准。为保证公司的可持续发展，公司储备了一批参加国家发展改革委第二批火电项目评优的电源项目，其中山东莱州(2×100万kW)、宁夏灵武二期(2×100万kW)等重点项目均取得积极进展。

2007年，漯河2×30万kW和渠东2×30万kW热电项目取得国家发展改革委“路条”，宁东风电二期4.5万kW和内蒙古义和塔拉一期4.95万kW风电项目取得自治区“路条”，莱州风电4.05万kW获得山东省发展改革委核准，河北沽源10万kW风电项目获得国家发展改革委授予的开发权。参加了国家第五批风电项目特许权招标并中标通辽北清河30万kW风电项目。公司发展区域已拓展至山东、四川、安徽、宁夏、河北、河南、天津、重庆、内蒙古等省区。

2006~2007年，华电国际共投产17台火电机组及30台风电机组，投产装机容量983.5万kW，其中：2006年投产8台火电机组共380万kW；2007年投产9台火电机组、30台风电机组，共603.5万kW，投产规模创华电国际成立以来的新纪录。建设安全实现零事故；工程质量再创新水平；工程造价实现低成本；工期指标先进，滕州工程(2×33万kW)建设总工期19.8个月，宝山工程(2×66万kW)建设总工期23个月25天，邹县四期工程(2×100万kW)建设总工期29个月20天，建设工期均达到了国内同类型机组工程的先进水平。邹县8号机组整套试运时间用时9天19小时；潍坊4号机组整套试运时间用时10天7小时，在华电集团同类型机组中创最好水平。

改革发展

2006年，依据华电国际《岗位绩效管理办法(试行)》，华电国际机关及专业公司在科级及以下员工范围内全面实施岗位绩效管理，各处室、专业公司根据管理职责和职能定位，围绕华电国际年度工作目标任务，制定本部门《年度绩效目标计划》，并层层分解至各科室和工作岗位；各处室、专业公司每半年对员工绩效目标完成情况和绩效目标表现情况进行综合考评，绩效考评成绩作为员工岗位调整、教育培训和薪酬分配的重要参考依据。

同年，华电国际制定下发《工资基金管理暂行办法》，将企业工资基金分为工资基数、效益工资和责任制兑现三部分，分别与人员效率、经济效益和四项责任制目标完成情况挂钩核定。实施过程中，华电国际不断强化按效率、效益和目标核定企业工资总额的分配导向，加大向新建项目单位分配倾斜力度，逐年核减超员企业定员外人员的工资核定比例，发挥了工资基金分配的导向激励作用，促进了企业经济效益的稳步提升和人力资源优化配置的顺利开展。

2007年，根据华电集团《关于深化企业内部分配制度改革的指导意见》，华电国际结合实际，初步提出了《关于深化薪酬分配制度改革的实施意见》，指导青岛公司、新乡公司两家试点单位制定本企业《关于深化薪酬分配制度改革的实施方案》和《关于员工绩效考核的管理办法》，顺利通过集团公司审核和批复，为下一步推进实施以岗位薪点工资制为主要内容的薪酬分配制度改革、建立健全适应发展战略和市场竞争要求的现代企业分配体系奠定了坚实基础。

党的建设、精神文明建设和企业文化建设

2006~2007年，华电国际党委紧紧围绕中心任务，结合实际，扎实工作，稳步推进党建、宣传思想工作、精神文明建设、企业文化建设和工团工作，较好完成了全年各项目标任务，为全面提升“安全、效益、发展”三大业绩提供了坚强政治保证。

统筹推进党建工作，下发了《关于加快公司发展，增强企业实力，圆满实现第三次历史性跨越的意见》。深入开展“四好”班子创建活动，华电国际领导班子被国务院国有资产监督管理委员会授予“全国国有企业创建‘四好’领导班子先进集体”荣誉称号。深化党的先进性长效机制建设，制定了《关于加强党员经常性教育的意见》等四个长效机制文件。以构建惩治和预防腐败体系为主线，深入推进党风廉政建设，促进了廉洁从业。加强党建信息化建设工作，华电国际党建信息化建设工作得到了国资委高度评价。努力提高机关党建整体水平，华电国际机关党委被山东省省直机关党工委授予2005~2006年度“先进基层党组织”。

积极组织职工认真学习党的十六届六中全会精神和十七大精神、全国“两会”精神、华电集团和华电国际工作会议精神。组织召开了华电国际2007年政治工作座谈会暨职工思想政治工作研究会年会。筹备举办了《超越梦想》文艺汇演，编印完成了《跨越征程》千万工程建设征文作品集，编辑制作了《超越梦想》千万工程建设电视专题片，喷绘制作了千万工程建设展板。认真学习贯彻华电集团稳定工作会议精神，扎实做好思想政治工作和维护稳定工作，在华电国际系统集中开展了员工稳定工作调研，确保了企业和职工队伍稳定。

认真贯彻落实《稳定工作及精神文明建设责任制》，积极组织各单位开展文明创建工作，华电国际本部及系统9家单位获得华电集团文明单位称号。建立健全评先创优制度体系，“评先创优”工作初步实现了制度化、规范化和系统化。加强社会主义荣辱观教育，华电国际被授予山东省普法依法治理先进单位。积极参加“慈心一日捐”等社会公益活动，华电国际系统共捐款160多万元。

认真贯彻落实《“十一五”企业文化建设规划》(以下简称《规划》)，明确了“十一五”期间华电国际企业文化建设的重点。按照《规划》的部署安排，制定了2007年企业文化建设工作计划，确定了2007年企业文化建设的重点工作。在十里泉电厂筹备召开了华电集团首批企业文化示范基地揭牌暨“感动华电”故事演讲会。邹县电厂、十里泉电厂、青岛公司、莱城电厂被华电集团批准为首批“企业文化建设示范基地”。

贵州乌江水电开发有限责任公司（中国华电集团公司贵州公司）

概况

贵州乌江水电开发有限责任公司前身为乌江水电开发公司，成立于1992年，是我国第一家流域水电开发公司，1999年改制为贵州乌江水电开发有限责任公司（简称乌江公司），产权比例为国家电力公司51%，贵州省49%。乌江公司主要负责乌江干流的洪家渡、东风、索风营、乌江渡、构皮滩、思林、沙沱等7座水电站的开发建设和经营管理工作。2002年12月，根据国家电力体制改革总体安排，原国家电力公司拥有的乌江公司51%的股权整体划转中国华电集团公司。

中国华电集团公司贵州公司（简称贵州公司）成立于2003年2月，是华电集团在贵州省的派出机构。2007年1月9日，华电集团对乌江公司、华电贵州公司进行管理整合，两公司实行“一套机构、两块牌子、合署办公”，原有人员全部合并管理。新的公司管理机构除负责管理经营乌江公司所属资产外，还合并华电贵州公司职责，负责华电集团在贵州省的生产经营管理、发展规划、电力营销、协调服务等工作。

乌江公司（贵州公司）共有下属企业42家，其中全资企业19个，控股企业8个，参股企业15个。总装机容量为1551.5万kW，拥有权益装机容量为1293.5万kW，全资拥有装机容量1191.5万kW。

乌江公司已投产发电装机容量

序号	已投产发电厂	装机容量（万kW）
1	贵州华电遵义发电公司	25
2	贵州华电清镇发电公司	40
3	贵州华电大龙发电公司	60
4	贵州华电大方发电公司	120（占45%股权）
5	洪家渡发电厂	60
6	东风发电厂	69.5
7	索风营发电厂	60
8	乌江渡发电厂	125
9	清水河大花水电站	20（30%股份）
合计		579.5

乌江公司在建项目装机容量

序号	在建项目	装机容量（万kW）
1	构皮滩水电站	300
2	思林水电站	100
3	清水河格里桥水电站	15（30%股份）
4	贵州毕节热电厂有限公司	30（55%股份）
5	彭水水电站	175（12%股份）
合计		620

乌江公司拟建项目装机容量

序号	拟建项目	装机容量（万kW）
1	沙沱水电站	112
2	塘寨项目	120（80%股份）
3	桐梓项目	120（86%股份）
合计		352

此外，公司还参股贵州黔源电力股份有限公司（303.9万kW，12.01%股份）、遵义铝业股份有限公司、贵州江电葛洲坝水泥有限责任公司、中国铝业遵义氧化铝有限公司、华电煤业集团有限公司、中国华电集团财务有限公司、华电招标有限公司等。

机构设置

（1）乌江公司、贵州公司本部：办公室、人力资源部、计划发展部、工程建设部、生产技术部、安全监察部、财务管理部、资产管理部、政治工作部、监察审计部。

（2）乌江公司内部核算企业：乌江渡发电厂、东风发电厂、洪家渡发电厂、索风营发电厂、构皮滩电厂、思林电厂、洪家渡水电站建设公司、索风营水电站建设公司、构皮滩水电站建设公司、思林水电站建设公司、沙沱水电站建设公司、水电站远程集中控制中心。

（3）乌江公司全资子公司：乌江水电成套设备公司、贵州江电实业有限公司、贵州乌江房地产开发有限公司。

（4）乌江公司控股公司：贵州乌江水电工程建设监理有限责任公司、贵州乌江清水河水电开发有限公司、贵州毕节东华热电有限公司、贵州华电塘寨发电有限公司、贵州华电乌江电力检修有限公司、贵州江电葛洲坝水泥有限责任公司、珠海鑫贵铝电发展有限公司。

（5）贵州公司所辖企业：贵州华电遵义发电有限公司、贵州华电大龙发电有限公司、贵州华电清镇发电有限公司、贵州大方发电有限公司、贵州华电桐梓发电有限公司。

领导班子

董事长、党委副书记：张志孝

总经理、党委委员：金泽华

党委书记、副董事长：熊宇

副总经理、党委委员：杨宝银

工会主席，党委委员：王汉生

总会计师、党委委员：罗涛

纪委书记、党委委员：柴方福

副总经理、党委委员：何光宏

总经理助理、党委委员：向长钧

年度业绩

2006年，贵州公司完成发电量83.34亿kW·h，同比增长50.08%；综合供电标煤耗率374.98g/(kW·h)；实现利润总额1.0585亿元，同比增长515.8%；当年电费回收率95%，其中承兑汇票比例占电费结算金额的20%；在建容量60万kW，新增装机容量120万kW，总装机容量达198万kW，提前实现装机容量翻一番的目标。

2006年，乌江公司完成发电量41.76亿kW·h，主汛期等效可用系数100%，实现销售收入8.26亿元，利润总额-1.97亿元；期末流动资金占用额10.30亿元，当年电费回收率100%，期末应收电费余额6.59亿元。截至2006年底，乌江公司资产总额达192.06亿元，资产负债率为83.6%，在建容量为450万kW，新增装机容量20万kW，总装机容量达314.5万kW。

2007年，乌江公司、贵州公司共完成发电量231.48亿kW·h，同比增长85%。火电综合供电煤耗364.62g/(kW·h)，水电耗水率3.92m^3/(kW·h)。销售收入49.58亿元，利润总额6.80亿元。其中乌江公司5.21亿元，贵州公司1.59亿元。期末资产总额达319.9亿元，其中乌江公司246.2亿元，贵州公司73.69亿元。

生产经营管理

2006年，乌江流域无连续集中降雨，来水比多年平均水量少53%，属流域有水文记载以来的历史最枯年份。公司利润首次出现亏损。面对严峻形势，2007年公司积极应对，通过内部加强管理和外部市场开拓，采取多种积极有效措施，狠抓扭亏增盈工作。一是完善经济活动分析制度，做到了指标层层分解、责任层层落实、压力层层传递，形成了点面结合、上下互动的工作机制。同时加强了对重点企业的具体指导，找出问题、分析原因、提出对策，促进了公司效益整体提高。二是把企业生产经营活动全过程纳入预算管理，深入挖掘潜力，降本增效，加大节能管理力度，积极实施水电经济运行，各项成本支出得到有效控制。三是加强了政策研究和协调工作，促进增产增收。主动适应电煤市场放开，及早准备，积极应对，加大进煤、储煤力度，没有发生因缺煤导致被迫停机现象，火电机组利用小时高出区域内其他火电企业1050h；针对电力市场变化和电价调整机遇，加强了市场调研和电量、电价协调工作，加大协调力度，在电价调整中取得了较理想的成果，一定程度上缓解了水电因政策性收费增加、火电因电煤价格大幅攀升给公司带来的经营压力；利用国家财政政策，争取到了9200万元的国家财政贴息支持。四是进一步加强了审计工作和效能监察，加强财务集中管理，保证了公司的经营安全，促进了经济效益的提高。

项目发展

2006~2007年，乌江公司、贵州公司新增容量220万kW；积极响应国家“上大压小、节能减排”的政策，关停小机组4台15.4万kW；30万kW级火电机组从无到有（新投6台火电机组全部为30万kW），达到180万kW；构皮滩5台60万kW级水电机组、毕节循环经济项目2台15万kW热电联产循环流化床机组建设加快推进；塘寨、桐梓4台60万kW级火电机组前期工作取得突破。公司在加快发展中实现了电源结构、机组结构的优化，资产结构、质量大幅度提高。特别是公司实现水火互济，为提升公司竞争力奠定了良好基础。

改革发展

按照华电集团整体部署和主辅分离辅业改制工作会议精神，贵州公司积极稳妥地推进主辅分离试点工作。2006年8月，完成了清镇发电公司、遵义发电公司两所子弟学校分离办社会职能工作，学校正式移交地方政府管理。2006年11月10日，以清镇发电公司电力检修资源为核心组建了贵州华电电力检修有限公司，成为贵州省第一家规模性的专业电力检修公司，标志着华电贵州公司深化改革迈出了坚实的一步。

党的建设、精神文明建设和企业文化建设

以深入开展"四好"领导班子创建活动为有效载体，坚持"德才兼备、群众公认、注重实绩"的用人标准，大力加强领导班子和领导干部队伍建设，认真开展廉洁从业和廉洁文化建设，全面落实制度、教育、监督并重的惩治和预防体系，确保领导人员依法经营和廉洁从业。加大人力资源开发力度，切实开展大规模干部培训，注重干部的实践锻炼，大胆选拔优秀年轻干部，各级领导班子结构更加合理，凝聚力、战斗力进一步增强；通过内部人力资源整合、调整，促进领导干部、关键人才、新老厂员工的流动，人力资源结构进一步优化。

以认真学习贯彻党的十七大精神，落实党的先进性建设长效机制为抓手，发挥国有企业的政治优势，全面加强党建和精神文明建设，扎实推进思想政治工作。加强党风廉政建设和反腐倡廉工作，监督机制和内控机制日益完善，公司实行的建设公司纪检监察员派驻制得到了华电集团的充分肯定。加强党的制度建设，初步形成覆盖整个公司系统、比较规范统一的制度体系，使党建工作逐步纳入到制度化、规范化的轨道。加强党的基层组织建设，做好各基层党支部的设置和调整，举办党支部书记培训班，有效提升了支部书记的整体素质，更好地发挥了企业党组织的政治核心作用、战斗堡垒作用和党员的先锋模范作用。充分发挥公司"一报一刊"宣传阵地作用，并通过中央电视台、贵州电视台和人民日报、贵州日报等主要媒体，加大宣传工作的力度，进一步树立了公司良好的社会形象。全面履行工会的参与、建设、维护、教育四项职能，坚持和完善以职代会为基本形式的民主管理工作，推进厂务公开、维护广大职工合法权益，认真开展"安康杯"竞赛活动，积极开展扶贫帮困、捐资助学活动，工团工作呈现新气象。

上大压小、节能减排

积极响应党中央、国务院关于节能减排、上大压小的号召，周密部署，精心组织，积极推进小火电机组关停工作。2007 年 6 月 30 日正式关停贵州华电清镇发电有限公司二期工程 2 台 6.5 万 kW 机组。2007 年 8 月 15 日，国家发展改革委在清镇发电公司举行小机组现场爆破拆除仪式，成功爆破拆除贵州华电清镇发电公司小机组烟囱，标志着贵州电力工业"上大压小"工作全面启动。关停后，清镇公司发电取水量减少 40% ~45%，水资源费减少 42% ~48%，每年烟尘减排量达 5088t，二氧化硫减排量达 13350t，氮氧化物减排量达 439t。此举大幅降低了发电成本，提高了现有机组经济运行质量和效益，对保护国家级风景区红枫湖的水源和周边环境具有重大的环保意义，为实现国家"十一五"规划降耗减排目标作出了应有的贡献。

贵州乌江水电开发有限责任公司水电站远程集控中心

贵州乌江水电开发有限责任公司水电站远程集控中心成立于 2005 年 5 月 8 日，核心工作是通过电力调度机构的发电计划安排和调度管理使梯级水电站联合优化调度运行方式得以实现。2005 年 5 月，梯级水库集中调度进入试运行，2006 年 5 月正式运行，负责乌江渡以上四座电站的水库防洪调度和经济运行工作。2006 年底，"乌江流域大型复杂水电站群联合优化调控关键技术及其应用研究"科研项目通过国家专家组审查，该项目解决了多级水电站群优化调度、中长期水文预报精度、系统冗余通信及多系统集成等技术难题，利用该系统能够进行水库优化调度决策、对电站机组全部实现远程控制，系统整体达到国际先进水平。2007 年 3 月 18 日，乌江渡以上四座电站的电力调度命令全部下达至集控中心（贵阳），水电站远程集控中心正式成为电力调度对象。2007 年 11 月，水电站远程集控中心全面实现对乌江流域上游四座水电站远程控制。

2006 ~2007 年底，梯级优化调度经济运行效益显著，共计增发电量 13.7 亿 kW·h，折合标煤 45.8 万 t，相当于减少 CO_2 排放 68.6 万 t，在为环保作出贡献的同时增加经济效益 3.01 亿元。

华电能源股份有限公司（中国华电集团公司黑龙江分公司）

概况

华电能源股份有限公司（简称华电能源）前身为黑龙江电力股份有限公司，成立于 1993 年 2 月 18 日，是黑龙江省政府和原电力工业部首批股份制试点企业之一。1996 年 4 月 22 日，B 股在上交所上市；1996 年 7 月 1 日，A 股在上交所上市。2003 年 2 月，随着电力体制改革的深入实施，成为中国华电集团公司控股的大型电力上市公司。2006 年 6 月 13 日，华电能源股份有限公司与中国华电集团公司黑龙江分公司进行机构整合，整合后公司除继续管理经营原属资产外，也负责代管华电集团在黑龙江省其他资产经营和东北地区项目发展工作。

华电能源主营业务是火力发电、供热、绿色能源及电力仪器生产等产业。按照华电集团的产业布局，公司作为东北地区的发展主体和资本运作平台，主要负责华电集团在东北地区电力产业的发展。

华电能源全资、控股及代管发电企业 7 家，发电装机容量 572.2 万 kW。其中，全资电厂：哈尔滨第三发电厂，装机容量 160 万 kW；牡丹江第二发电厂，装机容量 102 万 kW。控股电厂：哈尔滨热电有限责任公司，装机容量 80 万 kW；齐齐哈尔热电有限责任公司，装机容量 60 万 kW；代管电厂：富拉尔基发电总厂，装机容量120 万 kW，属华电集团内部核算电厂；佳木斯发电厂，装机容量 40 万 kW，属华电集团全资电厂；哈尔滨发电有限责任公司，装机容量 10.2 万 kW，属华电集团控股电厂。此外，还控股黑龙江龙电电气有限公司、黑龙江新世纪能源有限公司 2 家公司。华电能源是黑龙江省最大的发电上市公司，在区域电力市场具有较强的综合实力，是区域发电侧重要的市场竞争主体。

机构设置

华电能源本部共设置 13 个职能部门：总经理工作部、计划发展部、人力资源部、财务资产部、生产技术部、安全监察部、市场营销部、工程建设部、证券管理部、政治工作部（企业文化部）、监察审计部、综合产业部、工会。

领导班子

董事长：任书辉

党组书记：王殿福

总经理、党组副书记：孙光

党组成员、副总经理：梅君超

副总经理：刘长青

党组成员、副总经理：苏盛波

纪检组长、工会主席：王华斌

党组成员、副总经理：姜迎建

总会计师：张利

年度业绩

2006 年：完成发电量 268.87 亿 kW·h，同比增长 3.95%；综合供电煤耗 365.07g/(kW·h)，同比下降 1.19g/(kW·h)；实现主营业务收入 67.4781亿元，同比增加 7.7934 亿元，同比增长 13.06%；实现利润总额 2.8506 亿元，同比增加 2128万元，同比增长 8.07%；实现净利润 2.5193 亿元，同比增加2289 万元，同比增长 9.99%。

2007 年：完成发电量 283.10 亿 kW·h，同比增长 5.27%，创公司年发电量历史新高；综合供电煤耗 364.29g/(kW·h)，同比下降 5.03g/(kW·h)；主营业务收入 72.53 亿元，同比增加 5.16 亿元，同比增长 7.66%；实现利润总额 2.9088 亿元，同比增加 695 万元；实现净利润 2.55 亿元，同比增加 360 万元。

生产经营管理

在大力发展电力主业的同时，积极根据地区特点发展地区大中城市供热市场，走“以电为主、热电联营”的发展路子，同时积极将产业链向上下游产业和新能源领域延伸。

安全生产保持稳定。华电能源坚持“安全第一、预防为主、综合治理”的方针，全面落实安全生产责任制和各项制度措施，充分发挥安全生产监督体系和保证体系的作用，安全生产可控、在控水平进一步提高。深入开展反违章、降非计划停运时间的长效机制建设，加强监督检查和指导，安全生产基础不断夯实，设备健康水平进一步提高。积极开展安全性评价、春秋季安全大检查和技术监督工作，深入开展基建工程安全专项整治、隐患排查专项治理和重大危险源管理，实现了机组的安全稳定运行。进一步充实完善突发事件应急预案，开展了突发事故应急预演，突发事件的处理能力得到提高。积极推动和活跃系统内的安全文化建设，营造了良好的安全生产环境和氛围。

经营管理卓有成效。全面推行了生产、经营、基建、预算等主要经济技术指标的对标管理。加强“三电、四煤”工作力度，加大市场开拓力度，积极争取发电量计划，落实电量指标转移，保证了公司全年发电量计划超额完成。针对电量结构不合理和电价偏低等突出问题，积极向有关部门反映和沟通，积极推动煤电价格联动，主动争取上调南送电量电价。加强电热费的管理，电热费回收率达到100%。实施“一把手”工程，进一步规范了燃料管理体系。加强与煤业集团公司黑龙江分公司协作配合，通过积极与煤矿和铁路协调，加强燃煤质量监控，加大来煤结构调整，保证了煤量比较充足、煤质有所提升、煤价上涨得到有效控制，商务纠纷大幅下降，燃料管理水平不断提高。加强生产过程管理，广泛开展了对标和创优工作，综合供电煤耗、厂用电率、耗油量等消耗性指标持续改善。规范大修、技改项目管理，10 万 kW 及以上机组大修均实现全优，提高了机组的健康水平。加强技术监督工作，保证了技术监督工作开展到位。积极探索和创新生产管理机制，生产管理水平进一步提高，在全国优胜发电机组竞赛中有 5 台机组获奖。加强新机的运行管理，保证了新机投产后的稳定经济运行。加强对三项费用和资金管理，严格控制了固定成本和新增成本费用支出。针对环保排污费、水资源费等政策性收费增加的情况，努力争取依法少缴或缓缴，有效降低了预算外支出。积极争取税收优惠政策，获得增值税返还和所得税抵扣，采取商业汇票贴现的方式，节约财务费用，缓解了企业经营压力。

节能减排取得实效。积极响应国家节能减排要求，扎实推动节能减排工作的开展。积极贯彻国家“上大压小”政策，加快小火电机组关停步伐，在 2007 年初与黑龙江省发展改革委签订“十一五”期间关停 59.8 万 kW 机组的基础上，又增加关停 60 万 kW，总关停容量达到 119.8 万 kW，占黑龙江省“十一五”期间关停小火电机组容量的 57.89%。继关停佳木斯市东方热电厂 9.8 万 kW小机组后，哈尔滨热电有限责任公司 4 台2.5 万 kW机组于 2007 年 6 月份退出运行，提前两个月完成关停任务。公司系统以“十一五”节能规划为目标，通过节能评价和科技创新积极推进节能降耗工作。圆满实施了哈尔滨第三发电厂 3 号机组、4 号机组 60 万 kW 机组通流改造和凝气器改造，单机供电煤耗下降约 12g/(kW·h)。同时，渣油系统改造、微油点火技术和变频技术的成功应用对节能降耗起到了显著效果。科技环保工作进一步加强，公司积极落实各项环保措施，加强环保技术监督和设备管理维护，有效控制了二氧化硫、氮氧化物、烟尘等污染物排放指标。环保减排逐步推进并取得一定成效，烟尘同比减排15868.33t，二氧化硫排放同比减少 4335.87t。

资本运作积极推进。2006 年完成华电能源股权分置改革后，公司有限售条件的部分流通股上市流通。公司 2003 年发行的 8 亿元可转债的转股和注销工作圆满结束，按照可转债赎回规定的条件，公司将未转股的1200 万元华电转债全部赎回，标志着原定五年期的可转债，在成功化解回售危机后提前全部完成，累计债转股 7.88 亿元，占可转债总额的 98.5%。可转债成功实现与公司 A 股的转换，对公司筹集发展资金、缓解当期经营和偿债压力起到了积极作用。积极推进哈尔滨热电有限责任公司、齐齐哈尔热电有限责任公司的股权收购工作。针对土地和进场交易两相硬性政策性难题，及时调整收购思路，通过多次沟通协商，确立了以增资扩股与承接增资权方式进行整合的方案，齐齐哈尔热电有限责任公司股权收购取得实质性进展，公司实现 88.9% 控股，正式成为齐齐哈尔热电有限责任公司第一大股东。同时，着手谋划下一步的资本运作和市场融资方式，提出了东北区域存量资产整合和定向增发、发行公司债券的总体方案，债券融资方式已得到华电集团批复。

规范经营水平提高。根据中国证券监督管理委员会和黑龙江证券监督管理局通知要求，开展了上市公司治理专项活动，公司治理结构更加完善。加强内控机制建设，加强了审计管理、效能监察、风险管理、项目投资、关联交易等工作，网厂分开后资产移交遗留问题得到妥善解决，公司规范运作水平进一步提高。高度重视审计署对公司的延伸审计，顺利通过了对公司及相关企业的经济责任审计工作。全面开展“依法经营、遵纪守法”主题实践活动，对依法经营工作进行了全面部署，取得了显著成效，依法经营的意识进一步增强。

项目发展

哈尔滨热电有限责任公司 8 号机组于 2006 年 10 月 12 日，7 号机组于 12 月 15 日提前半个月投产发电，圆满完成了双投任务，两台 30 万 kW 机组竣工投产标志着公司在增量发展方面又迈出崭新一步，对华电集团实现装机容量达到5000 万 kW 作出了贡献。

齐齐哈尔热电有限责任公司新建工程两台机

组于2007年11月比计划工期提前25天投入运行，其中2号机组从整套启动到通过168h满负荷试运仅用12天，在国内同类型机组中处于领先水平。哈尔滨热电有限责任公司五期扩建工程通过了达标投产考核。

根据国家产业政策和地区电力（热力）市场状况，科学优选发展项目，积极推进项目前期工作。截至2007年底，佳木斯发电有限公司2×30万kW供热扩建项目取得国家发展改革委同意开展项目前期工作的批复，项目已具备核准条件，核准报告已上报国家发展改革委，并顺利通过国家发展改革委委托中咨公司的评估。牡丹江第二发电厂2×30万kW热电联产扩建项目完成可研报告审查，取得了国家发展改革委同意开展项目前期工作的批复，已进入初步设计阶段，并荣获中国华电集团公司“前期工作先进单位”。密山发电厂2×60万kW超超临界机组新建项目除环评报告已报国家环保总局待批复，各项核准所需国家支持性文件均已取得，其中1台60万kW机组进入黑龙江省2008年项目评优规模工作基本得到落实。哈尔滨热电有限责任公司“以大代小”2×30万kW供热扩建项目和哈三机组供热改造向呼兰区、松北区供热项目纳入了《哈尔滨市2020年热电联产规划》。齐齐哈尔西南城区2×30万kW热电联产项目、宁安风电开发项目、哈尔滨污泥焚烧发电新能源项目的前期工作均取得阶段性成果。

改革发展

积极稳妥地推进公司劳动用工制度改革，积极推进并完成了企业分离办社会、富拉尔基发电总厂检修管理体制改革等工作。积极推进企业内部体制改革，按定员组织生产、国有持股辅业规范改制、厂办大集体企业改制等综合配套体制改革工作积极稳妥向前推进。建立和完善了新的绩效考核体系，建立财务预算、业绩考核、薪酬分配三位一体的绩效管理机制，实行科学、动态、分层分类的绩效目标考核体系，经营结果考核与要素考核相结合，实现安全、效益和发展相统一。坚持激励与约束相结合，企业工资总额与经济效益挂钩，领导人绩效薪金与利润挂钩，进一步树立“业绩升、薪酬升，业绩降、薪酬降”的薪酬理念，加大对效益增长的激励力度。

党的建设、精神文明建设和企业文化建设

全面加强党的建设，认真学习贯彻党的十七大会议精神，不断推进精神文明建设和企业文化建设的水平。一是加强党的先进性长效机制建设，扎实开展“四好”领导班子建设，加强党的组织建设，成立了公司机关党委，理顺了党的组织体系。二是加强党风廉政建设和纪检监察工作，落实党风廉政建设责任制，广泛开展反腐倡廉教育，认真组织开展治理商业贿赂和不良资产清查，加强审计监督和效能监察，认真开展治理商业贿赂“回头看”活动，积极推进和落实教育、制度、监督并重的惩防体系构建，实现党员干部“四零违纪”的目标。2006年公司进入中国华电集团公司“党风廉政建设优秀单位”行列，2007年公司被授予中国华电集团公司“纪检监察先进单位”。三是积极开展文明单位创建活动，以“构建和谐、创新发展”为主线，全面开展了文明单位创建活动，积极开展和谐机关构建活动，营造了良好的社会环境，2007年华电能源跨入“省级文明单位标兵”行列，成功承办了中国华电集团公司“迎奥运、展风采”乒乓球赛，推动了公司精神文明和企业文化建设向纵深发展。四是坚持人才强企战略，注重人才培养与使用，积极开展岗位练兵和劳动竞赛，使职工队伍的整体素质得到全面提高。五是改善和加强企业民主管理，全心全意依靠职工办企业，推动企业全面进步。

中国华电集团公司四川公司（华电四川发电有限公司、华电金沙江上游水电开发有限公司）

概况

中国华电集团公司四川公司成立于2003年3月23日，是华电集团在四川设立的分公司，按照华电集团的委托和授权，负责华电在四川省的发展规划、项目前期、工程建设、安全生产、经营管理、公共关系等方面的领导、协调工作。

华电四川发电有限公司（简称华电四川公司）成立于2004年11月8日，是以华电集团在四川的宝珠寺电厂等6家内部核算电厂全部资产和西溪河水电开发有限公司等9家控股企业为基础组建的有限责任公司，是华电集团的全资子公司。

华电金沙江上游水电开发有限公司成立于

2006年4月28日，是华电集团出资55%、华电四川发电有限公司出资25%、华电国际电力股份有限公司出资20%组建的有限责任公司，主要负责金沙江上游水电资源开发建设和管理。

2007年10月，华电集团决定对四川区域资产的管理关系进行整合，中国华电集团公司四川公司、华电四川发电有限公司、华电金沙江上游水电开发有限公司实行“一个机构，三块牌子，合署办公”，进行统一管理。华电四川公司共有19家企业，装机容量540.75万kW，是四川省装机容量最大的区域发电公司。其中火电装机容量440万kW，约占四川火电总装机容量的40%，担负着保证四川枯期电力供应的重要责任。

华电四川公司所属运行企业

编号	单　位	装机容量（万kW）
1	宝珠寺水力发电厂	70
2	内江发电总厂	52
3	宜宾发电总厂	30
4	攀枝花发电公司	20
5	黄桷庄发电有限公司	40
6	攀枝花三维发电有限责任公司	27
7	宜宾发电有限责任公司	25
8	磨房沟发电厂	3.75
9	紫兰坝水电开发有限公司	10.2
10	广安发电有限责任公司	240
11	杂谷脑水电开发有限责任公司	22.8
合计		540.75

华电四川公司在建项目

编号	单　位	装机容量（万kW）
1	凉山州西溪河流域梯级水电站	44
2	凉山州木里河流域梯级水电站	115
3	阿坝州杂谷脑河流域梯级水电站	51.3
4	甘孜州大渡河泸定水电站	92
合计		302.3

华电四川公司规划建设项目

编号	单　位	装机容量（万kW）
1	金沙江上游川藏段梯级水电站	898
2	金沙江上游支流水电站	100
3	岷江航电龙溪口水电站	36
4	岷江航电东风岩水电站	18
5	俄日河梯级水电站	27
6	安宁河流域梯级水电站	9
7	宜宾珙县电厂	120
合计		1208

机构设置

华电四川公司本部共设置10个部门，分别是总经理工作部、计划发展部、安全生产部、工程建设部、市场营销部、金沙江上游前期部、财务资产部、人力资源部、监察审计部、政工部。

领导班子

党组书记、总经理：杨清廷

党组成员、副总经理、工会主席：代先荣

党组成员、副总经理、纪检组组长：李巧模

党组成员、副总经理：胡贵良

党组成员：朱荣华

党组成员、副总经理：文端超

党组成员、副总经理、总工程师：夏一勇

党组成员、副总经理：蒋晓明

年度业绩

2006年，华电在川企业完成发电量187.49亿kW·h，同比增加1.31亿kW·h，增长0.7%；实现收入50.73亿元，同比增加4.06亿元，增长8.7%；实现利税8.4亿元，同比增加14.13%，其中利润2.12亿元，同比下降4.5%。华电四川公司完成发电量119.85亿kW·h，其中火电厂完成发电量107.25亿kW·h，水电厂完成发电量12.6亿kW·h；主营业务收入33.51亿元，同比增加3.79亿元，增长12.75%；实现利税4.77亿元，同比增长44.98%，其中利润0.77亿元，同比增加102.63%。

2007年，华电四川公司完成发电量192.08亿kW·h，同比增加4.59亿kW·h，增长2.45%；实现收入55.18亿元，同比增加4.45亿元，增长

8.77%；实现利税 7.45 亿元，同比减少 0.95 亿元，下降 11.31%，其中利润 0.69 亿元，同比减少 1.43 亿元，下降 67.45%。华电四川发电有限公司完成发电量 108.50 亿 kW·h，其中火电 89.44 亿 kW·h，水电 19.06 亿 kW·h；主营业务收入 32.99 亿元，同比下降 0.56 亿元，降低 1.55%；实现利税 4.91 亿元，同比增加 0.14 亿元，增长 2.93%，其中利润 5220 万元。

生产经营管理

（1）安全生产基础进一步夯实。坚持"安全第一，预防为主，综合治理"方针，全面落实安全生产责任制，理顺安全监督体系，加强安全生产基础管理。制定并实施《安全文明生产标准化管理办法》，深入开展安全文明生产标准化管理活动，认真开展安全整顿、安全大讨论、安全性评价和安全大检查，及时对安全管理中的薄弱环节和设备隐患进行整改，公司系统各单位均达到安全文明生产标准化管理要求。加强安全教育培训，努力提升全员安全意识和技术业务水平。扎实开展安评整改、反违章、春秋季安全大检查活动，抓好设备检修、技术改造和技术监督，抓好新投产机组安全稳定运行，加强环保设施运行维护管理，开展基建安全专项检查和水电建设安全质量专项整治工作，组织进行应急预案修编和演练，切实搞好防洪度汛、迎峰度夏、交通安全和消防管理。公司系统未发生设备和人身伤亡事故、重大火灾、电厂垮坝和恶性误操作事故，安全生产形势总体平稳。

（2）切实保证电煤供应，燃料管理进一步加强。在电煤可供资源十分紧张、运力不足的严峻形势下，加强协调，精心组织，积极落实煤源，协调运力，合理调运，避免了电厂因缺煤停机或降出力。制定下发了《关于进一步加强厂内燃料管理工作的决定》，加强人防，完善技防，健全制度，加强考核，规范管理，从源头抓好电煤质量。2006 年累计供应电煤 1120 万 t。丰水期结束时，公司系统厂内存煤 81 万 t，厂外存煤 26 万 t。2007 年供应电煤 1023 万 t，基本保证了电煤供应，电煤价格得到较好控制。同时，努力提高电煤质量，入厂煤热值同比提高 0.44MJ/kg，减少燃料成本 6130 万元；入厂与入炉煤热值差同比降低 0.14MJ/kg，减少成本支出 1850 万元。

（3）以"三电"为核心，电力营销进一步拓展。充分发挥公司整体优势，统一组织签订购售电合同。针对水电来水好、电量多，火电发电困难的不利形势，积极做好火电机组丰水期的发电工作，优化水库调度，积极开拓电力市场，千方百计多发电量。积极应对节能发电调度，及时提出确保火电企业正常生产经营的建议，得到四川省省委、省政府领导及有关部门的重视和支持。积极跟踪华中区域电力市场建设形势，认真研究建设方案和运营规则。煤电价格联动、提高脱硫电价和循环流化床机组电价等工作取得积极进展，落实了四川广安发电有限责任公司一期工程脱硫电价，争取到 7000 万元的峰谷浮动电价补贴。电费回收率 100%。

（4）抓好扭亏增盈，经济效益进一步提高。面对严峻的经营形势，扎实开展扭亏增盈，坚持外创环境，内强管理，落实责任，明确目标，制定措施，强化考核，千方百计增收节支、降本增效。制定年度扭亏增盈计划，与各单位签订扭亏增盈目标责任书，认真落实各项扭亏增盈措施。切实开展营运改善工作，实施对标管理，提高营运管理水平。建立健全企业内部控制制度和自我约束机制，着力提高依法经营和规范管理水平。加强融资管理，与开发银行签订了 17.77 亿元的软贷款合同。开展任期经济责任和资产经营责任审计，认真组织开展"依法经营、遵纪守法"主题实践活动，确保了经济安全。

（5）企业管理水平进一步提升。针对公司生产经营和发展建设存在的薄弱环节和问题，以加强企业管理为主线，以安全管理、燃料管理、对标管理和工程建设管理为重点，扎实开展管理年活动。全面推行安全文明生产标准化管理，安全文明生产水平明显提高，全年未发生设备和人身伤亡事故，非计划停运明显减少。扎实开展对标管理，对生产经营各项指标认真对标，查找差距，分析原因，制定措施，狠抓落实，切实改进，营运水平明显提升。2007 年，火电厂厂用电率同比下降 0.35 个百分点，降低成本 765 万元；减少燃油消耗降低成本 2200 万元；火电厂综合供电煤耗同比降低 9.02g/(kW·h)，降低成本 4900 万元。通过加强管理，取得明显成效，降低成本增加效益 1.60 亿元，有效地缓解了公司经营压力，提高了经济效益。以投产、效益双达标为主线，切实规范和加强工程建设管理，工程安全、质量、造价、进度得到有效控制。高度重视节能降耗和环境保护，按计划关停了8台5万kW共计40万kW的小火电机组，努力创建资源节约型和环境友好型企业。

项目发展

大力发展水电，慎重发展火电，积极争取资源开发权，快速推进项目前期工作。制定了华电集团川渝地区及华电四川公司2010年发展战略规划和2020年远景目标。成立了金沙江上游水电开发有限公司，积极推进金沙江上游水电规划等前期工作，各梯级电站前期工作进展顺利，取得金沙江上游西藏侧一级支流开发权。木里河流域各电站均通过预可研审查，卡基娃、立洲电站已批复同意开展“三通一平”施工准备工作。西溪河地洛、洛古获得核准，青松电站核准条件基本具备。岷江航电规划报告已通过专家预审，并积极争取部分项目开发权。取得阿坝州若尔盖40万kW风电测风权。珙县、攀枝花项目获得国家发展改革委同意开展前期工作路条，内江60万kW CFB项目初可研报告已编制完成待审。按照国家“上大压小”政策，研究制定了公司项目并购计划和小火电关停方案。华电四川公司被评为华电集团2007年度项目前期先进单位。

切实发挥项目公司主导和核心作用，加强工程建设管理，工程安全、质量、进度、造价处于受控状态。狠抓设计优化工作，完成了西溪河、木里河、紫兰坝等项目各阶段的方案评审和设计优化。宜宾技改二期于2006年1月30日投产发电，紫兰坝电站1号、2号机组2006年实现了“双投”。中国华电集团公司内江发电总厂、中国华电集团公司宜宾发电总厂、黄桷庄电厂三个脱硫项目于2006年10月底全部建成投运。紫兰坝水电站于2007年5月21日全部投产发电，广安三期6号机组于2007年6月30日投产发电，杂谷脑薛城电站3台机组2007年内全部投产发电。积极推进杂谷脑、西溪河各项目建设和木里河前期工程建设，高度重视并积极主动搞好工程建设征地和移民工作。

改革发展

2006年，配合华电集团完成了对华电在川部分企业的资产和管理整合，四川华电黄桷庄发电有限公司等8家单位的股权从2006年6月1日起全部划转至华电四川发电有限公司。对5家内部核算电厂进行检修管理体制改革，组建了规范的公司制企业。完成了分离办社会职能工作，宜宾总厂、四川华电攀枝花发电公司、内江总厂等单位4所子弟校移交当地政府管理。制定并实施《小机组向大机组升级培训方案》和《火电向水电转岗培训方案》，175人参加了火（电）转水（电）培训班的理论培训阶段学习。

2007年，配合华电集团完成了对广安公司、杂谷脑公司管理关系的调整和金沙江公司管理整合，区域统一协调管理进一步加强，有力地促进了华电集团在四川持续快速健康发展。一厂一策制定小火电机组关停实施方案，妥善安置四川华电五通桥发电厂、攀枝花公司和宜宾总厂等小火电机组关停企业员工，按照公开、公平、公正原则，在公司系统内统筹配置686人，实施配套政策安置130人。加强后备干部队伍建设，建立了后备干部人才库，对公司系统领导班子进行全面考察和必要调整，2007年共交流任职和提拔任用57名干部。切实开展教育培训，努力提高员工综合素质。对414名员工进行“火转水”和“小转大”培训。薪酬制度改革试点工作有序推进。认真开展劳动用工专项检查，劳动用工管理进一步规范。深入研究和协调解决检修管理体制改革中存在的问题，努力规范运作。积极稳妥研究推进主辅分离、辅业改制综合配套改革。

党的建设、精神文明建设和企业文化建设

以推进党的先进性建设为主线，切实加强党的思想建设、组织建设、作风建设和制度建设，建立健全党的先进性建设长效机制。以创建“四好”领导班子为载体，全面提升领导干部素质和能力，公司2007年度被评为华电集团先进企业、文明单位、“四好”领导班子先进集体和四川省国有企业创建“四好”领导班子先进集体。认真落实党风廉政建设责任制，深入贯彻《建立健全教育、制度、监督并重的惩治和预防腐败体系实施纲要》，开展了治理商业贿赂专项工作和企业领导人员及亲属经商办企业专项治理活动。积极构建惩防体系，着力培育廉洁文化，切实开展反腐倡廉工作。积极开展效能监察，努力提高管理效能。深入开展以“八荣八耻”为主要内容的社会主义荣辱观教育，加强职工思想政治工作。加强精神文明建设、企业文化建设、和谐企业建设和思想政治工作，广泛开展文明单位创建、职工技能比赛和文化体育活动，努力为公司改革、发展、稳定创造和谐环境。提炼形成了公司《企业文化理念体系》和《员工行为规范》。成立华电四川发电有限公司工会，充分发挥群团组织的桥梁纽带作用。成功承办华电集团“迎奥运，展风采”羽毛球比赛，受到普遍好评。认真履行社会责任，为全省抗旱救灾、电煤供应、枯期保电作出了积极贡献。华电四川公司被省委省政府列为全省“十一五”重点发展的25户“百亿企业”之一和全省重点培育的发展前景广阔类大企业大集团。认真履行社会责任，积极参与四川省惠民行动和西藏自治区社会主义新农村建设计划，树立了华电集团良好的社会形象。

华电福建发电有限公司

概况

华电福建发电有限公司（简称华电福建公司）成立于2004年10月25日，注册资本18亿元人民币，是中国华电集团公司的全资子公司。按照华电集团的委托与授权，华电福建公司依法对福建省内全资及参控股单位行使出资人职能和管理职责，并负责华电集团在福建发展战略的实施。截至2007年底，华电福建公司共有全资单位10家、参控股单位25家，员工总数6711人，可控装机容量399.4万kW，资产总额157亿元，是福建省内最大的国有发电企业。

机构设置

华电福建公司本部设总经理工作部、计划发展部、人力资源部、财务资产部、安全生产部、工程建设部、市场营销部、政治工作部、监察审计部等9个部门。

领导班子

董事长：辛保安

董　事：彭兴宇、杨家朋、黄宪培、李玉海

监　事：李长旭、许磊

党组书记、总经理：黄宪培

党组副书记、副总经理、纪检组组长：黄少雄

党组成员、副总经理：杨富春、李立新、陈瑞兴

工会代主席：陈瑞兴

发展战略

到2010年，装机容量突破600万kW、力争达到800万kW，主要电厂运营指标达到国内先进水平，建设成为效益突出、管理科学、竞争力强、和谐发展的国内一流发电企业。

年度业绩

2006年，完成发电量129.1亿kW·h，同比增长14.5%；综合供电煤耗401.69g/(kW·h)，同比下降19.57g/(kW·h)；投产装机131万kW，华电集团在福建区域装机总量突破400万kW；实现利润总额3.69亿元。

2007年，完成发电量174.98亿kW·h，同比增长35.43%；综合供电煤耗348.91g/(kW·h)，同比下降52.77g/(kW·h)；单位二氧化硫排放指标2.67g/(kW·h)，同比下降1.82g/(kW·h)；全员劳动生产率40.75万元/(人·年)，同比提高6.52万元/(人·年)；实现利润总额3.94亿元。

生产经营管理

安全形势保持稳定。2006年，华电福建公司所属大部分电厂安全纪录再创新高，其中华安水电厂实现安全纪录5481天、漳平火电厂实现安全纪录3631天，可门公司实现连续安全生产1100天。全年共发生非计划停运13次，低于华电集团下达的26次指标。5~8月，福建地区连续遭受四个强台风和四次强暴雨袭击，棉花滩、华安、闽东均出现了建厂以来的最大洪水。面对严重的自然灾害，华电福建公司上下众志成城，抗洪防台，成绩突出，得到了华电集团通报表扬，被福建省政府授予防汛抗台先进集体，福建棉花滩水电开发有限公司被国家防总列为全国三个大型水库洪水调度的典范之一。2007年，华电福建公司全面落实安全生产责任制，完善制度建设，坚持开展安全大检查、隐患排查、“飞行”检查、安全性评价及整改工作，及时发现和消除安全隐患。完善应急预案编制，组织全面演练工作，提升应急管理能力。推行检修文件包作业、推广点检定修工作、推进设备无泄漏和生产规范化管理，强化技术监督工作，提高设备管理和安全文明生产水平。超前、超常规部署，做好防汛、防台风工作，成功应对“圣帕”等台风袭击。漳平、邵武、安砂、万安连续安全生产超过10周年，华安、南靖连续安全生产超过5000天。实现基建安全“双零”，福建华电可门发电有限公司连续安全施工1465天，

创福建电力基建安全生产历史最好纪录。

市场营销取得实效，经营成果大幅提升。2006年，华电福建公司发挥预算管理的过程控制作用，动态平衡各经营要素，增强以效益为目标、以业绩为导向的责任意识和工作动力，层层传递压力，狠抓目标落实。流域所属各水电厂加强优化经济调度，各火电厂把增发电量作为市场营销突破口，年发电量增长达到福建平均增幅。积极争取电价政策，巩固和扩大电价成果，邵武调增4厘，永安、漳平调增2厘，全年实现电价调整增利1000万元。电费回收率继续保持100%。2007年，华电福建公司积极开展“三电”工作，发挥整体营销优势，内部替代电量指标由原来的3.57亿kW·h调增到7.25亿kW·h，不仅提高了公司的整体效益，而且使华电厦门电厂成功地摘掉亏损的“帽子”。在省内平台公开竞价替代发电交易中成效突出，可门、永安、漳平和邵武“三公”小时得到较大提高。加大电价工作力度，积极寻求电价政策支持，白沙电价和可门调试运行期电价都比预计有所提高。加强电费结算工作，电费回收率达100%。在来水平偏枯情况下，各水电厂高度重视经济优化调度，实现水能利用率最大化。“圣帕”台风期间各龙头水库积极拦洪蓄水，增加蓄水量4.0亿m^3，增发电量1.78亿kW·h。6月，棉花滩水库两次调洪科学拦蓄洪尾，累计增发电量2300万kW·h。开展“燃料管理年”活动，落实热值差、二次费用等考核指标，促使燃料管理更加规范、标准、精细。持续改善煤耗指标，综合供电煤耗同比下降52.77g/(kW·h)，其中可门煤耗指标处于集团公司同类型机组领先水平。加强协调，积极开拓进煤渠道，确保迎峰度夏期间永安、漳平煤炭供应，大力协调邵武的电煤供应问题；创建“可门燃料论坛”，努力构建和谐、互信的煤电合作机制。

精细管理初显成效，资产经营持续改善。2006年，华电福建公司优化融资结构，实施融资集中管理，减少财务费用；加强现金流量管理，重点做好电煤资金统一结算工作，减少资金沉淀；统一并扩大票据结算方式，节约财务费用1000万元。通过创新融资方式，解决了福建华电邵武发电有限公司的财务危机。加强工程造价的全过程控制，可门一期造价远低于集团公司下达的执行概算。加强“四煤”管理，提高煤质保证煤量，燃煤热值提高7%，降低燃料成本5000万元，全年电煤平均单价403元/t（含税），同比下降8元/t；标煤单价565.16元/t，同比下降61.53元/t。2007年，华电福建公司继续完善业绩、考核、薪酬三位一体的考评体系，坚持全面科学合理预算，对煤耗、材料费、修理费、管理费、财务费等进行对标控制，做好预算执行情况的对标分析跟踪，特别针对重点企业存在的问题进行具体指导、重点解决，全年三项费用控制在年度预算的90%以内。加强与金融机构合作，优化融资结构，争取优惠信贷政策，在集团系统内率先开展应收账款保理业务，实施票据贴现支付煤款达7.05亿元，全年共节约财务费用2200万元。强化资金的统筹管理运作，及时化解了金湖、西门资金周转困难问题，有效防范贷款信用风险。针对邵武公司经营困难问题，华电福建公司多次组织深入调研，召开六次专题会议，精心研究“一揽子”解决方案，积极争取政府的理解和政策支持。

节能减排成效显著。2007年，华电福建公司坚决执行省政府及华电集团决策部署，重视节能环保投入、抓好环保设施的稳定运行、注重控制污染物的排放，切实履行节能减排的社会责任。主动提前关停了龙岩、厦门、永安、漳平等共计11台小机组，容量达24.1万kW。成功实施福建省关停小火电第一爆——龙岩分厂烟囱爆破。接受全国人大组织的中华环保世纪行“推动节能减排，促进人与自然和谐”主题活动检查，得到高度评价。持续开展营运改善，大力挖潜增效，深入开展节能评价，采取内部电量置换、小指标压红线运行、少油助燃等有力措施，全年节约标煤20.23万t、减少燃料成本1.2亿元、减排二氧化硫1.6万t。

项目发展

2006年，华电福建公司实现可门、照口和白沙“双投”，投产131万kW，总装机容量突破400万kW，实现投产当年盈利，实现规模和效益同步增长、规模与结构全面提升，为华电集团装机容量突破5000万kW作出积极贡献。可门公司1号机组成为华电集团成立以来首台投产的60万kW超临界燃煤发电机组。可门公司“双投”，大大改善了华电福建公司的电源结构，降低了整体能耗水平，推进了综合实力的大幅提升。着眼于电源结构优化和布局改善，华电福建公司超前储备项目资源，积极推进可门电厂二期、永安及漳平“上大压小”、华安及池潭扩建的核准工作，以及泉州火电、东山火电、福清风电等前期工作，与中国核工业集团公司共同出资组建了福清核电有限公司。

2007年，华电福建公司始终把发展作为第一要务，一心一意谋发展，千方百计推进项目前期工作，扎实抓好工程基建。永安及漳平“上大压小”工程取得“路条”，福清核电项目获得国家发展改革委同意开展前期工作的批复。可门二期、泉州项目前期工作全力推进，已具备了核准各项条件。华安、池潭扩建项目流域规划和流域环评获得了省政府批复。基建项目总体进展顺利，实现了华电集团“安快好省廉”的要求。可门一期、白沙、照口通过华电集团达标投产考核验收，可门二期工程进度有序推进，高唐顺利实现年内“双投”，西门水电站工程荣获2007年度国家优质工程银奖。宁德、东山、福清等“十二五”火电项目的前期工作也在积极推进。

改革发展

2006年，华电福建公司进一步规范公司系统单位经营行为，积极指导基层单位办理电力业务许可证，组织协调基层单位供电营业区换证和施工资质取证工作，妥善处理内核单位工商年检的历史遗留问题。稳步推进改制重组工作，积极开展检修管理体制改革的研究。加强劳动用工管理，逐步推进按定员组织生产，组建公司社保中心，不断健全和规范员工的保障机制。

2007年，华电福建公司积极稳妥地推进改制重组工作，妥善解决厦门电厂机组关停后的人员安置、管控模式、资产处置等问题，实现了平稳过渡。调整完善公司机关部门机构设置，对福建华电投资公司进行管理整合，减少管理层次，提高效率。永安、漳平抓住“上大压小”机遇顺利推进公司制改革。在可门、闽东开展以业绩为导向的薪酬制度改革试点。

党的建设、精神文明建设和企业文化建设

2006年，华电福建公司巩固保持党员先进性教育活动成果，开展党员管理专项长效机制建设试点和各种主题实践活动，召开首次党建工作会议。重视思想作风建设，深入开展精神文明创建活动，文明创建融入中心、取得实效。开展了以“和谐、发展”为主题的企业文化提高年系列活动。开展以“艰苦奋斗、廉洁从业”为主题的廉洁文化建设年活动。创办“宣传进行时”季刊，舆论宣传强势有效。加强对工会、群团工作的领导，关心和重视离退休老同志生活，组织开展送温暖献爱心活动，促进企业和谐稳定。华电福建公司荣获福建省“五一”劳动奖状、华电集团文明单位、华电集团党风廉政建设优秀单位、省直机关第九届文明单位，华电福建公司系统还有5家单位喜获华电集团文明单位荣誉，棉花滩公司被华电集团授予文明单位标兵荣誉。

2007年，华电福建公司认真组织开展党的十七大精神宣传贯彻学习活动，兴起用党的十七大精神武装头脑、指导实践和推动工作的新高潮。创新数字党建系统，推进党员先进性长效机制建设。深入开展“四好”领导班子创建活动，各级领导班子和干部队伍建设进一步加强。廉洁文化建设、“3+2”惩防体系构建、贯彻中纪委《规定》取得实效。高度重视稳定、信访工作，加强疏导和防范，保持队伍稳定。深入开展文明单位创建和企业文化建设活动，首届生产经营运动会、“牵手”行动、歌手大赛等活动丰富多彩，关心帮助困难员工和离退休人员，广泛开展“送温暖、献爱心”活动，群团组织积极融入中心发挥作用，营造了和谐氛围。主动提前关停小火电、积极带头履行节能减排责任得到了政府的高度赞誉，防汛及水库科学调度获得水利部和省领导高度赞扬，广泛开展“牵手”等社会公益事业活动得到了社会各方的充分认可，华电福建公司系统2家单位荣获华电集团先进企业表彰、11家单位获华电集团文明单位（标兵）荣誉、6家单位获华电集团创建“四好”领导班子先进集体称号、7家单位获华电集团安全生产先进单位表彰、3家单位获华电集团纪检监察先进单位荣誉称号，华电福建公司本部获得了华电集团先进企业、文明单位（标兵）、创建“四好”领导班子先进集体、安全生产先进单位、纪检监察先进单位等多项荣誉称号。

中国华电集团公司江苏分公司

概况

中国华电集团公司江苏分公司（简称华电江苏分公司）成立于2003年4月20日，是中国华电集团公司（以下简称华电集团）在江苏省的派出机构。按照华电集团的委托和授权，负责华电在江苏省的发展规划、项目前期、工程建设、安全生产、经营管理、公共关系、精神文明等方面的领导、协调工作。

截至2007年底，华电江苏分公司可控装机容量373万kW。按照华电集团授权管理望亭发电厂（简称望亭电厂）、江苏华电扬州发电有限公司（简称扬州公司）、江苏华电戚墅堰发电有限公司（简称戚电公司）、江苏电力发展股份有限公司（简称江苏电力股份公司）4个全资和控股公司，以及江苏华电句容项目筹备处（简称句容筹备处）；参与管理常州苏源发电有限责任公司、常州华源发电有限责任公司、苏州工业园区发电有限责任公司3个参股发电企业，管理国电南京自动化股份有限公司（简称南自公司）和华电煤业集团有限公司华东分公司的党群组织。

华电江苏分公司本部设有综合管理部、计划发展部、安全生产部、市场营销部、财务管理部五个部门。

领导班子

党组书记：赵永仁

党组成员、总经理：顾干

党组成员、副总经理：朱家全、戴军

发展战略

全面树立和落实科学发展观，以安全生产为基础，以经济效益为中心，以改革创新为动力，坚持生产经营和资本经营并重，员工发展和企业发展协调，围绕“安全、效益、发展”三大业绩指标，外拓环境，内强管理，励精图治，创新发展，强化节能降耗，拓展电力市场，强势推进发展，完善体制机制，全面提升管理，增强企业实力，奋力推进华电在江苏各项事业取得显著成效，力争成为技术水平、经济效益、经营管理等方面国内先进、国际一流的现代企业。

年度业绩

2006年，完成发电量110.61亿kW·h，同比增长40.36%；实现利润总额4.4228亿元，同比增长520.57%；综合供电煤耗355.89g/(kW·h)（煤机），同比下降3.51g/(kW·h)；实现净利润3.35亿元，同比增长513.19%，华电集团按权益可获净利润1.40亿元；全年电费回收率100%。

2007年，完成发电量175.14亿kW·h，完成考核目标的108.21%；综合供电煤耗317.22g/(kW·h)，比年度考核目标下降2.3g/(kW·h)；综合厂用电率5.69%，完成年度考核目标；实现绩效考核利润5.42亿元，完成考核目标的130.13%；实现净利润4.025亿元；净利润贡献2.21亿元，净资产收益率12.87%；全年电费回收率100%。

生产经营管理

2006~2007年，华电江苏分公司以“四个安全”为统领，认真贯彻国家和华电集团安全生产工作一系列要求与部署，强化超前防范，严格过程管理，以安全质量标准化为核心，建立“以零违章确保零事故”反违章长效机制，层层落实安全责任、制度、考核、监察及各项防范措施，加大反违章力度，积极开展安全性评价、创无渗漏机组、事故应急救援预案演练、隐患排查治理、基建专项整治、安全文化导入及安全生产“巩固提高年”等系列活动。2007年加强技术监督及设备管理，优质、高效地完成了15次机组大、小修任务，设备经济性、可靠性进一步提高。同时扎实抓好生活后勤、交通运输及安全保卫工作，分公司系统形成良好的大安全格局。三家发电企业均进入安全生产长周期，其中扬州公司于2007年9月安全生产首次突破3000天。

在机组利用小时不断下降、燃料成本大幅上升、贷款利率多次上调等严峻的经营形势下，华电江苏分公司积极应对，狠抓增发电量、电量转移、落实电价政策和成本控制工作。坚持内外并举，紧紧抓住“三电”、“四煤”、“四费”等要素，以创建优秀发电企业和燃煤电厂厂内燃料管理达标、创优、建示范活动为载体，将“对标管理”落实到生产经营的全过程，不断提升绩效水平。积极开展健康有效的市场营销活动，争取并落实年度电量计划、双边交易电量、替代发电量、超发电量和政策性补贴。强化执行，统筹协调，优化电量结构，提高峰谷比例，确保度电必争，实现区域效益最大化。通过积极公关和全力协调，在脱硫设备未投入运行之前，落实了三个电厂的脱硫电价，并于投运验收后及时结算到位。各电厂每月电费回收率均达95%以上，年回收率达100%，2007年首次实现电费现金结零。按照燃料“五统一”要求，加强燃料全过程管理，增强对电煤量质价的驾驭能力，燃料管理水平进一步提高。

创新理财思路，拓展融资途径，加强资金运作，提高资金效率，“三项费用”均控制在预算范围内。华电江苏分公司荣获华电集团2007年度扭亏增盈先进单位（业绩优秀企业）。

项目发展

2006年，句容、泗源两项目通过可研和初可研审查，句容项目拿到了有关部门关于建设用地的批复，取得突破性进展。句容、泗源两项目进入江苏“十一五”评优规模，编制完成评优报告，具备评优条件。

2007年，经与国家发展改革委沟通，综合考虑“上大压小”新建电源项目的政策要求和江苏的特定环境，积极实施句容两台100万kW“上大压小”项目的申报，争取到该项目列入省“十一五”后三年规划，并正式上报国家发展改革委，进入“路条”流转程序；望亭电厂一台60万kW等级超超临界燃煤发电机组于2007年2月26日获得国家发展改革委核准，并于8月31日正式开工，同时另一台的评优准备工作全面完成，正积极确保进入“十一五”后三年评优项目。此外，华电江苏分公司立足长远，超前谋划，有序推进其他项目前期工作：扬州泗源项目已完成相关支撑性文件，等待国家组织评优，同时启动扬州公司在原址“上大压小”建设一台60万kW级发电机组工程前期工作；戚电公司“川气东输”9E级燃机热电联产项目列入常州市“十一五”重点发展项目，已获江苏省发展改革委批准同意开展前期工作；望亭电厂重新启动如皋项目并取得一定突破；核电选址工作已经启动，江苏核电选址情况报告已上报华电集团。

改革发展

华电江苏分公司按照华电集团总体部署，围绕服务做强做大做好、增强生机活力，不断推进改革创新。一是深化劳动用工制度改革。加强劳动定员管理，逐步按照定员组织生产，研究人力资源在公司系统范围内的优化配置。重视员工的技术业务素质、思想道德素质、科学文化素质的提高，积极探索建立劳动用工、岗位竞争的有效机制和业绩评价体系，稳步推进人力资源合理配置，用发展和改革的办法减员，提高全员劳动生产率。二是深化干部人事制度改革。研究建立体现落实科学发展观和正确政绩观要求，树立正确的用人导向，对企业领导人员品德、能力和业绩进行综合考核评价，把领导人员的工作业绩与使用、薪酬有机结合。三是深化薪酬分配制度改革。创新思路，探索企业内部分配制度改革，完善企业内部薪酬分配体系，努力构筑企业、领导人员与员工相互协调的收入分配机制。四是积极推进检修体制改革。扬州公司针对发电检修市场竞争日趋激烈、外部市场开拓艰难的特点，结合企业检修队伍现状，抓住机遇，开展检修体制改革试点工作，组建主业全资的检修公司。五是进一步推行预算、考核、薪酬三位一体的绩效目标管理，完善企业和员工收入决定机制，认真贯彻《劳动合同法》，规范劳动用工和劳动合同。六是收购控股江苏电力股份公司资产，通过主动参与，加强管理，认真履行董事、监事职责，对参股公司的经营管理出谋划策，积极帮助争取电量计划和电价政策，取得了明显效益。七是规范并创新发展综合产业。认真贯彻集团公司关于进一步规范关联交易促进综合产业快速健康协调发展的精神，加强管理，规范交易行为，控制支出，健全和完善综合产业的组织管理，为综产企业提供政策咨询和业务指导，使综合产业的经营更加规范有效。在坚持依法治企，规范与主业关联交易的基础上，鼓励关联企业遵循市场经济原则占领主业内部市场，开拓外部市场，因地制宜，整合内部资源，拓展思路，稳步发展，提升竞争力。

党的建设、精神文明建设和企业文化建设

“四好”领导班子创建活动扎实有效，华电江苏分公司系统领导干部的思想政治素质、市场经济的驾驭能力和经营管理水平不断提高，领导干部的思想作风和工作作风进一步改进，领导班子的创造力、凝聚力和战斗力持续增强。进一步充实、完善了部分单位领导班子的结构。以构建“和谐企业”为目标，加强党建和思想政治工作，广泛开展文明单位创建活动，大力推进企业文化建设。认真开展学习贯彻党的十七大精神、社会主义荣辱观教育、党章专题学习月等活动，探索和建立先进性教育长效机制建设。扎实开展治理商业贿赂专项工作，进一步规范和严肃企业的生产经营行为。充分发挥工会、共青团等群众性组织的作用，围绕企业中心任务和重点工作，开展各类劳动技能竞赛、系列文体活动，有效地调动全体员工的工作热情和争先创优的意识，营造了华电江苏分公司系统一心干事业、齐心谋发展、同心促和谐的浓厚氛围，为华电江苏分公司系统生产经营和发展工作注入了强大动力，提供了有力的保证。

中国华电集团公司湖北分公司

概况

中国华电集团公司湖北分公司（简称华电湖北分公司）成立于2003年3月26日，是中国华电集团公司（以下简称华电集团）在湖北省的派出机构，按照华电集团的委托与授权，负责对华电集团在湖北省的内部核算单位、合资和控股发电企业进行管理、协调和服务。截至2007年底，华电湖北分公司所属企业共有6家，运行装机容量达到了326万kW。6家所属企业分别是：湖北华电襄樊发电有限公司（简称襄樊公司，运行容量240万kW）、湖北西塞山发电有限公司（简称西塞山公司，运行容量66万kW）、湖北华电黄石发电股份有限公司（简称黄石公司，运行容量20万kW）、湖北华电武昌热电有限公司（简称武昌热电公司）、湖北金源水电发展有限公司（简称金源公司）、湖北汉源电力开发公司（简称汉源公司）。2007年底，华电湖北分公司本部设5个部室，分别是综合管理部、计划发展部、财务部、安全生产部、市场营销部。

领导班子

总经理、党组成员：苟伟

党组书记：王幼平

党组成员、副总经理：章明、柯国华

年度业绩

2006年，完成发电量74.18亿kW·h，同比增长12.6个百分点；完成综合供电煤耗率377.26g/(kW·h)，同比下降4.94g/(kW·h)，其中西塞山公司累计完成334.98g/(kW·h)，同比下降5.1g/(kW·h)，创华电集团30万等级常规火电机组的最好成绩；累计售热量47.54万GJ；完成利润总额1.43亿元，净利润6019万元，首次实现区域整体扭亏，取得了历史性突破。

2007年，完成发电量97.39亿kW·h，同比增长31%；完成综合供电煤耗340.19g/(kW·h)，同比下降37.07g/(kW·h)；完成综合厂用电率6.73%，同比下降1.72个百分点；实现利润总额2.04亿元，同比增长42.6%，实现净利润9896万元。

生产经营管理

2006年，华电湖北分公司以安评整改为抓手，以安全大检查为契机，着力建设安全生产长效机制。以设备整治为核心，统筹安排机组大小修。以缺陷管理为重点，提高设备健康水平。以指标体系为载体，不断优化运行方式。青山热电公司（原华电湖北分公司所属企业，2007年4月13日划转至中国国电集团公司，下同）实现安全生产894天、湖北华电黄石发电股份有限公司实现安全生产2377天、湖北西塞山发电有限公司实现安全生产914天。抓好“三电”“三煤”工作。针对煤价持续上涨、企业经营压力剧增等困难局面，华电湖北分公司会同所属企业力促新一轮煤电联动电价和疏导电价政策出台。充分发挥整体协调作用，积极争取和落实年度计划电量；指导企业随时跟踪电力市场和价格政策变化，相应调整市场营销策略；争取省内协议直供及协议外送电量计划，组织实施区域内企业间计划电量转移，优化湖北区域发电量结构。加大电热费回收力度，完成了华电集团考核目标。严抓“三煤”管理工作，优化供煤方式，合理调整来煤结构，研究配煤掺烧方案，严堵管理漏洞，保证了机组的供煤需要。坚持对外改善经营环境与内部挖潜增效相结合，加强预算控制管理和生产经营督导，及时分析经营现实困难，全力督导企业尽快改善，做到逐月跟踪督导不放松，实现管理创新，扭亏增盈。青山热电公司以“管理年”活动为中心，深入开展营运改善和双增双节活动，实现了扭亏为盈。黄石公司苦练内功，全面梳理生产技术指标，不断降低生产运营成本全力做好降本增效工作，生产经营保持稳定。西塞山公司以“精细管理、效益优先”为指针，全面推进创建“华电优秀发电企业”活动，取得了阶段性成果，新机煤耗管理经验受到了华电集团的好评。华电湖北分公司随时跟踪分析市场形势，加强政策研究。密切跟踪华中电力市场建设，随时关注华中电力市场竞价模式及电价改革趋势，及时组织研究、分析测算两部制电价，参与市场方案、规则及配套管理办法的制订与研讨，深入掌握最新市场方案和交易模式的特点，以取得市场的主动权。

2007年，华电湖北分公司“着力坚持科学发展，着力推进改革创新，着力提升企业管理，着力加强队伍建设”的工作思路，扎实推进各项工作，取得了良好的业绩。牢固树立“以人为本、预防为主”和“安全是第一工作、第一责任、第一效益”的理念，深入开展安全生产“巩固提高年”活动，全面加强安全性评价查评和整改工作，逐步推进长效机制建设，安全基础进一步夯实，设备健康水平进一步提高，区域内企业年内均实现3个百日安全无事故周期。对标管理和营运改善工作进一步深入，通过小指标竞赛、主参数压红线运行、合理调配运行负荷、优化辅机运行方式等多项举措，不断提高机组经济运行水平。西塞山公司1号机组的供电煤耗和襄樊公司5号机组、黄石公司209号机组的厂用电率创华电集团标杆值。西塞山公司在2006年荣获华电集团“优秀发电企业”的基础上，继续向标杆企业迈进。组建专班，不断加大市场营销力度，充分发挥整体协调作用，市场营销取得新成绩。电价落实取得新成效，完成平均售电单价391.36元/(千kW·h)，比华电集团考核值提高3.87元/(千kW·h)。电费回收取得新突破，回收率为99.72%，首次超过全省平均水平。华电湖北分公司以安全、效益、发展三大业绩的主体责任为切入点，不断加大对基层企业的服务、指导、协调和管控力度，确保了各项目标任务的完成。按照“事前预算、事中监督、事后分析”的原则，对目标任务进行再分解，加强经济运行分析，加大目标责任考核，通过预算参与企业成本、费用、资金的目标管理和过程控制。发挥燃料“五统一”优势，华电煤业华电湖北分公司进一步加强燃料调运，为湖北企业供煤作出积极贡献。

项目发展

2006年，襄樊公司二期工程5号机组20个月内完成了168h运行，处于系统内项目投产期领先水平；武昌热电公司燃机项目开工建设，进展平稳顺利，为确保2007年投产目标的实现打下坚实基础。前期工作取得明显进展。“十一五”项目规划基本落实，其中，西塞山公司二期工程在省内参与“十一五”后三年评优排序的大型火电项目中位于前列；襄樊公司三期工程列为华电集团“十一五”重点发展项目。青山热电公司、黄石公司老厂改造列入湖北省热电联产工程重点推荐项目。按照华电集团的授权，经与金源水电有限公司其他股东方多次沟通，确定了金源水电有限公司的收购与整合重组方案。

2007年，襄樊公司两台60万kW机组建设总工期23个月零26天，各项性能指标达到部颁“优良”标准。前期工作稳步推进，黄石热电联产改造项目获“路条”，襄樊公司三期项目完成可研报告审查和绝大部分可研收口。荆沙电厂项目与法国电力公司签订合作意向书。节能减排取得实效，认真履行中央企业社会责任，加大关停小火电机组力度，实现黄石公司207号、208号机组提前8个月关停。

截至2007年底，已开工建设和开展前期工作的项目有：武昌2台18.5万kW燃机工程、西塞山二期2台66万kW超临界燃煤发电机组工程、黄石1台30万kW热电联产机组工程、襄樊三期2台100万kW超超临界燃煤发电机组工程、荆沙2台60万kW超临界燃煤发电机组工程，以及随州风电、黄冈龙感湖风电、沼气发电及武汉王家墩CBD热电冷三联产等新能源项目。

改革发展

2006年，华电湖北分公司初步研究制订了检修体制改革方案，对华电湖北分公司所属两家企业的检修公司进行了调研摸底，指导其积极对外拓展市场，规范运作。指导黄石公司做好“按定员组织生产”和“主辅分离、辅业改制”工作试点。推进人力资源优化配置。以青山热电公司教育培训基地挂牌为契机，进一步加大人才培训和开发的力度。积极向华电系统内企业优化配置人员，共输送了378人。协助武昌热电公司采取多种方式实现了多渠道、多途径配置人员。武昌热电公司一方面积极推进燃机项目建设工作，另一方面努力拓宽渠道，保持了职工队伍的稳定。

2007年，华电湖北分公司加强资产并购，通过积极协商与策划，华电湖北分公司顺利完成了控股金源公司的并购。汉源公司在华电集团的指导下，有效收购、接收省能源集团在襄樊公司一、二期的资产，为华电集团收购整合襄樊公司资产发挥了积极作用。加速了体制理顺，在华电湖北分公司的积极推动下，2007年4月13日华电集团将青山热电公司股权划转给中国国电集团公司，长期困扰青山热电厂的“一厂三制”问题得到圆满解决。国家647项目资产基本理顺，襄樊公司4台30万kW机组正式加入华电大家庭。截至2007年底，湖北区域装机容量达到326万kW，资产结构、运营能力、盈利水平及企业形象得到进一步优化和提升。

党的建设、精神文明建设和企业文化建设

2006年，华电湖北分公司认真总结开展保持共产党员先进性教育活动经验，开展先进性教育“回头看”活动，积极探索党员民主参与长效机制的建设。深入开展党建和思想政治工作。认真组织以“八荣八耻”为内容的社会主义荣辱观教育和形式多样的“党章学习月”活动，开展治理商业贿赂专项工作，坚决纠正不正当交易行为。加强学习型企业建设，提高文明创建水平，华电湖北分公司荣获省国资委系统“文明单位”，获中央企业先进班组、国家级青年文明号各1个。武汉华电钢结构公司、武仪科贸有限公司党组织也结合企业特点，卓有成效地开展了党建和思想政治工作。

2007年，华电湖北分公司深入开展“四好”班子创建活动，加强企业领导干部及后备干部的培养、选拔、管理与考核，切实增强各级领导班子的治企能力。着力提高五支队伍整体素质，为企业发展储备必要的人才资源。强化员工培训工作，广泛开展技能培训和业务学习，取得明显成效，在2007年华电集团技能比赛中，西塞山公司、黄石公司等企业多名员工荣获佳绩，跻身华电集团技术能手行列。以作风建设为重点，扎实开展党风廉政建设，深入推进治理商业贿赂专项工作，加强燃煤管理效能监察；持续推进精神文明创建活动，加强企业文化建设，促进和谐企业创建。2007年荣获省直单位共青团工作创新奖。

中国华电集团公司内蒙古公司

概况

中国华电集团公司内蒙古公司（简称华电内蒙古公司）于2003年4月1日在呼和浩特市正式挂牌成立。华电内蒙古公司是中国华电集团公司在内蒙古自治区的分支机构，按照华电集团的授权，负责华电集团在内蒙古自治区的电力项目建设、生产经营管理、发展规划、电力营销、协调服务工作。

截至2007年底，华电内蒙古公司完成6个项目公司组建、10台火电机组和120台风电机组投产发电任务，总装机容量突破302万kW、累计完成投资145.5亿元。所属企业已投产5个，分别是内蒙古华电乌达热电有限公司2×15万kW供热机组、内蒙古华电包头发电有限公司2×60万kW发电机组、包头东华热电有限公司2×30万kW供热机组、内蒙古华电卓资发电有限公司4×20万kW发电机组和内蒙古华电辉腾锡勒风力发电有限公司12万kW风电机组。未投产在建项目一个，为内蒙古华电土右发电有限公司2×60万kW机组工程。

机构设置

华电内蒙古公司共设置6个部门，分别为安全生产部、市场营销部、财务部、人力资源部、计划工程部和综合管理部。截至2007年底，共有员工23人，全部为大中专以上学历。

领导班子

党组书记、总经理：周顺宏

党组成员、副总经理：赵文奎

党组成员、副总经理、纪检组长、工会代主席：巴希

总工程师：牛万虎

主要领导人员变动情况：2007年4月16日，周顺宏任内蒙古公司党组书记、总经理，胡日查不再担任内蒙古公司党组书记、总经理。

发展战略

“十一五”后三年及远景规划：到2010年华电集团在内蒙古自治区的装机容量将实现600万kW，远景规划将达到1500万kW；风电项目装机容量将达到100万kW。

年度业绩

2006年，完成发电量85亿kW·h，实现利润总额9172万元，完成供电煤耗374.04g/(kW·h)，比上年下降23g/(kW·h)；完成综合供电煤耗376.99g/(kW·h)，比上年下降23.01g/(kW·h)；完成综合厂用电率9.3%；实现利税总额2.58亿元；投产容量180万kW，年末装机容量达到290万kW；完成固定资产投资37.47亿元，累计完成投资116亿元。

2007年，完成发电量153.16亿kW·h，比上年同期增长79.24%；实现利润总额19552.07万元，比上年增长113.17%；完成供电煤耗357.30g/(kW·h)，比上年下降16.74g/(kW·h)；完成综合供电煤耗359.93g/(kW·h)，比上年同期下降17.06g/(kW·h)；完成综合厂用电率8.51%，

比上年同期下降0.79%；按营销财务口径累计电费回收率达到98%，完成了华电集团下达的计划值；投产容量12万kW，年末装机容量达到302万kW；完成固定资产投资29.5亿元，累计完成投资145.5亿元。

生产经营管理

2006年，华电内蒙古公司建立健全安全管理组织机构，组织了公司系统内安全应急演练，有效地提高了职工应对危急情况的处理能力。检修工作安全有序进行，消除了基建期设备遗留的各种缺陷及隐患，许多影响安全生产的新问题都得到了及时有效的解决。成立了华电内蒙古公司技术监督领导机构，编写技术监督细则。组织了系统内的技术监督检查。认真组织开好月度经济活动分析会。进一步加强了财务管理，设计了公司系统《月度财务指标完成情况分析汇总表》，企业财务报表的质量得到明显提高。加强对财务数据的分析与统一，较好地完成了年度财务预算及决算的协调、平衡工作。加强电煤管理和市场营销工作，组织制定了华电内蒙古公司《加强电厂燃料管理的指导意见》和《电煤统一结算实施细则》，积极做好电价调整争取工作和峰谷电价的测算和谈判工作，为更好地完成各项经营指标创造了条件。

2007年，华电内蒙古公司不断完善安全生产保证体系和安全生产监督体系的建设，狠抓制度落实。编写并下发了《华电内蒙古公司突发事件应急预案管理规定》等9个公司级的应急预案。开展了新机重点问题排查整治及重要电力设施安全隐患排查工作。引进推广了NOSA安健环管理系统的阶段培训。以工作票、操作票、交接班制度、巡回检查制度、设备定期试验与轮换制度、节能降耗制度等的建立和落实为中心开展了一系列工作。狠抓节能减排工作，理顺技术监督三级网络，开展设备可靠性管理工作，规范统计数据和上报程序，监督各发电单位实时系统运行情况。华电内蒙古公司还进一步完善和加强了月度分析会制度，在公司系统内初步形成了一套安全生产、前期基建、经营管理等工作的综合分析和评价机制，为各企业建立了相互学习促进的交流平台。大力开展市场营销工作，千方百计争取电量指标，积极推动东华参加自治区直购电试点。积极推行平衡记分卡绩效考核办法和薪酬改革试点，激励机制建设得到加强。

项目发展

2006年，东华热电公司（2×30万kW）、乌达热电公司（2×15万kW）两个项目获得国家发改委核准；华电包头公司（2×60万kW）项目进入核准程序；重点开展了辉腾锡勒公司12万kW风电场、库伦20万kW风电场、包头达茂旗巴音20万kW风电场的前期工作。与华电煤业共同开展了蒙东、准格尔地区煤电一体化项目的前期工作。

2007年，华电包头公司（2×60万kW）项目获得国家核准，并在年内实现“双投”目标。土右公司（2×60万kW）具备核准条件，卓资公司（4×20万kW）环境影响报告书获得批复，土地、水保等报告上报国家有关部门。积极开展了风电后续项目的前期工作：辉腾锡勒公司增加的2万kW扩建工程项目得到批复，库伦20万kW项目获得国家核准，包头巴音20万kW项目通过可研、环评，并取得自治区允许开展前期工作的路条和配置资源文件；积极协助煤业集团推进十二连城项目、不连沟矸石热电项目及蒙东煤电基地项目的前期工作。

工程建设

2006年，乌达热电公司、东华热电公司、卓资公司达标工作通过达标验收，东华通过了华北六省达标联检。华电包头公司、卓资公司等基建单位采取各种有效措施，保证了工程安全、质量和里程碑进度一直可控在控。华电包头公司两台60万kW机组实现了年内双投，卓资公司实现了一年“三投”，风电因设备及气候影响只投运了4500kW，但也实现了华电内蒙古公司乃至华电集团风电零的突破。东华热电公司、乌达热电公司完成了大量的工程尾工及脱硫设备的安装调试，尤其是乌达热电公司电—袋复合式除尘器的改造、东华热电公司城市中水的应用为华电集团在内蒙古树立了节能与环保的良好形象。

2007年，土右公司和辉腾锡勒公司项目建设顺利进行。完成了土右公司工程的主体设计和施工、主机、主要辅机设备等招标工作，共完成招标金额25.4亿元。土建工程于4月12日开工，全年完成投资2.5亿元。辉腾锡勒公司克服重重困难，完成了安装任务并全部投入运行。库伦风电项目如期开工。乌东华供热工程基本结束并按期实现正常供暖，铁路改造基建任务基本完成，环保已验收，竣工决算已完成审核。

改革发展

人事方面，印发了《中国华电集团公司内蒙古公司系统员工招聘工作暂行办法》，规范了公司系统人员招聘工作，保证了用人单位人员素质；制定了《中国华电集团公司内蒙古公司系统人员调动管理暂行办法》，加强和规范了华电内蒙古公司系统人员调动管理制度；按照华电集团关于关停小火电机组分流佳木斯电厂和五通桥电厂富余人员的工作要求，华电内蒙古公司从2007年7月开始，先后组织在蒙华电六家企业30多人次赴四川五通桥、两次赴佳木斯厂招聘分流人员，共分流安置富余人员242人。

考核方面，规范了华电内蒙古公司系统中层干部选拔任用制度，以平衡计分卡为工具，加强了企业内部管理，提高了企业绩效水平，制定出了高效运转切实可行的企业管理运作体系，为调动员工工作的主动性、创造性，提高工作效率及下一步进行的薪酬设计、绩效考核打下了良好的基础。

薪酬方面，按照华电集团要求，华电内蒙古公司系统三家企业作为薪酬改革试点单位，进行薪酬制度改革实施工作。2007年8月29日，正式向华电集团上报了《中国华电集团内蒙古公司系统薪酬制度改革实施方案》，标志着华电内蒙古公司系统内薪酬改革工作初步完成。在分公司系统内积极推行平衡记分卡绩效考核办法和薪酬改革试点，激励机制建设得到加强。

党的建设、精神文明建设和企业文化建设

党风廉政建设工作。将党风建设廉政责任制目标作为安全指标的重要内容，与效益指标、发展指标一并纳入经营业绩考核体系，统一与基层各单位签订了责任书，进一步增强了刚性和考核力度，形成了融入中心齐抓共管的局面。通过召开民主生活会、开展“四好”班子创建活动，通过组织学习胡锦涛同志在中纪委七次会议上倡导的八个良好风尚、《中纪委关于严格禁止利用职务便利谋取不正当利益的若干规定》和集团公司述廉议廉工作实施办法等，使各级领导班子成员廉洁从业的意识得到进一步提升，抗腐拒变的能力得以进一步增强。开展了燃料管理物资管理、班组管理、制度建设、招投标管理等方面的效能监察。以“廉洁诚信做人，依法规范经营”为主题，积极组织参与华电集团开展的“五个一”活动，将廉洁文化导入企业文化规划和年度工作任务中，大力开展企业倡廉、家庭助廉、员工守廉活动，将廉洁文化融入于部员工的日常工作、学习、生活之中，努力营造和谐健康的文化环境。

精神文明建设。健全和完善了党组统一领导、党政工团齐抓共管的文明建设领导体制和工作机制，定期研究公司系统的文明建设和思想政治工作，并将其纳入企业发展的总体目标加以规划部署，制定相应的工作制度和措施，不断加大检查和考核力度，广泛开展了文明单位创建活动，逐步规范了各单位文明单位管理工作。卓资公司成为自治区级文明标兵单位，获得自治区五一劳动奖状，乌达热电公司成为自治区级文明单位，华电包头公司、东华热电公司进入所在市级文明单位行列，华电包头公司、乌达热电公司成为华电集团文明单位。根据企业实际全力推行“一岗双责”，坚持与生产经营工作同部署、同考核、同奖励，努力培养一支政治觉悟高、工作能力强、创新意识好的专兼结合的政工队伍。

企业文化。严格按照华电集团“总体规划、逐步实施、扎实推进、务求实效”的要求，认真抓好企业文化建设“一二三四五”工程的实施，认真组织落实《华电集团企业文化规划》，宣贯《华电集团企业理念方案》。各单位都非常重视企业文化建设，在企业初创时期就完成了视觉识别系统的导入，大部分企业提炼出具有自身特色的企业精神，许多企业在工程管理、制度建设、员工行为规范、管理理念方面融入了文化内涵。华电包头公司形成了独具特色的“三和企业文化”，体现出了华电文化氛围下的企业特色。经过几年的艰苦创业和快速发展，华电内蒙古公司逐步形成了“抢抓机遇、顽强拼搏、快速突破、跨越发展”的华电内蒙人精神，总结提炼出了具有华电内蒙古特色的前期基建文化。

华电新疆发电有限公司

概况

华电新疆发电有限公司（简称华电新疆公司）前身为中国华电集团公司新疆分公司，成立于2003年3月28日。2006年6月28日，新疆分公司改制成为华电集团的全资子公司——华电新疆发电有限公司，负责华电集团在新疆地区发电资产的经营和管理，负责华电集团在新疆地区的发展规划、安全生产、市场营销、协调服务等工作。华电新疆公司下辖10家单位，分别为：新疆华电红雁池发电有限公司、新疆华电哈密发电有限公司、新疆华电昌吉热电有限公司、新疆华电昌吉热电（二期）有限公司、新疆华电吐鲁番发电有限公司、新疆华电苇湖梁发电有限公司、新疆华电喀什发电有限公司、新疆华电喀什（二期）发电有限公司、华电新疆发电有限公司乌鲁木齐热电厂、新疆华电发电检修有限公司，代管新疆华电小草湖风力发电有限责任公司。区域内在运火电机组22台，风电机组60台，总装机容量218.75万kW，已核准并开工容量70.95万kW（其中风电4.95万kW），公司资产总额达到68.6亿元，是新疆最大的电源公司。

华电新疆公司本部下设7个部门，分别为总经理工作部、人力资源部、计划基建部、安全生产部、财务资产部、监察审计部、政治工作部。

领导班子

党组书记、总经理：孙青松

党组副书记、副总经理：杨明

党组成员、纪检组组长、副总经理：曾庆锋

党组成员、副总经理：李东政

发展战略

以科学发展观为指导，积极开展环保项目和可持续发展项目，努力把公司建设成为具有可持续发展能力和市场竞争能力的高效节约型、环境友好型、创新型现代企业。

年度业绩

2006年，完成发电量83.42亿kW·h，与上年相比增幅16.01%；完成综合供电煤耗383.49g/(kW·h)，同比下降7.63g/(kW·h)；完成综合厂用电率9.21%，同比下降1.53个百分点；实现利润5107万元，比上年增加4957万元；完成全员劳动生产率31.94万元/(人·年)（工业增加值口径）。

2007年，完成发电量115.41亿kW·h，同比增长38.3%；完成综合供电煤耗380.29g/(kW·h)，同比下降3.25g/(kW·h)；完成综合厂用电率8.86%，同比下降0.38个百分点；实现利润17219万元，完成华电集团年度责任制目标6000万元的286%，盈利能力较往年大幅提升；实现净利润8738万元。完成全员劳动生产率43.85万元/(人·年)，较上年提高11.91万元/(人·年)。

生产经营管理

2006年，华电新疆公司大力开展“安全生产整改年”活动，在华电集团安全性评价中平均得分为82.98分（整改前平均得分61.32分），安全整改初见成效。经营状况进一步改善。着重加强了经营责任制目标的调控，狠抓预算管理，对预算指标及时进行跟踪、分析，提出解决方案。面对经营成本波动大，新机投产问题多的情况，坚决落实各项经营责任制指标，严格控制各项预算外支出，使企业的经营成本得到了有效控制。

2007年，华电新疆公司系统以安全性评价整改年活动为载体，夯实安全生产基础。结合各企业安全生产的实际情况和安全性评价标准，认真开展安全性评价工作，举一反三，落实整改，实现闭环管理，确保安全生产可控、在控，构建了安全生产的长效机制。全年未发生一般及以上人身事故、设备事故、火灾事故，没有发生企业经营和领导人员违法和严重违纪案件，没有发生对企业形象和稳定造成严重不利影响事件，确保了公司生产安全、经济安全、政治安全、形象安全。经营业绩明显提升。公司坚持以经济效益为中心，规范内部管理，建立奖惩机制，出台了《企业领导人员经营目标激励办法》等一系列管理制度，推动了各项工作快速运转。强化电量目标管理，加强成本预算控制，内强管理，外拓市场，财务状况得到改善，经营业绩明显提升。所属各单位积极开展了创建华电优秀发电企业活动，加强了营运改善和对标工作，大力推行目标管理和业绩管理，把业绩考核、激励机制融入创优工作的全过程。建立生产、经营、安全三个指标管理体系，形成一套科学的考核流程和业绩管理流程，推动公司管理水平再上新台阶。新疆华电红雁池发电有限责任公司被华电集团命名为优秀发电企业，同时被评为先进单位，实现了公司系统优秀发电企业零的突破。燃煤成本实现可控在控。通过加大与政府部门的沟通联系，及时调整用煤结构，拓宽供煤渠道，采取按质论价、规范关联交易等方法，努力控制燃煤进厂价格，降低煤耗、厂用电率等指标，把电煤成本增加的影响降到最低。2007年通过对煤价和煤耗的控制，电煤单价低于年初预计涨幅，煤耗控制在预算内，仅此就节约燃料成本近2000万元。制度建设进一步加强。华电新疆公司出台、修改《人力资源管理制度》、《财务管理制度》、《计划发展管理制度》等120项管理制度，完善了公司系统自上而下的管理体系，强化了制度管理的刚性，公司指导、监督作用得到了发挥。基层企业各项指标、经营业绩得到了提高，本部各部门工作效率和工作业绩大幅提升，促进了年度经营目标更好完成。依法经营、遵纪守法意识得到加强。开展了对所属企业关联交易专项审计工作，有效地维护了主业的权益。按照集团公司统一部署，认真开展“依法经营、遵纪守法”主题实践活动，对历年检查中暴露出的问题认真梳理，逐一整改落实，进一步规范管理，保证了华电新疆公司经济安全和形象安全。

项目发展

2006年，华电新疆小草湖风电项目一期工程（4.95万kW）获得新疆维吾尔自治区发展改革委核准。吐鲁番发电公司两台机组（2×13.5万kW）、昌吉热电公司扩建工程3号机组（12.5万kW）、喀什发电公司扩建工程3号机组（5万kW）分别通过了满负荷72+24h试运行，顺利并网发电。

2007年，华电新疆小草湖风电项目二期工程（4.95万kW）获得新疆维吾尔自治区发展改革委核准。昌吉热电公司扩建工程3号机组（12.5万kW）、喀什发电公司扩建工程3号机组（5万kW）分别通过了满负荷72+24h试运，顺利并网发电。小草湖风电项目一期工程（4.95万kW）完成建设并顺利并网发电。为保证公司的可持续发展，公司开展了一批风、水、火、煤电项目前期工作，并加大了各项目前期工作力度，部分项目取得了突破。其中，乌鲁木齐热电厂热电联产（2×330万kW）工程取得全部国家各部委的审查批复，具备核准条件并上报国家发展改革委核准；华电昌吉新热电（2×330万kW）项目、华电红雁池电厂二期扩建（2×330万kW）项目均取得新疆维吾尔自治区境内所有相关支持性文件，可研阶段工作基本完成，具备上报国家各部委审查的条件。乌鲁木齐市西山热电一期（2×660万kW）、哈密电厂四期扩建（2×33万kW热电联产机组）、伊犁火电（2×33万kW）、库尔勒火电（2×33万kW）、小草湖风电二场一期（4.95万kW）、阿勒泰风电（10万kW）、哈密（15万kW）及阿拉山口风电（10万kW）项目的前期工作均快速推进。华电新疆公司在积极推进火电、风电项目前期工作的同时，加大了水电项目调研及开发力度，并与昌吉州政府签署了昌吉三屯河（18万kW）、塔西河（20万kW）、玛纳斯河流域（25万kW）开发协议。

2006~2007年，华电新疆公司共投产6台火电机组及60台风电机组，投产装机容量66.95万kW，其中：2006年投产4台火电机组，共44.5万kW；2007年投产2台火电机组、60台风电机组，共22.45万kW；投产规模创华电新疆公司成立以来的新纪录。建设安全实现零事故，工程质量再创新水平，工程造价实现低成本，工期指标先进。

改革发展

2006年按照华电集团企业改制重组要求，经过各项筹备，于2006年6月28日举行了区域子公司的挂牌仪式。各项工作全面展开，管理职能逐步健全和加强。按照“机构从简、人员从精、适合跨区域检修工作”的原则，完成检修公司的组建方案。经华电集团批准，新疆华电发电检修有限公司于2006年11月18日正式挂牌。

2007年，按照华电集团深化劳动用工制度和薪酬制度改革的要求和整体部署，华电新疆公司结合新疆所属各单位的实际情况，制定了具体指导意见，统一协调、稳步推进，下属试点新疆华电红雁池发电有限公司、新疆华电吐鲁番发电有限公司单位先后完成岗位薪点工资制度改革。华电新疆公司与新疆电力公司在返还折旧、新疆哈密第二电厂1~4号机组资产划转移交、新疆丰收电厂离退休人员归属等遗留问题上达成了一致意见，签订了资产移交协议。双方于8月15日办理了产权登记证移交手续。2007年，新疆哈密第二电厂并入新疆华电哈密发电有限责任公司，并改制为华电新疆发电有限公司全资子公司。

党的建设、精神文明建设和企业文化建设

2006年，按照华电集团的部署，结合“四好”领导班子的创建活动，华电新疆公司认真进行了党员学习教育长效机制的试点工作，积极开展了安全生产月、民族团结教育月、党章学习月、党风廉政建设教育月等主题活动，并形成了《华电新疆公司党员学习教育长效机制实施办法》。通过试点工作，华电新疆公司系统党组织的凝聚力和党员的示范作用进一步增强。认真开展治理商业贿赂专项工作，落实教育、制度、监督并重的惩治和预防腐败体系。在效能监察、内部审计、党群工作、企业文化建设等方面都开展了大量的富有成效的工作。

2007 年，华电新疆公司系统以创建“四好”领导班子为主线，按照“四好”领导班子的标准，进一步加强领导班子建设，顾全大局、相互补台，全面提高了各级领导班子的领导力、执行力和战斗力。务实高效的工作作风逐步形成，工作的主动性和责任心明显增强，干群关系不断改善，广大干部员工的向心力和凝聚力不断增强，企业和员工队伍保持稳定，营造了和谐的内外部环境。巩固保持了共产党员先进性教育活动成果，积极落实中央四个长效机制文件，大力开展“强核心、固堡垒、全面提升基层党组织标准化建设水平”活动，公司系统党建工作得到进一步加强。胜利召开了系统首届工代会和首届党员代表大会，工会的职能作用得到发挥，广大员工民主管理和参与意识明显增强。成立了公司思想政治工作研究会。出台了公司企业文化建设“十一五”规划，起草了公司员工行为规范，广泛征集公司理念，企业文化建设稳步推进。

华电云南发电有限公司（中国华电集团公司云南公司）

概况

华电云南发电有限公司（简称华电云南公司）是中国华电集团公司的全资子公司，成立于 2005 年 6 月 28 日，与中国华电集团公司云南公司“一套班子、两块牌子”，合署办公。公司注册资本金为 4 亿元人民币。华电云南公司以华电集团在云南的以礼河电厂、昆明电厂、巡检司电厂、绿水河电厂、石龙坝电厂以及昆明公司、巡检司公司、镇雄公司的权益组成，可控装机容量179.3 万 kW，其中火电机组 140 万 kW，水电机组 39.3 万 kW。

华电云南公司按照华电集团的委托与授权，负责华电在滇企业的生产经营、发展规划、电力营销、协调服务等活动。公司下设总经理工作部、人力资源部、计划基建部、财务资产部、生产运营部、政工部、监察审计部。

领导班子

董事长：任书辉

总经理：冯海鹏

党组书记：郭世明

副总经理、纪检组长、工会主席：杨灿光

副总经理：王贵彦、曲振尧

年度业绩

2006 年，完成发电量 55.45 亿 kW·h，同比增长 63.6%；实现销售收入 11.12 亿元；完成上网电量 51.38 亿 kW·h，同比增长 64.81%；发电机组平均利用小时 5037h，同比增加 145h，综合供电煤耗累计 393g/(kW·h)，同比下降 43.36g/(kW·h)；全年完成基建投资 21.16 亿元，投产新机 30 万 kW。

2007 年，完成发电量 85.43 亿 kW·h，同比增长 54.1%；实现销售收入 17.02 亿元；发电机组平均利用小时数 5311h，同比增加 145h；综合供电煤耗 370.81g/(kW·h)，同比下降 25.11g /(kW·h)；全年完成基建投资 13.56 亿元，投产新机 60 万 kW，关停发电容量 10（4×2.5）万 kW。

生产经营管理

2006～2007 年，华电云南公司以发展云南电力工业及培育云南电力支柱产业为己任，以市场为导向，以发展为主题，以效益为中心，坚持生产经营和资本经营并重，企业发展与员工发展协调，努力树立和维护诚信、高效、合作、服务、环保的企业形象，积极寻找企业发展新路。一方面，精心管理好现有存量资产，确保发电设备安全、稳定运行，努力满足省内电力和“西电东送”的需求；另一方面，坚持走发展之路，通过发展做大企业，通过发展做强企业，积极参与云南电力资源开发，变资源优势为经济优势，为云南省的经济可持续发展和社会进步作出应有的贡献。

始终坚持“安全第一、预防为主、综合治理”的方针，紧抓安全不放松，坚持安全生产基础地位不动摇，把安全工作列为重中之重的工作来抓，认真组织开展了“安全性评价”的整改工作检查、督导工作，加强了防洪度汛和大坝安全管理工作，及时拟订、报批水电站水库汛期调度运行计划和防洪抢险应急预案，明确了从公司到电厂各级防汛责任人、防汛指挥调度权限和职责。落实资金研究处理了以礼河电厂二级大坝和绿水河电厂大坝的病坝问题。建立和完善了安全生产管理规章制度，强化安全生产管理的制度化与规范化，进一步完善和编制了《安全生产工作规定实施细则》等12个管理规定和办法，编制了《评标大纲》、《节能管理办法》、《安全先进评选管理办法》用以指导和规范各单位的安全生产管理工作，使公司的安全生产管理基本做到有章可循。高度重视电厂的应急管理工作，根据国家电力监管委员会和华电集团的有关要求，组织开展了应急预案编制工作，同时编制了公司层面两个应急预案，下发了《应急预案管理办法（试行）》，明确了应急预案的编制、宣传、教育、培训和演练工作的要求和目标，指导了应急管理工作的有序开展。2006~2007年华电云南公司安全生产形势总体平稳，没有发生重大、特大事故，人身伤亡和火灾事故。

项目发展

2006年10月8日，昆明二电厂2号30万kW机组提前22天投产发电。巡检司电厂扩建工程6号30万kW机组于2007年1月30日投产，7号30万kW机组2007年11月14日投产。

华电云南公司围绕确定的电源项目，加大项目催批力度和核准文件的准备。镇雄项目1、2号机通过“上大压小”方式向国家发展改革委申请开展前期工作，3、4号机组完成了可研审查和优选报告，取得全部省级支持性文件。

改革发展

根据国家关于小火电关停政策，经华电集团批准以及有关股东方同意，下发《关于中国华电集团公司云南巡检司电厂与云南巡检司发电有限公司管理整合的指导意见》以及《关于中国华电集团公司云南昆明电厂与云南华电昆明发电有限公司管理整合的指导意见》，将新公司和老厂进行管理整合，老厂的人员全部并入新公司管理，领导班子和人力资源配置实行“一个班子，两块牌子”。通过管理整合，有利于节能环保工作目标的实现，改善企业的社会形象；有利于新老企业的统一管理，提高管理效率。

2007年，根据集团公司《中国华电集团公司绩效目标管理办法》（中国华电人［2007］115号）精神，制定了《华电云南发电有限公司绩效目标管理办法（试行）》（华电云司人［2007］20号），对企业分配、考核及领导人员薪酬方面进行改革。

党的建设、精神文明建设和企业文化建设

华电云南公司把学习贯彻党十七大精神作为首要政治任务抓实抓好。公司组织所属单位充分利用报刊、宣传橱窗、板报等学习、宣传手段，采用召开中心组学习、党员大会学习等多种形式，深刻领会，真抓实干，大力加强了党员和干部队伍的思想政治建设，素质能力建设和作风形象建设，深入开展“四好”班子创建活动，切实加强了领导班子建设。深入了开展向邓平寿同志学习活动。加强企业文化建设，建立了企业文化体系。成立了华电云南发电有限公司工会委员会，广泛开展了“五个一”文体活动。加强员工思想动态分析和有针对性的思想工作，及时排查和消除不稳定因素，保持了员工队伍稳定。

按照华电集团《建立健全教育、制度、监督并重的惩治和预防腐败体系实施细则》和《关于在公司系统开展促进构建惩防体系活动的通知》要求，公司于2007年6月6日成立了第二片区第八小组促进构建惩防体系活动组委会，制定了《促进构建惩防体系活动第二片区第八小组实施方案》，明确了交流方式、交流重点。通过网络、报刊、文艺、文学、演讲、会议、论坛、橱窗、音像、党课及廉政教育课、手机短信、家庭助廉等形式开展廉洁文化活动39次、组织专题研讨14次、理论研讨14次、组织专题培训20次。为了强化教育效果，昆明电厂、以礼河电厂等单位组织党员干部参观监狱、红军长征纪念馆。绿水河电厂与开远市人民检察院建立长效工作机制，由检察院配合该厂对员工进行廉政教育。此外，公司所属各单位积极开展了不良资产效能监察、燃煤管理效能监察、重大项目招投标效能监察、资产经营责任制审计等多项效能监察、审计工作，从“教育、制度、监督”三个方面，结合实际工作中取得的经验、存在的问题和困难进行积极探讨，有3篇专题论文获华电集团“促进构建惩防优秀论文奖”。

开展了“为发展助力、为华电建功”主题实践活动、2007年“安康杯”竞赛活动和创建“工人先锋号”等活动。按照“扶贫济困解难事，温暖和谐进万家”的主题开展了送温暖活动。继续认真做好职工医疗互助工作。举办了公司系统首届“云华杯”职工乒乓球比赛、“迎奥运、展风采”羽毛球和乒乓球比赛的选拔赛、“放歌华电”

歌手大赛选拔赛。在“放歌华电”歌手大赛中，公司选送的昆明电厂选手孙铸荣获大赛民族组金奖，公司荣获华电集团优秀组织奖。在“迎奥运、展风采”羽毛球比赛中，公司荣获华电集团优秀组织奖。

石龙坝电厂入选第六批全国重点文件保护单位

2006年5月25日，石龙坝电厂作为九处近现代工业遗产之一，正式入选第六批全国重点文物保护单位。[《国务院关于核定并公布第六批全国重点文物保护单位的通知》（国发［2006］19号文)]。

巡检司电厂举行提前关停及电量转让签字仪式

2007年6月13日，云南省政府在巡检司举行巡检司电厂提前关停及电量转让签字仪式，标志着云南省电力工业节能减排工作迈出了实质性的第一步。

云南金沙江中游水电开发有限公司

概况

云南金沙江中游水电开发有限公司（简称金沙江中游公司）是由中国华电集团公司、中国华能集团公司、中国大唐集团公司、华睿投资集团有限公司、云南省开发投资有限公司按33%、23%、23%、11%、10%的出资比例共同组建的大型水电流域开发公司，注册资本金3亿元，成立于2005年12月16日。

金沙江中游公司主要任务是：遵照国家的产业政策，本着“流域、梯级、滚动、综合”开发的原则，全面负责金沙江中游梯级电站开发建设的协调和管理工作，做到统一规划、统一调度和统一运行，充分发挥各梯级电站的发电、防洪、供水等综合利用效益，确保流域水资源开发利用整体效益的充分发挥。努力提高经济效益和社会效益，为公司股东获取合理的投资收益。公司的核心业务是水电开发建设和生产运营。

2002年4月，原国家计委组织审定《金沙江中游河段水电规划报告》，按“一库八级”方案开发，即龙盘（上虎跳峡）、两家人、梨园、阿海、金安桥、龙开口、鲁地拉和观音岩，总装机容量2058万kW，年发电量833亿kW·h。金沙江中游公司全资建设和管理龙盘、两家人、梨园、阿海水电站；参股建设鲁地拉、龙开口、观音岩、金安桥水电站四个项目。

截至2007年底，金沙江中游公司资产总额193641.13万元，负债总额214194.05万元，所有者权益45000万元，公司管理岗位员工95人。

机构设置

按照金沙江中游公司章程、发起人协议书和组建会商纪要三个基本文件，股东会选举组建董事会、监事会。董事会下设技术委员会、财务委员会。

根据公司董事会批准的机构设置方案和工作需要，公司设置总经理工作部、人力资源部、计划发展部、财务及资产管理部、移民环保部、基本建设管理部（下设安全监察室、合同管理处、工程技术处）、机电物资部、政治工作部（下设监察审计室）8个职能部门，及阿海水电站建设筹备处、梨园水电站建设筹备处、龙盘水电站建设筹备处和金沙江中游梯级水电站集控中心筹备处。

领导班子

董事长：贺恭

监事会主席：刘海建

党组书记、总经理：高盈孟

党组成员、副总经理：张向明、陈侃

党组成员、副总经理、工会主席：杨贵平

党组成员、总工程师：黄志斌

副总经理：冯电波

总会计师：张嘉军

发展战略

成为各投资方水电开发的主力军，云南省“西电东送”和“云电外送”的核心企业；建设云南以水电为主的电力支柱产业的龙头企业之一。成为南方和国家电网内最大的水电开发商和生产运营商之一，到2020年公司装机容量达2000万kW左右。

年度业绩

2006年，项目前期及筹建工作快速推进，共完成投资3.74亿元，其中完成前期工作投资3.09亿元，占年度计划的112%，完成货币工作量5.5亿元；完成基建投资0.42亿元，占年度计划的45%；其他费用0.23亿元。

2007年，全年共完成投资12.46亿元。没有发生重大安全、质量事故，没有发现违法、违规事件，确保了稳定。

经营管理

金沙江中游公司组建了职能部门和项目建管单位，明确了各部门工作职责和工作流程，健全并形成了流域管理架构。公司制定了薪酬管理考核办法、财务管理办法、预算管理制度、资本金到位管理办法、招标管理办法、重大事项报告制度、重大事项应急管理办法等30多项内部管理制度，并于2006年4月份建立了办公信息系统、公司内部网站和外部网站，全面实施无纸化办公。2007年启动了工程项目管理信息系统的建设。公司认真遵循以人为本的理念，建立了人员招聘、干部任用、员工培训、绩效考核等人力资源的开发和管理制度，完成了人力资源管理信息系统建设，形成了金沙江中游公司人力资源管理体系。严格预算管理，不断提高成本管理水平，各项预算管理指标完成情况良好，并严格控制了费用支出。公司融资工作进展顺利，被多家银行列入总行级重要客户，确保了推进前期工作和工程筹建的资金需求。公司在各项工作中加强与有关政府部门沟通汇报、取得支持的同时，分别和有关地方政府建立了定期联席会议制度，共同成立了协调领导小组，与相关县级人民政府签订了维护稳定责任书。

项目发展

积极、稳妥、有序推进各项工作，项目前期工作、清算移交、流域管理、项目筹建和公司自身建设均取得了较好成绩，为金沙江中游公司健康持续发展奠定了坚实基础，开创了全面加快金沙江中游水电开发良好局面，得到了云南省委、省政府和华电集团及其他各投资方的充分肯定。

龙盘水电站2006年完善了预可研报告并开展了有关专题和可研勘测设计工作，2007年委托开展了其宗坝址预可研勘测设计工作，完成了预可研设计合同的签订和工程建设必要性及工程规模论证和坝址比选等相关专题研究。阿海、梨园水电站2006年7月预可研报告分别通过了国家审查后，签订了设计合同，全面开展了可研设计工作，制订了两个项目的核准工作及筹建工作计划。2006年8月，阿海水电站业主营地、左、右岸进场公路相继动工。2006年8月28日，阿海梨园水电站建设筹备处正式揭牌成立。2007年阿海水电站现场施工筹建工作快速推进，安全、质量得到了严格控制，全年共有导流洞、施工供电、索道桥等30多个项目动工建设，完成导流洞闸门招标及合同签订、缆机招标及合同签订，电站主机的招标工作，施工区移民已基本搬迁完毕，工程形象面貌满足2008年截流的进度要求。梨园水电站进场道路于10月份正式开工建设；梨园村至坝址道路修缮及保通工程已完成；临时业主营地已建成投运；上游索道桥工程已动工，各筹建工程项目按计划稳步推进。

金沙江中游公司全资建设项目清算移交工作全部完成，参股项目公司组建工作完成。2007年6月底公司全面完成了龙盘、两家人、梨园、阿海四个项目的移交清算，并协调配合各股东方进行了其他项目的清算移交工作。2007年7月前分别完成了鲁地拉电站、龙开口、观音岩及金安桥电站的清算移交和项目公司的组建，金沙江中游开发体制和生产关系完全按照公司三个基本文件的要求全面实现。

开展并完成移民长效补偿安置方案创新研究，移民安置“16118政策”印发并实施。2006年2月公司与云南省移民局、省发展改革委及有关专家共同成立课题组，在不突破国家现行政策框架的条件下，以公司为主开展“完善移民补偿机制、创新移民安置方式”课题研究。2007年，“16118政策”由云南省政府办公厅正式印发、批准全面贯彻实施。

金沙江中游流域管理工作全面推进。启动并部分完成了流域开发时序研究、对外交通、输电系统、接入系统、库区优势产业、集控中心、水情测报系统、流域环评等流域规划工作，满足了各项目前期工作的全面推进。

改革发展

金沙江中游公司高度重视人力资源管理和开发。经过两年的努力，建立了人员招聘、干部任用、薪酬分配、员工培训、绩效考核等管理制度，完成了人力资源管理信息系统建设，初步形成了人力资源管理体系，基本形成了全方位立体综合的考评体系。在薪酬分配方面公司制定了《云南金沙江中游水电开发有限公司基本薪酬和基本建设期责任制考核奖励管理办法》、《云南金沙江中游水电开发有限公司基本薪酬管理实施细则》，同时还制定了《云南金沙江中游水电开发有限公司关于实施知识分子工资性补贴规定》等相关配套管理办法，完善了工资制度，规范了薪酬分配。

党的建设、精神文明建设和企业文化建设

金沙江中游公司建立健全组织机构，理顺管理关系。截至2007年底，圆满完成了金沙江中游公司机关、阿海水电站建设公司、梨园水电站建设筹备处3个党委和7个党支部的组建工作。制订了《党组工作规则》、《党组中心组学习制度》等20多项规章制度。坚持公司党组、各党委的理论中心组学习及党支部的“三会一课”教育。同时，大力开展全员读书活动并取得实效。实行稳定工作党委负责制，建立党政密切配合、各职能部门齐抓共管，切实强化维护稳定和开展平安建设工作。制定下发了《公司企业文化建设纲要》。截至2007年底，已基本完成《金沙江中游水电宪章》。在党风廉政建设工作中，严格落实“一把手负总责”的党风廉政建设责任制、扎实推进惩防体系建设，抓好治理商业贿赂专向工作。初步确定了“金沙水能兴云岭，大浪淘沙见真金”、“团结高效、遵章守纪、务实创新、协调发展”的理念和宗旨，启动了公司发展战略研究和企业形象标识的设计工作。2007年，公司完成了企业文化建设纲要的制定，启用了公司企业形象标识。

云南金沙江中游水电开发有限公司揭牌成立

2005年11月21日，国家发展改革委印发《国家发展改革委关于落实金沙江中游水电开发建设管理体制有关事项的通知》（发改能源［2005］2439号）。

2005年11月26日，由国家发展改革委召集的金沙江中游水电开发座谈会在北京召开。中国华电集团公司、中国华能集团公司、中国大唐集团公司、华睿投资集团有限公司和云南省开发投资有限公司等单位的有关领导参加了座谈会。本次座谈会就金沙江中游水电开发有限公司的组建事宜进行了讨论，并签署了《金沙江中游水电开发有限公司组建工作会商纪要》。

2005年12月1日，云南金沙江中游水电开发有限公司发起人协议签字仪式在人民大会堂河南厅举行。国家发改委副主任张国宝，云南省委副书记、省长徐荣凯及国务院有关部委、国内各大银行和有关单位的领导出席了签字仪式。中国华电集团公司党组书记、总经理贺恭，中国华能集团公司党组书记、总经理李小鹏，中国大唐集团公司党组书记、总经理翟若愚，华睿投资集团有限公司总裁李河君，云南省开发投资有限公司董事长费宣在《金沙江中游水电开发有限公司发起人协议书》和《金沙江中游水电开发有限公司公司章程》上签字。

2005年12月9日，国家发展改革委印发《国家发展改革委关于组建金沙江中游水电开发有限公司有关事项的批复》（发改能源［2005］2609号）。

2005年12月16日，云南金沙江中游水电开发有限公司成立仪式在云南省昆明市隆重举行，中国华电集团公司党组书记、总经理、云南金沙江中游水电开发有限公司董事长贺恭和云南省委副书记、常务副省长秦光荣共同为公司揭牌。

主要措施和经验

（1）坚持科学发展观，做好移民环保工作是公司发展之关键所在。金沙江中游梯级多个电站涉及自然保护区和旅游风景区，再加上龙盘水电站移民数量大、安置耕地有限、少数民族区域性强，要做好金沙江中游水电开发，必须高度重视移民环保工作。

（2）坚持“三统一”原则，做好流域管理工作是公司发展之基石。金沙江中游公司认真落实国家发改委“统一规划、统一调度和统一运行”要求，切实做好流域公共规划、流域管理、流域协调等各项工作，在流域开发中确立流域公司地位，使金沙江中游开发效益得到充分发挥。

（3）坚持“艰苦奋斗、开拓创新”是加快公司发展的内在要求。金沙江中游公司是国内成立最晚的一个大型流域开发公司，且没有母体电站，公司在管理、前期工作推进、制度建设等各个方面不等不靠，主动积极，创造性地开展工作，依靠自己艰苦奋斗、开拓创新。

（4）坚持“四赢”原则，是公司加快流域开发的外部要求。金沙江中游公司坚持“水电开发与环境保护双赢、水电开发与移民利益保护双赢、水电开发与地方经济社会发展双赢、水电开发与西电东送双赢”四项原则，加强与相关州市各级政府和人民群众的沟通与协调，取得他们的积极支持，为公司发展、流域开发创造一个较好的外部环境。

云南华电怒江水电开发有限公司

概况

云南华电怒江水电开发有限公司（简称怒

江公司）成立于 2003 年 7 月 10 日。经营范围为：怒江干流水能资源梯级开发的投资和建设，水电厂的运营管理，电能的生产和销售，水利水电工程技术咨询服务和水利水电物资、设备采购。

怒江中下游水电规划开发建设十三个梯级电站，从上至下分别为松塔水电站（420 万 kW）、丙中洛水电站（160 万 kW）、马吉水电站（420 万 kW）、鹿马登水电站（200 万 kW）、福贡水电站（40 万 kW）、碧江水电站（150 万 kW）、亚碧罗水电站（180 万 kW）、泸水水电站（240 万 kW）、六库水电站（18 万 kW）、石头寨水电站（44 万 kW）、赛格水电站（100 万 kW）、岩桑树水电站（100 万 kW）、光坡水电站（60 万 kW）。其中，松塔、马吉为龙头水库，故称为“两库十三级”。怒江中下游十三个梯级规划装机容量 2132 万 kW，保证出力 778.87 万 kW，年发电量 1029.6 亿 kW·h。

怒江公司将以“开发一条流域、促进一方经济、保护一片环境、造福一地群众、构建一方和谐”为公司使命，以“绿色水电、和谐怒江、企地共赢”为公司宗旨，按照“流域、梯级、滚动、综合”的原则开发怒江中下游水电资源。

截至 2007 年底，怒江公司股权构成为：中国华电集团公司 51%、云南省投资控股集团有限公司 20%、华润电力控股有限公司 14%、云南省电力投资有限公司 10%、云南省送变电工程公司 5%。公司本部设总经理工作部、人力资源部、财务资产部、计划合同部、规划发展部、工程建设部、机电物资部、政治工作部等 8 个职能部门，下设六库水电站建设公司、赛格水电站筹建处、亚碧罗水电站筹建处、六丙公路建设公司 4 个单位。公司共有员工 58 人。

领导班子

董事长：程念高

副董事长：刘海建

董事：罗锦华、李正平、郭世明、周游、刘建华、史敬平、段文泉、杨家昌、张建新（职工董事）

监事会主席：李长旭

监事：阮金水、卜繁森、刘文娴、杨俊、李文仲（职工监事）

总经理、党组成员：张泽星

党组书记：周游

副总经理、党组成员：张建新、黄国庆、邓平强

副总经理兼总工程师：陈伊恂

主要领导人员变动情况：

2005 年 7 月 ~ 2007 年 4 月，周游任怒江公司总经理、党组书记。2007 年 4 月开始，张泽星任怒江公司总经理、党组成员，周游任党组书记。

项目发展

怒江公司 2006 年完成投资 21386.98 万元，2007 年完成投资 32760.26 万元，累计完成投资 66502.12 万元。

截至 2007 年底，六库水电站《可行性研究报告》完成，按照移民新条例要求需单独审查的《正常蓄水位专题报告》、《施工总布置专题报告》全面展开编制工作。赛格水电站可行性研究阶段《正常蓄水位选择专题报告》、《机组机型选择报告》、《装机容量选择报告》、《坝型、坝址选择报告》、《枢纽布置》和《施工总布置》等主要技术方案通过中国水利水电建设工程咨询公司的咨询。亚碧罗水电站可行性研究阶段《坝址及坝型选择报告》、《正常蓄水位选择报告》、《机组台数及参数选择报告》通过中国水利水电建设工程咨询公司咨询，《施工总布置报告》编制完成。马吉水电站《预可行性研究报告（咨询稿）》完成。碧江水电站预可研工作即将结束。泸水水电站、岩桑树水电站、石头寨水电站《预可行性研究报告》完成并通过中国水利水电建设工程咨询公司的综合咨询，进入可研阶段。鹿马登水电站、福贡水电站、光坡水电站预可研报告编制完成。

重大事件

2006 年 3 月 3 ~ 5 日，华电集团党组成员、副总经理、怒江公司董事长程念高带领股东代表、董事会及监事会成员前往怒江流域考察，并分别拜会怒江州委州政府和保山市委市政府的有关领导。

2006 年 3 月 26 日，泸水县建设社会主义新农村小沙坝试点（六库水电站施工区移民安置点）正式破土动工。

2006 年 4 月 5 ~ 14 日，世界自然保护联盟和

世界遗产委员会派出专家组，前往怒江评估待建水坝可能对遗产地产生的影响。

2006年7月5～9日，国务院办公厅秘书二局孙献忠、李佳路，国家发展改革委能源局史立山，水利水电规划设计总院顾洪宾组成调研组前往怒江，实地调研当地政府和群众对水电开发的态度。

2006年8月7日，国务院副总理曾培炎在中共云南省委书记白恩培、云南省省长徐荣凯陪同下前往保山境内曼海大桥视察，听取了三江并流自然遗产地和怒江干流水电规划的相关报告。

2006年9月4日，中共云南省委副书记、常务副省长秦光荣率队进京汇报“怒江问题”研究工作情况，重点汇报怒江水电开发问题，希望尽早开发怒江水电资源。

2006年9月18日，全国人大副委员长许嘉璐率领检查组前往怒江检查六库水电站苗干田移民安置工作，对怒江水电开发给予了肯定，表示将积极促进怒江水电规划通过国家批准。

2006年10月24日，中国水电顾问集团公司党组书记、总经理李菊根、副总经理王斌一行到怒江公司会谈，就深化怒江流域水电规划、项目咨询等相关工作进行了深入沟通。

2007年7月23日，华电集团党组成员、副总经理、怒江公司董事长程念高到云南参加“怒江州总体发展思路工作座谈会”，并对怒江进行了考察。

2007年11月13日，经华电集团批准，怒江公司成立赛格水电站筹建处、亚碧罗水电站筹建处和六丙公路建设公司。

2007年12月28日，云南省国资委党委批准怒江公司党组织关系由其管理。

华电煤业集团有限公司

概况

华电煤业集团有限公司（简称煤业集团公司）成立于2005年8月29日，是中国华电集团公司为实施“以发电为主体，煤炭、金融为两翼”发展战略，整合华电集团系统煤炭开发和运营资源，在中国华电集团公司燃料有限公司和华电开发投资有限公司基础上重组成立的。公司成立时的注册资本为5亿元人民币（华电集团全资），经2006年4月第一次增资扩股后，注册资本增加至15.6亿元人民币，华电集团控股51.28%，华电集团所属的11家企业以不同股比参股。

煤业集团公司主要负责华电集团系统的燃煤供应、厂内燃料管理及煤矿、煤电化一体化、煤炭深加工、煤炭储运和境外煤炭等项目的投资。在2007年8月印发的《中国华电集团公司产业布局与资产重组的指导意见》中，华电集团将煤业集团公司明确定位为“煤炭产业发展的实施主体和燃煤专业化管理公司”。

截至2007年底，煤业集团公司资产总额为37.3亿元人民币。公司本部设总经理工作部、人力资源部、计划调运部、投资发展部、财务资产部、燃料管理部、安全生产部、工程建设部、党群工作部、监察审计部等10个职能部门，下设13个分公司、5个办事处、10个全资（控股）子公司、17个参股公司，在册员工264人。

领导班子

董事长：邓建玲

党组成员、总经理：丁焕德

党组书记：彭南新

党组成员、副总经理：黄沈阳、李强德、孙炳福

党组成员、纪检组长：杜将武

主要领导人员变动情况：2007年4月邓建玲接替曹培玺任公司董事长，丁焕德接替邓建玲任公司总经理，彭南新接替邓建玲任公司党组书记。

发展战略

以邓小平理论、“三个代表”重要思想为指导，深入贯彻落实科学发展观，以优质服务为宗旨，以提高华电集团整体效益为目标，以保证供应为重点，以发展为动力，以管理创新和企业文化建设为保障，坚持“煤为核心，以电带煤，以化配煤，以煤保电，综合发展”的产业布局，着力开发“四大领域”（煤电化、物流、电子商务、国际业务），着力建设“八大能源基地”（山西、陕北、蒙东、蒙西、新疆、宁东、甘肃、海外），着力建设“两大体系”（煤炭物流体系、煤炭交易体系），全面推进产、供、销、储、运、配、送各项工作，走科学化、现代化、集约化、国际化和新型工业化之路，把公司建成服务高效、管理一流、效益优良、具有可持续发展能力和市场竞争力的现代化大型企业集团。

年度业绩

2006年，狠抓电煤量质价管理，加强和规范厂内燃料管理，大力推进项目投资与开发，各项工作取得了较好成绩。全年未发生安全事故；电煤供应量完成9621万t，较2005年增加1405万t；入厂标煤单价完成392.26元/t，较2005年下降0.57元/t；入厂入炉煤热值差完成0.63MJ/kg，较2005年减小0.223MJ/kg；利润总额完成8931.37万元。

2007年，按照“以服务为宗旨，以管理为主线，以发展为动力”的工作思路，积极应对各种挑战，统筹推进各项工作，全面完成了华电集团下达的“三大业绩”考核指标。继续保持了安全“零事故”的良好局面，没有发生企业经营及领导人员违法和严重违纪案件，没有发生影响政治稳定和企业形象的重大事件；供煤量完成11648万t，较2006年增加21.6%；入厂标煤单价（含税）完成470.91元/t，较2006年上升33.54元/t；入厂入炉煤标煤单价差完成21.28元/t，较2006年减小6.11元/t；入厂入炉煤热值差完成0.525MJ/kg，较2006年减小0.106MJ/kg；利润总额：完成20213万元，较2006年增加11282万元。

项目发展

煤业集团公司按照国家发展改革委煤炭工业“十一五”规划，以及华电集团“电为核心，上下延伸，内外并举”的产业布局，致力于打造煤、电、化、路、港、航为一体的跨行业集团，积极参与建设十三个大型煤炭基地、七大煤电基地和七大煤化工产业区，努力提高对煤炭资源的控制力，保障华电集团的煤炭供应安全。截至2007年底，煤业集团公司投资项目共27个（控股10个，参股17个），累计投资35.9亿元，控制煤炭资源201亿t，控（参）股煤炭企业开工建设规模2305万t/年、投产规模300万t/年，在建燃煤发电装机容量132万kW，在建码头吞吐能力1800万t，船舶运力6.4万t，参股建设石太客运专线。

经营管理

煤业集团公司积极探索适应公司发展的优秀管理理念、先进管理模式、科学管理方法和最佳管理效果，在完善管理体系、规范管理流程上下工夫，大力推进以规章制度建设为重点的基础管理，管理的系统化、规范化、程序化水平得到较大提升；在加强计划管理、狠抓责任落实上下工夫，大力推进以督察督办为重点的执行力建设，公司系统各单位的工作做到了月有计划、周有安排，向闭环管理迈出了一大步；在健全激励机制、强化考核管理上下工夫，大力推进以调动积极性、激发创造性为重点的绩效管理，初步建立了以任期考核、年度考核、月度考核为主要内容的考核管理体系。

建立了职责明确、管理高效、运转协调的燃料管理体系，制定了一整套燃料管理制度。以科学、规范、高效管理为目标，以控制热值差和加强煤场管理为重点，以开展“燃煤管理年”活动、“达标、创优、建示范”活动和电厂燃料管理交叉检查为载体，以举办首届燃煤采制化技能大赛为契机，从完善设备、健全机构、充实人员、建章立制、强化监督等方面，大力推进燃煤全过程规范化管理，华电集团的燃料管理整体水平得到不断提升。初步建立了财务与燃料业务数据一体化系统，为实现发电企业燃料管理与华电集团财务管理的无缝对接搭建了平台。燃料管理信息系统荣获企业管理现代化创新成果电力行业一等奖、国家级二等奖。

建立了统一计划、统一订货、统一调运、统一结算和统一管理的“五统一”管理体系，形成了燃料管理统一安排部署、统一管理标准、统一工作程序、统一合同条款、统一价格批复的良性工作格局。2006～2007年，煤业集团公司充分发挥燃煤“五统一”管理优势，以保证供应、优化结构为目标，以早抓储煤提库存为重点，以跨区域调运为突破口，以全方位协调为手段，加强信息的收集与分析，严格计划的制订与考核，规范合同的谈判与签订，并从发运源头、合同条款、入厂验收等环节严把煤质关，实现了调运工作及时、有序、高效、合理，较好地保证了电煤供应。

建立了“价格三条线”管理机制（承包利润线、零利润线、边际成本线），以及统筹协调、相互制约、快速反应的电煤价格形成机制，统一价格体系，规范价格管理，做到了动态、超前、快速适应市场的变化，争取电煤采购工作的主动权。按照可靠保证电煤供应、入厂标煤单价最低的原则，以优化供煤结构为重点，统一制订调运方案，加大跨区域调运力度，合理引导资源流向，控制采购价格，实现了华电集团整体利益最大化。

党的建设、精神文明建设和企业文化建设

坚持以邓小平理论和“三个代表”重要思想为指导，深入贯彻落实科学发展观，加强和改进党的建设、精神文明建设和企业文化建设。公司本部设立了党群工作部和监察审计部，成立了机关党委和纪委，系统各单位均成立了党支部。建立了保持共产党员先进性长效机制，开展了“四好”班子创建、商业贿赂专项治理和“八荣八耻”教育活动，员工的素质和能力得到较大提升。开展“党支部标准化建设”和“两优一先”评比活动，实现了党组织建设的标准化、制度化、规范化。着力打造本质廉洁型企业，开展了“廉洁从业，从我做起”宣传教育月活动，制定了《干部员工廉洁从业“三大纪律、八项注意”》和《领导人员廉洁从业考核办法》，实施了电煤采购合同、燃料结算专项效能监察和工程建设全过程跟踪审计，营造了腐败“不愿为、不能为、不敢为、不必为”的氛围。以提高核心竞争力为目标，推进企业文化建设，形成了具有公司特色的企业文化理念体系。启动了“希望工程——华电煤业爱心助学行动”，把精神文明建设不断推向深入。

主要经验

（1）优质服务是根本宗旨。“服务电力发展”是华电集团对煤业集团公司的定位，必须把服务作为公司工作的根本宗旨，将其贯穿于煤炭供应、燃料管理、项目开发和自身建设等各项工作的始终，通过煤炭供应为发电生产服务，通过燃料管理为控制发电成本服务，通过发展煤炭及其相关产业增强服务能力，通过加强自身建设提升服务本领，全面提升服务满意度。

（2）保证供应是首要任务。保证电煤供应是煤业集团公司最大的服务，量足、质优、价廉地为华电集团系统燃煤电厂供应电煤，是优质服务这一宗旨最直接、最重要的体现。因此，公司必须把电煤供应作为首要任务来抓，公司系统各个层面的工作都要服从和服务于电煤供应工作。

（3）服务—发展—服务是基本思路。发展才是硬道理，通过发展逐步增强自供煤能力是保证电煤供应最根本的途径，公司工作必须遵循服务—发展—服务的基本思路，加快发展步伐，加大煤炭及其相关产业的开发力度，尽快提升对电煤供应量、质、价的市场控制力。

（4）绩效考核是管理龙头。企业的效益与员工的工作业绩密不可分，员工的工作效能最大化是企业效益最大化的前提，必须把绩效考核作为公司管理工作的龙头来抓，形成层层强化责任、层层分解责任，一级抓一级、层层抓落实的绩效考核激励机制，把公司打造成为一个高效的工作团队。

（5）以人为本是长期理念。人是生产力诸因素中最活跃、最积极的因素，人是管理的主体，管理是人的行为。必须把以人为本作为公司发展的长期理念，在提升员工素质、优化员工结构、挖掘员工潜能等方面下工夫，在企业发展的过程中为员工发展创造条件，让员工共享发展成果。

中国华电集团资本控股有限公司

概况

中国华电集团资本控股有限公司（简称资本控股公司）成立于2007年5月，是由中国华电集团公司以现金6亿元人民币出资注册，并根据监管政策和法律程序要求，将华电集团投资的各金融机构股权划入资本控股公司，通过资本公积转增资本。

资本控股公司是华电集团的全资子公司，是依法设立的独立法人，是华电集团金融资源与金融产业投资、整合、管理、监督和服务的归口管理机构，根据集团公司授权统一规划金融发展、统一整合金融资源、统一管理金融投资、统一协调金融业务、统一控制金融风险，并根据授权行使对华电集团所属金融机构的出资人权利，统一管理华电集团金融产业。资本控股公司成立初期，暂与华电财务公司实行“一套人马、两块牌子、合署办公”。

机构设置

资本控股公司内设总经理工作部、政治工作部、财务部、金融业务管理部、信息技术部、风险与合规管理部、监察审计部、金融投资及研发部等8个部门，均为中国华电集团财务有限公司的共属部门。

领导班子

总经理：郭怀保

党组书记：王曦

副总经理：陈宇

纪检组长：余建华

主要领导变动情况：2007 年 10 月，郭怀保任中国华电集团资本控股有限公司总经理，王曦任党组书记，王怀书不再担任中国华电集团资本控股有限公司总经理、党组书记。

公司业绩

截至 2007 年底，资本控股公司管理运作资产规模达到 412.55 亿元，完成年度目标 350 亿元的 118%，比上年同期增长 22%。实现利润总额 5.26 亿元，完成年度目标 2.5 亿元的 210%，比上年同期增长 122%。实现华电集团资金存量归集率 95%，流量归集率 85%，完成年度目标的 100%；全年日均归集资金 59.4 亿元。

经营管理

1. 金融平台不断完善和发展

资本控股公司的成立，为华电集团金融产业的实体化、一体化发展奠定了良好基础，各金融机构的发展能力进一步增强。2007 年，华电集团持有的永诚保险、华信保险经纪、华信保险公估、建信基金公司股权划转至资本控股公司的有关工作开始启动，财务公司等其他金融机构的股权将在条件成熟时划转；信托公司重组已完成清理整顿和引进外资战略投资者等工作，获得国资委和广东省银监局的批准后上报中国银行业监督管理委员会。财务公司启动新一轮的增资扩股工作；烟台市商业银行积极寻找战略投资者推进增资扩股工作。各金融机构经营管理能力不断提升。财务公司贷款规模稳定增长、结构进一步优化，证券投资紧紧把握住市场变化，收益开创了历史最好水平，创新能力不断提升。华信保险经纪公司积极推进华电集团内企业保险业务；市场化业务开拓能力不断增强，完成大唐双鸭山热电厂保险咨询等新项目。华信保险公估公司完成系统内二十多家企业的风险评估。烟台市商业银行进一步完善公司管理结构，推进机构扁平化和业务垂直化管理。各金融机构均大幅超额完成年度利润目标，为华电集团效益业绩的提升发挥了重要作用，逐步成为华电集团新的效益增长点。

2. 金融服务能力不断提升

金融资源的集约化管理成效显著。2007 年，资金集中管理落实了新举措，通过全面推广华电网上银行，实现了华电集团资金集中结算流程的再造，进一步提高了资金管理水平。到 2007 年底已完成 160 家单位 330 个账户的集中管理，全年通过电子结算系统累计支付 449 亿元，累计归集资金 452 亿元，占资金归集总额的 44%。燃料集中结算范围进一步扩大，流程进一步优化，全年累计支付电煤资金 230 亿元。华电集团对系统内资金的结算、归集、预算和监控能力得到进一步加强，2007 年，华电集团归集资金日均余额达到 59.4 亿元，比上年日均资金增加 6.7 亿元。信贷规模进一步扩大。2007 年，财务公司累计向华电集团成员企业发放贷款达到 89.15 亿元，较去年同期增长 144%；公司自 2004 年成立累计发放贷款达到 220 亿元，组织银团贷款累计筹集资金 127 亿元，为加快华电集团电力主业发展提供了重要资金支持。财务顾问作用有效发挥。截至 2007 年底，财务公司受托管理年金规模 21.8 亿元，实现年金委托投资收益率约 10.3%，大大超过协议要求和以往年份；协助完成华电集团香港公司战略投资中信银行 H 股的研究、策划和有关操作，实现 15% 的投资收益率，为提升华电集团整体盈利水平发挥了重要作用。保险服务能力不断增强。2007 年，华信保险经纪公司在按时完成华电集团所属企业续保业务的同时，及时安排落实河南新乡等新投产项目保险业务，为华电集团提供了良好的风险保障；公司全年签约保费 1.41 亿元，比上年增长 22%，其中市场化业务规模比上年有较大提升；受理系统内涉及的重大赔付案件 75 起，报损金额 1.18 亿元，争取总赔款达到 3328.7 万元，为出险企业降低经济损失、尽快恢复生产发挥了重要作用。

3. 金融业务创新范围和规模不断扩大

2007 年，财务公司成功发行 10 亿元金融债券，成为首批获准发行财务公司金融债券并取得成功的机构之一；集中代理票据业务规模进一步扩大，全年代理开立票据 26 亿元，为华电集团企业节省财务费用 8400 万元，减少保证金质押 2 亿元；应收账款保理业务试点成功，全年完成签约规模 4.5 亿元。另外，财务公司完成江苏戚墅堰及乌江地区信托业务 6 亿元，对存量资产租赁业务、人民币利率掉期产品等新业务也进行了广泛研究。各项创新业务的研究和应用，为集团拓宽融资渠道、降低融资成本、优化资产结构、抑制资产负债率的攀升，支持华电集团电力主业发展发挥了重要作用。

4. 内外协调与合作能力进一步增强

2007年，各金融机构自觉接受政府监管部门的监督和指导，遵纪守法，规范经营，获得监管部门的高度评价，也获得了更多内外部客户的信任和支持。华电集团所属各金融机构的业务合作逐步加强，华信保险经纪公司、公估公司与永诚保险公司签订业务合作协议，开始推进车险业务和公估业务上的合作；财务公司和基金公司开始在证券领域接洽合作。各公司与金融同业的学习交流更加频繁，同时不断扩大华电集团系统与外部金融机构的合作范围，积极为华电集团发展争取良好的融资环境。2007年华电集团从各银行取得综合授信达到2380亿元，比上年末增加220亿元。

党的建设、精神文明建设和企业文化建设

2007年，资本控股公司全面部署十七大会议精神的学习宣传和贯彻落实，深入推进“四好”班子建设，积极发挥领导班子在企业发展中的核心作用，实现三大业绩的快速提升，得到了华电集团的高度评价，被授予先进企业和“四好”领导班子先进集体的荣誉，华信保险经纪公司被授予“四好”领导班子先进集体的荣誉；公司党建工作不断加强，设立了政治工作部，党的思想、组织、作风、制度建设逐步完善。公司新增五名预备党员，党组织的政治核心作用和党员的先锋模范作用在实际工作中得到较好的发挥。纪检监察和党风廉政建设各项工作扎实推进，建立健全教育、制度、监督并重的惩治和预防腐败体系实施方案，继续推进治理商业贿赂专项工作，大力开展廉政文化建设，组织廉洁从业专题学习月活动，采取观看录像、举办讲座等形式，加强对干部员工的党风廉政宣传教育，不断增强广大员工的廉洁自律意识。金融系统全年未发生任何违法违纪事件，被华电集团评为纪检监察先进单位。员工队伍建设不断加强。建立和完善公司骨干和后备力量的选拔、培养和激励机制，实行“按岗选人”，根据公司发展需要，面向社会公开招聘优秀人才，员工队伍进一步壮大；全年共组织员工集中培训学习达到23次，派三名员工到基层电厂进行为期一年的实地培训，员工专业水平和综合素质不断提升，为金融产业的发展提供了坚强的人才保障。

中国华电工程（集团）有限公司

概况

中国华电工程（集团）有限公司（简称华电工程）是由中国华电集团公司控股（75%）、华电煤业集团公司参股（25%）的有限责任公司，是华电集团电力工程技术服务、电力高科技产品制造、研发中心，是华电集团技术服务中心。华电工程现有在职员工5000余人，其中本部559人。公司荣获华电集团2007年度“先进企业”和“业绩优秀企业”称号。

机构设置

截至2007年底，华电工程公司所属企业有全资及控股子公司17家（其中国电南京自动化股份有限公司为A股上市公司）；参股公司14家。全资企业中有三家直属科研单位，即国电机械设计研究院（杭州）、国电郑州机械设计研究所和电力产品质量标准化研究所（杭州）。华电工程本部设总经理工作部、人力资源部、市场营销部、工程管理部、财务部、政治工作部、监察审计部、发展策划部、科技管理部、资产管理部10个部门。中国华电工程（集团）有限公司机构设置见下图。

领导班子

董事长：邓建玲

总经理、党组副书记：白绍桐

党组书记：杨勇

党组副书记、纪检组长：李亭玉

党组成员、副总经理：谢春旺、张国新、马骏彪

党组成员、副总经理兼总会计师：许建良

党组成员、副总经理：吴济安

总工程师：黄湘

主要领导变动情况：2007年6月，邓建玲接替程念高任公司董事长。2007年4月，白绍桐任总经理、党组副书记，党组书记杨勇不再兼任总经理职务。

发展战略

以做强做大做好中国华电集团电力工程高新技术产业为使命，以提升安全效益发展业绩为主线，以实业运作和资本运作良性互动为途径，以制度建设和企业文化为保障，坚持以人为本、科学发展、改革创新，把公司建设成为“国内行业前列、中国企业500强”的企业集团。

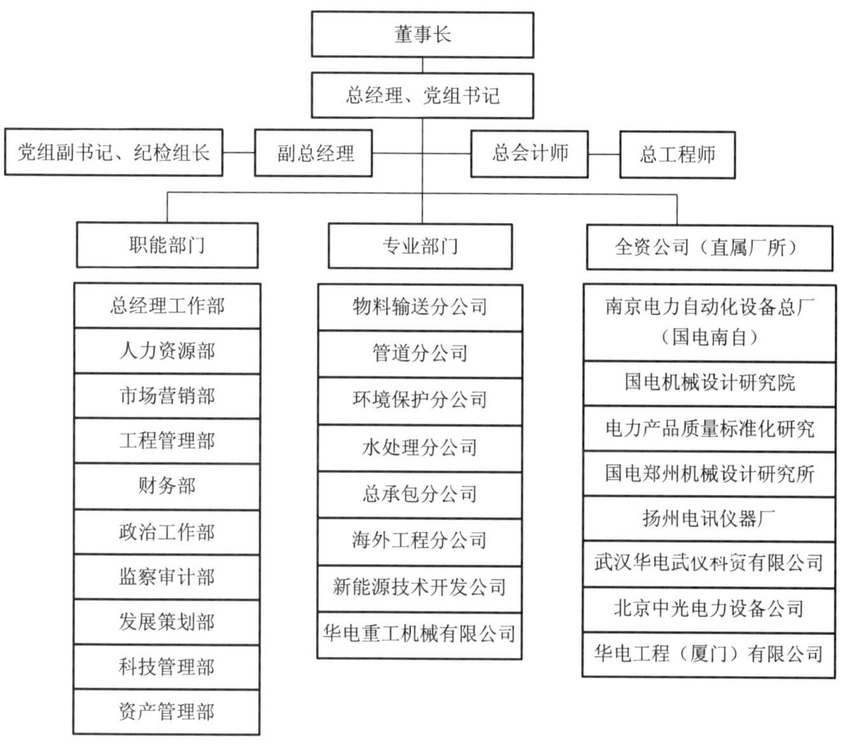

中国华电工程（集团）有限公司机构设置

2007～2009年，华电工程“12345”工作总体战略：

把握一条主线——要把着力提高经济效益作为贯穿公司发展全过程的主线，做强电力工程技术产业。

做好二个市场——依托和服务于华电集团内部市场，不断提高自身的市场竞争能力；着力拓展华电集团外部市场，以期在更广大的市场中寻求发展，做大电力工程技术产业。

突出三个体现——把为华电集团发展作出贡献突出体现在对华电集团效益指标的贡献度上，突出体现在为华电集团基建、生产和实施“走出去”战略的服务上，突出体现在保持公司系统企业的稳定上，做好电力工程技术产业。

发动四个引擎——拉动华电工程快速发展的四个引擎，一是紧紧依靠和充分利用好华电集团强有力的支持；二是紧紧抓住新能源和节能环保产业发展带来的市场机遇；三是切实加强自身精细化管理，努力提升效益；四是有效运用国电南自融资平台和体制平台增强发展能力。

重点做好五个方面的工作——按照“战略统领、产业支撑、资本拓展、文化凝聚、制度保障”的管理原则，一是根据公司战略管理需要对公司内部资源进行优化整合；根据市场前景和公司优势突出公司主要经营业务；二是不断提高公司产品质量和服务，着力培育公司核心竞争能力，打造一流品牌；三是简化管理链条和管理幅度，创新管理体制机制，提高管理效率；四是实现公司整体上市，实现实体运作与资本运作的良性互动；五是狠抓领导班子和员工队伍建设，培育具有华电工程特色、积极向上、充满活力和凝聚力的企业文化。

年度业绩

2006年，完成销售收入47.2亿元，同比增加8.2亿元，增长23.1%；实现利润总额8408万元，同比增加3669万元，增长77.42%；净利润2550万元，同比增加1500万元，增长142.89%。

2007年，完成销售收入50.7亿元，同比增加7.07%；实现利润总额1.55亿元，同比增加78%；实现净利润7050万元，同比增加152%；

净资产收益率10.98%，同比增加了5.48个百分点；成本费用利润率2.99%，同比增加了0.66个百分点；期末流动资产占用总额50.1亿元，控制在计划指标之内。

经营管理

1.“外创环境”取得突破

华电工程在华电集团的定位得以明确，发展方向和目标更加清晰。同时，华电集团进一步加大了对华电工程的支持力度，为公司做强做大做好创造了良好条件。2006年神华天津煤炭码头项目的成功投产标志着华电工程在大型工程建设领域达到了国内一流水平。以华电集团首台百万千瓦超超临界机组——邹县电厂7号机的顺利投产为标志，华电工程公司的管道工程、水处理工程、物料输送等相关专业在各自的领域都迈上了新的台阶。2006年环保脱硫业务进入项目执行高峰，共完成了9个项目17台30万kW以上大型机组的烟气脱硫总承包工程，实现了技术、质量和业务量的全面突破。公司在海外的第一个电站总承包项目印尼INDORAMA 1号机14天可靠性运行顺利结束。在建设部组织下参与编制燃气冷热电三联供工程技术规程制定、参与了国家863科技规划的重点项目《太阳能塔式热发电系统》的开发与研究并承担其中的高可靠性蓄热方式的研究和系统建立、开展风电、秸秆发电研究等。正式签约岭澳核电站二期凝结水精处理合同，从而确立了公司在凝结水方面的行业龙头地位。同时，继印尼INDORAMA（印度拉玛）和阿萨汉项目之后，顺利签署拉法基印尼水泥厂自备电厂2×1.6万kW工程总承包合同和运营合同。2006年，清洁能源公司在成功实施中关村商城项目和广东粤新项目的基础上，又签订了重庆香港城三联供项目，逐步建立起在国内市场的领先优势。取得了贵州毕节东华2×15万kW热电总承包项目并正式开工，从而开始了在国内真正意义上的电站总承包工作。2007年，完成了蓬莱滚装基地的一期建设，为物料输送专业竞争力的进一步提高创造了更加有利条件；中标了山西瑞光2×30万kW机组、山西轩岗2×66万kW机组两个空冷岛项目总承包。具有自主知识产权的国内最大直径柱状混床的技术试验取得成功，解决了硫酸根超标这个世界性难题。成功中标高碑店中水改造、邯钢新区全厂脱盐水系统、新奥集团40万t/年污水回用等项目，污水处理前景看好。新能源技术开发公司承担的广东新会粤新热电联供工程总承包项目两台机组均已投产发电；承担的北京德青源沼气发电工程、太阳能热发电示范项目进展顺利；山西右玉、平鲁两个风电场总承包项目按计划推进，第一台风力发电机组于2007年9月7日吊装完成，成为“山西第一风塔”；努力为华电集团新能源事业发展献力，充分利用自身资源为华电新能源发展公司开发了多个陆地和海上风场资源等新能源项目。

2.“内强管理”初显成效

按照先宏观后微观的思路，华电工程“内强管理”工作的重点是通过对公司资源进行优化整合，为实现公司战略目标奠定基础；通过理顺管理关系实现集团化运作；通过宣传倡导、典型带动培育求真务实的工作作风。在公司管理体制机制的变革、内部制度建设、工作流程的改进等微观方面，主要是酝酿方案和做必要的前期准备。

3. 各项职能管理工作更加注重实效

华电工程提出了精细化管理的方针。一是市场开发、市场营销统一协调方面的工作有效推进，使公司市场营销工作得到初步规范。二是进一步加强了资金的筹划和管理。三是在质量安全体系、招标采购方面的工作取得成效，有效地控制了风险和成本。四是首次开展了项目专项审计，全面加强了效能监察。五是按照华电集团要求，全面推行了办公自动化系统，大大提高了工作效率和工作质量。六是继续推进资产清理整合工作，对一些公司进行了追讨欠款、清算注销、股权转让工作。七是公司资质申办工作取得突破，取得了国家发展改革委颁发的甲级工程咨询单位资格证书。同时，几项专项资质申办也取得实效。八是在公司本部组织开展了“为公司科学发展献计策”活动。使各级领导更加了解了广大员工的思想动态，密切了干群关系，调动了广大干部职工积极参与企业管理的积极性。

党的建设和企业文化建设

在企业党的建设中，一是加强了制度建设和落实；二是大力加强保持共产党员先进性长效机制建设，认真抓好党员的学习教育工作；三是加强了组织培养工作；四是积极开展“两优一先”评选表彰活动，努力提升党员素质和基层党组织标准化建设水平；五是深入贯彻落实党风廉政建设责任制，坚持教育、制度与监督并重的原则，努力构建公司系统惩治和预防腐败体系。

为构建以和谐企业为主要内涵的企业文化新格局，公司利用多种形式开展了企业文化创建活动。编制了《企业文化建设规划》和《企业文化手册》，并进行了宣贯，在公司系统大力倡导广大员工保持和发扬华电工程“拼搏进取、锲而不舍、永不言败、干事创业”的优良传统，弘扬华电集团倡导的“务实、创新、和谐、超越”的企业精神，切实提高公司竞争的“软实力”。

在领导班子建设上，华电工程调整充实了各级领导班子，规范了用人机制，形成了德才兼备的用人导向。选拔任用了一批年轻干部，首次实现了本部与各直属厂（所）干部的双向交流，各级领导班子结构得到优化，整体功能进一步加强。2007 年，华电工程荣获华电集团“四好领导班子”称号。

中国华电集团新能源发展有限公司

概况

中国华电集团新能源发展有限公司（简称新能源公司）成立于2007 年9 月26 日，中国华电集团公司及其所属的华电国际电力股份有限公司、贵州乌江水电开发有限责任公司、华电能源股份有限公司、华电工程（集团）有限公司共同出资设立。新能源公司负责华电集团新能源项目，包括风能、小水电、分布式能源、太阳能、核电、生物质能、地热能、潮汐能等可再生能源项目的投资、建设、生产及电力销售；负责新能源项目工程建设的全过程管理以及安装、调试、运行和监理；负责华电系统 CDM 项目的统一组织、统一开发和统一结算；负责新能源应用技术开发和咨询等。

新能源公司下设综合管理部、计划投资部、生产建设部、财务资产部、政治工作部 5 个职能部门。公司拥有装机容量 12. 15 万 kW 的内蒙古华电辉腾锡勒风力发电有限公司 100% 的股权、装机容量 4. 95 万 kW 的新疆华电小草湖风力发电有限责任公司 100% 的股权、规划装机容量 1. 95 万 kW 的上海华港风力发电有限公司（在建）50% 的股权，以及规划装机容量 2 ×7. 8 万 kW 的广州大学城华电新能源有限公司分布式能源项目（在建）55% 的股权。截至2007 年12 月底，资产总额18. 2 亿元，净资产 3. 5 亿元。

领导班子

董事长：程念高

监事会主席：金树成

党组成员、总经理：方正

党组书记：黄春齐

副总经理：霍广钊

党组成员、副总经理：舒福平

发展战略

以国家的产业政策和可再生能源发展规划为指导，以认真履行“经济责任、政治责任、社会责任”为己任，以风电项目为龙头，以小水电项目为依托，积极发展分布式能源和太阳能发电，因地制宜开展生物质能和垃圾发电，及时跟踪了解其他新能源的发展状况，致力于建设多元化的、具有特色的国内一流新能源公司，为社会奉献更多的清洁能源。

公司业绩

截至 2007 年底，新能源公司资产总额 18. 18 亿元，净资产 3. 51 亿元，资产负债率 80. 69%；实现利润 -88. 59 万元。2007 年度，公司所属的内蒙古辉腾锡勒完成发电量 8152 万 kW·h，完成年度计划发电量（5000 万 kW·h）的 163%；实现利润 159 万元，完成年度计划利润目标（50 万元）的 318%。所属各单位全年未发生人身重伤、死亡事故，未发生重、特大设备事故和造成严重社会影响的安全生产事件，未发生对企业形象造成严重不利影响的事件。

项目发展

在风电项目上，新能源公司认真实施华电集团的新能源发展战略，着力抓好区域布点，扩大辐射范围，争取项目资源。通过多方努力，公司已在内蒙古、新疆、甘肃、吉林、黑龙江、辽宁、广东、广西、海南、江西、江苏、浙江、湖南、湖北等省市区取得了资源，与当地地方政府签订了一批项目开发协议，累计占有风电资源量近 900 万kW，并按照开发协议的要求开始安装测风塔，开展测风工作。2007 年，公司共核准风电项目 3 项 26. 95 万 kW，分别为内蒙古库伦风电项目 20 万 kW、新疆小草湖风电一场二期风电项目 4. 95 万 kW 和辉腾锡勒扩建项目 2 万 kW；发展改革委批准开展前期工作风电项目（路条）3 项 26.9 万 kW，分别为上海老港风电 1.95 万 kW，内蒙古达茂旗召河风电 4.95 万 kW，内蒙古巴音风电 20 万 kW。

在太阳能发电项目上，新能源公司已争取到上海市普陀区都市工业园 1.4MWp 太阳能光伏发电项目和北京市八达岭 1000kW 太阳能热发电项目的投资开发权。其中上海市普陀区都市工业园 1.4MWp 太阳能光伏发电项目已将可研上报普陀区发展改革委，北京市八达岭 1000kW 太阳能热发电项目建议书（代可研）已获得批复，正在进行合资谈判。

在分布式能源项目上，新能源公司密切关注国内分布式能源的发展状况，12 月 12 日与广州大学城能源发展有限公司签订合资合同，共同出资设立广州大学城华电新能源有限公司，投资广州大学城分布式能源站并积极开展项目施工准备。

在小水电项目上，新能源公司抓住国内资本市场利好和电力体制改革进一步深化的有利时机，开展了部分区域小水电项目的收购洽谈工作。公司已与甘肃明珠投资股份有限公司进行了多次接触，并积极参与海南水电公司资产重组，湖南、四川、云南、黑龙江等区域的部分小水电项目也正在洽谈中。

2007 年 12 月 10 日，新能源公司所属的内蒙古华电辉腾锡勒风力发电有限公司 12.15 万 kW 风电机组全部投产发电，以此为标志，华电集团发电装机容量突破 6000 万 kW，成为我国第三家装机容量超过 6000 万 kW 的发电集团。2007 年 12 月 30 日，新疆小草湖风电一场一期工程4.95 万 kW 风电机组全部投产发电，公司管理的风电装机容量达到 17.1 万 kW，圆满完成集团公司下达的年度基建任务。

经营管理

华电新能源公司成立以来，以赶超国内其他新能源公司为目标，大力实施精细化管理，努力适应内外部环境变化和市场竞争日趋激烈的新形势，认真履行“三大责任”，着力提升“三大业绩”。

一是进一步加大市场营销力度，切实抓好电费、电价、电量三个关键环节，抓突破，抓落实。进一步加强设备运行管理与维护，千方百计提高设备可用率；通过多次向内蒙古自治区及国家相关部门进行汇报与沟通，积极争取合理电价，加大电费结算回收力度，努力解决电费结算不到位问题。

二是抓住 CDM（清洁能源机制，下同）项目创收的大好机遇，按照华电集团授权，大力开展 CDM 项目的组织、开发和结算工作，及时了解华电集团系统具备申报 CDM 项目条件的项目情况，将同类项目打捆开展 CDM 开发工作，争取 CDM 收益最大化。提前开展 CDM 项目的申报工作，确保项目投产即可取得 CDM 收益。加快 CDM 结算周期，尽可能使当年电量当年结算，为公司效益作出贡献。

三是强化成本控制，实施成本对标管理，丰富控制手段，降低成本支出。抓好管理费、材料费、修理费、财务费用全过程管理，严格审批流程，确保控制在预算范围内。进一步做好经济活动分析和预算执行情况分析，及时纠正预算执行过程中的偏差，对三项费用超预算进度的部门及单位进行及时警示，将各项费用严格控制在预算范围内，确保年度经营目标的落实。

四是按照新能源公司发展战略，在加快发展步伐的同时，着力研究和解决新能源项目融资难的问题，缓解公司面临的资金压力。加大和外资企业的合作力度，积极引进外资，合理优化股权结构，节省资金成本，同时为争取税收优惠政策创造条件；积极拓宽融资渠道，充分利用华电集团整体金融优势的平台，全面加强与各银行金融机构及保险公司等非银行金融机构的沟通与合作，将部分风电等新能源项目打捆，采取电费收益权质押、资产抵押或第三方担保等方式，探讨 CDM 项目资金预付、提前支付及发行债券等新途径，多渠道、多品种、多方式筹集项目建设资金；积极申请财政资助、贷款贴息及国债资金，通过票据结算业务、应收账款保理等信用工具，在控制风险、保证建设资金供应的前提下盘活现有资金，提高资金使用效率，实现效益的最大化。

党的建设、精神文明建设和企业文化建设

新能源公司深入贯彻落实党的十七大精神，召开专题学习会组织全体员工认真学习领会胡锦涛总书记工作报告等会议精神，并将十七大精神落实在工作中，结合公司实际，积极探索公司发展的新思路，以十七大精神指导公司各项工作的开展，保证了公司发展的良好势头和正确方向。

加强党建工作，组织召开机关本部全体党员大会，及时成立了新能源公司机关党支部并选举产生了支部委员，做好党员管理、党费收缴等基础工作。组织召开了公司党员领导班子民主生活会，进一步加强了领导班子思想建设、作风建设，有力推动公司各项工作的深入开展。

深入开展文明创建和争先创优活动，按照创建文明单位工作要求，认真学习领会华电集团创建文明单位相关文件精神。深入推进党风廉政建设，促进廉洁从业。加强《华电新能源简报》、公司网站等宣传媒体的建设，规范公司 VI 系统使用，在办公事务、公关事务、环境识别、广告宣传等方面对外统一公司整体形象。

中国华电集团发电运营有限公司

概况

中国华电集团发电运营有限公司（简称运营公司）是中国华电集团控股、华电国际股份有限公司、华电煤业集团公司等七家公司参股的自主经营、独立核算、自负盈亏的法人实体，是中国华电集团公司的专业公司。运营公司于 2007 年 6 月 11 日经国家工商行政管理总局批准在北京市登记注册，7 月 17 日正式挂牌成立，注册资本 5000 万元人民币，出资方以现金出资。股东出资额及出资比例：华电集团 3000 万元，占注册资本的 60%；华电国际电力股份有限公司和华电煤业集团有限公司各出资 500 万元，分别占注册资本的 10%；华电能源股份有限公司、华电福建发电有限公司、华电云南发电有限公司、华电四川发电有限公司、乌江水电开发有限责任公司各出资 200 万元，分别占注册资本的 4%。

运营公司的经营范围主要包括：受托发电厂生产运营管理及发电设备运行、维护；发电厂运营咨询与人员培训；符合国家规定、经华电集团批准的与发电厂生产运营管理相关的其他业务。公司的主要职责：一是以行政关系为纽带，贯彻华电集团战略、服务华电集团发展、执行华电集团决策，代表华电集团对系统内部的发电委托运行市场进行规范管理，对华电集团负责。二是以合同关系为纽带，接受项目公司的委托对发电厂进行运行和维护，保证受托机组安全、经济运行，对发电企业负责。同时，根据华电集团要求，将运营公司建设成为“对外展示华电集团发电运营水平的窗口，对内提供发电运营人才、技术和管理支撑的平台”。

截至 2007 年底，运营公司受托运营和储备项目 13 个，总容量达到 1131.9 万 kW。

机构设置

截至 2007 年底，运营公司本部设立综合管理部、人力资源部、财务经营部、安全生产技术部、市场开发部等五个部门，有正式员工 20 人。2007 年先后成立了内蒙古包头、新疆小草湖、内蒙古土右三个分公司，组建了陕西榆横、内蒙古不连沟、内蒙古神华亿利三个项目部。

领导班子

副总经理（主持工作）：金英军

党组书记：葛洪武

副总经理：吴建春、袁明刚、孙德利

总经济师：程彦林

主要领导人员变动情况：

2007 年 4 月 6 日，运营公司筹备组成立，华电集团安全生产部主任姜家仁任筹备组组长。2007 年 5 月 28 日，郭怀保任总经理，金英军、袁明刚为副总经理。2007 年 10 月 13 日，成立中共中国华电集团发电运营有限公司党组，葛洪武任党组书记。总经理郭怀保调离运营公司。

发展战略

以华电集团战略为统领，以“服务华电、创造价值”为使命，秉承“运营委托规范化、运营管理专业化、运营关系市场化、运营方式集约化、运营工作精细化”的方针，以提升三大业绩为中心，以全面提升竞争力为主线，以加强管理为重点，建立科学规范的专业化管理新模式，致力打造一支作风过硬的高素质运营队伍，不断提升发电运营管理、服务水平，提升委托项目效益水平，全面实现到 2010 年成为国内一流的发电运营专业公司，运营容量达到 1000 万 kW 以上，培养一支 1000 人以上的专业技术人才队伍，净资产收益率达到 10% 以上的“四个一”奋斗目标，把公司建设成为对外展示华电集团发电运营水平的窗口，对内提供发电运营人才、技术和管理支撑的平台。

年度业绩

受托容量实现千万突破。2007 年公司签订受托项目 5 个，分别为新疆小草湖风电、华电包头、华电煤业榆横、华电内蒙古土右、内蒙古神华亿利项目，受托容量408.95万kW；储备项目8个，分别为：山西轩岗、湖南常德、河南漯河、重庆奉节、内蒙古不连沟、新疆小草湖二期、印尼阿萨汉水电、印尼南苏火电，储备容量722.95万kW，总容量突破1000万kW。针对公司的快速发展，按照科学有效、管好用好、可控在控的原则，通过加强经营管理和资金运作，切实保障了公司经营目标的实现和经营责任的落实，实现了当年成立，当年盈利。

系统外市场实现零的突破。在认真做好系统内受托项目安全生产运营和市场开拓的基础上，公司以“走出去”战略为指导，坚持“两条腿走路”，积极拓展系统外委托运营市场，依托华电集团良好的形象和品牌，与神华集团就内蒙古神华亿利20万kW循环流化床项目委托运营达成协议，实现了系统外受托运营零的突破。

经营管理

以建章立制为手段，构建制度保障体系。本着“科学、规范、高效”的管理理念，按照“管根本、管长远”和“急用先立”的原则，编制了2007~2008年度制度建设计划，梳理出公司层面各类制度135项，截至2007年底共计起草完成108项，基本建立起了一套用制度管人、按制度办事的保障体系，工作关系、工作流程、作风纪律等方面都做到有章可循。

以安全管理为重点，构建安全生产体系。加强分公司安全工作管控力度，及时了解生产实时情况，重点抓好生产安全、人身安全和安全监督管理工作。包头项目作为实行运营专业化管理的第一个百万千瓦火电项目，公司上下高度重视，专门编制了《包头发电公司运行维护交接总体方案》，公司领导和相关部门负责人相继前往项目现场了解员工思想动态、协调解决工作困难、现场蹲点指导，于2007年11月15日正式接管进入模拟运营，实现了生产移交的平稳过渡。小草湖分公司作为公司接管的第一个风电项目，全体员工坚持理论学习与现场实践相结合，全程参与了60台风机的安装调试和监督验收，为小草湖安全发电奠定了基础。

以信息网络为载体，构建信息化管理体系。根据运营公司总体发展战略，从编制公司信息化建设规划方案入手，逐步建立起了公文传输、无纸化办公、移动办公、网站等办公管理系统，以科技信息手段促进公司管理，梳理编制了以公司内部信息发布、生产实时数据信息、经验交流等为一体的信息化建设项目计划，为实现与分公司的沟通交流，加强管控打下了基础。

党的建设和企业文化建设

加强党的建设。成立运营公司党组，按照《基层支部建设若干规定》，组织召开公司党员大会，选举产生了支部委员并开展党组织活动；积极与分公司所在地区域公司沟通联系，明确了分公司党建实行属地管理的原则，并对分公司组建成立党的基层组织进行了具体指导。加强政治理论学习，坚持个人自学和集中学习相结合的方式，重点学习了党的十七大报告、华电集团有关重要会议精神。召开公司领导班子民主生活会，班子主要成员通过开展批评与自我批评，查摆了思想作风、学风、工作作风、领导作风、生活作风。开展主题教育活动，组织参观了全国检察机关“惩治和预防职务犯罪展览”，认真开展了迎接党的十七大中共党史知识竞赛活动和学习邓平寿活动；扎实有效地开展了“遵纪守法、依法经营”主题实践活动。

抓好企业文化建设。结合实际，注重以文化育人，以文化强企，把企业文化建设作为凝聚人心、激励鼓劲、提升形象的重要支撑。总结提炼出作为企业之魂的企业精神，确立企业的核心价值观，提出符合企业发展战略的指导思想、经营理念、公司愿景，形成了“同舟共济保安全、同心协力促成长、同工异曲做奉献”的“三同”文化及其理念体系。同时通过开展员工庆生活动和户外拓展训练等丰富多彩的文体活动，进一步形成“生动活泼、心情舒畅”的工作作风，营造出和谐浓厚的文化氛围。

华电招标有限公司

概况

华电招标有限公司（简称招标公司）于2003年9月19日在北京成立，注册资本金3200万元人民币，主要从事电力及其他工程建设项目及技改、大修、科技环保等项目所需设计、监理、施工、设备、材料、备品备件的招标代理业务，并提供相关电子采购、技术及经济咨询等服务。华电招标是中国华电集团公司实施“坚持电为核心、上下延伸、内外并举”战略，按照《公司法》和现代企业制度控股组建的独立法人企业。华电集团控股55%，华电煤业集团有限公司股比20%，贵州乌江水电开发有限责任公司股比15%，中国华电工程（集团）有限公司股比10%。公司设综合部、财务部、政工部、业务一部、业务二部、业务三部6个部室，共有员工52人。中国华电集团公司电力建设定额站和中国华电集团电力建设技术经济咨询中心挂靠招标公司管理。

领导班子

董事长：程念高

董事：张涛、曹荫昌、褚玉、白绍桐、金泽华、王宁、黄沈阳

监事：杨丹青、郭劲松、蒋方帅

总经理：王宁

党组书记：曹伟

副总经理：刁培滨、黄安平

总工程师：于彦显

总会计师：李志强

董事会秘书：谭铁坚

主要领导人员变动情况：

2007年4月，王宁任招标公司总经理，曹荫昌不再担任招标公司总经理职务；2007年8月，曹伟任招标公司党组书记。

发展战略

在努力做好火电工程建设项目招标代理服务的同时，积极拓展水电、新能源、煤炭、技改、环保等相关领域的招标代理业务。注重体现专业化特色服务，坚持发展核心业务（招标代理服务），适度向技经咨询服务业务等方面拓展。积极打造招标采购网络服务平台，为华电集团各单位和供货商提供更为便捷、全面的服务。以市场为导向，以发展为主题，发挥专业技术优势，招标、定额、技经并举，争创行业一流，努力建设具有可持续发展能力和市场竞争能力的现代企业。

年度业绩

2006年，承揽项目59个，完成197场次招标工作，累计招标金额323亿元；实现利润总额5318万元，比上年同期增长6.3%；实现净利润3206万元，实现净资产收益率42%。

2007年，全面介入水电、风电、煤炭、CDM（清洁发展机制）、IGCC（煤制气发电技术）技改等领域招标业务。全年共完成65个项目、200场次、1504个标段的招标工作，累计招标（中标）金额424.3亿元，平均节资率约8%；实现利润总额5798万元，比上年同期增长9%；实现净利润3895万元，比上年同期增长21%；完成流动资产占用额9288万元，比上年同期下降65%；实现成本费用率143%，比上年同期提高15%。

经营管理

2006～2007年，招标公司坚持“服务为主，兼顾效益”的工作定位，致力于为华电集团服务，为基层企业服务，发挥优势，开拓市场，提高效益，全面超额完成了年度目标任务，安全、经营、发展业绩突出，为华电集团的科学发展作出了贡献。招标公司获得建设部颁发的“工程招标代理机构甲级资格证书”和其他相关资质证书，采购项目遍布海内外。

（1）坚持“三公”原则，着力做好招标服务工作。一是积极拓展业务领域，进一步提升经营业绩，提高人员的业务技能，丰富相关业务经验。先后完成了6个水电站、3个风电场、4个煤矿或煤电一体化项目、2个CDM项目、1个IGCC技改项目的招标工作。二是探索创新招标方法，进一步降低工程造价。针对主机、设计、部分施工招标中严重的卖方市场，以及人为协调垄断市场情况，招标公司与华电集团工程部共同研究，探索创新招标方法，采用设置“拦标价”的方法进行招标。经过实践和改进，目前已被国家相关管理部门和投标商所接受，这项举措对于消除卖方或垄断市场条件下给华电集团带来的不利影响，有效控制和降低工程造价起到了积极作用。三是不断延伸服务范围，进一步丰富服务内涵。针对部分特殊项目，招标公司在总结以往经验的基础上，向相关项目单位免费提供技术规范书编制、项目标底编制、配合合同谈判、协助零星采购等服务，为今后招标公司更好更多地为华电集团管理和经营服务进行了有益的尝试和探索。四是加大对外合作交流，进一步提升业务水平。招标公司注重开展多渠道、多形式的对外交流与合作，先后与中国招投标协会等单位建立了交流通道和平台，开展了招标业务方面的优势互补和工作交流，收到了良好的效果。

（2）坚持制度建设，着力提升招标公司管理水平。大力开展“管理年”活动，公司各项工作

逐步走上标准化、规范化轨道。按照华电集团“科学有效、管用管好、可控在控”的要求，不断加强制度建设，先后制定实施了《招标工作规则》、《招标投标质疑处理暂行办法》、《党组议事规则》、《会议管理制度》和《职务消费管理暂行办法》等管理规章制度，初步建立起了制约有力、便于操作的制度体系，做到用制度管权、按制度办事、靠制度管人。加强精细化管理和全过程管理，在总结以往工作成绩和不足的基础上，坚持优化调整工作流程，不断修订完善工作依据和范本，细化工作要求和程序，做到“凡事有章可循、凡事有据可查、凡事有人负责、凡事有人监督”。

（3）坚持信息化建设，着力打造“阳光采购”平台。招标公司不断加强信息化建设，在华电集团和公司办公自动化管理信息系统的应用和完善方面均取得新成效。特别是积极打造“阳光采购”平台，成功开发建设了“中国华电集团公司招标与采购网”，并正式投入运行。该采购网是华电集团统一规划的采购及招标信息服务平台，定位为互联网环境下的B2B交易平台，以第三方服务的形式为电厂（或项目公司）与供应商之间的采购和招标活动提供交易服务和信息服务。该系统的投运标志着华电集团物资采购基本实现了高效率、现代化的“阳光采购”。

（4）严格员工选聘和日常培训，不断提高公司干部员工的理论水平和业务素质。本着高起点、专业化、诚实、守信的经营理念，从国内业界选聘富有国际、国内管理经验的高管人员和经验丰富、知识结构合理的技术人员，组建起一支富有创新和严谨工作作风的经营团队，同时构建了专业配套的技术经济专家库。根据公司的业务特点，在项目运作上采取项目经理负责制，主要节点、关键环节相互监督制约的管控模式，并实施员工激励、绩效考核制度，努力建设一支作风正派、工作务实、清正廉洁、甘于奉献、业绩突出的干部员工队伍。

（5）坚持服务华电，着力做好有关配合工作。招标公司坚持优质服务的宗旨，不断拓展服务的内涵和外延，提高服务质量和水平。配合华电集团及基层单位做好相关管理和服务工作，主要针对招标工作的机制创新、规范管理和制度建设等方面进行深入研究，建立了华电集团科学合理、运转高效的招投标管理体系。一是配合华电集团对《中国华电集团公司工程评标导则》和《中国华电集团公司工程评标实施细则》进行修订完善，并大力推广实施。二是配合华电集团对主机规范书进行优化，对主要辅机（32种设备）的技术规范书进行了组织编写和评审，目前已全部下发执行。三是配合华电集团对2005年发布的招标文件系列范本进行了统一修订。四是配合华电集团监察部建立了统一调配的招标监督联动机制，合理安排制订招标监察的监督计划。

党的建设、精神文明建设和企业文化建设

加强队伍建设，为招标公司发展提供智力支持。招标公司高度重视领导班子建设，始终把“四好”领导班子创建活动放在加强党员领导干部队伍建设的首要位置抓紧抓好。成立了活动领导小组和工作办公室，建立起了党政一把手齐抓共管的领导机制。结合公司实际制定了创建工作实施方案，明确了指导思想、目标任务和具体措施，增强了创建活动的自觉性和主动性。在创建工作中，坚持以理论建设为根本、以能力建设为重点、以作风建设为基础、以制度建设为保证，全面提升领导班子的整体素质和能力。同时定期总结经验，查找不足，完善措施，做到年度有计划、阶段有分析、年末有总结，使创建活动真正落到实处，构筑起了“四好”领导班子创建活动的保证体系。2006年、2007年均荣获华电集团创建“四好”领导班子先进集体称号。

按照华电集团创建文明单位要求，抓教育，立制度，明责任，细措施，扎实开展党建、反腐倡廉、精神文明建设、思想政治工作和企业文化建设，充分发挥党组织的政治核心作用，为完成全年目标任务提供了强有力的政治保障。加强政治理论学习，制定了《党组理论学习中心组学习管理制度》，编制了《党员学习教育计划》。每月定期开展1次党组中心组理论学习，2006年和2007年先后召开了3次党员领导干部民主生活会，进一步提高了领导班子成员的思想理论水平、政治敏锐性和驾驭全局的能力。大力开展“依法经营，遵纪守法”、“为发展助力、为华电建功”等主题实践活动，以及以“构建和谐稳定劳动关系，促进和谐企业发展”为主题的调研活动，为确保公司生产安全、经营安全、政治安全和形象安全奠定了基础。高度重视企业文化建设，通过教育培训、座谈讨论、文体活动等形式，有计划、有组织地开展员工之间的沟通交流，增进了彼此的了解与信赖，培育和弘扬了优秀的团队精神。

中国华电香港有限公司

概况

中国华电香港有限公司（简称香港公司）是中国华电集团公司为实施国际化战略，在香港设立的独资子公司，主要职责是负责开展境外有关项目的投资、建设与运营管理工作。香港公司于2006年2月开始筹备，2006年6月14日在香港注册，注册资本为500万港币。

机构设置

截至2007年底，香港公司本部设有综合管理部、财务部、投资发展部、项目管理部等4个职能和业务部门。

领导班子

董事长：程念高

董事：程念高、陈全、王绪祥、罗锦华、傅维雄

监事：李长旭、刘仁鹏、邵林

副总经理：傅维雄（主持工作）

党组书记：陈全

副总经理：文端超、赵龙君

财务总监：李增昉

董事会秘书：王勇

主要领导人员情况：

2007年5月，陈全任香港公司党组书记；2007年10月，傅维雄任香港公司副总经理（主持工作），原香港公司总经理葛洪武调离。

年度业绩

2006年，香港公司实现利润总额1200万元，实现了香港公司成立当年盈利的目标，为香港公司的发展奠定了良好的基础。

2007年，完成利润总额0万元，比华电集团下达-400万元指标超额完成400万元。

经营管理

2006年12月，香港公司正式从华电集团财务部接管公司财务管理工作，初步建立了适合涉外业务特点的财务管理架构，制订了海外项目资金管理监控程序。2006年11月21日与渣打银行签订了《海外现金管理服务协议》，在香港、新加坡、雅加达、北京等地渣打银行统一开立了所属各公司的银行账号。海外项目资金管理监控程序系统具备了网上查询监控，网上交易功能。该系统不但能够实现现金名义归集以获得优惠存款利率，而且可以掌握资金适时状况，实现资金可控在控，保障海外资金安全。

2006年10月19日由华电集团担保，中国进出口银行与香港公司和华电工程公司分别签署印尼阿萨汉项目贷款合同，其中香港公司贷款4132万美元，华电工程贷款16亿人民币。美元贷款利率为LIBOR+1%，人民币贷款利率4.32%。贷款宽限期3.5年，项目营运后分11年等本金偿还。按照华电集团安排，华电工程公司已向中国出口信用保险公司提交投保申请，由进出口银行调整贷款结构后由华电工程公司支付保险费时保险正式生效。保费率1%，初始保险期3.5年。项目融资及保险程序圆满完成。

2007年，香港公司积极参加收购了上海奉贤燃机项目40%的外资股份，取得了28.8万kW的权益装机容量。该项目有4台18万kW燃气机组，经营情况较好，并有扩建的可能性，完成了与柘中集团的股权转让所有手续，资产已实现交接，资产收购实现零的突破。

2007年，香港公司不断拓展财务融资：一是加强资金筹措。按照阿萨汉项目采取股东贷款和EPC带资建设相结合的要求，公司完成了1650万美元贷款用于业主管理费，并为印尼阿萨汉水电合资公司（简称“BDSN”）建设期购电协议（PPA）履约保函270万美元提供了担保。从渣打银行香港分行获得具有竞争性利率的4500万美元短期贷款，实现了上海奉贤燃机项目外方股权的收购；二是加强财务管理。为适应国际汇率和投资决策边界条件的变化，公司对阿萨汉项目投资效益进行全过程动态监控管理，在2006年11月投资效益评估的基础上于2007年5月进行复测，并及时向集团汇报有关情况。通过采取定额备用金制度和网上银行支付方式等多种手段，满足了公司日常运作的资金需求。三是拓宽收入渠道。2007年实现了既定的阿萨汉保费差收入150万美元，在集团公司指导下取得了465万元人民币的IPO（首发股票）认购收益。

项目发展

印度尼西亚阿萨汉项目于2006年6月26日获

国家发展改革委核准；9 月 5 日获印尼国家外国投资委员会批准。2006 年，完成项目工程总承包（简称 EPC）延付补充合同、EPC 中进口设备免税清单批准文件；完成施工炸药使用、购买、储存的批准文件。2007 年，香港公司通过阿萨汉工程业主与参建各方的积极协调与通力配合，完成了业主营地、施工营地、施工配套取料场、排渣场建设；基本完成了施工道路、施工支洞建设；特别是主洞已累计进尺 1205m，厂房土石方明挖累计约 $8000m^3$。项目投资已完成 1.14 亿美元，占全部投资总额的 46%，为 2009 年底“双投”目标打下了基础。

南苏项目取得实质进展。一是集中力量，加班加点，如期完成了项目投标工作。在一个多月的时间里，参战人员用智慧和意志赢得了阶段性的胜利，使项目取得实质性进展；二是突破了煤矿问题的瓶颈。按照集团公司“参与煤矿建设、争取获得较大发言权”的要求，经过艰苦努力，在 4 月份与印尼 PTBA 煤矿公司进行谈判并获得了关键性突破，双方股比各占 40.5%；三是线路问题取得进展。2007 年 6 月，经与中国国家开发银行和印尼国家电力公司（简称 PLN）反复协商，开行终于正式向 PLN 出具线路贷款“意向函”，目前已进行了四次线路“尽职调查”，提高了线路项目成功的可能性；四是开展了 HOA 谈判前的准备工作，目前已经进入谈判实质阶段。五是继续研究其他相关问题，如煤质、供煤法律风险、经济评价问题等。

党的建设、精神文明建设和企业文化建设

2007 年，香港公司党建工作紧密围绕公司工作重心，坚持融入管理，及时传达贯彻上级精神，组织员工参加党建学习活动。香港公司加强了党风廉政建设和精神文明建设，制订了纪检监察等相关制度，开展治理商业贿赂专项工作，在集团公司党风廉政检查工作中得到充分肯定。香港公司还组织员工开展各种文体活动，丰富了员工的精神生活。

海外投资发展情况

（1）组建中国华电新加坡有限公司。为了对阿萨汉项目设置风险隔离，2006 年 7 月 17 日注册成立了新加坡公司，作为 BDSN 公司法律意义上的投资主体。根据公司章程规定，香港公司委派 4 名董事，当地一名居民董事（为律师事务所律师）。新加坡公司在中银香港设立离岸账户，在新加坡渣打银行设立账户。

（2）实现对 BDSN 公司的投资控股。自 2006 年 12 月 1 日起，香港公司正式对 BDSN 公司行使控制权。香港公司接管 BDSN 公司后，按照华电集团批复，以新加坡公司名义向 BDSN 派出五名董事三名监事（含财务董事），按照投资协议清理了原有银行账户，聘请安永会计师事务所对 BDSN 公司 2006 年 1 ~ 11 月和 2006 年度财务状况进行全面审计；拟定了 BDSN 公司 2007 年度财务预算，待 BDSN 公司新一届董事会第二次会议批准后执行。此外，在 BDSN 原注册办公地点，调整建立了新办公室，面积约 $200m^2$。考虑到第二大股东 PJB（PLN 子公司）人员为 BDSN 公司主要管理成员现状，尊重历史并参照 PLN 下属企业水平，制订了 BDSN 公司工资标准。中方人员工资统一作为香港公司企业收入定期入账。

华电置业有限公司

概况

华电置业有限公司（简称置业公司）于 2005 年 6 月 8 日在北京设立，注册资本金 55000 万元人民币。置业公司是中国华电集团公司（简称华电集团）的控股子公司，主要从事房地产项目的开发、经营、租赁、物业及酒店管理等业务。

置业公司最初由华电集团及其他 9 家单位出资设立，出资比例分别为：中国华电集团公司出资 45%、华电国际电力股份有限公司出资 30%、华电能源股份有限公司出资 5%、贵州乌江水电开发有限责任公司出资 5%、华电福建发电有限公司出资 4%、华电四川发电有限公司出资 4%、中国华电工程（集团）有限公司出资 1.818%、中国华电集团燃料有限公司出资 1.818%、华电招标有限公司出资 1.818%、华电开发投资有限公司出资 1.546%。后华电燃料公司和华开投合并成为华电煤业集团有限公司，相应出资由华电煤业持有，即持股比例为 3.364%。

置业公司成立初期，从主体上承接了华电集团与北京安福房地产开发有限公司（简称安福公司）签署的有关协议的法定权责及华电集团基建办公室的职责，专事购置安福大厦（后项目整体更名为中国华电大厦）写字楼的监建和经营工作。

机构设置

置业公司成立后，根据项目开发建设需要，相继设立综合管理部、市场开发部、财务部、工程部、安全监察部、预算部、物业管理部等7个职能部室。

领导班子

董事长：辛保安

副董事长：曹荫昌

董事：辛保安、曹荫昌、褚玉、王栋、罗涛、刘长青、郑峰

监事：许建良、刁培滨、林军、林茂绩、王瑞天

总经理：王栋

副总经理：王成瑞、叶小平

发展战略

坚持以"快速启动、规范运作、效益优先"为原则，充分发挥华电品牌效应和集团优势，集中人才和资金优势，积极实施房地产开发、经营、租赁、物业管理以及相关的上下游产业链的开发，不断壮大公司实力，努力发展成为实力雄厚、管理一流、具有可持续发展能力和市场竞争力的房地产经营管理公司。置业公司经营管理采用市场化运作模式，在完成中国华电大厦的建设、租赁、物业管理与服务基础上，积极拓展服务业务和服务领域，提高经营管理水平，努力建设成为华电集团物业管理、酒店管理和房地产开发等领域的旗舰单位。

年度业绩

按照工作职责要求，置业公司认真开展中国华电大厦西区（写字楼）的监建和经营工作。为了更好地控制办公楼项目进度和工程质量，规避项目受制于人的风险，2006年10月，置业公司在华电集团和各股东单位的支持下，收购了中国华电大厦的建设方安福公司，将置业公司资金优势直接作用于项目，同时具备了三级房地产开发资质，形成较为人员齐整，资质完备的开发团队。2007年，通过整合管理资源，理顺现场关系，充实关键岗位力量，顺利实现了置业公司和安福公司机构、人员的对应和一致，通过"两块牌子、一套人马"的模式对中国华电大厦项目进行直接管理，进一步加强了对项目建设的有效控制。

在华电集团和各股东单位的支持下，经过置业公司团队努力，在各参建方的密切配合下，中国华电大厦项目建设进展顺利，按节点实现了工程进度、质量、安全、造价四项目标。项目于2005年1月正式动工，3月6日举行奠基仪式。2006年6月完成主体建筑封顶，2007年4月开始进行外幕墙施工，2007年11月开始全面进行内部精装修。置业公司以"确保长城金杯，争创鲁班奖，创建国优精品工程"的质量总目标，在狠抓安全监管工作的基础上，全力推进工程进度。大厦投入运营后的物业管理模式、物管人才队伍组建及东楼商业配套服务招商等前期工作业已展开。

项目概况

中国华电大厦位于北京西城区西单东南工程C区，西靠宣武门内大街，北邻北京首都时代广场，东邻文物保护单位——四川饭店，与国家大剧院相望，南为美爵酒店及天安国汇大厦。中国华电大厦用地14883m^2，总建筑面积为171147.96m^2（以最终测绘为准），檐口高60m，是集办公、酒店式公寓、商业为一体的综合性建筑。

中国华电大厦分东西两部分，通过一条内部通道分割。西区为华电集团和各专业公司的办公区域，为独立的写字楼，总建筑面积103137.02m^2，其中地上15层，建筑面积73344.16m^2；地下4层，面积为29076.96m^2。西区的第1层至第3层，为入口大厅、出租金融营业用房及部分办公用房；第4层为中庭绿化广场及办公、休息区。标准层分为南北两个楼，南楼第4至第15层及北楼第14、15层，作为集团公司本部机构办公使用，北楼第4至第13层，为各专业公司办公使用。地下一层夹层为自行车库，地下一层为职工餐厅、厨房及机电设备、管理用房，地下二、三层为车库，地下四层为人防（平时作为车库使用）。北楼第5层至第14层，在平面的西北角，每两层设计一个两层高的生态舱。北楼第14层设置康乐功能区，依次设置了台球室、乒乓球室、健身区及两层通高的网球场和羽毛球场。

中国华电大厦东区为高档酒店式公寓，总建筑面积为68010.94m^2，地下一至地上三层为酒店式公寓的商业配套，四至十六层为酒店式公寓。中国华电大厦计划于2008年底前具备入住条件。

党的建设、精神文明建设和企业文化建设

2006年成立了置业公司党支部。党支部克服了党员人数少，成立时间短的困难，从建章立制入手，全面完善组织体系。党支部积极在普通员工中宣传党的方针政策，培养入党积极分子，发展新党员。同时，支部非常重视公司的企业文化建设工作，大力宣传华电精神和企业文化，增强员工的认同感和共同发展的信心，稳定员工队伍。

中国华电集团高级培训中心（中共中国华电集团公司党校）

概况

中国华电集团高级培训中心（简称高培中心）成立于2005年10月28日，位于北京市密云县溪翁庄镇，紧邻密云水库，是中国华电集团公司出资组建的国有独资全民所有制企业。中共中国华电集团公司党校（简称华电党校）于2007年4月11日挂牌成立。华电党校与高培中心一套机构，两块牌子，合署办公。

华电党校、高培中心的使命是“育才”，致力于将党校、中心建设成为贯彻实施华电集团“人才强企”战略的基地，培养企业领导人员、后备干部、党群工作者和各类高级专业技术（管理）人才的摇篮；建成华电集团领导宣讲管理思想、经营理念、发展战略、企业文化的阵地；建成华电集团领导与系统内中高级管理干部思想交流的平台；建成“一个中心（以培训为中心）、四位一体（集会议、培训、疗养、旅游为一体）”，功能完备，服务规范，管理一流，品味高雅，品牌知名的一流企业集团的高级培训中心。

华电党校、高培中心2006～2010年的发展战略是：“一年打基础、两年上台阶、五年创品牌”。即：2006年，通过建章立制、规范管理等为企业的创新发展奠定基础；2007年，通过巩固成果、提升管理使企业发展迈上新台阶；2008～2010年，深入开展“创品牌”工作，将党校、中心初步建设成为享有盛誉的中央企业培训基地。

2007年底，华电党校、高培中心共设有综合管理部、财务计划部、教学研究部、教务管理部、行政后勤部等五个部门，拥有员工168人。华电党校、高培中心在培养自有教师的基础上，充分利用社会教育资源，组建了以专家、学者、企业家为主200多名客座教授师资队伍。

领导班子

中共中国华电集团公司党校

校长：曹培玺

常务副校长：辛保安

副校长：李玉海

中国华电集团高级培训中心

党委书记、主任：李玉海

党委委员、常务副主任：姜学寿

党委委员、副主任：单宏胜、周承玉

主要领导人员变动情况：

2006年5月李玉海担任中国华电集团高级培训中心党委书记、主任，王栋不再担任中国华电集团高级培训中心党委书记、主任职务。

年度业绩

2005～2007年，华电党校、高培中心共举办各类培训班54个，培训各种人才3100多人次，通过创新实现了“四有”（自己的老师、教材、案例、杂志），推行了“5C”品质服务管理体系，建立了电力科普广场并被北京市教委列入定点教育基地。同时，还以优质的服务被列为国务院北京市政府会议定点单位、全国重承诺守信用消费者放心单位、北京市优秀餐饮企业、中国营养膳食推广工程示范企业。

安全业绩方面，确保了“四个安全”。实现了生产安全。未发生违法违纪事件，未发生重大经济损失问题。认真学习贯彻党的十七大精神和集团公司党组的各项决策部署，加强治安保卫，确保了政治安全。加大公关宣传力度，加强与地方有关部门的沟通联系，树立了良好的企业形象。2007年底，高培中心被评为北京市“消防安全管理先进单位”、密云县“交通安全管理先进单位”。

经营业绩方面，截至2007年底，接待华电集团会议55个，接待系统外会议团队共计378个，完成客房出租39892间，接待顾客59800多人，全面完成了2006、2007年度绩效考核目标。

发展业绩方面，致力于可持续发展，制定实施了《高培中心五年发展规划（2006～2010年）》。同时，积极开展二期扩建工程的前期工作，争取在硬件设施上不断扩充实力。

经营管理

建立完善各类规章制度90多项，实现了“用制度管人、管事”。建立并实行了以岗位竞争、计划管理、绩效考核、薪酬分配为重点的激励约束机制，切实调动了部门和员工的积极性。实行员工绩效考核和全员竞聘上岗，两年来共有19名管理人员通过竞争上岗走上了高一级岗位。积极推进薪酬制度改革，打破员工身份界限，按贡献定报酬、以业绩论成败。发挥计划和预算管理的刚性，完善月度经济责任制考核细则，经营管理工作更加科学规范。坚持周、月和季度工作会议制度，强化督查督办管理，转变了作风，提高了工作效率和执行力。

内强素质、外拓市场，不断提升经营业绩。一方面，努力提高服务质量，留住“回头客”；另一方面，积极开展形象宣传，提高企业知名度，不断加大外部市场营销力度，切实增加了收入。2007年，营业收入比2006年增加474.71万元，增长37%；客房出租率达42%，同比增加近20个百分点。

认真落实国家和华电集团各项节能减排政策，加强节能宣传，编印了《员工节能手册》；大力加强“绿色饭店”建设，降低了经营成本。2007年底，高培中心被评为“北京市节水先进单位”。

教育培训

一是初步形成了具有华电特色的培训教学模式。建立完善了教育培训的管理体系。创新教学模式和方法，积极培育开发新的培训项目。先后与新华信咨询公司、北京大学案例中心签订了长期战略合作协议。初步形成了“案例教学、‘走出去’教学、拓展训练、编写教材、建立师资库”等华电培训特点。

二是教育培训工作取得实效。认真对待每一期培训班，严格教学、严格治学，确保培训质量。2005～2007年，共举办了12期企业领导人员培训班、720多人；举办了第一期中央党校国资委分校中青年干部培训班，培训时间三个月，培训人员41人，培训对象为正处级及以上领导干部；举办了四期华电集团中青年干部培训班，培训时间一个月，培训人员248人，培训对象为正科或副处级领导干部；其他专业培训班共培训人员2100多人次。经对培训班学员进行抽样调查统计，培训满意率达90%。

三是实现了“四有”，华电党校（高培中心）工作实现了新突破。组建了自己的讲师队伍，初步建立了师资库；编写出版了第一本教材《企业文化建设实务与案例》，发行超8000册；创刊发行《电力管理探索》杂志，受到系统内外的广泛认可；在北京大学管理案例研究中心的密切配合下，顺利完成了第一个教学案例的编撰。与中央党校国资委分校合办的第一个青年干部培训班于2007年10月～2008年1月成功举办，取得了良好效果，积累了重要的经验。

酒店服务管理

全面引入国际金钥匙组织在全球酒店业推广的“5C”品质管理理念，致力于建设具有“清洁、舒适、方便、关心、信誉”品质的酒店，为培训、会议等创造了良好的环境，为提高营业收入奠定了坚实的基础。制定了《“5C”品质管理标准》，成立了推广组织机构，加大了管理力度，实行微笑服务和对标管理，注重个性化服务水平的提高。活动开展以来，餐饮菜品质量明显提高；客房环境及服务有效改善；康乐服务更加规范；设施维护及时到位，酒店管理和服务质量明显提升。2007年12月，组团参加“首届北京国际营养与健康美食烹饪大赛”并获团队特金奖和最佳组织奖，成立以来共收到顾客的表扬信30多件，华电高培的品牌效应初步形成。

党建工作

认真贯彻落实华电集团《基层党委工作条例（试行）》，严格党委会议事制度，充分发挥了党委的政治核心作用。坚持党委中心组学习制度。同时，严格执行“三会一课”制度，定期开展“流动红旗党支部”评比活动，加强党的理论教育，认真落实党员发展制度，党支部和党员队伍建设水平不断提升。

认真贯彻落实党风廉政建设各项规定，积极构建惩治预防腐败体系，不断完善各项经济管理制度，狠抓宣传教育、制度建设、监督监察，确保了经济安全。认真执行华电集团《领导人员廉洁从业实施细则（试行）》和“三重一大”制度，党员干部成为廉洁从业的模范。认真疏理采购、工程、财务、酒店管理等经济工作流程，实施全过程监督，做到了合法、合规、合乎程序。

认真执行以职工代表大会为主要形式的企业民主管理体制。广泛开展民主管理活动，2006年以来，在全体职工中开展大规模的合理化建议活动三次，共征得407条有效建议，落实建议200多条。强化了主任“接待日”制度，广泛听取各方面的意见建议，员工的主人翁意识不断增强。共青团组织积极发挥作用，成为推动中心工作上台阶的重要力量。

队伍建设

扎实开展“四好”领导班子创建活动，被华电集团党组表彰为2007年度“四好”领导班子建设先进集体。将民主讨论、集体决策与明确分工、落实责任有机结合，把党组织的工作制度与企业法人治理结构的工作规则结合起来，形成了靠制度管人、按程序办事的工作机制，科学决策水平明显提升。定期召开党员领导干部民主生活会，密切了干群关系。

完善干部考评机制，加强干部队伍建设，切实提高了中层干部的执行力和工作成效。注重干部的培训，一方面党委中心组学习扩大至中层干部，另一方面结合实际拟定了干部培训计划，通过学习培训和锻炼，干部队伍的素质得到了明显提升。

坚持企业与员工同发展，高度重视员工的健康成长。及时了解职工的思想状况和成长进步情况，制定下发了员工年度培训方案，定期举办员工业务培训班，广泛开展技能比武活动，员工的职业道德和业务技术水平得到了明显提升。

企业文化建设

在充分调研的基础上，提炼出了以《华电宪章》为灵魂、高培中心为特色的“育才”企业文化。通过积极宣贯，《华电宪章》和“育才”文化深入人心。组织开展了职工运动会、诗歌朗诵会、演讲比赛等“企业文化节”系列活动，进一步增强了高培中心的凝聚力、向心力。

以创建文明单位为契机，扎实推进精神文明建设，给企业发展注入了活力。加大公关宣传工作的力度，积极宣传华电集团的管理思路和各项政策，宣传高培中心三个文明建设成果，对内凝聚了人心，对外树立了形象。

硬件建设

致力于建设“绿色高培”，提高绿化水平，合理美化环境，为客户和员工塑造了良好的环境。建成了污水处理工程，扩建了网球馆和康体中心，建成了员工活动室和阅览室。建成了电力科普广场，提升了高培中心的文化品位。积极开展二期扩建工程的前期工作，力争2010年建成华电集团党校综合楼，为党校、中心发展奠定坚实的物质基础。

贵州黔源电力股份有限公司

概况

贵州黔源电力股份有限公司（简称黔源电力公司）成立于1993年10月12日，是经贵州省体制改革委员会批准，由贵州省电力投资公司、国能中型水电实业开发公司、贵州新能实业发展公司、贵州省普定县资源开发公司联合发起，以定向募集方式成立的股份有限公司。2002年12月，伴随国家电力体制改革的实施，贵州省电力投资公司拥有的黔源电力公司股权整体划转中国华电集团公司。2005年3月3日，黔源电力公司在深交所挂牌上市，股票简称“黔源电力”，股票代码002039。

截至2007年底，黔源电力公司装机规模51.9万kW（水城发电厂已关停，不含火电容量11.5万kW），其中引子渡发电厂36万kW，普定电站8.4万kW（从7.5万kW增容至8.4万kW），鱼塘电站7.5万kW。普定电站、引子渡发电厂的生产运行委托国电红枫水力发电厂（原贵州红枫发电厂）代管至2007年12月31日止，以后由黔源电力公司自行管理，普定电站和引子渡发电厂的148名职工回归黔源电力公司并被妥善安置。水城发电厂关停后，电厂400余名职工已妥善划转安置到贵州野马寨发电厂（中国大唐集团公司和贵州金元集团公司控股）。

黔源电力公司法人股东股比情况：华电集团13.30%，国投电力公司12.90%，贵州乌江水电开发有限责任公司12.01%，贵州省开发投资公司5.37%，贵州新能实业发展公司1.34%。

截至2007年底，黔源电力公司本部设9个部室，分别是办公室、人力资源部、财务资产部、计划经营部、战略发展部、安全生产部、党群工作部、证券业务部、审计监察部，员工总数为345人。

所属企业

2006年，黔源电力公司所属企业共7家，其中：全资企业2家，控股企业5家。全资企业有水城发电厂、贵州黔源普定分公司；控股企业有贵州北盘江电力股份有限公司、贵州黔源引子渡发电有限责任公司、贵州北源电力股份有限公司、贵州信源发电有限公司、贵州西源发电有限责任公司。

2007 年，黔源电力公司所属企业共 7 家，其中：分公司 1 家，即贵州黔源发电运行公司，负责黔源电力公司已投产电厂的生产管理；全资企业 1 家，即贵州黔源普定分公司；控股企业 5 家，分别是贵州北盘江电力股份有限公司、贵州黔源引子渡发电有限责任公司、贵州北源电力股份有限公司、贵州信源发电有限公司、贵州西源发电有限责任公司。贵州北盘江电力股份有限公司负责贵州北盘江干流梯级流域水电开发，在建规模 248 万 kW，分别是光照电站（104 万 kW）、董箐电站（88 万 kW）、马马崖电站（60 万 kW）；贵州北源电力股份有限公司负责贵州芙蓉江干（支）流梯级流域水电开发，在建和拟建规模 16.8 万 kW，分别是清溪电站（2.8 万 kW）、牛都电站（2 万 kW）、沙阡电站（5 万 kW）、官庄电站（5 万 kW）、毛家塘电站（2 万 kW）；贵州西源发电有限责任公司负责北盘江干流上游善泥坡电站（18.5 万 kW）的开发。

领导班子

董事长：张志孝

副董事长：潘坤华

董事：陈宗法、陈实、戴绍良、岳鹏、江华、赵家兴、向光辉、张志强、袁建三、冯厉生、张建贤、李春杰、周立业

监事会召集人：曲立新

监事：金树成、罗涛、封仁人、罗亚芬、蔡登、黄静、马跃、周启明

董事会秘书：刘明达

总经理：张志强

党委书记：刘靖

常务副总经理：刘明达

副总经理：李洪泉、刘俊、陈均华

主要领导变动情况：

2006~2007 年 4 月，戴绍良任董事长，丁兆贵任总经理。

2007 年 4 月起，张志孝任董事长，张志强任总经理。

发展战略

以发展为主题、效益为中心，加快“两江”（贵州北盘江和芙蓉江）流域水电资源的开发建设，在 2012 年前黔源电力公司装机容量力争达到 300 万 kW 以上。同时，充分利用上市公司融资平台，不断优化资产结构，把黔源电力公司打造为具有高成长性的绩优上市公司。

年度业绩

2006 年，完成发电量 15.8 亿 kW·h（含水城发电厂发电量），实现销售收入 3.11 亿元，实现净利润 -3963 万元。亏损的主要原因是各流域年来水量大幅度减少，导致水电发电量降低。

2007 年，完成发电量 15.09 亿 kW·h（不含水城发电厂发电量），比去年同期多发电（水电）5.78 亿 kW·h，同比提高 62.04%，完成上网电量 14.92 亿 kW·h。实现销售收入 30034 万元，比上年同期减少 1052 万元。利润总额 1604 万元，较上年同期减亏 6283 万元；实现净利润 1699 万元，较上年同期减亏 5662 万元。

工程建设

2006 年，完成基建投资 22.29 亿元。光照电站工程（104 万 kW）大坝施工步入良性循环，厂房土建节点目标顺利完成，机电安装正常开展；董箐电站工程（88 万 kW）作为贵州省政府明确的“抢救性工程”，于 11 月 15 日实现大江截流；马马崖（一级）电站（54 万 kW）左岸进场公路基本完成，右岸进场公路正在建设中；鱼塘电站（7.5 万 kW）2 号机组已于 2006 年 2 月底投产发电，土建收尾工作及环境整治工作基本完成。

2007 年，完成基建投资 32.25 亿元。光照电站工程（104 万 kW）2007 年 12 月 30 日实现下闸蓄水；董箐电站工程（88 万 kW）大坝、厂房、引水隧洞等土建、金结工程有序推进；马马崖（一级）电站（54 万 kW）右岸进场公路全长 12.24km，已完成 10.87km；清溪电站（2.8 万 kW）2007 年 10 月实现大江截流。

项目发展

2006 年 9 月 8 月，清溪电站项目获贵州省发展改革委核准批复；12 月 8 日，光照电站项目获国家发展改革委核准批复。2007 年，董箐电站获国家发展和改革委员会开展前期工作“路条”。北盘江马马崖（光照厂址—小花江）河段水电开发补充规划报告通过水规总院的审查。

改革发展

2007 年 6 月，为构建与企业发展相适应的管理体制，黔源电力公司着力推进改革创新，开展“四定”工作。按照精简、高效，合理分工、职责

明晰，管理有序的原则，完善机构设置与职能的重新划分，原“四部一室一办”，设置为“八部一室”。成立贵州黔源发电运行公司，实行专业化管理。基本形成与黔源电力公司发展相适应的管理体制。同时，为完善工资分配和激励机制，实现劳动工资与经济效益动态挂钩，充分体现从业人员的岗位责任和技能价值，构建企业与员工共同发展，实现黔源电力公司可持续发展的愿景目标，按照薪酬制度与企业规模、经营业绩、岗位责任、技能价值相匹配的原则，薪酬制度与目标责任、绩效挂钩，基本形成“科学、合理、规范”并符合黔源电力公司现状和未来发展的劳动用工体制和薪酬分配管理体系。

党的建设

2006年以来，黔源电力公司党委坚持中心组学习制度，强化党员理论学习和党性修养，在黔源电力公司党委及各基层党支部深入开展“四好班子”、“五好支部”，“六好党员”活动，不断提升党组织的核心作用；加强反腐倡廉建设，建立健全惩治和预防腐败体系，从源头上预防腐败。按照华电集团对效能监察工作的部署和要求，紧紧围绕黔源电力公司生产经营和管理中的效益、效率、质量、安全等问题，强化以审计监督、效能监察、财务管控、法律保障为重点的内控机制建设，着重围绕决策部署、规章制度、业务流程等方面执行力的情况开展效能监察。深入到工程项目、物资采购、招标投标、质量安全等重点部位和关键环节开展效能监察工作。及时发现问题，堵塞漏洞，提高效益，保证安全，为黔源电力公司改革、发展、稳定创造良好环境。

节能减排

2007年，黔源电力公司积极贯彻落实国家节能减排工作精神，按照贵州省经贸委和贵州省发展改革委要求，水城发电厂机组于2007年7月关停，并对机组进行拆除。一期设备拆除和人员安置工作已经完成。水城发电厂关停后，每年可减排二氧化硫约2.5万t，减少使用原煤50万t/年，较好地履行了国有控股企业应尽的社会责任。

云南华电鲁地拉水电有限公司

概况

云南华电鲁地拉水电有限公司（简称鲁地拉公司）成立于2006年4月10日，是由中国华电集团公司、云南金沙江中游水电开发有限公司、云南省投资控股集团有限公司分别按75%、17%、8%股比出资，依据《中华人民共和国公司法》组建的公司制企业，主要负责金沙江鲁地拉水电项目的开发建设及建成后的生产运营。

金沙江鲁地拉水电项目（简称鲁地拉项目）位于云南省大理州宾川县与丽江市永胜县交界的金沙江中游河段，是金沙江中游河段规划八个梯级电站的第七级电站，上接龙开口水电站，下邻观音岩水电站。电站装机容量216万kW（6×36万kW），保证出力94.65万kW，多年平均年发电量99.57亿kW·h，工程投资估算153.72亿元。

组织机构

鲁地拉公司法人治理结构由股东会、董事会、监事会构成，内部组织机构按照水电项目建设“小业主，大监理”的原则，设置为总经理工作部、财务资产部、计划合同部、工程技术部、机电物资部、安全监察部和征地移民办公室。公司筹建期定员编制为40人。至2007年12月31日鲁地拉公司员工到位31人。

领导班子

董事长：郭世明

总经理：周卫东

副总经理、总工程师：魏永新

副总经理：侯建刚、于文革

主要领导变化情况：2007年12月，经鲁地拉公司一届四次董事会同意，郭世明不再兼任公司总经理职务，聘任周卫东为公司总经理。

年度业绩

2006年，鲁地拉公司在金沙江中游一库八级电站中率先完成了金沙江鲁地拉水电项目前期工作的清算移交，取得了鲁地拉项目的开发建设权。鲁地拉水电站预可行研究报告通过审查，项目正式转入可行性研究阶段，征地移民工作全面展开，前期筹建工作顺利推进。

2007年，鲁地拉公司突出“可行性研究报告审查、项目核准申请、‘三通一平’工程施工”三个工作重点，项目前期工作获得了国家发展和改革委员会的批复。截至2007年12月31日，鲁地拉项目完成累计投资60976万元，前期筹建施工准备工程对外交通工程、场内交通工程、业主营地和承包商营地、施工供电工程全面展开，项目核准工作取得较大进展。

项目清算移交

金沙江鲁地拉水电项目预可行性研究阶段的勘测设计工作开始于2002年10月，由华睿投资集团有限公司委托中国水电顾问集团西北勘测设计研究院开展。

2006年4月注册成立后，鲁地拉公司组建了鲁地拉项目前期工作移交清算小组，与华睿投资集团有限公司就鲁地拉水电项目前期工作进行清算移交，经过多次反复的沟通和谈判，在中国华电集团公司及云南省发展改革委等相关单位和部门的支持、协调下，双方于2006年5月31日就移交清算工作中的实质性问题达成一致，并签署了《金沙江鲁地拉水电站前期工作移交清算协议》。

依据协议，鲁地拉公司清算小组分别与西北勘测设计研究院、水电水利设计规划总院完成了勘测设计合同的主体变更，并签订了相应的勘测设计补充合同。至2006年6月末，鲁地拉公司清算移交小组历时60余天，在金沙江中游8个梯级电站中率先完成了鲁地拉水电项目前期工作的清算移交。鲁地拉项目建设业主正式变更为云南华电鲁地拉水电有限公司。

工程建设与管理

鲁地拉项目的投资主体为中国华电集团公司、云南金沙江中游水电开发有限公司、云南省投资控股集团有限公司。设计单位为中国水电顾问集团西北勘测设计研究院。项目建设规模经过可行性研究进一步优化，由预可行性研究成果6×35万kW增加至6×36万kW。工程造价按2006年二季度价格水平计算，静态总投资1292268万元，总投资1537161万元（预可研成果）。

2006年7月鲁地拉项目预可行性研究报告获审查通过。2007年1月鲁地拉水电站“三通一平”工程水土保持方案报告取得云南省水利厅的批复（云水保［2007］10号）。2007年2月，鲁地拉水电站“三通一平”等工程环境影响报告取得云南省环境保护局的行政许可（云环许准［2007］20号）后，鲁地拉项目前期筹备工作“三通一平”工程全面展开。截至2007年12月31日，鲁地拉项目110kV施工变电站，110kV、10kV线路等施工用电工程全面结束，并投入运行；鲁地拉项目对外交通工程宾川经平川至坝址公路（此线路作为鲁地拉项目建设对外交通辅助进场公路）改扩建完成，鲁地拉项目对外公路全面开工建设；项目前期场内交通网已基本形成，施工用水系统、营地建设等施工准备工程全面展开。

根据鲁地拉项目建设的需要，鲁地拉公司逐步建立了《云南华电鲁地拉水电有限公司招投标管理办法》、《云南华电鲁地拉水电有限公司合同管理办法》、《云南华电鲁地拉水水电有限公司计划统计管理办法（试行）》、《金沙江鲁地拉水电站土建工程管理办法（试行）》等一系列工程建设管理规章制度，规范鲁地拉项目建设管理，保证工程建设有序快速推进。

可行性研究

根据云南华电鲁地拉水电有限公司一届三次董事会审议通过的2007年鲁地拉水电项目前期工作计划，鲁地拉公司及时协调召开可行性研究有关专题咨询会和审查会。截至2007年12月31日，可行性研究阶段进行了57个专题研究，已完成42个专题报告的编制、咨询工作，其中《正常蓄水位选择专题报告》、《对外交通布置专题报告》、《施工总布置规划与建设征地及占地专题报告》、《鲁地拉水电站“三通一平”工程水土保持方案报告书》、《鲁地拉水电站“三通一平”等工程环评报告书》、《金沙江鲁地拉水电站工程安全预评价报告》等6个专题报告通过审查。鲁地拉项目可行性研究报告工程部分编制完成，主要专题已通过水规总院的咨询，移民安置部分的专题报告正在编制过程中。

征地移民工作

鲁地拉水电站建设征地移民主要涉及云南省丽江市永胜县及大理州宾川县、鹤庆县“两地三县”，水库淹没影响总面积57.5km^2，淹没影响人口25633人。工程占地区涉及永胜县及宾川县，工程占地区总面积4.9km^2，迁移人口1396人。在金沙江中游一库八级电站中，鲁地拉水电站移民数量多，工作任务艰巨，移民安置相对较复杂。

2007年7月4日，云南省人民政府办公厅下发《关于金沙江中游水电开发移民安置补偿补助意见》（云政办发［2007］159号），金沙江中游水电开发移民安置的补偿补助方式明确；2007年7月25日，云南省政府正式下达了《云南省人民政府关于金沙江鲁地拉水电站工程占地和水库淹没区禁止新增建设项目和迁入人口的通告》（即“封库令”）。鲁地拉项目建设征地移民工作取得政策依据和支持。

鲁地拉公司按照新的移民政策，及时调整移民征地工作计划，协调所涉地方政府和项目设计单位召开鲁地拉项目水库移民可研补充调查工作的启动会，成立了由设计院、地方政府和鲁地拉公司共同组成的300多人的实物指标调查工作组，全面展开项目所涉及的宾川县、永胜县、鹤庆县个人实物指标的公示、复核与确认工作。

项目核准工作

2007年6月29日，中国水电规划设计总院在北京组织召开了“鲁地拉水电站工程安全预评价报告评审会”；7月31日，中国水电规划设计总院印发评审意见（水电规安办［2007］0015号），鲁地拉水电站安全预评价报告获得通过。

2007年8月10日，国家发展改革委办公厅印发《关于金沙江中游梨园、阿海、龙开口和鲁地拉水电站开展前期工作的复函》（发改办能源［2007］1944号），同意开展鲁地拉水电站前期工作。

2007年10月，鲁地拉项目建设用地土地规划调整已通过云南省国土资源厅评审，《金沙江鲁地拉水电项目用地预审请示》上报国土资源部，2007年11月1日，国土资源部已正式受理。

截至2007年12月31日，金沙江鲁地拉水电项目核准所需的7个报件中已取得《金沙江鲁地拉水电站地质灾害危险性评估报告评审意见》、《金沙江鲁地拉水电站矿产资源调查批复意见》、《金沙江鲁地拉水电站工程安全预评价报告评审意见》等3个批件。环境评价报告和水土保持报告、水资源论证报告初稿已完成。《金沙江鲁地拉水电站建设用地预审意见》、《金沙江鲁地拉水电站接入系统请示》报到相关部门等待审批。

项目建设生态保护

按照水电项目建设环境保护的相关要求，鲁地拉项目前期工作中逐步建立健全了由业主、设计单位、项目监理单位和施工承包单位组成的项目建设水土保持和环境保护管理体系，把水土保持及环境保护措施纳入工程施工项目招标的内容，并落实在各项目工程施工合同中。同时，在工程施工管理过程中加大水土保持和环境保护工作的宣传力度，审查施工单位上报的施工组织设计和施工技术方案时严格把关，要求监理做到工程水保环保措施不满足要求不准开工，水土保持和环境保护措施的落实情况作为重点列入日常巡视和每月组织进行的质量、安全、环保、水保工作大检查中，对在检查中发现的违规现象及时责成施工单位落实整改，确保水土保持和环境保护措施的落实与实施。

截至2007年12月31日，鲁地拉项目水土流失防治面积244.11m^2，扰动土地治理率0.85%，弃渣处置量790万m^3，拦渣率90%，完成环保投资44.86万元。

中国华电集团公司安徽分公司

概况

中国华电集团公司安徽分公司（简称华电安徽分公司）成立于2007年12月25日，设综合管理部、生产运营部、项目管理部三个部门。其前身为2006年2月16日成立的中国华电集团公司安徽代表处（简称华电安徽代表处）。华电安徽分公司主要负责中国华电集团公司在安徽省资产的生产经营管理、项目前期、协调服务等工作。截至2007年底，华电安徽分公司管理的华电在皖发电容量为207万kW。

所属企业

华电集团在皖企业共有5家，分别是安徽池州发电有限公司（简称池州公司）、安徽华电六安发电有限公司（简称六安公司）、安徽华电宿州发电有限公司（简称宿州公司）、安徽华电芜湖发电有限公司（简称芜湖公司）、安徽华电宿州生物质能发电有限公司（简称宿州生物质能公司）。

池州公司是按照现代企业制度组建的独立发电企业，华电国际电力股份有限公司（股比40%）、安徽省能源集团公司、申能（集股份）有限公司、安徽康源电力集团有限责任公司共同出资组建，在册职工206人，2×30万kW火力发电机组分别于2005年9月、12月投产发电。该项目对调整华东，特别对安徽省的电源布局、电网结构、提高电网运行质量都具有巨大的作用，同时也带动了地方经济及相关产业的迅速发展。

六安公司是由华电集团投资控股（股比60%）、安徽康源电力集团有限责任公司、安徽明都实业总公司参股的合资企业，正式员工181人。六安公司装机容量为2×13.5万kW循环流化床机组，两台机组分别于2005年12月和2006年6月投产发电，是安徽电网西部末梢重要的电源支撑点，是六安革命老区最大的投资项目，极大地促进、推动了地方经济发展。

宿州公司成立于2003年9月，由华电国际电力股份有限公司和安徽宿州华源电力发展有限责任公司按97:3的比例投资建设，现有职工326人。一期2×60万kW超临界燃煤发电机组于2005年3月8日通过国家发展改革委核准，同年5月28日开工建设，两台机组分别于2007年10月6日和11月10日顺利完成168h试运行，移交试生产，实现一年“双投”目标。一期工程是国家“皖电东送”和安徽省“861”规划重点工程项目。

芜湖公司成立于2004年6月8日，由华电国际电力股份有限公司和繁昌县建设投资有限公司按照95:5比例投资兴建，现有员工317人。一期工程建设2×66万kW超超临界燃煤机组，是全国首台套66万kW超超临界机组，也是安徽省目前在建单机容量最大的机组，工程于2006年8月18日正式开工建设。项目区位优势明显，建设条件优越，属于高效、节能、环保电厂。

宿州生物质能公司是华电集团系统内第一个完全以农业秸秆为燃料的新型清洁能源项目，由华电国际电力股份有限公司、安徽津利电力发展有限公司和安徽宿州华源电力发展有限责任公司按78:20:2比例投资兴建，正式员工15人。一期2×1.25万kW机组工程2007年6月28日正式开工，计划2008年实现“双投”。该项目建成后每年可利用农作物秸秆近20万t，对于充分利用当地丰富的农业秸秆资源，改善能源结构，保护生态环境，增加农民收入，促进经济发展和新农村建设，具有十分重要的意义。

领导班子

总经理：徐旭

党组书记：张光达

发展战略

着眼长远，坚持发展是第一要务，在华东区域追求外延发展不动摇，依托安徽煤炭资源和“皖电东送”，致力于大型火电项目的发展，2010年在安徽实现运营容量达到400万kW以上。以提高燃煤供应保证度和降低购煤成本为目标，进行产业延伸。实施科技创新战略，有限开发再生能源和新能源项目。

年度业绩

2006年，华电安徽分公司实现了六安一台13.5万kW机组投产发电，宿州2×60万kW超临界燃煤发电机组年度13个年度里程碑节点全部完成，芜湖2×66万kW超超临界燃煤机组开工建设。全年完成发电量42.58亿kW·h；综合供电煤耗352.5g/(kW·h)；上网电价337.29元/(MW·h)，电费回收率85%；实现销售收入14.36亿元。

2007年，华电安徽分公司实现了宿州2×60万kW超临界燃煤发电机组投产发电，芜湖2×66万kW超超临界燃煤机组各里程碑节点均按期或提前实现，华电集团第一家完全利用秸秆发电工程——宿州生物质能2×1.25万kW机组工程开工建设。全年完成发电量59.01亿kW·h；综合供电煤耗348.5g/(kW·h)；上网电价347.67元/(MW·h)；电费回收率87%；实现销售收入20.52亿元。

项目发展

华电安徽分公司面对国家宏观调控和投资体制改革给电源项目发展带来的深刻变化，坚定项目发展信心，一方面围绕确定的电源项目，认真落实项目建厂条件，紧锣密鼓开展前期工作；另一方面积极寻找新的发展空间，竭力推动华电在皖事业又好又快发展。

2006年，华电安徽分公司以企业发展为主题，加速推进项目前期工作。经过积极争取，池州、六安、宿州和芜湖四个项目的二期扩建工程均被列入安徽省“十一五”规划和“861”行动计划。池州取得核准所必需的26个支持性文件中的23个，芜湖评优核准所需的省、市级批文均已办理完毕，宿州用地、环评、接入系统报告提交审查待批，六安省级及以下文件全部取得，接入系统获得批复，用地、环评报告待批。华电集团在“十一五”战略规划调整中，将芜湖项目列入十大煤电基地之一。为进一步增强安徽华电的综合实力，华电安徽分公司组织开展了合肥市垃圾发电的前期调研工作，为适时启动项目前期做准备。配合华电国际开展了收购合肥二电厂2×35万kW外方32.8%股权的准备工作。

2007年，华电安徽分公司高效推进在建项目，有序开展前期工作。加大在建项目安全、质量、进度、造价“四控”力度，宿州1号、2号机组顺利“双投”，标志着华电在皖首座2×60万kW机组工程建成投产。芜湖提前一个月完成了年度里程碑节点计划。加强与政府及有关部门的沟通协调，池州、六安、宿州和芜湖四个项目的二期扩建工程评优核准所需批文全部取得，均已具备评优核准条件。同时，安徽分公司积极拓展新能源项目，合肥垃圾发电前期选址工作积极进行中，风电初步争取到安庆地区宿松和望江两个风场。

生产经营管理

华电安徽分公司牢固树立和贯彻落实科学发展观，按照“内抓管理、外拓市场、整合资源、争取政策、谋求发展”的工作思路，积极务实地开展工作，实现了又好又快健康发展。

2006 年，面对煤价居高不下、机组发电利用小时锐减及区域电力市场竞争不断加剧的严峻经营形势，安徽分公司上下齐心协力，多管齐下、内外并举，实现了区域全面扭亏增盈。在内部管理上，各企业加强预算控制管理，对影响利润目标的关键因素逐项分解查找原因，制订措施和办法。在外部经营上，积极发挥整体协调作用，有组织、有步骤地与政府、省网公司计划调度部门展开长效联系与沟通机制，反映企业的实际困难，寻求理解和支持。全年完成发电量超全年基本电量计划 27.1%，超安徽全省电量平均水平。第二次煤电联动中新机标杆电价每千瓦时上调 2 厘，发电企业增加利润 372 万元。

2007 年，华电安徽分公司在内部管理上深入开展对标和营运改善，重点抓好煤耗、厂用电率等指标控制，加大了考核力度，认真研究降控措施，不断提高了各项指标的先进性。在外部经营上，把握电量、电价和煤炭三个关键，加强与电网调度、市场营销管理部门的沟通，争取良好的竞争环境。全年完成发电量 59.01 亿 kW·h，超全年基本电量计划 30.8%。池州公司、六安公司在各有一台机组大修的情况下，利用小时分别达到 5483h和 5258h。宿州公司新机投运后，每天安排 2100 万 kW·h 的电量并按照 0.351 元/(kW·h) 的价格进行预结算。加强“三煤”工作，降低燃料成本。全年共计调入煤炭 156.27 万 t（不含池州公司），同比增加了 123.94 万 t，确保了发电用煤；优化来煤结构，关注市场变化，完善煤炭管理体制，引入新的煤炭资源，降低了煤价；加强煤质管理，加强采制化监督，完成了入厂煤热值 20.43MJ/kg，同比增加 0.015MJ/kg。

党的建设、精神文明建设和企业文化建设

华电安徽分公司党组围绕中心工作，不断加强党建基础和精神文明建设，为区域发展营造了奋发有为、和谐共进的良好氛围。一是以提升基层党组织标准化建设水平为突破，不断加强组织建设。二是建立健全党建制度，制定了《党组工作制度》、《党组民主生活会制度》、《党组中心组学习制度》等，为党建工作规范运行奠定了基础。三是以构建惩防体系为主线，加强了党风廉政建设，各级领导干部自觉增强“五种意识”，树立“五个作风”，领导干部作风建设进一步加强。四是以群团组织建设为纽带，初步建立了维护稳定工作长效机制，为企业生产经营和发展稳定提供了有力保障。

中国华电集团公司宁夏分公司

概况

中国华电集团公司宁夏分公司（简称华电宁夏分公司）成立于 2007 年 12 月 25 日，其前身为 2003 年 8 月 13 日成立的中国华电集团公司宁夏办事处，后于 2007 年 4 月成立华电集团宁夏代表处。华电宁夏分公司是中国华电集团公司（简称华电集团）在宁夏回族自治区设立的分支机构，主要负责华电集团在宁夏的发展规划、项目前期、电力营销、协调服务等工作。

截至 2007 年底，华电宁夏分公司管理的华电集团参股或控股企业共 5 家，分别是：宁夏发电集团有限责任公司（华电国际股比 31.11%）；华电宁夏灵武发电有限公司（一期工程 2×60 万 kW 燃煤空冷机组，华电国际股比 65%）；宁夏中宁发电有限公司（2×33 万 kW 燃煤机组，华电国际股比 50%）；华电宁夏宁东风电有限公司（华电国际独资公司）；宁夏大唐国际大坝发电有限责任公司（三期工程为 2×60 万 kW 燃煤空冷机组，华电集团股比 20%）。控股、参股企业装机容量 402 万 kW，权益装机容量 205 万 kW，权益装机容量已位居宁夏电力市场第一位。

领导班子

总经理：季军

副总经理：战中年

发展战略

战略远景：坚持以华电集团、华电国际“十一五”战略规划为指导，结合区域发展实际，坚持科学发展观，以市场为导向，安全为基础，效益为中心，人才为根本，管理为手段，优化配置资源，推进项目规范运作和健康发展，提升区域核心竞争力，努力把区域企业做强做大做好，将宁夏区域建设成为华电集团、华电国际在西部地区发展的重要基地。

发展目标：到2010年，华电在宁参控股企业装机容量602万kW，管理运营装机总容量突破334.5万kW，权益装机容量356万kW。到2020年，形成以火电为主，风电、水电、太阳能等新能源互补、煤炭资源开发初具规模的多元化产业结构，管理运营装机容量突破1000万kW，区域发展规模、效益、技术水平和管理等方面在西部地区乃至全国居于一流水准。

年度业绩

华电宁夏分公司按照“安快好省廉”的总体要求，加强协调指导，加强工程里程碑节点管理。灵武一期2×60万kW工程和宁东风电一期4.5万kW工程高质量竣工投产，工程建设的安全、质量、工期、造价管理可控、在控。灵武发电公司一期工程1、2号机组分别于2007年6月8日、9月22日圆满通过了168h满负荷试运行，较计划工期分别提前了22天和67天，高标准投产发电。其中，1号机组168h后未停机连续安全运行达到55天，创华电集团新机投产连续运行最好纪录；2号机组从吹管完成到整套启动只用了7天时间，仅用13天时间就顺利完成了168h，创全国同类型机组整套启动试运时间最短纪录。两台机组还创造了真空严密性等多项全国同类型机组的先进指标记录。宁东风电公司克服项目工期紧、送出工程滞后、施工条件艰苦等诸多困难，12月14日第一台发电机正式并网发电，12月29日30台机组全部实现了并网发电，成为华电国际首家投产发电的风电项目。灵武一期工程建设赢得了自治区“项目管理和前期工作先进单位”荣誉称号。灵武公司被华电集团授予“2007年度先进企业”荣誉称号，华电宁夏分公司被自治区政府授予“2007年度宁东大会战二等奖”，实现了华电集团在宁夏创建品牌工程、样板工程的目标。

灵武发电公司两台60万kW机组实现了当年投产、当年盈利。2007年全年累计完成发电量35.3亿kW·h，比年度承包电量指标22.32亿kW·h超发12.98亿kW·h，完成年度承包指标的158.15%；供电煤耗率完成359.49g/(kW·h)，比年度承包指标降低4.35g/(kW·h)；综合厂用电率完成8.61%，比年度承包指标降低0.95个百分点；实现利润13006万元，比年度承包利润指标3879万元增加9127万元，完成年度承包指标的335.29%。

生产经营管理

华电宁夏分公司坚持“抓工程必须抓安全、抓生产必须抓安全”的原则，层层落实安全责任制，建立健全安全管理网络体系，全面完成了区域年度安全目标。灵武一期工程连续安全施工775天，创出60万机组基建工程“零”人身伤害安全纪录；宁东风电一期工程未发生任何安全事故，实现连续安全施工196天。截至2007年末，灵武公司实现机组安全生产205天，中宁公司实现安全生产898天。灵武公司被集团公司评为2007年度“安全生产先进单位”。

华电宁夏分公司以落实“三电”为核心，发挥整体协调作用，超前谋划，确保了灵武公司两台机组完成168h试运行后商业化运营电价执行时点自168h结束之日算起，为机组“投产即盈利”打下了基础。争取空冷机组补偿政策，取得了自治区经委增加灵武公司1、2号机组利用小时200h的批复；电量计划得到兑现落实，灵武公司设备利用小时达到7011h，较电网平均设备利用小时6636h高出375h。同时，争取并落实国家财税政策和自治区政府招商引资政策，取得了灵武公司企业所得税“三免两减”优惠政策。燃料管理方面，坚持燃料管理“五统一”政策，认真组织“燃料管理年”活动，加强与华电煤业的沟通，协调配合实施煤炭区域调运，优化来煤结构，提高来煤质量，确保了煤质、煤种、煤量满足供应，适合机组燃烧需要，确保了煤价管理目标可控、在控。加强经营管控监督。深入开展了“依法经营，遵纪守法”主题实践活动，促进了区域企业内控体系建设。加强工程造价控制与合同管理，对工程、物资招投标、合同签订履行、燃料采购等方面进行全过程监督管理，规避了经营风险。灵武一期工程通过规范招投标活动，严格经济签证和变更管理，较好地控制了工程造价；宁东风电一期工程加强设计、监理、塔筒、施工等招标过程程序控制，严格工程概算，有效地降低了工程造价。

项目发展

华电宁夏分公司始终坚持发展为第一要务，着力开展项目规划和项目前期工作，2007年火电、风电、煤炭等项目发展取得了阶段性成果。火电方面，灵武二期 2×100 万 kW 工程核准条件全部具备，并跟踪国家发展改革委和自治区政府评优核准工作动态和排序情况；施工准备方面，完成了设计、监理、三大主机、四大管道和部分辅机设备招标工作，厂区“五通一平”和桩基施工工作正加快进行。永利电厂一期 2×100 万 kW 工程支持性文件逐步完备，水资源论证等相关项目报告业已完成，并于 2007 年 12 月中旬顺利完成了可研报告审查工作。风电方面，围绕宁东风电场的整体开发，加快宁东风电二期 4.5 万 kW 工程招标核准进程，完成了可研报告编制，取得了国土、环评等文件批复，取得了自治区发展改革委同意开展二期工程前期工作的“路条”。煤炭资源开发方面，深入考察宁东矿区煤炭资源状况和有关项目情况，促成华电煤业与灵武市政府签署了《煤炭和煤炭深加工合作协议》，初步落实了与新汶矿业集团合作开发煤炭资源事宜。电源项目储备方面，拓展风电资源开发点，开展了盐池麻黄山、固原六盘山地区及内蒙阿拉善左旗所辖区域风能资源测量工作和相关前期工作。开展太阳能发电可行性研究，进行了有益的探索。

改革发展

华电宁夏分公司以灵武发电公司中层干部绩效管理试点为开端，稳步实施区域绩效管理，分公司系统建立了以绩效为导向的薪酬分配机制，提高了工作质量和工作效率。

党的建设、精神文明建设和企业文化建设

华电宁夏分公司在不断完善区域职能的基础上，大力加强党的建设、精神文明建设、企业文化建设，确保了区域“四个安全”。深入贯彻落实党的十七大精神，扎实组织开展区域“四好”领导班子创建活动，党的建设和领导班子建设进一步巩固加强，灵武公司被授予“中国华电集团公司创建‘四好’领导班子先进集体”称号。加强廉政建设。细化分解了党风廉政建设责任目标的内容，签订了责任书；扎实促进惩防体系建设，华电在宁企业干部员工遵纪守法率为 100%。认真履行社会责任，全面落实节能减排工作，灵武公司在节能降耗、环保方面取得的突出业绩受到了中央电视台等国家媒体的高度关注，树立了华电良好的品牌形象和社会形象。深入开展文明系列创建活动，灵武公司被评为 2007 年度宁夏回族自治区文明单位。

中国华电集团公司湖南分公司

概况

中国华电集团公司湖南分公司（简称华电湖南分公司）前身为中国华电集团公司湖南代表处，成立于 2003 年 10 月 20 日，作为中国华电集团公司在湖南的派出机构，负责华电集团在湖南省的发展规划、项目建设、生产经营管理、电力营销、协调服务等工作。2007 年 12 月 21 日，经华电集团党组研究决定，湖南代表处更名为湖南分公司。

截至 2007 年底，华电集团在湖南共有三家发电企业，在运总装机容量 180 万 kW。分别是湖南华电石门发电有限公司（简称石门公司），装机 2×30 万 kW 燃煤机组；湖南华电长沙发电有限公司（简称长沙公司），装机 2×60 万 kW 国产超临界燃煤发电机组；湖南华电常德发电有限公司（简称常德公司），规划建设 2×66 万 kW 超超临界燃煤机组。湖南分公司本部设综合管理部、计划发展部、市场营销部 3 个部门，定员 10 人，截至 2007 年底实际在册员工 9 人。

领导班子

总经理：李学军

副总经理：周晓鸥

发展战略

愿景目标：到 2010 年，建成省内领先、国内知名、资产优良、业绩优秀的现代企业。省内领先，即技术经济指标、管理水平、创新能力处于省内发电企业领先水平，具有较强的市场竞争能力、盈利能力和可持续发展能力。国内知名，即通过 3～5 年的努力，华电在湘发电企业各项技术经济指标达到国内同类型机组先进水平，具有一定的知名度。资产优良，即资产结构合理，盈利和偿债能力强。业绩优秀，即安全、质量、效益指标同地区同业领先，企业健康发展，社会贡献大。现代企业，即建立健全现代企业制度，充分利用先进技术，以一流的管理实现一流的效益。

战略计划：“十一五”底争取装机容量达到 300 万 kW，资产达到 100 亿元、年发电量达到 100 亿 kW·h。

年度业绩

2006 年，完成发电量 23.86 亿 kW·h；综合供电煤耗350.37g/(kW·h)；综合厂用电率6.24%；实现利润总额51万元；基建投资16亿元（其中，长沙公司11.73亿元，石门公司4.27亿元）；石门公司2号机组于2006年3月23日完成168h满负荷试运，投入商业运营。

2007年，完成发电量31.50亿kW·h（含试运电量3.23亿kW·h）；综合供电煤耗344.55（g/kW·h）；综合厂用电率6.49%；实现利润总额-912万元（考虑资本金未及时足额到位及机组提前投产导致生产准备费摊销等因素，可合计盈利3027万元）；华电在湘战略规划积极推进，项目核准、项目开拓工作全面完成。长沙公司两台机组顺利投产。

生产经营管理

2006~2007年，华电湖南分公司确定了"强化三个坚持、提高三个能力、发挥三个作用、确保四个安全"的指导思想和"两个加快、两个加强，两个抓好"的总体要求。华电湖南分公司和各单位积极履行职责，着力加快工程建设和项目前期工作步伐，着力加强安全生产和运营管理，着力抓好员工队伍和企业文化建设，力求发展、管理和效益的和谐统一，实现了华电在湘事业又好又快发展。

1. 安全生产呈现新局面

坚决贯彻"安全第一"方针，全面落实区域企业、工程参建各方以及受托运行单位的安全主体责任，认真开展安全大检查和"安全生产月"活动，深入推进反违章工作，千方百计保持了安全生产局面的持续稳定。截至2007年12月31日，石门公司安全生产823天；长沙公司在实现安全施工708天之后，安全生产69天。石门公司积极协调与大唐石门一期的关系，不断探索委托运行新的管理模式，在2007年迎峰度夏和党的十七大召开期间，抢发电量6.29亿kW·h，发挥了湖南电网骨干电厂的重要作用。

2. 营销工作凸显新成效

进一步加强了与湖南省经委、网省电力公司、省物价、省环保等部门的沟通，大力宣扬华电在湘企业的各种优势，取得理解和支持，营造了宽松的外部环境。坚持每月及时与电力交易中心和调度联系，争取多发电和较好的峰谷比。石门公司围绕"抢发电量"开展了大量的工作，2007年共发电25.58亿kW·h，比大唐石门一期超发3.76亿kW·h，超发比例为17.23%，下半年一举扭亏为盈。电价方面，积极争取环保电价政策的落实。通过努力，长沙公司试运电价由0.2元/(kW·h)调整到0.325元/(kW·h)。其中，争取到了1.5分/(kW·h)的脱硫电价和1分/(kW·h)的脱硝电价。由此增加试运电费收入3950万元，也为今后进一步争取脱硝电价的落实奠定了基础。同时，长沙公司做到了机组通过168h试运即执行标杆电价0.4025元/(kW·h)，获得较好的经济效益。

3. 协调管理发挥新作用

加强对区域企业安全生产、经营管理、工程建设等方面的指导，积极协调与地方政府、社会各界的关系，并在班子建设、队伍建设和党的建设方面发挥应有的作用，有效地防范了区域企业可能出现的风险。落实了维护稳定工作方案，开展了员工思想动态分析，确保了队伍稳定。

4. 队伍建设得到新加强

华电湖南分公司所属各单位着力加强"四好"班子建设和员工队伍的素质建设、工作作风建设，进一步提高了各级人员的综合素质和工作水平。本着"精干高效"的原则，加强了分公司本部的队伍建设，提高了分公司的执行力和战斗力。完成了常德公司与石门公司的人员分离，在系统内引进了一批优秀的项目管理人员参与常德项目筹建。加强了长沙公司生产人员的技能培训，满足新机投产需要。石门公司着力解决员工"食、住、行"、夫妻两地分居等实际困难，增强了企业的凝聚力。

项目发展

根据华电在湘"十一五"发展规划，以经济效益为中心，按照突出重点，分步实施的原则，稳步推进区域项目前期工作。长沙一期2×60万kW工程于2007年3月正式通过国家发展改革委核准批复，两台机组分别于2007年10月23日、12月25日建成投产，标志着国内首批、华电首座同步建设脱硫和脱硝设施的环保绿色电厂投入商业运营。常德2×66万kW工程项目评优报告已上报国家发展改革委；项目核准所需支撑性文件均已取得；初步设计审查已完成。永州2×60万kW工程项目评优所需文件已全部取得，评优申请已上报。长沙二期2×100万kW工程初可报告编制工作已完成，并上报华电集团。石门三期前期工作已启动。积极响应国家发展改革委和华电集团关于开发风电等清洁能源的要求，在比较建厂条件后，在郴州仰天湖、永州江华进行建塔加密观测。到2007年底，仰天湖风电项目可研报告已审查。核电厂址初选查勘工作已完成，初选报告和下阶段工作计划已上报华电集团。2007年，湖南分公司荣获华电集团“前期工作先进单位”称号。

改革发展

华电在湘企业都是电力体制改革后新成立的。石门公司2×30万kW工程是在大唐石门一期基础上扩建，采取委托一期运行的模式。石门公司在“依法经营、和谐共赢”理念的指导下，积极探索在委托运行方式下设备、安全、技术经济指标管理的有效方法，进一步完善了委托运行模式。长沙公司在工程建设过程中，贯彻落实“安、快、好、省、廉”方针，强化业主意识，发挥监理作用，严格工程管理，强化过程监督，工程安全、质量、工期、造价始终可控、在控，确保了2007年双机投产。2007年，完成了常德公司与石门公司的人员分离，通过公开招聘在系统内引进一批优秀人才参与常德项目管理。

党的建设、精神文明建设和企业文化建设

2006年，按照“四好”领导班子的总体要求，紧紧围绕企业发展稳定大局，大力加强领导班子的素质建设、工作作风建设，进一步提升领导班子和领导干部的综合素质和工作能力，不断提升企业核心竞争力。区域企业认真组织学习了中纪委六次全会、国务院第四次廉政工作会议精神，积极探索廉政文化建设的新内容，引导广大党员牢固树立正确的世界观、人生观、价值观，加强党性锻炼，增强党性修养，进一步筑牢了党员干部，特别是领导干部的思想道德防线。各单位对照与华电集团签订的责任书目标，从提高认识、加强领导入手，在制度和工作程序上下工夫，努力完善制约和监督机制，狠抓领导干部的廉洁勤政和源头治理以及效能监察工作，重点加强了对工程施工、设备采购的招标监督，党风廉政建设责任制得到了全面落实，没有发生违法违纪案件。认真开展了治理商业贿赂专项工作。通过自查，没有发现不正当交易现象。湖南代表处和石门公司分别被华电集团评为党风廉政建设优秀单位和良好单位。

2007年，除了在安全、效益、发展方面加强监督以外，在班子建设、队伍建设和党的建设方面发挥应有的作用，有效地防范了区域企业可能出现的风险。注意掌握区域企业领导干部和员工的情况，着力加强队伍的素质建设、工作作风建设，进一步提高了各级人员的综合素质和工作能力。本着“精干高效”的原则，加强了华电湖南分公司本部的队伍建设，提高了分公司的执行力和战斗力。加强了长沙公司生产人员的技能培训，满足新机投产需要。石门公司荣获华电集团“文明单位”、“绩效进步企业”称号；长沙公司荣获华电集团“四好班子先进集体”、“安全生产先进单位”和“纪检监察先进单位”称号；长沙公司工程部荣获华电集团“先进集体”称号。

中国华电集团公司浙江分公司

概况

中国华电集团公司浙江分公司（简称华电浙江分公司）前身为中国华电集团浙江代表处，成立于2003年4月23日，2007年12月更为现名，是中国华电集团公司在浙江省的派出机构。按照华电集团的授权，负责华电在浙江省的发展规划、项目前期、工程建设、安全生产、经营管理、公共关系等方面的领导、协调工作。

2006~2007年，华电浙江分公司认真贯彻落实华电集团的战略部署，以科学发展观为指导，以服务浙江经济建设、发展华电在浙江事业为目标，以“突破发展、提升效益、强化管理、确保稳定”为工作方针，坚持做强存量和做大增量两手抓，坚持生产经营和资本经营并重，坚持企业发展和员工发展相协调，走以电源发展为主、以研发和制造为两翼的多元化发展道路，全面履行“三大责任”，努力提升“三大业绩”，确保区域“四个安全”。截至2007年底，华电浙江分公司本部设综合办公室、计划发展部、生产运营部三个部门，管理企业共有5家，在册员工2262人，拥有可控装机容量177.95万kW，具有良好的火、水、天然气等多种能源结构，是浙江省电力建设和发展的一支重要力量。

领导班子

党委书记、总经理：赵志学

党委委员、副总经理：马志明

党委委员：张志平、方正亚、叶水泉、丁洪焜

年度业绩

2006年，浙江区域完成发电量65.94亿kW·h，比上年增长87.01%；实现利润总额1.7亿元，比上年增长209.09%，实现了跨越式发展。

2007年，浙江区域完成发电量63.93亿kW·h，实现利润总额2.18亿元，利润比上年增长28.23%，超额完成集团公司下达的各项考核指标。

生产经营管理

2006年，华电浙江分公司深入贯彻“安全第一、预防为主、综合治理”的方针，严格落实各级安全生产责任制，加强对所属企业的指导和协调，确保安全生产“可控、在控”。全面开展了“零违章、零缺陷”活动，提高全员安全意识，有效杜绝了人为责任性事故。加强对新投产燃机的运行维护，努力消除不安全因素，确保新机组稳定运行。深入开展季节性安全大检查和专项检查，完善各类应急预案，杜绝了各类安全隐患。加强技术改造和隐患治理，抓好安全性评价整改，确保发电设备长周期健康运行，年内各发电企业均以高分通过了华电集团安全性评价复评。全面开展了“三标一体化”管理，对安全规章制度进行了修订完善，健全了安全生产监督考核体系。针对夏季浙江省持续高温，用电负荷紧张的形势，积极配合省电网公司，做好迎峰度夏工作，7~9月完成发电量创历史最好水平，为缓解浙江省用电紧张局面作出了贡献。华电集团在浙企业年内均达三个百日无事故记录，安全生产保持了总体平稳。在内部管理上，分公司全面开展了对标管理和营运改善工作，大力推进节能降耗，使燃料成本和固定成本得到有效控制，主要技术经济指标进一步优化。加强对大修、技改、科技和信息化项目的管理，对项目严格进行招投标，对50万元以上项目进行了后评估。加强金融资本运作，提高投资回报，使经济效益进一步提升。在外部经营上，分公司加强对外协调沟通，积极参与华东电力市场试运行，争取良好的经营环境和合理的上网电价。当年煤电联动政策于6月30日起实行，煤机电价上调了0.95分/(kW·h)，电费回收率100%。同时由于杭州华电半山发电有限公司三台燃机的投运，发电量实现了较快速度增长，经营效益得到大幅提升，超额完成了区域年度利润目标。

2007年，华电浙江分公司深入开展反违章工作，加强员工安全教育培训，以“零违章”确保“零事故”，持续巩固了安全生产稳定局面。开展了反违章督查、环保核查、迎峰度夏、防汛抗台、“二十五项反措”等各类专项检查，及时消除安全隐患，提高了安全管理水平。面对煤价持续飙升、来水偏枯、天然气供应不足、发电利用小时下降等多种考验，各发电企业加强科学调度，抢发多发电量，确保了机组发电利用小时高于同网同类型机组水平。做好小机组关停工作，贯彻国家“十一五”节能减排政策，半山公司提前6个月关停了2台5万kW机组，节能减排工作取得显著成效。华电集团在浙企业年内均达三个百日无事故记录。截至2007年底，半山公司累计安全生产日达3892天，浙江华电乌溪江水力发电厂累计安全生产日2777天。在内部管理上，分公司加强财务预算和计划管理，严格控制成本支出。开展月度经济活动分析，对生产、计划、财务、燃料等关键性指标跟踪分析，对费用执行情况进行动态考核，做到科学预算、及时调整，全面提升了经济效益。加大内控力度，加强审计监察部门参与经济活动的力度，配合做好国务院派驻华电集团监事会、内外审计部门对华电在浙企业的审计调研工作，同时做好半山公司资产注入华电国际的评估工作，年内顺利通过各项审计和评估。在外部经营上，分公司以电量和电价为中心，加强与省经贸委、物价局、电网调度和电力市场营销部门的协调沟通，千方百计做好电量落实和电价疏导工作。2007年11月10日起，半山公司天然气价格每立方米上涨0.4元，分公司和半山公司上下联动、攻坚克难，当年争取到了半山燃机上网电价从0.53元/(kW·h)上调至0.61元/(kW·h)，每千瓦时上调了8分，为超额完成年度利润目标奠定了良好的基础。

项目发展

华电浙江分公司实施“新能源起步”的战略方针，在浙江省经济发展迅速、电源点竞争激烈的形势下，紧紧抓住国家大力发展绿色能源的战略机遇，积极争取浙江沿海地区新能源项目，努力形成“火、水、气”并举、其他多种能源为辅的发展格局。

半山IGCC（煤制气发电技术，下同）项目作为国内首批20万kW级IGCC发电示范工程项目，于2007年1月正式列入科技部“863”计划，8月通过了可行性研究报告专家评审，11月国家发展改革委组织对该项目进行了专家评议，各项前期工作积极推进。舟山长白、小沙风电项目由华电集团新能源发展有限公司控股，规划两期建设16台75万kW和34台750kW风电机组，总容量为3.75万kW。项目已列入浙江省“十一五”风力发电发展规划。同时，积极开展核电、火电和新能源项目的选址调研，力争项目发展取得新的突破。

改革发展

2006年，华电浙江分公司坚持以业绩为导向，根据华电集团绩效目标考核管理标准，进一步完善了责任考核体系和管理标准体系。各级领导班子认真履行资产经营责任制、扭亏增盈责任制、项目投资回报责任制，企业相关部门建立了经营管理目标责任制，形成了纵横结合的责任考核体系，使内部管理水平得到显著提升。深化劳动用工制度改革，分公司积极指导各单位开展按定员组织生产工作。半山公司作为华电集团首批按定员组织生产实施单位，认真制订实施方案和相关配套措施，顺利通过了评审并组织实施。

2007年，华电浙江分公司认真落实华电集团“区域统一管理”的管理体系，规范和强化分公司本部管理职责。大力实施“人才强企”战略，积极开展各类专业培训和技术比武，为企业可持续发展提供有力的人才支撑。积极稳妥地处理和解决电力体制改革遗留问题，2007年2月，争取到浙江省电力公司支付闸口艮山门留守处补偿金6800万元的一次性到位，并将补偿资金按实施方案落实给离退休职工，使这一历时长、难度大的遗留问题得到了较为圆满的解决。

党的建设、精神文明建设和企业文化建设

2006年，华电浙江分公司深入推进“四好”班子建设和党风廉政建设，做到党建工作与生产经营工作同推进、同考核。全面开展了“党章专题学习月”活动、“八荣八耻”荣辱观教育、建党85周年系列活动，通过形式多样的主题教育活动，提高了党员队伍整体素质，推进了党的先进性建设。坚持“标本兼治、综合治理、惩防并举、预防为主”的方针，深入开展了治理商业贿赂专项工作、效能监察工作，完善了各项内控制度，增强了全员廉洁从业意识，促进了企业生产经营和发展，做到了“两不误、两促进”。同时，注重加强精神文明建设和企业文化建设，以创优促效益、发展。全面开展了创建华电集团“文明单位（标兵)”、“四好”班子、“优秀发电企业”等创优活动，以及“学习型组织”、“模范职工之家”、“两优一先”等评优树先活动。组织各单位积极参加希望工程、结对共建和“送温暖”等社会公益活动，举办了“知荣辱、树新风、促和谐”演讲比赛，组织参加省直机关建党85周年文艺汇演、书画摄影比赛，并获得多项荣誉，树立了集团在浙江的良好形象。

2007年，华电浙江分公司以加强领导干部作风建设为重点，深入推进“四好”班子建设。全面开展了“强核心、固堡垒，全面提升基层党组织标准化建设水平”活动，加大党风廉政建设责任制执行力度，形成了“领导带头、源头治腐”的廉政长效机制。深入开展了“依法经营、遵纪守法”主题活动，完善了效能监察、关联交易、风险评价等方面规章制度，做到廉洁文化“进班子、进厂区、进岗位、进家庭”，推进了惩防体系的建设。深入学习贯彻党的十七大精神，开展了“贯彻十七大、创造新业绩”主题系列活动，进一步增强了企业的向心力和凝聚力，推动了各项工作又好又快发展。此外，分公司注重抓好职工思想稳定工作，确保政治安全和形象安全。按照“谁主管、谁负责”的原则，严格落实稳定工作责任制，做好信访和疏导，在政策允许的范围内尽可能解决职工的实际问题，为企业改革发展保驾护航。广泛开展企业文化宣贯活动和职工文体活动。组织开展了“为华电建功、为发展助力”主题实践活动、企业文化要素征集、“辉煌五周年”征文等活动，举办了“华电杯”浙江区域职工篮球赛、羽毛球赛、乒乓球赛等文体活动，营造了团结奋进的良好氛围。持续开展“送温暖”和扶贫帮困活动，2007年华电集团在浙单位共走访慰问退休、在职的困难职工516人，送去慰问金和慰问品共计45万余元，使广大员工切身感受到了各级党组织的浓浓关爱，推进了和谐企业的建设。

中国华电集团公司陕西分公司

概况

中国华电集团公司陕西分公司（简称华电陕西分公司）原为华电陕西代表处，成立于2007年4月6日，同年12月25日更名为华电陕西分公司，是中国华电集团公司在陕西省设立的派出机构。主要负责华电集团在陕西省的发展规划、项目前期、电力营销和协调服务等工作。

2007年底，华电陕西分公司设综合管理部、市场营销部和计划发展部三个部门。在陕企业有蒲城发电有限责任公司（简称蒲城公司）、蒲城第二发电有限责任公司（简称蒲城二厂）、华电煤业集团有限公司华电陕西分公司、陕西华电榆横煤电有限责任公司（简称榆横公司）、中国华电集团公司陕西安康电厂筹建处（简称安康筹建处）。公司装机容量共132万kW，占陕西电网总装机容量的10.1%。

发展战略

以科学发展观为统领，以“服务集团，发展陕西”为使命，坚持电为基础，煤为重点，配套发展煤化工、铁路、水务等相关产业；坚持以人为本，科学发展，努力实现员工、企业、社会和谐共赢。团结、高效、创新、开拓，努力建设华电集团综合竞争力强的电、煤、化、路、储一体的重要能源化工产业基地，为集团又好又快发展作出贡献。

领导班子

总经理：许波

副总经理：张处放

年度业绩

2007年完成发电量70.64亿kW·h，比计划多发0.64亿kW·h；设备利用小时数5351.57h，同比降低9.8h；综合供电煤耗率完成350.78g/(kW·h)，与计划指标持平；综合厂用电率完成7.55%，同比上升0.13个百分点；实现利润6529万元，超额完成了华电集团下达的利润指标。

生产经营管理

在生产管理方面，加强区域安全生产监督，指导开展安全生产专项治理，认真组织安全隐患排查工作，夯实安全生产基础。指导开展了“大干一百天，确保完成全年生产经营任务”活动，促进了蒲城公司安全生产管理水平的提高。截至2007年12月31日，区域实现了零事故、零轻伤，二类障碍同比减少5次，连续安全生产936天。

在经营管理方面，狠抓管理创效，降本增效，内部挖潜，增产增收，努力完成经营目标；紧密围绕“三电”、“四煤”工作，建立与省政府相关部门、网、省电力公司的沟通协调机制，全力支持帮助蒲城公司开展市场营销工作，促进蒲城公司煤炭补贴足额到位、电量大幅增长。支持华电煤业集团陕西分公司，落实区域内的煤炭调运计划、煤炭采购及结算工作。2007年直供煤的电厂3家，协供煤的电厂有14家，完成煤炭调运量1006万t，保证生产需要。

项目发展

华电陕西分公司在项目开发上，按照“把投资回报率作为项目发展的前提，采取新建与并购两条腿走路、控股与参股并举、现有煤炭资源与风险勘探结合的模式，突出抓好榆林（陕北）能源化工基地建设，以煤转化项目争取配套煤炭资源，依托优势煤炭资源延伸优势项目”思路，加强与陕西省委、省政府及各级地方政府的沟通联系，建立了良好的沟通协调机制，不断加快基建和项目前期工作进程，促使蒲城二厂（2×66万kW）、榆横公司项目、安康电厂项目和杨凌热电项目前期工作取得突破性进展。

2007年5月15日，蒲城二厂项目通过国家发展改革委的核准批复，同年6月20日正式开工建设。陕西分公司利用陕西省发展改革委编制鄂尔多斯规划的有利时机，与电源项目规划起草单位积极沟通，将榆横公司规划容量由原来的520万kW调整到732万kW，并列入陕西省发展改革委规划中。在推进项目前期工作的同时，积极争取配套的煤炭资源，榆横公司获得了小纪汗煤矿的开发权，煤矿前期工作同步开展。2007年8月，华电集团与安康市政府签订了《陕西安康电厂项目投资框架协议》。同年11月，华电集团、陕西省、重庆市三方签订了《向重庆送电合作意向书》。2007年9月，获悉陕西省政府关停杨凌示范区的燃机电厂并考虑新建热电厂项目，华电陕西分公司积极与省政府沟通，最终陕西省政府同意华电集团在杨凌示范区建设热电联产项目。

改革发展

研究制订区域人力资源规划，优化人力资源

配置；指导区域企业深化干部人事制度改革，按照“民主、公开、竞争、择优”的原则，通过系统内借调、从人员富余企业选拔、试用等手段，充实陕西分公司本部人员和各项目筹建处人员。对通用工种人员实行市场化机制，通过公开招聘，劳务派遣，选聘人员。通过政策吸引、组织调配与个人自愿相结合的方式，促进人员合理有序流动。

以“控制入口，疏通出口，依靠发展减人，依靠改革减人，综合配套，全面推进”为指导，实施劳动用工和薪酬制度改革，推进按定员组织生产。依托新建、在建项目，实现人力资源优化配置，解决富余人员问题。

党的建设、精神文明建设和企业文化建设

巩固保持了共产党员先进性教育活动成果，积极落实中央四个长效机制文件，大力开展“强核心、固堡垒、全面提升基层党组织标准化建设水平”活动，分公司系统党建工作得到进一步加强。以邓小平理论和“三个代表”重要思想为指导，坚持中心组学习制度，深入学习贯彻党的十七大精神，落实科学发展观。坚持民主集中制，按照“三重一大”要求，实施集体决策、科学决策。根据华电集团的统一部署按时召开党员领导干部民主生活会，积极有效开展批评和自我批评，加强团结，凝心聚力，进一步提高了各级领导班子的战斗力，增强班子依靠自身力量解决问题的能力，提升公司竞争能力和可持续发展的能力。

在精神文明建设方面，认真贯彻落实依法治企和以德治企相结合的基本方略，围绕项目发展，开展《公民道德建设实施纲要》的学习教育活动，提高干部职工的思想道德意识。强化新闻宣传工作，加大宣传力度，树立华电在陕西的良好形象，积极营造良好发展的氛围。

加强企业文化建设，开展了《华电宪章》、VI视觉识别系统等具有华电集团特色的企业文化宣贯活动，把华电集团的价值理念贯穿到各项管理中，构建员工认同、具有陕西特色的企业文化，初步形成了与华电集团相统一而又符合陕西特点的企业精神、发展战略和奋斗目标，为项目发展和员工自我价值的实现提供智力支持。

中国华电集团公司河南分公司

概况

中国华电集团公司河南分公司（简称华电河南分公司）、华电国际电力股份有限公司河南分公司（简称华电国际河南分公司）位于河南省郑州市，成立于2007年12月。

中国华电集团公司、华电国际电力股份有限公司为实施发展战略，加快在河南省的发展步伐，提升战略管控能力和整体竞争优势，强化中国华电集团公司和华电国际电力股份有限公司在河南省的生产经营管理、项目前期、电力营销、协调服务等工作，决定成立河南分公司。

华电河南分公司是中国华电在河南省的派出机构，负责华电集团在河南省的生产经营管理、项目前期、协调服务等工作。

华电国际河南分公司是华电国际股份有限公司在河南的分支机构，负责华电国际在河南省的宏观经济形势分析、相关政策研究、电力营销、燃料采购调运组织协调、公共关系协调等工作，并配合做好项目前期、项目公司筹建和在建工程项目管理工作，协助华电国际管理、指导和监督本区域企业的安全生产、经济运行、财务运作和人力资源等工作。

目前，华电在河南省已建成和将建设的电源项目共有四个。华电新乡发电有限公司是华电在豫第一家发电企业，成立于2003年8月28日，一期工程两台66万kW机组已于2007年投产发电，二期2×100万kW超超临界机组工程前期工作正在积极推进。华电漯河2×30万kW热电联产项目，是国家“十一五”规划重点电源建设项目，于2008年6月6日获得国家发展改革委核准，于7月16日开工建设。华电渠东2×30万kW热电联产项目，是河南省“十一五”规划的能源类城市热电联产建设项目，于2007年11月3日取得国家发展改革委路条，已经进入国家发展改革委核准阶段。华电洛阳电源项目筹备处，负责华电在河南的核电发展工作，目前核电前期工作正积极推进。

领导班子

总经理：王存洲

机构设置

华电河南分公司定员标准为8人。设立2个部门，分别为综合管理部、计划发展部。

发展战略

河南省煤炭储量大、产量高，经济发展迅猛，电力需求旺盛，为华电在河南做强做大奠定了基础、创造了条件。分公司坚持以经济效益为中心，按照“以电为主，上下延伸”的发展策略，致力于煤电综合发展，规划到“十二五”末，华电在豫装机容量超过 460 万 kW，煤炭保障率达到50%。

企业文化

公司使命：贯彻华电战略　致力经营发展　服务基层企业

企业愿景：华电先进　区域领先

企业精神：高质　高效　高远　高厚

核心价值观：追求规模质量效益　致力做强做大做好

企业宗旨：以人为本　和谐发展

中国华电集团公司辽宁分公司

概况

中国华电集团公司辽宁分公司（简称华电辽宁分公司）原为辽宁代表处，成立于2006年6月16日，主要负责中国华电集团公司在辽宁省的发展规划、项目前期、安全生产、电力营销和协调服务等工作。分公司设有综合管理部、计划发展部、市场营销部三个职能部门，所属火力发电企业1家，为辽宁华电铁岭发电有限公司（简称铁岭公司）；区域检修公司1家，为辽宁华电检修工程有限公司（简称辽宁检修公司）；项目筹建处2家，为辽宁华电彰武发电有限公司筹建处、辽宁华电锦州发电有限公司筹建处。总装机容量120万kW，占辽宁省总装机容量的5.6%，在维护辽宁电网稳定运行、推动辽宁经济快速发展方面，发挥着积极而重要的作用。

领导班子

总经理：王清文

副总经理：李维群

发展战略

加强存量资产科学经营，积极适应电力市场，不断提高企业经济效益，巩固“走出去”战略成果，做强、做大辽宁检修公司；推进增量资产科学发展，全力发展高效火电，如期推进电源建设项目，积极开展风能、生物质能、水电、核电等可再生能源和清洁能源项目的开发，增加项目储备。到2008年，装机容量翻一番，2010年，装机容量突破 600 万 kW，项目储备超过 500 万 kW。基本实现以高效火电为主、多种能源项目并存的电源格局。

年度业绩

2006年，完成发电量75.01亿kW·h，同比增长12.3%；完成综合供电煤耗345.47g/(kW·h)，同比下降 1.4g/(kW·h)；完成综合厂用电率5.71%；完成等效可用系数87.72%；实现主营业务收入18.68亿元，同比增长19%；实现利润总额15676万元，同比增长209.1%。区域内连续安全生产达到2276天，实现六个安全生产年。铁岭二期扩建工程前期工作如期推进，并取得实质性突破；彰武、锦州新建项目前期工作进展迅速，项目评优工作得到有效开展。

2007年，完成发电量72.65亿kW·h；完成综合供电煤耗343.50g/(kW·h)，同比下降1.97g/(kW·h)；实现主营业务收入18.62亿元；实现利润16204万元，同比增长3.4%。保持了生产安全、经济安全、政治安全、形象安全的稳定局面，区域内安全生产记录达到2641天，连续实现七个安全年。铁岭二期扩建工程、彰武新建项目已完全具备核准条件，锦州、本溪项目前期、评优工作及核电项目选址工作得到有效推进。

生产经营管理

“四个安全”得到有效加强。辽宁区域各生产单位认真贯彻落实各级安全工作指示精神，针对各项安全检查过程中提出的问题，积极整改。扎实开展安全性评价整改、“安全生产月”等例行工作的同时，对现行安全生产规章制度进行了清理，修编、演练了各项应急预案，安全管理制度化、规范化程度进一步加强。截至2007年底，实现安全生产2641天。同时，各单位坚持依法经营、依法决策，严格遵守各项法律法规和财经纪律，扎实开展效能监察，积极配合审计署派出审计组完成了经济责任审计工作，维护了区域内的经济安全；党的建设得到进一步加强，治理商业贿赂工作深入开展，铁岭公司党委被华电集团评为先进基层党组织。各单位积极加强与各级政府和社会各界的沟通联系，树立了“诚信、高效、合作、服务、环保”的良好形象。

企业效益成效显著。华电辽宁分公司深化精细化管理，加强预算考核，进一步挖潜降耗，大幅度压降检修费用，严格控制办公费等各项费用支出。“三电”工作有效开展，电费回收率达到100%。通过加强催运、接卸、配比和掺烧等工作，有效保证了机组运行所需的煤质、煤量；运用多种谈判策略，在重点电煤特殊优惠政策取消、煤价全面市场化、运费及取送车费等附加费用随之上涨的情况下，最大程度上控制了煤价及运费的上涨幅度。机组大修及技改、节能工作顺利开展。铁岭公司连续四年实现机组大修全优。其中4号机组大修过程中，包括高压缸通流改造、微油点火系统改造在内的15项技改项目和节能措施顺利完成，机组大修后实现一次启动成功。大修后的效能考核试验表明，节煤效果达到11g/(kW·h)，节约燃油370t，机组其他各项经济指标明显好于往年。

项目发展

铁岭二期扩建工程项目：铁岭二期扩建工程规划安装2台60万kW超超临界燃煤机组，其可行性研究报告已于1993年6月经原电力工业部电规总院审查，国家计委1994年以《关于辽宁铁岭发电厂二期工程项目建议书的批复》(计交能[1994]2091号）同意立项。1995年，由于东北电网出现了供大于求的形势，该工程前期工作被搁置。2003年，国家发展改革委以文件形式正式通知铁岭公司继续开展该工程前期工作。2005年初，该工程核准前的全部工作均已完成，投资双方于2005年1月26日签订了投资协议书，项目公司于2005年6月18日成立，华电集团和辽宁省发展改革委于2005年10月将《铁岭发电厂二期扩建工程的可行性研究报告》呈报国家发展改革委，等待核准。目前，该项目已被国家发展改革委列为东北地区“十一五”电力发展规划后三年开工项目。

彰武新建工程项目：彰武新建工程项目位于辽宁省阜新市彰武县境内，规划装机容量4×60万kW燃煤机组，一期工程建设2×60万kW超超临界参数燃煤机组。该工程于2003年8月份开始开展前期工作，于2007年初完全具备了核准条件，取得了电力规划设计总院关于工程可行性研究报告的收口审查意见，并被华电集团列为向国家发展改革委、环保总局推荐的脱硫特许经营试点项目，项目实施方案已经中国电力企业联合会专家组评估。2007年，华电集团和辽宁省发展改革委分别就彰武项目的前期工作和可行性研究报告，向国家发展改革委上报了请示文件，等待核准。

本溪热电项目：本溪热电项目为拟在辽宁省本溪市新建2×30万kW供热机组，以满足本溪市城区大部分供热需求。2007年底，华电集团就该项目与本溪市政府签订了合作协议，并取得了本溪市有关政府部门同意选址及立项的所有批件，供煤、供石灰石、粉煤灰及石膏综合利用意向书业已签订，项目初可研审查及铁路承运能力、铁路专用线初可研工作正在进行。

锦州热电项目：锦州项目原定规划装机容量6×60万kW燃煤机组，一期工程建设2×60万kW超临界参数燃煤机组，并于2003年8月开展了前期工作。后因该项目的煤炭供应不符合国家2005年出台的禁止煤电倒流政策，项目前期工作被迫暂停。为加快锦州新建项目前期工作的推进速度，在获悉国家发展改革委将出台“改一上一”政策后，筹建单位开展了锦州项目改为新建2×30万kW热电联产机组的有关工作。又因“改一上一”政策未得到明确，在与华电集团沟通后，决定将锦州项目改为建设2×60万kW热电联产机组，其前期工作正在陆续开展。

辽宁核电项目根据华电集团的部署，华电辽宁分公司组织开展了核电项目的有关前期工作。截至2007年底，东北电力设计院根据华电辽宁分公司的委托，开展了前期选址工作，拟定了符合建设2×100万kW核电机组并具备一定扩建能力的核电厂址。

铁岭风电项目总装机容量15万kW，一期工程装机5万kW，由中国华电集团新能源发展有限公司控股。截至2007年底，投资方已与地方政府签订了投资协议，前期工作正在开展。

改革发展

华电辽宁分公司检修体制改革初显成效。2006年，铁岭公司检修队伍先后承揽包头东华热电机组运行和维护项目、华能国际井冈山发电有限公司2号机组汽机、电气、热控、化学四个专业整体小修和大唐七台河发电有限公司机组小修及1号机组锅炉专业整体大修等项目，全年实现产值43567万元，利润214.37万元，上缴各项税费1126.97万元。

为推动华电集团检修体制改革，辽宁检修公司作为试点单位，于2006年11月29日正式挂牌成立。2007年，辽宁检修公司继续加大“走出去”步伐，在保质保量完成铁岭公司生产维护、机组大小修及技术改造等工作的同时，相继承揽了华能井冈山电厂2号机组大修、1号机组小修，湖南华电石门电厂3号机组大修，包头东华热电部分专业维护及卓资电厂大修监理等项目，并以优良的作风、扎实过硬的技术和良好的工程质量，赢得了顾客的一致好评。全年实现产值1.2亿元，净利润316万元，创历史最好水平。

党的建设、精神文明建设和企业文化建设

辽宁区域各单位党的建设、精神文明建设和企业文化建设等工作，主要以铁岭公司党委为主体开展。各项工作紧密围绕企业中心工作，充分发挥政治核心和战斗堡垒作用，为全面完成年度生产经营任务、推进华电辽宁事业的快速发展提供了强有力的支持和保证。

中国华电集团公司上海分公司

概况

中国华电集团公司上海分公司（简称华电上海分公司）原为上海代表处，成立于2007年4月6日，同年12月25日更为现名，是中国华电集团公司在上海市的派出机构。按照华电集团的委托和授权，负责华电在上海市的发展规划、项目前期、工程建设、安全生产、经营管理、公共关系等方面的领导、协调工作。公司本部下设综合管理部、计划发展部、市场营销部三个部门，管理上海奉贤燃机发电有限公司、上海通华燃气轮机服务有限公司、上海华港风力发电有限公司三家企业。可控装机容量由成立之初的“零”增加到72万kW。

领导班子

总经理：毛锡书

副总经理：毕建军

生产经营管理

认真贯彻落实华电集团各项工作部署，紧紧围绕履行“三大责任”、努力提升“三大业绩”、确保“四个安全”核心目标，着力坚持科学发展，拓展项目发展空间，加大服务、协调力度，营造了和谐的内外部环境，扎实有效地推进了各项工作的开展，为华电集团在上海又好又快地发展创造了良好的开端。

（1）强化管理，有效沟通。一是明确了领导班子成员职责分工，确立了分公司组织机构、部门与岗位职责，认真做好了分公司的建章立制工作及所属公司的管理工作。员工社保关系顺利转入上海，解除了员工的后顾之忧。二是确保办公自动化系统和视频会议系统的正常运行。三是成功举行代表处揭牌仪式、奉贤燃机交接仪式等活动，树立了华电集团在上海地区的良好形象。同时认真贯彻落实华电集团“依法经营，遵纪守法”主题实践活动动员会议精神，完善各项内控制度，进一步健全依法经营长效机制，不断提高依法治企的水平，确保企业“四个安全”。

（2）着力抓好所属单位的各项工作。华电上海分公司所属的上海通华燃气轮机服务有限公司超额完成了集团公司下达的利润目标。华电上海分公司所属的上海华港风力发电有限公司一期工程（共13台1500kW风电机组）于2007年5月得到上海市发展改革委同意开展前期工作的批复，并于2007年7月取得了中国民用航空华东地区管理局同意本项目建设的审查意见。电气接入系统方案及项目规划均取得相关批复文件。

（3）发挥优势，积极协调华东电力市场工作。发挥地域优势，在华电集团华东区域电力市场管理小组的领导下，担负起华东区域电力市场工作的协调工作。积极做好与上海市政府及相关部门、电监会华东监管局、华东电网公司、上海市电力公司等有关单位的协调沟通工作，建立起高效的沟通渠道。积极做好各类基础数据的收集、分析，配合完成华电集团的电力市场相关调研工作。积极争取扩大电力市场相关信息的公开，并获得了进展。结合节能减排政策，努力配合华东电监局，与华东电网公司一起做好节能调度的调查分析工作，收集区域内各电厂相关信息，与华电集团华东区域各电厂共同做好节能调度实施前的各项准备。积极参加《华东区域发电厂并网运行管理规定实施细则（草稿）》、《华东区域并网发电厂辅助服务管理实施细则（草稿）》的讨论修改，并提出符合各方利益的修改意见。

项目发展

积极推进奉贤风电项目。奉贤项目始于2006

年5月，先后与地方政府签订合作意向书，与上海世纪森林开发有限公司和奉贤区水务局在充分协商后，达成共识，利用其土地资源共同开发建设风电场，在森林公园水上观赏带内和水务局一、二线海塘约18.5km的岸线上建设约23台风力发电机组，装机总容量达3.5万kW。2007年8月，委托奉贤区发展改革委组织召开了奉贤风电场选址论证会，认为此项目顺应国家政策，符合上海新能源规划。华电上海分公司委托上海勘测设计院进行初可研究。

积极推进普陀区太阳能项目。根据《上海市开发利用太阳能行动计划》精神，与上海绿色环保能源有限公司签署了合作开发普陀区都市工业园屋顶太阳能并网发电项目，得到上海发展改革委的重视和支持。该项目利用上海都市型工业示范区31栋标准厂房屋顶，约为26000m^2，拟建设屋顶并网型光伏发电示范工程。2007年完成此项目的可研报告编制工作与环境影响报告表的审批，并将可研报告上报上海市发展改革委。

积极参与长兴岛风电特许权招标工作。长兴岛风电特许权招标是上海市首个陆地风电项目的特许权招标，项目场址位于崇明县长兴岛北部沿岸地区，装机规模为2万kW（±10%），风机单机容量不低于1500kW。上海分公司参加了项目招标发标会议，并购买了标书。与设计单位紧密配合，编制可研报告等投标文件，积极应标。

利用优势争取临港与青浦燃机项目开发主动权。利用华电集团是五大发电集团中拥有燃机最多的集团，也是燃机运营最成功的企业的优势，努力争取上海市发展改革委的支持，在上海参与相关燃机项目的建设与运营。2007年与申能集团达成了合作开发上海临港与青浦燃机项目的意向。

改革发展

配合华电集团通过资产并购顺利控股上海奉贤燃机发电有限公司（简称奉贤燃机），实现了华电集团在上海市电力装机容量的零的突破。协助资产交接小组对“奉贤燃机”人力资源、财务、安全生产等方面进行了全面调查，按规定的时间进行了各项工作的具体交接，并制订了过渡期的方案，确保了职工队伍和安全生产稳定。奉贤燃机是上海市配合国家“西气东输”建设的发电项目。2005年7月至2006年1月陆续投产了4台18万kW 9E级燃气（燃油）联合循环机组，总装机容量为72万kW，是上海电网的主力调峰电厂。

党的建设

按照华电集团的要求，认真组织员工学习党的十七大精神，组织员工参观中共一大会址，重温党的历史；参加电力系统迎接十七大中共党史知识竞赛和企业廉洁从业知识竞答活动，深入学习贯彻中央《建立健全教育、制度、监督并重的惩治和预防腐败体系实施纲要》和集团公司《领导人员廉洁从业实施细则（试行）》等规章制度，构建惩防腐败体系。

中国华电集团公司河北分公司

概况

中国华电集团公司河北分公司于2007年12月26日成立，是中国华电集团公司在河北省的派出机构，按照华电集团的授权与委托，负责华电集团在河北省的发展规划、项目前期、市场营销和协调服务工作。

中国华电集团公司河北分公司目前管理华电集团在冀的两个企业，即河北华电石家庄热电有限公司（简称石热公司）和河北华电混合蓄能水电有限公司（简称河北水电公司）。

石热公司为华电国际控股子公司，注册资本78974万元，其中，华电国际股权比例为82%，石家庄市能源投资发展中心为18%。装机容量50万kW，是目前国内供热量最大的热电联产企业。

石热公司下属有三个企业。其一为河北华电石家庄裕华热电有限公司，石热公司控股60%，项目一期建设2台30万kW供热机组，于2007年8月开工建设。其二为河北华电石家庄鹿华热电有限公司，石热公司控股50%，项目一期建设2台33万kW供热机组，2007年10月国家发展改革委批准开展前期工作，预计2008年底前核准开工。其三为石家庄华电供热公司，石热公司占股比49%，承担着石家庄市70%的工业用热和40%的居民用热。

河北水电公司为华电国际全资子公司，拥有资产2296万元，装机容量5.7万kW。

领导班子

总经理：康金柱

项目发展

石家庄裕华热电有限公司一期工程 2×30 万 kW 供热机组 2007 年 8 月开工建设。2007 年 10 月国家发展改革委批准石家庄鹿华热电有限公司一期工程 2×33 万 kW 供热机组开展前期工作。

中国华电集团公司山西分公司

概况

中国华电集团公司山西代表处于 2007 年 5 月 11 日在山西省太原市成立，同年 12 月 25 日更名为中国华电集团公司山西分公司（简称华电山西分公司），是中国华电集团公司派出机构，按授权负责华电集团在山西省的发展规划、项目前期、电力营销、协调服务工作。

截至 2007 年底，华电集团在山西有 6 家单位，分别为华电山西分公司、华电煤业集团公司山西分公司、山西同华电力有限公司、山西华电沁源发电厂筹备处、山西华电岚县发电厂筹备处、山西华电浑源煤电项目筹备组。

截至 2007 年底，华电山西分公司本部共有员工 4 人，设“三部”，即综合管理部、计划发展部、生产运营部。

领导班子

总经理：张鸣

副总经理：张国远

发展战略

以发展壮大华电山西事业为宗旨，以参与煤炭资源整合、发电资产收购为契机，以开发建设大型煤电化等煤炭产业链项目为主线，适度参与煤炭物流输送通道的建设，以只争朝夕的精神风貌、脚踏实地的工作作风，争取在山西建设成华电集团以煤炭产业为主导的煤炭、发电、运销、煤化工中心。

项目发展

1. 沁源煤电联营项目

该项目由装机容量 4×100 万 kW 机组的沁源发电厂和 3×500 万 t/年配套煤矿组成，项目自 2006 年开展前期工作，2007 年 9 月 17 日，华电集团与霍州煤电集团已签署合作框架协议，其中电厂项目由华电集团控股、霍州煤电集团参股；配套建设 3×500 万 t 煤矿由霍州煤电集团控股、华电集团参股，2007 年底正式成立山西华电沁源发电厂筹备处。

2. 岚县煤矸石综合利用发电项目

岚县发电厂规划装机容量 2×30 万 kW 煤矸石机组，项目自 2007 年 8 月正式从山西焦炭集团接手前期工作，2007 年底成立山西华电岚县发电厂筹备处，项目前期工作取得突破性进展。

3. 轩岗电厂

轩岗电厂 2×66 万 kW 超临界空冷机组项目由华电煤业集团（47.5% 股份）、大同煤矿集团（47.5% 股份）、山西国际电力（5% 股份）共同投资兴建。2003 年 9 月正式启动，2007 年 7 月拿到国家发展改革委“路条”，同年 8 月底开工建设，计划 2009 年底投产发电。

中国华电集团公司广东分公司

概况

中国华电集团公司广东分公司（简称华电广东分公司）。前身为华电广东代表处。华电广东代表处成立于 2007 年 7 月 16 日。2007 年 12 月 26 日，按照中国华电集团公司部署，华电广东代表处正式更名为中国华电集团公司广东分公司。

华电广东分公司是华电集团在广东的派出机构，按照华电集团的授权和委托，负责华电集团在广东省的发展规划、项目前期、市场营销和协调服务等工作。

截至 2007 年底，广东分公司机构设置为综合管理部、计划发展部和广东华电徐闻发电厂筹备处三个部门，本部人员共 7 人。

领导班子

总经理：尹正军

年度业绩

2007 年 11 月 16 日，在广东省各级政府的大力支持下，华电广东代表处在广州市成功举行了成立暨揭牌仪式，华电集团曹培玺总经理和广东省省委常委、常务副省长黄龙云共同为代表处揭牌。

2007 年 11 月 16 日，华电集团与徐闻县政府在湛江市签署华电徐闻项目合作建设协议，华电广东分公司开始对徐闻发电厂一期 2×100 万 kW 工程开展初可研工作。

2007 年 12 月 12 日，中国华电集团新能源发展有限公司和广州大学城投资经营管理公司在广州签署合资合同，新能源公司占股55%，大学城投资经营管理有限公司占股45%。共同建设广州大学城分布式能源站项目。

2007年12月13日，新能源公司和银湖湾管理委员会签署风电项目投资建设意向书。

项目发展

2007年7月至12月，华电广东分公司先后委托广东电力设计研究院进行粤东、粤西火电、风电和IGCC（整体煤气化联合循环发电系统）项目及贵广高速铁路广东段沿线煤电项目的选址工作。与广东电力设计研究院的专家等先后勘察了汕尾地区、惠州地区、茂名地区、湛江地区和江门地区的海岸线，对各地区可选厂址进行筛选。

党的建设

广东分公司十分重视组织建设和人才培养，成立之初就以总经理尹正军同志为负责人建立临时党小组，开展党的各项组织活动，按时收缴党费，规范党员组织生活和加强干部思想教育，营造氛围，提升分公司的凝聚力、战斗力。

中国华电集团公司甘肃能源项目筹备处

概况

2007年11月20日，中国华电集团公司决定在甘肃成立能源项目筹备处（简称甘肃项目筹备处），筹备处的职责是负责华电集团在甘肃省能源项目的前期筹备工作。截至2007年底，甘肃项目筹备处共有员工4人，下设两个部门，即工程计划部、综合管理部。

领导班子

主任：牛万虎

项目发展

甘肃项目筹备处成立后，重点对庆阳、平凉地区的煤炭资源、火电电源点规划情况进行详细了解和一线勘查；向甘肃省国资委递交了与华煤集团就正南煤矿（现有资源9.34亿t、后续配置9.1亿t）的投资合作意向函；同庆阳市政府、宁县政府、正宁县政府就长庆桥、核桃峪煤电项目的启动进行了磋商，并递交了投资意向函；就明珠集团的资产、经营状况进行了接触，提出了收购意向；同平凉市、华亭县就华亭电厂2×2.5万kW机组的收购并扩建2×100万kW机组工程进行了多次磋商，与华亭县就电厂的收购及相关煤炭、水利资源的股权转让签订了投资框架协议；编制完成《中国华电集团公司甘肃区域发展规划及2020年远景目标》。

华电（北京）热电有限公司

概况

华电（北京）热电有限公司（简称北京热电公司）前身为北京第二热电厂。北京第二热电厂原直属中国华北电力集团公司，2002年12月电力体制改革后，划归中国华电集团公司。2004年12月改制为华电（北京）热电有限公司。北京热电主要担负着长安街、前门大街沿线的中央、北京市重要部门和50万居民的冬季供暖任务，总供热面积1200万m^2。北京热电公司共两个厂区：一是位于宣武区西二环天宁寺旁的老厂区。筹建于1972年，1976年破土动工，1977年第一台机组投产，1980年全部建成，装有4台5万kW发电供热机组，6台220t/h燃油蒸汽锅炉，1988年北京热电又建设了3台11.6万kW燃油尖峰热水锅炉，总装机容量20万kW，最大供热能力2596GJ/h。二是地处丰台区西四环中路郑常庄的新厂区。在建两台25.4万kW燃气－蒸汽联合循环热电联产机组，3台供热能力为418.68GJ/h的燃气热水炉，机组投产后最大供热能力将达到2260GJ/h，年发电量约19亿kW·h。

北京热电共有职工1319人，其中在职778人，离退休541人。在职员工中中专及以上学历的职工占员工总数的55%，其中研究生4人，本科80人。

2007年，北京热电公司获得了华电集团先进企业、文明单位标兵、“四好”领导班子先进集体、安全生产先进单位、节能减排先进单位、扭亏增盈先进单位等六项集体荣誉。

领导班子

公司总经理：李德明

党委书记：黄国义

党委副书记、纪委书记、工会代主席：李树海

副总经理：王运泽、李广华、胡伟

总工程师：李京生

2007年8月李德明任公司总经理，原公司总经理田鸿宝调离北京热电公司。

机构设置

截至2007年底，北京热电公司共下设8个职能部门，分别为总经理工作部、政治工作部、财务资产部、人力资源部、计划发展与市场营销部、生产技术部、安监保卫部、改建工程处；3个生产部门，分别为运行车间、检修公司、输油管理站；6个专业公司，分别为北京市天华实业公司、北京市天华发电供热设备安装公司、北京大正电力技术咨询服务公司、北京市天宁物资供应公司、北京市天华物业管理有限公司、北京市燕丰电力工程公司。

发展战略

以安全稳定经济运行为基础，以提升三大业绩为中心，以精品高效和谐环保为目标，坚持热电为主，综合发展，坚持内外并举，改革创新，坚持以人为本，文化强企，把北京热电建设成为"行业前列、华电窗口、国际一流"的优秀发电企业。

年度业绩

2006年完成总供热量357万GJ，其中：电厂部分338.8129万GJ，同比减少7.77%；热水炉部分18.4595万GJ，同比减少66.15%。发电量35968万kW·h，同比减少9.89%；综合供电煤耗163g，发电煤耗145.5g/(kW·h)，供热煤耗37.23kg/GJ，综合厂用电率12.82%。利润指标完成8.68万元，比2005年增长1637.68万元。综合产业年度总收入6173万元，较2005年增长20%，其中对外创收3713万元，占总收入的60%；没有发生轻伤及以上人身事故、一般及以上设备、责任事故，实现3个安全生产100天，连续安全生产1186天。

2007年完成供热量396.5万GJ，其中：电厂部分383.8万GJ，同比增加13.3%；发电量4.05亿kW·h，同比增加12.57%。综合供电煤耗163.34g/(kW·h)，供热煤耗37.5kg/GJ，综合厂用电率12.46%。应收电热费余额8249万元，流动资产占用额1.57亿元。净利润55.41万元，同比增加46.73万元。综合产业实现总收入6886万元，较指标值增加11.3%；其中实现对外收入3973万元，较指标值增加1.9%；没有发生轻伤及以上人身事故、一般及以上设备、责任事故，实现3个安全生产100天。

生产经营管理

2006年，在内强管理上加强营运改善和对标管理，进一步合理分解和细化各种指标，强调计划的执行和考核管理；强化资金管理和运作，充分发挥结算中心作用，加强预算控制，严格控制各项费用支出；应用新的节能技术，减少浪费；加强经济运行管理，合理安排机组运行方式，降低非计划停运；努力开辟辅助油源，稳定油价，降低成本。通过内强管理、想方设法挖潜，节约成本在2000万元以上。进行了2号机，1、2号炉的大修、其他设备的小修及"安评"复查整改工作。完善生产标准和制度127个，完成"安全措施、反事故措施"项目27项，制定并下发执行生产应急预案19项，开展6次安全大检查，进行两次反事故演习。严格控制运行参数，保证运行的经济性；严格控制各种费用、合理安排贷款，减少成本支出300万元；改变储油方式，节约燃油540t，折合资金180万元；通过排放回收、修旧利废措施，节约资金100万元。开发第二油源和协商管线购油价格，节省燃料成本1403万元。争取电价调整，增加收入1650万元；争取调相补偿200万元；累计争取到财政供热补贴1.4亿元；取得北京市热力公司预付热费2500万元。

2007年完成5号炉、2号主变压器等设备的大修和相关小修工作，对机组振动、推力瓦温度高等难点问题进行了重点攻关，提高设备健康水平。开展5次安全大检查，实行安全目标分级控制，完善设备缺陷管理制度，提高设备消缺率。加强预算管理和经济分析，强化成本和费用管理。挖掘内部潜力，采取修旧利废等措施，节约成本支出。严格计划管理，将计划指标分解到每个月、每台机组，时时跟踪分析计划执行情况。开展运行小指标竞赛活动，提高经济运行水平。多渠道采购燃油，节约成本400万元；争取供热补贴，2007财政补贴到位2.07亿元。

党的建设、精神文明建设和企业文化建设

2006年开展"四好"班子创建、治理商业贿赂专项活动，重点对燃机工程规章制度建立健全执行情况、合同签订及履行等方面情况进行效能监察；对47名中层干部进行全面考评；对新提拔的5名中层干部进行任职廉政谈话；对所属7个承包公司进行年度承包经营指标的专项审计；对13名中层干部进行离任审计。建立了普法组织机构，制定了普法规划和实施细则，开设普法教育专栏；加强对外报道，共发表稿件91篇。

2007年开展“四好”班子建设、党员民主评议及党员创“三优”活动；开展“继传统，保双投，创精品，立新功”主题系列活动；坚持纪委委员巡查制度，对郑常庄燃气热电工程建设的全过程进行监督开展“五好文明家庭”创建活动，评出五好家庭845个；加强企业文化建设，制作企业文化手册，并荣获了“全国企业文化建设优秀单位”奖；加强宣传报道，完成对外报道67篇。

2006年实现“不再亏”的历史性重大突破

北京热电公司自1977年投产以来，为了保证首都的环保质量，一直以重油为原料，由于近年油价持续飙升，造成企业每年政策性亏损上亿元。为摘掉亏损大户的帽子，北京热电公司坚持“内强管理，外争政策”。

在“政策性亏损必须靠政策解决”思路的指导下，成立电热价格小组、稳定油价小组、争取调相运行有偿服务小组，紧盯油价、热价、电价和补贴四个关键环节，积极与北京市有关部门沟通，争取政策支持。除了提高了电量电价、容量电价，还争取到关键性的财政补贴政策。电量电价每千kW·h提高了77元，涨幅17%；容量电价每kW·月提高了3.44元，涨幅10%；供热财政补贴每GJ提高了23.91元，涨幅118%。

北京热电公司还积极实施“走出去”战略，大力发展综合产业。提出综合产业要立足市场，寻求效益。使综合产业项目向市场倾斜，向可持续发展的方向倾斜。工作思路的调整，推动了综合产业的更快发展。年度实现了总收入6173万元，较指标值增加29%。

在“减亏是硬道理”理念的指导下，北京热电公司在2006年实现了近20年来的首次盈利，实现了“不再亏”的历史性重大突破。

郑常庄燃气热电工程

郑常庄燃气热电工程是北京热电的生命工程，关系到北京热电能否从根本上彻底改变经营状况，关系到华电集团公司在京的发展战略。几年来，由于文物保护、人文景观和环境保护等诸多问题，工程核准异常艰苦，改建方案几易其稿。2005年12月14日，北京市发展改革委正式核准了北京热电的郑常庄燃气热电项目。该项目被列为2007年北京市重点建设项目和奥运能源重点工程。该工程于2006年3月25日开工，4月18日主厂房开挖，2007年1月26日主厂房结构封顶，6月20日和7月23日分别完成两台机组厂用电受电。

项目总建设用地面积为79036m^2，可研估算总投资约为22.7亿元，由中国华电集团公司出资，北京热电公司作为业主负责建设和运营。工程相关水、电、气、热等配套管线设施由有关专业公司同步建设完成。工程由北京国电华北电力工程有限公司承担总设计，天津电力建设公司承担安装建设，河北电力建设监理有限责任公司承担工程监理。工程建设总规模为2×25.4万kW燃气－蒸汽联合循环发电供热机组和3台11.6万kW燃气热水炉，总供热能力为2260GJ/h，年发电能力约19亿kW·h，发电煤耗203克/(kW·h)，发电效率可达52%。工程建成后每年比同等规模的燃煤机组可节约标煤27万多吨；比原燃油机组每年可减少二氧化硫99.2%、烟尘减少100%、氮氧化物减少61.5%；新建工程使用城市中水，每年可节约地表水500万m^3。

北京华电水电有限公司

概况

北京华电水电有限公司（简称北京水电公司）原为北京密云水电厂，始建于1958年9月，有白河、潮河2个电站（潮河电站设备于1998年报废退出运行），位于北京市密云水库白河主坝西南侧，距京城80km。公司总装机容量为8.2万kW，装备蓄能机组2台，单机容量为1.1万kW，抽水时单机耗用有功功率1.5万kW；常规机组4台，单机容量为1.5万kW，其中5、6号机组为退役机组。设计年发电量1.15亿kW·h。截至2007年底，北京水电公司在册职工总数116人。

机构设置

北京水电公司下设7个职能部门，分别为总经理工作部、人力资源部、财务资产部、生产运营部、安全监察部、政治工作部、综合产业部等；3个生产单位，分别为运行车间、检修车间、北京密云华鑫水电技术开发总公司。

领导班子

董事长兼总经理：高晓森

董事：苗珍山、张云峰

董事会秘书：范久城

监事会召集人：高启贵

监事：段贵民、孟立忠

党委书记：高启贵

副总经理：苗珍山

纪委书记、工会主席：段贵民

总工程师：张云峰

发展战略

2006~2010年发展战略：内保安全控成本，外拓市场寻出路，确保盈利年年升，力求陈欠月月降。经过五年的努力，摆脱资金流紧张的困境，使公司走上健康发展的轨道。

年度业绩

2006年，发电量完成年度目标，实现利润26万元；电费回收率达到100%；机组等效可用系数定额完成率108.19%；多种经营完成年度目标的194.5%。

2007年，发电量完成年度目标，实现利润53万元；电费回收率达到100%；机组等效可用系数定额完成率110.41%；多种经营完成年度目标的108%。

生产经营管理

严格签订各级安全生产责任书、开展安全教育活动、强化安全生产责任制、安全生产规章制度的落实，促进公司安全生产工作。安全性评价整改工作取得成效，综合整改率达到100%。强化生产运行管理，注重设备检修质量和运行维护水平，严格执行“两票三制”，两票抽查合格率达100%。加大安全生产培训力度，提高职工安全责任意识，保持了公司安全生产稳定的局面。截至2007年12月31日，连续安全日累计3817天。

北京水电公司切实转变思想观念，适应市场经济的要求，加强营销管理，做好“三电”工作，电费结算完成率100%。规范财务管理，加强预算管理、费用目标管理和对标管理，落实经济责任制，严格控制成本支出，认真开展节能降耗工作，确保重点工作支出和利润指标的完成。积极争取国家税收政策，为公司降低税负，增加收入。注重落实法规制度，规范经营活动，开展了“依法经营，遵纪守法”主题实践活动。进一步规范关联交易，确保了国有资产保值增值和公司的经济安全。加强干部管理，强化干部培训工作，提升各级干部的工作能力。做好劳动管理，不断整合人力资源，提高劳动效能，年内职工收入水平较上年度有了一定程度的提高。

内部改革

2006年，制定了《中层干部竞聘上岗管理办法》，规范有序地开展中层干部岗位竞聘工作，先后有十几名同志走上了重要工作岗位及中层领导岗位。进一步改善了公司重要岗位的人员配置和中层干部队伍的年龄、知识结构，部门的积极性和主动性进一步增强，各项工作出现了新局面。

党的建设、精神文明建设和企业文化建设

北京水电公司加强党风廉政建设，落实党风廉政建设责任制。和部门层层签订“党风廉政建设责任书”和“领导干部廉洁自律承诺书”，坚持开好党员领导干部专题民主生活会，坚持开展经常性党纪条规教育和警示教育，开展了“依法经营，遵纪守法”主题实践活动。2006年在华电集团党风廉政建设检查评比中获得优秀单位。规范管理，开展治理商业贿赂工作。截至2007年底，在合同招标、洽商、签订和履行过程中，没有商业贿赂行为。紧紧围绕公司生产经营实际，以理论建设为根本、能力建设为重点、作风建设为基础、制度建设为保证，深入开展创建“四好”班子活动，制订创建实施方案，进行任务分解，做到责任部门、责任人、完成时间“三落实”。2007年获得华电集团“四好”领导班子先进集体的荣誉。围绕公司“安全、稳定、环保、节能”这项中心工作，来找准党建工作的切入点。深入开展“强核心、固堡垒，全面提升基层党组织标准化建设水平”活动，形成了党建工作责任落实和压力传递工作机制。开展党员“五带头”等实践活动，使公司党建工作得到了加强，党支部的战斗堡垒作用，党员的先锋模范得到了提高。

开展文明单位创建活动，推进精神文明建设，2006、2007年连续两年获得中央国家机关文明单位称号，连续两年被华电集团命名为“文明单位”。

注重用先进文化指导各项工作，积极推进安全文化、环保文化、和谐文化建设。通过宣传栏、《公司简讯》、内部网站及时宣传公司生产经营、改革发展、企业文化建设的成果。落实“以人为本”的治企理念，倡导奉献精神，抵制“法轮功”等腐朽思想的侵蚀，在职工中开展了“社会主义荣辱观”教育、企业文化理念的宣传贯彻、为灾区募捐和寓教于乐的文体活动等，增强了公司活力和凝聚力，激发了职工爱岗敬业的工作热情。抓好环境治理，2007年北京水电公司继续保持了“北京市绿化美化花园式单位”称号，进一步提升了公司的形象。开展“创建学习型企业，争做知识型职工”活动，加强职工培训，全员培训率达到80%。

天津军粮城发电有限公司

概况

天津军粮城发电有限公司（简称军电公司）原名天津军粮城发电厂，位于天津市津塘公路318号，现在役装机容量为90万kW。

军电公司始建于1960年。由国家投资兴建4台5万kW机组，1966年10月1号机组竣工投产，至1971年5月4台5万kW机组全部建成投产；从1986年开始由国家和地方共同投资先后进行三、四期扩建，共建设4台20万kW机组，1988年5月5号机组建成投产，1993年6月最后一台8号机组投入运行，成为当时天津市电力公司第一座百万电厂和华北电网的主力电厂。随着国家逐渐关停小机组政策的出台，军电公司1、2号机组分别于1996年4月和1997年9月退役。2002年，厂网分开改革实施后，军电公司属647万kW待出售电厂，由天津电力公司代为管理；2005年5月8日公司管理权划归由国网新源控股有限公司管理，同年12月8日改制为天津军粮城发电有限公司，天津军电热电有限公司同时成立，天津军粮城发电有限公司投资人为国网新源控股有限公司和天津市津能投资公司。2007年12月23日，按照国家电力监管委员会关于647万kW发电资产相关电厂安全生产责任及管理权转移协议书，军电公司安全生产责任及管理权由国网新源控股有限公司转移至中国华电集团公司。军电公司全面负责天津军电热电有限公司五期“上大压小”扩建2×35万kW供热机组工程建设项目，投资人为华电集团和天津市津能投资公司。

截至2007年底，军电公司在册人数2380人。在运行、检修、基建、多经、管理五体系中，下设10个职能部门，分别为总经理工作部、经营策划部、人力资源部、财务资产部、生产技术部、安全监察部、审计部、纪检监察部、政治工作部、行政事务部。

2007年9月，军电公司荣获全国模范劳动关系和谐企业荣誉称号。2007年7月，军电公司荣获国家电网公司、天津市授予的2005年至2006年度“文明单位”称号。在第20届全国127台20万kW火电机组竞赛评比中，军电7号机组取得第一名，荣获特等奖；5号机组取得第二名，获得一等奖；6、8号机组获得三等奖。在2005年第23届全国火电20万kW级机组146台竞赛评比中，军电7号机组再次荣获唯一的特等奖（第一名），5号机组荣获三等奖。

领导班子

总经理：宋敬尚

党委书记：时金柱

常务副总经理：周长辉

副总经理：张其显、李春发、石瑞兴

党委副书记、纪委书记：刘宝良

工会主席：李延风

总经济师：吕铁路

总工程师：陈云山

发展战略

坚持以人为本，科学发展，以电为主，上下延伸，求实求效，和谐共进的发展策略，致力于电热综合发展，“十一五”末，装机容量154万kW。规划“十二五”装机容量286万kW至418万kW。

年度业绩

2006年，完成发电量57.6亿kW·h，同比发电量下降3.9亿kW·h，供热量完成3.06万GJ，同比供热持平；综合供电标准煤耗率完成366.15g/(kW·h)，同比下降1.52g/(kW·h)，实现销售收入141718万元，完成年度预算的104.20%；实现利润总额6206万元，净利润4142万元；全年收回电费158847万元，热费7万元，实现利润总额6206万元。

2007年，完成发电量55.6亿kW·h，同比发电量下降2.0亿kW·h，供热量完成7.3万GJ，同比多供热4.25万GJ；综合供电标准煤耗率完成364.87g/(kW·h)，同比下降1.28g/(kW·h)，实现销售收入141013万元，完成年度预算的104.95%；实现利润总额1800万元，净利润1203万元。全年收回电费156892万元，热费44万元，实现利润总额1800万元。截至2007年12月31日累计安全生产1735天。

生产经营管理

2006~2007年，军电公司深入落实科学发展观，始终坚持严格管理和精细管理，坚持安全生产是最大的政治，不断加大对企业各管理环节的执行力、贯彻力和控制力，在安全生产、经营管理、基建发展、党建创新企业文化建设等各方面工作做出了积极努力。

一是坚持“三优两化一核心”（即：资产优良、服务优质、业绩优秀；发展集约化、管理专业化；以调峰调频电源业务为核心的现代企业集团）的发展战略目标，牢牢把握安全、经济、发展三条工作主线，2006~2007年，军电公司实现了安全生产年、零次非计停年，并于2007年9月30日军电公司五期扩建取得国家发展改革委路条。二是全面推进严格精细管理，规范和完善内探体系，充分发挥制度的引导、约束和保障作用。进一步细化全员业绩考核，制定实施了《三项业绩责任书考核实施细则》和“同业对标”、“四位一体”考核机制，确保了企业在改革调整过程中管理水平的提升。2006年军电等效排序跃居京津唐电网第一。三是夯实基础，确保安全生产稳定。深入开展“爱心活动”，认真实施“平安工程”，实施了安全生产闭环管理。保证了安全生产各项措施的落实。四是坚持更新观念、整合资源、精细管理、改革创新、提高效益的理念。加大市场开拓力度，加强成本监控与经济分析，强化经济责任制的落实与考核，取得了天津市物价局等主管部门理解。2006年6月公司上网电价从0.301元/（kW·h）上调到0.322元/(kW·h)；2007年加强与电网的沟通，积极协调电量计划，完成了2.1亿kW·h的替代电量。五是狠抓生产运营管理，取得机组调峰效益最大化。2006年，军电公司机组等效可用系数完成97.9%，其中20万kW机组完成97.63%，在京津唐电网21家发电厂等效排序中位居第一；2007年7号机组成功完成供热改造，使军电公司成为天津滨海新区最大热源厂。六是抢抓发展机遇，加快五期核准步伐。为落实科学发展观，军电公司克服非常困难的外部发展环境，加强与地方政府和国家有关部委的沟通与联系，推进了2×35万kW供热机组的前期工作；2007年9月30日取得了《国家发展改革委办公厅关于同意天津军粮城发电有限公司2台20万kW纯凝机组实施供热改造和扩建2台30万kW级热电联产机组工程开展项目前期工作的函》（发改办能源［2007］2379号），为工程项目核准开工建设奠定了坚实的基础。七是积极创建资源节约、环境友好型企业。为了落实节能减排目标，军电公司对20万kW机组进行了一系列技术改造，单机网调容量达到21万kW，最高可发22万kW，煤耗大幅度降低；对7、8号机组进行烟气脱硫和供热改造，作为国家凝汽机组供热改造示范工程，受到了广泛好评，为提高天津市环境质量水平作出了贡献。八是实施人才强企业界战略，全面提高职工素质。军电公司深入推进了“2411”人才工程，注重人才培训，选拔优秀人才，在运行、检修和干部人事、工资保险、劳动组织等方面有效地开展工作，有4名职工在全国性技能大赛中获奖。

项目发展

2007年9月30日，军电公司五期热电联产工程项目取得国家发展改革委“路条”；军电公司六期建设2×60万kW级热电联产机组工程前期工作正在积极推进。

党的建设、精神文明建设和企业文化建设

军电公司在党建、精神文明建设中，紧紧围绕安全、效益、发展的中心，以全面提升“三大业绩”为目标，以党的先进性建设为主线，创建“四好”领导班子和高素质的干部员工队伍。2007年1月，被国网新源控股有限公司授予“创建四好领导班子先进集体”和“开展爱心活动、实施平安工程先进单位”。在“三高两创”和党组织党员“立功立项”活动中，2007年创效益千万元。连续数年“共产党员献爱心——帮困助学”基金捐助东丽区16名散居孤儿完成学业。21个党支部全部保持了天津市电力公司一级党支部。军电公司党委不断深化“党支部书记文明生产第一责任人”、“党支部责任区、党员模范岗”等创新实践。2007年7月，被国网新源控股有限公司党组评为“党建工作先进单位”。

军电公司提炼了核心企业文化：

“一献”价值观：献出我们的光和热；

“两化”管理理念：严高细实规范化，科学创新现代化；

“三创”发展战略：安全增容创纪录，低本竞价创效益，多经外拓创品牌；

“四立”企业精神：立安创效，立严求实，立志同心，立业争先。

从核心文化延伸出：军电公司安全文化、经营文化、创新文化、廉洁文化、形象文化、学习文化、素质文化、和谐文化。充分体现“以人为本，文化育人，用文化的力量影响人”。目前，利用多种媒体，大力宣贯《华电宪章》，推动军电公司文化融入华电文化，为企业科学发展提供强有力的文化支撑。军电公司党建创新和企业文化建设受到了中国电力企业联合会、天津市工业工委、经委、天津市总工会和天津南开大学的高度评价。

天津华电南疆热电项目公司筹建处

概况

2007年6月29日，华电集团与天津市人民政府签订合作建设天津南疆热电项目战略协议书。2007年7月12日，集团公司成立天津华电南疆热电项目公司筹建处（简称南疆热电筹建处），负责天津华电南疆热电项目的前期工作。截至2007年底，南疆热电筹建处共有员工7人。

领导班子

主　任：许明

副主任：朱宝鑫

项目进展

2007年，完成了天津南疆热电项目的初可研、接入系统方案、环境影响评价、水土保持、铁路专用线接轨、地震安全性评价、地质灾害性评价、压覆矿产资源调研等前期工作，对有关合同签订事宜进行了商谈。

生产经营管理

天津华电南疆热电项目公司筹建处成立后，结合工作实际抓紧建章立制，先后制订了政治理论学习制度、考勤管理制度、接待管理制度、差旅费报销管理制度、通讯费报销管理制度、网上银行使用管理制度、货币资金管理制度、会计档案管理制度、备用金管理制度、资金开支及费用报销管理制度、公章使用管理制度等，严格遵照执行，做到了凡事有人负责、凡事有人监督、凡事有章可循、凡事有据可查，使各项工作迅速步入了正规、有序的轨道。

党的建设、精神文明建设和企业文化建设

积极开展“四好”班子建设和党风廉政建设工作，深入开展“依法经营、遵纪守法”主题活动，做到班子建设、党风廉政建设、精神文明建设和企业文化建设工作与项目前期工作同时推进。班子成员自觉按照“四好领导班子”建设要求，带头抓学习促提高，认真抓管理带队伍。一方面引导大家树立不进则退、优胜劣汰的危机意识，增强对上级负责、对项目负责的责任感，加强对有关资料的学习、研究；另一方面，带领全体同志积极践行华电文化，精诚团结、废寝忘食努力工作。同时，注重加强精神文明建设和企业文化建设，注重抓好职工思想稳定工作，确保政治安全和形象安全。坚持工作中按制度办事，生活上相互体贴的原则，天津华电南疆热电项目公司筹建处全体同志心齐、风正、气顺，遵章守纪，团结协作，密切配合，形成了既严肃紧张，又宽松有序和谐的工作和生活氛围。

华电国际电力股份有限公司邹县发电厂

概况

华电国际电力股份有限公司邹县发电厂（简称邹县电厂）位于孔孟故里——山东省邹城市，是中国华电集团公司最大的电厂，也是目前国内装机容量最大、综合节能和环保水平最高的燃煤电厂之一。

邹县电厂同时拥有亚临界、超超临界两个技术等级，30万kW、60万kW、100万kW三个容量等级机组，总装机容量454万kW，是中国电力改革开放的标志性窗口企业。一、二期工程4台30万kW机组于1983年10月1日开工，1985年至1989年相继建成投产。后经改造，每台机组增容至33.5万kW。三期工程2台60万kW机组，是山东省第一个利用世行贷款建设的国家重点项目，1993年开工兴建，1997年全部投入商业运行。四期工程2台100万kW超超临界发电机组，是国内首批百万千瓦级超超临界火电机组引进技术国产化的依托项目和2005年国家重点工程，于2005年4月28日全面开工建设，7号机组于2006年12月4日投产发电，8号机组于2007年7月5日投产

发电，装机容量、技术指标均处于国内领先水平。其中，7号机组成为中国发电装机容量突破6亿kW和华电集团装机容量突破5000万kW的标志性机组，温家宝总理为机组投产专门作出了重要批示。

截至2007年底，邹县电厂已累计发电2178亿kW·h，上交税金60多亿元，各项经济技术指标始终保持全国同类型机组先进水平。电厂在册职工总数为2719人。

机构设置

邹县电厂下设办公室、外事接待办、纪委、监审部、企划部、燃料管理办公室、工会、政工部、人力资源部、财务部、离退休工作部、保卫部、安全监察部、生产技术部、运行部、节能环保部、基建部、化水分场、燃料分场、除灰分场、中水分场、供水分场、公用系统分场、信息中心、检修公司、汽机队、电气队、锅炉队、热工队、综合队、化检队、燃检队、灰检队等共36个部门。

领导班子

厂长：李怀新

党委书记：曲明鑫

副厂长：闵文欣

纪委书记：袁洪俊

副厂长：李京修

工会主席：金廷海

总工程师：徐宝福

总会计师：王开喜

主要领导变动情况：

2007年4月6日，李怀新任厂长，原厂长白桦离任。

2007年9月6日，曲明鑫任党委书记，原党委书记曹伟离任。

发展战略

“全面建设国际一流发电企业”的战略思路：打造安全可靠、技术领先的国际一流技术装备；实现卓越精细、科学先进的国际一流技术指标；创造稳步提升、产出显著的国际一流经济效益；树立经营规范、节能环保的国际一流企业形象；建立协调有序、科学有效的国际一流管理机制；建设素质优良、和谐凝聚的国际一流人才队伍等“六个国际一流”的奋斗目标。并准备利用两年的时间，通过“三步走”，实现“国际一流发电企业”的目标。

年度业绩

2006年，累计完成发电量137.79亿kW·h（含7号机组试运电量），比计划多发1.95亿kW·h；完成综合厂用电率5.2%，与计划持平；完成供电标准煤耗率333.02g/(kW·h)，比计划低0.89g/(kW·h)。全年实现利润9.08亿元。

2007年，累计完成发电量177.6亿kW·h，比计划多发0.32亿kW·h；完成综合厂用电率5.79%，比计划低0.01个百分点；完成供电煤耗324.69g/(kW·h)，实现计划值。全年实现利润7.76亿元。

生产经营管理

（1）安全生产。坚持“安全第一，预防为主，综合治理”的方针，落实安全生产责任制，充实安全监督网，层层签订责任书，构建起完善的安全生产责任体系。创新安全管理，建立安全文化体系，实行了安全生产风险抵押金、安全质量评估制度。加大反违章工作力度，完善违章档案管理。完善应急预案，每月不定期进行应急预案培训和演练。深入开展创建本质安全型部门、安全性评价自查评、安康杯竞赛、安全生产月和专项安全大检查活动，认真落实迎峰度夏和度冬措施，狠抓安全规范化管理，及时消除安全隐患。截至2007年12月31日，实现安全生产2627天，创历史最好水平。荣获华电集团安全生产先进单位称号。

（2）设备管理。充分发挥专业技术管理职能，坚持每月生产分析和周专业分析例会，加强技术监督，推进状态检修，强化由运行、检修和诊断人员组成的三道设备状态监测防线，形成了较为完善的设备管理模式。建立检修质量评价体系，顺利完成了4号机组大修、5号机组中修和6台机组小修。加强设备技术改造，完成了三期脱硫、气力除灰、4号炉干除渣改造、5号炉空预器改造等项目。荣获全国电力可靠性管理先进单位、山东省设备管理优秀单位称号，3号机组、5号机组、6号机组在全国火电大机组竞赛中获得一等奖，6号机组被授予全国发电可靠性金牌机组。

（3）节能减排。实行节能月度例会制度，重点对未完成指标进行分析，落实改进措施，优化运行方式，各项指标进一步优化，完成了与地方政府签订的节能降耗责任状。积极推进科技创新，

“100 万 kW 级超超临界发电国产化工程示范及关键技术应用研究”科技项目获华电集团科技进步一等奖。一、二期烟气脱硫技改工程顺利开工，三期烟气脱硫工程通过了省环保局组织的验收，四期工程实现了环保“三同时”，顺利通过了由国家环保总局组织的验收。中水系统投入运行，日处理水能力 10 万 t。积极进行清洁发展机制开发，超超临界项目碳减排条款书获国际签约。荣获中国电力行业最具社会责任感企业、华电集团节能减排先进单位荣誉称号。

（4）经营管理。发挥计划龙头作用，完善每周、每月、每季度计划控制体系，并通过“工作平台”网站，实现了工作的实时在线监督。强化成本和资金管理，深化月度经济活动分析，提高资金计划准确率，有效控制了全年费用。认真开展“依法经营，遵纪守法”主题实践活动，规范关联交易，加强专项审计和效能监察。做好电价工作，保证了 8 号机组标杆电价和三期脱硫电价批复到位。完善电量动态监督、约束和激励机制，坚持度电必争，积极争取电量计划，提高兑现率。大力开展“燃料管理年”活动，成立燃料管理委员会和掺配掺烧、煤炭监督、采制样工作组以及燃料管理办公室调运部。完善入炉煤机械化采制样及计量设施，加强燃料管理信息化建设。优化进煤结构，加强过程监督，全力做好来煤接卸、掺配掺烧，“燃料管理年”活动取得明显成效。

内部改革

2007 年 11 月 21 日，以邹县电厂两台 100 万 kW机组为平台组建的华电邹县发电有限公司注册成立，由华电国际电力股份有限公司、兖州煤业公司和邹城市资产经营公司分别按 69%、30%、1%的比例共同出资，委托华电国际经营管理，依托邹县电厂现有的管理层结构，在董事会领导下负责公司日常经营管理工作。该公司是山东省首家煤电联营企业，为华电集团加强与煤炭企业的战略合作进行了有益的探索和尝试。

积极推进按定员组织生产，认真做好人力资源优化配置工作，拓展职工个人的发展空间，2006~2007 年共为系统内输出各类人才 220 余人。按照国家政策和华电集团统一部署，积极宣传政策，耐心疏导情绪、化解矛盾，完成了企业分离办社会职能工作。完善选拔、培养、任用、奖惩全过程的人才管理机制，选拔任用优秀年轻干部 31 人。加强绩效考评和岗位动态管理，坚持竞争择优上岗制度，有 142 人通过竞聘走向新的岗位，营造了有利于优秀人才脱颖而出的环境。

党的建设、精神文明建设和企业文化建设

邹县电厂扎实开展“四好”领导班子创建活动，认真落实党的先进性建设长效机制，党组织的战斗力、创造力和凝聚力不断增强。健全完善教育、制度和监督并重的惩防腐败体系，推行重点岗位人员廉政档案、廉洁从业抵押金管理和廉洁承诺等制度。加大形势任务宣传力度，做好思想政治工作，加强治安保卫和离退休工作，保证了企业和谐稳定大局。加大对外公关宣传力度，相继在中央媒体报道了百万千瓦机组投产、节能减排等内容。举办第六届职工运动会，大力开展劳动竞赛、专题合理化建议和青春立功活动。推进企业文化的实践与创新，着力培育与邹电“竞和”文化一脉相承的安全文化、廉洁文化，“与最好同行”的企业理念更加深入人心，被华电集团首批命名为企业文化建设示范基地。荣获中央企业纪检监察先进集体、全国能源化学系统先进工会、华电集团创建“四好”领导班子先进集体、华电集团纪检监察先进单位等荣誉称号。

百万千瓦机组建设

邹县电厂四期工程开工以来，全厂上下以“创精品工程，争夺鲁班奖”为目标，做到了“困难面前不低头、挑战面前不退缩、目标面前不动摇”，充分发挥管理、技术和人才优势，工程建设快速稳步推进。7 号机组于 2006 年 12 月 4 日完成 168h 满负荷试运行，比年底投产目标提前 27 天，8 号机组于 2007 年 7 月 5 日完成 168h 满负荷试运行，从整组启动到完成 168h 试运行仅用 9 天零 19 小时，多项指标创造了全国同类型机组新纪录。两台百万千瓦机组建设从开工到投产历时 29 个月 20 天，比合同工期提前 8 个月。被华电国际授予“千万工程”建设集体一等功和工程质量管理先进单位。送出线路于 2007 年 11 月 17 日全线运行，解决了制约发电送出的瓶颈。通过了四期工程环保检查和安全性评价检查，7 号机组成为全国首台达标投产百万千瓦机组。

华电潍坊发电有限公司

概况

华电潍坊发电有限公司（简称潍坊公司）是中国华电集团公司所属华电国际电力股份有限公司（简称华电国际）控股企业，位于潍坊市东郊，地处山东电网中心地带，是山东电网重要的电源支撑点。

潍坊公司前身为山东潍坊发电厂（简称潍坊电厂），一期工程2×30万kW机组由原山东国际电源开发股份有限公司、山东省国际信托投资股份有限公司、潍坊市投资公司按3∶3∶4比例投资兴建，工程于1991年5月1日开工建设，两台机组分别于1993年9月和1994年10月投产发电，工程建设获得鲁班奖，设计获金奖。经过增容改造，单机容量为33万kW。二期工程2×67万kW机组于2005年5月11日通过国家发展改革委核准，6月16日全面开工建设，两台机组分别于2006年10月24日和2007年6月9日投产发电，公司跨入了200万kW特大型发电企业行列。2005年12月16日，潍坊发电厂改制为华电潍坊发电有限公司，华电国际、山东省国际信托投资有限公司、潍坊市投资公司三方现持股比例为45%∶30%∶25%。

截至2007年底，潍坊公司在册员工总数为1775人。公司连续2年保持“华电优秀发电企业”和“文明单位”称号，获得华电集团2007年度“先进企业”、“创建‘四好’领导班子先进集体”等多项荣誉称号。

机构设置

潍坊公司下设办公室、计划发展部、纪监审、工会、政工部、团委、财务部、人力资源部、离退休工作部、武保部、安监部、生产技术部、调度部、基建工程部、运行分场、检修安装公司、汽机队、电气队、锅炉队、控仪队、建安公司、灰水分场、化水分场、燃料分场、燃料公司、物资公司、实业总公司、物业总公司等共28个部门、公司。

领导班子

董事长：钟统林

副董事长：王映黎、陈学俭

董事：邢世邦、任明霞、李晓鹏、王胜常、秦文学、周辉

监事：贺艳、羿媛、李瑾、王勇、宗海省

总经理：邢世邦

党委书记：王茂全

副总经理：侯德安、马波

纪委书记、工会主席：周辉

总工程师：李天光

主要领导变动情况：

2007年1月26日，党委书记王晓光离任，王茂全任党委书记；2007年4月6日，总经理金英军离任，邢世邦任总经理。

年度业绩

2006年，累计完成发电量40.43亿kW·h，其中一期供电标准煤耗率完成346.53g/（kW·h），比承包指标低1.13g/（kW·h）；综合厂用电率完成6.0%，比承包指标低0.12个百分点；全年实现利润8159万元，其中一期实现6875万元，同比增加4535万元，3号机组实现投产即盈利，完成利润1284万元。

2007年，累计完成发电量76.93亿kW·h，创建厂以来历史同期最高纪录，供电标准煤耗率完成335.15g/（kW·h）；综合厂用电率完成6.35%；全年实现利润18447万元，超额完成承包任务。

生产经营管理

（1）安全生产。紧紧围绕建设本质安全型企业，深入开展安全“巩固提高年”活动，建立完善应急预案管理机制，积极开展安全性评价、安全管理评估、季节性安全大检查和隐患排查专项治理等活动，加大安全管理力度，安全生产基础进一步巩固，截至2007年12月31日，实现连续安全生产3070天，创建厂以来最高纪录。加强设备治理，加大设备日常维护和机组检修工作力度，优质高效地完成了1、2号机组大、小修等任务，修后均实现了“四个一次成功”，修后全优率达到了100%。树立“大安全”观念，做好二期扩建工程现场的施工、治安保卫和消防安全工作，二期工程实现了安全“零事故”的目标。全面推进节能减排管理，强化脱硫设备治理，粉尘排放绩效指标居集团公司系统燃煤发电企业第一位。

（2）经营管理。加强与物价等部门的沟通，“一厂一价”及时获得批复，为优化内部电量结构创造了有利条件；强化预算管理的刚性约束，财务管理机制进一步完善；充分发挥FAM系统的先

进功能，加强对财务、设备、检修、物资、基建的全过程管理，“三费”控制在承包范围内；强化资金运作，拓宽融资渠道，优化长短期贷款比例，加大承兑汇票结算的比例和范围，共节约财务费用2000多万元。扎实开展“燃料管理年”活动，全面提升燃料专业队伍素质和燃料管理水平，积极拓宽进煤渠道，优化进煤结构，加大催交催运力度，提高重点合同兑现率，加强采制化管理，完善燃料监督体系，在保证煤炭供应的基础上，控制了煤价，提高了煤质，被华电国际授予“燃料管理年”活动优秀单位。在集团公司率先开展节能评价活动，实施了1号炉空气预热器密封技术改造等节能项目，健全完善了公司三级节能网络，强化月度能耗定额和计量管理，主要经济技术指标进一步优化。强化效能检查和审计监督，积极开展燃料管理、物资采购、工程管理专项效能监察，进一步规范了关联交易和经营管理行为。

内部改革

全面优化人力资源配置，积极参加华电国际“千万工程”建设，55名优秀人才先后奔赴安徽宿州、宁夏灵武等新建单位，80名多经产业、后勤员工通过培训、竞争走上运行岗位。制定实施了《中层干部奖金分配办法》，实行年终统一考核兑现，干部管理激励机制日趋完善。坚持员工收入与企业发展、岗位贡献相结合，收入与业绩挂钩、收入向一线倾斜的分配机制进一步完善。

项目发展

潍坊公司二期工程于2005年5月11日通过国家发展改革委核准，建设两台2×67万kW超临界燃煤凝汽式汽轮发电机组，于6月16日全面开工建设，烟气脱硫项目同期开工。在工程建设中，严格工程“五制”管理，深入开展以“保安全、竞质量、赛进度、比造价”为主题的立功竞赛活动，全面推进工程建设的规范化管理，严格控制里程碑节点计划，加大设备监造催交力度，加强质量监督，强化生产准备，实现了安全、质量、进度、造价可控、在控。3号机组从吹管结束到整套启动仅用4天，创超临界机组稳压吹管次数最少、系统恢复时间最短纪录，于2006年10月24日完成168h试运行。4号机组于2007年6月9日，历时10天零7小时圆满完成168h试运行，创造了国内同类型机组试运安全最好、质量最高、用时最少纪录，3、4号机组脱硫设施实现了环保“三同时”，二期工程取得集团公司投产后最快通过国家环保总局验收并取得证书的优异成绩。公司荣获“华电国际千万工程集体三等功”，成为装机容量200万kW的特大型发电企业。

党建、精神文明建设和企业文化建设

潍坊公司深入贯彻落实党的十七大精神，巩固和扩大先进性教育成果，组织开展“四好”领导班子创建、党员“五带头”和“强核心、固堡垒，全面提升基层党组织标准化建设水平”等活动，党的建设不断加强，公司党委连续7年被授予“山东省先进基层党组织”。以构建和预防腐败体系为主线，深入开展“建机制，促规范，保廉洁”主题实践活动，制定实施《廉洁从业承诺抵押金管理实施细则》，建立完善领导干部廉政档案，党风廉政建设进一步加强。大力加强企业文化建设，以“安全、责任、和谐”为主题的“和谐潍电”创建活动深入推进，公司被评为“全国企业文化建设优秀单位”和“2007年中国电力行业文化建设领军单位”。组织开展“思想跟进与观念再造”活动，不断完善思想动态分析例会制度，深入细致地做好员工思想政治工作，确保了企业稳定。成功举办“新潍电、新辉煌”二期庆典演出和第八届员工运动会，积极参加华电集团和华电国际庆典演出，树立了良好的企业形象，公司荣获“山东省职工体育示范单位”。

华电青岛发电有限公司

概况

华电青岛发电有限公司（简称青岛公司）系华电国际电力股份有限公司（简称华电国际）控股企业，坐落于青岛市四方区，是山东电网末端的重要电源支撑点，也是青岛市最大的热力生产基地。

青岛公司前身为青岛发电厂，始建于1935年。自第一台1.50万kW机组投产发电以来，经过历次扩建、机组关停，截至2007年底，公司装机容量为120万kW（4×30万kW热电联产机组），年末在册职工1662人。

机构设置

青岛公司下设办公室、外事办、人力资源部、计财部、生技部、调度部、安监部、考核办、企管部、纪监审、政工部、工会、基建办、保卫部、培训中心、职工医院等 16 个部室；运行一车间、运行二车间、汽机车间、锅炉车间、电气车间、热工车间、化水车间、燃料公司、物资公司、实业公司、鑫洲公司、后勤公司、兴电置业公司等 13 个二级机构。

领导班子

董事长：钟统林

副董事长：马捷

董事：钟统林、马捷、安同溪、刘晓东、汪明波、宋文杰、王文琦

董事会秘书：吴艳玲

监事：陶云鹏、郭霞、赵文田

总经理：王文琦

党委书记：程显钰

副总经理：刘克军、王建新

纪委书记、工会主席：赵文田

总工程师：王立波

年度业绩

2006 年累计发电 57.43 亿 kW·h，完成年计划的 100.27%；综合厂用电率 6.12%，较年计划降低 0.47 个百分点；综合供电煤耗 349.675g/(kW·h)，较年计划降低 0.005g/(kW·h)；实现总收入 18.92 亿元；实现利润 7693 万元，完成计划的 107.63%。

2007 年完成发电量 58.7 亿 kW·h，较计划超发 1.8 亿 kW·h；综合厂用电率完成 7.23%，较计划降低 0.69 个百分点；综合供电煤耗完成 351.77g/(kW·h) [其中 30 万 kW 机组完成 347.47g/(kW·h)，较计划下降 2.98g/(kW·h)]。二氧化硫排放绩效完成 1.62g/(kW·h)，较计划降低 0.28g/(kW·h)。实现总收入 19.7 亿元，同比增长 4.13%，其中电力收入 18.54 亿元，同比增长 2.78%；热力收入 1.16 亿元，同比增长 31.9%。完成还本付息 6.57 亿元；实现利润 576 万元，超额完成年度承包计划。

生产经营管理

青岛公司牢固树立和落实科学发展观，坚持“安全第一，科技领先，环保与效益并举”的经营宗旨和“热电联产，二元推进”的发展战略，全面实施“路径开新”企业文化管理，努力建设安全高效、指标先进、效益突出、管理科学、队伍精良、形象美誉、文化优秀、关系和谐、规模发展，“国内先进，国际一流”的华电窗口企业。

坚持“大安全观”，确保“四个安全”，截至 2007 年底实现连续安全生产 3410 天。认真落实安全生产责任制，强化安全第一责任人职责，充分发挥安全网作用，搞好突发事件预案编制和演练，突出抓好基建、治安保卫和交通消防等工作，努力建设本质安全型企业，安全生产总体平稳。优化检修全过程管理，加强运行管理和全能培训，严格两票三制，强化缺陷管理，认真落实反措，搞好煤炭掺烧，重点做好设备故障和重大缺陷的攻关治理，保证了机组的安全发电和供热。4 号机组创下新投产机组连续安全运行 159 天的好成绩，3、4 号机组均一次性通过华电集团投产达标考核验收，实现“投产即达标、即稳定、即赢利”目标。积极开展资源节约型和环境友好型企业建设。加强节能管理，实施 3、4 号炉微油点火及 4 号机组空气预热器、凝泵变频等项目技改，2007 年较 2006 年节油 1000 多 t，节水近 8 万 t，小油枪点火及稳燃技术获山东电力科技二等奖。建成国内首个海水源热泵示范工程，节能效果和社会效益显著，海水源热泵科技成果获集团公司科技进步二等奖。认真做好环保工作。2006 年脱硫工程实现一年四投，成为我国北方首家采用海水脱硫的发电企业。海水脱硫设施投运以来，运行良好。2006 年投产了 120t/h 的海水淡化装置，每年可节约淡水 80 万 t。2006 年建成利用市政污水处理厂中水的中水回用装置，减少了社会污水排放总量，具有较好的环境效益。二期扩建热网工程等项目按计划完成，替代供热区域内小锅炉，有效减少了污染排放总量。2007 年，青岛公司被山东省政府授予节能先进企业。

不断提升经营管理水平，持续抓好对标管理和营运改善。发挥计划管理的龙头作用，积极争取电量计划，搞好电量兑现率管理。加强政策分析与研究。积极争取电价、热价，争取到脱硫电价，2006 年山东省物价局核定四台 30 万 kW 机组电价均为 407.7 元/（MW·h），2007 年青岛市物价局批复新厂新热价执行 105 元/t，比原平均热价上涨 14 元/t。认真开展“燃料管理年”活动，坚持“五统一”原则，强化燃料全过程管理与指标控制，加强入厂煤量质验收管理，规范采制化工作，增设监控系统，推行二次编码管理。加强来煤接卸和分类存放，搞好掺配掺烧。坚持定期盘点，避免亏吨亏卡，严格控制热值差。实施全面预算

管理，加强预算执行情况分析和经济活动分析。进行因暴雨影响财产损失的保险索赔。开展企业内控及风险管理评估。加强效能监察与审计。完成了二期扩建各单项工程的竣工结算、一期脱硫工程的竣工结算与审计及关停机组的资产评估工作。强化工程集约化管理，严格招投标工作，抓好物资和燃料管理效能监察。

项目发展

青岛公司二期扩建工程2台30万kW热电联产工程4号机组于2006年7月9日投产发电，实现企业发展史上的第二次飞跃，成为山东省第一家采用30万kW机组供热的发电企业。

青岛公司认真贯彻落实“上大压小，节能减排”工作部署，2007年10月青岛市电力工业“上大压小”节能减排工作现场会在青岛公司召开，关停了老厂小机组，并成功爆破了老厂烟囱。坚持“热电联产，二元推进”的企业发展战略，积极开展三期扩建工作，三期配套热网工程可研2007年12月13日通过青岛市工程咨询院评估。三期项目可行性研究报告2007年12月15日通过中咨公司审查。

党的建设、精神文明建设和企业文化建设

青岛公司认真学习贯彻党的十七大精神，建立健全保持共产党员先进性长效机制，推进“强核心、固堡垒，全面提升基层党组织标准化建设”，扎实开展“发挥五带头作用，永葆党员先进性”、“发挥五带头作用，为建设华电窗口企业作贡献”主题教育活动，持续开展“五个好”党支部、“五个好”党员争创活动。积极建设“四好”领导班子。2006、2007年连续两次被授予华电集团“四好”领导班子先进集体。认真落实党风廉政建设责任制，健全廉洁谈话制度，搞好商业贿赂专项治理。

青岛公司加强精神文明建设，积极开展社会主义荣辱观教育活动。公司党委分别获得由华电集团党组、青岛市委、青岛市国资委党委和华电国际党委授予的“先进基层党组织”和“先进基层党委”等四个层次的荣誉称号，荣获了山东省职工体育工作先进单位、青岛市厂务公开民主管理工作先进单位、青岛市2006年十佳职业道德单位。

2006年，青岛公司重新编印《企业文化理念》，融华电集团、华电国际企业文化理念，“路径开新”文化战略、分支文化理念为一体，体现了华电集团“一主多元、各具特色”的基本要求，为全面贯彻各层次文化理念创造了条件。深化企业文化管理，制定《企业文化建设管理奖惩办法》，广泛开展《企业文化理念》和《员工行为规范》的“双学”实践活动，强化工作实践，全面落实分层次实施文化管理的具体要求，有效促进了企业文化管理水平的大幅度提升。2006年10月，被山东省宣传部等五部委授予山东省企业文化建设“示范单位”，被中国企业文化研究会授予“全国企业文化建设优秀单位”。2007年，安全管理经验材料——《树立四个观念，实现四大转变，努力建设本质安全型企业》，被中国电力企业联合会在中国电力企业安全文化研讨会上推广交流。2007年，青岛公司被华电集团命名为首批“企业文化建设示范基地”，被青岛市评为“工业企业品牌文化建设优秀单位”。

华电国际电力股份有限公司莱城发电厂

概况

华电国际电力股份有限公司莱城发电厂（简称莱城电厂）位于山东省莱芜市莱城区，成立于1998年8月20日，是华电国际电力股份有限公司（简称华电国际）全资企业，2007年底装机容量120万kW，在册职工总数1201人。

机构设置

莱城电厂下设办公室、人力资源部、企划部、财务部、纪委监审部、教培中心、政治工作部、工会、保卫部、生产技术部、安全监察部、运行调度部、基建工程部、扩建工程前期办、物资分公司、运行分场、燃料公司、灰水分场、化水分场、检修公司、卓越发展公司等21个部室、分场、公司。

领导班子

厂长：于凤典

党委书记：王立魁

副厂长：李宪林

纪委书记、工会主席：梁胜

总工程师：韩奎政

主要领导人员变动情况：

2006年12月21日，厂长刘传柱离任，邢世邦接任厂长。2007 年 4 月 13 日，厂长邢世邦离任，于凤典接任厂长。

发展战略

“十一五”后三年发展战略：实施精细管理，坚持对标提升，推动科学发展，增强竞争能力，全面建设“安全牢固、管理精细、指标先进、机制超前、业绩突出、人才辈出、企业和谐”的现代化示范发电企业。

年度业绩

2006 年，完成发电量 64.14 亿 kW·h，完成年度承包合同的 101.63%；供电标准煤耗 339.90g/(kW·h)，比年度承包合同低 0.55g/(kW·h)；综合厂用电率 5.71%，比年度承包合同低 0.12 个百分点；经营总收入 18.27 亿元，税前利润 20046 万元，利润指标超 1298 万元。

2007 年，完成发电量 62.27 亿 kW·h，完成年度承包合同的 108.11%；供电标准煤耗率 341.05g/(kW·h)，比年度承包合同低 0.86g/(kW·h)；综合厂用电率 5.93%，比年度承包合同低 0.21 个百分点；经营总收入 18.23 亿元，利润 20838 万元，比年度利润指标超 4583 万元；安全生产突破八周年，继续保持首台机组投产以来的连续安全生产纪录。

生产经营管理

(1) 安全管理。加强本质安全型企业建设，制订《“本质安全型”企业实施方案》，全面落实安全生产责任制，严格安全生产奖惩考核，及时消除各类安全隐患，夯实安全生产基础。深入开展安全性评价、季节性安全大检查、安全管理评估等活动，认真查找、分析、整改安全管理中的薄弱环节，提高安全管理水平。加强应急管理，完善各类事故应急预案，成功承办华电集团首次火力发电厂典型事故应急演练，提高应急管理能力。参与编写《火力发电典型作业潜在风险分析与预控措施汇编》、《典型突发事件应急预案范本》等标准，推动企业安全标准化建设。加强检修现场的安全监督检查，提升安全文明检修水平。

(2) 生产管理。加大检修管理力度，深入开展“大修安全文明示范作业区”评选活动，全面推行检修作业文件包模式，严格检修工艺纪律，实施目标控制，圆满完成机组大小修任务，均实现修后四个“一次成功”，修后全优率 100%。加强设备日常维护与消缺，创新缺陷管理机制，推行以“设备诊断为基础、检修工单为载体、状态检修为目标”的设备管理新模式，严格落实设备主人上岗巡检制度和缺陷管理制度，设备健康水平不断提高。充分借助入炉煤在线监测装置，加强燃料掺配调整，有效控制锅炉灭火事件的发生。深入开展科技攻关活动，对长期困扰安全生产的锅炉防灭火、保证输煤系统运行出力等十个技术难题，鼓励职工揭榜攻关，形成良好的科技攻关机制，极大地调动了职工的积极性。加快推进 SIS 系统建设，成功实现上线运行，充分运用耗差分析来指导设备维护，“数字化电厂”建设迈出重要步伐。

(3) 经营管理。加强电力营销，机组利用小时均高于山东电网统调公用电厂平均水平，超额完成电量任务。加强对煤炭采购、调运、采制化等各个环节的监督和完善，提高燃料管理水平。完善经营承包模式，调整各部门工资总额与可调电量、发电量和利润挂钩比例，增强企业的经营活力。加强成本“三费”控制，严格财务预算管理，加强经济活动分析，加大内部考核力度，成本“三费”得到有效控制。深入开展“依法经营，遵纪守法”主题实践活动，规范经营行为。成功实现 FAM 系统单轨运行，完成费用报销、资金计划等项目的系统流转，实现业务处理电子化。

(4) 节能减排。加强节能制度建设，建立三级管理网络，形成完善的节能管理体系。大力实施节能技术挖潜，完成2、3、4 号机组锅炉微油点火改造，同比启动节油率达 60%。开展管理节能，优化机组运行方式，通过采取“定—滑—定”运行、改进冷态启动投粉方案、夏季暖风器分组投运、优化锅炉吹灰、优化循环水泵运行、合理控制辅机启停时间等措施，取得了显著的节煤、节电、节油、节汽效果。

(5) 企业管理。按照“科学有效、管用管好”的原则，推行精细化管控模式。深入开展“学制度、找差距”活动，利用四个月时间对上级公司和企业规章制度进行认真学习，每人完成 6000 字的学习笔记，并组织学习考试、“回头看”活动，增强广大干部职工对制度的熟知度和执行制度的自觉性。加强执行力建设，制订《督查督办管理办法》，做到各项工作“凡事有章可循、凡事有据可查、凡事有人负责、凡事有人监督”，形成闭环管理。加强职能管理，制订实施《调查研究、联系工作制度》，职能部室管理人员定期开展工作调研，为企业科学决策提供依据。加强班组建设，制订下发《关于进一步加强班组建设管理的意见》，狠抓班组基础管理，班组管理得到明显改善。

（6）队伍建设。加强领导班子建设，荣获华电集团首批“四好领导班子先进集体”称号。加强干部能力建设，对全厂中层干部进行脱产培训，提高干部队伍的综合素质。创新开展“人才一帮一”活动，签订培训责任书400余份，参与人数867人次，生产人员参与率91.34%，通过传帮带，深挖人力资源潜力，促进人才储备。优化人力资源配置，抓住华电国际“千万工程”建设机遇，积极向外输送人员，2006、2007两年共向新建项目输出人员113名。

（7）脱硫工程和二期扩建前期工作。3、4号机组烟气脱硫工程于2006年2月16日开工建设，并于年底实现“双投”，提前8个月完成工程建设任务，共投资1.97亿元。脱硫投入后，加强运行维护，脱硫设施投入率、脱硫效率均达95%以上，年减排二氧化硫1.7万余t、烟尘300余t。加快推进1、2号机组烟气脱硫工程，顺利完成可研、环评审查批复和工程设计招标等工作。2007年，启动二期扩建两台100万kW超超临界机组前期工作；按照华电国际统一安排，承担并做好华电德州齐河煤电项目前期工作，各项工作有序推进。

党的建设、精神文明建设和企业文化建设

莱城电厂开展“党员示范岗”创建活动，党的“三大作用”得到充分发挥。加强党风廉政建设，通过交纳廉洁从业承诺保证金、签订廉洁从业承诺书等形式，增强干部职工廉洁从业意识。加强宣传思想工作，制定《突发事件新闻应急预案》，确保形象安全。开展“平安企业”创建活动，加强职工思想动态分析，及时排查和消除不稳定因素，保证企业安全和队伍稳定。加强企业文化建设，开展“自我成才、自我修养、自我警示”格言警句征集活动，丰富企业文化内涵。荣获华电集团首批“企业文化建设示范基地”和“中国电力行业最具社会责任感企业”称号。加强普法教育，编辑出版《“五五”普法简明读本》，营造良好的法制教育氛围。

华电国际十里泉发电厂

概况

华电国际十里泉发电厂（简称十里泉电厂）位于山东省枣庄市南郊，是华电国际电力股份有限公司（简称华电国际）所属全资企业。电厂始建于1977年12月5日，拥有7台机组，分四期建成。一、二、三期工程共安装5台12.5万kW燃煤机组，并均增容改造为14万kW；四期工程安装2台30万kW机组。2007年12月31日，按照华电集团“上大压下”整体部署关停了3、4号机组，电厂装机总量为105万kW，年末在册职工总数2396人。

机构设置

十里泉电厂实现模块化管理，全厂分为六大模块：管理模块、运行模块、检修模块、燃料模块、多经模块、后勤模块。具体包括办公室、督查办、生产设备技术部、安监部、监审室、政工部、工会、人力资源部、财务部、保卫部、计划经营部、节能减排办、扩建办、离退办等职能管理部室，生产单位设有运行部、检修公司、燃料公司、物资公司等单位。天力集团公司负责全厂的多种经营，物业总公司负责全厂的后勤管理。

领导班子

厂长：黄鹏

党委书记：郑飞雪

副厂长：袁义坤、吕士汉

纪委书记、工会主席：郭际友

总工程师：张守志

主要领导变化情况：

2006年1月19日，党委书记王江离任，郑飞雪接任党委书记。2007年1月26日，厂长张光达离任，黄鹏接任厂长。

发展战略

坚持以科学的发展观统领企业发展全局，以华电集团和华电国际发展战略为指针；坚持“以人为本，安全第一，效益至上”的企业宗旨；坚持以推进和建设资源节约型、环保友好型企业为突破口，以培养高素质综合人才为抓手，全面提升企业管理水平，不断培育企业发展新的增长点，增强企业核心竞争力，实现人力、物力和财力资源的优化配置，进一步实现人与企业、社会和环境全面和谐发展。

年度业绩

2006年，完成发电量69.61亿kW·h，综合供电煤耗357.09g/(kW·h)，综合厂用电率6.91%，实现利润25927.24万元。

2007年，完成发电量64.55亿kW·h，综合供电煤耗358.41g/(kW·h)，综合厂用电率7.19%，实现利润19026.64万元。

生产经营管理

(1) 生产管理。成立了节能减排办公室，重点加强对机组脱硫、秸秆设备的综合管理。自主开发了“燃料管理经济运行专家分析系统”，实现了电煤接卸、采制化、掺配等全过程监控。抓住电量、电煤、成本控制三个关键点，挖掘降本潜力，2006年多上网2.24亿kW·h，燃料费用降低4146.87万元。

(2) 财务管理。2006年3月，十里泉电厂FAM（财务资产管理，下同）系统一期财务模块实现单轨运行，成为华电国际第一个单轨运行核算单位，在信息化建设上迈出了关键一步。8~9月，作为华电国际FAM系统二期试点单位，费用报销模块、资金计划管理模块、预算管理模块、合同管理模块和超市管理模块试运成功。2007年，加强可控费用管理，对低值易耗品、差旅费、大额工程款细化分解，实施指标量化管理，责任到人。建立预算反馈机制，每月向费用使用部门反馈部门承包费用和控制费用，及时提示或警示。修订了“三费”管理办法，超支按100%扣奖，节约按10%奖励。5月，30万kW机组脱硫电价落实到位，上网电价加价1.5分/(kW·h)，提高经济效益2800万元。

(3) 质量管理。2006年2月，对1号机组施行了增容降耗改造，容量由12.5万kW增至14万kW，机组额定工况煤耗降低15g/(kW·h)，电厂5台12.5万kW机组全部完成增容改造。2006年12月，30万机组脱硫工程完成168h试运行，建设工期9个月，比设计工期缩短6个月，创出同类型机组脱硫项目建设工期最短的好成绩。2007年12月关停了3、4号机组，得到国家发展改革委的确认；落实了4.12万kW的地方关停小机组容量，为“上大压小”扩建2×60万kW机组项目的实施提供了必要条件。

(4) 安全管理。查禁违章，“小事做大”。一是成立了以安监部专工为主体，厂属二级单位安全员组成的厂级安全检查小组，对发现的违章情况在早例会上曝光，并由安监部主任进行点评，按照有关规定考核。二是督导、推动全厂各单位自主开展查禁违章活动，明确反违章工作的具体要求和查处的方式方法以及各个阶段的重点内容，营造出了浓厚的反违章氛围。“四不放过”，举一反三。对《不安全事件调查与处理管理标准》进行了修订，理顺了不安全事件调查程序和各单位的具体职能、细化了认定和处理标准。以“四个安全”为基准，实施“四个安全”一票否决，逐级签订责任状，真正做到责任、压力到位，推进了本质安全型企业的建设。根据按岗定责的原则，十里泉电厂组织编写了厂级领导、部门、班组、员工四级岗位的岗位安全职责，以“问责制”为手段举一反三，彻底转变了对问题大事化小、小事化无的惯性做法。

(5) 燃料管理。自主开发了“燃料管理经济运行专家分析系统”，实现了电煤接卸、采制化、掺配等全过程监控。2007年，深入开展“燃料管理年”活动，年度内汽车煤比2006年减少50.9万t，增加收入2545万元，厂内燃料管理考核指标均优于华电国际下达的承包值。

内部改革

(1) 人力资源优化配置。2006年，抓住华电国际实施“千万工程”的历史性机遇，开展人力资源优化配置工作，推进按定员组织生产工作。共输出各类人才253人。同时，为该厂秸秆发电、脱硫等项目配备了人员，全年人员岗位变动545人次。2007年，十里泉电厂向新（扩）建单位输出各类人才输出各类人才132人。在做好人才输出的同时，加大后续人才的开发与培养，开展了全员培训工作，内部跨部门优化配置170人次，辅业转岗到主业75人次，检修、运行低岗位提升到高岗位180人次。针对人员输出情况，实施了班组整合，41个班组整合为19个班组。

(2) 人力资源管理实现“三个创新”。一是创新劳动组织机制。按照高效、精干的原则，对组织机构、工作流程等进行优化，构建定位合理、职责清晰、配置高效的组织机构，实施模块化管理。二是创新用人机制。规范竞争上岗程序，实现岗位能上能下、待遇能升能降、人员能进能出。

在现有人才考评激励制度的基础上，拓展特殊岗位人才激励领域。三是创新分配机制。改革现行岗位技能工资制度，实行模块工资总额承包制度，给予基层单位充分的薪酬分配权，使收入分配与企业的经济效益、职工的业绩挂钩。

（3）分配。2007年，对《四项责任制承包办法》进行了修订，使奖金收入与电量和利润等主要指标挂钩，突出了以经济效益为中心，与“四个安全”情况挂钩，强化了“安全一票否决”的意识；与按定员组织生产挂钩，促进了人力资源优化配置和人员有序流动。

（4）考核。2006～2007年，厂部与部门、部门与岗位之间层层签订责任状，明确责任与目标，使责任压力传递到岗到位。实行利润完成情况与月度奖金挂钩并同步兑现的分配制度，同时还加大对外创效利润的考核力度，充分体现出企业的本质属性。设立节能、安全与特殊贡献奖，对在安全生产、经济效益、管理与技术创新、企业形象等方面取得显著成绩的集体或个人进行奖励。

（5）薪酬。按照“收入靠贡献”的原则，改革薪酬分配方式，采用工资总额（岗位工资和奖金等）总体承包的方式，给基层留有充分的二次分配权。采用调整奖金分配系数的方式，进一步拉大主业和辅业、关键岗位和辅助岗位之间的收入差距，用经济杠杆引导职工向生产岗位流动、向新建单位流动、面向高岗位而自觉学习专业技术。

（6）分离企业办社会职能。2007年3月，十里泉电厂分离企业办社会职能工作进入具体操作阶段。党委、厂部高度重视，采取多种措施，确保分离工作稳步推进。通过不懈努力，较好地解决了资产移交、人员待遇测算、移交协议签署等方面的诸多难题，切实做到了“政策上不违反原则，移交上不留后遗症，稳定工作不出问题”，圆满完成了分离移交工作。

党的建设、精神文明建设和企业文化建设

把开展“四好”领导班子创建活动与完善《星级党支部竞赛管理办法》结合起来。有5个党支部被评为2006年度“四好”领导班子，有9个党支部被评为2007年度“四好”领导班子。2006年，十里泉发电厂作为华电集团党的先进性长效机制建设党委工作机制试点单位之一，开展了“学习党章、健全机制、提升素质”主题教育活动；开展了家庭助廉、廉政教育专题，组织部分中层干部、重点岗位人员参观鲁西监狱，使党员受到了深刻的教育，年度内被评为山东省党员教育先进单位。2007年，进一步完善保持共产党员先进性长效机制，实施了《强核心、固堡垒，党支部标准化建设星级竞赛考评办法》，开展了检企文明共建和廉洁文化的培育，组织实施“廉洁承诺”活动，组织中层干部、重点岗位人员签订了《廉洁从业承诺书》。积极履行经济、政治、社会责任，“四个安全”基础更加牢固，节能减排、“上大压小”扩建项目得到有力推进。

把文明创建活动与社会主义荣辱观学习教育活动紧密结合，开展了以“知荣辱、树新风、促和谐”为主题的社会主义荣辱观学习教育活动。先后举办了“倡劳动光荣、展先模风采”先模事迹报告会、先模事迹展览、“弘扬雷锋精神、践行社会主义荣辱观”专题报告等活动，不断引导职工遵守《职工职业道德规范》、《八小时以外行为规范》，主张积极、健康、文明的生活方式。围绕构建和谐企业，加强精神文明建设。积极参加“慈心一日捐”等社会公益活动，全厂职工捐款6万余元；开展“金秋助学”等献爱心活动，厂领导带头对困难家庭职工子女进行结对捐助，中层以上干部踊跃为困难职工捐款救助；先模疗养团奋不顾身抢救受伤乘客的事迹进入首届“感动枣庄”候选行列。

制定了《十里泉发电厂企业文化建设五年（2006～2010）规划纲要》和《企业文化建设考核实施细则》。开设企业文化大讲堂，征集企业文化故事，举办“感动十电”企业文化故事演讲，拍摄职工自身文化系列短剧。“三立”文化被中国企业文化协会和中国电力企业联合会授予全国电力行业企业文化特等奖，并被授予全国企业文化建设优秀单位和“中国电力行业十大最具社会责任感企业”荣誉称号。突出提升发展“三立”文化和建设单元文化、分支文化，使“三立”文化理念体系更加具有引导力、凝聚力。修订《企业文化手册》，制定下发《职工职业行为规范》，总结提炼“做电力职业人，与企业同发展”、“事业面前不言老”等“十大观念”，按照“一主多元”的要求，探索和培育了具有个性特点的分支文化，促进了“四个安全”，丰富了企业文化内涵。十里泉发电厂被授予华电集团首批“企业文化建设示范基地”和“中国电力行业企业文化建设示范基地”称号。以十里泉发电厂真人真事为题材，由职工自编自演的企业文化故事系列情景短剧，荣获全国电力行业优秀电视片展评特别奖。

华电滕州新源热电有限公司

概况

华电滕州新源热电有限公司（简称滕州公司）前身为始建于1958年的滕县电厂。1960年1月1日和1962年12月30日，由山东省电力工业局投资建设的两台2×1500kW的火电机组分别投产发电；1966年7月26日由济南电厂拆迁安装的1×7500kW机组投入运行；1962年1月滕县电厂划归水电部徐州电业局领导；1980年1月1日滕县电厂重新划归山东电力工业局管理，并于1984年6月被撤销建制，并入枣庄供电局，1988年5月更名为枣庄供电局滕州发电厂；1996年4月，由山东电力工业局广大新源公司、枣庄供电局、枣庄市政府、滕州市政府四方投资在老厂的基础上扩建了一台3.3万kW高温高压热电联产机组，1997年11月7日机组投产发电，并由此改制为滕州新源热电有限公司；2001年12月28日开工建设滕州市集中供热工程2×15万kW机组，1、2号机组分别于2003年3月31日、11月20日投产运行；2005年4月18日开工建设二期扩建工程2×35万kW机组，3、4号机组分别于2006年11月10日、12月13日投产，完成“一年双投”任务，滕州公司装机容量达到103.3万kW。2001年11月5日山东国际电源开发公司对滕州公司权益收购后纳入管理，2002年1月公司更名为山东滕州新源热电有限公司，后划归中国华电集团公司，随华电国际电力股份有限公司的名称变更，2004年8月滕州公司更名为华电滕州新源热电有限公司。

截至2007年底滕州公司装机容量为100万kW，公司在册员工567人。

机构设置

滕州公司下设办公室、企划部、人力资源部、财务部、政工部、监审部、工会、保卫部、生技部、安监部、运方部、基建办、扩建办、前期办、档案信息部、管理推进办公室、运行部、维护部、燃料分公司、物资公司、热力、供应公司21个部室单位。

领导班子

党委委员、总经理：李其浩

党委书记：于守海

党委委员、副总经理：王富楼

党委委员、纪委书记、工会主席：魏毅

党委委员、副总经理：葛林法

总工程师：胡伟

主要领导人员变动情况：

2007年1月27日，华电集团、华电国际调整公司领导班子：李其浩同志担任公司党委委员、总经理，原总经理、党委委员曲振尧同志调任华电国际公司副总工程师。

2007年12月28日，华电集团、华电国际调整公司领导班子：于守海同志担任公司党委书记，原公司党委书记赵昌平同志调任华电国际电力股份有限公司物资公司调研员。

年度业绩

2006年，完成发电量20.99亿kW·h，完成对外供热46.24万GJ，实现销售收入5.9亿元，完成利润3803万元。综合厂用电率完成7.28%，综合供电标准煤耗率完成365.07g/（kW·h），煤折标煤单价完成483.12元/t。

2007年，完成发电量48.35亿kW·h，完成对外供热48.07万GJ，实现销售收入13.77亿元，完成利润2545.46万元。综合厂用电率完成7.7%，综合供电煤耗完成358.15g/(kW·h)，煤折标煤单价完成541.44元/t，净资产收益率完成4.55。

两年累计创造工业产值19.9亿元，完成利税2.4亿元。

生产经营管理

（1）实现二期工程“双达标”。开展了“大干50天，确保机组双达标”和评选“达标先锋、达标明星、达标功臣”活动，积极发挥全员参与达标创优的工作积极性和主观能动性，以高分顺利通过了中国华电集团公司二期工程3、4号机组投产达标验收。

（2）树立华电国际大修示范形象。在3号机组首次大修中，创新并形成了大修准备、管理程序、管理方法、各项评优活动，推行了检修全过程管理综合评价体系，实现了3号机组大修安全、质量、工期的预控目标，树立了华电国际机组大修示范形象，被华电国际评为系统内机组大修管理“示范”单位。

（3）加强设备治理，维护能动性不断增强。以设备缺陷管理为主线，通过开展“设备隐患排查”各项活动，提高了维护人员的能动性，全员设备平均消缺率达98%以上，提高了设备健康、安全水平。设备技改成效显著：深入开展“节能创新增效”活动，设立20万元的节能奖励基金，狠抓煤、水、油、电、汽等节能降耗管理，投资900余万元进行了节能技术改造，技改增效达350余万元，取得了良好的经济效益。

（4）“燃料管理年”活动扎实有效开展。以开展“燃料管理年”活动为抓手，加大煤炭调运力度，拓宽供煤渠道，抓好催交催运，严格采制化程序，加强检质检斤和煤场管理，采取多元化的掺配方式，逐步降低了热值差，全年进煤233.7万t。

（5）狠抓“三电”和“三费”工作。积极沟通，努力争取电量计划，狠抓电量计划兑现率，完成4号机组关停电量置换，实现了工业、公建热价和一期脱硫电价的调整到位，争取替发电量指标1.2亿kW·h，超额完成发电量计划目标，实现电费、热费回收率100%。加强预算管理、严控“三费”支出：严格控制预算支出，抓好各项承包指标的量化、分解和考核力度；加强与地方沟通，努力降低水、环保费用，有效降低利息支出，通过贷款置换和采用承兑汇票结算，节约利息支出120余万元。

（6）大力开展管理推进和创新工作。提升管理和创新水平是企业发展不竭的动力，公司以“三个有利于”工作标准，切实推进管理梯次循序递进和全员综合素质的提升，推进了由管理粗放型向管理规范型的转变，形成了科学严谨的管理制度，切实可行的管理措施，管理成果不断创新，推进了公司管理水平的提升，为公司的发展提供了持续动力。加强信息化应用工作：建设并发挥了班组在线管理等七大管理信息平台及其他辅助系统应用，达到了利用系统流程处理各项管理事务和评价管理效能的目的，有效提升了信息化应用水平。

项目发展

2007年9月成立扩建办，紧紧抓住“上大压小”和节能减排的有利时机有效的开展工作，三期2×60万kW机组异地扩建项目已经基本具备国家发展改革委火电建设项目核准条件，做好了参加项目评优的准备；项目被华电集团列为2006年1000万工程重点项目，计划于2012年建成投产。

内部改革

滕州公司创新“拓展制”培训模式。制订出台了“拓展制”培训管理办法，全方位开展了专业技能培训工作。全年全员培训率达90.9%，“学习工作化，工作学习化”的良好氛围初步显现。

推行优秀专业人才津贴制度。加强专家型、技术型、骨干型“三支人才队伍”建设并予以津贴鼓励，创造了人尽其才的条件和平台，开辟了人才成长道路。

深化人事制度改革。在中层干部中实施协理员改革制度，加强人才梯队建设，推行管理岗位“三公”招聘，开展岗位竞聘19次，营造了唯才是举、竞争择优的用人氛围。

积极探索企业管控体系和内部激励机制及分配制度建设。公司将各项工作纳入经济责任制考核，实行正奖励与反考核相结合，行使部门奖金内部分配的自主权，发挥奖金二次分配的激励作用，利用经济杠杆，采取多种激励措施，实现员工收入与业绩奉献和岗位价值的统一，促进了整体管理水平和效益的提升。

2007年11月公司股东方变更为华电国际股份有限公司、滕州聚能投资发展公司、枣庄基本建设投资公司三家，各自持股比例为89.2553%、10.1239%、0.6208%，华电国际成为公司主要控股方。

党的建设、精神文明建设和企业文化建设

滕州公司深入开展“四好”领导班子创建活动，全面加强干部队伍建设，领导班子的科学决策水平和管理创新能力不断增强；坚持党委中心组学习制度；建立健全了保持共产党员先进性长效机制；扎实开展了集中治理商业贿赂及不正当交易自查自纠专项工作；深入开展“强核心、固堡垒，加强党组织建设”、争创“五好”党支部和“五好”党员评选活动；认真落实党风廉政建设责任制，增强了党员干部廉洁自律意识。开展学习型组织建设。滕州公司制定了学习型组织创建三年规划，坚持以改革创新为动力，以职工素质建设为重点，全面增强员工学习、实践、创新能力，推进公司学习型团队、学习型组织建设，激发员工学习、干事创业的热情，促进企业长远发展。

坚持民主管理，健全完善三级民主管理网络，深入推行厂务公开，保障职工知情、参与、监督等民主管理权利的落实。积极发挥党、政、工、团、妇、离退休组织作用，保持职工队伍稳定。开展了丰富多彩的职工文化活动，凝聚了职工队伍。

提炼出公司"攀登者"的企业文化内涵，初步形成了适合公司发展的企业文化理念体系和职工行为规范；公司积极推进安全文化、班车文化、廉政文化、理念文化建设，进一步发展了具有公司特色的企业文化。

华电章丘发电有限公司

概况

华电章丘发电有限公司（简称章丘公司）成立于2001年12月3日，由华电国际电力股份有限公司以87.5%的股比控股管理。公司规划装机329万kW，一期工程2×14.5万kW机组于2002年实现"双投"，二期工程2×30万kW机组于2006年实现"一年双投"，三期规划建设4×60万kW机组。截至2007年底，章丘公司在册职工507人。

机构设置

截至2007底，章丘公司下设综合部、财务部、企划部、生产运营部、调度部、安全质量监察部、党群工作部、纪检监察审计部、检修分场、运行分场、灰水运行分场、燃料公司、物资分公司、后勤部等14个部门。

领导班子

总经理：王晓光

党委书记：张志国

经营副总经理：张文平

生产副总经理：袁立波

纪委书记、工会主席：吕向翌

总工程师：张海

主要领导人员变动情况：

2007年1月26日，王晓光任华电章丘发电有限公司总经理，安世亭离任。

年度业绩

2006年，二期工程3、4号机组分别于2006年8月8日和12月1日移交商业运行，实现一年"双投"，机组建设创出同类型机组建设诸多新纪录。机组移交与电价批复同步，实现了机组投产即达标、即稳定、即盈利的目标。

2007年，发电量完成年度承包值的106.28%；利润总额完成年度承包值的115.22%，全面和超额完成了年度目标任务。

生产经营管理

生产上，章丘公司致力于建立健全安全生产长效机制，全面落实安全生产责任制和各项制度措施，深入开展安全生产"巩固提高年"活动，广泛开展两票、反违章、安全生产月、夏季防汛、迎峰度夏、安评复评、隐患排查等专项治理活动，建立并规范了员工安全档案管理，安全设施日趋完善，员工"三不伤害"安全意识明显增强。严格执行"两票三制"，加大监督检查和考核力度，2006~2007年公司"两票"合格率继续保持100%。加强检修质量管理，积极探索检修管理模式。圆满完成了4台机组的大、中、小修，修后全优率达到100%，其中2、3号机组成功实施华电集团、华电国际全过程规范化示范性大修及安全管理标准化试点工作。3、4号机组分别以97.5分和97.8分的优异成绩顺利通过了集团公司达标验收。加强设备治理，及时消除缺陷，确保机组安全稳定运行。2年内实现了6个百日安全无事故记录，截至2007年12月31日，实现连续安全生产1921天，始终保持着机组自投产以来无人身伤亡事故、重大及以上设备事故的良好局面。

经营管理上，章丘公司积极打造以"按系统、分层次、程序化、责任制"为主要特征的新厂新机制管控模式，推行"精细化管理"，不断提升管理水平，推进协调发展，企业综合素质不断提高，竞争优势日益增强。公司"三标一体"贯标认证工作于2006年获得了ISO 9001/ISO 14001/GB/T 28001证书，建立起一整套管理体系文件，企业管理日益标准化、规范化和科学化。多业务管理平台和档案信息管理系统成功上线运行。公司面对煤炭市场供应紧张、煤价持续攀升等不利形势，及时调整煤炭经营管理方式，较好地实现了企业效益最大化；同时重视加大效能监察和经营审计力度，不断巩固和提升了企业经营管理水平。

内部改革

章丘公司全面推行岗位绩效管理，制定并下发《华电章丘发电有限公司岗位绩效管理办法》，实施绩效考核测评成绩与月度奖金挂钩，"绩效识才、竞争择优、酬显其绩”的约束激励机制基本形成，“强化管理促效益、提升管理增实力”的氛围日趋浓厚。积极探索实践人力资源优化配置的有效途径，全面把握公司人力资源优化配置的正确方向，系统内优化配置41名员工，公司骨干人才得到了进一步充实。实施干部“311工程”，加强执行力建设。完善并实施《职工竞争上岗管理办法》，人才选拔机制逐步形成。公司根据发展需求对内部组织机构进行了充实和调整，公司职能进一步完善，效率得到了有效提高。

党的建设、精神文明建设和企业文化建设

章丘公司不断完善规章制度，建立健全了《党支部民主生活会制度》、《党支部“三会一课”制度》等组织生活制度，修订和完善党建规章制度35项，认真学习贯彻党的十七大会议精神，广泛开展“提升五项能力，树立先锋形象”党员实践活动，评选“十佳共产党员”，党组织和党员的“四个作用”得到有效发挥。重点并深入开展“四好”领导班子创建活动，实现了“政治素质好、经营业绩好、团结协作好、作风形象好”的目标。落实党风廉政建设责任制，进一步完善教育、制度、监督并重的惩治和预防腐败体系。深入开展了治理商业贿赂专项工作，干部员工做到了明明白白做人、干干净净做事。提炼整合具有章电特色的学习型“至和”文化体系，归纳形成了“三全三无”廉洁文化理念和“三省”安全文化理念的企业文化子体系，编制了廉洁文化手册，推进了企业管理由制度管理向文化管理的提升。举办职工运动会、春节联欢晚会、征文、摄影比赛等文体活动，极大地丰富了员工的文化生活。

华电淄博热电有限公司

概况

华电淄博热电有限公司（简称淄博热电）前身为山东南定热电厂，始建于1952年，现为山东省最大的热电联产企业和淄博市的主要热源企业，共装有4台热电联产机组，其中2×7.15万kW中温中压机组于1996年投产，2×14.5万kW高温高压机组于2003年投产，装机总容量为43.3万kW。截至2007年底，淄博热电在职职工共1098人，离退休职工752人。

2007年，淄博热电依托现有厂址，积极推进2×33万kW热电机组扩建项目。响应国家“节能减排”号召，将项目前期工作由评优方式改为“上大压小”，对甲站小机组实施关停，并于9月5日安全顺利地完成了关停机组1~4号水塔的爆破工作，推动项目取得实质性进展。截至2007年12月31日，2×33万kW热电机组扩建项目除《环境影响报告书》外，其余支持性文件均已获得，前期“路条”也进入申批的最后阶段。

机构设置

淄博热电设有管理部室15个：办公室、信息中心、人力资源部、计划部、财务部、生产技术部、政治工作部、安监部、纪监审办公室、节能运营部、企业管理办公室、工会、保卫部、离退休工作部、扩建办公室。生产部门8个：汽机、锅炉、电气、热控、综合检修分场、运行分场、化学分场和燃料公司。此外，还设有多种产业集团公司和燃料调运公司。

领导班子

总经理、党委委员：孙伟

党委书记：刘念华

副总经理、党委委员：韩克珍

副总经理兼总会计师、党委委员：王会萍

纪委书记、工会主席、党委委员：李文胜

总工程师：刁友锋

年度业绩

2006年，淄博热电完成发电量26.58亿kW·h，完成供热量733.3万GJ，实现利润4088万元，供电标准煤耗完成376.3g/(kW·h)，综合发电厂用电率完成10.49%，年内实现安全生产3个100天，企业连续安全生产达到3066天。

2007年，淄博热电完成发电量26.08亿kW·h，完成供热量752.3万GJ，实现利润4232万元，供电标准煤耗完成375.4g/(kW·h)，综合发电厂用电率完成10.48%，实现4个安全生产100天，安全纪录达到3431天，在全国同类型企业中名列前茅。

生产经营管理

淄博热电坚定不移地贯彻“三大管理理念”，即：依法治企管理理念；业绩导向管理理念；公平、公正管理理念。“三大管理理念”要求凡事按规则办理，按系统、分层次，强化责任制和程序化，严格依照制度对工作进行奖惩考核，采取只对事、不对人原则；部门集体述职由职工代表进行监督、评价等。“三大管理理念”的贯彻落实，在淄博热电营造了“起点公平、奋发向上”的良好环境，靠业绩、凭贡献，一心干事创业的氛围逐步形成。按照“管精存量、突破增量”的工作思路，全面开展了“全过程精细化管理”活动，努力培育“燃料管理、循环流化床机组管理、供热市场拓展”三大核心竞争力，以建立科学健康的可持续发展机制；充分利用机组供热特性，合理分解年度电量计划，狠抓计划争取和兑现不放松，年度机组利用小时数分别达到5692h、5798h，始终处于华电国际省内企业首位，成为超额完成发电、供热任务的关键；深入研究产业及财经政策，充分利用政策资源增加企业效益，共计取得各项政策扶持、税金返还及费用减免两千余万元；严控公司各项成本费用，在成本、资金诸方面精打细算，深入挖掘公司潜能，争取更大的利润空间，“三大业绩”得到不断提升，连续两年创造经济效益最佳值，全面完成了“四项责任制”目标。

2007 年，淄博热电制定了“节能优化运行调度方案”，强化“两票三制”管理和精细化操作，实施了 CFB（循环流化床锅炉）锅炉微正压运行，1、2 号炉微油点火等节能方法和改造措施，在降低能耗、减缓设备磨损等方面取得了良好效果，显著提高了机组的经济运行水平。其中，30 项主要经济小指标有 20 项优于 2006 年同期，10 项持平，9 项创历史最佳，煤耗、厂用电等主要消耗指标均呈优化趋势，在华电国际节能查评中获得专家组充分肯定。

内部改革

（1）落实“三公”竞聘。2007 年，淄博热电认真贯彻落实“三大管理理念”，严格按照“公开、公平、公正”的竞聘原则和程序开展岗位配置工作，共进行了扩建办工程部专工等 20 个岗位的竞争选聘，特别是率先践行了华电集团干部选拔“民主、公开、竞争、择优”要求，组织计划部副主任等 6 个中层干部职位的公开选拔，进一步调动了职工的工作积极性，优化了职工队伍结构。

（2）优化人力资源配置。为坚决贯彻落实华电集团、华电国际依靠发展减人增效的战略部署，淄博热电从大局出发，结合自身实际，制定了《人力资源优化配置工作实施方案》，2006 年，向华电宁夏灵武发电有限公司输送技术骨干 13 人；2007 年，向漯河、新乡等系统内新建单位输送技术骨干 17 名，超额完成至 2010 年的配置任务，有力支援了华电国际“千万工程”和兄弟单位的建设。

（3）加强人才队伍建设。淄博热电制定了《2006～2010 年人力资源战略规划》，围绕华电国际人力资源发展战略和公司 2×33 万 kW 机组扩建项目的人才需求，从突出岗位人才储备、完善拔尖技术人才机制等方面加大人才培训开发力度，形成了科学的人才选拔、培养、使用、激励机制。2006 年在华电国际举办的各类技术比武中，淄博热电获得了一次团体二等奖，一次团体三等奖和一次个人一等奖的好成绩；2007 年在华电集团举办的燃料采制化技术比武中，淄博热电获得团体铜奖、两人银奖的历史最好成绩。2006 年 3 月 15 日，淄博热电被确定为华电集团首批九个教育培训基地之一。

（4）实施绩效薪酬分配。2006 年，淄博热电制定了新的《工资管理办法》及《部门奖励承包办法》，确定了以岗位技能工资和奖金承包为主，以公司统筹奖励和各类单项奖励为辅的工资分配模式。在具体实施过程中，奖金承包由公司根据工资基金来源情况、人员状况，按年度承包方案测算承包到各部门。各部门按照公司月度经济责任制考核兑现，依据内部分配办法，结合每位员工绩效进行统筹管理、考核、发放，充分体现了收入向重点岗位、骨干员工倾斜的分配原则。中层干部月度奖金采取以绩效为主导，并与经济责任制考核挂钩的模式进行分配，由人力资源部参照部门承包办法，配合领导班子进行统一管理、考核、发放。

党的建设、精神文明建设和企业文化建设

淄博热电紧紧围绕企业中心任务，结合生产经营实际，广泛开展各类活动，为推进公司科学健康可持续发展提供了坚强有力的政治保证，先后被评为“淄博市党建工作示范点”、“中央企业五四红旗团委创建单位”，荣获“全国五一劳动奖状”、华电集团“优秀发电企业”、“文明单位”、山东省“文明单位”、“劳动关系和谐单位”、“思想政治工作优秀企业”等一系列荣誉称号。

2006 年始，淄博热电制定了《“四好”领导班子建设实施方案》，结合机组检修等实际工作，组织开展了“党员五带头”、“星旗联创”、“党员先锋队”等活动，使党员的“战斗堡垒”、“先锋模范”作用在企业安全生产、经营管理、发展和稳定等各项工作中得到了更加充分的发挥；开展“制度专题学习月”活动和廉洁从业知识专题学习竞赛活动，积极培育廉洁文化；组织开展了“四项保廉书”活动，分别与中层干部、重点岗位人员、业务客户签订了“中层干部任期廉政承诺书”、“重点岗位人员廉政承诺书”、“家庭保廉书”和“经营保廉书”，基本形成了教育、制度、监督并重的惩治和预防腐败体系；深入开展“强核心、固堡垒，全面提升基层党组织标准化建设水平”活动，被评为“淄博市十佳优秀政工企业”，党建工作经验在全市经贸系统得到推广。

以《文明单位建设管理考核实施细则》为依托，建立并完善了评先创优制度体系，深入开展了文明单位、文明部门、文明班组、文明家庭、文明员工“五位一体”的系列创建活动，年度文明部室、文明班组达到100%，文明员工达99%以上；年年参加“慈心一日捐”等社会公益性活动，为灾区人民和所扶助的社会下岗职工献爱心、送温暖，并与附近学校联合开展了“大手拉小手”爱心助老等活动，热心救助社会孤寡老人，为构建和谐社会贡献了力量。坚持民主管理，定期举办“总经理接待日”活动，增强了职工主人翁意识，构建了职工为企业献计献策的良好平台。

在加大宣贯华电集团、华电国际企业文化理念的基础上，淄博热电编制了《企业文化建设“十一五”规划》，根据工作的不同特点，培育和发展了具备企业特色的分支文化，其中安全文化、廉政文化、社区文化建设已见雏形；注重丰富员工业余文体活动的开展，年年举办职工运动会等系列大型文体活动，寓教于乐，陶冶员工情操；将2003～2007年间发生在公司职工中的感人事迹汇编成《企业文化故事》，于2007年12月25日印发，供职工学习，由小见大，由点及面，于潜移默化中发挥其引导和教育作用。2006～2007年，淄博获得“山东省企业文化建设示范单位”、淄博市“优秀企业展评金奖”等荣誉。

华电国际莱州项目筹建处

概况

2007年1月26日，华电国际电力股份有限公司（简称华电国际）以华电国际人［2007］40号《关于成立莱州电厂筹建处的通知》正式成立莱州电厂筹建处。华电国际莱州项目筹建处负责华电国际在莱州的火电、风电、码头三个项目的前期、工程建设、安全生产、经营管理、公共关系等方面的领导、协调工作。

华电国际莱州火电项目厂址位于山东省莱州市金城镇海北嘴，规划容量8×100万kW，一期工程建设2×100万kW超超临界国产燃煤机组。其前期及施工准备工作正全面推进。华电国际莱州风电项目位于山东省莱州市虎头崖镇西南区域，规划容量4.05万kW，安装27台单机容量1500kW风电机组。项目于2007年10月26日通过山东省发展改革委核准，全面开工建设。

截至2007年底，华电国际莱州项目筹建处共有员工45名，平均年龄38.3岁，设综合工作部、财务部、经营计划部、工程技术部、风电项目部等5个部门。

领导班子

主任、临时党总支书记：董凤亮

副主任、临时党总支委员：郭荣兴、秦世贤

项目发展

截至2007年底，华电国际莱州火电项目一期工程项目前期环评、水土保持、海域使用权、接入系统等批文已取得国家级主管部门的批复，用地预审文件已取得国土资源部小批文，项目已基本具备核准条件。

华电国际莱州风电工程项目于2007年11月26日顺利通过了山东省发展改革委核准。截至2007年底，安装完成23台风机、浇筑完成了26基风机基础、综合控制楼主体工程完工已开始装修、室内GIS已安装就位。

工程建设与管理

火电项目施工准备成效显著。华电国际莱州项目筹建处坚持一手抓项目前期，一手抓施工准备，先后组织完成了工程初步设计审查、收口、厂区详勘、司令图审查、脱硫初设审查等工作，主厂房、烟囱施工开挖图已经完成；签订了工程设计监理、施工监理、铁路监理合同；三大主机合同、四大管道和第一、二批辅机共计50类设备签订合同；组织完成了工程A、B、C、D标段施工招标、脱硫系统设计招标和球形网架招标工作。

火电工程管理工作亮点纷呈。以建设“大容

量、高参数、环保型、景观式”的现代发电企业为目标，以工程创优策划为中心，全面推进安全文明管理、质量工艺管理、施工组织设计大纲、监理规划大纲和进度造价控制策划工作，组织了创优及安全文明策划审查暨安全质量培训会，请行业内知名专家对工程策划进行点评；科学编制施工准备措施体系，健全监督保障体系；全面实施设计、技术、工艺创新，邀请国内知名电力设计大师对全厂总平面布置进行优化设计，避免了决策失误；将废弃露天金矿矿坑作为电厂灰场，完全不占耕地，成为工程一大亮点；主厂房采用侧煤仓布置，减少了主厂房容积，缩减了四大管道长度，降低了工程造价；在全国首家采用全三维立体化工程设计，保证了设计质量，最大优化了设计方案，节省了投资；采取了全寿期三维数字化技术，实现了控制成本、减少风险、保障安全和效益最大化的目标。聘请国家级设计单位对厂前区建筑进行专业化设计，改变传统电厂建设模式，实现生活与生产、工艺与环境、建筑功能与美感的和谐；将煤场设计为圆形封闭煤场，实现了“零污染、零损耗”；采用了海水淡化技术，以城市中水作为脱硫工艺、绿化用水，工业用水完全不占用当地淡水资源；采用湿法脱硫，效率可达95%以上；另外，还采用了先进的低氮燃烧技术、微油点火技术、干除渣技术，厂内污水和废水处理回用实现“零排放”等，各项环保技术、指标领先，完全符合国家环保政策要求，为企业实现科学、健康、可持续发展提供了有力保证。

风电工程进展顺利。制订了风电工程进度计划，全面协调设计、监理、施工和设备厂家各方关系，建立健全安质监督管理体系，规范各项管理程序，加强设备催缴催运，严把设备、材料的出厂关、进场关，满足了工程建设需要，保证了工程安全、质量、工期协调推进。积极把握国家新能源优惠政策，科学策划CDM开发，规范做好企业注册，统筹做好电价申报工作，努力控制工程造价，逐步完善企业制度建设，超前做好生产准备人员教育培训，为企业投产后的生产运营提供了有力保障。

码头项目有序推进。华电国际莱州项目筹建处充分利用海上运输便利条件，积极推动了火电项目配套卸煤码头工程，加强与港航、交通管理部门联系协调。目前码头的海洋环评、项目环评、海域使用论证3个外委报告正在编制中。

2007年3月，华电国际莱州项目筹建处被华电国际授予“前期工作先进单位”荣誉称号。

河北华电石家庄热电有限公司

概况

河北华电石家庄热电有限公司（简称石热公司）是华电集团控股的国有大型热电联产企业。石热公司前身为石家庄热电厂，是国家“一五”计划156项重点工程之一，1954年开工建设，1956年第一台机组投产发电。到2007年底，石热公司总装机容量50万kW，其中西厂区装备4台410t/h循环流化床锅炉配套2台20万kW双抽供热机组，东厂区装备4台2.5万kW供热机组，公司年末员工总数为1862。

领导班子

董事长：张涛

副董事长：张彦春、康金柱

董事：徐刚、庄彩丽、邵志刚、连海楼、李英平、贾旭东、杨宝石

监事会主席：杨丹青

监事：王保荣、吕小菲

总经理：孙兆杰

党委书记：连海楼

副总经理：许泉贵、张建伟、莫林峰、李志国、吴学超、张朱合

纪委书记：李宝新

工会主席：李英平

总工程师：钟占武

主要领导变动情况：

2007年4月，原公司总经理徐刚调离，原河北华电石家庄蓄能水电厂总经理康金柱接任公司总经理。2007年12月，康金柱调离，孙兆杰任公司总经理。

机构设置

截至2007年底，石热公司机构下设13个职能部门，分别为纪检监察部、政治工作部、总经理工作部、经营策划部、财务资产部、审计部、人力资源部、生产技术部、安全监察部、综合管理部、采购部、燃料部、工会办公室；9个生产车间，分别为运行一分场、运行二分场、化学分场、燃料分场、汽机车间、锅炉车间、电气车间、热

工车间、除灰除尘车间；2个子公司，分别为裕华热电公司、供热公司；一个基建单位，西郊热电项目部；一个关联公司，三宝投资公司；2个后勤服务部门，分别为卫生所、物业公司。

发展战略

以华电集团“十一五”规划为统领，紧紧围绕公司发展战略，以建立一流的现代化热电联产企业为目标，坚持存量抓对标，增量抓达标，进一步巩固创优、安评、文明单位建设工作成果，内强管理，外谋发展，着力确保“四个安全”，着力提升企业管理，着力推进改革创新，着力加强队伍建设，着力构建“和谐石热”。

年度业绩

2006年，完成发电量30.51亿kW·h；供热量1735.93万GJ；综合供电煤耗360.72g/(kW·h)；实现利润总额3112.67万元。

2007年，完成发电量29.53亿kW·h；供热量1677.57万GJ；综合供电煤耗357.04g/(kW·h)；实现利润总额6383.13万元。

生产经营管理

2006年，深化安全性评价工作，落实责任，完善制度，采取措施，加大整改力度，确保未完整改工作顺利进行。巩固和提升安全文化建设成果，在广大员工中深植先进安全文化理念。进一步加强运行人员的岗位培训，加大奖罚考核力度，落实好各种预案，合理调整主、辅机运行方式，实现“方式出效益”。继续开展“小指标登优竞赛”活动，努力实现“压红线”运行。加强运行设备的巡回检查力度，提高设备健康水平；加强检修管理，试行内部监理制，强化工序管理和质量验收；加强技术管理、设备治理和技改工作，结合设备检修，认真做好锅炉防爆，水冷壁耐磨改造等设备的治理等工作；加强基础管理，推进制度创新，逐步完善发电运行绩效考评、安全监督、基建项目和计划管理等各业务子系统，提高公司信息化水平。在全公司开展“厉行节约，反对浪费，建设高效节约型企业”的活动，研究制定“节电、节煤、节水、节材、节油、资源综合利用”六项重点工作的措施和要求；开展“学青岛、赶山东、创优秀”活动，将其同创建集团公司优秀发电企业有机结合起来，通过开展对标管理和营运改善等工作，确保企业扭亏增盈和开源节流、降耗增效。抓好“三电”工作，加强燃料管理，做好市场营销。全年，共完成机炉计划检修18台次，发生临修14台次。机组等效可用系数完成96.16%，超华电集团优秀企业评价值0.9%；加强缺陷管理，消缺率由上年的90.61%，提高到99.48%。安排节能项目24项，完成18项。环保方面，重新修订了环境保护考核办法，明确各部门职责，迅速扭转了一度被动的环保局面。列入国家“十一五”期间SO_2减排计划的12～15号炉脱硫改造工程按期开工。清洁生产工作通过市环保局的验收。

2007年，深入开展“夯基础、赶先进、创一流”活动，以开展安全生产“巩固提高年”活动为主线，在巩固业已取得的安评、创优工作成果的基础上，进一步巩固安全生产基础。强化各级各类人员的责任主体意识，进一步夯实安全生产基础。加强运行检修管理，加大节能降耗、科技环保工作力度，进一步提高经济运行水平。完善煤耗对标管理指标体系，大力开展节水、节煤、节油、降低厂用电、减少汽水排污量等工作，努力实现节能降耗约束性目标。制订详细的技术攻关计划，着力在飞灰再循环系统的优化调整、中和池废水再利用、降低八期机组厂用电率、提高循环水浓缩倍率、掺烧贫煤等方面进行技术攻关工作。严格环保设备检查与考核，确保环保设备的投入率符合要求，主要污染物达标排放，控制污染事件发生，努力降低环保缴费。坚持“两条腿走路”方针，内强管理，外创环境，努力巩固生产经营成果。统一财务管理规范，充分发挥预算在经营中的龙头、导向、激励作用，实现各种费用的定额管理，强调实物预算编制，提高财务管理对各项费用指标的掌控能力；在安全稳健的基础上，加强资金运作，努力降低融资成本，保证南郊项目的顺利开工建设；完善财务基础工作，严格各项规章制度，规范关联交易，提高公司风险控制能力；加强对裕华、供热、多元产业财务工作的统一管理，做到适当集中，管好管活。对外积极寻找优质资源，控制劣质来煤，确保煤炭、燃油、天然气等资源的供应安全。加强电力市场分析、预测，合理安排厂内机组检修运行方式，开展积极健康公关，努力提高机组利用小时数。强化供热管理，优化运行方式，提高服务水平，确保供热质量，切实提高管网运行的经济性，切实履行“三大责任”。

项目发展

2006年3月10日，华电集团下发了《关于同意组建石家庄南郊热电项目公司的批复》（中国华电函［2006］42号文）（简称南郊热电）。由石热公司与河北华峰投资有限公司（简称河北华峰）共同建设和运营管理南郊热电项目。南郊热电项目规划容量为4×30万kW，一期工程建设2×30万kW亚临界燃煤供热机组，同步建设烟气脱硫设施。一期工程总投资为270000万元。石热公司出资32400万元，占注册资本60%，河北华峰出资21600万元，占注册资本40%。

2007年7月6日，南郊热电2×30万kW热电联产项目获得国家发展改革委正式核准，并于2007年8月20日正式开工建设。

2007年10月26日，西郊热电“以大代小”2×30万kW热电项目获得国家发展改革委批准开展前期工作。

内部改革

2006年初，确定了以承包指标考核为主体，自上而下、渐进、自主推行的绩效管理模式。制定了《中层干部年度绩效考核奖励办法》、《二级单位年度绩效指标承包奖励办法》。

2006年3月2日，印发了《河北华电石家庄热电有限公司安全生产奖惩规定（试行）》（石热电［2006］48号文），公司设立了安全生产奖，根据安全生产工作完成情况，对各单位进行考核奖励。2007年延续执行了2006年安全奖惩制度。

2007年，以华电集团三项制度改革为指导，以公司发展战略为统领，通过绩效管理工作的持续改进建立起一套有效的绩效管理体系并使之正常运行。制定了《河北华电石家庄热电有限公司绩效管理办法》。按照华电集团要求，结合企业实际，积极稳妥地做好按定员组织生产、薪酬制度改革两项改革工作。

党的建设、精神文明建设和企业文化建设

完善党的先进性建设长效机制，不断增强党组织的凝聚力和战斗力。以创建“堡垒党支部”为抓手，进一步加强基层组织建设。实施党建工作指标与生产经营指标同承包、同布置、同检查、同考核、同兑现。建立了“党员之家”、“党员示范岗”，成立了党员突击队，制定了党员示范岗和党员突击队管理办法，党员的战斗堡垒、先锋模范作用得到进一步发挥。共青团积极围绕企业中心工作，开展“号、手”活动和青年志愿者服务，在企业发展、安全生产、改革重组、增收节支等方面开展形式多样的活动，连续多年被评为石家庄市“红旗团委”。石热公司营业部被评为河北省青年文明号。

围绕企业中心工作开展主题教育活动，思想政治工作深入扎实。通过开展主题教育活动，营造积极向上的思想主旋律。2006年在全体党员中开展了“学习党章、遵守党纪、勤奋创新、廉洁从业”主题教育活动。2007年根据企业生产经营面临的严峻形势，发出《让共产党员成为建设和谐石热的一面旗帜》倡议书，组织开展了“增收节支，我为企业作贡献”主题实践活动；组织发电量及运行指标竞赛、增收节支擂台赛、团员青年“五小”竞赛、“做最棒的员工”征文等形式多样的宣传教育活动，调动起员工奋发图强的激情。定期召开会议宣讲公司生产经营形势，部署重点工作任务。实行月度思想动态分析制度。及时了解职工思想中的热点、难点问题。坚持不懈开展法制教育，提高全员遵法守法自觉性。加大宣传力度，全面报道企业的外延发展、节能减排、改革重组、安全生产、大修现场、精神文明建设情况。《石电综讯》连续多年评为石家庄市优秀内部资料性出版物。公司荣获集团公司2006年度新闻宣传工作先进单位称号。公司记者站连续3年被评为集团公司优秀记者站。

深入挖掘企业文化底蕴，企业文化建设不断走向深入。在员工中大力开展集团公司企业文化理念宣贯和公司的宗旨、使命、价值观宣传活动，将石热公司企业文化建设与企业生产经营工作有机结合起来，进一步修订企业文化建设规划，规范实施集团公司视觉识别系统。开展了企业理念整合系列活动。在全公司范围征集车间班组精神、员工格言等活动，使员工对企业文化的理解更加深入。2007年3月，出版了新的企业文化宣传册。积极参加华电集团企业文化要素征集活动，并获得华电集团“华电之歌”征集活动优秀组织奖。逐步完善劳模文化、企业廉政文化、安全文化建设。深入挖掘整理，制作了公司劳模专题片。开展了安全知识竞赛、安全征文、更新安全文化长廊内容、举办廉洁漫画征集等特色活动。开展了创“四型”（创新型、节约型、攻关型、学习型）特色班组活动，提高公司班组建设总体水平。热工车间电动门班被国务院国有资产监督管理委员会命名为“中央企业学习型红旗班组”。汽机车间汽水门班获“河北省学习型标兵班组”称号。不断创新活动形式和载体，获得石家庄市企业文化建设十佳企业。

河北华电混合蓄能水电有限公司

概况

河北华电混合蓄能水电有限公司（简称河北水电公司）是华电集团的全资子公司，位于石家庄市西北20km处。前身为石家庄水力发电总厂，下辖滹沱河中游岗南、黄壁庄2座梯级水电站，拥有3台常规水轮发电机组和1台抽水蓄能发电机组，总装机容量5.7万kW。2007年底，河北水电公司在册员工162人。

机构设置

河北水电公司下设总经理工作部、政治工作部、生产运营部、财务资产部、人力资源部等5个职能部门，辖运行车间、检修公司、综合服务部3个基层单位。

领导班子

董事长：卢新君

董事：霍建国、刘明武

监事会主席：蔡兵胜

监事：张占海、姚根海

公司总经理、党委书记：卢新君

副总经理：霍建国

党委副书记、纪委书记、工会主席：蔡兵胜

总工程师：刘明武

发展战略

以华电集团发展战略为指导，以水电经营为主导，努力实现“四做”、“四化”，即：做精管理，做强基础，做大规模，做好发展；电量生产最大化，企业效益最大化，员工收入最大化，工作效率最大化。在4～5年内将河北水电公司建设成管理精细、多元发展、华电先进、同行一流，具有现代企业制度的优秀水电企业。

年度业绩

2006年，超额完成了华电集团下达的电量、收入、利润指标，实现3个安全生产百日无事故，创连续安全生产纪录941天。

2007年，超额完成了华电集团下达的电量、收入、利润指标，实现3个安全生产百日无事故，创连续安全生产纪录1306天。

生产经营管理

千方百计地完成发电任务。面对水库来水偏少、水头偏低，秋季不能按计划发电等不利因素，紧紧扭住发电生产不放松。坚持运行管理精细化，开展机组效率分析，争取岗黄水库梯级优化调度，降低耗水率，坚持低谷消缺，严格控制厂用电，最大限度地增加发电量。

深入开展安全性评价工作，坚持开展事故预想、事故演习活动，编制事故应急预案，形成企业完善的预案体系；抓科技兴安，深入开展科技攻关活动，提高设备的可靠性，加强设备检修、消缺工作，提高设备的健康水平；加强成本控制、强化预算管理，深入开展节能节支活动，确保企业降本增效，实现利润目标。

实施技术改造工程，坚持“统一规划，分步实施”的原则，自主设计、自主施工，岗南、黄壁庄电站达到了“无人值班，少人职守”技改目标，岗黄2站光缆连通，实现远程控制。建成黄壁庄集中控制系统、工业电视监视系统，更新励磁、继电保护、调速器等装置，实现建厂以来技术改造的重大突破，增强了机组的可靠性，为改变传统运行模式奠定了坚实基础。

岗南1号机组智能式全数字抽水蓄能调速器由河北水电公司与大专院校、调速器生产企业联合开发，经过试运行后，于2006年8月9日通过了集团公司专家组的验收，并获得集团公司2007年度科技进步三等奖。此项目填补了国内抽水蓄能机组调速器国产化的空白。

树立“比标准更高、比要求更严”的理念，强化过程控制和精细化管理，不断完善管理体系和制度建设，优化管理工作流程，变静态管理为动态管理，做到各项工作全过程科学、有效、闭环管理，管理工作再上新台阶。深入开展节能节支活动，制定考核制度，确定工作重点，加强对部门的过程管理和成果考核，实现了建设节约型企业的既定目标。

改革发展

坚持“政治上靠得住、工作上有能力、想干事、能干事、干成事、不出事”的选人用人原则，完善了“岗位靠竞争、分配凭贡献、选人重业绩、用人看潜力”的管理制度，增强了本公司的活力。

充分、合理、有效地利用企业内部的人力资源，建立公司人才培养机制，制定了《员工发展成才四条通道管理标准》。规划公司员工的职业生涯发展，促进员工与组织共同发展。建立以岗位工资制为基础的基本工资制度，实现工资收入随企业经济效益上下浮动。调整薪酬结构，建立以绩效为导向的薪酬分配机制，“以岗定薪、岗变薪变”，向关键岗位、骨干人才和贡献大的岗位倾斜，与个人绩效相匹配。加大奖惩考核力度，使员工队伍在思想、能力、素质等方面得以加强，促进企业发展与员工发展相协调。

党的建设、精神文明建设和企业文化建设

河北水电公司党委贯彻“围绕中心抓党建、抓好党建保中心”的指导思想，先后修订民主评议党员等七项制度，新制定联系群众等五项制度，坚持完善记录台账，“三会一课”，建立党建责任制，按标准培养发展新党员，圆满完成党支部换届，开展民主评议党员等活动，体现了工作实效，提升了党建水平。紧紧围绕公司改革发展和经营管理，深入开展“发挥‘五带头’作用，我为党旗增光辉”主题实践活动、评先创优活动、党员责任区活动，广大党员在安全生产、技术改造、对外创收等工作中无私奉献，在各自岗位上践行先进性。注重抓好党风廉政建设专项工作。按照党委要求深化作风建设，召开党委、党支部等不同层次专题民主生活会，开展中层以上领导作风整顿；加强中层干部及重点岗位人员廉洁从业教育，通过开展自查、撰写廉洁从业座右铭、廉政承诺等“六个一”活动，强化廉洁从业意识；坚持每季对党廉责任制进行一次考核；中层以上领导干部开展述职述廉，全方位接受群众监督；万元以上工程、物资采购一律实行招标程序；开展治理商业贿赂专项工作；制定下发了《关于印发<河北华电混合蓄能水电有限公司建立健全教育、制度、监督并重的惩治和预防腐败体系实施细则（试行）>的通知》（河北水电党［2006］12号）文件；开展廉政警示教育，观看电教片、知识答题等活动。

开展“知荣辱 树新风 促和谐”、“职务就是服务”、“把职业当事业”等主题实践活动，教育启发员工认清形势，团结一心，爱岗敬业，努力工作。精神文明建设突出考核。开展文明员工系列评选活动，年度签订责任制、坚持月度考评。积极发挥组织协调作用。为了确保社会、企业稳定，建立了《公司离退休人员精神文明暂行规定》，同所有离退休员工签订了精神文明建设责任书，形成约束激励机制。开辟班车文化，优化业余生活环境。

大力宣贯华电集团企业文化理念。按要求组织“辉煌华电五周年”征文活动、开展全员企业文化培训、二级单位理念宣贯、公司价值观讨论等活动，使华电集团理念深入人心。开展安全文化、廉政文化等宣贯活动。通过安全知识竞赛、安全趣味运动会、“安全在我心中”征文等活动，员工思想逐步从“要我安全”向“我要安全”转变，提高了安全自觉意识。党委全力支持职代会、工会依法行使民主管理、民主监督的权利，企业重大问题、涉及员工切身利益的工作一律提交职代会民主决策。坚持河北水电公司每季1次和部门每月1次的员工大会制度，行政及时向员工报告工作，切实落实员工的知情权。每年上半年开展“送温暖”、“合理化建议月”活动，三季度开展职工代表巡视调研活动，四季度进行河北省AAA级劳动关系和谐企业自查工作。关心员工生活，搞好后勤管理，河北水电公司领导坚持“重心”下移，每月下基层调研2次，为群众做实事、办好事、解难事。河北水电公司环境突出园林化精品建设，实现了四季常青，三季有花。对厂房进行内部装修、粉刷员工休息室、建成员工活动中心、购置新书充实阅览室等，大大改善了员工的工作和生活环境。

内蒙古华电包头发电有限公司

概况

内蒙古华电包头发电有限公司（简称华电包头公司）是华电集团的全资企业，2003年9月18日正式登记注册，注册资本金1000万元。华电包头公司规划装机容量440万kW（2×60万kW+2×60万kW+2×100万kW）。一期工程于2004年7月25日开工建设，1、2号机组分别于2006年11月10日、12月16日顺利通过168h试运行，实现了年内“双投”和“安全质量零事故”的目标。截至2007年底，华电包头公司共有正式职工61人。

机构设置

华电包头公司设置总经理工作部、政治工作

部、财务资产部、计划物资部、人力资源部、安全生产技术部6个职能部门和基建前期办公室1个临时机构。

领导班子

董事长：姜家仁

董　事：姜家仁、周顺宏、杨信、赵晓东、贺俭

监　事：李红淑、吴建平、侯建宏

总经理：赵晓东

党委书记：贺俭

副总经理：侯昭湖

纪委书记、工会主席：侯建宏

年度业绩

2007年，华电包头公司完成发电量65.55亿kW·h，上网电量61.24亿kW·h。实现工业总产值107038万元。

生产经营管理

2007年华电包头公司安全生产情况总体稳定，始终坚持"安全第一、预防为主、综合治理"的方针，逐级分解落实安全责任，实施问题发现、整改、责任追究的闭环管理，全面完成了安全绩效考核目标，确保了安全生产形势的总体稳定。运行管理方面，严格"两票三制"管理，努力完善规章制度，强化人员责任意识，大力开展岗位练兵和技能培训。针对机组投产第一年基建期遗留的设备缺陷和隐患影响机组稳定运行的问题，公司集中精力、下大力气解决机组在设计、安装过程中遗留的问题，同时着力提高日常检修维护质量，积极推进设备技术改造，使设备的安全健康水平得到明显提高。

进入生产期以来，华电包头公司始终将改善机组经济技术指标作为精细化管理的着眼点和落脚点，大力推行小指标竞赛、优化机组运行方式和检修工作安排，不断降低机组的主要能耗指标。2007年9月召开了"节能减排暨大干一百天动员大会"，制定了具体的工作计划，积极开展合理化建议、技术攻关、全面质量管理等活动，加大了节能奖惩力度，把节能减排和生产经营目标细化、量化，并落实到部门、班组，分解到每值、每天，充分调动了全员的节能积极性，有效提高了机组的经济运行水平。

华电包头公司不断完善机制、强化基础管理，规范了财务事项的处理程序。2007年，公司加强了全面预算管理，以月度经济活动分析会为平台，认真分析预算执行情况，有重点、有针对性进行费用控制，努力挖潜增效。在项目未核准，资本金不到位，融资形势严峻的情况下，多渠道、大范围争取金融机构的支持，为各项工作的开展提供了有力的资金保障。

燃料管理方面，千方百计确保煤炭供应，优化煤种结构，提高入场煤质量，结合集团公司效能监察、燃料管理达标创优工作，完善了煤场的技术监控手段，强化了对采制化各个环节的管理，保障了公司的经济利益。物资管理方面，公司健全和完善了生产期的物资计划、采购、保管、领用等一系列管理制度，规范了物资管理流程。利用先进的物流管理软件对账目进行管理，使账目清晰明确，物料摆放规范整齐，有效降低了库存，保障了物资的及时供应。招标采购工作中，引入市场竞争机制，严格控制成本对生产期的所有大宗材料、备品备件进行统一招标，使得采购工作公开化、规范化、透明化。仅石灰石粉一项，通过招标采购就降低成本160万元左右。

2007年8月，1、2号机组以优异的成绩通过了华电集团的达标投产验收。该工程被授予内蒙古自治区优质样板工程"草原杯"荣誉称号。

项目发展

结合城市发展规划，华电包头公司二期工程拟建设2×60万kW超临界供热空冷机组，并配套建设脱硫和脱硝设施，生产用水将全部采用中水，是符合国家节能减排产业政策的高参数大容量机组。二期工程的各项前期工作正在积极推进，已经取得包头市规划局、环境保护局、建设委、发展改革委关于二期选址规划、环境保护、供热范围和供热负荷等方面的批复。包头市发改委已初步同意将二期工程纳入热电联产规划及包头市"十二五"规划；项目可研报告已委托西北电力设计院编制；二氧化硫排放指标和机组的入网意见正在协调当中。

改革发展

2007年6月被确定为华电集团运营改制的首家试点单位。经过积极探索和努力，顺利完成了委托运营合同、委托运营生产管理协议、具体工作程序和工作界面划分协议的签订；明确了委托运营后的管理层面、管理范围、管理流程，以及改制后的生产指挥系统、安全生产监督保证体系、

事故应急救援响应体系的构成；完成了人员的划分、组织机构的搭建和各项工作的对接，两公司合作共赢态势良好。

党的建设、精神文明建设和企业文化建设

2006年，华电包头公司党委紧紧围绕“双投”目标，认真开展“四好”领导班子创建活动，在创建内容中从理论学习、树立和落实科学发展观、班子团结协作和作风建设四个方面对“四好”领导班子建设提出了明确的要求。通过创建活动的开展，强化了领导班子的四种意识，提高了领导班子的5种能力，领导班子的整体素质在实战中得到提升，凝聚力和战斗力增强，树立了良好的班子形象，也得到了全体员工的认可。12月中旬，顺利通过华电集团“四好”领导班子检查组的考核验收。

华电包头公司党委紧紧围绕把基层组织建设成为贯彻“三个代表”重要思想的组织者、推动者和实践者这个目标建立健全基层党组织，做到了组织建设横向到边、纵向到底，对党支部进行了改选和增设，成立了机关党支部、生产准备党支部和工程设备党支部3个基层党支部，制定下发了支部工作记录本。2007年，华电包头组织开展的“争先创优”、“党员示范岗”、“党员佩戴党徽上岗”等活动中效果显著，同时在主战单位开展了“党员示范岗”、“党员责任区”活动，并影响和带动了其他施工单位和参建员工。在争先创优评比活动中，华电包头公司党委、邹县电厂实习临时党支部及4名党员受到内蒙古公司党组的表彰。

华电包头公司牢固树立“一家人”管理理念和“艰苦创业、无私奉献”的基建企业精神。对外，把对监理单位、各施工单位的管理纳入到公司一体化管理体系中，利用各种形式动员和组织参建员工投身到华电包头的建设中；对内，动员全体员工充分发扬华电包头人“艰苦创业、无私奉献”的基建企业精神，提倡员工爱岗敬业的奉献精神，努力培养员工对企业的归属感和投身创业的荣誉感，在思想上和行动上具体落实华电集团提出的“创业创新、图强报国”的企业精神。2007年4月全面启动企业文化建设工作，成立了企业文化推进委员会，制定了公司企业文化工作计划，企业文化建设的各项工作得到有序开展。制定了公司企业理念的构建方案。通过访谈和调查内容编写完成公司企业文化现状的诊断报告和测评报告，使之成为公司领导深入了解企业和员工思想动态的依据。

华电包头公司秉承基建期企业理念，提炼完善了“三和”文化理念体系，“三和”，即和衷共济的团队，和睦相处的员工，和谐一致的企业。“三和文化”的核心理念为“当龙头、建窗口、创一流”的企业愿景，“为用户创造价值、为员工创造机遇、为社会承载责任”的企业使命，“诚信和谐、发展超越”的企业核心价值观，“开拓创新、敬业奉献”的企业精神，“慎思致远、和效生一”的企业哲学，“严谨务实、高效求精”的企业作风，以及安全理念、人才理念、团队理念、员工信念、管理理念、执行力理念、成本理念、环保理念、领导力理念、廉洁理念十个专项理念。华电包头通过建设和谐文化为企业的改革、发展和稳定提供不竭动力，为企业带来了无限的生机和活力。并且以其特有的导向功能、激励功能、凝聚功能、约束功能和辐射功能，引领和规范着华电包头全体员工的行为，成为企业和员工工作和生活中自觉遵循的基本准则。

内蒙古华电卓资发电有限公司

概况

内蒙古华电卓资发电有限公司（简称卓资公司）坐落在乌兰察布市卓资县工业园区内，成立于2003年12月18日，是华电集团所属全资火力发电企业。该公司工程规模为4×20万kW空冷机组，总投资34.67亿元，年发电量可达44亿度，产值11亿元，上交税金1.1亿元。

卓资公司共设8个部室，分别为总经理工作部、党群工作部、人力资源部、财务资产部、安全监察部、生产运营部、设备技术部、物资管理部。

领导班子

董事长：赵文奎

董　事：吴建平、王如祥、郭建民、安骏（职工董事）

监　事：刘仁鹏（监事会主席）、马文国、梁俊韬（职工监事）

总经理：郭建民

党委书记：李恺

副总经理：王文昌、赵荣元

总工程师：孟宪彬

年度业绩

2006年，卓资公司完成发电量24.5亿kW·h，完成年度计划的135%；完成供电煤耗399.02g/(kW·h)；完成综合供电煤耗403.39g/(kW·h)；完成综合厂用电率9.77%，全年实现利润526.13万元。

2007年，卓资公司完成发电量35.7亿kW·h，完成年度计划的79%；供电煤耗390.91g/(kW·h)；综合供电煤耗394.3g/(kW·h)；综合厂用电率10.88%，全年实现利润-1.71亿元。

生产管理

2006年严格执行“两票三制”，制订并落实了“两措”计划（安全措施和反事故措施），制定“各级人员安全生产责任制”，把各项安全措施落实到各个岗位。多次组织安全大检查，规范反违章管理工作，加大对习惯性违章的检查和考核力度，成立“反违章”领导小组，进一步巩固了公司安全生产基础。树立“度电必抢、克煤必省、毫水必节、滴油必珍”的经营理念，加强机组检修管理，通过技术攻关和技术改造，逐渐使机组运行经济、稳定。

2007年结合华电集团安全性评价、节能评价及华电内蒙古公司安全大检查等活动，卓资公司组织相关人员对锅炉制粉系统、氢系统、输煤系统、废水处理回收系统、空冷系统等进行了治理，解决了部分影响机组稳定运行的问题。在遭受环保停机的情况下，较好地完成了全年工作任务，并取得环保批复、标杆电价、脱硫电价的到位。

项目发展

卓资公司采用间接空冷、干除灰、干除渣、电除尘、脱硫、污水处理等节水环保设施，符合国家相关产业政策要求。工程于2004年5月18日开工建设，2006年12月14日全面竣工，历时2年零7个月。1号、2号、3号、4号机组分别于2005年12月7日、2006年4月9日、2006年9月29日、2006年12月14日相继投产发电，实现了2006年“一年三投”的目标。4号机组的投产标志着内蒙古华电卓资公司4×20万kW空冷机组一期工程全面竣工。4台炉配置2套脱硫系统，1号脱硫岛于2006年9月24日投入运行，2号脱硫岛于2007年3月21日投入运行。

作为乌兰察布市重点企业，卓资公司的建成不仅满足了当地日益增长的电力需求，为吸引更多的企业到乌兰察布地区投资建厂创造良好的投资条件，对推动乌兰察布地区经济发展，具有重要的意义。

改革发展

坚持科学的发展观，创新企业管理体系，尤为注重科技创新管理。2006年9月卓资公司《P3信息管理软件在电力建设中应用极其拓展》和《在新的电力建设形势下施工企业资源有机组合模式研究》项目荣获中国电力企业联合会“全国电力行业企业管理现代化创新成果三等奖”。2007年在1号机组大修过程中进行了锅炉微油点火改造，通过冷态启机试验，用油10t左右，比改造前节约用油87.5%。

党的建设、精神文明建设和企业文化建设

深入开展“四好”班子的创建活动，切实加强领导班子建设，促进领导干部全面落实科学发展观，树立正确绩效观，全面提高素质和能力。坚持德才标准、业绩导向的用人制度，优化企业领导班子结构，增强整体素质和能力。

进一步加强党的思想、组织、作风、制度建设，更好发挥公司党委的政治核心、战斗堡垒和党员先锋模范作用，全面落实制度、教育、监督并重的惩治和预防体系，继续深入开展治理商业贿赂专项工作，强化对领导人员的教育和监督，确保领导人员廉洁从业。

认真开展“学习创新型企业”活动，总结提炼符合公司实际的共同价值观，丰富和完善具有华电集团特色、催人奋进、促进和谐、推动发展的企业文化；加强思想政治工作和精神文明建设，广泛开展群众性文明创建活动；进一步推行厂务公开，加强民主管理，充分发挥党团作用，开展各类争先创优和劳动技能竞赛及文体活动，为职工创造良好的工作环境，不断提高员工的生活质量，增强队伍的凝聚力。

包头东华热电有限公司

概况

包头东华热电有限公司（简称东华热电公司）位于内蒙古自治区包头市东河区国家生态工业

（铝业）示范园区，2003年4月2日注册成立，由华电集团、北京能源投资（集团）有限公司和内蒙古蒙电华能热电股份有限公司按照40%、35%和25%的投资比例出资建设。东华热电公司规划总装机容量300万kW，一期2×30万kW供热机组工程于2005年12月投产发电。

2007年底，东华热电公司下设总经理工作部、财务资产部、人力资源部、党群工作部、安全监察部、生产技术部、计划物资部及二期基建办公室，共有正式职工192人。

领导班子

董事长：胡日查

副董事长：仇明、吴景龙

董　事：周顺宏、李建坤、刘仁鹏、薛政、关天罡、唐鑫炳、康波、任树亭

监　事：王祥能（召集人）、李红淑、贺丰丽、高原、智瑞芬

总经理：薛政

党委书记、常务副总经理：李英柱

副总经理：田振宙

工会主席：王军

副总经理：林树铮

年度业绩

2006年，东华热电公司完成发电量41亿kW·h，实现利润总额5042万元，实现劳动生产率137.8万元/人，达到华电集团先进水平；上缴税金10471万元，纳税额在包头地区发电企业中排名第一位。

2007年，东华热电公司完成发电量33.87亿kW·h，完成综合供电煤耗349.74g/(kW·h)，同比下降4.48g/(kW·h)；完成综合厂用电率9.169%，实现利润总额6383万元。截至2007年12月31日，累计安全运行747天。

生产经营管理

2006年是东华热电公司投产发电的第一年，安全形势和设备状况良好，机组运行稳定，热网工程开工建设，前期验收及基建尾工有序推进，企业生产经营管理逐步规范，公司上下抓住机遇，加快发展，主营业务指标均超额完成，生产经营“开门红”，实现了新投机组当年达标、当年盈利、当年稳定的目标，为进一步加快发展奠定了一个良好的开局。

2007年，东华热电公司认真履行“三大责任”，全力提升“三大业绩”，努力确保“四个安全”，在生产、经营、节能、绩效、社会责任和精神文明建设等6个方面加强管理，坚持内强素质抓管理，外拓市场争电量，在公司全体员工的共同努力下，超额完成了与华电内蒙古公司签订的年度绩效目标。于年内完成一期工程竣工决算，并通过国家环保总局环保竣工验收和水利部水土保持验收。被华电集团授予“先进单位”、“优秀发电企业”、“安全生产先进单位”、“基建投产双达标先进单位”等荣誉称号。同时，被华电集团、内蒙古自治区及包头市授予“文明单位”荣誉称号，在较好的完成生产经营目标的同时，开创了企业发展和精神文明创建相互促进的良好局面，进一步增强了企业凝聚力，增强了企业盈利能力、竞争能力和抗风险能力。

按照包头市城市集中供热规划，东华热电公司是包头市东河区唯一的集中供热热源点，担负着关系民生的社会责任。东华热电公司按照股东会、董事会有关决议精神，独资成立包头华源热力有限公司，负责东河区热网工程的建设、经营、管理工作。2006年9月热网工程开工建设，经过一年多的紧张施工，铺设供热主管道9公里，安装热力站10座，累计完成投资1.8亿元。2007年10月15日，东华热电公司如期向东河区居民实施集中供热，正式实现热电联产，接带供热面积360万m^2，供热情况基本正常，供热质量普遍好于往年，群众反映良好，在社会上初步树立起了良好的公众形象，当年实现利润总额385.97万元，净利润258万元，集中供热的经济和社会效益初步显现。

改革发展

2006年8月，东华热电公司开始着手建立以平衡计分卡为主要工具的绩效管理制度，并于2007年正式实施。绩效管理制度从财务盈利绩效、内部运作效率、市场营销地位、创新学习能力等4个战略层面关注企业绩效，将影响企业绩效的组织管理体系及相关的活动有机整合起来，为全面提升企业管理水平而服务。通过绩效考核管理体系的推行，直接将公司的经营压力传递到了每个部门和每位员工肩上，逐步形成了以积极提高工作绩效为重心，以创造企业效益最大化为目标，主动找思路、想办法、定措施，富有创造性地开展工作的良好氛围，并逐步形成收入与能力、绩

效、贡献挂钩的薪酬机制。通过边实施、边总结、边改进的路子，公司绩效管理得以广泛认可，员工的思维和行为方式也由此发生了改变，由“企业要我做事”转变为“我要为企业做事”，有效地促进了企业的整体管理水平和安全效益业绩的提升。

在选人用人管理上，东华热电公司严格按照组织原则和程序，坚持“三讲三不”，即“讲品质不讲关系、讲能力不讲资历、讲贡献不讲身份”，坚持公开招聘、考试考核、组织考察、个别酝酿、集体研究、会议决定的程序，在公司形成良好的岗位竞争环境和比学赶帮的风气，为公司员工充分施展才华创造条件。

党的建设、精神文明建设和企业文化建设

东华热电公司在集中精力狠抓安全生产经营管理的同时，十分重视党风廉政建设和精神文明建设工作，在党员干部中认真开展治理商业贿赂专项活动，建立预防职务犯罪警示教育基地，在施工、设备招标、人员招聘等敏感环节始终坚持程序合法、事务公开，坚持民主集中制原则，特别是在企业“三重一大”问题上，始终坚持集体研究、民主决策的原则。

通过创建“四好”领导班子活动的深入开展，公司各级领导班子成员的思想觉悟、综合素质、决策能力和执行能力有了很大提高，班子集体的凝聚力、向心力和战斗力明显增强。2007 年，荣获华电集团“创建‘四好’领导班子先进集体”荣誉称号。

建立了文明单位创建工作常态运行机制，实现了文明单位创建工作的制度化、规范化。在创建过程中，制度严明，考核严格，责任追究严厉。坚持党政一把手总负责、公司全员参与的原则，建立、健全宣传引导与典型示范相结合的教育机制、制度执行有力的约束机制、奖惩分明的激励机制、内外相结合的监督机制。制定了《精神文明建设考核奖惩办法》和《创建“双文明单位”活动方案》，使创建活动有组织、有目的、有计划、有过程。将党风廉政建设和精神文明纳入领导班子任期目标责任制当中，建立“一岗双责”机制。

东华热电公司将文明单位创建工作与企业文化建设工作相结合，努力实现以企业文化打造企业文明的目标，积极推进企业文化建设工作的开展，形成了遵循以人为本，实现管人、管物、管事一体化建设的格局。围绕“主攻精神文化、规范制度文化、推进行为文化、提升物质文化”的总体思路，通过各种形式营造“企业有生气、领导有正气、员工有士气”的企业文化氛围，坚持“以人为本、讲求实效、重在领导、系统运作、突出特色”的原则，树立“用文化管企业”、“以文化兴企业”的理念，把企业文化的建设工作和企业做大做强，实现企业的跨越式发展紧密的结合在一起，积极推进文化强企战略，努力用先进的企业文化推动企业的改革发展，提高企业的创新力、形象力和核心竞争力。

加强员工社会公德、职业道德、家庭美德的培育，提高企业文明度、美誉度，增强企业凝聚力、竞争力，弘扬企业精神、体现企业价值观，实现企业发展战略与员工愿景有机统一，经营者理念与员工观念高度和谐，员工内心世界与外部环境同步改善的目标，为公司的发展提供强大的文化支撑和智力支持。

东华热电公司始终把创建文明单位作为企业精神文明建设的重点工作，并纳入年度目标管理工作，坚持以群众为基础，以典型为示范，以活动为载体，起点高、工作实、速度快，形成了全员参与的创建体系。东华热电公司是一个多重文化的集合体，处处着体现人性化管理，随着各方面工作的稳步推进，东华大家庭的凝聚力、向心力和员工的归属感不断增强，逐步形成了具有东华特色的“移民文化”。

内蒙古华电乌达热电有限公司

概况

内蒙古华电乌达热电有限公司（简称乌达热电公司）成立于2003 年8 月26 日，由华电集团公司与北京阳光昱能投资有限公司、东方汽轮机厂按照67%、23%和10%的投资比例共同出资组建。一期工程两台 15 万 kW 火电机组分别于 2005 年 3 月和6 月投产发电，通过 220kV 线路并入蒙西电网。同时作为乌达城区热网唯一的热源为城区居民、单位提供采暖用汽，目前已经投入的供热面积为 150 万 m^2，随着城区热网的扩建，供热面积将达到 200 万 m^2。

乌达热电公司以新厂新制组建，人员配置精

简。截至2007年底，在册员工264人，全部具有大专以上学历。

机构设置

乌达热电公司下设八部一室，总经理工作部、党群工作部、人力资源部、物资管理部、财务部、生产运营部、设备技术部、安监培训部及前期工作办公室。

领导班子

总经理、党委书记：刘彪

副总经理：李雪忠

纪检委书记、工会主席：王树恩

副总经理、总工程师：朱昌煜

年度业绩

2006年，累计完成发电量18亿kW·h；利润总额3502万元；综合供电煤耗392.03g/(kW·h)；综合厂用电率计划完成10.14%。圆满完成了华电集团下达的各项指标。

2007年，累计完成发电量17.22亿kW·h；利润总额4303万元；综合供电煤耗386.43g/(kW·h)；综合厂用电率计划完成9.62%。截至2007年12月31日，乌达公司已实现连续安全生产1008天。

生产经营管理

在生产运营管理中，乌达热电公司狠抓运行管理，加大设备监管力度，实现节能降耗、全优发电的目标。严格监盘纪律，要求运行人员对每个参数的变化能随时掌握并能分析变化原因、趋势，做到精调、细调、微调；建立了完善的值际小指标竞赛制度，每月底进行评比；认真组织生产员工培训，每3个月通过竞争上岗考试对员工的岗位进行动态调整，做到能者上、平者下、庸者汰。在设备维护方面，公司着眼于设备的消缺率和检修的工艺质量两大重点，全面推行“零缺陷”管理，保证设备处于良好受控状态。此外，公司还积极开展了一系列的技术创新与设备改造：实施风机系统的变频技术改造，大大降低了厂用电率，达到了节能降耗的目的；组织技术攻关小组，攻坚克难，解决了锅炉磨损几率高、热效率低等始终困扰着大型循环流化床锅炉安全稳定运行的技术难题等。2006年，乌达热电公司成功实施了2台机组的大修，设备安全稳定运行水平迈上了崭新的台阶。在节能降耗与科技环保方面，2006年，乌达热电公司实施了除尘器改造工程，独创的电—袋复合式除尘器除尘效率可达99.99%，烟尘出口浓度仅为21mg/m^3，烟尘排放之低处于全国电力行业领先水平。该项成果获华电集团2007年科技进步二等奖。2007年，乌达热电公司响应国家环保总局的号召，建设了城市再生水深度处理工程，使用污水处理厂的二级排污水，进厂经曝气生物滤池加石灰石处理系统深度处理后，作为机组循环冷却水系统和工业水系统的补充水源，大大节约了水资源。

在经营管理中，乌达热电公司以对标管理为手段，以实现利润最大化为宗旨，制定企业经营管理战略和目标。在财务管理方面，拿到了税收“免二减三”优惠政策批文，仅2007年一年就免征所得税1500万元；全力争取电价早日到位，从核准文件批复日起即执行标杆电价265.9元/(千kW·h)；积极开展热价调整申请报批工作，争取到了热价调整的批复文件。加强内部管理，把财务预算层层分解落实到每个责任部门和每个人，形成责任和压力层层传递的工作机制，并严格控制成本和费用支出，实行刚性考核，形成了“度电必争，克煤必省，节约每分费用”的经营管理氛围。在物资管理方面，乌达热电公司编制出台物资管理制度，对物资从进厂到使用、淘汰或报废的各个阶段、各个环节提供了制度保证。通过比价等手段，从性价比上控制物资的进入和使用，努力降低采购成本，大力提倡修旧利废。建设了MIS系统，有效提升物资管理的现代化管理水平。

在燃料管理中，乌达热电公司坚持燃料“五统一”原则，以降低燃料经营成本为目标，扎实开展各项工作，对现有的燃料信息系统进行升级，强化对采样、化验工作的管理和监督，提高燃管采制化人员专业技能，全面提升了公司的燃料管理水平，继续保持了华电集团“燃料管理优秀单位”荣誉称号。

项目发展

乌达热电公司二期2×60万kW项目所有工程程序和工作要求全部严格按照国家发展改革委、内蒙古自治区发展改革委关于工程项目的管理办法和审批要求积极、规范开展，已取得全部的批复文件。项目的可行性研究报告，已经国家电力设计规划总院审核通过，正处于积极上报阶段。

内部改革

乌达热电公司实施了用人制度和分配制度的

改革，不断强化竞争上岗、动态调整的岗位调配机制，以合理的薪酬分配机制和科学严谨的绩效考核手段充分激发各岗位的积极性和主动性。2007年1月1日，作为《中国华电集团公司薪酬制度改革试点方案》13家试点单位之一，乌达热电公司开始试推行岗位薪点工资制度。建立了薪酬分配的激励与约束机制，实现了生产经营责任的层层传递，提高了员工劳动效率和企业经济效益；进一步完善了绩效制度，调动了员工的主动性和积极性，提高了工作绩效。

党的建设、精神文明建设和企业文化建设

乌达热电公司积极开展了“四好”领导班子创建工作，荣获华电集团首批“四好”班子荣誉称号。公司党委和生产党支部分别被华电内蒙古公司党组授予“先进党委”和“先进基层党支部”的荣誉称号。

乌达热电公司以构建“和谐华电乌达”为主题，不断加强精神文明建设，广泛开展群众性精神文明单位创建活动，巩固精神文明创建成果，继续保持了乌海市和华电集团两级“文明单位”的荣誉。2007年，公司还被自治区授予“文明单位”荣誉称号。

乌达热电公司一直以来大力倡导“务实、创新、团结、奉献”的企业精神，积极营造参与、协作、奉献的团队精神，充分利用各种时机，宣传和表彰先进典型，激发员工的工作热情，形成了共同为公司的中心目标努力奋斗的工作氛围，打造了一支富有凝聚力及团队奉献精神的员工队伍。

内蒙古华电辉腾锡勒风力发电有限公司

概况

内蒙古华电辉腾锡勒风力发电有限公司（简称辉腾锡勒公司）于2005年9月6日正式注册成立，是华电集团新能源发展有限公司独资新建的风力发电企业。辉腾锡勒公司1号风电场（辉腾锡勒风电场）位于内蒙古自治区乌兰察布市察哈尔右翼中旗辉腾锡勒草原，装机容量为12.15万kW，安装华锐风电科技有限公司FL1500/70风电机30台，安装歌美飒风电有限公司G52－850风电机90台，风机通过9条35kV线路接入220kV升压站，经220kV德华线接入蒙西电网。辉滕锡勒公司2号风电场（库伦风电场）位于内蒙古自治区乌兰察布市察哈尔右翼中旗库伦苏木，库伦20万kW风电场工程于2007年12月由国家发展改革委核准。

辉腾锡勒公司作为华电集团首个风力发电企业，在风力发电领域填补了集团公司空白，标志着华电集团在落实科学发展观、努力改善能源结构的战略实施中迈出实质性的步伐。

截至2007年底，辉腾锡勒公司下设综合管理部、财务部、安全生产部和计划工程部四个部门，公司在册职工总数为57人。公司先后荣获华电集团“安全生产先进单位”、“前期工作先进单位”、“综合统计先进单位”“先进集体”及乌兰察布市“文明单位”称号。

领导班子

董事长：方正（法定代表人）

总经理：袁凯峰

副总经理：明少林

副总工程师：郝志国、李志刚

年度业绩

2006年，辉腾锡勒公司辉腾锡勒风电场变电站建设全部完工；风电场内23km道路全部贯通；FL1500/70风电机完成20台基础混凝土浇筑，G52－850风电机共开挖47基，浇筑完成10基；风电场内30台FL1500/70风电机配套的3条35kV集电线路，南线、中线架设完工，北线杆塔完工；13台FL1500风电机全部吊装完毕，部分风机并网；此外，公司10万kW风电场工程“清洁发展机制（CDM）”CO_2减排量交易工作，通过了DOE（指定经营实体）的审核，向联合国相应机构申报注册并公示。

2007年，内蒙古风电装机实现百万千瓦庆典仪式在辉腾锡勒风电场隆重举行。辉腾锡勒风电场12.15万kW风电机组全部投产，风场由工程建设转入生产运行，以此为标志，华电集团总装机突破6000万kW；辉腾锡勒风电场当年完成发电量8151万kW·h；辉腾锡勒10万kW工程CDM项目完成2007年减排量核证；库伦20万kW项目核准。

生产经营管理

辉腾锡勒公司紧紧围绕华电集团战略，以“建四好班子，办和谐企业、创一流风电、树华电品牌”为基本工作思路，通过扎实工作，取得了较好成效。

2007年完成了从生产准备到生产运行的过渡；生产管理制度体系基本建立；未发生人身伤亡、财产损毁事故；安全生产逐步实现可控在控；队伍建设初见成效；设备状况逐步改善。全年发电量超过8000万kW·h，超额完成发电任务。经营管理上，严格按照“依法经营、规范运作”的要求，企业管理更加有序；认真处理工程建设中资金控制、招标订货、生产准备、工程管理、与当地政府协调等各方面关系，大力开展营运改善和对标管理；较好地实现了企业效益的最大化；同时重视加大效能监察和内部控制力度，不断巩固和提升了企业经营管理水平。

内部改革

严格按照国家的相关政策及华电集团的规定提取工资外人工成本，建立了职工医疗保险制度并按时缴纳各项基本养老保险、职工住房公积金等“五险一金”；开展了2007年度专业技术资格评审工作；确定了生产技术后备人员，建立了后备人才库；加强了对特殊岗位人员的监督管理；开展“明星员工”评比，不断激励职工钻研业务、敬业爱岗。

党的建设、精神文明建设和企业文化建设

辉腾锡勒公司党、团、工会工作有序开展，充分发挥党组织的战斗堡垒和模范带头作用。关心职工生活，注重思想道德教育和作风建设，积极开展多种形式的学习和文体活动，全面推进企业文化建设。

同时，深入开展创建学习型企业活动，重视员工技能培训，不断培育和增强员工的学习力、执行力、创新力和竞争力。在公司内部大力倡导“优秀的风电人才从7S做起”，“良好的工作业绩来自于精细化和有效执行”的管理理念。员工学习热情高涨，人员素质稳步提高，企业学习气氛浓厚。

内蒙古华电土右发电有限公司

概况

内蒙古华电土右发电有限公司（简称土右公司）成立于2005年7月7日，是华电集团在内蒙古自治区包头市土默特右旗独资筹建的大型火力发电企业。土右公司地处自治区首府呼和浩特市、自治区最大的工业城市包头市和煤都鄂尔多斯市“金三角”腹地，南临黄河和京包铁路，北倚大青山，毗邻丹拉高速公路和110国道，交通便利，区位优势明显。土右公司设置总经理工作部、人力资源部、工程管理部、计划管理部、财务部、生产准备部6个部门，员工共计99人。

领导班子

总经理：程刚

党委书记：政建新

副总经理：王峰、文奇、王和平

项目发展

2003年，华电集团与包头市人民政府签订合作协议，决定在内蒙古自治区包头市土默特右旗境内建设大型火力发电厂，规划建设2×66万kW+6×100万kW机组，总装机容量720万kW；一期工程由华电集团独资建设2×60万kW级超临界直接空冷燃煤机组，同步建设烟气脱硫设施。主要解决包头地区“十一五”后期的电力缺额，同时增加蒙西电网的外送能力；远期机组主要通过蒙西电网向京津唐电网送电。

根据可行性研究审定的估算，一期工程静态投资为457672万元，单位造价3467元/kW，建设期贷款利息20623万元，工程动态投资478295万元，铺底生产流动资金2100万元，项目总资金480395万元。截至2007年底，一期工程2×60万kW级空冷机组工程已具备核准条件，土地、环评、水土保持、接入系统、水源等支持性文件已全部取得，项目已列入内蒙古自治区“十一五”电力发展规划，内蒙古自治区发改委已将项目作为2008年自治区备选开工项目上报国家发展改革委，处于待核准阶段。

工程建设

（1）施工准备。2006年9月，经华电集团批准，土右公司开始通过公开招聘方式聘用建设期管理人员，并按照华电集团管理制度开展了建章立制工作，结合贯彻GB/T 19001—2000标准、GB/T 24001—2004标准和GB/T 28001—2001标准，建立了土右公司基建和生产期的质量、安全、环保共121项标准的综合管理体系。通过综合管理体系的有序运行，土右公司基建期各项工作全面高效的开展起来。2006年7月，按照国家环保“三同时”的要求，西北电力设计院开展了土右公司2×60万kW级空冷机组工程项目的初步设计工作，并通过电力规划总院的审查，具备了开展施工准备条件。同时，按照华电集团批准的总规划容量8台机组占地面积征用了厂区用地2000亩，当年完成了场区平整及厂区围墙建设。2007年3月底，施工现场道路，水源、电源、通信等施工准备项目全部完成。

（2）工程建设。按照华电集团建设管理程序组织了工程招标工作。至2007年底，已完成主体设计单位、监理单位、主机设备、地基处理施工、第1～3批辅机设备、空冷岛、脱硫岛、主体施工单位、调试单位等招标项目，共完成招标额23亿元。

（3）工程管理。工程建设的总体目标是建设工程质量优良，达标投产，争创国家优质工程，项目管理进入我国电力行业一流，创建环境和健康安全一流的文明施工现场。围绕工程总体建设目标，参照华电集团安全文明施工手册和质量工艺手册，编制实施了一整套安全、质量、造价管理制度。利用PMIS信息管理系统对工程现场实时监控。建立健全了安全质量管理组织机构，公司总经理为第一责任人，充分发挥以安委会、质监站为主体的施工安全质量监督网的作用，加强了对施工队伍的安全教育、工程及设备的安全质量检查，强化过程管理和责任制落实，加大整改和考核力度，使工程安全质量管理始终在科学严格、规范有效的机制下运行，实现了安全施工无事故，已完成的土建工程项目质量全部达到优良。在华电集团内蒙古公司年度安全文明施工达标检查中，给予较高评价，得分率均为95%以上。

（4）生产准备。完成了已到岗的生产管理人员和生产骨干人员的培训，按照工作需要和计划安排，分别进入临时岗位和外出实习；结合工程一级网络计划，完成了生产准备工作计划大纲的编制，并确定了生产准备工作的总体构想和管理模式，绘制了生产准备计划网络图；编制完成了生产培训计划和培训管理制度；对2007年接收的大中专毕业生全部安排到华电包头公司生产现场进行培训。

辽宁华电铁岭发电有限公司

概况

辽宁华电铁岭发电有限公司（简称铁岭公司）前身是原铁岭发电厂，成立于1990年9月，由华电集团公司和辽宁能源投资（集团）有限责任公司投资组建，股权比例分别为51%和49%。一期工程安装4台国产30万kW机组，于1990年9月开工建设，至1996年12月全部投产。二期工程规划建设安装2台60万kW机组，项目建设正按照计划预定的节点工期稳步向前推进。

截至2007年底，铁岭公司在册职工总数为2147人。

机构设置

铁岭公司下设18个行政管理职能部门、科室，分别为总经理工作部、生产技术部、计划营销部、人力资源部、财务部、安全检查部、审计部、基建部、行政管理部、保卫部、教育培训部、离退管理部、物资供应部、燃料管理部、发电分厂、化学分厂、通信分厂、运输分厂；设4个党群部门，分别为政治工作部、纪委、工会、团委；设两个全资子公司，分别为辽宁华电检修工程有限公司（简称检修公司）、铁岭新元建材有限责任公司（简称新元公司）。

领导班子

总经理：陈爱民

党委书记：宋超翼

纪委书记、工会主席：郑繁荣

副总经理：李国军、戴立宏、刘双宝

总经济师：程伟

总工程师：王耀忱

主要领导变动情况：

2007年11月，陈爱民任总经理，原总经理王清文调离。

年度业绩

2006年，完成发电量75.01亿kW·h，同比增长12.3%；完成综合供电煤耗345.47g/(kW·h)，同比下降1.4g/(kW·h)；完成综合厂用电率5.71%；完成等效可用系数87.72%，同比下降3.79%；完成标煤单价446.71元/t；完成综合水耗率29.61t/万kW·h，同比下降2.14t/(万kW·h)；完成主营业务收入18.68亿元，同比增长19.04%；实现利润总额15676万元，完成集团公司考核值的130.6%。

2007年，完成发电量72.65亿(kW·h)，完成全年计划的102.32%；完成综合供电煤耗343.50g/(kW·h)，较去年同期下降1.97g/

(kW·h)；完成综合厂用电率5.59%，同比降低0.12%；完成等效可用系数91.02%，同比升高1.08%；完成标煤单价464.52元/t；完成综合水耗率31.62t/万kW·h，同比升高2.01t/(万kW·h)；实现主营业务收入18.62亿元，同比下降0.37%；累计实现利润16204万元，完成利润目标的116%。

截至2007年12月31日，公司安全生产记录达到2641天，实现连续第七个安全生产年。

生产经营管理

生产上始终坚持"安全第一，预防为主"的方针，坚持"以人为本、综合治理"的管理理念，积极贯彻落实《安全生产法》，重新修编、完善了《各级人员安全生产责任制》等21项安全制度和应急预案。扎实开展春、秋季安全大检查工作，加大反违章工作力度。积极开展以"杜绝违章，安全健康"为主题的安全生产月活动，先后组织了安全知识竞赛以及"无违章分厂"、"无违章班组"评比活动。通过了由国家电力监管委员会东北监管局组织的机组并网安全性评价及储灰场灰坝安全性评价。

经营上强化预算、控制成本、增收节支，实现精细化管理。建立适合公司发展的预算管理机制，将成本控制与各部门主管领导的业绩考核挂钩。进一步挖掘成本潜力，加强各项费用管理，全年减少办公费用63万元，减少水电费108万元，减少绿化费12万元；规范物资管理，通过招标等手段节约资金200万元。通过积极开展市场营销工作，大幅降低了公司2007年送华北电量，有效提高了机组平均电价。加强资产管理，确保国有资产保值增值。明确了"账销案存资产处理小组"的工作职责，成立了"债权管理办公室"。开展不良资产清查工作，对报废资产进行技术分析，通过招投标对外出售，保证资产处理合规、合法，最大限度降低国有资产损失。加强资金管理，提高资金运作效率。在使用大额资金时提前上报资金使用计划，有效控制资金支付行为，减少资金沉淀，加快资金周转。与有关单位多次磋商，获得了借款利息按同期银行贷款利率下浮10%计息的优惠政策，节约利息支付达756万元。铁岭公司在2006年度荣获华电集团"金融运作暨资金结算管理优秀单位"的殊荣。

加强燃料管理，降低燃料成本支出。通过多次积极有效的沟通协调，最终运费仅上调3.82元/t，直接降低燃料成本237万元。牢固树立"降低燃料成本、保证燃料供应、提高管理水平"这个中心，围绕"四煤"做文章。采取对策，抑制煤炭价格及运费上涨幅度，抓好入厂入炉煤的采、制、化工作，加强堆放配比及煤场管理，把好结算、考核环节，合理掺配、掺烧，保证锅炉安全经济运行。

项目发展

铁岭公司二期扩建工程采取有效措施，确保安全施工，工程质量、工期及造价达到预期目标。2006年6月18日铁岭公司二期扩建工程浇注第一罐混凝土；2006年7月19日完成主厂房5号、6号汽机基础底板混凝土浇注；2006年9月1日主厂房出零米；2006年10月1日5号锅炉钢架吊装；2006年10月21日6号锅炉钢架吊装，2006年11月3日脱硫基础开挖；2007年4月1日5号炉受热面开始安装；2007年6月30日主厂房结构到顶；2007年7月20日6号炉受热面开始安装；2007年9月25日完成5号炉风压试验；2007年11月20日5号机厂用电受电一次成功。5号、6号机组各主要节点工期都按照华电集团的要求如期完成，5号机组化学水系统制出合格水，系统调试工作已启动。国铁接轨、中水利用、污水处理回用工程、补给水工程、脱硫工程等项目均按计划进行。二期工程正按照计划预定的节点工期稳步向前推进。全部核准材料已上报国家发展改革委，正在等待核准。

内部改革

铁岭公司继续深化体制改革，收回了对铁岭信德电力建筑安装工程有限公司和铁岭云峰电力科技有限公司的投资，撤销了龙腾地热安装有限公司，将检修公司、新元公司转为全资子公司，进一步理顺了投资股权。通过公开招标的方式，签订了厂区加油站、生活区幼儿园等单位的承包租赁合同，有效盘活了公司固定资产，实现了存量资产保值增值。推出了职工通勤车改革方案，有效节约了成本。

综合产业

2006年，铁岭公司综合产业在"走出去"战略的引领下，继续承揽包头东华热电机组运行和维护项目的同时，又先后承揽了华能国际井冈山发电有限公司2号机组汽机、电气、热控、化学四个专业整体小修和大唐七台河发电有限公司机组小修及1号机组锅炉专业整体大修等项目，进一步开拓了外部市场。2006年综合产业实现产值43567万元，利润214.37万元，上缴各项税费1126.97万元。

按照华电集团“主辅分离、辅业改制”和检修体制改革等文件的要求，作为检修体制改革的试点单位，铁岭公司积极与华电集团相关部门沟通、汇报，并得到了相关的政策支持。2006年11月29日辽宁华电检修工程有限公司正式挂牌成立。标志着公司检修体制改革方案的正式实施，标志着综合产业大发展拉开了序幕。经过几年来的探索和实践，铁岭公司“走出去”战略已取得丰硕成果。开拓了外部市场，锻炼了职工队伍，创立了“铁电”品牌，通过优质服务为企业树立了良好的社会形象，为铁岭公司综合产业的发展奠定了坚实的基础。

2007年，检修公司继续加快发展步伐，抢占检修市场份额。除完成公司机组大、小修任务外，又相继承揽了华能国际电力股份有限公司井冈山电厂2号机组大修和1号机组小修、华电石门公司3号机组大修，包头东华电厂部分专业的维护项目以及卓资公司大修监理工作，赢得了业主的一致好评。此外，检修公司还承揽了公司明珠馨园的热网工程，新元公司漂珠工程，铁岭二期扩建工程部分施工项目。全年实现产值1.2亿元，净利润316万元，创历史最高水平。

新元公司积极开展市场营销工作，开拓外部市场，全年粉煤灰砌块产品销量达到24400m^3，实现产值1375万元，利润总额40万元，净利润26.8万元。为满足市场需求，扩大生产能力，第二条砌块生产线及新建漂珠提取项目2007年均已投产，并取得很好效果。

党的建设、精神文明建设和企业文化建设

铁岭公司创新干部考核机制，强化基层党建工作。为完善激励和约束机制，加大“治庸”工作力度，2006年铁岭公司党委加强了对中层干部的管理与考核，制订了《辽宁华电铁岭发电有限公司中层管理人员考核实施办法（试行）》。组织1597名职工对126名中层管理人员进行了年度考核，首次将百分制引入干部考核，实现了量化考核与定性鉴定的有机统一，为科学评价中层干部工作业绩奠定了基础。创新了党支部考核季度评比激励机制，制订了《党支部考核实施细则》，为有效、科学地开展“两优两先”评比，开辟了新的路径。创新了政工例会召开方式，充分激发了基层党支部的工作活力。公司党委解放思想，创新思维，着力开展“凝聚工程”，起到了围绕中心、强化核心、凝聚人心的作用。以职工最直接关心的问题为切入点，通过书记信箱、铁电论坛、热点问题对话会、开展“文明伴我行”系列活动等方式，为员工释疑解惑、疏导思想。修改完善了《涉及职工切身利益之重要事项信息发布管理办法》等制度，保证职工及时了解企业的重要信息。铁岭公司上下，人心齐，人思进，企业呈现党群连心、干群合心的和谐发展局面。同时，举办多项技能比武大赛，丰富职工业余生活，充分发挥十个文体协会作用，各类文体比赛层出不穷。

辽宁华电检修工程有限公司

概况

辽宁华电检修工程有限公司（简称辽宁检修公司）前身为铁岭公司的全资子公司，成立于1992年11月2日。2006年，华电集团实行检修体制改革，辽宁检修公司作为首批试点单位于11月29日揭牌成立，成为华电集团在辽宁区域唯一的专业化检修队伍。主要承担华电集团在辽宁地区发电企业机组的日常维护、检修等业务，同时承揽华电集团以外市场60万kW及以下火力发电厂检修、安装及调试业务。经营范围有发电设备检修、维护，机械加工，土建修缮，电力科技咨询，通信设备检修，发电设施安装、维修、调试等。

截至2007年底，辽宁检修公司资产总额5016.87万元，其中：流动资产3722.15万元；固定资产净值1292.65万元；其他资产2.07万元。公司在册职工总数543人。

机构设置

辽宁检修公司设置4个职能部门，分别为总经理工作部、综合管理部、工程技术开发部、安全生产部；设5个基层生产单位，分别为汽机分公司、锅炉分公司、电气分公司、热控分公司、安装分公司。

领导班子

总经理：张凤学

副总经理：郭忠安、王中胜

经营理念

树立“精细检修，追求卓越，诚信服务，共享发展”的经营理念，以市场为导向，确立四个定位：经营领域定位，以华电集团内部发电企业设备检修维护为主领域，同时拓宽华电集团外部的检修市场，逐步向核电设备检修及发电设备检修监理方向发展；经营地域定位，以辽宁、内蒙古检修市场为基础地域，向其他省市优秀项目延伸；竞争对手定位，以率先步入检修领域的火电建设公司、其他发电企业的检修队伍为竞争对手，对照目标，寻找差距，努力争创“铁军”检修品牌；检修机组容量定位，以单机30万kW、60万kW燃煤机组检修为基础和重点，向80万kW、100万kW和核电检修发展。

年度业绩

2007年，实现产值11996万元，其中外部产值1034.72万元，各项安装工程产值1669.86万元，利润315万元。未发生华电集团考核的安全事故。年内实现了三个百日安全生产周期，实现了安全年，完成了签订的安全责任目标。

经营管理

在《中国华电集团公司检修体制改革试点工作管理办法（试行）》（中国华电改［2007］104号）的指导下，加强企业制度规范化管理。按照适法性、有效性、协调性的原则，建立健全具有可操作性的规章制度，组织专门人员进行调研、编制切实可用的制度建设管理体系，经过提出、审核，确定《合同管理制度》、《招投标管理制度》、《办公费用管理制度》等57项，已汇编成册，经首届一次董事会通过并执行。

办理企业资质，确保效益最大化。辽宁检修公司继承了改制前公司的ISO 9001质量管理体系认证资质、建筑业企业施工资质，2007年4月取得了安全许可证，办理了辽宁省规费计取标准，为辽宁检修公司及下属各单位对外经营创造了良好的条件，确保公司施工项目效益的最大化。

加强财务管理与财务核算，依法经营。继续落实成本限额管理，对材料费等实行限额和动态考核，对材料计划、外委修理项目、领料单进行审批，每月对费用消耗情况进行统计分析，实现成本控制过程管理。进行财务系统升级工作，并重新建立了财务核算体系。规范纳税管理，保持良好纳税信誉，维护并提高了公司的外部形象。

加强人员培训，优化人力资源。公司坚持“双向选择，竞争上岗”，优化人力资源。做到人尽其才，才尽其用，创造优秀人才脱颖而出的良好环境，促进了人力资源合理配置。

辽宁检修公司在改制后，主动转变观念，调整思路，参与投标，开拓市场，在完成铁岭公司一台机组大修，三台机组小修的同时，相继完成了华能国际电力股份有限公司井冈山电厂的2号30万kW机组机、电、热三个专业的大修和3号30万kW机组汽机、电气两个专业的小修，完成了华电石门公司3号30万kW机组全专业大修，顺利结束东华热电公司2×30万kW供热机组维护项目，完成卓资公司4×20万kW空冷机组1号机组检查性大修监理工作。针对铁岭公司二期扩建，抓住机遇，积极承揽土建安装工程，全年完成了明珠馨园热网5196m的管道安装任务，新元公司漂珠工程、一期石子煤空压机厂房搬迁；三四号脱硫岛区域管线改造工程；除灰管路及灰回水管路及泵房的建设、补给水管路Ⅴ标段、03B及NCS系统安装、5、6号水塔防冻泵房的运行与维护工作等。

内部改革

按照《中国华电集团公司检修体制改革试点工作管理办法（试行）》（中国华电改［2007］104号）文件要求，铁岭公司根据划转到辽宁检修公司人数实行工资按照核定基数的95%切块划转，其余部分根据辽宁检修公司对外创收情况追加。辽宁检修公司在保质保量完成铁岭公司维护、大、小修任务的前提下，与铁岭公司以工程结算的形式，按照核定工资基数的95%取得结算费用，其余部分由辽宁检修公司通过对外创收解决。

辽宁检修公司调整外出施工作业收入分配方式，执行《检修公司外出施工费用分包管理制度》，实行差旅费、人工成本、食宿费、运输费、消耗性材料、分公司利润七项费用分公司总承包，各分公司对自己所分包的费用核算负全责，调动了各分公司的费用管理积极性，同时增加了外出施工人员收入。

整合班组，体现一专多能。根据班组性质热控分公司的温度班和仪表班进行整合，合并成一个班组，整合后便于检修工作管理和专业配合。随着检修任务的增多，员工工作量的增大，尤其是在对外施工中相互配合的理念很大程度地激发了员工的工作热情，全员行动，较好地完成了外部检修、内部维护、二期扩建的三重任务。

主要经验

在电力检修市场要创建品牌。辽宁检修公司在所承担的所有外出检修项目中，坚持精细施工，程序管理，认真组织每一项施工节点，在施工现场提出“严细出质量，安全创精品”的口号，营造人人管质量，人人重安全的氛围。随着检修公司“走出去”范围的加大，“华电检修铁军”的品牌效应逐渐提升。

机构清晰，队伍专业化。辽宁检修公司成立后，按照企业法人治理结构依法设立董事会、监事会和公司经营班子，设置二级机构，独立核算，自主经营，自我完善，自我发展。迅速明确领导班子和各二级机构的责任分工，做到人有领导者，事有责任者。

合理调配，经营集约化。辽宁检修公司以电力检修为主线，同时开拓基建和监理项目，加强人力资源培训，围绕外部检修开展服务活动，实行公司统一管理，人员统一派驻，工程统一出口，工期统一安排。

建章立制，管理规范化。建立涵盖各专业的管理制度体系发挥着规范行为的重要的作用。《材料、备件管理标准》针对所属单位使用的材料、备件的采购、保管、使用等方面的相关事宜做出相关规定并明确了审批程序。《合同管理制度》有针对性对工程承包、加工承揽、运输、仓储、服务等合同进行了规范，明确了各级成员职责和工作程序等。

硬件保障，资质全面化。检修公司在取得建筑业企业资质认证基础上，于2007年4月取得了安全生产许可证，为检修工程公司及下属各单位对外经营创造了良好的条件。2007年6月办理辽宁省规费标准通过辽宁省建设厅审批，经过核定的施工企业规费计取标准，在工程招标投标中为不可竞争费用，确保公司施工项目效益的最大化。继续执行ISO 9001:2000质量管理体系，于2007年5月发布了质量手册（第二版），阐述了检修公司的质量方针和质量目标，规定检修公司质量体系控制要素，保证了质量管理体系在检修公司有效运行。

辽宁华电锦州发电有限公司筹建处

概况

辽宁华电锦州发电有限公司筹建处（简称锦州筹建处）成立于2006年7月13日，其前身为2003年8月成立的华电锦州发电厂筹备组。锦州筹建处负责筹建辽宁华电锦州发电有限公司新建工程，该工程厂址位于辽宁省锦州市锦州经济技术开发区绵阳路老会山，规划建设容量为6×60万kW火力发电机组，一期工程建设2×60万kW国产超超临界水冷发电机组。锦州是辽宁西部城市的政治、经济、文化中心，锦州开发区是辽宁省重点开发的“五点一线”沿海经济带的重要组成部分，这里交通运输便利，京哈铁路、京沈高速贯穿全境，锦州港年吞吐能力可达3500万t，既是辽宁的电力负荷中心又是连接东北电网和华北电网的枢纽。该工程建成投产后，必将加速华电集团在辽宁省的发展步伐，对满足辽宁省电力负荷增长的需要，带动锦州区域经济的振兴和发展，都将具有重要意义。

截至2007年底，锦州筹建处共有员工6人。

项目进展

截至2007年底，已经完成了工程选址、地质勘测，工程初可研报告、环境影响评价大纲通过了专家评审，土地预审、水资源论证等支持性文件均取得了辽宁省有关部门意见。

辽宁华电彰武发电有限公司筹建处

概况

辽宁华电彰武发电有限公司筹建处（简称彰武筹建处）成立于2006年8月8日，负责华电集团彰武电厂的前期工作。

彰武电厂项目位于辽宁省阜新市彰武县内，规划装机容量4×60万kW，一期规划2×60万kW超超临界机组。该项目是国内首家燃用褐煤的超超临界机组，同步建设烟气脱硫、脱硝装置和高效率静电除尘器，具有“节能、节水、环保”的特点，完全符合国家产业政策。该项目距辽宁省电力负荷中心沈阳地区仅110km，有利于增强辽宁电网负荷中心电压支撑能力，提高电网安全稳定水平，对满足辽宁地区电力增长的需求，振兴东北老工业基地，拉动地方经济的发展将产生巨大的社会效益和企业效益。

2005 年 1 月 12 日，国家发展改革委将该项目列为国家《东北地区电力工业中长期发展规划》。项目是国务院重点扶持的资源枯竭型城市——阜新市经济转型的标志性工程。2007 年底，项目已经完全具备国家核准条件，并上报国家发展改革委。彰武筹建处共有员工 12 人，下设综合管理部、工程部、计划部 3 个部门。

领导班子

主任：袁金祥

主任助理兼综合管理部主任：尹东溟

项目发展

2006 年，彰武电厂一期 2×60 万 kW 超超临界机组项目前期工作进展顺利，相继取得了国家电网公司“接入系统”批复文件、水利部“水土保持报告书”审批文件、国土资源部“建设用地预审”批复文件、国家环境保护总局“环境影响报告书”批复文件等有关支持性文件，彰武筹建处被华电集团授予 2006 年度“前期工作先进单位”荣誉称号。

2007 年，彰武电厂一期 2×60 万 kW 超超临界机组项目获得了国家电力规划设计总院出具的“关于辽宁彰武发电厂新建工程可行性研究报告的审查意见”，并被作为东北地区唯一试点，列入“国家发展改革委和国家环境保护总局联合火电厂烟气脱硫特许经营试点项目”行列。

2007 年 11 月 8 日，彰武电厂项目《烟气脱硫特许经营试点方案》通过中国电力联合会专家审查；2007 年 12 月 17 日，在国家发展改革委召开的“烟气脱硫特许经营试点工作会议”上，专家对彰武电厂项目《烟气脱硫方案》予以确认。

华电能源股份有限公司
哈尔滨第三发电厂

概况

华电能源股份有限公司哈尔滨第三发电厂（简称哈三电厂）位于哈尔滨市松北区，是华电能源股份有限公司（简称华电能源）全资企业，装有 4 台国产火力发电机组，其中包括 2 台 20 万 kW 和 2 台 60 万 kW 机组，总装机容量 160 万 kW，并入东北电网运行。截至 2007 年底，在册职工总数为 2089 人。

机构设置

哈三电厂下设 37 个二级机构，分别是：办公室、政治工作部、工会、纪检委、人力资源部、审计部、财务部、计划营销部、三期扩建工程部、生产技术部、安全监察部、科技部、物资供应部、燃料管理部、发电分厂、汽机分场、锅炉分场、电气分场、热工分场、化学分场、燃料分厂、除灰分场、修配分场、通信分场、大通项目部、检修公司、三电建材原料公司、公安处、三电物业公司、宏毅物业公司、汽车队、职工医院、街道办、离退休办、房产管理办、三发实业集团、多经公司。

领导班子

厂长：李丙信

党委书记：王克福

副厂长：刘翔太、江汇（华电集团下派交流挂职）、姜青松（交流至华电集团挂职）、王贵发

工会主席：李树军

纪委书记：赵国俭

总会计师：钱福珍

总工程师：张玉增

主要领导变动情况：

2007 年 10 月 13 日，厂长孙德利调离，李丙信接任厂长。

年度业绩

2006 年，完成发电量 88.24 亿 kW·h，同比增长 2%；全年综合供电煤耗 346.5g/(kW·h)，同比下降 0.43g/(kW·h)；综合厂用电率 6.45%，与上一年持平；实现销售收入 22.05 亿元，利润总额 2.95 亿元，上缴利税 2.2 亿元；实现安全生产年，连续安全生产 1718 天。

2007 年，完成发电量 85.03 亿 kW·h，同比下降 3.77%；全年综合供电煤耗 343.0g/(kW·h)，同比下降 3.5g/(kW·h)；综合厂用电率 6.22%，同比下降 0.23 个百分点；实现销售收入 20.56 亿元，利润总额 2.22 亿元，上缴利税 2.10 亿元；实现安全生产年，连续安全生产 2083 天。

生产经营管理

深入开展反违章工作，切实贯彻《中国华电集团公司反违章管理工作规范》，认真落实“以零

违章、零缺陷、确保零事故”的安全管理要求，形成一套反违章监督管理体系。完成安全性评价复查评工作，使生产设备健康水平得到提高，劳动安全作业环境得到完善，安全生产管理水平得到进一步提高。以“为发展助力，为华电建功”主题实践活动为首要载体，不断强化“安康杯”安全技术竞赛活动及管理、技术、设备“三创新”活动，相继开展了技术讲课、历年事故分析、作业票评比等活动30余项，群众性生产工作取得新突破，企业连续六年荣获全国“安康杯”竞赛优胜企业。截至2007年12月31日，连续实现第五个“安全年”。

在设备检修工作中，积极探索主、辅设备状态检修模式，在确保设备良好状态的前提下，努力降低机组检修费用。在检修过程中严格执行质量控制文件，确保机组检修质量，保证机组检修后长周期、大负荷可靠运行。2006～2007年进行了3号、4号60万kW机组通流改造，改造后机组供电煤耗下降了10g/(kW·h)以上，机组效率有较大提高，取得了较好的改造成效。3号60万kW机组在2006年全国60万kW机组可靠性评比中荣获“金牌机组”，2号20万kW机组荣获全国火电20万kW级机组竞赛二等奖。在运行管理中加强了运行方式的对标和优化工作，规范了22项系统和设备节能运行方式。创新经济运行管理考核办法，深入开展小指标竞赛活动，对主要经济指标实行定额管理，进一步完善考核制度，合理安排机组运行方式，保证机组在最佳工况下安全稳定运行，使运行指标不断优化。

充分发挥机组维护及检修方面的优势，通过投标方式对外进行商业运行与检修。先后承担了青海大通电厂2×30万kW机组的日常维护及机组大、小修和内蒙卓资电厂1号机组（20万kW）大修任务。制定了《机组检修承包工程安全管理规范》，详尽地规范了外出检修安全要求。严格的管理，一流的检修技术，高质量地完成了日常维护及机组大、小修工作，获得需方高度评价。

推进全面预算管理工作，将年度预算指标层层分解，落实到位，全面完成了年度预算指标。健全完善了有关内控制度，通过开展“依法经营，遵纪守法”主题实践活动，提高企业依法经营、规范运作的意识，进一步规范了主业与多经的关联交易，实现了对多经企业的财务统管，有效地防范了企业的经营风险。

加强科技管理基础工作，完成华电集团重点科技项目1项、一般科技项目2项。加强企业标准化管理，完成了检修运行等规程的修订和发布实施工作，提高了工作质量和效率。质量管理活动蓬勃开展，锅炉转机班QC小组被中国科学技术协会等四家单位联合命名为“全国优秀质量管理小组”。2年内共有12项成果获黑龙江省和哈尔滨市优秀QC小组成果奖励。加强信息系统运行和维护管理，确保了计算机管理信息系统的正常运行。认真遵守国家环保政策法规，降低工业生产污染物排放，完成了3号锅炉电除尘器阴极线改造，除尘器效率提高到99.20%，实现烟尘达标排放，保持工业废水零排放。

内部改革

哈三电厂坚持以人为本，依法治厂，严格按照《劳动合同法》签订集体合同和全员劳动合同。缺员岗位和运行岗位采取公开竞聘，注重生产一线职工的培养和提拔使用，促进生产人员良性流动，为企业的可持续发展储备了人才。教育培训工作得到集团公司的认可，被确定为首批华电集团教育培训基地。执行领导班子职代会测评、中层干部提拔任命考核。创造性地实施了《生产班组技术能手专项奖励办法〈试行〉》、《生产班组后备人才管理办法〈试行〉》等员工激励措施，并予以奖励，员工素质得到显著提高。

党的建设、精神文明建设和企业文化建设

哈三电厂强化三级理论学习，深入开展创建“四好”领导班子活动，着重提升领导班子的整体素质。严格执行“三会一课”制度，加强党的组织建设。深入开展“葆先进、当先锋、创佳绩”、“我是党员我先行，争为企业作贡献”、“党员先锋工程”、“共产党员示范岗”、“共产党员身边无违章、无事故”、“共产党员千万次操作无差错”等活动，充分发挥党员先锋模范作用。实施厂务公开、民主评议领导干部，推进企业民主管理。坚持《党风廉政建设责任状》和《廉洁自律承诺书》制度，扎实开展了治理商业贿赂专项工作，通过实施透明工程，在大修技改、物资采购、燃料采购等工作的各个环节，创新效能监察方法和手段，发挥监察、审计、财务等部门职能作用，做到各项管理工作的公开透明，有力推动了党风建设和反腐倡廉工作的深入开展，完成与华电能源签订的党风廉政建设责任制各项任务，实现了厂2006、2007年党风廉政建设工作目标。

持续推进文明单位建设。实施文明单位“三级项目式”管理，使创建工作延伸到基层班组。在创建活动上，不断创新活动载体，通过深入开展“节能降耗我先行”等主题实践活动，广大职工的创建意识得到显著增强，推动了企业经营管理水平的同步提升。

提炼升华“同行·超越”文化。坚持“文化铸魂，文化育人，文化兴企，文化塑形”的方针，总结、提炼并形成了具有哈三电厂特色的“同行·超越”企业文化体系，塑造起哈三电厂良好的企业形象。“同行·超越”文化荣获全国电力行业企业文化优秀奖，并在黑龙江省第二届企业文化论坛上做了经验介绍。积极有效开展了廉洁文化“三进”活动（廉洁文化进厂区、进社区、进家庭）和警示教育专题活动。开展“践行社会主义荣辱观，与祖国共奋进，与华电同发展”主题教育活动，打造新一代哈三电厂青工队伍，为企业发展做出了突出的贡献。

三期扩建工程（2×100万kW）前期工作及热电联产集中供热项目

积极推进三期扩建工程（2×100万kW）前期各项工作，三期扩建工程接入系统（二次部分）报告、可行性研究报告等相关报告编制完成并通过审查。环境影响报告通过了集团公司内审，大件运输可行性研究报告已经完成，为项目的早日申报核准奠定了坚实的基础。

启动热电联产集中供热项目。对正在运行生产的2台20万kW、2台60万kW纯凝汽式发电机组实施供热改造，实现向哈尔滨市区集中供热。截至2007年底，项目核准前要求的全部支撑性文件已经获得，项目可行性研究报告通过专家审查，热网环评报告书得到了黑龙江省和哈尔滨市环境保护局的批复。华电能源、哈尔滨市发展改革委对该项目核准的申请已分别上报到省政府待批复。

中国华电集团富拉尔基发电总厂

概况

中国华电集团富拉尔基发电总厂（简称富总厂）是华电集团的全资内部核算企业，是国有特大型火力发电厂，位于黑龙江省齐齐哈尔市富拉尔基区西南郊。富总厂原由黑龙江亚电鑫宝热电有限公司（简称鑫宝公司）和富拉尔基第二发电厂组成，2005年9月21日，鑫宝公司由华电集团黑龙江分公司直属管理。

截至2007年底，富总厂权益装机容量125万kW，其中包括6台20万kW机组和2台2.5万kW供热机组（2台供热机组租赁给鑫宝公司经营）。富总厂由主业和综合产业——黑龙江富电实业集团有公司（简称富电集团）两部分组成。主业包含运行分厂、燃料分厂、检修公司3个分厂；化学、除灰2个车间；厂长工作部、计划营销部、人力资源部、财务资产部、生产技术部、安全监察部、科技信息部、审计部、燃料管理部、物资部、通信中心、保卫部、离退休职工管理中心、政治工作部、纪检委、工会16个部门。富总厂职工人数3635人，其中全民在岗职工3323人，全民内退职工312人，退休人员1051人。

领导班子

厂长：杨继华

党委书记：王凤君

党委副书记：毕福荣

副厂长：许春华、徐恩玉、郝贵义、张金斗、杨年君（兼富电实业集团总经理）

纪委书记：程建宏（兼富电实业集团党委书记）

工会主席：曲恩友

总工程师：徐恩玉（兼）

年度业绩

2006年，完成发电量73.60亿kW·h，同比增长1.33%；综合供电标准煤耗率累计完成368.48g/(kW·h)，同比降低0.76g/(kW·h)；实现主营业务收入15.75亿元，同比增加1.01亿元，实现利润总额1.43亿元；综合产业完成产值1.84亿元，实现利润316万元。

2007年，完成发电量66.62亿kW·h，完成华电集团考核目标的101.67%，同比少发6.98亿kW·h；综合供电标准煤耗率完成368.49g/(kW·h)，同比上升0.01g/(kW·h)；实现主营业务收入14.85亿元，同比减少9024.56万元，实现利润总额1.318亿元；综合产业完成产值1.87亿元，实现利润74.2万元。

生产经营管理

安全管理上，健全安全生产“四级控制”考

核体系和奖惩机制，完善安全生产管理模式；坚持开展安全周、安全月、季度安全经济分析、反习惯性违章和春秋季安全大检查活动，深入开展安全性评价，夯实安全基础；层层签订安全生产责任状，强化安全生产技能培训，深入开展“安全永驻我心”系列主题实践活动，强化全员安全生产意识和安全素质。在设备管理上，克服机组设计水平低、服役时间长等不利因素，精心维护设备，提高检修质量，加强规范消缺和检修流程管理，两年内共完成3台次机组大修和9台次机组小修，提高了设备健康水平。截至2007底，富总厂实现设备连续安全2411天，人身连续安全4845天，保持了安全稳定的良好局面，2006年被命名为“华电集团安全生产先进单位”。

经营管理上，以“精细化管理年”、“安全、节约、和谐企业年”、“对标管理”活动为载体，坚持集约经营、综合平衡，严肃预算的刚性原则，有效控制“三项费用”，向先进水平看齐。高度关注电力市场营销，确保电量计划落实、电价执行、电费回收“三到位”。加强燃料、物资管理，实施企业内部审计、执法监察和效能监察，强化责任追究，堵塞管理漏洞，保证经营安全，创造了良好的经济效益，跨入华电集团优秀发电企业行列。不断加强多种产业经营，截至2007年底，综合产业公司富电集团拥有资产3.09亿元，法人企业23家，全民职工1168人，集体职工658人，形成了电力设备检修安装、建筑安装、铸锻件产品加工、保温密封材料、发电、商贸服务、特种焊接材料、压力容器制造等8大产业体系，开发了铸锻件、保温材料、润滑油、电机线圈、屋面彩钢板等10大类300多种产品，占领了黑龙江省内和辽宁、内蒙古等地的电建市场、电力检修市场和产品销售市场，创造了良好的信誉，树立了富电品牌形象，进一步拓展了企业发展空间。2006年，完成了华能国际电力股份有限公司营口电厂1号机组小修和沈阳沈海热电有限公司2号机组中修，承担齐热公司建设项目的部分工程，完成了哈尔滨锅炉厂1100t钢结构配置工程，并与大庆油田装备总公司签署了生产140万元抽油机配套装置的协议，与浙江天杰电除尘有限公司建立了提供2100t钢构产品的合作关系。特种焊丝产品打入鞍钢集团，开发耐火浇注料、万能洗床、“SE－6环保节能工业燃气”等新项目并试生产。2007年，完成了华能国际电力股份有限公司营口电厂、中国石油天然气股份有限公司石化分公司辽阳化工厂、华能鹤岗发电有限公司、华能国际电力股份有限公司辛店电厂、华能北京热电有限责任公司等机组检修及设备改造任务，对外创收1080万元；承担吉林松源电厂输煤设备检修改造、齐热公司两台机组的燃料系统委托运营、卓资公司3号、4号机组的委托运行工作。润滑油、水玻璃等化工产品销至中国一重集团等大企业；完成华能伊敏发电厂100万元打击板堆焊工程和华能国际电力股份有限公司营口电厂8000kW给水泵电机定子制、下线任务，承揽齐热公司脱硫和电除尘的委托运行任务、灰场及灰管路维护任务和厂区保洁等工作，创造了可观的经济效益。

项目发展

2007年，富总厂成立了新能源领导小组，根据国家“节能减排、上大压小”有关政策，按照华电集团战略目标要求，结合企业实际，积极谋划新能源项目。一是积极谋划“以大代小”工程项目，根据相关专家咨询结果编制的可行性方案上报华电能源。二是按照华电能源的要求，积极参与齐齐哈尔西南热电联产项目的前期工作。三是对富裕县富宁风场、龙江县连家岗风场进行了实地勘察，考察接入系统情况，收集气象资料。

内部改革

根据企业人员多、结构不合理的实际，按照华电集团按定员组织生产的要求，修订《中国华电集团富拉尔基发电总厂人力资源绩效考核工作实施办法》，以“优化人力资源配置，激励提高职工素质，逐步解决主业冗员，按定员组织生产”为目的，继续实施员工动态考核，建立优胜劣汰的用人机制；加大人才培养力度，依据“2211人才工程”方案，确认26名全能值班员和44名专业带头人，纳入“人才工程”档案库，给予上浮两级岗位工资的待遇；按照国家及华电集团对分离企业办社会职能工作的要求，积极稳妥地完成了子弟小学和派出所（在职101人，退休52人）移交地方工作。继续实施主业富余人员转岗分流和企业内部退养，共转岗73人，企业内部退养93人，中层干部退二线13人。大力控制用工总量，清退临时工200人，实现职工总量负增长。

党的建设、精神文明建设和企业文化建设

富总厂坚持“两手抓”的方针，以完成华电

集团经营业绩考核目标为中心，以“先锋工程”、“四好班子”建设等活动为载体，切实加强党的建设、精神文明建设、党风廉政建设和企业文化建设，为企业改革发展奠定坚实的基础。

2006 年，认真落实华电集团关于开展“四好”班子建设的各项要求，以全面建立永葆党的先进性的长效机制为目标，在总结“六个好”创建活动经验的基础上，开展“先锋工程”建设和“精细化管理年”主题实践等活动；制订企业文化、文明单位创建推进计划，以深化“两点两线”为重点，以完善制度、礼尚、人本、多经四种文化体系为手段，进一步加强企业文化建设；从组织领导、宣传、制度、学习内容、学习形式等方面细化、强化学习型企业创建工作；以构建惩防体系为主线，开展以案示法、以案示纪教育，加强执法监察和效能监察，认真开展治理商业贿赂工作，优化经营管理环境；举办职工艺术节，开展书法美术摄影集邮展览、社区文艺演出等系列活动，丰富活跃职工文化生活；继续开展送温暖活动，走访、慰问、补助工伤、住院、困难职工和遗属，美化厂区及家属区环境，努力提高职工生活质量。富总厂荣获全国“安康杯”竞赛优胜企业、全国和谐劳动关系优秀企业、黑龙江省先进企业党组织、省创建学习型组织标兵单位、省“五一”劳动奖状等光荣称号；保持华电集团“文明单位”、“党风廉政建设优秀单位”的称号；荣获华电集团 2006 年度“安全生产先进单位”、“四好班子”领导班子先进集体称号，跨入优秀发电企业行列。

2007 年，以构建“和谐富电”为目标，以作风建设为龙头，全面提升学习型、创新型、发展型领导班子的建设水平；以创建“先锋工程”党支部为载体，开展“党员责任区”、“党员五带头”、“党员承诺”活动；以构建“大宣教”格局为手段，编辑印制《构建和谐富电宣传手册》企业文化丛书，丰富企业文化的内容。开展演丰富多彩的文体活动，搭建积极健康向上的职工文化平台；将构建惩防体系工作纳入到党风廉政建设责任制的目标考核之中，与安全生产、经营管理、精神文明建设等各项工作有机结合；以企业与职工协调发展为目标，多方筹集资金，改善生产一线班组设施和家属区环境。关心职工生活、定期组织职工体检，继续实施送温暖工程，为职工排忧解难，不断提高广大职工的生活质量。总厂荣获全国安康杯竞赛优胜企业、全国优秀诚信企业、全国亿万职工迎“奥运”健身活动先进单位、全国电力行业企业文化优秀奖、黑龙江省创新杯竞赛优胜企业、黑龙江省民主管理工作先进单位、黑龙江省首届诚信示范企业、黑龙江省 50 强企业；保持华电集团优秀发电企业、党风廉政建设优秀单位称号，荣获华电集团 2007 年度“四好”领导班子先进集体称号，跨入华电集团文明单位标兵行列。

华电能源股份有限公司
牡丹江第二发电厂

概况

华电能源股份有限公司牡丹江第二发电厂（简称牡二电厂）是华电集团控股的华电能源股份有限公司（简称华电能源）的全资企业，位于黑龙江省东南部牡丹江畔，始建于 1978 年 5 月。从 1981 年 5 月首台 10 万 kW 国产机组投产发电，至 1997 年 12 月 14 日 7 号机组正式移交生产，先后通过三期工程建设，全厂总装机容量达到 102 万 kW。2007 年，牡二电厂开始筹划 2×30 万 kW 机组“上大压小”工程建设。

截至 2007 年底，牡二电厂资产总额是207203 万元，其中流动资产 9066 万元，非流动资产 198137万元；在职职工 2672 人。

机构设置

截至 2007 年底，牡二电厂共设 18 个职能部室，分别为政工部、纪检委、工会、办公室、审计部、劳动人事部、财务部、计划部、基建管理部、物资部、燃料管理部、生产技术部、安全监察部、科技部、值长组、行政事务部、保卫部、离退休管理部；2 个分厂，分别为发电分厂、燃料分厂；一个牡丹江第二发电厂设备安装检修公司；一个华电能源股份有限公司牡丹江第二发电厂热力公司；一个牡丹江中远实业集团有限责任公司。

领导班子

厂长：胡宝权

党委书记：张亚军

副厂长：乔爱民、挥云梦、王铁峰、徐峰

纪检委书记：沈明辉

工会主席：张德军

总经济师：梁绍清

总会计师：李鲜艳

热力公司经理：李长洪

总工程师：挥云梦

主要领导人员变动情况：

2006 年 6 月 13 日李丙信任厂长，原厂长张泽星调离；2007 年 10 月 13 日胡宝权任厂长，原厂长李丙信调离。

年度业绩

2006 年，完成发电量 546820 万 kW·h，同比多发 2.92%。综合供电标准煤耗率完成383.78g/kW·h。发电厂用电率完成 8.67%，同比降低 0.32%；综合厂用电率完成 9.72%，同比降低 0.34%。综合产业实现产值 6626 万元。新增供热并网面积 28 万 m^2，累计接带热负荷 380 万 m^2，收缴率为 93.02%。累计完成供热量279.8095 万 GJ，供热标准煤耗率完成 39.97kg/GJ。

2007 年，完成发电量 530420 万 kW·h，同比下降 3%。综合供电标准煤耗完成 384g/(kW·h)。发电厂用电率完成 8.26%，同比下降了 0.41%；综合厂用电率完成 9.43%，同比下降 0.29%。综合产业实现产值 6037 万元。新增供热并网面积 29 万 m^2，累计接带热负荷 414 万 m^2，热费收缴率为 93.10%，实现了供热的扭亏增盈。累计完成供热量 278.9879 万 GJ，供热标准煤耗率完成 42.61kg/GJ。

生产经营管理

（1）安全生产保持长周期。2006～2007 年，继续深入贯彻“横向到边、纵向到底”的“大安全”理念。健全完善“三维”安全管理奖惩体系，全面调动了各级人员安全生产的积极性。完善安全档案管理、约束与激励并重，安全生产责任制落实到全厂 310 个岗位，强化了各级人员的安全责任。加强重大危险源监督，对确认为重大危险源的区域，进行了登记、评估，填写重大危险源风险评估报告，建立重大危险源管理档案。把安全性评价复查评问题与深入开展隐患排查治理行动相结合，积极有效的开展并网安全性评价工作，经查评，牡二电厂相关必备条件 22 项，全部符合并网条件，截至 2007 年 12 月 31 日，实现连续安全生产 1536 天，创建厂以来最高安全纪录。

（2）经营效果显著提高。在“大财务”管理体系基础上，以精细化管理为突破口，加强预算管理和经济分析工作，不断提高经营管理效果。通过划小核算单位和建立成本责任体系，全面细化预算管理，建立全员、全方位、全过程的成本控制体系。进一步加强和规范燃料管理，从抓煤质入手，实行燃料可控、在控的闭环管理。开展“依法经营、遵纪守法”主题实践活动，制订实施方案，进一步增强领导班子的依法经营意识和能力，提高了企业依法经营水平。发挥审计、监察的监督保障作用，保证企业经济安全。

（3）生产管理不断加强。把节能降耗、挖潜增效，拓展到生产管理的各个方面，对各项指标做到精细化管理。通过对标查找差距，分析原因，重新修订营运改善目标考核值，进一步优化了各项经济指标。加强节能减排工作，扎实开展设备治理改造，提高节能效果。完成燃油系统改造，使燃油消耗量同比大幅下降。狠抓污染物排放治理，提高冲灰水回收利用率，防止了冲灰水溢流造成的环境污染。规范设备管理，严格执行巡检制度，及时发现并避免多次事故的发生。强化检修管理，确定检修的安全目标、经济目标和工期目标，分级控制验证，严把质量验收关。加大技术监督工作力度，完善了三级监督网，建立“一级统筹、二级管理、三级监督”的技术监督管理机制。增强抢发电量意识，加大与各相关部门的沟通协调力度，合理安排运行方式，细致调整运行曲线，想方设法争取多发电量。2007 年，牡二电厂创造了 2376 万 kW·h 的日发电量最高纪录，并超额完成年度发电任务。

（4）外部市场的开拓能力不断加强。转变观念，立足长远，合理调整产业结构，全面实施科技创新。改变水泥厂的原始生产流程，降低原料成本和管理费用，促进水泥厂转型。对干灰厂进行设备改造，增加销售收入。利用粉煤灰资源优势，开发节能产品，在粉煤灰砖等节能环保产品上做了有效尝试，并取得可喜成果。充分发挥检修队伍的人才和技术优势，积极开拓外部市场，承揽完成了黑龙江鹤岗发电厂、北京石景山发电厂、新疆红雁池、昌吉、吐鲁番发电厂的机组检修、通流部分改造等工作，得到委托单位的好评，为进一步开拓市场创造了条件。

（5）热力产业实现扭亏增盈。在热力产业项目上大力倡导“始于用户需求、终于用户满意”的服务理念。通过开展“百日优质服务竞赛”活动，供热服务队走进社区，现场办公，树立良好的供热服务形象。不断加强供热项目管理，推进新建负荷及小锅炉并网工作，2006～2007 年新增并网面积 57 万 m^2。量化收费指标，加快收费进程，取得较好的热费收缴率。

项目发展

牡二电厂四期扩建工程起步晚，难度大。通过大量卓有成效的工作，项目推进取得重大成果。2007 年 7 月 11 日，国家发展改革委下达了《关于同意华电能源牡丹江第二发电厂 2×30 万 kW“上大压小”热电联产工程开展前期工作的复函》，获得了国家发展改革委“路条”。同时，牡二电厂积极做好项目开工建设准备。签订了工程监理和勘探设计合同，完成了“三大主机”、“四大管道”招标工作，启动了初步设计，为确保 2008 年开工建设奠定了基础。

内部改革

通过完善职工业绩考核体系，不断优化激励机制。重新修订了奖金分配方案和管理办法，增加生产一线和重要岗位奖金分配额度，最大限度地调动生产一线职工和关键技术人员的工作热情和积极性。通过调研，初步完成了按定员组织生产及其配套方案的制订，为推进按定员组织生产工作奠定了基础。

党的建设、精神文明建设和企业文化建设

面对新形势和新任务，牡二电厂党委紧紧围绕企业的经济建设搞好党的建设、精神文明建设和企业文化建设。围绕企业生产经营和改革发展稳定的中心工作，按照“抓班子、带队伍、促发展”的工作思路，丰富活动内容，创新活动方式，获得了华电集团“四好”班子建设先进集体称号。以建立长效机制为重点，开展“抓学习、强素质、促发展、作贡献”等特色主题活动，充分发挥党员干部先锋模范作用，树立了良好的党员形象。以构建和谐企业为中心，深入开展文明单位建设，抓住主旋律，切实加强思想政治工作。通过普法专题讲座、法律咨询服务、送法下基层、专家以案说法、法律知识竞赛等形式普及法律知识，不断营造文明法治环境。以企业文化建设为载体，培育独具特色的“三为”文化和“自强不息谋发展、厚德载物铸和谐”的核心价值观。扎实开展独具牡二特色的“两会一节”等活动，企业品牌形象有了新提升。以廉洁文化建设为途径，召开了华电集团能源廉洁文化现场会，围绕企业节能降耗等重点工作，健全制度、强化监督，积极开展效能监察，“干净干事、清白做人”的廉政理念深入人心。强化干部综合考核机制，加强后备干部队伍和后备人才队伍建设。

哈尔滨热电有限责任公司

概况

哈尔滨热电有限责任公司（简称哈热公司）前身为哈尔滨热电厂，始建于 1958 年，是我国第一座自己设计、自己制造、自己安装的高温高压热电厂。2002 年国家电力体制改革后，哈尔滨热电厂划归华电集团，并于 2006 年 1 月改由华电集团下属华电能源股份有限公司控股管理。公司主要经营电力、热力产品；兼营电力设备安装、调试和检修，电力技术咨询、服务和开发，管道设备安装、检修，煤炭、燃油储运，科技产品推广。

截至 2007 年底，哈热公司总装机容量 80 万 kW，其中包括 2 台 10 万 kW 和 2 台 30 万 kW 供热机组；供热面积 831 万 m^2，供热范围覆盖哈尔滨市香坊区，并为经济技术开发区提供热源，是黑龙江省最大的热电联产企业。公司总资产为 307911万元，注册资本金为 16044 万元，在册员工 2268 人。

机构设置

（1）职能部门 20 个：总经理工作部、计划部、劳动人事部、财务部、审计部、组织部、工会、团委、宣传部、纪检办、企管部（企协）、基建管理部、生产技术部、安全监察部、信息中心、物资管理部、离退休管理部、保卫部、行政事务部、教育培训部。

（2）生产部门 11 个：运行分场（含集控运行、汽机运行、锅炉运行、电气运行、除灰分场、通信站、污水处理站）、锅炉检修分公司、汽机检修分公司、电气检修分公司、热工检修分公司、化学分场、燃料分场、燃料管理部、修配检修分公司、修缮分场、货车队。

（3）后勤服务部门 2 个：职工医院、后勤服务公司。

（4）多种产业：哈尔滨热电实业有限责任公司。

（5）子公司：哈尔滨热电供热有限责任公司。

领导班子

董事长：孙光

副董事长：关铁宁

董事：梅君超、苏盛波、常立宏、任广军、韩铁成、金秀华、张万韬、魏霞、许大戡

监事：张利、杨文忠、张延辉、李安

总经理：常立宏

党委书记：任广军

纪委书记、工会主席：杨文忠

副总经理：韩铁成、张野、任福滨、李华峰、苏刚

总会计师：王慧

年度业绩

2006 年，完成发电量 21.07 亿 kW·h，同比多发电 3.07 亿 kW·h；供热量完成 493.6 万 GJ，同比多供热 31.15 万 GJ；综合供电标准煤耗率完成 400g/(kW·h)，同比下降 10.54g/(kW·h)；实现销售收入 68979 万元，实现利润总额 1841 万元，净利润 1764 万元，超额完成集团下达的利润指标；全年收回电费 58244 万元、热费 18847 万元；全年新增供热面积 49 万 m^2，新建换热站 32 座，总供热面积达 742（使用面积）万 m^2。

2007 年，完成发电量 42.0338 亿 kW·h，同比增加 20.9646 亿 kW·h，增长 99.5%；供热量完成 481 万 GJ，同比少供热 12.27 万 GJ；综合供电标准煤耗率完成 360.47g/(kW·h)，比同期下降 39.53g/(kW·h)，综合厂用电率完成 8.76%，比同期下降 2.54%；全年实现销售收入 128841 万元，较去年增加 59862 万元，增长 86.78%。实现利润总额 8706 万元，完成集团公司下达的利润目标；完成热网管线敷设 10.01 公里，新建换热站 24 个，新增供热面积 89 万 m^2，总供热面积达 831（使用面积）万 m^2。

项目发展

哈热公司供热扩建工程（即扩建 2×30 万 kW 燃煤发电供热机组）自 2005 年 4 月正式开工以来，工程进展顺利，于 2006 年底实现“双机双投”。施工工期较计划提前四个半月，创下了东北电力建设史上的一个新纪录；未发生一起人身轻伤及以上事故，实现了华电集团下达的安全指标；2007 年 8 月，7、8 号机组顺利通过达标验收复检，复检成绩位居华电集团同类机组前列，被华电集团授予“投产功勋单位”荣誉称号。

2007 年，哈热公司执行华电集团节能减排总体部署，对 4 台 2.5 万 kW 老机组提前实施了关停，同年完成了电热负荷向新机组的转移接替和人员岗位安置工作，公司再建 2 台 30 万 kW 机组“上大压小”项目被列入黑龙江省“十一五”规划，已编制完成初可研报告，并上报国家发展改革委。

生产经营管理

（1）生产管理。开展安全生产“巩固提高年”活动，建立了安全管理“横向到边，纵向到底”的责任体系。重点做好“一抓”、“二管”、“三查”，有效防范各类事故的发生。一抓：抓安全生产责任制落实，强化安全生产的可控、在控。二管：加强重大危险源管理，编制完成 25 项事故应急预案，形成完善的事故预防和处理体系；加强反违章管理，编写《反违章管理办法》，建立三级“违章档案”，设立“违章曝光栏”，使安全监督约束机制得到完善。三查：对公司重大危险源进行评估排查登记；扎实开展好“春、秋检”等各类安全检查；进行设备隐患排查，消除安全隐患。确保 2 台 30 万 kW 机组从开工建设到达标投产“零事故”，公司实现了安全年目标。截至 2007 年 12 月 31 日连续安全生产 1309 天。加大技术改造力度，2006 年组织进行了 17 项技改，设备安全性与节能效果已初见成效。其中仅用 80 多天完成了 4、5 号炉电除尘改造，减少生产除尘用水 30%；5 号炉甲、乙磨煤机料位优化控制系统的改造，节电降耗效果显著；新油区联合泵房控制系统 PLC 改造后，提高了控制系统的可靠性，保证了供油设备的安全运行。2007 年，完成非标准项目 21 项，技术 12 改造项，进行 1 号翻车机重推系统升级改造和 1 号冷却塔淋水装置及结构大修，安装 7、8 号机组一次风机出口风道再循环管路，解决了磨煤机料位控制难题。8 号炉小油点火设备改造完成后，8 号机组冷态启动耗油仅为原耗油量的 1/4，降低公司的耗油量指标。整章建制有序开展，编制完成 300MW 机组的运行、检修规程和系统图，充实完善新机组的安全管理规章制度，使新机组运营管理有规可遵、有章可循。抓好机组达标投产，按“建一流工程、创一流管理”的目标把新机组达标投产作为工作重点，抓好新机组的对标检查与整改完善工作。7、8 号机组以 94.7 和 94.25 分的成绩通过达标验收复检，位居集团同

类机组前列。完成环境保护、安全生产设施、水土保持和职业病预防四项验收工作。

（2）经营管理。2006 年，为完成资产经营目标，改善经营状况，公司以“三电”、“三热”工作为重点，加强与电网公司和物价部门的协调沟通，电热价上调增加收入 2527 万元，同时积极争取电量计划，全年多发电量 1.21 亿 kW·h。全年收回电费 58244 万元、热费 18847 万元，实现利润总额 1841 万元。强化资金管理，严格控制预算外支出，对重大建设项目和重大开支实行统筹规划，使各项指标控制在预算内。优化贷款结构，创新融资品种与渠道，降低融资成本 1420 万元。加强内部审计，完成审计项目 7 个，实现增收节支 64 万元。强化物资采购和工程招投标管理，完善采购和招标程序，降低采购成本及各项工程费用。拓宽进煤渠道，严把入厂煤质量验收关，有效降低了燃料成本。2007 年，各项成本费用支出控制在预算范围内。健全和完善管控模式，强化以成本管理为核心的经营管理机制，加强预算管理和经济分析工作，强化固定资产基础管理。调整贷款结构，降低财务成本 123 万元。发挥审计管理职能，开展经营责任和专项审计 11 项，问题整改落实率 90%。修订公司各职能部门管理制度、工作标准和《合同管理规定》、《废旧物资管理规定》等物资管理制度，完善制度建设长效机制。初步建立对标管理指标体系。降低各种损耗，其中节约水费 200 万元。电热费欠费额得到较好控制，收回陈欠电费 3867 万元，增加企业现金流量。办理供热退税 1664 万元。抓好“三电”、“四煤”、“四费”的管控，重点抓好燃料管理，加强与铁路、煤矿各方的协调沟通，发挥燃料“五统一”优势，确保燃料供应。提高煤质，控制煤价，加大煤场储煤量，做好冬季煤炭接卸工作。加强入厂煤监督，改进采制化管理制度，堵塞管理漏洞。新机组投入运营后，发挥热电联产规模优势，把增供扩销战略扎实推进，随着热网覆盖面积的增加，开拓供热市场的能力日益强大。

党的建设、精神文明建设和企业文化建设

2006 年，落实保持共产党员先进性长效机制建设，修订形成并执行了《党建管理制度汇编》。2007 年全面启动了公司党员佩带党员标志牌上岗活动。活动中，哈热公司党委针对不同工作特点，分别对检修岗位的党员提出了“一零一降两提高”的要求；对运行岗位的党员提出了“三个力求”的要求；对管理岗位的党员干部提出了“增强三种意识、强化一个作用”的要求；对技术管理岗位的党员提出了“三个率先”的要求；对基本建设岗位党员干部提出了“四个确保”的要求。通过活动，进一步激发了公司全体党员的工作热情和积极性，为企业 2 台 30 万 kW 机组双投提供坚强的思想保证和组织保证。组织 630 余名党员参加“全国电力系统迎接十七大中共党史知识竞赛”活动。哈热公司党委被中电联授予优秀组织单位。落实党风廉政建设责任制，开展效能监察，狠抓商业贿赂专项治理，开展“依法经营，遵纪守法”主题实践活动，落实教育、制度、监督并重的惩治和预防腐败体系。

坚持把“三个文明”建设纳入企业发展战略的总体目标之中，形成党委统一领导、党政工青齐抓共管的工作局面和运行机制，在全公司范围内开展文明单位、文明班组、文明员工的三级精神文明单位创建活动。加强厂务公开与民主管理，开辟了总经理直通车与总经理信箱栏目，切实发挥职工参政议政和民主监督作用，把构建和谐型企业体现在日常管理工作中，促进了职工队伍的稳定。

充分发挥工团的积极作用，广泛开展技能比赛和文体活动，调动员工参与企业建设的积极性，增强员工主人翁责任感，激励员工的士气与干劲。举办了职工田径运动会、多项球类比赛和文体活动，丰富职工文化生活。开展关心困难职工、送温暖活动，保持了队伍稳定。公司企业文化建设获“2006 年度中国电力行业企业文化建设十大领军单位”的殊荣。

黑龙江华电齐齐哈尔热电有限公司

概况

黑龙江华电齐齐哈尔热电有限公司（简称齐热公司）成立于 2004 年 1 月 18 日，是华电能源股份有限公司（简称华电能源）控股企业，装机容量 2×30 万 kW。截至 2007 年底，齐热公司下设总经理工作部、生产技术部、发电运行部、设备维护部、安全监察部、计划供应部、财务资产部、人力资源部等 8 个部门，在册员工总数为 190 人。

领导班子

董事长：孙光

董　事：梅君超、周伟、姜迎建、刘大勇

监事会主席：张利

监　事：许健、王春钢

总经理、党委书记：刘大勇

副总经理：孙继芳、温涛

纪委书记、工会主席：王春钢

年度业绩

2006 年，齐热公司完成“烟囱、水塔到顶，主厂房暖封闭”的年度施工总体目标，各主要工期节点如期到达；全年完成投资 81129 万元，工程累计完成投资 120221 万元，各项收支费用可控、在控；连续安全文明施工 494 天，没发生人生轻伤及以上责任事故，施工现场保持安全稳定的工作局面，被华电集团评为“2006 年度安全生产先进单位”。

2007 年，齐热公司两台 30 万 kW 供热机组分别于 9 月 9 日及 11 月 1 日提前通过 168h 试运行，正式转入商业运营；全年完成投资 129189 万元，工程累计完成投资 249410 万元；累计完成发电量 72298 万 kW·h、超额完成发电计划 103.28%，综合供电煤耗控制在 345.92g/kW·h，综合厂用电率控制在 7.47%；年度实现利润总额 51 万元，净利润 34 万元；提前完成了机组“双投”的工作任务，突破了“零利润”的经营目标，并被华电集团评为“2007 年度安全生产先进单位”。

生产经营管理

（1）工程管理。按照“安快好省廉”的方针，妥善处理业主、监理、设计及施工等各参建方的关系，把“确保达标投产、争创国优工程”作为不懈的追求目标，本着“思想统一、超前管控、照章办事、不讲情面、重点突出、监督到位”的工作理念，全面保证了工程的安全、质量、进度及造价等重要指标可控、在控。一方面从源头管起，对设备的采购及由施工单位采购的主要材料进行严格审核，保证设备和原材料的入口安全。同时，加强过程控制，对重点工程建设及设备的安装、调试进行全程控制管理，精益求精，确保质量。另一方面充分发挥监理公司和各级质量监督检查机构的作用，严格按照质量监检典型大纲及工程的进度节点组织质量监督检查工作，在历次工程质量监检中单位工程优良率均达 97% 以上，有效控制工程建设质量。从机组试运情况看，2 台机组各主要运行参数比较稳定理想，平均负荷率达 95% 以上，主要仪表投入率、自动投入率、保护投入率均 100%，脱硫系统同时投入运行，如期完成了华电集团下达的投产“三同时”目标。1 号机组比计划工期提前 1 天投运；2 号机组比计划工期提前 25 天投运。在造价管理方面。坚持“有效控制造价，合理降低成本”的原则，提高资金使用效率，各项成本费用得到有效控制。一是严格执行招标管理规定，注意把握各关键环节，严格控制工程造价。二是加大对施工变更中，特别是对涉及预算问题的控制和管理，把握原则，合理调控，有效控制工程预算。三是通过优化设计、优化工艺，降低建设成本。四是加强工程进度款的管理，严格执行监理工程师审核、业主审核的程序，做到不提前支付、不超付。

（2）安全管理。逐步完善了施工安全保障制度体系和组织机构，细致查找施工安全隐患，在充分发挥业主职能作用的同时，授予监理公司安全管理权限，赋予工程技术管理人员安全监督职责，做到层层有落实、人人有责任，形成全员抓安全、全员管安全的良好氛围，努力保持“齐热工程大安全”良好格局。截至工程结束，连续安全文明施工 859 天，实现了安全管理“零”事故的总目标。

（3）生产管理。全面落实安全生产责任制，加强安全教育和培训；加大安全保护措施及安全工器具的投入；加强安全生产的日常管理、强化措施、落实责任、跟踪考核；健全和完善“全员、全方位、全过程”的安全监督和保障体系，有效控制和避免各类事故发生。加强设备巡视检查和维护管理，落实点检定修责任制，深入开展隐患排查和反违章工作，及时消除设备缺陷，提高设备管理水平。强化生产运行管理，严格执行“两票三制”，积极研发并推广“机组经济运行实时管理系统”，在运行值间开展经济指标竞赛活动，提高机组经济运行水平。公司将燃料、电除尘等生产辅助系统采取委托运行的方式进行管理，不断探索新建发电企业现代化管理模式。

（4）经营管理。发挥财务预算及计划管理的控制和导向作用，层层落实财务预算管理责任制，做到全员、全过程的动态管理。利用华电集团招标与采购网络平台，健全完善物资采购管理系统，逐渐规范物资招标采购流程，提高物资管理和计划采购的管理水平。优化融资方案，调整借款结构，采取“长短贷款相结合”的方式，以减轻“长贷高息”的压力，最大限度地降低融资成本。坚持依法经营，规范企业行为，深入开展效能监察工作，优化机构及人员配置，优化管理程序，有效降低管理成本。加强对外联系与沟通，强化“三电”、“四煤”工作，提高机组利用小时数，扩大供热面积，努力扩大机组经济效益。

党的建设、精神文明建设和企业文化建设

2006~2007年，随着基层党组织、纪检组织及工会、共青团组织的建立健全，齐热公司党群工作的政治核心地位得到了巩固，职能作用得到了有效的发挥，工作效果得到了明显提升，有力地促进了公司的工程建设和生产经营工作。齐热公司通过加强理论建设、能力建设、作风建设和制度建设，进一步夯实了党建工作基础，提高了领导班子的整体素质和能力，提升了企业核心竞争力；通过加强政治理论学习，做好党员及入党积极分子的教育工作，严把党员发展观，全面提高党员干部的党性修养和综合素质；通过加强党的自身建设，完善各项规章制度，遵循民主决策制度，促进党建工作健康发展；通过加强党风廉政建设，落实党风廉政责任制，加强警示教育、提高责任意识、公仆意识、群众意识和自律意识；通过加强考核与监督，分解细化工作任务，确保工作落到实处，逐步建立党建工作长效机制；通过加强民主法制建设，促进企务公开，坚持领导人接待日制度，“零”距离、面对面与员工沟通，增强了企业管理的透明度；通过各种渠道和方式，利用群团组织工作平台，主动想办法为员工解决生活困难和实际问题，为员工解除后顾之忧；通过开展征文比赛、知识竞赛、技能比拼、体育竞赛、联欢会等形式多样的文娱活动来丰富员工生活，活跃工作氛围，增强员工凝聚力，促进精神文明建设。

黑龙江华电佳木斯发电有限公司

概况

黑龙江华电佳木斯发电有限公司（简称佳木斯公司）的前身为佳木斯发电厂，始建于1938年7月，建厂初期装机容量2.25万kW。解放后经过五期扩建，装机容量达到49.8万kW。2002年底，国家电力体制改革将佳木斯发电厂划归华电集团。2004年12月8日，改制为黑龙江华电佳木斯发电有限公司。2006年4月1日，关停所属佳木斯东方热电厂9.8万kW容量。到2007年底，佳木斯公司装机容量4×10万kW，年最大发电能力26亿kW·h，最大供热量300万GJ，企业员工2073人，拥有固定资产9.5亿元（原值）。

机构设置

佳木斯公司下设17个职能部门，分别为监察室、青工处、办公室、计划部、审计部、劳人部、财务部、物资供应处、生技部、科培部、安监部、保卫部、离退部、行政部、值长组、燃煤管理处、筹建处；5个党群部门，分别为组织部、宣传部、纪委、工会、团委；8个生产单位，分别为运行分场、燃料分场、化学分场、汽机工区、锅炉工区、电气工区、热工工区、修缮工区；1个所属企业，为佳木斯市东方热电厂（简称东方厂）。

领导班子

总经理：王胜才

党委书记：董玉斌

副总经理：崔凤德、王南江、杨玉清、许成业、王涛、曾庆华、国广宇

总会计师：任忠

年度业绩

2006年，完成发电量239106万kW·h，同比多发11271万kW·h。设备利用小时数完成5978h，同比增加282h。供热量完成1737210GJ，同比多供268510GJ。发电厂用电率完成7.95%，比同期下降0.15个百分点。供热厂用电率完成12.66kW·h/GJ，比同期升高0.13kW·h/GJ。综合厂用电率完成9.33%，比同期下降0.03百分点。发电煤耗完成358.91g/(kW·h)，比同期下降0.04g/(kW·h)。供电煤耗完成389.9g/(kW·h)，比同期下降0.68g/(kW·h)。综合供电标准煤耗率完成395.85g/(kW·h)，比同期下降0.19g/(kW·h)。供热煤耗率完成41.32kg/GJ，比同期升高0.09kg/GJ。消耗燃油229t，比同期节油714t。单位燃料成本完成142.11元/(千kW·h)，比同期增加6.81元/（千kW·h）。由于受电价因素影响，本期主营业务收入54468.72万元，其中，电力收入50844.38万元，热力实际收入为3624.34万元，本期实现利润总额为-3318.96万元，其中，电力利

润为－2871.15万元，热力利润为－447.81万元。

2007年，完成发电量230320万kW·h，超额完成集团公司下达的23亿发电量指标。供热量完成1986293GJ，同比增加11.4%。综合供电煤耗率完成395.30g/(kW·h)，比同期下降0.55g/kW·h。供热标准煤耗率完成41.27kg/GJ，比同期下降0.05kg/GJ。综合厂用电率完成9.47%。消耗燃油169t，比同期节油60t。入炉综合标煤单价完成382.39元/t。主营业收入完成54871.8万元，其中，电力收入50700.21万元，热力实入为4171.59万元，实现利润－2710.92万元，同比减亏929万元。

2006～2007年，未发生人身、设备事故，没有发生火灾和车辆交通肇事，未发生机组非计划停运，截至2007年12月31日，实现连续生产1362天。

生产经营管理

加强运行管理，全面超额完成发电供热任务。坚持生产指挥系统定期开展运行分析活动，开展经济运行指标竞赛，调动运行人员节能降耗的积极性，对主、辅设备影响安全稳定运行的原因进行全面的分析，制定实施出优化运行方式方案和措施，加强了对运行参数的监督，建立并实施了对气温、压力等主要额定参数考核机制，从根本上保证了设备安全经济运行。针对电网新机组投产多、设备利用小时下降等客观不利因素，值长组积极与省调沟通，争取多发电量，同时，严格执行调度命令，未发生调度曲线考核现象。实现了30万kW机组抽调人员及向内蒙分流后的平稳过渡，保证了安全生产和经济运行。

规范检修行为，实施“走出去”战略。机炉电热工区加强设备维护，及时消除各类影响机组安全运行的缺陷。2006年，共完成大修1台次，中修1台次，小修3台次。12号机组大修后启动一次成功，提前5天并网发电，连续运行124天，达到全优工程标准。参与了华能集团鹤岗、龙实热电责任有限公司2台次机组大修、2台次小修，创效110余万元。为满足市区供热要求，对13号机组进行了打孔供热技术改造，新增造纸小区供热面积70万m^2等工作。在出色地完成上述任务的基础上，实施“走出去”战略，积极拓展外部检修市场，承接了广西国投钦州发电有限公司60万kW1号机组A、B标段及长沙发电有限公司60万kW 1、2号机组的维护工作。为公司解决人员多，创效增收开辟了途径。

全方位抓好员工培训。按照公司员工梯次培训计划，结合供热扩建工程人员需求，2006～2007年，对10万kW运行人员进行了30万kW机组理论知识培训，经过公开招聘考试，完成了公司2×30万kW扩建机组生产准备人员配置。编制了30万kW机组集控运行人员培训方案，举办了2个月的30万kW机组集控运行理论培训班，并赴哈热电厂实习。实习结束后，分批组织人员赴国家电力南京自动化研究院进行了DCS组态、操作及画面培训，赴长沙电厂进行现场实习培训。其次，重点对东方厂运行人员进行了10万kW机组理论知识和上仿真机培训，选拔优秀人员到10万kW机组运行岗位跟班实习锻炼；三是按照方案，以自学和集中授课的形式，在全公司范围内组织开展了为期3个月的管理人员岗位培训活动，全面提高了管理人员的业务技能和综合素质。

全面做好“四煤”管理工作。全力抓好电煤供应。面对煤炭涨价、资金短缺的严峻现实，合理调整煤炭采购结构、提高统配煤炭比例、优选地煤供应商并直接采购、加大煤质检验力度、妥善解决商务纠纷、提前完成越冬储备煤计划等办法，化解了电煤量、质、价问题对生产经营带来的不利影响，最大限度地保证了发电供热用煤。

转换经营观念，努力开拓外部市场，多种产业全面“扭亏”。多种产业坚持“内强管理、外拓市场、借船出海”的方针，全年创产值5899万元，实现利润102万元。对内，多种产业通过内部工程竞标管理、产品企业定额管理、坚持经济分析制度等措施，实现了管理创新。铸钢厂经过改造，引进新技术，大幅度提高了产品质量，新型波浪瓦在12号锅炉磨煤机大修中进行了安装，运行效果良好，生产的钢球新开辟了龙实、双鸭山热电厂两个市场，合作前景良好；作为重头戏，卓能建筑安装工程公司成功中标公司2×30万kW供热扩建工程Ⅲ标段工程项目，并在供热扩建工程开工建设前的“五通一平”、拆迁还建中，锻炼了队伍，展示了形象。对外，在新开办焊接公司、制冷维修等4个新项目的同时，积极承揽了同江热电厂扩建项目设备安装、双鸭山热电厂循环水厂房新建等外部工程，涉外工程创收300余万元。同时，雪溪虹矿泉水、纯净水、饮料已获国家食品安全市场准入资格，成功地与蓝带啤酒集团旗下的蓝贝集团达成矿泉水和纯净水合作经营，安置职工38人。

项目发展

积极开展两台30万kW供热扩建工程。2×30万kW供热扩建工程是华电集团在黑龙江省规划兴建的热电联产项目，已列入国家“十一五”规划。工程计划投资272447万元，投产后将承担采暖负荷971万m^2，预测全部投资内部收益率为10.5%，投资回收期10.38年，年最大发电能力可达40亿kW·h左右，每年可纳税8000万元左右。2007年1月4日，国家发展改革委以发改办能源［2007］10号文件，同意开展前期工作，公司先后完成了初设预审、主机、监理及施工队伍招标、“五通一平”、弥补土地征用不足等项工作。

密山发电厂2×60万kW超超临界机组待建工程前期工作进展顺利。得到了项目必备的接入系统、水土保持、项目用地三个国家权威批复文件，最后一个支持性文件环评报告已于2007年1月16日在北京通过了国家环保总局评估中心的审查，前期工作进展迅速。2007年底，该项目又被华电集团列入2008年开工建设计划，完成了三大主机设备招标。

内部改革

佳木斯公司于2006年4月1日关停东方厂，关停容量为9.8万kW。2007年7～11月对东方厂608名员工进行积极、妥善地跨区域分流和安置。公司出台了东方厂人员分流安置工作方案，坚持公开、公平、公正，向华电内蒙古公司6家发电企业分流人员。同时，出台了《招（选）聘东方厂关停分流安置人员办法》，使东方厂606名员工全部得到了妥善安置。其中，151人分流到华电内蒙古公司及所属发电公司；296人通过选（招）聘安置到10万kW机组和卓能公司；63人选聘到龙实热电责任有限公司；52人选择了内部退养等5项配套措施；东方厂留守及其他44人。

实施人员输出计划，减轻企业超员。为减轻企业超员压力，公司实行了放开出口政策，积极搭建平台，向系统内新建电厂进行人才推介，有34名员工成功应聘。完成了分离企业办社会职能机构遗留问题，经与市教委协商，解决了13名教师进入市教育系统问题，达到了双赢的目的。经过努力，向华电集团争取到了铁路道口定员指标，并在全公司进行了公开招聘，择优录用，20名员工重新竞聘上岗。向2×30万kW扩建机组配置集控运行人员50人，补充4×10万kW机组运行缺员52人，向内蒙古华电系统新建项目输送人员共219人。

党的建设、精神文明建设和企业文化建设

佳木斯公司“四好”班子创建和“先锋工程”进一步深入。创建政治素质好、经营业绩好、团结协作好、作风形象好的“四好”领导班子是新时期党建工作对国有企业领导班子建设提出的新要求。按照华电集团的部署，以“四好”班子创建方案为核心，进行了自查、总结、改进和提高的创建活动，推动“四好”班子建设又向前迈进了一大步。以“先锋工程”建设为有效载体，党性实践活动凸显了党员队伍的先锋模范作用，民主评议党员工作全面提高了党员素质，实现了党建工作和生产经营工作的有效融合。

党风廉政建设工作扎实有效。2006年度再次被佳木斯市委、市政府授予“全市落实党风廉政建设责任制先进集体”称号。建立了要害部门和重点岗位人员廉政档案，实施了廉洁承诺抵押金办法。开展了治理商业贿赂“回头看”，重点对工程发包、物资采购、燃煤验收和资金管理等几大方面开展了效能监察。一年来，没有发生党员干部违法违纪问题，被佳木斯市委、市政府授予落实党风廉政建设责任制先进集体。

精神文明建设和思想政治工作以创建华电集团优秀企业为核心，深入开展了创建学习型企业活动；文明单位建设和思想政治工作，切入生产经营实际，以社会主义荣辱观教育为主线，对员工进行了“八荣八耻”的教育，荣获全省整治治安保卫重点单位、治安隐患行动先进集体，公司首次进入了华电集团评为文明单位行列。制定2006、2007年度企业文化建设规划，重点从建设现代化企业制度和服务于企业经济效益出发，确定了全体员工共同认可并自觉遵守的企业价值观念。

中国华电集团哈尔滨发电有限公司

概况

中国华电集团哈尔滨发电有限公司（简称哈发公司）位于哈尔滨市市区中心，占地 10 万 m^2，是华电集团控股企业。哈发公司的前身为哈尔滨发电厂，1927 年 10 月 10 日投产发电，是哈尔滨市历史最悠久的电力企业，也是中国最早的民族电力企业之一，曾为黑龙江的解放战争和新中国“一五”计划的实施做出过突出贡献。

截至 2007 年 12 月 31 日，哈发公司总装机容量 10.2 万 kW，供热面积逾 600 余万 m^2，年发电量 6 亿 kW·h，年供热量 360 万 GJ，承担着黑龙江省委、省人大、省政府、省政协、电信枢纽、省医院、哈尔滨火车站、花园邨国宾馆、哈尔滨工业大学等一批重要国家机关、企事业单位供电、供汽和供暖的特殊任务，在市中心区域发挥着重要的政治、经济和社会作用。公司在职职工 974 人，离退休职工 594 人。

机构设置

哈发公司下设总经理工作部、计划部、人事劳动部、财务部、审计部、生产技术部、安全监察环保部、供热管理部、基建办公室、保卫部、燃料管理部、物资管理部、政治工作部、离退休人员管理部、工会、纪委监察室等 16 个部室和锅炉分场、汽机分场、电气分场、热工分场、修配分场、化学分场、燃料分场、运输分场等 8 个分场，以及工贸公司、物业公司、哈发热力公司等多种经营企业。

领导班子

董事长：王殿福

副董事长：关铁宁

董事：王殿福、关铁宁、杨富春、姜迎建、于德元、王金声、张万韬、金秀华、李喜荣

监事：黄兴根（监事会主席）、李安、马德军

总经理：郎国民

党委书记：马德军

纪委书记兼工会主席：李喜荣

副总经理：李守海、刘少军、王滨生

年度业绩

2006 年，完成发电量 60071 万 kW·h，同比增加 3862 万 kW·h；完成供热量 3745871GJ，同比增加 141153GJ；完成综合厂用电率 11.975%，比计划下降 0.045 个百分点；完成综合供电标准煤耗率 383.9g/(kW·h)，同比下降 5.87g/(kW·h)；完成供热标准煤耗率 44kg/GJ。实现利润总额 502 万元，超额完成集团公司下达的 180 万元利润目标。新增供热面积 15 万 m^2。

2007 年，完成发电量 60100 万 kW·h，同比增加 29 万 kW·h；完成供热量 3603256GJ，同比减少 142615GJ；完成综合厂用电率 12.10%，同比上升 0.12 个百分点；完成综合供电标准煤耗率 383.06g/(kW·h)，同比下降 0.84g/(kW·h)；完成供热标准煤耗率 44kg/GJ。实现利润总额 895 万元，同比增加 393 万元。新增供热面积 17 万 m^2，并签订了下个采暖期扩供热面积 18 万 m^2。

生产经营管理

（1）安全管理方面，认真落实安全生产责任制，努力构建安全生产长效机制。深入开展反事故斗争，加强安全生产监督检查，狠抓反违章和设备治理；深入开展安全性评价及整改工作，顺利通过了集团公司安评专家组查评及国家电力监管委员会东北监管局对公司 1～5 号机组并网安全性的评审；坚持防控结合，制定公司应急救援预案，并举行应对大面积停热、全厂停电事故的应急预案演练，检验预案的实用性及可操作性，提高了应对和处理突发事件的能力；归纳总结好的安全管理经验和做法，加大对员工安全生产意识和安全业务技能的教育培训，进一步健全和完善安全生产保障体系；加强了交通、防火、治安保卫和综合产业安全管理工作，较好地完成了重大节日及党的十七大等国家、省市重大政治活动的保电保供热任务。截至 2007 年底，实现连续安全生产 4007 天，在华电集团系统火电机组排名中名列前茅，被评为 2007 年度“中国华电集团公司安全生产先进单位”。

（2）运行管理方面，合理安排运行方式，精心监控、调整，加强巡视检查及设备维护，大力开展节能评价、指标竞赛、营运改善及缺陷分析，及时发现并解决影响机组安全经济运行的各种问题，持续改进，节能降耗。尤其重视煤质变化情况，及时加强配煤和燃烧调整，努力消除煤质波动对安全、经济运行的影响。

（3）设备治理方面，开展检修标准化管理工作，严格执行 ISO 9001:2000 质量管理体系，签订

机组检修承包合同，认真落实“精品工程考评实施方案”，有效降低机组非计划停运和重复性检修，努力提高设备等效可用系数。2006~2007年，设备大修、技改工程累计总投资2404万元（其中大修项目1232万元，技改项目1172万元），重点完成了1~5号机大修、1、2号炉大修及1号炉省煤器改造、2号炉电除尘器改造、2号炉屏式过热器更换、2号炉二级对流过热器管屏更换、主蒸汽母管阀门更换、1号炉电除尘器阴阳极振打轴系改造、1号机三段抽气安全门改造、4号机凝结水手动调节改造、2号炉减温水调节阀更换、2号炉盘前压力表移位改造等大修和技改工程，设备健康水平得到显著提高，设备缺陷发生次数呈逐年下降趋势，确保了发电供热设备的安全稳定经济运行。

（4）在经营管理方面，一是加强“三电”、“三热”工作。努力争取合约电量和有利的电费结算原则，全力做好煤电联动、电（热）价上调的争取、测算、落实工作，加大电（热）费回收力度，确保了年末电热费结零目标的实现。2006年，哈发公司上网电价在平均联动1.97分/（kW·h）的基础上，多上调3.55分/（kW·h），共上调5.52分/（kW·h）（从2006年6月30日起执行），当年增收995万元；采暖出厂热价上调4.04元/GJ（不含税价），获得终端涨价的90%，使公司增收527万元。二是狠抓了“四煤”工作。严把入厂煤量、质、价、耗的关键环节，从维护企业利益的角度出发，积极做好与调运公司、各大煤矿及铁路部门的协调工作，加强燃煤经济分析，适时调整煤炭结构，控制标煤单价，妥善处理商务纠纷，确保燃料供应，2006~2007年连续两年荣获集团公司“燃料管理优秀企业”荣誉称号。三是强化了企业内部管控机制的建设。实行以全面预算管理为核心的财务管理，合理安排、控制使用资金和各项费用支出，进一步强化执行预算的严肃性和刚性，加大对预算指标奖罚力度，努力调动广大员工增收节支的积极性；充分发挥审计、行政监察和企业法律顾问的监督保障职能，进一步健全和完善监督控制体系，使“人、财、物、事”均得到有效监管；加强工程和物资采购、库存管理，规范合同管理和招投标工作，在保证生产需求和事故抢修的前提下，合理压降库存，利用省会城市物流优势，推行标准件、日常维护材料、劳保用品等零库存的理念；认真开展“遵纪守法，依法经营”主题实践活动，确保了公司经济安全。

内部改革

实施标准化管理。及时修订与完善企业《管理标准》和《工作标准》，并认真贯彻执行，进一步规范员工工作行为，理顺管理职能，提高工作质量，提升管理水平。

坚持以人为本，在严格执行绩效考核规定的同时，努力增加员工收入，提高员工福利，按照华电能源公司统一部署，制定《中国华电集团哈尔滨发电有限公司企业补充医疗保险管理办法》（暂行），并经职代会联席会议讨论通过，从2007年1月1日起执行，进一步完善了医疗保险体系，提高了公司参保员工医疗保障水平。

党的建设、精神文明建设和企业文化建设

哈发公司党委修订、补充、完善了党的先进性建设长效机制20项，制定了公司《党建工作制度》，规范了公司党委、基层党支部的各项工作，强化了党委中心组学习，认真开展“三会一课”，积极组织民主生活会和民主评议党员工作。开展了“强核心，固堡垒，全面提升基层党组织标准化建设水平”活动、“保持党的先进性，立足岗位争先锋”主题实践活动，利用“七一”党的生日为契机，表彰党建工作中的先进集体和个人，并适时开展党课教育、形势任务报告、参观学习、优秀共产党员图片展、先进事迹演讲等活动，发挥典型的示范引路作用。结合公司中心工作积极开展多种形式的文明创建活动。2006~2007年，哈发公司党委组织开展了“保持党的先进性，立足岗位争先锋”、“创新发展，构建和谐，我为企业作贡献”等主题实践活动，充分调动广大员工工作积极性；利用“一网、一刊、一屏、一廊”即公司网站主页、月刊《今日哈发》、电子大屏幕、宣传廊等媒体大力开展宣传工作，发挥了公司主流媒体的正面宣传作用；开展了以争创文明职工标兵、文明分场标兵、文明部室标兵为目标的创建活动；积极组织“三德”、“三观”及《公民道德建设实施纲要》的贯彻学习；积极参与社会公益活动，积极募捐赈灾，扶助弱势群体，建设文明城市；以群众性文体协会为依托开展体育、摄影、绘画、歌咏、舞蹈等丰富的文娱活动，陶冶员工情操，远离不健康活动。这些精神文明建设的具体工作逐步提升了员工的综合素质，也在社会上叫响了“哈发”的名字。

按照《企业文化建设三年规划》提出了企业文化理念系统：核心理念是为国　为民　为企　为己；企业使命是为社会提供优质、洁净、安全、充足的热能和电能；发展战略是热电联产、和谐发展；安全理念是坚持"严、细、实、高"，创建本质安全；经营理念是精细管理 低成本运营；人才理念是德才兼备　人事相宜；制订了员工规范系统：思想道德规范即职业道德规范、社会公德规范、家庭美德规范行为规范即管理人员行为规范、员工行为规范、员工工作规范。

在理念系统和规范系统的基础上积极组织宣传贯彻，认真开展《华电宪章》的宣传贯彻，以突出管理文化、安全文化和廉洁文化的建设为主线，开展了哈发人形象定位大讨论活动，进一步凝聚了企业精神。

建厂80周年系列庆祝活动

为纪念建厂80周年，从2007年年初起，哈发公司逐步开展了以"知厂情　爱岗敬业　促和谐　奉献企业"为主题的系列纪念活动，包括纪念建厂80周年历史回顾图片展、"厂史、厂情知识问答"活动、企业文化故事演讲比赛、厂庆80周年纪念标语征集活动、安全知识竞赛活动、员工座谈会、"青春飞扬"职工篮球赛、排球赛等活动，并于"十一"前夕，举行了喜迎厂庆80周年文艺演出，通过歌曲、舞蹈、魔术、小提琴独奏、三句半等群众喜闻乐见的艺术形式，展现了哈发员工良好的精神风貌。4000余人次参与了以上活动，范围覆盖公司直属各单位，通过多姿多彩的活动，宣贯了企业文化理念，挖掘了企业精神，凝聚人心，树立了哈发公司的形象与品牌。

上海奉贤燃机发电有限公司

概况

上海奉贤燃机发电有限公司（简称奉贤燃机公司）位于上海市奉贤区金汇镇，成立于2004年9月1日，为中外合资企业，是上海市配合国家"西气东输"建设的发电企业之一。工程于2004年3月开工建设，2005年7月~2006年1月，陆续投产了4套由美国GE公司生产的9E级重型燃气（燃油）轮机、国产立式余热锅炉和蒸汽轮发电机组构成的燃气—蒸汽联合循环发电机组，总装机容量72万kW，其中还预留二、三期发展的建设用地和天然气管输容量。公司发电燃料为天然气，属节能环保电厂，是上海电网的主力调峰电厂之一。

2007年11月28日，华电集团收购上海柘中集团公司80%的股份（含华电香港有限公司收购的40%股份），从而实现了华电集团在沪装机"零"的突破。截至2007年底，奉贤燃机公司有员工29人，下设总经理工作部、财务资产部、计划营销部、安全生产部等4个部门。

领导班子

董事长：毛锡书

副董事长：陆仁军

董事：李增昉、庄彩丽、侯星恒

监事：杨艺、蔡雀珏、朱梅红

总经理：毛锡书

年度业绩

2006年，完成发电量67426MW·h，亏损6498万元。

2007年，完成发电量169496MW·h，扭亏为盈，实现利润16912万元。

生产经营管理

在2006年出现亏损的不利形势下，奉贤燃机公司积极与上海市经委、物价局、电力公司等部门进行沟通与协调，于2007年初争取到了备用容量的补偿政策，使公司在2007年度成功实现扭亏为盈目标，完成利润1.69亿元，为公司今后的经营发展奠定了良好基础。

党的建设、精神文明建设和企业文化建设

奉贤燃机公司完成交接后，在华电集团上海分公司的领导下，党的建设、精神文明建设和企业文化建设全面展开：一是结合公司实际，进行环境综合治理，并大力开展企业文化建设，使员工深入感受华电企业文化教育；二是加强文明生产，使厂容厂貌焕然一新，初步展示了华电企业的新形象；三是以人为本，全面实施人才强企战略；四是积极开展"四好"领导班子创建活动，不断加强干部队伍建设，以此增强公司员工对企业的认同感与归属感，努力实现员工与企业的协调发展。

上海华港风力发电有限公司

概况

上海华港风力发电有限公司（简称华港风电

公司）于2007年3月19日注册成立，由华电集团新能源发展有限公司与上海环境集团有限公司分别按照50%的股比共同出资组建。

华港风电公司老港项目一期工程分别安装1500kW的风力发电机组13台，总装机容量为1.95万kW。2007年4月24日，华港风电公司老港项目一期工程取得上海市发展改革委项目建议书的批复文件；同年11月30日，项目又取得上海市房地局用地预审的批复。

截至2007年底，公司共有员工8人，下设综合管理部、计划财务部和工程管理部等3个部门。

领导班子

根据华港风电公司组建协议规定：董事会将由5名董事组成，其中上海环境集团有限公司推荐2名、华电集团新能源发展有限公司推荐3名，董事长人选由上海环境集团有限公司委派、副董事长人选由华电集团新能源发展有限公司委派。同时，公司设总经理，副总经理各1名，其中总经理人选由华电集团新能源发展有限公司委派，副总经理人选由上海环境集团有限公司委派。公司监事会成员3人，其中上海环境集团有限公司推荐1名，华电集团新能源发展有限公司推荐1名，另外职工监事1名，由职代会选举产生。

董事长：张其祥

副董事长：霍广钊

董事：毕建军、严光亮、荣庆

监事会主席：郭克亮

监事：郭广寨、顾士贞

总经理：毕建军

副总经理：李铭裕

上海通华燃气轮机服务有限公司

概况

上海通华燃气轮机服务有限公司（简称通华公司）成立于2005年2月，是由上海华电电力发展有限公司和中国技术进出口总公司发起，并由上海华电电力发展有限公司、中国技术进出口总公司、杭州华电半山发电有限公司、张家港华兴电力有限公司、江苏华电戚墅堰发电有限公司、江苏华电望亭天然气发电有限公司分别按照31%、29%、10%、10%、10%、10%的比例共同出资组建，是国内首家以重型燃气轮机用户为主要服务对象的有限责任公司，其范围涉及国内引进的9F系列重型燃气轮机电厂及9E、6B等各系列燃机电厂，同时为燃气轮机电厂提供备品备件采购、虚拟仓库管理和技术商务服务。

截至2007年底，通华公司共有员工12人，下设采购服务部、检修服务部、市场开发部、总经理工作部、财务部等5个部门。

领导班子

董事长：毛锡书

董事：吴多誉、蒋洪德、孔庆甫、王顺国、齐崇勇、彭旻、陈文炎、杨惠新、徐国飙、徐峥嵘

监事：朱建平、蔡雀钰、朱晓冰、高志祥、陈洁宇、温厚磊

总经理：毛锡书

常务副总经理：张粟一

副总经理：王学勤

年度业绩

2006年，完成销售收入20079.93万元，完成年计划的149.98%，实现利润362.22万元，完成年计划的120.74%。

2007年，完成销售收入8030万元，完成年计划的59.74%，实现利润352万元，完成了年计划的100.83%。

生产经营管理

2006年1月，通华公司与GE公司的长期合约正式生效，各项业务全面展开。首先对各股东电厂随机带入的备件进行分析和整理，并与各单位多次协商，提出了补充配备一套完整的事故备件的方案。经过多方努力，2006年6月，通华公司赶在GE公司调整价格期限前，为各股东电厂下达了事故备件的采购订单。随后完成了从签约、开证、运输、保险、清关、物流配送、审单付款及开箱检验等诸多环节，及时无误地完成了事故备件的采购工作。为更好地向股东电厂提供燃机检修服务，通华公司还对9FA系列燃机大、中、小修所涉及的范围、需更换的部件、相关费用的测算等进行多次深入细致的研究，为燃机电厂及其上级单位在燃机检修与备件管理方面提供了科学的决策依据。

2007年，通华公司为电厂用户采购各类备件3000多万元；并先后完成了张家港华兴1号机组、

戚墅堰1号机组、望亭1号和2号机组，以及半山2号和3号机组小修备件的供应和调配，参与了小修的全过程，为燃机检修提供了必要的服务。另外，通华公司积极开展燃机备件的调配管理工作，在备件库管理过程中，制定了备件共享和调配管理办法，做到了库存备件种类齐全、调配顺利、管理有序。据统计，2007年公司累计进行备件调配40余次，调配范围已扩大到漕泾、金陵、镇海等燃机电厂，总金额超过4000万元，为各家电厂的稳定生产提供了有效保障。

党的建设、精神文明建设和企业文化建设

2006～2007年，通华公司引入ISO 9000管理体系并通过质量评估，每年进行年检，同时还设立了通华公司网站，并在网站上建立了备件查询和资料下载系统。公司通过建立完善内部管理信息化（ERP）系统和部门例会制度，同时根据公司业务的发展变化不断更新部门人员设置，从而大大提高了公司管理水平和管理效率。

江苏华电戚墅堰发电有限公司

概况

江苏华电戚墅堰发电有限公司（简称戚电公司）前身为始建于1921年的戚墅堰发电厂，1999年4月改制成公司制企业，2002年12月划归华电集团，2003年9月更名为“江苏华电戚墅堰发电有限公司”。经过多次扩建发展，至2007年底，装机总容量为122万kW，分别为2台22万kW燃煤机组和2台39万kW的燃气机组。

戚电公司位于江苏省常州市东郊，占地面积122万m^2，临近常州500kV政平变，在电网结构中处于华东和江苏电网的负荷中心，是华东电网的骨干调峰电源之一。截至2007年底，公司下设总经理工作部、策划营销部、财务部、人力资源部、生产技术部、安全环保部、工程建设部、句容项目部、党委工作部、监察部、审计部、武装保卫部、工会办公室、发电部、燃料部、检修部、物资部、后勤部、多种经营部等19个部室，拥有员工1663人。

领导班子

董事长：赵永仁

副董事长：姜忠泽

董事：褚玉、王锡南、戴军、陈耀庭、赵兴才、汤松德、吴金华、叶娟、葛建国

董事会秘书：史军

监事：朱家全、王萍娟、姜和平、赵伟中、马文胜、刘志军

监事会召集人：王萍娟

总经理：葛建国

党委书记：钱大阜

党委副书记兼纪委书记：冷寅

副总经理：陈文炎、乐俊、周维中、唐健、方少华

工会主席：刘志军

总工程师：石万里

总会计师：郁正中

主要领导变动情况：

2007年4月，王锡南调离，葛建国接任总经理。

年度业绩

2006年，戚电公司完成电量50.32亿kW·h，其中煤机完成电量28.97亿kW·h，设备利用小时达6584h，超过全省平均设备利用小时数为1311h；燃机完成电量21.35亿kW·h，利用小时达2737h。综合供电煤耗率完成309.42g/(kW·h)，其中煤机综合供电煤耗率完成360.04g/(kW·h)，燃机综合供电煤耗率完成247.24g/(kW·h)。综合厂用电率完成5.65%，其中煤机综合厂用电率完成7.44%，燃机综合厂用电率完成3.35%。全年完成利润9395万元，超额完成华电集团下达的年度考核目标，成为华电集团优秀发电企业。

2007年，完成发电量50.19亿kW·h，其中煤机完成电量25.64亿kW·h，燃机完成发电量24.55亿kW·h。煤机发电平均设备利用小时为5828h，比全省平均利用小时高585h；燃机平均设备利用小时数为3147h。综合供电煤耗293.66g/(kW·h)，其中煤机综合供电煤率完成366.53g/(kW·h)，燃机综合供电煤率完成242.57g/(kW·h)。综合厂用电率完成5.21%，其中煤机综合厂用电率完成8.53%，燃机综合厂用电率完成2.74%。全年实现利润9128万元，超额完成华电集团下达的年度考核任务。同时，按照华电集团节能减排和环保工作要求，积极推进2台22万kW煤机烟气脱硫工程建设，并于2007年10月顺利实现竣工投产，创造了当年国内同类工程建设项目最短工

期记录。

生产经营管理

围绕华电集团提出的“生产安全、经济安全、政治安全、形象安全”四大安全目标，戚电公司加大力度，完成了安全责任落实、安全制度落实、安全考核落实和安全监察落实，大力培育安全文化，安全生产继续保持稳定局面。戚电公司以实现连续安全生产1000天为契机，开展安全生产大讨论活动，进一步强化安全理念和安全文化建设的推进，巩固了公司安全生产长周期的基础。按照集团公司优秀发电企业要求，加强运行管理和检修管理，认真执行ISO 9002标准，着力加强现场环境、设备整治。加强营运改善和对标找差工作，努力降低各类消耗，有效改善机组运行经济指标；积极探索燃机运行规律，及时消除设备缺陷，确保燃机稳定、高效运行。截至2007年底，连续安全生产达1236天。

同时，戚电公司还积极开展电力市场营销工作，树立市场、公关、效益意识，精心组织跨省区双边交易、电量计划的替代，合理利用煤电联动政策支持，积极争取电量和电价。加强公关工作，协调电网、气网多方关系，营造良好外部经营环境。抓好燃料供应管理，努力控制煤炭量、质、价的关系，落实天然气的供应。强化内部管理，挖潜增效，加强预算管理、内部审计和效能监察管理，每月开展经济活动分析，掌握经营动态，提高了公司生产经营管理水平。

内部改革

加强人才队伍的培训，对管理人员、班组长、检修运行一线人员等开展多层次的培训，全员岗位培训率达到85.2%。戚电公司积极鼓励广大员工岗位成才，重视员工技能提升工作，强化各类专业技能训练，开展技能鉴定、岗位练兵和“名师带高徒”活动，并注意充分发挥劳模创新工作室的示范作用，企业员工素质得到进一步提升。

项目发展

戚电公司以“创建常州清洁能源基地、构筑华电环保电站典范”为目标，利用“川气东输”的契机，开展建设9E级燃机热电联产项目。2007年6月和9月，项目先后取得江苏省发展改革委和华电集团关于同意开展前期工作的批复，项目前期工作不断向前推进。

同时，按照华电集团和江苏分公司的部署，戚电公司还着力做好华电句容电厂的前期筹建工作，并成立了句容项目部，通过了项目可研报告审查，实现了工程项目的桩基试桩。

党的建设、精神文明建设和企业文化建设

戚电公司以构建“和谐戚电”为主线，以“健康发展　和谐进步”为主题，积极融入中心、服务企业，为公司完成各项任务提供强大的精神动力。通过开展“在岗位建功、为和谐尽力”等党员主题实践活动，发挥各级党组织在构建“和谐戚电”的引导力。同时，加强党风廉政建设，全面落实党风廉政建设责任制，进一步强化领导干部廉洁自律的监督，大力抓好“五五”普法实施工作，营造民主、法治、廉政氛围，从而确保依法治企理念贯穿于企业决策、经营、管理的全过程。

同时，戚电公司还顺应百万电厂经营管理的要求，大力开展企业文化建设，全面提炼企业文化理念，形成富有戚电特色的公司使命、公司精神和发展理念等九大企业理念。通过组织开展职工运动会、安全格言征集、辩论赛等多种形式的活动，鼓舞了士气，活跃了气氛，进一步增强了企业的凝聚力、向心力。

江苏华电扬州发电有限公司

概况

江苏华电扬州发电有限公司（简称扬州公司）位于江苏省扬州市东北郊，其前身为始建于1958年的扬州发电厂。1999年4月，扬州电厂整体改制为扬州发电有限公司。2002年12月31日，扬州公司划归华电集团，江苏电力公司所属55.29%的国有资产全部移交华电集团管理。2003年9月28日，扬州公司更名为“江苏华电扬州发电有限公司”。公司装机容量为110万kW，分别为2台22万kW和2台33万kW的燃煤发电机组。

截至2007年底，扬州公司下设总经理工作部、党委工作部、工会、人力资源部、财务部、策划营销部、生产技术部、人武保卫部、安全环保部、监察审计部、燃料管理部、扩建工程处等12个职能部门，以及发电部、燃料生产部、汽机、锅炉、电气等10个生产部门，在册员工1460人。

领导班子

董事长：赵永仁

副董事长：朱元豪、周晓霞

董事：刘传柱、陈宗法、赵永仁、褚玉、顾干、孙志宏、蔡余良、沈泉、吕秀泉、陈祥福

监事会主席：朱家全

监事：陈图松、樊洪、叶娟、许卫国、朱八寅、吉立东

总经理：孙志宏

党委书记：洪顺荣

副总经理：王永生、王武仕、柳晓

纪委书记、工会主席：吉立东

总工程师：宋成

主要领导变动情况：

2007年4月6日，孙志宏担任公司总经理，顾干不再担任公司总经理。

年度业绩

2006年，完成发电量60.29亿kW·h，实现销售收入17.84亿元、利润1.1769亿元，利润首次突破亿元；综合供电煤耗354.01g/(kW·h)，综合厂用电率7.38%，安全生产记录达到2714天。

2007年，完成发电量61.7672亿kW·h，实现销售收入18.35亿元，实现利润1.2亿元；综合供电煤耗350.42g/(kW·h)；综合厂用电率7.25%，安全生产实现3079天，连续8年安全生产无事故。

生产经营管理

2006~2007年，扬州公司狠抓安全生产责任制落实，开展各类应急预案培训和演练，提高全员安全意识和安全技能；加大考核力度，注重关口前移，对苗头性问题坚持“四不放过”；开展反违章活动，实现安全目标“四级控制”；22万kW机组“安评”整改顺利通过华电集团安全性评价专家组的复评。加强设备巡查、分析预控和技术攻关，缺陷管理水平逐步提高；严格检修质量管理，顺利完成6、7号机组首次检查性大修，4、5号机组小修及5号机大修，6、5号机组相继实现“全优”，2006年公司4台机组首次实现“零非停”；开展“创无渗漏机组”活动，加强节能技术改造，完成51、61号凝泵高压变频改造，针对6号、7号机组真空差开展技术攻关，机组健康水平大幅提高。

扬州公司加强与江苏省经济贸易委员会、江苏省电力公司的沟通，努力争取电价政策，全口径批复电价达384.7元/(千kW·h)，提高了14元/(千kW·h)；实施厂际间替代发电，有效降低了发电成本；加强预算管理和经济活动分析，强化过程管控，确保成本可控在控；通过控制贷款规模、广开筹资渠道、争取优惠利率、优化借款结构等措施，积极应对宏观调控、货币政策从紧的不利形势，保障资金供应；加强燃料管理，开辟新的供煤渠道，发挥煤业集团公司优势，有效降低燃料成本；广泛开展对标管理活动和值际指标竞赛，33万kW机组经济发电水平稳步提高。

内部改革

稳步推进检修体制改革试点工作，2006年12月，成立扬州华电电力工程有限公司；修订公司岗位薪点工资制度，2007年，《江苏华电扬州发电有限公司绩效目标管理考核办法（试行）》、《江苏华电扬州发电有限公司生产指标年度绩效考核细则（试行）》开始实施。

党的建设、精神文明建设和企业文化建设

扬州公司坚持用科学理论武装思想指导工作，深化“四好”班子创建，严格执行中心组学习制度，进一步提高班子的学习力和驾驭全局能力；坚持以改革创新的精神加强党的建设，积极开展“示范党支部、示范党小组和党员示范岗”和“学先进、增本领、争贡献”、“党员一日”等实践活动；加强党风廉政建设和治理商业贿赂工作，建立长效机制，大力推进效能监察工作。

加强理论学习和形势任务教育。开展“付出与回报”、“提升品牌形象，构建和谐扬电”大讨论活动；推进“五五”普法工作，编印《员工手册》，开展“厂纪法规教育”活动。围绕确保“四个安全”，建立应对突发事件的预警机制；开展“弘扬文明，告别陋习”活动，评选“十大文明言行”和“十大不文明言行”，开展“1+1”社企共建、捐资助学等系列文明创建活动。每季召开文明创建分析会；加强先进典型宣传，抓好示范带动，营造创业干事、奋发进取、争先创优的氛围。

切实加强企业文化建设，有力推进企业中心工作，“三力”文化初步形成：“以集团公司文化理念为统领的管理理念体系，以安全、廉洁、和谐、班组、经营为主要内容的分文化体系，以部门文化管理手册为支撑的子文化体系，以塑造人、提高人为核心的环境文化体系，以关心员工健康、陶冶情操为目的的文化活动体系”。同时编印《安全文化手册》、《廉洁文化手册》、《部门文化管理

手册》等，通过布置宣传橱窗和文化长廊，形成富有特色的环境文化；同时，通过举办第二届职工文化艺术节，开展健康向上的文体活动，加强新闻宣传，为“三力”文化注入了新的活力和魅力。

江苏华电望亭天然气发电有限公司

概况

江苏华电望亭天然气发电有限公司（简称望亭公司）位于江苏省苏州市相城区望亭镇望亭发电厂内，由华电集团与上海电力股份有限公司共同出资建设，于2004年3月18日注册成立。2004年，华电集团将所持有的55%股权划给上海华电电力发展有限公司。

望亭公司装机容量78万kW，引进2台美国GE公司生产的39万kW 9F级燃气—蒸汽联合循环发电机组，是国家“西气东输”能源战略下游配套项目。2台机组于2004年1月18日开工建设，并分别于2005年9月和12月先后投产发电。望亭天然气公司下设办公室、安全监察部、计划发展部、营销部、财务部、物资管理部、生产技术部、人力资源部、审计部、监察部等10个部门，员工总数410人。公司管理机构与望亭发电厂管理机构合署办公。

领导班子

董事长：陈海斌

副董事长：陆得仁

董事：丁立旗、顾金芳、杨惠新、罗慧敏、姚锦康

监事会长：陈文灏

监事：钱洪根、王迅

总经理：陈海斌

副总经理：齐崇勇、姚锦康、顾金芳

主要领导变动情况：

2007年4月6日，总经理毛锡书离任，陈海斌接任。2007年7月9日，董事长毛锡书离任，陈海斌接任。

年度业绩

2006年，完成发电量21.48亿kW·h，实现利润3444.26万元，完成综合供电煤耗242.8g/(kW·h)，完成综合厂用电率2.99%，比集团公司考核指标低2.19%。

2007年，完成发电量24.76亿kW·h，实现利润5932.64万元，完成综合供电煤耗242.73g/(kW·h)，完成综合厂用电率2.86%，比华电集团考核指标低0.02%。

生产经营管理

2006年，望亭公司在认真抓好机组运行的情况下，对燃机的设备铭牌、设备系统图、规程等做了进一步修改完善。同时做好主设备供应的技术、商务收口工作，积极向国家电力监管委员会报办电力业务许可证。根据华电集团的要求，编写了大型燃机安全性评价草案，抓好安全性评价、环保、消防和工程档案等4个单项竣工验收工作。在华电集团的组织下，公司两台燃机成功实施50%及满负荷状况下的甩负荷试验，确保了2006年7月30日机组顺利通过华电集团的达标投产复查。

2007年，先后组织完成了2号燃气机组发电机转子的故障处理和计划小修，以及1号燃气机组的R0叶片故障更换和燃烧室检修（CI），全面提高了机组的安全可靠性。同时，积极与中国石油天然气集团公司有关部门加强沟通联系，寻求支持，最大限度地争取气量，共争取天然气8.934亿标立方，大大超过3.6万标立方的计划，基本保证了1台燃机的发电需要，进一步确保了发电设备利用小时达到3174h，超出省内发电机组平均水平。另外，通过合理安排运行方式，积极利用分时电价政策，多发高峰电量，提高经济效益。截至2007年底，望亭公司连续安全生产实现1143天。

党的建设、精神文明建设和企业文化建设

望亭公司积极组织党员干部开展理论学习，抓好党员培训，认真学习贯彻党的十七大精神，开展巩固扩大先进性教育成果和“回头看”工作，大力开展保持共产党员先进性四个长效机制建设及“强核心、固堡垒，全面提升基层党组织标准化建设水平”等活动。同时，积极开展构建惩防腐败体系工作和“卓越和谐之轮”企业文化体系宣贯，促进了领导干部的廉洁自律，在企业营造良好氛围。工程建设创“双优”活动取得了良好效果，在苏州地区得到推广。此外，丰富多彩、健康有益的职工文化体育活动也进一步丰富了职工的业余文化生活。

望亭发电厂
(上海华电电力发展有限公司)

概况

望亭发电厂（简称望亭电厂）位于江苏省苏州市相城区望亭镇，始建于1956年10月，是国家“一五”期间建设的69个中心电站之一。2002年12月国家实施电力体制改革，望亭发电厂划归华电集团。2004年2月，以望亭电厂资产为基础，在上海市黄浦区注册成立了上海华电望亭发电有限公司，并于2004年8月更名为上海华电电力发展有限公司（简称上海华电），与望亭电厂实行“一套机构、两块牌子”。

望亭电厂装机总容量为142万kW，分别为2台39万kW的燃气机组、1台31万kW和1台33万kW燃煤机组。截至2007年底，电厂下设办公室、计划部、营销部、财务部、人力资源部、安全生产部、生产技术部、改建工程处、前期办公室、政工部、监察部、审计部、物资部、保卫部、运行部、检修公司、燃料部、土建公司、生活公司、家退委、实业公司等21个部门，职工总数为2010人。

领导班子

董事长：邓建玲

董事：陈斌、赵永仁、陈海斌、钱洪根

监事会主席：朱家全

监事：王志鹏、徐继荣

厂长（总经理）：陈海斌

党委书记：钱洪根

副厂长（副总经理）：齐崇勇、吴菊生、杨惠新、刘永红（挂职）、汪鸣飞、彭彤宇、朱卫风

纪委书记、工会主席：王振

总工程师：林伟

主要领导人员变动情况：

2007年4月，厂长（总经理）毛锡书离任，陈海斌接任厂长（总经理）。

年度业绩

2006年，完成发电量63.37亿kW·h，实现利润5039.82万元。煤机完成综合供电煤耗340.2g/(kW·h)，燃机完成综合供电煤耗242.8g/(kW·h)。综合厂用电率完成4.4%。

2007年，完成发电量63.18亿kW·h，实现利润10352.45万元。煤机完成综合供电煤耗341.2g/(kW·h)，燃机完成综合供电煤耗242.7g/(kW·h)。综合厂用电率完成4.5%。

生产经营管理

坚持“安全第一、预防为主、综合治理”的方针，按照“制度至高无上，流程铁板一块，执行坚决有力”的要求，树立“以零违章、零缺陷确保零事故”和安全生产“三个第一”的理念。采用多种形式大力开展安全培训，提高全体人员安全素质。落实安全生产责任制，每年均层层签订安全责任书；修订和完善安全管理标准34个，新增《二十五项反措实施细则》，编制完成《望亭电厂突发事件管理规定》和《望亭发电厂总体应急预案》及9个专项应急预案，确定了各部门现场处置方案近40个；认真组织开展了春、秋季安全大检查及防台防汛、迎峰度夏、交通安全等专项安全大检查活动。同时加强班组安全管理，努力提高“两交两查”质量，严格执行“两票三制”，确保班组安全生产目标的可控。扎实做好设备治理工作，2年间先后完成11号机组大修和小修各1次，14号机组小修和D级维护各1次，2号燃气机组发电机转子的故障处理和计划小修各1次，全面提高了机组的安全可靠性。截至2007年12月31日，全厂连续安全生产达到1574天。

按照华电集团“管理提升年”的要求，望亭电厂以提升三大业绩为目标，积极开展节能降耗和对标工作，努力控制好各个管理环节，确保企业经营业绩的提高。在顺利完成“三标一体化”贯标工作的基础上，每年还开展贯标复查评审工作；完善全厂信息管理系统，实施无纸化办公和信息网上流转，提高工作效率。同时，抓住电量龙头，通过积极参与电力市场竞争，争取交易电量超过3亿kW·h，煤机设备利用小时和燃机设备利用小时均超出省内发电机组平均水平。此外，通过合理安排运行方式，积极运用国家政策，争取合理电价，完成煤机电价提高0.004元/(kW·h)；11号煤机脱硫电价上调0.015元/(kW·h)，并实现全年电费回收率达到100%，2年共降低费用3566万元。2年来，在煤炭紧张、煤价持续飙升的情况下，电厂通过加大对水运煤的采购力度，在确保燃料供应的前提下，积极与中石油公司等单位加强联系，寻求支持，努力降低燃料成本，较好地保证了机组的发电需要。

发展目标

坚持"以电为主、综合发展"的方针，全面落实科学发展观，积极推进企业可持续发展，全力推进660MW超超临界燃煤机组工程建设，确保工程实现既定目标。同时，努力推进另一台660MW超超临界燃煤机组评优工作，力争把望亭发电厂建设成资源节约型和环境友好型电厂。

党的建设、精神文明建设和企业文化建设

2006年，开展了巩固扩大先进性教育成果和"回头看"工作；2007年开展了保持共产党员先进性四个长效机制和"强核心、固堡垒，全面提升基层党组织标准化建设水平"活动。

同时，通过积极开展"四好"领导班子创建活动，保证了领导干部工作作风的切实转变。根据工作需要，还制定了领导干部夜间跟班上岗和参加班组安全活动制度，并积极开展民主管理活动，推行厂务公开。根据"双保"工作和"双优"要求，围绕燃料采购管理和燃机采购招标等，积极开展效能监察。积极开展构建惩防腐败体系工作，促进了领导干部廉洁自律。根据华电集团要求，积极开展文明创建活动，取得了良好成效。2006年被华电集团评为文明单位，2007年荣获华电集团文明单位标兵，同时被江苏省授予"和谐劳动关系模范企业"称号。

其他事项

（1）2006年10月17日，国家发展改革委以"发改办能源［2006］2315号"文件，批准望亭电厂开展油机改建项目前期工作。

（2）2007年2月26日，国家发展改革委以《国家发展和改革委员会关于江苏望亭电厂"上大压小"改建工程项目核准的批复》（发改能源［2007］420号）文件核准了望亭电厂油机改建工程先期建设一台60万kW级超超临界燃煤发电机组。工程于2007年8月31日开工。

（3）2004年8月18日，望亭电厂（上海华电）与雅鹿集团公司分别按照51%、49%股份共同出资组建太仓华电开发建设有限公司，建设苏州港太仓港区六期围滩吹填工程。该项目于2005年11月19日开工，2007年5月31日通过交工验收。

（4）按照华电集团"上大压小"的节能减排要求，望亭电厂（上海华电）开展拆除12号、13号2台燃油机组工作。2007年4月27日，中央电视台、《新华日报》等众多媒体进行了报道。

（5）2007年12月26日，华电集团江苏分公司发文，成立"华电如皋项目筹建处"和"华电太仓项目筹建处"，由望亭电厂负责组织开展如皋电厂项目和太仓项目前期工作。

（6）2007年12月16日，望亭电厂14号机组烟气脱硫技改工程开工建设。

江苏电力发展股份有限公司

概况

江苏电力发展股份有限公司（简称江苏电力股份公司）于1993年8月28日经江苏省体改委（体改生［1993］224号文）批准组建，并于1993年11月29日注册成立，主要从事电力投资和经营业务，是江苏省首批规范设立的股份制企业。2002年底国家实施电力体制改革，将江苏电力股份公司25.5%的股权划归华电集团；2006年8月31日和2007年4月19日，华电集团通过两次并购，所持股份比例上升至51%，成为江苏电力股份公司第一大股东。

江苏电力股份公司下设综合管理部、财务管理部、经营发展部、资源管理部等4个部门，经营范围为电力、热力、石油及其制品经营；国际电力技术交流合作与贸易、物资贸易、电力技术咨询服务等。

领导班子

总经理：刘寅洁

书记：张登楼

副书记：王晓萍

副总经理：孔祥瑜

总会计师：黄厚仁

年度业绩

2006年，江苏电力股份公司拥有权益发电装机容量63.239万kW，权益发电量完成38.88亿kW·h，权益上网电量36.26亿kW·h，利润总额2.23亿元（参股20%以上的项目收益按权益法计算），净利润1.94亿元，总资产79296.4万元，负债总额16476.5万元，净资产62819.9万元，资产负债率20.8%，净资产收益率30.8%。

2007年，江苏电力股份公司拥有权益发电装机容量63.239万kW，权益发电量完成33.37亿kW·h，权益上网电量31.04亿kW·h，利润总额

1.41 亿元（参股20%以上的项目收益按权益法计算），净利润 1.33 亿元，完成全年目标利润的141%，净资产收益率21%。

经营管理

2006 年6 月1 日，经江苏电力股份公司第十三次股东大会批准，实施每十股转增三股的增资扩股方案，注册资本由 21000 万元增至 27300 万元，总股本为27300 万股。

2006 年6 月22 日，江苏电力股份公司与北京新华水利水电投资公司签订《股权转让协议》，转让无锡苏源发电有限公司30%的股权（江苏电力股份公司保留 10%），转让价款2700 万元，实现转让收益150.1 万元。

2006 年6 月28 日，江苏电力股份公司与江苏昆仑投资有限公司签订了股权转让协议，转让江苏南热发电有限公司 70% 的股权，转让价款14321.23 万元，实现转让收益6116 万元。

2006 年9 月16 日，临时股东大会通过按照新《公司法》重新修订的章程。

2006 年8 月和9 月，江苏电力股份公司投资参股10%的华能淮阴三期扩建工程2 台33 万 kW燃煤发电机组（发改能源［2006］811 号文核准）提前竣工，正式投入商业运行，为江苏电力股份公司增加权益容量6.6 万 kW。

2007 年下半年，江苏电力股份公司所投资的常州苏源发电有限公司董事会根据国发［2007］2号文关停并处置了其分公司江都调峰电厂4 ×1.2万 kW 燃油机组。

2007 年底，江苏电力股份公司被华电集团评为“四好领导班子先进集体”、“文明单位”。

其他重大事项

2006 年8 月31 日，华电集团和苏源集团公司在华泰证券南京汉中路证券营业部办理股权变更登记，华电集团原持股6968 万股通过受让苏源集团公司的股份变更为持股9555 万股，持股所占比例由原来的25.52%上升至35%，成为江苏电力股份公司第一大相对控股股东，苏源集团公司原持股10380.24 万股通过出让给华电集团变更为持股7793.24 万股，持股所占比例由原来的38.02%下降至 28.54%，成为江苏电力股份公司第二大股东。

2007 年4 月19 日，华电集团和苏源集团公司在华泰证券南京汉中路证券营业部办理股权变更登记，华电集团原持股9555 万股通过受让苏源集团公司的股份变更为持股13923 万股，持股所占比例由原来的35%上升至51%，成为江苏电力股份公司第一大绝对控股股东，苏源集团公司原持股7793.24 万股通过出让给华电集团变更为持股3425.24 万股，持股所占比例由原来的28.54%下降至12.54%，为江苏电力股份公司第二大股东。

江苏华电句容项目筹备处

概况

江苏华电句容项目筹备处成立于2005 年12 月5 日，负责华电集团在江苏重点建设项目——句容项目的前期工作。

句容项目厂址位于江苏句容市下蜀镇境内，处于经济最发达的长江三角洲沿江基础产业带的苏南负荷中心，具有较好的深水岸线和便利的交通优势，厂址条件优越，拟同步建设烟气脱硫、脱硝装置，是经济和环境双赢的项目。项目规划建设4 台100 万kW 超超临界燃煤机组，其中一期2 台100 万 kW 机组，计划于 2009 年开工建设，2011 年实现投产。截至 2007 年底，句电项目筹备处有员工 30 人，下设综合管理部、工程建设部、计划财务部等3 个部门。

领导班子

主任：丁立旗

副主任：冷寅、王永生、乐俊、周明华

主要领导变动情况：

2006 ~2007 年 10 月 13 日，赵永仁同志任项目筹备处主任。2007 年 10 月 13 日赵永仁同志离任，丁立旗同志接任主任。

工程管理

句容项目于 2003 年开始进行项目前期工作。2005 年5 月通过由华东电网公司组织的初可研审查。2006 ~2007 年，句容筹备处按照“坚持程序，合理交叉”的原则开展各项项目前期工作，取得了良好的效果。

2006 年，先后取得《江苏华电句容发电厂一期工程（2 ×100 万 kW）涉水建筑物防洪评价报告专家评审意见》，水利部《关于江苏华电句容发电厂工程水土保持方案的复函》（水保函［2006］352 号），中国电力工程顾问集团公司《江苏华电句容电厂4 ×100 万 kW 机组输电系统规划设计评审意见》（电顾规划［2006］403号），以及中国电力工程顾问集团公司《江苏华电句容发电厂2×100万kW机组接入系统设计（一次部分）评审意见》（电顾规划［2006］445号）等支持性文件。

2007年，先后取得中国人民解放军总后勤部对土地置换的最终批复，江苏省国土资源厅《关于江苏华电句容发电厂用地预审的初审意见》（苏国土资源［2007］85号），中国国际工程咨询公司《关于江苏句容发电厂一期工程（2×100万kW)可行性研究报告的审查意见》（咨询源［2007］163号），中国电力工程顾问集团公司《江苏华电句容发电厂2×100万kW机组接入系统设计（二次部分）评审意见》（电顾规划［2007］736号），并与东方锅炉（集团）股份有限公司、上海电气股份有限公司签订三大主机的技术协议。

2007年5月和6月，华电集团和江苏省发展改革委分别行文上报国家发改委（《关于开展江苏华电句容“上大压小”2台100万kW机组工程项目前期工作的请示》（中国华电计［2007］698号）、《江苏省发展改革委关于上报江苏华电句容电厂2台100万kW上大压小项目实施方案的请示》（苏发改交能发［2007］638号）），申请以“上大压小”方式开展句容项目前期工作，“压小”机组容量为江苏和省外共计100万kW。

江苏华电如皋发电厂筹备处

概况

2007年10月28日，华电集团与如皋市人民政府签订《关于投资建设如皋电厂协议书》。规划在江苏省如皋市如皋港建设8台100万kW超超临界燃煤机组，其中一期建设2台100万kW机组，力争2008年启动水工工程，并完成规划内审，计划于“十一五”中后期开工，于“十二五”初投产。同年12月，集团公司发文成立如皋项目筹备处，由望亭电厂负责组织开展江苏华电如皋电厂项目前期工作。截至2007年底，已委托华东电力设计院编制完成《华电如皋电厂初步可行性研究》报告。

领导班子

筹建处主任：彭彤宇

杭州华电半山发电有限公司

概况

杭州华电半山发电有限公司（简称半山公司）位于杭州市北部的京杭大运河畔，是国内首座百万千瓦级的燃气电厂，也是浙江电网的重要统调电厂和杭州市的保安电源。

半山公司前身为杭州半山发电厂，始建于1959年。2000年1月1日完成公司制改制。2002年12月国家实施电力体制改革，半山发电厂划归华电集团。截至2007年底，半山公司装机容量为143.5万kW，分别为3台39万kW燃气机组、1台13.5万kW燃煤机组和1台13.5万kW燃煤机组。公司下设总经理工作部、财务部、审计部、人事部、政治部、监察办公室、安全保卫部、生产技术部、生产营运部、燃料分理处、物资部、发电部、汽机部、电气热工部、锅炉部、综合部、燃料部等17个部门；公司员工1242人，平均年龄42岁。根据华电集团要求，该公司还按“以厂代建”模式设立了浙江半山IGCC发电工程筹建处。

领导班子

董事长：邓建玲

副董事长：朱松强

董事：陈宗法、陈斌、张东晓、方春雷、翁国成

监事会主席：毛申良

监事：李长旭、张志平

总经理：马志明

党委书记：张志平

副总经理：蔡志平、李卫军、孔庆甫

年度业绩

2006年，完成发电量59.72亿kW·h，其中燃煤机组完成25.11亿kW·h，燃气机组34.61亿kW·h。实现综合供电煤耗303.1g/(kW·h)，比集团公司考核目标下降1g/(kW·h)。实现利润9055.86万元，完成集团公司考核目标的113.2%；实现考核净利润5656.88万元，完成考核目标的105.55%。

2007年，完成发电量59.29亿kW·h，其中燃机完成电量38.29亿kW·h，煤机21亿kW·h；实现综合供电煤耗285.46g/(kW·h)，比考核目标下降10g/(kW·h)；实现利润21815.28万元，完成集团公司考核目标的167.81%；实现净利润

15549.86 万元，完成考核目标的178.54%。

生产经营管理

2006年是半山公司“安评”整改年，“安评”整改完成率达92.1%，并以85.1分的较好成绩通过集团公司安全性评价复查验收。3527天的安全生产纪录在华电集团同类型火电企业中名列前茅。公司全年完成技改项目32项，计划检修8次，其中B级检修2次，C级检修6次，各项技术指标良好。同时，启动贯标工作，并结合实际编写完善公司管理体系的有关标准、规程和程序文件，6月，三标管理体系开始运行并于次年通过了质量、环境、职业健康安全管理体系认证。根据华电集团劳动用工制度改革指导意见，结合公司实际，完成了大部分“按定员组织生产”工作。

2007年半山公司深入开展安全性评价和隐患排查整改以及安全生产“巩固提高年”活动，加强设备管理，全年完成机组计划检修4次，其中C级检修3次，B级检修1次，同时安排脱硫小修2次。全年共安排实施完成各类技改项目70项，安全生产形势总体平稳。同时，完成公司“三定”工作，初步建立良性的内部竞争激励机制；同时，通过继续加强审计、监察工作，加强内部控制，提升行政效能，提高经济效益，确保经济安全。

党的建设、精神文明建设和企业文化建设

半山公司坚持科学发展观，通过深入开展“四好”领导班子创建活动，推动企业又好又快发展。坚持和完善党委中心组学习制度，积极开展理论研讨和政研会重点课题研究；坚持民主集中制，认真落实党员领导干部民主生活会制度；健全落实先进性长效机制，全面提高公司党建工作水平；切实加强党支部工作目标化管理，加强和改进党员的教育管理，严格执行“三会一课”制度；坚持党员标准，推行发展党员公示制、票决制，2年共发展党员46名。坚持标本兼治，加强廉政制度建设，认真开展效能监察，努力构建惩防体系，有效促进了党风廉政建设的深入开展。

同时，该公司大力推进精神文明建设和企业文化建设，积极开展“双千结对，共建文明”活动，组织员工与贫困学生结对助学；为杭州市儿童福利院孤残儿童捐款；积极参加无偿献血，定期开展志愿者服务活动。通过组织开展“创建学习型企业、争当知识型员工”和华电集团宪章宣贯活动，不断加强企业文化建设，并创办公司内刊《半电报》，加强对内、对外宣传，为企业树立了良好形象。2006～2007年，半山公司荣获华电集团先进企业、优秀发电企业、“四好”领导班子先进集体、文明单位标兵、基建投产双达标先进单位和扭亏增盈先进单位及党风廉政建设先进单位。

浙江华电乌溪江水力发电厂

概况

浙江华电乌溪江水力发电厂（简称乌溪江电厂）位于浙江省衢州市境内，下辖湖南镇电站和黄坛口电站，是国有大型二类水电企业，浙江电网的主力调峰电厂，是中国华电集团公司内部核算单位。

截至2007年底，乌溪江电厂装机容量34.45万kW，分别为2台2.6万kW发电机组，1台4.25万kW发电机组，3台5万kW发电机组和1台10万kW发电机组。电厂下设厂办公室（包括综合档案室）、财务产权部、纪检监察室、审计室、人力资源部、政治部、保卫部、计划规划部、安全监察部、运行部（包括信息中心）、技术设备部、综合产业部、青工部、工会等14个部室。全厂在册职工576人，其中各类专业技术人员257人。

领导班子

厂长：张士军

党委书记：方正亚

副厂长：刘树土、王建义

党委副书记：陈绍龙

纪委书记：陈绍龙

工会主席：周伟华

总经济师：徐根发

总工程师：金林正

主要领导变动情况：

2007年8月14日，厂长吴建春离任，张士军接任厂长职务。

年度业绩

2006年，乌溪江电厂完成发电量6.21亿kW·h，完成年度计划电量的101.83%。实现净利润4835.34万元。电费回收率达到100%，全年水能利用提高率6.98%，增发电量达4055万kW·h。

2007 年，乌溪江电厂完成发电量 4.64 亿 kW·h，实现净利润 391.85 万元，实现了华电集团提出的 2007 年不亏损和浙江分公司提出的 300 万元的利润目标。电费回收率达到 100%，全年水能利用提高率 5.5%，增发电量达 2425 万 kW·h。

生产经营管理

2006 年，全厂开展了规章制度清理活动，大大促进了各项工作的正常、有序开展。全面推行财务预算管理，严格按预算控制成本做好费用预算落实、反馈和分析工作。认真扎实地开展内部审计监督和法律合同管理等工作。认真抓好预算执行情况审计、经济合同、物资采购、关联交易等专项审计。对库区原有的水文站等多处用地进行了合规取证，为企业可持续发展打下了基础。

同时，企业通过 AAAA 级标准化管理审核，在同行业处于先进行列。质量管理工作继续取得可喜成绩，连续六年获得劳动和社会保障部优秀质量管理小组称号。制定并出台了《技师鉴定管理办法（暂行）》、《社会化用工管理办法》，重新修订了浙江华电乌溪江水力发电厂《领导人员报告个人重大事项的规定》、《招标监督实施细则》、《重大决策程序暂行规定》、《领导人员职务消费管理规定》、《精神文明建设目标考核管理办法》等多个管理文件，进一步健全了企业规章制度。

2007 年，在流域来水量只有多年均值六成的情况下，通过科学调度，水能利用提高率达到 5.5%，实现了华电集团下达的水能利用提高率 5% 的目标。同时通过开展“依法经营、遵纪守法”、“五五普法”、“规范关联交易”等专项活动，进一步理顺了资产、人员关系，规范了物资采购取费等企业管理行为。同时继续抓好班组建设，实现班组年度合格率 100%；此外，该厂还更新了档案管理系统，实现了办公管理网络化，取得了国家电力监管委员会颁发的电力业务许可证。

党的建设、精神文明建设和企业文化建设

乌溪江电厂党委以创建“四好”领导班子为总抓手，不断加强和巩固保持共产党员先进性教育活动成果，先后开展了部门二级班子创建活动，夯实了“四好”班子的创建基础。加强党支部管理，严格“三会一课”制度，修订完善了《党支部考核管理办法》，认真开展党员民主评议和“两先两优”评比，并与各党支部签订了《党风廉政建设责任书》、《综合治理责任书》和《安全生产责任书》，深入开展“党章专题学习月”活动和创建“党员示范岗”主题实践活动，大力引导员工实现岗位成才，建功立业。

同时，全厂还广泛开展文明创建活动，组织“双五结对”、职工义务献血、资助贫困学生、构建和谐企业活动，取得了良好效果。因此，先后荣获集团公司优秀发电企业、文明单位标兵、“四好”班子先进集体、安全生产先进单位、扭亏增盈工作先进单位、党风廉政建设考核优等次，并继续保持全国文明单位、全国模范职工之家和全国青年文明号荣誉称号。

杭州闸口艮山门发电厂留守管理处

概况

杭州闸口艮山门发电厂留守管理处（简称留守处）由原杭州闸口发电厂和杭州艮山门发电厂留守管理处两个单位合并组成，是华电集团的全资内部核算企业。

杭州闸口发电厂始建于 1929 年，装机总容量为 4.7 万 kW。1989 ~ 1998 年所有机组相继停役。杭州艮山门发电厂始建于 1919 年，装机容量为 1.2 万 kW，1997 年 8 月停役。两家电厂不仅为促进地方经济发展做出了重大贡献，同时还为浙江省电力工业培养了大批人才。截至 2007 年底，留守处在册职工 77 人。下设办公室、财务科、政工退管科、综合科等 4 个科室。

领导班子

副主任兼党总支书记：项洪高（主持工作）

副主任兼工会副主席：章建民

主要领导变动情况：

原留守处主任兼党总支书记顾定藩、副主任兼工会副主席唐金坤于 2007 年退休。

经营管理

由于留守处是一个纯管理机构，在经济上根据华电集团的有关规定，实行严格的预算管理。2007 年 5 月，华电集团和浙江分公司下文，对留守处领导班子进行了调整。新的领导班子从全面了解、分析留守处现状入手，对人员结构、资产情况、管理模式和稳定状况做了较为全面的摸底，着手处理遗留问题，并进一步健全各项规章制度，规范了各项管理。以此为切入点，留守处还对涉及各部门的各项规章制度进行清理、制定和完善，使留守处办公会议制度、月度工作会议制度和厂务公开制度得到了恢复，管理工作逐步规范化、制度化。

党的建设和精神文明建设

（1）加强班子建设，召开专题民主生活会，开展批评与自我批评。

（2）抓好入党积极分子的培养，组织加强党章学习，开展“一帮一”结对子活动。

（3）组织党员干部参加省直机关工委廉政教育和“物权法”报告会，以及贯彻“两会”精神专题讲座，着力推进留守处的精神文明建设。

浙江华电半山IGCC发电工程筹建处

概况

2007年2月5日，华电集团按“以厂代建”模式成立了浙江半山IGCC发电工程筹建处（简称半山IGCC筹建处），负责开展浙江半山IGCC发电示范工程项目前期工作。该工程是国家“十一五”863项目，利用杭州华电半山发电有限公司已退役的一期1台1.2万kW机组和二期2台5万kW机组拆除后的场地进行建设，发电装机容量为23.7万kW。2007年底，半山IGCC筹建处下设综合办公室、工程管理部、经营管理部、物资供应部、质量安全部等5个部门。

领导班子

主任：马志明

副主任：蔡志平、柴梅昌

前期工作

2006年8月3日，浙江省发展改革委复函集团公司，支持将杭州华电半山发电公司IGCC项目列入国家“863”计划。

2007年1月15日，科技部下发了《关于“十一五”国家863计划先进能源技术领域“以煤气化为基础的多联产示范工程”重大项目课题和“20万kW级IGCC关键技术研究开发与工业示范”立项的通知》，浙江半山IGCC发电示范工程项目在列。

2007年3月28日，浙江省发展改革委下发了《省发改委关于同意浙江半山IGCC发电项目开展前期工作的复函》（浙发改函［2007］68号）。

2007年11月16日，国家发展改革委委托中国电力工程顾问集团公司主持召开了“IGCC电站示范项目专家评议会”，初步确定该项目为全国第一批5个IGCC发电示范工程项目之一。

安徽华电宿州发电有限公司

概况

安徽华电宿州发电有限公司（简称宿州公司）成立于2003年9月，由华电国际电力股份有限公司和安徽宿州华源电力有限责任公司分别按97%和3%的比例投资兴建。宿州公司规划装机320万kW，其中一期2台60万kW机组于2005年5月28日开工建设，并分别于2007年10月和11月投产发电。二期规划建设2台100万kW超超临界燃煤发电机组。2007年底，宿州公司下设综合管理部、计划合同部、财务部、党群工作部、生产技术部、安全监察部、工程技术部、发电部、维护部、燃料部、物资分公司共11个部室（公司），共有员工284人。

领导班子

董事长：白桦

董事：高士宏、徐旭、王存洲、刘建云、汪明波

监事会主席：兰国芹

监事：钱莉、王新华、斯萍

总经理：李秀财

党委书记：闫仲军

副总经理：闫仲军、吴庆生、董云先、张代新

纪委书记、工会主席：斯萍

总工程师：吕顺喜

主要领导变动情况：

2007年5月10日，闫仲军调任党委书记、副总经理；2007年12月24日，总经理王存洲离任，李秀财接任总经理。

年度业绩

2006年，宿州公司1号机组锅炉大板梁验收、主厂房封顶、受热面吊装、烟囱到顶、汽机台板就位、DCS系统复原、临时厂用电受电、冷却塔通水等节点工期顺利完成。同年12月1日，锅炉水压试验取得一次成功。2号机组锅炉钢架吊装、主厂房封顶等节点如期完成，全年完成投资15.11亿元。

2007年10月6日和11月10日，宿州公司1号、2号机组分别通过168h试运行投产试运，顺利实现一年双投任务；脱硫工程与主体工程同步投产，实现了环保“三同时”目标；1号机组168h消缺后实现连续运行60天，2号机组168h试运行后不停机连续运行35天，均刷新集团公司内部同类型机组记录。

生产经营管理

2006~2007年，宿州公司主要工作是基本建设和生产准备。

通过实行招投标管理制度，实施小业主大监理的基建管理模式，按照“安、快、好、省、廉”的基本要求，确保了工程质量和进度，一期工程2台机组实现了锅炉水压试验、倒送厂用电、锅炉吹管、点火、冲转、并网、168h试运行“七个一次”成功，采用等离子点火装置，实现了从锅炉首次点火到168h试运行结束的零燃油消耗。着力抓好生产准备人员理论培训和实践相结合，通过在高校的培训和去其他电厂现场的实习，宿州公司生产系统人员全过程参加了机组调试工作，完全依靠自己力量完成接机任务。

宿州公司严格控制工程造价，认真执行设计导则，优化设计施工方案。其中以干灰场方案取代原塌陷区灰场，节约投资4000万元；优化铁路专线设计中站场方案，节约投资1300万元。在整个造价控制中，仅方案优化就节约投资约1.1亿元。宿州公司坚持进行造价项目的对标工作，严格执行合理低价中标的原则，严格设计变更程序，严格工程结算，从工程量、定额、取费等方面把住工程造价关。通过优化和控制，在批准概算的基础上进一步降低工程造价，执行概算的工程静态投资与批准概算静态投资相比，共节约工程建设资金3.9916亿元，实现静态单位投资3333元/kW，成为华电集团新建60万kW机组工程造价的新标杆。

党的建设、精神文明建设和企业文化建设

宿州公司设立了5个基层党支部，充分发挥党组织和广大党员的“四个作用”，认真开展“四好”领导班子创建活动，发挥党组织在国有企业中的政治核心作用。同时，以开展治理商业贿赂活动为切入点，深入开展“五五”普法教育，成立纪检监察网络，设立意见箱和举报箱，并定期向各施工单位、设备材料厂家征求意见，广泛接受社会各界对公司党风建设及反腐倡廉工作的监督，并与重点岗位人员签订了廉洁自律责任书；组织了多层次、多人次的政治理论学习，开展了“与祖国共奋进、与华电同发展”、“党章专题学习月”等系列主题教育活动，进一步巩固了员工的思想道德防线。宿州公司制定了企业文化建设三年规划，通过竞赛答题等方式，开展企业文化知识的普及教育，以“建功‘600’，争创国优奖”立功竞赛等活动为载体，努力培植具有宿州公司特色的企业文化。经过努力，2006年宿州公司获得安徽省“861”行动计划重点工程建设先进单位。2007年获得华电集团“先进基层党组织”、“综合统计工作先进单位”等多项荣誉。

安徽池州九华发电有限公司

概况

安徽池州九华发电有限公司（简称池州公司）成立于2003年7月18日，由华电国际电力股份有限公司、安徽省能源集团有限公司、申能股份有限公司、安徽康源电力集团有限责任公司按40%、35%、20%、5%的股比共同出资建设。公司规划装机容量为180万kW，其中一期2台30万kW机组工程已于2005年投产发电。2007年底，池州公司下设总经理工作部、财务部、安全保卫部、计划经营部、物资供应部、政工部、生产技术部、运行部、设备维护部、二期筹建办公室，拥有员工209人。

领导班子

董事长：王文琦

副董事长：吴优福、余永林

董事：徐旭、汪明波、兰国芹、俞民、刘亚成、戴旭敏、吴传章、郑昇

监事会主席：何新民

监事：王新华、石克明、贲晓、梅从根

总经理：郑昇

党委书记：梅从根

副总经理、关新林、梁帮平

纪委书记、工会主席：边向东

总会计师：陈勇

主要领导变动情况：

2007年4月29日，根据股东会决议，董事长钟统林离任，王文琦接任董事长。

年度业绩

2006年，完成发电量31.06亿kW·h，完成销售收入83640.52万元，实现利润37万元，超额完成全年保本微利的目标；完成综合供电煤耗348.89g/(kW·h)，比年度考核指标低0.57g/(kW·h)；完成综合厂用电率6.85%，略低于6.55%的考核指标。

2007年，完成发电量32.9亿kW·h，同比增长5.91%；完成销售收入91382万元，完成利润6.7万元，实现了不亏损目标；综合供电煤耗完成345.47g/(kW·h)，同比下降3.42 g/(kW·h)，比年度考核目标低3.25g/(kW·h)；综合厂用电率完成6.83%，同比下降0.02个百分点。

生产经营管理

先后组织了2号机组与1号机组A级检修，对一些影响机组安全运行的重大缺陷和隐患进行了有效治理，提高设备健康水平。同时，加大技术改造力度，完成了2号机组本体疏水系统优化、工业用水增容改造等项目，使设备可靠性有较大提高。作为华电集团8家试点单位之一，公司点检定修试点工作于2007年开始试行。同时，注意紧抓迎峰度夏、迎峰度冬等机遇，合理安排检修消缺，精心调整运行方式，多措并举提高机组负荷率。2007年8月1日，2台机组创下了日发电量1447万kW·h的最好纪录。同时，公司还认真组织开展节能降耗活动，并对照行业同类型机组先进指标，查找差距、研究措施，大力实施技术改造，开展小指标考核竞赛，确保活动取得效果。

加大营销工作力度，抓住节能调度替代发电工作等契机，积极争取电量计划，扩大电量市场份额。2007年争取替代电量约2亿kW·h，为公司完成32.8亿kW·h的目标奠定了基础。加快电费回收，在合理争取调整结算电量结构的同时，加快回收力度，与同类型企业相比处于中等偏上水平。在管理上以开展"管理效益年"为抓手，强化内部管理，实施责任目标考核，推行全面预算管理，开展降本增效，完善绩效目标管理考核，为实现年度经营指标奠定基础。

党的建设、精神文明建设和企业文化建设

以服务中心为指导、从严格考核机制为手段，以提高思想政治保障水平为目标，为各项工作的推进提供了强大的精神动力和政治保证。一是以创建"四好"领导班子为抓手加强领导班子作风建设，抓好党委理论中心组学习和党委民主生活会，积极推进"四好"班子创建工作。二是狠抓组织建设。及时调整党委班子分工，充实党支部基层组织，开展"强核心、固堡垒，全面提升基层党组织标准化建设水平"活动，严格执行"三会一课"制度，增强了党组织的凝聚力、战斗力和创造力。三是围绕公司生产经营目标在凝心聚力上下工夫。以"党章专题学习月"活动、党支部月度工作考核、"我为党旗添光彩"主题活动为重点，不断推进党的思想建设、组织建设和作风建设。坚持"标本兼治、综合治理、惩防并举、注重预防"的方针，认真构建惩防体系。四是以"三效"文化为中心，积极推进企业文化建设，努力营造文明创建，力争文明建设取得实效。2007年，公司党委被池州市委授予"先进基层党组织"光荣称号。

安徽华电六安发电有限公司

概况

安徽华电六安发电有限公司（简称六安公司）成立于2003年9月8日，由华电集团、安徽力源电力发展有限责任公司、安徽明都投资集团有限责任公司分别按照60%、35%、5%的比例出资建设。

六安公司规划机组容量为359万kW，其中一期工程建设2台13.5万kW循环流化床燃煤发电机组，已分别于2005年12月21日和2006年6月23日建成投产。2007年底，公司下设总经理工作部、人力资源部、企划部、财务部、二期工程管理处、党群工作部、安全保卫部、设备部、燃料部、运行部、物资部等11个部室，在册员工176人。

领导班子

董事长：徐旭

董事：徐旭、安同溪、汪明波、羿媛、孟宝林、吴基生、张学平

监事：戴国华（召集人）、王新华、马恒康

总经理：李延群

党委书记兼副总经理：杨春平

副总经理：王迎东、陈勇

纪委书记兼工会主席：薛玉强

主要领导变动情况：

2006年4月10日，董事会换届，徐旭为董事长，原董事长张炳炬离任。2007年8月14日，总经理李德明调离，李延群接任总经理。

年度业绩

2006年，完成发电量11.52亿kW·h，完成年计划的110.8%；综合供电煤耗372.38g/(kW·h)；综合厂用电率完成9.97%；完成销售收入3.02亿元，实现利润6.3万元。

2007年，完成发电量14亿kW·h，完成年计划的102.94%；综合供电煤耗376.79g/(kW·h)，综合厂用电率完成9.99%。完成销售收入3.8亿元，实现利润-4955万元。

生产经营管理

以华电集团“8467”战略目标为指导，以“管理基础年”活动为载体，不断健全和完善各项规章制度，形成了以制度管理员工、以制度规范程序、以制度促进工作的良好局面，形成了按时制订计划，适时跟踪检查督促，实现闭环管理。

以新型管控模式为指导，建立了以“自营与委托”相结合的生产管理模式，同时以建设本质安全型企业为目标，全面落实安全生产责任制。强化运行管理，严格执行“两票三制”，加强设备巡视消缺和检修工作，开展全能值班员培训，开展小指标竞赛，成功摸索出机组单风机运行、凝结水泵变频改造等节能降耗的有效方法，提高了机组安全经济运行水平。

全面推行预算管理，加强营运改善，挖潜节流，实行各项费用限额承包制度，严格控制三项费用；并以“三电”工作为核心，努力搞好电力营销，连续两年机组计划电量高于全省平均水平，电费回收率100%；大力实施“人才强企”战略，加强公司人才开发管理，修订完善了岗位动态管理办法，积极探索员工成长和公司发展相协调的用工机制，促进员工成长成才。

项目发展

在安徽省委、省政府和华电集团及六安市委、市政府的大力支持下，公司在完成一期2台13.5万kW燃煤火电机组投产发电的同时，始终把二期项目作为工作的重中之重加以推进。经过努力，二期项目环评报告书获得国家环保总局批复；项目接入系统获国家电网公司批复；水土保持报告取得水利部水保司函复；项目建设用地取得国土资源部规划司函复；项目申请报告已编制，项目可研收口报告已报国家电规总院，一台60万kW机组已列入安徽省2008年火电备选项目上报国家发展改革委。

党的建设、精神文明建设和企业文化建设

深入开展“四好”领导班子创建工作，定期组织开展党委中心组学习、领导干部民主生活会和“三会一课”等活动，不断加强领导班子思想作风建设。大力构建党员先进性长效机制，健全党建工作目标责任制，形成了上下贯通的责任体系，初步建立了以保持共产党员先进性长效机制为主要内容的制度框架，为切实加强党的思想、组织、作风建设，永葆党组织和党员的先进性提供了制度保障；同时认真落实党风廉政建设责任制，着重抓好公司领导干部作风建设，设立电子监控室，在中层以上干部及人、财、物等重要部门、重要岗位开展廉洁承诺活动；实施管理干部24h燃料采制化全过程跟踪监督的效能监察，取得良好效果。

努力推进公司企业文化建设，把企业文化建设融入企业管理和思想政治工作以及精神文明建设的全过程，因地制宜，因势利导，积极引导职工认同华电文化，并将自身企业文化与华电文化有机结合在一起，形成具有时代气息、健康向上和具有自身特色的企业文化。2006年、2007年，六安公司先后荣获“安徽省第八届文明单位”、“六安市第四届文明单位”、六安市“十佳企业”和华电集团“基建安全先进单位”、“投产立功先进单位”和华电国际“党风廉政建设工作先进单位”。

安徽华电芜湖发电有限公司

概况

安徽华电芜湖发电有限公司（简称芜湖公司）成立于2004年6月8日，由华电国际电力股份有限公司和繁昌县建设投资有限公司分别按95%和5%的比例共同投资建设。

芜湖公司规划容量332万kW，其中一期工程为2台66万kW超超临界燃煤发电机组，于2006年8月18日开工建设；二期工程规划建设2台100万kW超超临界燃煤发电机组，被定位为“华东地区可建设500万kW以上容量的区域性电厂”

之一，同时也是集团公司抢占华东电力市场的重点战略项目。截至2007年底，公司下设总经理工作部、计划发展部、人力资源部、政治工作部、财务部、工程部、生产管理部、检修维护部、安全监察部、发电部、物资管理部、燃料管理部共12个部室，有员工314人。

领导班子

董事长：白桦

董事：包晓明、谢炜、汪明波、刘建云

监事：魏爱云、胡忠布

总经理、党委书记：刘建云

副总经理：张力、王建烨、牟爱政

纪委书记、工会主席：蒋国璋

主要领导变动情况：

2007年4月21日董事会换届，董事长方正离任，白桦继任董事长。2007年10月18日，总经理、党委书记彭国泉离任，刘建云接任总经理、党委书记。

年度业绩

2006年8月18日，芜湖公司一期工程开工建设，10月25日1号锅炉钢架开始吊装；12月28日2号锅炉钢架开始吊装。开工第一年，工程各项里程碑节点均提前完成。

2007年公司1号机组锅炉受热面开吊、主厂房封顶、烟囱到顶、制出合格除盐水、厂用电倒送、锅炉水压试验等节点顺利完成。2号机组锅炉钢架大板梁验收、主厂房封顶等节点也如期完成，截至2007年12月31日，芜湖公司实现安全施工500天。

工程管理

积极与省、市各级政府沟通，营造良好外部环境，为项目顺利开工创造条件。同时以争创“鲁班奖”为目标，科学进行施工计划安排，围绕安全、质量、工期和造价4大核心全面开展基建工作。以制度建设为基础，编制完成了涵盖设计、施工、设备监造、档案管理等方面的30多项工程管理制度，并开展“五星工程”评比活动，制订了相应的实施方案、措施和管理办法，将质量目标层层分解、落实到位，有效保证了工程建设质量。

注重发挥业主的核心和纽带作用，加强与各参建单位合作、协调和沟通，调动一切积极因素，为工程建设服务。从“业主是安全第一责任单位”角度出发，芜湖公司在集团公司内部率先委托专业咨询公司对整个工程进行高标准、严要求的安全文明施工整体策划，并在施工单位中间进行二次策划，全面落实安全生产责任制。通过成立工程安委会，正确处理安全与质量、进度的关系，明确业主与参建单位各自的职责，强调全员安全管理理念，实现了安全生产的可控、在控。

党的建设、精神文明建设和企业文化建设

芜湖公司开展党员先进性教育活动，党员的旗帜作用得到加强。实施厂务公开、民主评议领导干部，推进企业民主管理。开展首届职工运动会、球类比赛等群众性文体活动，丰富了职工的文化生活。开展党风廉政教育，从源头上预防和治理腐败；建立健全相关制度，为纪检监察提供依据和保障，开展效能监察和预防职务犯罪工作，初步建立了教育、制度、监督并重的惩治和预防腐败体系。2006年，芜湖公司荣获华电集团“安全生产先进单位”和安徽省“861工程”建设先进单位称号。2007年，获华电集团“工程建设先进单位”、安徽省“建筑施工安全质量标准化示范小区”和安徽省“安康杯”竞赛优胜单位等称号。

华电宿州生物质能发电有限公司

概况

华电宿州生物质能发电有限公司（简称宿州生物质能公司）成立于2007年6月，由华电国际电力股份有限公司、安徽津利电力发展有限公司和宿州华源电力发展有限公司分别按78%、20%和2%的比例共同出资设立。

宿州生物质能公司规划装机容量5万kW，其中一期工程安装2台1.25万kW纯凝汽式秸秆发电机组，于2007年6月28日正式开工建设，是集团公司第一个完全以农业秸秆作燃料的新型清洁能源项目。截至2007年底，公司下设总经理工作部、计划经营部和生产运营部3个部门，共有员工10人。

领导班子

董事长：徐旭

副董事长：李秀财

董事：任夕坤、斯萍、于世秋、童文军、张渭清

监事会主席：丁圣民

监事：葛伦建、钱莉

总经理：斯萍

副总经理：徐士利、李东法

年度业绩

2007年，先后完成1号机组主厂房开挖、浇注第一方混凝土，锅炉钢架吊装、受热面吊装、汽包就位和主厂房结构到顶等里程碑6项，完成锅炉大板梁吊装、主厂房浇注、烟囱和冷水塔施工等内控节点5项。2007年12月26日，以主厂房钢屋架吊装为标志，提前4天完成了2007年工程建设任务。

工程管理

工程采取“EPC总承包＋项目管理＋监理”模式，并配备了与此相适应的设计和施工监理模式，委托华电国际项目管理公司行使业主在进度、质量、安全等方面管理职能，同时，按照“四控、两管、一协调”，对设计、采购、施工、调试等进行全过程监理。公司制定了包含安全、质量、工期、造价控制等30多项程序文件的《工程建设管理程序体系》，加强对总承包单位、监理和项目管理公司的整体管控，实现了协调式服务和监督式管理。

安全管理方面，牢固坚持“安全第一，预防为主，综合治理”的方针，突出抓好本质安全型工地建设。成立了工程项目安全委员会和安全监督办公室，严格执行周、月、季安全例会制度，实现了施工人员入场安全培训率100%，日常安全教育参加率100%。强化安全责任落实，严格执行安全风险抵押金制度。充分发挥各级安全管理机构和人员作用，坚持四抓（抓现场、抓管理、抓队伍、抓项目负责人）和四不放过，采取以罚促改、现金罚款等手段，实现连续安全施工。

质量控制方面，多次组织设计、施工单位到同类企业学习考察，大力优化设计、优选设备。组织召开设计协调会，有效解决了设计接口问题。成立了质量监督站，明确了各质监小组职能，按照ISO 9001管理体系要求，建立健全质量全过程控制体系，狠抓人员素质、工艺流程和质保体系三个关键环节，实现了质量管理的科学化、规范化。2007年，共进行质量验收423项，四级验收420项，分部工程113项，分项工程309项，合格率全部达到100%。

党的建设、精神文明建设和企业文化建设

宿州生物质能公司坚持以建设华电集团一流水平生物质能发电项目为目标，创造性地提出了发展“三个一工程”目标。根据国家新能源政策和生物质能电厂发展模式，着力打造一套适合公司发展的战略规划体系，一套适合公司建设和运营的管理制度体系，一套凝聚华电集团文化精华和生物质能电厂特点的企业文化体系。初步确立了公司MI识别系统和企业发展目标，建立了公司网站，实现了企业信息网上查询和OA交互目标。

福建华电可门发电有限公司

概况

福建华电可门发电有限公司（简称可门公司）位于具有天然良港之称的福建省福州市连江县可门港区，成立于2003年9月18日，是华电福建发电有限公司的全资子公司。

可门公司规划装机容量480万kW，一期工程为2台60万kW，2003年12月开工建设，分别于2006年8月3日和12月4日实现商业运营。二期工程为2台60万kW，2006年8月开工建设。2007年底，公司下设总经理工作部、政治工作部（纪检监察部）、人力资源部、计划经营部、财务资产部、安全生产部、安全监察部、工程部、物资供应部、发电运行部、设备维修部等11个部门，在册职工235人。

领导班子

董事长：黄宪培

董事：黄少雄、李立新、陈瑞兴、王世勋

监事会主席：林茂绩

监事：林斌、王凤峨

总经理：王世勋

党委书记：王凤峨

副总经理：仇甜根、纪长久、张帆

纪委书记、工会主席：黄勇峰

总工程师：冯英山

年度业绩

2006年，完成基建生产任务：可门公司1号、2号机组实现锅炉水压试验、厂用电受电、汽轮机扣盖、锅炉酸洗、制粉系统投入、电除尘升压试验和机组并网“七个一次”成功，并分别于2006年8月3日、12月4日实现投产，创造了全国60

万 kW 机组的最好记录，同年还完成发电量 12.82 亿 kW·h。

2007 年，生产经营效益显著，公司完成发电量 74.04 亿 kW·h，实现利润 10112 万元，净资产收益率 16.8%；综合厂用电率 5.25%；综合供电煤耗 317.97g/(kW·h)，在全国同类机组处于领先水平，各项环保指标均优于环评标准和国家标准。实现连续安全生产 516 天，基建实现连续安全施工 1465 天，创福建电力基建安全历史最好纪录。

生产经营管理

始终把基建和生产视为统一整体，在建设过程中，生产人员提前介入工程建设，并通过选派责任心强的生产维护人员参与设备监造和催交工作，在完成任务的同时，还与设备生产厂家建立良好的协作关系，为设备维护打好基础。同时强化生产培训，制定严格的培训制度和培训激励机制，完成 4 个阶段的系统组织培训工作。

建立健全了安全管理和监督体系，制定八大运行规程和五大检修规程。出台《安全生产工作规定》等 18 项制度和《缺陷管理办法》等 12 个技术管理制度。加强了应急预案管理，制定了综合应急预案、专项应急预案、现场应急预案共三大部分 40 个预案，形成了一整套应对紧急突发事件的指挥处置体系，确保生产管理有章可循，规范有序。按照集团公司要求，在点检定修过程中严格执行“八定”要求，确保设备性能稳定，高效运行。

通过开展对标管理，细化考核指标，制定经济运行方案，开展各值之间的对标竞赛，总结推广工作经验，努力实现共同提高。同时建立环保监督管理机构，实现环保设施“三同时”，塑造了一流企业形象，文明生产迈上新台阶。

党的建设、精神文明建设和企业文化建设

深入贯彻落实十七大精神，认真开展“四好”领导班子创建活动，坚持发挥政治优势，开展“为可门作贡献、为党旗增光辉”活动，以改革创新精神推进党的先进性建设，构建党员先进性建设长效机制。

通过深入开展文明创建工作，大力推进公司企业文化建设，努力营造“生产安全、生活安定、资源节约、环境友好、人气旺盛、效益优良”的企业氛围，牢固树立华电集团“以人为本、图强报国”的核心价值观，弘扬“安全为天、质量为本、敢为人先、效益至上”的基建理念，强化“以过程的精品，确保工程精品”的意识，塑造了“诚信、高效、合作、服务、环保”的企业形象，努力为“海西”建设和华电集团发展战略作出应有贡献。

福建棉花滩水电开发有限公司

概况

福建棉花滩水电开发有限公司（简称棉花滩公司）于 1995 年 11 月注册成立，分别由华电集团、福建投资开发总公司、龙岩市水电开发有限公司按 60%、22%、18% 比例出资组建。公司总装机容量 67 万 kW，下辖棉花滩水电厂（装机容量 4×15 万 kW）和白沙水电厂（装机容量 2×3.5 万 kW）。棉花滩水电厂位于福建省三大河流之一的汀江干流上，是国家重点工程，1998 年 4 月开工建设，2001 年 4 台机组全部建成发电。白沙水电厂位于福建省九龙江北溪，于 2004 年 7 月开工建设，2006 年 12 月全部建成投产。

截至 2007 年底，公司下设综合管理部、财务经营部、党群工作部、棉花滩水电厂生产部、棉花滩水电厂安全监察部、白沙水电厂安监部等 6 个部门，职工 86 人。

领导班子

董事长：黄宪培

副董事长：谢荣兴、严金静

董事：黄少雄、杨为城、林茂绩、林毅、肖小民、丁勇明、杨毅平（职工董事）

监事会召集人：罗志青

监事：罗志青、彭锦光、苏永全、苏城远（职工监事）

总经理：杨为城

党委书记：杨毅平

副总经理：丁勇明、马卡安

总会计师：丁荫贤

主要领导变动情况：

2007 年 10 月，总经理王世勋离任，杨为城接任总经理。

年度业绩

2006 年，完成发电量 18.89 亿 kW·h，创历史新高；实现销售收入61167 万元，实现利润21078 万元，超额完成集团公司下达的目标任务。白沙水电厂实现机组“双投”目标，为集团公司装机总量突破5000万kW作出贡献。

2007年，完成发电量17.9亿kW·h，实现售电收入57732万元，实现利润21366万元，超额完成集团公司下达的目标任务。

生产经营管理

建立了以安全生产为主的质量监督保证体系和安全监察体系，以安全性评价为平台，进一步加强“两票三制”生产保证体系运作，完善了系统有效的设备台账、缺陷管理、设备巡视检查制度和水库调度等制度，实行设备主人责任制，推进标准化管理，实行“检修文件包管理”和“检修项目OK单”制度，从而保证了机组在迎峰度夏中，发挥良好的调峰调频作用，设备各项可靠性指标均达到优秀发电企业并网运行管理考核标准，截至2007年12月31日，实现连续安全生产2455天。

通过大力开展营运改善和对标管理，狠抓生产经营管理，加强营运改善。在一手抓电量、电价、电费回收的同时，还注意围绕“效益”中心全面开展生产经营管理工作，从科学调度、降低水耗、洪水资源化、尝试引入现代气象技术、开发水库安全、经济调度系统，在洪水期间机组超出力运行和减少厂用电等方面，采取有效措施大力开展工作，收到了良好的效果，为公司实现生产经营效益奠定了良好的基础。

内部改革

龙岩白沙水电厂工程是棉花滩公司投资开发建设的第2个水电厂，主体工程于2004年5月动工，11月实现截流，2006年12月2台机组相继投产发电。白沙水电厂投产后，生产运行维护工作委托龙岩万安溪水电公司与龙岩电厂组成的联营体管理。这一管理模式对于精简企业人员和机构，提高水电厂生产运行效率，降低生产成本，提高经营效益，都是有益的探索和尝试。

党的建设、精神文明建设和企业文化建设

以抓好自身建设和基础管理为重点，以创建“四好”班子建设工作为抓手，按照上级党组织的工作部署和要求，不断加强公司党建工作，充分发挥党委的政治核心作用，积极按照创建标准，结合本公司实际，大力开展系列创建活动，收到了明显成效。

全面推进精神文明建设和企业文化建设，制定了《棉花滩公司企业文化建设规划》，总结、提炼了“平安、和谐、效益、发展”的企业文化理念，举办了各类球赛、摄影比赛、征文比赛活动；采取“送出去，请进来”相结合的培训方法，对员工做好职业规划、岗位培训，使员工面貌焕然一新，展现了员工团结、和谐、积极向上的风采。

闽东水电开发有限公司

概况

闽东水电开发有限公司于1997年3月在宁德市注册成立，由华电福建发电有限公司、闽东能源投资有限公司和福建省亿力电力（集团）股份有限公司三方股东分别以51%、29%和20%的比例投资组建，主要负责穆阳溪芹山、周宁梯级水电站的开发建设及生产运营工作。

闽东水电开发有限公司所辖穆阳溪一级芹山水电站和二级周宁水电站，是福建省“九五”、“十五”重点建设项目，总装机容量32万kW，水库总库容3.14亿m^3，设计年发电量7.6亿kW·h，其中一级芹山水电站装机容量为2台3.5万kW，库容2.65亿m^3，于2000年3月投产发电；二级周宁水电站装机容量为2台12.5万kW，库容4700万m^3，于2005年4月投产发电。截至2007年底，公司员工总数为108人，下设综合管理部、党群工作部、计划经营部、财务资产部、生产技术部、安全监察部、周宁运行维修部、芹山运行维修部、水工水务部等9个部室。

领导班子

总经理：黄南山

党委书记：罗志伟

副总经理：郭伟文

主要领导变动情况：

2007年8月14日，总经理、党委书记林毅离任，黄南山接任总经理，罗志伟继任党委书记。

年度业绩

2006年，完成发电量9.26亿kW·h，实现利润10129万元，超额完成考核指标，电费回收率100%，全年安全生产无事故。

2007年，完成发电量6.57亿kW·h，实现利润3759万元，综合厂用电率1.05%，耗水率$0.66m^3/(kW·h)$，电费回收率100%，全年安全生产无事故。

生产经营管理

始终强调安全生产的极端重要性和基础性工作，认真落实各级安全生产责任制，坚持“安全第一，预防为主，综合治理”的方针，确保安全、技术、组织三项措施的落实到位，建设本质安全型企业，保证了2006～2007年安全生产无事故，实现了长周期安全生产的目标。

在华电福建发电有限公司的领导下，着力提高设备的健康水平，严格执行“两措”计划，狠抓“两措”工作，严格执行“两票三制”制度，确保安全生产。同时积极开展创建“无违章车间”、“无违章班组”活动，积极创建“无泄漏”电厂，并加大科技投入，先后完成了周宁电站1号、2号发电机组机架稳定性分析与治理方案研究等科技项目的施工及试验工作，做到以科技进步保健康促安全；同时积极开展防汛、防台工作，多次成功抵御超强台风的袭击，确保了电站的健康稳定运行，实现了两级电站的安全度汛和争发电量。

坚持以业绩为导向，深入创建集团公司“优秀发电企业”，将优秀发电企业评价指标体系及评价标准进行任务分解，落实到人，并把创优工作与日常生产经营、基建达标投产及安全性评价等工作有机地结合起来。全面、深入、有效地推进创优工作的开展，进一步提升了企业管理水平，促进了管理工作的科学化、规范化。2006年、2007年连续两年被集团公司评为“优秀发电企业”。

内部改革

闽东水电开发有限公司所属穆阳溪一、二级芹山、周宁电站相继于2000年3月、2005年4月投产发电后，结合实际创新生产运营管理模式，在华电集团系统内率先实行委托承包运营管理方式。该模式充分利用老电厂丰富的人力资源充实生产技术队伍，为两级电站运行管理快速转入正轨发挥了积极的作用。

党的建设、精神文明建设和企业文化建设

积极开展创建“四好”领导班子活动，切实加强党的建设和企业文明建设，努力建设政治素质好、经营业绩好、团结协作好、作风形象好的党政领导班子集体取得显著效果。

坚持实施“人才强企”战略，积极培育企业文化，提升公司形象，增强凝聚力，积极培育具有闽东水电开发有限公司特色的企业文化，倡导“和为本，合为力”的“和合文化”，大力弘扬公司“诚信进取、精益求精”的企业精神，并根据时代发展和现代企业的要求进行发展创新，赋予企业文化新的内涵。同时，着力推进文明创建工作，以创建华电集团“文明单位”为抓手，以树立华电集团在闽企业形象窗口为目标，加强公司文明建设，制定规划，树立形象。

福建华电邵武发电有限公司

概况

福建华电邵武发电有限公司（简称邵武公司）前身为福建省邵武电厂，始建于1965年，2000年3月改制为福建闽能邵武发电有限公司，由福建省电力有限公司和福建亿力电力（集团）股份有限公司分别按照60%、40%的股份比例共同出资组建，成为福建省第一家公司制改革的火电企业。2002年底，国家实施电力体制改革，邵武公司划归华电集团，并于2003年8月更名为“福建华电邵武发电有限公司”。公司装机规模为2台12.5万kW燃煤发电机组，分别于1998年3月和1998年9月投产发电。截至2007年底，公司在册员工395人，下设总经理工作部、企管部、人力资源部、财经部、生技部、安保部、物资供应部、政工部、工会工作部、纪检监察部、综合产业部、发电部、检修部、燃料部等14个部门。

领导班子

董事长：黄宪培

董事：傅维雄、余圣秀、林文彪、王志勇、黄根发、谢一工、龚伟

监事会召集人：罗志青

监事：黄旭晶

总经理：王志勇

党委书记：黄根发

副总经理：蔡明贵、卢功庆

纪委书记兼工会主席：许炎松

总工程师：徐建兵

主要领导变动情况：

2006年5月16日，总经理阮庆洪、党委书记江汉平离任，王志勇接任总经理，2007年8月14日，黄根发继任党委书记。

年度业绩

2006年，完成发电量12.82亿kW·h，完成厂用电率8.55%，综合供电煤耗365.82g/(kW·h)，发电油耗0.147g/(kW·h)。受电量制约，当年亏损820万元。

2007年，完成自发电量11.47亿kW·h，置换电量1.25亿kW·h；完成厂用电率8.67%，综合供电煤耗366.13g/(kW·h)。受燃料成本大幅上升，国家银根紧缩，现金流中断影响煤炭采购，以及节能减排政策等因素的影响，当年亏损1421万元。

生产经营管理

以“安评整改年”为主线，努力构建本质安全型企业，顺利通过集团公司安全性评价专家组复评。大力创新安全管理举措，开展严反违章“亮剑”行动，建立应急救援体系，修订完善30个应急预案，加强安全监督体系建设，树立“大安全”意识。截至2007年12月31日，实现连续安全生产3845天，保持了长周期的安全生产纪录。

以提高设备健康水平、优化设备运行和节能降耗为主题，通过强化技术监督和设备管理，狠抓锅炉“四管”防磨防爆工作，确保不发生爆管和设备“非停”；针对影响机组经济技术指标的缺陷，加大设备整治力度，改善设备运行工况，使机组的安全性、经济性和环保性大幅提高；同时结合生产实际，认真开展机组指标竞赛活动，制定运行优化方案，确保机组在最佳经济状态下高效运行。

坚持“内强管理，外创环境”的“两条腿走路”方针，增收节支，降本增效。对内，深化营运改善，进行目标倒逼；对外，加强电力市场营销，拓展电量空间。

坚持规范化管理，修订完善218个制度，出台切合公司实际的《福建华电邵武发电有限公司管理制度汇编》，形成“用制度管权、用制度管人、用制度管事，按程序办事”的良好格局。

党的建设、精神文明建设和企业文化建设

突出抓好长效机制的构建，先后建立健全了党员学习教育机制、党员管理机制等10个方面的机制，修订完成《福建华电邵武发电有限公司党委工作条例》等25个制度的汇编。深入学习贯彻党的十七大精神，举办“喜迎十七大，共谱和谐曲”系列活动，在全体党员中开展“七带头”活动，促进企业党建工作不断深入开展。

制订精神文明建设工作计划，印发《员工职业道德行为规范》，开展以“八荣八耻”为主要内容的社会主义荣辱观教育。紧紧围绕生产经营中心，抓好学习型企业创建、企业文化建设和员工思想教育工作，确保员工队伍稳定。坚持开展“五创三争”评比活动，开展企业文化理念大讨论，围绕6个子文化（安全文化、廉政文化、制度文化、营销文化、班组文化、员工业余文化）形成具有邵电特色的企业文化理念体系。制作企业文化理念手册，修建企业文化长廊，使企业文化理念逐步深入人心。

福建华电漳平火电有限公司（福建华电漳平发电有限公司）

概况

福建华电漳平火电有限公司（简称漳平火电公司）位于福建省漳平市西郊的九龙江畔，装机规模为2台10万kW机组，公司前身为成立于1986年8月的福建漳平火电厂。2007年6月10日，公司改制，更名为“福建华电漳平火电有限公司”。漳平火电公司下设总工室、总经理工作部、企业经营管理部、财务部、人力资源部、生产营运部、安全监察部、项目部、政工部、监察部、审计部、保卫部、发电部、燃料部、维修部、综合产业部、综合产业财务部等17个部室。

福建华电漳平发电有限公司（简称漳平公司）属闽港合作企业，为漳平火电厂二期工程。其中，中方控股75%，港方控股25%，合作期限为22年。公司于1992年11月6日注册成立，装机容量为2台10万kW机组，1994年11月投入商业运行。漳平发电公司下设财务部、生产部和办公室，其余日常性经营管理工作由漳平火电公司负责。

截至2007年底，公司在册职工人数为1225人，其中漳平火电公司684人，漳平公司541人。

领导班子

福建华电漳平火电有限公司

董事长：黄宪培

董事：李立新、罗文辉

监事会主席：罗志青

监事：傅春红

总经理：罗文辉
党委书记：郑志泰
副总经理：陈宇肇、邱国华
党委副书记、纪委书记：罗志伟
工会主席：黄春喜
总会计师：吴瑞琴

福建华电漳平发电有限公司

董事长：黄宪培
副董事长：黄友嘉
董事：余圣秀、林茂绩、罗文辉
总经理：罗文辉

年度业绩

2006年，完成发电量206367.3598万kW·h，完成综合供电标煤率427.18g/(kW·h)，同比上升1.33g/(kW·h)，实现利润21.50万元，其中漳平火电公司实现利润10.62万元，漳平公司实现利润10.88万元。

2007年，完成发电量164077.892万kW·h，完成综合供电标煤率425.84g/(kW·h)，同比下降1.34g/(kW·h)，实现利润387.47万元，其中漳平火电公司实现利润36.85万元，漳平公司实现利润350.62万元。

生产经营管理

坚持以安全为基础，以效益为中心，以发展为主题，重新修订、完善了《安全生产工作奖惩规定》、《反违章管理实施细则》等10个安全管理标准，建立了29个求援体系，进行了17个预案的演练，实现了安全生产环节的“可控，在控”，截至2007年12月31日，公司实现连续安全生产3996天，创下全国同类型机组最高安全纪录。

大力推行精细管理，降本增效、节能降耗。狠抓燃料成本，利用区域优势，组织人员深入矿点了解市场动态，确保燃煤供应。同时加强沟通协调，合理调配库存，把握采购时机，严把燃料入厂验收关，有效降低煤价。同时继续深化营运改善和对标工作，进一步完善指标体系，拓展对标范围，加强节能管理，大力挖潜增效，建立健全各项内控制度，加大审计监督力度，开展效能监察活动，组织编制《燃料管理廉政危险点控制与预防措施》，取得明显成效。根据华电集团要求，深入开展“依法经营，遵纪守法”主题实践活动，提高公司依法经营管理水平，有效规避经营风险，推进企业健康、持续发展。

项目发展

2007年8月23日，国家发展改革委正式批复，同意公司2台30万kW机组“上大压小”工程开展前期工作，标志着该工程项目建设取得实质性突破。

党的建设、精神文明建设和企业文化建设

坚持“围绕经济抓党建，抓好党建促经济”的方针，扎实抓好党建工作，大力推进“四好”班子建设，探索和完善各项工作机制，深化先进性长效机制建设，把加强党的先进性建设与推进企业中心工作有机结合起来，融入企业生产经营的全过程，形成推进企业改革发展的强大合力。

以20周年厂庆为契机，制订了《精神文明建设五年规划》，全面整合企业理念，实施企业文化“落地工程”。在全面理解、准确把握公司企业文化理念内涵的基础上，逐级推进企业文化向基层班组延伸，使公司企业文化深植于每一位员工心中。通过制作《辉煌的足迹——建厂20周年专题片》、《建厂二十年纪念册》、《漳平火电公司职工理念手册》等，增强了员工的凝聚力、归属感和荣誉感，进一步提升了漳电文化。

福建华电永安发电有限公司

概况

福建华电永安发电有限公司（简称永安公司）前身为福建永安火电厂，装机容量35万kW，分别为2台2.5万kW机组、2台5万kW机组和2台10万kW机组。其中一期机组退役后实施热电联产改造，并于2002年12月有偿转让，由永安亿力热电有限公司经营；二期机组于2005年1月由厦门瑞新投资有限公司租赁经营，2005年8月24日2台机组停运，并分别于2006年8月、2007年10月与电网解列，机组与电网连接的设备于2007年10月全部拆除。

2007年9月24日，永安火电厂由内核电厂改制为有限公司，更名为“福建华电永安发电有限公司”。截至2007年底，公司在册员工为1160人，离退休员工338人。公司下设总经理工作部、党委工作部（含纪检监察室、团委）、人力资源部、生产管理部（含营销部）、财经部、安全监察室、综合管理部、经营发展部、保卫部、工会办（离退办）、2×30 万 kW“上大压小”工程项目部、检修部、发电部、燃料部等部门。

领导班子

董事长：黄宪培

董事：李立新

监事会主席：罗志青

监事：陈承鉴、骆顺花

总经理：黄彪斌

党委书记：蔡美煌

党委副书记兼纪委书记：姜庆全

副总经理：沈家铨、张聘

工会主席：陈承鉴

主要领导变动情况：

2007 年 8 月底，原总经理阮存钦调离，黄彪斌接任总经理。

年度业绩

2006 年，完成发电量 104156.96 万 kW·h，供电标煤率 430.54g/(kW·h)，厂用电率 8.60%；实现利润 11.37 万元，电费回收率 100%。同时实现 3 个安全生产百日无事故，并连续安全生产 3008 天。

2007 年，完成发电量 82264.03 万 kW·h，供电标煤率 426.00g/(kW·h)，厂用电率 8.52%；实现利润 45.32 万元，电费回收率 100%。同时实现 3 个安全生产百日无事故，并连续安全生产 3373 天。

生产经营管理

2006 年，永安公司开展以少油燃烧和节电为重点的营运改善工作，供电标煤率、发电油耗率及厂用电率创历史最高水平。同时健全设备管理、实施经济性检修，推行标准化检修作业，改进技术监督管理办法，从技术监督、焊接质量、技术改造等方面制定“三管”防磨防爆措施，提高设备健康水平；积极创建“无泄漏发电企业”，重新修订《福建华电永安发电有限公司设备无泄漏管理办法（试行）》；积极争创华电福建公司安全生产“五星”级企业，创新安全管理手段，改进“安全管理信息系统”，使“两票”管理进一步科学、规范。2006 年该公司荣获华电福建公司安全生产“四星”级企业、技术监督管理先进单位；同时荣获华电煤业集团公司“厂内燃料管理优秀单位”称号。

2007 年，永安公司继续深入推进营运改善工作，重点开展“少油燃烧攻关”、“节约厂用电”、“改善入厂煤质”、“优化机组运行方式”、“降低设备非计划停运”等专项工作，各项能耗指标持续下降，其中“以锅炉少油助燃为目的的精细化管理”获全国电力企业管理现代化创新成果三等奖。积极响应国务院和集团公司“节能减排”号召，正式关停 5 台小火电机组，容量达 13.4 万 kW。在安全管理上，强化安全员垂直管理、突出创建“无违章车间”、“星”级安全生产企业、规范生产管理。开展“燃料管理提高年”活动，完善入厂入炉煤管理制度，加强燃煤采制化、入炉计质、计量等环节的控制，规范燃料管理，公司蝉联华电煤业集团公司“厂内燃料管理优秀单位”称号。2007 年 4 月，该公司被华电福建公司授予“无泄漏工厂”称号，同时荣获华电福建公司 2007 年度安全生产“五星”级企业、福建公司技术监督管理“先进单位”等称号。

内部改革

2007 年，根据永安公司发展战略，成立了检修公司可门项目部、工程项目部。由于二期机组已关停，对发电部 1、2、5、6 号机组生产人员进行重新核定，对关停后的 3、4 号机组人员进行合理安置。开展 30 万 kW 机组培训筹备工作。

项目发展

随着国家“节能减排”、“上大压小”政策的实施，公司以 2 台 30 万 kW“上大压小”项目核准和开工建设为目标，认真组织协调，加强各类支持性文件的催批。2007 年 8 月 23 日，国家发展改革委正式批复，同意永安公司 2 台 30 万 kW 机组“上大压小”工程开展前期工作。截至 2007 年底，项目已取得国家相关部委环境测评、用地及水土保持方案的批复，安全性预评价报告通过国家安全监察总局审查并备案，接入系统可研方案通过福建省电力公司审查并报国家电网公司待批，可研收口意见已进入行文流程待批复，项目核准报告初稿编制已完成，基本具备核准条件并由省发改委上报国家发展改革委。

党的建设、精神文明建设和企业文化建设

永安公司党委在企业两级领导班子中全面开展“四好”领导班子创建活动，不断加强领导班子的思想建设、组织建设、作风建设和党风廉政建设，不断提高领导班子的经营管理水平。同时，结合企业实际，实施“六式”动态监督管理办法。

加强企业文化理念宣贯，制定企业文化建设规划，开展以“人员、设备、环境”为重点的安全文化建设，大力开展群众性文明创建活动，有序推进永电“圆”式文化的创新发展。

福建省古田溪水力发电厂

概况

福建省古田溪水力发电厂（简称古田溪发电厂）装机容量14.6万kW，由3个梯级电站组成，在福建电网中担负着调峰、调频、调压和事故备用任务。其中一级电站地下厂房一期主体工程是国家“一五”计划重点工程，1951年3月开工，1956年3月第一台机组投产发电，至1973年12月各梯级电站机组全部建成投产。2007年底，电厂下设厂长工作部、政工部、财务与资产管理部、人力资源部、安监部、监察部、生产运营部、运行部、维修部、调度部、多种产业部、离退休管理部、职工医院等13个部室，在册职工716人。

领导班子

厂长：叶开云

党委书记：叶子国

副厂长：林自标

主要领导变动情况：

2007年8月14日，厂长郑志泰调离，叶开云接任；叶子国任党委书记。

年度业绩

2006年，完成发电量6.7592亿kW·h，同比增长13.69%；上网电量66545.005万kW·h，同比增长13.53%；发电设备平均利用小时为4630h，同比增长13.69%；完成销售收入11542.24万元，实现利润3461.79万元，提前一年完成集团公司扭亏任务。

2007年，完成发电量4.8518亿kW·h，同比下降28.22%；上网电量4.7743亿kW·h，同比下降28.25%；发电设备平均利用小时为2812.78h，同比下降28.22%。实现销售收入8509.98万元，完成年度考核利润1312万元。

生产经营管理

大力推行“第一责任人安全责任评价体系”，有力促进了第一责任人思想到位、压力到位、工作到位，严格执行“安全生产工作管理问责制”，让各级安全生产工作管理责任人在安全生产管理工作中始终处于良好状态。

出台了《工作票、操作票实施细则》、《外用工及外包工程管理规定》，修订完善了《安全生产管理标准》，扎实开展创建优秀发电企业和安全生产星级企业活动，努力建设本质安全型企业，开展无泄漏创建工作，有效地提高了设备健康水平，达到华电福建公司无泄漏电厂的考核要求。

为确保年度目标利润的实现，实行目标倒逼成本，层层分解指标，并将全年销售收入与利润目标进行倒逼计算，采取有效措施控制成本，严格监督成本支出，实现目标成本的可控在控。在营运改善的基础上，进一步扩大对标管理，有效地将营运改善工作推向深入。

党的建设、精神文明建设和企业文化建设

树立“大党建”理念，积极推行“政治安全第一责任”制度，把党建工作内容、政治安全责任列入年度政工计划与月度创优经济责任考核，稳步推进创建“四好”领导班子、“四型”机关建设和“五好”党支部建设活动，进一步提升了各级干部队伍的整体素质和创建水平。同时，通过开展中心组学习、“三会一课”、举办十七大精神研修班等形式，把先进的理论和思想灌输到员工头脑之中，使广大干部、员工树立正确的世界观、人生观和价值观，并始终坚持把党风廉政建设和促进构建惩防体系工作贯穿于企业安全生产、经营管理工作全过程。

围绕构建“和谐古电”的时代需要，在充分汲取历史文化精华的基础上，对古田溪发电厂“和”文化进行不断探索、总结、完善，实现了传统文化的整合对接，并赋予“和”文化新的时代内涵。同时在广大员工中广泛开展企业理念宣传教育引导，努力形成古电文化的张力，为构建“和谐古电”提供强大的精神动力，通过深入开展群众性文体运动，进一步激发了员工高昂的工作热情。2007年，“和”文化体系荣获中国电力企业优秀企业文化奖。

福建省安砂水力发电厂

概况

福建省安砂水力发电厂（简称安砂电厂）安装有2台2万kW机组和1台7.5万kW机组，装机容量11.5万kW。安砂电厂于1970年4月开工，

1978年12月竣工验收，以发电为主，兼有防洪、灌溉任务，多年平均发电量5.18亿kW·h。截至2007年底，全厂在册职工311人，下设厂长工作部、人力资源部、财务部、计划部、政治工作部、监察室、生产技术部、安监部、发电部、水库调度中心等部门。

领导班子

厂长：陈炳达

党委书记：陈文新

副厂长：陈盛玉、蔡毅平

工会主席：方坤泉

主要领导变动情况：

2007年8月14日，陈文新任党委书记。

发展战略

以安全生产为基础，以经济效益为中心，以存量资产为依托，实施“以存量带动增量”发展战略，利用老旧机组改造之机，积极推进3台机组的增容改造，力争通过几年的努力，把安砂电厂建设成为安全生产好、经济效益优、从业人员乐的和谐型水力发电厂。

年度业绩

2006年，完成发电量5.66亿kW·h，同比增长12.1%；上网电量5.58亿kW·h；实现销售收入7414万元，利润437万元。

2007年，完成发电量5.34亿kW·h，同比下降5.7%；上网电量5.27亿kW·h；实现销售收入7186万元，利润927万元。

生产经营管理

以创建本质安全型企业为目标，按照“安全第一，预防为主，综合治理”的方针，树立“安全在于规范，规范在于落实，落实在于细节”的安全管理理念，以创“星级”安全企业为载体，以安全性评价为标杆，强化“严、细、实”的工作作风，修订完善了各类安全生产技术标准和规章制度，严格执行安全考核制度，加强设备检修维护，实行缺陷计算机闭环管理，通过开展“比安全，零违章；比质量，零返工；比文明，赛整洁；比组织，赛协调；比管理、增效益”等“五比”竞赛活动，取得了明显成效。截至2007年12月31日，实现连续安全生产3983天，创历史最高纪录。

坚持开源、节流并举，大力开展营运改善和对标管理，围绕增发电量，优化机组运行方式，积极做好水库优化经济调度，提高水能利用率，2006~2007年，累计增发电量1.56亿kW·h。同时，通过开展“依法经营、遵纪守法”主题实践活动，积极推行全面预算，实行精细化管理，做到计划的全过程控制，使成本各项指标可控在控。在全厂实施“5S”管理活动中，该厂《实施“5S”管理，促进安全生产》一文荣获华电福建公司2006年度安全管理创新奖。2006~2007年，该厂先后荣获集团公司“安全生产先进单位”和华电福建公司“安全生产五星级企业”称号。

党的建设、精神文明建设和企业文化建设

以“四好”班子建设为龙头，全面加强党的建设；建立完善党员先进性教育长效机制，巩固和提升保持党员先进性教育活动成果，以“五管”（管方向、管思想、管培养、管融入、管协调）工作为重点，发挥党组织的政治核心作用。开展多种形式的党风廉政建设教育活动，全面落实教育、制度、监督并重的惩治和预防腐败体系。同时以安全文化建设、廉洁文化建设、5S管理文化建设为重点，大力开展企业文化创建工作，通过开展职工读书月和以“家”为主题的文明创建活动，促进健身、学习、安全理念深入人心。此外，该厂还自编《专业技术题库》，组织开展技能比武和知识竞赛互教互学等形式，促进了企业的生产经营管理。

福建省池潭水力发电厂

概况

福建省池潭水力发电厂（简称池潭电厂）是闽江干流金溪支流的龙头水电厂，装机容量2×5万kW，以发电为主，兼有防洪、灌溉等重要功能，多年平均发电量5.0亿kW·h。池潭电厂水库属福建省富屯溪水系，为闽江源头。坝址控制流域面积4766km^2，占金溪流域面积的66%。水库正常高水位275m，相应库容7.0亿m^3，为不完全年调节水库。2007年底，电厂下设厂长工作部、人力资源部、政治工作部、监察审计部、计划财务部、生产技术部、安全监察部、发电部、检修维护部、金溪流域水库调度中心、芦庵滩项目部、池电发展总公司等12个部门，全厂在册职工275人。

领导班子

厂长：黄金其

党委书记：徐瑞平

副厂长：杨炳良、魏成伟

工会主席：李业全

主要领导变动情况：

2007年8月14日，厂长兼党委书记洪云调离，黄金其接任厂长，徐瑞平接任党委书记。

年度业绩

2006年，完成发电量5.71亿kW·h，上网电量5.66亿kW·h，实现销售收入7580万元，实现利润2940万元。

2007年，完成发电量4.4亿kW·h，上网电量4.36亿kW·h，实现销售收入5805万元，实现利润1652万元。

生产经营管理

认真贯彻"安全第一，预防为主，以人为本"的电力安全生产方针，牢固树立"保人身、保发电、保设备"的安全管理理念，全面落实"安全是第一工作，安全是第一责任，安全是第一效益"的工作要求，并以分级管理、偏差分析、闭环控制为载体，以强化全员安全责任制和深入构建具有池潭电厂特色的安全文化为抓手，努力确保"四个安全"：一是坚持日常管理与创新管理相结合，实行安全生产重奖重罚。二是坚持深入开展反违章积分管理规定和安全监察值日制度。三是从管理、作业、现场三个标准体系入手，坚持标准化和规范化管理。四是坚持把安全大检查和安全性评价与星级企业查评相结合，确保实效。

2006年11月21日，成功承办华电集团所属水电企业应急预案综合演练，完整的应急预案体系和有效的危机处理受到系统各单位的高度评价。2007年，面对来水锐减的经营压力，采取各种措施开源节流，最终实现企业盈利和员工收入的同步增长。

项目发展

经过不懈努力，池潭电厂1台5万kW扩建项目取得进展，先后通过了可研报告、林地预审、水土保持方案等专题报告的审查。2007年11月21日，流域综合规划通过福建省政府审批，扩建工程项目正式列入华电集团投资决策系统。

党的建设、精神文明建设和企业文化建设

通过深入开展"党委强核心、支部添活力、党员增素质"活动和"两个一、两带头"活动，充分发挥党组织的战斗堡垒和先锋模范作用，扎实推进党的建设，把加强党的先进性建设与推进企业中心工作有机结合起来，融入到生产经营的过程中，形成推进企业改革发展的强大合力。同时，通过编制2006～2010年企业文化建设发展规划，确立了以"山水"为品牌的企业文化体系。提升廉洁文化的内涵，制订了"是山诚、是水清"廉洁文化理念，并举办了以"和谐发展，健康快乐"为主题的企业文化艺术节和"电力之夜"文艺晚会，营造了奋发向上、团结和谐的良好文化氛围。

中国华电集团福建华安水力发电厂

概况

中国华电集团福建华安水力发电厂（简称华安电厂）成立于1971年1月，装机容量为4×1.5万kW，1979年10月1日全部建成投产。电厂库容520万m^3，库区流域面积6880km^2，属不完全日调节水库，引水系统由明渠、暗涵、无压洞、有压洞、渡槽等组成，全长8.92km，平均年发电量3.6亿kW·h，设备平均年利用小时约6000h。2007年底，电厂下设综合管理部（含办公室、人资部、信息中心）、策划营销部、财务与资产管理部、党群工作部、安全监察部、生产技术部、发电部、检修部、电力发展公司等9个部室，在册职工297人。

领导班子

厂长：徐孝峰

党委书记：张德照

副厂长：赵云星、邹南城

党委副书记、纪委书记、工会主席：陈英辉

年度业绩

2006年，完成发电量3.93亿kW·h，完成年度计划的106%，实现利润125万元。2007年，完成发电量3.97亿kW·h，完成年度目标的107.3%。提前35天完成年度发电量计划，实现利润总额559万元。

生产经营管理

以创本质安全型企业为目标，以规范现场管理为主线，以创"星级"安全企业为重点，以人为本，培育职工"安全人人有责"的理念，实现安全生产可控、在控。2006年取得了抗击1号强台风“珍珠”的袭击，连续抵御了建厂以来二十年一遇的最大洪水。截至2007年12月31日，实现连续安全生产5846天，再次刷新最高安全纪录，继续保持华电集团水电系统安全天数最高纪录。

始终坚持以发展为第一要务，以效益为中心，以对标管理为平台，以营运改善为手段，引入现代化管理理念，利用高新技术，强化企业管理，修订完善华安电厂企业标准体系，提升企业管理水平。同时通过抓开源节流，节能减排增发电量；抓节约意识，创节约型企业；抓营运改善，降本增效；坚持多元化经营，取得明显成效。2007年，取得国家电力监管委员会业务许可，并荣获华电集团“安全生产先进集体”和华电福建公司“盈利先进单位”荣誉称号。

项目发展

华安电厂以存量带动增量，有效推进2台4万kW机组扩建工作。2007年，项目可研报告通过福建省经贸委评审，水土保持方案通过福建省水利厅审查、批复；进水口引水隧洞下穿鹰厦线及道路工程专题方案通过南昌铁路局审查、批复；完成接入系统、水资源专题、土地和主体工程土建、机电主设备及进场道路的招标文件编制，完成“三通一平”环境影响评价报告的审查批复，流域综合规划通过福建省水利厅和福建省发改委的联合审查。

党的建设、精神文明建设和企业文化建设

通过开展“四好”领导班子建设和建立健全组织机构，大力加强党的建设，先后完成了党委、纪委第七届换届选举，深入贯彻落实党的十七大精神，持续开展和谐党建、和谐企业实践活动，取得良好效果，先后获得福建公司先进基层党委称号和福建公司“四好”领导班子先进集体。

不断推进企业文明创建活动，积极开展企业文化建设，坚持“一主多元，各具特色”的文化体系，着重抓好形象设计、理念导入、制度建设，形成富有本企业特色的企业文化，坚持企业发展与员工发展相协调，开展和谐企业大家谈、“荣辱与共、构建和谐、谋求发展”专题讨论、“安全·和谐”知识竞赛和“职工子女才艺表演”等活动，整合企业文化，征集、出台《华安水电厂企业文化手册》，制作企业文化宣传片，努力培育职工团队精神，把企业文化建设融入安全生产、经营管理之中，促进企业各项工作全面发展。

中国华电集团福建南靖水力发电厂

概况

中国华电集团福建南靖水力发电厂（简称南靖电厂）位于福建省漳州市九龙溪西溪支流船场溪中游的南靖县境内，系中国华电集团公司福建发电有限公司下属内部核算企业。南靖电厂为渠道引水式电站，引水渠长逾11.07 km，装有2台1.25万kW混流式水轮发电机组。电厂1958年开工建设，1969年10月建成发电，设计年发电量8240万kW·h，水库库容0.005亿m^3，控制流域面积610 km^2。2007年底，电厂下设综合管理部、财务资产部、生产运营部、安全监察部、党委办公室、工会办公室、发电部、检修部等8个部室，在册职工206人。

领导班子

厂长、党委书记：陈仪明

党委副书记、纪委书记、工会主席：陈琳

副厂长：陈友云

主要领导变动情况：

2006年5月16日，党委书记陈伟民调离。2007年8月14日，厂长陈仪明兼任党委书记。

年度业绩

2006年，完成发电量11513.34万kW·h，为年计划的135.45%，创历史最高纪录；实现利润584.99万元，为年计划的278.57%。

2007年，完成发电量11132.67万kW·h，为年计划的123.7%；实现利润352.18万元，为年计划的335.4%。

生产经营管理

始终抓住安全生产主线，以“设备无缺陷，管理无漏洞，人员无违章”为要求，围绕“抓落实、严考核、闭环控制、注重实效”的方针，持续加强和改进安全生产管理。在对设备设施普查的基础上，进一步完善了台账记录，编制了检修技改五年规划及主辅设备年度检修计划，实施了1号机组、主变压器、出口开关等设备改造；编写了《安全管理规范化手册》，开展了“无泄漏”整治，建立了196项规程制度、37个应急预案组成的安全管理制度体系，着力打造“本质安全型企业”。截至2007年12月31日，实现安全生产5189天。

以信息网络为平台，创建并实施“5F 管理法”，实现企业各项工作“一网打尽”、“一步到位”，不断提升各层级执行力。致力自主创新，积极引导和激励员工投身创新实践，实现创新促管理。2006～2007 年，南靖电厂对 79 个创新成果进行了嘉奖。同时，优化运行调度，加强设备巡检，提高设备利用小时和水能利用率，扎实推进营运改善工作，大力提升经济效益，确保净资产收益率的不断提高。

内部改革

按照“双向选择、公开、平等、竞争、择优”的原则，南靖电厂出台了《绩效管理办法》，推行科学的绩效考评，逐级实施了全员岗位竞聘，实现主业按定员 128 人组织生产，形成了职责明确、各负其责、责权利对等的良性工作局面。

党的建设、精神文明建设和企业文化建设

南靖电厂设有 5 个党支部。认真学习贯彻党的十七大精神，开展以“做三力表率、当靖电先锋”为主题的系列实践活动；签订党风廉政建设责任书和廉洁自律承诺书，加强对权力运行的制约和监督，深入开展治理商业贿赂专项工作，延伸效能监察功能，着力构建“3＋2”惩防体系，实施廉洁文化“三进”工程。

同时，围绕“为发展助力，为华电建功”的主题，广泛开展劳动竞赛、合理化建议、“安康杯”竞赛以及“牵手·爱心”等主题实践活动，大力推进精神文明建设和企业文化建设。如围绕“用管理业绩检验三力文化成效”目标，开展“实施 10 大工程、40 项建设”活动，效果良好。通过努力，建立起包括四个核心理念、五个专业理念和以“实现企业最大效益，体现员工自我价值”为核心价值观的“三力”文化体系。

华电厦门电厂

概况

华电厦门电厂（简称厦门电厂）原名厦门杏林电厂。1958 年 9 月，厦门市因创建杏林工业区而建，1959 年 8 月 21 日动工，12 月 27 日机组投产发电。1973 年福建省计委向国家计委、水电部申请扩建 2 台 2.5 万 kW 机组，1977 年 10 月主厂房破土动工，1979 年 3 月两台机组先后建成发电，并入福建电网运行，至此，全厂装机容量达到 6.2 万 kW，成为福建电网的主力厂之一。

1985 年厦门电厂改向周边第一个工业热用户供汽，截至 2007 年，热用户已拓展到 52 家。为了提高供热市场的安全稳定性，1999 年对 3 号、4 号凝汽式机组进行热电联产抽汽改造，成为福建省第一家通过评审的热电联产企业。为了积极响应国家“节能减排、上大压小”号召，2007 年 5 月 31 日，电厂火电机组全部关停。截至 2007 年底，该厂在职员工 535 人（含集体所有制职工 15 人），办理内部退养 94 人。电厂下设党群工作部、行政事务部、纪检监察部、安全（技术）监察部、资产经营部、人力资源部、检修项目部、运营项目部、多种产业办公室等 9 部室。

领导班子

党委书记、代厂长：陈伟民

副厂长：楼六水

纪委书记、工会主席、党委委员：林志强

总工程师：崔文健

主要领导变动情况：

2007 年 10 月 13 日，集团公司免去何辉厂长职务，由陈伟民代理厂长职务。

年度业绩

2006 年完成发电量 2.78 亿 kW·h，售电量 2.37 亿 kW·h，主营业务收入 10112.76 万元，主营业务成本 12512.38 万元，利润总额 －998.97 万元。供电煤耗率 586.09g/(kW·h)，对外供热 97.85 万 t，完成年平均热电比 234.59%。

2007 年完成发电量 1.09 亿 kW·h，售电量 2.18 亿 kW·h，主营业务收入 9020.65 万元，主营业务成本 11018.76 万元，利润总额 －2014.09 万元。供电煤耗率 586.01g/(kW·h)，对外供热 35.99 万 t（6 月 1 日后因机组关停不再对外供热），完成年平均热电比 257.81%。

生产经营管理

厦门电厂围绕华电福建公司下达的年度计划指标开展工作。根据机组的运行情况和设备状况，及时安排机组检修工作，尤其是重大设备缺陷的零点消缺，完成了机组的可调小时和等效可用系数，确保了全年发电量的完成，保证了安全生产。

同时，坚持以市场为导向，以发展为主题，面对市场重新调整、整合、清理、整顿，特别是龙头支柱产业供热市场面临重新分割的困难局面，发挥资源优势，进一步完善以市场业绩为导向的经营机制。坚持做好多种产业资源重组后的各项工作，以适应市场化进程的要求，以此建立并稳固了供热市场的煤热价格联动机制和燃料油区域配送中心的地位。

实施安全目标责任管理，构建安全生产长效机制。强化以利润为目标的经营管理，推行全面预算管理、全面计划管理。积极开展增收节支活动，实现以发展为主线，以年度计划为重点，以重点项目为标志的全程式、集约化管理。重点抓好“增收节支”工作，至2007年底，全面完成华电福建公司下达的三项责任目标，安全生产实现1972天。

内部改革

2007年5月31日机组关停后，涉及在职人员560人，其中在岗职工536人（含集体所有制职工15人），已办理内退23人，工伤休养人员1人。离退休人员327人。企业通过积极与上级沟通，争取政策，对职工稳妥安置、积极分流，相继出台了《厦门电厂员工内部离岗退养实施办法》、《厦门电厂员工自谋职业管理办法》等一系列制度及措施。2007年12月31日，经过各种渠道共分流110人，其中：办理退休25人；办理内部离岗退养78人；办理自谋职业员工7人。未安置人员426人，主要从事市场化机组运行承包及检修安装、发展综合产业以及厦门电厂老机组留守等工作。

发展战略

依托厦门区位经济优势，坚持以热电联产为基础，发展洁净燃烧技术，逐步建成区域性、环保型、效益型、和谐的现代化能源生产基地。

党的建设、精神文明建设和企业文化建设

厦门电厂加强党组织建设和党员教育管理，认真抓好党委会、党支部、党小组三级组织建设，开展“四好”领导班子创建活动，充分发挥党支部战斗堡垒作用和党员的先锋模范作用，也同时增强了党的凝聚力和战斗力，为推动企业改革发展稳定各项工作奠定了基础。其次是积极组织开展文明创建活动，定期组织评比表彰先进集体和先进个人活动，深入开展职工喜闻乐见的精神文明创建活动，倡导文明、健康、科学的生活方式，不断提升职工思想道德水平和文明素养。实施“三和”企业文化工程，形成了遵章守纪、文明礼仪、争先创优的良好氛围。2006年，企业获得福建省第九届文明单位、华电福建公司安全生产四星级企业和党风廉政建设良好企业以及厦门市优秀节水企业。2007年获得福建省文明单位、福建省“五一”劳动奖状、华电福建公司文明单位、厦门市劳动关系和谐优秀企业以及厦门市厂务公开工作先进集体等荣誉称号。

其他重大事项

厦门电厂积极响应国家“节能减排、上大压小”的战略部署，按照集团公司和福建公司安排，2007年5月31日，火电机组全部关停，比集团公司下达的原关停时限提前19个月。机组关停后，电厂保留集团公司内部核算单位的管理体制，逐步由生产经营型企业转变为技术服务型企业。

华电福建发电有限公司湄洲湾电厂运行分公司

概况

华电福建发电有限公司湄洲湾电厂运行分公司（简称湄洲湾公司）成立于2000年9月，系华电福建发电有限公司的内部核算企业。依据中国华电集团公司与湄洲湾电厂业主——福建太平洋电力有限公司签订的湄洲湾电厂《运行维修修改协议》，负责湄洲湾电厂的运行维修工作。

湄洲湾电厂位于福建省莆田市，拥有2台净上网功率为36.2万kW的燃煤发电机组，总投资6.55亿美元。电厂是集工程设计、采购、施工和移交为一体的BOT（Build-Operate-Transfer）工程，也是获国家批准的第一个全外资电厂，是中国获得亚洲开发银行第一个有限追索权及私营企业贷款的独立发电厂。1998年3月电厂开工建设，2001年3月首台机组投产发电，2001年5月2号机组投产发电。2004年6月11日，中国华电集团公司与湄洲湾电厂业主——福建太平洋电力有限公司签订湄洲湾电厂《运行维修修改协议》。2006年3月，电厂由马来西亚云顶电力（中国）有限公司全资控股。

截至2007年底，湄洲湾公司在册员工221人。公司下设行政管理部、发电部、维修部、安全监察部、企业文化部、关联部6个部门。

领导班子

总经理：阮存钦

党委书记：肖寅生

副总经理：章清奇

总工程师：陈崇民

纪委书记、工会主席：叶隆章

主要领导变动情况：

2007 年 8 月 14 日，总经理卞抗美调离，阮存钦接任。

年度业绩

2006 年，完成发电量 42.98 亿 kW·h，综合厂用电率为 7.87%，机组发电标准煤耗 306.36 g/(kW·h)，供电标准煤耗 332.51g/(kW·h)，机组设备利用小时数 5468.40h。累计实现安全生产 2294 天。

2007 年，完成发电量 40.49 亿 kW·h，综合厂用电率为 6.71%，机组发电标准煤耗为 309.32 g/(kW·h)，供电标准煤耗为 331.58g/(kW·h)，机组设备利用小时数 5152.32h。累计实现安全生产 2659 天。

生产经营管理

通过推进预案制度建设，完善各项安全规章标准，建立了以专项预案、作业（操作）指导书以及运行维修手册为核心，以运行、检修规程和试验指导为主要文件以及各种作业记录和试验记录为应用文件的三层规程体系，以此不断提高预案及制度的执行力。

建立了节能管理体系，充分发挥 PI 实时数据库系统（Plant Information System）的功用，加强技术分析；投用运行绩效考核软件，开展运行经济指标考核管理工作，为节能管理工作提供技术平台。通过开展技术改造、小指标竞赛活动、锅炉燃烧调整试验等，落实节能降耗各项措施，努力降低发电成本。

推行精细化管理，着重抓好机组首次大修费用管理，强化备品备件采购管理及库存管理；完善内控制度，加强预算项目的全过程追踪，完善计划预测、库存管理、财务核算、设备管理一体化管理；严格执行合同管理、项目招标等管理制度，加强经济活动和库存分析，及时发现并解决问题，确保年度运行维修费用不超支。

党的建设

以提高党员的思想政治素质和业务技能为重点，发挥广大党员在运行维修外资电厂各项工作中的政治核心、战斗堡垒和先锋模范作用，大力开展党员“亮出身份”、“党员责任区”、“立足岗位、为党增辉”等主题实践活动，提高了党员自身素质，强化了党员管理。

湖北华电襄樊发电有限公司

概况

湖北华电襄樊发电有限公司（简称襄樊公司）成立于 2003 年 11 月 28 日，由中国华电集团公司、原湖北省电力开发公司、原襄樊汉源电力开发公司分别按 65%、17.5%、17.5% 的比例出资建设，装机容量 120 万 kW。

2007 年 4 月，襄樊公司股权结构进行调整，持股方确定为中国华电集团公司和湖北汉源电力开发有限公司，持股比例为 65% 和 35%。2007 年底，公司在册员工 33 人，下设总经理办公室、计划合同部、财务部、工程技术部、生产部、安监部等 6 个部室。

领导班子

公司董事长、法人代表：程念高

总经理：骆民强

副总经理：李风亮

年度业绩

2006 年，襄樊公司主要工作是完成襄樊公司二期工程 5、6 号机组建设。12 月 26 日，5 号机组并网发电一次成功，工程总体质量优良，各项费用及工程量控制在执行概算范围内；完成项目投资 201615 万元。

2007 年，襄樊公司完成了基建投产任务。5、6 号机组于 2007 年上半年成功实现双投，创造了工期、质量、安全、造价控制的先进水平，实现了由基建向生产的平稳过渡；完成发电量 40.09 亿 kW·h，实现销售收入 11.006 亿元，利润 6100 万元，实现投产、效益“双达标”。

生产经营管理

牢固树立 2007 年上半年“双投”目标，克难攻坚，创造性地解决了各种工程技术难题，创造了工期、质量、安全、造价方面的多项新纪录：两台 60 万 kW 超临界机组建设工期为 23 个月零 26 天，造价控制在 40 亿元以内，工程建设实现安全“双零”目标，各项调试指标均达到部颁“优良”标准。

通过内抓管理、外强营销，迅速完成了新机磨合，营造出良好的内外部环境，生产经营取得了丰硕成果，机组经济技术指标创造了集团公司先进值，高标准实现了投产、效益“双达标”。襄樊公司深入贯彻“三大责任”要求，始终坚持科学发展、保护环境、服务社会的价值取向，在环保、节能减排、发展循环经济方面做出了大胆尝试并取得实效。襄樊公司2×60万kW机组脱硫系统投入率达到95%以上，灰渣综合利用率达到60%以上；利用电厂温排水建设的尾水电站于2007年5月份投产发电，年平均发电量1728万kW·h。

积极配合集团公司做好襄樊公司（一期）安全生产责任及管理权移交后的安全稳定工作，为下一步资产整合奠定基础，并抓住资产整合的良好契机，加快学习了解集团公司战略思想，推动襄樊公司尽快融入华电大家庭中；同时做好襄樊公司未来发展的长期规划，以此次整合为契机全面提升襄樊公司的战略地位和管理水平。

党的建设、精神文明建设和企业文化建设

深入开展创建“四好”领导班子活动，加强思想、组织、能力、作风、制度和反腐倡廉建设；开展党内主题实践活动，围绕公司目标任务的实现，认真开展“三树三促一确保”活动，在保证安全、维护稳定、提高效益、促进发展中充分发挥党员模范带头作用；加强团青工作，大力开展青年创新创效活动；强化党群专兼职干部队伍建设，培养一支素质高、能力强、想干事、能干事、干成事的公司专兼职党群队伍，为实现公司年度任务目标、构建和谐企业文化发挥了积极推动作用。

同时，积极推进文明创建和企业文化建设，为公司的改革、发展、稳定唱响主旋律，为企业文化建设营造良好氛围，并积极引导全体员工围绕中心、服务大局，建立与公司共奋进、同发展的员工队伍，为完成年度目标注入强大精神动力。

其他重大事项

2007年12月23日，国家电监会在京举行647万kW发电资产的安全生产责任及管理权转移协议签字仪式，作为“647”资产之一，襄樊发电公司（一期）安全生产责任及管理权正式移交中国华电集团公司。2007年12月27日，中国华电集团公司正式接管襄樊发电有限责任公司。

湖北西塞山发电有限公司

概况

湖北西塞山发电有限公司是中国华电集团公司唯一的中外合作企业，成立于2000年10月18日，由湖北华电黄石发电股份公司（股权比例50%）、美亚黄石电力有限公司（股权比例49%）和黄石市投资公司（股权比例1%）共同投资设立。

公司装机容量76万kW，其中新装机2台33万kW燃煤发电机组分别于2004年7月、12月投产发电。该工程是国家电力公司2000年首批示范电厂试点项目，被中国投资协会评为“优质投资项目”。截至2007年底，公司共有员工210人，平均年龄36岁。公司下设计划经营部、综合部、商务部、财务部、运行部、安生部、检修部和政工部8个部门。

领导班子

董事长、党委书记：王晓林

副董事长：梁鹤銮

董事：张涛、王幼平、邹向举、卢治、陈永善、谢文彦、宋方奇

总经理：钱勇

副总经理：王新民

财务负责人、党委委员：左自海

总工程师、工会主席：窦洪华

主要领导变动情况：

2006年4月，钱勇任总经理，宋方奇不再担任代总经理、副总经理。2007年10月，柯国华离任，王晓林继任公司董事长、党委书记。

年度业绩

2006年，完成发电量43.47亿kW·h，发电设备利用小时6586h，综合供电煤耗334.98g/(kW·h)，同比下降6.39g/(kW·h)；实现利润1.64亿元，实现了“零事故”目标。

2007年，完成发电量39.92亿kW·h，发电设备利用小时6049h，综合供电煤耗334g/(kW·h)，较计划值低2g/(kW·h)；实现利润1.63亿元，实现连续安全生产1279天。

生产经营管理

以安全性评价为契机，不断提高安全生产水

平。以建立本质安全型企业为目标，形成了“大反违章”理念，建立了反违章的长效机制，充分发挥三级安全网络的作用，加强外包项目安全管理，提高了安全生产的受控程度。安全生产保持长期平稳态势，在2006年进行的安全性评价中，取得了初评综合得分率81.3%、复评综合整改率100%、综合得分率92.5%的好成绩。

以营运改善为平台，不断提高运行经济性和设备可靠性。一是建立完善了《运行大值竞赛管理办法》等激励制度和员工绩效选才机制，充分发挥员工才能；二是规范对标管理，形成了全员参与、分级控制、责任到位的对标管理体系，保证了各项指标可控在控；三是加强负荷的经济调度，优化运行方式，使机组的整体经济性得到了显著提升，机组多项指标有较大进步；四是从设备可靠性、高效性和检修费用三个要素入手，规范点检程序，开展状态检修，落实设备主人翁责任制；五是加强对外委单位的管理，推行设备和系统的全过程控制和闭环管理，设备可靠性保持了较高水平。

以市场营销为抓手，加强成本控制，积极降本增效。西塞山公司紧抓“三电”工作，大力开拓市场，取得了可喜成果。2006年争取到计划外电量13.8亿kW·h，并创造年发电量43.47亿kW·h的历史新高；2007年完成发电量39.92亿kW·h，机组年运行小时数均居全省同类机组首位。在成本控制方面，通过推行全面预算管理，有效控制成本和费用支出。通过积极争取税收优惠政策，做好国产设备退税和抵免所得税工作，优化资金配置，提前还贷，减少贷款利息1809万元。

项目发展

公司二期扩建工程规划建设2台60万kW级超超临界燃煤发电机组，项目已列入湖北省“十一五”电力建设规划，在国家发展改革委组织的2005~2007年核准项目评优中被列为湖北省唯一的备选项目。2006年初按照国家发展改革委核准条件要求的26项支持性文件已全部取得，项目已具备核准开工条件。

党的建设、精神文明建设和企业文化建设

公司党建工作始终以提高经济效益为中心，围绕企业中心工作创新创效，充分发挥党委在企业中的政治优势。党委开展“四好”班子创建活动、“党员岗位是一面先进旗帜，党员班组是一个优秀团队，党员工作是一块闪光品牌”等活动，打造共产党员的品牌；开展“党员身边无违章”竞赛活动，在全体员工中起先锋模范作用。中外合作企业党建工作取得了一定成果，2006年11月，在集团公司党的先进性建设推进会议上，公司作为五家典型单位进行了大会交流。纪检工作围绕企业重点，组织党员干部和重要岗位人员开展了警示教育活动，增强拒腐防变能力。工会工作积极开展争先创优活动，营造良好的人文氛围，努力创建和谐企业。

湖北华电黄石发电股份有限公司

概况

湖北华电黄石发电股份有限公司（简称黄石公司）原名湖北黄石发电股份有限公司，系中国华电集团公司控股的国家大型二类发电企业。1995年11月28日，由原电力部报国家体改委批准设立的首批电力股份制改造试点企业。

黄石公司前身为黄石火力发电厂，1945年10月15日建厂，“一五”期间为中南地区第一发电厂。公司目前装机容量为一台20万kW机组，投资并控股湖北西塞山发电有限公司50%的股份。截至2007年底，公司在册职工1228人，离退休职工966人。公司下设总经理工作部、计划发展部、人力资源部、财务资产部、政治工作部、纪委、监察审计部、工会、总工室、安全培训部、生产技术部、物资供应部、发电部、工程公司、检修部、西塞项目部、鄂州项目部、印度项目部、燃料部、燃料购运部、出灰部、热电项目改扩建处、离退休管理部、武装保卫部等部门。

领导班子

董事长：王幼平

监事会召集人：张贤哲

总经理：邹向举

副总经理：刘尧平、应伟、李文波

纪委书记：陈洪怀

工会主席：陈洪怀

总工程师：刘尧平

主要领导变动情况：

2006年3月27日，邹向举调任总经理。2007年10月13日，李前锋任公司党委书记，2007年11月20日调离。

年度业绩

2006年，完成发电量20.66亿kW·h，实现销售收入58362万元，完成综合供电煤耗403g/(kW·h)，完成厂用电率7.68%；机组平均利用6262h,与西塞山公司合并报表后实现净利润5541万元。

2007年，完成发电量15.52亿kW·h，实现销售收入46052万元，完成综合供电煤耗381.26g/(kW·h)，完成厂用电率7.28%，机组设备利用小时6734h。与西塞山公司合并报表后实现利润5819万元。

生产经营管理

高度重视安全生产、市场营销、电煤供应等生产经营工作，制定针对性措施，做到目标明确，责任落实，执行到位，全面履行三大责任，提升三大业绩，确保了四个安全。公司始终把安全生产摆在首位，认真落实集团公司各项安全工作部署，狠抓安全管理模式创新，做到超前预防、超前控制。截至2007年12月31日，公司实现连续安全生产2742天，再创历史新纪录。

高度重视电价工作，密切跟踪电力市场形势，抓住国家第二轮煤电联动的机遇，加强电价疏导工作，积极落实国家电价政策，取得较好的调增效益。在电量方面，努力争取政府及相关部门的支持和理解，通过“以煤抵电”、“超发电奖励”和“转移电量计划”等手段，2007年多争取电量计划3亿多kW·h。

创新燃料管理机制，紧扣重点环节，科学把握“量、质、价、耗”的关系，实现了燃料成本的有效控制。至2007年底，公司入炉煤热值同比提高了806kJ/kg，入厂、入炉煤热值差下降到619kJ/kg，单位燃料成本与2006年同期相比下降了8.97元/(MW·h)。公司以效益为中心，强化成本控制，建立成本倒逼机制，实行“三核对”财务管理，规范内部成本决策、加强会计核算控制，促进了企业生产经营管理的规范化。

项目发展

按照集团公司要求，全力推进1台30万kW热电联产项目前期工作。2006年，项目列入中国华电集团“十一五”能源发展规划和湖北省“十一五”固定资产投资目录。2007年11月13日，国家发展改革委以“上大压小”项目下发了公司1台30万kW热电联产项目“路条”。

内部改革

根据集团公司部署，2007年3月27日，公司提前关停了四台小火电机组（共25万kW容量），2007年9月12日进行了烟囱爆破拆除。经测算，小机组关停后将减少烟尘排放2816t/年，减少二氧化硫排放6350t/年，年节约标煤五万余t。同时，公司以关停小火电机组为契机，积极制定新定员标准及主辅分离实施方案，有针对性地做好人员配置及辅业改制工作。

党的建设、精神文明建设和企业文化建设

坚持以提升业绩为中心，以企业文化建设为载体，以“三创、四抓、五确保”为主线，开展创“三型支部”、“五型特色班组”、“八型党小组”、“十型共产党员”等活动，提高党员的工作积极性和战斗力，发挥党支部的战斗堡垒作用和党员的先锋模范作用，为企业发展创造了一个和谐、稳定的政治环境。

同时，大力推进公司文明创建和企业文化建设。以关停小火电机组为载体，开展企业公关宣传活动，通过新华社、中央电视台等媒体对公司小火电烟囱爆破拆除仪式进行采访报道，着力宣传企业肩负的社会责任，取得较好效果，树立了良好企业形象。2007年，黄石公司荣获集团公司“文明单位”和“党风廉政建设优秀单位”。

湖北华电武昌热电有限公司

概况

湖北华电武昌热电有限公司（简称武昌热电公司）位于湖北省武汉市武昌区临江大道，负责湖北华电武昌热电厂利用天然气改扩建工程的建设和营运。湖北华电武昌热电厂前身为始建于1946年的湖北省武昌热电厂，原属湖北省电力公司，2002年12月电力体制改革后，划归中国华电集团公司。湖北华电武昌热电厂装机容量为1.2万kW发电机组。2005年10月28日，根据国家发展改革委［2005］50号文件精神，该厂小火电机组正式停产。

2006年5月19日，武昌热电公司注册成立，由集团公司、武汉开发投资公司分别按照90%和10%的比例出资建设，规划2台17.5万kW级燃气—蒸汽联合循环机组，其中一期工程建设1台18.5万kW燃气—蒸汽联合循环机组。截至2007

年底，公司员工为790人，其中在岗人员105人、离岗人员65人、内退人员237人，离退休人员383人。公司下设办公室、计划物资部、财务部、安全生产部、政治工作部、运行维护部、离退休部、多产业部等8个职能部门。

领导班子

董事长：王幼平

董事：王幼平、周苏军、程彦林、董浩、陈卫、刘耀庭

监事：丁超、李爱荣、肖建平

总经理：袁用武

党委书记：刘耀庭

副总经理：朱峰、李利军

纪委书记：戴煜华

工会主席：肖建平

主要领导变动情况：

2006年4月，雷继侠任总经理，2006年6月离任。2006年9月，袁用武任总经理。

年度业绩

2006年实现利润总额7万元，实现净利润7万元。2007年实现利润总额1044万元。

生产经营管理

2006～2007年，武昌热电公司主要任务是负责燃机工程建设及生产准备工作。2006年5月，武昌热电公司与南京汽轮电机（集团）有限责任公司、武汉锅炉股份有限公司分别签订主设备购销合同，6月27日工程初步设计通过国家电力规划总院审查，7月18日开始桩基施工，8月20日主厂房开挖，8月25日浇第一方混凝土，截至2007年9月，主体安装工作基本结束。2007年9月25日按照调试大纲和调试计划的要求陆续进行了汽机循环水系统、开式和闭式水系统、凝结水系统、润滑油系统、真空系统、锅炉给水系统等单机试转和系统的分部试运，为机组整体试运奠定了基础。

工程建设中，公司按照“安全第一，预防为主”的方针，以抓工程管理、施工现场管理和设备管理为重点，坚持周、月度、季度安全检查和例会制度，开展基建安全专项整治和隐患排查整改，安全管理形成闭环。为进一步提高员工的安全意识和保障能力，组织全体生产准备人员和参建人员进行一系列安全生产法规的学习与考试。截至2007年12月31日，工程累计安全施工499天。

制定了系列质量、进度考核条例，加强对参建单位的监督管理。通过设备验收、质量验收，确保工程质量。武昌热电公司还坚持以成本预算管理和控制为重点，加强财务管理，抓好招投标管理，开展效能监察，降低工程造价，通过对设备招投标、合同签订全程监督，保证了经济安全。截至2007年12月31日，共签订各类合同165个，合同总价5.27亿元。由于天然气价格较高，利润空间狭小，导致银行融资十分困难，经多方努力，2006年12月31日，武昌热电公司与国家开发银行湖北省分行、中国农业银行湖北省分行正式签订银团贷款合同。此外，武昌热电公司积极实施“人才强企”战略，充分做好生产准备，组织生产准备人员进行理论培训和现场跟班实习，激发和调动了培训人员的学习积极性，保证生产准备人员技术素质和综合能力得到较大提高。

党的建设、精神文明建设和企业文化建设

公司通过深入开展“四好”领导班子创建活动，大力加强各级领导班子的组织建设和作风建设。针对公司处于基建和资产处置的关键时期，积极开展治理商业贿赂专项工作，进行社会主义荣辱观教育，增强拒腐防变能力，努力提高党员干部遵纪守法、廉洁自律意识，不断提升企业依法经营、依法管理和依法办事水平。

公司还通过开展文明创建活动和企业文化建设，大力弘扬和践行具有武电特色的“三强”文化，着力倡导“敬业、学习、创新、求实”的企业精神，树立“诚信、环保、人文”的企业形象，努力营造良好环境。

湖北汉源电力开发有限公司

概况

湖北汉源电力开发有限公司（简称汉源公司）位于湖北省襄樊市，于1997年经湖北省体改委批准设立。2006年8月，湖北汉源电力开发股份有限公司股东之间进行股权转让，中国华电集团公司控股51%，襄樊电力开发公司股本为49%。

汉源公司的主要职责是：通过收购湖北省能源集团有限公司所持湖北襄樊发电有限责任公司17.5%股权和承接省能源公司对襄樊电厂二期17.5%股权投资权利和义务，使汉源公司分别占

襄樊电厂一、二期股权的35%，为华电集团收购襄樊电厂一期65%股权以及对襄樊电厂一、二期整合，优化股权结构打下基础；同时发挥优势，因地制宜，开发中小型水电站。截至2007年底，公司有员工9人（兼职2人），下设综合办公室、财务部、经营部等3个部门。

领导班子

董事长：程念高

董事：程念高、王绪祥、邵志刚、吴传斌、吴涛

监事会主席：何国文

监事：何国文、张永胜、何丽娟

总经理：吴传斌、

副总经理：王元福（兼职）

财务负责人：关业科（兼职）

主要领导变动情况：

2006年9月11日公司董事会换届，程念高任董事长，吴传斌任总经理。

年度业绩

2006年，汉源公司顺利完成改制重组工作；11月11日签订了《湖北襄樊电厂三期扩建项目投资意向书》。

2007年，完成收购湖北省能源集团有限公司所持湖北襄樊发电有限责任公司17.5%股权工作，收购价款为23886.25万元；4月10日，召开湖北华电襄樊发电公司股东会，同意由汉源公司承接湖北省能源集团有限公司对襄樊电厂二期17.5%股权投资权利和义务，使汉源公司所占襄樊电厂二期股份变更为35%；同年5月29日，汉源公司通过湖北省政府组织全省经济普查，被评为“湖北省行业综合实力百强企业”。

经营管理

2006~2007年，汉源公司主要工作是配合襄樊电厂资产整合和保障煤炭供应。

汉源公司顺利完成了公司改制重组工作，转换了经营机制，2006年9月21日召开了汉源公司年度股东会和四届一次董事会、监事会，确定了新一届董事会、监事会成员，聘任总经理和财务负责人。11月10日，召开公司四届二次董事会，确定了公司机构设置和人员招聘方案。12月31日，完成了湖北汉源电力开发股份有限公司原职工身份买断工作。在改制过程中，未出现不稳定因素，得到了市政府和集团公司的好评。2007年1月，完成公司机构设置和公司人员招聘工作，做到机构精简、人员精干，一人多岗、一岗多能，优化了公司管理，规范了企业经营，为公司下一步发展带来了前所未有的机遇。

2007年2月12日，与省能源公司签订了《股权转让协议》，经评估机构对襄樊电厂一期的资产进行评估，股权转让价格为23886.25万元。至此汉源公司占襄樊电厂一期35%股权，较好地完成了董事会交给的股权收购工作任务。同时也进一步优化襄樊电厂二期股权结构，通过与湖北省能源集团公司友好磋商，并经湖北华电襄樊发电有限公司股东会通过，同意将省能源公司原协商投资电厂二期17.5%的股权转为湖北汉源电力开发有限公司投资和持有。至此，汉源公司在襄樊电厂一、二期将分别占有35%的股权。

为更好地支持襄樊电厂发展建设，保障电煤供应，汉源公司严格按照董事会指示精神，充分发挥各方面优势，积极拓展煤炭经营业务，最大限度盘活资金利用率，利用余家湖港口协助电厂储煤。此外，按照集团公司规定，汉源公司还进一步加强内部管理，严格财经纪律，不断提高公司的经济效益和综合竞争力。2007年，汉源公司较好地完成了华电湖北分公司制定的绩效责任目标书和董事会制定的资产经营三项责任制任务，实现利润2030万元。

党的建设、精神文明建设和企业文化建设

在电力开发总支委员会指导下，紧紧围绕公司中心任务，通过认真学习党的十七大精神和集团公司年初工作会及纪检工作会精神，积极开展党员责任区活动，努力配合行政班子抓好经营管理工作，充分发挥了党员干部的先锋模范作用。同时，通过组织员工到襄南监狱和劳改农场参观以及观看警示教育片等方式，进一步深入抓好党风廉政建设，在公司内部已逐步形成“要我廉洁，我要廉洁”的良好氛围。

湖南华电长沙发电有限公司

概况

湖南华电长沙发电有限公司（简称长沙公司）成立于2003年10月，是中国华电集团公司在湘首家容量超过百万千瓦的大型发电企业，与华电湖南代表处为一套班子、两块牌子，合署办公。

长沙公司规划装机容量为320万kW，其中一期工程为2台60万kW火电机组，二期规划2台100万kW燃煤机组。2005年12月一期工程开工建设，1号、2号机组分别于2007年10月23日、12月25日顺利投入商业运营，标志着中国首批、华电首座同步建设脱硫和脱硝设施的环保绿色电厂正式投产，结束了湖南省会长沙没有支撑电源的历史。

领导班子

董事长：彭兴宇

董事：李学军、魏泽黎、郭召松、李又红

监事会主席：李红淑

监事：李国明、潘堃

总经理：李又红

党委书记：龚荣祥

副总经理：龚荣祥、王廷钦、匡爱钧

党委副书记、纪委书记、工会主席：汪学斌

主要领导变动情况：

2007年3月20日公司董事会换届，彭兴宇出任董事长，杨家鹏不再担任董事长。2007年8月，龚荣祥调任公司党委书记、副总经理，李学军不再担任党委书记。2007年12月29日，李又红任总经理，李学军不再担任总经理。

机构设置

长沙公司下设总经理工作部、政治工作部、财务部、计划合同部、安全监察部、生产技术部、燃料管理部、发电运行部、设备维护部等9个部门，职工总数229人。

年度业绩

2006年，1号机组锅炉基础交安、锅炉钢架开吊、除氧器吊装、锅炉大板梁开吊、主厂房封顶等节点工期顺利完成。2号机组锅炉大板梁吊装完成。9月21日进厂公路通车，铁路专用线具备通车条件。2006年共完成投资11.73亿元。

2007年10月23日和12月25日，公司1号、2号机组分别通过168h试运，正式投入商业运行，完成了集团公司下达的年内实现“双投”目标的任务，当年完成发电量3.2353亿kW·h。

生产经营管理

2006~2007年，长沙公司主要工作是基本建设和生产准备。

坚持基建为生产服务的理念，严格按照“优选、精建、严管”的要求，以安全为基础，以质量为根本，以效益为中心，以管理为保证，全面落实基建“五制”，全面加强“安全、质量、工期、造价”管理，两台机组均顺利实现了厂用受电等“七个一次成功”，且烟气脱硫、脱硝系统同步通过168h试运，工程总工期24个月零10天。2号机组创造了从首次并网到完成168h试运，仅用了7天零21小时。按照“高标准、严要求、早起步”的工作思路做好生产准备工作。通过组织员工在高校进行理论培训，并到全国八家大型发电企业开展生产实习，极大地增强了公司员工参与工程建设和生产准备的积极性和主动性，拓展了员工的专业知识，提高了综合素质和技术水平，从而为有效保证2007年长沙公司两台机组实现“双投”目标创造了条件。

严格控制工程造价。一方面认真执行设计导则，优化设计和施工方案。特别是取消脱硫系统的GGH装置，节约投资约3000万元和年运行费用约700万元；优化铁路设计接轨方案，改原由石长铁路望城站接轨为京广线霞凝站接轨，取消了湘江特大桥，节约建设投资9000余万元。另一方面规范经济活动的管理。严格执行合理低价中标的原则，严格设计变更程序，严格工程结算，从工程量、定额、取费等方面把住工程造价关。截至2007年底，共累计完成54个标段的设计及工程施工招标工作，与初步设计概算相比，共节约工程建设资金3.88亿元。

党的建设、精神文明建设和企业文化建设

长沙公司设立了五个基层党支部，制定了37项党务工作制度，认真开展“四好”领导班子创建活动，通过活动创建，进一步提高了领导班子的驾驭全局能力、市场开拓能力、经营管理能力、组织协调能力和学习创新能力。开展领导干部教育、监督和廉洁自律工作：签订了党风廉政建设责任书；认真开展治理商业贿赂专项工作；签订《招投标保廉合同》20多份，成功打造了一道“廉政防火墙”，从源头上杜绝了以权谋私、权钱交易行为的发生；组织了多层次、多人次的政治理论学习，开展了“学党章，用党章，我为工程作贡献”等系列主题教育活动，进一步筑牢了党员干部的思想道德防线。

加强推进精神文明建设，推进企业文化建设。制定了企业文化战略规划，通过邀请专家讲课等形式，开展了企业文化知识的普及教育，使公司员工企业文化知晓率为100%。同时公司还通过内强素质，外树形象，大力做好企业文化宣传工作，据统计，2007年长沙公司完成各类对外新闻宣传稿件一百余篇，其中在“华电”系统、湖南新闻媒体和中央新闻媒体发表稿件达五十余篇。通过在各级媒体上频频“亮相”，极大地提高了长沙公司的企业知名度，同时还策划制作电视专题片和企业宣传画册各一部（本），为华电集团2007年基建工作会议在长沙的成功召开营造了良好氛围。

湖南华电石门发电有限公司

概况

湖南华电石门发电有限公司（简称石门公司）于2003年8月29日注册成立，注册资本金为4000万元。石门公司按现代企业制度建立，采用在董事会领导下的总经理负责制方式运作，主要承担湖南华电石门电厂二期2×30万kW燃煤发电机组的工程建设和生产经营任务。

石门公司二期2台30万kW燃煤发电机组是在原石门电厂一期基础上扩建而成，2003年10月22日开工建设，并分别于2005年9月29日和2006年3月23日建成投产，采用开式循环系统，同步建设脱硫装置。

石门电厂一期2台30万kW机组隶属中国大唐集团公司，二期2台30万kW机组隶属中国华电集团公司，是典型的一厂式建设两个不同的投资主体。二期建成后委托一期生产运行。截至2007年底，公司在册员工为41人，下设总经理工作部、计划部、财务部、燃料管理部、安全生产部。

领导班子

董事长：杨家朋

党委书记、总经理：王继弘

党委成员、副总经理：郭里新、王新

纪检书记：王新（兼）

工会主席：郭里新（兼）

发展目标

在华电集团发展战略总体框架下，石门公司力争实现全面协调、可持续发展，创建安全本质型、资源节约型、环境友好型、投资效益型优秀发电企业。

企业发展愿景：三期2×100万kW工程力争列入国家“十二五”电力发展规划，以此为发展平台，把企业做大做强做好，在公司“二五”期间建成国内一流火力发电企业。

年度业绩

2006年，完成发电量23.18亿kW·h，实现利润总额38万元，综合供电煤耗350.37g/(kW·h)，综合厂用电率6.24%，实现安全生产459天。

2007年，完成发电量25.58亿kW·h，利润1661.50万元，综合供电煤耗344.77g/(kW·h)，综合厂用电率6.48%，同时实现安全生产824天。

生产经营管理

石门公司在安全管理上，提出生产专工兼安全管理员这种一专多能的工作思路，强化现场管理，落实安全措施，做到安全管理无死角，充分体现了安全是第一效益；在生产管理上，加大设备治理与技改力度，顺利完成了机组各项检修任务，保证了机组长周期稳定运行，在节能降耗减排方面成为湖南区域火电企业的排头兵；在企业内部管理上，推行以财务预算管理为主线，以目标管理、绩效考核为手段的动态管理体系，充分调动员工的积极性和创造力，对于加强核算、降低成本起到了积极作用；在经营管理上，继续加强“三电”、“四煤”管理，拓展更加宽松和谐的市场环境，确保计划电量、电价的到位和电煤的供应；在廉政教育方面，健全各种廉政制度和监督约束机制，开展“倡廉诺廉、谈话促廉、述廉评廉”等廉洁从业主题教育活动，打造一支勤政廉政的职工队伍。

工程建设为国家节约投资近2.5亿元；公司实现了连续五年安全零事故、投产三年连续盈利的好成绩。2007年度净资产收益率提高到8.04%，提前一年实现集团制订的增长目标。在2008年初抗击冰雪的关键时刻，石门公司成为湘西北地区保证电网安全支撑性发电企业，得到了湖南省政府的高度赞扬。

内部改革

2006~2007年，石门公司为了适应市场的变化，提高企业的竞争能力，不断采取改革创新大的举措，强化对标管理，强练内功，适时调整了部门机构，撤销了原工程物资部和生产运营部，成立了安全生产部和燃料管理部，对于控制燃料成本、确保机组安全稳定经济运行起到重要作用；同时优化了人员配置，成功组织进行多次人才招聘，共招聘各专业人才22人充实管理一线，为以后的燃料分开管理、应对越来越严峻的电煤形势做好了充足准备。在薪酬管理上进行有益的探索，在以定员定岗定责三位一体的绩效考核体系下实行按劳分配，逐步完善由原来的技能岗位工资制向薪点工资制的过渡，对于激发员工潜能、凝聚合力起到重要的作用。

党的建设、精神文明建设和企业文化建设

在党员先锋模范作用方面建立了长效机制，充分发挥了党组织的战斗堡垒作用；在精神文明建设活动中，把握用语文明、工作文明、环境文明三个环节，注重氛围培养，塑造整体形象，同时积极开展创建“四好”班子活动，领导班子达到“政治素质好、经营业绩好、团结协作好、作风形象好”的要求，以榜样的力量带动整体；努力加强自身企业文化建设，营造融洽的干群关系、和谐的生产生活环境，保障了职工队伍的稳定。

湖南华电常德发电有限公司

概况

湖南华电常德发电有限公司（简称常德公司）于2006年4月7日注册成立，由中国华电集团公司与湖南省常德市经济建设投资公司分别按90%、10%的比例共同投资组建。

常德公司规划装机容量为332万kW，其中一期工程建设2台66万kW超超临界燃煤机组，并预留扩建2台100万kW超超临界燃煤机组建设条件的场地。2007年5月之前，常德公司与湖南华电石门发电有限公司合署办公，属两块牌子，一套人员。2007年5月，常德公司与湖南华电石门发电有限公司实现体制分离，独立办公。截至2007年底，常德公司共有员工26人，下设总经理工作部、财务部、计划营销部、安全监察部、工程物资部等5个部门。

领导班子

董事长：杨家鹏

董事：李学军、赵学雁、霍利、袁亚男、曾建坤、马玉斌

董事会秘书：潘涛

监事会主席：李红淑

监事：吴润华、高传生

总经理：赵学雁

副总经理：基建副总经理李晓明　经营副总经理周忠于

主要领导变动情况：

2006年3月27日公司召开第一届董事会，杨家鹏任董事长，赵学雁任总经理。

年度业绩

2007年底，常德公司项目报批的各项工作，如国土、环评、水土保持、接入系统、取水许可等，均已取得国家级批复文件。除铁路行政许可外，常德公司项目在批复文件的获取方面，已经基本达到国家发展和改革委的项目评优、核准要求。项目优选报告已修编完毕。项目已列入湖南省“十一五”后三年火电发展规划。

常德公司项目至2007年底，累计完成投资2.81亿元，工程取得以下形象进度：

（1）征、租地及拆迁工作：主厂区征地、铁路征地、主厂区及水泵房租地已交付使用，共交付征地668亩、租地368亩，完成房屋拆迁241户。

（2）设计：初步设计工作已经完成，施工图设计正在开展，设计单位已交付施工图纸近60册。

（3）设备：主机设备已与上海电气电站集团签订合同，第一至第四批辅机已完成招标工作并签订供货合同，主机设备预付款已经支付。

（4）监理及建设施工单位：工程建设监理单位已于2007年4月进场，开始进行本工程的监理工作。主体施工单位已招标确定，分别是湖南火电建设公司和山东电建第三工程公司，施工单位已进场施工。

（5）工程进度：厂区“五通一平”工作已全部完成。

党的建设、精神文明建设和企业文化建设

由于常德公司项目暂未取得国家核准，常德公司党组织建设工作经湖南省常德市经济委员会批复，成立了常德公司临时党支部，暂归常德市经济委员会党委进行业务管理。

华电新乡发电有限公司

概况

华电新乡发电有限公司（简称新乡公司）成立于2003年8月28日，由中国华电集团公司和新

乡市建设投资有限公司按9∶1的比例共同出资组建，是全国形成联网的重要电源支撑点，具有较好的区位优势。

新乡公司规划装机容量为332万kW，其中一期工程建设2台66万kW超临界燃煤发电机组，二期工程建设2台100万kW超超临界燃煤发电机组。2005年3月11日，一期工程通过国家发展改革委核准，并于同年8月28日开工建设。2007年4月19日，1号机组顺利通过168h满负荷试运；2号机组于2007年8月22日通过168h满负荷试运。截至2007年底，公司在册员工为262人，平均年龄33.8岁。公司下设总经理工作部、计划经营部、人力资源部、财务部、生产技术部、安全监察部、党群工作部、运行管理部、物资供应部、行政工作部、燃料部、汽机维护分场、电气维护分场、锅炉维护分场、热控维护分场、综合维护分场、渠东项目部等17个部室。

领导班子

董事长：白桦

董事：王振慧、刘建云、熊卓远、谢炜

监事：兰国芹、刘海成、尹荣峰

董事会秘书：王健

总经理：王凤蛟

副总经理：白长青、刘希勇、潘成勇、丁合水

纪委书记：潘成勇

总工程师：王健

主要领导变动情况：

2007年6月，新乡公司董事会换届，白桦任董事长，耿元柱不再担任董事长；2007年9月5日，王凤蛟任党委书记，谢炜不再兼任党委书记；2007年10月13日，谢炜调离，王凤蛟任总经理，马瑞东任党委书记。2007年12月20日，马瑞东调离，党委工作由王凤蛟代理。

年度业绩

2006年，完成工程建设投资21.169亿元，其中1号机组主厂房封顶、锅炉水压试验、汽机台板就位和DCS系统复原等节点工期顺利实现，2号机组锅炉水压试验完成。

2007年4月和8月，1、2号机组分别通过168h试运，实现了“双投产”目标。当年完成发电量32.56亿kW·h，实现利润2100余万元，净资产收益率3.50%（折算全年口径净资产收益率为8%）。截至2007年年底，新乡公司实现安全生产256天。

生产经营管理

坚持“以人为本，安全第一、预防为主”的方针，以建设本质安全型企业为目标，组织签订三级安全生产责任状，层层落实安全生产责任制，确保了基建和生产阶段安全工作可控、在控。通过建立健全各项安全管理制度、标准，组织开展安全性评价和安全监督检查以及基建施工安全专项治理等活动，夯实了安全生产基础。在“安全生产月”活动中，进一步强化了安全教育培训，提高了全员安全意识。坚持开展危险点分析、安全网活动和安全隐患专项治理活动，有效预防了事故的发生。截至2007年12月31日，公司实现安全施工876天，实现安全生产256天。

根据基建转生产实际情况，及时进行机构调整，健全生产组织机构，理顺生产管理关系，使生产责任更清晰。同时，加强设备管理，健全生产管理机制，通过与华电国际十里泉发电厂开展“结对子”活动，有效保证了试运期及机组投产后的稳定运行。此外，狠抓节能降耗管理，制定节能降耗措施，完善对标管理指标体系，确保节能降耗工作有序开展，为机组的安全、经济运行奠定了基础。

坚持以效益为中心，全面加强经营管理。一是以区域协调为总抓手，加大电煤催交催运力度，在铁路尚未修通、无重点电煤计划的情况下，全部依靠汽车运输，确保电煤供应。二是加强财务管理，大力压缩可控费用，最大限度降低成本。在资本金不到位的情况下，加大电费回收力度，提高资金使用效率，保证了全年现金流通畅。三是加强市场调研，成立了“三电”工作小组，发扬“三千”精神，积极争取有利政策，积极与华中网调和河南省调加强沟通和联系，并先后在武汉和郑州设立办事处，派专人驻守，确保电量计划与脱硫电价的兑现和落实，为公司生产经营目标的完成创造了条件。

党的建设、精神文明建设和企业文化建设

充分发挥政治核心作用，坚持围绕企业中心开展工作，深入开展创建“五好”基层党组织和标准化党支部建设以及“大干一百天，实现年内双投目标”党员五带头等活动，不断增强企业凝聚力。同时，大力推进文明创建和企业文化建设，

着力营造艰苦创业、无私奉献的企业精神，促进了企业文化与中心工作的有机结合，取得了较好成效。

华电国际漯河电厂筹建处

概况

华电国际漯河电厂筹建处（简称漯河筹备处）成立于2007年5月，由中国华电集团公司整体移交华电国际电力股份有限公司管理，其前身为2004年10月成立的华电漯河2台30万kW热电工程前期项目工作组。

漯河电厂项目位于河南省漯河市经济开发区，是中国华电集团公司、华电国际电力股份有限公司在河南区域拓展的重要战略项目之一。漯河工程规划装机容量为386万kW，其中一期2台33万kW热电机组，二期2台100万kW燃煤火电机组，三期2台60万kW热电机组。其中一期工程已于2007年9月获得国家发展改革委批复，标志着该项目取得了新的重大进展。截至2007年底，漯河筹备处有员工29人，下设综合管理部、计划经营部、财务部、安全监察部、工程技术部、物资供应部等6个部门。

领导班子

副主任：亓焕军（主持工作）

副主任：高立春、刘新范、武曰杰

年度业绩

2006年，项目先后获得了国家安全生产总局安全预评价批复、国家环保总局环评影响批复文件，完成了三大主机订货和技术协议签订。

2007年9月30日，获得国家发展改革委“路条”，正式开展施工准备工作。2007年11月19日，锅炉房开始打第一根桩基。

前期管理

坚持以项目核准和施工准备为主线，统筹推进。项目核准方面，坚持“高标准、严要求”原则，认真做好核准资料筹备和上报工作，并通过积极的沟通与汇报，确保核准工作稳步推进。施工准备方面，通过扎实、细致、严格管理，临时进场道路、锅炉房桩基施工、施工用水、用电、场内环形道路等工作协调推进，且符合质量要求。

通过严格执行招投标管理制度，确定了设计、监理、主体施工单位，完成了三大主机、四大管道及第一、第二批辅机招标工作。漯河筹备处高度重视安全、质量、工期、造价控制，重视夯实管理基础，编制实施了工程“四大策划”，先后健全完善了综合、安全、工程等管理制度86项，并通过严格执行提升管理层次。安全上，推行安全设施标准化，文明施工常态化，提炼了“3321”管理理念，安全文明施工总体保持较高水平。严格质量把关，实施四级验收管理规定和专业组管理形式，确保了隐蔽工程等质量标准的落实。造价上，严格招投标制度、严格设计变更、严格按图纸组织施工、严格工程结算，通过合理选准时机签订的三大主机商务合同，比投资概算节约资金2亿多元。

党的建设、精神文明建设和企业文化建设

高度重视党的建设，通过建立健全各项工作制度，定期组织开展各类活动，引导党员干部发挥党的“三大作用”。根据工作实际，先后完善了廉政建设有关制度，组织开展了治理商业贿赂专项检查活动、廉政教育活动、廉洁从业自查自纠活动。坚持开展中心组学习制度、理论学习制度，认真召开民主生活会，开展批评和自我批评，推行民主管理。

加强企业文化构建，不断提炼企业文化理念，发挥企业文化的引导、规范和统领作用，通过宣传报道、举办专题学习会等形式，初步形成了统一的文化理念和框架体系。

中国华电集团贵港发电有限公司

概况

中国华电集团贵港发电有限公司（简称贵港公司）是中国华电集团公司的全资公司，于2003年9月18日注册成立。

公司规划装机容量为320万kW，其中一期工程建设2台60万kW超临界燃煤发电机组，二期工程建设2台100万kW超超临界燃煤发电机组。2006年7月19日一期工程通过国家发展改革委核准，两台机组已分别于2007年2月28日和6月28日投产发电，改写了广西境内没有60万kW火力发电机组运行的历史。截至2007年底，贵港公司共有员工282人，公司下设总经理工作部、党群工作部、人力资源部、财务资产部、计划营销部、

生产技术部、前期工作部、安全监察部、设备维护部、燃料管理部、物资供应部、燃料运行部、发电部、化学脱硫部等14个部门。

领导班子

党委书记、总经理：彭锋

副总经理：贺庆、郭金瑞

总工程师：黄炳泉

纪委书记、工会代主席：叶中

年度业绩

2006年是项目建设稳步推进，生产准备逐步展开的一年：7月19日，贵港公司一期工程项目获得国家发展改革委核准。8月12日，举行了一期工程开工庆典仪式。1号机组、2号机组里程碑计划节点任务均超额完成，全年还完成工程建设投资18.09亿元，占年度投资计划的100.61%。

2007年是公司建设和发展的关键年：2月28日和6月28日，工程建设和调试任务圆满完成，两台机组相继投入商业运营；投产当年，完成发电量33.48亿kW·h；综合供电煤耗335.23g/(kW·h)；综合厂用电率为6.75%；完成主营业务收入10.06亿元，上缴税金8110万元，完成利润375.13万元。

工程建设和经营管理

坚持“五制”原则，创样板工程，塑华电精品，狠抓安全文明施工管理、土建工程质量工艺控制、安装工程质量工艺控制、工程资料和档案管理及工程综合管理等方面的工作，工程建设实现了安全、质量、进度、造价四大目标的有效控制。在年度达标投产检查中，以95.31%的成绩获得了集团公司达标投产检查组的好评。

狠抓建章立制，提前做好生产准备，认真构筑安全管理主体构架，确保基建和生产安全可控在控，签订安全目标责任书，落实了四级安全生产目标管理。根据里程碑进度计划安排，以调试为龙头，抓好安全、质量，控制好造价，实现了锅炉水压试验、倒送厂用电、锅炉点火、汽轮机冲转、发电机并网、“168h试运”等关键节点一次成功。

抓好机组的运行管理，确保机组安全、稳定、经济运行。通过强化对标管理；狠抓生产人员培训，积极做好“三电”工作，严格财务预算管理，狠抓成本控制，建立良好的融资环境，确保公司建设和生产的资金需要。

大力加强企业管理，不断提升管理水平。通过调整机构设置，理顺管理关系，完善部门职责，规范劳动用工，发挥薪酬的激励作用，调动广大员工的积极性和主动性，为公司职工营造了一个优美、干净、舒适的工作、生活环境。

党的建设、精神文明建设和企业文化建设

认真开展创建“四好”领导班子建设活动，不断加强党的建设。坚持党委中心组学习制度，认真组织学习贯彻十七大精神和集团公司工作方针政策，不断提高领导班子政治素质，充分发挥党组织的战斗堡垒作用和党员的先锋模范作用。同时坚持落实民主集中制，积极开好民主生活会，使领导班子的创造力、凝聚力、战斗力得到了进一步加强。

大力推进文明创建活动和企业文化建设，通过内刊《华电贵港》和企业内部网站，把握舆论导向，引导员工树立以“特别能吃苦，特别能战斗”的贵港公司精神，逐步形成具有自身特色的企业文化体系。

云南华电昆明发电有限公司（中国华电集团公司云南昆明发电厂）

概况

云南华电昆明发电有限公司（简称昆明公司）成立于2003年10月9日，是中国华电集团公司所属全资公司，规划容量为4台30万kW燃煤发电机组，其中一期工程建设2台30万kW机组。中国华电集团公司云南昆明发电厂（简称昆明发电厂）位于昆明市西山区碧鸡镇车家壁，是国家“一五”计划重点建设项目，始建于1956年8月，装机容量为24.8万kW。

为充分整合两厂资源，实现优势互补，根据集团公司和华电云南公司党组的决策，昆明公司和昆明发电厂于2007年7月19日进行管理整合，实行两块牌子、一套班子。截至2007年底，公司共有员工1030人，下设总经理工作部、人力资源部、财务资产部、政工部、计划基建部、市场营销部、监察审计部、安全监察部、生产技术部、设备管理部、燃料管理部、保卫部、离退休管理办公室部、运行分公司、检修分公司等15个部门（分公司）。

领导班子

董事长：冯海鹏

董事：王贵彦、孙和、曹云川、杨彪

监事会主席：符春菊

监事：刘桂荣、王汉武

总经理：杨彪

党委书记：刘桂荣

副总经理：谢宝华、徐志明、余江云、杨林昆、李飚、张梦涛

总工程师：杨景清

纪委书记兼工会代主席：陈永庚

主要领导变动情况：

2007 年 6 月 28 日，公司董事会换届，冯海鹏担任董事长，杨灿光不再担任董事长。

年度业绩

2006 年，完成发电量 38.001 亿 kW·h，其中昆明公司 23.508 亿 kW·h，完成年度目标的 115.24%；昆明发电厂 14.493 亿 kW·h，完成年度目标的 108.36%。昆明公司 1 号机组通过了集团公司达标投产验收，2 号机组提前 22 天实现了投产目标，并实现连续运行 100 天。

2007 年，完成发电量 50.8 亿 kW·h，其中昆明公司 36.32 亿 kW·h，完成年度目标的 95.58%；昆明发电厂 14.48 亿 kW·h，完成年度目标的 104.93%。昆明公司 1 号、2 号机组通过了国家环保总局环保竣工验收，2 号机组通过了集团公司达标投产验收。

生产经营管理

2006～2007 年，昆明公司主要工作有基建和生产。昆明公司一期工程采用“小业主、大监理”的管理模式，狠抓“安全”、“质量”、“工期”和“造价”四个环节，并将达标投产贯穿于工程建设全过程，在确保工程质量的前提下，1 号机组提前半年、2 号机组提前 22 天实现投产目标，并实现了工程建设高水平达标投产的目标。

转入生产后，公司大力开展“四个创新”：管理创新，引入现代先进的管理理念和管理模式；机制创新，建立健全以效益为中心的计划、预算、考核机制；技术创新，大力推进节能降耗、技术升级、循环经济发展；文化创新，以优秀的企业文化全面提升公司形象。

2007 年，顺利实现昆明公司、昆明发电厂管理整合；安全生产保持平稳态势；进一步落实经营责任，提升经营管理水平；系统深入开展对标管理工作，不断提升机组安全经济运行水平；依靠科技进步，加强设备治理，推进节能降耗；做好一期工程基建收尾工作；扎实推进二期前期工作，力争取得实质性突破。

党的建设、精神文明建设和企业文化建设

昆明公司通过加强组织领导，贯彻落实党风廉政责任制；加强领导干部作风建设，促进各级领导人员廉洁自律；建立健全制度建设，不断推进惩防体系建设，做好源头治理工作；开展学《党章》和社会主义荣辱观教育活动；开展“四好”领导班子创建活动，进一步巩固扩大先进性教育成果。

扎实开展文明创建活动，继续坚持文明员工、文明家庭评比，并结合新的形势进行管理办法修编，增加了文明部室、基层文明单位、文明班组的创建，把文明创建作为评定年终先进集体和个人的必备条件，使文明创建活动全方位深入到基层工作中。同时，加强企业文化建设，在公司（厂）员工中开展企业文化理念的征集活动，结合昆明公司、昆明发电厂整合实际，对公司（厂）企业文化体系进行提炼和修改，并以华电愿景为主导，以昆电精神为依据，以塑造公司（厂）精神为主旋律，有步骤地开展培育核心理念的系列活动，从而逐步建立公司（厂）企业精神、形成新的核心理念、增强凝聚力和竞争力，促进员工素质的提高。

云南华电巡检司发电有限公司

概况

云南华电巡检司发电有限公司（简称巡检司公司）2 台 300MW 扩建工程是中国华电集团公司在云南实施的首台循环流化床锅炉机组。工程于 2006 年 1 月启动，2007 年实现“双投”。

巡检司公司前身为中国华电云南巡检司发电厂（简称巡检司发电厂），始建于 1976 年，装机容量为 4 台 2.5 万 kW 机组。2007 年 5 月 31 日，巡检司发电厂 4 台 2.5 万 kW 机组提前七个月实施关停，巡检司电厂与云南华电巡检司发电有限公司于 2007 年 6 月 5 日进行了资源管理整合，实行“一个班子，两块牌子”。截至 2007 年底，公司下设总经理工作部、党群工作部、财务资产部、市场营销部、审计监察部、安全监察部、生产技术

部、燃料管理部、发电运行部、维护部等13个部门，员工为940人。

领导班子

总经理：孙和

党委书记：柳汉康

副总经理：史俊、张石华、李家云

纪委书记：白筱买

总工程师：徐永林

工会主席：吴晶

主要领导变动情况：

2007年7月总经理杨泽离任，孙和任总经理。

年度业绩

2007年，完成发电量152341.44万kW·h，上网电量137151.5058万kW·h，综合供电煤耗率362.19g/(kW·h)，综合厂用电率10.75%，完成利润总额1345万元。

项目发展

2×30万kW扩建工程首台机组于2007年1月30日顺利通过168h试运行，创造了同类型机组安装调试最短工期纪录。2007年11月14日，第二台机组顺利建成投产，完成了华电集团下达的年内实现“双投”任务，实现了“一年双投”的基建目标。

巡检司电厂4台2.5万kW燃煤机组作为云南省落实“上大压小、节能减排”政策的首批关停机组，按照中央和集团公司战略部署，于2007年5月31日进行了关停，比计划提前了七个月。机组关停后，每年可减少二氧化硫排放量1.6万t，粉尘0.74万t，每年还可节约标煤7.5万t。

生产经营管理

始终围绕华电集团“十一五”时期“8467”奋斗目标，在循环流化床机组投产运行不稳定、设备运输严重滞后、融资困难及达标投产考核压力巨大的情况下，通过全体员工苦干实干，巡检司公司基础管理水平得到整体提升，经营发展取得“双突破”，实现了6号机组稳定运行和7号机组高质量、高水平投产发电的目标。巡检司电厂4台2.5万kW机组提前7个月实施关停，圆满完成了华电集团和华电云南公司节能减排的目标；实现了两厂整合的平稳过渡，保持了职工队伍稳定。

为实现利润目标，巡检司公司一方面力争多发电量，另一方面严控成本费用，同时积极做好营销工作，努力将计划和电量调度争取到位。在安全生产上，严格执行电力安全规定，确保全年安全无事故，积极做好对标管理、节能减排工作，不断提升企业的竞争力。在电价上，积极争取7号机组标杆电价提前兑现。在电费回收上，积极沟通，寻求理解和支持，确保生产经营资金及时到位和正常周转。在成本控制上，按利润目标倒逼成本，严格控制三项费用，压缩燃料成本，努力完成利润目标，圆满实现了当年投产、当年赢利。

针对实际的燃煤需求和日趋紧张、采购竞争激烈的燃煤市场，巡检司公司一是大力地、重点地与政府部门、小龙潭矿务局、铁路部门沟通、协调，争取更多的理解与支持。二是多方寻找多种煤源。三是抢抓时机，广开供煤渠道，多采多存，为枯期发电做好储备。管理上，一是加强和规范燃料全过程管理，强化燃料管理培训、健全信息系统建设等软件管理，配置入厂煤检验设备等硬件管理，确保燃煤管理规范化和标准化。二是严格采制样管理，以煤质煤量煤价管理为重点，加强检斤、检质力度。三是对储煤场燃煤进行合理堆放管理，科学掺配入炉煤，有效降低储损。

在设备缺陷治理方面，针对新投产设备缺陷率较高，制定《6号机组安全文明生产、机组稳定运行、设备治理整改实施方案》，按照“三定”原则，从安全文明生产、重大缺陷隐患治理等方面制定切实有效整改措施，对设备缺陷进行分类和闭环管理，加大了设备维护和消缺力度，“小缺陷不过班、大缺陷不过夜”，通过全面整治，实现了机组稳定运行的目标，提高了机组利用小时，减少了“非停”对电量的影响。全年实现安全运行336天无事故。

此外，巡检司公司还对综合产业进行了整合，建立健全了现代企业制度，理顺了关联交易，公司主营业务和其他经营业务形成了规范运作、相辅相成的良性互动关系。

党的建设、精神文明建设和企业文化建设

巡检司公司设有机关、发电、维护、山汇、离退休退养五个基层党支部。巡检司电厂和巡检司发电公司整合后，公司组织机构发生了变化。新的领导班子高度重视党建工作，及时调整了党支部设置，建立健全组织体系，使党建工作迅速步入正轨。

公司党委坚持民主集中制的原则，努力实践

“三个代表”重要思想，并从各方面加强企业文化建设，结合实际情况，充分利用闭路电视、企业网站、黑板报等载体，引导员工转变观念，提高认识，激发员工的创造性，大力营造以人为本，尊重人、关心人、激励人的文化氛围。

中国华电集团公司云南以礼河发电厂

概况

中国华电集团公司云南以礼河发电厂（简称以礼河电厂）成立于1960年6月，是华电云南发电有限公司全资内部核算企业。

以礼河电厂分四级滚动开发，总装机容量32.15万kW。2007年底，电厂下设厂长工作部、安全监察部、生产计划部、财务资产部、人力资源部、党群工作部、监察审计室、发电分场、检修分场、水工清淤分场、实业公司、物业公司、职工医院共13个部室（单位），在岗员工835人。

领导班子

厂长：唐斌

党委书记：王绍奎

副厂长：钱伟、巩光耀、任宗良

工会主席：左国华

纪委书记：张德华

主要领导变动情况：

2006年4月19日，集团公司调整以礼河电厂领导班子，唐斌任厂长，曾蜀云不再担任厂长职务。

年度业绩

2006年，完成发电量7.3亿kW·h，完成上网电量6.994亿kW·h，综合厂用电率3.24%，实现利润-971.7万元。

2007年，完成发电量10.45亿kW·h，上网电量10.12亿kW·h，综合厂用电率3.24%，实现利润1005.24万元。

生产经营管理

坚持夯实主业基础与快速发展辅业并举，实施综合产业“走出去”战略，开创支柱型产业，构建分流富余职工的新平台。大力扭亏增盈，在全力做好对标管理和营运改善的同时，力争在“三电”工作方面有新的突破；二是深化改革，认真做好主辅分离辅业改制工作，积极推进人力资源优化配置，完善分配激励机制；强化经营责任，提高人员素质，以此大力提高综合产业核心竞争力。

2007年，一是完成发电8亿kW·h电量，确保生产、经济、政治、形象四个安全；二是抓好“三电”工作、加强成本管理，建立绩效目标考核体系；三是做好首台机组发电50周年庆典准备，推进会泽生活小区建设；四是按定员组织生产，推进主辅分离；五是开展“四好”领导班子创建，抓好后备干部培养，提高员工素质，优化结构，完善“三支人才”队伍建设；六是以发展战略规划为统领，完善法人治理结构，培育新的经济增长点；七是充分发挥工会共青团作用，大力推进企业文化建设；八是开展“面对厂情，我该怎么办”的讨论和“待遇留人，还是感情留人”及“薪酬公开的利与弊”辩论赛，不断加强文明创建工作。

党的建设、精神文明建设和企业文化建设

以礼河电厂设有13个党支部，党委通过坚持开展“创先争优”活动和党支部目标管理要求，不断加强党员教育管理和党组织建设，充分发挥党支部战斗堡垒作用和党员的先锋模范作用，也同时增强了党的凝聚力和战斗力，为推动企业改革发展稳定各项工作奠定了基础。2006年共评出先进党支部2个，优秀党员24名，优秀党务工作者3名。

积极组织开展文明创建活动，倡导文明、健康、科学的生活方式，不断提升职工思想道德水平和文明素养。2007年7月，制定印发了《以礼河电厂加强企业廉政文化建设实施意见（试行）》和《以礼河发电厂安全文化建设方案》，开展文明系列和“十好员工”评比活动，完成了县级文明单位的复查、省级文明单位创建计划上报工作。

分离办社会职能

2006年9月1日，以礼河联合学校平稳移交会泽县教育局管理，标志着会泽县企业办学历史的结束。2007年，组织实施职工医院内部配套改革方案。2007年9月19日，以礼河电厂举行厂部搬迁揭牌仪式，至此厂机关迁到会泽县城办公。

中国华电集团公司云南绿水河发电厂

概况

中国华电集团公司云南绿水河发电厂（简称

绿水河电厂）位于蒙自、屏边、金平、河口、个旧等四县一市交界的个旧市蔓耗镇，是国家在困难时期投资7700多万元，自行设计、制造、安装、建设的一座中型梯级水电站。

绿水河电厂是一座高水头（305m）径流式中型水电站，总装机容量为6.55万kW，共有8台发电机组，年平均发电量3.3亿kW·h。2007年底，电厂下设厂长工作部、政治工作部、财务资产部、生产运营部、安全监察部、人力资源部、监察审计室、发电分场、检修分场、综合分场等10个部室，职工总数377人。

领导班子

厂长：赵雪林

党委书记：曾蜀云

副厂长：杨雄伟、杨俊梅

纪委书记、工会主席：何绍平

主要领导变动情况：

2006年3月27日，原党委书记金信昌离任，曾蜀云接任党委书记。

年度业绩

2006年，完成发电量3.452亿kW·h，同比增长3%；上网电量3.398亿kW·h，同比增长3.1%；实现利润500万元；设备平均利用小时5270h，综合厂用电率1.55%；连续安全生产实现2942天。

2007年，完成发电量3.626亿kW·h，同比增长5.04%；上网电量3572亿kW·h，同比增长5.12%；综合厂用电率1.48%；实现利润836.051万元，同比增长67.21%；设备平均利用小时5536h，综合厂用电率1.48%，安全生产实现3307天。

生产经营管理

2006~2007年，绿水河电厂修编了《绿水河电厂安全生产工作管理规定》、《班组安全管理规定》、《绿水河电厂各级人员安全生产职责管理规定》、《交通安全管理标准》等29个安全生产管理制度，明确安全生产目标，规范了各级人员的安全责任；修订完善了《黑启动事故应急预案 》、《大坝垮坝应急预案》和《食物中毒应急预案》等15个应急预案，组织现场模拟演练12次，建立了厂、部门、班组三级违章考核制度，推进了“以零违章确保零事故”的反违章长效机制。

完成了一级站计算机监控改造、一级站主变更新改造、二级站大坝泄洪闸门和挡水闸门改造以及二级站故障录波器更新改造等17项技术改造任务；有效提高了设备安全可靠性和自动控制程度，实现了远方监视、操作和信息远传。2006年7月15日，二级站拦河坝泄洪弧和挡水闸投入试运行，并通过初检；12月22日至26日，国家大坝中心专家组对电厂大坝进行现场复查，工程质量被评为优良，从而摘掉了绿水河电厂拦河坝多年来“病坝”的帽子。

加强了财务资金预算管理，严格控制成本费用，制定了《生产成本计划》、《材料、费用目标控制管理办法》、《电话费限额管理办法》，对办公电话进行严格管理，修订了《差旅费报销管理办法》，并推行使用电子结算业务，提高了资金流转的速度和工作效率。同时通过发挥审计、纪检部门作用，对经济合同开展效能监察，规范了企业经营行为，保证了资金安全，规避了经营风险和财务风险，为全年生产经营任务的完成创造了条件。

党的建设、精神文明建设和企业文化建设

绿水河电厂设立了六个基层党支部，将党建工作纳入制度化，加强企业“三个文明”建设，细化党支部的思想建设、组织建设、作风建设、党风廉政建设，并对各支部工作实行绩效目标量化考核管理。同时认真开展“四好”领导班子创建活动，开展了《实施纲要》、《实施细则》和“党风廉政教育月”活动，组织中层干部及重要科室人员开展了预防职务犯罪警示教育。通过开展各项活动，进一步提高了领导班子政治素质、经营业绩、团结协作、作风形象。

在企业文化建设方面，开展了“同唱一首歌、开展一次培训、组织一次考察、召开一个座谈会和研究一个课题”的企业文化建设“提高年”活动。制作专题片宣传本厂的企业形象，重新修订“文明五创”活动的目标、调整了组织领导机构、管理、评选范围和奖励原则，健全了双文明创建工作机构，明确责任分工，保证创建工作健康有序开展。2006~2007年绿水河电厂先后荣获华电云南公司“先进集体”、云南省“文明单位”和华电集团企业文化建设宣贯优秀组织奖、华电集团“安全生产先进单位”。

中国华电集团公司云南石龙坝发电厂

概况

中国华电集团公司云南石龙坝发电厂（简称石龙坝电厂），位于昆明市西山区海口螳螂川上游，距省城昆明42km，占地面积213亩，是集团公司内部核算企业，同时也是一座集“文物、教学、旅游、发电”为一体的综合型水电站。

1997年4月，石龙坝电站被命名为“云南省爱国主义教育基地”；2006年6月被国务院命名为“全国重点文物保护单位”。截至2007年底，全厂在册职工为65人，电厂下设厂办、支部、人力资源部、生技、行政、财务、供应、运行车间、检修车间、劳动服务公司等10个科室部门。

领导班子

厂长兼党委书记：严思康

副厂长兼纪检委员：田井华

工会主席：李文平

年度业绩

2006年，完成发电量592.76万kW，占年计划的118.6%，上网电量583.2万kW，占年计划的121.5%；综合厂用电率1.6%，销售收入582.89万元，扣除成本和税金及附加，亏损18.45万元。

2007年，完成发电量819.76万kW，占年计划的136.6%，上网电量811.49万kW，完成年计划的138.7%，综合厂用电率1.6%，销售总收入679.8万元，实现了年初预期的“零利润，力争微盈利”的目标。

生产经营管理

修改完善了《现场运行规程》、《设备缺陷管理制度》、《安全工器具管理办法》、《防汛管理办法》、《汛前检查和消缺管理制度》、《反违章规定》、《动火工作管理规定》等规章制度，做到安全生产有章可循。

进一步压缩生产成本及各项费用开支，2006年生产总成本为593.55万元，比2005年的637.79万元减少44.24万元。2007年，全厂实现年初预期的“零利润，力争微盈利”目标，比计划指标减少亏损48万元。

党的建设、精神文明建设和企业文化建设

坚持政治学习制度，通过加强党的先进性建设，不断提高党员队伍的政治素质和理论水平，充分发挥了思想政治工作主力军作用；其次是坚定不移地贯彻执行党的路线方针政策，在政治上同党中央保持高度一致，并坚持党性党风党纪教育。同时组织开展“遵纪守法，依法经营”和先进性教育主题实践活动，强化党风廉政建设和反腐败工作，建立了中层以上领导干部廉政档案，并大力推进精神文明建设和企业文化建设。

云南华电镇雄发电有限公司

概况

云南华电镇雄发电有限公司（简称镇雄公司）成立于2003年11月，由中国华电集团公司（62%）、云南省开发投资有限公司（35%）、云南省东源煤业集团有限公司（3%）共同投资组建。公司按现代企业制度的要求，实行在董事会领导下的总经理负责制和项目法人责任制，负责镇雄发电厂的基本建设和生产运营。

镇雄发电厂规划容量为4×60万kW，分二期建设，是云南电力系统中区域性大型主力火电电源之一，对确保“十一五”期间云电送粤480万kW和进一步促进云电外送起到积极作用。对改善云南电网电源结构，实行水火电互补，保证系统持续、稳定、安全、可靠供电，满足国民经济发展、人民生活用电和西电东送需求具有重要意义。工程位于云南省昭通市镇雄县塘房镇，地处“西电东送”中通道和南通道的接合部，当地拥有丰富的无烟煤资源，具有建设大型煤电基地的资源条件，是国家发展改革委、国土资源部确定的云贵煤炭基地的重要组成部分。为确保电厂可靠供煤，电厂投资三方分别以36%、26%、38%的比例投资建设镇雄煤田北部井田的朱家湾、长岭、塘房三对矿井，初步形成煤电联营的开发建设格局。截至2007年底，镇雄公司员工为37人，其中正式员工33人，社会聘用员工4人，公司下设总经理工作部、计划发展部、财务资产部、工程技术部、人力资源部、安全环保部、生产运营部7个部门。

领导班子

董事长：曲振尧

副董事长：刘一农

董事：曲振尧、刘一农、宁伯荣、朱德明、

田勇、王汉武、李宇

监事会召集人：阮金水

监事：阮金水、符春菊、徐天和、杨成举

副总经理：王汉武（主持工作）、李义、张红卫

党支部书记：李义（兼）

工会主席：李义（兼）

主要领导变动情况：

2006年4月24日，公司董事长向泽江离任，王贵彦接任；2007年7月5日，王贵彦离任，曲振尧接任董事长。2007年12月27日，公司总经理张东晶离任，王汉武任副总经理主持工作。

前期工作

2006年，镇雄公司1、2号机组项目获得除国土资源部用地预审以外的全部支持性文件。2007年7月，云南省发改委和中国华电集团公司分别把1、2号机组项目以“上大压小”的方式向国家发展改革委进行了申报。2007年10月，根据国家发展改革委安排，项目厂址通过了中国国际工程咨询公司的可行性评估。

镇雄公司3、4号机组可研报告已通过国家电力规划设计总院的审查，并取得云南省国土资源厅、环境保护局、建设厅、长江水利委员会、云南电网公司等省级文件，编制完成了厂址地质灾害评价、压矿评估并取得省国土厅备案证明，有关接入系统、环评报告、水资源论证报告正在编制。已列入云南省“十一五”电力规划，核准滚动计划已上报国家发展改革委待批。

工程管理

镇雄公司1、2号机组项目初步设计、现场“四通一平”方案和施工组织设计大纲均已通过国家电力规划设计总院审查；施工图总图完成设计并通过审查，设计供图基本满足工程开工要求；完成了主体工程设计、监理、施工单位招标工作，完成了三大主机设备及第一、二、三批主要辅机设备的招标工作，设备供货可以满足工程开工后连续施工的需要；主厂房桩基施工、主体工程施工队伍已做好进场准备。

配套工程林口水库工程大坝已填筑封顶；配套进厂公路路基工程施工完成；配套500kV送出工程的可研设计已经完成；大件设备运输威宁草海火车站改造以及威宁县至镇雄县公路局部改造工作已经启动。

乌江渡发电厂

概况

乌江渡发电厂是我国在岩溶地区修建的第一座大型高坝水电站，是乌江流域滚动开发的母体电站，是中国华电集团公司和贵州省第一个百万千瓦级水力发电厂。

电站于1970年4月动工建设，到1983年1月，有3台21万kW机组并网发电。2003年12月，又扩建了2台25万kW机组；2005年6月，电站完成了3台老机组增容改造，从而实现总装机容量达125万kW。电站平均年发电量为40.59亿kW·h，在贵州电网担负着调峰调频和黔电送粤调控主力电厂的重任。截至2007年底，全厂在册职工为576人。电厂下设厂长工作部、政治工作部、工会办公室、计划财务部、科技信息部、人力资源部、生产技术部、安全监察部、经营管理部、发电部、水工部、通信部、机电维护部、运输部等14个部室。

领导班子

厂长：彭鹏

党委书记兼纪委书记：亓德利

经营副厂长：刘小明

生产副厂长：卓朝喜

主要领导变动情况：

2007年8月，柴方福调离，彭鹏任厂长。

年度业绩

2006年，完成发电量13.32亿kW·h，创产值23982万元，首次实现装机容量达到125万kW后的全年无事故目标，进入中国华电集团公司38家无非停发电企业。

2007年，完成发电量36.71亿kW·h，创产值67773万元，实现全年无事故，长周期连续安全生产1007天，提前113天完成贵州公司、乌江公司下达的发电任务，创造了建厂以来年发电量和日发电量的“双高”纪录。

生产经营管理

坚持“安全第一、预防为主、以人为本”的安全工作方针，牢固树立“安全是第一责任、安全是第一工作、安全是第一效益”的安全理念，全面实施安全生产精细化管理，不断强化安全生产目标过程控制和结果评价考核，通过狠抓安全

文明生产现场管理，进一步抓好设备检修维护和治理改造工作，安全生产保持良好发展态势，从而保证了机组“调得出、顶得起、发得满”，创造了全厂机组满负荷持续运行17天、单日最高发电量达3003.161万kW·h的最高纪录，创造了建厂30年来的历史“双高”。

通过全面实施精细化管理，建立健全企业管理体系，加强内部管理，深化月度综合考评，进一步强化预算管理、资产管理及内部控制与监督，全面提升了企业整体经营管理水平，提高企业工作管理质量和经营效益，增强了企业核心竞争力。乌江渡发电厂荣获“2006中国优秀企业形象单位”、全国“安康杯”竞赛优胜企业；不仅继续保持了中国华电集团公司“文明单位标兵”、“优秀发电企业”称号，还荣获中国华电集团公司“安全生产先进单位”、“2007年度综合统计先进单位”等荣誉称号。

党的建设、精神文明建设和企业文化建设

以邓小平理论和“三个代表”重要思想为指导，通过认真开展“四好”领导班子创建活动，强化党支部标准化建设，提高党组织的创造力、凝聚力和战斗力，进一步加强了党的建设、精神文明建设和企业文化建设，取得显著成绩。

2007年是乌江渡发电厂企业文化建设的“深化年”，按照《乌江渡发电厂企业文化建设战略规划》、《乌江渡发电厂企业文化建设实施方案》的要求，积极组织编制了乌江渡发电厂《企业文化手册》，并发到每个职工手中；同时对厂房、办公楼等场所进行了文化理念和企业精神的宣传美化、对乌电文化标识进行了更新。2007年，荣获中国电力企业联合会“企业文化建设特等奖”，并被中国华电集团公司评为首批“企业文化建设示范基地”之一。

贵州大方发电有限公司

概况

贵州大方发电有限公司（简称大方公司）成立于2003年8月26日，由中国华电集团公司、贵州中水能源发展有限公司、兖矿贵州能化有限公司分别按45%、30%、25%的比例出资组建。

大方公司一期建设4台30万kW燃煤机组，是贵州省第二批“西电东送”重点项目，已于2007年底建成投产。二期拟建2台66万kW燃煤机组。2007年底，公司下设总经理工作部、政治工作部、人力资源部、财务资产部、计划营销部、监察审计部、后勤管理部、物资供应部、生产技术部、安全监察部、工程建设部、燃料管理部、发电部、生产维护部共14个部门，有员工381人。

领导班子

董事长：张志孝

副董事长：张宜、管志召

董事：金泽华、尹正军、鲁承宏、章泽坤、夏刚、曹景玉

监事会召集人：邓明礼

监事：李红淑、李智、周伟、邓冰山

总经理：曹阳

党委书记：鲁承宏

常务副总经理：龚良俊

副总经理：马启龙、曹景玉

党委副书记、纪委书记、工会主席：王建生

总工程师：陈松

主要领导变动情况：

2007年1月，原党委书记赵克立改任调研员，鲁承宏接任党委书记。2007年8月，总经理何光宏离任，曹阳任总经理。

年度业绩

2006年，大方公司1、2号机组建成投产，当年完成发电量8.62亿kW·h，实现利润2026万元，综合供电煤耗349.92g/（kW·h），实现基建安全1016天，生产安全163天。

2007年，大方公司3号、4号机组建成投产，当年完成发电量46.83亿kW·h，实现利润1.15亿元，综合供电煤耗345.88g/（kW·h），实现基建安全1382天，安全生产528天。

生产经营管理

按照“两条主线”的思路加强基建安全管理，制定年度安全工作计划，建立以业主负责、监理监督、施工单位实施的安全保障体系，与施工方签订安全风险抵押合同，建立健全三级安全网络；加强生产安全管理，重点抓好安全生产责任落实，大力推行安全生产目标管理，签订了三级安全生产承包合同。以反习惯性违章为切入点，强化“两票三制”的管理，加大监察力度。认真开展“安全生产月”活动，扎实开展安全性评价工作，实现了零事故安全目标，为公司跨越式发展提供

了可靠保障。

面对严峻的煤炭行情，积极制定应对措施，成立电煤应急领导小组，抽调精干人员充实燃料管理，积极调整策略，实时了解市场动态，努力增强应对市场变化能力，多渠道采购电煤，主动出击，保障供应；同时，加强内部控制，充分挖掘内部潜力，确保质价相符，保证机组安全运行，未出现缺煤停机情况。通过精心组织、精心操作，提高机组运行经济性，确保机组安全稳定运行；在加大运行管理的同时，加强设备管理，提高检修水平，切实消除设备缺陷和事故隐患，确保机组设备健康水平。

党的建设、精神文明建设和企业文化建设

坚定不移地围绕公司“一个中心、两个重点、三个加强、四个提升”的工作目标，注重思想政治工作与解决实际问题相结合，充分发挥党组织的政治核心作用，努力开创新局面。通过举办安全活动月、“安康杯”系列活动、合理化建议月活动，书画、征文、摄影比赛，春节游艺等活动以及与毕节地区医院举办“迎春联谊会”和“青年联谊会”等活动，丰富了职工生活，推进了企业文化体系的建设，增强了企业凝聚力。

大力推进文明创建活动和企业文化建设，初步形成以“三超”和“四精”为核心的企业文化体系。2006~2007 年，大方公司先后被评为集团公司“四好”领导班子先进集体、投产功勋单位、达标先进单位和安全生产先进单位，荣获贵州省“五一劳动奖状”先进集体等称号。

东风发电厂

概况

东风发电厂成立于 1993 年 6 月 9 日，隶属贵州乌江水电开发有限责任公司，为乌江流域梯级开发的第二级。

东风发电厂是以发电为主的综合利用工程，总库容 10.25 亿 m^3，1994 年 8 月 31 日首台机组投产发电，1995 年 12 月 25 日 3 台机组全部建成投产。2005 年 5 月完成 3 台老机组改造增容；同年 12 月又完成了 1 台 12.5 万 kW 机组扩机工程。至此，电站装机容量由原来的 51 万 kW 增至 69.5 万 kW。截至 2007 年底，共有员工 204 人，下设安全监察部、生产部、计划经营部、党群工作部、厂综合办公室、财务管理中心、发电部、修试部、水工维护部、物资运输部、行政管理部、信息通信部、科协等 13 个部门。

领导班子

厂长：曹险峰

党委书记：张德法

副厂长：杨焱

总工程师：李家常

主要业绩

2006 年，东风发电厂完成发电量 13.04 亿 kW·h，占乌江公司总发电量的 31.59%；综合厂电率 0.606%，同比下降 0.023 个百分点；设备年平均利用小时为 1875.93h，同比少 1440.93h，创产值 2.32 亿元。截至 2006 年 12 月 31 日，实现安全生产 618 天。

2007 年，完成发电量 24.48 亿 kW·h，比年度目标多发 5.48 亿 kW·h；综合厂用电率 0.325%，比考核指标 0.7% 下降 0.375 个百分点；上网电量 24.37 亿 kW·h，创产值 4.46 亿元。截至 2007 年 12 月 31 日，实现安全生产 983 天。

生产经营管理

认真落实华电集团、乌江公司安全生产工作会议精神，坚持“安全第一，预防为主，综合治理”的方针，严格执行规章制度和安全生产责任制，加大安全奖惩力度，细化防洪度汛措施，夯实了安全生产基础，确保了安全生产的可控、在控，实现了连续安全生产 1000 天。

坚持“设备是基础”管理理念，认真落实各项设备检修、技术改造、定检预试计划和技术监督措施。加强设备管理，建立健全设备台账，认真开展危险点分析与预控、检修过程标准化作业，高质量完成了 1、2、3 号机组小修、4 号机组大修以及线路、母线预试和保护定检等工作，2007 年 11 月 28 日顺利实现了“1+2+4”的远程控制目标。通过以“安康杯”竞赛活动为主线，完善内控机制，狠抓企业管理，并以厂局域网、安全宣传长廊、会议学习等形式，广泛宣传和学习安全法律法规，开展安全演讲、签名活动、安全知识培训等形式，营造良好安全氛围，提升了职工的安全意识，促进企业持续健康发展。2007 年，东风电厂被贵州省总工会推荐为“安康杯”竞赛活动先进单位。

党的建设、精神文明建设和企业文化建设

按照华电集团"四好"领导班子创建要求，东风电厂认真对照，查找不足，健全制度，明确措施，切实把"四好"领导班子创建工作与创建优秀发电企业、文明单位、企业文化建设及保持共产党员先进性紧密结合起来，全面提升领导班子的整体素质和能力，促进了企业和谐稳定发展。

根据"一主多元、各具特色"的企业文化建设要求，东风发电厂还总结建厂十余年来文化建设成果和经验，以"安全是船，形象是帆，人才是本，文化是魂"为主题，从教育入手，让企业文化建设与安全生产工作相得益彰，形成合力。同时，通过开展扶贫帮困、捐资助学、送温暖献爱心等活动，维护和树立了企业良好社会形象。

洪家渡发电厂

概况

洪家渡发电厂成立于2004年6月18日，系中国华电集团公司控股企业，隶属贵州乌江水电开发有限责任公司，是整个乌江干流11个梯级电站中唯一具有多年调节水库的龙头水电厂。

洪家渡发电厂总装机容量为3台20万kW混流式水轮发电机组，水库总库容49.47亿m^3，保证出力17.15万kW，年发电量15.59亿kW·h。截至2007年底，电厂在册职工77人，下设厂长工作部、党群工作部、财务部、生产技术部、安全监察部、发电维护部、水工部、后勤物业部等8个部室。

领导班子

党委书记、厂长：刘春志

党委副书记、纪检书记、工会主席：冯顺田

副厂长：黄定奎

主要领导变动情况：

2006年5月，原厂党委书记、厂长周卫东同志调离，副厂长马习耕同志主持厂行政管理工作；2006年9月，马习耕任厂长；2007年9月，马习耕调离，刘春志同志接任电厂党委书记、厂长。

年度业绩

2006年，洪家渡发电厂完成发电量5.50亿kW·h，上网电量5.401亿kW·h；综合厂用电率1.38%，全年等效可用系数93.16%，全年自动装置投入率100%，正确动作率100%；继电保护投入率100%，正确动作率100%，截至2006年底，实现安全生产896天。

2007年，完成发电量7.62亿kW·h，上网电量7.54亿kW·h；综合厂用电率1.13%，全年等效可用系数93.00%，全年自动装置投入率99.99%，正确动作率100%；继电保护投入率100%，正确动作率100%，截至2007年底，实现安全生产1225天。

生产经营管理

2006年，洪家渡发电厂紧紧围绕"完成工程建设专项验收"和"强化培训，全面提升企业的管理水平，确保安全生产"工作重点，以创建集团公司"优秀发电企业"和"文明单位"为切入点，全面组织开展工作。通过全体员工的不懈努力，工程达标投产竣工考核以高分通过验收，全面完成了消防专项检查。安全生产形势稳定，保持了长周期连续安全生产。

2007年，洪家渡发电厂以创建华电集团优秀发电企业和文明单位为目标，以加强基础建设、完善制度建设、加强人员培训为工作重点，全面组织开展工作。通过努力，全年安全形势稳定，保持了长周期连续安全生产，荣获了华电集团"文明单位"、"信息化建设优秀企业"，同时，"PSS2A模型应用成果"被贵州省工会推荐为全国职工优秀技术创新成果。

内部改革

2006~2007年，洪家渡发电厂先后对原安全生产部、发电维护部和办公室等部室的职能进行了调整、划分，成立了安全监察部、生产技术部、水工部、电站建设工程验收办公室、工程决算办公室。

党的建设、精神文明建设和企业文化建设

以开展"四好"领导班子建设和党的先进性教育为手段，以创建华电集团"文明单位"为抓手，工会、共青团齐抓共管，广泛开展"争先创优"和"五个一"文体活动，保持了职工队伍稳定，促进企业和谐发展。同时，加强教育，强化监督，不断提高领导干部廉政勤政意识和法律意识，努力提高党员干部的政治思想觉悟。此外，还以"构建和谐企业"、促进"和谐社会"为主导，大力推进精神文明建设和企业文化建设，努力探索和提炼企业文化内涵，初步形成了以"对上级负责，为社会贡献"和"安全和谐、务实高效、学习创新”的企业文化理念。

索风营发电厂

概况

索风营发电厂成立于2005年6月9日，隶属贵州乌江水电开发有限责任公司，为乌江流域梯级开发的第三级。电站地处贵州省修文县与黔西县交界的乌江干流六广河河段，装机容量为3台20万kW发电机组，年平均发电量20.11亿kW·h。

索风营发电厂主要以发电为主，同时承担系统调峰、调频和事故备用，兼顾灌溉、养殖、旅游等综合效益。大坝为混凝土碾压重力坝，由河床溢流坝段和两岸挡水坝段组成，坝高115.8m。水库库容为2.01亿 m^3，正常蓄水位837m，为日调节水库。电站于2002年7月26日开工建设，2005年8月17日首台机组投产发电，2006年6月6日，3号机组建成投入商业运行。索风营发电厂下设厂长工作部、党群工作部、计财部、生产技术部、安全监察部、运行维护部、水工部和后勤物资部，职工为63人。

领导班子

索风营发电厂厂长兼党委书记、索风营电站建设公司经理：刘玉刚

索风营发电厂副厂长：令狐昌仁

索风营电站建设公司副经理：田应富

索风营发电厂党委副书记、纪委书记、工会主席：胡明玉

年度业绩

2006年，完成发电量9.89亿kW·h；机组全年等效可用系数96.74%；机组开停1378次，启停成功率100%；水库入库水量55.2554亿 m^3；发电水量54.6777亿 m^3。

2007年，完成发电量19.26亿kW·h；机组全年等效可用系数94.51%；机组开停1574次，启停成功率100%。水库入库水量110.64亿 m^3、发电水量105.99亿 m^3。

生产经营管理

2006~2007年，索风营发电厂的重点工作主要是抓好3号机组建设投产发电，同时保证1号、2号机组的检修维护与安全稳定运行。一是健全管理制度，建立完善了以技术标准为主体、管理标准（制度）和工作标准为支撑的三大管理标准体系，并完成了从基建向生产管理转移，做到了平稳过渡，无缝连接。二是在安全管理中以目标管理为方法，以宣传教育、过程控制、结果评价考核为手段，狠抓生产现场环境整治和设备检修维护，认真做好安评、网评整改工作，进一步明确生产监督、生产指挥、生产执行三大系统的权限职责，确保安全生产落到实处。三是积极开展无违章班组竞赛活动，创建无违章企业，不断提高电厂的本质安全水平，通过多种方式提高职工的安全意识和安全技能，加强设备巡查，使设备检查维护规范化、制度化。严格执行设备缺陷管理制度，加强“两票三制”的执行力度，夯实班组建设基础，增强班组人员安全意识，按照“四级控制”原则，做好基础管理工作。四是积极配合索风营电站建设公司做好水库调度及管理工作，适时预测来水情况，提高水能利用率，确保全年安全生产无事故，较好完成各项工作目标。

党的建设、精神文明建设和企业文化建设

以提升领导班子的五种能力为抓手，把“四好”领导班子建设与完成工程建设和电厂生产管理工作结合起来，促进了企业管理水平和经营业绩的提高。党委与各部门、支部与党员分别签订了党风廉政建设责任书，加强了党风廉政建设，构建了惩治和防腐体系。在企业文化建设方面，索风营发电厂按照华电集团“一主多元、各具特色”的要求，结合企业发展要求，制定企业文化建设规划，从职工的安全意识教育、责任感、荣誉感的培育、企业文化理念及氛围的营造等方面入手，让企业文化建设与安全生产工作相得益彰，形成合力，营造了“人企合一”的工作氛围，树立了企业良好社会形象。

贵州华电大龙发电有限公司

概况

贵州华电大龙发电有限公司（简称大龙公司）位于贵州省铜仁市，于2003年12月注册成立，系中国华电集团公司全资公司。公司装机容量为2台30万kW燃煤发电机组，2004年4月1日开工建设，2006年10月全部建成发电。

大龙公司前身为贵州铜仁地区大龙发电厂，于1976年2月建厂，原装机规模为2台12万MW燃煤发电机组，根据国家产业政策，2004年12月

31日两台机组已正式关停。大龙公司是在大龙发电厂原有资产基础上，由集团公司注资1000万元设立的有限责任公司。2007年底，公司下设总经理工作部、人力资源部、财务资产部、计划经营部、生产技术部、安全监察部、发电部、燃运部、设备管理部、燃料管理部、政治工作部、团委（青工部）、审计监察室、综合产业公司等14个部门，在册职工437人。

领导班子

董事长：张志孝

董事：张志孝、何光宏、罗来友、汪育贤、彭亿强（职工）

监事：罗涛（监事会主席）、李智、杨远芬（职工）

总经理：罗来友

党委书记：汪育贤

副总经理：李润林、张元辉、饶宏

纪委书记、工会主席：彭亿强

年度业绩

2006年，大龙公司完成发电量18.068亿kW·h，实现利润546.23万元，综合供电煤耗率完成356.50g/(kW·h)；厂用率完成6.61%；设备平均利用小时完成6035h。

2007年，大龙公司完成发电量408933.66万kW·h，实现利润总额282.31万元，综合供电煤耗率完成356.50g/(kW·h)；厂用率完成6.61%；设备平均利用小时达6815h。

生产经营管理

2006~2007年，大龙公司安全优质高效完成了一号机组大修，计划工期40天，实际工期35天，完成标准项目400余项，特殊项目20项，实现了锅炉一次水压成功、一次点火成功，汽机一次启动成功，发电机一次并网成功。开展节能管理和技术改造双管齐下，全面推进节能降耗工作。通过技术改造，使汽机效率从43%上升到45%左右。

同时，通过加强“三煤”管理，拓展燃料市场，逐步形成以市场为导向，以价格确保燃煤数量，以数量保障燃煤质量，以质量来降低入炉标煤单价的良性循环；并以增发电量为核心，努力做好“三电”工作。严格工程招投标管理，切实降低工程造价。根据集团公司招投标管理办法和监督实施细则，制定生产物资管理办法、招投标管理办法和监督实施细则。积极开展银行贷款融资工作，先后筹集工程建设资金3.3亿元，保证了工程建设资金的需要。另外，在贵州公司的帮助下，开展了上网电价的测算申报和脱硫电价的争取工作，经过努力，使公司上网电价在执行标杆电价0.262元/(kW·h)的基础上争取到0.012元/(kW·h)的运行补贴，一定程度上缓解了公司经营的被动局面。

党的建设、精神文明建设和企业文化建设

大龙公司有党员116人（含退休职工和预备党员），设基层党支部6个。2007年5月，公司对支部进行换届选举。3月份制定发布《贵州华电大龙发电有限公司员工行为规范》。6月，开展禁毒戒毒警示教育活动，制定出台与地方检察院共建预防职务犯罪的联系制度，举行法制讲座。7月份开展为期6天的“廉洁从业教育主题展”活动，并出版《大龙发电》报24期。公司党的建设、精神文明建设和企业文化建设得到积极推进。

贵州华电清镇发电有限公司

概况

贵州华电清镇发电有限公司（简称清镇公司），位于贵州省清镇市境内，距贵阳市31km，前身为贵州清镇电厂，始建于1958年6月，1970年7月1日首台机组投产发电。至1989年11月，共完成一、二、三期工程共8台机组的建设，总装机容量65.8万kW。

2003年清镇电厂划归华电集团，2005年改制为“贵州华电清镇发电有限公司”。按照中央和集团公司战略部署，公司一期4台3.2万kW机组于2004年关停，二期2台6.5万kW机组于2007年6月关停。截至2007年底，公司职工人数1381人，大专以上学历占职工数的42.79%。公司下设总经部、生技部、调度室、安监部、人资部、财务部、企划部、燃管部、政工部、纪监室、保卫部、工会办、异地扩建工程筹备处、离退办、运行分场、检修分场、燃运分场、鑫能物资公司、鑫能投资开发有限公司（下属物业管理、饮食服务、汽车运输、宏达公司、职工医院）、鑫能电力检修公司。

领导班子

总经理：柳邦家

党委书记：刘仕明

纪委书记、工会主席：谢东

副总经理：陈治国、马忠、张福。

主要领导变动情况：

2007年1月17日，原总经理尹正军调离，柳邦家任公司总经理，刘仕明任公司党委书记。

年度业绩

2006年，清镇公司完成发电量38.568亿kW·h，供电煤耗385g/(kW·h)，综合厂用电率为8.87%，设备等效可用系数为94.33%，实现利润5300万元。

2007年，完成发电量34.04亿kW·h，综合供电煤耗383.01g/(kW·h)，综合厂用电率8.86%，实现利润5864万元，提前一个月完成集团公司目标。

生产经营管理

按照“安全第一、预防为主、综合治理”和标本兼治要求，建立大安全体系，全面推进安全管理科学化、规范化、系统化、制度化、标准化进程，确保设备安全、经济、稳定运行。同时加强设备精细化管理，抓好设备消缺，强化检修全过程管理，提高设备利用小时，确保机组安全可靠经济运行。截至2007年底，实现安全生产2700天。

在经营管理方面，建立大财务管理体系，严格控制“三煤”的量、质、价，降低燃料成本，建立煤炭市场的信息快速反馈机制，实现公司利润目标。同时按照“对照先进、查错纠弊、持续改善、不断超越”的对标管理机制，深挖潜力，降低成本，推进精细化管理，保持经济运行效率、效益，增强企业在电力市场的竞争实力。此外还加强服务意识，丰富产品种类，理顺规范产品价格，建立各项销售奖励机制，拓宽经营渠道，发展安置型与效益型相结合的辅业，做大做强多经产业。

项目发展

清镇公司在华电集团、贵州公司、乌江公司的正确领导下，以邓小平理论和“三个代表”重要思想为指导，落实科学发展观，2007年在提前关停两台6.5万kW机组后，组建了2×60万kW塘电项目公司，取得国家发展改革委同意前期工作的函（路条），申请核准必备的26个支持性文件已全部取得，核准申请报告已上报国家发展改革委，“四通一平”工作已基本结束。

党的建设、精神文明建设和企业文化建设

深入学习贯彻党的十六届历次会议和党的十七大精神，开展“学习党章、遵守党章、贯彻党章、维护党章”和“八荣八耻”为主题的社会主义荣辱观教育活动，开展党员先进性教育，构建党员先进性教育长效机制；开展“四好”领导班子创建活动，促进了班子全面建设，提高了党组织的创造力、凝聚力和战斗力，加强反腐倡廉建设。

以文明创建为载体，大力推进企业文化建设，总结和提炼企业精神、构建了企业的文化体系。通过《贵州清电报》、清电社区网站、公司闭路电视等媒体，广泛宣传公司企业理念，对华电集团公司企业文化视觉识别系统进行了广泛宣贯，提高职工的知晓度和认同感。修订完善了公司《职工行为规范》。2006～2007年，先后获得了集团公司“四好”领导班子先进集体、党风廉政建设优秀单位和“扭亏增盈”先进单位称号，同时保持了集团公司文明单位、安全生产先进集体称号。

重大事项情况

2006年8月8日，清镇公司子弟学校正式移交地方管理。

2007年6月30日，公司2台6.5万kW机组于23时正式实施关停；8月15日，公司一、二期六台机组的两根120米烟囱成功爆破，实施了贵州省上大压小第一爆。

贵州华电遵义发电有限公司

概况

贵州华电遵义发电有限公司（简称遵义公司）位于历史名城贵州省遵义市南郊洛江河畔，其前身为遵义发电厂，始建于1958年。1998年按总厂制运作，下设遵义、黔北、金沙三个分厂。2002年11月电力体制改革后，遵义发电总厂划归中国华电集团公司，成为其全资子公司，更名为贵州华电遵义发电有限公司。截至2007年底，公司装机容量为2台12.5万kW机组。下设总经理工作部、生产技术部、安全监察部、财务部、人力资源部、计划部、监察审计部、党群工作部、保卫部、工程部、运行分场、检修分场、维护分场、燃料公司、后勤服务部等15个部室，在册职工

616人。

领导班子

董事长：张志孝

监事会召集人：鲁承宏

监事：鲁承宏、朱艺

董事会秘书：张一欣

总经理：李同策

党委书记：尚力

副总经理：周华庆、祝宜江、郑泽芬

总工程师：景晓波

工会主席：贺兴亚

年度业绩

2006年，遵义公司完成发电量18.08亿kW·h，完成计划的106.35%；综合厂用电率8.86%；供电煤耗率为385.77g/(kW·h)；发电设备平均利用小时为7231.63h；等效可用系数率为91.17%；实现主营业务收入31041万元。

2007年，完成发电量19.55亿kW·h，上网电量为17.65亿kW·h；综合厂用电率9.76%，综合供电煤耗率394.17g/(kW·h)；发电设备平均利用小时为7824h；等效可用系数率为94.37%；实现主营业务收入36700万元。

生产经营管理

按照“安全第一、预防为主、综合治理”的指导，将安全生产作为企业发展的头等大事，认真落实到企业管理工作过程中，从制度、措施、培训、安全活动等多方面着手，狠抓责任落实，夯实了安全生产基础，实现了安全生产3910天。

在经营管理上，以财务工作为龙头，从营运改善和“三电”工作入手，挖掘内部潜力、降低成本费用、优化成本结构，加强资金预算管理，加强成本控制，完善节能降耗，执行分级管理、分级承包，实现了对企业生产经营管理各个环节的全过程、全方位控制，对完成华电集团考核目标起到了促进作用，保证了全年经营目标的完成。同时，通过开展对标管理，使公司综合厂用电率、综合供电煤耗等指标下降，取得了明显的经济效益。

公司脱硫技改工程是国家环保总局“两控区”、“十五”计划项目。在华电集团和贵州公司的指导下，按照综合进度计划如期完成了建设任务：2006年3月8日吸收塔封顶；2006年9月23日首次通烟成功；2006年9月29日开始进入168h试运行，10月6日完成168h试运；10月23日完成环保竣工验收，为集团公司完成二氧化硫削减责任目标和2010年环保规划做出积极贡献。

企业改革

根据中央和华电集团部署，遵义公司认真开展企业分离办社会职能工作。通过制定工作实施方案，并积极和地方政府协调，2006年6月30日，公司与遵义市红花岗区政府签署了移交协议，顺利将子弟学校移交教育局管理，宣告分离办社会职能工作的圆满完成。

党的建设、精神文明建设和企业文化建设

在华电集团和贵州公司的领导下，紧紧围绕以企业经济效益为中心，不断强化班子建设，创新工作机制，完善工作制度，狠抓工作落实。同时，坚决按照民主集中制的原则，始终把党风廉政建设工作作为一项重要工作来抓，坚持做到与生产经营工作一起部署、为公司的依法经营管理和谋求发展营造了良好的政治环境。

十分注重企业文化建设和精神文明建设，利用计算机网络技术，健全政工网络，拓展民主和交流渠道，鼓舞职工士气，使广大职工坚定了信心。同时，以人为本，突出职工的主人翁地位，不断改善干群关系，积极推进企业文化建设，结合实际，制定了企业文化建设长期规划和实施办法，形成了五十六字企业文化特色，有力地促进了企业各项工作的开展。2007年，公司分别获得了华电集团授予的“文明单位”、“安全生产先进单位”称号。

贵州华电桐梓发电有限公司

概况

贵州华电桐梓发电有限公司（简称桐梓公司）2台60万kW机组建设工程是贵州华电遵义发电有限公司的异地技改项目，被列入贵州省“十一五”能源发展专项规划和中国华电集团公司“358”战略发展规划。工程建设机组容量为2台60万kW超临界机组。截至2007年底，公司有员工16人，下设总经理工作部、财务部、人力资源部、计划部、工程部等部门。

领导班子

董事长：张志孝

监事：胡伟、鲁承宏、吴松林、李智、李

应佑

监事会召集人：胡伟

总经理：李同策

副总经理：周华庆、祝宜江、郑泽芬

总工程师：景晓波

董事会秘书：杨静

工作进度

2005年7月15日，桐梓公司可研报告通过国家电力规划设计总院组织的审查；由国家电力规划设计总院组织的桐梓电厂可研报告于2007年3月12日在北京通过。可研预收口审查于2007年4月通过。

2006年7月，西南电力设计院于对厂址进行地质初设阶段勘察，2007年3月20日完成了初步设计工作；2007年4月28日通过了电力规划设计总院的预审查。

工程项目三大主机招标于2006年12月1日至6日完成开、评标工作，主机设备招标结果于2007年1月得到集团公司批复，并于2007年1月分别与预中标单位东方锅炉（集团）股份有限公司、哈尔滨汽轮机厂有限责任公司、哈尔滨电机厂有限责任公司完成了主机设备合同和技术协议的谈判。

2007年8月16日在成都与东方锅炉（集团）股份有限公司签订了锅炉合同。2007年10月19日在哈尔滨与哈尔滨汽轮机厂有限责任公司、哈尔滨电机厂有限责任公司签订了汽轮机和发电机合同。

2006年6月，工程监理招标完成。2006年12月26日与监理中标单位达华集团北京中达联咨询有限公司签订了监理合同。

2007年3月28日，桐梓至容光公路（桐梓电厂重要的用煤运输公路）开工建设，公路总长度67.833km，总投资49375万元。该工程为合资建设项目（该项目投资决策报告已报集团公司，贵州华电桐梓发电有限公司计划投资5184万元，占30%股份）。2007年上半年完成了厂区范围内的通信线路、110kV输电线路、10kV输电线路、电视网络线路的搬迁工作；进厂公路、天门河河道整治及农灌水渠搬迁项目初步设计工作已完成并通过审查；自来水管道搬迁及大件运输公路措施设计已完成。

2007年8月2日，工程平场和天门河河道整治工程完成了招标工作，并分别与四川电建三公司、中铁十一局、中铁五局签订了合同。

构皮滩发电厂

概况

构皮滩发电厂位于贵州省余庆县境内，上距乌江渡水电站137km，下距河口涪陵455km，控制流域面积43250km^2，多年平均径流量226亿m^3。工程开发的主要任务是发电，兼顾航运、防洪及其他综合利用。水库总库容64.51亿m^3，调节库容31.54亿m^3，正常蓄水位高程630m。地下电站装机容量5台60万kW机组，保证出力75.18万kW，年发电量96.67亿kW·h，是贵州省实施“西电东送”战略的标志性工程，被列入“十五”计划国家重点工程。

工程施工总工期九年两个月（不含工程筹建期），计划于2009年4月实现首台机组发电。电站总投资138.42亿元。截至2007年12月31日，电站下设办公室、党群工作部、安全建设管理部、安全生产委员会办公室、工程技术部、机电物资部、计划部、财务部、生产准备部、电厂安监部等10个部室，在册职工66人。

领导班子

构皮滩电站建设公司经理：黄辉

构皮滩电站建设公司党委书记、副经理：陈启湘

构皮滩发电厂厂长、建设公司副经理：谌波

构皮滩电站建设公司副经理：梁英、杨新伟

年度业绩

2006年6月16日，构皮滩电站主厂房5号机第一仓混凝土开始浇筑，标志着厂房由开挖阶段转入混凝土浇筑阶段；10月5日，电缆竖井开挖完成；12月10日，下游RCC围堰上部成功爆破拆除。

2007年12月10日，5号水轮机移交生产，比计划工期提前21天。

工程管理

始终坚持“科学技术是第一生产力”，先后对工程布置、施工设备、施工工艺及技术等进行了多方面、多层次研究，在工程施工管理中以科技创新为突破口，向科研要效益，开展了一系列卓有成效的设计优化和科技创新活动，为控制工程

造价、节约投资奠定了坚实的基础。节约工程投资近4亿元，多项科技成果在华电集团公司和贵州省荣获科技进步奖。坚持环保建设的自律意识，以“构建人与自然和谐发展，创建绿色环保电站”为宗旨，以“建环保电站，送清洁能源”为目标，严格执行环保工程与主体工程同时设计、同时招标施工、同时投入使用的“三同时”要求，使得工程建设与环境保护两促进、两不误。

截至2007年12月31日，构皮滩水电站工程累计完成工程投资74.5亿元，土石方开挖1976.42万m^3，土石方回填164.88万m^3，混凝土浇筑424.56万m^3，钢筋制安5.13万t，共签订合同758项，合同金额616280.07万元。机电安装工程共完成机组埋件安装2372.972t，埋管18569.75m。

2006~2007年，国家电力建设工程质量监督总站组织巡视组先后两次对构皮滩水电工程进行了质量监督现场巡视，给予了“构皮滩电站工程的安全、质量处于受控状态”的积极评价。构皮滩电站建设公司发挥“服务、协调、督促、管理”的管理职能，坚持“设计、监理、施工、业主”四位一体的管理理念，进行“设计、施工、工期、投资”四个优化，使得安全、质量、环保、工期、投资得到有效控制。同时，以人为本，围绕“和谐环保，促达标投产；精工建设，创鲁班大奖”的建设目标，在全工区组织了一系列“安康杯”主题活动，各项管理工作顺利推进。2007年，荣获全国总工会组织的“安康杯”竞赛优胜单位和华电集团先进基建单位荣誉称号。

党的建设、精神文明建设和企业文化建设

围绕企业中心任务，坚持把“四好”领导班子建设作为党建重要内容，纳入年度工作目标进行管理和考核，明确领导责任，使创建活动与工程建设工作同步进行，初步建立了创建活动的长效机制。通过“四好”领导班子的创建活动，使领导班子成员的综合素质、决策能力、执行能力有了较大提高。

深入组织开展党风廉政建设教育，制订学习教育计划，抓好监督检查，强化责任考核和责任追究，准确把握党组织“议大事、谋大局、把方向”的定位思想，在巩固党员先进性教育活动取得良好成效，建立了保持党员先进性的长效机制和惩防腐败体系，保证了各项工作的顺利向前推进。

思林发电厂

概况

思林发电厂成立于2007年8月10日。建厂初期，与2003年12月15日成立的思林电站建设公司实行“一套人马，两块牌子”，实行建管结合的管理模式。思林电站位于贵州省思南县境内的乌江中游河段，为乌江干流规划梯级电站的第八级。电站距上游构皮滩水电站89km，距下游沙沱水电站115km，距贵阳市直线距离328km。电站以发电为主，其次为航运，兼顾防洪、灌溉等综合性水利枢纽。水库正常蓄水位EL440m，相应库容12.05亿m^3，调节库容3.17亿m^3，防洪库容1.84亿m^3。

截至2007年底，思林电站建设公司下设办公室、党群部、计划部、财务部、工程部、机电部、安全生产与环境保护部等7个部门，共有员工34人；思林发电厂共有员工76人。

领导班子

经理：段伟

党委书记：张建华

厂长：马习耕

副经理：龚朝蜀、李朝新、陈龙

工程管理

思林电站建设工程实行项目管理模式，由乌江水电开发有限责任公司授权具体履行建设管理职能。

坚持以“质量、安全、进度、投资”四项控制为宗旨，推行建设管理单位、监理单位、设计单位、施工单位“四位一体”的建设管理理念。通过招标承包制、工程监理制、合同管理制等对工程建设进行全过程管理。

建立健全质量管理体系和安全管理体系，加强工程施工过程中的质量控制和安全控制。同时，在工程建设中，公司坚持抓好工程方案的优化工作，极大促进了工程建设的向前推进。截至2007年12月，大坝碾压混凝土浇筑至EL372.5m，完成大坝碾压混凝土482183m^3，占设计工程量的71%。4号机锥管安装完成，厂房500t桥机完成安装调试；进水口4扇闸门全部安装就位。至2007年底，累计完成工程投资28.89亿元。

2007年8月10日，思林发电厂成立后，生产准备工作全面铺开，以此为契机，建立健全各项管理制度，完成了《思林发电厂管理标准》编写大纲、《思林发电厂技术规程》编写大纲、《思林发电厂现场安全工作规程》初稿、《思林发电厂调度管理规程》初稿，同时抓好生产准备人员培训，参与工程建设全过程管理。

沙沱电站建设公司

概况

沙沱电站建设公司（简称沙沱公司）成立于2007年6月，电站位于贵州省沿河县城上游约7km处，距遵义市266km，至乌江口河道里程为250.50km，下游有彭水电站，上游有思林电站。

沙沱电站装机容量为112（28×4）万kW，平均年发电量45.52亿kW·h；电站水库正常蓄水位365.00m，相应库容7.70亿m^3，总库容9.10亿m^3，其中防洪库容2.09亿m^3，调节库容2.87亿m^3，属日调节水库。电站于2005年10月开始筹建，计划于2012年12月建成投产。截至2007年底，沙沱公司共有职工21人，公司下设办公室、政工部、财务部、计划合同部、安全环保部、工程管理部、机电物资部等7个部门。

领导班子

经理：吴元东

党委书记兼工会主席：江海珠

副经理：郭定明、王雷

贵州乌江公司派驻沙沱公司纪检监察员：邓朝伦

年度业绩

2007年2月3日，沙沱电站工程开浇第一仓混凝土；4月20日，全线浇筑至295m高程，比合同工期提前40天，同时提前10天达到当年的防洪度汛形象要求，实现了年度的安全度汛目标，为年底的大江截流创造了条件。于2007年12月6日成功实现大江截流，为推进主体工程施工、投产发电奠定了基础。

沙沱公司严格按照“高、严、细、实、新”五字工作要求，建立和完善安全生产体系。不断提高员工安全生产意识，加大整改力度，狠抓安全文明施工，坚持把安全放在第一位，有效地促进了安全生产形势的平稳发展。实现了年度“安全事故为零”的目标，保证了工程建设的顺利进行，连续三年实现了人身死亡“零”事故的目标。

生产经营管理

按照“四位一体”的运作机制，沙沱公司对关键工程提前进行控制，狠抓设计优化，采取有效的技术、组织等措施，强化现场管理与落实，牢牢把握工程进展的主动权。切实履行“服务，协调，督促，管理”的业主职能，以合同管理为纽带，理顺“设、施、监、建”四位一体关系，坚持以技术为核心的综合管理和以技术为核心的风险管理，强化施工质量和安全文明生产管理。工程于12月6日顺利实现了大江截流的目标。

以合同管理为纽带，规范了合同管理，理顺参建各方关系。简化烦琐程序，提高了工作效率，各合同项目工程计量及合同变更准确和可靠。已经执行完成的合同共有66个，工程累计投入4.06亿元。加强技术管理；优化设计施工方案，仅纵向围堰优化就节省投资四千多万元；工程开工至今已累计节约投资近亿元。

党的建设、精神文明建设和企业文化建设

沙沱公司以深入开展“四好”领导班子创建活动为有效载体，坚持“德才兼备、群众公认、注重实效”的用人标准，大力加强班子和领导干部队伍建设，加强领导干部的思想政治建设和能力作风建设，认真开展廉洁从业和廉洁文化建设，全面落实制度、教育、监督并重的惩治和预防体系，确保领导人员依法经营和廉洁从业。加强保持共产党员先进性教育活动取得的成果，建立先进性教育的长效机制，充分发挥支部的战斗堡垒作用和党员的先锋模范作用，党员干部始终牢记“两个务必”，发扬团结、廉洁、务实的好作风，深入开展党风廉政建设，带领员工不断开创公司发展的新局面。

坚持以人为本，把建设“制度沙沱、简单沙沱、快乐沙沱、幸福沙沱”作为理想目标，不断推进企业文化建设，创造简单、快乐、和谐的工作生活环境，以此增强主人翁意识和企业凝聚力，营造和谐氛围，构建和谐工区。

贵州华电毕节热电有限公司

概况

贵州华电毕节热电有限公司（简称毕节公司）

位于贵州省毕节市东部鸭池镇，其前身为始建于1988年8月的贵州头步发电厂。

2006年7月，根据国家关停小火电的政策要求，贵州头步发电厂两台1.2万kW机组实施关停。2006年7月28日，贵州毕节东华热电有限公司注册成立，注册资本金1000万元，由贵州乌江水电开发有限责任公司控股。2007年11月，“贵州毕节东华热电有限公司”更名为“贵州华电毕节热电有限公司”。截至2007年底，公司下设总经理工作部、政治工作部、工会、监察审计部、财务资产部、人力资源部、物资供应部、安全监察部、工程建设部、生产技术部、工程扩建办、治安保卫部、后勤服务部13个部门，在册员工275人。

领导班子

总经理、党委书记：杨革新

副总经理：李煜涵

纪委书记：吕远林

年度业绩

2006年7月7日，根据华电集团公司和省发改委批准，贵州头步发电厂2台1.2万kW机组正式关停。截至当日，头步发电厂实现连续安全生产2312天，累计发电22亿kW·h，上缴税收7000多万元。

2007年是毕节公司的工程建设年。公司积极推进毕节工程建设，完成了主厂房、锅炉基础施工，1号锅炉钢结构安装到顶，1号主厂房除氧煤仓间施工至4.96m层，各辅助工程全面开工，工程建设投资3个亿，确保了“四个安全”，获得贵州省文明单位荣誉称号。

工程管理

毕节公司在头步发电厂原厂址基础上投资建设毕节热电工程——两台15万kW循环流化床热电联产机组，是贵州省第一台大容量循环流化床热电联产机组。项目于2006年11月28日正式动工，计划2007年底投产。

2007年4月，由于毕节煤电化一体化配套的上下游煤矿和煤化工未同步开工建设，加之接入系统问题未解决，集团公司于4月16日决定毕节热电工程缓建。4月19日，2台15万kW热电工程施工现场全面停止施工。缓建后，公司领导班子发扬千方百计、千辛万苦、千言万语的“三千”精神，带领全体职工积极寻求配套的上网问题、煤矿配套建设及煤化工等企业供热问题的解决办法。在地方政府和上级主管部门的大力支持和帮助下，经过大量艰苦细致的工作，配套的上下游产业链同步开工，11月14日与贵州电网公司正式签订了并网协议书，经集团公司批准，2007年11月毕节热电工程恢复正常建设。

为实现机组投运后的“无缝”衔接，公司非常重视生产准备工作。首先是有意识、有目的、有计划地让管理、技术、生产人员在前期收资、可研、初设、主辅机调研招标中超前介入，提前熟悉相关工艺、设备和技术。其次是根据公司的生产准备总体规划和机组的里程碑进度计划，按照首台机组投产目标，全面开展生产准备培训工作。分基础知识培训、专业理论培训、现场培训三种方式，在兄弟单位组织生产集控人员、检修维护人员、化学燃运人员培训，共达500余人次，期间25人次特殊专业的培训取得合格证，为新机顺利投产和安全运行做好充分准备。

党的建设、精神文明建设和企业文化建设

毕节公司党委一手抓生产经营和企业发展，一手抓精神文明建设，带领全厂职工深入学习贯彻十六届五中、六中全会精神，围绕生产经营、工程建设等中心工作不断加强企业党的组织建设、作风建设、精神文明建设、职工队伍稳定等工作，完成了“治理商业贿赂”这一重要政治任务，实现了党风廉政建设责任制目标；同时以创建“四好”领导班子为目标，有效推进党的建设和精神文明建设工作，发挥了党组织的政治核心、战斗堡垒、先锋模范、监督保证作用。

通过大力推进文明创建活动和企业文化建设，逐步提炼出“爱厂、敬业、求实、创新”的企业精神，引导全体职工紧密团结在公司党委周围，坚定信念，顾全大局，推动企业又好又快发展。

贵州华电电力检修有限公司

概况

贵州华电电力检修有限公司（简称贵州检修公司）位于贵州省清镇市国家级风景名胜区红枫湖畔，成立于2006年11月8日，是华电集团检修体制改革试点的首批区域性检修公司。

贵州检修公司具有锅炉安装和维修Ⅰ级的特

种设备安装改造维修许可证，公司以“依托贵州电力检修市场，打造华电在黔电力检修高素质队伍，树立贵州电力检修品牌”为目标，在市场竞争中，通过贯彻“开拓创新、和谐发展、诚信经营、品牌服务”的企业管理理念，逐步发展壮大。截至2007年底，贵州检修公司有在岗职工10人，下设综合办公室、财务资产部、计划经营部、安全生产部等4个职能部室，并根据承接的检修维护实际，组成大龙项目部和大方项目部。

领导班子

董事长：何光宏

副董事长：邹建国

董事：侯伟、郭劲松、朱正义

监事会主席：汪和平

监事：袁纯、汪洋

总经理：郭劲松

副总经理：朱正义

主要领导变动情况：

2007年8月14日，郭劲松任总经理，尹正军不再担任总经理；2007年11月23日，董事会、监事会调整，何光宏任董事长，邹建国任副董事长，汪和平任监事会主席。

年度业绩

2006～2007年，在理顺各项经营管理关系的基础上，承接了贵州华电清镇发电有限公司、贵州华电大龙发电有限公司、贵州大方发电有限公司、贵州华电遵义发电有限公司等华电在黔火电企业机组检修业务，以及贵州华电大龙发电有限公司和贵州大方发电有限公司的机组日常维护业务，同时还承接了广西贵港发电有限公司1号60万kW机组抢修工作。

经营管理

随着贵州乌江水电开发有限责任公司和中国华电集团公司贵州公司的管理整合，对华电在黔水、火电检修资源进行专业化管理。

2007年9月3日，贵州华电乌江电力检修公司筹备办公室成立。2007年11月，贵州华电乌江电力检修公司筹备办公室更名为“贵州华电乌江电力工程有限公司筹备办公室”，接手贵州检修公司的财务管理。

贵州检修公司完成《贵州华电乌江电力工程有限公司组建方案》的编制工作，开展贵州华电乌江电力工程有限公司注册、资质办理咨询、资料准备等工作，为下一步增加经营范围、增加注册资本、变更公司名称做好准备。编写涉及行政事务管理、党务管理、人力资源管理、财务资产管理、计划经营管理、安全生产管理、项目管理、检修维护管理、后勤物业管理等管理制度、管理办法共计九十二项。实现公文处理的办公自动化，以及与华电集团在黔各单位的网络联结。完成临时办公场所的搬迁和企业视觉识别系统的设计工作。

四川广安发电有限责任公司

概况

四川广安发电有限责任公司（简称广安公司）成立于1996年，是四川电力系统首家按照《公司法》要求组建的公司制企业。2002年底，广安公司划归华电集团，由华电国际控股80%、四川巴蜀电力开发公司持股20%。2007年，按照华电集团“所有权与管理权分离、分区域管治”的要求，广安公司由华电四川公司管理，资产仍属华电国际。公司装机规模为240万kW，分三期建成，一期2台30万kW燃煤机组分别于1999年10月和2000年2月投产，二期2台30万kW燃煤机组分别于2004年7月和10月建成投产，三期2台60万kW燃煤机组分别于2006年12月13日和2007年6月30日建成投产。

截至2007年底，广安公司下设总经理工作部、计划经营部、人力资源部、财务资产部、生产综合管理部、工程项目部、发电部、维修部、安全监察部、政治工作部、工会办公室、审计监察部、武装保卫部、物资供应部、燃料供应部、行政事务部等16个职能部门，拥有员工875人。

领导班子

董事长：陈建华

副董事长：蒋国俊、钟统林

董事：代先荣、陶云鹏、杨飞、赵志学、周其平、王小红

监事：陈燕、孟繁华、李纯洲、李化霜

监事会召集人：魏爱云

总经理：周其平

党委书记：王小红

副总经理：刘晓勇

副总经理、总会计师：唐旭东

纪委书记、代理工会主席：唐小兰

总工程师：郭强

年度业绩

2006年，完成发电量63.68亿kW·h，上网电量59.33亿kW·h。综合供电煤耗344.92g/(kW·h)(不含脱硫)，综合厂用电率6.47%（不含脱硫）。实现销售收入16.28亿元，利润总额1.1248亿元。三期工程5号机组于2006年12月13日顺利通过168h满负荷试运，提前投产发电，成为四川首台投产发电的60万kW火电机组，刷新了全国同类型机组最短安装工期纪录。

2007年，完成发电量80.03亿kW·h，上网电量74.62亿kW·h。综合供电煤耗342.4g/(kW·h)，综合厂用电率6.75%。实现销售收入21.4亿元，利润总额302万元。三期工程6号机组于2007年6月30日顺利通过168h满负荷试运，提前投产发电，实现240万kW装机规模。

生产经营管理

强化安全生产管理，建设本质安全型企业。2006年以围绕安全自主性评价及整改为主线，从完善安全应急预案体系、推动安全标准化建设、增加安全投入、加强人员培训等方面入手抓好安全工作。2007年开展“安全整治年”活动，按照“严谨、严格、严厉”的“三严”原则，修订、补充、完善各项规程、规章、规范，做到严密、健全、完善，形成闭环，不留空挡，不留死角，对违章违规行为及不安全事件认真分析、严厉考核，对重复发生的不安全事件实施严厉惩治，花大力气，重拳出击，抓好安全生产相关工作，建设本质安全型企业。

以市场为导向，以科技监督作保障，强化生产管理。加大生产计划的精细管理程度，将电量生产计划的月份析变为日分析，逐日查找分析原因，及时采取措施，确保年度生产计划的完成。从电力市场需求出发，按照“该修必修，修必修好，厉行节约”原则，合理、科学安排检修项目和计划，继续实施状态检修，提高机组健康水平。继续完善预案管理，加强技术监督工作，依靠科技为机组安全稳定经济运行提供保证。抓好生产营运改善工作和节能降耗工作，严格对标，进一步优化经济技术指标，缩短与国内先进水平的差距。

控制成本，增收创效。强化“三电”工作，抓住一切时机，努力争取电量计划，扩大直供电市场，合理安排峰平谷比例，提高电价水平。做好一、三期脱硫电价的申报工作，加强电费回收工作，保证及时、足额回收。认真开展“燃料管理年”活动，从煤炭采购、调运、煤场管理、人员管理、责任考核等方面，强化燃煤全过程管理。加强成本管理，对已建立的预算管理体系进行完善，保持柔性控制与刚性控制相结合，力求“更精更细”，以适应市场环境的变化。以现金流量管理为资金管理核心，进行资金运作，保持合理资金流，减少财务费用。认真开展内控及风险管理评估工作，防范和化解经营风险。

深化改革，做好人员接收及人力资源配置工作，确保企业稳定。按照华电集团的统一安排和部署，做好分流人员的接收工作。在岗位的设置安排上、人员思想的教育帮助上、业务技能的培训提高上、生活的热情关心上、管理的严格要求上，采取多种途径、多种措施保证了接收工作顺利开展，以及接收人员队伍稳定。

实施规范、精细管理，建设管理型企业。以开展“管理提升年”、“安全整治年”活动、6号机组建设暨“600工程”立功竞赛活动、节支降耗活动、“燃料管理年”活动等为突破口，制订活动方案和考核标准，进一步夯实安全生产基础，降低经营成本，提高经营效益，搞好后续发展，全面提升企业安全、效益、发展三大业绩，提高企业管理水平。加大信息化建设力度，以项目实施为主线，抓好PI系统、全厂监控系统、电子档案系统的建设，推进FAM系统深层次的应用，通过加强信息化建设，进一步建立完善制度管理体系，巩固了企业基础管理基石。

内部改革

优化人力资源体系，激活人力管理资源，实现对员工工作绩效的科学评价，为公司人才的选拔、培养提供依据，培育了“岗位成才、绩效选才”理念，通过人才培养做强做大企业，实现企业与员工的共同发展。

党的建设、精神文明建设和企业文化建设

以科学发展、和谐发展为统领，以开展创建“四好”领导班子为抓手，以职工队伍建设为重点，着力推进和谐企业建设。按照“五心”（潜心干事业，静心升能力，用心带队伍，精心强管理，真心守规则）、“两忠诚”（忠诚企业，忠诚员工）的定位，大力开展了“四好”领导班子创建活动，党员干部“五项”能力得到有效提升。同时，在中层及以上干部中开展“三风”整顿活动，整体提高干部队伍素质。以“六好”（党政协调配合好、党员教育管理好、员工队伍建设好、党风廉政建设好、安全生产局面好、基础管理工作好）为目标，大力开展“党支部建设年”活动，党建工作不断上台阶。针对工程建设阶段的特点，强化党风廉政教育，构建教育、制度、监督并重的惩防腐败体系，两年内党风廉政建设实现了“三无”目标。

中国华电集团公司四川宝珠寺水力发电厂、四川紫兰坝水电开发有限责任公司

概况

中国华电集团公司四川宝珠寺水力发电厂（简称宝珠寺电厂）成立于1996年10月，是华电集团全资内核电厂；四川紫兰坝水电开发有限责任公司（简称紫兰坝公司）成立于1998年9月，是华电集团控股65%的有限公司。为提高管理效率，2007年11月，宝珠寺电厂和紫兰坝公司进行管理整合，实行“一套班子，两块牌子”的统一管理模式。

宝珠寺电厂所辖宝珠寺电站位于白龙江下游，装有4台混流式机组，单机17.5万kW，总容量70万kW，库容25.5亿m^3，其中调节性库容13.4亿m^3，具有不完全年调节能力，承担着四川电网调峰调频和事故备用重任。1996年首台机组发电，1998年全面投产，截至2007年底，累计发电125.6亿kW·h。

紫兰坝公司所辖紫兰坝电站，是白龙江干流梯级开发规划中的最后一级，距上游宝珠寺电站14km。紫兰坝电站装有3台贯流式机组，单机3.4万kW，总容量10.2万kW。总库容0.392亿m^3，调节性库容0.12亿m^3，可进行日调节。2006年7月、12月，1、2号机组分别投产发电，2007年5月，3号机组投产，截至2007年底，累计发电3.49亿kW·h。

机构设置

宝珠寺电厂下设厂长工作部、计划发展营销部、人力资源部、财务资产部、生产技术部、安全监察部、党委工作部、监察审计部、工会办公室、保卫处、宝珠寺发电部、水工部、供应处等13个部门，并管理广元华电电力工程有限责任公司和广元宝珠机械电气工程有限责任公司。截至2007年12月底，宝珠寺电厂在册职工为492人。

紫兰坝公司将电站生产运行和检修维护工作全面委托给宝珠寺电厂管理，除专设财务资产部、工程管理部、合同管理部外，其他机构皆与宝珠寺电厂合署办公。截至2007年12月底，紫兰坝公司在册人员为17人。

领导班子

宝珠寺电厂

厂长：徐祝山

党委书记：余跃辉

副厂长：邓永昭、刘庆宁

工会代主席、纪委书记：杨兵

紫兰坝公司

董事长：代先荣

副董事长：刘明江

董事：吴高见、符谦、胡贵良、林军、谷峰、杜静芝

监事会主席：黄铜锁

监事：罗朝国、刘顺彬、张慧玲、魏民、韩辅绪

总经理：徐祝山

副总经理：邓永昭、刘庆宁

主要领导变动情况：

2007年10月13日宝珠寺电厂厂长、党委书记舒福平调离，2007年10月21日，徐祝山任厂长，余跃辉接任党委书记。

年度业绩

宝珠寺电厂围绕“保安全、增效益、促和谐”三大主题，克服库区来水大幅减少的困难，内挖潜力，外增收入，较好地完成了年度目标任务。2006年完成发电量11.84亿kW·h，实现利润1417.86万元。2007年完成发电量16.18亿kW·h，同比增加36.6%，利润达12451.58万元，超额完成年度目标。

紫兰坝公司1号机组2006年7月实现投产发电，同年12月，2号机组投产发电，当年共完成

发电量6101万kW·h，亏损194.51万元；2007年5月，3号机投产发电，当年共完成发电量28816万kW·h，亏损552.60万元。

生产经营管理

在生产管理上，始终坚持“安全第一，预防为主”的方针，严格落实安全生产责任制，紧紧抓住安全性评价、安全文明生产标准化管理两个载体，认真开展反违章、隐患排查和防洪度汛等各项工作，全面确保“四个安全”，有效提高了设备健康水平。

在经营管理上，坚持内强管理，外争政策，狠抓“三电”工作，企业盈利能力逐步增强。通过努力争取，宝珠寺电厂自2006年起可享受西部大开发企业所得税优惠政策，从而为企业节约税金3008万元。

在企业管理方面，认真结合实际开展“管理年活动”，使对标管理工作得到了明显提升，同时也给企业管理带来了巨大效益，各项绩效指标得到了显著改善。

在外拓项目方面，宝珠寺电厂坚持以科学发展观为指导，以提升三大业绩为中心，以做强做大做好为方向，在确保宝珠寺、紫兰坝两电站安全生产管理保持稳定的基础上，充分依托华电在川水电事业的发展，积极开拓外部委托运营和检修维护市场，该厂先后圆满完成了紫坪铺电站为期3年的运行维护任务；完成了紫坪铺电站3号机大修；新承担了杂谷脑红叶二级电站的委托运营重任以及紫兰坝电站3号机发电任务。

内部改革

2006年9月，根据集团公司部署，宝珠寺电厂作为华电集团薪酬制度改革试点单位，认真开展了薪酬改革工作，制订并实施《宝珠寺水力发电厂薪酬制度改革实施方案》及其配套办法。

党的建设、精神文明建设和企业文化建设

党的建设方面。认真开展“一帮一，一带二”党员责任区帮带活动和“为党旗增辉，为企业增效”活动，143名党员紧紧围绕企业中心任务，全面带领员工积极投身改革发展和扭亏增盈“攻坚战”。同时，坚持高标准、严要求，认真落实“党员先锋工程”，深入推进“党员示范岗”，广泛开展“党员身边无事故，党员身边无违纪”、“一个党员一面旗”等活动，取得了较好效果。

精神文明建设方面。开展了文明职工、文明家庭、文明班组、文明单位的文明系列创建活动，有力地促进了职工队伍建设。同时，通过开展“当好主力军，建功‘十一五’，和谐创一流”、“巾帼建功”、“为发展助力，为华电建功”等系列主题实践活动和举办乒乓球赛、羽毛球赛、冬季排球赛等“迎奥运”系列活动，增强了企业凝聚力和团体意识，也极大丰富了职工精神生活。

企业文化方面。加强形势教育，通过座谈会、大讨论、职工论坛等形式，帮助大家认清当前电力体制改革的形势和方向。同时，还通过开办企业文化专题网页，在厂刊上设立职工论坛，下发宣讲提纲，制作橱窗和拟定企业文化实施方案等“十个一”活动，增强了广大员工对企业的认同感、归属感和自豪感。

中国华电集团公司内江发电总厂

概况

中国华电集团公司内江发电总厂（简称内江总厂）是华电四川发电有限公司下属的内部核算电厂，成立于1993年7月，由原白马发电厂和内江电力修造厂合并组建而成，2002年国家电力体制改革后划归中国华电集团公司。内江总厂下设白马发电厂、高坝发电厂、内江华电电力工程有限公司和内江电力实业（集团）有限公司。主营火力发电业务，兼营火电机组检修、安装，发电机组辅助装置及配件制造、修理等业务。

内江总厂装机容量52万kW，分别为白马发电厂21号机组（22万kW）、22号机组（20万kW）、高坝发电厂11号机组（10万kW）。21、22号机组分别于1988年5月、1989年3月投产发电；高坝电厂11号机组锅炉设备从芬兰引进，是我国建设的第一座10万kW级循环流化床锅炉示范电站，于1996年9月投产发电。

截至2007年底，内江总厂下设厂长工作部、计划规划部、生产技术部、安全监察部、人力资源部、财务部、党委工作部、燃料管理部、纪监审计室、工会办公室等10个部室，共有员工2118人（含退养人员299人）。

领导班子

总厂厂长：罗平

党委书记：蒋光全

副厂长、总工程师：游宏

副厂长：钟华富、陈峰

党委副书记、纪委书记：雷大友

工会主席：赵志强

白马发电厂厂长：欧志全

高坝发电厂厂长：曾鸣

四川华电高坝发电有限公司总经理：罗平

四川华电高坝发电有限公司副总经理：游宏、曾鸣

内江华电电力工程有限公司总经理：陈峰

主要领导变动情况：

2006年9月，蒋光全任党委书记，张晓明不再任党委书记。

年度业绩

2006年，完成发电量25.98亿kW·h，比2005年减少1.27亿kW·h，完成华电四川公司年度发电计划的98%；综合供电煤耗382g/（kW·h），同比下降5g/(kW·h)。实现主营业务收入7.02亿元，比2005年增加1819万元；实现利润3721万元，比2005年增加3653万元。

2007年，受发电利用小时大幅下降及电煤供应紧张影响，完成发电量22.78亿kW·h，比2006年减少3.22亿kW·h；综合供电煤耗384.97g/(kW·h)（扣除21、22号机组脱硫装置影响后），比2006年上升2.97g/(kW·h)。实现销售收入6.67亿元，利润621.99万元，比2006年减少3098.98万元。

生产经营管理

2006~2007年，内江总厂狠抓安全生产、电煤供应、电力营销等工作，全面提升企业管理水平。

（1）切实抓好安全生产。坚持“安全第一，预防为主，综合治理”的方针，落实各级人员的安全生产责任制，建立安全生产长效机制。开展为期两年的安全生产基础知识培训，提高职工的安全生产素质。认真抓好安全性评价和整改，2006年以现状查评得分率82.7%通过了华电集团安全性评价复评。修订完善了《内江发电总厂安全生产奖惩规定》等六十多个安全生产规章制度，修订完善总体应急预案和17个专项预案并做好预案演练工作。加强安全监察，制订了《内江发电总厂违章人员待岗培训管理办法》等制度，进一步加强反违章工作。认真组织开展安全性评价自查评和春季安全大检查、秋季安全大检查及专项安全检查，积极开展安全生产隐患排查治理专项活动，消除安全隐患。加强设备检修管理和缺陷闭环管理，抓好技术监督，提高设备健康水平。坚持大安全观，确保多经企业安全生产和交通安全。开展安全文化大讨论，广泛征集安全警句，把征集的职工安全警句制作成标语悬挂在厂区，营造良好的安全文化氛围。截至2007年12月31日，实现连续安全生产2029天。

（2）抓好节能减排工作。内江总厂2006年被列为全国千家节能重点企业，与四川省政府签订了节能目标责任状，承诺在“十一五”期间实现节能量2.7万吨标准煤。内江总厂围绕节能目标，按年度分解节能目标总量，层层落实到车间、班组和个人，深入开展节能降耗工作。一是认真开展节能分析，明确节能重点，制定《提高机组经济运行水平设备整治计划》，实施了凝汽器铜管更换等、锅炉尾部烟道漏风治理等重点节能整治项目；二是加强机组经济运行管理，加强运行调整，努力优化运行方式，提高机组运行经济性；三是加强了非生产用电的清理和日常管理；四是设立了200万元小指标奖惩基金，提高了职工节能降耗的积极性。2006年10月31日，总投资约1.7亿元的21、22号机组脱硫工程通过168h试运行，同年12月22日通过四川省环保局组织的环保验收。2007年12月14日，完成烟气连续监控系统（CEMS）数据上传至四川省环保局。2006年6月全国人大常委会检查组、2007年1月国家环保总局西南督查中心检查组、2007年5月中华环保世纪行记者采访团均对总厂节能减排工作给予了充分肯定。

（3）抓好“三电”工作。内江总厂积极落实煤电价格联动政策、厂网分离电价和脱硫电价：2006年，21、22号机组电价由0.309元/(kW·h）调整为0.3639元/(kW·h)，11号机组电价由0.5932元/(kW·h）调整为0.608元/(kW·h)。同时加强负荷管理，优化负荷结构，提高峰谷电量比。2007年平均上网电价（不含税）比2006年增加18.31元/（MW·h）。

（4）加强燃料管理工作。内江总厂成立了燃料管理部和燃料管理监督小组，制订、完善《燃料管理工作规定》及燃料从业人员培训、轮岗、交流、廉政管理等23个燃料管理规章制度，设立了燃料管理专项奖惩基金，抓好人防和技防，强

化燃料入厂、入炉和煤场各环节标准化管理。2006年累计热值差同比下降895kJ/kg；2007年入炉煤热值同比上升924kJ/kg，白马发电厂热值差同比下降1006kJ/kg，高坝发电厂热值差同比下降1242kJ/kg。2007年，内江总厂荣获华电集团首届燃料技能比武大赛团体三等奖，荣获华电四川公司燃料技能比武大赛团体第一名。

（5）规范经营管理工作。内江总厂修订了《合同管理办法》等内部控制制度，抓好燃油、物资采购和外委工程招投标管理。认真开展内部审计和财务稽查。加大燃煤管理效能监察力度，开展了提高21号机真空严密性等专项效能监察工作。开展“依法经营、遵纪守法”主题实践活动，杜绝“四乱一小”，规范经营管理行为。

项目发展

大力推进白马超临界60万kW CFB试验电站项目的前期工作，2007年底基本结束可行性研究，并着手编制出版可行性研究报告。高坝秸秆发电项目前期工作稳步推进。

内部改革

按照华电四川公司的统一部署，内江华电电力工程有限公司于2006年12月6日正式挂牌成立，标志着检修体制改革迈出重要步伐。2006年12月底，完成了厂子弟学校移交工作。同时，采取定向招聘等配套措施，对多经、后勤单位富余人员进行分流培训，实现人力资源的优化配置。

党的建设、精神文明建设和企业文化建设

加强企业党建工作，建立保持共产党员先进性长效机制。深入开展社会主义荣辱观教育，开展“立足岗位做贡献，我为企业添光彩”等党内主题实践活动，充分发挥党组织的政治核心作用和党员的先锋模范作用。落实党风廉政建设责任制，认真开展治理商业贿赂和治理商业贿赂“回头看”工作，开展检企共建等廉政警示教育活动，构筑拒腐防变“防火墙”。加强思想政治工作，及时了解职工思想动态，保证职工队伍稳定。积极开展社会捐助、赠报扶贫、支援抗旱、送温暖等活动，提升企业形象。深入开展企业文化建设，大力宣传宣传“忠诚企业、爱岗敬业、追求卓越、奉献社会”的企业理念，不断培育“求实、严谨、奉献、创新”的企业精神，开展企业文化和规章制度培训，使企业精神、理念和发展战略更加深入人心。

四川华电黄桷庄发电有限公司

概况

四川华电黄桷庄发电有限公司（简称黄桷庄公司）成立于1995年3月22日，由四川省电力公司、四川省巴蜀电力开发公司和四川省电力股份有限公司分别按照6∶3∶1的股权比例出资组建。黄桷庄公司主营黄桷庄电厂2台20万kW发电机组的电力产品和销售。2002年底电力体制改革后，原四川省电力公司所持股份划归中国华电集团公司，黄桷庄电厂直接委托中国华电集团公司宜宾发电总厂管理。2006年11月，华电集团将其控股的黄桷庄公司股份划转至华电四川发电有限公司。

黄桷庄公司所属黄桷庄电厂位于四川省宜宾市西南9km处，规划容量为120万kW，一期工程2台20万kW机组是国家“八五”重点建设项目，分别于1994年1月20日和1994年10月28日投产发电。截至2007年底，公司在册员工为15人，下设总经理工作部、生产经营部、财务资产部等3个职能部门，主要负责公司的经营管理及日常工作。

领导班子

董事长：代先荣

副董事长：任勇

总经理：杨光华

年度业绩

2006年，完成发电量22.0429亿kW·h，实现利润3253万元，综合供电煤耗完成376.6g/(kW·h)，低于省内同类型机组平均水平6.8g/(kW·h)；综合厂用电率9.83%，低于省内同类型机组平均水平0.1个百分点；资产负债率70.88%，同比下降4.59%；净资产收益率10.52%；资本保值增值率110.15%；全年实现3个百日无事故记录，连续长周期安全纪录达908天。

2007年，完成发电量22.01亿kW·h，实现利润5255.25万元，综合供电煤耗完成378.47g/(kW·h)，低于省内同类型机组平均水平12.96g/(kW·h)；综合厂用电率10.15%，低于省内同类型机组平均水平1.49个百分点；资产负债率61.69%，同比下降9.28%；净资产收益率16.25%；资本保值增值率137.08%；全年实现3个百日无事故记录，连续长周期安全纪录达

1273 天。

生产经营管理

黄桷庄公司将所属的黄桷庄发电厂直接委托宜宾发电总厂代管。在这种特殊的管控模式下，黄桷庄公司通过深入调研，及时修订完善《黄桷庄电厂生产管理委托协议》，进一步明确双方的责、权、利，并通过增强协议的可操作性，强化对执行协议的监督、检查，使黄桷庄公司和代管电厂既明确分工、又齐抓共管，从而形成一个利益、责任有机统一的整体。

安全生产方面，突出安全生产基础地位，牢固树立“三个第一”的安全理念，始终坚持“安全第一、预防为主、综合治理”的方针，严格执行安全生产各项管理制度，认真落实各级安全生产责任制。以安全文明生产标准化管理为基础，以反违章、防人身伤害、降“非停”，实现环境达标排放为重点，深入开展各项安全大检查和隐患排查治理，切实抓好安全管理，夯实安全基础，不断提高公司安全管理水平，构建安全生产长效机制。

经营管理方面，把“三电”工作作为提升公司效益的重要保证，坚持“以电量为龙头、电价为支撑、电费为保障”的“三电”管理工作思路，积极争取最大限度的上网电量和合理的上网电价，不断加大电费回收力度，确保黄桷庄公司的经济效益。把“三煤”管理作为完成生产经营任务的基础，不断加强电煤采购、运输和协调，在监督保证煤质上下工夫，千方百计保证燃煤供应，努力降低购煤成本。在内部管理上，积极推进营运改善和对标管理，加强财务管理，突出全面预算管理的刚性，通过“精细化管理”手段，不断挖掘内部潜力，实现降本增效。

投资管理方面，积极适应市场经济的要求和公司生存与发展的需要，以25%的股比参与凉山木里河水电开发，以壮大公司实力，提高国有资产运营效率，寻求效益增长。截至2007年12月31日，黄桷庄公司累计完成发电量250.8亿kW·h，实现利税总额101520万元，并对木里河水电开发有限公司水电建设项目累计完成投资2425万元。

内部改革

坚持“以人为本”，不断加强员工队伍建设，修订完善公司年度绩效考评办法，以绩效目标完成情况来全面科学、客观评价公司的经营管理工作，实现了员工责任风险与实际利益的有机统一。

党的建设、精神文明建设和企业文化建设

以保持华电集团“优秀发电企业”等为目标，以社会主义核心价值体系建设为重点，以开展“争创学习型企业、争当学习型员工”为载体，不断加强员工队伍建设。围绕黄桷庄公司的生产经营管理工作，通过开展“四好”领导班子创建活动和“为发展助力、为华电建功”党内主题实践活动，并把党内活动与公司改革发展稳定紧密结合起来，充分发挥党员的先锋模范作用，加强民主管理，积极开展事务公开，营造和谐的舆论氛围和社会环境。

以人为本，大力加强精神文明建设，着力推进黄桷庄公司和谐文化建设和廉洁文化建设，充分调动干部员工的积极性和创造性。结合黄桷庄公司的实际情况制定活动实施方案，将企业文化建设融入公司管理，大力开展创建活动，把职工文体活动作为企业文化建设的重要阵地和载体，充分利用有限时间积极开展各项活动。通过举办“执行与执行力文化”专题报告会、读一本好书《企业·荣誉·责任》、提一条合理化建议、组织“春节联欢会”等系列活动，增强了员工队伍的凝聚力和认同感，也为黄桷庄公司做强做大做好提供了有力的文化支撑。

四川攀枝花三维发电有限责任公司

概况

四川攀枝花三维发电有限责任公司（简称三维公司）成立于2002年9月25日，由中国华电集团公司、攀枝花三维实业集团有限公司、四川启明星铝业有限责任公司、四川电力设计咨询有限责任公司和攀枝花市国有资产投资经营有限责任公司分别按照50%、28.1%、15%、4.3%、2.6%的股份共同出资建设。

三维公司装机规模为2台13.5万kW超高压循环流化床燃煤（矸石）发电机组，已分别于2005年4月29日和12月18日投入商业运行。截至2007年底，三维公司职工总数为923人，公司下设总经理工作部、政治工作部、人力资源部、财务资产部、生产技术部、安全监察部、营销计划部、物资供应部、武装保卫处、工会办公室、纪检监察审计办公室、多种产业部、发电部、检修部、离退休办公室、燃料分理处等16个部门。

领导班子

董事长：李巧模

董事：张维群、刑伟、杜静芝、胡尚诚、王方容、李剑、郑世奉、冯树永、李金念、钟小平

监事会召集人：冯荣

监事：陈先刚、李宇、李显东、贺熹坤

总经理：胡尚诚

副总经理：贺熹坤、高泽勇、王方容

总工程师：高泽勇

总会计师：李剑

年度业绩

2006年，完成发电量17.82亿kW·h；综合供电煤耗404.98g/(kW·h)；综合厂用电率10.45%；实现净利润726万元。

2007年，完成发电量13.08亿kW·h；综合供电煤耗399.84g/(kW·h)；综合厂用电率10.28%；受燃料成本大幅上升、国家银根紧缩以及节能调度政策等因素的影响，当年亏损2725万元。

生产经营管理

2006年3月16日，三维公司检修人员在处理2号湿式卸灰机故障时，由于无票作业和未按规定程序进行检修设备的试投工作，导致1名工作人员被双轴搅拌机挤压致死。人身死亡事故发生后，三维公司全面开展了安全生产大整顿，全面整治安全工作中存在的问题，至2006年底，三维公司安全生产形势得到根本性好转。2007年，以深入开展"对标管理年"活动为契机，实现了安全文明标准化管理达标，截至2007年12月31日，实现连续安全生产655天。

同时，三维公司以设备治理为重点，实施设备治理攻坚，有效提高了设备运行的可靠性。全面加强生产系统管理，提高机组运行的经济性。深入开展营运改善，电力营销，切实搞好对标管理。公司充分认识到环保工作的重要性和紧迫性，加大环保治理投入力度，2007年6月，国家环保总局正式发文同意四川攀枝花发电公司"以大代小"煤矸石发电技术改造工程通过环保竣工验收。同时，公司还以突破燃料供应和管理被动局面为重点，推进燃料精细化管理，切实加强燃料管理工作，有效控制了燃料成本。

党的建设、精神文明建设和企业文化建设

认真开展党内主题实践活动，扎实开展"创先争优"、"星旗联创"活动，同时大力加强精神文明建设、思想政治工作和企业文化建设工作，初步形成了"三创图强"（创业、创新、创效、图强）公司企业文化体系。同时，公司以开展治理商业贿赂专项工作为契机，大力开展"依法经营、遵纪守法"活动，促进各级人员廉洁自律。有力加强两级班子建设和公司党员领导干部作风建设，不断改进思想政治工作，扎实开展形势任务教育，先后开展了以"八荣八耻"为主要内容的社会主义荣辱观教育以及"社会公德、职业道德、家庭美德"教育，并结合攀枝花市"双创"工作，开展了"讲文明、除陋习"宣传教育活动，收到了较好效果。

四川华电宜宾发电有限责任公司

概况

四川华电宜宾发电有限责任公司（简称宜宾公司）前身为宜宾发电厂，始建于1939年，初期为一台英国制造的次中压6000kW机组。1957年，扩建2台中温中压国产6000kW机组。1992年5月，宜宾发电厂3台6000kW机组按原电力部要求报废退役。1993年经恢复性大修后从事多种经营发电，直到1999年6月奉命关停。为解决宜宾发电厂职工出路问题以及充分利用宜宾电厂的土地及人力资源，原四川省电力工业局决定对宜宾发电厂进行"以大代小"技术改造，2001年2月5日，宜宾公司作为宜宾发电厂技术改造项目业主正式注册成立。四川省电力公司、宜宾市投资有限公司、东方锅炉（集团）股份有限公司三方股东分别出资80%、10%、10%。2003年初，宜宾公司划归中国华电集团公司；2006年6月1日起，中国华电集团公司将所属股权整体划转至华电四川发电有限公司。

截至2007年底，宜宾公司装机规模25万kW，为1台10万kW和1台15万kW循环流化床机组。公司设总经理工作部、政治工作部、纪监审办公室、安全监察部、生产技术部、计划经营部、人力资源部、财务部、物资部、发电车间、燃料管理部、维护车间、物业公司等13个部门，职工282人。

领导班子

总经理：杨华刚

党委书记：余德友

副总经理、工会主席、纪委书记：姚继华

副总经理：潘健

主要领导变动情况：

2007 年 1 月 10 日，总经理张让广调离，杨华刚任公司总经理。

年度业绩

2006 年，完成发电量 12.9228 亿 kW·h，同比增加 7.2196 亿 kW·h；销售收入 32497.36 万元，同比增加 17441.25 万元；利润总额 1206.09 万元，同比增加 110.28 万元；综合供电煤耗 407.95g/(kW·h)，同比降低 8.42g/(kW·h)；综合厂用电率 11.47%，同比降低 0.43 个百分点；全年没有发生人身、设备事故，年底安全生产长周期记录为 1081 天。

2007 年，完成发电量 13.2687 亿 kW·h，同比增加 0.3459 亿 kW·h；销售收入 34964.82 万元，其中发电收入 34217.45 万元，同比增加 1720.09 万元，供热收入 747.37 万元，同比净增 747.37 万元；实现利润总额 6.12 万元；综合供电煤耗 402.84g/(kW·h)，同比降低 5.11g/(kW·h)；综合厂用电率 10.8%，同比降低 0.67 个百分点；全年没有发生人身、设备事故，年底安全生产长周期记录为 1446 天。

生产经营管理

认真贯彻落实安全生产责任制，夯实安全管理基础，积极开展防止“四管爆漏”攻关，努力提高设备健康水平，有计划地开展设备整治工作，两年来“四管”爆漏造成“非停”均控制在目标值以内，大大提高了设备健康水平，于 2006 年 10 月 11 日实现公司第一个安全生产 1000 天，并通过华电集团安评复评检查。

努力保证电煤供应，切实加强燃料管理，不断创新燃料管理机制，从管理体制上实现了监督职能和管理职能的分离，有效地防止了燃煤管理中的违纪违规行为，两年来累计扣吨约 8000t，索赔金额 3000 多万元；努力搞好电力营销，积极开展大用户值供电，两年内共计售电 4.8 亿 kW·h，为公司增加创收 1.3 亿元人民币，积极落实了新机环保电价，使公司 12 号机组进入商业运营起即执行环保电价加价 0.015 元/(kW·h)，并取得四川经委的理解和支持，追加 2006 年 12 号机组计划电量 4560 万 kW·h，增加收入 377 万元；实施了 12 号机组供热改造，并通过国家发展改革委核准为热电联产机组，使公司 12 号机在节能调度下排序大大靠前，改善了公司生存发展环境。

坚持以人为本，不断加强企业管理，先后制定《四川华电宜宾发电有限责任公司实现年度发电目标奖惩办法》、《四川华电宜宾发电有限责任公司关于进一步加强燃料管理奖惩办法》、《四川华电宜宾发电有限责任公司对入厂煤掺假使假行为的处理办法》、《四川华电宜宾发电有限责任公司“三电”管理考核办法》、《四川华电宜宾发电有限责任公司防四管爆漏奖惩办法》、《四川华电宜宾发电有限责任公司绩效管理办法》、《四川华电宜宾发电有限责任公司安全风险保证金制度》等多项办法，较好地促进了公司管理的科学化和规范化。

内部改革

积极引进竞争激励机制，全面深化人事、用工和分配三项制度改革，全面推行岗位聘（任）用制，实行公开竞聘、择优聘用、竞争上岗、双向选择、按岗聘用。根据 2006 年《四川华电宜宾发电有限责任公司绩效考核办法》试行的情况，2007 年对《四川华电宜宾发电有限责任公司绩效管理办法》进行了修改和完善，并制定了《四川华电宜宾发电有限责任公司月度绩效奖金考核管理实施办法（试行）》。

党的建设、精神文明建设和企业文化建设

宜宾公司党委围绕公司安全生产和经营发展中心工作，认真执行落实保持共产党员先进性的长效机制，切实加强领导班子建设，努力创建“四好班子”。进一步规范党群工作程序和强化制度建设，建立和巩固了党员学习培训制度、流动党员教育制度、民主评议党员制度、领导接待日制度等 12 项制度，先后规范了支部书记例会、政工例会、“三会一课”、工作台账等方面的工作流程，确保了各项工作的有序开展。同时，精心培育党建品牌活动，坚持开展“党员示范岗”以及“党员先锋工程”等主题实践活动，以此带动和深化作风建设。

同时，进一步加强精神文明建设，全力构建企业文化体系，坚持“两手抓，两手都要硬”的方针，将精神文明建设和企业文化建设纳入企业发展的总体目标，制定了精神文明建设和企业文化建设五年规划和年度计划，大力开展企业文化宣贯活动，积极组织文明建设公益活动，开展了爱心编织活动，慰问孤残儿童、“爱心接力”志愿者活动，以及定期慰问社区孤寡老人等活动，公司精神文明、企业文化建设得到稳步推进。

四川华电杂谷脑水电开发有限责任公司

概况

四川华电杂谷脑水电开发有限责任公司（简称杂谷脑公司）成立于2000年6月28日，原名四川杂谷脑水电开发有限责任公司，是原国家电力公司直属的“五大一小”水电流域开发公司之一，主要负责开发建设位于四川省阿坝州境内的杂谷脑河流域各梯级电站，并适时开发其他河流，也进行其他新型清洁能源的投资与开发。2002年12月，随着国家电力体制改革的实施，公司股东变更为中国华电集团公司、阿坝州国有资产运营公司、中国水电顾问集团成都勘测设计研究院、安蓉建设总公司（分别持股49%、30%、11%、10%）。2007年4月，杂谷脑公司移交中国华电集团公司四川公司管理。

截至2007年底，杂谷脑公司已经建成红叶二级电厂（9万kW）、薛城电站（13.8万kW），另有狮子坪电站（19.5万kW）、古城电站（18万kW）在建，成为四川境内具有一定实力的水电流域公司。公司现有员工153人，下设总经理工作部、人力资源部、财务资产部、计划合同部、生产部、工程管理部、市场营销部、物资部、安全监察部、监察审计部、政治工作部共11个部门。

领导班子

董事长：王宁

党委书记、总经理：朱荣华

副总经理：徐祝山、陈清文、牟遗忠、吴昌辉

年度业绩

2006年，杂谷脑公司完成发电量3.960亿kW·h，实现利润总额2477.00万元，净利润2014万元。2007年完成发电量3.579亿kW·h，主营业务收入7134.83万元，实现利润1333.70万元。2006~2007年，公司均实现安全零事故。

生产经营管理

积极按照“有意、有心、有为”的安全理念，认真开展安全生产管理、监督工作。坚持预防为主的方针，严格对照华电集团和华电四川公司各项安全工作规定的要求，分析现状、查找问题，切实做到安全目标明确、安全任务清晰、安全责任到位。建立健全了公司安全管理制度和安全管理网络，着力加强安全教育、宣传、培训工作，努力提高全员安全意识，公司的安全施工、安全生产水平不断提高、安全形势日趋稳定。截至2007年底，红叶二级电厂已连续安全生产实现1895天。机组启动113次，启动成功率100%。狮子坪电站、薛城电站、古城电站建设进展顺利，未发生人身伤亡事故和重大交通安全事故。

同时，公司克服了杂谷脑河来水偏枯、薛城电站Ⅱ接入系统220千伏线路停电、汛期线路负荷过载等因素对电力生产带来的不利影响，着眼电量、电价、电费回收“三电”环节，充分利用各种有利条件，深入开展电力生产营销工作，一是与四川省经委、四川省电力公司等相关职能部门积极沟通协调，大力争取计划内电量；二是精心调度，精心运行，发电量保持了高水平；三是狠抓电费回收工作。2006~2007年，全年应回收电费营销口径回收率均达100%，为圆满完成年利润目标奠定了坚实的基础。

项目发展

在“做稳、做强、做大”发展理念的指引下，杂谷脑公司通过积极争取，大力协调，与阿坝州、甘孜州地方政府建立并保持了良好的合作关系，为各项目的落实创造了良好的外部环境，项目前期工作取得进展。俄日河流域、浦西电站、若尔盖风电场等电源点约80万kW装机容量开发权的落实工作正积极推进。

改革发展

杂谷脑公司积极推进公司人力资源改革，结合新《劳动合同法》的实施，建立并不断完善公司绩效考核制度，进一步深化劳动、人事、工资制度改革。公司人力资源进一步优化，人力资源管理进一步规范。

党的建设、精神文明建设和企业文化建设

高度重视党建工作，坚持加强党的学习，坚持全员学习和中心组学习相结合，努力提高党员干部党性修养和防腐拒变能力。公司经营班子坚持每月开展专题学习会，及时、认真学习党的有关政策和华电集团党组、四川公司党组有关文件

精神，并认真贯彻落实；深入开展党风廉政建设，围绕“用权、用钱、用人”三个关键环节，加强源头治理。制定了《公司廉洁从业细则》、《公司领导任期经济责任审计实施细则》等相关制度，将党风廉政建设责任制落实到人头，广大党员干部廉洁从业意识明显增强。

通过大力开展“四好”班子创建活动和文明单位创建活动，不断加强公司本部作风建设，着力推进三个文明建设，坚持“两手抓、两手硬”。初步形成了“融合，共创，同享”的企业核心价值体系以及“以和为贵，以事为先”的企业精神，编制完成了杂谷脑公司《企业文化手册》，公司员工的向心力和凝聚力得到了进一步加强。

中国华电集团公司宜宾发电总厂

概况

中国华电集团公司宜宾发电总厂（简称宜宾总厂）位于四川省宜宾市西南方9km处的金沙江畔，装机容量为60万kW，拥有固定资产近18亿元，为四川电网主力电厂之一。

宜宾总厂成立于1993年1月，由原宜宾发电厂、豆坝发电厂和当时建设中的黄桷庄发电厂（国家“八五”重点工程）组建而成，是四川电力系统首家成立的区域性火力发电总厂。1995年4月，黄桷庄发电厂改制为黄桷庄发电有限公司，成立独立法人。控股方四川省电力公司授权宜宾发电总厂为代管单位，具体负责黄桷庄电厂的生产运行及维护管理工作。2002年12月，根据宜宾发电厂实际情况，四川省电力公司决定（川电人资［2002］173号文件），自2002年12月1日始，宜宾发电厂和宜宾发电总厂脱离管理关系。2003年2月21日，宜宾总厂加入“华电”大家庭，成为中国华电集团公司的内部核算单位。

宜宾总厂所属豆坝电厂位于宜宾县安边镇豆坝村金沙江畔，距宜宾市城西23km，现装机容量2台10万kW机组。黄桷庄电厂位于宜宾市西南方9km，现装机容量为2台20万kW机组，是国家“八五”重点工程。截至2007年底，宜宾总厂下设厂长工作部、生产技术部、安全质量监察部、人力资源部（教育培训中心）、财务部、计划规划部、技改部、燃料部、党委工作部（新闻宣传中心）、工会办、监察审计部，同时下辖豆坝发电厂、黄桷庄发电厂、宜宾华电电力工程公司、宜宾旭能实业集团有限公司和宜宾福园社区服务有限责任公司，职工总数为1803人。

领导班子

总厂厂长：张让广

总厂党委书记：向友成

总厂副厂长：谷峰、刘白天、严金平、何守光

黄桷庄电厂厂长：方万兴

主要领导变动情况：

2006年12月31日，党委书记、厂长潘仁和调离，张让广接任总厂厂长，向友成接任总厂党委书记。

年度业绩

2006年，完成发电量38.2795亿kW·h，实现利润4510万元，全面完成年初确定的经营目标。完成厂用电率10.88%、综合供电煤耗429.49（kW·h）。

2007年，完成发电量35.6128亿kW·h，实现利润1607万元，完成厂用电率10.88%、综合供电煤耗429.49（kW·h）。

生产经营管理

狠抓安全生产管理，建立安全生产长效机制。宜宾总厂坚持把安全生产作为总厂各项工作的重中之重来抓，实现安全生产工作的制度化、标准化、法制化管理。加强设备的检修和维护工作，做到制度完善、措施得力、管理有序，使人、设备、环境、管理始终处于可控、在控的状态。强化安全生产的过程管理，用管理保安全，加大全厂性反违章的力度，坚持开展每月一主题的安全活动，扎实开展安全性评价后项目的整改工作，加强大修技措项目的管理和脱硫改造重点项目的安全管理，开展各种安全专项监察和技术监督工作。通过严格管理，形成“全厂控制事故、部门控制障碍、班组控制异常、个人控制违章”的四级控制格局，确保安全部署的层层贯彻、安全信息的层层传递、安全措施的高效执行。截至2007年12月31日，全厂无事故安全纪录891天。

精细管理降本增效，全面完成经营指标。一是提高设备健康水平，降低非停；二是解决好设备漏和堵的问题，提高经济指标；三是树立全员成本意识，开展适应现场实际的各项劳动竞赛，进一步优化运行参数，同时结合现场实际情况，

科学、合理安排，优化运行方式，确保经济运行；四是提高消缺质量，控制消缺时间，争取尽可能多发电；五是开展好修旧利废，坚持做到“应修必修、修必修好”；六是加强与外部调度系统的协调和联系，积极争取发电计划，利用一切机会争取机组多带优价负荷；七是加强内部管理，提高设备健康状况，抓好检修消缺质量，合理安排机组减负荷消缺时段，压缩工期，尽量减少因消缺造成的电量损失，为确保发电任务的完成，做到了“度电必争”；八是加强对标管理，提高设备的经济运行能力；九是加强电力市场营销工作，抓好电费结算管理；十是加强燃煤质量的管理，通过全方位实行岗位重组，加强管理人员力量，严格煤质监督，堵塞管理漏洞，重奖重罚，以效能监察促进燃煤管理，进一步明确了责、权、利，确保了宜宾总厂各项指标的圆满完成。

内部改革

为了进一步加快与外部市场接轨，宜宾总厂对检修工程公司资产进行整合，成立宜宾华电电力工程公司，并率先建立“效率优先、兼顾公平”的分配机制。同时积极探索、实践“经营战略由内向外”转移，不断优化内部管理和运作模式，大力发展水电、煤炭等产业，确保甘洛水电站取得初步效益，格闹河等水电项目前期工作进展顺利。

党的建设、精神文明建设和企业文化建设

宜宾总厂坚持以经济工作为中心，在生产经营活动中积极探索企业党建工作新途径：一是以创建“四好”领导班子为契机，强化“五种意识”，增强班子合力；二是夯实党建基础，健全党建管理体系，狠抓党风廉政建设，全方位构建惩防体系；三是深入开展“评模选优”活动，巩固党员先进性教育活动成果，发挥党员的先锋模范作用；四是切实抓好党建带工建、党建带团建工作，充分发挥群团组织的主力军作用；五是开展丰富多彩的文体活动，重点协助四川公司，完成华电集团在总厂举办的“迎奥运、展风采”羽毛球比赛。

同时，大力加强精神文明建设和企业文化建设，创建“三位一体”的学习型企业。宜宾总厂以培育企业共同价值观为核心，致力于企业文化理论和实践的探索，以大文化和大管理的视觉，从文化的多元性和管理的多样性中寻找融合点，全方位构筑经济文化一体化的企业文化，把文化的传播、引导、启迪、教育功能注入企业管理中。同时，把管理的一般原则和方法引入企业文化建设中，使其系统化、规范化、科学化，从而初步走出了一条文化兴企之路，形成了个人愿景、家庭愿景、团队愿景、企业愿景“四愿合一”协调发展，共享劳动成果、共享工作快乐、共享集体荣誉、共享美好生活的多元立体文化。

四川华电磨房沟发电厂

概况

四川华电磨房沟发电厂（简称磨房沟发电厂）始建于1964年，是雅砻江流域水电资源开发的第一座水电站，装机3.75万kW，1973年建厂至今，已累计发电40多亿kW·h，创产值3亿多元，为攀西地区工农业生产及西昌卫星发射基地安全供电做出了突出贡献，被誉为“凉山明珠”。

2007年底，磨房沟发电厂下设厂长办公室、生技处、安监处、劳人处、财务处、营销处、纪检监察审计处、党委工作部、工会、政策法规处、公安处、行政处、退管处等14个部门和运行生产分场、电力工程及多种经营两个公司，企业在册职工263人。

领导班子

厂长：栗兴国

厂党委副书记、纪委书记兼工会主席：杨建华

副厂长：邱宁

年度业绩

2006年，实现连续安全生产2669天，全年共完成发电量1431.6万kW·h，全年完成利润总额1186.33万元。

2007年，没有发生设备事故、重大火灾、电厂垮坝和恶性误操作事故，再次实现了“零非停”，全厂实现安全生产3034天，全年共实现利润总额1122.07万元。

生产经营管理

认真贯彻执行集团公司的各项战略部署，努力克服发电来水因受锦屏电站施工影响依然处于完全断流状态的不利局面，扎实开展安全生产标准化管理，全面落实安全生产责任制，修订完善安全管理制度和事故应急预案，积极采取反事故

措施和安全技术劳动保护措施，使企业安全生产基础不断夯实，安全管理水平不断提高，连续实现“零非停”，为企业又好又快发展奠定了基础；在来水断流、无发电收入的困难情况下，磨房沟电厂以“管理年”为契机，努力突出降本增效，并严格预算，控制成本，有计划、有步骤地部署开展各项管理工作，生产经营的突出问题和薄弱环节逐步得到解决，企业经济效益、安全形势、发展等呈现良好的局面。

内部改革

积极稳妥推进内部体制改革，编制《磨房沟发电厂检修管理体制改革方案》，在对检修资产进行了清理的同时，及时成立了西昌华电电力工程公司筹备组，并坚持以人为本，积极拓宽分流安置渠道，确保了2007年1月1日西昌华电电力工程公司正式运作。在检修管理体制改革的过程中，电厂始终围绕“抓管理、保安全、促发展、谋效益”这一思路，电力工程公司正式成立后，成功申办到“水利水电机电设备安装专业承包三级”资质，取得“企业安全生产许可证”等证书，成为华电四川公司五家检修公司中首先取得企业资质证书的公司，在公司成立的第一年以开拓外部市场作为工作重点，对外工程创收18.2万元，实现了开门红。

党的建设、精神文明建设和企业文化建设

围绕企业生产经营，以稳定、和谐为重点，加强思想政治工作，推动企业精神文明建设。在建设具有本企业特色的企业文化方面下工夫，制定《企业文化建设发展规划》，印发《四川华电磨房沟发电厂企业文化理念体系》、《企业文化员工手册》，提出企业使命、企业愿景、企业精神、企业形象以及企业经营、管理、发展、人才、创新、廉政理念，并进行了诠释。认真开展企业文化“宣贯年”活动，使企业文化理念深入人心。以开展“党章学习月”、治理商业贿赂、“为358作贡献、为党旗添光彩”、“五五”普法、加强荣辱观教育等工作为切入点加强思想政治工作，推动企业精神文明建设。认真抓好领导班子建设和干部队伍建设，不断强化领导班子和领导干部的思想、组织、作风建设，认真抓好党员、干部思想政治理论教育，组织干部职工认真坚持学习，不断提升思想道德素质和职业道德水平，把思想政治工作做深做细，通过教育，职工对企业生产经营形势有了正确的理解，对企业未来充满了信心；积极组织职工参加华电四川公司系统的文体赛事，均取得较好成绩。2007年10月，成功承办了华电四川公司政研会第七次研讨会和“心系华电，共建和谐”首届职工文艺演出，电厂排演的三个节目获得好评，舞蹈《火颂》被选为华电集团五周年庆典文艺晚会演出节目。

主要经营管理经验

一是坚持全方位“大安全观”，夯实安全基础，精心维护，提高设备可靠性，狠抓安全不放松，两年来安全生产形势稳定，没有发生设备事故、重大火灾、电厂垮坝和恶性误操作事故，连续实现了“零非停”。

二是以管理年为契机，精心部署抓管理，深入开展营运改善，切实搞好对标管理，强化审计，依法治企，进一步规范经营，防范风险，加强制度建设，企业管理水平的提升成效显著；始终坚持以效益为中心，把效益作为企业生产、经营、发展中抓管理、做决策的最重要标准，把提高经济效益作为各项工作的基本目的，以效益为中心，外争索赔，内控成本，确保了企业利润目标的顺利实现。

三是抓培训，求发展。两年来，磨房沟电厂根据未来发展战略以及职工现状，有针对性地开展了多种教育培训工作，努力提高员工专业技能、思想道德素质和职业道德水平，为华电在川水电发展做好人才储备；始终以做强做大华电事业为己任，把发展作为企业的第一工作来抓，结合地域优势，按华电四川公司要求和部署，积极在凉山州及周边地市寻找新的水电开发项目，抓住机遇，发展壮大电力工程公司和多经产业。

四是以稳定、和谐为重点，加强企业精神文明建设，加强思想政治工作，抓好职工思想教育，在发电来水因锦屏电站施工完全断流后做到“人心不乱、队伍不散”，确保了队伍稳定。

四川华电攀枝花发电公司

概况

四川华电攀枝花发电公司（简称攀枝花公司）成立于1999年3月28日，由原攀枝花电厂、新庄电厂、河门口电厂合并而成。2002年底电力体制改革后，公司划归中国华电集团公司。2003年，更名为四川华电攀枝花发电公司，2004年11月划入华电四川发电有限公司管理。

按照国家有关政策规定，1999～2007年，攀枝花公司先后共关停了小火电机组336MW，已无在役运行机组。截至2007年底，公司下设总经部、政工部、人资部、财务部、纪检审计部、营销部、多经产业部、安全生产部、发电运行部、工会办公室、武装保卫处等11个部室，职工人数为856人，其中在岗职工361人，内部退养483人，协议离岗12人。

领导班子

总经理：胡尚诚

党委书记：李显东

副总经理：贺熹坤

副总经理、总工程师：高泽勇

副总经理：王方容

纪委书记、工会主席：郑世奉

总会计师：李剑

年度业绩

2006年，完成发电量12.25亿kW·h，综合厂用电率10.79%，同比上升0.53个百分点；设备平均利用小时数6123h；综合供电煤耗443.96g/(kW·h)，全年平均入厂与入炉煤热值差为1.208MJ/kg；实现利润－620万元。

2007年，完成发电量4.6941亿kW·h，综合厂用电率完成10.49%，综合供电煤耗完成441.65g/(kW·h)，全年入厂入炉煤热值差完成0.618MJ/kg，电费收入为1.6亿元，实现利润－953.64万元（含未结算的置换电量）。

生产经营管理

2006年，攀枝花公司发生了“3·16”人身死亡事故。针对安全生产严重被动的局面，公司以贯彻落实集团公司安评和四川公司安全文明标准化管理为基础，以安全生产大整顿为主线，全面开展安全生产大整顿，全面整治安全工作中存在的问题。至2006年底，公司安全生产形势得到根本好转。

2007年，通过开展“对标管理年”活动，实现了安全文明标准化管理达标，为公司完成各项任务提供了保障。围绕安全生产，认真贯彻落实各项规章制度，严格安全生产目标管理，营造“以人为本，关爱生命、关注安全”的良好安全氛围。同时以设备治理为重点，实施设备治理攻坚，有效提高设备运行的可靠性：由生技部牵头，成立各专业及专题性的技术攻关小组，对机组存在的影响安全、负荷和经济性的缺陷进行全面清理和改造。同时严格执行《设备缺陷封闭管理制度》等规定，加强设备巡检，强化技术监督，提高了设备稳定性。

攀枝花公司根据机组实际运行方式，强化监盘、维护管理，积极摸索主、辅机经济运行方式，逐步解决了老机组在循环水、冷却水、除盐水和输灰系统等公用系统上存在的问题。同时，以燃料管理为重点，推进燃料精细化管理。从组织燃料入厂到燃料入炉的各个环节，都严格按照公司的规章制度办事，切实管理监督到位，在保证燃煤数量的前提下，适时进行价格调整，有效控制燃料成本。

按照华电四川公司“管理年活动”要求，积极开展对标管理、节能评价，制定了《四川华电攀枝花发电公司、攀枝花三维发电有限责任公司公司生产经营指标对标实施方案（试行）》，制定完善了《主要生产技术经济指标考核奖励办法》。通过对标管理，公司各项生产经营指标都得到改善，各项能耗指标均有下降。同时积极加强与电网公司的沟通协调，力争多发电量。通过对大小修、技措计划、项目进行管理，严格控制审批费用，2007年，攀枝花公司节约费用443万元。

内部改革

按照《华电四川发电有限公司检修管理体制改革总体方案》的要求，成立了检修管理体制改革工作领导小组，制定了公司检修管理体制改革实施的具体方案。2006年10月12日，组建了攀枝花华电电力工程有限公司。

项目发展

2007年8月18日，国家发展改革委正式批复攀枝花公司2×30万kW煤矸石发电厂项目，建设时序2009年，规模为1台30万kW机组。2007年9月，国家发展改革委明确项目前期工作暂按2×300MW进行。公司据此展开前期工作，初可研报告已通过中国国际工程咨询公司专家组评审。

党的建设、精神文明建设和企业文化建设

以保持共产党员先进性教育活动为载体，全面加强精神文明建设、思想政治工作和企业文化建设工作，开展了以“八荣八耻”为主要内容的社会主义荣辱观教育。在访谈和问卷调查的基础上，初步形成了《公司企业文化建设分析报告》，和“三创图强”（创业、创新、创效、图强）公司企业文化体系。

以开展治理商业贿赂专项工作为契机，大力开展“依法经营、遵纪守法”活动，促进各级人员廉洁自律。公司各部门围绕“工程建设和招投标、燃料和设备物资采购、关联交易”等三个方面的重点内容和12项具体要求，认真开展了自查自纠，共受理各类信访举报15件次，完成审计项目5个，各类合同签证审计252份，提出审计意见27条，查出损失浪费36.5万元。同时，继续发挥职代会作用，加大厂务公开力度，努力营造和谐的企业氛围。2006年，公司获得了攀枝花市“厂务公开工作先进单位”的荣誉。2007年，又获得四川省“创建和谐劳动关系先进单位”称号。

其他重大事项

（1）运行机组全部关停。2007年3月15日，攀枝花公司新庄站2台5万kW机组和河门口站1台5万kW机组关停。2007年12月31日，攀枝花公司最后1台5万kW机组关停。至此，攀枝花公司所属机组全部关停。

（2）2006年1月，根据华电集团分离企业办社会职能精神，完成厂子弟学校移交地方教育行政管理部门。

（3）根据华电集团和华电四川公司统一部署，2007年7~9月，组织完成公司人员在系统内的跨区域分流配置工作。

四川华电五通桥发电厂

概况

四川华电五通桥发电厂（简称五通桥电厂）位于四川省乐山市五通桥区，其前身为1970年1月由“5501生产筹建处”（内厂）与“岷江电厂金粟桥发电所”（外厂）合并组建的五通桥发电厂，总装机为11.2万kW。2003年5月，五通桥发电厂更名为四川华电五通桥发电厂，2004年12月划归华电四川发电有限公司。2007年11月更名为四川华电五通桥发电厂。

全厂分为外厂和内厂两部分。

外厂前身为岷江电厂，始建于1938年。1966年，建设1.2万kW蒸汽—燃气联合循环试验电站，并于1977年成功试运行，填补了我国蒸汽—燃气联合循环发电技术的空白，获得1978年全国科学大会奖和四川省重大科技成果奖。1989年，由四川省电力工业局与乐山地方政府各集资650万元，对外厂试验电站实施了“气改煤”技术改造，建成了四川省第一家股份制电力企业——乐山市金粟电厂。

内厂为燃气洞内电厂，始建于1966年，系“三线建设”项目，规划装机4台5万kW机组，实际建成2台5万kW燃气机组。1992年11月，经国家经贸委批准，对两台5万kW机组进行“气改煤”技术改造。四川蜀润电力开发有限公司投资在洞外新建两台220t/h燃煤锅炉，租赁五通桥发电厂汽轮发电机组，送蒸汽进洞发电。两台机组分别于1996年7月和1997年2月完成技改发电。

按照国家有关政策，五通桥电厂2台5万kW机组于2006年底正式关停。截至2007年底，五通桥电厂下设综合部和离退休管理办公室，有职工268人，其中在岗职工18人，内部退养218人，协议离岗32人。

领导班子

厂长：谢斌

党委书记：肖活力

纪委书记、工会主席：熊献伟

副厂长：周智勇、李少虎

年度业绩

2006年实现利润－2024万元，比上年少亏损130万元。2007年实现利润－1729万元，比上年少亏损295万元。

生产经营管理

五通桥电厂关停以后，承包经营的乐山市金粟电厂成为职工赖以生存的重要基础和工作的主要平台。厂领导班子高度重视安全生产和经营管理工作，努力克服机组设备健康状况差、燃料采购成本高、职工队伍因即将分流而带来的思想不稳定等困难，强化安全管理、严控生产成本，确保金粟电厂2006年度完成发电量8683万kW·h，上网电量7385万kW·h，实现销售收入2726.89万元；至2007年8月底职工分流前，完成发电量5677万kW·h，实现销售收入1903.23万元。两年均实现了减亏任务，保证了职工工资的按时足额发放和职工各项保险费用的按时足额缴纳，为保持职工队伍稳定奠定了基础。

同时，积极拓展对外劳务市场，努力增加职工收入。根据机组关停、人员富余的实际，加大对外创市场工作的力度，先后承揽了重庆开县渝能电厂2台5万kW机组运行工作，宜宾发电有限公司、犍为大利电力公司、乐山瑞松纸业自备电厂等单位的机组检修工作。通过对外承揽运行、检修工作，增加了企业和职工的收入，转变了职工思想，提高了职工的市场意识和竞争意识。

同时大力开展“火转水”培训。在华电四川公司的关心指导下，2006年下半年，该厂以在厂办班、聘请四川电力职业技术学院教师授课的方式对符合条件的82名职工进行了“火转水”理论培训，经考试有81名学员理论培训合格。2007年上半年，这些职工分批派往宝珠寺水力发电厂和杂谷脑水电站进行了现场实习培训，为下一步人员配置做了技能准备。

内部改革

2007年，制定并实施了《四川华电五通桥发电厂关停小火电机组人员配置实施方案》及相关配套政策，到10月底人员配置工作结束，全厂有294名职工被安置到华电系统11个新建项目单位，13名职工被选聘到留守处，47名职工离岗退养、30名职工协议离岗，基本达到了职工满意、选聘单位满意、上级满意、地方政府满意的结果。

党的建设、精神文明建设和企业文化建设

五通桥电厂领导班子十分重视企业党建和精神文明建设，在机组关停、人员分流配置工作完成后，及时对党支部进行了整合，保留了离退休党支部，组建了综合党支部，并完成了党支部换届选举。根据离退休职工居住的实际情况，在离退休职工居住相对集中的地区建立党小组和职工兴趣活动小组，按统一计划组织开展活动，长期坚持对员工进行日常行为规范教育，扎实开展保持共产党员先进性教育和“创先争优”、“检企合作预防职务犯罪”等活动，企业领导人员严格遵守党风廉政规定，2006~2007年，厂级领导和中层干部未发生任何违法违纪行为，企业党风廉政建设经华电四川公司考核，综合评价为“优秀”。

四川华电西溪河水电开发有限公司

概况

四川华电西溪河水电开发有限公司（简称西溪河公司）于2003年11月27日在西昌市注册成立，由华电四川发电有限公司控股、四川西昌电力股份有限公司参股共同出资组建。

西溪河为金沙江下游左岸一级支流，穿越昭觉、布拖、金阳三县，流域面积2902km^2，河道全长174km，落差2773m。干流规划为二库五级，总装机容量47.3万kW，年发电量22亿kW·h，通过四川省网供电。电站实行同步启动分步实施的开发方案，首期开发第三级联补电站（2台6.5万kW）、第二级洛古电站（2台5.5万kW）和第四级地洛电站（2台5万kW），近期开发第五级青松电站（2台5万kW），远期开发第一级库依电站（3.3万kW）。

截至2007年底，西溪河公司共有职工187人。其中，华电员工115人，外聘员工72人。全部职工中基建人员66人，生产人员67人，社会通用工种人员54人。

领导班子

董事长：杨清廷

副董事长：谢飞、胡贵良

董事：冯荣、李九成、罗俊、罗诚、林军、栗兴国

监事：兰翔、鞠晓玲、杜静芝、史志卫、李邦志

总经理、党委书记：李九成

副总经理：栗兴国、杨克燕、吴福全、陈忠勇、杨斌、汪良

机构设置

西溪河公司下设总经理工作部、计划合同部、工程技术部、财务部4个职能部门和洛古、联补、地洛、青松4个工程管理项目部。公司安全监察部、发电部、维护部与工程技术部合署办公，政工部、人力资源部与总经理工作部合署办公。

项目建设

2006年，完成了洛古、地洛两个电站的项目核准，青松电站初步设计审查。2007年，工程建设安全、质量、进度、投资基本受控，洛古电站隧洞主洞在单头工作面长度1.8km条件下，Ⅲ、Ⅳ类围岩开挖及初期支护最高月进尺超过180m，达到行业领先水平；联补电站隧洞主洞在单头工作面长度1.5~2km条件下，Ⅴ类围岩开挖及初期支护6个月内平均月进尺超50m，达到行业领先水平，总长13970m的引水隧洞于12月全线贯通；

11月实现了1号机组转子一次吊装成功，机组安装全面展开。地洛电站大坝施工进度较合同工期提前，大坝标引水隧洞较合同工期提前贯通；近1000m的施工支洞开挖及初期支护，平均月进尺超200m、最高月进尺超过230m，创同行业先进水平。

优化设计成效显著。洛古电站：导流洞优化缩短了150m；调整洞线和洞型，施工支洞减少480m，主洞开挖减少102m。联补电站：大坝钢板衬砌改为抗冲耐磨混凝土，减少160余t钢板安装工程量；调整混凝土抗冻标号减少了大量水泥用量；调整洞线和洞型，减少施工支洞500m；压力管道由压力竖井改为高压明管；蝶阀室由地下调整到地面，减少阀室交通洞洞挖60m。地洛电站：调整了洞线和洞型，减少施工支洞1100m、主洞700m；将地下厂房改为明厂房。优化设计降低了施工难度，加快了施工进度，节约了工程投资。

生产准备工作积极开展。拟定了生产运营管理草案，组建了联补电站生产运行管理机构；完成了人员配置、定岗、上岗及培训工作；完成了相关规程、制度编制工作；积极办理入网运营手续；工器具的购置和技术监督工作已全面展开。积极开展了西昌生产生活基地的筹建工作。

项目发展

秉承“立足凉山，做强做大做好”的发展思路，在抓好西溪河流域开发的同时，积极协助华电四川公司落实木里河、爱治日窝河及凉山州其他中小型水电资源开发权。

党的建设、精神文明建设和企业文化建设

2006年，西溪河公司以党风廉政建设为抓手，以加强投资控制、防范经营风险为重点，切实开展党建和企业文化建设工作。公司荣获凉山州“文明单位”称号、四川公司“文明单位”称号、四川公司党风廉政建设“优秀单位”称号，树立了良好的企业形象，保证了企业的形象安全。

2007年，西溪河公司积极开展争创“州文明单位标兵”的活动、丰富多样的工地文体活动等企业文化建设工作，营造了和谐建设环境。全面履行“三大责任”，积极落实富民惠民工程，开展“送温暖献爱心”活动，为金阳、布拖、昭觉三个国家级贫困县捐资修路架桥、修医院、建学校，为贫困大、中、小学生捐资助学等，为公司的建设和发展创造了良好外部环境，树立了公司良好的社会形象。

四川华电木里河水电开发有限公司

概况

四川华电木里河水电开发有限公司（简称木里河公司）于2005年11月在四川省凉山州西昌市注册成立，由华电四川发电有限公司（出资65%）、四川黄桷庄发电有限责任公司（出资25%）、凉山金源电力开发公司（出资5%）和四川西昌电力股份有限公司（出资5%）共同组建。木里河公司主要负责凉山州境内木里河流域上通坝、卡基娃、俄公堡、立洲等四个电站以及木里河支流电站开发的资金筹措、建设管理、生产运营等工作。四个电站的开发建设、投产运营对响应国家西部大开发号召，充分发挥凉山州水电资源优势，促进地方经济和社会发展，都将起到积极的推动作用。

木里河流域是雅砻江中游右岸最大支流，根据规划报告，该河段开发方案为“一库六级”，自上而下为上通坝、卡基娃、沙湾、俄公堡、固增、立洲等6个水电站。木里河公司负责开发建设的上通坝、卡基娃、俄公堡、立洲等4个电站的设计总装机容量为114.5万kW，多年平均发电量68.17亿kW·h，工程总投资135亿元。

（1）上通坝水电站。上通坝水电站采用引水式开发，多年平均流量85.9m^3/s。电站大坝为混凝土重力坝，最大坝高28m，设计装机容量24万kW，多年平均发电量为10.948亿kW·h，工程静态总投资19.47亿元，工程建设总工期为48个月。

（2）卡基娃水电站。卡基娃水电站采用混合式开发，多年平均流量99.9m^3/s。电站大坝为面板堆石坝，最大坝高171m。设计装机容量44万kW，多年平均发电量为16.44亿kW·h，工程静态总投资41.96亿元，工程建设总工期为69个月。

（3）俄公堡水电站。俄公堡水电站采用引水式开发，多年平均流量115m^3/s。电站大坝为混凝土闸坝，最大坝高15m，设计装机容量12万kW，多年平均发电量为6.07亿kW·h，工程建设总工期为42个月。

（4）立洲水电站。立洲水电站采用混合式开发，多年平均流量130m^3/s。电站大坝为碾压混凝土双曲拱坝，最大坝高132m。设计装机容量34.5万kW，多年平均发电量为14.71亿kW·h，工程建设总工期为64个月。

截至2007年底，木里河公司下设总经理工作部、财务部、计划合同部、工程技术部，以及卡基娃、立洲、上通坝、俄公堡等4个电站建设分公司，现有在册员工75人，其中基建人员36人，生产准备人员39人。

领导班子

党委书记、总经理：胥洪远

党委委员、副总经理：黄中鑫、廖朝雄

副总经理：柏子伦

项目前期工作

木里河公司按照"同步开发、加快建设"的开发理念，积极争取各级党委政府及有关部门的支持、帮助，全力以赴开展木里河梯级水电站项目核准和施工前期准备各项工作。组织开展了电站勘测设计工作、专题设计审查工作，4个电站"三通一平"等工程获批开工建设，实现了电站施工准备的重大突破。

截至2007年底，木里河公司已经完成4个电站移民安置规划、土地预审、林业规划、环境影响评价、流域送出规划、水土保持、水资源利用、行洪论证、文物调查、水生生物保护等26项专题的编制工作，其中18项专题已通过审查，水资源论证和环境影响评价等8个专题待审。4个电站已编制完成了除移民安置规划外的所有专题。

工程建设

木里河公司在全力抓紧项目前期核准的同时，结合流域开发实际，积极协调开展对外公路、施工供电等项目前期准备工程建设。

木里河流域交通基础条件差，对外公路是木里河流域水电开发建设的运输生命线。为满足梯级电站建设和运行管理的需要，经充分论证，木里河公司决定修建沿河对外公路。通过木里河公司的多方协调，凉山州政府决定流域对外公路按通乡公路建设，建设模式为"农村公路、企业主建、州县支持、部门配合、州内核准、简化手续、整体移交、共同维护、社会使用"。该通乡公路全长202km，含特大桥1座，大桥2座，隧洞5个，中小桥16座，工程概算5.6亿元。2006年11月，第一支承包队伍进场施工，木里河公司始终坚持"业主主导、四位一体"的管理理念，从抓工程结算管理着手，强化服务意识，及时解决施工单位困难，保证工程建设资金需求，积极组织参建各方齐心协力抓安全、保质量、抢进度。

工程安全管理。木里河公司坚持"安全第一、预防为主、综合治理"的方针，把工程安全作为第一工作、第一任务、第一职责。一是健全安全管理机构，落实各级人员的安全生产责任。成立了安全生产委员会，在工程技术部设立安全委员会管理办公室，由各电站建设分公司牵头，与施工、设计、监理联合组成现场安全生产领导小组，形成了各方共同参与、全面覆盖的大安全体系。二是狠抓制度建设，制订印发了《木里河流域电站及道路工程安全管理办法（试行）》等工程建设管理制度。各电站建设分公司相应制定了工程安全质量、危险品管理等方面的管理制度。三是切实抓好安全专项管理和日常性管理。安委会负责春季、秋季等重大专题安全检查的组织，现场安全生产领导小组坚持每周例行检查和日常检查相结合，监理单位对重大安全风险施工点实行不间断旁站监理。四是切实加强应急管理工作。制定了防洪度汛、防自然灾害、防范突发事件等各类应急预案。

工程质量管理。初步建立了"公司领导—工程部—电站建设分公司负责人—监理部（设计单位）—施工单位"全员参加的质量管理体系，明确了参建各方的管理职责、权限和范围，实现了全过程质量管控。重点规范了隐蔽和重要部位的检查验收，以及缺陷产生的原因分析和整改措施的管理。自工程开工建设以来，工程质量总体优良，处于可控、在控状态。

工程进度管理。工程建设所处位置海拔高、年冰冻期长，降雨集中，特别是2007年降雨时间提前且超长，造成多数路段和标段不能正常施工。针对以上情况，木里河公司积极协调参建各方，周密组织，精心安排，重点抓施工黄金期的管理，督促施工单位加大人员和设备投入，在保证安全的前提下，尽量延长作业时间抢工期。同时积极协调施工过程中遇到的矛盾和问题，及时解决移民搬迁和安置过程中的困难。截至2007年底，对外公路主体工程毛路初通182km，隧洞开挖完成1152m，累计土石方开挖673.56万m^3。

施工电源建设。施工电源建设是木里河流域

梯级开发的关键，木里河公司成立了由副总工程师牵头并配备专人协助的领导小组，负责协调落实施工供电各项工作，主抓施工供电方案设计、审查、招标及合同谈判等具体事项。经木里河公司多次与大沙湾水电公司协商，双方签订了《施工供电协议》，利用大沙湾公司已建成的“220kV沙盐线”，为木里河流域梯级电站开发提供临时施工供电。同时，抓紧开展施工供电各项招标工作，至2007年底，完成了施工供电设备、沙湾中心变电站、立洲110kV变电站及施工线路、施工供电工程监理服务等招标工作。

成都华电三源热力有限责任公司

概况

成都华电三源热力有限责任公司（简称三源热力公司）地处成都市建设南路，其前身为成都电业局热网管理所，始建于20世纪50年代末期，与成都热电厂同期建成投入运行。1996年，四川省电力公司、四川蜀电集团有限公司、四川嘉陵电力有限公司共同出资，将热网管理所改制为成都三源热力有限责任公司。2003年1月，四川省电力公司所持有的成都三源热力有限责任公司51%股份划归中国华电集团公司。2006年6月，华电集团将所持股份划归华电四川发电有限公司。

三源热力公司是西南地区热力销售历史最长，规模最大的城市集中供热能源企业，由四川嘉陵电力有限公司提供热源，通过公司热力管网的输、配，为成都纺织、制药、烟草、造纸、洗涤、餐饮、医院、学校及建材加工、汽车制造等企事业单位提供常年不间断的生产和生活用热。公司拥有热力管道11000余m，热力配汽站11个，热网覆盖成都市东郊。

截至2007年底，三源热力公司下设综合管理部、生产发展部、营销计划部、财务资产部，员工23人。

领导班子

总经理、书记：张高学

副总经理：吴江

年度业绩

2006年，三源热力公司年销售收入完成全年目标计划的149%，利润完成目标任务的216%。2007年，三源热力公司年销售收入完成全年目标计划的111.8%，利润完成目标任务的123.9%。

生产经营管理

以建立现代企业制度为核心，深化企业改革。在人事制度上，实现了全员聘用制度，坚持“高起点、高素质”和“一专多能，一岗多责”的用工导向，实现了人员能进能出，工资能升能降的经营机制。对热力配汽总站进行了技术改造，实现了PLC微机系统及MCC远程操作系统下的自动监控，提高了运行的安全可靠性和热能的质量，大大降低了热能的损耗。坚持“以市场为导向，以机制作保证，以效益为中心，以人为本，诚信务实”的经营理念和“关爱、协作、向上”的企业精神，在创新中求发展，在管理中求效益。

四川华电珙县发电有限公司

概况

四川华电珙县发电有限公司（简称珙县公司）位于四川省宜宾市珙县孝儿镇天堂坝，距宜宾市约100km，距国家批准开发建设的筠连矿区仅20～40km，为典型的坑口电厂。规划建设一期2×60万kW、二期2×100万kW，留有再扩建2×100万kW发电机组条件。采用分期建设，一期工程选用世界首台60万kW超临界、“W”火焰炉发电机组，同步建设烟气脱硫、脱硝装置，工程总投资约45亿元，设计年发电量54亿kW·h。项目计划2008年上半年完成核准并开工建设，2010年上半年实现双投。

截至2007年底，珙县公司在册职工总数为28人。机构设置9部，分别为总经理工作部、工程建设部、计划发展部、安全质量监察部、人力资源部、财务部、物资部、生产准备部、监察审计部。

领导班子

总经理：张让广

常务副总经理：刘扬志

副总经理：刘白天、彭宏刚、谷峰

工程建设与管理

2006年11月，国家电力规划设计总院会同四川省发展改革委对珙县电厂一期2×60万kW工程可行性研究报告进行了审查，以电规发电［2007］23号《关于印发珙县电厂一期2×60万kW工程可行性研院报告审查会议纪要的通知》确定珙县电厂一期工程厂址为珙县孝儿镇天堂坝。

2007 年，珙县电厂一期 2×60 万 kW 工程开创性地按照“1+1”模式上报国家发展改革委，即 1 台 60 万 kW 机组按照“上大压小”方式上报，置换关停华电四川发电有限公司所辖的 7 台老小机组（豆坝电厂 2×5 万 kW +2×10 万 kW、五通桥电厂 2×5 万 kW、河门口电厂 1×5 万 kW）共计 45 万 kW 容量；另一台 60 万 kW 机组由四川省发展改革委承诺优先使用四川省“十一五”后三年火电发展容量上报。2007 年 10 月 5 日，取得了《国家发展改革委办公厅关于同意四川华电珙县电厂“上大压小”新建工程项目开展前期工作的复函》（发改办能源［2007］2448 号）批复。

按照国家对火电项目核准要求，珙县电厂一期已取得《环评影响评价》、《水土保持方案》、《建设工程土地预审查》、《取水许可申请》、《地震安全性评价》、《地质灾害评价》、《可行性研究报告》、《厂址论证专题报告》、《文物考古调查》、《建设厂址压覆矿调查》、《军事设施影响调查》、《民航设施影响调查》、《行洪论证报告》、《银行贷款承诺函》等支撑文件，《接入系统报告》已通过华中电网有限公司审查并上报国家电网公司，《建设项目用地预审意见》已基本具备项目核准条件。

四川华电泸定水电有限公司

概况

四川华电泸定水电有限公司（简称泸定公司）系华电国际电力股份有限公司（简称华电国际）下属企业，成立于 2006 年 6 月 8 日，负责泸定水电站项目的投资、建设和运营，电能的生产和销售，以及与电力建设、生产经营相关的其他业务。

泸定水电站位于甘孜州泸定县境内，大渡河干流中游，为大渡河干流规划调整推荐 22 级方案的第 12 个梯级电站，坝址距下游泸定县城 2.5km。电站采用大坝挡水、右岸引水至地面发电厂房的混合式开发方式。水库正常蓄水位为 1378.00m，总库容 2.195 亿 m^3，具有日调节性能，装机容量 92 万 kW。概算静态投资 74.4 亿元，动态投资 86.6 亿元。泸定水电站于 2004 年 6 月开始筹建，“三通一平”等前期工程于 2005 年 12 月开工，预计 2011 年 5 月首台机组发电，2011 年 12 月机组全部投产。

截至 2007 年底，公司在册员工总数为 15 人，下设综合部、财务部、计划部、质量技术部、安全监察部、机电设备部和移民环保部等 7 个部门。

领导班子

董事长：钟统林

副董事长：王辉

董事：陈存来、安同溪、秦文学

监事：魏爱云、任明霞、李来春

总经理：王辉

党委书记：杨体中

副总经理：杨体中、刘振泉、蓝文剑

总工程师：何永胜

建设与管理

（1）核准情况。截至 2006 年底，泸定水电站可行性研究设计报告已通过中国华电集团公司组织的内审，可行性研究设计报告（枢纽工程部分）通过了水电水利规划设计总院会同四川省发展和改革委员会组织的审查，《泸定水电站接入系统规划设计报告》、《四川省大渡河泸定水电站水土保持方案》、《泸定水电站矿产资源调查专题报告》、《泸定水电站工程建设场地地震安全性评价报告》、《泸定水电站文物调查专题报告》、《泸定水电站劳动安全与工业卫生预评价报告》、《泸定水电站地质灾害评估专题报告》、《泸定水电站 318 国道改线工程两阶段初步设计文件》、《泸定水电站可行性研究正常蓄水位选择专题报告》9 个专题报告获得批复。2007 年 1 月 19 日，国家环境保护总局批复《四川省大渡河泸定水电站环境影响报告书》；5 月 22 日，泸定水电站建设用地土地预审获得批复；12 月 21 日，泸定水电站建设征地移民安置规划报告通过审核；12 月 25 日，泸定水电站可行性研究报告通过审查；12 月底，泸定水电站项目核准申请报告通过中国华电集团公司和四川省发展改革委，并上报国家发展改革委。

（2）现场施工。现场“三通一平”等工程于 2005 年 12 月 8 日开工。

（3）工程造价。截至 2007 年底，土建施工中标价约低于概算 15%，机电设备中标价控制在概算以内；已完工程的竣工结算投资均控制在合同价内。

陕西华电蒲城发电有限责任公司

概况

陕西华电蒲城发电有限责任公司（简称蒲城公司）是由中国华电集团公司（简称华电集团）控股（65%）、陕西省投资集团（有限）公司参股（35%）的大型火力发电企业。蒲城公司规划装机容量为264万kW，分三期工程建设。现有装机132万kW，分别为一期2台33万kW燃煤直流炉汽轮发电机组和2台33万kW引进型国产燃煤机组。三期2×66万kW机组扩建工程于2007年5月15日经过国家发展改革委核准建设，计划2008年内实现双投。

截至2007年底，蒲城公司在册职工总数为2256人。

机构设置

蒲城公司下设总经理工作部、劳动人事部、计划发展部、财务部、政治工作部、纪委（监察）室、审计室、工会、创建办、信通部、生产技术部、安全监察部、科技环保部、工程部、发电部、汽机分场、锅炉分场、电气分场、热工分场、化学分场、水灰分场、燃运分场、燃料公司、物资公司、保卫部、离退办、电力实业有限责任公司等27个部室。

发展战略

以安全为基础，以效益为中心，以发展为主题，依托创建华电优秀企业载体，不断提升安全、效益、发展三项业绩，增强企业核心竞争力；以创造价值、维护稳定、构建和谐为己任，不断强化经济、政治、社会三大责任；以夯实基础、规范经营、提升素质为手段，确保生产安全，经济安全，政治安全和形象安全。

领导班子

公司董事长：姜家仁

副董事长：袁知中

董事：褚玉、刘永红、张淑娟、张处放

监事会召集人：王晓实

监事：刘明华、陈勇

总经理：张处放

党委书记：高福斌

副总经理：刘明杰、王勇彬、王宝林、张新安

纪委书记兼工会主席：陈勇

总工程师：张王西

总会计师：李志龙

年度业绩

2006年，完成发电量70.7702亿kW·h，同比多发7.9814亿kW·h；综合供电标准煤耗率350.98g/(kW·h)，同比下降2.88g/(kW·h)；综合厂用电率7.42%，同比降低0.27个百分点；利润2239.43万元，同比减亏18877.9万元。

2007年，完成发电量70.64亿kW·h，比计划多发0.64亿kW·h；综合供电煤耗率完成350.78g/(kW·h)；综合厂用电率完成7.55%，同比上升0.13个百分点；实现利润6529万元。

生产经营管理

认真贯彻落实华电集团发展战略，结合蒲城公司实际，提出并落实“一条主线、两大任务、三个坚持、四个关系、六项目标、九项重点工作”的总体工作思路，统筹推进生产、经营、基建各项工作。经过艰辛努力，安全生产形成投产以来的最好局面，发电量和经营利润指标连创历史最好纪录，三期工程正式开工建设，安全、经营、发展三大业绩得到有效提升。

在安全生产和基建管理中，认真贯彻“安全生产，预防为主，综合治理”的方针，牢固树立“四个安全”的大局观，以“安全发展”为指导，以“双零”目标为中心，大力开展反违章创建活动、安全隐患排查活动，通过建立有效的激励约束机制，进一步加强员工安全意识，落实各级安全责任，提高安全管理水平。利用1号、3号机组大修，2号、4号机组小修机会，大力开展技术攻关活动，充分发挥技术监督体系的作用，加大主辅设备的综合治理力度，进一步提升了设备健康水平，增强了机组整体经济运行性能。加大对三期工程安全监管，确保三期工程稳步推进。经过不懈努力，一、二期生产运行和三期工程施工均实现了零事故、零轻伤，二类障碍同比减少5次，1号、2号、4号锅炉全年无灭火，截至2007年12月31日，连续安全生产936天。

在经营管理中，坚持“依法经营，依法治企”的原则，以经济效益为中心，以预算管理为龙头，以指标考核为手段，加强资金管理，控制生产经营成本，坚持存量与增量兼顾，坚持“两条腿走路”，积极开展对标管理工作，把对外改善经营环

境与对内加强挖潜增效结合起来。强化“三电四煤”工作，并与江苏扬电公司结对互学，汲取优秀企业的先进管理经验，通过指标优化、技术改进，加强成本控制，提升管理效能。尤其在电煤供应紧张、煤价上涨、融资紧张的经营形势下，及时开展了“大干一百天”活动，保燃料、抢电量，一举扭转了困难局面，实现了全年经营目标。公司的盈利能力、竞争能力和可持续发展的能力得到了大幅提高，安全、效益、发展三大业绩全面提升，有力推动了公司又好又快发展。

项目发展

三期工程于2007年5月15日被国家发展改革委核准，并于2007年6月20日正式开工建设。工程坚持贯彻“安、快、好、省、廉”要求，专门设立了安全委员会，建立了工程质量保证体系和质量管理体系，与设备厂家和地方政府联系沟通，加大设备监造催交力度，严格执行华电集团合同管理办法、招投标管理办法及造价管理办法，努力降低工程造价。优化资源配置，科学合理安排施工工序，满足工程节点及总进度工期目标的要求。同时，认真抓好三期工程生产准备工作，生产管理部门提前介入工程安装和设备调试，熟悉系统，确保机组投产后的检修维护和稳定运行。从开工到2007年底，累计完成投资210085万元。

内部改革

认真开展劳动、人事、分配三项制度改革。劳动用工方面，对照华电集团下达的4×33万kW机组劳动定员标准，通过严把入口、敞开出口、保障一线、压缩二线、精简管理、强化培训等方法，保证了合理协调、疏导与正向流动。人事改革方面，按照《关于进一步深化人事制度改革的实施细则》，在管理干部中实行中层干部的选拔、推荐、提名、考察、聘任、任免及考核制。按照国家政策，加快体制改革，实施企业分离办社会职能工作，完成了对子女学校剥离，减轻了企业负担。积极开拓外部市场，成立运营公司，先后承担了内蒙古鄂尔多斯棋盘井电厂、青海大通电厂、湖南石门电厂和陕西澄城群生电厂的机组运行检修任务。

党的建设、精神文明建设和企业文化建设

围绕公司创建华电优秀企业的工作主线，深入开展以“讲文明、促和谐”为主题的“文明蒲电、和谐蒲电”精神文明创建活动、“爱岗敬业、诚实守信”主题实践活动、发挥政治优势，凝心聚力，不断加强政治思想学习教育，狠抓队伍建设，深化企业文化建设，为确保公司快速发展和全年工作任务的圆满完成提供强大的精神动力和思想保证。

党建方面，以创建“四好班子”为核心，坚持中心组学习制度和个人政治学习制度，坚持班子成员定期谈心制度，坚持领导干部节假日值班制度和联系点制度，实事求是，增强公司班子集体的凝聚力和决策力。以“部门创建年”为抓手，坚持党员先进性教育，通过开展流动红旗竞赛，党员示范岗、“爱岗敬业、诚实守信”主题实践等活动，提高党员素质，加强基层党支部建设，有力地发挥党支部的战斗堡垒作用和党员先进模范作用。

精神文明建设方面，坚持人才强企的战略思路，努力培养四有职工队伍。坚持对职工进行爱国主义和形势政策教育，通过升国旗仪式、政治理论学习、举办形势任务讲座，培养职工的大局意识。通过开展“创建学习型企业、争做知识型员工”活动，全面提升员工的思想文化素养。通过技术比武、岗位练兵、指标竞赛等活动加强“三个一”人才队伍的培养。在全公司范围内组织开展了“敬业爱岗、诚实守信”主题教育活动，大力营造“共建和谐蒲电、同享文明家园”的氛围。通过开展千人签名活动、征文活动，录制“爱岗敬业、诚实守信”电视访谈节目，举行“青工拜师学艺合同签订仪式”，举办了“廉洁从业、诚实守信、爱岗敬业”大型演讲竞赛，利用公司网站、广播站、报刊开辟专栏报道活动中涌现出的先进人物和事迹，提倡职工岗位奉献、岗位成才，大力营造浓厚的活动氛围，进一步提高了广大职工忠诚企业、奉献蒲电的积极性和责任感。

企业文化建设方面，坚持把廉政文化、安全文化以及和谐文化融入企业文化建设大框架中，积极发挥企业文化建设的作用，树立公司良好的企业形象。以思想道德、从业道德和廉洁从业两项主题教育为主线，通过发放廉洁名片、廉洁周历，组织开展廉洁从业知识竞答活动、警示教育片活动，“以案说法”警示教育课、参观女子监狱接受“现身说法”教育及参观陕西省纪委举办的贯彻十七大精神反腐倡廉大型展览，不断丰富廉洁文化教育内容，推进企业廉洁文化建设。坚持以人为本的理念，围绕企业的中心工作和阶段性任务，充分发挥《蒲电报》、蒲电网站、宣传橱窗、大屏幕、广播和黑板报等作用，大力弘扬企业精神，唱响主旋律，使宣传工作和思想政治工作围绕中心、贴近职工、贴近生活、服务生产。围绕和谐、创建、服务三大主题，举办了创建华电优秀企业知识竞赛、“加强民主管理，推动和谐企业建设”讲座，开展“迎奥运，讲文明，树新风”系列活动和“我为公司发展献一策”合理化建议活动，以及丰富的文娱活动，增强了企业的凝聚力和向心力，促进了蒲城公司的和谐、健康发展。

陕西安康电厂筹建处

概况

中国华电集团公司陕西安康电厂筹建处成立于2007年1月8日，规划容量4×100万kW超超临界燃煤机组，分两期建设，并留有扩建余地。一期建设2×100万kW超超临界燃煤机组，计划2009年开工建设，“十二五”初期建成投产；二期建设2×100万kW超超临界燃煤机组，计划“十二五”期间投产。

领导班子

主任：张处放

副主任：牛孝信

项目发展

2007年4月27日，西北电网有限公司审查通过《华电安康电厂一期（2×100万kW）工程初步可行性研究报告》。

2007年8月8日，集团公司党组成员、副总经理程念高代表华电集团与安康市人民政府签订合作建设安康电厂框架协议。

2007年11月25日，陕西省发改委、重庆市发改委、华电集团在重庆签订三方共同建设安康电厂意向书。

青海华电大通发电有限公司

概况

青海华电大通发电有限公司（简称大通公司）成立于2003年8月6日，由中国华电集团公司与青海省投资集团有限公司按照55:45的股权比例共同出资组建。主营电力项目开发、投资和建设；电能的生产和销售；电厂废弃物的综合利用及经营；电力技术咨询、服务；电力物资和设备采购业务。

截至2007年底，一期工程2×30万kW燃煤火力发电机组已经建成投产。公司下设总经理工作部、政工部、计划发展部、财务资产管理部、生产技术部、安全监察部、纪检审计部、发电部、维护部共9个部室，在册职工总数157人。

领导班子

董事长：姜家仁

副董事长：洪伟

董事：王晓实、陈爱民、李粟

监事：王吉平、赵延明、许爱民

监事会召集人：许爱民

总经理：吕锡江

党委书记、纪委书记、副总经理：王吉平

副总经理：申玉山、贺新利

年度业绩

2006年，完成发电量17.04亿kW·h，完成计划的125%；综合供电煤耗377.62g/(kW·h)；综合厂用电率6.31%；单位发电成本156.63元/(MW·h)；实现税前利润560.3万元。

2007年，完成发电量37.13亿kW·h，完成计划的112.52%，同比增长118%，完成华电集团下达指标的112.4%；综合供电煤耗351.20g/(kW·h)，比华电集团下达的指标降低10.18g/(kW·h)；综合厂用电率5.90%，比华电集团下达指标降低0.29个百分点；单位发电成本152.30元/(MW·h)；实现税前利润189万元。

工程建设

建立了系统的工程质量管理体系，按照工程建设规范及相关制度重点加强对施工过程的质量控制，积极克服设备到货晚，施工条件恶劣等困难，1号、2号机组均实现了锅炉水压试验、汽轮机扣缸、倒送厂用电、锅炉点火、汽轮机冲转、发电机并网6个节点工期的“一次成功”。2006年2月11日，1号机组正式投产，并实现移交生产后连续运行60天；2006年12月27日，2号机组通过168h试运，顺利实现“一年双投”目标。

生产经营管理

大力完善“三级”安全性评价网，细化工作流程，有效地遏制了违章现象及不安全事件的发生。加大设备整治力度，加强机组试验，检修维护的监督、检验和设备质量管理工作力度，提高设备健康水平。创新管理手段，深入细化开展工作，积极开展小指标竞赛，顺利通过了华电集团组织的达标投产验收、安全性评价初评，西北网公司组织的并网安全性评价验收，国家环保总局组织的竣工环保验收和水利部组织的水土保持竣工验收。加大技改力度，狠抓节能管理，获得青海省政府授予的“2007年度节能管理先进单位”荣誉称号。大通公司修订了现场文明生产管理制度和保证措施，细化了考核标准与责任，建立起覆盖全厂的奖励考核体系。重点加强生产、经营重点岗位的培训工作，鼓励岗位自学，岗位成才。公司一人被华电集团授予“劳动模范”荣誉称号。

健全风险管理组织体系、措施体系、制度体系，完善纪检监察、审计、财务稽核、公司法律顾问等监督机制，确保经济安全。内控成本，外拓市场，以经济效益为中心，以“三电四煤”为抓手，积极推进各项工作的开展。

内部改革

大通公司是华电集团第一批薪酬制度改革试点单位，2007年1月起开始试行。制订了《薪点工资制实施办法》、《薪点工资制补充办法》及配套的一系列制度与措施，建立起了有效的内部工资薪酬激励约束机制，形成了“岗位靠竞争，收入凭奉献”的良好氛围，进一步激发了员工的积极性，大大提高了工作效率。

项目发展

在全力做好一期两台机组安全、稳定、经济运行工作的同时，高度重视下一步发展思路与规划。二期（2×60万kW燃煤火力发电机组）扩建工程项目建设已列入华电集团的“十一五”电力发展规划和青海省人民政府的《青海省能源“十一五”发展规划》。同时，积极开展了西宁热电（2×30万kW）项目前期工作及新能源开拓。

党的建设、精神文明建设和企业文化建设

坚持和发扬“海拔高，追求更高”的企业理念，进一步加强党的思想、组织、作风和制度建设，充分发挥党委的政治核心作用，支部的战斗堡垒作用和党员的先锋模范作用，为公司发展提供有力的政治保障。

积极组织爬山比赛、棋牌及跳绳比赛等文体活动，丰富了员工的业余生活。公司有关活动获得青海省国资委企业文艺汇演二等奖，在华电集团歌手大赛中获优秀奖，篮球队蝉联大通县篮球比赛冠军等，均展现了员工的良好精神风貌，树立了良好的企业形象。

长期开展合理化建议征集活动，定期组织职工座谈会，及时解决职工的实际困难，为大通公司统一思想，营造特色企业文化，构建和谐企业营造了良好的氛围。

华电宁夏灵武发电有限公司

概况

华电宁夏灵武发电有限公司（简称灵武公司）成立于2006年2月26日，位于宁夏回族自治区银川市所辖的灵武市境内，选址靠近水源、煤源，是宁夏宁东重能源化工基地建设“一号工程”和西部电网重要的电源支撑点，规划装机2×60万kW+4×100万kW。一期工程2×60万kW燃煤空冷发电机组由华电国际电力股份有限公司和宁夏宁发集团共同投资建设（其中电力股份有限公司华电国际投资65%，宁夏宁发集团投资35%），2005年8月8日正式开工建设，1号、2号机组分别于2007年6月8日与9月22日竣工投产。工程总投资约47亿元。

截至2007年底，灵武公司在册员工257名，机构设置为12部室，分别是总经理工作部、人力资源部、财务部、计划经营部、企业文化部、安全监察部、生产部、工程部、运行部、燃料部、物资分公司、二期工程办公室。

领导班子

总经理：季军

党委书记：姚贵林

副总经理：周捷、安普亮、韩超

纪委书记兼工会主席：陈立平

年度业绩

2007年，累计完成发电量35.3亿kW·h，比年度承包电量指标22.32亿kW·h，超发12.98亿kW·h，完成年度承包指标的158.15%；供电煤耗率完成359.49g/(kW·h)，比年度承包指标降低4.35g/(kW·h)；综合厂用电率完成8.61%，比年度承包指标降低0.95个百分点；利润累计完成13006万元，比年度承包利润指标3879万元增加9127万元，完成年度承包指标的335.29%。

生产经营管理

灵武公司一期工程的建成投产，极大提升了华电集团大型空冷机组工程建设的安全、质量、工期、造价和工程管理水平，不仅为在宁夏这样一个富煤缺水地区建设大容量发电机组探索出了一条新路，同时也对“西电东送”和改善电网结构，满足西北地区经济社会发展电力需求，加快实施西部大开发战略具有十分重要的意义。

安全生产。始终坚持“抓工程必须抓安全，抓生产必须抓安全”的原则，深入贯彻大安全观念，牢固树立“安全第一，预防为主，综合治理”的方针，超前谋划，实行安全目标管理，营造了良好的安全氛围；重点加强施工和生产的危险点分析，超前把握重点安全控制关键环节，强化作业前的“预防、预控”措施；严格措施审查和措施落实监督，强化安全监督到位，定期巡视监督，做到安全风险的全过程控制；加强机组检修维护管理和运行管理；做好生产现场治安保卫和消防安全工作。

经营管理。积极协调政府、西北电监局和电网公司，确保了1号、2号机组商业化运营电价执行时点自168h试运行结束之日算起，为机组“投产即盈利”奠定了基础；充分发挥机组大容量、高参数、节能环保、节水优势，积极争取空冷机组补偿政策，取得了自治区经委“在年度发电计划中增加机组利用小时200h”的批复；空冷电价请示文件也在测算调研后上报国家发展改革委；积极与电网公司协调沟通，电量计划得到兑现落实，公司年度设备利用小时达到7011h，较电网平均设备利用小时6636h高出375h，并争取达到跨区交易电量1亿kW·h；争取到了企业所得税“三免两减”优惠政策，为今后企业经营目标的顺利完成创造了良好条件；认真组织开展了“燃料管理年”活动，加强与华电煤业集团有限公司的沟通，协调配合实施煤炭调运，优化来煤结构，提高来煤质量，确保煤质、煤种、煤量满足供应，积极进行机组燃烧掺配煤试验，确定最佳比例，保证了燃烧稳定，降低了煤耗，提高了机组经济运行水平；加强工程造价控制与合同管理，有效规避了经营风险。

内部改革

一是在全厂中层干部中试行绩效管理。极大激发了中层干部工作积极性，全员绩效意识、效率意识、质量和标准意识大大增强，实现了员工个人绩效与组织绩效的统一的目标。二是建立起了以绩效为导向的多维薪酬激励体系，实行部门绩效奖奖励机制、突出贡献奖奖励机制和岗级浮动激励机制。根据不同阶段工作重点、工作量或取得的效益状况，建立起了单项奖励制度；通过积极工作，取得了自治区关于灵武公司住房补贴政策的批复；落实了员工取暖费补贴政策；实行了未休假补助和搬家补助；落实公司超额效益兑现奖励；争取到较高各类社保缴费基数、比例标准。一套以绩效为基本导向，长短期激励结合、高低额兼备、机动灵活、激励有力的新型激励体系已基本建立。三是针对员工水平参差不齐的现状，发挥一对一培训的优势，以实施“导师制”岗位培训为重点，78对员工签订了导师学员培训协议，96名中层干部、管理人员及班组长通过了技能培训考试。先后派出29名员工到生产厂家、高校等培训机构进行培训学习；105人次完成了特种作业人员取证考试，还按计划先后开展了经济合同、工程概算、消防、新会计准则讲座、生产现场反事故演习活动及运行人员技术比武活动，取得了较好效果，四是结合企业实际确定了系统内配置为主、系统外补充急需岗位人才、争取较多毕业生名额、开辟多种用工形式的总体配置思路，公司新一轮的人力资源配置工作已全面启动。

项目发展

加强与自治区党委、政府和国家发展改革委的沟通、汇报，最大程度上取得了各方的理解和支持，促进了项目评优工作的开展。加大了灵武二期2×100万kW工程项目前期工作力度，密切跟踪国家发展改革委、国家能源局评优核准工作动态，确保评优核准工作稳妥进行。

党的建设、精神文明建设和企业文化建设

一是深入贯彻落实十七大精神，巩固和扩大性进行教育成果，着重开展以“四好”领导班子创建和“强核心、固堡垒，全面提升基层党组织标准化建设水平”等活动，定期举行党委中心组学习和“三会一课”学习，党的建设不断得到加强；加强党建基础工作管理及党员教育、管理及培养发展工作。修订完善了《党支部管理考核办法》，加强日常检查考核力度，做到了月检查、季考核。二是修订完善了党风廉政建设制度和规定，建立了健全教育、制度、监督并重的惩防体系，

认真开展了党员干部廉洁从业教育，元旦、春节等重要节日来临之际对党风廉政建设工作进行重点强调，干部员工做到了廉洁自律；同业务单位签订了廉政共建协议书。加强廉洁文化建设，对新上任的部分中层以上干部交纳了廉政风险抵押金，监督约束机制得到很好加强。在获得自治区文明单位的基础上，积极联系自治区文明办，制定创优标准和准备好支持性资料，积极申报全国精神文明建设先进单位，精神文秘建设进一步得到加强。三是为确保完成公司企业文化体系建设，确立符合公司实际的先进的企业文化理念体系，2006年4月，启动了企业文化前期准备工作，初步确定了企业文化咨询公司，启动了公司企业文化建设，联系华电国际电力股份有限公司，初步推荐了企业文化建设咨询机构，为下一步企业文化建设进入实质性阶段奠定了基础。

主要经验

一是落实电量工作责任制，完善电量考核办法，将电量完成情况与设备可用率、电量计划完成率挂钩考核，最大限度地降低电量损失。加强与电网调度的联系和沟通，落实调度负荷，千方百计提高电量计划兑现率，通过日电量、月电量的完成，确保全年电量计划的完成，确保年度设备利用小时数高于电网平均利用小时数。同时，认真落实电费结算工作，切实把脱硫电费结算到位。

二是加强电力市场研究，加大跨区交易和电量替代等政策研究，加大市场开拓力度，努力提高电力市场占有率。

华电宁夏宁东风电有限公司

概况

华电宁夏宁东风电有限公司（简称宁东风电公司）是华电国际电力股份有限公司第一家投产的风电企业。截至2007年底，宁东风电公司共有正式员工9人，下设综合部、经营部、安全生产部等3个部门。

领导班子

总经理：战中年

公司副总经理：陈立平、李长军

工程建设与管理

2006年12月30日，宁东风电一期工程总装机容量4.5万kW（1500kW×30）风电工程项目获得宁夏回族自治区发展改革委核准。2007年6月16日，宁东风电公司举行一期工程开工仪式，工程浇筑第一方混凝土。2007年12月14日，宁东风电一期工程第一台发电机组（17号机组）正式并网发电。2007年12月29日，宁东风电一期工程30台机组全部并网发电。

在一期工程建设中，宁东风电公司团结各参建单位，在短短196天的时间内高质量完成30台1500kW风电机组的施工投产任务，创造了宁夏回族自治区风电建设当年开工，当年投产，建设速度最快，调试进度最快、工程质量最好等多项纪录。2007年，宁东风电公司荣获华电集团基建投产先进单位荣誉称号。

新疆华电红雁池发电有限责任公司

概况

新疆华电红雁池发电有限责任公司（简称红雁池公司）前身为新疆红雁池第二发电有限责任公司，2003年更为现名。华电新疆发电有限公司、新疆投资发展集团公司分别持股60%和40%。

红雁池公司规划装机容量140万kW，计划分两期进行，一期工程4台20万kW抽气供热机组截至2003年底已全部投产。到2007年底，公司在运装机容量80万kW，在册职工总数为585人。

机构设置

红雁池公司下设14个二级机构，分别是：总经理工作部、人力资源部、财务资产部、党群工作部、计划营销部、物资管理部、燃料管理部、审计监察部、生产技术部、发电运行部、设备维护部、燃料运行部、安全监察部、清风公司。

领导班子

总经理：罗振新

党委书记：马新

副总经理、总会计师：白延辉

工会主席、纪检书记：买买提·巴吾东

总工程师：秦立新

主要领导变动情况：

2007年12月22日，总经理李东政调离，罗振新接任总经理。

年度业绩

2006年，全年完成发电量40.65亿kW·h，同比增长2.94%；完成综合供电煤耗364.05g/（kW·h），同比降低6.44g/（kW·h）；综合厂用电率8.5%，同比上升0.1个百分点；实现利润4695万元，同比增长17.22%；实现安全生产年，连续安全生产597天。

2007年，完成发电量45.16亿kW·h，同比增长11.24%；全年综合供电煤耗354.98g/（kW·h），同比下降9.04g/（kW·h）；累计综合厂用电率完成8.23%，同比下降0.27个百分点；实现利润总额10975万元，同比增加6280万元，同比增长233.7%；实现安全生产年，连续安全生产962天。

生产经营管理

2006~2007年，红雁池公司扎实开展“规范管理年”活动，开展了以创建“华电优秀发电企业”、创建“新疆标杆发电企业”、创建“华电新疆教育培训基地”为核心的“三创”活动，积极稳妥开展点检定修制试点工作，进一步健全约束与激励机制，全面提升管理水平。

在安全管理方面，坚持“三个第一”的安全理念，以安全生产责任制主线，班组每周安全活动、公司每周生产例会和月度安全例会定期开展；日常安全监督检查与季节性安全大检查有效开展，安全基础进一步夯实。以安评整改为重点，落实安评整改计划、措施和责任，认真执行三级验收制度和考核办法。经过整改，安评复评得分率88.2%，位居华电在疆企业之首。以健全安全制度体系、保障体系、监督体系为载体，修订和完善了《安全工作管理标准》等26个安全管理标准和制度，编制完成公司《1999~2005年反习惯性违章300例》，编制了8个专项应急预案和16个现场应急预案，进行定期培训和演练，提高应急处理和救援能力。完善了《设备检修、启动、试验管理人员到位制度》等制度，健全了通讯监督、信息监督等14项监督管理标准和实施细则。加强安全教育培训，开展多种形式的安全教育培训工作，不断提高员工安全意识。

在设备检修管理及科技创新方面，以提高设备可靠性为目标，加强大小修的全过程监督管理，检修质量、设备消缺率和消缺质量不断提高；运行操作更加精心，事故预想和反事故措施落实到位，两票三制逐步标准化，燃烧调整水平不断提高。将设备缺陷、无泄漏管理与大小修管理紧密结合，推行检修文件包管理，强化全过程管理和三级验收，不断提高设备可靠性。主设备完好率达到100%，主设备消缺率达到100%，辅助设备消缺率达到97.8%。积极推广微油点火新技术，1、2、4号机组实施了微油点火装置技改工程，节油效果明显；1号电除尘设备和1号锅炉本体照明的节能技术改造，节电成效显著；2号锅炉送风机由定速改为液力偶合器调速，单耗由3.25(kW·h)/t降低到2.6（kW·h）/t，降低18.75%，提高了机组的经济性；公司通过完成4台机组冬、夏季运行工况下全厂水平衡试验，针对13处水系统的问题，制订节水管理措施，减少外排水80t/h；实施引风机轴承冷却水、化学中和池排水等回收利用。通过规范运行操作调整、实施技术改造等措施有效降低水耗。

在经营管理方面，通过自主开发综合计划管理系统，实现了项目管理的事前预算、事中监督控制和事后考核相结合的全过程精细化管理；与各部门签订经营承包责任书，将各项指标分解落实到各部门和个人；坚持月度经营例会、经济活动分析会制度，制订改进措施。建立了与政府主管部门、电力公司、调度中心和热力公司沟通、交流的机制，形成了主要领导、营销人员、运行值长齐抓共管的工作格局。把电量争取与落实工作，细化到每一天，将电量落实、电热费回收指标与责任部门、责任人的奖金挂钩，实行绩效考核，有效地保证了电量工作的落实。编制了机组大、小修材料的消耗定额、事故备品定额和轮换备品定额，严格控制三项费用；物资实行统一计划、统一采购，收回班组零星存货，减少采购量，降低库存。依托国有煤矿，积极开拓地方煤源，多签订地方煤矿供应合同。调整统地煤进煤比例，在市场煤源紧张的严峻形势下，努力降低标煤单价，保持价格的领先优势。全年完成综合标煤单价153.32元/t，同比减少6.24元/t，同比降低3.91%。

在节约环保方面，积极投身与乌鲁木齐市“蓝天工程”建设，充分发挥热电联产机组的环保、效益优势，不断挖掘企业内部潜能，投资8000多万元建设了南区热网首站工作。截至2007年底已累计向社会提供电能206亿kW·h，提供热能513万GJ，推动拆除锅炉房62座，拆除中小型分散燃煤小锅炉160余台，每年可节约采暖用燃煤25万t，减少二氧化硫（SO_2）排放约0.25万t，减少大气中总悬浮物（TSP）约0.96万t，减少灰渣排放量约12万t。

内部改革

为了减少资金占用，提高资金的使用效率，红雁池公司结合生产工作实际，联合部分供货厂家，建立了物资备品超市，五类物资实现了厂家代销式管理，库存增长得到了有效控制。所有缺员岗位和运行岗位采取公开竞聘，注重生产一线职工的培养和提拔使用，促进生产人员良性流动，为企业的可持续发展储备了人才。实施员工职业生涯设计。把员工的需要和企业的发展紧密结合，为员工设计和打通发展的通道。建立员工业绩、技术成果档案，建立员工评价体系，对员工的业绩和贡献做出评价，并作为提拔、奖励及评先的依据，加快了员工的成材速度。教育培训工作得到中国华电集团公司的认可，被确定为首批华电集团教育培训基地。

党的建设、精神文明建设和企业文化建设

以领导班子建设为重点，认真落实中心组学习制度。实施党员学习教育单项机制试点工作。制订了《关于在公司开展党员学习教育单项长效机制试点工作的安排》，建立和完善了党员学习教育的保障制度。开展学习《江泽民文选》、“党章专题学习月”活动，树立社会主义荣辱观、基层党组织标准化建设和庆祝建党85周年系列活动。加强思想政治工作，举办了两场“劳模风采报告会”，大力弘扬先进典型，激励员工工作热情。

全面加强和改进“四好班子”建设和党的建设、全面推进公司企业文化建设和精神文明建设。紧紧围绕企业中心工作，深入学习、贯彻党的十七大精神。突出党的建设和企业文化建设两个重点，抓好三个培育：培育精细化管理的土壤、和谐稳定的内部环境、职工共同的价值观。利用四个载体：以开展劳动竞赛为载体，开发挖掘职工潜能，激发劳动热情和创造活力；以举办各类知识讲座为载体，全面提升职工文化业务素质；以形式多样的文体活动为载体，陶冶培养情操，增强团结与凝聚；以创建学习型、节约型、和谐型部门和班组为载体，增强员工的团队意识和集体观念；抓好五项教育：一是理想信念教育；二是爱岗敬业教育；三是民主法制教育；四是廉洁从业教育；五是勤俭节约教育。加强党风廉政建设工作，坚持标本兼治、综合治理、惩防并举、注重预防的方针，扎实推进惩治和预防腐败体系建设，深入开展党风廉政建设和反腐败斗争，开展理想信念和廉洁从业教育，加强领导人员作风建设，落实党风廉政建设责任制，开展燃煤效能监察和工程招标、物资采购招标效能监察，进一步完善内控制度，坚持“大安全观”，为实现公司年度工作目标提供有力保证。

二期扩建工程（2×30万kW）前期工作

公司二期2×30万kW等级空冷热电联产机组是乌鲁木齐市“十一五”重点规划项目，并被列入乌鲁木齐市南区热网规划，具有较好的市场前景。项目建设地点在公司厂区扩建端内，不新增用地，项目投资费用较低。截至2007年底，公司二期扩建项目除新疆维吾尔自治区发展改革委“项目建设批复意见”外其他省一级支持性文件已全部取得。

新疆华电哈密发电有限责任公司

概况

新疆华电哈密发电有限责任公司（简称哈密公司）位于新疆东部的哈密市，是以哈密第二发电厂（2×1.2万kW+2×2.5万kW，即1~4号机组）、哈密天光发电有限责任公司（2×13.5万kW，即5~6号机组）为基础组建的发电企业。总装机容量34.4万kW（2×1.2万kW+2×2.5万kW+2×13.5万kW），是东疆供电区的主力电源。

截至2007年底，哈密公司职工总数为708人（离退休职工85人），其中，女职工280人，约占职工总数的40%；少数民族职工173人，占职工总数的24%。

领导班子

总经理：康振忠

党委书记：周俐佼

副总经理：王树尧

纪检书记、工会主席：彭文江

副总经理：陈军

年度业绩

2006年，累计完成发电量17.46亿kW·h，同比增长4.14亿kW·h；综合厂用电率完成8.76%（1~6号机组），比上年同期降低了0.11个百分点。其中号1~4号机组综合厂用电率为15.63%，比2005年同期升高了2.13个百分点，5、6号机组综合厂用电率为8.29%，比2005年同期升高了0.22个百分点；综合供电标准煤耗389.68g/(kW·h)，比2005年同期降低了18.64g/(kW·h)；公司实现利润270万元，比计划增加170万元。

2007年，累计完成发电量19.71亿kW·h，同比增加2.26亿kW·h；综合厂用电率完成8.11%(1~6号机组)，同比降低了0.65个百分点；综合供电标准煤耗389.32g/(kW·h)，同比降低0.36g/(kW·h)；实现利润2539万元，同比增加2269万元，比年计划1100万元增加1439万元，完成年度计划的360%。

生产经营管理

（1）生产管理。2006年，以“安全生产整改年”为契机，加强营运改善对标管理，全面推进安全生产管理创新和技术创新。加大设备整治力度，认真落实技改和大修计划，规范和提高了大小修、日常设备消缺治理工艺和过程质量控制水平。深入开展反事故、反“三违”活动，遏制习惯性违章；严格“两票三制”，强化过程控制，坚持纠正各类违章行为；严格执行现场标准化作业，大力开展现场危险点分析和预控，认真开展季节性安全大检查和专项安全检查，安全生产创历史最好水平，取得华电安全性评价复查工作全疆第二的好成绩，实现长周期安全生产1270天，实现“安全年”。2007年，圆满完成了5、6号机组扩大性小修和3号机组大修工作任务。通过技术改进和缺陷消除，进一步提高了机组可靠性水平和生产技术指标水平。顺利完成了迎峰度夏、节日和十七大期间的保电工作任务，取得抗击150年不遇山洪侵袭的胜利。公司全年无事故、非计划停运次数控制在0次，同比下降1次。公司实现年内连续安全运行365天，跨年度长周期安全运行1635天，创历史最好纪录。没有发生企业经营和领导人员违法和严重违纪案件，没有发生对企业形象和稳定造成严重不利影响事件。

（2）经营管理工作。2006年，哈密公司坚持“深化改革求稳定，创新管理促效益”，上争政策、下聚人心，内强管理、外拓市场，努力实现“生产型企业”向“经营型企业”的根本转变，狠抓节能降耗和降本增效工作，使企业管理水平和消耗性指标得到改善，一举摘掉了企业长期亏损的帽子，圆满地完成华电集团和新疆公司下达的经营指标，实现了全面“扭亏增盈”目标。全年完成现价工业总产值33452万元，工业增加值18010万元，综合能源消费量424930t标准煤，万元产值综合能耗12.70t标准煤。全员劳动生产率达48.8万元。2007年，加强依法经营管理力度，严格落实三项目标责任制，使成本、费用、资金流得到了有效的控制。顺利完成了1~4号机组的资产移交和2008年购售电合同的签订工作，地网电量全部执行政府批复电价，电量增长率12.95%，电费回收率100%，设备利用小时达到5730h，主营业务收入同比增加5072万元，经济效益大幅提升，提前超额完成年初的目标任务。哈密公司不断加大内控和增收管理力度，对外宏观调控合理支出费用，对内节能降耗内部挖潜。以开展节能评价和对标管理工作为契机，以小指标竞赛为抓手，积极推进“四节”（节煤、节水、节油、节电）工作深度，节能管理工作操作性强、实效性好，荣获哈密地区首家“节水型”工业企业称号。全年完成工业总产值38524万元，工业增加值24432万元，综合能源消费量705122.88t标准煤。公司荣获哈密地区2007年度“纳税突出贡献企业”荣誉称号。

职工培训

2006年，哈密公司共开设OA系统、消防急救知识、应急预案、特种工取证、外出劳务人员业务等培训班60多班次；各类知识考试50多场；代培和培训外来人员、临工、新工170多人；完成技术问答和技术考问12000多题次，技术培讲课46班次。外培人数共计57人次，内培600多人次，函授培训26人次，进行各专业知识、安规、检规、运规、调规培训700多人次，全员培训率达90%以上。

2007年，哈密公司择时择地对各专业人员和部分管理人员安排外出培训和内部培训，投入大量资金增加参培人数和课时，公司举办各种培训班18期，培训员工4214人次，共560课时，外出培训121人，全年实现培训计划执行率92%、全员培训率88%、技能鉴定人员取证合格率90%。

项目发展

根据哈密地区经济快速发展势头和华电集团公司“上大压小”工作会议部署，哈密公司2006年底提出了“四期”扩建2×33万kW热电联产机组的项目计划，并成立了相应的组织机构。哈密地区行署和华电新疆发电有限公司高度重视，相继对项目作出了重要批示。项目可研合同已经签订，相应工作正在积极推进，力争在2009年项目核准。该项目建成后，将成为新疆主电网在东部地区非常重要的电源支撑点，为新疆东部地区的经济快速发展提供充足、清洁、可靠的能源保障，也将使哈密地区环境得到极大的改善。

党的建设、精神文明建设和企业文化建设

哈密公司党委以构建和谐企业为主体，以实施“创建四好班子”和“创建全国精神文明建设先进单位”为延伸，积极探索党建在“一体两翼”中的工作新格局。

深入落实中央四个长效机制文件，把党建工作与公司中心任务紧密结合，以开展“强核心、固堡垒，全面提升基层党组织标准化建设水平”主题活动为载体，进一步加强基层组织建设。党委与支部、支部与党员层层签订了《党风廉政建设目标责任书》、《党员目标责任书》，实现党风廉政建设可控在控；大力开展了效能监察工作，加强内部监督，规范工作程序；大力开展反商业贿赂的宣传活动，通过举办讲座、黑板报展览、廉政警言征集等方式，营造以廉为荣，以贪为耻的良好氛围。抓好“四好”领导班子创建活动，创新基层“四好”班子工作思路，把基层和公司领导班子创建活动有机结合，重点突出“三重一大”，坚持走民主决策之路，班子成员思想政治素质有了新的增强，驾驭改革发展稳定能力有了新的提高，工作作风有了新的改进。

始终把精神文明建设工作融于企业整体工作中，确定了以立足于企业创安、创收、创佳绩为主导的工作主线，以反映解决员工的真实需求为主体的工作方针，形成了量体裁衣的生动局面和三个文明协调发展的良好氛围。提出“三抓、四重、五内涵”重点工作任务。（三抓即抓安全主旋律、抓队伍主动性，抓企业主方向。四促即一促公司及各级“四好”领导班子创建活动，引领精神文明建设的主导方向；二促员工素质提高工程，不断提升员工的文化品位和精神内涵；三促华电形象树立；四促广大党员在三个文明建设中的表率作用，当好企业改革发展的“排头兵”。五内涵即工作内涵、人本内涵、方法内涵、理论内涵和实践内涵。）以构建和谐员工队伍为本，积极开展了“迎峰度夏真情天天送”和“度冬迎春暖人心”活动，实施了“温暖人心工程、凝聚人心工程、振奋人心工程”。通过行之有效的工作手段，保障了职工队伍稳定和政治稳定，实现了精神文明建设和生产经营工作两不误。

积极推进与企业发展相适应的企业文化建设，培育企业特色文化。在坚持原有企业文化基础上，全面推进德、智、体、能，全方位、多角度、深层次的企业文化建设事业。继续积极发挥工会三支协会（文艺、体育、美术）作用。以丰富多彩的企业文化为载体，通过组织开展“比节约、看效益”班组合理化建议竞赛活动、职工班组建设活动；“安全杯”乒乓球赛、“比团结 看团队”毽球赛、“建功杯”趣味篮球赛、“和谐杯”钓鱼比赛；积极组织员工参加集团公司、新疆公司举办的“放歌华电”歌手大赛、摄影大赛、书法比赛、羽毛球比赛、乒乓球比赛、游泳比赛等活动，潜移默化，寓教于乐，陶冶员工的情操，培育企业的团队精神，塑造企业的良好社会形象，使企业文化更加鲜明，更加有活力、有特色。

新疆华电吐鲁番发电有限责任公司

概况

新疆华电吐鲁番发电有限责任公司（简称吐鲁番公司）位于新疆吐鲁番地区托克逊县城西南，成立于2001年11月7日，2003年1月划归中国华电集团公司。吐鲁番公司规划装机容量为4台13.5万kW凝汽式机组，分一、二期设计施工，一期工程两台机组分别于2006年7月4日和10月15日投产发电。

截至2007年底，吐鲁番公司共设总经理工作部、党群工作部、安全监察部、财务资产部、计划发展部、生产管理部、运行部、维修部、物料供应部等9个部门，在职员工228人。其中男性164人，女性64人，平均年龄29岁；汉族157人，少数民族71人。

发展战略

远景目标：立足发电，以建成低耗高效、管理领先的现代化发电企业为长远发展目标，力争2008年建成中国华电集团公司优秀发电企业，最终跻身全国一流发电企业行列。

战略重点：推进托克逊红山水库至工业园区引水工程项目的前期及建设工作，将吐电一期工程项目的供水水源由地下水水源改为地表水水源，尽快实现吐电一期项目核准；做好公司 6×66 万 kW 机组前期准备工作；利用托克逊太阳能资源丰富的有利条件，积极发展太阳能发电。

领导班子

总经理、党委委员：刘建怀

党委书记：周小舟

副总经理、党委委员：刘璀巍

副总经理：吴镝

纪检书记、工会主席、党委委员：李晓莉

年度业绩

2006 年，完成发电量 5.52 亿 kW·h；综合供电煤耗 388.61g/(kW·h)；综合厂用电率 8.45%；售电收入 7688 万元；实现利润 -1036 万元。投产当年亏损的主要原因是电价执行不到位，影响吐鲁番公司收入减少 2082 万元。

2007 年，完成发电量 13.46 亿 kW·h，完成年计划发电量 13.398 亿 kW·h 的 100.43%；综合供电煤耗 380.07g/(kW·h)；综合厂用电率为 8.13%；售电收入 24444 万元；实现利润 1091 万元。

生产经营管理

2006 年 7 月 4 日和 10 月 15 日，吐鲁番公司 1、2 号机组相继投运，两台机组均顺利通过 (72+24) h 试运行，其中 1 号机组连续运行 61 天，创造了全疆同类机组第一次启动后安全运行时间最长的纪录。通过积极检修，解决了机组补水率高、真空严密性不合格、注油试验不合格等基建遗留问题，增加了多项技术改进，补充了锅炉微油点火装置、改进了电除尘器等节能环保设备，1、2 号机组分别于 2007 年 5 月和 8 月顺利通过达标检查。

压缩非生产性开支，控制“三项费用”不超标，通过每季度的经济活动分析找出问题，及时进行生产计划调整和指标纠偏，对即将超计划的费用实行预警。公司领导带头跑煤源、找矿点，与地方政府和矿主沟通协调、交涉，保障了煤炭的供应。物资采购严格按照“同等质量比价格，同等价格比服务”的原则进行，对重大设备购买和技术改造等实行公开招标，同时对库存进行清库盘点，备品配件做到有货不买，无货储购，急用急买，缓用缓买，减少库存。在成本控制方面，对内严格控制预决算、将每项费用分解到各部门，签订《三项责任制书》按月落实，防止各项费用超标，建立相应的预警机制。

内部改革

2007 年 12 月，吐鲁番公司进行薪酬制度改革，建立并实施了以定员定岗决定岗位层级、岗位价值决定薪级、企业效益决定点值、绩效考核决定岗位升降为核心内容，薪酬分配以绩效为导向的薪点工资制度。

党的建设、精神文明建设和企业文化建设

重新修订了《基层党支部考评细则》，从班子建设、思想政治建设、党的组织建设、党的队伍建设、精神文明建设及党风廉政建设等六方面切实把党支部工作引入规范化、制度化轨道，同时与各党支部签订了党建目标责任书，在实行党支部目标管理的基础上，实施党员目标管理，加强了对党员、入党积极分子的经常化教育，激发广大党员的责任感和使命感，充分发挥党员在确保“四个安全”和实现文明单位创建目标中的先锋模范作用，并获得 2007 年度中国华电集团公司先进基层党委称号。

以“大漠戈壁，精彩人生”为核心价值观的企业文化已基本形成，集合全体员工集体智慧的《企业文化理念大纲》、《企业文化手册》、《员工手册》等文化成果已成型，“大漠戈壁，精彩人生”的特色文化已深入人心并得到员工的高度认同，有力促进了公司各项工作开展。

积极引导员工参加社会活动，借此提高员工文明素质，树立良好的企业形象。开展丰富多彩、积极健康的文化娱乐活动，成立职工文化体育活动协会，下设文学创作社、合唱团、篮球队、乒乓球队 4 个分会，丰富了员工业余生活。

主要经营管理经验

原煤购进。始终坚持“质优价廉”的原则，由于吐鲁番公司设计煤种与实际煤种偏差过大，制粉系统、除尘输灰系统过负荷运行，严重影响机组安全运行。在综合分析比较各煤种对安全生产、生产成本的影响，并经实际掺烧验证，公司研究决定“优先购入优质煤种”，保证了设备安全运行。

物资采购。按照“同等质量比价格，同等价格比服务”的原则，采取招标和询价结合的办法，对重大设备购买和技术改造等实行公开招标。建立了物资信息平台，及时更新库存信息，通过查询信息平台，做到物资采购有货不买，无货储购，急用急买，缓用缓买，减少库存。

指标管理。对指标进行量化分解，将全年指标细分到每月，并在年初《三项责任制书》中分解到各部门，责任部门按照公司计划组织生产。公司还在运行各值进行小指标竞赛，不断提高、优化各项指标。

制度建设。通过抓“定期工作”和“制度建设”，将日常工作落到实处。公司以制度建设为基础，强化制度的钢性制约，抓定期工作，责任到人，压力到位，使管理水平不断提高。随着机组由基建期进入生产运营，许多管理制度已不能适应日常工作管理，2007 年下半年公司全面修订了各项规章制度，共修订和完善公司管理制度 136 项，运行、维修内部管理制度 163 项。并在全公司范围内开展制度学习，实行制度“承包责任制”，将每一个制度分配到具体岗位和具体责任人，不让制度形同虚设，以制度管理经营工作，理顺了经营管理思路、规范了经营管理程序。

新疆华电苇湖梁发电有限责任公司

概况

新疆华电苇湖梁发电有限责任公司（简称苇湖梁公司）前身为苇湖梁发电厂，始建于 1953 年，是新中国第一个五年计划中的 168 个重点建设项目之一，拥有 8 机 9 炉，总装机容量 5.9 万 kW，是当时新疆地区最大的火力发电厂，是新疆电力工业的摇篮。1993 年，苇湖梁发电厂实施“以大代小”技改工程，1997 年改制为新疆苇湖梁发电有限责任公司，两台 12.5 万 kW 机组分别于 1998 年和 2000 年投产发电，使苇湖梁公司从单一发电转变为发电供热一体化，成为乌鲁木齐市地区首家热电联产机组。2003 年元月，苇湖梁公司归属中国华电集团公司，2004 年年底一举实现扭亏为盈。苇湖梁公司总装机容量为 25 万 kW，具备 350 万 m^2 的供热能力。

截至 2007 年底，苇湖梁公司资产总额为 67761 万元，其中流动资产 25343 万元，非流动资产42418 万元；在岗职工 738 人。

机构设置

苇湖梁公司主业机构共有 12 个职能部室，分别为总经理工作部、财务经营部，人力资源部，物资供应部，燃煤办，党群工作部，生产运营部，安全监察部，运行部，燃化部，维护部，检修公司；非主业机构有 5 家综合产业公司，分别为华源电力安装公司，金马物业公司，华声运输中心，苇电热力公司，晨科粉煤灰开发公司等。

领导班子

总经理：王毅

党委书记：杜伟

副总经理：张兰新、刘文俊

纪委书记、工会主席：孙晓迪

总工程师：张蕴

助理调研员：李同舟、王思嵘

党委委员：杜伟、王毅、孙晓迪、张兰新、刘文俊

主要领导人员变动情况：2007 年 10 月王毅任总经理，缪宛新调离。

年度业绩

2006 年，完成发电量 13.04 亿 kW·h；完成供热量 215.3 万 GJ；实现供热收入 2736 万元；实现利润 652 万元，超额完成华电集团下达的利润目标 2 万元；全年未发生重大安全生产事故、人身伤亡事故以及重大火灾事故，圆满完成了重大节假日期间的安全保电工作，完成了华电集团下达的 3 个 100 天的安全目标。

2007 年完成发电量 14.2 亿 kW·h；完成供热量 248.9 万 GJ，实现供热收入 3163 万元；综合供电煤耗 375.5g/(kW·h)，同比下降 7.6g/(kW·h)；实现利润 580 万元，超额完成华电集团下达的 280 万元的利润目标，利润完成计划值 125%。全年未发生重大安全生产事故、人身伤亡事故以及重大火灾事故，截至 2007 年 12 月 31 日，实现年内安全生产 365 天，跨年度安全生产 388 天。

生产经营管理

进一步夯实安全生产基础，建立安全生产长效机制。认真开展安全自查和整改工作，2006 年在华电集团安全性评价复评工作中，专家组共提出了整改项目 128 项，截至 2007 年 12 月 31 日，已完成整改项目 114 项，完成率为 89.06%。

生产运营管理成效显著。2006 年，苇湖梁公司投入 951 万元对 1 号机组 DAS 系统、输灰空压机系统、励磁调节系统等进行了改造，为机组的

安全运行提供了保障。2007年全年共完成机组扩大性小修两台次、临修两台次，完成技术改造项目21项，特殊项目25项，公用系统检修项目29项。改造了1号捞渣机主驱部分，完成了1号机组DCS系统改造、发电机励磁调节装置的换型。陆续对1、2号炉吹灰器进行修复，吹灰器投入率分别达到98%、100%。加强了对锅炉三管、入厂煤等监督工作；按时组织完成废水水质、烟尘烟气排放浓度、厂界噪声、工频电磁场的监测工作，监测完成率为100%。通过了自治区清洁生产企业审核，成为自治区第一批清洁生产企业，提升了企业环保形象。对微量点火系统进行改造，节油率在80%以上。优化水系统运行方式，发电水耗率同比降低0.00027m^3/(kW·h)，节约用水38.8万t；端差温度下降至5.98℃和5℃，达到优秀水平，汽轮机组的热耗率降低2.1%，提高机组效率0.9%，机组发电标准煤耗下降4.6g/(kW·h)。提高了电除尘器效率，对1、2号机组电除尘设备进行了维修，保证电除尘设备的正常投运，减少了大气污染，对改善乌鲁木齐市的大气环境质量标准，促进经济发展，有极重要的作用。2007年，苇湖梁公司投入生产管理系统指标统计模块，利用计算机对生产主要指标统计汇总。安装了电力工业标准查询系统，投运了公司班组建设系统，班组利用计算机记录工作日志、班务活动记录、安全活动记录、运行分析等班组建设内容，逐步实现班组记录无纸化的工作。架设了短信平台，为消缺、物资计划审批、领料等提供了便捷，加快了各种流程的处理速度。规范物资管理，降低材料费用。取消物资采购中间环节，降低修理费用及材料费，导入物流管理系统，使物资申请、计划、采购、入库、发放全部通过网络进行，达到物资周转快、消耗低、费用省的目的。苇电公司将电量作为提升效益的突破口，2007年公司提前21天完成全年发电量任务，比2006年同期超发电1.15亿kW·h，增加收入1400万元。

充分利用国家政策增加营业收入。苇湖梁公司积极争取税收返还款，通过落实外资退税政策，2006年返还税收资金173万元，加强资金运作，降低财务费用，优化债务结构，2006年全面归还银行贷款6063万元，降低财务费用122万元，2007年降低财务费用180万元。同时积极争取返还了2006年增值税抵扣173.4万元，而且利用供热退税政策，努力收回退税款267万元。此外，苇电公司还加快供热免税政策的落实工作，2006将302万元的免税资金纳入经营成果。2007年12月底将热力公司所陈欠的热费全部收回。并提前预收了2008年电费2070万元，使当年电费回收率营销口径超过103%。积极协调争取燃料、水费单价，节约发电成本。控制燃料价格增长，苇湖梁公司完成标煤单价140.75元/t，创华电集团全系统2006年最低。加强与地方政府和环保部门联系沟通，营造良好的外部环境，协调当地政府适当下调水价，全年节约水费980万元。

内部改革

2006年，苇湖梁公司针对部门职能重叠情况，将生产管理部及质量监察部合并成立生产运营部，进行人员和职能调整，强化生产管理职能，加强安全管理工作，规范生产管理；通过设立运行部，在运行推行值际管理，实行大分场制，提高了管理和人员效率。2007年，华电新疆发电检修有限公司成立后，原检修公司除热工及继电保护人员，全部划归华电新疆发电检修有限公司管理，为此，公司成立维护部。苇电三期工程于2007年10月正式划出，撤销前期办公室。综合产业内部退养职工自2007年11月起统一纳入苇湖梁公司主业管理，同时人力资源部配套制定了《综合产业内部退养职工管理办法》。

党的建设、精神文明建设和企业文化建设

认真学习贯彻党的十六大、十七大精神，以创建“四好”领导班子为目标，严格执行“三重一大”等重大事项决策制度，不断提高班子成员贯彻民主集中制的自觉性和坚定性，充分发挥集体领导作用，增强了班子的战斗力和凝聚力。党委发挥了政治核心作用，大力加强党建和思想政治工作，做好员工的稳定工作，有力地促进了各项生产经营和党风廉政建设目标的顺利完成。2006～2007年，苇湖梁公司没有发生企业经营和管理人员违法和严重违纪案件。在支部建设方面，各支部较好地落实了“三会一课”、党员管理教育、组织发展等工作，带领和组织党员在安全生产、经营管理、节能降耗等方面建功立业，发挥支部战斗堡垒作用。各支部围绕“责任意识”大讨论、“党员身边无违章”、党员责任区开展各项活动，通过活动的开展，进一步提高了广大党员责任意识、服务意识和先锋模范作用。

开展各具特色的企业文化活动，组织开展了“百日交通安全无事故”竞赛、《道路交通安全法》答题、劳模事迹报告会和劳模考察学习等活动，举办了员工“爱我华电、迎奥运”登山、钓鱼、象棋、羽毛球、乒乓球、扑克牌、跳绳大赛等一系列文化体育活动。通过企业文化体育活动的开展，贴近了员工的思想实际，贴近员工的学习生活，贴近员工的心理需求，拉近了员工间的距离，增进了大家的友谊，增强了员工的凝聚力，激发大家的参与热情。把“凝心聚力、和谐发展”的目标落实到了实实在在的日常工作生活中。2007年，苇湖梁公司将企业发展与企业文化相结合，拓宽内容，把企业文化精神篇、理念篇、核心价值篇、管理篇的内容制作成企业文化窗41块，安装放置在员工每日上班必经过的醒目之处，潜移默化地把企业文化理念灌输在员工思想里，推动企业文化建设的发展。

新疆华电昌吉热电有限责任公司（新疆华电昌吉热电二期有限责任公司）

概况

新疆华电昌吉热电有限责任公司（简称昌吉热电公司）是昌吉市集中供热的主力热源。公司前身为昌吉市热电厂，成立于1992年，1997年改制为新疆昌吉热电有限责任公司。2003年1月17日，划归中国华电集团公司管理，股本结构变更为中国华电集团公司控股51%，昌吉州公有资产投资管理中心参股49%。2003年9月4日，正式更名为新疆华电昌吉热电有限责任公司。昌吉热电公司装机容量2.4万kW，为2台C15/N12MW型抽凝汽轮机发电机组和3台75t/h次高压煤粉炉，接入新疆主电网。

2003年9月23日，由中国华电集团公司控股65%，昌吉州公有资产投资管理中心参股7.5%，昌吉市国有资产经营管理中心参股7.5%，昌吉热力公司参股20%，共同出资设立了新疆华电昌吉热电二期有限责任公司，与一期公司实行“一套人马，两个机构”。二期工程装机容量为2×12.5万kW高压抽汽供热机组，总投资为9.89亿元。2台机组分别于2006年12月18日和2007年4月22日建成投产，供热面积450万m^2。

截至2007年底，昌吉热电公司在册员工总数为335人。其中，汉族310人，少数民族25人。

机构设置

昌吉热电公司下设8部3分场，即总经理工作部、党群工作部、人力资源部、财务部、计划经营部（含市场营销部）、安全监察部、生产技术部、物资供应部、运行分场、检修分场、燃化分场。

领导班子

董事长：李东政

董事：武茂伟、石建国、黄奇勋、马德禄、杨建吉、钱厚军、王泓、李景东

监事：曹敏、黄守杰、时晓东、卡哈尔·卡德尔

总经理：武茂伟

党委书记：孟柯

党委副书记、纪检委书记、工会主席：卡哈尔·卡德尔

副总经理：米生禄、陈焕文

总工程师：黄庭军

年度业绩

2006年，完成发电量15855万kW·h，完成华电集团年度指导计划电量14700万kW·h的107.86%；综合煤耗率497.43g/(kW·h)，同比下降0.63g/(kW·h)；综合厂用电率13.47%，同比上升了1.77个百分点；完成售热量123.27万GJ，同比增加9.69万GJ；完成主营业务收入6428.47万元；实现利润250.29万元。

2007年，完成发电量137585万kW·h，完成华电新疆发电有限公司（简称新疆公司）年度指导计划电量126900万kW·h的108.42%；综合煤耗410.24g/(kW·h)，较新疆公司年度指导计划414.55g/(kW·h)下降4.31g/(kW·h)；综合厂用电率9.53%；完成售热量167.62万GJ，同比增加44.35万GJ；主营业务收入26569万元；实现利润325万元。

生产经营管理

坚持安全生产责任落实到位，逐级签订《安全生产目标责任书》，落实安全生产奖惩考核制度；坚持安全意识贯彻生产全过程到位，

以反习惯性违章为重点，增强广大员工的安全意识和自我保护意识，工作中严格执行“两票三制”，认真做好事故预想和危险点分析，不断完善安全监督约束机制；坚持安全教育到位，积极开展安全教育月活动，在全员中树立起“我要安全”的思想，形成了全方位、全过程闭环管理的安全生产工作理念。始终坚持“安全第一、预防为主”的方针，强化设备治理与技术监督，开展安全性评价，实施安全全过程、全方位、全员的安全生产管理模式，严格履行安全生产责任制。

高度重视扭亏增盈工作，树立“降低成本就是提高效益”的思想，强化财务预算和综合计划管理，严格控制三项费用增长，严格落实三项责任制。实行竞价选煤、择机进煤、加强电煤供应管理，降低生产成本。开展营运改善、对标管理工作，眼睛向内，挖潜降耗。盘活存量资产，改善运营质量，巩固和扩大经营成果。逐级分解经营业绩责任制指标，强化全面预算管理，制订下发综合计划，牢固树立“勤俭高效”和“过紧日子”的思想，确保各项管理费用控制良好。以“四煤”工作为核心，在华电煤业新疆公司“五统一”管理模式下，认真开展燃料成本、质量、统计、管理工作，保证燃煤供应。

项目发展

昌吉热电公司三期工程项目规划建设2×30万kW等级热电联产项目，被列入新疆维吾尔自治区“十一五”电力建设规划和昌吉市城市供热总体规划。项目总投资约为27亿元人民币，同步配套静电除尘和烟气脱硫装置，达到除尘效率99.9%以上，并利用昌吉市污水处理厂中水作为电厂补充用水。工程占地面积约22.8万m^2（340.8亩），年供电量27.3亿kW·h，供热面积1400万m^2。截至2007年底，昌吉新热电项目取得昌吉州、市关于昌吉新热电项目可研报告规划、土地、环保、地震、航空、交通、中水利用等15个支持性文件，取得了区级关于昌吉新热电项目可研报告环保、规划、地震、水资源论证等21个支持性文件。

党的建设、精神文明建设和企业文化建设

深入开展“强核心、固堡垒，全面提升基层党组织标准化建设水平”活动，积极开展“四好”领导班子创建、党员“五带头”活动和“永葆先进性 争创新业绩 喜迎十七大”等主题活动，全面落实党风廉政建设责任制，构筑企业“廉政防火墙”，着眼于培养知识型、创新型的复合型党员队伍，把党员学习理论与学习现代市场知识、管理知识、科技知识等结合起来，做到理论指导与工作实践的统一；同时，昌吉热电公司党委不断丰富企业文化建设内涵，进一步加强了企业文化建设，经过多年的文化实践形成了以战略、思维、行为三大系统为主要内容的企业文化建设体系构架，凝练出“人生因精神高尚而富足，企业因人心凝聚而昌盛”的核心价值观，“发展自有凌云志，逢难就如过河卒”的企业精神，“拼搏奉献谋发展、争创一流求卓越”的发展理念，“没有最好、只有更好”的企业哲学理念，营造了浓厚的企业文化氛围，极大调动了员工融入企业、建设企业，做企业主人的积极性，促进了企业文化健康、有序发展，做到了“企业处处显真情，员工人人讲奉献”。

新疆华电喀什发电有限责任公司（新疆华电喀什二期发电有限责任公司）

概况

新疆华电喀什发电有限责任公司（简称喀什公司）系中国华电集团公司所属控股企业，股本结构为中国华电集团公司控股90%，新疆喀什地区国有资产管理中心参股10%。喀什公司位于喀什市东北部的浩汗乡，装机容量为2×5万kW凝汽式火力发电机组，是新疆维吾尔自治区2001年重点工程之一，两台机组相继于2002年2月和2002年9月投产发电。

2005年4月7日，由华电集团控股60%，神华新疆能源有限责任公司参股20%，新疆喀什地区国有资产管理中心参股10%，新疆喀什飞龙水泥有限责任公司参股10%，共同出资设立了新疆华电喀什二期发电有限责任公司，与一期公司实行“一套人马，两个机构”。二期工程装机容量为2×5万kW热电联产机组，2005年9月开工，分别于2006年12月和2007年5月先后投产发电。至此喀什公司总装机容量达到20万kW，装机占喀什、克州电网容量的52%，为喀、克两地州社会稳定，经济发展和南疆各族人民生活幸福再次提供了可靠的电力保证。

截至2007年底，喀什公司共设8部2分场，分别为总经理工作部、财务部、人力资源部、计划经营部、物资供应部、党群工作部、生产技术部、安全监察部、运行分场及检修分场。在职员工370人，其中女员工为114人，少数民族员工116人。

领导班子

董事长：杨明

总经理：水海波

党委书记：宋东明

党委副书记、纪检委书记：胡德运

副总经理：袁宏运、刘小平

工会主席：亚森·库尔班

总会计师：曹敏

年度业绩

2006年，完成发电量49179.8万kW·h，同比增加2126.7万kW·h，增长4.52%；综合供电标准煤耗478.6g/(kW·h)，同比下降21.37g/(kW·h)；全年未发生人身重伤事故，一般设备事故、火灾事故、交通事故、机组非停事故；未发生华电集团、电网及华电新疆发电有限公司通报的一类障碍。2006年12月30日，二期扩建工程3号机组投产发电，为华电集团实现当年总装机容量超过5000万kW作出了贡献。

2007年，完成发电量91169.452万kW·h，同比增加41989.65万kW·h，增长85.38%；综合供电标准煤耗451.82g/(kW·h)，同比下降26.77g/(kW·h)；综合厂用电率11.57%，同比下降0.75个百分点；累计安全运行780天，全年未发生人身重伤、设备、单位责任、安全生产、基建安全考核及停电事故。2007年4月30日，二期工程4号机组投产发电，实现了公司成立后装机容量、发电量、上网电量三个翻一番的目标。

生产经营管理

2006~2007年，喀什公司以管理提升为主线，强化安全管理、设备管理，狠抓经营管理，不断加快企业的改革与发展。

2006年，喀什公司提出“节约增效，建设发展”的工作目标，以安全性评价为突破口，狠抓安全生产及设备治理工作，年内实现了连续安全生产365天的好成绩，被华电集团评为“安全生产先进企业”；以节约增效为突破口，狠抓设备治理工作，一方面从制度建设入手，组织修订了《设备检修管理标准》、《设备缺陷管理标准》、《设备评级管理标准》、《运行分析管理标准》、《技术监督管理标准》等13项生产管理标准，建立健全了设备的监督管理制度；重点对设备遗留缺陷及“跑、冒、滴、漏”进行了专项综合整治，树立“大安全”意识，建立“泛安全”文化，坚持全员、全方位、全过程抓好安全工作，实现安全稳定生产及四个安全目标；面对市场电煤供需矛盾和紧张局面，一方面，积极联系各地供煤企业，与之建立良好的长期合作互赢关系，另一方面从加强内部管理入手，狠抓预算控制和燃煤管理工作，全方位实施预算成本控制制度，将全年各项费用进行压缩控制，树立过“紧日子”的思想，向管理要效益，加强技能培训，利用科学的手段和方法对燃煤进行监督和管理，把好“装、运、采、制、化、存、烧”7道关，提高燃料管理的标准化、科学化水平；以建设发展为突破口，树立完美的过程造就完美的结果理念，狠抓二期工程基建管理工作，实现了3号机组2006年底投产发电的目标。

2007年，喀什公司以管理提升为主线，全面完成了华电新疆公司下达生产经营业绩目标及基建3、4号机组的达标投产两大任务，通过一年来的努力拼搏，公司员工的责任意识、竞争意识、创新意识明显增强，激发了全体员工干事创业的激情，完成了安全生产任务、经营管理任务、建设发展任务、企业文化建设任务4项重点工作，使员工的思想、工作作风、管理方式、精神面貌、经营理念得到了转变，全面完成了公司2007年工作目标。2007年喀什公司还与疆南电力公司签订了自电力体制改革、厂网分家后的第一份《购售电合同》，进一步缓解了喀克两地电力供需矛盾，为我公司合理安排生产、理顺电费回收创造了客观条件，有利于建立良好的电力生产运行秩序、构建和谐厂网关系。发电量、机组利用小时均创下历史新高，全年完成发电量9亿多kW·h，设备利用小时达到4500h以上。公司建立健全了与生产经营管理相适应的责任系统、指标系统、考核系统和奖惩系统。实行责、权、利紧密结合的管理奖惩办法，把生产、经营、管理活动的环节与部门、员工表现紧密结合，有效地运用利益奖惩机制，使企业管理的每个环节都与集体及个人利益挂钩；实行部门职责权限分工和岗位工作规范规定，在所有的管理考核办法和考核细则中，突出对部门应承担责任的考核，同时对职能部门授予相应的权利，形成严密、协调、科学、规范、完整的管理制度和体系。坚持开展贯标活动提升管理水平。贯标活动以全面提升公司管理水平和员工素质、企业竞争力为主要目的，全面推行 GB/T 19001 质量管理体系、GB/T 28001 职业健康安全管理体系标准。围绕以“一个坚持、两个贯彻、三个全面、四个着力”“1234”的指导思想，以经济效益为中心，通过贯标活动扎实有效开展，运用质量、职业健康安全系列标准，渗透先进的管理理念，加强全过程控制，让科学的管理机制在市场服务中发挥作用，建立“重业绩、讲回报、强激励、硬约束”的工作机制，加快提升公司整体盈利能力、竞争能力和抗风险能力。以信息化手段促进管理现代化，提升管理效率和经营效益。使各项管理工作科学有效、可控在控，落实到安全、效益、发展三大业绩的各个环节上来。

内部改革

按照“精干高效”的原则，喀什公司将 12 部精简为 8 部 2 分场，对中层管理人员、一般管理人员和专业技术人员进行民主测评和述职。在“公开、平等、竞争、择优”的原则指导下，实现了“要我干”到“我要干”的压力传导、责任传递，形成了岗位动态管理和人员能进能出、能上能下的优胜劣汰的竞争机制，并制定实施了《经营业绩责任制目标激励办法》、《经营业绩责任制目标考核办法》、《员工绩效考核办法》和《中层管理人员经营业绩抵押金办法》、《员工奖学制度》，实行员工的收入与工效挂钩，奖勤罚懒，激发了员工努力学习和岗位成才，员工队伍的整体素质得到了提高，形成以员工的发展推动企业发展的新格局。

党的建设、精神文明建设和企业文化建设

以巩固先进性教育活动成果为主要内容，形成了先进性教育长效机制，开展了领导干部作风建设专题民主生活会，开展了文明创建及综治工作，规范了党员干部和各级管理人员的行为，使党员干部和全体员工在理想信念、宗旨观念、工作作风、廉洁自律等方面有了新的提高，为企业健康发展保驾护航。公司认真贯彻落实创建“四好”领导班子建设要求，制订了“四好”领导班子创建计划，明确了创建要求，健全了创建制度，完善了创建措施，确定了创建目标，并制订了公司中层管理人员经济处罚、组织处理、职位禁入制度，在公司领导班子和中层管理人员、重点部门及岗位中开展了以清廉为本、诚信立业、自律自警、自重自省教育，以落实责任制为措施，以中心组学习为平台，建立健全了惩防长效机制，使廉政教育和效能监察工作不断日常化。

以精神文明建设和企业文化建设为主题，全心全意依靠员工办企业。喀什公司先后对生产现场和单身公寓进行修缮、粉刷，配置了新的生产、生活用品，以改善员工现场工作环境和单身生活条件，并在公司经费非常困难的情况下给全体员工进行了体检和职业病检查。同时，喀什公司积极履行社会责任，按照喀什地、市党委、政府的安排，开展了对口支援教育活动，共帮扶对口学校三所，其中莎车县、巴楚县、喀什市各一所，并以走访慰问、教学设备支援等形式帮助学校克服困难，全面履行了中央企业的社会责任，树立了华电在南疆的良好社会形象，确保了公司的形象安全。形成了具有喀电特色的企业文化，在全体员工中形成了干事创业的浓厚氛围。

新疆华电小草湖风力发电有限责任公司

概况

新疆华电小草湖风力发电有限责任公司（简称小草湖公司）系中国华电集团公司新能源发展有限公司（简称新能源公司）独资发电企业，于 2007 年 3 月 31 日在吐鲁番市注册成立。

小草湖公司风电一场一期 4.95 万 kW 风电项目于 2006 年 11 月 28 日通过新疆维吾尔自治区发展改革委核准，2007 年 5 月 26 日正式开工建设，共安装 FL1500 型 1500kW 机组 6 台和 S48 型 750kW 机组 54 台，工程于 2007 年 12 月底全部投产发电，实现了当年建设、当年投产的目标。

在建设一场一期工程的同时，一场二期 4.95 万 kW 风电项目于 2007 年 12 月 21 日获得新疆维吾尔自治区发展改革委核准。计划 2008 年开工建设，年底全部投产发电，预计到“十一五”末，风场总装机容量可达20万kW。全部工程结束后，每年可节约标准煤约16万t，与燃煤火电相比，每年可减少CO_2排放量约50万t，烟尘排放量约2200t，SO_2排放量约2000t，氮氧化物排放量约1900t。截至2007年底，小草湖公司共有员工27人，下设综合管理部、生产建设部、计划经营部、财务资产部4个部室。

领导班子

董事长：杨明（法定代表人）

总经理：黄南生

副总经理：张旭峰、王义

项目发展

小草湖风电一场一期项目：

2006年11月28日，小草湖风电一场一期项目获得新疆维吾尔自治区发展与改革委员会核准。

2007年5月26日，小草湖风电一场一期项目工程开工。

2007年12月8日，小草湖风电一场一期项目首台风机并网风电。

2007年12月30日，小草湖风电一场一期项目60台风机全部并网发电。

小草湖风电一场二期项目：

2007年12月21日，新疆华电小草湖风电一场二期项目获得新疆维吾尔自治区发展与改革委员会核准。

CDM（清洁发展机制、下同）项目：

小草湖公司风电一场一期CDM项目签署完毕。

小草湖公司风电一场一期CDM项目完成PDD（CDM项目设计文件）文件的编制工作。

小草湖公司风电一场一期CDM项目已通过国家发展改革委审核，上报联合国注册。

党的建设、精神文明建设和企业文化建设

贯彻上级的战略部署和各项方针，用“科学发展观”指导工作实践，以“建四好班子，办和谐企业、创一流风电”为努力方向，不断加大党风廉政建设力度，加强效能监察和内部控制工作，充分发挥党组织的战斗堡垒作用和广大党员的模范带头作用。小草湖公司党组织、工会工作有序开展。关心职工生活，注重思想道德教育和作风建设。把员工综合素质的全面提升和树立正确的世界观、人生观、价值观作为经常性的重要工作长抓不懈，进而逐步形成开拓进取、团结拼搏、奋发有为、健康和谐的良好的企业文化氛围。

华电新疆发电有限公司乌鲁木齐热电厂

概况

华电新疆发电有限公司乌鲁木齐热电厂（简称乌鲁木齐热电厂）成立于2007年10月30日。一期工程建设2×33万kW亚临界燃煤热电联产机组，工程同步安装烟气脱硫装置，建设配套的热网工程，是新疆“十一五”电力发展规划和华电集团在新疆重点开发的项目，也是乌鲁木齐市总体供热规划和热电联产规划中重要的热源和电源建设点。

该项目是集坑口电站、热电联产、中水回用、环境保护等优势为一体的环保生态型项目。工程的建设，对区域的经济发展、提高供热可靠性，改善大气环境质量，推动中水利用具有重要意义。

领导班子

厂长：缪宛新

党委书记：周俐佼

副厂长：孙刚、杨其恒、王义

机构设置

乌鲁木齐热电厂下设综合管理部、工程部、安监部、计划部、财务部、生产准备部等6个部室。

人员状况

乌鲁木齐热电厂现有员工167人，其中基建管理人员32人，生产准备人员135人。

新疆华电发电检修有限公司

概况

新疆华电发电检修有限公司（简称新疆检修公司）成立于2006年11月18日，是由华电新疆发电有限公司投资控股，新疆华电苇湖梁发电有限责任公司、新疆华电红雁池发电有限责任公司、新疆华电吐鲁番发电有限责任公司和新疆华电昌吉热电二期有限责任公司参股组建的区域检修公司。经营范围为电力设备检修、维修、调试、安装、电力检修技术咨询、发电运行服务、电力物资经销等。主体人员主要来自于苇湖梁公司原检修部。2007 年底在册员工 172 人。

机构设置

新疆检修公司下设综合管理部、人力资源部、财务资产部、市场营销部、安全监察部、检修项目部、维护项目部和工程项目部等 8 个部门。

发展战略

发展定位：实现实体型和管理型有机结合的华电区域检修公司，打造华电电力检修品牌。

2008 ~ 2010 年发展目标：抓住机遇，快速发展，打造新疆第一的电力检修品牌。第一年，规范创新，打好根基；第二年，管理升级，实力增强；第三年，扩大市场，树立品牌。

2010 年目标：

管理先进——探索出适合区域检修公司发展的良性运营模式；

技术精湛——具备 30 万 kW 等级机组检修水平，培养出一批技能过硬的检修业务专家；

装备精良——工、机具配备水平疆内一流；

实力雄厚——资质齐全，项目管理人员、技术人员、技经人员及特种作业人员充足，自有熟练检修人员 300 名以上，培养掌控工种分布合理的适用劳务队伍 300 ~ 500 人，能够稳定获得内地高等级检修队伍的技术支持。

领导班子

党委书记、总经理：狄刚

党委成员、副总经理：沈一凡

党委成员、纪检书记、工会主席、副总经理：赵启民

年度业绩

2007 年，新疆检修公司通过努力开拓市场空间，将指标层层分解与落实，加强成本费用控制，实现利润 16.7 万元，成本费用利润率 1.9%，期末流动资产占用额 472 万元，资本性支出 99 万元，全面完成了华电新疆发电有限公司下达的各项生产经营效益指标。

生产经营管理

建立规范基础工作。新疆检修公司依据集团公司检修体制改革规划的指导方针，努力探索集约化经营、专业化管理、市场化运作的发展方向，组建初期根据实际状况及工作需求，首先建立了维持公司正常工作运转的安全、质量、行政、人事、财务管理基本制度；以市场为导向，全面收集了疆内各火电厂的机组状况、检修需求状况、市场价格信息及疆内检修劳务市场信息。新疆区域华电机组检修基本均集中在春、秋两季，检修项目时间分布的极不均衡性要求新疆检修公司在春、秋两季高峰期必须加班加点、连续奋战。冬、夏淡季期间，可开拓系统外市场，承揽电网公司、石化系统及兵团系统等所属电厂机组检修工程。

经营管理不断规范改进。定期组织召开经济活动分析会及资金平衡会；建立了标准化体系框架；2007 年 6 月，全面启动实施了“三标一体”贯标认证工作，即 ISO 9000 质量管理体系、ISO 14000 环境管理体系、OHSMS 18000 职业健康安全管理体系贯标认证，取得了管理体系的认证证书；积极协助华电新疆发电有限公司起草制订了内部市场检修、技改、消缺等合同范本；与疆内部分施工单位建立长期劳务合作关系，形成了一定的劳务蓄水池，不断改善外部市场环境。

扎实开展安全工作。新疆检修公司成立后立即着手建立安全监督体系和安全保证体系，将 2007 年定为“反违章年”，通过逐级签订安全目标责任书，落实安全责任，实行逐级负责制，并纳入公司业绩考核体系。根据区域检修公司以检修工作为主的特点，其安全工作的核心是防止人身事故的发生，此外，防止火灾事故、环境污染事故及施工中的重大设备损坏事故也是安全工作的重点，为防止上述事故的发生，从加强安全教育、完善落实安全制度、加大反违章力度、强化重大危险作业的监控手段、实施安全设施标准化管理五个方面提升安全管理水平。2007 年未发生重伤及以上事故，未发生检修项目设备损伤事故，未发生火灾事故，全年实现连续安全生产。

工程项目取得明显成效。2007 年新疆华电系统 5 万 kW 机组及以上检修计划 16 台次，新疆检修公司自主或合作方式承接了 9 台次。在大机组检修中积极采取了引进内地检修队伍合作承揽的方式，虽然工程收入下降，但通过合作一方面保证了机组的检修质量，另一方面在合作中加强了人员间的学习交流，明显提升了人员的技能水平和项目管理水平。一系列的工程实践，既锻炼了队伍，增强了信心，也学习、积累了许多经验，平稳顺利地度过了 2007 年两次华电机组检修高峰期。

内部改革

根据区域检修公司的性质、面临的形势及检修高峰期任务，新疆检修公司进行了相应的体制改革，以积极适应形势的新变化及发展的新要求。

一是分步实施机构调整，确保稳妥实现改革目标。新疆检修公司分阶段、有步骤地进行了内部组织机构调整，通过分步操作，实现了公司工作逐渐从面向苇湖梁公司到面向在疆各华电企业的平稳过渡，未引发不稳定事件。

二是打破以往的管理模式，建立了激励约束机制。针对检修工程项目特点，实行了项目内部承包制，通过项目承包书与项目部签订工作项目的安全、工期、质量、成本目标等，将目标与项目部班子成员及全体员工奖金水平挂钩考核，并对项目部管理人员实行风险抵押金制度。项目部内部逐级分解目标和任务，并与各级人员奖金水平挂钩，初步建立了“多劳多得”的分配模式。同时，对管理人员实行动态的绩效考评，颁布了《机关绩效考评实施办法》，制订了从部门到个人工作成果的绩效评价标准，积极促进了以目标管理为核心的提效工作。

党的建设、精神文明建设和企业文化建设

新疆检修公司党总支与下属 3 个支部分别签订了党风廉政建设责任书，使党风廉政建设责任到人，保证了落实性。制订了 2007 年党风廉政工作计划和目标，凡是党风廉政建设方面出现问题，一律追究当事人和领导者的责任，并与奖金、评先选优紧密挂钩。

针对检修项目工作性质，开展了双文明周工作评价活动；加大项目宣传力度；开辟工地宣传栏，检修快讯，员工文体活动等；重视员工思想动态，不定期多次采用调查问卷及班组走访的形式，与员工开展广泛的交流和沟通，保持了员工队伍的稳定，营造了和谐的内外部环境。

大力启动实施企业文化建设。做好长期积累、提炼、倡导和强化的思想及宣传的准备工作，明确了公司的使命：为大型电站企业提供专业快捷、精心周到的优质服务；公司愿景：成为西北地区第一品牌的电站服务企业。

主要经营管理经验

观念转变是前提。区域检修公司的性质决定了公司走向市场是必然的趋势，检修公司与发电企业经营模式不同，必然要求观念要改变，要牢固树立市场意识、质量意识和服务意识，市场意识是第一要务，质量意识是第一任务，强化对各发电企业及顾客满意的服务意识，确保检修质量是区域检修公司关键性的问题，否则观念和意识的滞后将成为公司发展壮大的最大障碍。

机制创新是关键。检修公司是新生事物，无参考的模式，这需要建立完善与实际相适应的一系列配套机制，保证检修体制改革的正常运转，保证区域性机组检修及维护任务的完成，尤其是建立以分配机制为核心的一系列企业内部机制，充分调动员工的主观能动性和积极性。

队伍建设是核心。检修企业是以人才与技术为核心的企业，是密集型企业，人才在市场竞争中具有决定性的作用。检修公司员工承揽由原一个发电企业机组的检修维护工作扩大为华电在疆企业的所有机组及公用系统，加之新疆机组检修的重叠性特点，必然要求要加速检修人员的培养，因此队伍建设工作将成为区域检修公司近期乃至今后长期的核心工作。

政策支持是保障。有统一的内部检修市场规则，可避免、减少与各发电企业之间产生的种种分歧、争议；检修项目人员的满足、技术装备水平的提高、市场的开拓、经营状况的改善等需要政策支撑，只有有力合理的政策才能保证和促进区域检修公司早日独立运作、走向市场，快速打造华电电力检修品牌。

循序渐进为手段。员工主要来自于主业，等、靠、要的思想还有相当的市场，改变固有的行为模式，需要有一个过程；从甲方到乙方的转变，人员素质的提高；满足不同类型机组检修水平的提高等，不是一日而成。改革的力度和节奏与员工心理承受能力之间的矛盾随时存在，故在把握好改革方向的同时，必须采取持续渐进的改革方式，并时刻关注员工的心理承受能力，才能在确保员工队伍稳定的情况下逐步加快改革步伐。

国电南京自动化股份有限公司

概况

国电南京自动化股份有限公司（简称南自公司）是 1999 年 11 月 18 日在上海证券交易所挂牌交易的首家电力高科技上市公司，由中国华电集团公司下属的中国华电工程（集团）有限公司控股管理。

南自公司前身为国家电力公司南京自动化总厂（简称南自总厂），始建于1940年，是原国家电力公司直属归口开发、生产电力系统成套自动化装置和专用仪器的大型国有企业。1998年，南自总厂以其所属部分生产经营性资产向社会公开发行4000万股A股，设立南自公司。2002年12月29日，根据国家电力体制改革实施方案，南自公司随华电工程整建制进入中国华电集团公司。南自公司的经营范围为：输变电保护、控制及自动化系统，发电厂保护控制及自动化系统，调度配网自动化系统、轨道交通自动化系统、其他工业控制及自动化设备、高低压电器及电气传动设备的研究、开发、生产、销售和咨询服务；水、气、固体、噪声等环境保护工程设计、设备制造、施工总承包，以及变电站、电站工程总承包；经营本企业自产产品和技术的出口业务；公司生产科研用原辅材料、仪器仪表、机械设备、零配件及技术的进口业务，进料加工和“三来一补”。

领导班子

董事长：白绍桐

董事：白绍桐、张国新、陈礼东、张海青、戴启波、赵江

独立董事：姜宁、王开田、宋利国、向颖

总经理：张国新

副总经理：孙志杰、郭效军、彭刚平、张加康

年度业绩

2006年，南自公司全面完成董事会提出的各项经营指标，订货141725万元，与2005年度相比增长31.19%。主营业务收入113011.57万元，与2005年度相比增长了24.25%；实现主营业务利润30344.17万元，与2005年相比增长4.38%，实现净利润6884.25万元，与2005年相比增长了41.37%。

2007年，南自公司全年订货13.5亿元。年度营业收入123578.51万元，与2006年相比增长2.78%；实现营业利润5277.54万元，与2006年相比减少7.29%；实现利润总额10499.60万元，与2006年相比增长14.73%；实现净利润9075.32万元，与2006年相比增长9.96%。

创新成果

2006年，南自公司7项新产品通过了中国电机工程学会成果鉴定，1项新产品通过了中国电力企业联合会成果鉴定。“PS6000+变电站自动化系统”被列为江苏省科技成果转化专项资金项目，获得1500万元政府支持。“SG 750型750kV继电保护装置”获得华电集团科技进步奖一等奖。“PS6900电厂电气自动化系统”获得二等奖。“WBKQ—01B型微机备用电源快速切换装置”获得三等奖。南自公司荣获2006年度华电集团科技管理先进单位称号。

2006年，DL/T 478《静态继电保护及安全自动装置通用技术条件》、DL/T 671—1999《微机发电机变压器组保护装置通用技术条件》获得华电工程科技进步奖一等奖；“epower能量管理系统”获得二等奖。

2007年，南自公司完成新产品鉴定验收33项（含子项目），其中省部级鉴定项目12项（年度目标8项）。顺利通过了国家AAAA级（最高级）“标准化良好行为企业”专家组现场审核确认，并报国家标准委颁发证书。获得国家信息产业部授予的“计算机系统集成二级资质”。

2007年，南自公司在中国华电集团公司成功实施了“变频节能技术”、“发电机新一代励磁调节技术”、“电除尘节能技术”等示范工程并顺利通过验收。“省技术成果转化专项PS 6000+自动化系统”获政府财政拨款到账862.5万元，同时如期获得省厅财政第二批287.5万元拨款批文。南自公司荣获国家知识产权局颁发的“专利技术产业化”先进奖。成功申报各级科技进步奖26项，国家“863”等科技项目6项。

经营管理

2006~2007年，南自公司加强内部管理力度，强化全面预算管理与财务控制管理。在主营业务与2005年相比增长24.25%的情况下，自管理费用同比下降11.9%。ERP项目完成战略梳理、管控设计与流程优化并上线实施。在研发及技术管理方面，南自公司完成了“工程设计规范”的制订工作，建立生产工艺标准体系与核心产品技术标准体系，结合ERP工作推进标准信息化平台的建立与标准器件库的建立，在新产品开发项目上实施项目风险激励机制。

在市场开发方面，南自公司重点宣传推广节能减排、数字化变电站等产品理念，进一步开拓静电电除尘和变频调速产品市场。

在购销管理方面，南自公司不断提高采购物流、资金流的有效运转，控制和降低了管理费用和采购费用，较好地提升了采购物流管理水平。

在财务管理方面，南自公司实行“财权集中、分级管理”的体制，充分发挥整体资金优势，优先安排调剂资金余缺，促进资金的合理流动，减少不必要的资金支出，合理选择融资工具和融资方式，同时加强对股本金、应收款、应付款、长短期借款的监督管理。

在安全生产方面，南自公司坚持贯彻“以人为本、预防为主、综合管理”的方针，抓好组织落实、责任落实，完善三级安全生产管理网络，全面提升安全生产管理水平，促进安全生产长效管理，顺利完成了各项安全考核指标和安全生产管理目标。

在质量管理方面，南自公司获得了国际摩迪（英联）公司颁发的 ISO 9001、ISO 14001、ISO 18001 三标（质量、环境、职业健康安全）体系认证证书。南自公司电力自动化监控设备产品被中国质量监督检验检疫局正式授予“2007 年中国名牌产品”。

项目发展

2006 年，经中国华电集团公司批准，华电集团电气及热控技术研究中心在南自公司（江宁）高新科技园正式挂牌成立。

2007 年，“南京大学—国电南自研究院”揭牌。作为南京大学和南自公司联合建立的科技创新平台，将推进南自公司和南京大学产、学、研的合作。

2007 年，南自公司下属江苏南自通华电气集团新厂区落成。

内部改革

2006 年，南自公司实施《国电南京自动化股份有限公司股权分置改革方案》。股权分置改革的方案为公司非流通股股东南自总厂以其持有的 12800000 股股份作为对价，支付给流通股股东以换取所持非流通股股份的上市流通权，流通股股东每 10 股获得股票 3.2 股。股改方案实施后，南自总厂持股数量降至 65200000 股，占总股本的 55.25%。2006 年，南自公司召开临时股东大会，审议通过了《2006 年中期资本公积金转增股本议案》，以总股本 118000000 股为基数，每 10 股转增 5 股，向全体股东实施资本公积金转增股本方案，共计转增股本 59000000 股。

2007 年，南自公司有限售条件的流通股上市数量为 8850000 股，上市流通日为 2007 年 4 月 25 日。此次有限售条件的流通股上市为公司第一次有限售条件（仅限股改形成）的流通股上市流通。

2007 年 5 月 14 日，南自公司正式启动了非公开发行股份的工作。2007 年 6 月 5 日，南自公司第一次临时董事会决议通过了公司非公开发行股份的方案，拟向南自总厂等特定对象发行不超过 4000 万股股份，发行价格不低于 16.03 元/股。2007 年 8 月 18 日，国务院国有资产监督管理委员会批准公司向控股股东南自总厂非公开发行股份以认购其资产。2007 年 9 月 4 日，南自公司第一次临时股东大会决议通过了南自公司非公开发行股份的议案。截至 2007 年末，南自公司正在等待中国证监会发审委对公司非公开发行股份的申请的批复。

2007 年，南自公司正式启动定向增发工作。南自总厂以其控股和参股的 14 家子公司相关净资产 19617.498 万元认购 1223.7990 万股。其余向特定机构投资者发行不超过 2500 万股，拟募集资金不超过 40000 万元，主要投向特高压继电保护及数字化变电站自动化项目、数字化电厂自动化项目、电力节能环保项目、交通自动化项目、电力设备及工程国际业务项目等 5 个项目。通过定向增发，南自总厂以下属的 14 家子公司净资产认购南自公司股份的方式，全部进入南自公司，实现南自总厂和南自公司的重组整合。

2007 年，随着南自公司非公开发行股票工作的顺利推进，南自公司一体化整合工作全面启动。根据华电集团和华电工程发展战略，南自公司对南自总厂和南自公司进行一体化整合，制订并实施“一体两翼”（即以新模范马路 38 号大院的南自高科技软件园为龙头，以江宁科技园生产基地和浦口南自高新科技园生产基地为两翼）的战略发展布局和“1 +4 +1”（1 个研发平台、1 个生产平台和电网、电厂、水电、工业自动化及轨道交通 4 个专业分公司）的战略发展模式。

2006 年，南自公司“以平衡计分卡理论为核心的组织绩效管理体系”获中国电力企业联合会组织评审的“全国电力行业企业管理现代化创新成果一等奖”。2007 年，南自公司完成了业务部门薪酬与绩效考评体系的改革工作，建立起新的薪酬分配制度，基本实现了对外有一定竞争力、对内相对公平，结合平衡计分卡考核和绩效激励、具有南自公司特色与国际先进理念相结合的科学薪酬体系。对于高管人员，建立了以经营业绩为导向的年薪制度，实现了对高管人员激励与约束的高度统一。对于高管以下岗位人员，南自公司在美世咨询公司的帮助下完成了以 3P（岗位、能力、业绩）为基础的岗位绩效薪酬制度。通过这套以 3P 为基础的薪酬管理体系的全面导入，建立起了一套能紧密结合南自公司战略要求，根据岗位价值、组织与个人绩效、员工能力发展和市场人才竞争状况进行动态薪酬管理的科学体系，形成了薪酬管理新机制，组织绩效管理体系从制度上有力地支撑了南自公司战略目标的实现。员工的绩效考核结果将直接与其晋升、调薪与福利以及培训等挂钩，它成为南自公司人才激励机制的重要组成部分。

党的建设、精神文明建设和企业文化建设

按照中央关于加强国有企业党建工作的要求，经中共江苏省委组织部和中国华电集团公司党组批准，2005 年 6 月，华电江苏分公司成立了党组和直属机关党委。南自党组织关系随之由江苏省电力公司转至华电江苏分公司，并参与分公司直属机关党委和纪委的工作。

2007 年，南自公司加强党建工作力度，召开第十六次党员代表大会，选举产生了新一届党的委员会和纪律检查委员会。抓好先进性教育长效机制的建立与贯彻，加强干部队伍建设，深入推进“四好”领导班子创建活动。在组织建设上，设立了 27 个党支部，配好配齐支委会成员，定期检查支部工作，保证党委布置的各项政治活动顺利开展。在思想建设上，每季度开展一次党课教育，邀请专家进行社会主义荣辱观教育，组织党的十七大文件的学习活动。重视做好党员队伍的组织发展工作，通过有计划的培养、教育、考核，把一批在科研、生产、经营各个岗位上的优秀分子吸收到党内来。2007 年，共送出 36 名积极分子参加江苏省委组织部举办的入党积极分子学习班，发展、转正了 33 名党员，接转党员组织关系 124 人次。加强党性党纪教育和党风廉政建设，联系实际开展法纪宣传教育，促进党员干部思想和工作作风的改进。党委与各支部书记或行政一把手签订党风廉政建设责任书，把责任落实到各级领导干部尤其是党政一把手身上。进一步完善效能监察制度，修订完善了《党风廉政建设责任制责任追究办法》等制度。建立了党建带工建、带团建的工作制度，充分发挥其联系广大职工的桥梁纽带作用，使之围绕企业的中心任务创造性地开展工作。

南自公司进一步开展企业文化建设，制定了《南自企业文化建设纲要》、《南自企业文化推广计划》。将文化理念导入“员工手册”、“产品介绍手册”和“公司简介”，并在新员工培训上宣讲。2006 年，南自公司荣获“中国企业文化建设先进单位”、中国电力系统“企业文化建设先进单位”、“企业文化十大优秀案例”称号。2007 年，南自公司进一步开展和谐文化建设，组织实施全员思想调查，举办龙舟赛、篮球赛等健康有益的文体活动，增强了企业凝聚力。2007 年，南自公司“以人为本的企业文化价值体系”在中国电力企业联合会组织评审的“全国电力行业企业管理现代化创新成果”评比中荣获二等奖。

大事记

2006 年

1 月 6 日 集团公司召开确保春节和“两会”期间安全生产视频会议，进一步贯彻落实党中央国务院及国家各有关部门对抓好当前安全生产工作的一系列重要部署，全面贯彻落实集团公司2005 年第 28 次总经理办公会暨第二次安全生产委员会会议的要求，安排部署春节和“两会”期间安全生产重点工作。集团公司党组书记、总经理贺恭对会议作了重要批示，集团公司党组成员、副总经理任书辉出席会议并作了讲话。会议重点从思想认识、危险源排查整治、应急救援体系建设和应急预案管理、安全监督队伍建设、设备维护消缺、基建施工、交通、消防及岗位职守和领导带班等九个方面进行了工作部署。

1 月 12 日 集团公司 2006 年投产计划协调暨2005 年机组试运行经验教训交流会在北京召开。集团公司党组成员、副总经理程念高出席会议并作讲话。来自公司系统 50 个项目公司近 85 名代表参加了会议。

1 月 14 日 贵州省委、省政府在贵阳举行“贵州实施‘西电东送’战略座谈会”。贵州省委书记石宗源，省委副书记、省长石秀诗出席会议并讲话。集团公司党组成员、副总经理程念高出席会议。

1 月 16 日 集团公司和中国电力企业联合会、中国水力发电学会联合主办的 2006 年水电新春联谊会在北京举行。集团公司党组书记、总经理贺恭发表致辞。贺恭高度概括了 2004 年末～2005 年水电发展取得的重大成就。水利部部长汪恕诚，国家能源办副主任、国家发展改革委能源局局长徐锭明，中国电力企业联合会理事长赵希正，全国人大财经委员会委员王文泽，国家开发投资公司总裁王会生，中国国电集团党组书记、总经理周大兵及副总经理陈飞，中国大唐集团公司副总经理杨庆，中国电力投资集团副总经理石成梁，武警水电指挥部主任李光强，中国水电顾问集团总经理李菊根，中国水利水电科学研究院院长匡尚富，以及原水电部副部长李锐、国家开发银行原行长姚振炎、水利部原副部长陈庚仪、何璟等领导出席了联谊会。集团公司党组成员、副总经理程念高主持了联谊会。

1 月 18 日 集团公司召开党组扩大会议，传达学习中央纪律检查委员会第六次全体会议和全国科学技术大会精神。集团公司党组书记、总经理贺恭主持会议并讲话。

1 月 19 日 集团公司在北京举办 2006 年银企联谊会。国家开发银行、工商银行、建设银行、中国银行、农业银行、交通银行、银河证券、中金公司、德意志银行、民生银行、招商银行等金融机构的领导和嘉宾出席了联谊会。

1 月 22～23 日 22 日上午，集团公司 2006 年工作会议在北京召开。中共中央组织部、国家发展改革委、国务院国资委、国家电监会、国家能源办、国务院派驻集团公司监事会、中国电力企业联合会等有关领导出席了会议。集团总部副处级以上干部员工、系统各单位主要负责人和职工代表约 400 人出席了会议。

1 月 24 日 集团公司 2006 年纪检监察工作会议在北京召开，传达贯彻中央纪委第六次全会和中央企业纪检监察工作会议精神。

1 月 24 日 宁夏回族自治区党委、自治区政府向集团公司发来感谢信，对集团公司在推进宁夏回族自治区国民经济发展和社会进步方面作出的突出贡献表达诚挚的谢意。

1 月 24 日 辽宁华电铁岭发电有限公司 2006年股东会、董事会、监事会临时会议在沈阳召开。集团公司和辽宁能源投资（集团）有限责任公司就铁岭发电厂一期资产并入辽宁华电铁岭发电有限公司，以及对铁岭发电厂一、二期机构进行合并事宜，达成了一致意见，并签署了《辽宁华电铁岭发电有限公司章程》修订案。

1 月 25～26 日 华电国际电力股份有限公司2006 年工作会议在济南召开。

1 月 28 日 北京市副市长张茅一行到华电（北京）热电有限公司亲切看望和慰问了坚守在供热一线的职工，并检查指导该公司的供热工作。

1 月 29 日 集团公司党组书记、总经理贺恭发布新春致辞，代表集团公司党组向公司全体员工、家属致以节日的衷心祝福；向所有为公司建设、改革和发展事业作出重大贡献，并热情关心公司发展的离退休员工表示亲切的慰问；向所有长期关心和支持华电集团事业发展的各级政府和社会各界表示衷心的感谢。

2 月 8 日 华电工程集团公司承包的 2×9

万kW阿萨汉水电项目在印度尼西亚举行奠基仪式及该项目债权收购协议的签字仪式。

2月9日 贵州乌江水电开发有限公司三届一次职代会暨2006年度工作会议在贵阳召开。2005年，乌江公司完成发电量54.88亿kW·h，完成销售收入10.9亿元，实现利润总额1.81亿元，全面完成集团公司下达的生产经营任务。

2月11日 青海华电大通发电有限公司一期工程1号机组顺利通过168h试运行，标志着在青藏高原首台30万kW火力发电机组建成投产。

2月15日 集团公司与中国核工业集团公司在北京签署《关于合作建设福建惠安核电项目的框架协议》。根据协议，两大集团将作为主要出资人组建有限责任公司，共同建设惠安核电项目。惠安核电项目由中国核工业集团公司作为第一大股东相对控股，承担建造和运营业主的主体责任；中国华电集团公司作为第二大股东，支持并配合做好决策与管理工作。

2月16日 华电云南发电有限公司召开2006年工作会议。2005年，华电云南发电有限公司完成发电量34.81亿kW·h，实现销售收入5.96亿元，实现利润总额405.16万元，全面完成了集团公司下达的各项考核指标。

2月16日 集团公司东北地区电煤统一结算工作座谈会在北京召开，对集团公司电煤统一结算工作的总体实施方案进行了部署，对东北地区率先启动电煤统一结算工作进行了动员，并对相关工作进行了具体安排。

2月16日 华电四川公司、华电四川发电有限公司2006年工作会暨一届一次职工代表大会在成都召开。2005年，华电四川公司完成发电量117.91亿kW·h，实现销售收入30.33亿元，实现利润0.6468亿元，全面完成各项生产经营任务，实现了区域扭亏。

2月17日 中国华电集团财务有限公司2006年度工作会议在北京召开。2005年，财务公司实现主营业务收入27898万元，实现利润总额7884万元、净利润4533万元，超额完成集团公司下达的各项年度经营业绩考核指标。

2月18日 中国华电集团公司安徽代表处、华电国际电力股份有限公司安徽分公司在合肥挂牌成立。

2月21日 华信保险经纪有限公司2006年工作会议在北京召开。2005年，华信保险经纪有限公司实现主营业务收入2467万元，实现投资收益192万元，实现利润总额1076万元，实现净利润693万元，净资产收益率达到12%，超额完成集团公司下达的经营任务。

2月21日 中国华电工程（集团）有限公司2006年度工作会议在北京召开。2005年，中国华电工程（集团）有限公司实现收入总额39亿元，与2004年相比增加13.16亿元；利润总额4576.20万元，与2004年相比增加1555.80万元；净利润1042.90万元，与2004年相比增加856.67万元，超额完成了集团公司下达的各项考核指标。

2月21日 中央国家机关精神文明建设协调领导小组召开中央国家机关在京单位精神文明建设工作表彰大会，授予中国华电集团公司2005年度“中央国家机关文明单位”称号。这是集团公司成立以来连续两年获此殊荣，为实现文明单位创建“三连冠”，争创“首都文明单位”的目标奠定了坚实的基础。

2月22日 德国西门子股份公司发电集团副总裁乌班克先生一行访问集团总部。

2月23日 集团公司在北京召开企业年金管理监督委员会一届三次会议。

2月23日 集团公司召开工程项目与投资管理系统（PIMS）推广应用动员视频会议，对工程项目与投资管理系统的推广工作作出具体部署。

2月27日 集团公司党组书记、总经理贺恭，集团公司党组成员、副总经理程念高在集团总部会见了到访的印度尼西亚国有投资银行总裁林车伟先生一行。

2月27日 集团公司2006年安全生产专题会议在济南召开，传达贯彻全国安全生产工作会议和全国电力安全生产委员会第五次（扩大）会议精神，总结部署安全性评价工作，安排2006年安全生产工作。

2月27日 集团公司向系统各单位发出通知，决定于2006年在公司系统企业中广泛、深入地开展企业文化建设“提高年”活动。开展企业文化建设“提高年”活动，是集团公司进一步深化、推进集团公司企业文化“一二三四五”建设工程而采取的一项重要措施。

3月1日 集团公司召开集团总部员工大会。集团公司党组书记、总经理贺恭出席会议并发表重要讲话，与各部门负责人签订了2006年业绩考核责任书。集团公司党组成员、副总经理曹培玺宣读了《关于公司总部员工2005年绩效考核结果的通报》。

3月2日 集团公司在昆明召开2006年生产计划会议，贯彻落实集团公司2006年工作会议精神，进一步落实2006年生产计划，研讨在发电市场竞争情况下如何做好生产计划管理工作。

3月3日 集团公司在华电能源哈尔滨第三发电厂举行教育培训基地揭牌仪式。

3月4~13日 在全国“两会”召开之际，集团公司党组书记、总经理贺恭在北京分别会见了参加“两会”的中共中央政治局委员、新疆维吾尔自治区党委书记王乐泉，安徽省省长王金山，宁夏回族自治区党委书记陈建国、自治区政府副主席齐同生，辽宁省省委书记李克强，湖南省省长周伯华，福建省省长黄小晶，黑龙江省省长张左己，西藏自治区政府主席向巴平措等就华电集团在当地的经营发展等相关问题进行了友好会谈。

3月8日 集团公司在上海举行华东区域电力市场工作座谈会。

3月8日 集团公司与辽宁省铁岭市人民政府签署合作开发亮中煤田协议。

3月17日 国务院国资委办公厅发出通报，对集团公司获得2005年度中央企业信息报送先进单位和先进个人进行表彰。

3月17~18日 集团公司在福州召开2006年基本建设专业会。会议回顾了2005年和集团公司成立以来的基本建设工作，部署了2006年的工作任务，与有关单位签订了2006年前期工作责任书，表彰了2005年度基建安全先进单位和投产立功单位。

3月19日 贵州华电大龙发电有限公司2×30万kW建设工程1号机组顺利通过168h试运行，正式移交生产并投入商业化运营，这是集团公司在贵州投资建设的首台火电机组，标志着贵州省“十一五”期间首台机组投产发电。

3月20日 集团公司东北区域电力市场竞价工作会议在黑龙江召开。

3月23日 北京市爱国卫生运动委员会向集团总部颁发了“2005年市级爱国卫生先进单位”奖牌，这是集团公司本部连续第4次荣获北京市爱国卫生先进单位称号。

3月23日 华电石门二期工程4号机组一次顺利通过168h满负荷运行。至此，华电石门二期工程2×30万kW机组已全部建成投产，标志着集团公司在湘资产零的突破。以华电石门二期工程全部投产为标志，集团公司装机容量突破4000万kW。

3月25日 华电（北京）热电有限公司燃气热电工程正式开工。该工程是华电（北京）热电有限公司的异地扩建项目，是北京奥运的重点建设项目，对于成功举行北京2008年奥运会和满足城市集中供热，以及北京市的城市环保都具有十分重要的意义。

3月30日 集团公司党组向公司系统各单位党委（党组）发出《中共中国华电集团公司党组关于认真组织开展树立社会主义荣辱观学习教育活动的通知》（中国华电党［2006］45号），对公司系统认真学习贯彻胡锦涛同志树立社会主义荣辱观的重要讲话精神，深入组织开展树立社会主义荣辱观学习教育活动做出全面部署。

4月3日 集团公司2006年第一期企业领导人员培训班在中国华电集团高级培训中心开班。

4月3日 集团公司2006年前期工作协调会在北京召开。会议邀请有关专家对火电前期项目的程序、深度、机组选型及相关的产业政策进行了讲解。

4月4日 集团公司召开党组会议，专题贯彻落实电力行业治理商业贿赂领导小组第一次会议精神。会议认真学习了《中共中央办公厅、国务院办公厅关于开展治理商业贿赂专项工作的意见》，传达和学习了电力行业治理商业贿赂领导小组第一次会议精神和电力行业开展治理商业贿赂专项工作实施方案，并对集团公司的贯彻落实意见和有关工作进行了研究和部署。

会议决定成立集团公司治理商业贿赂专项工作领导小组，由集团公司党组书记、总经理贺恭任组长，集团公司党组成员、副总经理曹培玺和集团公司党组成员、纪检组组长迟文江任副组长，集团总部有关部门的主要负责人为成员。同时成立领导小组办公室，办公室设在监察部。

4月6日 集团公司党组书记、总经理贺恭对集团公司年鉴工作作出批示，提出了明确要求。集团公司年鉴编纂工作正式启动。

4月7日 集团公司电煤统一结算工作全面启

动座谈会在北京召开。会议传达了东北地区电煤统一结算工作座谈会的会议精神，宣贯了集团公司电煤统一结算实施方案，研究了在第三批火电厂实施这项工作时可能出现的问题并布置了各项准备工作。

4月8日 集团公司与烟台商业银行签署入股协议，并就加快华电莱州电厂前期工作等签署了会谈纪要。

4月11日 湖南华电常德发电有限公司揭牌成立。

4月14日 集团公司召开治理商业贿赂专项工作领导小组第一次全体会议，传达学习中共中央办公厅、国务院办公厅的有关文件精神，讨论通过了《集团公司治理商业贿赂专项工作调研方案》。

4月16日 原能源部部长黄毅诚到上海华电电力发展有限公司望亭发电厂调研。

4月17日 集团公司党组成员、副总经理曹培玺在集团总部会见了来访的日本九州电力株式会社松尾新吾社长一行。

4月17日 国电南京自动化股份有限公司股权分置改革的现场股东会议在国电南京自动化股份有限公司江宁科技园召开，公司董事、监事、高级管理人员及保荐机构代表出席了会议。会议审议通过了《国电南京自动化股份有限公司股权分置改革方案》。

4月17~18日 中组部、国务院国资委“四好”领导班子创建活动调研组到集团总部及华电（北京）热电有限公司检查指导，对集团公司“四好”领导班子创建活动所取得的显著成效给予充分肯定。

4月19日 集团公司召开2006年一季度安全生产经济运营分析会。这是集团公司加强经济运行监控分析、将半年分析改为按季度分析的一项重大举措。

4月20日 集团公司科技进步奖专家评审会在北京召开，对公司系统43个参评项目进行了认真评审，提出了集团公司科技进步奖专家评审意见。

4月21日 集团公司党组书记、总经理贺恭与应邀来华访问的印度尼西亚国有企业部部长苏吉亚托一行在北京举行了友好会谈，双方就进一步加深和扩大在印度尼西亚电力领域的合作交换了意见。

4月22日 集团公司在中央纪委监察部北京培训中心举行系统纪检监察业务骨干培训班开学典礼。培训班结束后，集团公司“四年内将公司系统全体纪检监察干部基本轮训一遍”的目标圆满实现。

4月24~25日 集团公司召开主辅分离辅业改制工作专题研讨会。会议学习了国家有关主辅分离辅业改制的三个重要文件，对《集团公司主辅分离辅业改制有关问题的初步意见（讨论稿）》和《集团公司主辅分离辅业改制实施意见（讨论稿）》进行了认真研究，并就主辅分离的界面划分、检修管理体制的改革模式、改制企业的生存与发展、进一步规范关联交易等问题进行了深入细致的讨论。

4月25日 《中国电力报》在头版刊发了集团公司党组书记、总经理贺恭的署名文章《推动水电更快更好发展》。贺恭在文章中以科学发展观理论为指导，全面分析了中国水电开发面临的重大战略机遇，深刻阐述了更快更好发展中国水电的重要性、必要性和急迫性，提出了科学合理开发水电应坚持的四项基本原则。

4月29日 中共中央政治局委员、国务院副总理曾培炎和随行的国务院副秘书长张平、国家发展改革委副主任张国宝在集团公司党组书记、总经理贺恭，浙江省委书记习近平、省长吕祖善等人的陪同下，到杭州华电半山发电有限公司（简称半山公司）调研。曾培炎对贺恭提出的杭州华电半山发电公司争取建设燃机二期工程和IGCC项目（整体煤气化联合循环发电）的发展目标非常关心，指示半山公司要进一步做好项目的前期工作。曾培炎对“西气东输”工程下游最大的配套发电项目的建设和运营情况表示满意。随行的国家发展改革委副主任张国宝十分关心半山燃机供气问题，指示有关部门要全力做好协调工作，保证半山公司天然气供应，解除企业的后顾之忧。

5月2日 李鹏同志在江苏省委书记李源潮，集团公司党组书记、总经理贺恭的陪同下，到电力高科技上市企业——国电南京自动化股份有限公司（简称国电南自）调研。李鹏对国电南自近几年的科技成果和企业发展给予了充分肯定，希望国电南自紧抓“十一五”期间电力快速发展的大好机遇，加快具有自主知识产权的技术和产品开发及产业化工作，要求国电南自利用在电力系统控制方面的自主核心技术优势，更多地占领国际市场，为电力事业的发展作出贡献。

5月9日 集团公司召开治理商业贿赂专项工作领导小组第二次会议，会议听取和讨论了领导小组办公室《关于开展治理商业贿赂专项工作调研情况的报告》，讨论并原则通过了《集团公司开展治理商业贿赂专项工作实施方案》。

5月10日 集团公司召开信息化领导小组第四次会议。会议听取了公司信息中心的《集团公司信息化工作汇报》，对集团公司 2002～2005 年信息化工作做了全面的回顾和总结，进一步明确了系统各单位信息化人员配备和集团总部部门职责分工，部署了 2006 年信息化工作的重点，提出了 2006～2007 年信息化工作的奋斗目标。

5月11日 集团公司党组书记、总经理贺恭在集团总部会见了印度尼西亚驻华大使苏德加，双方就中国华电在印度尼西亚电力项目发展上的有关问题交换了意见。

5月11日 福建福清核电有限公司第一次股东会、董事会、监事会在北京召开。会议讨论通过了《福建福清核电有限公司投资协议》和《福建福清核电有限公司章程》。福建福清核电有限公司由中国核工业集团公司和华电福建发电有限公司按 51% 和 49% 的比例共同出资设立。华电福建发电有限公司负责开发、建设和运营福清核电项目一期 2×100 万 kW 级核电机组。福清核电项目规划建设 6×100 万 kW 级核电机组，分三期建成。

5月17日 集团公司 2006 年第二期企业领导人员培训班在中国华电集团高级培训中心开班。

5月18日 福建福清核电有限公司在福州揭牌成立。

5月22日 集团公司召开向国务院派驻华电集团监事会汇报会。集团公司党组书记、总经理贺恭，国务院派驻华电集团监事会主席范有年，集团公司党组成员、副总经理曹培玺、程念高、任书辉，集团公司党组成员、纪检组长迟文江，集团公司党组成员、副总经理辛保安出席会议。集团公司总师、助理、顾问、副总师及监事会成员参加了会议。贺恭对监事会派驻华电集团三年来，以范有年同志为首的监事会对公司工作给予的支持和帮助表示了衷心的感谢。同时，就公司成立 3 年来的各项工作进行了阶段性回顾，并对 2006 年的工作安排和前 4 个月的经营情况，以及公司面临的困难和需要监事会帮助反映的问题等向监事会作了汇报。范有年对集团公司成立 3 年多来的各项工作给予了高度评价和充分肯定。针对公司当前存在的困难和问题，范有年表示，监事会将在调查和了解的基础上，积极向有关方面反映。

在下午的专题汇报会上，集团公司有关部门向监事会汇报了 7 个方面的专项工作，曹培玺主持了汇报会。

5月23日 集团公司召开治理商业贿赂专项工作视频会议，传达贯彻中央纪委六次全会、国务院第四次廉政工作会议和全国治理商业贿赂领导小组负责人会议精神，落实全国电力行业治理商业贿赂电视电话会议部署，全面动员和部署公司系统治理商业贿赂专项工作。

5月24日 集团公司企业文化理论与实务培训班开学典礼在北京举行。集团公司党组成员、副总经理辛保安出席开学典礼并讲话，提出未来的华电企业文化要成为学习型文化、创新型文化、激励型文化、诚信型文化、团队型文化、和谐型文化。

5月27日 福建华电可门储运中心暨福州港罗源湾港区可门作业区 10、11 号泊位工程在连江县可门港隆重举行奠基仪式。

5月29日 “十一五”燃煤电厂脱硫工程启动仪式在天津举行。中共中央政治局委员、国务院副总理曾培炎出席仪式并宣布“十一五”燃煤电厂脱硫工程正式启动。集团公司党组书记、总经理贺恭与国家环境保护总局局长周生贤签订了“十一五”二氧化硫总量削减目标责任书，承诺到 2010 年底，集团公司二氧化硫排放总量在 2005 年的基础上削减 44.9%。

6月2日 集团公司召开 2006 年公司系统迎峰度夏安全生产视频会议。会议传达了国家有关部委和领导对 2006 年电力迎峰度夏工作的批示和部署，总结回顾了公司 1～5 月份安全生产工作，深入分析迎峰度夏形势，全面部署 2006 年公司系统迎峰度夏和近期安全生产工作。

6月5日 乌江索风营水电站 3 号机组顺利通过 72h 试运行，正式投入商业运行。至此，乌江干流梯级水电开发第一阶段目标提前实现，乌江干流中上游梯级电站机组全部投产。

6月5日 集团公司第三期20亿元企业债券（简称“06华电债”）正式公开发行。

6月7日 福建省委、省政府召开防汛抗洪会议。会议传达了温家宝总理的批示。会后，华电福建发电有限公司立即向各单位传达贯彻温家宝总理对福建抗洪的批示精神，进一步采取有力措施动员部署防汛抗洪工作。

6月8日 集团公司党组书记、总经理贺恭，集团公司党组成员、副总经理程念高在北京会见了由印度尼西亚国有企业部部长苏吉哈托和矿产能源部部长普诺默·尤斯吉昂托诺率领的印度尼西亚政府代表团一行。双方表达了紧密合作、双赢互利、共谋电力事业发展的强烈愿望。

6月9日 集团公司党组书记、总经理贺恭向华电福建发电有限公司发去慰问信，亲切慰问华电福建发电有限公司广大干部员工，勉励大家同舟共济，战胜洪灾，取得抗洪救灾的胜利。

6月12日 集团公司召开首届科技工作会议。会上，“中国华电集团公司动力技术研究中心”和“中国华电集团公司电气和热控技术研究中心”揭牌成立。

6月13日 全国节约型电力企业建设成就及技术论坛在北京召开。集团公司党组成员、副总经理任书辉出席论坛并作了《精心规划　改善营运　努力建设资源节约型企业》的发言。

6月13日 集团公司召开四川部分企业股权划转暨管理体制调整会议，集团公司党组成员、副总经理辛保安出席会议并作重要讲话。此次企业股权划转是集团公司在四川区域发展的需要，也是华电四川发电有限公司进一步做强做大的需要。

6月15日 集团公司召开公司系统无纸化办公项目实施动员视频会议。会议全面回顾和总结了集团公司成立三年来在信息化建设方面的成绩和成功经验，对公司系统今后的信息化建设提出了明确的指导思想和目标要求。

6月16日 中国华电集团公司辽宁代表处在辽宁沈阳成立。

6月19日 集团公司系统工会主席培训班开班。

6月20日 安徽华电芜湖发电有限公司2×60万kW燃煤机组项目银团贷款合同签字仪式在北京举行，由国家开发银行、中国工商银行安徽省分行、交通银行北京分行、交通银行芜湖分行组成银团，共同为芜湖燃煤机组项目提供贷款。

6月22日 集团公司对中国华电集团公司黑龙江分公司、华电能源股份有限公司进行整合。

6月25日 山西省委书记张宝顺、省长于幼军带领山西省党政代表团一行55人，在江苏省省长梁保华、南京市委书记罗志军、南京市市长蒋宏坤的陪同下，前往国电南京自动化股份有限公司江宁科技园参观考察。

6月27日 集团公司党组书记、总经理、华电国际电力股份有限公司董事长贺恭就华电国际股权分置改革有关问题，接受了《中国证券报》、《上海证券报》、《证券日报》、《证券市场红周刊》等证券媒体的联合采访。

6月28日 在国务院国资委召开的中央企业党建工作会议上，华电国际电力股份有限公司党委荣获“中央企业先进基层党组织”荣誉称号。

6月28日 华电新疆发电有限公司成立大会在乌鲁木齐市举行。新成立的华电新疆发电有限公司作为集团公司的全资子公司，对华电在新疆的6家发电企业行使出资人权利。同时成立的还有华电煤业新疆分公司、新疆哈密英格玛煤电投资有限责任公司和新疆昌吉英格玛煤电投资有限责任公司。

6月30日 集团公司召开集团总部和在京单位庆祝建党85周年大会。

7月2日 福建华电可门发电有限公司1号机组并网发电成功，成为集团公司成立以来投产的第一台60万kW级火电机组。

7月4日 集团公司首期中青年干部培训班在中国华电集团高级培训中心开班。首期中青年干部培训班学员共60人，进行为期一个月的政治理论知识、企业经营管理基本理论知识、企业经营管理能力、电力企业改革与发展培训和社会实践。

7月5日 集团公司日发电量首次突破6亿kW·h大关，达到6.0768亿kW·h。

7月6日 集团公司召开“四五”普法工作总结表彰暨“五五”普法启动大会。会议总结了公司系统的“四五”普法工作，对“五五”普法工作进行了部署。

7月6日 中国华电香港有限公司在京成立，作为集团公司境外投资窗口开展相关工作和业务。

7月10日 华电国际电力股份有限公司股权

分置改革A股市场相关股东大会现场会议在北京召开，会议审议并通过了《华电国际电力股份有限公司股权分置改革方案》。

7月10日 中国华电工程（集团）有限公司与中国葛洲坝水利水电工程集团有限公司在北京签署了印度尼西亚阿萨汉水电站项目第一标段施工分包合同，并同时与北京国电水利电力工程有限公司签署了设计分包合同。

7月12日 集团公司党组中心组召开专题学习会，集体学习贯彻胡锦涛总书记在庆祝建党85周年暨总结保持共产党员先进性教育活动大会上的讲话，并组织传达全国组织部长座谈会和中央企业党建工作会议精神。

7月14日 集团总部隆重举行了集团公司党组书记、总经理贺恭的《墨缘书情——子敬诗书续集》签名首发式，贺恭为诗书集题字"在墨缘书情的文化氛围中共同推进华电事业"。《墨缘书情——子敬诗书续集》由中国水利水电出版社出版，收录作品近80件，包括书法、诗词、临帖等多种艺术形式，并特别收录了贺恭与领导、书法家和同仁交流而珍藏的书法、印章。

7月17日 集团公司召开2006年脱硫技改项目进展情况汇报会。

7月19～20日 集团公司2006年年中经济活动分析会在哈尔滨召开。集团公司党组书记、总经理贺恭，集团公司党组成员、副总经理曹培玺、程念高、任书辉，集团公司党组成员、纪检组组长迟文江，集团公司党组成员、副总经理辛保安出席会议。国务院派驻华电集团监事会主席范有年、集团公司高级顾问邵秉仁、黑龙江省人民政府副省长刘海生、国家电监会东北电监局副局长赵海华、黑龙江省电力有限公司副总经理魏庆海出席会议并讲话。

7月20日 "华电之夜"书画笔会在哈尔滨市举行。集团公司党组书记、总经理贺恭与黑龙江省著名的书画家一道，寄兴翰墨，砥砺诗书。国家电监会原党组副书记、副主席、中国书法家协会副主席邵秉仁，集团公司党组成员、副总经理曹培玺、程念高、任书辉，集团公司党组成员、纪检组组长迟文江，集团公司党组成员、副总经理辛保安、集团公司各部门负责人及华电在黑龙江企业的主要负责人等参加了笔会。

7月25日 华电能源股份有限公司在中国证券网成功举行了股权分置改革网上交流会。

7月28日 国务院国资委促进中央企业构建惩防体系工作调研组到集团总部调研，对集团公司构建惩防体系工作给予了充分肯定和高度评价。

7月28日 贵州毕节东华热电有限公司成立大会在贵州毕节举行。贵州毕节东华热电有限公司由贵州乌江水电开发有限责任公司、贵州东岳新能源有限责任公司、贵州光大联合投资有限公司、毕节地区信泰投资有限公司共同出资组建。其中，贵州乌江水电开发有限责任公司以75%的股权比例控股。

8月3日 福建华电可门发电有限公司1号机组顺利通过168h满负荷试运行，标志着集团公司成立以来首台新建60万kW超临界燃煤发电机组诞生。

8月3日 集团公司首期中青年干部培训班圆满结业。

8月8日 集团公司2006年第三期企业领导人员培训班在中国华电集团高级培训中心开班。集团总部副处级以上干部和公司系统分管经营管理的企业领导人员57人将参加11个专题、为期10天的集中培训。

8月9～10日 集团公司在云南昆明召开2006年确保机组投产座谈会。

8月10日 集团公司召开治理商业贿赂专项工作领导小组第四次会议，对下一步专项工作提出要求。

8月12日 中国华电集团贵港发电有限公司一期工程项目正式开工。

8月13日 集团公司举办首届董事、监事培训班。

8月16日 集团公司与哈尔滨电站设备集团公司签署《中国华电集团公司与哈尔滨电站设备集团公司长期合作协议》。

8月21日 华电能源股份有限公司召开公司股权分置改革A股市场相关股东会议，审议并通过了《华电能源股份有限公司股权分置改革方案》。

8月21～22日 集团公司在山东举行职工技能大赛火电厂30万kW机组运行专业比赛。

8月24日 集团公司与中国出口信用保险公司在北京签署了战略合作协议。根据战略合作协议，中国出口信用保险公司将为中国华电集团公司开展海外投资、境外资源开发、对外工程承包及其他海外业务提供支持，协助中国华电集团公司加强跨境业务风险管理，保障海外投资及收汇安全。

8月25日 集团公司召开党组扩大会议，传达学习中央外事工作会议、中央企业负责人会议和全国培养选拔女干部、发展女党员工作座谈会会议精神。

8月26日 国家电监会主席柴松岳到新疆华电红雁池发电有限责任公司调研。

8月28日 国务院国资委在人民大会堂召开中央企业学习型红旗班组（科室）知识型先进职工表彰推进会。集团公司系统有9个班组、9名职工荣获表彰，其中1个班组被评为学习型红旗班组（科室）标杆，1名职工被评为知识型先进职工标兵。

8月29日 华电煤业集团有限公司成立一周年庆典暨新成立子公司揭牌仪式在北京举行。华远星海运有限公司、内蒙古蒙泰不连沟煤业有限责任公司、山西同华电力有限公司揭牌成立。

集团总部各部门，华电煤业集团股东代表、董事、监事及合作方、公司全体员工，分公司、子公司负责人，以及社会各界有关人士共180人参加了仪式。

8月31日 集团公司召开电源建设项目环保前期工作座谈会。国家环境保护总局及水利部有关领导就“火电项目二氧化硫污染防治”、“开发建设项目水土保持理念”等内容作了专题介绍。

9月1日 集团公司党组中心组举行《江泽民文选》专题学习会，集中学习《中共中央关于学习〈江泽民文选〉的决定》和《胡锦涛总书记在学习〈江泽民文选〉报告会上的讲话》。

同日，集团公司党组以中国华电党［2006］94号文向公司系统发出《关于认真组织学习〈江泽民文选〉的通知》，要求公司系统各级党组织按照中央决定及国务院国资委党委、中央组织部通知精神要求，把认真学习《江泽民文选》作为当前一项重要的政治任务，切实抓紧抓好。

9月7日 集团公司党组书记、总经理贺恭在集团总部会见了中国驻印度尼西亚大使兰立俊先生，双方就华电在印度尼西亚电力项目发展有关情况交换了意见。

9月10～15日 集团公司党组书记、总经理贺恭一行访问印度尼西亚。在印度尼西亚出访期间，贺恭会见了印度尼西亚北苏门答腊省省长鲁道夫，参加了阿萨汉一级水电站项目建设动员会，并率代表团考察了阿萨汉一级水电站工程现场。

9月12日 集团公司检修体制改革工作研讨会在北京召开。会议听取了试点单位检修体制改革方案的汇报，重点听取了各检修试点单位的拟组建模式、三年业务市场预测及工作推进中遇到的有关问题。

9月14～15日 集团公司召开劳动用工和内部分配制度改革工作会议，就深化劳动用工和内部分配制度改革工作作了说明和部署。

9月16日 集团公司党组书记、总经理贺恭一行到中国华电香港有限公司调研，并为中国华电香港有限公司办公室启用揭牌。

9月19日 湖北华电武昌热电有限公司燃机工程开工建设。

9月21日 集团公司系统单位主要负责人会议在集团总部召开，专题学习国务院国资委《中央企业全面风险管理指引》精神和全面风险管理的有关知识，对贯彻落实《中央企业全面风险管理指引》工作进行部署。

9月21～22日 集团公司召开效能监察工作座谈会。会议讨论通过了《集团公司效能监察工作流程》。

9月26日 华电四川发电有限公司与国家开发银行在成都锦江宾馆签署“十一五”电力建设开发性金融合作协议。

10月10～11日 集团公司召开项目公司企业文化建设座谈会，对努力推进项目公司企业文化建设健康发展进行研讨。

10月14日 集团公司召开公司系统分支机构及直属企业主要负责人会议。会议通报了国务院国资委对集团公司2005年度业绩考核的反馈意见，认真学习了《中国共产党第十六届中央委员会第六次全体会议公报》，对进一步搞好后两月工作、夺取全年经营发展“双突破”作出部署。

10月16日 集团公司举办2006年第四期企业领导人员培训班，重点培训公司系统经营厂长队伍。

10月23日 集团公司党组成员、纪检组组长迟文江为集团公司第四期企业领导人员培训班作了题为《社会主义荣辱观和企业党风廉政建设》

的专题报告，并以“四个自觉”勉励学员：自觉刻苦学习，自觉党性锻炼，自觉严以律己，自觉接受监督。

10月28日 华电国际电力股份有限公司总部迁京，为华电国际加快向全国性公司发展，努力向国际一流的现代化企业迈进提供了更有利的条件。

11月1日 集团公司召开领导干部大会，宣布党中央、国务院关于集团公司主要领导调整的决定。中共中央组织部副部长王东明，国务院国资委副主任、党委副书记王勇出席会议。王东明宣读了党中央、国务院关于中国华电集团公司主要领导调整的决定：任命曹培玺为中国华电集团公司总经理、党组书记，免去贺恭的中国华电集团公司总经理、党组书记职务。王东明指出，党中央、国务院这次对中国华电集团公司主要领导的调整，是根据国有企业主要领导人员任职年龄的有关规定，根据工作需要，在充分发扬民主、广泛听取各方面意见的基础上，慎重研究后做出的决定，是一次正常的新老交替；充分体现了党中央、国务院对中国华电集团公司的高度重视，对中国华电集团公司领导班子的肯定和信任。

11月6日 集团公司企业文化建设基金暨“敬华企业文化奖”启动仪式在北京举行。集团公司设立的企业文化建设基金数额为500万元，将主要用于“敬华企业文化奖”的评选，资助公司系统集体和个人在企业文化建设方面的重要成果的推广应用和在弘扬集团公司企业精神、树立企业形象方面的企业文化活动，促进公司系统企业同国内外企业、社会团体在企业文化建设方面的合作与交流。

11月6日 集团公司党组理论学习中心组举行第五次集体学习。重点学习了《中共中央关于构建社会主义和谐社会若干问题的重大决定》，并围绕如何更好地贯彻落实党的十六届六中全会精神，将党构建和谐社会的要求落实到构建“和谐华电”的全过程，推进集团公司持续、快速、健康、协调、和谐发展进行了交流研讨。

11月7日 集团公司召开主辅分离辅业改制三年规划研讨会。会议研究讨论了《集团公司主辅分离辅业改制（2006~2008年）规划》，进一步明确今后三年的工作目标与任务，积极稳妥地推进主辅分离辅业改制工作。

11月8日 贵州乌江思林水电站开工新闻发布会在贵阳举行。贵州省副省长包克辛出席了新闻发布会并宣布乌江思林水电站正式开工。

11月9日 集团公司召开系统干部视频会议，传达中共中央组织部对集团公司主要领导人进行调整的指示精神，系统总结2006年前10个月的工作成绩与经验，深入分析当前及2007年公司面临的形势和工作中的薄弱环节，对确保完成公司全年生产经营任务、做好2006、2007年两年工作衔接等重大问题进行了部署，动员公司系统干部员工集中精力、真抓实干，确保实现“双突破”、“抱个金娃娃”的奋斗目标，确保全面完成2006年各项工作任务和2006、2007年两年工作的顺利衔接，为不断推动公司做强、做大、做好作出更大贡献。

11月9~13日 集团公司党组书记、总经理曹培玺分别走访了国家发展改革委、国务院国资委、中央纪委（监察部）、国家电监会、中国电力企业联合会、国家电网公司、中国华能集团公司、中国大唐集团公司、中国国电集团公司、中国电力投资集团公司、国家开发投资公司等有关部门和单位。走访期间，曹培玺向以上单位的相关领导通报了党中央、国务院对中国华电集团公司主要领导调整的情况，介绍了公司工作情况，并代表集团公司向国家有关部门和兄弟单位长期以来对中国华电集团公司的支持和帮助表示感谢。有关部门和单位领导在会见中，高度评价了华电集团4年来各项工作取得的成绩，对曹培玺担任中国华电集团公司党组书记、总经理表示祝贺，并表示在今后的工作中将继续一如既往地支持中国华电集团公司的工作，加强合作，创造和谐的发展环境。

11月12~14日 在长沙召开的第二届“国电影视杯”全国电力行业优秀电视片展评暨创作研讨会上，公司系统20家单位选送的29部作品获得表彰，集团公司获得组织奖。集团公司被选为中国电力报刊协会影视专业委员会副会长单位。

11月15日 《中国电力报》在头版刊发了集团公司党组书记、总经理曹培玺的署名文章《履行三大责任 开辟“和谐华电”新境界》。

11月16日 云南金沙江中游水电开发有限公司第一届董事会第三次会议在昆明召开。会议由云南金沙江中游水电开发有限公司董事长贺恭主持。集团公司党组成员、副总经理程念高参加了会议。会议审议通过了《云南金沙江中游水电开发有限公司1～10月工作完成情况和2007年主要工作安排》、《云南金沙江中游水电开发有限公司2006年度调整综合计划》、《云南金沙江中游水电开发有限公司2007年度综合计划（建议）》等议案。

11月16～17日 集团公司召开党的先进性建设推进会议。会议号召公司系统各级党组织和广大共产党员，高举邓小平理论和“三个代表”重要思想伟大旗帜，全面落实科学发展观，以加强集团公司党的先进性建设的成效，确保实现2006年生产经营目标，把华电集团做强做大做好的宏伟事业全面推向前进。

11月20日 集团公司召开水电厂防汛和大坝安全工作总结暨应急管理工作现场会。集团公司党组成员、副总经理任书辉出席会议并作讲话。会议要求进一步贯彻落实国家关于防汛、大坝安全和应急管理工作部署和要求，全面深入地做好集团公司防汛和大坝安全工作。

11月21日 集团公司在福建池潭水电厂举行成立以来首次水电厂应急预案综合演练。

11月21日 集团公司与英国渣打银行签订战略合作协议暨海外资金管理协议。

11月22日 集团公司召开治理商业贿赂专项工作领导小组第五次会议，听取并原则通过了《集团公司开展不正当交易行为自查自纠情况汇报》。

11月23日 由国家电监会主办、各大电力企业和中国电力企业联合会、中国电力报社承办的“和谐电力论坛”在北京开幕。集团公司党组书记、总经理曹培玺出席论坛，发表了题为《履行三大责任　开辟“和谐华电”的新境界》的演讲，并在《共建和谐电力倡议书》上签字，表示中国华电集团公司将切实履行三大责任，争创和谐电力企业，为构建社会主义和谐社会作出新的更大贡献。

11月28日 国家电监会副主席史玉波一行到华电福建发电有限公司调研，并对华电福建发电有限公司在各项工作中取得的成绩给予高度评价。同时希望华电福建公司为推进电力改革、加快电力发展、构建和谐电力作出更大贡献。

11月28日 集团公司节能工作及技术交流大会在杭州召开。会议要求要进一步贯彻落实党中央、国务院关于节能工作的一系列部署和全国节能工作会议精神，进一步总结经验，认清形势，统一思想，交流经验，制定措施，落实责任，动员公司系统广大干部员工，全面推进节能工作。

11月30日 集团公司召开财务、金融、资产工作座谈会。会议旨在详细了解系统各单位2006年在财务、金融、资产工作方面的情况，认真分析企业面临的形势，听取各方面的意见和建议，为做好2007年的工作打下基础。

12月1日 国务院派驻华电集团新一届监事会（监事会第35办事处）进驻集团总部。

12月3日 集团公司风电设备采购合同签字仪式在北京举行。国家发展改革委副主任张国宝出席签字仪式并讲话。

12月4日 国内首批百万千瓦超超临界火电机组引进技术国产化依托工程——华电国际邹县发电厂7号机组于当日顺利完成168h满负荷试运行，创造了建设速度最快、工程造价最低、调试时间最短、整体质量最优的全国纪录，标志着我国电站设备设计制造和电力工业技术等级达到世界先进水平。

中共中央政治局常委、国务院总理温家宝对邹县发电厂首台百万千瓦机组投产作出批示：“得知华电百万千瓦超超临界燃煤机组投产，谨致祝贺。要积累经验，继续努力，确保机组安全、稳定运行。”中共中央政治局委员、国务院副总理曾培炎也对邹县发电厂首台百万千瓦机组投产作出批示，并表示祝贺。

12月4日 中共中央组织部、国务院国资委党委在北京召开全国国有企业创建“四好”领导班子先进集体表彰暨经验交流会议。华电国际电力股份有限公司被授予“全国国有企业创建‘四好’领导班子先进集体”荣誉称号。

12月6日 新疆华电苇湖梁发电有限责任公司顺利完成了1号机组的清焦工作，1号机组供热、供电恢复正常，乌鲁木齐市停暖地区全面恢复供热。

12月8日 集团公司召开集团总部负责人会议，认真传达学习中央经济工作会议精神和全国国有企业创建“四好”领导班子先进集体表彰暨经验交流会议精神。要求公司系统全面贯彻中央经济工作会议精神，认真做好年底各项工作，积极部署安排好2007年工作。以坚定的信心、务实的作风更加努力地把集团公司做强做大做好，为实现国民经济又好又快发展、为党的十七大召开创造良好的环境。

12月12日 集团公司党组成员、副总经理程念高在集团总部会见了由阿赫迈德·法里亚先生率领的印度尼西亚国会第七委员会代表团一行。

12月19日 集团公司召开今冬明春安全生产工作视频会议。会议总结了2006年前11个月的安全生产工作，动员广大干部员工，进一步加强安全管理，落实责任，真抓实干，扎实做好岁末年初的安全生产工作，为全面完成公司全年的各项任务，实现2006、2007年两年工作的平稳衔接奠定坚实的基础。

12月20日 审计署驻太原特派办特派员袁定聪一行到集团公司开展审前调查工作。

12月22日 集团公司召开2007年工作座谈会。会议以科学发展观为指导，进一步总结经验，分析形势，统一思想，集思广益，全面科学谋划公司2007年工作思路，为系统总结2006年工作、部署2007年工作奠定了坚实基础。集团公司党组书记、总经理曹培玺在会上作了题为《集思广益 传承创新 全面科学谋划公司2007年工作》的重要讲话。

集团公司党组成员、副总经理陈飞虎、程念高、任书辉，集团公司党组成员、纪检组组长迟文江，集团公司党组成员、副总经理辛保安出席会议。国务院派驻华电集团监事会专职监事唐中宁、集团总部各部门主要负责人、公司系统各分支机构及直属企业主要负责人参加了会议。

12月24日 集团公司在杭州召开“200MW级IGCC研究开发与工业示范”技术方案研讨会，确定200MW级IGCC关键技术研究开发项目工艺方法和工艺流程，为下一步的工程起步打好基础。

12月26日 集团公司在华电国际邹县发电厂举行发电装机容量突破5000万kW庆典大会。集团公司党组书记、总经理曹培玺在会上作了重要讲话。

庆典大会由集团公司党组成员、副总经理程念高主持，集团公司专家委员会主任委员贺恭为华电国际邹县发电厂7号首台百万千瓦机组授牌。集团公司总经济师、华电国际电力股份有限公司总经理陈建华致欢迎辞。山东省委常委、副省长林廷生，国家电监会首席工程师顾峻源，山东电力集团公司党委书记、副总经理于世昌分别作了讲话。

集团公司总师、助理，各部门、各分支机构负责人及国家和地方政府有关部门、设备制造、电力建设单位嘉宾参加了庆典大会。

期间，集团公司与山东省人民政府签署《关于加强能源领域节能环保合作的战略协议》。

12月28日 集团公司召开专家委员会成立会议。集团公司党组书记、总经理曹培玺，集团公司党组成员、副总经理程念高，集团公司党组成员、纪检组组长迟文江出席会议。会议由集团公司党组成员、副总经理辛保安主持。

经集团公司党组研究决定，贺恭任专家委员会主任委员，邓建玲、陈建华任专家委员会副主任委员，江自生、田沛亭、戴绍良、孙寿年等为专家委员会委员。

2007年

1月4日 集团公司召开集团总部员工大会。集团公司党组书记、总经理曹培玺出席会议并发表重要讲话。曹培玺总结了公司2006年工作，阐述了集团公司2007年基本工作思路，对加强集团总部建设作了具体部署，要求集团总部干部员工认清形势，开拓进取，扎实工作，为建设“务实高效、团结和谐、敬业服务、廉洁文明”的现代化企业集团总部，出色完成全年各项任务，不断推动华电事业更好更快发展努力奋斗。

1月8日 集团公司供热工作座谈会在北京召开。各供热企业针对所在地区热网建设、保证供热措施、备用热源及尖峰热源等问题进行了认真研究探讨，提出了建设性意见。

1月10日 集团公司党组书记、总经理曹培玺主持召开集团总部负责人会议，认真传达贯彻中央企业负责人会议精神。曹培玺传达了中共中央政治局常委、国务院副总理黄菊的重要批示，中共中央政治局委员、国务院副总理曾培炎的讲话及国务院国资委主任李荣融的工作报告。曹培玺指出，2006年，集团公司超额完成了各项目标任务，规模效益实现“双突破”、首台100万kW机组投产，实现了公司“十一五”时期的良好开局，为推动国民经济又好又快发展、推动构建社会主义和谐社会做出了应有贡献。集团公司党组已确定的2007年指导思想、工作目标、总体要求和重点任务符合中央企业负责人会议精神。公司系统要全面贯彻落实国务院国资委2007年的工作重点，在新的任期中，集团公司的经营发展实现质的提高，实现做强做大做好，全面推动集团公司朝着“国内先进、国际一流”的目标奋勇前进。

1月11日 中国华电集团公司贵州公司、贵州乌江水电开发有限责任公司干部大会在贵阳召开，会议宣布了集团公司党组对两公司管理进行整合的决定及整合后公司班子的任免决定。新的公司管理机构除负责管理、经营乌江公司所属资产外，根据集团公司委托授权，负责华电集团在黔的发展规划、项目前期和协调服务工作，负责清镇公司、遵义公司、大龙公司、大方公司、桐梓公司等华电在黔企业的管理。

1月13~15日 中国华电集团公司专家委员会2007年第一次例会在昆明召开。会议围绕科学发展、深化改革、提升管理、科技创新等重大课题，对集团公司2007年的工作提出了建议；讨论并通过了专家委员会开展工作的意见。

1月16日 《经济参考报》“权威访谈”专栏发表新华社记者采访集团公司党组书记、总经理曹培玺的文章《节能降耗关乎电力企业自身竞争力》。

1月17日 中国华电集团公司与中国建设银行银企合作暨综合授信协议签字仪式在北京举行。根据双方新签署的《银企合作暨综合授信协议》，本次建设银行新增华电集团综合授信额度120亿元，增至500亿元。

1月17日 集团公司党政联合发出《关于加强公司“四个安全”工作的通知》（中国华电总［2007］1号），就加强公司“四个安全”工作作出部署。

1月18~19日 集团公司在华电国际邹县发电厂召开2006年机组试运行经验交流暨2007、2008年投产计划协调会。会议认真总结交流了2006年集团公司投产机组试运行过程中的经验教训，同时提出要围绕集团公司发展战略和“十一五”发展规划，科学筹谋2007、2008年投产计划，为把华电集团做强做大做好而努力工作。

1月29日 全国电力工业“上大压小”节能减排工作会议在京召开。国家发展改革委和全国30个省（自治区、直辖市）负责人、五大发电集团和两大电网公司签订关停小火电机组责任书，在“十一五”期间关停5000万kW小机组。集团公司党组书记、总经理曹培玺与国家发展改革委副主任陈德铭签订责任书，承诺“十一五”时期关停公司小火电机组484.5万kW。

1月29~30日 集团公司召开2007年工作会议。集团公司党组书记、总经理曹培玺，集团公司党组成员、副总经理陈飞虎、程念高、任书辉，集团公司党组成员、纪检组组长迟文江，集团公司党组成员、副总经理辛保安，集团公司老领导、专家委员会主任委员贺恭出席会议。国家电监会副主席史玉波、国务院驻华电集团监事会主席韩修国、国家发展改革委能源局副局长吴贵辉、中国电力企业联合会副理事长孙玉才出席会议并讲话；中共中央组织部干部五局副局长荆德建、国务院国资委业绩考核局副局长刘南昌及国务院派驻华电集团监事会、审计署太原特派办等国家有关部门领导出席了会议。

会议由集团公司党组成员、副总经理程念高主持。会上，程念高宣读了中共中央政治局委员、国务院副总理曾培炎，国家发展改革委主任马凯，国务院国资委主任李荣融的重要批示，三位领导的批示对集团公司2006年及成立4年来取得的成绩给予充分肯定，对公司工作提出了重要指导意见。曹培玺在会上作了题为《履行三大责任 提升三大业绩 加快推进集团公司做强做大做好》的工作报告。报告全面总结了集团公司2006年及成立四年来的工作情况，明确了2007年工作指导思想和总体要求，对2007年工作进行了具体部署。曹培玺要求公司系统要按照中央企业“三个目标”的要求，加快科学发展，提高管理素质，增强核心竞争力，加快建立现代企业制度，加快做强、做大、做好，全面超额完成公司“十一五”规划目标，力争进入世界500强企业，加快“国内先进、国际一流”现代企业集团的建设步伐，努力为全面建设小康社会和构建社会主义和谐社会作出新的更大的贡献。

大会对集团公司2006年度先进单位和个人进行了表彰。集团总部副处级以上干部、系统各区域、各单位党政主要负责人近300人出席了会议。

30日上午，集团总部财务管理部、计划发展部、安全生产部、人力资源部分别作专题发言，9

家先进单位代表作大会经验交流发言。陈飞虎、辛保安参加会议。会议由任书辉主持。下午，曹培玺与部分企业领导人签订了2007年业绩考核责任书，进一步落实了2007年目标任务；陈飞虎作大会总结讲话；总结大会由辛保安主持。集团公司2007年工作会议圆满完成各项议程，胜利闭幕。

1月31日 集团公司2007年纪检监察工作会议在北京召开。会议认真传达贯彻了中央纪委第七次全会和中央企业纪检监察工作会议精神，对努力开创集团公司党风建设和反腐倡廉工作新局面作出部署。

2月5日 华电国际电力股份有限公司2007年临时股东大会暨四届十五次董事会在北京召开。会议选举中国华电集团公司党组书记、总经理曹培玺为华电国际电力股份有限公司董事长。

2月6日 国家电监会党组成员、副主席史玉波到湖北华电武昌热电有限公司调研。

2月6日 中国共产党中国华电集团公司直属党员代表大会召开，会议选举曹培玺、王俊生、娄建明为中国华电集团公司出席中央企业系统（在京）党代表会议的代表。

2月9日 新疆电力公司与华电新疆公司发电企业资产移交接收协议签字仪式在乌鲁木齐举行，电力体制改革遗留问题得到进一步解决。

2月14日 集团公司召开了关停小火电机组暨“上大压小”工作会议。集团公司党组书记、总经理曹培玺出席会议并作了重要讲话。曹培玺在讲话中明确了公司“十一五”期间要完成“上大压小”项目及妥善配置好“上大压小”企业员工的两大目标任务，确保到2010年末，实现关停78台总容量为484.5万kW的小火电机组，同时建成8个项目11台总容量为550万kW的大型高效环保机组。曹培玺要求公司系统从加强领导、精心组织、用好政策、发挥优势、落实责任五个方面，积极稳妥、科学有效地推进关停小火电机组暨“上大压小”工作的实施。

会议部署了集团公司“十一五”期间关停小火电机组暨“上大压小”工作，与有关单位签订了“十一五”关停小火电机组责任书。

2月18~24日 春节期间，公司系统保持了安全稳定，共完成发电量30.15亿kW·h，日均完成发电量4.31亿kW·h，同比增长29.9%。

2月28日 中国华电集团贵港发电有限公司一期工程（2×60万kW）1号机组顺利通过168h满负荷试运行，成为广西壮族自治区第一台投产发电的60万kW燃煤发电机组。

3月12日 集团公司与云南省委、省政府就进一步加快华电在滇电力开发、参与社会主义新农村建设等交换了意见，签署了《关于加快中国华电集团公司在滇电力开发带动地方经济社会发展的会谈纪要》、《中国华电集团公司支持云南省社会主义新农村建设十件惠民工程》等文件。

3月6日 《中国纪检监察报》在理论版发表集团公司党组书记、总经理曹培玺的署名文章《增强“五种意识” 抓好“五个作风” 达到“四项要求”》。

3月8日 中国华电香港有限公司召开一届二次董（监）事会会议。会议审议并通过了《关于变更中国华电香港有限公司财务总监的议案》、《关于阿萨汉项目给PLN提供履约保函的议案》、《中国华电香港有限公司总经理工作报告》。会议听取了《中国华电香港有限公司2006年度财务决算报告及2007年度财务预算报告》并提出了完善意见。

3月14日 《中国电力报》在头版“两会连线”栏目，发表该报记者对集团公司党组书记、总经理曹培玺的采访文章《抓好节能减排工作 构建“两型”企业》。

3月14日 集团公司企业年金理事会二届一次会议在中国华电集团高级培训中心召开。会议审议通过了《中国华电集团公司企业年金基金2006年财务决算报告》、《中国华电集团公司企业年金基金2006年投资收益分配方案》、《中国华电集团公司企业年金基金2006年投资运作报告和2007年投资思路》和《中国华电集团公司企业年金基金2006年管理费决算及2007年预算》的工作报告等。

3月14日 集团公司2007年第一期（总第八期）企业领导人员培训班在中国华电集团高级培训中心开班，来自公司系统和集团总部共65名培训班学员参加了开学典礼。

3月16日 集团公司在中国华电高级培训中心召开2007年融资工作协调会议。

3月20~21日 集团公司在扬州召开分支机构及部分电厂安全生产管理工作研讨会。会议围绕系统各单位新机生产准备、燃料管理、委托营运、安全生产等问题及如何结合实际，确保完成年度生产经营目标任务进行了探讨，提出了适应市场变化和改革发展新形势的建议与设想。

3月21日 集团公司在中国华电高级培训中心召开2007年第一期企业领导人员培训班座谈会。

3月23～24日 集团公司2007年项目前期工作会议在贵阳召开，对做好项目前期工作进行部署。

3月26～27日 集团公司2007年基建工作会议在长沙召开。会议肯定了集团公司成立四年多来基本建设工作取得的突出成绩，深刻分析了公司发展面临的新形势、新机遇、新挑战，结合集团公司实际，对基建工作如何全面落实科学发展观进行了详细部署。

3月28日 集团公司举办第三期中青年干部和市场营销管理理论与操作实务培训班。

4月5日 集团公司组织召开2007年春季安全生产视频工作会议。会议通报了"两节"、"两会"期间和一季度公司系统安全生产情况，总结了一季度的主要工作，并针对下阶段安全生产面临的问题和特点就做好安全生产工作提出了具体要求。

4月6日 集团公司党组理论学习中心组举行全国"两会"精神专题学习会，重点学习温家宝总理在十届全国人大五次会议上所作的《政府工作报告》，并围绕如何贯彻落实"两会"精神、推动集团公司实现又好又快发展进行了交流研讨。

4月9日 集团公司举办2007年第二期企业领导人员（安全生产管理）培训班。

4月11日 中共中国华电集团公司党校在华电集团高级培训中心揭牌成立。集团公司党校的成立，是集团公司党组的重要决策，是全面加强公司系统党的建设的必然要求，是建设高素质干部队伍、推动华电事业发展的迫切需要，是对创建"学习创新型"企业的有力推动。

4月11日 集团公司在贵阳召开水电移民工作座谈会，总结水电移民工作经验，部署2007年移民工作。

4月13日 湖北青山热电厂国有资产划转协议签字仪式在武汉举行，国家电监会副主席、电力体制改革工作小组办公室主任王禹民，湖北省副省长任世茂，以及国家发展改革委、财政部企业司等有关部委负责人出席了签字仪式。集团公司党组成员、副总经理辛保安与中国华能集团公司副总经理黄龙，中国国电集团公司副总经理刘彭龄，分别代表中国华电集团公司、中国华能集团公司、中国国电集团公司在协议上签字。青山电厂一厂三制问题得到妥善解决。

4月20日 集团公司组织集团总部副处级以上干部和在京直属单位党政主要负责人到司法部燕城监狱参观，开展警示教育。

4月23日 集团公司与中海信托战略合作协议暨与交通银行、中海信托贷款协议签约仪式在北京举行。

4月24日 中国华电集团公司宁夏代表处成立暨干部任命大会在银川召开。中国华电集团公司宁夏代表处的主要职责是按照集团公司的授权与委托，负责集团公司在宁夏地区的发展规划、项目前期、电力营销和区域协调。

4月28日 集团公司召开党组扩大会议，集团公司党组书记、总经理曹培玺传达全国节能减排工作电视电话会议精神和温家宝总理的讲话，并对落实会议精神进行了具体部署。会议决定成立由曹培玺任组长的集团公司节能减排工作领导小组，以加强领导，落实责任，统筹规划，全力以赴推进公司系统节能减排工作，确保"十一五"期间华电集团节能减排目标的实现。

4月29日 集团公司与山西省人民政府签订《战略合作框架协议》，双方就集团公司到山西投资电源项目，并在此基础上进行更为广泛的经济、技术合作达成合作意见。

5月8日 由国家电监会、中国华电集团公司联合主办，中国电力报社、中国电力书法家协会协办，中国电力书画院承办的"华电杯"第二届全国电力书画展览在北京炎黄艺术馆开幕。

5月11日 集团公司召开节能减排工作视频会议，集团公司党组书记、总经理曹培玺出席会议并作重要讲话。曹培玺指出，公司系统要坚决有力地贯彻落实中央关于加强节能减排工作的有关部署，确保实现"十一五"节能减排目标，坚决兑现公司向国家和社会做出的庄严承诺，加快推进公司步入装机规模、经济效益和社会责任相协调的科学发展轨道。

5月16日 中国华电集团公司陕西代表处揭牌成立。中国华电集团公司陕西代表处按照集团公司的授权与委托，承担华电在陕西地区的发展规划、项目前期、电力营销和区域协调等职能。

5月16日 中国华电集团发电运营有限公司发起人会议暨首次股东会在北京召开。会议审议通过了《中国华电集团发电运营有限公司发起人协议》、《中国华电集团发电运营有限公司章程》、《中国华电集团发电运营有限公司首次股东会决议》，各出资代表签署了相关文件。

5月18日 集团公司党组书记、总经理曹培玺出席了由中国国际贸易促进委员会及越南工商会联合举办的"中国—越南企业论坛"。在越南国家主席阮明哲、中国商务部常务副部长于广州等的见证下，曹培玺代表集团公司与越南西贡电力发展股份有限公司签署了《关于投资建设越南电源项目谅解备忘录》。

5月23日 襄樊电厂二期工程（2×60万kW）6号机组顺利通过168h满负荷运行，标志着历时23个月26天的襄樊电厂二期工程建设基本完工，实现了集团公司提出的24个月内完成工程建设的总体目标。

5月23~24日 集团公司党组成员、副总经理邓建玲在北京出席了由科技部、中国科学院联合美国哈佛大学肯尼迪政府学院共同举办的"整体煤气化联合循环、联产、CO_2捕集及封存"国际研讨会。邓建玲就中国华电集团公司作为国家"十一五""863"重大项目"以煤气化为基础的多联产示范工程"的承担单位作了题为《200MW级IGCC示范项目进展》的主题发言。

5月26日 集团公司"企业文化建设示范基地"命名表彰暨"感动华电"首场故事演讲会在华电国际十里泉发电厂召开。会议对集团公司首批"企业文化建设示范基地"进行了命名表彰。举行了"企业文化文库"——《华电故事》、《华电之歌》两本书的首发式，两本书分别收录了公司系统的100个企业故事和102件"华电之歌"活动征集作品。

5月28~30日 以国务院国资委副主任王瑞祥为组长，由中共中央组织部和国务院国资委有关同志组成的中央四个长效机制文件贯彻落实情况检查组到集团公司检查指导工作。检查组一致认为，中国华电集团公司系统各级党组织对贯彻落实中央四个长效机制文件是高度重视的，工作安排和部署是扎实有效的，组织领导是强有力的。

5月29日 "中国铝业杯"首届中央企业青年创新奖颁奖典礼在人民大会堂举行。在此次评选活动中，集团公司荣获优秀组织奖，公司系统共有十项成果荣获中央企业青年创新奖。

5月29日 集团公司企业法律顾问暨"五五"普法骨干培训班在中国华电集团高级培训中心开班。

6月1日 集团公司党组书记、总经理曹培玺在中央企业系统（在京）党代表会议上，当选为中国共产党第十七次全国代表大会代表。

6月8日 集团公司党组书记、总经理曹培玺在印度尼西亚首都雅加达会见了印度尼西亚国家电力公司总裁艾迪。双方就加强合作及下一步继续在电力领域增进配合及建立沟通机制交换了意见。

6月9日 华电潍坊发电有限公司二期工程4号机组顺利通过168h试运行，标志着华电潍坊发电有限公司二期工程全部建成投产，以200万kW装机容量迈入了大型发电企业行列。

6月12日 集团公司党组书记、总经理曹培玺在印度尼西亚国家副总统府会见了印度尼西亚副总统尤素夫·卡拉，双方就共同关心的问题进行了交谈。

6月12日 集团公司召开2007年迎峰度夏视频会议。会议要求公司系统各单位克服麻痹松懈情绪，采取坚决有力的措施，确保完成迎峰度夏安全生产工作，为继续开创公司系统安全生产、经营稳定的良好局面，全面完成集团公司全年工作目标和任务作出应有的贡献。

6月12日 集团公司2007年度科技进步奖成果评审会在北京召开。会议深刻分析了目前集团公司科技工作面临的形势，指出了提升集团公司科技实力需要注意的问题及今后科技工作的努力方向。

6月13日 中国华电集团发电运营有限公司在北京召开了第二次股东会暨一届一次董事会、监事会。会议选举产生了运营公司第一届董事会、监事会成员，产生了运营公司经营班子成员，选举任书辉为运营公司董事长。

6月15日 国家发展改革委常务副主任陈德铭率国家发展改革委能源局、经济运行局有关负责同志到集团总部调研。调研组认真听取了集团公司的工作汇报，并就电力企业相关问题与集团公司领导进行了座谈。

陈德铭对中国华电集团公司四年来的发展和取得的突出成绩给予了充分肯定，对华电集团积极响应国家政策，推动“上大压小”、节能减排工作表示赞许。同时希望华电集团继续加强科技研发和创新能力，推动我国电力工业的技术进步；要按照国家的相关政策，积极发展可再生能源；采取有力措施，落实责任，确保顺利完成迎峰度夏任务。

6月15~16日 集团公司环境保护“三同时”暨环境保护验收工作会议在北京召开，会议分析了当前环境保护形势，剖析了集团公司电源建设项目环境保护“三同时”工作现状及存在的问题，提出了下一步环境保护“三同时”及环境保护验收工作的要求。

6月20日 陕西华电蒲城发电有限责任公司隆重举行三期工程2×60万kW级发电机组开工典礼。

6月21日 集团公司在上海召开代表处工作座谈会，总结交流代表处工作经验，研究加强代表处建设措施，部署今后一段时期代表处的工作。集团公司党组书记、总经理曹培玺出席会议并作重要讲话。曹培玺指出，各个代表处要深刻认识集团公司设立代表处的重要意义，明确代表处的职责定位，发挥好代表处的作用：当好参谋、落实规划；突出重点，推进前期；开拓市场、加强营销；加强指导、搞好协调；抓好监督、防范风险。

6月22日 集团公司党组成员、副总经理、华电煤业集团有限公司董事长邓建玲在北京出席了中俄电站涡流燃烧技术交流会，介绍了集团公司和华电煤业集团有限公司的主要情况，并与俄罗斯统一能源系统能源投资公司总经理莫洛佐夫·弗拉基米尔进行了友好交流。

6月22日 中国华电集团公司上海代表处揭牌成立。

6月28日 华电宿州生物质能发电有限公司一期工程在安徽省宿州市奠基开工。

6月29日 集团公司召开纪念建党86周年暨“两优一先”表彰视频会议，表彰了公司系统先进党组织和优秀共产党员、优秀党务工作者。

7月1~4日 集团公司在哈尔滨举办“迎奥运，展风采”乒乓球比赛。

7月3日 集团公司党组中心组举行专题学习（扩大）会，认真学习贯彻胡锦涛总书记6月25日在中央党校省部级干部进修班上的重要讲话精神。

7月4日 集团公司召开治理商业贿赂专项工作领导小组第六次会议，传达全国治理商业贿赂工作座谈会和电力行业治理商业贿赂领导小组第二次会议精神，讨论并原则通过了《关于深入推进公司系统治理商业贿赂专项工作的意见》。

7月4日 中共中央政治局委员、新疆维吾尔自治区党委书记王乐泉一行到新疆华电吐鲁番发电有限责任公司视察工作。王乐泉对华电新疆发电有限公司四年来的发展和取得的成绩给予了充分肯定，对公司积极响应国家和自治区有关要求，推动节能减排工作表示赞许。

7月4日 中共中央政治局委员、湖北省委书记俞正声先后到湖北华电黄石发电股份有限公司和湖北西塞山发电有限公司视察节能减排工作。俞正声对华电湖北两家企业的节能减排工作给予了充分肯定，并对黄石公司热电联产项目和西塞山公司二期扩建工程表示了极大关注。要求两家企业要加大工作力度，积极推进项目进展。

7月5日 华电国际邹县发电厂8号机组顺利通过168h满负荷试运行，正式投产发电。至此，集团公司首批百万千瓦机组——华电国际邹县发电厂四期工程全部竣工投产。

7月12日 集团公司召开安全生产与营销实时监管系统实施启动动员视频会议，要求进一步明确系统的建设目标，加强领导，落实责任，确保系统建设务期必成。同时，要加强网络与信息安全管理，保障系统安全运转。

7月14日 华电煤业集团有限公司和西部发展控股有限公司在北京举行了“山西浑源煤电化项目合作框架协议”签字仪式。

7月17~18日 集团公司2007年年中工作会议在中国华电集团高级培训中心召开。

17日，集团公司党组书记、总经理曹培玺在会上作了题为《加倍努力　真抓实干　确保全面完成2007年各项任务》的工作报告，全面总结了公司2007年上半年取得的成绩及存在的问题，深刻分析了公司面临的形势，对下半年工作作了全面部署。同时指出，公司系统要认真学习贯彻胡锦涛总书记在中央党校的重要讲话精神，以邓小平理论和“三个代表”重要思想为指导，深入贯彻落实科学发展观，全面落实公司2007年工作会议精神，继续坚持“一二三四”的指导思想，认真落实八项重点任务，确保实现三大业绩目标，坚定信心，加倍努力，确保全面完成2007年各项任务，以优异成绩向党的十七大献礼。

集团公司党组成员、副总经理陈飞虎、程念高、任书辉，集团公司党组成员、纪检组组长迟文江，集团公司党组成员、副总经理辛保安、邓建玲，集团公司党组成员、华电国际电力股份有限公司总经理陈建华出席大会，大会由程念高主持。国务院派驻华电集团监事会有关同志参加了会议。

17日下午，举行了中国华电集团发电运营有限公司成立暨揭牌仪式。曹培玺为运营公司揭牌并讲话。曹培玺指出，运营公司的成立，对于集团公司的改革、发展、稳定，具有现实而深远的意义。运营公司要秉承“安全第一，服务至上”的理念，按照“运营委托规范化、运营管理专业化、运营关系市场化、运营方式集约化、运营工作精细化”的方针，努力提升发电运营管理与服务水平，为促进集团公司改革发展稳定，推进集团公司做强做大做好作出应有的贡献。

揭牌仪式由任书辉主持，集团公司党组全体成员、集团总部各部门、各分支机构、各专业公司领导及出席集团公司年中工作会议的代表参加了揭牌仪式。

18日，集团公司2007年年中工作会议圆满完成各项议程，胜利闭幕。在会议上，曹培玺与部分企业负责人签订了2007~2009年任期绩效目标责任书。陈飞虎作了大会总结讲话。会议由任书辉主持。会议期间，集团总部7个部门和系统7家单位分别作了专题报告和交流发言。

7月20~26日 全国人大环境与资源保护委员会调研室巡视员、中华环保世纪行执委会主任何嘉平率领中央媒体，先后赴华电福建发电有限公司、福建华电可门发电有限公司、福建永安火电厂、华电青岛发电有限公司、华电国际莱城发电厂、华电国际邹县发电厂实地调研采访节能减排工作。

7月23~24日 集团公司专家委员会2007年第三次例会在乌鲁木齐召开。会议通报了集团公司2007年年中工作会议精神，听取了华电煤业集团有限公司关于煤炭产业相关工作情况和集团总部科技环保部关于集团公司环保工作的现状、问题及思路的介绍，讨论了专委会委员对集团公司部分企业的调研报告，就推进集团公司煤炭开发，加快煤电一体化项目发展及加强环境保护、节能降耗、垃圾发电和城市中水使用等重大课题进行深入探讨和研究，提出了建设性意见。

7月26日 全国发电装机容量突破6亿kW标志性机组授牌仪式在华电国际电力股份有限公司邹县发电厂举行，该厂四期工程7号机组获得国家发展改革委和中国电力企业联合会的授牌。

7月27日 集团公司党组书记、总经理曹培玺在集团总部会见了全国人大环资委调研室巡视员、中华环保世纪行执委会主任何嘉平率领的中华环保世纪行媒体记者团。记者团对集团公司节能减排、环境保护工作给予了高度评价。

7月30日 集团公司在银川市召开2007年上半年投产机组经验总结暨确保完成全年投产任务工作座谈会。

7月31日 华信保险经纪有限公司、北京华信保险公估有限公司与永诚财产保险股份有限公司在北京举行合作协议签字仪式。

8月5日 集团公司在中央纪委监察部北京培训中心举办新任纪检监察领导人员培训班。

8月6日 集团公司党组书记、总经理曹培玺在集团总部会见来访的印度尼西亚国有煤炭公司（PTBA）总裁苏科利斯诺一行。

8月8日 集团公司与陕西省安康市人民政府在安康市签订了陕西安康电厂项目投资框架协议。

8月9日 集团公司与印度尼西亚国有煤炭公司（PTBA）签署印度尼西亚南苏4×60万kW坑口电站项目配套煤矿协议备忘录。

8月14日 北京市市长王岐山到华电（北京）热电有限公司郑常庄燃气热电工程现场视察指导工作。

8月15日 贵州华电清镇发电公司小机组爆破拆除，标志着贵州省“上大压小、节能减排”工作启动。

8月16~18日 集团公司在山东区域举行燃煤采制化技能大赛。

8月21日 集团公司对喀什市进行对口支援，无偿捐赠人民币300万元，并向当地贫困家庭赠送电视机1000台。

8月28日 集团公司举行学习创新型企业与工会理论培训班暨“感动华电”故事进京演讲会。来自公司系统10家单位的员工代表在“感动华电”进京故事演讲会上作了演讲。

8月31日 江苏望亭发电厂“上大压小”改建工程1台60万kW超超临界燃煤机组开工建设。

9月3日 中国华电集团新能源发展有限公司首次股东会暨一届一次董事会、监事会在北京召开。会议就新能源公司的组建方案、公司章程、投资协议，以及推选新能源公司董事、监事等事宜形成了一致意见；选举程念高为新能源公司董事长。

9月5日 集团公司举办工程建设项目管理高级培训班。这次培训班旨在使大家全面熟悉和掌握基本建设管理的理论知识和集团公司的基建管理程序，为集团公司工程建设项目做到“安快好省廉”奠定扎实的理论基础。

9月6日 中央电视台《东方时空》栏目推出专题报道，以华电国际邹县发电厂百万千瓦机组为例，通过实地采访和专家访谈，深刻阐述了环保型大火电机组的优越性和国家“上大压小、节能减排”政策的重要意义。

9月10日 2007年9月号《思想政治工作研究》杂志发表了集团公司党组书记、总经理曹培玺的署名文章《国有企业是构建和谐社会的重要力量》。

9月12日 集团公司在北京召开新建单位人力资源优化配置研讨会。会上，有关单位汇报了企业人力资源优化配置工作的基本情况、遇到的困难和存在的问题，针对解决问题的措施和下一步的人力资源优化配置工作进行了深入研讨。

9月13日 集团公司下发《关于加强责任措施落实确保“十七大”和节日期间安全生产的通知》，就做好“十七大”和“两节”期间安全生产工作作出专题部署。9月7日~9月底，集团公司派出安全生产督查组，分别对公司所属内蒙古、四川、新疆、贵州、广西、江苏、陕西、辽宁、浙江、湖北等区域的发电企业和项目公司进行安全生产专项检查。

9月17日 集团公司环保专项检查整改工作会议在成都召开。

9月18日 集团公司2007年政工专业技术资格评审工作会议在北京召开。

9月19日 集团公司党组下发《关于“创造新业绩、喜迎十七大”的通知》，要求系统各级党组织继续深入学习贯彻胡锦涛总书记“6·25”重要讲话精神，全面贯彻落实科学发展观，在公司系统营造喜迎“十七大”的良好氛围。

9月22日 《新疆维吾尔自治区人民政府与中国华电集团公司投资建设新疆电力能源项目合作框架协议》正式签署。

9月21日 集团公司在集团总部召开干部挂职工作座谈会。集团总部有关部门的负责同志，接收挂职干部的基层企业负责同志，第二批、第三批挂职锻炼的30名干部参加了座谈会。

9月22日 华电宁夏灵武发电有限公司2号机组通过168h满负荷试运行投产发电，实现了一年双投的目标。

9月26日 集团公司召开安全生产视频会议，集团公司党组书记、总经理曹培玺出席会议并作重要讲话。曹培玺指出，要再接再厉，加倍努力，全面实现2007年安全生产目标和各项任务，要全面做好四季度安全生产工作，进一步突出安全生产在企业各项工作的基础地位，把安全生产与各项工作同时规划、同时部署、同时考核、同时奖惩；进一步落实各级安全生产责任制；进一步做实、做细安全生产工作，切实做到“五个到位”，即组织到位、责任到位、措施到位、应急预案到位、监督管理到位；进一步推动建立反违章工作长效机制；进一步加强应急管理工作；继续高度重视事故调查处理和“四不放过”工作。

9月26日 中国华电集团新能源发展有限公司在北京揭牌成立。

10月1~7日 国庆节期间，公司系统各单位按照集团公司统一部署，确保了节日期间的安全稳定，为迎接“十七大”的顺利召开创造了安全和谐的局面。节日期间，公司系统共完成发电量48.34亿kW·h，日均完成发电量6.91亿kW·h，同比增长40.9%。

10月8日 中央电视台《新闻联播》对杭州华电半山发电有限公司积极关停小火电机组进行了报道。截至9月底，集团公司年内已关停26台共计132万kW小火电机组，超额完成了全年关停125万kW的计划目标。

10月9~11日 《中国电力报》分别从求实、责任、机制等方面，对集团公司党建工作进行了全面深入的宣传。在此期间，《中国电力新闻网》等媒体以“特别推荐”的方式进行了转载和报道，在电力行业乃至全国引起了较大的反响。

10月11日 集团公司召开2007年供热工作座谈会。会议听取了各单位供热工作情况的汇报，研究探讨了地区热网建设、保证供热措施、备用热源及热价等问题，就确保安全供热方面一些好的经验、办法进行了交流。

10月12日 集团公司第五期中青年干部培训班开班。

10月15日 中国共产党第十七次全国代表大会在人民大会堂开幕。集团公司党组书记、总经理曹培玺作为党的十七大代表出席会议。

10月16~18日 集团公司党组书记、总经理曹培玺在北京先后会见了出席党的“十七大”的上海市副市长冯国勤，宁夏回族自治区党委书记陈建国，山东省委书记李建国、省长姜大明，福建省省长黄小晶及云南省副省长罗正富等领导，就进一步加强合作交换了意见，并达成了广泛共识。

10月23日 集团公司党组成员、副总经理程念高在集团总部会见了来访的美国PCC集团公司副总裁克里斯·艾尔一行。双方就中国华电工程（集团）有限公司与PCC集团公司在黑皮管加工方面项目的合作、进一步促进集团公司与PCC集团公司的合作共赢取得了共识。

10月23日 集团公司独资建设的华电长沙电厂一期工程60万kW超临界燃煤火电1号机组，顺利通过168h试运行并如期转入商业运营。

10月23~24日 集团公司召开“依法经营，遵纪守法”主题实践活动动员会。集团公司党组书记、总经理曹培玺对会议作出重要批示，要求公司系统各单位通过开展此次主题实践活动进一步提高依法经营意识和遵纪守法的自觉性，建立和完善各项管理制度，通过加强依法经营促进集团公司“8467”战略目标的实现，全面履行“三大责任”，全面提升“三大业绩”，加快推进集团公司做强做大做好。

10月24日 集团公司召开党组中心组学习贯彻党的十七大精神扩大会，十七大代表、集团公司党组书记、总经理曹培玺主持会议并发表重要讲话。曹培玺介绍了党的十七大盛况，传达了党的十七大主要精神，畅谈了出席十七大的感受和体会，对公司系统学习贯彻十七大精神作了全面部署，要求公司系统上下充分认识党的十七大的重要意义，深刻领会十七大精神的科学内涵，迅速把思想统一到党的十七大精神上来，以此为指导和动力，切实抓好集团公司当前和今后的各项工作。

10月28日 集团公司党组成员、副总经理邓建玲出席第四届中国—东盟博览会开幕式并参加了“电力合作与发展论坛”圆桌对话会。邓建玲表示，集团公司愿意发挥电力设计、工程建设、设备制造、运营管理等方面的优势，用前瞻性、战略性眼光去开拓和积极培育国际性区域市场。

11月1日 集团公司在集团公司党校举行系统领导干部学习贯彻党的十七大精神研修班。集团公司党组书记、总经理曹培玺发表了题为《深入学习贯彻党的十七大精神　努力创造公司改革发展新业绩》的重要讲话。曹培玺的讲话坚持以十七大精神为指导，对公司面临的形势进行了深刻的分析和准确的把握，对集团公司成立五年来特别是2007年以来的发展经验进行了科学的总结和概括，对集团公司下一阶段重点工作作出了重要部署。著名理论家、中共中央党校副校长李君如在研修班上作了十七大精神辅导报告。集团公司党组成员、公司总师、助理、副总师，集团总部正处级以上干部，各专业公司、分支机构、区域子公司、直管基层企业的党政主要负责人，以及集团公司第五期中青班全体学员参加了研修班。

11月2日 国务院国资委组织召开中央企业第一任期业绩考核总结表彰大会。集团公司荣获国务院国资委授予的中央企业任期“绩效进步特别奖”。

11月3日 集团公司专家委员会2007年度第四次例会在北京召开，会议就“十一五”后三年电力发展形势、供需状况和集团公司在运营、发展、改革方面的对策，以及金融产业发展等重大课题进行了深入探讨和研究，提出了建设性意见。

11月6~8日 集团公司党组书记、总经理曹培玺出席由中国电机工程学会与中国华电集团公司联合主办、华电国际电力股份有限公司承办的“清洁高效燃煤发电技术协作网”2007年年会。曹培玺指出，华电集团将进一步加强与国内外企业、学术团体和科研机构的联系与合作，大力研究和积极采用各种清洁发电技术，为实现电力工业可持续发展，构建社会主义和谐社会作出更大的贡献。

11月7日 中国科协副主席、中国电机工程学会理事长陆延昌到华电国际邹县发电厂察看了百万千瓦机组生产现场，并对百万千瓦机组建设、安全生产、经营管理、队伍建设等方面取得的成绩给予了高度评价。

11月14日 国务院国资委党委委员、纪委书记贾福兴到集团总部调研，对集团公司工作给予了充分肯定，并代表国资委党委和李荣融同志对华电集团五年来取得的成绩表示衷心的祝贺。

11月16日 中国华电集团公司广东代表处揭牌成立。当日，集团公司与广东省徐闻县人民政府在湛江市举行了华电徐闻火电项目合作建设协议签字仪式。

11月16~18日 在北京举行的“中外跨国公司CEO圆桌会议”上，集团公司被中国国际跨国公司研究会、联合国全球契约组织和联合国环境规划署联合授予“最具核心竞争力的中国企业”奖牌。

11月17日 在“2007中国能源可持续发展论坛”上，集团公司荣登“中国能源绿色企业50佳”榜单。

11月27日 华电国际莱州风电4.05万kW机组工程顺利通过山东省发展改革委核准，标志着莱州项目即将进入建设阶段。

11月27日 华电国际公司“千万工程”胜利竣工暨装机突破2000万kW总结表彰大会在华电国际邹县发电厂召开。

11月30日 乌江清水河大花水电站投产。

12月1日 集团公司在北京召开2008年电煤产运需衔接工作会。会议贯彻落实国家发展改革委2008年煤炭产运需衔接视频工作会议精神，在认真分析当前电煤市场供需形势的基础上，部署了集团公司2008年电煤产运需衔接工作。

12月3日 中国华电集团财务有限公司金融债券发行成功答谢会在北京举行。本次金融债券发行总规模为10亿元人民币，期限10年，年利率5.6%，按年付息。

12月4日 集团公司在集团总部召开了“中国华电集团公司招标与采购网”推广使用视频会议。会议对公司系统范围内推广使用“中国华电集团公司招标与采购网”进行了部署。

12月6日 华电国际宁夏分公司揭牌成立。

12月10日 上海奉贤燃机发电有限公司交接仪式在上海大剧院举行，集团公司发电资产实现在上海地区零的突破。

12月10日 以内蒙古华电辉腾锡勒风力发电有限公司12万kW风电全部投产为标志，集团公司发电装机容量突破6000万kW，达到6047.16万kW，成为我国第三家装机容量超过6000万kW的发电集团。

12月11日 集团公司与英国益可环境金融集团公司、德意志银行签订“CDM全面战略合作框架协议暨超超临界项目碳减排条款书”，这是我国电力行业碳减排交易的首笔大单。

12月11日 集团公司党组书记、总经理曹培玺主持召开党组扩大会议，传达学习中央经济工作会议精神。曹培玺介绍了中央经济工作会议概况，传达了胡锦涛总书记、温家宝总理的重要讲话精神，深入分析了当前的形势，对学习贯彻中央经济工作会议精神，做好当前和2008年工作作出了部署。

12月12日 国家电监会党组书记、主席尤权到集团公司调研。尤权充分肯定了华电集团5年来取得的工作成效，表示将一如既往地支持华电集团发展。

12月12日 集团公司党组成员、纪检组组长迟文江到集团公司高级培训中心为第五期中青年干部培训班的学员作了企业党风建设专题报告。

12月12日 中国华电集团新能源发展有限公司与广州大学城能源发展有限公司合资设立广州大学城华电新能源有限公司合同签字仪式在广州举行，标志着国内最大的分布式能源项目将正式启动建设。

12月19日 集团公司党组书记、总经理曹培玺主持召开党组会议，学习传达中央企业负责人会议精神。曹培玺要求，集团公司要认真学习贯彻会议精神，特别是要认真落实国务院副总理曾培炎、国务院国资委主任李荣融的重要讲话精神，科学谋划做好2008年工作，加快做强、做大、做好的步伐，充分发挥中央企业的表率标杆作用，为增强国有经济活力，提高国有企业的控制力、影响力，促进国民经济又好又快发展作出更大的贡献。

12月23日 国家电监会在北京主持举行

647 万 kW发电资产相关 8 家电厂的安全生产责任及管理权转移协议签字仪式。集团公司党组成员、副总经理陈飞虎出席了签字仪式，并代表 647 项目受让方致辞。湖北襄樊电厂一期和天津军粮城电厂正式移交集团公司管理。

12 月 24 ~ 25 日 集团公司在集团公司高级培训中心召开 2008 年工作座谈会。集团公司党组书记、总经理曹培玺在会上作了题为《求真务实 创新超越 科学谋划公司 2008 年工作》的重要讲话。指出要以党的十七大精神为指导，高举中国特色社会主义伟大旗帜，深入贯彻落实科学发展观，认真贯彻中央经济工作会议精神，以人为本，勇于创新，真抓实干，努力超越，全面完成 2008 年“7356”目标和各项工作任务，为实现“国内行业前列、世界企业 500 强”愿景目标而努力奋斗。

12 月 25 日 湖南华电长沙发电有限公司 2 号机组顺利通过 168h 试运行，标志着湖南华电长沙发电公司一期 2 × 60 万 kW 机组工程全部建成投产。

12 月 28 日 集团公司举行成立五周年暨装机容量突破 6000 万 kW 庆祝会。

集团公司党组书记、总经理曹培玺指出，五年来，公司上下众志成城，攻坚克难，团结拼搏，开拓进取，公司事业蒸蒸日上，业绩辉煌。即将到来的 2008 年，公司既面临着难得的发展机遇，也面临着严峻挑战。公司上下要以人为本，勇于创新，真抓实干，努力超越，全面完成 2008 年“7356”目标和各项任务，努力把公司建设成为“国内行业前列、世界企业 500 强”的大型企业集团，为全面建设小康社会，实现中华民族伟大复兴作出更大的贡献！

庆祝会由集团公司党组成员、副总经理陈飞虎主持。集团公司党组成员、纪检组组长迟文江，集团公司党组成员、副总经理辛保安、邓建玲，集团公司总会计师王怀书，国务院派驻集团公司监事会主席韩修国，集团公司专家委员会主任贺恭出席晚会；集团公司在京单位班子成员和公司总部全体员工参加了晚会。

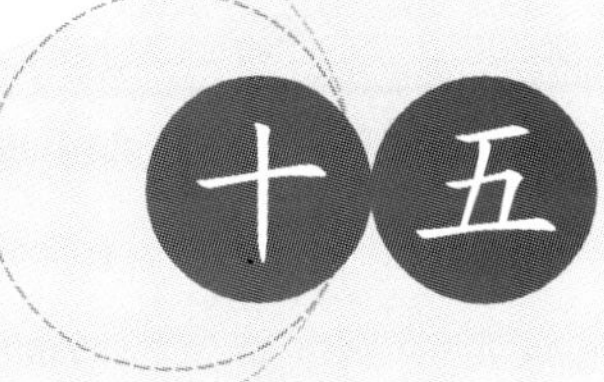

统计资料

地区名称	装机容量（万kW）		发电量（万kW·h）		上网电量（万kW·h）	
	本年	同比增长	本年	同比增长（%）	本年	同比增长（%）
集团公司合计	5004.61	1123.20	19951069	22.44	18530766	22.59
水电	722.41	37.80	1456249	-8.52	1435395	-8.63
火电	4282.20	1085.40	18494820	25.79	17095371	26.21
其中：煤机	4009.20	1085.40	17720376	20.86	16343737	21.02
燃机	273.00		774444		751634	
山东	1096.20	359.50	4366011	8.11	4081660	8.04
火电	1096.20	359.50	4366011	8.11	4081660	8.04
黑龙江	527.50	60.30	2677348	3.42	2452395	3.45
火电	527.50	60.30	2677348	3.42	2452395	3.45
贵州	567.50	137.60	1261525	12.43	1187110	11.20
水电	358.00	20.00	417595	-23.63	413220	-23.79
火电	209.50	117.60	843930	46.69	773890	47.32
四川	468.55	76.80	1874940	0.71	1713286	
水电	89.55	6.80	165599	-29.65	163074	-29.46
火电	379.00	70.00	1709341	5.10	1550212	4.59
福建	400.21	131.00	1291962	14.45	1230398	14.97
水电	190.21	11.00	697226	13.57	688047	13.48
火电	210.00	120.00	594736	15.51	542351	16.92
江苏	400.00		1710202	29.22	1610930	29.99
火电	400.00		1710202	29.22	1610930	29.99
其中：煤机	244.00		1281908	-2.18	1196212	-2.50
燃机	156.00		428294		414718	
内蒙古	290.00	180.00	850017	492.07	771123	498.82
火电	290.00	180.00			771123	498.82
新疆	196.30	44.50	834460	16.04	757590	15.90
火电	196.30	44.50			757590	15.90

生产主要指标（按地区分）

发电设备利用小时（h）		供电煤耗[g/(kW·h)]		综合供电煤耗[g/(kW·h)]		发电厂用电率(%)	
本年	同比增长	本年	同比增长	本年	同比增长	本年	同比增长
4817	-259	356.26	-6.80	359.16	-7.09	6.40	-0.04
2218	-521					0.37	0.04
5322	-282	356.26	-6.80	359.16	-7.09	6.89	-0.22
5540	-130	361.42	-1.85	364.48	-2.01	7.07	-0.05
2837		245.82	-11.20	246.85	-10.61	2.54	-0.96
5251	-443	346.39	0.14	348.39	0.27	5.97	0.02
5251	-443	346.39	0.14	348.39	0.27	5.97	0.02
5692	78	365.13	-1.12	369.28	-1.09	7.36	-0.04
5692	78	365.13	-1.12	369.28	-1.09	7.36	-0.04
2941	-500	377.18	-13.15	378.91	-12.76	5.42	0.95
1365	-861					0.47	0.12
6867	-289	377.18	-13.15	378.91	-12.76	7.88	-0.50
4686	-452	377.95	2.14	380.50	1.78	7.95	0.80
1966	-879					0.20	0.04
5412	-405	377.95	2.14	380.50	1.78	8.70	0.53
4297	-65	399.08	-19.26	401.68	-19.58	3.96	-0.45
3840	204					0.33	
4994	-727	399.08	-19.26	401.68	-19.58	8.21	-1.07
4276	-1508	321.68	-28.37	323.60	-28.46	5.24	-0.58
4276	-1508	321.68	-28.37	323.60	-28.46	5.24	-0.58
5254	-913	348.84	-1.88	350.84	-1.92	6.15	0.31
2754		243.42	-40.15	245.03	-38.41	2.53	-1.57
6001	-519	373.75	-24.72	376.97	-25.30	8.50	-0.95
6001	-519	373.75	-24.72	376.97	-25.30	8.50	-0.95
5136	398	378.33	-8.84	383.52	-7.49	7.97	-0.23
5136	398	378.33	-8.84	383.52	-7.49	7.97	-0.23

地区名称	装机容量(万kW)		发电量(万kW·h)		上网电量(万kW·h)	
	本年	同比增长	本年	同比增长(%)	本年	同比增长(%)
浙江	187.95		659332	86.99	627360	91.29
水电	34.45		62115	-1.67	61063	-1.62
火电	153.50		597217	106.35	566297	112.97
其中:煤机	36.50		251067	-3.64	229378	-3.47
燃机	117.00		7276		336916	
湖北	135.20		741784	11.45	679038	12.46
火电	135.20		741784	11.45	679038	12.46
云南	129.30	30.00	549970	60.46	509768	61.70
水电	39.30		108076	-14.93	104511	-15.46
火电	90.00	30.00	441894	104.87	405257	111.47
陕西	132.00		707702	12.71	655219	13.05
火电	132.00		707702	12.71	655219	13.05
辽宁	120.00		750087	14.61	707265	15.04
火电	120.00		750087	14.61	707265	15.04
安徽	87.00	13.50	425840	678.24	394134	671.19
火电	87.00	13.50	425840	678.24	394134	671.19
宁夏	66.00		500960	79.35	475810	79.88
火电	66.00		500960	79.35	475810	79.88
湖南	60.00	30.00	231845	573.67	219293	570.83
火电	60.00	30.00	231845	573.67	219293	570.83
青海	60.00	60.00	170391		160746	
火电	60.00	60.00	170391		160746	
河北	55.70		310116	-2.05	265042	-1.47
水电	5.70		5029	0.88	4988	0.65
火电	50.00		305087	-2.10	260054	-1.51
北京	25.20		36577	-9.69	32599	-10.32
水电	5.20		609	3.75	492	-1.80
火电	20.00		35968	-9.89	32107	-10.44

续表

发电设备利用小时(h)		供电煤耗[g/(kW·h)]		综合供电煤耗[g/(kW·h)]		发电厂用电率(%)	
本年	同比增长	本年	同比增长	本年	同比增长	本年	同比增长
3508	-312	302.11	-64.50	303.08	-65.29	4.47	-1.95
1803	-70					0.60	-0.03
3891	-1049	302.11	-64.50	303.08	-65.29	4.87	-2.82
6879	-259	380.03	-0.76	382.39	-0.98	8.07	-0.11
2959		248.79	3.57	249.09	3.21	2.55	-0.69
6439	711	375.04	-5.37	377.26	-7.14	7.92	-0.42
6439	711	375.04	-5.37	377.26	-7.14	7.92	-0.42
5147	376	393.50	-46.77	395.92	-47.67	6.28	-0.45
2750	-483					0.38	0.04
6541	-86	393.50	-46.77	395.92	-47.67	7.73	-2.75
5361	605	349.36	-3.22	350.98	-2.88	6.99	-0.37
5361	605	349.36	-3.22	350.98	-2.88	6.99	-0.37
6251	797	342.53	-1.54	345.47	-1.40	4.90	-0.40
6251	797	342.53	-1.54	345.47	-1.40	4.90	-0.40
5285	526	352.46	-4.36	355.10	-4.66	6.75	0.92
5285	526	352.46	-4.36	355.10	-4.66	6.75	0.92
4407	975	349.68	-6.72	347.30	-5.03	6.06	-0.04
4407	975	349.68	-6.72	347.30	-5.03	6.06	-0.04
6593		373.58		375.17		5.26	
6593		373.58		375.17		5.26	
5568	-117	338.14	-0.09	360.72	-1.48	8.93	-0.19
882	8					0.41	0.05
6102	-131	338.14	-0.09	360.72	-1.48	9.07	-0.19
1451	-156	149.47	-0.19	163.00	0.47	2.69	0.20
117	4					4.97	-0.19
1798	-197	149.47	-0.19	163.00	0.47	2.66	0.21

集团公司2006年发电设备容量及发电量（按电厂分）

单位	发电设备容量（万kW）	发电量					
		合计（万kW·h）	同比增长（%）	水电		火电	
				发电量（万kW·h）	同比增长（%）	发电量（万kW·h）	同比增长（%）
华电集团公司合计	5004.61	19951069	22.44	1456249	-8.52	18494820	25.79
水电	722.41	1456249	-8.52	1456249	-8.52		
火电	4282.20	18494820	25.79			18494820	25.79
山东	1096.20	4366011	8.11			4366011	8.11
华电国际电力股份有限公司	1402.20	5814398	18.62			5814398	18.62
华电国际电力股份有限公司邹县电厂	354.00	1350211	-5.35			1350211	-5.35
山东潍坊发电厂	133.00	404491				404491	
华电国际十里泉发电厂	130.00	696117	-5.86			696117	-5.86
华电青岛发电有限公司	126.00	567255	49.76			567255	49.76
华电国际电力股份有限公司莱城电厂	120.00	641404	-8.64			641404	-8.64
滕州新源热电有限责任公司	96.30	209909	7.38			209909	7.38
华电章丘发电有限公司	89.00	230821	38.84			230821	38.84
华电淄博热电有限公司	47.90	265803	-3.62			265803	-3.62
黑龙江	527.50	2677348	3.42			2677348	3.42
华电能源股份有限公司	352.30	1642199	17.43			1642199	17.43
华电能源股份有限公司哈尔滨第三发电厂	160.00	882358	2.03			882358	2.03
华电能源股份有限公司牡丹江第二发电厂	102.00	546820	2.92			546820	2.92
哈尔滨热电有限责任公司	90.00	210692				210692	

续表

单位	发电设备容量（万kW）	发电量		水电		火电	
		发电量（万kW·h）	同比增长（%）	发电量（万kW·h）	同比增长（%）	发电量（万kW·h）	同比增长（%）
黑龙江新世纪能源有限公司	0.30	2329	0.69			2329	0.69
黑龙江分公司	175.20	1035149	-13.04			1035149	-13.04
中国华电集团富拉尔基发电总厂	125.00	735972	1.33			735972	1.33
中国华电集团富拉尔基发电总厂	120.00						
黑龙江亚电鑫宝热电有限公司	5.00						
黑龙江华电佳木斯发电有限公司	40.00	239106	4.95			239106	4.95
中国华电集团哈尔滨发电有限责任公司	10.20	60071	6.87			60071	6.87
贵州	567.50	1261525	12.43	417595	-23.63	843930	46.69
贵州乌江水电开发有限责任公司	314.50	417595	-23.63	417595	-23.63		
乌江渡发电厂	125.00	133209	-43.72	133209	-43.72		
东风发电厂	69.50	130377	-31.04	130377	-31.04		
洪家渡电站建设公司	60.00	55022	-24.60	55022	-24.60		
索风营电站建设公司	60.00	98987	106.08	98987	106.08		
分公司直管电厂	198.00	843930	46.69			843930	46.69
贵州华电大龙发电有限公司	60.00	180676				180676	
贵州大方发电有限公司	60.00	86265				86265	
贵州华电清镇发电有限公司	53.00	385679	6.85			385679	6.85
贵州华电遵义发电有限公司	25.00	180791	-6.99			180791	-6.99
中国华电集团公司贵州头步发电厂		10519	-47.41			10519	-47.41

续表

单位	发电设备容量（万 kW）	发电量					
		发电量（万 kW·h）	同比增长（%）	水电		火电	
				发电量（万 kW·h）	同比增长（%）	发电量（万 kW·h）	同比增长（%）
贵州黔源股份公司	55.00						
贵州黔源股份公司水城发电厂	11.50						
贵州黔源股份公司引子渡水电站	36.00						
贵州黔源股份公司普定发电公司	7.50						
四川	468.55	1874940	0.71	165599	-29.65	1709341	5.10
四川分公司	278.55	1238124	5.12	165599	-29.65	1072525	13.81
华电四川发电有限公司	269.55	1198522	42.62	125997	-34.83	1072525	65.77
中国华电集团公司四川宝珠寺水力发电厂	70.00	118464	-34.31	118464	-34.31		
中国华电集团公司内江发电总厂	52.00	259818	-4.68			259818	-4.68
四川华电黄桷庄发电有限责任公司	40.00	220429				220429	
中国华电集团公司宜宾发电总厂	25.00	162366	-8.84			162366	-8.84
四川华电宜宾发电有限责任公司	25.00	129228				129228	
四川攀枝花三维发电有限责任公司	27.00	178222	283.43			178222	283.43
四川华电攀枝花发电公司	20.00	122462	-18.28			122462	-18.28
四川紫兰坝水电开发有限责任公司	6.80	6101		6101			
四川华电磨房沟发电厂	3.75	1432	-88.99	1432	-88.99		
分公司直管电厂	9.00	39602	-88.26	39602	-5.81		
四川华电杂谷脑水电开发有限责任公司	9.00	39602	-5.81	39602	-5.81		
四川广安发电有限责任公司	180.00	636816	-6.90			636816	-6.90

续表

单位	发电设备容量（万kW）	发电量					
		发电量（万kW·h）	同比增长（%）	水电		火电	
				发电量（万kW·h）	同比增长（%）	发电量（万kW·h）	同比增长（%）
四川华电五通桥发电厂	10.00						
福建	400.21	1291962	14.45	697226	13.57	594736	15.51
福建华电可门发电有限公司	120.00	128227				128227	
福建棉花滩水电开发有限公司	67.00	189830	14.96	189830	14.96		
棉花滩水电厂	60.00	189736	14.90	189736	14.90		
白沙水电厂	7.00	94		94			
福建华电投资有限公司	46.61	182608	26.13	182608	26.13		
福建省金湖电力有限公司	14.63	65487	19.04	65487	19.04		
福建省金湖电力有限公司孔头水电厂	4.05	18094	14.98	18094	14.98		
福建省金湖电力有限公司范厝水电厂	3.60	16104	17.26	16104	17.26		
福建省金湖电力有限公司大言水电厂	3.20	13301	33.68	13301	33.68		
福建省金湖电力有限公司良浅水电厂	3.00	14107	16.51	14107	16.51		
福建省金湖电力有限公司北溪水电厂	0.78	3881	11.39	3881	11.39		
福建闽兴水电有限公司	10.38	31107	80.03	31107	80.03		
福建闽兴水电有限公司照口水电厂	6.00	11246		11246			
福建闽兴水电有限公司峡阳水电厂	4.38	19861	15.39	19861	15.39		
福建高砂水电有限公司	5.00	20647	9.31	20647	9.31		
福建沙县城关水电有限公司	4.80	20876	9.21	20876	9.21		
福建万安水电有限公司	4.50	17485	13.62	17485	13.62		

续表

单位	发电设备容量（万 kW）	发电量					
		发电量（万 kW·h）	同比增长（%）	水电		火电	
				发电量（万 kW·h）	同比增长（%）	发电量（万 kW·h）	同比增长（%）
福建永安贡川水电站有限公司	4.30	16552	12.19	16552	12.19		
福建华电贡川西门水电站	3.00	10454	140.99	10454	140.99		
闽东水电开发有限公司	32.00	92649	-3.78	92649	-3.78		
福建华电邵武发电有限公司	25.00	128195	-11.72			128195	-11.72
福建永安火电厂	20.00	104157	-11.46			104157	-11.46
福建华电漳平电厂	20.00	100102	-14.04			100102	-14.04
福建华电漳平发电有限公司	20.00	106265	-3.31			106265	-3.31
福建省古田溪水力发电厂	14.60	67592	13.69	67592	13.69		
福建省安砂水力发电厂	11.50	56611	11.95	56611	11.95		
华电福建池潭水力发电厂	10.00	57102	13.68	57102	13.68		
中国华电集团福建华安水力发电厂	6.00	39321	4.93	39321	4.93		
华电厦门电厂	5.00	27790	8.14			27790	8.14
中国华电集团福建南靖水力发电厂	2.50	11513	14.97	11513	14.97		
江苏	400.00	1710202	29.22			1710202	29.22
江苏分公司	232.00	1090068	38.34			1090068	38.34
江苏华电戚墅堰发电有限公司	122.00	487167	62.63			487167	62.63
江苏华电扬州发电有限公司	110.00	602901	23.44			602901	23.44
上海华电电力发展有限公司	168.00	620134	15.80			620134	15.80
上海华电电力发展有限公司望亭发电厂	90.00	405318	-22.69			405318	-22.69

续表

单位	发电设备容量（万kW）	发电量					
		发电量（万kW·h）	同比增长（%）	水电		火电	
				发电量（万kW·h）	同比增长（%）	发电量（万kW·h）	同比增长（%）
江苏华电望亭天然气发电有限公司	78.00	214816				214816	
内蒙古	290.00	850017	492.07			850017	492.07
内蒙古华电包头发电有限公司	120.00	14322				14322	
内蒙古华电卓资发电有限公司	80.00	244669				244669	
包头东华热电有限公司	60.00	410982				410982	
内蒙古华电乌达热电有限公司	30.00	180044	37.47			180044	37.47
新疆	196.30	834460	16.04			834460	16.04
新疆华电红雁池发电有限责任公司	80.00	406518	2.94			406518	2.94
新疆华电吐鲁番发电有限责任公司	27.00	55211				55211	
新疆华电哈密发电有限责任公司	27.00	163461	44.19			163461	44.19
新疆华电苇湖梁发电有限责任公司	25.00	130439	1.66			130439	1.66
新疆华电昌吉热电二期有限责任公司	12.50	2463				2463	
新疆华电喀什发电有限责任公司	10.00	49180	4.52			49180	4.52
新疆华电哈密天光发电厂	7.40	11097	-43.80			11097	-43.80
新疆华电喀什二期发电有限责任公司	5.00	235				235	
新疆华电昌吉热电有限责任公司	2.40	15856	0.74			15856	0.74
浙江	187.95	659332	86.99	62115	-1.67	597217	106.35

续表

单位	发电设备容量（万 kW）	发电量					
		发电量（万 kW·h）	同比增长（%）	水电		火电	
				发电量（万 kW·h）	同比增长（%）	发电量（万 kW·h）	同比增长（%）
杭州华电半山发电有限公司	153.50	597217	106.35			597217	106.35
浙江华电乌溪江水力发电厂	34.45	62115	-1.67	62115	-1.67		
湖北	135.20	741784	11.45			741784	11.45
湖北西塞山发电有限公司	66.00	434707	17.74			434707	17.74
湖北华电黄石发电股份有限公司	33.00	206634	5.94			206634	5.94
湖北华电青山热电有限公司	36.20	100443	6.57			100443	6.57
云南	129.30	549970	60.46	108076	-14.93	441894	104.87
云南华电昆明发电有限公司	60.00	230526				230526	
中国华电集团公司云南以礼河发电厂	32.15	72963	-21.36	72963	-21.36		
中国华电集团公司云南昆明发电厂	20.00	144932	-2.26			144932	-2.26
中国华电集团公司云南巡检司发电厂	10.00	66436	4			66436	4
中国华电集团公司云南绿水河发电厂	6.55	34520	2.79	34520	2.79		
中国华电集团公司云南石龙坝发电厂	0.60	593	-13.68	593	-13.68		
陕西	132.00	707702	12.71			707702	12.71
陕西华电蒲城发电有限责任公司	132.00	707702	12.71			707702	12.71
辽宁	120.00	750087	14.61			750087	14.61
辽宁华电铁岭发电有限公司	120.00	750087	14.61			750087	14.61

续表

单位	发电设备容量（万 kW）	发电量					
		发电量（万 kW·h）	同比增长（%）	水电		火电	
				发电量（万 kW·h）	同比增长（%）	发电量（万 kW·h）	同比增长（%）
安徽	87.00	425840	678.24			425840	678.24
安徽池州九华发电有限公司	60.00	310611	473.87			310611	473.87
安徽华电六安发电有限公司	27.00	115229	19364.36			115229	
宁夏	66.00	500960	79.35	0	0	500960	79.35
宁夏中宁发电有限责任公司（华电国际）	66.00	500960	79.35			500960	79.35
湖南	60.00	231845	573.67			231845	573.67
湖南华电石门发电有限公司	60.00	231845	573.67			231845	573.67
青海	60.00	170391				170391	
青海华电大通发电有限公司	60.00	170391				170391	
河北	55.70	310116	-2.05	5029	0.88	305087	-2.10
河北华电石家庄热电有限公司	50.00	305087	-2.10			305087	-2.10
河北华电混合蓄能水电有限公司	5.70	5029	0.88	5029	0.88		
北京	25.20	36577	-9.69	609	3.75	35968	-9.89
华电（北京）热电有限公司	20.00	35968	-9.89			35968	-9.89
北京华电水电有限公司	5.20	609	3.75	609	3.75		

单　　位	供热设备台数（台）	供热设备容量（万kW）	热电比（%）	
			本年	同比增长
华电集团公司合计	72	844.50	0.34	-0.10
山东	21	359.20	0.21	-0.15
华电国际十里泉发电厂	2	60.00	0.01	0.01
华电青岛发电有限公司	5	66.00	0.17	-0.09
滕州新源热电有限责任公司	5	96.30	0.06	
华电章丘发电有限公司	4	89.00		
华电淄博热电有限公司	5	47.90	0.77	0.07
黑龙江	20	170.20	0.34	
华电能源股份有限公司	12	130.00	0.28	0.14
华电能源牡丹江第二发电厂	4	40.00	0.14	
哈尔滨热电有限责任公司	8	90.00	0.65	0.65
黑龙江分公司	8	40.20	0.51	-0.07
黑龙江华电佳木斯发电有限公司	3	30.00	0.20	0.02
中国华电集团哈尔滨发电有限责任公司	5	10.20	1.73	-0.05
福建	2	5.00		
华电厦门电厂	2	5.00		
内蒙古	4	90.00	0.07	0.07
包头东华热电有限公司	2	60.00		
内蒙古华电乌达热电有限公司	2	30.00	0.07	0.07
新疆	8	107.40	0.26	0.10
新疆华电红雁池发电有限责任公司	4	80.00	0.12	0.10
新疆华电苇湖梁发电有限责任公司	2	25.00	0.46	0.07
新疆华电昌吉热电有限责任公司	2	2.40	2.16	0.16
浙江	4	36.50	0.02	-0.01
杭州华电半山发电有限公司	4	36.50	0.02	-0.01
湖北	3	6.20	0.20	-0.31
湖北华电青山热电有限公司	3	6.20	0.20	-0.32
河北	6	50.00	1.58	-0.01
河北华电石家庄热电有限公司	6	50.00	1.58	-0.01
北京	4	20.00	2.62	0.06
华电（北京）热电有限公司	4	20.00	2.62	0.06

供热生产情况

供热量（GJ）		供热厂用电量（万 kW·h）		供热厂用电率（kW·h/GJ）	
本年	同比增长	本年	同比增长	本年	同比增长
52019305	3.59	45945.00	1.81	8.83	-0.16
11395427	4.48	7710.00	5.62	6.77	0.08
176686	148.15	150.00	248.84	8.48	2.42
3384782	-3.17	2863.00	1.63	8.46	0.40
462444	14.06	339.00	11.51	7.33	-0.16
38605		37.00		9.61	9.61
7332910	5.75	4321.00	4.47	5.89	-0.07
13217210	6.11	14750.00	5.67	11.16	-0.05
7734129	180.40	9459.00	172.12	12.23	-0.37
2798095	1.45	3306.00	-4.89	11.82	-0.78
4936034		6153.00		12.47	12.47
5483081	-43.46	5291.00	-49.53	9.65	-1.16
1737210	18.28	2200.00	19.57	12.66	0.13
3745871	3.92	3091.00	-3.10	8.25	-0.60
463587		590.00		12.73	12.73
463587		590.00		12.72	12.72
5134103	60.19	4142.00	69.34	8.07	0.44
1748579	503.34	1640.00	391.02	9.38	-2.13
2152857	20.99	2008.00	17.02	9.33	-0.32
1232667	8.52	494.00	24.75	4.01	0.52
333478	11.46	274.00	7.03	8.22	-0.34
333478	11.46	274.00	7.03	8.20	-0.36
728080	-60.60	680.00	-59.60	9.34	0.23
728080	-58.56	680.00	-57.69	9.34	0.20
17359291	-2.64	15316.00	-9.52	8.82	-0.67
17359291	-2.64	15316.00	-9.52	8.82	-0.67
3388129	-7.77	2483.00	-2.89	7.33	0.37
3388129	-7.77	2483.00	-2.89	7.33	0.37

集团公司2006年发电机组容量变化情况

单　　位	台数（台）	机组容量（万kW）	投产时间	汽（水）轮机型号
一、新投发电机组容量合计	38	1090.80		
水电	7	37.80		
火电	31	1053.00		
1. 水电合计	7	37.80		
福建闽兴水电有限公司照口水电厂	2	4.00		
2号		2.00	2006年4月29日	GZ4BN28A—WP—580
3号		2.00	2006年9月11日	GZ4BN28A—WP—580
乌江索风营电站建设公司	1	20.00		
3号		20.00	2006年6月5日	HLF134M1—LJ—590
四川紫兰坝水电开发有限责任公司	2	6.80		
1号		3.40	2006年7月31日	GZ836—WP—535
2号		3.40	2006年12月24日	GZ836—WP—535
福建棉花滩水电开发公司白沙水电厂	2	7.00		
1号		3.50	2006年12月15日	HLX75e—LJ—285
2号		3.50	2006年12月22日	HLX75e—LJ—285
2. 火电合计	31	1053.00		
四川华电宜宾发电有限责任公司	1	15.00		
12号		15.00	2006年1月31日	QF—150—2
青海华电大通发电有限公司	2	60.00		
1号		30.00	2006年2月11日	QFS2—300—2
2号		30.00	2006年12月27日	QFS2—300—2
贵州华电大龙发电有限公司	2	60.00		
1号		30.00	2006年3月19日	N300—16.7/537/537—8
2号		30.00	2006年10月16日	N300—16.7/537/537—8
湖南华电石门发电有限公司	1	30.00		
4号		30.00	2006年3月22日	N300—16.7/537/537—2
内蒙古华电卓资发电有限公司	3	60.00		
2号		20.00	2006年4月9日	JKN200—12.7/535/535
3号		20.00	2006年9月29日	JKN200—12.7/535/535

续表

单　　位	台数（台）	机组容量（万kW）	投产时间	汽（水）轮机型号
4号		20.00	2006年12月14日	JKN200—12.7/535/535
安徽华电六安发电有限公司	1	13.50		
2号		13.50	2006年6月23日	N135—13.2/535/535—2
新疆华电吐鲁番发电有限公司	2	27.00		
1号		13.50	2006年7月4日	
2号		13.50	2006年10月15日	
华电青岛发电有限公司	1	30.00		
4号		30.00	2006年7月9日	
华电章丘发电有限公司	2	60.00		
3号		30.00	2006年7月14日	C312—16.67/0.5/538/5
4号		30.00	2006年11月19日	C312—16.67/0.5/538/5
贵州大方发电有限公司	2	60.00		
1号		30.00	2006年7月22日	N300—16.7—537/537—8
2号		30.00	2006年12月26日	N300—16.7—537/537—8
福建华电可门发电有限公司	2	120.00		
1号		60.00	2006年8月3日	N600—24.2/566/566
2号		60.00	2006年12月4日	N600—24.2/566/566
云南华电昆明发电有限公司	1	30.00		
2号		30.00	2006年10月7日	N300—16.7/537/537
哈尔滨热电有限责任公司	2	60.00		
8号		30.00	2006年10月13日	C250/N300—16.67/537
7号		30.00	2006年12月15日	C250/N300—16.67/537
山东潍坊发电厂	1	67.00		
3号		67.00	2006年10月24日	N670—24.2/566/566
滕州新源热电有限责任公司	2	63.00		
3号		31.50	2006年11月10日	C312/290—16.67/0.5
4号		31.50	2006年12月13日	C312/290—16.67/0.5
内蒙古华电包头发电有限公司	2	120.00		
1号		60.00	2006年11月10日	N600—16.7/538/538
2号		60.00	2006年12月16日	N600—16.7/538/538

续表

单　　位	台数（台）	机组容量（万 kW）	投产时间	汽（水）轮机型号
华电国际邹县发电厂	1	100.00		
7 号		100.00	2006 年 12 月 4 日	N1000—25/600/600
四川广安发电有限责任公司	1	60.00		
5 号		60.00	2006 年 12 月 13 日	N600—16.7/538/538—1
新疆华电昌吉热电二期有限责任公司	1	12.50		
1 号		12.50	2006 年 12 月 18 日	CC125—9.5/1.3/0.259
新疆华电喀什发电有限责任公司	1	5.00		
3 号		5.00	2006 年 12 月 29 日	N50—8.83/535—4
二、关停发电机组合计	3	7.4		
其中：火电合计	3	7.4		
中国华电集团公司贵州头步发电厂	2	2.40		
1 号		1.20	2006 年 7 月 7 日	N12—3.43
2 号		1.20	2006 年 7 月 7 日	N12—3.43
中国华电集团公司宜宾发电总厂	1	5.00		
2 号		5.00	2006 年 12 月 31 日	51—50—1
三、增容发电机组合计		1.50		
华电国际十里泉发电厂	1	1.50		
1 号		14（原 12.5）	2006 年 12 月 18 日	N140—13.24/535/535
四、股权变更容量合计		38.30		
1. 增加容量		66.30		
山东潍坊发电厂	2	66.00		
1 号		33.00	2006 年 1 月 1 日	N330—16.7/535/535
2 号		33.00	2006 年 1 月 1 日	N330—16.7/535/535
黑龙江新世纪能源有限公司	1	0.30		
1 号		0.30	2002 年 10 月 22 日	CS—2.25/0.49
2. 减少容量		28.00		
山东黄岛电厂	2	28.00		划转给青岛国信实业
1 号		14.00	2006 年 1 月 1 日	N140—135/550/550
2 号		14.00	2006 年 1 月 1 日	N140—135/550/550

集团公司2006年核准（批复）项目

万 kW

项 目 名 称	建设规模	机组构成	已投产规模	批（核）准日期
2006年核（批）准项目容量	632.95		225.50	
其中：水电	255.50		12.50	
火电	363.00		213.00	
风电	9.45			
其他	5.00			
水电	255.50		12.50	
贵州东风扩机	12.50	1×12.5	12.50	2006年3月20日
西溪河地洛水电站	10.00	2×5		2006年6月8日
印尼阿萨汉1号水电站	18.00	2×9		2006年6月26日
西溪河洛古水电站	11.00	2×5.5		2006年8月7日
贵州乌江思林水电站	100.00	4×25		2006年10月23日
贵州北盘江光照水电站	104.00	4×26		2006年12月8日
火电	363.00		213.00	
滕州新源二期	63.00	2×31.5	63.00	2006年4月20日
包头东华热电	60.00	2×30	60.00	2006年6月8日
章丘二期	60.00	2×30	60.00	2006年6月28日
贵州头步技改热电工程	30.00	2×15		2006年7月17日
内蒙古乌达热电	30.00	2×15	30.00	2006年7月19日
广西贵港	120.00	2×60		2006年7月19日
风电	9.45			
新疆小草湖风电	4.95			2006年11月30日
宁东风电	4.50			2006年12月30日
其他	5.00			
宿州秸杆热电项目	5.00	2×2.5		2006年8月15日

地 区 名 称	装机容量（万 kW）		发电量		上网电量	
	本年	同比增长	本年（万 kW·h）	同比增长（%）	本年（万 kW·h）	同比增长（%）
华电集团合计	6302.41	1297.80	25629606	28.46	23877801	28.85
水电	772.21	49.80	2079454	42.80	2055755	43.22
火电	5508.60	1226.40	23541846	27.29	21813901	27.60
其中：煤机	5163.60	1154.40	22665830	27.91	20959782	28.24
燃机	345.00	72.00	876016	13.12	854119	13.63
风电	21.60		8306		8145	
山东	1224.80	128.60	5515293	26.32	5138329	25.89
火电	1224.80	128.60	5515293	26.32	5138329	25.89
贵州	631.40	63.90	2466878	95.55	2351932	98.12
水电	386.40	28.40	1053567	152.29	1046222	153.19
火电	245.00	35.50	1413311	67.47	1305710	68.72
黑龙江	577.50	50.00	2820941	5.36	2590903	5.65
火电	577.50	50.00	2820941	5.36	2590903	5.65
四川	510.75	42.20	1921165	2.47	1767036	3.14
水电	106.75	17.20	226416	36.73	224113	37.43
火电	404.00	25.00	1694749	-0.85	1542923	-0.47
福建	399.41	-0.79	1729763	33.89	1646753	33.84
水电	194.41	4.21	616988	-11.51	607890	-11.65
火电	205.00	-5.00	1112775	87.10	1038863	91.55
江苏	370.00	-30.00	1669864	-2.36	1574893	-2.24
火电	370.00	-30.00	1669864	-2.36	1574893	-2.24
其中：煤机	214.00	-30.00	1176830	-8.20	1095682	-8.40
燃机	156.00		493034	15.12	479211	15.55
湖北	326.00	190.80	951675	28.30	887562	30.71
火电	326.00	190.80	951675	28.30	887562	30.71
内蒙古	302.15	12.15	1531672	80.19	1401902	81.80
火电	290.00		1523520	79.23	1393906	80.76
风电	12.15	12.15	8152		7996	
新疆	218.75	22.45	1154075	38.30	1051815	38.83
火电	213.80	17.50	1154013	38.29	1051755	38.83
风电	4.95	4.95	62		60	
安徽	207.00	120.00	589963	38.54	546747	38.72
火电	207.00	120.00	589963	38.54	546747	38.72

生产主要指标（按地区分）

发电设备利用小时（h）		供电煤耗[g/(kW·h)]		综合供电煤耗[g/(kW·h)]		发电厂用电率（%）		综合厂用电率（%）	
本年	同比增长	本年	同比增长	本年	同比增长	本年	同比增长	本年	同比增长
4739	-123	347.11	-8.71	349.62	-9.06	6.15	-0.20	6.89	-0.28
2819	601					0.31	-0.06	1.16	-0.33
5042	-323	347.11	-8.71	349.62	-9.06	6.67	-0.15	7.39	-0.23
5154	-427	351.19	-9.87	353.97	-10.32	6.84	-0.22	7.40	
3209	372	240.66	-5.16	241.55	-5.30	2.14	-0.40	2.58	
4008						0.93		2.74	
4682	-569	340.47	-5.92	342.55	-5.84	6.27	0.30	6.89	0.30
4682	-569	340.47	-5.92	342.55	-5.84	6.27	0.30	6.89	0.30
4256	1314	363.31	-13.87	364.38	-14.53	4.31	-1.12	4.72	-1.23
2851	1486					0.25	-0.22	0.70	-0.35
6726	-141	363.31	-13.87	364.38	-14.53	7.34	-0.54	7.72	-0.65
5315	-376	360.07	-5.03	364.15	-5.11	7.11	-0.25	8.18	-0.25
5315	-376	360.07	-5.03	364.15	-5.11	7.11	-0.25	8.18	-0.25
4054	-631	369.19	-8.76	371.48	-9.02	7.43	-0.52	8.04	-0.59
2571	606					0.23	0.03	1.08	-0.54
4393	-1018	369.19	-8.76	371.48	-9.02	8.39	-0.31	8.97	-0.34
4334	38	347.51	-51.57	348.91	-52.77	4.17	0.21	4.82	0.02
3220	-619					0.39	0.06	1.53	0.15
5363	369	347.51	-51.57	348.91	-52.77	6.26	-1.95	6.64	-2.18
4513	237	315.79	-5.89	317.21	-6.39	5.26	0.02	5.69	-0.11
4513	237	315.79	-5.89	317.21	-6.39	5.26	0.02	5.36	-0.45
5499	245	348.55	-0.29	349.83	-1.01	6.53	0.38	7.89	
3160	406	241.24	-2.18	242.65	-2.39	2.24	-0.29	2.80	
5131	-1308	339.29	-35.76	340.19	-37.07	6.49	-1.43	6.92	-1.54
5131	-1308	339.29	-35.76	340.19	-37.07	6.49	-1.43	6.92	-1.54
5244	-757	356.81	-16.94	359.83	-17.14	7.69	-0.81	8.49	-0.86
5253	-748	356.81	-16.94	359.83	-17.14	7.73	-0.77	8.52	-0.83
4015						0.82	0.82	2.57	
5523	388	375.60	-2.73	380.29	-3.23	7.72	-0.25	8.86	-0.35
5523	388	375.60	-2.73	380.29	-3.23	7.72	-0.25	8.86	-0.35
4133						16.19	16.19	25.01	
5114	-171	348.54	-3.92	350.70	-4.40	6.75	-0.01	7.47	-0.22
5114	-171	348.54	-3.92	350.70	-4.40	6.75	-0.01	7.47	-0.22

地区名称	装机容量（万 kW）		发电量		上网电量	
	本年	同比增长	本年（万 kW·h）	同比增长（%）	本年（万 kW·h）	同比增长（%）
宁夏	190.50	124.50	778974	55.50	727233	52.84
火电	186.00	120.00	778882	55.48	727144	52.82
风电	4.50	4.50	92		89	
湖南	180.00	120.00	282688	21.93	265352	21.00
火电	180.00	120.00	282688	21.93	265352	21.00
云南	179.30	50.00	810861	47.44	750666	47.26
水电	39.30		130806	21.03	126868	21.39
火电	140.00	50.00	680055	53.90	623798	53.93
浙江	177.95	-10.00	639292	-3.04	612379	-2.39
水电	34.45		46374	-25.34	45550	-25.40
火电	143.50	-10.00	592918	-0.72	566829	0.09
其中：煤机	26.50	-10.00	209936	-16.38	191921	-31.83
燃机	117.00		382982	10.64	374908	11.28
陕西	132.00		706408	-0.18	653091	-0.32
火电	132.00		706408	-0.18	653091	-0.32
河南	132.00		286394		268590	
火电	132.00		286394		268590	
广西	120.00		334813		312199	
火电	120.00		334813		312199	
辽宁	120.00		726502	-3.14	685869	-3.03
火电	120.00		726502	-3.14	685869	-3.03
天津	90.00					
火电	90.00					
上海	72.00					
火电	72.00					
其中：燃机	72.00					
青海	60.00		371333	117.93	349433	117.38
火电	60.00		371333	117.93	349433	117.38
河北	55.70		300007	-3.26	258516	-2.46
水电	5.70		4746	-5.63	4713	-5.51
火电	50.00		295261	-3.22	253803	-2.40
北京	25.20		41045	12.22	36601	12.28
水电	5.20		557	-8.54	399	-18.90
火电	20.00		40488	12.57	36202	12.75

续表

发电设备利用小时(h)		供电煤耗[g/(kW·h)]		综合供电煤耗[g/(kW·h)]		发电厂用电率(%)		综合厂用电率(%)	
本年	同比增长	本年	同比增长	本年	同比增长	本年	同比增长	本年	同比增长
6692	-898	347.49		349.19	7.19	6.18		6.64	1.62
6693	-897	347.49		349.19	7.19	6.18		6.64	1.62
3374								2.41	
3850	-557	344.38	-5.30	344.84	-2.46	6.00	-0.06	6.53	0.32
3850	-557	344.38	-5.30	344.84	-2.46	6.00	-0.06	6.53	0.32
5231	84	368.73	-24.76	370.81	-25.11	6.56	0.27	7.57	0.26
3328	578					0.36	-0.02	3.01	-0.30
5877	-664	368.73	-24.76	370.81	-25.11	7.75	0.02	8.45	0.16
3593	-133	274.73	-27.38	285.46	-17.62	3.93	-0.54	4.21	-0.64
1346	-457					0.81	0.21	1.78	0.09
4132	-29	274.73	-27.38	285.46	-17.62	4.17	-0.70	4.40	-0.78
7922	-417	357.84	-22.19	373.95	-8.44	8.21	0.14	8.40	1.22
3273	314	239.92	-8.87	240.16	-8.94	2.01	-0.54	2.11	-0.22
5352	-9	349.51	0.15	350.78	-0.20	7.21	0.22	7.55	0.13
5352	-9	349.51	0.15	350.78	-0.20	7.21	0.22	7.55	0.13
4089		329.07		332.14		5.34		6.22	
4089		329.07		332.14		5.34		6.22	
4134		332.58		335.26		6.00		7.10	
4134		332.58		335.26		6.00		7.10	
6054	-197	341.16	-1.37	343.50	-1.97	4.94	0.04	5.59	-0.12
6054	-197	341.16	-1.37	343.50	-1.97	4.94	0.04	5.59	-0.12
6189	-404	350.57	-23.01	352.20	-22.97	5.46	0.20	5.92	-0.06
6189	-404	350.57	-23.01	352.20	-22.97	5.46	0.20	5.92	-0.06
5386	-182	336.12	-2.02	357.04	-3.68	8.56	-0.37	13.85	-0.71
833	-49					0.30	-0.11	2.01	-0.18
5905	-197	336.12	-2.02	357.04	-3.68	8.69	-0.38	14.04	-0.72
1628	177	149.92	0.45	163.34	0.34	2.60	-0.10	12.94	-0.32
107	-10					4.20	-0.77	48.15	8.97
2024	226	149.92	0.45	163.34	0.34	2.58	-0.08	12.46	-0.36

集团公司2007年发电设备容量及发电量（按电厂分）

单位	发电设备容量（万kW）	发电量					
		发电量（万kW·h）	同比增长（%）	水电		火电	
				发电量（万kW·h）	同比增长（%）	发电量（万kW·h）	同比增长（%）
集团公司合计	6302.41	25629606	28.46	2079454	42.80	23541846	27.29
水电	772.21	2079454	42.80	2079454	42.80		
火电	5508.60	23541846	27.29			23541846	27.29
风电	21.60	8306					
山东	1224.80	5515293	26.32			5515293	26.32
华电国际电力股份有限公司	1967.30	7829028	34.65			7828936	34.65
华电国际电力股份有限公司邹县电厂	254.00	1645374	21.86			1645374	21.86
华电邹县发电有限公司	200.00	112148	136.22			112148	136.22
山东潍坊发电厂	200.00	756855	87.11			756855	87.11
华电青岛发电有限公司	123.50	587361	3.54			587361	3.54
华电国际电力股份有限公司莱城电厂	120.00	622651	-2.92			622651	-2.92
华电国际十里泉发电厂	102.00	645543	-7.27			645543	-7.27
滕州新源热电有限责任公司	93.00	483486	130.33			483486	130.33
华电章丘发电有限公司	89.00	401044	73.75			401044	73.75
华电淄博热电有限公司	43.30	260831	-1.87			260831	-1.87
贵州	631.40	2466878	95.55	1053567	152.29	1413311	67.47
贵州分公司	579.50	2315985	83.59	902674	116.16	1413311	67.47
贵州乌江水电开发有限责任公司	334.50	902674	116.16	902674	116.16		

续表

单位	发电设备容量（万kW）	发电量					
				水电		火电	
		发电量（万kW·h）	同比增长（%）	发电量（万kW·h）	同比增长（%）	发电量（万kW·h）	同比增长（%）
乌江渡发电厂	125.00	367087	175.57	367087	175.57		
东风发电厂	69.50	244814	87.77	244814	87.77		
洪家渡电站建设公司	60.00	96617	75.60	96617	75.60		
索风营电站建设公司	60.00	192656	94.63	192656	94.63		
乌江清水河公司大花水水电站	20.00	1500		1500			
分公司直管电厂	245.00	1413311	67.47			1413311	67.47
贵州大方发电有限公司	120.00	468333	442.90			468333	442.90
贵州华电大龙发电有限公司	60.00	408934	126.34			408934	126.34
贵州华电清镇发电有限公司	40.00	340449	-11.73			340449	-11.73
贵州华电遵义发电有限公司	25.00	195595	8.19			195595	8.19
贵州黔源电力股份有限公司	51.90	150893		150893			
贵州黔源股份公司引子渡水电站	36.00	92005		92005			
贵州黔源股份公司普定发电公司	8.40	31427		31427			
贵州北源电力股份有限公司鱼塘电站	7.50	27461		27461			
黑龙江	577.50	2820941	5.36			2820941	5.36
华电能源股份有限公司	402.30	1864318	13.53			1864318	13.53
华电能源股份有限公司哈尔滨第三发电厂	160.00	850317	-3.63			850317	-3.63
华电能源股份有限公司牡丹江第二发电厂	102.00	530420	-3.00			530420	-3.00
哈尔滨热电有限责任公司	80.00	420338	99.50			420338	99.50

续表

单位	发电设备容量（万 kW）	发电量					
		发电量（万 kW·h）	同比增长（%）	水电		火电	
				发电量（万 kW·h）	同比增长（%）	发电量（万 kW·h）	同比增长（%）
黑龙江华电齐齐哈尔热电有限公司	60.00	60962				60962	
黑龙江新世纪能源有限公司	0.30	2281	-2.06			2281	-2.06
黑龙江分公司直管	170.20	956623	-7.59			956623	-7.59
中国华电集团公司富拉尔基发电总厂	120.00	666203	-9.48			666203	-9.48
黑龙江华电佳木斯发电有限公司	40.00	230320	-3.67			230320	-3.67
中国华电集团哈尔滨发电有限责任公司	10.20	60100	0.05			60100	0.05
黑龙江亚电鑫宝热电有限公司	5.00						
四川	510.75	1921165	2.47	226416	36.73	1694749	-0.85
四川分公司	270.75	1120820	-9.47	226416	36.73	894404	-16.61
华电四川发电有限公司	247.95	1085029	-9.47	190625	51.29	894404	-16.61
中国华电集团公司四川宝珠寺水力发电厂	70.00	161808	36.59	161808	36.59		
中国华电集团公司内江发电总厂	52.00	227775	-12.33			227775	-12.33
四川华电黄桷庄发电有限责任公司	40.00	220069	-0.16			220069	-0.16
四川攀枝花三维发电有限责任公司	27.00	130846	-26.58			130846	-26.58
四川华电宜宾发电有限责任公司	25.00	132687	2.68			132687	2.68
中国华电集团公司宜宾发电总厂	20.00	136058	-16.20			136058	-16.20
四川华电攀枝花发电公司		46969	-61.65			46969	-61.65
四川紫兰坝水电开发有限责任公司	10.20	28817	372.33	28817	372.33		
四川华电磨房沟发电厂	3.75						
分公司直管电厂	22.80	35791	-9.62	35791	-9.62		
四川华电杂谷脑水电开发有限责任公司	22.80	35791	-9.62	35791	-9.62		
四川华电杂谷脑公司薛城水电站	13.80	210	5.26	210	5.26		

续表

单位	发电设备容量（万kW）	发电量					
		发电量（万kW·h）	同比增长（%）	水电		火电	
				发电量（万kW·h）	同比增长（%）	发电量（万kW·h）	同比增长（%）
四川华电杂谷脑公司红叶二级	9.00	35581	-10.15	35581	-10.15		
华电国际四川广安发电有限责任公司	240.00	800345	25.68			800345	25.68
福建	399.41	1729763	33.89	616988	-11.51	1112775	87.10
福建华电可门发电有限公司	120.00	740358	477.38			740358	477.38
福建棉花滩水电开发有限公司	67.00	176815	-6.86	176815	-6.86		
棉花滩水电厂	60.00	158153	-16.65	158153	-16.65		
白沙水电厂	7.00	18662		18662			
福建华电投资有限公司	50.81	177668	-2.71	177668	-2.71		
福建省金湖电力有限公司	18.83	58821	-10.18	58821	-10.18		
福建省金湖电力有限公司高唐水电厂	4.20	3399		3399			
福建省金湖电力有限公司孔头水电厂	4.05	15515	-14.25	15515	-14.25		
福建省金湖电力有限公司范厝水电厂	3.60	14033	-12.86	14033	-12.86		
福建省金湖电力有限公司大言水电厂	3.20	11404	-14.26	11404	-14.26		
福建省金湖电力有限公司良浅水电厂	3.00	12172	-13.72	12172	-13.72		
福建省金湖电力有限公司北溪水电厂	0.78	2298	-40.79	2298	-40.79		
福建闽兴水电有限公司	10.38	38454	23.62	38454	23.62		
福建闽兴水电有限公司照口水电站	6.00	21716	93.10	21716	93.10		
福建闽兴水电有限公司峡阳水电厂	4.38	16738	-15.72	16738	-15.72		
福建高砂水电有限公司	5.00	19617	-4.99	19617	-4.99		
福建沙县城关水电有限公司	4.80	19145	-8.29	19145	-8.29		
福建万安水电有限公司	4.50	15597	-10.80	15597	-10.80		
福建永安贡川水电站有限公司	4.30	15825	-4.39	15825	-4.39		

续表

单位	发电设备容量（万 kW）	发电量					
		发电量（万 kW·h）	同比增长（%）	水电		火电	
				发电量（万 kW·h）	同比增长（%）	发电量（万 kW·h）	同比增长（%）
福建华投西门发电有限公司	3.00	10209	-2.34	10209	-2.34		
闽东水电开发有限公司	32.00	65734	-29.05	65734	-29.05		
福建华电邵武发电有限公司	25.00	114729	-10.50			114729	-10.50
福建永安火电厂	20.00	82264	-21.02			82264	-21.02
福建华电漳平电厂	20.00	73105	-26.97			73105	-26.97
福建华电漳平发电有限公司	20.00	91461	-13.93			91461	-13.93
福建省古田溪水力发电厂	14.60	48518	-28.22	48518	-28.22		
福建省安砂水力发电厂	11.50	53399	-5.67	53399	-5.67		
华电福建池潭水力发电厂	10.00	44010	-22.93	44010	-22.93		
中国华电集团福建华安水力发电厂	6.00	39711	0.99	39711	0.99		
华电厦门电厂		10858	-60.93			10858	-60.93
中国华电集团福建南靖水力发电厂	2.50	11133	-3.30	11133	-3.30		
江苏	370.00	1669864	-2.36			1669864	-2.36
江苏华电戚墅堰发电有限公司	122.00	428381	-12.07			428381	-12.07
江苏华电扬州发电有限公司	110.00	609672	1.12			609672	1.12
江苏华电望亭天然气发电有限公司	78.00	247585	15.25			247585	15.25
望亭发电厂	60.00	384226	-5.20			384226	-5.20
湖北	326.00	951675	28.30			951675	28.30
湖北华电襄樊发电有限公司	240.00						
湖北华电襄樊发电有限公司一期	120.00						
湖北华电襄樊发电有限公司二期	120.00	374174				374174	
湖北西塞山发电有限公司	66.00	399251	-8.16			399251	-8.16

续表

单位	发电设备容量（万kW）	发电量					
		发电量（万kW·h）	同比增长（%）	水电		火电	
				发电量（万kW·h）	同比增长（%）	发电量（万kW·h）	同比增长（%）
湖北华电黄石发电股份有限公司	20.00	155227	-24.88			155227	-24.88
湖北华电青山热电有限公司		23023	-77.08			23023	-77.08
内蒙古	302.15	1531672	80.19			1523520	79.23
中国华电集团公司内蒙古分公司	290.00	1523520	79.23			1523520	79.23
内蒙古华电包头发电有限公司	120.00	655586				655586	
内蒙古华电卓资发电有限公司	80.00	356996	45.91			356996	45.91
包头东华热电有限公司	60.00	338733	-17.58			338733	-17.58
内蒙古华电乌达热电有限公司	30.00	172205	-4.35			172205	-4.35
华电新能源：辉腾锡勒风力发电有限公司	12.15	8152					
新疆	218.75	1154075	38.30			1154013	38.29
华电新疆发电有限公司	213.80	1154013	38.29			1154013	38.29
新疆华电红雁池发电有限责任公司	80.00	451652	11.10			451652	11.10
新疆华电哈密发电有限责任公司	34.40	197100	20.58			197100	20.58
新疆华电吐鲁番发电有限责任公司	27.00	134557	143.71			134557	143.71
新疆华电苇湖梁发电有限责任公司	25.00	141950	8.82			141950	8.82
新疆华电昌吉热电二期有限责任公司	25.00	123598				123598	
新疆华电喀什发电有限责任公司	10.00	54024	9.85			54024	9.85
新疆华电喀什二期发电有限责任公司	10.00	37145				37145	
新疆华电昌吉热电有限责任公司	2.40	13987	-11.79			13987	-11.79
华电新能源：新疆小草湖风力发电公司	4.95	62					
安徽	207.00	589963	38.54			589963	38.54
华电国际　安徽华电宿州发电有限公司	120.00	119061				119061	

续表

单位	发电设备容量（万kW）	发电量					
		发电量（万kW·h）	同比增长（%）	水电		火电	
				发电量（万kW·h）	同比增长（%）	发电量（万kW·h）	同比增长（%）
华电国际　安徽池州九华发电有限公司	60.00	328961	5.91			328961	5.91
安徽华电六安发电有限公司	27.00	141941	23.18			141941	23.18
宁夏	190.50	778974	55.50			778882	55.48
华电国际　华电宁夏灵武发电有限公司	120.00	353347				353347	
华电国际　宁夏中宁发电有限责任公司	66.00	425535	-15.06			425535	-15.06
华电国际　华电宁夏宁东风电有限公司	4.50	92					
湖南	180.00	282688	21.93			282688	21.93
湖南华电长沙发电有限公司	120.00	26879				26879	
湖南华电石门发电有限公司	60.00	255809	10.34			255809	10.34
云南	179.30	810861	47.44	130806	21.03	680055	53.90
云南华电昆明发电有限公司	60.00	363235	57.57			363235	57.57
中国华电巡检司发电有限公司	60.00	152341				152341	
中国华电集团公司云南以礼河发电厂	32.15	93727	28.46	93727	28.46		
中国华电集团公司云南昆明发电厂	20.00	144826	-0.07			144826	-0.07
中国华电集团公司云南巡检司发电厂		19653	-70.42			19653	-70.42
中国华电集团公司云南绿水河发电厂	6.55	36259	5.04	36259	5.04		
中国华电集团公司云南石龙坝发电厂	0.60	820	38.28	820	38.28		
浙江	177.95	639292	-3.04	46374	-25.34	592918	-0.72
杭州华电半山发电有限公司	143.50	592918	-0.72			592918	-0.72

续表

单位	发电设备容量（万kW）	发电量					
		发电量（万kW·h）	同比增长（%）	水电		火电	
				发电量（万kW·h）	同比增长（%）	发电量（万kW·h）	同比增长（%）
浙江华电乌溪江水力发电厂	34.45	46374	-25.34	46374	-25.34		
陕西	132.00	706408	-0.18			706408	-0.18
陕西华电蒲城发电有限责任公司	132.00	706408	-0.18			706408	-0.18
河南	132.00	286394				286394	
华电新乡发电有限公司	132.00	286394				286394	
广西	120.00	334813				334813	
广西华电贵港发电有限公司	120.00	334813				334813	
辽宁	120.00	726502	-3.14			726502	-3.14
辽宁华电铁岭发电有限公司	120.00	726502	-3.14			726502	-3.14
天津	90.00						
天津军粮城发电有限公司	90.00						
上海	72.00						
上海奉贤燃机发电有限公司	72.00						
青海	60.00	371333	117.93			371333	117.93
青海华电大通发电有限公司	60.00	371333	117.93			371333	117.93
河北	55.70	300007	-3.26	4746	-5.63	295261	-3.22
河北华电石家庄热电有限公司	50.00	295261	-3.22			295261	-3.22
河北华电混合蓄能水电有限公司	5.70	4746	-5.63	4746	-5.63		
北京	25.20	41045	12.22	557	-8.54	40488	12.57
华电（北京）热电有限公司	20.00	40488	12.57			40488	12.57
北京华电水电有限公司	5.20	557	-8.54	557	-8.54		

单　　位	供热设备台数（台）	供热设备容量（万kW）	热电比（%）	
			本年	同比增长
华电集团公司合计	64	912.90	0.27	-0.07
山东	18	348.80	0.16	-0.05
华电青岛发电有限公司	4	63.50	0.19	0.02
华电国际十里泉发电厂	2	60.00	0.01	-0.16
滕州新源热电有限责任公司	4	93.00	0.03	-0.03
华电章丘发电有限公司	4	89.00	0.01	0.01
华电淄博热电有限公司	4	43.30	0.80	0.03
黑龙江	18	220.20	0.29	-0.05
华电能源股份有限公司	10	180.00	0.22	-0.06
华电能源牡丹江第二发电厂	4	40.00	0.15	0.01
哈尔滨热电有限责任公司	4	80.00	0.32	-0.33
黑龙江华电齐齐哈尔热电有限公司	2	60.00	0.06	
黑龙江分公司	8	40.20	0.54	0.03
黑龙江华电佳木斯发电有限公司	3	30.00	0.24	0.04
中国华电集团哈尔滨发电有限责任公司	5	10.20	1.67	-0.06
四川	2	25.00	0.12	
四川华电宜宾发电有限责任公司	2	25.00	0.12	
湖北			0.18	-0.02
湖北华电青山热电有限公司			0.18	-0.02
内蒙古	4	90.00	0.08	0.01
包头东华热电有限公司	2	60.00	0.07	0.07
内蒙古华电乌达热电有限公司	2	30.00	0.10	0.10
新疆	10	132.40	0.27	0.01
新疆华电红雁池发电有限责任公司	4	80.00	0.19	0.19
新疆华电苇湖梁发电有限责任公司	2	25.00	0.49	0.49
新疆华电昌吉热电二期有限责任公司	2	25.00	0.09	
新疆华电昌吉热电有限责任公司	2	2.40	2.49	2.49
浙江	2	26.50	0.02	
杭州华电半山发电有限公司	2	26.50	0.02	
河北	6	50.00	1.58	
河北华电石家庄热电有限公司	6	50.00	1.58	
北京	4	20.00	2.63	0.01
华电（北京）热电有限公司	4	20.00	2.63	0.01

供热生产情况

供热量（GJ）		供热厂用电量（万 kW·h）		供热厂用电率（kW·h/GJ）	
本年	同比增长	本年	同比增长	本年	同比增长
55838289	7.34	48247.00	5.01	8.64	-0.19
12417078	8.97	8776.00	13.83	7.07	0.30
4057785	19.88	3527.00	23.19	8.69	0.23
198810	12.52	169.00	12.67	8.48	
554870	19.99	405.00	19.47	7.30	-0.03
82506	113.72	70.00	89.19	8.44	-1.17
7523107	2.59	4605.00	6.57	6.12	0.23
13322773	0.80	14370.00	-2.58	10.79	-0.37
7733224	-0.01	8881.00	-6.11	11.48	-0.75
2789879	-0.29	3131.00	-5.29	11.22	-0.60
4813345	-2.49	5599.00	-9.00	11.63	-0.84
130000		151.00		11.62	
5589549	1.94	5489.00	3.74	9.82	0.17
1986293	14.34	2275.00	3.41	11.45	-1.21
3603256	-3.81	3214.00	3.98	8.92	0.67
264356		343.00		12.98	
264356		343.00		12.98	
149250	-79.50	146.00	-78.53	9.78	0.44
149250	-79.50	146.00	-78.53	9.80	0.46
1460465	215.04	1559.00	164.24	10.67	-2.06
810449		751.00		9.27	
650016	40.21	808.00	36.95	12.43	-0.29
7263027	41.47	6446.00	55.63	8.88	0.81
3097760	77.16	2981.00	81.77	9.62	0.24
2489024	15.61	2461.00	22.56	9.89	0.56
421311		452.00		10.73	
1254932	1.81	552.00	11.74	4.40	0.39
348141	4.40	316.00	15.33	9.08	0.86
348141	4.40	316.00	15.33	9.07	0.87
16775689	-3.36	13479.00	-11.99	8.03	-0.79
16775689	-3.36	13479.00	-11.99	8.03	-0.79
3837510	13.26	2812.00	13.25	7.33	
3837510	13.26	2812.00	13.25	7.33	

集团公司2007年发电机组容量变化情况

单　　位	台数（台）	机组容量（万kW）	投产（变化）时间	汽（水）轮机型号
一、新投发电机组容量合计		1219.50		
水电	8	41.4		
火电	23	1156.50		
风电	210	21.60		
1. 水电合计	8	41.4		
四川紫兰坝水电开发有限责任公司	1	3.40		
3号		3.40	2007年5月24日	GZ(836)—WP—535
福建省金湖电力有限公司高唐水电厂	2	4.20		
1号		2.10	2007年7月16日	GZ(TF07B)—WP—56021875
2号		2.10	2007年10月13日	GZ(TF07B)—WP—56021875
贵州乌江水电发电有限责任公司（大花水）	2	20.00		
1号		10.00	2007年11月22日	HL166—LJ—290
2号		10.00	2007年11月22日	HL166—LJ—290
四川华电杂古脑公司薛城水电站	3	13.80		
1号		4.60	2007年12月25日	HLA678—LJ—215
2号		4.60	2007年12月26日	HLA678—LJ—215
3号		4.60	2007年12月29日	HLA678—LJ—215
2. 火电合计	23	1156.50		
湖北华电襄樊发电有限公司	2	120.00		
5号		60.00	2007年1月25日	N600—24.2/566/566
6号		60.00	2007年5月23日	N600—24.2/566/566
云南华电巡检司发电有限公司	2	60.00		
1号		30.00	2007年1月30日	N300—16.7/537/537—8
2号		30.00	2007年11月14日	N300—16.7/537/537—8
广西华电集团贵港发电有限公司	2	120.00		
1号		60.00	2007年2月28日	N600—24.2/566/566
2号		60.00	2007年6月28日	N600—24.2/566/566
华电新乡发电有限公司	2	132.00		
1号		66.00	2007年4月19日	N660—24.2/566/566
2号		66.00	2007年8月22日	N660—24.2/566/566
新疆华电昌吉热电二期有限责任公司	1	12.50		
4号		12.50	2007年4月20日	CC125—9.5/1.2/0.259

续表

单　　位	台数（台）	机组容量（万 kW）	投产（变化）时间	汽（水）轮机型号
新疆华电喀什二期有限责任公司	1	5.00		
4 号		5.00	2007 年 4 月 30 日	C50—8.83/0.3
华电宁夏灵武发电有限公司	2	120.00		
1 号		60.00	2007 年 6 月 8 日	N600—16.7/538/538
2 号		60.00	2007 年 9 月 22 日	N600—16.7/538/538
华电潍坊发电有限公司	1	67.00		
4 号		67.00	2007 年 6 月 9 日	N670—24.2/566/566
贵州华电大方发电有限公司	2	60.00		
3 号		30.00	2007 年 6 月 24 日	N300—16.7/537/537—8
4 号		30.00	2007 年 11 月 17 日	N300—16.7/537/537—8
四川华电广安发电有限责任公司	1	60.00		
62 号		60.00	2007 年 6 月 30 日	N600—16.7/538/538—1
华电国际电力股份有限公司邹县发电厂	1	100.00		
8 号		100.00	2007 年 7 月 5 日	N1000—25/600/601
安徽华电宿州发电有限公司	2	120.00		
1 号		60.00	2007 年 9 月 2 日	N600—24.2/566/566
2 号		60.00	2007 年 11 月 10 日	N600—24.2/566/566
黑龙江华电齐齐哈尔热电有限公司	2	60.00		
1 号		30.00	2007 年 9 月 9 日	C250/N300—16.7/537/537
2 号		30.00	2007 年 11 月 1 日	C250/N300—16.7/537/537
湖南华电长沙发电有限公司	2	120.00		
1 号		60.00	2007 年 10 月 23 日	N600—24.2/566/566
2 号		60.00	2007 年 12 月 25 日	N600—24.2/566/566
3. 风电合计	210	21.6		
内蒙古华电辉腾锡勒风力发电有限公司	90	7.65	2007 年 11 月 7 日	
内蒙古华电辉腾锡勒风力发电有限公司	30	4.50	2007 年 12 月 3 日	
新疆华电小草湖风力发电有限责任公司	54	4.05	2007 年 12 月 30 日	
新疆华电小草湖风力发电有限责任公司	6	0.90	2007 年 12 月 30 日	
宁夏宁东风力发电有限公司	30	4.50	2007 年 12 月 29 日	
二、增容发电机组容量合计		0.9		
贵州黔源股份公司普定水电站		0.90		
1 号		2.8（原 2.5）	2007 年 1 月 1 日	HLA296—LJ—280
2 号		2.8（原 2.5）	2007 年 1 月 1 日	HLA296—LJ—280

单　　位	台数（台）	机组容量（万 kW）	投产（变化）时间	汽（水）轮机型号
3 号		2.8（原 2.5）	2007 年 1 月 1 日	HLA296—LJ—280
三、关停发电机组容量（火电）	31	175.9		
上海华电电力发展有限公司望亭发电厂	1	30.00		
13 号		30.00	2007 年 1 月 1 日	N300—165—550/550
四川华电五通桥发电厂	2	10.00		
1 号		5.00	2007 年 1 月 1 日	N50—90
2 号		5.00	2007 年 1 月 1 日	N50—90—1
四川华电攀枝花发电公司	4	20.00		
新庄 1 号		5.00	2007 年 1 月 15 日	N75—90—1
河门口 6 号		5.00	2007 年 1 月 16 日	N75—90
新庄 2 号		5.00	2007 年 3 月 15 日	N75—90—1
河门口 5 号		5.00	2007 年 12 月 31 日	N75—90
湖北华电黄石发电股份公司	2	13.00		
207 号		6.50	2007 年 3 月 27 日	N75—90—1
208 号		6.50	2007 年 3 月 27 日	N75—90—1
华电厦门电厂	2	5.00		
3 号		2.50	2007 年 5 月 31 日	FCC25—3.43/2.0/0.9
4 号		2.50	2007 年 5 月 29 日	FCC25—3.43/2.0/0.9
中国华电集团公司云南巡检司发电厂	4	10.00		
1 号		2.50	2007 年 6 月 1 日	N—25—35—1
2 号		2.50	2007 年 6 月 1 日	N—25—35—1
3 号		2.50	2007 年 6 月 1 日	N—25—35—1
4 号		2.50	2007 年 6 月 1 日	N—25—35—1
哈尔滨热电有限责任公司	4	10.00		
1 号		2.50	2007 年 6 月 15 日	51—25—1
2 号		2.50	2007 年 6 月 15 日	51—25—1
3 号		2.50	2007 年 6 月 15 日	54—25—1
4 号		2.50	2007 年 6 月 15 日	54—25—1
杭州华电半山发电有限公司	2	10.00		
12 号		5.00	2007 年 6 月 25 日	N50—90［160］
13 号		5.00	2007 年 6 月 25 日	N50—90［160］
华电滕州新源热电有限公司	1	3.30		
4 号		3.30	2007 年 6 月 29 日	C33—8.83/1.2
贵州华电清镇发电有限公司	2	13.00		

续表

单　位	台数（台）	机组容量（万kW）	投产（变化）时间	汽（水）轮机型号
5号		6.50	2007年6月30日	N—65—8.82—1
6号		6.50	2007年6月30日	N—65—8.82—1
贵州黔源电力股份有限公司水城发电厂	2	11.50		
1号		5.00	2007年7月31日	QFS—50—2
2号		6.50	2007年7月31日	QFQ—75—2
华电淄博热电有限公司	1	4.60		
6号		1.20	2007年6月30日	CB12—3.34/0.981/0.49
7号		1.70	2007年6月30日	51—25—107
8号		1.70	2007年6月30日	51—25—117
华电青岛发电有限公司	1	2.50		
12号		2.50	2007年6月30日	31—25—2
中国华电集团公司宜宾发电总厂	1	5.00		
12号		5.00	2007年12月31日	51—50—1
华电国际十里泉发电厂	2	28.00		
3号		14.00	2007年12月31日	N140—13.24/535/535
4号		14.00	2007年12月31日	N140—13.24/535/535
四、其他新增容量	2	7.50		
贵州北源电力股份有限公司鱼塘水电站	2	7.50		
1号		3.75	2007年1月1日	HLA551C—IL—310
2号		3.75	2007年1月1日	HLA551C—IL—310
五、股权变更增加容量	14	282.00		
湖北华电襄樊发电有限公司（一期）	4	120.00		
1号		30.00	1998年11月28日	N300—16.7/537/537—4
2号		30.00	1999年1月13日	N300—16.7/537/537—4
3号		30.00	1999年9月28日	N300—16.7/537/537—4
4号		30.00	1999年10月16日	N300—16.7/537/537—4
天津军粮城发电有限公司	6	90.00		
3号		5.00	1970年7月12日	51—50—1
4号		5.00	1971年5月22日	51—50—1
5号		20.00	1988年10月6日	N200—130/535/535
6号		20.00	1989年11月18日	N200—130/535/535
7号		20.00	1992年9月28日	N200—130/535/535
8号		20.00	1993年7月14日	N200—130/535/535
上海奉贤燃机发电有限公司	4	72.00		
1号		18.00	2005年7月22日	PG9171E

续表

单　　位	台数（台）	机组容量（万 kW）	投产（变化）时间	汽（水）轮机型号
2 号		18.00	2005 年 7 月 22 日	PG9171E
3 号		18.00	2005 年 7 月 22 日	PG9171E
4 号		18.00	2005 年 7 月 22 日	PG9171E
六、股权变更减少容量	6	36.20		
湖北华电青山热电有限公司	6	36.20		
1 号		2.50	2007 年 4 月 13 日	BDT—25—3
2 号		2.50	2007 年 4 月 13 日	BDT—25—3
3 号		1.20	2007 年 4 月 13 日	BP—12—31—2
4 号		5.00	2007 年 4 月 13 日	BK—50—3
5 号		5.00	2007 年 4 月 13 日	51—50—1
11 号		20.00	2007 年 4 月 13 日	N200—130—535/535

集团公司 2007 年核准（批复）项目

万 kW

项　目　名　称	建设规模	机组构成	已投产规模	批（核）准日期
2007 年核（批）准项目容量	532.00		242.13	
其中：水电	15.00			
火电	486.00		240.00	
风电	31.00		2.13	
水电	15.00			
清水河格里桥水电站	15.00	2×7.5		2007 年 6 月 4 日
火电	486.00		240.00	
望亭油改煤	66.00	1×66		2007 年 2 月 26 日
湖南长沙电厂	120.00	2×60	120.00	2007 年 3 月 23 日
陕西蒲城三期	120.00	2×60		2007 年 5 月 15 日
石家庄南郊热电	60.00	2×30		2007 年 7 月 9 日
内蒙古包头河西项目	120.00	2×60	120.00	2007 年 12 月 5 日
风电	31.00		2.13	
内蒙古辉腾锡勒扩建	2.00		2.13	2007 年 2 月 28 日
山东莱州风电	4.05			2007 年 11 月 26 日
内蒙古库仑风电	20.00			2007 年 12 月 14 日
新疆小草湖风电二期	4.95			2007 年 12 月 21 日

集团公司2006~2007年颁布的规章制度

（一）综合管理制度

关于印发《中国华电集团公司重大决策程序暂行规定》的通知（中国华电总［2007］158号）

关于印发《中国华电集团公司系统重要情况报告制度》的通知（中国华电总［2007］237号）

关于印发《中国华电集团公司建设项目档案验收办法》的通知（中国华电总［2007］248号）

关于印发《中国华电集团公司经济、贸易项目出国（境）管理办法》的通知（中国华电总［2007］852号）

关于印发《中国华电集团公司门户系统首页信息管理办法（试行）》的通知（中国华电总［2007］1410号）

关于印发《中国华电集团公司应急管理工作暂行规定》的通知（中国华电总［2007］1467号）

关于印发《中国华电集团公司因公出国（境）管理办法（试行）》的通知（中国华电总［2007］1512号）

（二）计划发展管理制度

关于印发《中国华电集团公司投资项目后评价管理办法（试行）》的通知（中国华电计［2006］450号）

关于印发《中国华电集团公司投资管理办法》的通知（中国华电计［2006］806号）

关于印发《中国华电集团公司水电工程移民工作管理办法（试行）》的通知（中国华电计［2007］1060号）

关于印发《中国华电集团公司投资建设项目前期费管理办法（试行）》的通知（中国华电计［2007］1108号）

（三）人力资源管理制度

关于印发《中国华电集团公司教育培训基地管理暂行办法》的通知（中国华电人［2006］1051号）

关于印发《中国华电集团公司人员调动管理办法》的通知（中国华电人［2006］1611号）

《中国华电集团公司企业领导人员管理办法》（中国华电党［2006］137号）

《中国华电集团公司备案管理的企业领导人员职务任免备案管理办法》（中国华电党［2006］137号）

关于印发《中国华电集团公司绩效目标管理办法（试行）》的通知（中国华电人［2007］115号）

关于印发《中国华电集团公司董事、监事管理办法（试行）》的通知（中国华电人［2007］711号）

关于印发《关于规范分支机构、区域子公司、上市公司人员编制和内设机构的管理办法》的通知（中国华电人［2007］849号）

关于印发《中国华电集团公司企业领导人员任期绩效目标管理办法（试行）》的通知（中国华电人［2007］1005号）

（四）财务管理制度

关于印发《中国华电集团公司聘请中介机构编制竣工决算管理暂行办法》的通知（中国华电财［2006］686号）

《中国华电集团公司违反财经纪律内部处罚办法（试行）》（中国华电财［2006］1341号）

《中国华电集团公司违反财经纪律记分办法（试行）》（中国华电财［2006］1465号）

关于修改印发《中国华电集团公司财务预算管理办法》的通知（中国华电财［2006］1506号）

关于印发《中国华电集团公司燃料核算办法（试行）》的通知（中国华电财［2006］1596号）

关于印发《中国华电集团公司关联交易规范管理办法（试行）》的通知（中国华电财［2006］1733号）

（五）生产经营管理制度

关于印发《中国华电集团公司电力生产安全监督规定（A版）》的通知（中国华电生［2006］1152号）

关于印发《中国华电集团公司电源建设项目（工程）安全设施“三同时”管理办法（A版）》的通知（中国华电生［2006］1194号）

关于印发《中国华电集团公司防止电除尘器重大事故及电除尘器使用管理规定》的通知（中国华电生［2006］1402号）

关于印发《中国华电集团公司动火作业安全管理规定（试行）》的通知（中国华电生［2006］1447号）

关于印发《中国华电集团公司交通安全管理办法（试行）》的通知（中国华电生［2006］1471号）

关于印发《中国华电集团公司防汛管理办法》的通知（中国华电生［2007］200号）

关于印发《中国华电集团公司节能管理办法（试行）》的通知（中国华电生［2007］374号）

关于印发《中国华电集团公司安全工器具管理规定（A版）》的通知（中国华电生［2007］627号）

关于印发《中国华电集团公司火力发电厂节能评价工作管理规定（试行）》的通知（中国华电生［2007］839号）

关于印发《中国华电集团公司新建火电机组生产准备工作管理规定（A版）》的通知（中国华电生［2007］885号）

关于印发《中国华电集团公司境外企业安全生产管理工作规定（试行）》的通知（中国华电生［2007］1071号）

关于印发《中国华电集团公司发（承）包和临时用工安全管理规定（试行）》的通知（中国华电生［2007］1213号）

（六）工程建设管理制度

关于印发《中国华电集团公司火电工程达标投产考核办法》（2005年版）的通知（中国华电工［2006］282号）

关于印发《中国华电集团公司火电工程主体开工管理程序（B版）》的通知（中国华电工［2006］430号）

关于印发《中国华电集团公司工程建设安全管理程序（A版）》的通知（中国华电工［2006］436号）

关于印发《中国华电集团公司水电工程主体开工管理程序（A版）》的通知（中国华电工［2006］491号）

关于印发《中国华电集团公司火电工程施工组织总设计管理规定（试行）》的通知（中国华电工［2006］740号）

关于印发《中国华电集团公司工程招标管理办法（A版）》的通知（中国华电工［2006］1488号）

关于印发《中国华电集团公司火电建设工程结算管理办法（试行）》的通知（中国华电工［2006］1703号）

关于印发《中国华电集团公司在建工程双达标奖奖励考核办法（试行）》的通知（中国华电工［2007］1105号）

关于印发《中国华电集团公司火电工程执行概算实施办法（B版）》的通知（中国华电工［2007］1121号）

（七）科技环保管理制度

关于印发《中国华电集团公司科技创新基金管理暂行办法》的通知（中国华电科［2006］700号）

关于印发《中国华电集团公司脱硫技改项目前期工作管理办法（A版）》的通知（中国华电科［2006］1603号）

关于印发《中国华电集团公司环境保护及水土保持前期工作管理实施细则（A版）》的通知（中国华电科［2006］1610号）

关于印发《中国华电集团公司科技项目管理办法》的通知（中国华电科［2007］398号）

关于印发《中国华电集团公司建设项目环境保护“三同时”管理规定（试行）》的通知（中国华电科［2007］966号）

（八）金融管理制度

关于印发《中国华电集团公司金融投资及股权管理实施细则（试行）》的通知（中国华电金［2006］251号）
《中国华电集团公司银行账户管理办法》（中国华电金［2007］220号）
《中国华电集团公司现金稽查管理办法》（中国华电金［2007］220号）

（九）市场营销管理制度

关于印发《中国华电集团公司电热价格管理办法》的通知（中国华电市［2007］226号）
关于印发《中国华电集团公司供热营销服务管理办法（试行）》的通知（中国华电市［2007］1021号）

（十）资产管理制度

关于印发《中国华电集团公司融资管理办法》的通知（中国华电资［2007］347号）

（十一）党建及企业文化建设制度

关于进一步加强和改进企业党委（党组）中心组理论学习的意见（中国华电党［2006］116号）
关于印发《中国华电集团公司"送温暖"工程实施办法》的通知（中国华电党［2006］67号）
《中国华电集团公司职工思想动态分析制度（试行）》（中国华电党［2007］144号）
关于印发《中国华电集团公司文明单位建设管理办法（试行）》的通知（中国华电政［2006］617号）
《中国华电集团公司企业文化建设基金管理办法（试行）》（中国华电政［2005］1457号）
关于印发《中国华电集团公司"评先创优"工作管理办法（试行）》的通知（中国华电政［2007］109号）
关于印发《中国华电集团公司先进单位、先进集体、先进个人评选办法（试行）》的通知（中国华电政［2007］113号）
关于印发《中国华电集团公司劳动模范管理办法》的通知（中国华电政［2007］1728号）

（十二）企业监察制度

关于印发《中国华电集团公司廉洁从业实施细则（试行）》的通知（中国华电党［2006］87号）
关于印发《中国华电集团公司查办案件工作暂行办法》的通知（中国华电监［2006］1151号）
关于印发《中国华电集团公司领导人员廉洁从业承诺抵押金管理暂行办法》的通知（中国华电监［2006］1355号）
关于印发《中国华电集团公司招标监督办法》的通知（中国华电监［2007］213号）
关于印发《中国华电集团公司燃煤电厂厂内燃料管理监督暂行办法》的通知（中国华电监［2007］344号）

（十三）审计制度

关于印发《中国华电集团公司工程建设项目审计管理办法》的通知（中国华电审［2007］254号）

（十四）体制改革管理制度

关于印发《中国华电集团公司检修体制改革实施办法》的通知（中国华电改［2006］1427号）
关于印发《中国华电集团公司区域检修公司管理办法（试行）》的通知（中国华电改［2007］1848号）

（十五）信息管理制度

关于印发《中国华电集团公司网络系统建设与运维管理实施细则（试行）》的通知（中国华电信［2007］396号）
关于印发《中国华电集团公司应用系统建设与运维管理实施细则（试行）》的通知（中国华电信［2007］397号）
关于印发《中国华电集团公司信息化建设管理办法（试行）》的通知（中国华电信［2007］404号）

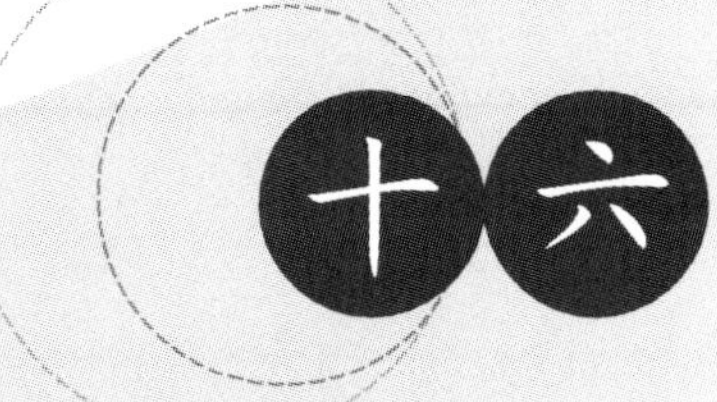

人物和荣誉

2006～2007 年度集团公司所获荣誉

2006 年度中央企业经营业绩考核 A 级

2007 年度中央企业经营业绩考核 A 级

2004～2006 年中央企业任期考核“绩效进步特别奖”

2006 年度中央国家机关文明单位

2007 年度中央国家机关文明单位

2006～2007 年度获国家及省部级荣誉称号单位

单 位	荣誉称号	授奖机关	授予时间
华电国际电力股份有限公司	先进基层党组织	国务院国有资产监督管理委员会党委	2006 年 6 月
	全国电力行业企业文化优秀奖	中国电力企业联合会	2006 年 9 月
	全国国有企业创建“四好”领导班子先进集体	中组部、国务院国有资产监督管理委员会党委	2006 年 11 月
贵州乌江水电开发有限责任公司	全国电力行业企业文化优秀奖	中国电力企业联合会	2006 年 9 月
	贵州省科学技术进步奖	贵州省人民政府	2006 年 12 月
	全国和谐劳动关系优秀企业	中国企业联合会、中国企业家协会	2007 年 11 月
	国家科学技术进步奖	国务院	2007 年 12 月
华电能源股份有限公司	省级文明单位标兵	黑龙江省人民政府	2006 年 11 月
	先进党组织	黑龙江省机关工委	2007 年 7 月
中国华电集团公司四川公司直属党委	四川省先进基层党组织	中共四川省委	2006 年 6 月
中国华电集团公司四川公司	四川省国有企业创建“四好”领导班子先进集体	四川省委组织部、四川省国资委党委	2007 年 9 月
华电福建发电有限公司	全省防洪抗台风抗洪抢险救灾先进集体	中共福建省省委、省人民政府	2006 年 11 月
华电煤业集团有限公司	全国电力企业管理现代化创新成果一等奖	中国电力企业联合会	2007 年 9 月
中国华电工程（集团）有限公司	中央国家机关文明单位	中央国家机关精神文明建设协调领导小组办公室	2006 年 3 月
中国华电工程（集团）有限公司物料输送分公司	全国“青年文明号”	中国共产主义青年团中央委员会	2006 年 6 月

续表

单　　位	荣誉称号	授奖机关	授予时间
中国华电集团高级培训中心	全国重承诺守信用消费者放心单位	中国保护消费者基金会	2006年8月
北京华电水电有限公司	2006年度中央国家机关文明单位	中央国家机关精神文明建设协调领导小组	2007年3月
天津军粮城发电有限公司	天津市2005～2006年度文明单位	天津市人民政府	2007年7月
	全国模范劳动关系和谐企业	中华全国总工会等四部委	2007年9月
华电国际电力股份有限公司邹县发电厂	2006年全国电力行业电气试验工（发电）技能竞赛团体一等奖	中国电力企业联合会、中国能源化学工会全国委员会	2006年1月
	全国电力行业企业文化特等奖	中国电力企业联合会	2006年9月
	中央企业纪检监察系统先进集体	国务院国有资产监督管理委员会	2007年1月
	2006年度全国“安康杯”竞赛优胜企业	中华全国总工会、国家安全生产监督管理总局	2007年1月
	山东省依靠职工办企业先进单位	山东省总工会	2007年8月
	全国电力可靠性管理先进单位	国家电力监管委员会、中国电力企业联合会	2007年12月
华电国际电力股份有限公司邹县发电厂团委	中央企业“五四”红旗团委	中央企业团工委	2006年7月
华电国际电力股份有限公司邹县发电厂7号机组	全国发电装机突破6亿kW标志性机组	国家发展和改革委员会、中国电力企业联合会	2007年5月
华电潍坊发电有限公司	2006年度省级文明单位	山东省精神文明建设委员会	2006年3月
	全国企业文化建设先进单位	中国企业文化研究会	2006年11月
	山东省职工体育示范单位	山东省总工会、山东省体育局	2007年1月
	全国电力系统迎接十七大中共党史知识竞赛组织奖	中国电力企业联合会、中共中央党史研究室宣教办	2007年11月
华电潍坊发电有限公司党委	山东省先进基层党组织	中共山东省委	2006年6月

续表

单位	荣誉称号	授奖机关	授予时间
华电国际电力股份有限公司莱城发电厂“超越”文化	全国电力行业企业文化优秀奖	中国电力企业联合会	2006 年 9 月
华电国际电力股份有限公司莱城发电厂	山东省首批创建劳动关系和谐企业	山东省人民政府	2007 年 1 月
	山东省信得过基层工会暨模范职工之家	山东省总工会	2007 年 6 月
	全国企业文化建设优秀单位	中国企业文化研究会	2007 年 11 月
华电滕州新源热电有限公司	山东省优秀星职工代表大会先进集体	山东省总工会	2007 年 8 月
	山东省文明单位	山东省精神文明建设委员会	2008 年 3 月
华电滕州新源热电有限公司工会	信得过基层工会暨模范职工之家	山东省总工会	2007 年 6 月
华电淄博热电有限公司	山东省劳动关系和谐企业	山东省总工会	2006 年 12 月
河北华电石家庄热电有限公司	河北省文明单位	中共河北省委员会、河北省人民政府	2006 年 1 月
内蒙古华电卓资发电有限公司	2006 年全国企业文化建设工作先进单位	中国企业文化促进会	2006 年 10 月
	内蒙古自治区文明单位	中共内蒙古自治区委员会、内蒙古自治区人民政府、内蒙古军区	2007 年 9 月
	内蒙古自治区“五一”劳动奖状	内蒙古自治区总工会	2007 年 11 月
包头东华热电有限公司	内蒙古自治区文明单位	中共内蒙古自治区委员会、内蒙古自治区人民政府、内蒙古自治区军区	2007 年 9 月
内蒙古华电乌达热电有限公司	内蒙古自治区文明单位	内蒙古自治区人民政府	2007 年 9 月
中共辽宁华电铁岭发电有限公司党委	辽宁省先进党委	中共辽宁省委	2006 年 6 月
华电能源股份有限公司哈尔滨第三发电厂	全国“安康杯”竞赛优胜企业	中华全国总工会、国家安全生产监督管理局	2006 年 5 月
	全国“安康杯”竞赛优胜企业	中华全国总工会、国家安全生产监督管理局	2007 年 5 月
	全国电力行业企业文化优秀奖：“同行·超越”文化	中国电力企业联合会	2007 年 9 月

续表

单　　位	荣 誉 称 号	授 奖 机 关	授予时间
华电能源股份有限公司哈尔滨第三发电厂党委	黑龙江省先进企业党组织	中共黑龙江省委	2006 年 6 月
华电能源股份有限公司哈尔滨第三发电厂发电分厂	黑龙江省劳动模范集体	黑龙江省人民政府	2007 年 4 月
中国华电集团富拉尔基发电总厂	全国“安康杯”竞赛优胜企业	中华全国总工会	2006 年 5 月
	黑龙江省“五一”劳动奖状	黑龙江省总工会	2006 年 5 月
	黑龙江省学习型企业十佳单位	黑龙江省总工会	2006 年 7 月
	全国亿万职工迎“奥运”健身活动先进单位	中华全国总工会	2007 年 1 月
	全国“安康杯”竞赛优胜企业	中华全国总工会	2007 年 12 月
中国华电集团富拉尔基发电总厂汽机车间汽机调速班	“东北地区老工业基地振兴杯”劳动竞赛优胜班组	中华全国总工会	2007 年 3 月
中国华电集团富拉尔基发电总厂热工车间仪表一班	全国优秀学习型班组	国务院国有资产监督管理委员会	2007 年 11 月
中国华电集团富拉尔基发电总厂检修公司热工车间仪表班	中央企业学习型红旗班组	国务院国有资产监督管理委员会	2006 年 8 月
中国华电集团富拉尔基发电总厂党委	黑龙江省先进企业党组织	中共黑龙江省委	2006 年 9 月
华电能源股份有限公司牡丹江第二发电厂	中国电力行业最具社会责任感企业	中国电力企业联合会	2007 年 5 月
	中国电力行业企业文化建设示范基地	中国电力企业联合会	2007 年 5 月
	黑龙江省文明单位标兵	黑龙江省文明办	2007 年 11 月
华电能源股份有限公司牡丹江第二发电厂发电分厂电气运行三班	2006 年度全国学习型先进班组	全国创争活动领导小组	2007 年 1 月
哈尔滨热电有限责任公司锅炉检修本体班	全国学习型先进班组	全国创争活动领导小组	2007 年 1 月
哈尔滨热电有限责任公司党委	全国电力系统迎接十七大党史知识竞赛组织奖	中国电力企业联合会、中央党史研究室	2007 年 11 月

续表

单　　位	荣 誉 称 号	授 奖 机 关	授予时间
中国华电集团哈尔滨发电有限公司	黑龙江省厂务公开民主管理先进单位	黑龙江省八部委	2007 年 1 月
	黑龙江省学习型组织先进单位	黑龙江省总工会	2007 年 6 月
中国华电集团哈尔滨发电有限公司汽机分场调速班	2006 年度全国学习型先进班组	全国创争活动先进领导小组	2007 年 1 月
江苏华电戚墅堰发电有限公司	全国“安康杯”竞赛优胜企业	中华全国总工会、国家安全生产监督管理局	2006 年 1 月
	江苏省学习型组织标兵单位	江苏省总工会	2007 年 1 月
	江苏省廉政文化示范点	中共江苏省委	2007 年 1 月
	全国“安康杯”竞赛优胜企业	中华全国总工会、国家安全生产监察管理总局	2007 年 5 月
江苏华电戚墅堰发电有限公司控制分公司控制一班	中央企业学习型红旗班组	国务院国有资产监督管理委员会	2006 年 8 月
江苏华电戚墅堰发电有限公司物资部仓库班	全国电力行业优秀班组	中国电力企业联合会、中国能源化学工会全国委员会	2006 年 11 月
江苏华电扬州发电有限公司	江苏省重点工程建设劳动竞赛功臣集体	江苏省总工会	2006 年 4 月
	江苏省学习型组织标兵单位	江苏省总工会	2007 年 1 月
	预备役高炮第二师修理营制配连先进基层单位	江苏省军区	2007 年 4 月
	全国电力系统迎接十七大中共党史知识竞赛组织奖	中国电力企业联合会、中共中央党史研究室宣教办	2007 年 11 月
江苏华电扬州发电有限公司发电部团总支	中央企业“五四”红旗团支部	中央企业团工委	2006 年 7 月
江苏华电扬州发电有限公司热控分公司汽机控制班	江苏省学习型班组	江苏省总工会	2006 年 9 月
江苏华电扬州发电有限公司化学分公司试验班	全国电力行业优秀班组	中国电力企业联合会、中国能源化学工会全国委员会	2006 年 11 月
江苏华电扬州发电有限公司工会	全国能源化学系统先进工会	中国能源化学工会全国委员会	2007 年 1 月

续表

单　　位	荣　誉　称　号	授　奖　机　关	授予时间
江苏华电扬州发电有限公司汽机分公司	全国“安康杯”竞赛优胜集体	中华全国总工会、国家安全生产监督管理总局	2007年1月
江苏华电扬州发电有限公司5号机组	2006年年度中央企业青年文明号	中央企业团工委	2007年7月
浙江华电乌溪江水力发电厂	浙江省文明单位	中共浙江省委、浙江省人民政府	2006年12月
	2007年度质量管理小组活动优秀企业	劳动和社会保障部	2007年6月
	全国电力可靠性管理先进单位	国家电力监管委员会、中国电力企业联合会	2007年12月
浙江华电乌溪江水力发电厂检修公司一次班	全国电力行业优秀班组	中国电力企业联合会、中国能源化学工业全国委员会	2007年1月
浙江华电乌溪江水力发电厂检修公司继保班	中央企业2006年度全国“青年文明号”	国务院国有资产监督管理委员会、共青团中央	2007年4月
安徽华电芜湖发电有限公司	“861”工程建设先进单位	中共安徽省委、安徽省政府	2006年12月
福建华电可门发电有限公司	福建省重点建设项目优胜奖	福建省人民政府	2006年3月
福建华电邵武发电有限公司	全国群众体育运动先进单位	国家体育总局	2006年1月
	全国绿化先进集体	全国绿化委员会、人事部、国家林业局	2006年4月
	2007年全国“安康杯”竞赛优胜单位	中华全国总工会、国家安全生产监督管理总局	2007年7月
福建华电漳平火电有限公司	福建省创建学习型组织标兵单位	福建省文明办	2006年3月
福建华电漳平火电有限公司团委	中央企业“五四”红旗团委	中央企业团工委等	2007年8月
福建华电永安发电有限公司亿力灰渣运行班	“五一”巾帼奖	福建省总工会	2007年4月
福建省古田溪水力发电厂	全国厂务公开民主管理先进单位	全国厂务公开协调小组、中华全国总工会	2007年3月
	省级花园式单位	福建省绿化委员会	2007年8月
福建省古田溪水力发电厂运行部	全国青年安全生产示范岗	共青团中央、国家安全监管总局	2007年6月

续表

单　　位	荣　誉　称　号	授　奖　机　关	授予时间
福建省古田溪水力发电厂电力工程公司自动化班	女职工标兵岗	福建省总工会、福建省总工会女职工委员会	2007年4月
福建古田溪水力发电厂自动化班	工人先锋号	福建省总工会	2007年7月
福建省古田溪水力发电厂电力工程公司油务变电班	中央企业学习型红旗（科室）标杆	国务院国有资产监督管理委员会	2006年1月
	全国学习型优秀班组	中华全国总工会等	2007年3月
福建省古田溪水力发电厂电力工程公司金工班	模范职工之家	福建省总工会	2006年7月
中国华电集团福建华安水力发电厂电力发展公司客户中心	福建省工人先锋号	福建省总工会	2008年1月
中国华电集团福建南靖水力发电厂“三力”文化	全国电力行业企业文化成果优秀奖	中国电力企业联合会	2007年9月
中国华电集团福建南靖水力发电厂	2007年全国“安康杯”竞赛优胜企业	中华全国总工会、国家安全生产监督管理总局	2008年1月
华电福建发电有限公司湄洲湾电厂运行分公司党委	全省先进基层党组织	中共福建省委	2006年7月
湖北华电黄石发电股份有限公司	湖北省最佳文明单位	中共湖北省委、湖北省人民政府	2007年9月
云南华电巡检司发电有限公司（厂）维护部锅炉维护班	云南省工人先锋号	云南省总工会	2006年11月
中国华电集团公司云南以礼河发电厂工会	云南省模范职工之家	云南省总工会	2007年12月
中国华电集团公司云南以礼河发电厂	2007年省级模范职工之家	云南省总工会	2007年11月
中国华电集团公司云南绿水河发电厂	云南省文明单位	中共云南省委、云南省人民政府	2007年4月
	云南省科学普及教育基地	云南省人民政府	2007年12月
乌江渡发电厂	全国“安康杯”竞赛优胜企业	中华全国总工会、国家安全生产监督管理总局	2007年1月
	全国电力行业企业文化特等奖	中国电力企业联合会	2007年4月
索风营发电厂	模范职工之家	贵州省总工会	2007年12月

续表

单　位	荣 誉 称 号	授 奖 机 关	授予时间
索风营电站建设公司	全国档案优秀集体	国家档案局、中央档案馆	2007年12月
贵州华电清镇发电有限公司燃运分场推土机班	全国电力行业优秀班组	中国电力企业联合会、中国能源化学工会	2007年4月
贵州华电清镇发电有限公司检修分场热机专业煤修班	贵州省“工人先锋号”	贵州省总工会	2007年4月
贵州乌江水电开发有限责任公司思林电站建设公司	贵州省“安康杯”优胜单位	贵州省总工会	2007年3月
四川广安发电有限责任公司	最佳文明单位	中共四川省委、四川省人民政府	2006年12月
	四川省模范职工之家	四川省总工会	2007年12月
四川广安发电有限责任公司团委	全国中央企业工委“五四”红旗团委创建单位	国务院国有资产监督管理委员会	2006年7月
中国华电集团公司四川宝珠寺水力发电厂	四川省2006年度纳税先进单位	四川省人民政府	2007年4月
中国华电集团公司四川宝珠寺水力发电厂工会委员会	四川省模范职工之家	四川省总工会	2007年12月
中国华电集团公司内江发电总厂	四川省2006年纳税先进单位	四川省人民政府	2007年4月
	全国守合同重信用企业	国家工商行政管理局	2007年9月
四川华电宜宾发电有限责任公司团总支部	中央企业“五四”红旗团支部	中央企业团工委	2007年5月
四川华电磨房沟发电厂	四川省文明单位	中央四川省委、四川省人民政府	2007年11月
陕西华电蒲城发电有限责任公司热工分公司计算机班	中央企业学习型红旗班组	国务院国有资产监督管理委员会	2006年8月
青海华电大通发电有限公司	青海省2007年度节能管理先进单位	青海省人民政府	2007年12月
新疆华电红雁池发电有限责任公司	新疆维吾尔自治区2004～2006年度模范纳税企业	新疆维吾尔自治区人民政府	2007年4月
新疆华电哈密发电有限责任公司	新疆维吾尔自治区卫生红旗单位	新疆维吾尔自治区人民政府	2007年4月
新疆华电苇湖梁发电有限责任公司	新疆维吾尔自治区2004～2006年度模范纳税企业称号	新疆维吾尔自治区人民政府	2007年4月
新疆华电昌吉热电有限责任公司	新疆维吾尔自治区区级文明单位	新疆维吾尔自治区文明委	2007年12月

2006～2007 年度获国家及省部级荣誉称号先进个人

（获奖者按姓氏笔画排序）

获奖者姓名	所在单位	荣誉称号	授奖机关	授予时间
丁少纯	福建华电永安发电有限公司	中央企业知识型先进职工	国务院国有资产监督管理委员会	2006 年 8 月
丁立旗	江苏华电戚墅堰发电有限公司	江苏省重点工程建设劳动竞赛功臣个人	江苏省总工会	2006 年 5 月
王凤峨	华电福建发电有限公司工会	全国能源化学系统优秀工会干部	中国能源化学工会全国委员会	2007 年 2 月
王会萍	华电国际电力股份有限公司	山东省女职工建功立业标兵	山东省总工会	2007 年 3 月
王丽萍	华电能源股份有限公司	优秀党务工作者	中共黑龙江省委	2007 年 7 月
王启岗	华电国际电力股份公司潍坊发电有限公司	山东省“富民兴鲁”劳动奖章	山东省总工会	2007 年 4 月
王　武	华电潍坊发电有限公司	中央企业青年岗位能手	中央企业团工委	2006 年 6 月
王建东	江苏华电戚墅堰发电有限公司	江苏省知识型职工	江苏省总工会	2006 年 9 月
牛栋宇	中国华电集团富拉尔基发电总厂	全国电力行业优秀班组长	中国电力企业联合会、中国能源化学工会	2007 年 1 月
田祖贤	乌江渡发电厂	中央企业知识型先进职工	国务院国有资产监督管理委员会	2006 年 8 月
白绍桐 闫立东 郭　素	中国华电工程（集团）有限公司	全国电力行业管理创新成果二等奖（创建适应企业转型特点的企业全面风险管理模式）	中国电力企业联合会	2007 年 9 月
曲恩友	中国华电集团富拉尔基发电总厂	黑龙江省优秀工会干部	黑龙江省总工会	2006 年 5 月
	中国华电集团富拉尔基发电总厂	全国能源化学系统优秀工会干部	中国能源化学工会全国委员会	2007 年 2 月
	中国华电集团富拉尔基发电总厂	黑龙江省民主管理工作优秀工会主席	黑龙江省总工会	2007 年 12 月
庄克兴	华电能源股份有限公司牡丹江第二发电厂	黑龙江省知识型职工标兵	黑龙江省总工会、省委宣传部、省精神文明办、省人事厅、省财政厅、省科技厅、省劳动和社会保障厅、省国资委	2007 年 7 月

续表

获奖者姓名	所在单位	荣誉称号	授奖机关	授予时间
刘天军	中国华电工程（集团）有限公司	中央企业知识型先进职工标兵	国务院国有资产监督管理委员会	2006年1月
孙秀敏	华电潍坊发电有限公司	山东省女职工建功立业标兵	山东省总工会	2006年3月
花　蕾	江苏华电戚墅堰发电有限公司	中国能源化学工会先进女职工	中国电力企业联合会、中国能源化学工会全国委员会	2006年4月
李　华	华电能源股份有限公司牡丹江第二发电厂	黑龙江省先进女职工	黑龙江省总工会	2007年3月
李　宇	中国华电集团富拉尔基发电总厂	“知荣明耻树新风，我为‘十一五’作贡献”全省职工演讲大赛铜奖	黑龙江省总工会	2006年11月
李宝新	河北华电石家庄热电有限公司	中央企业纪检监察系统先进个人	国务院国有资产监督管理委员会	2007年1月
肖克勤	中国华电工程（集团）有限公司	2006年度国务院政府津贴	国务院	2007年3月
吴元东	贵州乌江水电开发有限责任公司沙沱电站	贵州省“五一”劳动奖章	贵州省总工会	2008年5月
何新民	中国华电集团公司四川宝珠寺水力发电厂	2006年全国能源化学系统优秀工会干部	中国能源化学工会全国委员会	2007年2月
余　浩	浙江华电乌溪江水力发电厂	2007年度劳动和社会保障部优秀“质量管理推进者”	劳动和社会保障部	2007年6月
辛洪昌	华电潍坊发电有限公司	山东省职工节约环保标兵	山东省总工会、山东省经济贸易委员会、山东省环境保护局	2007年12月
汪天信 田　军	中国华电集团哈尔滨发电有限公司	黑龙江省“三大工程”创新技术能手	黑龙江省总工会	2006年8月
张　石	新疆华电苇湖梁发电有限责任公司	2006～2007年度优秀共产党员	新疆维吾尔自治区区直机关	2007年6月
张培义	云南华电昆明发电有限公司	云南省“五一”劳动奖章	云南省总工会	2007年4月
陈永德	福建华电永安发电有限公司	全国电力行业优秀班组长	中国电力企业联合会、中国能源化学工会	2006年11月
陈　勇	安徽池州九华发电有限公司	安徽省劳动模范	安徽省人民政府	2007年4月
邵　敏	华电滕州新源热电有限公司	山东省职工文明家庭	山东省总工会	2007年6月

续表

获奖者姓名	所在单位	荣誉称号	授奖机关	授予时间
金泽华等 13 人	贵州乌江水电开发有限责任公司	全国电力企业现代化成果管理一等奖	中国电力企业联合会	2007 年 9 月
周庭荪	中国华电集团公司云南昆明发电厂	云南省优秀工会积极分子	云南省总工会	2007 年 11 月
	云南华电昆明发电有限公司	云南省优秀工会积极分子	云南省总工会	2007 年 12 月
孟　游 郭　欣	中国华电集团富拉尔基发电总厂检修公司	中央企业职工技术大赛优秀选手	国务院国有资产监督管理委员会、劳动保障部	2006 年 2 月
孟　游 杨景富 顾宝权 孙庆伍 刘家升	中国华电集团富拉尔基发电总厂检修公司	黑龙江省创新能手	黑龙江省总工会	2006 年 1 月
孟繁华	中国华电集团富拉尔基发电总厂	全国电力行业企业文化建设优秀成果奖	中国电力企业联合会	2007 年 11 月
赵三其	贵州乌江水电开发有限责任公司	全国“五一”劳动奖章	中华全国总工会	2006 年 5 月
赵延盾	华电云南发电有限公司	云南省优秀工会工作者	云南省总工会	2007 年 12 月
姜迎建	中国华电集团富拉尔基发电总厂	黑龙江省第十届劳动模范	黑龙江省总工会	2007 年 4 月
夏晓红	江苏华电扬州发电有限公司	江苏省先进女职工工作者	江苏省总工会	2007 年 3 月
徐剑伟	江苏华电戚墅堰发电有限公司	江苏省知识型职工标兵	江苏省总工会	2007 年 1 月
奚洪培	江苏华电戚墅堰发电有限公司	全国电力行业优秀班组长	中国电力企业联合会、中国能源化学工会全国委员会	2006 年 11 月
翁琴花	福建省池潭水力发电厂	中央企业纪检监察先进个人	国务院国有资产监督管理委员会党委	2006 年 8 月
高桂峰	江苏华电扬州发电有限公司	燃料化验员职业技能竞赛第一名	江苏省总工会、江苏省劳动和社会保障厅、江苏省电力公司、江苏省电力行业协会	2007 年 1 月
郭素芳	华电潍坊发电有限公司	山东省文明职工家庭	山东省总工会	2007 年 3 月
郭鑫强	中国华电集团富拉尔基发电总厂检修公司	全国电力行业技术能手	全国电力行业技术能手评审委员会	2007 年 1 月

续表

获奖者姓名	所在单位	荣誉称号	授奖机关	授予时间
唐　英	贵州乌江水电开发有限责任公司	贵州省“五一”劳动奖章	贵州省总工会	2006 年 5 月
黄永庆	江苏华电扬州发电有限公司	江苏省“五一”创新能手	江苏省总工会	2007 年 5 月
黄　湘 许全坤 丛晓蓉	中国华电工程（集团）有限公司	全国电力行业管理创新成果二等奖（创新以激励为重点的企业科研开发项目管理机制）	中国电力企业联合会	2007 年 9 月
曹　伟	华电国际电力股份有限公司邹县发电厂	山东省“富民兴鲁”劳动奖章	山东省总工会	2007 年 4 月
章泽生	中国华电集团公司云南绿水河发电厂检修分场	云南省“五一”劳动奖章	云南总工会	2007 年 4 月
彭东亮	中国华电集团哈尔滨发电有限公司	黑龙江省“创新杯”竞赛创新能手	黑龙江省总工会	2007 年 9 月
曾兴宗	福建省安砂水力发电厂	2007 年度福建省知识型职工先进个人	福建省总工会	2007 年 12 月
颜　坤	江苏华电扬州发电有限公司	燃料化验员职业技能竞赛第三名	江苏省总工会、江苏省劳动和社会保障厅、江苏省电力公司、江苏省电力行业协会	2007 年 1 月

2006～2007 年度集团公司先进集体

2006 年度文明单位（标兵）

一、文明单位标兵

华电国际电力股份有限公司邹县发电厂

华电国际电力股份有限公司莱城发电厂

华电青岛发电有限公司

江苏华电扬州发电有限公司

江苏华电戚墅堰发电有限公司

浙江华电乌溪江水力发电厂

杭州华电半山发电有限公司

华电能源股份有限公司哈尔滨第三发电厂

福建棉花滩水电开发有限公司

贵州乌江水电开发有限责任公司乌江渡发电厂

二、新命名的文明单位

华电国际电力股份有限公司

华电福建发电有限公司

华电能源股份有限公司

福建华电可门发电有限公司

中国华电集团福建南靖水力发电厂

闽东水电开发有限公司

福建华电邵武发电有限公司

贵州华电遵义发电有限公司

贵州乌江水电开发有限责任公司索风营发电厂

中国华电集团公司宜宾发电总厂

湖北华电青山热电有限公司

新疆华电哈密发电有限责任公司

南京电力自动化设备总厂

陕西华电蒲城发电有限责任公司
北京华电水电有限公司
内蒙古华电包头发电有限公司
中国华电集团公司云南昆明发电厂
三、继续保持文明单位
四川广安发电有限责任公司
华电章丘发电有限公司
华电淄博热电有限公司
华电滕州新源热电有限责任公司
华电潍坊发电有限公司
华电国际电力股份有限公司十里泉发电厂
国电机械设计研究院
河北华电石家庄热电有限公司
河北华电混合蓄能水电有限公司
华电福建池潭水力发电厂
福建省安砂水力发电厂
中国华电集团福建华安水力发电厂
华电福建发电有限公司湄洲湾电厂运行分公司
湖北西塞山发电有限公司
湖北华电黄石发电股份有限公司
贵州乌江水电开发有限责任公司东风发电厂
贵州华电清镇发电有限公司
中国华电集团公司四川宝珠寺水力发电厂
四川华电黄桷庄发电有限责任公司
四川华电杂谷脑水电开发有限责任公司
辽宁华电铁岭发电有限公司
上海华电电力发展有限公司
内蒙古华电乌达热电有限公司
华电能源股份有限公司牡丹江第二发电厂
中国华电集团富拉尔基发电总厂
黑龙江华电佳木斯发电有限公司
新疆华电昌吉热电有限责任公司
新疆华电苇湖梁发电有限责任公司
华电（北京）热电有限公司

2006 年度安全生产先进单位

华电福建发电有限公司
华电能源股份有限公司
贵州乌江水电开发有限责任公司
华电国际电力股份有限公司邹县发电厂
华电能源股份有限公司哈尔滨第三发电厂
上海华电电力发展有限公司望亭发电厂
杭州华电半山发电有限公司
华电潍坊发电有限公司
华电青岛发电有限公司
江苏华电戚墅堰发电有限公司
华电国际电力股份有限公司莱城发电厂
辽宁华电铁岭发电有限公司
中国华电集团富拉尔基发电总厂
江苏华电扬州发电有限公司
华电能源股份有限公司牡丹江第二发电厂
新疆华电红雁池发电有限责任公司
湖北西塞山发电有限公司
包头东华热电有限公司
贵州华电清镇发电有限公司
河北华电石家庄热电有限公司
中国华电集团公司内江发电总厂
华电淄博热电有限公司
黑龙江华电佳木斯发电有限公司
贵州华电遵义发电有限公司
新疆华电昌吉热电有限责任公司
贵州乌江水电开发有限责任公司乌江渡发电厂
中国华电集团公司四川宝珠寺水力发电厂
贵州乌江水电开发有限责任公司东风发电厂
浙江华电乌溪江水力发电厂
闽东水电开发有限公司
福建安砂水力发电厂
华电福建池潭水力发电厂
中国华电集团公司云南绿水河发电厂
中国华电集团福建南靖水力发电厂
福建华电投资有限公司
构皮滩电站建设公司
思林电站建设公司
四川紫兰坝水电开发有限责任公司
华电新乡发电有限公司
贵州大方发电有限公司
中国华电集团贵港发电有限公司
安徽华电宿州发电有限公司
华电宁夏灵武发电有限公司
安徽华电芜湖发电有限公司
湖南华电长沙发电有限公司
内蒙古华电包头发电有限公司
福建华电可门发电有限公司
黑龙江华电齐齐哈尔热电有限公司

华电章丘发电有限公司

云南华电昆明发电有限公司

华电（北京）热电有限公司

新疆华电吐鲁番发电有限责任公司

内蒙古华电辉腾锡勒风力发电有限公司

2006 年度安全生产先进集体

华电福建发电有限公司安全生产部

华电能源股份有限公司安全监察部

中国华电集团公司内蒙古公司生产运营部

乌江水电开发有限责任公司远程集控中心电力运行科

华电国际电力股份有限公司邹县发电厂运行部戊值

四川广安发电有限责任公司发电部运行一值

上海华电电力发展有限公司望亭发电厂燃料部电控班

华电能源股份有限公司哈尔滨第三发电厂燃料分厂

华电青岛发电有限公司锅炉车间

杭州华电半山发电有限公司热机二班

华电潍坊发电有限公司电气队

陕西华电蒲城发电有限责任公司生技部

华电国际电力股份有限公司莱城发电厂安监部

辽宁华电铁岭发电有限公司热控分厂

华电国际十里泉发电厂运行一分场

江苏华电戚墅堰发电有限公司电气分公司

江苏华电扬州发电有限公司热控分公司

中国华电集团富拉尔基发电总厂安监部

华电能源股份有限公司牡丹江第二发电厂发电分厂

华电章丘发电有限公司运行分场

华电淄博热电有限公司锅炉检修分场

包头东华热电有限公司安监部

湖北西塞山发电有限公司检修部

贵州华电大方发电有限公司生产维护部

湖南华电石门发电有限责任公司安全生产部

滕州新源热电有限责任公司运行部

哈尔滨热电有限公司汽机检修车间

河北华电石家庄热电有限公司安全监察部

贵州华电清镇发电有限公司检修分场汽化专业

湖北华电黄石发电股份有限公司检修部电气分部

中国华电集团公司内江发电总厂白马分厂

黑龙江华电佳木斯发电有限公司电气运行分厂

贵州华电遵义发电有限公司检修分场特种班

安徽华电六安发电有限公司发电部

福建永安火电厂锅炉专业

福建华电邵武发电有限公司发电部

新疆华电哈密天光发电有限责任公司发电部

内蒙古华电乌达热电有限公司运行部运行三值

华电（北京）热电有限公司运行车间

中国华电集团公司云南昆明发电厂化学分场

新疆华电昌吉热电有限责任公司运行分场

中国华电集团公司宜宾发电总厂黄桷庄电气车间

哈尔滨发电有限公司汽机分场

湖北青山热电有限公司电气分场

华电厦门电厂燃料部

乌江渡发电厂发电维护部

中国华电集团公司四川宝珠寺水力发电厂安监部

东风发电厂生产技术部

洪家渡发电厂安全监察部

索风营水电站生产技术部

福建华电投资有限公司安全生产部

福建金湖电力有限公司技术部

浙江华电乌溪江水力发电厂运行部

闽东水电开发有限公司安全生产监督部

中国华电集团古田溪水力发电厂维修部

华电福建池潭水力发电厂检修维护部

四川华电杂谷脑水电开发公司红叶二级电厂

河北华电混合蓄能水电有限公司运行车间

中国华电集团福建华安水力发电厂发电部

福建安砂水力发电厂检修部

福建高砂水电有限公司安监部

中国华电集团公司云南绿水河发电厂运行部

中国华电集团公司云南以礼河发电厂运调分场

四川华电磨房沟发电厂检修分场

中国华电集团福建南靖水力发电厂发电部

2006 年度扭亏增盈工作先进单位

一、分支机构
中国华电集团公司江苏分公司
中国华电集团公司湖北分公司
中国华电集团公司贵州公司
中国华电集团公司内蒙古公司
中国华电集团公司驻浙江代表处
二、盈利企业
华电国际电力股份有限公司
华电能源股份有限公司
华电福建发电有限公司
华电四川发电有限公司
华电云南发电有限公司
华电新疆发电有限公司
中国华电集团富拉尔基发电总厂
辽宁华电铁岭发电有限公司
江苏华电扬州发电有限公司
江苏华电戚墅堰发电有限公司
上海华电电力发展有限公司
杭州华电半山发电有限公司
浙江华电乌溪江水力发电厂
包头东华热电有限公司
内蒙古华电乌达热电有限公司
湖北华电黄石发电股份有限公司
河北华电石家庄热电有限公司
四川华电杂古脑水电开发有限责任公司
贵州华电清镇发电有限公司
贵州华电遵义发电有限公司
华电煤业集团有限公司
中国华电集团财务有限公司
华电招标有限公司
华信保险经纪有限公司
北京华信保险公估有限公司
三、扭亏为盈企业
华电（北京）热电有限公司
湖北华电青山热电有限公司
陕西华电蒲城发电有限责任公司
安徽华电六安发电有限公司
四、投产当年盈利达标的企业
贵州大方发电有限公司
贵州华电大龙发电有限公司
青海华电大通发电有限公司

2006 年度前期工作先进单位

华电国际电力股份有限公司
贵州乌江水电开发有限责任公司
华电煤业集团有限公司
华电国际莱州项目筹备处
上海华电电力发展有限公司
湖南华电常德发电有限公司
湖北西塞山发电有限公司
安徽华电宿州发电有限公司
辽宁华电彰武发电有限公司筹建处
华电滕州新源热电有限责任公司
安徽华电芜湖发电有限公司
包头东华热电有限公司
四川华电泸定水电有限公司
云南华电鲁地拉水电有限公司
四川华电西溪河水电开发有限公司
云南金沙江中游水电开发有限公司

2006 年度优秀发电企业

一、新命名优秀发电企业
江苏华电戚墅堰发电有限公司
湖北西塞山发电有限公司
中国华电集团富拉尔基发电总厂
浙江华电乌溪江水力发电厂
闽东水电开发有限公司
河北华电石家庄热电有限公司
华电滕州新源热电有限责任公司
二、继续保持优秀发电企业
华电国际电力股份有限公司邹县发电厂
华电青岛发电有限公司
华电国际电力股份有限公司莱城发电厂
华电章丘发电有限公司
华电能源股份有限公司哈尔滨第三发电厂
辽宁华电铁岭发电有限公司
乌江渡发电厂
东风发电厂
四川广安发电有限责任公司
四川华电杂谷脑水电开发有限责任公司
福建棉花滩水电开发有限公司
江苏华电扬州发电有限公司
华电国际十里泉发电厂
华电潍坊发电有限公司
华电淄博热电有限公司

华电能源股份有限公司牡丹江第二发电厂
上海华电电力发展有限公司
杭州华电半山发电有限公司
中国华电集团公司四川宝珠寺水力发电厂
四川华电黄桷庄发电有限责任公司

2006年度创建“四好”领导班子先进集体

华电国际电力股份有限公司
中国华电集团公司江苏分公司
华电煤业集团有限公司
中国华电集团财务有限公司
华电招标有限公司
华电国际电力股份有限公司邹县发电厂
华电国际电力股份有限公司莱城发电厂
华电潍坊发电有限公司
华电青岛发电有限公司
江苏华电扬州发电有限公司
江苏华电戚墅堰发电有限公司
上海华电电力发展有限公司
中国华电集团富拉尔基发电总厂
华电能源股份有限公司哈尔滨第三发电厂
福建华电投资有限公司
福建华电可门发电有限公司
福建棉花滩水电开发有限公司
杭州华电半山发电有限公司
浙江华电乌溪江水力发电厂
华电（北京）热电有限公司
河北华电石家庄热电有限公司
中国华电集团公司四川宝珠寺水力发电厂
贵州华电清镇发电有限公司
贵州乌江水电开发有限责任公司乌江渡发电厂
内蒙古华电乌达热电有限公司
内蒙古华电包头发电有限公司
湖北西塞山发电有限公司
新疆华电昌吉热电有限责任公司

2006年度投产功勋单位

一、分支机构、上市公司、区域子公司
华电国际电力股份有限公司
中国华电集团公司内蒙古公司
华电福建发电有限公司
华电新疆发电有限公司
中国华电集团公司贵州公司
二、项目单位
华电国际邹县发电厂
福建可门发电有限公司
华电潍坊发电有限公司
四川广安发电有限公司（三期）
华电章丘发电有限公司
华电滕州新源热电有限公司
哈尔滨热电有限责任公司
贵州大方发电有限公司
福建棉花滩水电开发有限公司
青海华电大通发电有限公司

2006年度特殊贡献企业

一、盈利能力强，净资产收益率达到7%以上；自我加压并经努力，对集团公司贡献较大，利润总额达2000万元以上的企业
华电国际电力股份有限公司
华电福建发电有限公司
中国华电集团富拉尔基发电总厂
中国华电集团财务有限公司
辽宁华电铁岭发电有限公司
杭州华电半山发电有限公司
江苏华电扬州发电有限公司
华电煤业集团有限公司
江苏华电戚墅堰发电有限公司
包头东华热电有限公司
华电招标有限公司
贵州华电清镇发电有限公司
华电四川发电有限公司
河北华电石家庄热电有限公司
浙江华电乌溪江水力发电厂
内蒙古华电乌达热电有限公司
四川杂谷脑发电有限责任公司
贵州华电遵义发电有限责任公司
二、区域内利润较2005年增加5000万元以上的分支机构
中国华电集团公司江苏分公司
中国华电集团公司湖北分公司
中国华电集团公司驻浙江代表处
中国华电集团公司内蒙古公司
中国华电集团公司贵州公司
三、扭亏增盈贡献特别突出的单位

华电（北京）热电有限公司

四、投资回报提前达标的单位

包头东华热电有限公司

五、对集团公司电价工作作出突出贡献的单位

华电能源股份有限公司（黑龙江分公司）

六、对集团公司发展贡献特别突出的单位

华电国际电力股份有限公司邹县发电厂

内蒙古华电包头发电有限公司

福建华电可门发电有限公司

华电潍坊发电有限公司

四川广安发电有限责任公司

华电章丘发电有限公司

哈尔滨热电有限责任公司

七、在前期工作中有特殊贡献的单位

贵州乌江水电开发有限责任公司（思林项目）

上海华电电力发展有限公司（望亭油改煤项目）

2007 年度文明单位（标兵）

一、文明单位标兵

1. 新命名文明单位标兵

辽宁华电铁岭发电有限公司

华电（北京）热电有限公司

华电章丘发电有限公司

华电能源股份有限公司牡丹江第二发电厂

中国华电集团富拉尔基发电总厂

望亭发电厂

四川华电杂古脑水电开发有限责任公司

2. 继续保持文明单位标兵

华电国际电力股份有限公司邹县发电厂

华电国际电力股份有限公司莱城发电厂

华电青岛发电有限公司

江苏华电戚墅堰发电有限公司

江苏华电扬州发电有限公司

杭州华电半山发电有限公司

福建棉花滩水电开发有限公司

乌江渡发电厂

二、文明单位

1. 新命名文明单位

中国华电集团公司江苏分公司

华电四川发电有限公司

华电新疆发电有限公司

包头东华热电有限公司

中国华电集团哈尔滨发电有限责任公司

哈尔滨热电有限责任公司

江苏电力发展股份有限公司

安徽池州九华发电有限公司

福建华电永安发电有限公司

福建华电漳平火电有限公司

湖南华电石门发电有限公司

洪家渡发电厂

贵州大方发电有限公司

四川华电宜宾发电有限责任公司

四川华电磨房沟发电厂

新疆华电红雁池发电有限责任公司

新疆华电吐鲁番发电有限公司

2. 继续保持文明单位

华电国际电力股份有限公司

华电能源股份有限公司

华电福建发电有限公司

华电潍坊发电有限公司

华电国际电力股份有限公司十里泉发电厂

华电滕州新源热电有限责任公司

北京华电水电有限公司

河北华电石家庄热电有限公司

河北华电混合蓄能水电有限公司

内蒙古华电包头发电有限公司

内蒙古华电乌达热电有限公司

华电能源股份有限公司哈尔滨第三发电厂

黑龙江华电佳木斯发电有限公司

浙江华电乌溪江水力发电厂

福建华电可门发电有限公司

闽东水电开发有限责任公司

福建华电池潭水力发电厂

福建省安砂水力发电厂

中国华电集团福建华安水电厂

中国华电集团福建南靖水力发电厂

福建湄洲湾电厂运行分公司

湖北西塞山发电有限公司

湖北华电黄石发电股份有限公司

中国华电集团公司云南昆明发电厂

东风发电厂

索风营发电厂

贵州华电清镇发电有限公司

贵州华电遵义发电有限公司

四川广安发电有限责任公司
中国华电集团公司四川宝珠寺水力发电厂
四川华电黄桷庄发电有限责任公司
中国华电集团公司宜宾发电总厂
陕西华电蒲城发电有限责任公司
新疆华电哈密发电有限责任公司
新疆苇湖梁发电有限责任公司
新疆华电昌吉热电有限责任公司
南京电力自动化设备总厂
国电机械设计研究院

2007 年度安全生产先进单位

华电国际电力股份有限公司
贵州乌江水电开发有限责任公司（中国华电集团公司贵州公司）
华电福建发电有限公司
中国华电集团公司江苏分公司
华电新疆发电有限公司
华电（北京）热电有限公司
华电国际电力股份有限公司邹县发电厂
华电国际十里泉发电厂
华电青岛发电有限公司
华电国际电力股份有限公司莱城发电厂
华电章丘发电有限公司
华电淄博热电有限公司
河北华电石家庄热电有限公司
包头东华热电有限公司
辽宁华电铁岭发电有限公司
华电能源股份有限公司哈尔滨第三发电厂
华电能源股份有限公司牡丹江第二发电厂
中国华电集团哈尔滨发电有限公司
江苏华电扬州发电有限公司
浙江华电乌溪江水力发电厂
福建华电可门发电有限公司
福建棉花滩水电开发有限公司
闽东水电开发有限公司
福建华电漳平发电有限公司
福建省古田溪水力发电厂
中国华电集团福建南靖水力发电厂
湖北西塞山发电有限公司
中国华电集团公司云南以礼河发电厂
乌江渡发电厂
东风发电厂
贵州华电清镇发电有限公司
贵州华电遵义发电有限公司
四川广安发电有限责任公司
中国华电集团公司四川宝珠寺水力发电厂
青海华电大通发电有限公司
华电宁夏灵武发电有限公司
新疆华电红雁池发电有限责任公司
新疆华电哈密发电有限责任公司
内蒙古华电辉腾锡勒风力发电有限公司
黑龙江华电齐齐哈尔热电有限公司
望亭发电厂（上海华电电力发展有限公司）
安徽华电宿州发电有限公司
湖南华电长沙发电有限公司
构皮滩电站建设公司
贵州大方发电有限公司
四川华电杂谷脑水电开发有限责任公司
陕西华电蒲城发电有限责任公司
清水河水电开发开发有限公司

2007 年度安全生产先进集体

华电国际电力股份有限公司安全监察处
华电国际电力股份有限公司生产技术处
华电能源股份有限公司（中国华电集团公司黑龙江分公司）生产技术部
贵州乌江水电开发有限责任公司（中国华电集团公司贵州公司）生产技术部
华电福建发电有限公司安全生产部
中国华电集团公司江苏分公司安全生产部
中国华电集团公司内蒙古公司安全生产部
华电新疆发电有限公司安全生产部
华电（北京）热电有限公司运行车间
华电国际电力股份有限公司邹县发电厂安监部
华电国际电力股份有限公司邹县发电厂汽机队
华电潍坊发电有限公司汽机队
华电国际十里泉发电厂汽机检修队
华电青岛发电有限公司运行二车间
华电国际电力股份有限公司莱城发电厂安监部
华电滕州新源热电有限公司维护部
华电章丘发电有限公司检修分场
华电淄博热电有限公司锅炉分场

河北华电石家庄热电有限公司安全监察部

河北华电混合蓄能水电有限公司运行车间

内蒙古华电包头发电有限公司运行一值

内蒙古华电卓资发电有限公司集控运行四值

包头东华热电有限公司生产技术部

内蒙古华电乌达热电有限公司运行五值

辽宁华电铁岭发电有限公司发电分厂

华电能源股份有限公司哈尔滨第三发电厂燃料分厂

中国华电集团富拉尔基发电总厂检修公司

华电能源股份有限公司牡丹江第二发电厂发电分厂

黑龙江华电佳木斯发电有限公司汽机工区

哈尔滨热电有限责任公司运行分场电气车间

黑龙江华电齐齐哈尔热电有限公司安全监察部

中国华电集团哈尔滨发电有限公司电气分场

黑龙江亚电鑫宝热电有限公司汽机检修车间

望亭发电厂（上海华电电力发展有限公司）检修公司汽机专业

江苏华电戚墅堰发电有限公司发电部燃机分部

江苏华电扬州发电有限公司电气分公司

杭州华电半山发电有限公司电热部电气一次班

浙江华电乌溪江水力发电厂运行部

安徽华电宿州发电有限公司安监部

安徽池州九华发电有限公司维护部电气专业

安徽华电六安发电有限公司设备部锅炉队

福建华电可门发电有限公司发电运行部

福建棉花滩水电开发有限公司生产部

福建华电漳平发电有限公司安监部

福建永安发电有限公司检修部

福建华电邵武发电有限公司燃料部

福建省古田溪水力发电厂安监部

福建省安砂水力发电厂发电部

中国华电集团福建华安水力发电厂检修部

中国华电集团福建南靖水力发电厂安监部

福建西门水电有限公司生产部

福建高砂水电有限公司检修部

福建万安溪水电有限公司发电部

福建闽兴水电有限公司安监部

福建永安贡川水电有限公司安监部

湖北华电襄樊发电有限公司（湖北襄樊发电有限责任公司）运行部

湖北西塞山发电有限公司运行一值

湖北华电黄石发电股份有限公司发电部电气专业

湖南华电长沙发电有限公司发电运行部

湖南华电石门发电有限公司安全生产部

华电新乡发电有限公司运行管理部集控三值

云南华电昆明发电有限公司检修分公司

中国华电集团公司云南以礼河发电厂安全监察部

中国华电集团公司云南绿水河发电厂生产运营部

乌江渡发电厂生产技术部

贵州大方发电有限公司发电部

东风发电厂发电部

洪家渡发电厂发电维护部

索风营发电厂水工部

贵州华电大龙发电有限公司设备管理部

贵州华电清镇发电有限公司检修分场电热专业

贵州华电遵义发电有限公司检修分场

四川广安发电有限责任公司发电部

中国华电集团公司四川宝珠寺水力发电厂发电部

中国华电集团公司内江发电总厂高坝电厂运行分场

四川华电杂谷脑水电开发有限责任公司红叶二级电站

四川攀枝花三维发电有限责任公司集控丙单元

中国华电集团公司宜宾发电总厂安质部

四川华电宜宾发电有限责任公司发电车间

四川紫兰坝水电开发有限责任公司发电部

四川华电磨房沟发电厂运行分场

陕西华电蒲城发电有限责任公司水灰分场

青海华电大通发电有限公司发电部

华电宁夏灵武发电有限公司安监部

新疆华电红雁池发电有限责任公司发电运行公司

新疆华电苇湖梁发电有限责任公司运行部

新疆华电喀什发电有限责任公司运行分场

2007 年度扭亏增盈工作先进单位

一、业绩优秀企业

华电国际电力股份有限公司

贵州乌江水电开发有限责任公司（中国华电集团公司贵州公司）

华电四川发电有限公司（中国华电集团公司四川公司）

华电福建发电有限公司

中国华电集团公司江苏分公司

华电煤业集团有限公司

中国华电集团资本控股有限公司（中国华电集团财务有限公司）

中国华电工程（集团）有限公司

华电招标有限公司

河北华电石家庄热电有限公司

辽宁华电铁岭发电有限公司

华电半山发电有限公司

二、绩效进步企业

华电新疆发电有限公司

中国华电集团公司湖北分公司

华电（北京）热电有限公司

湖南华电石门发电有限公司

陕西华电蒲城发电有限责任公司

2007 年度前期工作先进单位

华电煤业集团有限公司

中国华电集团公司贵州公司（乌江水电开发有限责任公司）

中国华电集团湖南分公司

中国华电集团公司四川公司

云南金沙江中游水电开发有限公司

华电新疆发电有限公司乌鲁木齐热电厂

华电能源股份有限公司牡丹江第二发电厂

望亭发电厂

陕西华电蒲城发电有限责任公司

华电新乡发电有限公司（渠东项目）

河北华电石家庄热电有限公司

内蒙古华电辉腾锡勒风力发电有限公司

四川华电泸定水电有限公司

云南华电鲁地拉水电有限公司

2007 年度先进企业

华电国际电力股份有限公司

华电四川发电有限公司

华电福建发电有限公司

中国华电集团公司江苏分公司

华电新疆发电有限公司

华电煤业集团有限公司

中国华电工程（集团）有限公司

中国华电集团资本控股有限公司

华电（北京）热电有限公司

华电国际电力股份有限公司邹县发电厂

华电潍坊发电有限公司

河北华电石家庄热电有限公司

包头东华热电有限公司

辽宁华电铁岭发电有限公司

华电能源股份有限公司牡丹江第二发电厂

江苏华电扬州发电有限公司

浙江华电半山发电有限公司

福建华电可门发电有限公司

湖北西塞山发电有限公司

东风发电厂

贵州华电清镇发电有限公司

中国华电集团公司四川宝珠寺水力发电厂

华电宁夏灵武发电有限公司

新疆华电红雁池发电有限责任公司

2007 年度先进集体

中国华电集团公司计划发展部

中国华电集团公司人力资源部

中国华电集团公司安全生产部

中国华电集团公司资产管理部

华电国际电力股份有限公司财务处

贵州乌江水电开发有限责任公司水电站远程集控中心自动化科

云南金沙江中游水电开发有限公司计划发展部

中国华电集团资本控股有限公司财务部

中国华电工程（集团）有限公司总承包分公司阿萨汉水电站总承包项目部

华电招标有限公司技经中心（定额站）管理办公室

贵州黔源电力股份有限公司发电运行公司

云南华电鲁地拉水电有限公司计划合同部

华电（北京）热电有限公司运行车间

北京华电水电有限公司人力资源部

华电国际电力股份有限公司十里泉发电厂电气检修队

华电青岛发电有限公司运行二车间

华电国际电力股份有限公司莱城发电厂热控队

华电章丘发电有限公司运行分场

华电淄博热电有限公司运行分场

河北华电石家庄热电有限公司运行一分场

河北华电混合蓄能水电有限公司检修公司

包头东华热电有限公司生产运营部

内蒙古华电辉腾锡勒风力发电有限公司风电场

辽宁华电铁岭发电有限公司发电分厂

华电能源股份有限公司哈尔滨第三发电厂发电分厂

中国华电集团富拉尔基发电总厂电力检修工程公司

黑龙江华电佳木斯发电有限公司运行分场锅炉专业

黑龙江华电齐齐哈尔热电有限公司工程技术部

望亭发电厂检修公司热工专业

江苏华电戚墅堰发电有限公司发电部燃机分部

江苏电力发展股份有限公司综合管理部

浙江华电乌溪江水力发电厂运行部

安徽华电芜湖发电有限公司工程部

安徽华电宿州发电有限公司工程技术部

福建棉花滩水电开发有限公司白沙水电厂安监部

闽东水电开发有限公司周宁水电站

福建华电漳平火电有限公司 2×300MW 工程项目部

福建省古田溪水力发电厂运行部

福建省永安贡川水电站有限公司生产运营部

湖北华电襄樊发电有限公司工程技术部

湖北华电黄石发电股份有限公司西塞项目部

湖南华电长沙发电有限公司工程技术部

云南华电昆明发电有限公司运行分公司

中国华电集团公司云南绿水河发电厂发电分场二级站一班

构皮滩电站建设公司工程技术部

乌江渡发电厂发电部

贵州华电清镇发电有限公司运行分场

四川广安发电有限责任公司工程项目部

中国华电集团公司内江发电总厂内江电力有限公司电气检修分公司

四川华电西溪河水电开发有限公司工程技术部

中国华电集团公司宜宾发电总厂宜宾电力工程有限公司电气保护仪表班

四川华电宜宾发电有限责任公司燃料管理部

陕西华电蒲城发电有限责任公司财务部

青海华电大通发电有限公司计划发展部

中国华电集团贵港发电有限公司发电部

新疆华电红雁池发电有限责任公司燃料管理部

新疆华电苇湖梁发电有限责任公司运行部运行一值

新疆华电发电检修有限公司检修项目部电气专业

华电煤业集团有限公司山西分公司

2007 年度优秀发电企业

一、获得 2007 年度“优秀发电企业”称号的单位

福建华电可门发电有限公司

新疆华电红雁池发电有限责任公司

贵州华电清镇发电有限公司

内蒙古华电乌达热电有限公司

包头东华热电有限公司

二、2007 年度继续保持“优秀发电企业”称号的单位

华电国际电力股份有限公司邹县发电厂

华电青岛发电有限公司

华电国际电力股份有限公司莱城发电厂

东风发电厂

福建棉花滩水电开发有限公司

乌江渡发电厂

江苏华电扬州发电有限公司

四川广安发电有限责任公司

华电能源股份有限公司哈尔滨第三发电厂

华电章丘发电有限公司

辽宁华电铁岭发电有限公司

四川华电杂谷脑水电开发有限责任公司

华电国际十里泉发电厂

华电潍坊发电有限公司
华电淄博热电有限公司
华电能源股份有限公司牡丹江第二发电厂
望亭发电厂（上海华电电力发展有限公司）
杭州华电半山发电有限公司
中国华电集团公司四川宝珠寺水力发电厂
江苏华电戚墅堰发电有限公司
湖北西塞山发电有限公司
中国华电集团富拉尔基发电总厂
浙江华电乌溪江水力发电厂
闽东水电开发有限公司
河北华电石家庄热电有限公司
华电滕州新源热电有限公司

2007 年度节能减排先进单位

华电（北京）热电有限公司
华电国际电力股份有限公司邹县发电厂
华电国际电力股份有限公司莱城发电厂
河北华电石家庄热电有限公司
中国华电集团富拉尔基发电总厂
望亭发电厂（上海华电电力发展有限公司）
福建华电可门发电有限公司
贵州华电清镇发电有限公司
新疆华电红雁池发电有限责任公司

2007 年度基建投产双达标先进单位

华电青岛发电有限公司
包头东华热电有限公司
内蒙古华电乌达热电有限公司
江苏华电望亭天然气发电有限公司
江苏华电戚墅堰发电有限公司
江苏华电扬州发电有限公司
杭州华电半山发电有限公司
福建闽兴水电有限公司照口水电站
闽东水电开发有限公司周宁水电站
金湖电力公司大言水电站
东风发电厂
四川广安发电有限公司

2007 年度基建投产先进单位名单

华电宁夏灵武发电有限公司
华电国际电力股份有限公司邹县发电厂
湖南华电长沙发电有限公司
黑龙江华电齐齐哈尔热电有限公司
华电宁夏宁东风电有限公司
新疆华电小草湖风力发电有限责任公司
四川华电杂古脑水电开发有限责任公司薛城水电站
华电福建发电有限公司高唐水电站

中国华电集团公司首批企业文化建设示范基地

华电国际邹县发电厂
华电国际十里泉发电厂
华电国际莱城发电厂
华电青岛发电有限公司
福建永安火力发电厂
江苏华电扬州发电公司
中国华电集团公司宜宾发电总厂
华电能源牡丹江第二发电厂
浙江华电乌溪江水力发电厂
贵州乌江水电开发有限责任公司乌江渡发电厂

2006～2007 年度系统纪检监察先进单位

华电国际电力股份有限公司
华电能源股份有限公司
华电福建发电有限公司
华电煤业集团有限公司
中国华电集团资本控股有限公司
华电国际电力股份有限公司邹县发电厂
华电青岛发电有限公司
华电国际电力股份有限公司莱城发电厂
河北华电石家庄热电有限公司
内蒙古华电乌达热电有限公司
华电能源股份有限公司牡丹江第二发电厂
江苏华电扬州发电有限公司
杭州华电半山发电有限公司
福建棉花滩水电开发有限公司
福建省金湖电力有限责任公司
湖北华电黄石发电股份有限公司
湖南华电长沙发电有限公司
云南华电巡检司发电有限公司
贵州华电清镇发电有限公司
中国华电集团公司宜宾发电总厂
新疆华电昌吉热电有限责任公司

全国能源化学系统先进工会

华电国际邹县发电厂工会

江苏华电扬州发电有限公司工会

全国电力行业优秀班组

华电能源股份有限公司哈尔滨第三发电厂热工分场锅炉控制班

江苏华电扬州发电有限公司化学分公司试验班

江苏华电戚墅堰发电有限公司物资部仓库班

杭州华电半山发电有限公司电气二次班

河北华电混合蓄能水电有限公司机械检修班

贵州华电清镇发电有限公司燃运分场推土机班

浙江华电乌溪江水力发电厂检修公司一次班

新疆华电昌吉热电有限责任公司运行分场电气运行三班

先进基层党组织

中共华电国际邹县发电厂委员会

中共华电青岛发电有限公司委员会

中共安徽华电宿州发电有限公司委员会

中共华电哈尔滨发电有限责任公司委员会

中共贵州乌江渡发电厂委员会

中共贵州华电清镇发电有限公司委员会

中共华电四川宝珠寺水力发电厂委员会

中共四川广安发电有限责任公司委员会

中共湖北华电黄石发电股份有限公司委员会

中共华电江苏公司直属机关委员会

中共江苏华电戚墅堰发电有限公司委员会

中共云南华电昆明发电有限公司支部委员会

中共内蒙古华电包头发电有限公司委员会

中共华电福建发电有限公司机关委员会

中共华电福建金湖电力有限公司委员会

中共新疆华电吐鲁番发电有限责任公司委员会

中共浙江华电乌溪江水力发电厂委员会

中共辽宁华电铁岭发电有限公司委员会

中共华电贵港发电有限公司委员会

中共中国华电集团公司市场营销部支部委员会

2006～2007 年度集团公司先进个人

2006 年度安全生产先进个人

黄宪培　华电福建发电有限公司

沈向阳　华电福建发电有限公司

龚德顺　华电能源股份有限公司

宁俊举　华电能源股份有限公司

居　斌　中国华电集团公司江苏分公司

王如祥　中国华电集团公司内蒙古公司

曹险峰　贵州乌江水电开发有限责任公司

白　桦　华电国际电力股份有限公司邹县发电厂

万秀兰　华电国际电力股份有限公司邹县发电厂

罗昭军　华电能源股份有限公司哈尔滨第三发电厂

邬亚敏　四川广安发电有限责任公司

王建新　华电青岛发电有限公司

苗　森　华电潍坊发电有限公司

刘忠文　辽宁华电铁岭发电有限公司

郭荣兴　华电国际电力股份有限公司莱城发电厂

姚宏军　华电能源股份有限公司牡丹江第二发电厂

张　永　华电国际十里泉发电厂

王锡南　江苏华电戚墅堰发电有限公司

高大仲　江苏华电扬州发电有限公司

何卫中　陕西华电蒲城发电有限责任公司

顾金芳　上海华电电力发展有限公司望亭发电厂

韩晓宏　杭州华电半山发电有限公司

刘大勇　中国华电集团富拉尔基发电总厂

冯英山　华电福建可门发电有限公司

毕研河　安徽池州九华发电有限责任公司

彭　浩　安徽华电六安发电有限公司

蔡明贵　福建华电邵武发电有限公司

陈宇肇　福建华电漳平发电有限公司

朱启华　贵州大方发电有限公司

张　聘　福建永安火电厂

袁立波　华电章丘发电有限公司

王　江　华电淄博热电有限公司
李　勇　内蒙古华电乌达热电有限公司
何卫国　滕州新源热电有限责任公司
佟国斌　包头东华热电有限公司
王　效　内蒙古华电卓资发电有限公司
赵发林　青海华电大通发电有限公司
王晓林　湖北西塞山发电有限公司
袁继东　湖南华电石门发电有限责任公司
殷鸿文　云南华电昆明发电有限公司
马育民　新疆华电红雁池发电有限责任公司
王　敏　四川华电黄桷庄发电有限公司
尹正军　贵州华电清镇发电有限公司
程财清　贵州华电遵义发电有限公司
李　柯　河北华电石家庄热电有限公司
刘望英　湖北华电黄石发电股份有限公司
冯长春　哈尔滨发电有限公司
刘白云　四川华电宜宾发电有限责任公司
葛智忠　新疆华电昌吉热电有限责任公司
赵瑞祥　华电（北京）热电有限公司
张成刚　黑龙江华电佳木斯发电有限公司
曹继武　新疆华电哈密天光发电有限责任公司
汤晓虎　新疆华电喀什发电有限责任公司
谭　亮　新疆华电苇湖梁发电有限责任公司
蒋志东　新疆吐鲁番发电有限责任公司
周其涛　中国华电集团公司内江发电总厂
黄登富　中国华电集团公司云南昆明发电厂
邱保富　中国华电集团公司湖北青山热电公司
廖强明　华电厦门电厂
柴方福　乌江渡发电厂
罗　勇　东风发电厂
卢又安　福建棉花滩水电开发有限公司
洪　云　华电福建池潭水力发电厂
林　毅　闽东水电开发有限公司
司泰生　洪家渡发电厂
姚雪琪　浙江华电乌溪江水力发电厂
田维青　索风营水电站
王　竹　中国华电集团公司四川宝珠寺水力发电厂
关本信　北京华电水电有限公司
陈盛玉　福建安砂水力发电厂
林春莺　福建高砂水电有限公司
叶开云　福建华电投资有限公司
任春雷　河北华电混合蓄能水电有限公司
邱　宁　四川华电磨房沟发电厂
张德智　四川华电杂谷脑水电开发公司红叶二级电厂
杨建德　中国华电集团福建华安水力发电厂
陈仪明　中国华电集团福建南靖水力发电厂
陶平生　中国华电集团公司云南绿水河发电厂
李家明　中国华电集团公司云南石龙坝发电厂
王正堂　中国华电集团公司云南以礼河发电厂
林光迎　中国华电集团古田溪水力发电厂
牛万虎　中国华电集团公司内蒙古公司
张　扬　福建华电储运有限公司
关　然　湖南华电长沙发电有限公司
王　强　内蒙古华电辉腾锡勒风力发电有限公司
吴庆生　安徽华电宿州发电有限公司
廖伟中　安徽华电芜湖发电有限公司
叶道正　福建华电可门发电有限公司
何光宏　贵州大方发电有限公司
李玉庆　哈尔滨热电有限公司
王常利　黑龙江华电齐齐哈尔热电有限公司
苏立波　湖北华电武昌热电有限公司
胡新军　湖北华电襄樊发电有限公司
黄　健　华电国际电力股份有限公司邹县发电厂
季　军　华电宁夏灵武发电有限公司
刘克军　华电青岛发电有限公司
王世玉　华电潍坊发电有限公司
谢　炜　华电新乡发电有限公司
刘晓云　华电章丘发电有限公司
李春雷　辽宁华电铁岭发电有限公司
邢盛启　内蒙古华电包头发电有限公司
高　容　内蒙古华电卓资发电有限公司
牟同才　四川华电宜宾发电有限责任公司
张　军　新疆华电昌吉热电二期有限责任公司
马玉全　新疆华电喀什二期发电有限责任公司
李锦生　新疆华电吐鲁番发电有限责任公司

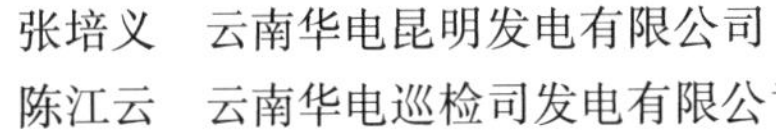

张培义　云南华电昆明发电有限公司

陈江云　云南华电巡检司发电有限公司

孙立锋　中国华电集团贵港发电有限公司

黄　辉　构皮滩电站建设公司

纪进旭　贵州乌江水电开发有限责任公司

王明光　华电四川泸定水电站筹建处

孙华刚　思林电站建设公司

马文龙　四川紫兰坝水电开发有限责任公司

李　文　索风营水电站

2006 年度全国电力行业技术能手

陈学莹　中国华电工程（集团）有限公司脱硫设计

孙作芳　贵州乌江渡发电厂水力发电运行

赖敦永　华电福建永安火电厂　汽机检修

胡杨槐　中国华电集团公司内江发电总厂锅炉本体检修

郭鑫强　中国华电集团富拉尔基发电总厂变电检修

胡小梅　新疆华电红雁池发电公司集控值班

冯文庆　华电国际十里泉发电厂锅炉检修

纪茜云　江苏华电扬州发电有限公司生产检修

2007 年度先进个人

李长旭　中国华电集团公司审计部主任

霍　利　中国华电集团公司工程建设部副主任

白学桂　中国华电集团公司总经理工作部研究室处长

邵志刚　中国华电集团公司市场营销部电力市场处处长

王文琦　华电国际电力股份有限公司副总经理

梅君超　华电能源股份有限公司副总经理

邹建国　贵州乌江水电开发有限责任公司生产技术部主任

林　毅　华电福建发电有限公司人力资源部主任

丁立旗　中国华电集团公司江苏分公司计划发展部主任

贺丰丽　中国华电集团公司内蒙古公司市场营销部主任

刘　强　中国华电集团公司湖北分公司综合管理部主任

李　涛　华电云南发电有限公司生产运营部主任工程师

郑江涛　云南华电怒江水电开发有限公司规划发展部主任

徐　粤　云南金沙江中游水电开发有限公司移民环保部主任

吴　豪　中国华电集团资本控股有限公司客户关系部职员

张国新　中国华电工程（集团）有限公司副总经理、国电南京自动化股份有限公司总经理

董益成　中国华电工程（集团）有限公司管道分公司总经理

李林威　中国华电工程（集团）有限公司总承包分公司常务副总经理

吴韶华　中国华电集团新能源发展有限公司计划发展部副主任

付洪立　中国华电集团发电运营有限公司安全生产技术部安全主管

温秀峰　中国华电集团发电运营公司包头分公司总经理助理

倪建华　华电招标有限公司业务三部项目经理

张　勤　中国华电香港有限公司项目管理部副经理

黄金花　中国华电集团高级培训中心人力资源部经理

刘文栋　华信保险经纪有限公司客户经理

刘　俊　贵州黔源电力股份有限公司副总经理

周卫东　云南华电鲁地拉水电有限公司总经理

贾晖辉　中国华电集团公司安徽分公司生产运营部市场营销管理

季　军　中国华电集团公司宁夏分公司总经理、华电宁夏灵武发电有限公司总经理

姚建平　中国华电集团公司浙江分公司生产营运部副主任

王庆鹏　中国华电集团公司辽宁分公司计划发展部主任

贺友信　中国华电集团公司湖南分公司计划发展主管

潘亚鸿　中国华电集团公司上海分公司计划发展部副主任

徐金章　中国华电集团公司山西分公司生产运营部主任

程　军　中国华电集团公司广东分公司综合管理部秘书

刘　立　华电（北京）热电有限公司副总政工师兼政工部主任

高晓森　北京华电水电有限公司董事长兼总经理

李怀新　华电国际电力股份有限公司邹县发电厂厂长

邢世邦　华电潍坊发电有限公司总经理

李俊余　华电国际电力股份有限公司十里泉发电厂调运员

梁爱群　华电青岛发电有限公司集控运行班长

毕立波　华电国际电力股份有限公司莱城发电厂厂长助理兼办公室主任

褚衍荣　华电滕州新源热电有限公司入厂煤化验班班长

索传胜　华电章丘发电有限公司运行分场主任

牛　力　华电淄博热电有限公司燃料公司经理

樊立波　河北华电石家庄热电有限公司运行二分场锅炉运行班长

任春雷　河北华电混合蓄能水电有限公司检修公司副经理

杨利民　内蒙古华电土右发电有限公司计划管理部主任

王新宇　内蒙古华电包头发电有限公司计划物资部副主任

张建春　内蒙古华电卓资发电有限公司计划发展部部长

樊　勇　包头东华热电有限公司全能值班员

胡德兴　辽宁华电铁岭发电有限公司副总工程师兼生技部主任

刘翔太　华电能源股份有限公司哈尔滨第三发电厂副厂长

连向奎　中国华电集团富拉尔基发电总厂发电分厂主任工程师

王立臣　华电能源股份有限公司牡丹江第二发电厂发电分厂运行班长

樊国兴　哈尔滨热电有限责任公司燃料分场检修班检修工

温　涛　黑龙江华电齐齐哈尔热电有限公司副总经理

汪天信　中国华电集团哈尔滨发电有限责任公司汽机分场主任

华宇东　望亭发电厂生技科副科长

李建生　江苏华电戚墅堰发电有限公司发电部三值值长

高大仲　江苏华电扬州发电有限公司安环部主任

孔祥瑜　江苏电力发展股份有限公司副总经理

廖伟雄　浙江华电乌溪江水力发电厂运行部值长

赵剑萍　杭州华电半山发电有限公司电焊班副班长

王清华　安徽池州九华发电有限公司机务点检长

张凤伟　安徽华电六安发电有限公司设备部热电班长

马卡安　福建棉花滩水电开发有限公司副总经理兼棉花滩水电厂副厂长

高武平　福建华电永安发电有限公司检修部汽机管阀班班长

石赢飞　福建华电邵武发电有限公司锅炉检修班班长

陈盛玉　华电福建安砂水电厂副厂长

康贝奇　华电福建池潭水力发电厂检修维护部技师

吴震华　中国华电集团福建华安水力发电厂生技部主任

陈仕聪　中国华电集团福建南靖水力发电厂维护班班长

陈伟民　华电厦门电厂党委书记、代厂长

肖寅生　华电福建发电有限公司湄洲湾电厂运行分公司党委书记

赖春福　福建金湖电力有限公司运行电气班班长

梁长胜　福建闽兴水电有限公司生技部主任

张文银　福建高砂水电有限公司电气班班长
李风亮　湖北华电襄樊发电有限公司副总经理
王晓林　湖北西塞山发电有限公司董事长、党委书记
邹向举　湖北华电黄石发电股份有限公司总经理
尹江洪　湖北华电武昌热电有限公司运行维护部副主任
何　辉　湖南华电长沙发电有限公司发电运行部主任
王继弘　湖南华电石门发电有限公司党委书记、总经理
刘志扬　华电新乡发电有限公司生产准备、值长
郭金狮　中国华电集团贵港发电有限公司化学环保脱硫部副主任、党支部副书记
李　义　云南华电镇雄发电有限公司副总经理
金艺平　中国华电集团公司云南石龙坝发电厂保卫干事
普家宝　云南华电巡检司发电有限公司锅炉维护班长
王利军　中国华电集团公司云南绿水河发电厂检修分场一班班长
李群德　中国华电集团公司云南以礼河发电厂三级电站技术主管
晏国顺　构皮滩电站建设公司安全建设管理部副主任
刘小明　乌江渡发电厂副厂长
明　强　贵州大方发电有限公司副总工程师兼计划营销部主任
郭定明　沙沱电站建设公司副经理兼工程部主任
张维佳　思林发电厂工程部副主任
王永国　东风发电厂生产部主任
黄　政　洪家渡发电厂生计部主任
令狐昌仁　索风营发电厂副厂长
李润林　贵州华电大龙发电有限公司副总经理
张光庆　贵州华电清镇发电有限公司燃管部副主任
杨　伟　贵州华电遵义发电有限公司总经理助理兼燃料公司经理
瞿　伟　四川广安发电有限责任公司发电部三值值长
王里明　中国华电集团公司四川宝珠寺水力发电厂计划发展营销部主任
王永旭　中国华电集团公司内江发电总厂人力资源部主任
龙太聪　四川华电杂古脑水电开发有限责任公司副总经理
陈忠勇　四川华电西溪河水电开发有限公司副总经理
邓治宾　中国华电集团公司宜宾发电总厂起重班长
肖志立　四川华电宜宾发电有限责任公司维护车间汽机检修副班长
邱　宁　四川华电磨房沟发电厂副厂长
陶和平　四川华电攀枝花发电公司营销部主任
王明光　四川华电泸定水电有限公司总经理助理兼计划合同部经理
李长军　华电宁夏宁东风电有限公司副总经理
李宝祥　新疆华电红雁池发电有限责任公司运行锅炉专工
杨爱民　新疆华电哈密发电有限责任公司发电部单元长
艾比布·艾乃都　新疆华电吐鲁番发电有限责任公司运行值长
黄建华　新疆华电苇湖梁发电有限责任公司运输服务中心经理
吕　江　新疆华电昌吉热电有限责任公司检修主专责
艾尔肯·买买提　新疆华电喀什发电有限责任公司值长
李　飏　华电煤业集团有限公司内蒙古蒙泰不连沟煤业有限责任公司总经理
付璐璐　华电煤业集团有限公司山西同华电力有限公司财务资产部主任
王桂忠　华电煤业集团有限公司内蒙古分公司总经理

2007年度劳动模范

张　涛　中国华电集团公司总工程师
赵永仁　中国华电集团公司江苏分公司党组书记
孙青松　华电新疆发电有限公司党组书记、总经理
吴云红　云南金沙江中游水电开发有限公司总经理助理
张连胜　华电煤业集团有限公司山东分公司副总经理
孙志杰　国电南京自动化股份有限公司副总经理
陆自强　华电（北京）热电有限公司运行车间主任
郭西清　华电国际邹县发电厂厂长助理兼安监部主任
王　武　华电潍坊发电有限公司汽机队副主任
冯文庆　华电国际十里泉发电厂锅炉本体班班长
连海楼　河北华电石家庄热电有限公司党委书记
徐清秀（女）　内蒙古华电包头发电有限公司化学专工
明少林（蒙古族）　内蒙古华电辉腾锡勒风力发电有限公司副总经理
李国军　辽宁华电铁岭发电有限公司副总经理
顾宝权　中国华电集团富拉尔基发电总厂仪表班班长
郑勇斗（朝鲜族）　华电能源牡丹江第二发电厂副总工程师兼生技部主任
陈海斌　望亭发电厂厂长
李培尧　浙江华电乌溪江水力发电厂一次班班长
龚源荣　福建华电可门发电有限公司设备维修部主任
陈乘忠　福建华电永安发电有限公司发电部主任
徐　伟　湖北华电黄石发电股份有限公司继电班班长
匡爱钧　湖南华电长沙发电有限公司工程技术部主任
徐孟昆　云南华电昆明发电有限公司热机运行班长
亓德利　乌江渡发电厂党委书记、纪委书记、工会主席
柳邦家　贵州华电清镇发电有限公司总经理
陈　军　内江华电电力工程有限公司党总支书记、副总经理、工会主席
李九成　四川华电西溪河水电开发有限公司总经理、党委书记
宋建平　陕西华电蒲城发电有限责任公司副总会计师兼财务部主任
丁继柱　青海华电大通发电有限公司发电生产管理部党支部书记
胡小梅（女）　新疆华电红雁池发电有限责任公司值长

2007年度安全生产先进个人

王文琦　华电国际电力股份有限公司
段君寨　华电国际电力股份有限公司
汪明波　华电国际电力股份有限公司
温盛元　华电国际电力股份有限公司
孔繁义　华电国际电力股份有限公司
宁俊举　华电能源股份有限公司（中国华电集团公司黑龙江分公司）
赵　伟　贵州乌江水电开发有限责任公司
李泽宏　贵州乌江水电开发有限责任公司
黄宪培　华电福建发电有限公司
李昌平　华电福建发电有限公司
顾　干　中国华电集团公司江苏分公司
居　斌　中国华电集团公司江苏分公司
高富春　中国华电集团公司内蒙古公司
李亚军　华电新疆发电有限公司
谢　新　华电新疆发电有限公司
杜文国　中国华电集团公司湖北分公司
李悦刚　华电安徽分公司
宁民兴　华电（北京）热电有限公司
李绍云　北京华电水电有限公司
李京修　华电国际电力股份有限公司邹县发电厂
郭西清　华电国际电力股份有限公司邹县发电厂
董英民　华电潍坊发电有限公司
于秀启　华电国际十里泉发电厂

赵清明　华电青岛发电有限公司
刘志全　华电青岛发电有限公司
李宪林　华电国际电力股份有限公司莱城发电厂
孙中伟　滕州新源热电有限责任公司
景　豹　华电章丘发电有限公司
卢继忠　华电淄博热电有限公司
朱中彦　河北华电石家庄热电有限公司
王永茂　河北华电混合蓄能水电有限公司
董继哲　内蒙古华电包头发电有限公司
王　涛　内蒙古华电卓资发电有限公司
聂　彦　内蒙古包头东华热电有限公司
李忠善　内蒙古华电乌达热电有限公司
邱国铭　华电铁岭发电有限公司
罗昭军　华电能源股份有限公司哈尔滨第三发电厂
奚守谱　中国华电集团富拉尔基发电总厂
张伟军　华电能源股份有限公司牡丹江第二发电厂
李俊江　黑龙江华电佳木斯发电公司
吴剑锋　哈尔滨热电有限公司
朱海波　黑龙江亚电鑫宝热电有限公司
杨云鹏　黑龙江华电齐齐哈尔热电有限公司
李守海　中国华电集团哈尔滨发电有限公司
朱卫风　望亭发电厂（上海华电电力发展有限公司）
王惠明　江苏华电戚墅堰发电有限公司
樊爱兵　江苏华电扬州发电有限公司
王根富　杭州华电半山发电有限公司
陈宝洋　安徽华电宿州发电有限公司
许利峰　安徽池州九华发电有限责任公司
刘小鹏　安徽华电六安发电有限公司
仇甜根　华电福建可门发电有限公司
张士军　浙江华电乌溪江水力发电厂
丁勇明　福建棉花滩水电开发有限公司
林加森　福建闽兴水电有限公司
苏宜健　闽东水电开发有限公司
罗文辉　福建华电漳平发电有限公司
朱伟东　福建永安火电厂
李陈松　福建华电邵武发电有限公司
林自标　中国华电集团古田溪水力发电厂
陈维厚　福建安砂水力发电厂
黄立芹　华电福建池潭水力发电厂
吴文栋　福建高砂水电有限公司
刘金星　福建永安贡川水电有限公司
连敏雄　福建西门水电有限公司
卢恒光　福建万安溪水电有限公司
陈建明　福建金湖电力有限公司
李胜鑫　中国华电集团福建华安水力发电厂
陈仪明　中国华电集团福建南靖水力发电厂
胡新军　湖北华电襄樊发电有限公司
姜爱民　湖北西塞山发电有限公司
程　仲　湖北华电黄石发电股份有限公司
关　然　湖南华电长沙发电有限公司
李　升　湖南华电石门发电有限责任公司
孙建林　华电新乡发电有限公司
冯权新　云南华电昆明发电有限公司
贾　源　中国华电集团公司云南昆明发电厂
陈江云　云南华电巡检司发电有限公司
任宗良　中国华电集团云南以礼河发电厂
刘应坤　中国华电集团云南绿水河发电厂
余春淮　中国华电集团云南石龙坝发电厂
黄纯忠　乌江渡发电厂
陈　昊　贵州大方发电有限公司
李家常　东风发电厂
李文斌　洪家渡发电厂
麻　国　索风营发电厂
韩文凯　贵州华电大龙发电有限公司
何继儒　贵州华电清镇发电有限公司
祝宜江　贵州华电遵义发电有限公司
周其阳　四川广安发电有限责任公司
刘庆宁　四川宝珠寺水力发电厂
周其涛　中国华电集团公司内江发电总厂
礼　方　四川华电杂谷脑水电开发公司
赵国忠　中国华电集团公司宜宾发电总厂
赵修江　四川华电宜宾发电有限责任公司
吴安波　四川华电磨房沟发电厂
黄庭章　四川华电攀枝花发电公司
刘明杰　陕西华电蒲城发电有限责任公司
付　峰　华电宁夏灵武发电有限公司
王　帅　新疆华电红雁池发电有限责任公司
黄建新　新疆华电哈密发电有限责任公司
陈卫峰　新疆吐鲁番发电有限责任公司
崔　军　新疆华电苇湖梁发电有限责任公司
杨勇智　新疆华电昌吉热电有限责任公司
陈　勇　新疆华电喀什发电有限责任公司

克尤木　新疆华电发电检修有限公司

2007年度工程建设安全先进个人

吴成滨　贵州乌江水电开发有限责任公司
张　军　华电新疆发电有限公司
杨立忠　华电（北京）热电有限公司
张延伟　华电国际电力股份有限公司邹县发电厂
刘宏光　华电国际莱州项目筹建处风电项目部
梁振飞　内蒙古华电辉腾锡勒风力发电有限公司
李春雷　辽宁华电铁岭发电有限公司二期扩建工程
齐崇勇　望亭发电厂（上海华电电力发展有限公司）
廖伟中　安徽华电芜湖发电有限公司
王　舜　安徽华电宿州发电有限公司
郭　明　福建华电可门发电有限公司二期
苏丽波　湖北华电武昌热电有限公司
宋　辉　华电新乡发电有限公司
王旭连　构皮滩电站建设公司
曹景玉　贵州大方发电有限公司
孙华光　思林电站建设公司
苏成明　华电四川广安发电有限责任公司
胡　贤　四川华电杂谷脑水电开发有限责任公司
李宏国　四川华电泸定水电有限公司
王胜利　陕西华电蒲城发电有限公司三期
燕相梅　华电宁夏宁东风电有限公司
丁志波　新疆华电喀什发电有限责任公司
张　民　新疆华电小草湖风力发电有限公司
李少本　内蒙古蒙泰不连沟煤业有限责任公司
张　扬　福建华电储运公司
张宏芹　河北华电石家庄裕华热电有限公司
费　晶　大花水建设公司
胡世奎　格里桥建设公司
李　文　董菁建设公司

中国华电集团公司技术能手

李富军　华电国际邹县发电厂
高桂锋　江苏华电扬州发电有限公司
臧传诚　华电潍坊发电有限公司
金永安　华电潍坊发电有限公司
赵作伟　华电国际十里泉发电厂
王晓霞　中国华电集团公司内江发电总厂
褚衍荣　华电滕州新源热电有限公司
朱兴谋　湖北西塞山发电有限公司
魏本郡　华电国际十里泉发电厂
宋云华　华电潍坊发电有限公司

2006～2007年度纪检监察先进个人

张树政　华电国际电力股份有限公司党委副书记、纪委书记
颜成慧　贵州乌江水电开发有限责任公司监察审计部干事
赖文胜　华电福建发电有限公司监察审计部主管
王嘉宁　中国华电工程（集团）有限公司监察审计部主任师
崔金环　华电（北京）热电有限公司纪委办公室主任
王兴玉　华电潍坊发电有限公司纪监审办公室副主任
肖　谦　华电国际十里泉发电厂纪委副书记
鹿笑波　华电国际电力股份有限公司莱城发电厂纪委副书记
吕向翌　华电章丘发电有限公司纪委书记
蔡兵胜　河北华电混合蓄能水电有限公司党委副书记、纪委书记
冯　滔　包头东华热电有限公司党群工作部主任
张晓妍　辽宁华电铁岭发电有限公司纪检监察员
程建宏　中国华电集团富拉尔基发电总厂纪委书记
杨文忠　哈尔滨热电有限责任公司纪委书记
王加全　中国华电集团哈尔滨发电有限公司纪委副书记
徐继荣　望亭发电厂（上海华电电力发展有限公司）监察室主任
陈绍龙　浙江华电乌溪江水力发电厂党委副书记、纪委书记
边向东　安徽池州九华发电有限公司纪委书记

范积立　福建华电漳平火电有限公司厂长助理、纪委副书记、监察部主任
谢立辉　福建省古田溪水力发电厂纪委副书记
戴煜华　湖北华电武昌热电厂纪委书记
黄燕彪　中国华电集团公司云南以礼河发电厂监察专责
王丽萍　中国华电集团公司云南绿水河发电厂纪检干事
陈启湘　构皮滩电站建设公司党委书记、纪委书记
王建生　贵州大方发电有限公司党委副书记、纪委书记
彭学英　四川广安发电有限责任公司监察干事
粟彬章　中国华电集团四川宝珠寺水力发电厂纪委副书记
吴昌辉　四川华电杂谷脑水电开发有限责任公司纪委书记
陈　勇　陕西华电蒲城发电有限责任公司纪委书记
罗国平　新疆华电红雁池发电有限责任公司监察审计部副主任
孙晓迪　新疆华电苇湖梁发电有限责任公司纪委书记
齐树平　南京电力自动化设备总厂政工处副处长

全国能源化学系统优秀工会干部

王凤峨　华电福建发电有限公司工会副主席
何新民　华电四川宝珠寺水力发电厂工会主席
关新林　华电国际十里泉发电厂工会主席
周伟华　浙江华电乌溪江水力发电厂工会主席
王汉生　贵州华电乌江水电开发有限责任公司工会主席
曲恩友　中国华电集团富拉尔基发电总厂工会主席

全国电力行业优秀班组长

徐学海　中国华电集团公司四川宝珠寺水力发电厂自动监控班
牛栋宇　中国华电集团富拉尔基发电总厂运行四值一单元
王旭升　内蒙古华电乌达热电有限公司运行三值
韩鼎祥　华电（北京）热电有限公司锅炉运行丙值
汪　琼　安徽华电六安发电有限公司工程技术部
陈永德　福建永安火电厂汽机本体班

优秀共产党员

贾西章　华电国际十里泉发电厂运行分场单元长
封安敏　华电潍坊发电有限公司总经理助理
马志国　华电国际莱城发电厂政工部主任兼团委书记
朱德明　华电国际滕州新源热电有限公司运行部班长
刘继明　华电新乡发电有限公司锅炉专工
张　玲　安徽华电芜湖发电有限公司副总经济师兼计划经营部主任
朱占福　华电富拉尔基发电总厂检修公司副经理
孙丰杰　黑龙江华电佳木斯发电有限公司纪委副书记、监察室主任
张玉增　华电能源哈尔滨第三发电厂副总工程师兼生技部主任
姚宏军　华电能源牡丹江第二发电厂发电分厂电气运行车间运行五班副班长
许　冰　哈尔滨热电有限责任公司热工分场技术员
何光宏　贵州大方发电有限公司总经理
梁　英　构皮滩电站建设公司副经理
彭　鹏　索风营发电厂厂长兼党委书记
徐　波　贵州华电大龙发电有限公司副总工程师兼维护部主任
张仲良　华电宜宾发电总厂豆坝电厂锅炉专责
叶德杰　华电四川公司计划基建部主任
罗　平　华电内江发电总厂厂长
李九成　四川华电西溪河水电开发有限公司党委书记、总经理

凌　萍　华电湖北分公司综合管理部专责
黎亚兵　湖北西塞山发电有限公司安生部主任
卢士文　湖北华电武昌热电有限公司计经部主任
吴菊生　望亭发电厂副厂长
杨超然　江苏华电扬州发电有限公司新材分公司经理
花思洋　南京电力自动设备总厂系统公司总经理
潘　磊　华电云南昆明发电厂发电分场副主任
谢学见　华电云南以礼河发电厂发电分场副主任
金光龙　华电云南巡检司发电厂班长
李文仲　华电云南怒江水电开发有限公司计划财务部主任
徐　粤　云南金沙江中游水电开发有限公司移民环保部主任
陈　晔　内蒙古华电乌达热电有限公司物资管理部部长
康智俊　内蒙古华电辉腾锡勒风力发电有限公司生产部部长
孙　权　包头东华热电有限公司设备技术部汽机专工
王志勇　福建华电邵武发电有限公司总经理
郑智扬　福建华电可门发电有限公司安全技术部副主任
翁蝉娟　福建永安火电厂离退休党总支书记
王建辉　华电福建漳平电厂厂长助理、副总工
张雁冰　新疆华电红雁池发电有限责任公司燃料运行公司班长
艾尔肯·买买提　新疆华电喀什发电有限责任公司值长
张　石　新疆华电苇湖梁发电有限公司热工仪表组组长
翁贵林　新疆华电昌吉有限责任公司汽机专责
吴　凡　杭州华电半山发电有限公司发电二部热机专工
余国强　浙江杭钻机械制造股份有限公司总经理
王继弘　湖南华电石门发电有限公司党委书记、总经理
牛俊山　辽宁华电铁岭发电有限公司热控分厂党支部副书记
辛湘婷　陕西华电蒲城发电有限责任公司单元长
吴学超　河北华电石家庄热电有限公司二分场主任兼党支部书记
焦利民　河北华电混合蓄能水电有限公司检修车间机修班副班长
丁继柱　青海华电大通发电有限公司发电生产党支部书记
石晓启　华电（北京）热电有限公司电气专工
梁歧艳　北京华电水电有限公司信息、通讯专责
丁焕德　华电煤业集团有限公司总经理
张建良　华电工程（集团）有限公司项目部部长
申　波　华电集团高级培训中心综合管理部副经理
林正山　中国华电集团公司人力资源部主任
徐耀强　中国华电集团公司政治工作部企业文化处处长
付　妍　中国华电集团公司总经理工作部秘书处文书
刁培滨　华电招标有限公司副总经理

优秀党务工作者

李元军　华电淄博热电有限公司副总政工师兼政工部主任
郭　森　安徽池州发电有限公司政工部主任、工会副主席
赵永强　宁夏灵武发电有限公司企业文化部主任
王凤君　华电富拉尔基发电总厂党委书记
张亚军　华电能源牡丹江第二发电厂党委书记
胡明玉　贵州乌江水电开发公司东风发电厂综合办主任兼机关党支部书记
华　玮　贵州华电遵义发电有限公司党群工作部主任

彭宏刚　四川华电宜宾发电有限责任公司副总经理、纪委书记
罗　芳　四川华电五通桥发电厂政工部主任兼纪检监察部主任
苏礼宏　湖北西塞山发电有限公司政工部主任
王全虎　江苏华电扬州发电有限公司副总政工师、党工部主任
吴京翠　南京电力自动化设备总厂党委书记
胡　英　华电云南绿水河发电厂组织干事兼秘书
张力胜　华电云南金沙江中游水电开发有限公司政工部主任兼机关党委书记
梁俊韬　内蒙古华电卓资发电有限公司党群工作部部长
徐瑞平　华电福建古田溪水力发电厂党委副书记
蔡美煌　华电福建永安火电厂党委书记
桑桂林　新疆华电红雁池发电有限责任公司党群部副主任
周立佼　新疆华电哈密发电有限责任公司党委书记
陈　波　杭州华电半山发电有限公司政治部主任
张秀敏　湖南华电长沙发电有限公司总经理工作部副主任
原　汉　陕西华电蒲城发电有限责任公司汽机分场党支部副书记
连海楼　河北华电石家庄热电有限公司党委书记
刘　立　华电（北京）热电有限公司副总政工师、政工部主任
王泽民　华电煤业集团公司陕西分公司党支部书记
王丽丽　华电工程（集团）有限公司政工部党群主管

中国华电集团公司2007年度科技进步奖获奖项目

项目名称	完成单位	主要完成人	获奖等级
1000MW级超超临界发电国产化工程示范及关键技术应用研究	中国华电集团公司、华电国际电力股份有限公司、华电国际电力股份有限公司邹县发电厂、西北电力设计院、东方汽轮机有限公司、东方锅炉股份有限公司、东方电机股份有限公司、山东电建一公司	贺恭、程念高、张涛、耿元柱、白桦、曹永振、王为民、霍锁善、王振元、李延群、任庆保、宋伟、董凤亮、李京修、王泳涛、王守民	一等奖
乌江流域大型复杂水电站群联合优化调控关键技术及其应用研究	贵州乌江水电开发有限责任公司、河海大学、西安理工大学、南京南瑞集团公司、四川安迪科技实业有限公司、南京嘉计科技有限公司	罗小黔、邹建国、戴建炜、陈守伦、黄强、戴绍良、刘春志、朱江、吴正义、邹兴建、李泽宏、张志强	一等奖
国内首台9FA燃气－蒸汽联合循环发电工程及国产化技术研究	杭州华电半山发电有限公司、哈尔滨动力设备股份有限公司秦皇岛分公司、杭州锅炉集团有限公司、浙江电力设计院、浙江省火电建设公司、浙江省电力试验研究院	陈斌、马志明、蔡志平、孔庆甫、朱达、陈光、吴斌梅、赵剑云、许平、鲁焕浩、赵琦、李勇辉	一等奖
基于高压IGCT的新型大容量变频调速系统（ASD6000T）	国电南京自动化股份有限公司、清华大学	赵争鸣、严新荣、杨志、张延安、袁立强、刘大勇、白华、王志兵、张海涛、李冰、杨志勇、吴彬、孙晓瑛、唐东明、朱虎、钱诗宝、胡炫	一等奖

续表

项目名称	完成单位	主要完成人	获奖等级
新型全封闭大储量圆形煤场系统开发及应用	中国华电工程（集团）有限公司	王汝贵、白绍桐、李玉民、叶阜、杨涛、黄亚夫、黄源红、刘伯宽、任改运、李波、李光平、张建良、张雪安、韩刚华、薛刚华、薛美娣、张秋林	一等奖
华电国际财务及资产管理信息系统	华电国际电力股份有限公司	陈建华、王文琦、邢世邦、陶云鹏、毛天旭、秦介海、汪明波、胥晓山	一等奖
火力发电厂经济运行及在线生产管理系统研究与应用	华电国际电力股份有限公司莱城发电厂、西安热工研究院有限公司、青岛华迪信息工程有限公司、山东鲁能智能技术有限公司	孔繁义、刘传柱、皋岚松、李林、张建辉、吴智群、李炎、吴茂坤、刘振宇、王晓红、王承亮、邢宏伟、段元光、黄廷辉、刘煜	二等奖
海水源热泵应用关键技术及系统集成研究	华电青岛发电有限公司、青岛理工大学	王文琦、胡松涛、王秀林、王建新、时国梁、李绪泉、王宏、姜维军、王立波、王兰花、高正、胡军	二等奖
FZQ2400 型附着自升塔式起重机	国电郑州机械设计研究所、郑州科润机电工程有限公司	胡水根、李太周、闫玉萍、王继东、李纲、王明勤、王令饴、郭志康、司健、江萍、李俊、李红岩、徐清、朱君学、许光奇	二等奖
SD8000 水电自动化系统	国电南京自动化股份有限公司	李书明、邓素碧、陈军、赵振龙、胡星	二等奖
超（超）临界机组 P92 钢开发研究及应用	中国华电工程（集团）有限公司	闫平、吕继祖、吕道华、翁燕珠、马俊彪、朱文献、高德良、卞晓军、董益成、邢苍、李国栋、刘学、李俊峰、李世玉、辛和	二等奖
400t/h 煤粉炉直燃掺烧秸秆发电技术研究与应用	华电国际十里泉发电厂	王文琦、段君寨、李堪雨、郭爱国、张光达、黄鹏、吕士汉、黄坚、孙学军、蒋大龙、黄智兴、李峰	二等奖
水电机组状态监测与故障诊断系统	浙江华电乌溪江水力发电厂、北京华科同安监控技术有限公司	吴建春、任乐鸣、朱玉良、沈佩麟、王建义、姜方红、蒋志照、沈旭东、郑庆平、金林正、郭向阳、梅青	二等奖

续表

项目名称	完成单位	主要完成人	获奖等级
基于网络信息技术构建的华电集团公司资金统一支付、集中管理的新模式及其应用	中国华电集团财务有限公司、北京中联兴达软件开发有限公司	王怀书、郭怀保、左宏、张学云、杨江山、殷娟、吴豪、马健勇、王美英、杨巍伟、徐先国、何昊	二等奖
3000/1000t/h 铰接式抓斗卸船胶带装船两用机	国电机械设计研究院、杭州华新科技有限公司	刘建胜、张奇兴、严律明、刁昊皓、胡光跃	二等奖
电袋复合式除尘器在480t/h循环流化床锅炉上的开发及应用研究	内蒙古华电乌达热电有限公司、福建龙净环保股份有限公司	李雪忠、郑奎照、张晓红、朱昌煜、吴江华、李忠善、李勇、李志刚、阙昶兴	二等奖
气化小油枪点火燃烧器在1036t/h煤粉炉直吹式制粉系统上的应用	江苏华电扬州发电有限公司、济南海普电力节能科技有限公司	孙志宏、柳晓、田军、刘润华、汪向华、荀兆乐	二等奖
TCS3000 型仪电式分散控制系统	国电南京自动化股份有限公司、北京华电南自天元控制系统科技有限公司	章素华、朱能飞、杨卫民、王勇、吴胜华	二等奖
构皮滩水电站导流洞进口围堰高精控制爆破拆除研究与应用	贵州乌江水电开发有限责任公司、长江水利委员会长江科学院	赵三其、杨宝银、黄辉、刘美山、梁英、杨文杰、张应刚、雷辉光、李勇、申宏波、赵斌、朱新元、晏国顺、刘元强	二等奖
构皮滩水电站烂泥沟砂石系统生产技术研究及应用	贵州乌江水电开发有限责任公司、贵州构皮滩工程八九联营体砂石项目部	赵三其、杨宝银、黄辉、陈启湘、唐先锋、杨新伟、邓念元、杨文杰、梁英、申宏波、雷辉光、张应刚、曹建勇、赵斌、胡宏敏、张天吾	二等奖
典型带式输送机计算选型系统开发研究	中国华电工程（集团）有限公司	白建明、李秀梅、刘伯宽、王清和、刘天军、韦公勋、王汝贵、季浩宁、白玉勇、王立波、卢嘉树、李宇	二等奖
福州可门火电厂1号超临界机组建设	福建华电可门发电有限公司、福建省电力勘测设计院、广东火电工程总公司、福建省第一电力建设公司、上海电气集团公司	黄宪培、李立新、兰进金、仇甜根、叶道正、纪长久、郑志文、陆德明、蔡桂山	二等奖
ePower 能量管理系统	国电南京自动化股份有限公司	徐文、蒋宏图、乔峰、赵龙、葛蓬、宋永生、李德军、熊晔、汪方中、曾军强、赵月	二等奖

续表

项目名称	完成单位	主要完成人	获奖等级
燃气轮机发电特点及其技术经济安全评估体系	江苏华电望亭天然气发电有限公司、中国电机工程学会燃机专委会	吴菊生、严新荣、顾金芳、糜洪元、包献忠、赵军、杨惠新、甘孟必、张继平	二等奖
福建省古田溪三级大坝老化病害研究与治理	福建省古田溪水力发电厂	郑志泰、徐世元、卢秋生、张兴鉴	二等奖
DL/T 478《静态继电保护及安全自动装置通用技术条件》	国电南京自动化股份有限公司、电力自动化研究院、中国电力科学研究院、北京四方继保自动化有限公司、华东电力设计院	钟泽章、李亢、邱宇峰、马师模、徐进亮、金勇、王向平	三等奖
集团化企业安全综合管理信息化研究及应用	华电国际电力股份有限公司	黄鹏、段君寨、范允君、万秀兰、马琳、彭玉良、温盛元、张现清、胥晓山	三等奖
构皮滩水电站架空大粒径填料土石围堰防渗闭气施工研究	贵州乌江水电开发有限责任公司、中国水利水电第八工程局构皮滩渗控工程项目部	赵三其、黄辉、任朗明、梁英、杨文杰、邓念元、申宏波、雷辉光、张应刚、赵建民、晏国顺、邵增富、吴经干	三等奖
智能式全数字抽水蓄能调速器的研制	河北华电混合蓄能水电有限公司、宜昌能达电气有限公司、华中科技大学	贺耀峰、张贵棉、周志军、刘昌玉、刘国富、李青茂、颜秋容、谢津	三等奖
构皮滩水电站乌江大桥综合施工技术研究与应用	贵州乌江水电开发有限责任公司、中铁十一局集团第二工程有限公司	黄辉、申宏波、梁英、许云跃、雷辉光、张树海、杨文杰、赵飞虹、彭维清、李亚峰	三等奖
400MW 9FA 燃机—汽机联合循环机组仿真机	江苏华电戚墅堰发电有限公司、杭州华电半山发电有限公司、华能集团西安热工研究院、北京泰瑞克斯能源行业仿真机系统有限公司	裘渊、裘寒、李素平、郑迎九、张骅、程途、陈文炎、朱鸿昌、孙成贤	三等奖
12 号机组 10CrMo910 “薄壁”主蒸汽管道使用寿命研究	杭州华电半山发电有限公司、苏州热工研究院有限公司	斯宝祥、林忠元、范立君、王新保、朱达、徐冤园、沈鸿声、丁伯愿、徐清国	三等奖
电站凝汽器经济运行状态监测智能决策系统	福建华电永安发电有限公司、东南大学	张聘、杨亚平、禹宝宁、姚一伟、池毓菲、詹正辉、蔡军、滕丕忠	三等奖
VDPU 技术应用开发研究	杭州华电半山发电有限公司、南京科远控制工程公司	郑迎九、曹瑞峰、裘寒、章真、颜智勇、潘勇进、朱达、陈俊	三等奖
辽宁华电铁岭发电有限公司循环水联合处理新工艺	辽宁华电铁岭发电有限公司、铁岭远能化工有限公司	李国军、郭岩、赵玉桦、张伟、张凤龙	三等奖

续表

项目名称	完成单位	主要完成人	获奖等级
望亭发电厂11号机组技改工程中湿法烟气脱硫技术的优化和新材料应用	中国华电工程（集团）有限公司、望亭发电厂	陈学莹、陶爱平、齐崇勇、王旭、谷文胜、李文、徐斌	三等奖
导波及磁记忆技术在7号锅炉低温过热器落排检查中的应用	江苏华电扬州发电有限公司、黑龙江省电力科学研究院	孙志宏、柳晓、池永彬、汪向华、张正东、王欣	三等奖
燃用高灰分劣质煤锅炉尾部受热面受损研究与改造	福建华电邵武发电有限公司、上海锅炉厂	杨炜、周德华、蔡明贵、苏祖斌、饶庆平、沈向阳	三等奖
提高国产引300MW汽轮机高压缸效率的研究及应用	望亭发电厂	顾金芳、华宇东、赵峰、林泉	三等奖
DL/T 671—1999《微机发电机变压器组保护装置通用技术条件》	南京电力自动化设备总厂、东南大学、许昌继电器研究所、华中理工大学、合肥工业大学、电力自动化研究院	吴济安、陆于平、张学深、姚晴林、尹项根、陈鼎坤、李莉、朱亚明	三等奖
传确皮带辊轮自动校正系统	华电能源股份有限公司牡丹江第二发电厂、牡丹江迈科电力技术有限责任公司	刘力源、罗洪新、孙运永、刘松江、刘岩、邢念泽	三等奖
锅炉炉顶密封均匀覆膜密封技术应用	辽宁华电铁岭发电有限公司、辽宁华电检修工程有限公司、北京京西联合环保工程有限公司	暴庆民、武映健、胡德兴、李国军、何刚	三等奖

《中国华电集团公司年鉴2006~2007》
编辑出版工作人员

终　　审：肖　兰

复　　审：姜　萍　张　健

责任编辑：曹　荣　周　莉　赵　鹏

　　　　　袁　娟　马　琳

版式设计：张秋雁

责任校对：太兴华　罗凤贤

出版印刷：甄　茁